Ahrens · Die Dresdner Bank 1945–1957

Ralf Ahrens

Die Dresdner Bank 1945–1957

Konsequenzen und Kontinuitäten nach dem Ende des NS-Regimes

Unter Mitarbeit von
Ingo Köhler, Harald Wixforth
und Dieter Ziegler

R. Oldenbourg Verlag München 2007

Bibliografische Information der Deutschen Bibliothek
Die Deutsche Bibliothek verzeichnet diese Publikation in der Deutschen Nationalbibliografie; detaillierte bibliografische Daten sind im Internet über <http://dnb.d-nb.de> abrufbar.

Rosenheimer Straße 145, D-81671 München
Internet: oldenbourg.de

Umschlagentwurf: Dieter Vollendorf
Gedruckt auf säurefreiem, alterungsbeständigem Papier (chlorfrei gebleicht)
Satz: Oldenbourg:digital GmbH, Kirchheim b. München
Druck: Memminger MedienCentrum AG, Memmingen
Bindung: Appl, Monheim

ISBN: 978-3-486-58303-8

Inhalt

I. Einleitung

Streng genommen, ist der Titel dieses Buchs insofern nicht ganz korrekt, als er die Geschichte *einer* Dresdner Bank nach dem Untergang des Dritten Reichs verspricht. Die 1872 unter diesem Namen gegründete Großbank existierte nach dem Zweiten Weltkrieg zwar weiter, aber ihre Zentrale in der ehemaligen Finanzmetropole Berlin wurde von den Besatzungsmächten dauerhaft stillgelegt. Das aktive Bankgeschäft in den westlichen Besatzungszonen Deutschlands und in der Bundesrepublik betrieben hingegen so genannte Nachfolgeinstitute der Dresdner Bank, die aktienrechtlich zunächst noch Filialen der alten Großbank darstellten und später zu drei eigenständigen Aktiengesellschaften zusammengefasst wurden: der Rhein-Ruhr Bank AG, der Rhein-Main Bank AG und der Hamburger Kreditbank AG. Im Bewusstsein der historischen Akteure – und zwar nicht nur der Bankmitarbeiter – handelte es sich dabei aber weiterhin um Teile eines einzigen Unternehmens, die sich schließlich auch formal wieder zusammenschlossen. Im Mai 1957 verkündeten die Vorstandsmitglieder der drei Nachfolgebanken deren Fusion zu einem neuen, bundesweit tätigen Kreditinstitut: der Dresdner Bank AG mit Sitz in Frankfurt am Main.

Dies war der formelle Schlusspunkt eines zähen Kampfes um die Fortexistenz der Dresdner Bank in Westdeutschland, der bald nach dem Ende des Zweiten Weltkriegs begonnen und sich vor allem zwischen der alten Bankleitung und der amerikanischen Besatzungsmacht abgespielt hatte. In den ersten Jahren nach Kriegsende hatte diese Auseinandersetzung um die Zukunft des zweitgrößten deutschen Kreditinstituts in den Augen seiner Führung durchaus existenzbedrohende Züge getragen. Die Bankenpolitik der Westalliierten war zwar weniger radikal als die Maßnahmen in der Sowjetischen Besatzungszone (SBZ) und im sowjetischen Sektor Berlins, wo die Schließung der Bankfilialen und der Zentrale schließlich in die Enteignung mündete. Aber die amerikanischen Pläne zur Dezentralisierung der drei deutschen Filialgroßbanken – der Deutschen Bank, der Dresdner Bank und der Commerzbank – zielten immerhin darauf, diese historisch gewachsenen Institute zur Beschränkung ihrer vermeintlichen wirtschaftlichen Macht in wesentlich kleinere, miteinander unverbundene Einheiten zu zerschlagen. Eine einzige Dresdner Bank mit ihren historisch gewachsenen Strukturen einer überregional verankerten Universalgroßbank sollte es nicht mehr geben.

Teils im Einvernehmen, teils in Auseinandersetzungen mit deutschen Bankenpolitikern gelang es den Großbanken, diese Bedrohung schrittweise abzuwenden. Der 1947/48 von der amerikanischen Militärregierung in Deutschland (Office of Military Government for Germany, United States – OMGUS) durchgesetzten Dezentralisierung auf Länderebene folgte 1952 der erste Schritt zur Rezentralisierung in die drei oben genannten Regionalinstitute. Fünf Jahre später war auch diese zweite Dezentralisierungsphase überwunden.[1] Man feierte die „Wiedervereinigung" zu einer Dresdner Bank AG, die zwar große Teile der früheren Berliner Großbank verloren geben musste, aber unmittelbar an dieses Vorläuferinstitut anknüpfte. Die beharrliche Interessenpolitik der alten Bankelite, die die historisch gewachsenen Strukturen ihres Unternehmens hartnäckig gegen eine existenzielle Herausforderung verteidigt hatte, hatte sich zumindest im westdeutschen Nachfolgestaat des Dritten Reichs durchgesetzt.

Die Bankenpolitik war indes nur eines von drei Politikfeldern der Nachkriegszeit, auf denen die Dresdner Bank massiven Herausforderungen ausgesetzt war, die in allererster Linie von der amerikanischen Besatzungsmacht ausgingen und die in eigentümlicher Weise die nationalsozialistische Vergangenheit mit der projektierten politischen Zukunft verknüpften. Das amerikanische Dezentralisierungsprogramm wurzelte in der Vermutung, dass die deutschen Großbanken als „Konzentrationen wirtschaftlicher Macht" eine wesentliche Stütze der nationalsozialistischen Aufrüstungs- und Expansionspolitik gewesen waren und diese Funktion auch bewusst ausgeübt hatten. Unter den sechs „Berliner Großbanken" (dazu wurden außerdem die Reichs-Kredit-Gesellschaft, die Berliner Handels-Gesellschaft und die Bank der Deutschen Arbeit gerechnet) traf dieser Verdacht insbesondere die drei Filialgroßbanken, und die OMGUS-Finanzabteilung zog daraus die Konsequenz, eine neuerliche Gefährdung von Frieden und Demokratie müsse durch die dauerhafte Zerschlagung der Institute verhindert werden.

Die gleiche doppelte Stoßrichtung zeigten die amerikanischen Bemühungen zur personellen Abrechnung mit dem Nationalsozialismus. Die flächendeckend betriebene Entnazifizierung und die im Anschluss an das Internationale Militärtribunal durchgeführten Nürnberger „Nachfolgeprozesse" gegen herausragende Exponenten des NS-Regimes zielten ebenso auf die exemplarische Bestrafung nationalsozialistischer Verbrechen, wie sie zur Sicherung des demokratisch-zivilen Neuaufbaus eine bruchlose Weiterbetätigung des betroffenen Personenkreises verhindern sollten. Anders als in der Dezentralisierungspolitik, die auf alle drei Filialgroßbanken gleichermaßen zielte, stand die Dresdner Bank im Kontext der Ermittlungen gegen potenzielle Kriegsverbrecher jedoch besonders herausragend für eine vermutete „Verschwörung" von Staat, NSDAP und Großwirtschaft. Ein deutliches Schlaglicht auf diese Wahrnehmung warf ihre Bezeichnung als „SS-Bank" im ersten der von der amerikanischen Finanzabteilung vorgelegten Untersuchungsberichte über die Rolle der Großbanken im Dritten Reich, der bis in die jüngste Zeit das historische Bild der Dresdner Bank mitgeprägt hat.[2] Es war deshalb durchaus folgerichtig, dass die ursprünglichen Planungen für einen eigenen Nürnberger Bankenprozess sich schließlich auf einen einzigen Repräsentanten des Kreditgewerbes reduzierten: auf Dr. Karl Rasche, den ehemaligen Vorstandssprecher der Dresdner Bank.

[1] Vgl. ausführlich Theo Horstmann, Die Alliierten und die deutschen Großbanken. Bankenpolitik nach dem Zweiten Weltkrieg in Westdeutschland, Bonn 1991.

[2] Office of Military Government for Germany, United States, Finance Division, Ermittlungen gegen die Dresdner Bank (1946), bearbeitet von der Hamburger Stiftung für Sozialgeschichte des 20. Jahrhunderts, Nördlingen 1986 (künftig: OMGUS, Ermittlungen), S. 88.

Die Herausforderung eines dritten Politikfelds, auf dem die Dresdner Bank und ihre westdeutschen Nachfolgeinstitute noch weit über das Jahr 1957 hinaus mit der nationalsozialistischen Vergangenheit konfrontiert wurden, war ebenfalls primär amerikanischer Initiative geschuldet. Die Gesetze über die Wiedergutmachung finanzieller Schädigungen deutscher Juden zielten zwar, anders als die Dezentralisierung, niemals auf die Existenz der Bank. Doch auch hier waren die leitenden Mitarbeiter und die in ihrem Auftrag tätigen Juristen einer ständigen Bewertung ihrer Vergangenheit ausgesetzt, ob es nun um Entschädigungen für die eigenen, in der NS-Zeit entlassenen jüdischen Mitarbeiter oder um Forderungen nach der Rückerstattung „arisierten“ Vermögens ging.

Der Blick fällt nahezu zwangsläufig auf diese drei Politikfelder, wenn man nach den Konsequenzen fragt, die sich speziell für die Dresdner Bank, aber auch für die deutschen Großbanken und die deutsche Wirtschaft insgesamt aus dem Untergang des NS-Regimes ergaben. Die vorliegende Studie untersucht die Reaktionen der Bankmanager auf diese politischen Herausforderungen. Sie ist insofern eine „politische Unternehmensgeschichte“, als sie sich auf drei zentrale zeitgeschichtliche Themenfelder konzentriert, die auf den ersten Blick keine genuin unternehmenshistorischen Arbeitsgebiete darstellen. Die Darstellung geht nicht primär dem Verhalten und der Entwicklung eines Unternehmens auf dessen ganz spezifischem Handlungsfeld, dem Markt für Bankgeschäfte, nach – auch wenn Organisation, Geschäftspolitik und Geschäftsentwicklung der Dresdner Bank und ihrer Nachfolgeinstitute in den Jahren zwischen Kriegsende und endgültiger Rezentralisierung ausführlich gewürdigt werden. In dieser Hinsicht unterscheidet sie sich auch von der weit umfangreicheren Geschichte der Dresdner Bank im Dritten Reich, deren Gegenstand letztlich die verschiedenen Facetten eines spezifischen unternehmerischen Verhaltens unter den Bedingungen der nationalsozialistischen Diktatur sind und deren zentrale Fragen sich im Spannungsfeld von betriebswirtschaftlicher Rationalität und Partizipation an der Politik des NS-Regimes bewegen.[3]

Die vorliegende Studie führt diese Untersuchungen thematisch insofern fort, als sie auf die Folgen dieses unternehmerischen Handelns nach dem Zweiten Weltkrieg fokussiert. Was sie aber teilweise von der NS-Geschichte der Dresdner Bank unterscheidet, sind die untersuchten Handlungsfelder. Die Geschäftspolitik der Bank hatte zwar nach 1945 auch veränderten Marktbedingungen Rechnung zu tragen, doch das unterschied sie nicht grundlegend von der übrigen deutschen Kreditwirtschaft. Stärker als andere Banken stand sie vielmehr in dem Ruf, in besonders enger und aktiver Weise mit dem Nationalsozialismus paktiert zu haben. Wie man heute weiß, war daran einiges Richtige; auch wenn die Begründungen, die Teile der amerikanischen Militärregierung dafür anführten, teilweise falsch oder irreführend waren. Die Leitfrage lautet daher, welche wirtschaftlichen, per-

3 Klaus-Dietmar Henke (Hg.), Die Dresdner Bank im Dritten Reich, München 2006. Bd. 1: Johannes Bähr, Die Dresdner Bank in der Wirtschaft des Dritten Reichs. Unter Mitarbeit von Ralf Ahrens, Michael C. Schneider, Harald Wixforth und Dieter Ziegler; Bd. 2: Dieter Ziegler, Die Dresdner Bank und die deutschen Juden. Unter Mitarbeit von Maren Janetzko, Ingo Köhler und Jörg Osterloh; Bd. 3: Harald Wixforth, Die Expansion der Dresdner Bank in Europa. Unter Mitarbeit von Johannes Bähr, Jörg Osterloh, Friederike Sattler und Dieter Ziegler; Bd. 4: Klaus-Dietmar Henke, Die Dresdner Bank 1933–1945. Ökonomische Rationalität, Regimenähe, Mittäterschaft.

sonellen und organisatorischen Konsequenzen sich für die Dresdner Bank aus ihrem Verhalten in der NS-Zeit, aus dessen Wahrnehmung nach dem Ende des Zweiten Weltkriegs und allgemein aus der alliierten Besatzungspolitik ergaben.

Trotz dieser an politischen Rahmenbedingungen orientierten Fragestellung handelt es sich hier um eine Unternehmensgeschichte. Ihre Hauptakteure sind Bankmanager; ihr Gegenstand ist der Umgang eines Unternehmens und seines Führungspersonals mit Herausforderungen, die in zweierlei Hinsicht als existenziell begriffen wurden. Erstens ging es zumindest in der Besatzungszeit tatsächlich darum, die Weiterexistenz des Unternehmens zu gewährleisten. Unternehmerisches Handeln ist letztlich stets an dem übergeordneten Ziel orientiert, das Überleben des Unternehmens als Organisation zu sichern,[4] und das Führungspersonal der Dresdner Bank war in den ersten Nachkriegsjahren mit einem politischen Generalangriff auf diese Organisation konfrontiert. Der in Teilen der unternehmenshistorischen Forschungslandschaft postulierte „ökonomische Kern" oder die spezifische „ökonomische Logik"[5] eines Unternehmens erschöpfen sich eben nicht unbedingt in Transaktionen auf Märkten und innerhalb der Unternehmenshierarchie. In den Auseinandersetzungen der Dresdner Bank und ihres Führungspersonals mit den alliierten Herausforderungen drückte sich ebenfalls ein ganz zentrales ökonomisches Interesse aus. Das beschränkte sich keineswegs auf die verschiedenen ordnungspolitischen Maßnahmen, die natürlich die Geschäftspolitik und Geschäftsentwicklung des Unternehmers unmittelbar betrafen. Durchaus existenzielle Bedeutung für die Betroffenen hatten auch die Entnazifizierung des Führungspersonals und der Prozess gegen Karl Rasche, von möglicherweise kostenträchtigen Imageschäden für die Bank ganz abgesehen.

Zweitens hatten diese politischen Herausforderungen eine existenzielle Dimension insofern, als sie die leitenden Mitarbeiter der Bank unmittelbar mit ihrer persönlichen, zugleich aber auch mit einer kollektiven Vergangenheit konfrontierten. Der in verschiedenen Varianten geäußerte Vorwurf der Mitverantwortung für die Rüstungs- und Aggressionspolitik des NS-Regimes, die wirtschaftliche Diskriminierung der Juden und die Ausbeutung besetzter Gebiete konnte nicht einfach ignoriert werden. Das galt offensichtlich in Fragen der politischen „Säuberung",[6]

[4] Vgl. etwa Werner Plumpe, Die Unwahrscheinlichkeit des Jubiläums – oder: warum Unternehmen nur historisch erklärt werden können, in: Jahrbuch für Wirtschaftsgeschichte 2003, Heft 1, S. 143–156, hier S. 151 f.

[5] Toni Pierenkemper, Was kann eine moderne Unternehmensgeschichtsschreibung leisten? Und was sollte sie tunlichst vermeiden, in: ZUG 44 (1999), S. 15–31; ders., Unternehmensgeschichte. Eine Einführung in ihre Methoden und Ergebnisse, Stuttgart 2000, S. 284; zugespitzt auf ein Plädoyer für das Instrumentarium der Neuen Institutionenökonomik: Peter Borscheid, Der ökonomische Kern der Unternehmensgeschichte, in: ZUG 46 (2001), S. 5–10. Organisationstheoretisch gewendet, als Primat der „Binnenperspektive" des Unternehmens, erscheint diese Sicht auch bei Werner Plumpe, Perspektiven der Unternehmensgeschichte, in: Günther Schulz u.a. (Hg.), Sozial- und Wirtschaftsgeschichte. Arbeitsgebiete – Probleme – Perspektiven, Stuttgart 2004, S. 403–425, hier S. 422; als Aufforderung zur Konzentration auf den „wirtschaftlich-organisatorischen Kern des Unternehmens" bei dems., Unternehmen, in: Gerold Ambrosius/Dietmar Petzina/Werner Plumpe (Hg.), Moderne Wirtschaftsgeschichte. Eine Einführung für Historiker und Ökonomen, 2. Aufl. München 2006, S. 61–94, hier S. 80; mit dem Fokus auf der „sozialen Organisation von Entscheidungen" ders., Unwahrscheinlichkeit, S. 151.

[6] Der Begriff mag unangenehme Assoziationen wecken, bleibt aber als zusammenfassende Bezeichnung der verschiedenen Formen einer personellen „Abrechnung" mit überwundenen Regimen wohl unverzichtbar; vgl. dazu die Typologie bei Klaus-Dietmar Henke/Hans Woller, Einleitung,

also der Entnazifizierung und des Nürnberger Rasche-Prozesses. Es galt aber durchaus auch in den Auseinandersetzungen mit der alliierten Bankenpolitik, denn die amerikanische Begründung für die Dezentralisierung war zuallererst eine historische. Und es galt in den zahlreichen Wiedergutmachungsverhandlungen, in denen immer wieder um die Mitverantwortung der Dresdner Bank für die Vernichtung der wirtschaftlichen Existenz der deutschen Juden gestritten wurde.

Die betroffenen Mitarbeiter der Führungsebene bedurften mithin ebenso wie die Bank insgesamt einer historischen Ortsbestimmung des eigenen Verhaltens. Die alliierten Forderungen nach einer Mithaftung der Dresdner Bank für den Krieg und die Verbrechen der NS-Zeit wurden dadurch gleichzeitig zu einer Herausforderung an das Selbstverständnis ihres Führungspersonals. Unternehmen leben nicht zuletzt von einem Identitätsgefühl, einer „Unternehmensidentität", die als Verinnerlichung von Unternehmenskultur sowohl der Binnenintegration der Mitarbeiter als auch der glaubwürdigen Außendarstellung des Unternehmens dient. Ihre wirtschaftlichen Effekte sind zwar kaum zu messen, ihre Relevanz für den Geschäftserfolg ist aber grundsätzlich unbestreitbar: Die Identifikation der Mitarbeiter mit dem Unternehmen, die „gemeinsame Konstruktion von Sinn", fördert Kooperation und senkt damit die Kontrollkosten innerhalb des Unternehmens.[7]

Solche identitätsstiftenden „Sinndeutungsgemeinschaften" entstehen freilich nicht von selbst, sondern ihre Konstruktion durch Kommunikationsakte ist eine wesentliche Aufgabe unternehmerischen Handelns. Die Geschichte des Unternehmens kann dabei zwar ein zentraler Bezugspunkt sein, doch Identität ist keine dauerhaft stabile, fixe Größe. Sie wird vielmehr „permanent aus der Gegenwart heraus neu entworfen und wandelt sich mit allen Beteiligten."[8] Dies gilt nicht erst, seit Konzepte der „Corporate Identity" in der modernen Betriebswirtschaftslehre diskutiert werden. Was in den Auseinandersetzungen der Dresdner-Bank-Manager mit den Besatzungsmächten und ihren Gesetzen stattfand, war zwar keine „Identitätspolitik" im Sinne einer umfassenden, modernen strategischen Corpo-

in: dies. (Hg.), Politische Säuberung in Europa. Die Abrechnung mit Faschismus und Kollaboration nach dem Zweiten Weltkrieg, München 1991, S. 7–20; sowie den Überblick zu Westdeutschland von Klaus Dietmar Henke, Die Trennung vom Nationalsozialismus. Selbstzerstörung, politische Säuberung, „Entnazifizierung", Strafverfolgung, ebd., S. 21–83.

7 Anne Nieberding/Clemens Wischermann, Unternehmensgeschichte im institutionellen Paradigma, in: ZUG 43 (1998), S. 35–48; Clemens Wischermann, Unternehmensgeschichte als Geschichte der Unternehmenskommunikation: Von der Koordination zur Kooperation, in: ders./Peter Borscheid/Karl-Peter Ellerbrock (Hg.), Unternehmenskommunikation im 19. und 20. Jahrhundert. Neue Wege der Unternehmensgeschichte, Dortmund 2000, S. 31–40. Kritisch zu diesen und ähnlichen Konzepten der historischen Unternehmenskulturforschung: Thomas Welskopp, Unternehmenskulturen im internationalen Vergleich – oder integrale Unternehmensgeschichte in typisierender Absicht?, in: Hartmut Berghoff/Jakob Vogel (Hg.), Wirtschaftsgeschichte als Kulturgeschichte. Dimensionen eines Perspektivenwechsels, Frankfurt a.M./New York 2004, S. 265–294.

8 Clemens Wischermann, Unternehmenskultur, Unternehmenskommunikation, Unternehmensidentität, in: ders. unter Mitwirkung von Anne Nieberding und Britta Stücker (Hg.), Unternehmenskommunikation deutscher Mittel- und Großunternehmen. Theorie und Praxis in historischer Perspektive, Dortmund/Münster 2003, S. 21–40 (Zitat S. 40). Vgl. als jüngere Zusammenfassung des Forschungsstands mit ausführlicher theoretischer Problematisierung der verschiedenen Konzepte von Unternehmensidentität und Identitätskonstruktion: Christian Berggold, Unternehmensidentität: Emergenz, Beobachtung und Identitätspolitik. Ansatzpunkte einer organisationstheoretischen Betrachtung, Berlin 2000.

rate-Identity-Planung.[9] Aber alle drei in diesem Buch untersuchten Schwerpunkte erforderten eine möglichst geschlossene Selbstdarstellung der jüngsten Geschichte der Dresdner Bank und ihrer Mitarbeiter, die, erstens, individuelle und kollektive Vergangenheit zur Deckung brachte und die, zweitens, der fundamental kritischen Interpretation insbesondere der amerikanischen Besatzungsmacht entgegengehalten werden konnte. Unternehmensidentität musste durch eine Deutung der eigenen Vergangenheit neu konstruiert werden.

Unternehmensidentität ist eine Form der kollektiven Identität, und deshalb ist der Begriff doppelt problematisch. Er changiert nicht nur zwischen der normativen Stilisierung von Kollektiven einerseits und deren empirischer Rekonstruktion andererseits.[10] Kollektive Identitäten werden gewöhnlich als Ableitungen personaler (Teil-)Identitäten begriffen, und dadurch vergrößern sich tendenziell die Unschärfen des personalen Identitätsbegriffs.[11] Unternehmensidentität wird entsprechend leicht zum vagen Sammelbegriff für die „Summe der spezifischen Merkmale und Eigenschaften einer Unternehmung, die sie im Zusammenwirken zum Unikat formen", oder suggeriert gar die Möglichkeit, eine hochkomplexe, funktional ausdifferenzierte Organisation als „Unternehmenspersönlichkeit" angemessen beschreiben zu können.[12]

Damit würde aber die für unternehmenshistorische Studien offensichtlich grundlegende Unterscheidung zwischen einzelnen Managern und dem gesamten Unternehmen leicht verblassen. Der hier verwendete Begriff der Unternehmensidentität lehnt sich an eine Definition an, die nicht von einer vollständigen, von vornherein gegebenen Übereinstimmung von Individuum und Kollektiv ausgeht, sondern die Entstehung kollektiver Identität aus der Kommunikation und dem Selbstbild der Beteiligten beobachtet: Ein „Kollektiv" entsteht erst dadurch, dass seine Angehörigen „selbst sich (in gewissen Hinsichten) einheitlich verhalten und sich selbst einheitlich beschreiben."[13] Durch diese Fokussierung auf das Handeln von Akteuren wird der Begriff anschlussfähig für die empirische unternehmenshistorische Forschung: Die Konstruktion von Unternehmensidentität zielt letztlich auf die „Widerspruchsfreiheit und Deckungsgleichheit von Selbstbild und Fremdbild".[14] Identitätskonstruktion bedeutet in diesem Sinne die Etablierung einer kohärenten, widerspruchsfreien Selbstdefinition des Unternehmens durch

[9] Vgl. dazu beispielsweise Rüdiger Hansl, Unternehmensidentität von Banken. Grundlagen, Politik und empirische Untersuchung, Wiesbaden 1992; allgemein das regelmäßig neu aufgelegte Standardwerk von Klaus Birkigt/Marinus M. Stadler (Hg.), Corporate Identity. Grundlagen, Funktionen, Fallbeispiele, zuerst Landsberg/Lech 1980.

[10] Vgl. die kritische Begriffsgeschichte von Lutz Niethammer unter Mitarbeit von Axel Doßmann, Kollektive Identität. Heimliche Quellen einer unheimlichen Konjunktur, Reinbek 2000.

[11] Vgl. dazu ausführlich Jürgen Straub, Identität, in: Friedrich Jaeger/Burkhard Liebsch (Hg.), Handbuch der Kulturwissenschaften. Bd. 1: Grundlagen und Schlüsselbegriffe, Stuttgart/Weimar 2004, S. 277–303; ders., Personale und kollektive Identität. Zur Analyse eines theoretischen Begriffs, in: Aleida Assmann (Hg.), Identitäten, Frankfurt a.M. 1998, S. 73–104; zur aktuellen Konjunktur des Begriffs in der historischen Forschung den Literaturbericht von Marcus Pyka, Geschichtswissenschaft und Identität. Zur Relevanz eines umstrittenen Themas, in: HZ 280 (2004), S. 380–393.

[12] Hansl, Unternehmensidentität, S. 41–45.

[13] Dies folgt Straub (Identität, S. 298–300), der diesen „rekonstruktiven Typus" kollektiver Identität vom „normativen Typus" unterscheidet.

[14] Nieberding/Wischermann, Unternehmensgeschichte, S. 36.

seine (leitenden) Mitarbeiter. Die Frage nach der Unternehmensidentität lässt sich damit in eine Frage nach Definitionen umformulieren, die sich auf alle drei thematischen Schwerpunkte dieser Studie anwenden lässt: Wie definierten sich das Unternehmen „Dresdner Bank" (beziehungsweise deren westdeutsche Nachfolgeinstitute in der Phase der Dezentralisierung) und sein Führungspersonal selbst in Bezug auf die eigene Vergangenheit; wie wurden sie von anderen definiert; und welche Konsequenzen hatte das – sowohl für die Entwicklung des Unternehmens wie auf der mentalen Ebene der „Vergangenheitsbewältigung"[15]?

Gliederung, Forschungsstand, Quellenlage

Diesen Fragen soll in einer Darstellung nachgegangen werden, die sich systematisch in drei Hauptteile gliedert. Sie beginnt, nach einem kurzen Prolog über die Entwicklung der Dresdner Bank bis zum Kriegsende und über die alliierten Planungen zum Umgang mit den deutschen Großbanken, dort, wo die Mitarbeiter der Bank direkt mit ihrer individuellen Vergangenheit konfrontiert wurden. Der *erste Hauptteil* beschäftigt sich zunächst mit den flächendeckenden Versuchen einer personellen „Entnazifizierung" durch die Überprüfung und Bestrafung nationalsozialistischer Betätigung in den vier Besatzungszonen. Inzwischen liegt, im Anschluss an die bahnbrechenden Forschungen Lutz Niethammers,[16] eine Reihe von politikhistorischen Regionalstudien zu den Ländern der westlichen Besatzungszonen vor.[17] Zugleich bietet die Praxis der Entnazifizierung aber auch einen Zugang zum Verhältnis von besatzungspolitischen Ansprüchen und lokalen oder professionellen Milieus, deren Selbstverständnis hier herausgefordert wurde.[18] Das Kapitel präsentiert daher nicht nur eine vergleichende Analyse der Entnazifizierungspolitik und -praxis in der amerikanischen und britischen Besatzungszone am Beispiel der Filialleitungen der Dresdner Bank. Die Auswertung von Entnazifizierungsakten, auf der dieser Vergleich beruht, erschließt zugleich den Umgang

15 Zur Problematik und Geschichte des viel kritisierten Begriffs vgl. etwa Peter Reichel, Vergangenheitsbewältigung in Deutschland. Die Auseinandersetzung mit der NS-Diktatur von 1945 bis heute, München 2001, S. 21–27; Helmut König, Die Zukunft der Vergangenheit. Der Nationalsozialismus im politischen Bewusstsein der Bundesrepublik, Frankfurt a.M. 2003, S. 7f.

16 Lutz Niethammer, Entnazifizierung in Bayern. Säuberung und Rehabilitierung unter amerikanischer Besatzung, Frankfurt a.M. 1972 (hier zitiert nach der unveränderten Neuauflage unter dem Titel: Die Mitläuferfabrik. Die Entnazifizierung am Beispiel Bayerns, Berlin/Bonn 1982). Immer noch nützlich ist auch die erste, bereits in den fünfziger Jahren entstandene Gesamtdarstellung von Justus Fürstenau, Entnazifizierung. Ein Kapitel deutscher Nachkriegspolitik, Neuwied/Berlin 1969.

17 Vgl. im Einzelnen die Literaturangaben in Kapitel III. Vergleichende Überblicke bieten Henke, Trennung; Clemens Vollnhals, Entnazifizierung. Politische Säuberung in den vier Besatzungszonen 1945–1949, München 1991; Cornelia Rauh-Kühne, Die Entnazifizierung und die deutsche Gesellschaft, in: Archiv für Sozialgeschichte 35 (1995), S. 35–70.

18 Hier ist vor allem auf die regionalhistorische Studie von Woller hinzuweisen: Hans Woller, Gesellschaft und Politik in der amerikanischen Besatzungszone. Die Region Ansbach und Fürth, München 1986, S. 116–165. Vgl. außerdem Cornelia Rauh-Kühne, Die Unternehmer und die Entnazifizierung der Wirtschaft in Württemberg-Hohenzollern, in: dies./Michael Ruck (Hg.), Regionale Eliten zwischen Diktatur und Demokratie. Baden und Württemberg 1930–1952, München 1993, S. 305–331.

der Bank und ihres Führungspersonals mit dieser Herausforderung sowohl auf der mentalen wie auf der praktischen, personalpolitischen Ebene.

Weitgehend vernachlässigt wurde die Entnazifizierung der Wirtschaft bislang in der Forschung zur SBZ, wo die politische Abrechnung mit dem Nationalsozialismus von einer sukzessiven Verdrängung bürgerlicher Funktionseliten überlagert wurde, die letztlich der Durchsetzung einer neuen Diktatur diente.[19] Am Beispiel der sächsischen Filialen der Dresdner Bank lässt sich der Verlauf dieses Elitenaustauschs in einem speziellen Segment genauer nachvollziehen, denn ein erheblicher Teil des dortigen Personals wechselte nach der erzwungenen Einstellung des Geschäftsbetriebs im Sommer 1945 zunächst in ein neues staatliches Institut, die Sächsische Landesbank. Erst einige Jahre später, als sich die Ausschaltung ehemaliger Nationalsozialisten zu einer Verdrängung „reaktionärer Kräfte" ausweitete, wurde aus dem Personaltransfer eine Ost-West-Abwanderung – häufig in die westlichen Nachfolgeinstitute der Dresdner Bank.

In den Kontext der pauschalen, letzten Endes der politischen Diktaturdurchsetzung dienenden „Säuberungen" in Ostdeutschland fügt sich auch einer der beiden Strafprozesse gegen Vorstandsmitglieder der Bank. Alfred Busch wurde nach einer fünfjährigen Internierung in sowjetischen Speziallagern in den berüchtigten „Waldheimer Prozessen" zu einer langjährigen Haftstrafe verurteilt; am Beispiel Buschs, mit dem das vierte Kapitel beginnt, lässt sich detailliert zeigen, wie wenig diese vordergründige Abrechnung mit nationalsozialistischen „Kriegsverbrechern" einer juristischen Aufarbeitung der NS-Zeit diente.[20] Anders verhielt sich das mit den Nürnberger Prozessen gegen Repräsentanten der deutschen Wirtschaftselite, die von der amerikanischen Besatzungsmacht durchgeführt wurden. Zum Prozess gegen Karl Rasche, den Vorstandssprecher der Dresdner Bank, liegt bereits eine Vorstudie vor, die sich zum einen den internen Konflikten zwischen Rasche und seinen Vorstandskollegen, zum anderen dem Spannungsverhältnis zwischen juristischer Beweisführung und Konstruktion von Geschichtsbildern widmet.[21] Der Prozess steht auch im Mittelpunkt des vierten Kapitels, das sich jedoch weit gründlicher mit der Vorgeschichte, dem Ermittlungsbericht der amerikanischen Finanzabteilung über die Dresdner Bank sowie der Bewertung der seinerzeitigen Anklagepunkte aus heutiger Sicht beschäftigt. Auch diese Themen werden aber vorrangig unter dem Blickwinkel ihres Beitrags zur historischen De-

[19] Vgl. hier nur als Überblick Clemens Vollnhals, Politische Säuberung als Herrschaftsinstrument: Entnazifizierung in der Sowjetischen Besatzungszone, in: Andreas Hilger/Mike Schmeitzner/Ute Schmidt (Hg.), Diktaturdurchsetzung. Instrumente und Methoden der kommunistischen Machtsicherung in der SBZ/DDR 1945–1955, Dresden 2001, S. 127–138; sowie die Angaben in Kapitel III.3.

[20] Aus der Literatur zu den „Waldheimer Prozessen" sei hier nur verwiesen auf die bislang detaillierteste Darstellung von Wolfgang Eisert, Die Waldheimer Prozesse. Der stalinistische Terror 1950. Ein dunkles Kapitel der DDR-Justiz, Esslingen/München 1993; sowie das Resümee von Annette Weinke, Die Waldheimer „Prozesse" im Kontext der strafrechtlichen Aufarbeitung der NS-Diktatur in der SBZ/DDR, in: Norbert Haase/Bert Pampel (Hg.), Die Waldheimer „Prozesse" – fünfzig Jahre danach, Baden-Baden 2001, S. 27–48.

[21] Ralf Ahrens, Der Exempelkandidat. Die Dresdner Bank und der Nürnberger Prozess gegen Karl Rasche, in: VfZ 52 (2004), S. 637–670. Zur Vorgeschichte des Prozesses vgl. außerdem Karl Heinz Roth, Einleitung des Bearbeiters, in: OMGUS, Ermittlungen, S. CXIII–CXXXIII; Joachim Scholtyseck, Die USA vs. „The Big Six". Der gescheiterte Bankenprozeß nach dem Zweiten Weltkrieg, in: Bankhistorisches Archiv 26 (2000), S. 27–53.

finition der Rolle der Bank und ihres Führungspersonals in der NS-Zeit betrachtet. Zu prüfen ist mithin, inwiefern „Nürnberg" für die Dresdner Bank zu einem ähnlich zentralen Baustein für die Konstruktion einer umfassenden historischen Apologie wurde, wie Jonathan Wiesen das für die Nürnberger Industriellenprozesse gezeigt hat.[22]

Das Kapitel endet mit einem Abschnitt zur Elitenkontinuität an der Spitze der Dresdner Bank beziehungsweise ihrer Nachfolgeinstitute, zu der auch die Trennung der Bankführung von ihrem früheren Kollegen Rasche nach dessen Entlassung aus der Landsberger Haft 1950 gehört. Rasche markiert einen der Ausnahmefälle von der Regel, wonach insbesondere im Bankwesen die Kontinuität der deutschen Wirtschaftselite durch das Ende des NS-Regimes und die alliierten „Säuberungs"-Maßnahmen nur marginal beeinflusst wurde.[23] Volker Berghahn hat am Beispiel der Ruhrindustrie allerdings bereits vor längerer Zeit darauf hingewiesen, dass „auf eine nicht leicht zu erfassende Weise [...] Haltung und Tätigkeit in der NS-Kriegswirtschaft durchaus von Bedeutung für den Rang [waren], den man nach 1945 unter seinesgleichen einnahm."[24] Am konkreten Beispiel Karl Rasches lässt sich genauer bestimmen, inwiefern die Nähe zum Nationalsozialismus oder die Dienstfertigkeit im Sinne der nationalsozialistischen Wirtschafts- und Expansionspolitik Kriterien der verweigerten Reintegration in die deutsche Bankierselite waren.

Der *zweite Hauptteil* widmet sich in drei chronologisch abgegrenzten Kapiteln der Organisation und Interessenpolitik, Geschäftspolitik und Geschäftsentwicklung der Dresdner Bank und ihrer westdeutschen Nachfolgeinstitute im Kontext der alliierten und deutschen Ordnungspolitik. Im Vergleich zu den raschen Fortschritten bei der Untersuchung der Großbanken in der NS-Zeit steht die bankenhistorische Forschung über die Jahre nach 1945 noch weitgehend am Anfang. Die Literaturbasis für eine vergleichende Einordnung der Dresdner Bank zumindest hinsichtlich der Organisations- und Interessenpolitik ist dennoch relativ günstig. Die Entwicklung der ordnungspolitischen Rahmenbedingungen, insbesondere die amerikanische Dezentralisierungspolitik und ihr letztendliches Scheitern, sind dank der Pionierstudie von Theo Horstmann seit längerem bekannt; wesentliche Korrekturen sind daran aus der Perspektive der Dresdner Bank nicht anzubringen.[25] Die Konflikte mit den westlichen Besatzungsmächten und das Zusammen-

22 S. Jonathan Wiesen, Overcoming Nazism: Big Business, Public Relations, and the Politics of Memory, 1945–1950, in: Central European History 29 (1996), S. 201–226; ders., West German Industry and the Challenge of the Nazi Past, 1945–1955, Chapel Hill/London 2001, S. 67–98. Statt weiterer Literaturangaben zur Nürnberger Strafverfolgung von NS-Verbrechen sei an dieser Stelle nur auf die aktuellen Zusammenfassungen des Forschungsstands verwiesen: Annette Weinke, Die Nürnberger Prozesse, München 2006; Norbert Frei (Hg.), Transnationale Vergangenheitspolitik. Der Umgang mit deutschen Kriegsverbrechern in Europa nach dem Zweiten Weltkrieg, Göttingen 2006, darin insbesondere: Frank M. Buscher, Bestrafen und erziehen. „Nürnberg" und das Kriegsverbrecherprogramm der USA, S. 94–139; Donald Bloxham, Pragmatismus als Programm. Die Ahndung deutscher Kriegsverbrechen durch Großbritannien, S. 140–179.

23 Dieter Ziegler, Strukturwandel und Elitenwechsel im Bankwesen 1900–1957, in: Volker R. Berghahn/Stefan Unger/Dieter Ziegler (Hg.), Die deutsche Wirtschaftselite im 20. Jahrhundert. Kontinuität und Mentalität, Essen 2003, S. 187–218.

24 Volker R. Berghahn, Unternehmer und Politik in der Bundesrepublik, Frankfurt a.M. 1985, S. 52.

25 Horstmann, Die Alliierten. Auf unveröffentlichten Quellen beruhen außerdem ders., Um „das schlechteste Bankensystem der Welt". Die interalliierten Auseinandersetzungen über amerikani-

spiel mit der deutschen Politik, auch die von Horstmann nur knapp skizzierte Phase 1952–1957, wurden für die Deutsche Bank von Carl-Ludwig Holtfrerich bereits ausführlich aus der Unternehmensperspektive dargestellt.[26] Lothar Gall hat in seiner Biografie des führenden Kopfes der Deutschen Bank, Hermann Josef Abs, jüngst einige wichtige Facetten hinzugefügt.[27] Für die Dresdner Bank lag hingegen bislang nur eine umfangreiche Festschrift aus der Feder des ehemaligen Chefvolkswirts Hans G. Meyen vor, die unabhängig von ihren unternehmensloyalen Prämissen zwar streckenweise erheblichen Informationswert hat, aber von einer kritischen historischen Analyse weit entfernt ist.[28]

Auf der Grundlage bankinterner und anderer unveröffentlichter Quellen lassen sich die organisatorischen Reaktionen der Dresdner Bank auf die britisch-amerikanische Bankenpolitik, ihre interessenpolitischen Strategien und deren Erfolge mittlerweile sehr viel genauer darstellen. Damit ergänzt die vorliegende Studie gleichzeitig Horstmanns bankenpolitisch angelegte Arbeit, die bereits zum Teil auf diese Quellen zurückgreifen konnte und auch grundlegend über die Interessenpolitik der Großbanken informiert. Anders als Horstmann hat Holtfrerich aus der Perspektive der Deutschen Bank zudem die Entwicklung im geteilten Berlin geschildert, wo die Großbanken im Ostteil zunächst stillgelegt und später enteignet wurden, im Westteil über neue Tochtergesellschaften hingegen begrenzt an das alte Geschäft anknüpfen konnten; mit der Dissertation von Sebastian T. Pollems liegt neuerdings eine ausführliche Rekonstruktion der Berliner Bankengeschichte in der Nachkriegszeit vor.[29] Ein nahezu unbeackertes Feld betritt die vorliegende Studie hingegen, auch in bankenpolitischer Hinsicht, mit der genaueren Darstellung der Schließung und Abwicklung der alten Banken in der SBZ.[30]

sche Pläne zur Reform des deutschen Bankenwesens 1945/46, in: Bankhistorisches Archiv 11 (1985), S. 3–27; Manfred Pohl, Zerschlagung und Wiederaufbau der deutschen Großbanken, 1945–1957, in: Deutsche Bank (Hg.), Beiträge zu Wirtschafts- und Währungsfragen und zur Bankgeschichte 13, Frankfurt a.M. 1974, S. 21–32. Vgl. außerdem die einschlägigen Handbuchbeiträge: Manfred Pohl, Die Entwicklung des privaten Bankwesens nach 1945, in: Karl Erich Born u.a., Deutsche Bankengeschichte, Bd. 3, Frankfurt a.M. 1983, S. 207–277; Herbert Wolf, Deutschland, in: Hans Pohl (Hg.), Europäische Bankengeschichte, Frankfurt a.M. 1993, S. 517–550; ders., Von der Währungsreform bis zum Großbankengesetz (1948–1952), in: Hans Pohl (Hg.), Geschichte der deutschen Kreditwirtschaft seit 1945, Frankfurt a.M. 1998, S. 59–110; ders., Vom Großbankengesetz bis zur „Normalisierung" (1953–1958), in: ebd., S. 111–148.

26 Carl-Ludwig Holtfrerich, Die Deutsche Bank vom Zweiten Weltkrieg über die Besatzungsherrschaft zur Rekonstruktion 1945–1957, in: Lothar Gall u.a., Die Deutsche Bank 1870–1995, München 1995, S. 409–578. Zum Neuaufbau der Berliner Handels-Gesellschaft, die erst nach längerem Zögern 1947 eine Neugründung in Frankfurt a.M. durchführte und 1954 die Geschäftstätigkeit in Berlin wieder aufnahm, vgl. Ernst Neubronner, Der Wiederaufbau der deutschen Geschäftsbanken nach 1945 am Beispiel der Berliner Handels-Gesellschaft, in: ZUG 43 (1998), S. 216–226.

27 Lothar Gall, Der Bankier. Hermann Josef Abs. Eine Biographie, München 2004, S. 121–141, 207–227.

28 Hans G. Meyen, 120 Jahre Dresdner Bank. Unternehmens-Chronik 1872 bis 1992, Frankfurt a.M. 1992.

29 Holtfrerich, Deutsche Bank, S. 435–449; Sebastian T. Pollems, Der Bankplatz Berlin zur Nachkriegszeit. Transformation und Rekonstruktion des Ost- und Westberliner Bankwesens zwischen 1945 und 1953, Berlin 2006. Zur Berliner Bankengeschichte nach 1945 liegt ansonsten, neben wenigen älteren Arbeiten, nur eine neuere historische Skizze vor: Frank Zschaler, Erzwungene Reorientierung im Zeichen der deutschen Teilung (1945–1990), in: Hans Pohl (Hg.), Geschichte des Finanzplatzes Berlin, Frankfurt a.M. 2002, S. 215–252.

30 Dazu liegt bislang lediglich eine ältere Studie vor, die nur auf veröffentlichte Dokumente zurückgreifen konnte: Josef Deckers, Die Transformation des Bankensystems in der Sowjetischen Besat-

Die Frage nach den Konsequenzen der alliierten Ordnungspolitik beschränkt sich jedoch nicht auf die organisatorische Ebene, sondern muss auch die Geschäftspolitik und Geschäftsentwicklung der Dresdner Bank beziehungsweise der einzelnen Nachfolgeinstitute einbeziehen. Die chronologische Gliederung dieses Teils in die drei Phasen 1945–1948, 1948–1952 und 1952–1957 orientiert sich zwar primär an den organisationsgeschichtlichen Zäsuren der De- und Rezentralisierung. Sie ist jedoch auch für die Untersuchung der Geschäftspolitik und Geschäftsentwicklung sinnvoll, weil sich deren Rahmenbedingungen zumindest in den beiden ersten Phasen fundamental unterschieden. Dass die Währungsreform im Juni 1948 eine bankenhistorische Zäsur darstellt, ist offenkundig. Doch auch der erste Rezentralisierungsschritt 1952 hatte nachhaltige Bedeutung für die Bilanzen der Nachfolgeinstitute, die erst seitdem wieder veröffentlicht werden konnten. Im Gegensatz zu Meyens Darstellung, die sich für die vorangehenden Jahre weitgehend auf qualitative Bemerkungen beschränkt, kann allerdings auch für die beiden ersten Phasen von „bilanzlosen Jahren“[31] keine Rede sein. Die überlieferten Daten erlauben zwar keine vergleichbar dichte, durchgehende Bilanzanalyse wie für die NS-Zeit,[32] denn sie sind aus verschiedenen Gründen nur begrenzt miteinander vergleichbar. Sie reichen aber aus, um sowohl die bankgeschäftlichen Folgen des Zusammenbruchs 1945 als auch die Bedeutung der alliierten Eingriffe zu erörtern und zugleich gewisse geschäftspolitische Kontinuitäten nachzuweisen. Gleichzeitig vertiefen sie am konkreten Beispiel einer einzelnen Bank die vorliegenden, eher skizzenhaften Überblicke zur quantitativen Entwicklung des westdeutschen Kreditwesens.[33] Die Ausnahme markiert auch hier Holtfrerichs Darstellung zur Deutschen Bank;[34] darüber hinausgehend kann hier für die Jahre 1952–1957 erstmals in der Forschung auch auf unveröffentlichte Steuerbilanzen zurückgegriffen werden, die eine wesentlich realistischere Erfolgsrechnung darstellen.

Der *dritte Hauptteil* beschäftigt sich mit der Rolle der Dresdner Bank und ihrer Nachfolgeinstitute bei der Wiedergutmachung materieller Schäden, die deutschen Juden durch die schrittweise Entziehung ihrer wirtschaftlichen Existenzgrund-

zungszone/DDR von 1945 bis 1972, Berlin 1974. Vgl. aber demnächst Detlef Krause, Die Filialen und Angestellten der Commerzbank in der Sowjetischen Besatzungszone und Berlin 1945 bis 1949, in: Ralf Ahrens (Hg.), Umbrüche und Kontinuitäten im mitteleuropäischen Bankwesen nach dem Zweiten Weltkrieg (erscheint voraussichtlich 2007). Die einschlägigen Gesetze und Verordnungen referiert Stefan von der Beck, Die Konfiskationen in der Sowjetischen Besatzungszone von 1945 bis 1949. Ein Beitrag zu Geschichte und Rechtsproblemen der Enteignungen auf besatzungsrechtlicher und besatzungshoheitlicher Grundlage, Frankfurt a.M. 1996, S. 111–117.

31 Meyen, 120 Jahre, S. 150.

32 Vgl. Bähr, Dresdner Bank, S. 169–252.

33 Vgl. Richard H. Tilly, Geschäftsbanken und Wirtschaft in Westdeutschland seit dem Zweiten Weltkrieg, in: Eckart Schremmer (Hg.), Geld und Währung vom 16. Jahrhundert bis zur Gegenwart, Stuttgart 1993, S. 315–343, hier S. 320–335; als Überblicksdarstellungen außerdem Herbert Wolf, 30 Jahre Nachkriegsentwicklung im deutschen Bankwesen, Mainz 1980; ders., Großbankengesetz; Pohl, Entwicklung. Vgl. für die Jahre 1952 und 1953: Franz Seidel, Die Nachfolgebanken in Westdeutschland. Ihre Entstehung und Entwicklung auf Grund ihrer Bilanzen, Wien 1955; sowie die übergreifende Darstellung von Karl Josef Ehlen, Die Filialgroßbanken. Entwicklung und Stellung im deutschen Kreditsystem, Stuttgart 1960. Die dünne Literaturlage demonstriert auch der Forschungsüberblick von Richard Tilly, Universal Banking in Historical Perspective, in: Journal of Institutional and Theoretical Economics 154 (1998), S. 7–32, hier S. 25–27.

34 Holtfrerich, Deutsche Bank, S. 544–577.

lagen entstanden waren. Die Restitution „arisierten" Eigentums und die Entschädigung für Vermögens- und Einkommensverluste war lange nur ein juristisches beziehungsweise rechtshistorisches Thema,[35] dessen politikgeschichtliche Dimensionen erst in jüngerer Zeit substanziell aufgearbeitet wurden.[36] Erst vor kurzem begonnen hat aber vor allem die historische Analyse der Wiedergutmachungspraxis.[37] Gerade die Unternehmensgeschichte, die sich hervorragend für eine Bündelung der verschiedenen historiografischen Zugriffe auf der Mikroebene eignet, hat das Thema bislang wenig wahrgenommen.[38] Ausgehend von der umfassend aufgearbeiteten Rolle der Dresdner Bank in der „Entjudung" der deutschen Wirtschaft[39] werden im dritten Hauptteil nacheinander die Konsequenzen des Umgangs mit dem eigenen jüdischen Personal, der Beteiligung an der Entziehung jüdischer Privatvermögen sowie der „Arisierung" von Unternehmen und Unternehmensbeteiligungen analysiert, mit denen sich die Bank und ihre Nachfolgeinstitute noch weit über das Jahr 1957 hinaus auseinandersetzen mussten; der Untersuchungszeitraum reicht daher mitunter bis in die sechziger und siebziger Jahre hinein.[40] Der Band schließt mit einem *Exkurs* zur Trennung der Dresdner Bank von den seit 1938 aufgebauten Tochtergesellschaften in den besetzten oder „angeschlossenen" europäischen Gebieten, in dem der im Titel angegebene Untersuchungszeitraum teils noch weiter, nämlich bis in die Gegenwart ausgedehnt werden musste.

Der Versuch, eine solche politische Unternehmensgeschichte aus der Perspektive der Dresdner Bank zu schreiben, wäre noch vor wenigen Jahren auf eine sehr problematische *Quellenlage* gestoßen. Der bei weitem größte Teil der Quellenba-

35 Immer noch grundlegend: Bundesminister der Finanzen/Walter Schwarz (Hg.), Die Wiedergutmachung nationalsozialistischen Unrechts durch die Bundesrepublik Deutschland, Bd. 1–6, München 1974ff. Die jüngste Zusammenfassung dieser Perspektive bieten Hermann-Josef Brodesser u.a., Wiedergutmachung und Kriegsfolgenliquidation. Geschichte – Regelungen – Zahlungen, München 2000.

36 Dazu jetzt umfassend Constantin Goschler, Schuld und Schulden. Die Politik der Wiedergutmachung für NS-Verfolgte seit 1945, Göttingen 2005; Constantin Goschler/Jürgen Lillteicher (Hg.), „Arisierung" und Restitution. Die Rückerstattung jüdischen Eigentums in Deutschland und Österreich nach 1945 und 1989, Göttingen 2002; sowie der Überblick von Hans-Günter Hockerts, Wiedergutmachung in Deutschland. Eine historische Bilanz 1945–2000, in: VfZ 49 (2001), S. 167–214.

37 Vgl. insbesondere Jürgen Lillteicher, Die Rückerstattung jüdischen Eigentums in Westdeutschland nach dem Zweiten Weltkrieg. Eine Studie über Verfolgungserfahrung, Rechtsstaatlichkeit und Vergangenheitspolitik 1945–1971, Diss. phil. Freiburg i.Br. 2002. Die Buchfassung: Raub, Recht und Restitution. Die Rückerstattung jüdischen Eigentums in der frühen Bundesrepublik, Göttingen 2007, konnte für das Manuskript nicht mehr berücksichtigt werden. Zur Praxis der Rechtsprechung auch Maik Wogersien, Die Rückerstattung von ungerechtfertigt entzogenen Vermögensgegenständen. Eine Quellenstudie zur Wiedergutmachung nationalsozialistischen Unrechts aufgrund der Gesetzes Nr. 59 der britischen Militärregierung, Diss. jur. Münster 2000.

38 Die herausragende Ausnahme für die Finanzwirtschaft ist Gerald D. Feldman, Die Allianz und die deutsche Versicherungswirtschaft 1933–1945, München 2001, S. 583–629. Einige Hinweise zur Wiedergutmachungspolitik der Deutschen Bank finden sich bei Harold James, Die Deutsche Bank und die „Arisierung", München 2001. Für die Dresdner Bank liegt außerdem eine Studie zum Restitutionsverfahren über ein einzelnes „arisiertes" Unternehmen vor, die allein auf den Prozessakten beruht und daher den unternehmensseitigen Umgang mit Wiedergutmachungsfragen nur begrenzt aufhellen kann: Jens Schnauber, Die Arisierung der Scala und Plaza. Varieté und Dresdner Bank in der NS-Zeit, Berlin 2002, S. 87–117.

39 Ziegler, Dresdner Bank; vgl. auch bereits ders., Die Verdrängung der Juden aus der Dresdner Bank 1933–1938, in: VfZ 47 (1999), S. 187–216.

40 Vgl. genauer die separate Einleitung zum dritten Teil in Kapitel VIII.

sis dieser Studie entstammt dem Historischen Archiv der Dresdner Bank AG in Frankfurt am Main; dort werden heute auch die Bestände des früheren Berliner „Altbankarchivs" verwahrt, das nach der „Wiedervereinigung" weiterhin Engagements aus der Reichsmarkzeit abwickelte und schließlich vor allem zu Auskunftszwecken aufrecht erhalten wurde.[41] Das erst im Zuge des Forschungsprojekts über die Bank in der NS-Zeit begründete Historische Archiv verwahrt heute neben den alten Berliner Beständen zum einen jene historischen Dokumente, die früher mehr oder weniger systematisch in der Volkswirtschaftlichen Abteilung der Bank aufbewahrt wurden; zum anderen wurden seit der Gründung zahlreiche neue Aktenbestände hinzugefügt.

Zu der ersten Gruppe zählt insbesondere der Nachlass des früh verstorbenen Vorstandsmitglieds Hugo Zinßer. Zinßers umfangreiche Korrespondenzen, die bis heute die wichtigste Quelle zur Nachkriegsgeschichte der Bank darstellen und teils schon von Theo Horstmann für seine Studie zur alliierten Großbankenpolitik genutzt werden konnten, wurden vermutlich in den achtziger Jahren zersplittert; der ursprüngliche Zusammenhang ist teilweise nicht mehr rekonstruierbar.[42] Ein kleineres, ebenfalls schon von Horstmann unter dem Titel „Entflechtung" zitiertes Konvolut stammt aus den Akten des späteren Vorstandsmitglieds Max Schobert, der während Zinßers Internierung durch die amerikanische Besatzungsmacht eine führende Rolle in Süddeutschland spielte. Alle anderen im Folgenden zitierten Akten der Dresdner Bank wurden bis zum Beginn der Forschungen über ihre Geschichte im Dritten Reich höchstens punktuell für die Festschrift von Meyen genutzt. Völlig unbekannt war insbesondere die Existenz eines umfangreichen Aktenbestands zum Nürnberger Prozess gegen Karl Rasche, der aus einem von dem ehemaligen Abteilungsleiter Walter Teichmann organisierten Büro der Bank in Nürnberg stammt. Diese Quellen erhellen Vorgeschichte und Organisation des Prozesses aus der Unternehmenssicht, die in den stets öffentlich zugänglichen Protokollen und Beweisstücken des Prozesses selbst nur sehr eingeschränkt zur Geltung kommt.[43]

Weitere Nachlässe oder Sekretariatsbestände aus den Vorstandsetagen von der Qualität des Zinßer-Nachlasses existieren leider nicht; die Korrespondenzen Hans Rinns, die dem noch am nächsten kommen, konzentrieren sich auf die fünfziger Jahre und hier vor allem auf einzelne Kunden- oder Mandatsbeziehungen. Unter den neu erschlossenen Aktenbeständen sind vielmehr – neben den Filialakten, die häufig zur Illustration allgemeinerer Trends hilfreich sind – insbesondere die Akten der Rechtsabteilungen in Frankfurt, Düsseldorf, Hamburg und Berlin zu erwähnen, die eine äußerst dichte Quellenlage für den dritten Teil über die Dresdner Bank und die Wiedergutmachung bieten. Vergleichbare Grundlagen für eine vertiefte Analyse der Personalpolitik oder der Binnenorganisation der Nachfolgeinstitute scheinen dagegen nicht mehr zu existieren; die Untersuchung der

[41] Vgl. dazu Bähr, Dresdner Bank, S. 572.
[42] Vgl. Horstmann, Die Alliierten, S. 18.
[43] Die Quellen des „Wilhelmstraßen-Prozesses" wurden weitestgehend nach dem Bestand „99 US 7" im Bundesarchiv Berlin zitiert, der mittlerweile im Bundesarchiv Koblenz lagert. Die auszugsweise amerikanische Dokumentation der Nachfolgeprozesse erwähnt Rasche nur punktuell: Trials of War Criminals before the Nuernberg Military Tribunals under Control Council Law No. 10, Bd. 12–14, Washington 1952.

Kredit- und Einlagenpolitik anhand einzelner Kundenbeziehungen hätte den Rahmen dieser Studie gesprengt.

Die Akten der Bankjuristen und des Düsseldorfer Vorstandsmitglieds Adolf Schäfer sind außerdem eine wichtige Grundlage für die Rekonstruktion der Organisations- und Interessenpolitik in der Rezentralisierungsphase 1952 bis 1957. Schäfer war in diesen Jahren zudem Protokollant des „Neuen Kreises", in dem die Vorstandsmitglieder und Aufsichtsratsvorsitzenden der drei Nachfolgeinstitute wichtige geschäfts- und organisationspolitische Fragen diskutierten. Die geschlossen überlieferten Beschlussprotokolle des Kreises bringen diese Diskussionsprozesse leider kaum zum Ausdruck; Vorstandsprotokolle der einzelnen Nachfolgeinstitute sind gar nicht überliefert. Dasselbe gilt für die Aktivitäten des „Alten Kreises", der seit 1948 den alten Vorstand der Dresdner Bank in Grundfragen zu ersetzen suchte; einzelne Dokumente dazu existieren nur in den Korrespondenzen Hugo Zinßers. Nur punktuell erhalten geblieben sind auch die Personalakten des Spitzenpersonals.

Der Mangel an Vorstandsprotokollen und Abteilungsakten erschwert auch die Rekonstruktion der Geschäftspolitik vor allem der ersten Nachkriegsjahre. Deutlich besser ist die Quellenlage zur quantitativen Entwicklung der Bank beziehungsweise der einzelnen Nachfolgeinstitute. Für die Jahre 1945/46 liegen regional differenzierte Bilanzen des gesamten westdeutschen Geschäfts vor; die nächsten umfassenden Zahlenwerke finden sich anlässlich der Währungsreform 1948. Noch dichter ist die Überlieferung für den Zeitraum 1948–1951, für den neben den vollständigen Steuer- und Prüferbilanzen auch Differenzierungen der Betriebsergebnisse auf Länderebene existieren. Ab 1952 schließlich stehen nicht nur die veröffentlichten Handelsbilanzen, sondern für die Rhein-Ruhr Bank und die Rhein-Main Bank auch die realistischeren Steuer- und Prüferbilanzen zur Verfügung, die ein deutlich positiveres Bild der Ertragsentwicklung vermitteln.

Die Aktivitäten der Bankleitung in den Auseinandersetzungen um die Ordnung des westdeutschen Bankwesens lassen sich natürlich nicht nur aus bankeigenen Quellen erschließen. Wichtige ergänzende Quellen stammen vor allem aus den Beständen des Historischen Archivs der Deutschen Bundesbank sowie aus den Akten des Bundesfinanz- und Bundeswirtschaftsministeriums im Bundesarchiv Koblenz; einige Akten aus den Historischen Archiven der Deutschen Bank und der Commerzbank dokumentieren vor allem die gemeinsamen interessenpolitischen Aktivitäten der drei Filialgroßbanken. Zur Abwicklung und Verstaatlichung der Dresdner Bank in der Sowjetischen Besatzungszone sowie zu den Werdegängen des dortigen Führungspersonals finden sich zahlreiche Akten im Sächsischen Hauptstaatsarchiv Dresden und im Staatsarchiv Leipzig. Diese Quellen bieten, ergänzt durch die recht schmale relevante Überlieferung der Deutschen Zentralfinanzverwaltung im Bundesarchiv, ein klares Bild des ordnungspolitischen Umbruchs und der sukzessiven Elitenverdrängung. Die Kapitel zur Entnazifizierung der westdeutschen Filialleitungen und der in den Westen gelangten Mitglieder der Führungsebene beruhen ebenfalls primär auf öffentlichem Archivgut aus diversen Landes- und Staatsarchiven. Abgerundet wird die Quellenbasis durch die Akten der beiden großen westlichen Besatzungsmächte in den britischen und US-amerikanischen Nationalarchiven, vor allem aber durch die großenteils in Kopie im Bundesarchiv Koblenz zugänglichen Bestände der amerikanischen Militärregierung OMGUS. Englischsprachige Zitate wurden der Lesbarkeit zuliebe durchgehend vom Verfasser ins Deutsche übertragen.

Dieses Buch präsentiert die Ergebnisse eines Projekts, das drei Jahre lang von der Deutschen Forschungsgemeinschaft finanziert wurde. Ich konnte damit unmittelbar an das bereits laufende, umfangreichere Forschungsvorhaben zur Geschichte der Dresdner Bank im Dritten Reich anschließen und traf auf Kollegen, die mich vorbehaltlos und in vielerlei Hinsicht von ihrem Wissen profitieren ließen. Das gilt nicht nur für Ingo Köhler, Harald Wixforth und Dieter Ziegler, die hier mit eigenen Beiträgen präsent sind; sondern auch für Maren Janetzko, Jörg Osterloh, Friederike Sattler und Michael C. Schneider, allen voran aber für Johannes Bähr. Klaus-Dietmar Henke, an dessen Dresdener Lehrstuhl für Zeitgeschichte auch mein Projekt angesiedelt war, begleitete es so umsichtig wie engagiert; seine Kommentare dienten ebenso der Präzisierung der Ergebnisse wie Gespräche mit anderen Kolleginnen und Kollegen.

Die Dresdner Bank AG gewährte den uneingeschränkten Zugang zu ihren Akten und finanzierte die Veröffentlichung der Forschungsergebnisse, nahm aber keinerlei Einfluss auf Inhalte und Interpretationen. Viele Archivarinnen und Archivare haben die Recherchen für das Buch erleichtert; ohne die umfassende Unterstützung durch Michael Jurk, den Leiter des Historischen Archivs der Dresdner Bank in Frankfurt, sowie seine Mitarbeiter Cornelia Erbe, Andreas Graul, Klaus Hopf, Matthias Kretschmer, Katrin Lege und Wolfgang Richter hätte es nicht entstehen können. Christel Meier, Walter Nathan und Michael Rademacher machten mir private Dokumente zugänglich. Manfred Schaudwet, der frühere Leiter des Generalsekretariats der Dresdner Bank AG, war sowohl ein engagierter Unterstützer des Projekts als auch ein gründlicher Leser des Manuskripts. Das sorgfältige Lektorat im Oldenbourg Verlag übernahm Cordula Hubert. Die vielen Archivaufenthalte in Frankfurt wurden durch die Gastfreundschaft von Susanne und Thomas Rauth abgerundet. Irmgard Zündorfs Beitrag schließlich geht weit darüber hinaus, dass sie das Manuskript kritisch gelesen und meine gelegentlichen Frustrationen während seiner Entstehung ertragen hat. Herzlichen Dank an alle.

II. Prolog: Auf dem Weg in die Nachkriegszeit

1. Die Dresdner Bank und der Untergang des Dritten Reichs

Die Dresdner Bank erlebte in der NS-Zeit vordergründig einen erheblichen Aufschwung, der jedoch zum guten Teil auf den tönernen Füßen der nationalsozialistischen Aufrüstungs- und Kriegswirtschaft ruhte. Zwar war die nationalsozialistische Ideologie, und in geringerem Maße auch die nationalsozialistische Bankenpolitik, von einem grundsätzlichen Misstrauen gegen die Großbanken geprägt. Zudem hatte die Dresdner Bank nach der Übernahme der Darmstädter- und National-Bank (Danat-Bank) im Gefolge der Bankenkrise von 1931 „den bis dahin größten Sanierungsfall in der Geschichte des deutschen Kreditgewerbes" zu bewältigen. Dennoch zeigen die Bilanzwerte bei oberflächlicher Betrachtung eine Phase des dynamischen, gerade in der letzten Kriegsphase kulminierenden Aufschwungs. Die Bilanzsumme wuchs von ca. 2,7 Mrd. Reichsmark (RM) im Jahre 1933 auf rund 8,6 Mrd. RM (1944), wobei sich der substanzielle Zuwachs erst während der Kriegsjahre ergab. Der Gewinn aus dem laufenden Geschäft (nach Steuern) wuchs zwischen 1933 und 1943 gar von 4,7 auf 34,7 Mio. RM; das entsprach einer Zunahme der tatsächlichen Eigenkapitalrendite von 2,9 auf 15,4 Prozent. Die Anzahl der Kunden erhöhte sich zwischen 1934 (449000) und 1943 (1050000) auf mehr als das Doppelte.[1]

Ein erheblicher Teil des Wachstums von Bilanzsumme, Gewinnen und Kundenstamm war allerdings die Konsequenz einer Wirtschaftspolitik, die den Großbanken zwar auch neue Geschäftsfelder eröffnete, ihre angestammten Märkte jedoch erheblich beschnitt und letztendlich in eine völlige Zerrüttung des Finanzwesens führte. Zum Ausdruck kam das nicht zuletzt darin, dass die nach der Bankenkrise weitgehend in Staatseigentum übernommene und 1937 reprivatisierte Dresdner Bank gerade während des Krieges, also in einer Phase verschärfter staatlicher Wirtschaftslenkung, am stärksten expandierte. In der Konsolidierungsphase bis 1936 hingegen blieb ihre Geschäftsentwicklung, ebenso wie die der anderen Großbanken, hinter der gesamtwirtschaftlichen Konjunktur zurück. Die hohe Liquidität von Industrie und Handel nach Überwindung der Weltwirtschaftskrise, Devisenbewirtschaftung, Beschränkungen des Aktienhandels und staatliche Rüstungsfinanzierung begrenzten gerade die traditionellen Geschäftsfelder der Großbanken. Gleichzeitig betrieb die Dresdner Bank nach der Bankenkrise eine wesentlich vorsichtigere Kreditvergabe und widmete der Liquiditätssicherung größere Beachtung. Bis zu einem gewissem Grad kam es dieser Geschäftspolitik

[1] Bähr, Dresdner Bank, S. 169f., 175–178 (Zitat S. 169).

sogar entgegen, dass die konjunkturbedingt rasch wachsenden Spareinlagen wegen des begrenzten Kapitalmarkts zunehmend in Staatspapieren angelegt werden mussten und der in der Krise stark angestiegene Anteil der Kredite am Geschäftsvolumen bis 1936 wieder auf das langfristig gewohnte Niveau sank. Die anschließende Stagnation des Kreditgeschäfts bei weiterhin wachsenden Einlagen lag allerdings nicht mehr im Interesse der Großbanken. Sie konnte auch nur begrenzt durch die Vermittlung von „Arisierungen“, die Bildung von Konsortien für große Rüstungs- und Rohstoffkredite sowie die Expansion in die vom Dritten Reich besetzten oder annektierten Länder Ost- und Westeuropas kompensiert werden, denn mittelfristig musste den Banken vor allem an einem kontrollierten Wachstum des Kerngeschäfts gelegen sein. Der Zweite Weltkrieg schließlich führte zu weiteren Einschränkungen des zivilen Finanzierungsgeschäfts, wachsender Staatsverschuldung, Inflationsdruck und damit einer Entwertung von Geld und Kredit.[2]

Die letzte Kriegsphase zeigte am deutlichsten, in welche Verwerfungen der Bankensektor durch die nationalsozialistische Wirtschaftslenkung geraten war. Die Bilanzsumme der Dresdner Bank stieg zwar gerade im letzten „ordentlichen“ Geschäftsjahr 1944 nochmals drastisch von 6679 auf 8613 Mio. RM an. Dieses nominale Wachstum fand jedoch auf der Grundlage einer verdeckten Inflation statt, die wegen des Preisstopps in einem permanent wachsenden Kaufkraftüberhang zum Ausdruck kam. 433 Mio. RM des Zuwachses entstammten einem nochmaligen deutlichen Zuwachs der Spareinlagen, die schon seit Kriegsbeginn rasant zugenommen hatten. Das Sparergeschäft war allerdings nicht nur ein Lückenbüßer für die begrenzten Expansionsmöglichkeiten auf den traditionellen Geschäftsfeldern. Es war von der Bankleitung auch aktiv und durch innovative Werbung ausgebaut worden, weil die Bank sich hier am stärksten der Konkurrenz der nationalsozialistischen Bank der Deutschen Arbeit einerseits, der Sparkassen und Genossenschaftsbanken andererseits ausgesetzt sah, und es versprach auch Perspektiven für die Nachkriegszeit. Rund drei Viertel des Einlagenzuwachses entfielen jedoch auf im Geschäftsbericht nicht näher benannte „sonstige Gläubiger“,[3] was in erster Linie eine Vorbereitung von Unternehmenskunden auf den befürchteten Liquiditätsmangel bei Kriegsende und den massiven Vertrauensverlust des NS-Regimes in der Wirtschaft spiegelte. Tagesgelder und kurzfristig fällige Einlagen stiegen daher jeweils um mehr als 30 Prozent.[4]

Auf der Debitorenseite spiegelten sich ebenfalls die Auswirkungen der nationalsozialistischen Staatskonjunktur, der massiven Kapitalmarktregulierung und der staatlichen Investitionsförderung auf dem Rüstungssektor, die den Finanzierungsbedarf der Industrie verringerte. Ende 1944 lag der Anteil von Staatspapieren bei rund 60 Prozent der gesamten Aktiva, weil für den Zustrom an Einlagen schlicht keine anderen Anlagemöglichkeiten bestanden. Eine politisch bedingte Verschiebung zeigte auch die Debitorenstruktur. Schon im Frühjahr 1944 machten die an die öffentliche Hand, an die Rüstungsindustrie und an reichsnahe Ge-

[2] Vgl., auch zum Folgenden, ebd., S. 169–198; zu Bankenkrise und Reprivatisierung Dieter Ziegler, Der Ordnungsrahmen, in: ebd., S. 43–74.
[3] Dresdner Bank, Geschäftsbericht 1944, S. 1, HADrB 17610-2001.
[4] Veränderungen wichtiger Bilanzposten, o.D., HADrB 30015-2001.

sellschaften wie die Zentrallagergemeinschaft für Bekleidung vergebenen Kredite mit etwa 800 Mio. RM rund die Hälfte des gesamten Kreditvolumens aus, und ihr Anteil nahm bis zum Ende des letzten Geschäftsjahres im Dritten Reich nochmals deutlich zu.[5]

Damit war die wirtschaftliche Existenz der Dresdner Bank in erheblichem Maße an Kredit- und Wertpapierschuldner gekoppelt, deren baldige Zahlungsunfähigkeit abzusehen war. Für konkrete Nachkriegsplanungen im Sinne einer umfassenden, strategisch durchdachten Neuausrichtung der Geschäftspolitik liegen dennoch keine Belege vor. Sicher ist allerdings, dass man mit ertragreichen Perspektiven bei der Finanzierung des Wiederaufbaus rechnete und dazu gerade auch das während des Kriegs ausgebaute Sparergeschäft fortführen wollte. Gedanken über den Umgang mit dem eventuellen Bankrott des Hauptschuldners sind hingegen nicht überliefert. Am 11. April 1945, wenige Tage vor Beginn des sowjetischen Angriffs auf Berlin, verkündete Vorstandsmitglied Alfred Busch auf einer Pressekonferenz zur Vorstellung des letzten, nur noch vom Aufsichtsrat bestätigten Geschäftsberichts für das Jahr 1944, dass die Bank mit ausreichenden Wertberichtigungen vorgesorgt habe. Verluste „aus den zu liquidierenden Auslandsgeschäften" seien politisch gedeckt, und die Abwicklung der ins Reichsgebiet verlagerten ausländischen Affiliationen vollziehe sich „reibungslos". Tatsächlich hatte der Vorstand in den letzten Jahren der Risikobegrenzung die Priorität vor der Gewinnsteigerung eingeräumt und spätestens seit Mitte 1943 bewusst auf eine Erhöhung der Liquidität hingearbeitet. Durch die Umschichtung von langfristigen Reichsanleihen zu kurzfristigen, niedriger verzinsten Reichsschatzwechseln lag der Anteil der gesamten liquiden Mittel an den kurzfristigen Verbindlichkeiten Ende 1944 bei 90,7 Prozent, während er ein Jahr zuvor nur 71,6 Prozent betragen hatte.[6] Dass das Vorstandsmitglied Emil Meyer noch bis zum März 1945 mit der SS über einen weiteren Großkredit verhandelte, war eine Ausnahme von dieser grundsätzlichen Strategie der Risikobegrenzung, die viel über Meyers persönliche Beziehung zum NS-Regime, aber wenig über die Geschäftspolitik der Dresdner Bank insgesamt aussagt.[7]

Meyer war eines der beiden Vorstandsmitglieder, mit deren Berufung die Dresdner Bank 1934/35 den neuen politischen Rahmenbedingungen entsprochen hatte. Der Syndikus der Genossenschaftsabteilung der Bank und Cousin von Hitlers Wirtschaftsbeauftragtem Wilhelm Keppler war eindeutig auf politischen Druck hin und nicht wegen seiner fachlichen Qualifikationen in die Elite der deutschen Bankmanager aufgenommen worden. Nicht ganz so eindeutig zu bestimmen ist der nationalsozialistische Einfluss auf die Berufung Karl Rasches, der sich später ebenso wie Meyer besonders bei der Expansion der Bank ins besetzte

5 Bähr, Dresdner Bank, S. 183, 205.

6 Berechnet nach den Bestimmungen des Kreditwesengesetzes von 1934. Bähr, Dresdner Bank, S. 195–198; Manuskript Alfred Buschs für die Bilanzpressekonferenz am 11. 4. 1945, S. 5–7, HADrB 30015-2001. Der Geschäftsbericht wurde aufgrund einer „Verordnung zur Vereinfachung der Verwaltung von Personenvereinigungen" vom 8. 1. 1945 im April 1945 ungeprüft und „ohne Mitwirkung der Aktionäre durch Aufsichtsrat und Vorstand mit Genehmigung des Registerrichters festgestellt und verabschiedet"; Bericht über die seit Kriegsende ruhende Dresdner Bank Berlin für die Zeit vom Zusammenbruch bis 31. Dezember 1955, o. D. (1956), S. 2, HADrB 17610-2001.

7 Vgl. Bähr, Dresdner Bank, S. 515 f.

Abb. 1: Der Vorstand der Dresdner Bank Ende 1937 im Sitzungssaal der Berliner Zentrale. V.l.n.r.: Emil Meyer, Hugo Zinßer, Hans Pilder, Hans Schippel, Alfred Busch, Karl Rasche.
Quelle: Betriebs-Echo (1938), S. 1, HADrB.

Europa engagierte. Das Vorstandsmitglied der Bochumer Westfalenbank verfügte zwar ebenfalls über einschlägige Kontakte, erfüllte aber auch genau die fachlichen Anforderungen für einen vakanten Vorstandsposten; Rasche hatte sich zudem bei der Banken-Enquete im Herbst 1933 als Vertreter der Provinzbanken gegen die Zerschlagung der Dresdner Bank ausgesprochen, die ins Visier nationalsozialistischer Mittelstandsideologen geraten war. Meyer und Rasche demonstrierten ihre Regimenähe beispielhaft durch die Mitgliedschaft im „Freundeskreis des Reichsführers SS" Heinrich Himmler – Meyer allerdings bereits seit 1932, Rasche erst seit 1936.

Von 1938 bis 1941 und erneut seit 1943 war mit dem „alten Kämpfer" Carl Lüer ein weiterer Nationalsozialist hinzu gekommen, der jedoch als eher pragmatisch galt und dessen Berufung der Aufsichtsratsvorsitzende Carl Goetz gezielt als taktisches Gegengewicht gegen den wachsenden Einfluss von Meyer und Rasche durchgesetzt hatte. Ein weiterer Beitrag zur „Nazifizierung" des Vorstands war das Ausscheiden des politisch in Ungnade gefallenen Hans Pilder im Frühjahr 1944. Ansonsten bestand der Vorstand der Dresdner Bank bei Kriegsende mit Hans Schippel, Gustav Overbeck, Alfred Busch, Hugo Zinßer und Alfred Hölling jedoch aus Managern, denen man eine besondere Nähe zum NS-Regime sicher nicht nachsagen konnte. Mit Ausnahme Schippels waren alle während der Amtszeit von Carl Goetz als Vorstandsmitglied, Vorstandsvorsitzender (seit Ende 1933) und schließlich Aufsichtsratsvorsitzender (seit 1936) berufen worden. Dies hinderte sie freilich nicht daran, Ende 1942 Goetz' Sondervollmachten in der Geschäftsleitung aufzuheben und Karl Rasche mit dem – rein repräsentativen – Amt eines Vorstandssprechers zu betrauen.[8]

Spätestens in der Auflösungsphase des Dritten Reichs mussten die politischen Gegensätze im Vorstand ohnehin in den Hintergrund treten. Mochte Alfred Buschs Darstellung der Geschäftslage im Frühjahr 1945 auch im bilanztheoretischen Sinne nicht falsch sein, so blendete sie doch aus, dass die Substanz der Dresdner Bank in Gestalt ihrer Tochterbanken („Affiliationen") und Filialen in den vergangenen Monaten ganz erhebliche Verluste zu verzeichnen gehabt hatte. Parallel zum Bodenverlust der deutschen Truppen begann seit dem Sommer 1944 ein sukzessiver Rückzug der Affiliationen aus den von der Roten Armee eingenommenen Territorien im Osten des Reichs, aber auch aus Westeuropa. Unmittelbar vor dem Einrücken der alliierten Truppen in Brüssel wurden Anfang September 1944 Akten und Bargeldbestände der Continentalen Bank ins hessische Heuchelheim, Teile davon nach einem Bombenangriff nach Bad Nauheim transportiert.[9] Im September 1944 begann auch der Abtransport von Akten und Wertpapieren des niederländischen Handelstrust West nach Iserlohn, während in Amsterdam noch mindestens bis zum Januar 1945 ein stark eingeschränkter Geschäftsverkehr stattfand.[10] Im April 1945 waren schließlich sowohl der Handelstrust als auch die Continentale Bank im Reichsgebiet nur noch „mit der Realisierung ihrer Aktiven und Passiven beschäftigt."[11] Die Handels- und Kreditbank in Riga, ein chronisches Verlustunternehmen, sollte ohnehin seit Ende 1944 abgewickelt werden.[12] Die Ostbank Posen und die Kommerzialbank Krakau wichen hingegen im Januar beziehungsweise Februar nach Leipzig aus, wo sie erst im Juli 1945 endgültig den Geschäftsbetrieb einstellen mussten. Die Böhmische Escompte-Bank (BEB) in Prag, die offenbar keinerlei Verlagerungsmaßnahmen ergriff, wurde am 8. Mai 1945 geschlossen.[13] Eine behelfsmäßige Zentrale der Länderbank Wien wurde im Zuge der Teilevakuierung Wiens in Salzburg eingerichtet, in die dortige Filiale verlegten auch Wiener Unternehmen teils „grössere Millionenbeträge".[14]

8 Vgl. Dieter Ziegler, „Entjudung" und Nazifizierung 1933–1937, in: Bähr, Dresdner Bank, S. 85–100; ebd., S. 110–127; sowie bereits Christopher Kopper, Zwischen Marktwirtschaft und Dirigismus. Bankenpolitik im „Dritten Reich" 1933–1939, Bonn 1995, S. 136–139. Zusammenfassend zur Berufung Rasches: Ralf Ahrens, Karl Rasche, in: Hans Pohl (Hg.), Deutsche Bankiers des 20. Jahrhunderts, Stuttgart 2007 (im Erscheinen). Zum Verkehr Meyers und Rasches im „Freundeskreis Himmler" bzw. dessen Vorläufer, dem „Keppler-Kreis", vgl. Reinhard Vogelsang, Der Freundeskreis Himmler, Zürich/Frankfurt 1972.

9 Vgl. Johannes Bähr, Die Continentale Bank, Brüssel, in: Wixforth, Expansion, S. 792–824, hier S. 823.

10 Vgl. Friederike Sattler, Der Handelstrust West in den Niederlanden, in: ebd., S. 682–791, hier S. 785–788.

11 Bericht über die Affiliationen für den Geschäftsbericht der Dresdner Bank, o.D. (April 1945), HADrB 30015-2001.

12 Wixforth, Expansion, S. 633.

13 Dresdner Bank, Verbindungsstelle Ost, an Dresdner Bank Berlin: Ostfilialen der Dresdner Bank, 29. 6. 1951, HADrB 5128-2000, S. 13.

14 Teichmann an Overbeck, 11. 4. 1945, ebd. (Zitat); zu den Vorbereitungen der Länderbank auf das Kriegsende vgl. Gerald D. Feldman, Die Länderbank Wien AG in der Zeit des Nationalsozialismus, in: ders./Oliver Rathkolb/Theodor Venus/Ulrike Zimmerl, Österreichische Banken und Sparkassen im Nationalsozialismus und in der Nachkriegszeit, München 2006, Bd. 2, S. 259–489, hier S. 484f.

Dieser Rückzug aus den besetzten Gebieten bedeutete allerdings noch nicht, dass man das dort aufgebaute Geschäft bereits vollständig abgeschrieben hatte. Der Geschäftsbetrieb der Ostbank etwa war nach der Verlagerung „weiterhin als intakt anzusehen“, weil 90 Prozent der Aktiva wenigstens theoretisch „in Deutschland greifbar“ waren, also aus Forderungen gegen ebenfalls verlagerte Schuldner bestanden.[15] Gegen Ende des Krieges ging man in Berlin noch davon aus, dass „die grösseren Engagements“ der Ostbank, der Kommerzialbank und der Handels- und Kreditbank Riga „ohne nennenswerte Verluste realisiert werden“ könnten. Für die Länderbank Wien und die BEB wurde für das Geschäftsjahr 1944 sogar eine „aufwärtssteigende Entwicklung [...] auch in ertragsmäßiger Hinsicht“ konstatiert.[16] Hinsichtlich der BEB war das zwar richtig, unterschlug aber die Tatsache, dass auch die Tochtergesellschaft im „Protektorat Böhmen und Mähren“ ihre Geschäftstätigkeit zusehends vom normalen Bankgeschäft weg und hin zur massiven Liquiditätsvorsorge verlagerte, mithin die deutsche Niederlage samt ungewisser Zukunftsaussichten antizipierte.[17]

Die Räumung der eigenen, nach den rationalisierungs- und kriegsbedingten Schließungen 1942/43[18] noch verbliebenen Dresdner-Bank-Filialen begann im Herbst 1944. Dabei besaß die Liquiditätsbeschaffung in den letzten Kriegsmonaten vielleicht noch höhere Priorität als in der Berliner Zentrale, weil die einzelnen Filialen im Laufe der alliierten Besetzung ständig von der Isolation bedroht waren und trotzdem die Erfüllung laufender Zahlungsverpflichtungen gewährleisten mussten. Im Herbst 1944 erhielt jede Filiale aus Berlin jederzeit diskontierbare, aber nur niedrig verzinste Reichswechsel in Höhe von 15 bis 20 Prozent der Kreditoren, „die ihr für den Fall des Abgeschnittenwerdens als Liquiditätsreserve dienen“ sollten. Diese Sicherheitsmaßnahmen wurden in Abstimmung mit der Deutschen Bank und der Commerzbank ergriffen, mit deren Filialleitern „enge Fühlung“ gehalten werden sollte, um sich gegen „etwaige Vorwürfe seitens der Kundschaft“ zu wappnen – eine zumindest punktuell koordinierte Krisenbewältigung der Großbanken, die sich nach Kriegsende fortsetzen sollte. Die Priorität der Liquiditätshaltung bestimmte auch die Anweisung des Vorstandsmitglieds Hugo Zinßer an die süddeutschen Filialleiter, bei Auszahlungen Kunden mit effektiven Guthaben vorrangig zu bedienen, Akkreditive an andere Filialen oder die Zentrale hingegen zu vermeiden; für den Fall der Abtrennung einzelner Niederlassungen oder der Beschlagnahmung einzelner Konten sollten die Filialen also so weit wie möglich zur eigenständigen Geschäftstätigkeit gerüstet sein.[19]

Die Versorgung mit einem „Liquiditätsrückgrat“ an Reichspapieren wurde zumindest für die Kopffilialen, denen die kleineren Niederlassungen in regionalen Bezirken unterstellt waren, später auf etwa 30 Prozent der Kreditoren erhöht; außerdem wurden rund 1,1 Mrd. RM der Berliner „Dispositionsreserve“ für besondere Notfälle gezielt nach Düsseldorf, Frankfurt, Hannover und Nürnberg

[15] Besprechungsprotokoll, 26. 1. 1945, HADrB 30016-2001.
[16] Bericht über die Affiliationen für den Geschäftsbericht der Dresdner Bank, o.D. (April 1945), HADrB 30015-2001.
[17] Wixforth, Expansion, S. 243. Zur weiteren Entwicklung der Affiliationen vgl. Kapitel XIII.
[18] Vgl. Bähr, Dresdner Bank, S. 36f.; Meyen, 120 Jahre, S. 130.
[19] Niederschrift über die Besprechung mit den süddeutschen Filialleitern in Würzburg am 7.11. 1944, HADrB 11124-2001.

verlagert.[20] Der Umfang, in dem die normale Banktätigkeit gegen Kriegsende durch eine reine Zahlstellenfunktion der Bankfilialen in den Hintergrund gedrängt wurde, spiegelt sich in der Zunahme der liquiden Mittel. So wuchs im sudetenländischen Filialbezirk, der seit Anfang April keine Verbindung mit Berlin mehr hatte, der Bestand an Bargeld, Reichsbank- und Postscheckguthaben zwischen Anfang Januar und Anfang Mai 1945 von 6,5 auf 57 Mio. RM an.[21]

Diese Vorsorge konnte allerdings nichts daran ändern, dass der Kriegsverlauf eine zunehmende Einschränkung und schließlich völlige Einstellung des Bankgeschäfts der Ostfilialen erzwang. Im ostpreußischen Allenstein begann man im Herbst 1944 mit der Verlagerung von Kontokarten nach Stettin, im Januar 1945 wurde schließlich eine Ausweichstelle in Lübeck eingerichtet. Nachdem die Tilsiter Filiale bereits im Spätherbst 1944 geräumt worden war, folgten Elbing und Insterburg ebenfalls im Januar. Die Danziger Filiale wurde hingegen, ebenso wie „Gotenhafen“ (Gdingen) und Stettin, erst im März 1945 geschlossen, nachdem im Januar mit der Verlagerung der Unterlagen begonnen worden war; in Königsberg stellte die Dresdner Bank sogar erst im April die Geschäftstätigkeit ein. Die ober- und niederschlesischen Filialen in Bendsburg, Beuthen, Kattowitz, Oppeln, Breslau, Sosnowitz und Ratibor wurden Ende Januar geschlossen und wichen zunächst nach Dresden, später nach Greiz aus,[22] die Litzmannstädter Filiale flüchtete ins thüringische Stützerbach.[23] Die sudetenländischen Filialen und ihre Kopffiliale in Reichenberg hingegen schlossen erst nach der deutschen Kapitulation; auf eine Räumung und Verlagerung wurde offenbar deshalb verzichtet, weil man „ganz allgemein die zu erwartende politische Entwicklung der Verhältnisse in der C.S.R für die Deutschen nicht so ungünstig, wie sie sich später gestalteten, beurteilte“. Trotz der schon im Februar eingeleiteten Evakuierung von Frauen, Kindern und Alten fanden keine „Abhebungen grösseren Stils“ statt.[24]

Einigen der Filialen gelang es noch, größere Beträge in die späteren westlichen Besatzungszonen zu überweisen. Teile der in mehreren Schüben an die Verlagerungsstellen geschickten Unterlagen und Effektendepots sowie die Übersiedlung eines Teils der Angestellten ermöglichten bis zur Kapitulation die reguläre Weiterbearbeitung von Geschäftsvorfällen. In Dresden etwa entwickelte sich „ein sehr reger Schalter- und Korrespondenzverkehr“ der oberschlesischen Filialen, weil ein großer Teil der Kundschaft ebenfalls dorthin geflohen war.[25] Nach der Kapitulation der Wehrmacht wurde das Geschäft der verlagerten Filialen jedoch auf kleinere Auszahlungen beschränkt, bevor es seit dem Abbruch der Geschäftsbezie-

20 Zinßer an OMGUS, 6. 7. 1945, Anlage 1, BAK, Z45F 2/143/5.

21 Otto Siems, Bericht über die Abwicklung (Liquidation) der Filialen des Bezirkes Reichenberg, 20. 11. 1945, HADrB 49207-2001.

22 Dresdner Bank, Verbindungsstelle Ost, an Dresdner Bank Berlin: Ostfilialen der Dresdner Bank, 29. 6. 1951, HADrB 5128-2000.

23 Dresdner Bank Berlin an Verbindungsstelle Ost, 5. 7. 1951, HADrB 5128-2000. Eine Übersicht der Ausweichstellen in: Dresdner Bank Düsseldorf an Direktionen der unterstellten Niederlassungen, 18. 12. 1945, HADrB 6416-2000.

24 Otto Siems, Bericht über die Abwicklung (Liquidation) der Filialen des Bezirkes Reichenberg, 20. 11. 1945, HADrB 49207-2001.

25 Filiale Kattowitz, Dresden, an Verbindungsstelle Ost, Hannover, 10. 12. 1945, HADrB 49207-2001.

hungen mit den Gebieten jenseits der Oder-Neiße-Linie ganz eingestellt wurde.[26] Ein erheblicher Teil der Filialgebäude wurde durch Brände oder Bombentreffer zerstört, so in Königsberg, Tilsit oder Danzig.[27] Bombenschäden sorgten auch im Gebiet der späteren Sowjetischen Besatzungszone für Einschränkungen des Betriebs, nicht jedoch für dessen Einstellung. So brannte das Chemnitzer Bankgebäude nach zwei Bombentreffern Anfang März 1945 fast völlig aus, dennoch wurde das Geschäft selbst unter amerikanischem Beschuss „ohne wesentliche Einschränkung" fortgeführt, bis die sowjetische Besatzungsmacht die Filiale schloss.[28] Weitergearbeitet wurde auch in Magdeburg, nachdem die Filiale im Januar bis auf den Keller abgebrannt war.[29]

Ein ähnlicher Auflösungsprozess spielte sich, allerdings in weit geringerem Umfang, auch im Westen ab. In Metz erwartete man schon im August 1944, „dass die Entwicklung die Abreise der Familienangehörigen unserer reichsdeutschen Mitarbeiter wohl in Kürze notwendig machen würde".[30] Nachdem Anfang September die „reichsdeutschen" Mitarbeiter aus Metz und der unterstellten Filiale Diedenhofen überstürzt nach Wiesbaden geflüchtet waren, rechnete man hier offenbar schon im Oktober nicht mehr mit einer Fortführung des lothringischen Bankgeschäfts nach Kriegsende. Verlagert und schließlich als „innerdeutsches Geschäft übernommen" wurden nur noch diejenigen Metzer Debitoren, deren Schulden im „Altreich" besichert waren.[31] Die Metzer Filiale wurde bereits im November 1944 einem französischen Sequester unterstellt.[32] Im gleichen Monat wurden die Wertpapierbuchhaltung der elsässischen Filialen in Straßburg und Mühlhausen sowie der „reichsdeutsche Teil" der Filiale Straßburg ins württembergische Reutlingen verlagert.[33]

Auch der Rückzug im Westen beschränkte sich nicht auf die Gebiete außerhalb des „Altreichs". Die Niederlassungen Aachen und Eupen wurden schon im September 1944 nach Erfurt verlagert, und im Frühjahr 1945 verlegte man die rheinischen Niederlassungen vorübergehend in die westfälische Provinz.[34] Insgesamt waren jedoch die Kriegsschäden in den westdeutschen Filialen offenbar deutlich geringer, und auch die Unterbrechungen des Bankbetriebs während der britisch-amerikanischen Besetzung hielten sich in Grenzen. So öffneten in Essen, das am 11. April besetzt worden war, mit Genehmigung der Militärregierung am

[26] Zusammenstellung der ausgewichenen Niederlassungen in: Filialdirektion West, Filialrundschreiben Nr. 11, 12. 9. 1945, HADrB 990–1999; Aktennotiz Hannover, 24. 10. 1946; Aufzeichnungen über die Umstände, unter denen die Ostniederlassungen Geschäftsunterlagen in die britische Zone verbrachten, o. D. (1946), beides in: HADrB 5128-2000.

[27] Eine Übersicht in: Bankgebäude in der Ostzone, o. D., HADrB 5115-2000.

[28] Dresdner Bank, Filiale Chemnitz, an Dresdner Bank, Zentralstelle für den Osten, 29. 11. 1945, HADrB 5128-2000.

[29] Aktennotiz Filiale Magdeburg, o. D., HADrB 49207-2001

[30] Filiale Metz an Dresdner Bank, Personalabteilung, 19. 11. 1944, HADrB 5240-2000.

[31] Aktenvermerk des Metzer Filialleiters Erich Nehk, 15. 10. 1944, ebd.; Aktennotiz Frankfurt a. M., 30. 7. 1948, HADrB 5246-2000.

[32] Delegation aux Finances dans les trois Departements du Bas-Rhin du Haut-Rhin et de la Moselle an Banque Nationale pour le Commerce et l'Industrie Metz, 29. 11. 1944, HADrB 1260-2000.

[33] Richard Henn (ehemals Filiale Straßburg/Abt. Kehl) an die französische Militärregierung Reutlingen, 8. 5. 1945, HADrB 2812-2000.

[34] Dresdner Bank, Organisations-Abteilung, Rundschreiben Nr. 117, 23. 9. 1944, HADrB 990-1999; Dresdner Bank, Organisations-Abteilung, Rundschreiben Nr. 5009, 5. 3. 1945, HADrB 2812-2000.

23. April die Schalter wieder, in Frankfurt a.M. am 27. April; in Hamburg, wo die Besetzung am 5. Mai „in aller Ruhe vollzogen" worden war, am 14. Mai.[35] In München, das stark von Plünderungen betroffen war, wurden die Banken nach der weitgehend kampflosen Besetzung sogar durch amerikanische Militärposten geschützt.[36]

Parallel zur wirtschaftlichen Vorsorge durch die Anlegung von Liquiditätspolstern erfolgte eine Dezentralisierung der Berliner Konzernleitung, die sich noch lange nach Kriegsende fortsetzen sollte. Auf die zunehmenden Luftangriffe reagierte die Dresdner Bank zunächst mit der Auslagerung von Institutsabteilungen und Akten aus dem relativ stark gefährdeten Berlin. Im August 1943 wurden das Filialbüro und das Konsortialbüro vorsorglich nach Dresden, die Hauptbuchhaltung nach Würzburg ausgelagert; bis Dezember 1943 waren bereits neun solcher Ausweichstellen zentraler Abteilungen geschaffen worden.[37] Da die Kommunikation mit den Filialen zusehends schwieriger wurde, richtete man im Dezember 1943 außerdem vier „Vorstandsgruppen" ein, in denen jeweils zwei oder drei Vorstandsmitglieder gemäß der bisherigen Ressorteinteilung die Filialregionen beaufsichtigen sollten. Die in Berlin ansässige Vorstandsgruppe Nord mit Alfred Hölling, Hans Schippel und Gustav Overbeck steuerte gleichzeitig das Gesamtunternehmen, wobei die koordinierende Funktion vor allem Overbeck zufiel. Karl Rasche und Carl Lüer übernahmen die Vorstandsgruppe West in Bad Nauheim, Alfred Busch und Emil Meyer leiteten von Breslau und Dresden aus die Vorstandsgruppe Ost. Der in München angesiedelte Südbereich wurde von Hugo Zinßer beaufsichtigt, seitdem dieser im März 1944 von der Wehrmacht ausgemustert worden war. Aufgebaut hatte diese Vorstandsgruppe noch der Aufsichtsratsvorsitzende Carl Goetz, der jedoch nach dem Hitler-Attentat vom 20. Juli 1944 in Gestapohaft genommen wurde und sich nach seiner Entlassung im November auf sein Gut im oberbayerischen Wolfratshausen zurückzog.[38]

Diese Einrichtung regionaler Vorstandsbereiche zielte noch auf die Aufrechterhaltung des gesamten Filialbankbetriebs unter der koordinierten Leitung eines Vorstands, der die Geschäfte „vor Ort" statt von der Zentrale aus kontrollieren sollte. Dagegen waren die organisatorischen Maßnahmen der Großbanken in den letzten Kriegsmonaten vor allem darauf ausgerichtet, die Bankleitungen und Geschäftsunterlagen der auf Berlin zurückenden sowjetischen Armee zu entziehen, dabei aber den Geschäftsbetrieb wenigstens rudimentär aufrecht zu erhalten. Die Dresdner Bank arbeitete seit einem schweren Bombenschaden Anfang Februar 1945 an einer Verlagerung des Effektenhandels nach Frankfurt a.M., wo Hans Rinn, der Leiter der zentralen Börsenabteilung, mit einigem Erfolg ein neues Börsenbüro aufbauen konnte. Das Vorstands-Sekretariat für die Affiliationen siedelte im Februar 1945 nach Nürnberg, im März nach Fürth über,[39] während die wesent-

[35] Dresdner Bank, Informationsdienst für unsere Filialen, Juli 1945, S. 21–24, HADrB 1473-2002.
[36] Bericht Filiale München, 25. 6. 1945, HADrB 4542-2000.
[37] Dresdner Bank, Organisations-Abteilung, an alle Niederlassungen und Abteilungen der Zentrale, 7. 8. 1943, HADrB 990-1999; Bähr, Dresdner Bank, S. 575f.
[38] Vgl. ebd., S. 121–124.
[39] Dresdner Bank, Organisations-Abteilung, an alle Niederlassungen und Abteilungen der Zentrale, 28. 2. 1945; dito 12. 3. 1945, beides in: HADrB 990–1999.

lichen Funktionen der Berliner Zentrale nach Erfurt ausgelagert werden sollten.[40] Erfurt wurde offenbar deshalb gewählt, weil hier die Reichsbank eine Ausweichstelle der Berliner Wertpapiersammelbank einrichtete, bei der die Geschäftsbanken Konten für Reichstitel führen und somit Ersatzstellen für die zentrale Geldversorgung einrichten konnten. Die bis dahin nicht gerade als Bankplatz bekannte thüringische Stadt diente primär als Ausweichplatz der Geldstelle der Dresdner Bank, die dort „mit erheblichen Mitteln dotierte Konten" bei der Ausweichstelle der Reichsbank einrichtete. Anfang März wurde den Filialen noch mitgeteilt, dass das „Dresdner Bank Zentralbüro Erfurt" nunmehr seine Funktion als Geldstelle aufnehme.[41] Das als „vorläufiger Schattenbetrieb" eingerichtete Zentralbüro sollte außerdem das Kreditgeschäft, Organisations- und Personalfragen bearbeiten. Hinzu kam ein zentrales Filialbüro unter Leitung des Berliner Abteilungsleiters Carl Schleipen, das die ost- und mitteldeutschen Filialbüros direkt betreuen und außerdem als Zentralstelle für die regionalen Filialbüros in Berlin, Hannover, Bad Nauheim und Würzburg fungieren sollte. Gleichzeitig wurden die Vorstandsgruppen-Büros aufgelöst.[42] Die Kriegsentwicklung ließ jedoch einen tatsächlichen Aufbau der improvisierten Zentrale, als deren Leiter Alfred Busch fungierte, nicht mehr zu.[43] Die noch kurz vor Kriegsende angestrebte Einrichtung eines Ausweichquartiers im Erfurt-Weimarer Raum kam ebenfalls nicht mehr zustande.[44]

Die Vorstandsmitglieder konnten hautnah erleben, dass die Kriegswirren solchen Versuchen, das Institutsgeschäft zusammenzuhalten, immer engere Grenzen setzten. Hugo Zinßer verließ Berlin Mitte März und gelangte zunächst ins bombenzerstörte Würzburg, das nach der Abschneidung der meisten Kommunikations- und Transportwege seine Funktion als Ausweichsitz des Filialbüros nicht mehr erfüllen konnte. Sodann erlebte Zinßer im Kurort Oberhof die „Schlacht um Thüringen". Erst Ende April stellte er fest, dass die Pläne zum Aufbau des Erfurter Zentralbüros fehlgeschlagen waren, und bereitete sich auf einen Wechsel nach Westdeutschland vor.[45] Alfred Hölling konnte sich noch während der beginnenden sowjetischen Besetzung Berlins auf einer achttägigen Reise nach Hamburg absetzen, wo ihm einige Monate später die wohl wichtigste Position für die Führung des Restinstituts zufallen sollte.[46] Der Berliner Geschäftsbetrieb lief bis kurz vor der sowjetischen Einnahme der Stadt weiter. Auch in der Zentrale und den Depositenkassen waren beträchtliche Kassenbestände vorgehalten worden, die allerdings nach der Besetzung umgehend durch die sowjetischen Truppen beschlagnahmt wurden. Erst als am 21. April 1945 die Beschießung der Berliner Stadtmitte begann, schlossen die Zentrale und die innerstädtischen Depositenkas-

40 Dresdner Bank (Busch/Overbeck) an den Ministerialdirektor im Reichswirtschaftsministerium Riehle, 16. 2. 1945, BAK, Z45F 2/186/9; Horstmann, Die Alliierten, S. 44–46; Bähr, Dresdner Bank, S. 124.

41 Rundschreiben des Vorstands an die Direktionen der Niederlassungen, 10. 3. 1945, HADrB 30016-2001.

42 Dresdner Bank, Vorstand, an die Direktionen der Niederlassungen, 15. 3. 1945, HADrB 990-1999.

43 Bescheinigung der Direktion für Busch, 15. 3. 1945, BAB, DO 1/318, Bl. 5.

44 Payrebrune an Zinßer, 6. 7. 1945, HADrB 11129-2001.

45 Zinßer an Overbeck, 30. 9. 1945, HADrB 106339.

46 Bähr, Dresdner Bank, S. 124; Meyen, 120 Jahre, S. 139f.; Headquarters 21 Army Group, Civil Affairs/Military Government Branch, Finance Section Hamburg, Report on Interviews with German Banking Officials on 8 May 1945, BAK, Z45F 2/148/16.

Abb. 2: Zerstörte Zentrale der Dresdner Bank in Berlin.
Quelle: HADrB.

sen ihre Schalter; in einzelnen Bezirken arbeiteten die Kassen noch bis zum 25. April. Hans Schippel, Gustav Overbeck, Alfred Busch und Max Schobert, der Leiter des Auslandsbüros, verbrachten die Tage der Besetzung gemeinsam in Schoberts Wohnung. Zunächst war sogar daran gedacht worden, dass der Vorstand während dieser Zeit direkt in der Zentrale wohnen sollte.[47]

Sämtliche Vorstandsmitglieder überlebten das Kriegsende. Mit Ausnahme von Karl Rasche, der am 8. April in Bad Nauheim von einem französischen Verbindungsoffizier bei der amerikanischen Armee festgenommen wurde, weil er sich über die Beschlagnahmung des Dienstwagens seines Kollegen Lüer beschwert hatte,[48] erlebten sie es auch auf freiem Fuß. Emil Meyer beging am 9. Mai 1945, unmittelbar nach der Kapitulation des Dritten Reichs, aber erst eine Woche nach der sowjetischen Besetzung von Berlin-Charlottenburg, in seiner dortigen Wohnung Selbstmord.[49] Am selben Tag wurden Busch und Overbeck erstmals von der sowjetischen Besatzungsmacht verhaftet. Nachdem die Dresdner Bank bereits am 26. April offiziell den Geschäftsbetrieb eingestellt hatte, verordnete der Befehl Nr. 1 des sowjetischen Stadtkommandanten Bersarin zwei Tage später die vorläufige Einstellung sämtlicher Banktätigkeiten und die Versiegelung der Tresorräume.[50] Doch nicht nur in den von der Roten Armee besetzten Gebieten bahnten sich existenzielle Bedrohungen der deutschen Großbanken und ihrer Vorstände an.

47 Dresdner Bank, Informationsdienst für unsere Filialen, Juli 1945, S. 2f., HADrB 1473-2002.
48 Roth, Einleitung, S. LXXXIX.
49 Bähr, Dresdner Bank, S. 125.
50 Vgl. Meyen, 120 Jahre, S. 139f.; der Befehl ist abgedruckt bei Deckers, Transformation, S. 126–129.

2. Die Großbanken in den alliierten Nachkriegsplanungen

Ebenso wie sich das Kriegsende für die Dresdner Bank bei aller Dramatik eher als gleitender Übergang denn als radikaler Bruch, als „Stunde Null" gestaltete, bildete die Eroberung des Dritten Reichs durch die Alliierten einen längerfristigen Prozess, der mit der deutschen Kapitulation nicht schlagartig abgeschlossen war. Auch für den alliierten Umgang mit den deutschen Großbanken bildeten sich während des Kriegs nur vorläufige Konzepte heraus.

Ob es auf der sowjetischen Seite überhaupt konstruktive bankenpolitische Planungen für die Besatzungszeit gab, ist aus den für diese Studie ausgewerteten Quellen nicht zu klären. Auch die deutschen Exilkommunisten hatten diesbezüglich offenbar nur vage Vorstellungen. Anton Ackermann, in der Moskauer Exilführung der KPD zuständig für Wirtschaftsfragen, referierte dort zwar schon im Juli 1944 über „Die Wirtschaft im neuen Deutschland", formulierte dabei aber noch als offene Frage, was mit den Banken geschehen solle. Eine allgemeine Enteignung war hier noch nicht unbedingt vorgesehen,[51] doch in einem Ende 1944 von Ackermann vorgelegten „Aktionsprogramm des Blocks der kämpferischen Demokratie" wurden bereits klar die „Verstaatlichung der Großbanken, staatliche Kontrolle und Lenkung des Kreditwesens" gefordert.[52] Das dringendste Anliegen der kommunistischen Nachkriegsplanungen, die sich auf Landwirtschaft und Industrie konzentrierten, war diese eher kursorisch aufgelistete Forderung aber zweifellos nicht. Von einer nachrangigen Bedeutung des Kreditwesens in den Planungen für den Wiederaufbau der deutschen Wirtschaft wird man auch auf Seiten der UdSSR ausgehen dürfen. Die östliche Besatzungsmacht, von deren Politik auch die deutschen Kommunisten abhängig waren, hatte zwar schon seit Anfang 1944 mit den Westmächten Überlegungen für eine umfassende Währungsreform im besiegten Deutschland ausgetauscht. Die ordnungspolitische Behandlung der Banken spielte dabei aber offenbar keine prominente Rolle.[53] Ansonsten hatte die sowjetische Führung lediglich frühzeitig Reparationsansprüche geltend gemacht, die sich bereits während des militärischen Vormarsches in umfangreichen „Beuteaktionen" und ersten Demontagen manifestierten.[54] Die französische Nachkriegs-

[51] Handschriftliche Notizen Wilhelm Piecks nach dem Referat Anton Ackermanns vor der Arbeitskommission der Moskauer KPD-Führung am 3. 7. 1944, zitiert nach: Peter Erler/Horst Laude/Manfred Wilke (Hg.), „Nach Hitler kommen wir". Dokumente zur Programmatik der Moskauer KPD-Führung 1944/45 für Nachkriegsdeutschland, Berlin 1994, S. 213. Ackermann leitete in der Arbeitskommission des KPD-Zentralkomitees die Unterkommission für Wirtschaftsfragen; ebd., S. 403.

[52] „Aktionsprogramm des Blocks der kämpferischen Demokratie" – Maschinenschriftliche Abschrift des Entwurfs von Anton Ackermann von Ende 1944, zitiert nach: ebd., S. 295. Zur historischen Einordnung dieser Dokumente vgl. Friederike Sattler, Wirtschaftsordnung im Übergang. Politik, Organisation und Funktion der KPD/SED im Land Brandenburg bei der Etablierung der zentralen Planwirtschaft in der SBZ/DDR 1945–1952, Münster 2002, S. 96–104.

[53] Vgl. Jochen Laufer, Die UdSSR und die deutsche Währungsfrage 1944–1948, in: VfZ 46 (1998), S. 455–485, hier S. 457–460; zur problematischen Quellenlage ebd., S. 456. Vgl. auch Pollems, Bankplatz, S. 99 f.

[54] Vgl. als Literaturüberblick zur wirtschaftlichen Dimension der sowjetischen Deutschlandpolitik Sattler, Wirtschaftsordnung, S. 87–96; zur frühen Demontagepolitik Jochen Laufer, Politik und Bilanz der sowjetischen Demontagen in der SBZ/DDR 1945–1949, in: ders./Rainer Karlsch (Hg.), Sowjetische Demontagen in Deutschland 1944–1949. Hintergründe, Ziele und Wirkungen, Berlin 2002, S. 31–77, hier S. 33–48.

planung zielte ebenfalls primär auf einen Ausgleich der von deutscher Seite erlittenen Schäden durch Reparationen.[55]

Weitestgehend rekonstruieren lässt sich hingegen die Entstehung der bankenpolitischen Besatzungsplanungen der beiden großen Westalliierten. Auf Seiten der USA entstand dabei ein zunächst noch sehr vages Konzept, das die ordnungspolitische Umgestaltung des deutschen Bankwesens eng mit der personellen „Säuberung" Deutschlands vom Nationalsozialismus verknüpfte. Den Hintergrund bildete die Einschätzung der deutschen Großbanken als Konzentrationspunkte wirtschaftlicher Macht, die in entscheidender Weise das Herrschaftssystem und die Expansionspolitik des Dritten Reichs gestützt, wenn nicht mit vorangetrieben hatten; entsprechend galt es, ihren Einfluss im Interesse einer Demokratisierung Deutschlands weitestmöglich zurückzudrängen. In den letzten Kriegsmonaten bildete sich die Idee einer Dezentralisierung der Großbanken heraus, die mit der von den Bankvorständen betriebenen Regionalisierung zur Sicherung des Geschäftsbetriebs wenig gemein hatte.

Die gemeinsame operative Besatzungsplanung mit den Briten in der Civil Affairs Division (Abteilung G–5) des gemeinsamen Oberkommandos (Supreme Headquarters, Allied Expeditionary Forces – SHAEF) zielte zwar zunächst nur auf einen pragmatischen Umgang mit den deutschen Finanzinstitutionen, um ein finanzielles Chaos im Gefolge des militärischen Zusammenbruchs zu verhindern. Mit der Gründung der U.S. Group Control Council (USGCC) im August 1944 bahnte sich jedoch eine deutliche Änderung dieser Herangehensweise an. Die Finanzabteilung dieser vorläufigen, für die konkrete Planung und Stabilisierung der Besatzungsverhältnisse eingerichteten amerikanischen Militärverwaltung in Deutschland bestand durchweg aus Mitarbeitern des amerikanischen Finanzministeriums. Sie wurde von Bernard Bernstein, einem Vertrauten des Finanzministers Henry M. Morgenthau jr., geleitet. Bernsteins Abteilung besaß zwar noch für längere Zeit kein geschlossenes bankenpolitisches Konzept, doch durch die politische Herkunft der „Morgenthau Boys" war eine grundsätzlich kritische Einschätzung der deutschen Filialgroßbanken mit ihrer in den USA untersagten Universalbankfunktion vorprogrammiert, die langjährige Konsequenzen zeitigen sollte.

Die von Morgenthau vertretenen rigiden Besatzungsplanungen wollten die amerikanische Armee auf gar keinen Fall in der Rolle eines Aufbauhelfers sehen, sondern das besiegte Deutschland zunächst dem wirtschaftlichen Chaos überlassen. Im Zuge der Auseinandersetzungen Morgenthaus mit dem Kriegs- und vor allem dem Außenministerium fand im Januar 1945 erstmals die Forderung nach einer politischen und wirtschaftlichen Dezentralisierung Deutschlands Eingang in die amerikanische Besatzungsrichtlinie JCS 1067. In dem Konflikt zwischen Finanz- und Außenministerium, der sich auf der Ebene der Besatzungsoffiziere zwischen Bernstein und dem „Political Adviser" Robert Murphy als Vertreter des Außenministeriums fortsetzte, gewannen die Finanzexperten zwar zunächst die

[55] Vgl. etwa Werner Abelshauser, Wirtschaft und Besatzungspolitik in der Französischen Zone 1945–1949, in: Claus Scharf/Hans Jürgen Schröder (Hg.), Die Deutschlandpolitik Frankreichs und die Französische Zone 1945–1949, Wiesbaden 1983, S. 111–139.

Oberhand. Sie verfügten aber vorläufig nur über ungenaue Vorstellungen zur Dezentralisierung des Finanzbereichs, in die die privaten Großbanken noch nicht einbezogen waren. Im Rahmen eines „schillernden Dezentralisierungsbegriffs" blieb jedenfalls das Geschäftsbankensystem klar gegenüber der Reichsbank im Hintergrund. Fest stand vorläufig nur, dass auch der Geschäftsbankensektor nicht vor grundsätzlichen Umstrukturierungen geschützt war, bei denen gesamtwirtschaftliche Folgeschäden vermutlich nicht die entscheidende Rolle spielen würden.[56]

Die britischen Planungen waren demgegenüber nicht nur konstruktiver, sie waren auch konkreter und von einem breiten Konsens getragen. Den wesentlichen Ausgangspunkt bildete neben sicherheitspolitischen Überlegungen die prekäre finanzielle Lage Großbritanniens am Ende des Kriegs, die eine wirtschaftliche Stabilisierung Deutschlands vordringlich erscheinen ließ. Die Unterabteilung für Banken der im Sommer 1944 gegründeten Control Commission for Germany/ British Element war zudem aus hochqualifiziertem Personal der Zentralbank und von Londoner Geschäftsbanken zusammengesetzt. Sie stand unter der Leitung des unter anderem bei der Reichsbank ausgebildeten Deutschlandexperten der Bank of England, Charles Gunston. Konsequenterweise war die einschlägige Besatzungsdirektive „ausschließlich finanztechnischer Natur" und zielte auf die Verhinderung eines finanziellen Chaos nach dem Zusammenbruch der NS-Wirtschaft. Die Direktive beschäftigte sich jedoch nicht mit der Struktur des deutschen Bankwesens oder gar mit dessen Neuordnung. Bernsteins radikale Vorstellungen wurden hier explizit abgelehnt und führten im März 1945 zur offenen Kontroverse mit Paul Chambers, dem Chef der britischen Finanzabteilung. Die Differenzen blieben vorläufig ungeklärt, aber sie wiesen bereits deutlich auf die spätere unterschiedliche Bankenpolitik in der amerikanischen und britischen Besatzungszone voraus.[57]

Die grundsätzlich bankenfreundlichere britische Position hatte allerdings ihre Grenzen im politischen Sicherheitsbedürfnis, und das hieß: in der zumindest vorläufigen Ausschaltung leitenden Personals der deutschen Banken, das einer möglichst reibungslosen Besetzung und einem demokratischen Neuaufbau im Wege stehen könnte. Auch hier waren die Briten aber mehr an einem funktionierenden Bankensystem als an radikalen Entlassungs- oder gar Erziehungsmaßnahmen in-

[56] Vgl. Horstmann, Die Alliierten, S. 22–32 (Zitat S. 31); Scholtyseck, USA, S. 29–33; zur Entstehung der amerikanischen Besatzungskonzepte für die Wirtschaft ausführlich Wilfried Mausbach, Zwischen Morgenthau und Marshall. Das wirtschaftspolitische Deutschlandkonzept der USA 1944–1947, Düsseldorf 1996, S. 26–109, sowie allgemein Klaus-Dietmar Henke, Die amerikanische Besetzung Deutschlands, München 1995, S. 93–122; zur Geschichte und Organisation der USGCC im Überblick Josef Henke/Klaus Oldenhage, Office of Military Government for Germany (U.S.), in: Christoph Weisz (Hg.), OMGUS-Handbuch. Die amerikanische Militärregierung in Deutschland 1945–1949, 2. Aufl. München 1995, S. 1–142, hier S. 11–23 (Leitungspersonal der Finance Division S. 20). Zu Bernsteins Biografie: Oral History Interview with Bernard Bernstein, 23. 7. 1975, http://www.trumanlibrary.org/hstpaper/bernstein.htm.

[57] Vgl. Horstmann, Die Alliierten, S. 31–38; sowie die polemische Lesart von Roth, Einleitung, S. LXXIII f., der die britischen Stabilitätsinteressen als „Monströsität" [sic!] abtut. Allgemein zur Entstehung des britischen wirtschaftlichen Besatzungskonzepts vgl. Albrecht Tyrell, Großbritannien und die Deutschlandplanung der Alliierten 1941–1945, Frankfurt a.M. 1987, S. 484–605; Lothar Kettenacker, Krieg zur Friedenssicherung. Die Deutschlandplanung der britischen Regierung während des Zweiten Weltkrieges, Göttingen/Zürich 1989, S. 394–440.

teressiert.[58] Grundsätzlich bestand zwischen den beiden großen westlichen Besatzungsmächten zwar Einigkeit darüber, dass „Nazi-Elemente und anderes anstößiges Personal" aus den Bankleitungen zu entfernen waren. Auch der Pauschalverdacht des amerikanischen Kriegsministeriums, dass die Inhaber wichtiger Positionen in Industrie und Banken bis zum Beweis des Gegenteils als „Nazis oder Nazi-Sympathisanten" zu gelten hätten, wurde von britischer Seite jedenfalls nicht offen in Frage gestellt.[59] Doch sollte nach britischer Meinung bei der Entfernung von Nationalsozialisten aus öffentlichen und „halböffentlichen" Ämtern ausdrücklich eine längere Wirtschaftskrise oder der Zusammenbruch der öffentlichen Verwaltung vermieden werden.[60] Die amerikanische Verschärfung der ursprünglich gemeinsam formulierten, eher vagen Ziele und Kriterien personeller „Säuberung" seit dem Herbst 1944 ließ die Briten daher schon vor dem Abschluss der Besetzung auf Distanz gehen. Das galt insbesondere für die Vorstellungen Bernsteins, der den Finanzsektor insgesamt einer harten Entlassungspolitik unterwerfen wollte.[61]

Auch auf diesem Feld nahm Bernstein allerdings unter den mit der Besetzungs- und Nachkriegsplanung befassten amerikanischen Stellen eine Extremposition ein. Das Außenministerium zielte vor allem auf die Entlassung nationalsozialistischer Funktionäre aus dem öffentlichen Dienst, während die Unternehmensleitungen schon aus Angst vor dem wirtschaftlichen Kollaps Deutschlands nur vage in diese Überlegungen einbezogen wurden. Die Einschaltung Morgenthaus seit Herbst 1944 aber führte nicht nur zu einer Ausdehnung des ins Auge gefassten Funktionärskreises, sondern auch zu einer über die vorübergehende Entlassung dieser Personen hinausgreifenden Planung von Berufsverboten und Bestrafungen. Auch Unternehmensleiter galten jetzt, bis zum Beweis des Gegenteils, als zu suspendierende „Nazis".[62]

Die Eliminierung von „Nazis" aus den deutschen Banken war aber keinesfalls nur ein Ziel des Morgenthau'schen Finanzministeriums. Auch das amerikanische Kriegsministerium forderte die vorläufige Entfernung aller Inhaber führender Positionen im deutschen Kreditwesen (auch auf regionaler Ebene und bis hin zu einigen Privatbanken), weil diese durchweg als „unzuverlässig und sogar gefährlich" galten. Überdies sei Vorsicht gegenüber sämtlichen Bankrepräsentanten angezeigt, die als „Speerspitzen" der deutschen Expansion und der Ausbeutung

[58] Horstmann, Die Alliierten, S. 41.

[59] Vgl. den Re-Draft des War Cabinet, Official Committee on Armistice Terms and Civil Administration, 20. 11. 1944, zum amerikanischen Entwurf der Directive to SCAEF [Supreme Allied Commander] regarding the Military Government of Germany in the Period Immediately Following the Cessation of Organized Resistance, o.D. (Umlauf im War Cabinet 10. 11. 1944), PRO, FO 371/39127 (Zitat S. 3 f.).

[60] Letzte Fassung einer seit März 1945 erarbeiteten „Draft Industrial Directive on German Industry", Juli 1945, zitiert bei Werner Plumpe, Vom Plan zum Markt. Wirtschaftsverwaltung und Unternehmerverbände in der britischen Zone, Düsseldorf 1987, S. 25.

[61] Vgl. Jill Jones, Preparations for Denazification in the British Zone of Germany, Diss. (Master) Manchester 1988, S. 125–136; dies., Eradicating Nazism from the British Zone of Germany: Early Policy and Practice, in: German History 8 (1990), S. 145–162, hier S. 145–153; Ian Turner, Denazification in the British Zone, in: ders. (Hg.), Reconstruction in Post-War Germany. British Occupation Policy and the Western Zones, 1945-1955, Oxford/New York/München 1989, S. 239–267, hier S. 242–247.

[62] Vgl. grundlegend Niethammer, Mitläuferfabrik, S. 52–68.

besetzter Gebiete gewirkt, eine führende Rolle in der deutschen Kriegsmobilisierung gespielt und als „Agenten" der staatlichen Enteignung von Juden und politischen Gegnern fungiert hätten. „Viele deutsche Bankiers" seien daher als Kriegsverbrecher zu betrachten. Dieser Verdacht galt insbesondere den Großbanken mit ihren vielfachen Beziehungen zur Großindustrie.[63] Bei dieser präventiven Pauschalverdächtigung stand jedoch das Sicherheitsinteresse des Kriegsministeriums klar im Vordergrund, während von einer Weiterführung des alltäglichen Bankgeschäfts unter alliierter Aufsicht ausgegangen wurde.[64]

Wirkliche Klarheit wurde in dieser Frage bis Kriegsende ebenso wenig erreicht wie auf der ordnungspolitischen Ebene. Der „Basic Preliminary Plan", die im Laufe der Besetzung mehrfach überarbeitete Konkretisierung der theoretischen Besatzungskonzepte, sah lediglich die vorläufige Amtsenthebung und Überprüfung von Vorständen und Aufsichtsräten der Großbanken vor,[65] während die konkreten Anweisungen für die britischen und amerikanischen Finanzoffiziere vage auf die Entfernung von „unerwünschtem Personal" gemäß den Anweisungen der künftigen Militärregierungen verwiesen.[66] Die britischen Widerstände gegen das Konzept einer pauschalen Entlassung des Führungspersonals von Banken und Finanzverwaltung führten zwar zunächst dazu, dass in diesen „technischen Anweisungen" die Möglichkeit der Wiedereinsetzung amtsenthobener Personen nach einer Untersuchung vorgesehen war. Eine SHAEF-Direktive vom 24. März 1945 und die letzte Fassung der amerikanischen Besatzungsdirektive JCS 1067 vom 26. April entsprachen aber wiederum stärker der ursprünglichen amerikanischen Position der automatischen Amtsenthebung.[67] Diese Letztfassung der Direktive verlangte zwar rigide, aber immer noch unscharf die Entlassung aller NSDAP-Mitglieder, „die nicht nur nominell in der Partei tätig waren", aus „wichtigen Stellungen" auch der Privatwirtschaft; eine mehr als nominelle Mitgliedschaft bestimmte sich dabei nach einem Kriterienkatalog, der ebenso umfassend wie auslegungsbedürftig war. Er schloss etwa auch Personen ein, die der NSDAP

63 War Department Pamphlet No. 31–111, Civil Affairs Guide, Elimination of Nazis from the German Banking Structure, 29. 7. 1944, Zitate S. 1 f. und 5, NA, RG 60, Antitrust Division, Economic Warfare Section, Subject Files, Box 85, Folder „Germany-Banking". Vgl. auch Horstmann, Die Alliierten, S. 23; Roth, Einleitung, S. LXXV. Eine zugespitzte Darstellung der Gegensätze zwischen dem „teilweise fanatischen Idealismus" von Bernsteins Abteilung und dem Pragmatismus des War Department bei Scholtyseck, USA, S. 31–33.

64 War Department Pamphlet No. 31–111, Civil Affairs Guide, Elimination of Nazis from the German Banking Structure, 29. 7. 1944, S. 2, NA, RG 60, Antitrust Division, Economic Warfare Section, Subject Files, Box 85, Folder „Germany-Banking". Anders als Roth (Einleitung, S. LXXV) behauptet, wurden in diesem Papier keineswegs „mit Entschiedenheit [...] strukturelle Eingriffe in das Finanz- und Universalbanksystem" oder gar eine „Zerschlagung dieser Strukturen" gefordert.

65 US Group CC, Finance Division, Basic Preliminary Plan. Tripartite Control and Occupation of Germany. Annex XVI Finance, Appendix A, 15. 2. 1945, BAK, Z45F 2/137/3. Vgl. auch Roth, Einleitung, S. LXXIX.

66 Supreme Headquarters Allied Expeditionary Forces, G–5 Division, Financial and Property Control Technical Manual, Januar 1945, S. 17, PRO, WO 220/227.

67 Denazification Report for Finance Division, o. D. (1946), BAK, Z45F 2/172/12; vgl. auch Klaus-Dietmar Henke, Politische Säuberung unter französischer Besatzung. Die Entnazifizierung in Württemberg-Hohenzollern, Stuttgart 1981, S. 21 f.

oder einzelnen Funktionären „beträchtliche moralische oder finanzielle Hilfe" geleistet hatten.[68]

Ebenfalls in der Schwebe blieb bis Kriegsende eine weitere, von der allgemeinen Entnazifizierung grundsätzlich zu unterscheidende Bedrohung der Großbankenvorstände, nämlich die alliierte Bestrafung von Kriegsverbrechern. Deren schon seit 1941 angekündigte Verfolgung nach der deutschen Kapitulation begann auf britischer und amerikanischer Seite ebenfalls erst seit dem Sommer 1944, im Zusammenhang mit dem Vormarsch an der Westfront, konkreter zu werden. Im Herbst zeichnete sich ab, dass auch hier vor allem die Amerikaner Pläne für eine Ahndung von Kriegsverbrechen auf strafprozessualem Wege vorantrieb, die in erheblichem Maße auf einem neuen völkerrechtlichen Konzept fußte, nämlich der „Verschwörung" der nationalsozialistischen Führung zu Krieg und Massenmord. Aber auch wenn der „Civil Affairs Guide" des amerikanischen Kriegsministeriums die Vorstandsmitglieder der Großbanken bereits als potenzielle Kriegsverbrecher benannt hatte, so war am Vorabend der deutschen Kapitulation doch weder klar, welche Macht- und Funktionseliten des Dritten Reichs im Einzelnen zur Rechenschaft gezogen werden sollten, noch in welcher Form dies geschehen würde.[69]

Wie auch immer die konkreten Entnazifizierungs- und Bestrafungsmaßnahmen aussehen würden, sie setzten jedenfalls umfangreiche Informationen voraus. Schon während der letzten Kriegsjahre hatte sich die Dresdner Bank, so wie andere deutsche Großunternehmen, im Visier amerikanischer, aber auch britischer Stellen befunden. Die Vermutung, dass die Großbanken von der Politik des NS-Regimes profitiert und dieses aktiv unterstützt hätten, stützte sich neben personellen Verflechtungen sowie der reinen Größe der Institute und ihrer (in den USA verbotenen) Universalbankfunktion vor allem auf die Expansion in die seit 1938 vom Deutschen Reich besetzten oder annektierten Gebiete. Anfang 1943 legte das Office of Strategic Services, der amerikanische Auslandsnachrichtendienst, die erste Datensammlung über deutsche Industrielle und Bankiers an. Die Arbeiten zu den Bankvorständen wurden vom Finanzministerium fortgeführt und mit systematischen Untersuchungen der Großbanken verknüpft, hinzu kamen Analysen aus anderen Instanzen.[70] Diese Dossiers mussten zwangsläufig auf deutschen Veröffentlichungen und den Geschäftsberichten der Aktiengesellschaften aufbauen. Sie listeten daher nach formalen Kriterien das Führungspersonal der Banken auf, waren aber auch nicht frei von Vermutungen über deren Beziehungen zum NS-

[68] Endfassung der Direktive JCS 1067 vom 26. 4. 1945, zitiert nach Vollnhals, Entnazifizierung, S. 99f.

[69] Vgl. Frank M. Buscher, The U.S. War Crimes Trial Program in Germany, 1946–1955, Westport 1989, S. 7–27; zur Entstehung des amerikanischen Konzepts ausführlich Bradley F. Smith, The Road to Nuremberg, New York 1981; ders., Der Jahrhundert-Prozeß. Die Motive der Richter von Nürnberg – Anatomie einer Urteilsfindung, Frankfurt a.M. 1977, S. 32–50; Arieh J. Kochavi, Prelude to Nuremberg. Allied War Crimes Policy and the Question of Punishment, Chapel Hill/London 1998. Zur britischen Position auch Kettenacker, Krieg, S. 379–393; Tom Bower, Blind Eye to Murder. Britain, America and the Purging of Nazi Germany, 2. Aufl. London 1995, S. 16–107; Lothar Kettenacker, Die Behandlung der Kriegsverbrecher als anglo-amerikanisches Rechtsproblem, in: Gerd R. Ueberschär (Hg.), Der Nationalsozialismus vor Gericht. Die alliierten Prozesse gegen Kriegsverbrecher und Soldaten 1943–1952, Frankfurt a.M. 1999., S. 17–31.

[70] Vgl. Roth, Einleitung, S. LXX–LXXII.

Regime oder über die Geschäftspolitik im Rahmen der Kriegs- und Expansionswirtschaft, die auf den spärlichen veröffentlichten Daten beruhten.

So galten der amerikanischen Zentralbank die Deutsche Bank und die Dresdner Bank als „Anführer" einer finanziellen Durchdringung der besetzten Gebiete.[71] Diese Einschätzung fand sich schließlich auch im „Military Government Handbook" wieder, einem Nachschlagewerk für die amerikanischen Besatzungsoffiziere, dessen Abschnitt zum deutschen Finanz- und Bankensystem ebenfalls im Federal Reserve System ausgearbeitet worden war. Das Handbuch beschrieb möglichst sachlich die Funktion der Banken als Finanziers der Kriegs- und Eroberungswirtschaft. Dabei galt die Dresdner Bank nicht nur als ebenso aktiv wie die Deutsche Bank in der „Penetration" der besetzten Gebiete, sondern auch noch nach ihrer Reprivatisierung 1937 als stärker mit dem NS-Regime verbunden denn die größere Konkurrentin.[72] Eine vermutlich 1944 im Finanzministerium verfasste „Preliminary Study of the Dresdner Bank", die die Verflechtungen der Bank mit Industrieunternehmen und die vorliegenden Informationen über ihre Vorstands- und Aufsichtsratsmitglieder zusammenstellte, arbeitete die Schuldvermutungen speziell gegen die Dresdner Bank noch stärker heraus, zeigte aber auch die teils recht zweifelhafte Quellengrundlage der während des Kriegs entstandenen Dossiers. Als Beleg für die Vermutung, dass die Dresdner Bank deutlich engere Verbindungen zur NSDAP pflege als die Deutsche Bank, wurden hier Emil Meyer und Carl Lüer sowie die Aufsichtsratsmitglieder Wilhelm Avieny, Walther Schieber und Karl Heinz Heuser angeführt, die alle als Gauwirtschaftsberater fungiert hatten. Zugleich galt aber Carl Goetz allein aufgrund seiner zahlreichen Aufsichtsratsmandate als herausragender Exponent der NS-Wirtschaft. Die Ungenauigkeit der bis dahin vorliegenden Informationen zeigte sich vielleicht am deutlichsten in der Einschätzung des formellen Vorstandssprechers Karl Rasche, von dem man lediglich vermutete, dass er eine prominente Rolle bei der „Arisierung" jüdischen Besitzes eingenommen habe. Gleichzeitig wurde ihm aber eine einflussreiche Position im inneren Zirkel der NSDAP zugeschrieben, was schlicht falsch war und offenbar allein auf Rasches Mitgliedschaft im „Freundeskreis Himmler" (hier als eine Gruppe „neuer Freimaurer" bezeichnet) zurückging.[73]

Auch aus britischer Sicht hatten insbesondere die Deutsche Bank und die Dresdner Bank aktiv an der Ausbeutung der besetzten Gebiete partizipiert. Ansonsten beruhte die kritische Beurteilung der Dresdner Bank aber nicht auf deren speziellen Beziehungen zur SS, sondern auf der Funktion als Hausbank der

[71] Preliminary Draft, German Banking Penetration in Continental Europe, prepared by The Board of Governors of the Federal Reserve System with the assistance of The Federal Reserve Bank of New York, September 1944, S. iv, 91 („Credits were granted by the banks mainly to meet direct or indirect war demands ..."), NA, RG 60, Antitrust Division, Economic Warfare Section, Subject Files, Box 85, Folder „Germany-Banking".

[72] Military Government Handbook Germany, Section 5: Money and Banking, Headquarters Army Service Forces, März 1945, S. 88, 95f., NA, RG 60, Antitrust Division, Economic Warfare Section, Subject Files, Box 83.

[73] Preliminary Study of the Dresdner Bank, prepared by Program Planning Section, Treasury Department, Foreign Funds Control, S. 2, 53, 89, NA, T 83/96. Zu den Funktionen der Aufsichtsratsmitglieder vgl. Bähr, Dresdner Bank, S. 116f.; Heuser war lediglich stellvertretender Gauwirtschaftsberater.

„Reichswerke Hermann Göring".[74] Ähnliche Fokussierungen auf einzelne Banken und deren Führungspersonal wie in den amerikanischen Dossiers scheint es auf britischer Seite jedoch nicht gegeben zu haben. Die einschlägigen Analysen zeichneten sich eher durch betont sachliche Versuche aus, die Funktionsweise des Bankensystems im NS-Regime und die Auswirkungen der nationalsozialistischen Politik auf die Banken auszuloten.[75] Die von den Amerikanern mit extremem Misstrauen beäugte und als wichtigster Beleg für die gesamtwirtschaftliche Steuerungsmacht der Großbanken eingeschätzte enge Verbindung mit der Großindustrie durch Aktienbesitz und Aufsichtsratsmandate etwa galt den britischen Experten lediglich als „interessant"; die „Penetration" Westeuropas wurde – im Vergleich zu Ostmitteleuropa durchaus realistisch – als „von sehr geringem Umfang" eingeschätzt.[76]

Die Kontroversen und Unklarheiten auf den oberen politischen Ebenen änderten nichts daran, dass man bereits im Laufe der Besetzung des Deutschen Reichs konkrete Maßnahmen gegenüber den deutschen Banken und ihrem Führungspersonal einleiten musste. Die völlig unterschiedlichen Positionen Bernsteins und Murphys prallten hier ebenso aufeinander wie in der Bankenordnungspolitik. Im Dezember 1944 verfasste Bernstein ein Memorandum zur Entnazifizierung nicht nur des Finanzbereichs, das beim Political Adviser die Alarmglocken schrillen ließ. Die Finanzabteilung forderte nicht nur eine äußerst gründliche, aufwändige Überprüfung aller Unternehmensleitungen, sondern auch eine radikale Entlassungspolitik – so sollten auch Personen entlassen werden, die jemals „Reden zur Förderung der Nazi-Doktrin" gehalten, deren Unternehmen irgendwie an der Entziehung jüdischen Eigentums und der Ausbeutung der besetzten Gebiete mitgewirkt oder die auch nur Geschäftsreisen ins Ausland unternommen hatten. Bernsteins Forderungen führten nicht nur wegen ihrer Ungenauigkeit und Pauschalität zu heftigem Protest des Political Adviser. Murphy fürchtete vor allem, die daraus resultierende Desorganisation der Wirtschaft und der Wirtschaftsverwaltung könnte eine Kontrolle des Besatzungsgebiets insgesamt ernsthaft gefährden.[77]

Desorganisierend wirkten aber vorläufig eher die chaotischen Arbeitsbedingungen im Zuge der militärischen Besetzung, während der Austausch von Memoranden die Besatzungsoffiziere bei ihrer alltäglichen Arbeit nicht unbedingt beeindrucken musste. Ihre konkrete Entnazifizierungspraxis vor Ort führten die amerikanischen Finanzexperten im Rückblick unmittelbar auf die Vorarbeiten des Finanzministeriums zurück,[78] und die Ausdehnung und Konkretisierung der po-

[74] Bericht „Germany", o.D. (laut Aktentitel „Bank of England and War Office Statistical Notes", 1943), S. 57, 108, PRO, T 160/1280/18700/13B.

[75] Vgl. Enemy Branch (Foreign Office and Ministry of Economic Warfare), German Commercial Banking in War-Time, Juli 1944; Economic Advisory Branch (Foreign Office and Ministry of Economic Warfare), German Banking in 1944, 5. 5. 1945; beides in: PRO, FO 1046/22.

[76] Enemy Branch, Foreign Office and Ministry of Economic Warfare: Economic Survey of Germany. Section T: Currency, Finance and Banking, Mai 1944, S. 18, PRO, WO 220/207.

[77] Donald R. Heath (for Ambassador Robert Murphy) an Secretary of State, 28. 12. 1944; US Group CC, Political Division, Memorandum on Draft Proposal of the Finance Division; Draft der Finance Division, Evaluation of the Fragebogen for Financial Officers, 14. 12. 1944; alles in: BAK, Z45F POLAD/826/47.

[78] Denazification Report for Finance Division, o.D. (1946), BAK, Z45F, 2/172/12.

tenziellen Kandidaten für harte Entnazifizierungsmaßnahmen lag tatsächlich auf dieser Linie. Während im Dezember 1944 noch lediglich eine Überprüfung der Bankvorstände, nicht jedoch ihre Amtsenthebung vorgesehen war,[79] enthielt eine Liste mit zu verhaftenden mutmaßlichen „Nazis und Nazi-Sympathisanten" im Finanzbereich vom 1. Februar 1945 bereits die Namen der Dresdner-Bank-Vorstandsmitglieder Carl Lüer und Emil Meyer. Aus dem Aufsichtsrat der Dresdner Bank waren Hellmuth Roehnert, Wilhelm Avieny, Hans Ullrich, Walther Schieber, Friedrich Flick sowie Alfried Krupp von Bohlen und Halbach vertreten. Zu verhaften waren außerdem qua Funktion die Vorsitzenden der Aufsichtsräte der Großbanken und die Chefs der Personalabteilungen.[80] Anfang März 1945 wurden auch die Filialleiter in Städten mit mehr als 200000 Einwohnern hinzugefügt.[81]

Gegen Abschluss der alliierten Besetzung Deutschlands zeichnete sich also zumindest für die amerikanische Besatzungszone allmählich ein systematischerer Zugriff auf die deutschen Großbanken ab. Dennoch war deren unmittelbare Zukunft weder in ordnungspolitischer noch in personeller Hinsicht abzusehen. Bernstein teilte die amerikanische Bankenpolitik bis zur deutschen Kapitulation rückblickend in zwei Phasen ein: Bis Mitte Februar 1945 habe die Tätigkeit seiner Abteilung einfach darin bestanden, den deutschen Banken die improvisierte Fortführung ihrer Geschäftstätigkeit in kriegszerstörten, teils evakuierten Kommunen zu erlauben. Die zweite, bis zur Kapitulation reichende Phase hingegen war nicht nur vom sichtbar werdenden Personalmangel an Finanzoffizieren geprägt, sondern auch vom wirtschaftlichen Zusammenbruch Deutschlands in „halb-selbständige, rudimentär funktionierende Wirtschaftsregionen". Dadurch blieb auch die Verbreitung amerikanischer finanzpolitischer Richtlinien unzureichend, war aber zum Zeitpunkt der Kapitulation angeblich weitgehend abgeschlossen. Selbst nach Bernsteins Einschätzung galt das allerdings nicht für die Entnazifizierung, mit der sich das nächste Kapitel beschäftigt.[82]

[79] Ernst G. Ophuls, Financial Institutions Branch der Finance Division, an Morton Fisher, Finance Division, 6. 12. 1944, BAK, Z45F 2/229/3.

[80] Morton Fisher, Finance Division, an Charles Blakeney, Chef der USGCC Intelligence Section, 1. 2. 1945, BAK, Z45F 2/229/3. Aus dem Vorstand der Deutschen Bank waren Heinrich Hunke und Karl Ritter von Halt, aus dem Aufsichtsrat Albert Pietzsch, Günther Quandt, Philipp Reemtsma, Hermann Schmitz und Wilhelm Zangen aufgelistet, aus der Commerzbank nur das Vorstandsmitglied Eugen Bandel.

[81] Gans (SHAEF G5-Division) an Bernstein, 5. 3. 1945, Schedule of Financial Personnel, BAK, Z45F 2/229/2.

[82] B. Bernstein, Report of Financial Institutions in Germany. Prepared by Financial Institutions Branch, 4. 9. 1945, S. 5f., 11f., BAK, Z45F 2/152/3.

Politische „Säuberung“ und personelle Kontinuität

III. Die Dresdner Bank und die Entnazifizierung in den vier Besatzungszonen

Schon im Laufe der alliierten Besetzung Deutschlands begann die erste Phase einer politischen „Säuberung“ vor allem der Verwaltung, aber auch der Wirtschaft von Nationalsozialisten. Wie die im vorangehenden Kapitel skizzierten Debatten zeigen, bestand jedoch bei Kriegsende einiger Klärungsbedarf, wer eigentlich als „nicht nomineller“, „aktiver“ oder potenziell gefährlicher „Nazi“ einzuordnen und wie mit ihm zu verfahren war. In den westlichen Besatzungszonen entwickelten sich aus diesen Unschärfen, nach einer „Phase der Improvisation“[1] in den ersten Nachkriegsmonaten, zunächst relativ rigide Entlassungsmaßnahmen. 1946 begann jedoch eine neue Phase der systematischen Entnazifizierung durch deutsche Instanzen, die sich bis über das Ende der Besatzungszeit hinauszog und letztlich in einer weitgehenden Rücknahme der ursprünglichen, vor allem in der amerikanischen Besatzungszone relativ harten Bestrafungsmaßnahmen endete. Den Problemen und Ergebnissen der verschiedenen Entnazifizierungsansätze soll in den nächsten beiden Abschnitte nicht nur auf der Ebene des zentralen Managements der Dresdner Bank, sondern auch am Beispiel der Filialleitungen in den westlichen Besatzungszonen nachgegangen werden.

Im Bankwesen der Sowjetischen Besatzungszone setzte erst Anfang 1946 eine systematische Entnazifizierung ein, die dann jedoch umso rigider und pauschaler umgesetzt wurde. Die Abrechnung mit dem Nationalsozialismus fiel hier freilich in die Etablierungsphase einer neuen Diktatur, die bei der Ausschaltung von Nationalsozialisten aus Wirtschaft und Verwaltung nicht stehen bleiben konnte. Am Beispiel des sächsischen Führungspersonals der Dresdner Bank soll im letzten Abschnitt gezeigt werden, wie die „säuberungs“-politische Überwindung des Nationalsozialismus allmählich von einer ideologisch verbrämten Elitenverdrängung überlagert wurde, in der bürgerliche „Reaktionäre“ auf die Dauer als größeres Sicherheitsrisiko galten denn nationalsozialistische Mitläufer.

1. Die Dresdner Bank in der Entnazifizierungspolitik der Westalliierten 1945/46

Zu Beginn der Besatzungszeit verfügten die amerikanischen Offiziere mit der letzten Fassung der Besatzungsdirektive JCS 1067 zwar über eine formalrecht-

[1] Niethammer, Mitläuferfabrik, S. 149. Allgemein zur Konsolidierung der Besatzungsherrschaft und zu den institutionellen Veränderungen im Sommer 1945 Henke/Oldenhage, Office of Military Government for Germany, S. 15–36; Henke, Besetzung, S. 970–986.

liche Grundlage der Entnazifizierung, die jedoch erheblichen Interpretationsspielraum ließ. Die Praxis der Entlassungen und Suspendierungen war dadurch keineswegs vollständig determiniert, zumal zeitweise mehrere konkurrierende Richtlinien gleichzeitig in Kraft waren.[2] Der weitgehende Zusammenbruch überregionaler Kommunikation im Reichsgebiet, eine daraus folgende Zersplitterung auch der Besatzungsherrschaft und der strikt vertikale Kommandoweg gaben zudem den lokalen Militärverwaltungen, die primär mit der Durchsetzung eines Minimums an Ordnung und Sicherheit beschäftigt waren, zunächst relativ große Ermessensspielräume.[3] Die Grundlage des mehrstufigen Entscheidungsverfahrens anhand von Fragebögen, für deren Ausfüllung und Übergabe die örtlichen Bankleitungen verantwortlich waren, bildete die „Anweisung an Finanzinstitutionen Nr. 3". Diese Anweisung war zwar bereits in den frühen Fassungen des SHAEF-Handbuchs enthalten gewesen.[4] Die Kriterien für die Entlassung oder Suspendierung von Funktionsträgern waren jedoch nicht nur bis zum Kriegsende mehrfach verschärft worden, sie waren den einzelnen Besatzungseinheiten auch in unterschiedlichen Varianten geläufig. In Gießen und Wiesbaden etwa benutzte man im April 1945 noch das SHAEF-Handbook als Maßstab und entließ – nach welchen Maßstäben auch immer ermittelte – „aktive Nazis" und „leidenschaftliche Sympathisanten". In Frankfurt hingegen arbeitete man nach einer neuen Direktive der 12. amerikanischen Armeegruppe vom März 1945, die in den benachbarten Regionen schlicht unbekannt war, und entließ aus den Banken zunächst einmal sämtliche NSDAP-Mitglieder. Immerhin zeigte sich ein amerikanischer Offizier beeindruckt von der Erklärung des Frankfurter Filialleiters der Dresdner Bank, Günther Ladisch, dass nach der Entfernung sämtlicher formal definierter „Nazis" aus der Filiale diese nur noch vom Oberbuchhalter geleitet werden könnte, dem dafür jedoch alle Qualifikationen fehlten. Ein vollständiger Ausschluss der Entlassenen und Suspendierten war auf kurze Sicht ohnehin kaum durchsetzbar, weil die an ihrer Stelle eingesetzten Angestellten aus der zweiten Reihe häufig auf die Fachkompetenz ihrer Vorgänger angewiesen waren.[5]

Diese frühen Erfahrungen zeigten, dass das Projekt der „Denazification" leichter verkündet als durchgeführt war. Bernsteins Finanzabteilung zog relativ schnell organisatorische Konsequenzen. Schon im April 1945 wurde ein Plan zur systematischen Entnazifizierung entwickelt, nach dem Zweier- oder Dreierteams von OMGUS-Finanzoffizieren den lokalen Besatzungsoffizieren, die schon von der Größe des zu untersuchenden Personenkreises überfordert waren, die zentralen

[2] Woller, Gesellschaft, S. 97.

[3] Vgl. Niethammer, Mitläuferfabrik, S. 138–143; Henke, Säuberung S. 20f.; Rainer Möhler, Entnazifizierung in Rheinland-Pfalz und im Saarland unter französischer Besatzung von 1945 bis 1952, Mainz 1992, S. 59–66; Reinhard Grohnert, Die Entnazifizierung in Baden 1945–1949. Konzeptionen und Praxis der „Epuration" am Beispiel eines Landes der französischen Besatzungszone, Stuttgart 1991, S. 17–19, 26–30.

[4] Vgl. Horstmann, Die Alliierten, S. 53.

[5] Ernst G. Ophuls, Financial Institutions Branch, an Bernstein, 1. 5. 1945, BAK, Z45F 2/70/13. Ein ausführlicherer Bericht zur Entnazifizierungspraxis auf dem Finanzsektor in Frankfurt a.M. von A. M. Kamarck, Financial Branch, G-5 Division, 24. 5. 1945, in: BAK, Z45F 11/278/4. Zum SHAEF-Handbuch vgl. Henke, Besetzung, S. 102–110, 118f.

Richtlinien nahe bringen und für deren Umsetzung sorgen sollten.[6] Das garantierte jedoch keineswegs die flächendeckende Durchsetzung der schärferen Richtlinien. So berichtete zwar die Filiale der Dresdner Bank in München Ende Juni, dass die örtliche Militärregierung „in ziemlich scharfem Umfange" Entlassungen anordnete, die über die von den Banken selbst gemäß der Anweisung Nr. 3 veranlassten hinausgingen.[7] Getroffen hatte das beispielsweise den Münchner Filialleiter, der Anfang Mai noch von der örtlichen Militärregierung bestätigt, Anfang Juni jedoch schon wieder suspendiert worden war, weil er kurze Zeit einen Blockleiter seiner NSDAP-Ortsgruppe vertreten hatte.[8] Zur gleichen Zeit stellten indes Offiziere der amerikanischen Finanzabteilung bei einer Visite in Nürnberg fest, dass die örtliche Special Branch der Abteilung für öffenliche Sicherheit (Public Safety Division), der die erste Auswertung der von den Bankleitungen eingereichten Fragebögen oblag, ihre Entscheidungen immer noch auf der Grundlage von Anweisungen aus dem September 1944 traf. Die wesentlich schärfere Direktive der 12. Armeegruppe, die eine Neubewertung zahlreicher Fragebögen erfordert hätte, war zwar durchaus bekannt, aber eben nie offiziell übergeben worden. Der örtliche Finanzoffizier schließlich, dem die endgültige Entscheidung überlassen blieb, hatte im Interesse eines funktionierenden Bankensystems sämtliche Suspendierungen aufgehoben.[9]

Im Vergleich zur britischen Besatzungszone wurde von den Amerikanern freilich schon in dieser Frühphase der Entnazifizierung härter und systematischer durchgegriffen. Den britischen Besatzungsoffizieren fehlten sogar noch bis Mitte September 1945 klare und umfassende Vorgaben. Bis dahin diente jene Anweisung Nr. 3 als allgemeine Richtschnur, die ursprünglich nur für die „Säuberung" von Finanzverwaltung und Banken entworfen und nach zähen Verhandlungen als britisch-amerikanischer Kompromiss in die Fassung des SHAEF-Handbuchs vom Januar 1945 aufgenommen worden war.[10] Die Briten entnazifizierten also insgesamt auf einer konzeptionellen Grundlage, die durch die amerikanischen Verschärfungen seit geraumer Zeit überholt war. Entschieden wurde auch hier anhand eines Fragebogens, dessen Kontrolle und Auswertung jedoch in hohem Maße dem Spitzenpersonal von Unternehmen und Behörden überlassen blieb. Die Entnazifizierungspolitik in der britischen Zone war damit frühzeitig an einer stärkeren deutschen Mitbeteiligung orientiert, und dies sollte auch weiterhin so bleiben.[11]

[6] Denazification Report for Finance Division, o.D. (1946), S. 3, BAK, Z45F 2/172/12.
[7] Bericht Filiale München, 25. 6. 1945, HADrB 4542-2000.
[8] Kauffmann an Zinßer, 27. 9. 1945, HADrB 11128-2001.
[9] Denazification of Financial Institutions in Nurnberg (Bavaria) as of 3 June, 1945, 3. 6. 1945, NA, RG 260 FINAD, Box 234, Folder 4.
[10] Denazification Report for Finance Division, o. D. (1946), S. 1, BAK, Z45F 2/172/12; Jones, Preparations, S. 135.
[11] Turner, Denazification, S. 247–249. Die undatierte „Anweisung der Militärregierung, Finanzabteilung, an finanzielle Unternehmen und Regierungsbehörden Nr. 3" ist abgedruckt bei Irmgard Lange (Bearb.), Entnazifizierung in Nordrhein-Westfalen. Richtlinien, Anweisungen, Organisation, Siegburg 1976., S. 66–78; dort nur das Eingangsdatum beim Landrat Moers, 24. 3. 1945. Die analoge amerikanische Anweisung Nr. 3 wurde, jedenfalls punktuell, auch in der französischen Zone über den Finanzbereich hinaus angewandt; Möhler, Entnazifizierung, S. 58.

Dass die britische Politik auch auf der Ebene der deutschen Wirtschaftseliten weniger scharf durchgriff, zeigt die Behandlung der Dresdner-Bank-Vorstandsmitglieder in den ersten Besatzungsmonaten. Alfred Hölling wurde Anfang Mai in Hamburg, ebenso wie Hermann Josef Abs von der Deutschen Bank und Hermann Victor Hübbe von der Deutsch-Südamerikanischen Bank, von den Briten zunächst nur ausgefragt, blieb ansonsten aber vorläufig unbehelligt.[12] Eine kurz darauf verhängte Suspendierung wurde nach wenigen Wochen wieder aufgehoben.[13] In der amerikanischen Besatzungszone traf die automatische Suspendierung, neben dem verhafteten Karl Rasche und neben Carl Lüer, der wegen seiner frühen NSDAP-Mitgliedschaft automatisch als entlassen galt, den Aufsichtsratsvorsitzenden Carl Goetz und Hugo Zinßer, der sich dadurch allerdings nicht von Inspektionsreisen durch die Filialen der amerikanischen Zone abhalten ließ.[14] Ein Frankfurter Mitarbeiter der amerikanischen Finanzabteilung reagiert Ende Juli auch nur mäßig erstaunt darauf, dass Zinßer trotz seiner Suspendierung mit Plänen für die vorläufige Reorganisation der Bankleitung in den westlichen Besatzungszonen bei ihm vorsprach. Auf die Frage nach dem Ausmaß seiner Beteiligung am Bankmanagement versicherte Zinßer treuherzig, er sei lediglich mit dem Zusammentragen von Informationen befasst, um der USGCC ein schlüssiges organisatorisches Konzept vorlegen zu können. Die Reaktion des Finanzoffiziers bestand, neben einem kurzen Hinweis auf Zinßers Betätigungsverbot, in der Ankündigung einer gründlichen Prüfung seiner Vorschläge.[15] Zudem wurde Zinßer erlaubt, gegen vermeintlich ungerechtfertigte Entlassungen oder Suspendierungen einzelner Filialleiter zu intervenieren.[16]

Eine vollständige Aufhebung seiner Suspendierung allerdings scheiterte vermutlich am persönlichen Widerstand von Russell Nixon, dem Leiter der Financial Intelligence and Liaison Branch der amerikanischen Militärkommandobehörde USFET.[17] Zinßer, das einzige in der amerikanischen Zone ansässige Vorstandsmitglied der Dresdner Bank, blieb bis zu seiner Entlassung aus der amerikanischen Internierung Ende 1947 offiziell suspendiert.[18] Carl Goetz' vorübergehende Amtsenthebung als Aufsichtsratsvorsitzender und die damit verbundene Blockierung seiner Bankkonten wurden hingegen Ende August 1945 aufgehoben.[19] Anfang September wurde auch Hans Schippel, der im August vom amerikanischen Militärgeheimdienst CIC in Berlin festgenommen worden war, als „checked and

[12] Headquarters 21 Army Group, Civil Affairs/Military Government Branch, Finance Section Hamburg, Report on Interviews with German Banking Officials on 8 May 1945, BAK, Z45F 2/148/16.

[13] Reichsbankhauptstelle Hamburg an Dresdner Bank in Hamburg, 20. 6. 1945, HADrB 1288-2002P; Deuss an Zinßer, 24. 10. 1945, HADrB 11127-2001; Zinßer an OMGUS, 6. 7. 1945, Anlage 1, BAK, Z45F 2/143/5.

[14] Zinßer an von Arx (Schweizerischer Bankverein), 18. 6. 1945, HADrB 11142-2001.

[15] J. J. Clarke, USGCC Financial Institutions Branch, an L. A. Jennings, Financial Institutions Branch, 28. 7. 1945, BAK, Z45F 2/143/5.

[16] Zinßer an Goetz, 5. 9. 1945, HADrB 11127-2001.

[17] Nixon an Jennings, USFET G-5 Financial Institutions Branch, 13. 8. 1945, BAK, Z45F 2/143/5.

[18] Meldebogen Hugo Zinßer, 23. 4. 1946, HHStAW, Abt. 520/W-BW 6a. Vgl. auch Gustav Schwägler (Industrie- und Handelsbank Ludwigshafen) an Zinßer, 7. 2. 1948, HADrB 11131-2001. Danach bemühte sich Zinßer erst nach der Entlassung aus der Internierung in Nürnberg um die Aufhebung seiner Suspendierung in der französischen Zone.

[19] Bescheinigung der amerikanischen Militärregierung, Regierungsbezirk Oberbayern, für Carl Goetz, 28. 8. 1945, HADrB 108201.

cleared" entlassen.[20] Diese Entscheidungen sollten indes nur eine kurze Atempause einläuten, denn wenige Monate später gerieten die Vorstands- und Aufsichtsratsmitglieder der Bank in ein umfassendes Verhaftungsprogramm, das schließlich zum Nürnberger Prozess gegen Karl Rasche führen sollte. Bis dahin zeigten die Entsuspendierungen in erster Linie die mangelhafte Koordinierung der amerikanischen „Säuberungs"-Politik, denn spätestens seit Juni 1945 fanden sich Goetz und der gesamte Vorstand auf einer der diversen amerikanischen Listen mit Industriellen und Bankiers, die als potenzielle Kriegsverbrecher zu verhaften waren.[21]

Es lag nahe, die einigermaßen chaotische Entnazifizierungspolitik dieser ersten Phase im Zuge der Institutionalisierung der amerikanischen Besatzungsherrschaft auf eine systematischere Grundlage zu stellen. Der institutionelle Umbau begann mit der Kommandoübernahme durch USFET und der Auflösung von SHAEF im Juli 1945 und endete im September mit der Ablösung der USGCC durch die mit größeren Kompetenzen ausgestattete Militärregierung OMGUS. Die Konsolidierung der Besatzungsherrschaft führte jedoch nicht etwa zu einem insgesamt pragmatischeren, weniger schematischen Herangehen, sondern zunächst zu einer nochmaligen Verschärfung der Entlassungspolitik.[22] Auch in dieser zweiten Phase konnten die für die jeweilige Berufsgruppe zuständigen Ressortoffiziere schärfere Richtlinien verfolgen als die Special Branches der Abteilungen für öffentliche Sicherheit, die zunächst sämtliche Fragebögen auswerteten und Entlassungsempfehlungen gaben. Die Finance Division gehörte wiederum zu den eifrigsten Abteilungen.[23]

Bernsteins Ziel einer radikalen Entnazifizierung der Banken und der Finanzverwaltung kollidierte jetzt jedoch offen mit der pragmatischen, stärker an einem funktionierenden Finanzwesen orientierten Umgebung des (bis März 1947 formell nur stellvertretenden) Militärgouverneurs Lucius D. Clay. Bernstein verlor zumal nach dem Rücktritt des Finanzministers Morgenthau im Juli 1945 zusehends an Rückhalt. Im September auf den Leitungsposten einer neu eingerichteten, kleineren Division of Investigation of Cartels and External Assets (DICEA) abgeschoben, konnte er von hier aus zwar noch das umfassende Strafverfolgungsprogramm gegen die Großbankenvorstände in Gang setzen, trat jedoch im Oktober 1945 frustriert aus der Besatzungspolitik ab. Die OMGUS-Finanzabteilung aber blieb auch unter seinem Nachfolger, dem Bankier Joseph M. Dodge, eine

20 Meldebogen Hans Schippel, 20. 1. 1948, StA München, SpKA, Karton 3155; Paul J. Brandt, DICEA Banking Section, an Henry H. Collins, DICEA, 22. 10. 1945, BAK, Z45F 2/180/7.

21 H. G. Sheen (SHAEF, Office of Assistant Chief of Staff G-2) an Assistant Chiefs of Staff der Army Groups, 27. 6. 1945, List of German Industrialists and Financiers, BAK, Z45F 5/12-1/51.

22 Die erste rechtliche Grundlage war eine USFET-Direktive vom 7. Juli 1945, die eine automatische Entlassung aller vor dem 1. Mai 1937 in die NSDAP eingetretenen Inhaber „wichtiger Positionen" in der Wirtschaft verlangte. Das am 26. September 1945 erlassene Gesetz Nr. 8 der amerikanischen Militärregierung verbot ergänzend die Beschäftigung der Mitglieder der NSDAP und angeschlossener Organisationen „in einer beaufsichtigenden oder leitenden Stellung"; diese konnten jedoch bei den örtlichen Militärregierungen mit der Begründung, sich nicht „aktiv eingesetzt" zu haben, eine Sondergenehmigung beantragen. Zur Entstehung und Umsetzung dieser Regelungen vgl. Niethammer, Mitläuferfabrik, S. 147–156, 240–248; Rauh-Kühne, Entnazifizierung, S. 43 f.; Armin Schuster, Die Entnazifizierung in Hessen 1945–1954. Vergangenheitspolitik in der Nachkriegszeit, Wiesbaden 1999, S. 58–194; Vollnhals, Entnazifizierung, S. 10–12.

23 Niethammer, Mitläuferfabrik, S. 150, 252 f.; Schuster, Entnazifizierung, S. 51.

großbankenkritische Bastion. Für die Fortsetzung von Bernsteins radikaler „Säuberungs"-Politik stand vor allem Russell Nixon, der von Oktober bis zur Auflösung der Abteilung im Dezember 1945 als stellvertretender Leiter der DICEA fungierte.[24]

Ende Juli 1945 forderte Bernstein die regionalen Finanzoffiziere zu einem „Endspurt" auf, und bereits am 8. September verkündete Nixon, die Entnazifizierung des Finanzsektors sei praktisch abgeschlossen.[25] Bernstein hatte dies sogar schon Ende August in der deutschen Presse verkünden lassen.[26] Er rapportierte allerdings am 12. September an Clay, dass 12 000 bis 15 000 Entlassungen auf dem Finanzsektor zwar von einer konsequenten Umsetzung des Entnazifizierungsprogramms kündeten, dies aber nur für seinen eigenen Zuständigkeitsbereich gelte. Etliche entlassene „Nazis" hätten jedoch umgehend ein neues Betätigungsfeld in anderen Wirtschaftssektoren gefunden, weil die rigiden Direktiven von anderen Besatzungsoffizieren in den Bereichen Industrie, Kommunikation und Transport bewusst und in großem Maßstab unterlaufen würde.[27] Gleichzeitig drängte Bernstein im Finanzdirektorat des Alliierten Kontrollrats darauf, eine einheitliche Politik zu verfolgen, für die bislang nicht einmal vergleichbare Statistiken vorlagen.[28]

Das dürfte insbesondere auf die britische Entnazifizierungspolitik gezielt haben. In der französischen Besatzungszone hatte zwar ein Mangel an kompetentem Ersatzpersonal ebenfalls zu weniger rigiden Maßnahmen geführt. Die Grundlinie der amerikanischen Politik wurde jedoch zumindest nach außen hin von den Franzosen geteilt.[29] Ohnehin galten die amerikanischen Direktiven theoretisch auch für die französische Zone, da die französische Besatzungsarmee formal ein Bestandteil der amerikanischen 6. Armeegruppe war und bis zum Herbst 1945 keine eigenständigen Entnazifizierungsvorschriften besaß.[30] Die britische Entnazifizierungspolitik hingegen galt Bernstein zu Recht als weniger umfassend denn die eigene.[31] Schon im Juni hatte die Finanzabteilung der britischen 21. Armeegruppe einerseits zugeben müssen, dass sie mit der Auswertung der Fragebogen nicht nachkam, andererseits aber bereits das Ergebnis verlautbart, der nationalsozialistische Einfluss im Bankwesen sei insbesondere auf den unteren Hierarchieebenen nur gering gewesen.[32] Der britische Finanzabteilungsleiter Chambers

24 Vgl. Horstmann, Die Alliierten, S. 54–57; Roth, Einleitung, S. XCIV–XCVI; ders., Einleitung des Bearbeiters, in: OMGUS, Finance Division, Ermittlungen gegen die I.G. Farbenindustrie AG. Übersetzt und bearbeitet von der Dokumentationsstelle zur NS-Sozialpolitik Hamburg, Nördlingen 1986, S. XXXVII–XXXIX; Henke/Oldenhage, Office of Military Government for Germany, S. 32.

25 Denazification Report for Finance Division, o.D. (1946), S. 4, BAK, Z45F 2/172/12.

26 Schuster, Entnazifizierung, S. 51.

27 Bernstein an Clay, 12. 9. 1945, Zitat S. 1, BAK, Z45F 2/229/1. Mit gleicher Tendenz Nixon an den Unterstaatssekretär im Kriegsministerium, Robert Patterson, 12. 9. 1945, ebd.

28 Bernstein an Finance Directorate, Control Council for Germany, 6. 9. 1945, PRO, FO 1046/51.

29 Memorandum von L. A. Jennings, Financial Institutions Branch, 5. 9. 1945, S. 3, BAK, Z45F 2/150/3.

30 Vgl. Henke, Politische Säuberung, S. 23, 46f.; Möhler, Entnazifizierung, S. 54–57.

31 B. Bernstein, Report of Financial Institutions in Germany. Prepared by Financial Institutions Branch, 4. 9. 1945, S. 34, 39, BAK, Z45F 2/152/3.

32 Headquarters 21 Army Group, Civil Affairs/Military Government Branch, Finance Section: Report No. 8 for Germany for Month of June 45, PRO, FO 371/46737. Solche Widersprüche dürften nicht zuletzt Ausdruck einer insgesamt inkonsistenten Entnazifizierungspolitik der britischen Mi-

musste auch noch Mitte September 1945 im Finanzdirektorat des Alliierten Kontrollrats zugeben, dass in seinem Zuständigkeitsbereich die Entnazifizierung bislang vernachlässigt worden sei und den „großen Nazis" in Banken und Industrieunternehmen größere Aufmerksamkeit geschenkt werden müsse.[33] Bis Ende Oktober konnte zwar die Maßnahmen gegenüber den Banken auf der Grundlage der Anweisung Nr. 3 als „nahezu vollständig" erklärt werden, doch eine neue britische Entnazifizierungsdirektive vom 5. September 1945 und eine angestrebte Regelung auf der Ebene des Alliierten Kontrollrats ließen erwarten, dass viele Personen erneut überprüft werden mussten.[34] Insofern waren die Amerikaner wiederum einen Schritt voraus, als ihr formal auch als Militärgouverneur fungierender Oberkommandierender Eisenhower am 27. Oktober 1945 den Abschluss der Entlassungen bis Mitte November anwies. Tatsächlich zog sich das Entlassungsprogramm noch bis zum März 1946 hin, doch immerhin hielt die Finanzabteilung im Rückblick fest, im Ergebnis seien die deutschen Finanzinstitutionen endgültig „von sämtlichen Nazis gereinigt" worden.[35]

Rein quantitativ konnte man tatsächlich eindrucksvolle Ergebnisse vorweisen. Schon Anfang November 1945 wurde aus Bayern vermeldet, dass von 30700 untersuchten Mitarbeitern der Finanzverwaltung und der Banken 10500 aus dem Amt entfernt worden waren.[36] Abschließende Gesamtstatistiken zum Vergleich der beiden großen westdeutschen Besatzungszonen liegen zwar nicht vor, doch eine Zwischenbilanz der britischen Militärregierung von Anfang 1946 bestätigt, dass deren Tendenz zur zurückhaltenderen Entnazifizierungspolitik auch nach der Etablierungsphase der Besatzungsherrschaft anhielt: Von knapp 42000 bis dahin in der britischen Zone überprüften Bankmitarbeitern waren gut 20 Prozent, also eine deutlich geringere Quote als in der amerikanischen Zone, entlassen, suspendiert oder verhaftet worden.[37] Ein Vergleich der Filialleitungen der Dresdner Bank auf der Basis von Spruchkammer- und Entnazifizierungsakten bringt diese unterschiedliche Rigidität ebenso klar zum Ausdruck, denn in der amerikanischen Zone betrafen diese Maßnahmen immerhin zwanzig von sechsundzwanzig, in der britischen Zone hingegen nur neun von achtunddreißig leitenden Filialmitarbeitern, die Mitglieder der NSDAP gewesen waren. Die Entlassungen erfolgten überwiegend nicht unmittelbar nach der Besetzung, sondern erst im Zuge des systematischeren Vorgehens seit Juli 1945.[38]

litärregierung in den ersten Besatzungsmonaten gewesen sein, die wiederum aus dem Spannungsverhältnis zwischen amerikanischem Druck auf eine rigidere Vorgehensweise einerseits, pragmatischem Besatzungskonzept andererseits resultierte; Jones, Preparations, S. 197f.; dies., Eradicating Nazism, S. 154–158.

33 Horstmann, Die Alliierten, S. 53.

34 Finanzabteilung der britischen Militärregierung, Progress in Denazification, 9. 1. 1946, PRO, FO 1046/52.

35 „... that German financial institutions have been purged of all nazis". Denazification Report for Finance Division, o.D. (1946), S. 4f., BAK, Z45F 2/172/12.

36 Extract from Military Government Report No. 26, Week ending 8 Nov 45, Office of Military Government for Bavaria, PRO, FO 1046/52.

37 Finanzabteilung der britischen Militärregierung, Progress in Denazification, 9. 1. 1946, ebd.

38 Die dazu herangezogenen 69 Spruchkammer- bzw. Entnazifizierungsakten leitender Filialmitarbeiter mit NSDAP-Mitgliedschaft stellen eine umfangreiche Auswahl der zur Verfügung stehenden Akten dar, die vor allem im Hinblick auf eine ausreichend große Anzahl von Verfahren für einen Vergleich der Entnazifizierungspraxis in der britischen und amerikanischen Zone zusam-

Zahlenmäßig waren die entnazifizierungsbedingten Einschnitte in das gesamte Filialpersonal nicht unerheblich. Anfang Februar 1946 belief sich der Personalbestand in allen drei westlichen Besatzungszonen auf rund 2800 Beschäftigte; in der amerikanischen Zone waren bis dahin 319, in der französischen Zone weitere 22 Mitarbeiter entlassen oder suspendiert worden.[39] Über die Auswirkungen der alliierten Entlassungspolitik auf die einzelnen Filialen liegen nur punktuelle Angaben vor, die sich nicht für die gesamte Dresdner Bank verallgemeinern lassen. Das Beispiel der Hamburger Filiale, die einen besonders hohen Anteil an NSDAP-Mitgliedern aufwies, zeigt, dass auch die großzügigere Verfahrensweise der Briten ihre Spuren hinterließ, mussten hier doch immerhin einundneunzig Angestellte zumindest vorübergehend entlassen werden.[40] Auch wenn von den genannten Entlassungszahlen überproportional Führungskräfte betroffen gewesen sein dürften, darf die Wirkung auf die Arbeitsfähigkeit der Filialen allerdings nicht überschätzt werden. Eine Übersicht der britischen Finanzabteilung wies darauf hin, dass die Entlassungen für die Banken grundsätzlich leicht zu verkraften seien, weil die Wirtschaftslage die Nachfrage nach Bankdienstleistungen deutlich reduziert hatte.[41] Ähnlich wurde im Sommer 1945 aus der amerikanischen Zone berichtet, dass selbst in Regionen mit hohen Entlassungsquoten wie Nürnberg und Augsburg der personelle Ersatz kein ernsthaftes Problem darstelle und die Arbeitsfähigkeit der Banken nicht in Frage gestellt sei.[42] Mit Ausnahme Stuttgarts und Frankfurts waren denn auch Ende Juni 1945 alle süd- und südwestdeutschen Filialen der Dresdner Bank wieder in Betrieb.[43] In der französischen Besatzungszone, wo die Entnazifizierung der Privatwirtschaft nur langsam in Gang kam, herrschte sogar im Februar 1946 noch eine nahezu vollständige Kontinuität der Filialleitungen.[44]

Dabei zeigte sich die Bankleitung in Entnazifizierungsfragen durchaus kooperativ. Hölling, Zinßer und Schleipen waren nach Kriegsende zunächst übereingekommen, „dass wir von uns aus – unbeschadet der Massnahmen der Militärregierung – alle diejenigen, die wir selbst als Nazis kennen, entlassen bzw. nicht wieder

mengestellt wurde; vgl. im Einzelnen die Aufstellung im Quellenverzeichnis. Für die französische Besatzungszone, in der die Dresdner Bank traditionell schwach vertreten war, wurden nur drei einschlägige Vorgänge ausgewertet. Die Grundlage der Recherchen bildete eine bis Mitte 1945 fortgeführte Zusammenstellung der Filialleitungen, deren genauer Entstehungszusammenhang nicht mehr nachvollziehbar ist. Die nach Filialstandorten sortierte Liste verzeichnet Namen, Geburtsdaten und NSDAP-Mitgliedschaften des Leitungspersonals (bei größeren Filialen bis zu sieben Personen), jedoch nicht die genaue Funktion innerhalb der Filiale; Liste der Filialleitungen, o. D., HADrB 50336-2001.

39 Dresdner Bank, Zentraldirektion West, an OMGUS, Finance Division Frankfurt, 20. 2. 1946, BAK, Z45F 2/51/2. Angaben über die Gesamtzahl der Entlassungen in der britischen Besatzungszone liegen nicht vor.

40 Betriebsrat der Hamburger Kreditbank an Berufungsausschuss 18, 26. 4. 1948, StA Hamburg, 221-11 F 13307.

41 Finanzabteilung der britischen Militärregierung, Progress in Denazification, 9. 1. 1946, PRO, FO 1046/52.

42 Denazification of Financial Institutions, o. D. (August 1945), BAK, Z45F 11/278/4.

43 Wilhelm Götz (im Auftrag von Zinßer) an Carl Goetz, 27. 6. 1945, HADrB 11127-2001.

44 Die einzige Ausnahme war die Filiale Pirmasens; Liste der Filialleiter in der französischen Besatzungszone 1944 und 1946, mit Anschreiben der Dresdner Bank, Zentraldirektion West, an USFET G-5 Division, Financial Investigation, 13. 2. 1946, BAK, Z45F 2/51/2. Zum Hintergrund vgl. Möhler, Entnazifizierung, S. 109–112.

eingestellt haben."[45] Hölling wies die Niederlassungen nach der Revision einer Filiale durch die britische Militärregierung sogar dringend an, in Sachen Entnazifizierung auf „strengste Beachtung aller erlassenen sowie noch zu erwartenden Vorschriften" zu achten; es dürfe „unter keinen Umständen" Beanstandungen der britischen Offiziere geben.[46] Eine kooperative Haltung gegenüber der Entnazifizierungspolitik der Westalliierten musste freilich nicht bedeuten, dass man auch deren Ansichten über „Nazis" und den angemessenen Umgang mit diesen teilte. Vielmehr lag es schon im Interesse der zu dieser Zeit hochgefährdeten Weiterexistenz der Bank, den Besatzungsmächten zumindest äußerlich entgegenzukommen, so weit dies wiederum nicht dem Bankgeschäft zu schaden drohte.

Die ausgewerteten Fallakten deuten denn auch darauf hin, dass die Entlassungspolitik der Bankleitung nur sehr wenige leitende Filialmitarbeiter traf. Sie lassen nicht immer erkennen, ob die Entlassung tatsächlich auf Initiative der Bank oder in Anpassung an die alliierten Vorgaben erfolgte; letzteres war aber eindeutig die Regel. Mitunter wurde vielleicht auch der Untergang des NS-Regimes genutzt, um unliebsame politische Aktivisten wie den Kölner Betriebsobmann loszuwerden, der bereits im März 1945 entlassen wurde.[47] Die Grenzziehung zwischen „Nazis" und Nicht-„Nazis" sah hier jedenfalls deutlich anders aus als bei den amerikanischen Finanzoffizieren, aber auch beim Berliner Betriebsrat, der freilich nur noch für ein drastisch reduziertes aktives Restpersonal verantwortlich war. Darauf, dass von den unmittelbar nach Kriegsende unvermeidlichen Entlassungen oder Beurlaubungen „naturgemäß" vor allem ehemalige NSDAP-Mitglieder betroffen sein würden,[48] konnte man sich innerhalb der Bank noch leicht einigen. Dass der alte Vorstand jedoch „keine Bedenken" hatte, „nominelle Parteimitglieder ohne aktive Betätigung" bei Bedarf wieder einzustellen und zu deren Gunsten auch bei den Militärregierungen zu intervenieren,[49] kollidierte klar mit der Haltung des langjährigen, 1933 aus der Bank ausgeschiedenen und im Juni 1945 zurückgekehrten Berliner Betriebsratsvorsitzenden Adolf Wendt.[50] Wendt notierte im Sommer 1945 seine volle Sympathie für die Verfügung des Arbeitsamts Berlin-Mitte, dass frühere NSDAP-Mitglieder „aus den Bankbetrieben restlos entfernt werden."[51] Für die stillgelegte Zentrale, wo 1946 nur noch ein Bruchteil der früheren Mitarbeiter für Abwicklungsarbeiten benötigt wurde, lehnte Wendt radikal die Beschäftigung jedes Angestellten ab, der „zu irgendeiner Zeit auch nur durch das geringste Entgegenkommen in seiner Ablehnung der Nazi-Ideologie wankend geworden" war, und wollte daran auch im Fall einer Wieder-

45 Hölling an Overbeck, 10. 11. 1945, HADrB 1316-2002P; vgl. auch Höllings „Richtlinien für die Personal-Politik der Dresdner Bank bezüglich der Mitgliedschaft von Angestellten bei der NSDAP", 18. 8. 1945, HADrB 106252.

46 Hölling an die Direktionen der Niederlassungen in der britischen Zone, 28. 2. 1946, PRO, FO 1046/23.

47 Fragebogen Karl K., o. D. (November 1945), HStA Düsseldorf, NW 1049-30920.

48 Rundschreiben der Dresdner Bank Berlin an die Filialen, Juli 1945, HADrB 106258.

49 Hölling an Overbeck, 10. 11. 1945, HADrB 1316-2002P.

50 Die Ursache für Wendts Ausscheiden lässt sich aus seiner Personalakte nicht eindeutig feststellen, er verließ die Dresdner Bank nach eigener Kündigung. Vgl. HADrB E.1240; Dieter Ziegler, Die Nationalsozialisten im Betrieb, in: Bähr, Dresdner Bank, S. 129–168, hier S. 143 f.

51 Aktennotiz Wendt für eine Besprechung mit dem Zentralarbeitsamt, 8. 9. 1945, HADrB 50725-2001.

eröffnung festhalten. Der Berliner Betriebsrat forderte überdies Gustav Overbeck, der Mitte Oktober 1945 als letztes Vorstandsmitglied aus Berlin in die britische Zone wechselte, dazu auf, „sämtliche Pgs aus den Filialen in den westlichen Zonen zu entfernen."[52]

So schwierig die Auswirkungen der Entnazifizierung auf die Westfilialen insgesamt zu beurteilen sind, so sicher war diese radikale Position angesichts der Haltung der alten Bankelite zum Scheitern verurteilt. Selbst für die Frankfurter Filiale, wo zunächst sämtliche ehemaligen NSDAP-Mitglieder unter den „Funktionären" der Banken entlassen worden waren, hatte Zinßer schon Ende Juni 1945 die „erforderlichen Schritte zur Wiedereinstellung" dringend benötigten Fachpersonals unternommen.[53] Der Stuttgarter Filialleiter Hans Huthsteiner sah es gar als seine „vornehmste Aufgabe an", für die Wiederzulassung „mindestens eines grösseren Teils der 31 Beamten zu kämpfen", die Anfang September 1945 aus der Filiale entlassen werden mussten.[54] Die in den Äußerungen Höllings, Zinßers oder Huthsteiners aufscheinende Grundeinstellung sollte auch in den folgenden Jahren, die von einer bürokratischen Eskalation des Entnazifizierungsprogramms zu dessen sukzessiver Abwicklung führten, deutlich zum Ausdruck kommen.

2. Die Entnazifizierung der westdeutschen Filialleitungen und des Vorstands unter deutscher Regie

Die Filialleitungen

Im Januar 1946 erließ der Alliierte Kontrollrat die formal für alle Besatzungsmächte verbindliche, inhaltlich weitgehend mit den rigiden amerikanischen Richtlinien übereinstimmende Direktive Nr. 24. In der Praxis entschieden jedoch die Siegermächte weiterhin allein über die Entnazifizierungspolitik in ihren Zonen.[55] In der amerikanischen Zone setzte sich die im Sommer 1945 angebahnte Verbindung von flächendeckender Überprüfung der Erwerbsbevölkerung und juristisch-strafprozessualem Procedere im Gesetz zur Befreiung von Nationalsozialismus und Militarismus („Befreiungsgesetz") vom 5. März 1946 fort. Auf der Grundlage des berüchtigten „Fragebogens", den viele Betroffene schon in mehreren Varianten hatten ausfüllen müssen, wurde durch einen Ankläger eine Einstufung aller formal Belasteten in die fünf Kategorien „Hauptschuldige" (I), „Belastete" (II), „Minderbelastete" (III), „Mitläufer" (IV) und „Entlastete" (V) vorgenommen. Diese schematische Einstufung, die entsprechend abgestufte Strafen zur Folge hatte, war in jedem Einzelfall durch deutsche Spruchkammern und gegebenenfalls durch Berufungskammern zu überprüfen. Damit wurden letztlich juristische Kriterien an die Stelle ursprünglich politisch gemeinter „Säuberungs"-Kategorien gesetzt. In den Spruchkammerverfahren konnte die persönliche „An-

[52] Wendt an Rauscher, 22. 2. 1946, ebd.
[53] Wilhelm Götz an Carl Goetz, 27. 6. 1945, HADrB 11127-2001.
[54] Huthsteiner an Zinßer, 10. 9. 1945, HADrB 111658.
[55] Vollnhals, Entnazifizierung, S. 9; auszugsweiser Abdruck der Kontrollratsdirektive Nr. 24 ebd., S. 107–118.

ständigkeit", die sich im Umgang mit Kollegen und Untergebenen, in einzelnen Hilfeleistungen für jüdische Deutsche oder auch nur im Nichtzeigen des Hitlergrußes gezeigt hatte, nicht nur die formalen Belastungsmerkmale, also die Zugehörigkeit zur NSDAP und angeschlossenen Organisationen, sondern auch ernsthaftere politische Betätigungen aufwiegen.[56] In der Praxis tendierte die Beurteilung der Spruchkammern zur großzügigen Aufhebung ursprünglicher Entlassungsverfügungen und Berufsverbote sowie zur massenhaften Einstufung von „Mitläufern". Durch Amnestien und Gesetzesänderungen zusätzlich gemildert, resultierte der enorme bürokratische Entnazifizierungsaufwand in der amerikanischen Zone letztlich in der „Bilanz einer großzügigen Rehabilitierung".[57]

Das Befreiungsgesetz trat in ähnlicher Form Mitte 1947 in der französischen Zone in Kraft und führte dort ebenfalls zu einer „Rehabilitierungswelle".[58] Es bildete Ende 1947 auch die Grundlage für die Neuregelung des Entnazifizierungsverfahrens in der britischen Zone. Bis dahin hatte auch die pragmatischere britische Haltung und die Einrichtung beratender deutscher Entnazifizierungsausschüsse nicht zu einer konsistenten Entnazifizierungspolitik geführt. Im Ergebnis setzte sich jedenfalls die mildere Behandlung ehemaliger Nationalsozialisten, die schon die frühe britische Politik geprägt hatte, in den Kategorisierungen unter deutscher Mitwirkung fort.[59] Ihren Abschluss fand die allmähliche Aufweichung der ursprünglichen Entlassungs- und Bestrafungspolitik in Ländergesetzen der frühen fünfziger Jahre, die die bis dahin noch verbliebenen Ergebnisse der Entnazifizierungsmaßnahmen sukzessive aufhoben.[60]

Auch für die übergroße Mehrzahl der Filialleiter oder ihrer Stellvertreter, die sich wegen Mitgliedschaft in der NSDAP oder einer ihrer Gliederungen einem Verfahren zu stellen hatten, endete die Prozedur mit einer Einreihung als „Mitläufer" (in der britischen Zone „Anhänger") oder „Entlastete". Dabei werden die unterschiedlich harten Beurteilungen (bei etwa vergleichbaren formalen Belastungen) in der britischen und amerikanischen Zone ebenso deutlich wie bei den Entlassungen und Internierungen 1945/46. Während in der US-Zone von sechsundzwanzig ausgewerteten Verfahren nur drei mit einer Einstufung in die Kategorie V endeten, wurden zweiundzwanzig mit einer Kategorisierung als „Mitläufer" beendet. Nur in einem der ausgewerteten Verfahren wurde ein zeitweiliger Ortsgruppenleiter der NSDAP als „Minderbelasteter" eingestuft. Auch in der britischen Zone gab es nur einen solchen Fall, der jedoch nach einem Einspruch schließlich 1950 in die Kategorie IV hinabgestuft wurde. Diese „Nazis (Anhänger)" machten damit insgesamt jedoch nur achtzehn von achtunddreißig Betroffenen aus, während die knappe Mehrheit von zwanzig Verfahren mit der Entlastung

56 Vgl. dazu vor allem Rauh-Kühne, Unternehmer, S. 323; Woller, Gesellschaft, S. 157.
57 Vollnhals, Entnazifizierung, S. 23.
58 Rauh-Kühne, Entnazifizierung, S. 49.
59 Vgl., neben den auch im Folgenden zitierten Regionalstudien, statt genauerer Belege die Überblicksdarstellungen von Vollnhals, Entnazifizierung; Rauh-Kühne, Entnazifizierung; dies., Wer spät kam, den belohnte das Leben: Entnazifizierung im Kalten Krieg, in: Detlef Junker (Hg.), Die USA und Deutschland im Zeitalter des Kalten Krieges 1945–1990. Ein Handbuch, Bd. I: 1945–1968, München 2001, S. 112–123.
60 Vgl. dazu Fürstenau, Entnazifizierung, S. 148–159; Norbert Frei, Vergangenheitspolitik. Die Anfänge der Bundesrepublik und die NS-Vergangenheit, München 1999, S. 54–69.

endete. Eine frühzeitige Entlassung musste dabei nicht unbedingt präjudizierende Wirkung für den Ausgang des Entnazifizierungsverfahrens haben. In den Spruchkammerakten finden sich ebenso Fälle, in denen später „Entlastete" zunächst entlassen oder zumindest von einer Führungsposition abgesetzt wurden, wie „Mitläufer", die zunächst ungeschoren geblieben waren. In fünf Fällen der amerikanischen Zone war die Entlassung mit einer Internierung verbunden; für die britische Zone findet sich in den ausgewerteten Akten kein einziges Beispiel.[61]

Auch am Beispiel der Dresdner Bank wird also deutlich, dass die großzügige Entnazifizierungspraxis in der britischen Zone über die berüchtigte „Mitläuferfabrik" der amerikanisch besetzten Länder noch weit hinaus ging.[62] Die Filialleitungen der Dresdner Bank wurden dabei – soweit sich dies anhand der problematischen Gesamtstatistiken und wegen der unterschiedlichen Meldepflichten überhaupt bestimmen lässt – in der britischen Zone noch deutlich kritischer, in der amerikanischen Zone etwas günstiger als die Gesamtheit der Betroffenen beurteilt.[63] Im Vergleich mit den ursprünglichen amerikanischen Entnazifizierungsvorstellungen demonstrieren die Spruchkammerurteile in der amerikanischen Zone dennoch eine Tendenz zur deutlich milderen Behandlung. Bereits Anfang 1947 beklagte die OMGUS-Finanzabteilung eine „von Monat zu Monat wachsende Tendenz zunehmender Milde".[64] Dies zeigte sich nicht nur an der Einstufung von zunächst entlassenen Angestellten als „Mitläufer" ohne berufliche Einschränkungen, sondern auch daran, dass von den öffentlichen Anklägern vorläufig in die Gruppe II oder III eingestufte Filialleiter[65] durch die Spruchkammern

[61] Die drei ausgewerteten Fälle in der französischen Zone lassen keine Verallgemeinerung zu, sondern zeigen lediglich das Spektrum der Einstufungen. Der Mainzer Filialleiter, NSDAP-Anwärter seit 1942 und förderndes Mitglied der SS, hatte von vornherein keine ernsthaften Probleme bei der Fortsetzung seiner Beschäftigung und fiel schließlich 1948 unter eine pauschale Amnestie. Sein Freiburger Kollege, der 1945 ebenfalls weiterarbeiten durfte und 1948 als „Sympathisant" ohne Sühnemaßnahmen aus dem Verfahren hervorging, musste wegen eines bereits im Mai 1933 erfolgten Parteibeitritts zunächst ein langwieriges Berufungsverfahren überstehen, um einen Karriererückschlag und eine hohe Geldstrafe abzuwenden. Am härtesten traf es hier einen Abteilungsdirektor der Reutlinger Filiale, der erst 1949 zum Mitläufer erklärt wurde, nachdem er sich nicht wegen seines Rangs als SA-Sturmführer, sondern vermutlich wegen seiner Militärdienstzeit in Frankreich gut zwei Jahre als mutmaßlicher Kriegsverbrecher in französischer Untersuchungshaft befunden hatte. Vgl. die Spruchkammerakten LHA Koblenz, 856/130744; StA Freiburg, D 180/2, Nr. 56361; StA Sigmaringen, Wü 13/1670.

[62] Vgl. dazu insbesondere Wolfgang Krüger, Entnazifiziert! Zur Praxis der politischen Säuberung in Nordrhein-Westfalen, Wuppertal 1982. Zur Problematik des zeitgenössischen Schlagworts „Mitläuferfabrik" vgl. die Neuauflage des Standardwerks über die Entnazifizierung in Bayern: Niethammer, Mitläuferfabrik, S. VIII.

[63] In der britischen Zone fielen insgesamt über 80% der Betroffenen in die Kategorie V, etwa 14% in die Kategorie IV; in der amerikanischen lag der Anteil der „Mitläufer" bei rund 77%, derjenige der „Entlasteten" bei nur 3%; dem standen jedoch rund 20% in den drei höchstbelasteten Kategorien gegenüber. Eigene Berechnung nach den Angaben bei Fürstenau, Entnazifizierung, unter Ausklammerung der eingestellten Verfahren. Zur Problematik der zugrunde liegenden Daten ebd., S. 229f.

[64] External Assets and Intelligence Branch, Financial Intelligence Section, Report on Denazification under German Law for Liberation from National Socialism and Militarism, 20. 1. 1947, BAK, Z45F 11/278/4. Vgl. auch die Gesamtauswertung für Bayern bei Niethammer, Mitläuferfabrik, S. 544f.

[65] Dies betraf insbesondere solche „Belasteten", die vor 1937 der NSDAP beigetreten waren oder kleinere Parteiämter ausgeübt hatten. Man konnte nach dem Befreiungsgesetz aber auch beispielsweise durch eine Denunziation oder Bedrohung von Untergebenen zum „Aktivisten" geworden

regelmäßig in die Kategorie IV eingeordnet wurden. Dabei ist allerdings zu berücksichtigen, dass das mitunter jahrelange Verbot der Ausübung einer leitenden Tätigkeit bis zum Spruchkammerurteil bereits die eigentliche Strafe darstellte.[66]

Die niedrigen Einstufungen in beiden Zonen erklären sich zuallererst aus relativ geringen formalen Belastungen. Die ausgewerteten Fallakten umfassen nur einen NSDAP-Beitritt vor 1933. Überwiegend hatte die Mitgliedschaft in der Partei, in der SA oder als förderndes Mitglied der SS in den Jahren 1933 bis 1935 begonnen; der Schwerpunkt lag dabei wiederum im Mai 1933, als die so genannten „Märzgefallenen" aus offensichtlichem Opportunismus massenhaft ihre Sympathien für den Nationalsozialimus bekundeten. Ein kleinerer Teil war erst nach Aufhebung der Beitrittssperre 1937 in die Partei eingetreten. Die gelegentlichen, oft nur vorübergehend ausgeübten Ämter in NSDAP oder SA bewegten sich auf dem Niveau von Kassenführern, Beitragskassierern oder Blockleitern. Der Inhaber der herausragendsten Funktion, ein Heilbronner NSDAP-Ortsgruppen-Amtsleiter, büßte dieses Engagement nicht nur mit einer anderthalbjährigen Internierung, sondern auch mit einer Einstufung in die Kategorie III.[67] Es handelte sich also bei der großen Mehrheit der Betroffenen um Grenzfälle der formalen Mitschuld am Funktionieren des NS-Regimes, die sich folgerichtig im Grenzbereich von verbrieftem Mitläufertum und vollständiger Rehabilitierung wiederfanden. Dabei bestand jedoch kein absoluter, sondern nur ein tendenzieller Zusammenhang zwischen Formalbelastung und Entnazifizierungsurteil. Unter den „Mitläufern" der amerikanischen Zone finden sich auch Parteintritte seit 1937, andererseits „Entlastete" mit frühzeitigem Beitritt. Ebenso konnte ein „Märzgefallener" in der britischen Zone sowohl in die Kategorie IV wie in die Kategorie V eingestuft werden.

Dies zeigt, dass den einzelnen Spruchkammern bzw. Entnazifizierungsausschüssen ein nicht unerheblicher Spielraum gegeben war, über dessen Ausnutzung die persönlichen Einstellungen der Kammer- oder Ausschussmitglieder ebenso entscheiden konnten wie die darstellerische Geschicklichkeit der Betroffenen und nicht zuletzt die Leumundszeugnisse („Persilscheine") von Kollegen, Vorgesetzten, Betriebsräten oder aus dem privaten Umfeld. Dabei mussten selbst unfreundliche Wahrnehmungen der Spruchkammern nicht unbedingt zu harten Urteilen führen. So kam etwa der Leiter der Frankfurter Börsenabteilung, dessen Weiterbeschäftigung wegen seines frühen NSDAP-Beitritts von der Militärregierung abgelehnt worden war und der dem Bürgermeister seines Wohnorts als „bekannter Aktivist" galt, als Mitläufer mit einer Sühne von 2000 RM davon.[68] Einen Nürnberger SA-Oberscharführer und Betriebsobmann stufte die Spruchkammer ebenfalls als Mitläufer ein, obwohl er laut Urteil im Betrieb massiv „als Nationalsozialist aufgetreten" war und seine Karriere nicht unerheblich „seiner politischen Tätigkeit" verdankte. Den Ausschlag für die milde Einstufung gab hier die andert-

sein. Vgl. den auszugsweisen Abdruck des Befreiungsgesetzes bei Vollnhals, Entnazifizierung, S. 262–272, hier S. 265.

[66] So auch Vollnhals, Entnazifizierung, S. 18; Woller, Gesellschaft, S. 163.

[67] Spruchkammerakte Max B., StA Ludwigsburg, EL 902/11 Nr. 24/264085.

[68] Arbeitsblatt Bürgermeister von Langen, 21. 11. 1946; Der öffentliche Kläger bei der Spruchkammer Frankfurt an Fritz K., 8. 8. 1948; beides in: HHStA Wiesbaden, Abt. 520 F (A–Z) Fritz K.

halbjährige Haft in einem amerikanischen Internierungslager.[69] Im Fall eines Nauheimer Filialleiters entschied, nach Abwägung der eigentlich für eine Einreihung in die Kategorie III sprechenden frühen Parteimitgliedschaft und einer „ideelle[n] Unterstützung" als Bankdirektor mit hohem örtlichen Renommee, seine „ausgesprochene Zurückhaltung" über die Einstufung in die Kategorie IV.[70]

Die Tätigkeit für die Dresdner Bank, deren in den Augen der amerikanischen Finanzabteilung besonders herausgehobene Belastung als „SS-Bank" und eine der finanziellen Hauptstützen des NS-Regimes spätestens seit dem Sommer 1947 allgemein bekannt war, spielte hingegen für die Beurteilung der Filialleiter keine Rolle. Die spezifischen Beiträge des Kreditgewerbes zum Funktionieren des NS-Regimes, also die Beteiligung an „Arisierungen" oder gar die Kreditvergabe an Rüstungsbetriebe, waren auf dieser Ebene mit zwei Ausnahmen ebenfalls kein Thema: Nachdem ein auf Veranlassung der Nürnberger Behörde zur Strafverfolgung von Kriegsverbrechern in die Entnazifizierung einbezogenes Strafverfahren wegen der angeblichen erpresserischen „Arisierung" eines Aktienpakets niedergeschlagen worden war, war für einen Hanauer und einen Frankfurter Filialleiter der Weg zur Klassifizierung als „Mitläufer" frei.[71] Insofern ging auch hier die Entnazifizierung an einem zentralen Punkt der mehr oder minder aktiven Komplizenschaft einer Funktionselite mit dem NS-Regime vorbei.[72] Das aber war kaum zu vermeiden, hätte doch eine Einbeziehung dieser Komplexe die detaillierte Aufarbeitung der Geschäftspolitik der einzelnen Filialen impliziert, mit der Kläger wie Spruchkammern völlig überfordert gewesen wären. Der primär formale Zugriff sowohl der alliierten Entnazifizierung wie der Spruchkammerverfahren hatte damit allerdings auch zur Folge, dass fleißige „Arisierungs"-Vermittler, die keine Parteimitglieder gewesen waren, das Urteil der Spruchkammern von vornherein kaum zu fürchten hatten.

Das schloss allerdings nicht aus, dass eine Nichtbeteiligung an „Arisierungen" als entlastendes Argument angeführt wurde.[73] Zum festen Bestand der Entlastungsargumente gehörte aber vor allem der solidarische Umgang mit jüdischem Personal oder jüdischen Kunden. Im Zweifelsfall konnte fast jeder Betroffene einen jüdischen Mitbürger anführen, dem er in irgendeiner Weise geholfen hatte. Wenn diese Personen nicht mehr lebten oder nicht mehr erreichbar waren, fand sich notfalls ein Geschäftspartner oder Kollege, der dem Betroffenen seine „menschliche Haltung in der Judenfrage" bestätigte.[74] Dass es solche „menschliche Haltung" tatsächlich gegeben hatte, soll hier keinesfalls bestritten werden; im Einzelfall ist es, wie viele Behauptungen in den Entnazifizierungsverfahren, für

[69] Spruch der Hauptkammer Nürnberg im Fall Karl M., 20. 4. 1949, StA Nürnberg, Spruchkammer Nürnberg IV M 309.

[70] Spruchkammer Friedberg (Hessen), Spruch vom 9. 8. 1946 gegen Ernst R., HHStA Wiesbaden, Abt. 520 Fri Nr. 1196.

[71] Spruchkammer Hanau Stadt und Land, Spruch vom 17. 6. 1948, HHStA Wiesbaden, Abt. 520 F (A–Z), Friedrich R.; Spruchkammer Frankfurt a.M., Spruch vom 11. 2. 1948, ebd., F (A–Z), Günther Ladisch.

[72] Vgl. auch, am Beispiel der südwürttembergischen Industrie, Rauh-Kühne, Unternehmer, S. 328–330; allgemein dies., Wer spät kam.

[73] Rechtfertigungsbericht Gustav M., 9. 1. 1947, StA Nürnberg, Spk. II Fürth M 117.

[74] Eidesstattliche Erklärung eines Geschäftspartners für den Heidelberger Filialleiter Adolf H., 30. 11. 1945, GLA Karlsruhe, 465a/59/3/6303.

den Historiker oft nicht eindeutig zu beurteilen. Die Häufigkeit, mit der solche Argumente angeführt wurden, macht sie allerdings insgesamt reichlich zweifelhaft. Unabhängig davon konnte ein solches Verhalten zwar Zivilcourage demonstrieren, es musste aber keinesfalls auf grundsätzlichen Widerstand gegen die nationalsozialistische „Rassenpolitik" hindeuten. Der oben erwähnte Nürnberger Personalchef etwa hatte einerseits die Versetzung eines Angestellten betrieben, um diesen von seiner „halbjüdischen" Frau zu trennen; er konnte andererseits einen weiteren Angestellten in „Mischehe" anführen, den er in seiner Stellung gehalten hatte.[75]

Im Zentrum der Verteidigungen stand jedoch die Mitgliedschaft in der NSDAP oder ihren Gliederungen, auf der die vorläufige Einstufung in die Entnazifizierungskategorien in erster Linie beruhte. Rund die Hälfte der leitenden Filialmitarbeiter waren Parteimitglieder gewesen,[76] und die häufig angeführte Begründung des Beitritts mit politischem Druck oder gar mit dem Drängen der Bankleitung war insgesamt schon deshalb nicht besonders glaubwürdig, weil eben die andere Hälfte diesen Kompromiss nicht gemacht hatte. Bestätigt wird dies durch die außergewöhnlich offene Aussage des Düsseldorfer Filialleiters und späteren Vorstandsmitglieds Max Bardroff, der zugab, dass er allein aus fehlender Courage 1938 einer Aufforderung zum NSDAP-Beitritt nachgekommen war und dass ein Nichtbeitritt „vermutlich keine" Folgen für seine Bankkarriere gehabt hätte.[77] Das bedeutet nicht, dass es im konkreten Fall nicht erheblichen Druck von Vorgesetzten, Betriebszellen oder örtlichen Parteistellen gegeben haben konnte. Unbezweifelbar ist aber, dass gerade bei den „Märzgefallenen" hier ein willkommener Vorwand für schlichten Opportunismus lag. Insgesamt war das immerhin glaubwürdiger als etwa die Behauptung, ein Beitritt zu NSDAP und SA im Mai/Juni 1933 sei „aus ideellen Gründen" erfolgt,[78] die Versicherung eines Rechtsanwalts, sein Mandant habe fest daran geglaubt, dass die Ziele des Parteiprogramms strikt „auf gesetzlichem Wege angestrebt" würden,[79] oder die Versicherung eines Krefelder Mitleiters, er habe „die Entwicklung des politischen Geschehens [...] im Sinne der christlichen Weltanschauung beeinflussen" wollen.[80]

Wenn schon die Mitgliedschaft in NS-Organisationen nicht zu bestreiten war, musste sie zumindest für das konkrete Verhalten unbedeutend gewesen sein. Formulierungen wie „Mit dem Herzen ist er nie ein Nazi gewesen"[81] durchziehen die Aussagen vieler Betroffener und Leumundszeugen. Dass jemand sich trotz Partei-

[75] Spruch der Hauptkammer Nürnberg im Fall Karl M., 20. 4. 1949, StA Nürnberg, Spruchkammer Nürnberg IV M 309.

[76] Einschließlich der Auslandsfilialen waren 174 von 347 Filialleitern NSDAP-Mitglieder; berechnet nach Liste der Filialleitungen, o. D. (1945), HADrB 50336-2001. Vgl. Bähr, Dresdner Bank, S. 240.

[77] Fragebogen Max Bardroff, 5. 4. 1946, HStA Düsseldorf, NW 1000-EÜ-2258.

[78] Max Sch., Direktor der Filiale Bielefeld, an den Entnazifizierungsausschuss der Stadt Bielefeld, 25. 6. 1946, HStA Düsseldorf, NW 1073-964.

[79] Erklärung zur Klageschrift gegen Max B., Mitleiter der Filiale Heilbronn, 26. 4. 1948, StA Ludwigsburg, EL 902/11 Nr. 24/264085.

[80] Wilhelm H. an den Entnazifizierungs-Unterausschuss für Banken in Krefeld, 30. 7. 1947, HStA Düsseldorf, NW 1010-5370.

[81] Persilschein seines Zahnarztes, 12. 5. 1947, für den Kölner Filialleiter Bernhard St., der 1937 der NSDAP beigetreten war. Bezeichnenderweise hob der Zahnarzt außerdem hervor, St. habe die „Christen- und Judenverfolgungen" verurteilt; HStA Düsseldorf, NW 1048-26/119.

mitgliedschaft am Arbeitsplatz „nicht als Nationalsozialist hervorgetan“ hatte,[82] war so oder ähnlich formuliert vielleicht das häufigste Entlastungsargument in den Stellungnahmen von Untergebenen und Betriebsräten. Konkret bedeutete das, dass ein Filialleiter oder Stellvertreter keinen Druck auf Kollegen und Untergebene zum Eintritt in die Partei ausgeübt oder sie gar denunziert, jüdische Mitarbeiter nicht diskriminiert und bei Betriebsappellen oder ähnlichen Anlässen keine propagandistischen Reden gehalten hatte. Wie in anderen Milieus auch wurde die politische Aktivität gegenüber der persönlichen Integrität in Alltag und Berufsleben möglichst weitgehend in den Hintergrund gerückt, und für letztere ließen sich fast immer Zeugen mobilisieren.[83] Allerdings ließ sich auch die gegenteilige Behauptung, sozusagen als offensive Variante, anführen. So verstieg sich der Hamburger Filialleiter zu der Formulierung, beim ehemaligen Leiter der Auslandsabteilung handele es sich um „einen im guten Sinne überzeugten Nationalsozialisten“, der einfach „in der nationalsozialistischen Bewegung im nationalen Sinne eine gute Sache“ gesehen habe.[84] Ein Landrat kam gar auf den Gedanken, dass gerade ein NSDAP-Beitritt im Jahre 1930 den besonderen Idealismus eines Kölner Abteilungsdirektors demonstriere, dieser also charakterlich für eine milde Beurteilung in Frage komme.[85]

Darüber hinaus finden sich in fast jeder Spruchkammerakte Erklärungen, die aus vereinzelten kritischen Äußerungen über die nationalsozialistische Politik eine systematisch regimekritische Haltung ableiteten. Der stellvertretende Heilbronner Filialleiter beispielsweise, von 1933–1936 NSDAP-Blockleiter, konnte sich vom Bürgermeister bis zum Handwerkskammerpräsidenten bestätigen lassen, er sei stets ein „Gegner des Nazismus“ gewesen.[86] Zeugen gaben sich nachträglich überrascht von der NSDAP-Mitgliedschaft „scharfer Parteigegner“, die gelegentlich Kritik an der Kriegsführung geübt oder das Parteiabzeichen nicht getragen hatten.[87] Politisch nicht konformes Verhalten ließ sich leicht zum aktiven politischen Widerstand hinaufstilisieren. Hans Rinns Verteidiger belegte den „nicht nur aktiven, sondern auch erfolgreichen Widerstand“ seines Mandanten mit Rinns Ausschaltung einiger Nationalsozialisten beim Aufbau des Konsortialbüros (des Berliner „Arisierungs“-Zentrums der Bank) und des Börsenbüros, dem Kontakt mit zwei „Halbjuden“ und der Flucht vor der Einberufung zum

[82] Bescheinigung von Mitarbeitern der Darmstädter Filiale für Hans O., 18. 12. 1945, HHStA Wiesbaden, Abt. 520 DA-Z Nr. 505388.

[83] Vgl. Woller, Gesellschaft, S. 132–134.

[84] Scharnberg an den Berufungsausschuss im Fall Friedrich W., 29. 5. 1948, StA Hamburg, 221-11 FA 15826.

[85] Leumundszeugnis des Landrats des Oberbergischen Kreises im Berufungsverfahren gegen Karl K., 4. 4. 1950, HStA Düsseldorf, NW 1049-30920. K. war außerdem seit 1930 Betriebsobmann der NSBO, 1933–1945 Obmann des Kölner Vertrauensrats und seit 1933 „Gaufachabteilungswalter für Banken und Versicherungen“ der Deutschen Arbeitsfront; Geschäftsstelle der Entnazifizierungsausschüsse des Stadtkreises Köln an den Deutschen Entnazisierungs-Vorstand des Oberbergischen Kreises, 9. 3. 1948, ebd.

[86] Spruchkammer Heilbronn, Spruch gegen Carl L., 19. 2. 1947, StA Ludwigsburg, EL 902/11 Nr. 24/8/513.

[87] Eidesstattliche Versicherung von Paul L. für den Nauheimer Filialleiter Ernst R., HHStA Wiesbaden, Abt. 520 Fri Nr. 1196.

Volkssturm.[88] Ein „Märzgefallener" aus der Stuttgarter Filiale wurde wegen „aktiver Widerstandshandlungen" als Entlasteter eingestuft, die nicht nur Hilfen für jüdische Kunden und Reibereien mit örtlichen Parteigrößen einschlossen, sondern auch „seine monatlichen Wirtschaftsberichte an die Berliner Zentrale", die „so sachlich und wahr und daher gefährlich" gewesen seien, „dass sie nur unter Vorsicht bei den Direktoren zirkulieren konnten."[89] Dem erst 1939 der NSDAP beigetretenen und daher als Mitläufer eingestuften Bremer Filialleiter, der seine „ablehnende Haltung" gegenüber der Partei mit dem Festhalten an einem jüdischen Direktor bis 1935 und der Verhinderung von Parteiaushängen in der Filiale belegt hatte, verbriefte die Spruchkammer, er habe sich „bei jeder sich bietenden Gelegenheit" und „ohne Rücksicht auf gegebenenfalls bestehende Gefahren für seine eigene Person" unmissverständlich gegen das Regime gewandt.[90]

Im Hinblick auf die mentalen Folgen der Entnazifizierung lag in dieser, vom Spruchkammersystem mit seinen ausuferndern Sammlungen von Leumundszeugnissen geförderten Hinaufstilisierung zum aktiven Regimegegner vielleicht ein wesentlich größerer Folgeschaden als in der Tatsache, dass die Zertifizierung als „Mitläufer" – eigentlich ein pejorativer Begriff – dem persönlichen Ansehen keinesfalls schadete, vielmehr häufig eine Erleichterung der ursprünglichen Entnazifizierung und gleichzeitig, durch die massenhafte Einstufung, eine Nivellierung des tatsächlichen Gefälles der Verantwortung bedeutete:[91] Wenn man Karrieristen und Opportunisten beliebig zu Widerständlern verklären konnte, dann bedeutete das zwangsläufig eine Verkleinerung des echten, lebensgefährlichen und aus Überzeugung geleisteten Widerstands gegen ein Regime, dessen mörderische Dimensionen in den kleinteiligen Selbstrechtfertigungen und Persilscheinen einfach nicht mehr zu erkennen waren.

Schwer erkennbar war aber für viele Spruchkammern auch die tatsächliche Belastung der Betroffenen, weil in der Regel die formale Bindung an den Nationalsozialismus und die Abwägung der verschiedenen Zeugenaussagen die einzigen Entscheidungskriterien bildeten. Dabei wurde in den Verfahren bisweilen erbittert um die Korrektheit einzelner Aussagen gestritten, die allein auf Erinnerungen beruhten und sich daher heute ebenso schwer beurteilen lassen wie seinerzeit. Zudem konnten ursprüngliche Belastungszeugen in den mündlichen Verhandlungen „umfallen", und die wachsende zeitliche Entfernung von den Geschehnissen begünstigte Gedächtniskorrekturen ebenso wie die Bereitschaft zur Vergebung.[92] Doch nicht nur die „Persilscheine", die praktisch jeder Belastete vorweisen konnte, sind wegen ihrer offenkundigen Intentionen mit großer Vorsicht zu genießen. Dies gilt vielmehr auch für die ablehnenden Stellungnahmen von Betriebsräten, ehemaligen Vorgesetzten oder Kollegen, deren Wahrheitsgehalt häufig

[88] Rinns Anwalt an den 1. Öffentlichen Kläger der Spruchkammer Giessen, 2. 2. 1948, HHStA Wiesbaden, Abt. 520 Gi Nr. 4971.
[89] Spruchkammer 6 Stuttgart, Begründung des Spruchs gegen Georg H., 21. 1. 1948, StA Ludwigsburg, EL 902/20 Az. 37/16/9324.
[90] Vorstellungsgesuch Robert St., 21. 5. 1946; Spruchkammer Bremen, Spruch, 10. 5. 1948, beides in: StA Bremen, 4,66-I St., Robert.
[91] Vgl. Niethammer, Mitläuferfabrik, S. 600–613, bes. 609; 665f.
[92] Vgl. etwa die Verfahren gegen Ernst K., StA Hamburg, 221-11 F 13307; und Robert St., StA Bremen, 4,66-I St., Robert. Vgl. auch Woller, Gesellschaft, S. 147.

ebenfalls nicht überprüfbar ist. Die Einstufung eines stellvertretenden Stuttgarter Filialleiters als „politischen Seiltänzer“ durch den Betriebsrat etwa konnte eine Spruchkammer kaum als Kriterium für eine harte Beurteilung nehmen, auch wenn beteuert wurde, die Belegschaft lehne es geschlossen ab, „wieder die gleiche Luft mit ihm zu atmen“.[93] Dasselbe gilt für ein Schreiben der Heidelberger „Betriebsgemeinschaft“ [sic!], dass die Belegschaft die Rückkehr des Filialleiters nicht aus politischen Gründen, sondern wegen dessen „schroffen und rücksichtslosen Verhaltens“ nicht wünsche.[94]

Grundsätzlich zeichneten sich die Betriebsräte jedoch durch ebenso kritische wie substanzielle Stellungnahmen aus. Das gilt insbesondere für den schon erwähnten Berliner Betriebsratsvorsitzenden Wendt, der äußerst sorgfältig mit Anfragen wegen der Weiterbeschäftigung ehemaliger NSDAP-Mitglieder oder mit Bitten um „Persilscheine“ umging. Wendt war nicht zuletzt aus eigener Erfahrung bewusst, dass man die NS-Diktatur auch ohne eine Parteimitgliedschaft überstehen konnte.[95] Einem ehemaligen Mitarbeiter, der ihn um Hilfestellung bei der Erlangung einer neuen Stelle gebeten hatte und der eindeutig als „Aktivist“ einzuordnen war, teilte er kurzerhand mit, er würde es „bedauern, wenn es Ihnen und Ihresgleichen durch irgend welche Hilfe gelingen sollte, schon nach so kurzer Zeit“ – immerhin zwei Jahre nach Kriegsende – „wieder in ihrem erlernten Beruf unterzukommen.“[96] Wendt befand sich dabei durchaus auf einer Linie mit dem neuen, ehemals stellvertretenden Berliner Personalchef Georg Butz, der Nicht-Parteimitgliedern bei Neueinstellungen unbedingte Priorität einräumen wollte.[97] Es dürfte nicht unwesentlich an Butz gelegen haben, dass zwischen Betriebsrat und Direktion ein regelrechtes Abkommen bestand, „in erster Linie“ Angestellte wieder einzustellen, die auch formal unbelastet waren.[98]

Anders als die meisten „Persilscheine“ in den Entnazifizierungsverfahren zeichneten sich die gründlich recherchierten Stellungnahmen des Berliner Betriebsrats auch in späteren Jahren durch ihre Sachlichkeit und Genauigkeit aus. Sie übermittelten ebenso die Einschätzung von Kollegen eines Appellanten, dass dieser „wohl an Hitler geglaubt, aber im Büro politisch nicht hervorgetreten sei“,[99] wie die Feststellung, dass ein „Aktivist“ ein Darlehen aufgrund einer Befürwortung des Vertrauensrats erhalten hatte.[100] Der Versuch einer möglichst gerechten Bewertung machte auch vor dem Vorstand nicht halt. Der Weiterbeschäftigung von Alfred Hölling stimmte der Betriebsrat trotz dessen geringer formaler Belastung nur mit „großen Bedenken“ zu, weil Hölling für die Bankleitung unentbehrlich war. Grundsätzlich aber hielt man es bis hinauf in den Vorstand für inakzeptabel, dass Parteimitglieder weiterbeschäftigt wurden, bevor „sämtliche andere,

[93] Arbeitsblatt des Stuttgarter Betriebsrats zum Verfahren gegen Georg H., 4. 7. 1947, StA Ludwigsburg, EL 902/20 Nr. 37/16/9324.
[94] Filiale Heidelberg, Arbeitsblatt im Verfahren gegen Adolf H. („Für die Betriebsgemeinschaft“), 4. 9. 1946, GLA Karlsruhe, 465a/59/3/6303.
[95] Wendt an Rauscher, 2. 8. 1946, HADrB 50725-2001; Wendt an Rauscher, 22. 2. 1946, ebd.
[96] Wendt an Walter S., 15. 4. 1947, HADrB 50080-2001.
[97] Aktennotiz Butz, 1. 11. 1946, HADrB 50079-2001.
[98] Wendt an Wilhelm F., Leiter der Depositenkasse 51, 5. 5. 1947, ebd.
[99] Betriebsrat der Dresdner Bank an den Spruchausschuss Charlottenburg, 19. 10. 1949, ebd.
[100] Betriebsrat an die Entnazifizierungskommission Berlin-Wilmersdorf, Januar 1949, ebd.

nicht belastete Angestellte wieder in Arbeit und Brot bei der Dresdner Bank stehen."[101] Man hatte hier auch keine Bedenken, entlastende Falschaussagen zu korrigieren. Einem Antragsteller, der dreist behauptet hatte, wegen seiner Mitgliedschaft in der NSBO und der Deutschen Arbeitsfront automatisch in die NSDAP übernommen worden zu sein, verbriefte Wendt nicht nur das Gegenteil; er wies auch darauf hin, dass Angst vor der Entlassung kein ernstzunehmender Grund für einen Parteieintritt gewesen war,[102] da sich 80 Prozent der Berliner Angestellten eben nicht entsprechend „bedroht gefühlt" hätten. Und er fügte aus eigenem Antrieb hinzu, dass der Betreffende „ständig das Parteiabzeichen" getragen und einen Kollegen mit einer Anzeige bedroht hatte, der das nicht getan hatte.[103]

Die realen Konsequenzen dieser rigorosen Haltung, die sich in eine insgesamt relativ rigide Entnazifizierungspolitik in der ehemaligen Hauptstadt fügte,[104] lassen sich allerdings kaum ermessen. Weder für Berlin noch für die westdeutschen Filialen liegen Personallisten vor, die sich mit den Daten über die Parteimitgliedschaften vor 1945 abgleichen ließen. Der nach dem Zusammenbruch notwendige drastische Personalabbau in der ehemaligen Konzernzentrale und den Berliner Depositenkassen lässt es plausibel erscheinen, dass die Entlassungspolitik auch konsequent umgesetzt wurde. Allerdings mussten selbst in Berlin nach einer Entnazifizierungsanordnung der Alliierten Kommandantur vom Februar 1946 weitere 256 Angestellte, darunter allein 32 Vorsteher oder stellvertretende Vorsteher von Depositenkassen, entlassen werden. Dies dürfte aber in erster Linie die pauschal Beurlaubten des Frühjahrs 1945 getroffen haben.[105] Kurz darauf folgten noch einmal rund 500 „politisch belastete Angestellte", die man ohne gesetzlichen Zwang entließ,[106] während sie zuvor lediglich beurlaubt gewesen waren.

Mit wachsendem Abstand von der NS-Zeit dürfte es jedoch nicht nur in Bayern, wo der Betriebsrat 1948 alle Filialen per Rundschreiben die Möglichkeiten zur Wiedereinstellung aller inzwischen als Mitläufer eingestuften ehemaligen NSDAP-Mitglieder zu prüfen bat, deutliche Tendenzen der Pardonnierung gegeben haben.[107] In die Haltung von Betriebsräten der westlichen Filialen erlauben jedoch nur einzelne Spruchkammerakten punktuelle Einblicke. Grundsätzlich scheint hier ebenfalls eine kritische Einstellung vorgeherrscht zu haben, die sich auch positiveren Stellungnahmen der Filialleitungen entgegenstellte. So verbrief-

[101] Der stellvertretende Betriebsratsvorsitzende Böhmert an den Betriebsrat der Zentralstelle Hamburg, 22. 9. 1947; Stellungnahme des Betriebsrats, 22. 9. 1947, beides in: ebd.

[102] Diesen Hinweis wollte Wendt selbst bei Arbeitszeugnissen berücksichtigt sehen; Wendt an Fischer, 5. 5. 1947, ebd.

[103] Wendt an die Entnazifizierungskommission Berlin-Wedding, 17. 12. 1948, ebd.

[104] Vgl. Harold Hurwitz, Demokratie und Antikommunismus in Berlin nach 1945, Bd. 1: Die politische Kultur der Bevölkerung und der Neubeginn konservativer Politik, Köln 1983, S. 236; ausführlicher Dorothea Führe, Die französische Besatzungspolitik in Berlin von 1945 bis 1949. Déprussianisation und Décentralisation, Berlin 2001, S. 163–184. Die rechtlichen Rahmenbedingungen referiert Stefan Botor, Das Berliner Sühneverfahren – Die letzte Phase der Entnazifizierung, Frankfurt a. M. 2006, S. 89–99.

[105] Dresdner Bank Berlin an Magistrat, 16. 4. 1946, LA Berlin, C Rep. 105/3576; Depositenkassenvorsteher, die gemäss der Anweisung für die Denazifizierung Verfügung 101a der Alliierten Kommandantur Berlin vom 26. 2. 1946 zur Entlassung gekommen sind, o. D., HADrB 50395-2001.

[106] Aktennotiz Butz, 1. 11. 1946, HADrB 50079-2001.

[107] Anfragen des Betriebsrats der Bayerischen Bank für Handel und Industrie an die Depositenkassen, April 1948, HADrB 3431-2000.

ten zwar dem Karlsruher Filialleiter sowohl die Kollegen als auch der Betriebsrat, sich trotz Parteimitgliedschaft niemals im nationalsozialistischen Sinne betätigt zu haben.[108] Häufiger waren jedoch differierende Einschätzungen. Dem Nürnberger Personalchef stellte der Betriebsrat wegen seiner politischen Agitation und der Maßregelung von Angestellten ein sehr kritisches, aber faires Zeugnis aus, das auch entlastende Aspekte berücksichtigte. Der ehemalige Berliner Personalchef Adolf Gaebelein hingegen, der diese Funktion später in Frankfurt wieder ausüben sollte, verfasste eine rundum positive Charakterskizze, in der die politischen Aktivitäten vollständig ausgeblendet blieben.[109] Während der Hamburger Betriebsrat auch in der Berufungsverhandlung die Wiedereinstellung des häufig in Uniform aufgetretenen Leiters der Auslandsabteilung ablehnte, vermochte der unbelastete Filialleiter „keine ausgesprochen aktive Betätigung" zu erkennen.[110] Dem Bremer Personalchef bestätigten ein Bremer Kollege und der für den Personal- und Filialbereich in den Westzonen zuständige Carl Schleipen, sich nie „parteipolitisch betätigt oder hervorgetan" zu haben, während der Betriebsrat ihm im Gegenteil „grosse Aktivität" als Nationalsozialist vorwarf.[111] Zu einer massiven, langdauernden Konfrontation des Betriebsrats mit der Filialleitung kam es ebenfalls in Bremen. Dem dortigen Filialleiter wollte ein Entnazifizierungsunterausschuss auf Grund der vom Betriebsrat vorgebrachten Belege für politische Aktivität, aber auch ausdrücklich wegen seiner wirtschaftlichen Funktion die Wiederaufnahme seiner Arbeit verweigern und war damit zunächst auch erfolgreich.[112] Detaillierte Korrekturen der Vorwürfe und der Hinweis, dass der Betriebsrat wirtschaftliche und politische „Säuberung" verwechsle, beeindruckten diesen „in keiner Weise".[113] Erst eine neue Arbeitnehmervertretung signalisierte nach einem persönlichen Gespräch, dass kein Interesse an einer Anfechtung der Einstufung als Mitläufer und damit einer Fortsetzung der Leitungstätigkeit mehr bestand.[114]

In den Ländern der britischen Zone besaß die Filialbelegschaft eine weitere Mitsprachemöglichkeit, die noch einmal das stärker konsensorientierte Vorgehen demonstriert, das schon die frühe Entnazifizierungspolitik der Briten prägte. Im März 1946 wurden auf Anweisung der Militärregierung in den Filialen Unter- bzw. Fachausschüsse zur Unterstützung der für die Entnazifizierung verantwortlichen Filialleiter eingerichtet. Die Ausschüsse sollten sich aus mindestens drei

[108] Arbeitsblatt des Betriebsrats zum Verfahren gegen Richard B., 31. 8. 1946; Stellungnahme der Filiale Karlsruhe, 13. 9. 1946, beides in: GLA Karlsruhe, 465a/51/5/4108a. Ähnlich im Fall August Sch. von der Stuttgarter Filiale, StA Ludwigsburg, EL 920/20 Nr. 37/18/16168; und des stellvertretenden Karlsruher Filialleiters Ernst B., GLA Karlsruhe, 465a/51/56/23653.

[109] Auskunft des Betriebsrats der Filiale Nürnberg über Karl M., 13. 6. 1947; Erklärung von Adolf Gaebelein, 21. 11. 1948; beides in: StA Nürnberg, Spruchkammer Nürnberg IV M 309.

[110] Protokoll der zweiten Berufungsverhandlung gegen Friedrich W., 26. 4. 1948; Hugo Scharnberg an den Berufungsausschuss 13, 29. 5. 1948; beides in: StA Hamburg, 221-11 FA 15826. Deutlich schärfere Formulierungen des Hamburger Betriebsrats auch im Fall Ernst K., StA Hamburg, 221-11 F 13307.

[111] Erklärung von Johann D., 14. 9. 1945; Dresdner Bank, Zentralstelle Hamburg, an die Bremer Militärregierung, 28. 8. 1946; Betriebsvertretung der Bremer Bank an den Prüfungsausschuss für das Vorstellungsverfahren, 8. 6. 1946; alles in: StA Bremen, 4,66-I M., Wilhelm.

[112] Zusammenfassung des Hauptausschusses, 14. 8. 1946, StA Bremen, 4,66-I St., Robert.

[113] St. an den Prüfungsausschuss, 31. 7. 1946; Betriebsrat der Bremer Bank an Special Branch, 17. 1. 1947, ebd.

[114] Betriebsrat der Bremer Bank an Senator für politische Befreiung, 16. 8. 1948, ebd.

langjährigen, „einwandfrei als antinationalsozialistisch bekannt[en]" Mitarbeitern der Filiale zusammensetzen, deren Auswahl allerdings den Filialleitungen oblag. Wie weit hierfür tatsächlich solche als „besonders geeignet" betrachteten Mitarbeiter herangezogen wurden, „welche KZ-Insassen gewesen oder von der Gestapo verfolgt worden" waren, deren Karriere durch Nichtmitgliedschaft in der NSDAP oder wegen Verwandtschaft mit „jüdischen Kreisen" Schaden erlitten hatte,[115] ist heute nicht mehr festzustellen. Ebenso wenig lässt sich rekonstruieren, ob es innerhalb der Ausschüsse zu Kontroversen kam. Einigkeit bestand aber offenbar in Fällen ernsthaft belasteter Nationalsozialisten, die inzwischen ohnehin entlassen waren.

Diesen Einzelpersonen ließ sich aber auch relativ leicht die Gesamtverantwortung für die „Nazifizierung" der Filialen zuschieben, und dies dürfte wiederum in erheblichem Maße zu der insgesamt deutlich milderen Behandlung belasteter Filialleiter in der britischen Zone beigetragen haben. Den ehemaligen Hamburger Personalchef, der sich zwischenzeitig als Bauarbeiter verdingte und mit dessen Rückkehr in die Bank nicht mehr zu rechnen war, ordnete der Ausschuss als „Aktivisten" ein und machte ihn kurzerhand zum Hauptverantwortlichen dafür, dass in Hamburg ein „ungewöhnlich hoher Prozentsatz" der männlichen Angestellten zunächst entlassen werden musste, weil zwei Drittel von ihnen NSDAP-Mitglieder gewesen waren.[116] Ähnliches geschah dem langjährigen Leiter der Hamburger Auslandsabteilung, der sich inzwischen als Nachtwächter seinen Unterhalt verdienen musste.[117] Auch der Kölner Unterausschuss der Dresdner Bank befand sich vermutlich in vollem Einklang mit der Filialleitung, wenn er dem langjährigen Obmann des Vertrauensrats, einem aggressiven Nationalsozialisten, ein vernichtendes Zeugnis ausstellte. Diesen schon im März 1945 von der Bank entlassenen „alten Kämpfer" beschrieb der Ausschuss als „eine der übelsten Erscheinungen unseres Berufsstandes während der Nazizeit" – womit freilich zugleich der „Berufsstand" insgesamt entlastet wurde.[118]

Die Beurteilung der Geschäftsleitung schließlich konnte mitunter, wie im Falle des Heilbronner „Betriebsführers", der seine Sekretärin allzu sehr für Parteiarbeiten eingespannt hatte, sogar härter ausfallen als die des Betriebsrats.[119] In der Regel aber nutzte man dort, wo es ein besonderes Interesse der Bank an der Weiterbeschäftigung leitender Fachkräfte gab, die Möglichkeit zur positiven Stellungnahme. Die Standardformulierung Schleipens lautete ganz im Einklang mit den üblichen Entschuldigungen, dass sich der Betroffene „immer nur von rein wirt-

115 Dresdner Bank, Zentralstelle Hamburg, an die Direktionen der Niederlassungen in der britischen Zone, Rundschreiben Nr. 56, 5. 3. 1946, HADrB 987–1999. Zu Aufbau und Funktionen des nur oberflächlich untersuchten Ausschusssystems in der britischen Zone vgl., allerdings beschränkt auf Nordrhein-Westfalen, Lange, Entnazifizierung, S. 37–42.

116 Dresdner Bank Advisory Board, Fragebogen Action Sheet zu Ernst K., 5. 12. 1946; Betriebsrat der Hamburger Kreditbank an Berufungsausschuss 18, 26. 4. 1948, beides in: StA Hamburg, 221-11 F 13307.

117 Notiz des Beratenden Ausschusses der Dresdner Bank Hamburg zum Berufungsantrag von Friedrich W., StA Hamburg, 221-11 FA 15826.

118 Entnazisierungs-Unterauschuss No. 133 der Dresdner Bank in Köln an Geschäftsstelle der Entnazisierungsausschüsse des Stadtkreises Köln, 27. 2. 1948, HStA Düsseldorf, NW 1049-30920.

119 Stellungnahmen der Geschäftsleitung der Filiale Stuttgart, 15. 1. 1947, und des Stuttgarter Betriebsrats, 25. 11. 1946, zu Max B., StA Ludwigsburg, EL 902/11 Nr. 24/264085.

schaftlichen Erwägungen leiten ließ" und seine Karriere keinesfalls politischer Betätigung zu verdanken habe.[120] Der „Beitrag" der Bankleitung zur Entnazifizierung lag also nach den ersten Entlassungen nicht in der ernsthaften Auseinandersetzung mit der alltäglichen Verstrickung der Filialen in die Politik des NS-Regimes, sondern lediglich in der Protegierung bestimmter Filialleiter, die vom Ungeist des Nationalsozialismus höchstens am Rande infiziert schienen. Das kann man als unbefriedigend empfinden, aber es entsprach eben dem Geschäftsinteresse und durchaus auch den ursprünglichen Entnazifizierungszielen der Briten und Amerikaner, nur „aktive Nazis" schnellstmöglich aus dem Verkehr zu ziehen.

Dieser Abgrenzungseffekt von besonders aktiven Nationalsozialisten in den Filialleitungen wäre allerdings, wie die frühen Entlassungen aus der Eigeninitiative der Bankleitung zeigen, möglicherweise auch ohne die Entnazifizierungsverfahren eingetreten. Ausgeblendet blieb hingegen die Verantwortung der tatsächlichen Mitläufer, die ihre Karrieren durch die notwendigsten Anpassungsmaßnahmen gesichert und dadurch insgesamt erst die Maschinerie des NS-Regimes am Laufen gehalten hatten. Die Einstufung des Großteils der in der amerikanischen Zone betroffenen Filialleiter als Mitläufer trifft den ‚durchschnittlichen' Parteigenossen wohl richtig.[121] Da aber die Partizipation an den antijüdischen Maßnahmen durch die schlichte Weiterführung der gewöhnlichen Bankgeschäfte unter ungewöhnlichen Bedingungen in der Entnazifizierung kaum erfasst werden konnte, begünstigte diese tendenziell auch die Ausblendung der persönlichen Verstrickung durch die vielen kleinen oder großen Kompromisse, von denen eine NSDAP-Mitgliedschaft nur einer gewesen war. Entsprechend skeptisch ist die Frage zu beantworten, welche Konsequenzen die aufwändigen Entnazifizierungs- bzw. Rehabilitierungsverfahren auf der subjektiven Ebene hatten. Einerseits dürfte den Betroffenen klar geworden sein, dass die Einlassung mit einem verbrecherischen Regime aus Karrieregründen gewisse, mitunter durchaus schmerzhafte Konsequenzen für die Fortsetzung der Karriere nach 1945 haben konnte. Dass die Spruchkammern ihnen andererseits häufig das „Recht auf den politischen Irrtum"[122] zugestanden, mag zwar die Akzeptanz der neuen politischen Ordnung gefördert haben. Es dürfte aber zumindest in denjenigen Fällen, wo opportunistisches Verhalten in der verbrieften Stilisierung zum Widerständler unterging, kaum zum Nachdenken über die eigene Mitverantwortung am Funktionieren des NS-Regimes beigetragen haben.

Die Entnazifizierung der zentralen Führungsebene

Solche Reflexionen lassen sich bei den Mitgliedern des alten Vorstands und dem Aufsichtsratsvorsitzenden Carl Goetz erst recht nicht feststellen. Nach der Ent-

[120] Erklärung von Schleipen für Robert St., 17. 1. 1947, StA Bremen, 4,66-I St., Robert (Zitat); Erklärung Schleipen für Günther Ladisch, 11. 12. 1946, HHStA Wiesbaden, Abt. 520 F (A–Z) Ladisch, Günther; dito für Albert O., 29. 7. 1946, HStA Düsseldorf, NW 1057-F-437; Zentralstelle Hamburg an die Bremer Militärregierung, 28. 8. 1946, StA Bremen, 4,66-I M., Wilhelm.

[121] Insofern geht der Eindruck, den die Metapher der „Mitläuferfabrik" erzeugt – dass nämlich ein Großteil der so Eingestuften zu Unrecht in die mildeste Bestrafungskategorie gelangte – fehl; so auch Rauh-Kühne, Unternehmer, S. 305 f., Fn. 7; Woller, Gesellschaft, S. 162.

[122] Vollnhals, Entnazifizierung, S. 22.

lassung aus der Nürnberger Zeugen- oder Untersuchungshaft, die im nächsten Kapitel näher betrachtet wird, hatten sich die entlassenen Führungskräfte noch dem allgemeinen Entnazifizierungsverfahren zu unterziehen. Dabei konnte anders als bei den Filialleitern auch die Position als Unternehmensvorstand eine Rolle spielen, falls das Deutsche Reich, die NSDAP oder eine ihrer Gliederungen an der Führung des betreffenden Unternehmens beteiligt gewesen waren, NSDAP-Mitglieder ein Großunternehmen geleitet oder ihre Stellung den Beziehungen zur Partei verdankt hatten. Theoretisch sollten in diese Verfahren auch die in Nürnberg gesammelten Ermittlungsergebnisse einfließen. Eine im Juni 1947 in Nürnberg eingerichtete Spezialabteilung des Office of Chief of Counsel for War Crimes (OCCWC), der amerikanischen Untersuchungs- und Anklagebehörde, reichte das dort gesammelte Beweismaterial an die deutschen Spruchkammern weiter, um nochmals Belastungen im Sinne der Entnazifizierung zu prüfen. Die Auffassung ihres Gründungsdirektors Benjamin Ferencz, dass „fast alle Personen, gegen die Beweise gesammelt wurden, als Hauptschuldige im Sinne des Entnazifizierungsprogramms" einzuordnen seien,[123] wurde allerdings von den deutschen Kammern nicht geteilt. Stattdessen zeigen auch diese Entnazifizierungsfälle, wie sehr sich dieses ursprünglich politische „Säuberungs"-Projekt mittlerweile zu einem formaljuristischen Rehabilitierungsverfahren gewandelt hatte.

Für Joachim Entzian, den juristischen Auslandsexperte der Dresdner Bank, und das Vorstandsmitglied Gustav Overbeck ergaben sich daraus offenbar gar keine Konsequenzen.[124] Der Fall Overbecks, der zunächst in Hamburg entnazifiziert und anschließend in Nürnberg von den Amerikanern interniert wurde, demonstriert besonders augenfällig die grundsätzlichen Unterschiede zwischen britischen und amerikanischen „Säuberungs"-Zielen. Overbeck, 1933–1939 förderndes Mitglied der SS und nach eigenen Angaben 1933 mit einem Antrag auf NSDAP-Mitgliedschaft gescheitert,[125] wurde nämlich nach einer längeren Suspendierung von der Bankenabteilung der britischen Militärregierung zur Weiterbeschäftigung zugelassen, als er sich bereits seit Monaten auf den Fahndungslisten der Amerikaner befand.[126] Eine problemlose Entnazifizierung durchlief auch Alfred Hölling, das einzige in die Westzonen gelangte Vorstandsmitglied, das nicht für die Nürnberger Ermittlungen interniert wurde. Durch eine angeblich ohne sein Zutun zustande gekommene NSDAP-Anwartschaft seit 1941 ohnehin nur in

[123] Herman L. Lang, Deputy Director: History of the Special Projects Division from June 1947 until End of August 1948, 31. 8. 1948, NA, RG 260, Office of Chief of Counsel for War Crimes, Box 101, Folder 29.

[124] Die Entnazifizierungsakte Entzians, der keine formalen Belastungen aufwies, endet mit einer Anfrage des Hamburger Zentralausschusses für die Ausschaltung von Nationalsozialisten an den Fachausschuss der Dresdner Bank vom 24. 5. 1948, StA Hamburg, 221-11 F 13685. Overbecks Akte enthält keinen Hinweis auf eine Wiederaufnahme des Verfahrens; StA Hamburg, 221-11 F 15281.

[125] Ergänzungsfragebogen Gustav Overbeck, 9. 5. 1946, ebd. Overbeck gab an, den Antrag Mitte 1933 auf Druck der Betriebsvertretung gestellt, wegen seiner Zusammenarbeit mit jüdischen Kollegen aber abgelehnt worden zu sein. Der tatsächliche Ablehnungsgrund dürfte die Aufnahmesperre der NSDAP gewesen sein, was dem nationalsozialistischer Neigungen eher unverdächtigen Overbeck wiederum ganz recht gewesen sein könnte.

[126] Banking Branch Berlin an General Banking Section Hamburg, 4. 6. 1947, ebd. Die Wiedereinsetzung Overbecks wurde auch vom Berliner Betriebsrat voll unterstützt; Erklärung des Betriebsrats für Overbeck, 15. 7. 1947, ebd.

geringem Maße formal belastet, verwies Hölling zudem auf seine „aktive Mitwisserschaft“ an den Umsturzplänen des 20. Juli 1944 durch den Berliner Polizeipräsidenten Graf von Helldorf[127] und wurde daraufhin in die Kategorie V eingeordnet.[128]

Ebenso unkompliziert verlief in Hamburg die Entnazifizierung des SS-Fördermitglieds Werner von Richter (Leiter der Direktion der Berliner Depositenkassen)[129] sowie der unbelasteten Abteilungsleiter Carl Schleipen (Filialbüro)[130], Max Schobert (Devisen und Wechsel),[131] Walter Teichmann (Affiliationen) und Hans Wildgrube (Filialbüro).[132] Dass aber auch in der britischen Zone nicht blindlings rehabilitiert wurde, zeigt der Fall des stellvertretenden Chefsyndikus Adolf Schäfer. Schäfer, Parteimitglied seit 1933, vorübergehend NSDAP-Blockleiter und nach Angaben früherer Mitarbeiter „ein überzeugter Nationalsozialist“,[133] wurde im Mai 1946 auf Anweisung der britischen Militärregierung in Hamburg entlassen. Von der Hamburger Bankleitung wurde er jedoch schon während der Nürnberger Inhaftierung Entzians, zumal angesichts der anstehenden Reorganisationsaufgaben im Rahmen der westalliierten Dezentralisierungspolitik, für eine Wiederanstellung ins Auge gefasst.[134] Als der Vorstand ihn schließlich, vermutlich wegen seiner Erfahrungen in der juristischen Betreuung der osteuropäischen Tochtergesellschaften der Dresdner Bank,[135] dringend als Assistenzverteidiger im Prozess gegen Karl Rasche einzusetzen wünschte, reichte dem Berliner Betriebsrat auch seine zwischenzeitige Einstufung als Mitläufer ohne Berufsbeschränkung nicht aus. Auch hier zeigte sich Wendt pragmatisch, blieb aber im Prinzip unbeugsam; Schäfer wurde nicht wieder eingestellt, sondern erhielt einen Beratervertrag.[136]

Etwas aufwändiger gestalteten sich manche Entnazifizierungen in der amerikanischen Zone. Carl Goetz wurde von der Spruchkammer Wolfratshausen im März 1948 als „nicht betroffen“ eingestuft, weil keine formalen Belastungen festgestellt wurden. Man darf vermuten, dass Goetz wegen seiner Inhaftierung im Gefolge des 20. Juli 1944 selbst bei einer geringen Formalbelastung kaum Probleme mit der Entnazifizierung gehabt hätte. Die Berufungskammer lehnte auch

127 Alfred Hölling, Anlage I zum Fragebogen vom 12. 5. 1945; ders., Notiz über meinen politischen und beruflichen Werdegang, 10. 9. 1946; Eidesstattliche Erklärung von Konrad A., Bevollmächtigter der Dresdner Bank in Hamburg, 23. 7. 1946; alles in: StA Hamburg, 221-11 F 16614. Nach Auskunft der Gedenkstätte Deutscher Widerstand vom 27. 1. 2003 an den Verfasser ist diese Aussage nicht anhand von Dokumenten überprüfbar.

128 Fragebogen Action Sheet mit Empfehlung des Fachausschusses, 21. 10. 1947; Synopsis der Militärregierung, o. D., beides ebd.

129 HStA Hamburg, 221-11 F 7081.

130 HStA Hamburg, 221-11 F 75547.

131 HStA Hamburg, 221-11 F 7070.

132 Zentralausschuss für die Ausschaltung von Nationalsozialisten, Fachausschuss Nr. 4 an Dresdner Bank, Zentralstelle Hamburg, 6. 8. 1946, HADrB 1337-2002P.

133 Betriebsrat Berlin an den Beratenden Ausschuss der Zentralstelle Hamburg, 7. 8. 1947, ebd.

134 Aktennotiz Wildgrube, 10. 1. 1948; Wildgrube an Teichmann, 27. 1. 1948, beides in: HADrB 1284-2002P.

135 Vgl. Leese an den Personalchef der Dresdner Bank, 3. 1. 1945, HADrB E.1039.

136 Betriebsrat der Zentralstelle Hamburg an Geschäftsleitung der Dresdner Bank für die britische Zone, 26. 9. 1947, HADrB 1284-2002P; Zentralstelle Hamburg an Butz, 27. 1. 1948; Butz an Schleipen, 28. 1. 1948, beides in: HADrB E.1039. Vgl. auch die Memoiren von Adolf Schäfer, Wege und Umwege. Lebenserinnerungen, Manuskriptdruck Würzburg o. J. (1974), S. 110–114.

eine Wiederaufnahme des Verfahrens nach Übersendung der Nürnberger Beweisunterlagen ab, weil Goetz lediglich die „gewöhnlichen Banktransaktionen" verantworte, spezielle „Arisierungs"-Dokumente aber nicht von ihm persönlich unterzeichnet waren und man in der „Gründung von Bankfilialen in den besetzten Gebieten [...] keine belastenden Momente" erkennen konnte.[137]

Dasselbe geschah im Fall von Hans Schippel, weil die untersuchten Bankgeschäfte „nicht unter den Tatbestand des Befreiungsgesetzes" fielen.[138] Schippel, während des größten Teils der NS-Zeit als „Betriebsführer" für die Personalpolitik der Bank verantwortlich und Parteimitglied seit 1937, war zunächst als Mitläufer, nach seinem Einspruch als Entlasteter eingestuft worden. Mit Hilfe von insgesamt vierundfünfzig eidesstattlichen Erklärungen gelang ihm nicht nur der Nachweis, dass sein Parteintritt rein taktische Gründe gehabt hatte. Die Spruchkammer bestätigte ihm überdies, „nach dem Mass seiner Kräfte aktiven Widerstand gegen die NS-Gewaltherrschaft geleistet" zu haben. Das bezog sich nicht nur auf den Schutz einzelner jüdischer Beschäftigter. Schippel hatte angeblich „auch in der Finanzpolitik aktiven Widerstand gegenüber allen NS-Bestrebungen" geleistet – der einzige Beleg war die Ablehnung eines Kredits an die Stiftung des Königsberger Gauleiters Erich Koch, während die kollektiv vom Vorstand getragenen Kredite an Rüstungs- und SS-Unternehmen unerwähnt blieben. Abgerundet wurde die Widerstandslegende durch Schippels Tätigkeit als Vizepräsident der China-Studiengesellschaft, mittels derer er die pro-japanische Politik der Nationalsozialisten konterkariert habe.[139]

Das Verfahren gegen den 1944 aus der Bank entlassenen Hans Pilder, nach Aussage seines Sohnes nur deshalb SS-Fördermitglied, weil er sich ein Reitpferd gehalten hatte und vom zuständigen Reitersturm zu den Beiträgen „gezwungen" worden war, wurde bereits im Januar 1948 eingestellt.[140] Der einzige Fall, in dem die Überstellung der Nürnberger Akten zu einer ernsthaften Überprüfung ihres Inhalts führte, betraf Hugo Zinßer, bei dem die amerikanische Anklagebehörde sogar eine erneute Inhaftierung durch die hessischen Landesbehörden verlangte, um einer Flucht vorzubeugen.[141] Zu einer solchen Verhaftung kam es nicht. Das vom hessischen Minister für politische Befreiung verfügte Verfahren gegen den formal völlig unbelasteten Zinßer wurde schließlich, nach der Auswertung von über 9000 Seiten Beweismaterial, im Dezember 1949 eingestellt. Zinßer hatte seine zügige Karriere in der Dresdner Bank offensichtlich nicht politischen Beziehun-

137 Berufungskammer für Oberbayern, Der Berufungshauptkläger an OCCWC, Special Projects Division, Deutsche Überleitungsabteilung, 8. 11. 1948, StA Nürnberg, KV Anklage Organisation G 309. Goetz' Spruchkammerakte war nicht auffindbar.

138 Berufungskammer für Oberbayern, Der Berufungshauptkläger an OCCWC, Special Projects Division, Deutsche Überleitungsabteilung, 20. 7. 1948, StA Nürnberg, KV Anklage Organisation G 309.

139 Liste der Persilscheine, ebd., Bl. 14. Der Berliner Betriebsratsvorsitzende Wendt war dagegen der Meinung, Schippels Reden als Betriebsführer hätten „an manchen Stellen mehr als zuviel des Guten im nazistischen Sinne" enthalten; Aktennotiz Wildgrube, 25. 2. 1948, HADrB 1332-2002P.

140 Spruchkammer Leonberg, Einstellungsbeschluss vom 21. 1. 1948, StA Ludwigsburg, EL 902/14 Nr. 29/1a/VII/2812.

141 Hessisches Staatsministerium, Der Minister für politische Befreiung, Ermittlungszentralstelle des Obersten Klägers an den 1. öffentlichen Kläger bei der Spruchkammer Wiesbaden, 30. 6. 1948, HHStA Wiesbaden, Abt. 520/W-BW 6a.

gen zu verdanken, und die Geschäftspolitik der Bank war jedenfalls nicht in erster Linie vom Reich oder gar der NSDAP bestimmt worden. Die Analyse der Nürnberger Beweisstücke reproduzierte zwar teilweise die Verteidigungsargumente der Bankvorstände gegen die Nürnberger Vorwürfe, lehnte aber dem Urteil gegen Karl Rasche gemäß eine persönliche Verantwortung Zinßers für die im Prozess angeführten Tatbestände ab.[142]

Das langwierigste Verfahren durchlief der „alte Kämpfer" Carl Lüer, der nach der Entlassung aus der Nürnberger Internierung umgehend wieder verhaftet wurde, weil mit seiner Verurteilung im Entnazifizierungsverfahren gerechnet wurde. Während die umfangreiche Klageschrift Lüer als „Hauptschuldigen" einordnete, plädierte sein Verteidiger allen Ernstes auf eine Einstufung „mindestens in die Gruppe der Entlasteten [...], weil er bei seiner exponierten Stellung stets ein Vorkämpfer für ungebeugtes Recht geblieben" sei.[143] Lüer hatte Glück, er profitierte von dem mittlerweile übermächtigen Bedürfnis, einen Schlussstrich unter die ausgeuferte Entnazifizierungsbürokratie zu ziehen. Die Einstellung seines Verfahrens auf Grund des hessischen Gesetzes über den Abschluss der politischen Befreiung, das allen nicht in die Kategorien I oder II einzureihenden Beschuldigten weitere Verfahren ersparte, kommentierte der nationalsozialistische Multifunktionär im Juli 1950 mit den Worten, er habe „gegen alle Schweinereien Front gemacht". Als „Schweinereien" betrachtete Lüer offenbar keineswegs die Mitwirkung der Bank an der nationalsozialistischen Ausbeutung der besetzten Gebiete oder an der Enteignung der deutschen Juden; die „unlauteren Dinge, die uns von den Ministerien zugemutet wurden" und gegen die er aufgetreten sein wollte, waren vielmehr zu hohe Rüstungskredite.[144] Wie stark die Entnazifizierung vom politischen „Säuberungs"-Projekt zur bürokratischen Abwicklung formaler Schuldkategorien umgepolt worden war, zeigt schließlich das letzte Verfahren auf der Vorstandsebene: Im Oktober 1950 wurde auch Karl Rasche, kurze Zeit nach seiner Entlassung aus der Haft in der Festung Landsberg, in einem Eilverfahren reibungslos entnazifiziert und vollständig „entlastet".[145]

Dauerhafte Auswirkungen der Entnazifizierung auf Karrieren, die bei den Filialleitungen häufig nicht überprüfbar sind, lassen sich auf der Ebene des Vorstands und der unmittelbar nachgeordneten Abteilungsleiter eindeutig ausschließen. Das gilt nicht nur für formal unbelastete Abteilungsleiter wie Schleipen oder Schobert, sondern auch für den ebenfalls in Nürnberg internierten Hans Rinn. Die Giessener Spruchkammer stellte im Verfahren gegen den Leiter der Börsenabteilung sogar ausdrücklich fest, aus den Nürnberger Beweisstücken könne „nicht festgestellt werden, daß der Betroffene zu Gunsten der nationalsozialistischen Auftrag-

[142] Der Erste öffentliche Kläger bei der Berufungskammer Wiesbaden, Beschluss vom 9. 12. 1949, HHStA Wiesbaden, Abt. 520 BW Nr. 6.

[143] Hessisches Staatsministerium, Ministerium für politische Befreiung, Kammer Frankfurt am Main, Der öffentliche Kläger: Klageschrift gegen Carl Lüer, 30. 5. 1949; Erwiderung des Verteidigers Dr. Prausnitzer, 12. 7. 1949, S. 39, beides in: HHStA Wiesbaden, Abt. 520 FZ Nr. 646.

[144] Protokoll der öffentlichen Sitzung der 3. Spruchkammer am 5. 7. 1950, ebd. Zu Lüers Inhaftierung in Nürnberg und neuerlicher Verhaftung vgl. Kapitel IV.3. Zum hessischen Abschlussgesetz vom 30. 11. 1949 vgl. Schuster, Entnazifizierung, S. 344–367.

[145] Fragebogen Karl Rasche, 27. 10. 1950; Entlastungsbescheid, 10. 11. 1950, beides in: HStA Düsseldorf, NW 1000-21095.

geber tätig war."[146] Rinn, dessen umgehende Entlassung die amerikanische Ermittlerin Helga Wolski nach der Entdeckung von Dokumenten über die Verwertung niederländischer Aktien schon im Januar 1946 gefordert hatte[147] und dessen Weiterbeschäftigung als Leiter des Börsen- und Konsortialgeschäfts im Februar 1946 an einem Veto des Betriebsrats gescheitert war,[148] setzte seine Arbeit trotz Suspendierung fort und musste dafür von Mai bis Dezember 1946 eine Gefängnisstrafe im hessischen Butzbach absitzen.[149] Nach der Inhaftierung als Zeuge in Nürnberg wurde er im Juli 1948, mit einem NSDAP-Beitritt im Jahr 1941 formal nur gering belastet und für die Leitung der Dresdner Bank insgesamt nicht verantwortlich, als Mitläufer eingestuft, um bald darauf in den engeren Führungszirkel der westdeutschen Nachfolgeinstitute aufzusteigen.[150]

Für Kontinuität sorgte auch die Entnazifizierung des Chefvolkswirts Kurt Hunscha, der nach einer Einstufung als Mitläufer 1948 seine Position bei der Rhein-Main Bank und später beim Gesamtinstitut wieder aufnehmen konnte.[151] Als letztes Parteimitglied der alten Abteilungsleiterriege kehrte schließlich Adolf Gaebelein zurück. Der ehemalige Leiter der Personalabteilung, der trotz einer kritischen Einschätzung durch den Betriebsrat[152] Ende 1948 sein Entnazifizierungsverfahren ohne eine Beschäftigungsbeschränkung überstanden hatte[153] und dem man zunächst „nach Möglichkeit eine Position außerhalb des engeren Verbandes der Bank zu verschaffen" suchte,[154] wurde erst 1951 wieder Personalchef der Rhein-Main Bank. Das Ergebnis der Entnazifizierung in den westlichen Besatzungszonen war somit eine überwiegend kurzfristige, zumindest aber mittelfristige Kontinuität, die in der amerikanischen Zone deutlich umfangreichere und länger dauernde Unterbrechungen aufweist als in der britischen. In der Sowjetischen Besatzungszone hingegen ereignete sich, wie im Folgenden zu zeigen sein wird, ein radikaler Kontinuitätsbruch, der jedoch erst längere Zeit nach Kriegsende seinen Abschluss fand und nur bedingt im Kontext der „Säuberung" des Bankensektors von Nationalsozialisten stand.

146 Spruchkammer Giessen, Spruch gegen Hans Rinn, 29. 7. 1948, HHStA Wiesbaden, Abt. 520 Gi Nr. 4971.

147 Wolski an Klepper, 15. 1. 1946, BAK, Z45F 2/169/3.

148 Rinn an Hölling, 7. 2. 1946; Rinn an Overbeck, 7. 2. 1946; beides in: NA, RG 260 FINAD, Box 184, Folder 10. Beschluss des Prüfungsausschusses des Oberbürgermeisters in Frankfurt a.M., 6. 2. 1946, HHStA Wiesbaden, Abt. 520 Gi Nr. 4971.

149 Erklärung Rinn zu seinen Vermögensverhältnissen, 31. 7. 1948, ebd.; Rinn an Meyen, 13. 4. 1988, HADrB 109573.

150 Protokoll der schriftlichen Sitzung der Spruchkammer Giessen Stadt und Land, 29. 7. 1948, HHStA Wiesbaden, Abt. 520 Gi Nr. 4971.

151 Der öffentliche Kläger an Hunscha, 25. 8. 1948, HHStA Wiesbaden, Abt. 520 F (A–Z), Dr. Hunscha, Kurt; Lebenslauf Kurt Hunscha, 7. 5. 1967, HADrB, Personalia Hunscha.

152 Der Betriebsrat hielt fest, dass Gaebelein der verordneten bevorzugten Beförderung von NSDAP-Mitgliedern „gern nachgekommen" und „mindestens in der ersten Zeit sehr oft im Braunhemd erschienen" sei, andererseits Anzeigen von Nationalsozialisten gegen Andersdenkende „in einer für die Bedrohten anständigen und glimpflichen Form zu erledigen wusste"; Notiz Wendt, 26. 11. 1948, HADrB 50079-2001.

153 Hölling und Schleipen an Gaebelein, 4. 1. 1949, HADrB 11127-2001.

154 Protokoll über die Ausschuss-Sitzung in Wiesbaden am 11. Mai 1949, HADrB 5140-2000. Zinßer begründete die Suche nach einer solchen Verwendungsmöglichkeit mit der Vermeidung „nachträglichen Ärger[s]", „nach aussen mit so komischen Dingen wie Pg. usw. begründet"; Zinßer an Hölling, 5. 8. 1949, HADrB 11127-2001.

3. Entnazifizierung und Elitenaustausch in der Sowjetischen Besatzungszone

Nicht nur die Ergebnisse, auch die Methoden unterschieden die personelle „Säuberung“ der Banken im späteren Gebiet der Bundesrepublik deutlich vom Vorgehen der sowjetischen Besatzungsmacht und ihrer ostdeutschen Verbündeten. Der Elitenaustausch, der hier tatsächlich durchgesetzt wurde, erfolgte im Zuge eines politisch-ökonomischen Systemwechsels, dem auch demokratische Traditionsbestände zum Opfer fielen. Gerade der Umbau des Bankensektors, auf den weiter hinten noch ausführlich einzugehen ist,[155] zeigt sehr deutlich, dass hier zwei grundverschiedene Diktaturen aufeinander folgten. Die zu diesem Zweck eingesetzten Mittel hatten ebenfalls nur oberflächliche Gemeinsamkeiten mit denjenigen der Westmächte. Die Entnazifizierung durchlief in der SBZ, ähnlich wie in den Westzonen, vom Kriegsende bis 1948 verschiedene Phasen, die hier nicht im Einzelnen dargestellt werden müssen.[156] Dabei war, bei aller grundsätzlichen Rigorosität zumal in den frühen Besatzungsjahren, durchaus ein pragmatischer Umgang mit ehemaligen NSDAP-Mitgliedern möglich, wenn wirtschaftliche Effizienz dies erforderlich machte.[157] Der Zusammenhang von Entnazifizierung, Diktaturdurchsetzung und Elitenaustausch soll im Folgenden am Beispiel Sachsens beleuchtet werden, wo die Dresdner Bank mit den Filialbezirken Dresden, Leipzig und Chemnitz traditionell weitaus stärker verankert gewesen war als in den übrigen Ländern und Provinzen der SBZ.[158]

Die Entnazifizierungspolitik der Sowjetischen Militäradministration in Deutschland (SMAD) gegenüber den deutschen Banken war in den ersten Nachkriegsmonaten offenbar deutlich weniger rigoros als die ihres amerikanischen Pendants. Zumindest in der Dresdener Filiale der Dresdner Bank waren nämlich noch im Juli 1945 „mit einer Ausnahme […] sämtliche Pg's beschäftigt.“[159] Dass die Entlassung von Nationalsozialisten aus den Bankfilialen nicht auf der kurzfristigen Agenda der SMAD stand, fügte sich aber durchaus schlüssig in deren Bankenpolitik. Zu diesem Zeitpunkt war nämlich die endgültige Schließung der alten Banken in der Ostzone bereits beschlossene Sache. Im September 1945 ließ der sowjetische Vertreter im Finanzdirektorat des Alliierten Kontrollrats denn auch verlauten, dass die östliche Besatzungsmacht auf dem Bankensektor einen

[155] Vgl. Kapitel V.1.

[156] Vgl. im Überblick Vollnhals, Säuberung; ausführlicher Manfred Wille, Entnazifizierung in der Sowjetischen Besatzungszone Deutschlands 1945–1948, Magdeburg 1993; Damian van Melis, Entnazifizierung in Mecklenburg-Vorpommern. Herrschaft und Verwaltung 1945–1948, München 1999; kritisch zur „Stalinisierungs“-Perspektive Timothy R. Vogt, Denazification in Soviet-Occupied Germany. Brandenburg, 1945–1948, Cambridge/London 2000, insb. S. 234–241.

[157] Vgl. zur Industrie Wolfgang Zank, Wirtschaft und Arbeit in Ostdeutschland 1945–1949. Probleme des Wiederaufbaus in der Sowjetischen Besatzungszone Deutschlands, München 1987, S. 53–56; Vogt, Denazification, S. 166–168, 237; allgemein Arnd Bauerkämper, Kaderdiktatur und Kadergesellschaft. Politische Herrschaft, Milieubindungen und Wertetraditionalismus im Elitenwechsel in der SBZ/DDR von 1945 bis zu den sechziger Jahren, in: Peter Hübner (Hg.), Eliten im Sozialismus. Beiträge zur Sozialgeschichte der DDR, Köln usw. 1999, S. 37–65.

[158] Der Bezirk der Dresdener Kopffiliale war 1937/38 nach dem Personalumfang der drittgrößte Filialbezirk nach Frankfurt a. M. und Hamburg, der Leipziger gehörte zu den mittelgroßen Bezirken. Dresden selbst war die drittgrößte, Leipzig die sechstgrößte Filiale; Meyen, 120 Jahre, S. 129.

[159] Dresdner Bank Berlin, Informationsdienst für unsere Filialen, Juli 1945, S. 11, HADrB 1473-2002.

grundsätzlich anderen Entnazifizierungsansatz verfolgte als die Westalliierten. Nachdem „die meisten Nazis" schon vor der Roten Armee geflohen seien, liege der Hebel zur Vermeidung einer Renazifizierung jetzt darin, in die neu zu errichtenden deutschen Finanzinstitutionen keine Nationalsozialisten wieder aufzunehmen.[160]

Diese Grunddisposition schien auch nicht mit einem Mangel an geeignetem Fachpersonal zu kollidieren. Nachdem die Schließung der alten Banken und die Errichtung einer staatlichen Landesbank für Sachsen beschlossen waren, wurde den Dresdener Kreditinstituten im August 1945 mitgeteilt, dass prinzipiell die Möglichkeit bestehe, deren Personal in die neue Sächsische Landesbank (SLB) zu übernehmen, „soweit nicht allgemeine Gesichtspunkte" wie die NSDAP-Zugehörigkeit dem entgegenstünden.[161] Da die nötige Fachkompetenz anderweitig gar nicht zu beschaffen war, waren nicht nur die Präsidenten aller fünf Landes- bzw. Provinzialbanken ehemalige Führungskräfte von Großbankfilialen, sondern überwiegend auch die Direktoren der neuen Landesbankfilialen. Der Großteil des übrigen Personals hatte vorher ebenfalls für die geschlossenen Banken gearbeitet.[162]

Für die Führungsebene der neuen Finanzinstitutionen waren allerdings, so der Präsident des Landesverwaltung Sachsen Friedrichs, nur „Persönlichkeiten zu übernehmen, die geeignet sind, mit uns neue Wege zu beschreiten". Für den Vorstand der Landesbank stand als erstes Mitglied Walter Jansen fest, ein Dresdener Depositenkassenleiter der Dresdner Bank. Richard Holland, der Nachfolger des während der Luftangriffe im Februar 1945 umgekommenen Georg Kanz als Leiter der Dresdener Kopffiliale, wurde zunächst, da sowohl fachlich kompetent als auch „politisch einwandfrei", als Leiter der Abteilung Bankwesen in der Finanzabteilung der Landesverwaltung Sachsen eingesetzt.[163] Holland übernahm seinen Posten nicht nur „zunächst ohne Verpflichtung und in ganz loser Form", sondern auch mit der Zusage, nach einiger Zeit in die SLB zu wechseln.[164] Dort wurde er bis zum Herbst 1945 Vizepräsident, während von der ehemaligen Dresdner Bank neben Jansen noch Robert Reichel als Chefsyndikus Mitglied eines siebenköpfigen Direktoriums wurde.[165] Nachdem der erste Präsident der SLB, Carl Degenhardt, im Februar 1946 per SMAD-Befehl entlassen worden war, weil er eigenmächtig Kontakte zu den Banken in den Westzonen aufgenommen und Korrespondenzen zwischen den dortigen Filialen und den stillgelegten Instituten in der

160 Allied Control Authority, Directorate of Finance, De-Nazification in the Financial Field. Report to the Coordinating Committee (Sitzungsbericht vom 13. 9. 1945), 29. 9. 1945, PRO, FO 1046/51.

161 Landesverwaltung Sachsen, Verwaltung und Steuern, Besprechung mit den Juristen der größeren Dresdner Bankinstitute, 20. 8. 1945, SHStA Dresden, Landesregierung Sachsen, Ministerium für Finanzen 3087, Bl. 25R.

162 Paul Frenzel, Die rote Mark. Perestroika für die DDR, Herford 1989, S. 25. Beispiele für die Übernahme ehemaliger Commerzbank-Mitarbeiter in die neuen Landes- und Provinzialbanken bei Herbert Wolf, Das Ende privater Banktätigkeit in Mitteldeutschland – dargestellt am Beispiel der Commerzbank, in: Bankhistorisches Archiv 16 (1990), S. 116–125, hier S. 121; ein Mitleiter der Erfurter Filiale der Commerzbank wurde vorübergehend Präsident der Thüringischen Notenbank.

163 Friedrichs an Abt. Finanzen und Steuern u. a., 2. 8. 1945, SHStA Dresden, Landesregierung Sachsen, Ministerpräsident 1591.

164 Holland an Overbeck, 14. 8. 1945, SStA Leipzig, Sächsische Landesbank Dresden 280.

165 Protokoll der 1. Sitzung des Verwaltungsrates der Sächsischen Landesbank am 26. 10. 1945, SHStA Dresden, Landesregierung Sachsen, Ministerpräsident 1593.

SBZ zugelassen sowie die „Säuberung“ der Bank von „aktiven Faschisten“ nicht vorangetrieben hatte,[166] wurde Holland von der Sowjetischen Militäradministration in Sachsen (SMAS) schließlich als Präsident eingesetzt.[167]

Ende 1945 arbeiteten sechzehn weitere ehemalige Dresdner-Bank-Mitarbeiter in leitenden Positionen der SLB oder ihrer Zweigstellen.[168] Dass darunter keine Führungskräfte der Chemnitzer und Leipziger Filialen auftauchten, hatte wohl nicht nur den Grund, dass Dresden altes wie neues Zentrum des sächsischen Bankwesens war. Die Dresdener Filialleiter waren nämlich bis auf eine Ausnahme keine NSDAP-Mitglieder gewesen. Dasselbe gilt, soweit sich dies aus den Akten feststellen lässt, für die ursprünglich bei der Dresdner Bank beschäftigten Leiter von Zweiganstalten und Zahlstellen der SLB.[169] Die drei verbliebenen Chemnitzer Filialleiter hingegen waren ebenso NSDAP-Mitglieder wie vier der fünf Leipziger. Der einzige „Parteigenosse“ in der Dresdener Filialleitung wurde im Frühjahr oder Sommer 1945 verhaftet; sein weiteres Schicksal ist unbekannt.[170]

Dennoch befand sich unter den aus den alten Banken übernommenen Mitarbeitern der SLB zunächst „ein großer Teil ehemaliger Parteigenossen.“[171] Das bedeutete aber nicht, dass die Entnazifizierung im Aufbau des neuen Bankensystems auf die Dauer eine vernachlässigbare Größe gewesen wäre. Mitte Dezember 1945 verfügte der Finanzchef der SMAS Meljnikow die Entlassung sämtlicher NSDAP-Mitglieder aus den Banken und Sparkassen bis zum Jahresende, stellte aber Ausnahmemöglichkeiten für bestimmte Fachkräfte in Aussicht.[172] Für den 15. August 1945, den Tag nach dem Erlass der Verordnung über die Gründung der Sächsischen Landesbank und die Schließung der alten Banken, wurde deren „Bestand“ auf 2714 NSDAP-Mitglieder unter 7276 Mitarbeitern geschätzt. Die knappe Mehrheit von 1407 wurde tatsächlich noch bis zum Jahresende entlassen, wobei nicht nachvollziehbar ist, ob diese Angestellten vorher überhaupt noch in die SLB übernommen worden waren.[173]

Anfang 1946 setzten ernsthafte Maßnahmen ein, um die verbliebenen 1307 ehemaligen NSDAP-Mitglieder in der Sächsischen Landesbank, immerhin ein knappes Drittel der 4445 Mitarbeiter, „durch Nichtparteigenossen zu ersetzen“; zum Jahresbeginn 1947 arbeiteten hier bei einer Gesamtzahl von 3644 Beschäftigten nur noch 85 Ex-„Pgs“. Der Abbau dieser verbleibenden NSDAP-Mitglieder ge-

[166] Befehl des Obersten Chefs der SMA – des Oberbefehlshabers der Gruppe der Sowj. Besatzungstruppen in Deutschland Nr. 60, 22. 2. 1946, ebd.

[167] Vermerk Friedrichs zum SMAS-Befehl Nr. 52 vom 6. 3. 1946, 12. 3. 1946, ebd.

[168] Liste des Führungspersonals der SLB mit Zweigstellen, Anlage zum Rundschreiben der SLB an die Kopfstellen, 22. 12. 45, SStA Leipzig, Sächsische Landesbank Dresden 266.

[169] Vgl. die Fragebögen aus dem Mai 1947 von Friedrich B., Alfred D., Fritz E., Willy E., Reinhold E., Paul E., Walter F., Georg H., Friedrich I., Walter K. (NSDAP-Anwärter seit 1942 und 1946 „rehabilitiert“), Georg K., alle in: SStA Leipzig, Sächsische Landesbank Dresden 257; Heinrich N., Alfred R., Karl Sch., Franz T., Hermann T., alle in: ebd. 258.

[170] Vgl. das Verzeichnis der Filialleitungen, o. D. (1945), HADrB 50336-2001.

[171] Sächsische Landesbank an Landesregierung Sachsen, Minister Fischer, 9. 1. 1947, SStA Leipzig, Sächsische Landeskreditbank 158.

[172] Aktennotiz einer Besprechung am 18. 12. 1945, SHStA Dresden, Landesregierung Sachsen, Ministerium für Finanzen 184, Bl. 159.

[173] Statistik der Entnazifizierung der Sächsischen Landesbank, 9. 1. 1947, SStA Leipzig, Sächsische Landesbank Dresden 457.

staltete sich wegen fehlender Fachkräfte allerdings schwierig.[174] Daher zeigte man sich in der Entnazifizierungskommission der SLB durchaus pragmatisch: Um „eine Lösung zur Zufriedenheit der Bank wie auch der politischen Interessen zu finden", wurde im März 1947 beschlossen, die verbliebenen 17 NSDAP-Mitglieder in der Kreditabteilung A nicht etwa umgehend zu entlassen, sondern nur jeden Monat zwei von ihnen freizusetzen, damit die noch zu erledigenden Abwicklungsarbeiten der Altbanken erledigt werden konnten.[175]

Anders als im Westen handelte es sich hier nicht etwa um besondere Maßnahmen gegen „Aktivisten", sondern die Parteimitgliedschaft an sich war ausreichend für die Entlassung, und zwar auch aus den Positionen einfacher Mitarbeiter. Trotz des oben erwähnten Kompromisses zwischen „Säuberungs"- und wirtschaftlichen Zielen muss man also bis zu diesem Zeitpunkt von einer wesentlich strikteren Entnazifizierungspolitik als in den Westzonen ausgehen. Eine im Frühjahr 1947 einsetzende, neuerliche Überprüfungswelle scheint in der Sächsischen Landesbank ebenfalls rein schematisch abgelaufen zu sein, denn die Masse der zu prüfenden Angestellten erlaubte nur ein Fließbandverfahren. Ende Mai 1947 beispielsweise wurden an einem einzigen Tag 483 Fragebögen „geprüft", wobei sich aus der Prüfung nur ein einziger Entlassungsvorschlag ergab.[176] Am 15. 12. 47 waren schließlich noch 18 Personen beschäftigt, die der NSDAP oder ihren Gliederungen angehört hatten.[177]

Die Entfernung von Nationalsozialisten war allerdings nur eine notwendige, keine hinreichende Bedingung für die Durchsetzung des kommunistischen Machtmonopols im Bankensektor. Die „zentrale Betriebsgruppe" der SED in der SLB stellte schon Anfang 1947 fest, dass sich, im Gegensatz zur Verwaltung, wegen fehlender anderer Fachkräfte in der Landesbank „die gleichen Kräfte von vornherein" festgesetzt hätten, „die schon in den vergangenen 12 Jahren oft an entscheidenden Stellen gesessen hatten." Von „interessierten Kreisen" werde daher „das Verbleiben manch eines politisch Belasteten" mit dessen Fachkompetenz gerechtfertigt, tatsächlich handele sich dabei nur um vorgeschobene Argumente zur Verschleierung eines fortgesetzten bürgerlichen Klassenkampfes. In diesem ideologischen Konstrukt wurde aus der nur noch geringen und ständig im Schwinden befindlichen Anzahl von ehemaligen NSDAP-Mitgliedern, die zudem zu einem erheblichen Teil mit Abwicklungsarbeiten betraut und danach umgehend zu entlassen waren, die akute „Gefahr eines Mißbrauchs der Bank für Kapitalinteressen". Noch weit dramatischer sei aber die Bedrohung durch „die Macht versteckter Reaktionäre, die es verstanden haben, sich aus der NSDAP herauszuhalten, [...] ohne daß man irgend greifbare Beweise erbringen kann."

174 Sächsische Landesbank an Landesregierung Sachsen, Minister Fischer, 9. 1. 1947, SStA Leipzig, Sächsische Landeskreditbank 158. Zahlen nach: Statistik der Entnazifizierung der Sächsischen Landesbank, 9. 1. 1947, SStA Leipzig, Sächsische Landesbank Dresden 457.

175 Protokoll über die 12. Sitzung der Entnazifizierungskommission der Sächsischen Landesbank, Dresden, am 21. März 1947, ebd.

176 Protokoll der Entnazifzierungskommission vom 31. 5. 1947, SStA Leipzig, Sächsische Landesbank Dresden 485.

177 Aufstellung der noch beschäftigten Angestellten, die der NSDAP oder einer ihrer Gliederungen angehörten (15. 12. 1947), 31. 12. 1947, SStA Leipzig, Sächsische Landesbank Dresden 457.

In dieser Verschwörungskonstruktion wurde die Entnazifizierung durch eine Klassenkampfrhetorik überformt, hinter der sich schlichter Machtwille verbarg. Zwar strebte der Organisationsgrad der Beschäftigten im neu gegründeten Gewerkschaftsbund auf 90 Prozent zu, aber die große Mehrheit der Zweigstellenleiter war entweder parteilos oder gehörte den bürgerlichen Parteien CDU und LDP an. Um zu verhindern, dass „die SLB den alten Weg der ehemaligen Großbanken einschlagen wird, sich als Interessenvertretung des Kapitals zu betrachten und neue monopolkapitalistische Entwicklungen zu fördern" – eine angesichts der mittlerweile fast abgeschlossenen Umstrukturierung des Bankensystem völlig absurde Vorstellung – sollten mittels einer „konsequent fortschrittlichen Personalpolitik" und eines SED-dominierten Betriebsrats die „wahren demokratischen Kräfte" in die Führungspositionen gebracht werden, auch wenn deren geringere fachliche Fähigkeiten zunächst für Reibungsverluste sorgen würde.[178]

Zur „wahren demokratischen Kraft" konnte man allerdings auch durch einen Parteieintritt werden. Im sechsköpfigen Direktorium der inzwischen zur Sächsischen Landeskreditbank (SLKB) umfirmierten SLB waren Ende 1948 immer noch drei ehemalige leitende Mitarbeiter der Dresdner Bank vertreten, doch waren dies neben dem parteilosen Reichel zwei SED-Mitglieder.[179] Ein weiteres Neumitglied der SED leitete die Dresdener Kopfstelle der SLKB, neun andere ehemalige Dresdner-Bank-Mitarbeiter leiteten Zweiganstalten und Zahlstellen.[180] Die Alternative zur Anpassung an die neuen Machtverhältnisse war eine Fortsetzung der Karriere im Westen. Richard Holland verließ die SLKB im Oktober 1948, um zunächst in Hamburg wieder in den Dienst der Nachfolgeinstitute der Dresdner Bank zu treten und 1949 die Geschäftsleitung der Hannoveraner Filiale zu übernehmen, in der er schon früher Direktor gewesen war.[181] Seine Tätigkeit für die Dresdener Filiale hatte noch im Juli 1952 ein Nachspiel: In einem Schauprozess wurde Holland in Abwesenheit vom Landgericht Bautzen zu acht Jahren Zuchthaus verurteilt, weil er sich seit 1946 gegen die Enteignung eines Unternehmens gewehrt hatte, das formal teilweise im Besitz der Dresdner Bank gewesen, tatsächlich aber schweizerisches Eigentum war. Max Richter, der ehemalige Prokurist des Dresdener Direktionskabinetts, ging dafür tatsächlich ins Zuchthaus.[182]

Holland war bei weitem nicht der Einzige, der einen Neuanfang im Westen solchen Risiken vorzog, sondern nur einer der ersten Flüchtlinge. Der Leiter der Zentral-Organisationsabteilung der SLKB meldete sich im April 1950 aus der „Westzone" und teilte mit, er betrachte sein Arbeitsverhältnis als gelöst. Der Leiter der SLKB-Kopfstelle Plauen floh im Mai 1950 und wandte sich wegen einer neuen Beschäftigung an die Dresdner Bank in West-Berlin.[183] Er wurde schließ-

[178] Zentrale Betriebsgruppe der SLB, Die Eingliederung der Sächsischen Landesbank in die Wirtschaft, o. D. (mit Anschreiben der Personalpolitischen Abteilung des SED-Landesvorstands Sachsen, 4. 2. 1947), SHStA Dresden, Landesregierung Sachsen, Ministerpräsident 1378, Bl. 42–53, Zitate Bl. 42, 46, 48.

[179] Liste der Direktoriumsmitglieder, 11. 12. 1948, SStA Leipzig, Sächsische Landeskreditbank 158.

[180] Liste der ersten Direktoren der Zweiganstalten und Zahlstellen, 29. 10. 1948, ebd.

[181] Direktorium der SLKB an Ministerpräsident Seydewitz, 8. 6. 1949, SHStA Dresden, Landesregierung Sachsen, Ministerpräsident 1605, Bl. 5; vgl. auch Frenzel, Mark, S. 28. Pressenotiz und Lebenslauf zum vierzigjährigen Dienstjubiläum Richard Hollands am 1. 7. 1962, HADrB 111661.

[182] Holland an die Geschäftsleitung der Hamburger Kreditbank, 6. 8. 1952, HADrB 1337-2002P.

[183] SLKB, Betr. Eigenmächtige Entfernung von der Dienststelle, 19. 4. 1950; Deutsche Notenbank

lich beim Nachfolgeinstitut der Dresdner Bank in München tätig, der Ende 1948 aus der SLKB ausgeschiedene Robert Reichel in Düsseldorf, der Dresdener Kopfstellenleiter in Cuxhaven. Die große Mehrheit der Dresdener Depositenkassenvorsteher wechselte ebenso an westdeutsche Bankplätze wie ein Großteil des Leitungspersonals der übrigen ehemaligen Filialbezirke in der SBZ/DDR.[184] Da der Anteil der Parteimitglieder in den einzelnen Filialleitungen sehr unterschiedlich war, ist davon auszugehen, dass diese allgemeine Abwanderungstendenz wenig mit der nationalsozialistischen Belastung der Betreffenden, aber viel mit dem grundlegenden Umbau des Bankwesens und entsprechend fehlenden Zukunftsperspektiven zu tun hatte.

Dafür spricht auch der Weggang des ehemaligen Leipziger Filialleiters Kurt Bierbaum. Bierbaum fungierte, nachdem Ende Januar auf Anweisung der SMAS sämtliche NSDAP-Mitglieder kurzfristig aus den Abwicklungsstellen entlassen werden mussten,[185] seit Februar 1946 noch für längere Zeit[186] als Leiter der Auskunftsstelle der Dresdner Bank Danzig-Gotenhafen in Leipzig. Erst im Sommer 1948 wandte er sich mit der Bitte um Vermittlung einer Position im Westen an Hugo Zinßer, die bereits im September Erfolg hatte; Bierbaum wechselte schließlich zur Rhein-Ruhr Bank nach Düsseldorf.[187] Obwohl NSDAP-Mitglied seit 1933, war ihm bereits 1945 von der „antifaschistischen Betriebsvertretung" in Leipzig bescheinigt worden, dass er nur nominelles Parteimitglied gewesen sei. Im August bestätigten die „antifaschistischen Parteien" in Leipzig seine Rehabilitierung, im Oktober 1948 wurde er in Aachen schließlich als „typischer Mitläufer" ohne Sanktionen in die Kategorie IV eingereiht.[188] Ein weiterer Leipziger Filialleiter, ebenfalls NSDAP-Mitglied, flüchtete sogar erst im Herbst 1949 „bei Nacht und Nebel", weil er Konsequenzen aus seinem Aufsichtsratsmandat bei der Hugo Schneider AG fürchtete, gegen deren Management einige Monate zuvor zwei Schauprozesse wegen „Verbrechen gegen die Menschlichkeit u.s.w." stattgefunden hatten.[189]

Die Abwanderung leitender Bankmitarbeiter unabhängig von ihrer Belastung durch NSDAP-Mitgliedschaften signalisierte deutlich, dass die Entnazifizierung des Bankwesens in der sowjetischen Zone seit 1947 von einer Verdrängung des alten Bankpersonals überlagert und schließlich ersetzt wurde, die der Durchsetzung parteiherrschaftlicher Interessen diente. Bis dahin profitierte das neue Staatsbankensystem der SBZ gerade in seiner Etablierungsphase von einer gewissen perso-

Dresden, Betr.: Eigenmächtige Entfernung von der Dienststelle, 25. 5. 1950, beides in: SHStA Dresden, Landesregierung Sachsen, Ministerium des Innern 2048.

184 Aufstellungen der Ortswechsel von Personal aus den SBZ/DDR-Filialen, o.D. (1950 oder später), HADrB 50336-2001.

185 Vgl. Bierbaum an Hans Wartisch, den Direktor der Verbindungsstelle Ost der Dresdner Bank in Hannover, 29. 1. 1946, HADrB 5121-2000.

186 Vgl. Bierbaums Lageberichte aus dem Jahr 1947, ebd.

187 Schleipen/Wildgrube an Bierbaum, 24. 8. 1948; Bierbaum an Zinßer, 23. 9. 1948; Vierhub an Zinßer, 11. 10. 1948; alles in: HADrB 11127-2001.

188 Fragebogen Kurt Bierbaum, 13. 9. 1948; Bestätigung der antifaschistischen Betriebsvertretung Leipzig, 11. 10. 1945; Bescheinigung der antifaschistischen Parteien, 14. 8. 1946; Entscheidung des Entnazifizierungsausschusses Aachen, 20. 10. 1948; alles in: HStA Düsseldorf, NW 1079-16558.

189 Hartmann an Schleipen, 8. 10. 1949; Schleipen an Zinßer, 12. 10. 1949, beides in: HADrB 11127-2001.

nalpolitischen Offenheit, die eine vergleichsweise rigide Entnazifizierungspolitik nicht ausschließen musste. Auf die Dauer allerdings bedurfte ein Bankensystem, das primär als politisches Instrument begriffen wurde, einer personalpolitischen Absicherung, die Relikte herkömmlicher Bankiersmentalität ausschloss. Wie der Schauprozess gegen Richard Holland und Max Richter zeigt, nutzte die SED-Diktatur dafür notfalls auch die politische Strafjustiz. In dieser Instrumentalisierung des Rechts bestand, wie im nächsten Kapitel zu zeigen sein wird, eine deutliche Parallele zum politischen Strafprozess gegen das Vorstandsmitglied Alfred Busch.

IV. „Kriegsverbrecher"-Prozesse in Ost und West: Die Grenzen politischer Strafverfolgung und die Beharrungskraft einer Elite

Ebenso wie die umfassende Entnazifizierung fand eine individuelle Strafverfolgung besonders belasteter Exponenten des NS-Regimes im gesamten besetzten Deutschland statt. Formal teilten die einschlägigen Prozesse auch die Rechtsgrundlage, nämlich das alliierte Kontrollratsgesetz Nr. 10 vom 20. Dezember 1945. Damit erhielten die vier Militärregierungen sowohl die offizielle Vollmacht der höchsten Besatzungsinstanz zur eigenständigen „Strafverfolgung von Kriegsverbrechern und anderen Missetätern" als auch die Möglichkeit, die juristische Verfolgung bestimmter NS-Verbrechen an deutsche Instanzen zu delegieren.[1]

Konkret umgesetzt wurde diese abstrakte Grundlage in Ost und West jedoch höchst unterschiedlich. Beispielhaft zeigen das die beiden Prozesse gegen Vorstandsmitglieder der Dresdner Bank. Während der politisch unbelastete Alfred Busch in den Massenverfahren der berüchtigten „Waldheimer Prozesse" 1950 schlichter politischer Willkür der DDR-Führung zum Opfer fiel, wurde der nationalsozialistische Vorstandssprecher Karl Rasche ein Jahr zuvor in einem rechtsstaatlichen Verfahren der Nürnberger „Nachfolgeprozesse" verurteilt. Das Kapitel beginnt mit dem Prozess gegen Busch und schildert sodann ausführlich Vorgeschichte und Verlauf des Rasche-Prozesses; es endet mit der Frage nach der längerfristigen Wirkung der amerikanischen Strafverfolgung auf Zusammensetzung und Mentalität der Dresdner-Bank-Führung.

1. Der Waldheimer Prozess gegen Alfred Busch

Der Anlass und die genauen Umstände der Verhaftung Alfred Buschs lassen sich nicht mehr aufklären. Die formalrechtliche Grundlage, auf der die sowjetischen Verhaftungen nach der Eroberung Berlins erfolgten, bietet kaum einen Anhaltspunkt für das Motiv. Der Befehl Nr. 00315 des Kommissars für Innere Angelegenheiten der UdSSR Berija vom 18. 4. 1945 gab dem NKWD, dem sowjetischen „Volkskommissariat für Innere Angelegenheiten", deutlich größere Ermessensspielräume als die Arrestvorschriften der Briten und Amerikaner.[2] Überdies do-

[1] Telford Taylor, Die Nürnberger Prozesse. Kriegsverbrechen und Völkerrecht, Zürich 1951, S. 22; zur Übertragung der Strafverfolgung auf deutsche Gerichte vgl. Christian Meyer-Seitz, Die Verfolgung von NS-Straftaten in der Sowjetischen Besatzungszone, Berlin 1998, S. 43–88.

[2] Vgl. Hermann Wentker, Die juristische Ahndung von NS-Verbrechen in der Sowjetischen Besatzungszone und in der DDR, in: Kritische Justiz 35 (2002), S. 60–79, hier S. 62.

kumentiert die Häftlingsstatistik des NKWD, dass mehr als die Hälfte der im Herbst 1946 noch in sowjetischen Lagern auf deutschem Boden internierten Personen nicht einmal den vagen Kriterien dieses Befehls entsprach.[3] Busch war nicht das erste Vorstandsmitglied der Berliner Großbanken, das überraschend verhaftet wurde. Die beiden Geschäftsinhaber der Berliner Handels-Gesellschaft (BHG), Herbert von Breska und Eduard von Schwartzkoppen, wurden bereits im Anschluss an eine Besprechung mit der sowjetischen Militärregierung am 4. Mai festgenommen.[4] Karl Ritter von Halt und Robert Frowein von der Deutschen Bank wurden am 7. bzw. 11. Mai 1945 verhaftet, ihr Vorstandskollege Oswald Rösler hingegen erst Mitte Juni, nachdem er zuvor eine vom sowjetischen Bankenkommissar angebotene Mitarbeit in der Berliner Stadtbank ausgeschlagen hatte.[5] Gustav Overbeck, Alfred Busch und Max Schobert von der Dresdner Bank wurden zwar ebenfalls am 9. Mai zu Vernehmungen inhaftiert, aber im Gegensatz zu den Vorstandsmitgliedern von Deutscher Bank und BHG, die auf Jahre hinaus festgehalten blieben, und zu einigen anderen Mitarbeitern der Berliner Zentrale schon nach zwei Tagen wieder freigelassen.[6] Nachdem Busch jedoch am 16. Mai 1945 von der Berliner Stadtverwaltung als „derzeitiger verantwortlicher Leiter der Dresdner Bank“ zur Wiedereröffnung des Geschäftsbetriebs eingesetzt und anschließend vom zuständigen sowjetischen Kommandanten bestätigt worden war,[7] wurde er am 24. Mai zum zweiten Mal verhaftet.[8] Ein aus dem Russischen übersetzter Auszug des Verhaftungsdokuments verweist lediglich darauf, dass Busch als „Direktor einer großen Staatskreditbank in Berlin“ festgenommen wurde; daneben wurde vage angeführt, dass Busch „faschistische Ideen“ verbreitet und unterstützt und dadurch „zur Festigung der faschistischen Ordnung in Deutschland“ beigetragen habe. Das Dokument bezeichnete Busch nicht als Direktor der Dresdner Bank, sondern einer „staatl. Transportkreditbank in Berlin“, die gar nicht existierte.[9]

[3] Andreas Weigelt, „Umschulungslager existieren nicht“. Zur Geschichte des sowjetischen Speziallagers Nr. 6 in Jamlitz 1945–1947, Potsdam 2001, S. 102.

[4] Rolf E. Lüke, Die Berliner Handels-Gesellschaft in einem Jahrhundert deutscher Wirtschaft 1856–1956, Frankfurt a. M./Berlin 1956, S. 260.

[5] Peter Heimerzheim, Karl Ritter von Halt – Leben zwischen Sport und Politik, Sankt Augustin 1999, S. 177f.; Holtfrerich, Deutsche Bank, S. 410–412, 431–433.

[6] Aktennotiz betr. Kassenbestände der Hauptbank und der Depositenkassen zur Zeit der Einnahme Berlins durch die Rote Armee, 22. 2. 1947, HADrB 105767; Aktennotiz Halle, 15. 6. 1945, nach einem Bericht des Prokuristen Frank; Bericht Max Schoberts über die Entwicklung in Berlin, Leipzig, 12. 7. 1945, beides in: HADrB 106258. Namentlich bekannt sind auch die Verhaftungen von vier Angestellten, zu denen keine weiteren Quellen vorliegen; Schobert an Zinßer, 11. 9. 1945, ebd. Vgl. auch Meyen, 120 Jahre, S. 140.

[7] Bescheinigung des Bürgermeisteramts Berlin-Mitte, Abt. Finanzwesen, 16. 5. 1945; Bescheinigung der Dresdner Bank für Busch, 18. 5. 1945; beides in: BAB, DO 1/318, Bl. 82f.

[8] Ähnliches geschah Bernhard Benning und Otto Gerlitz, den gerade erst kommissarisch eingesetzten Vorstandsmitgliedern der Reichs-Kredit-Gesellschaft; Walter Hofmann, Private Bank in öffentlichem Besitz. Kleine Geschichte der Reichs-Kredit-Gesellschaft Aktiengesellschaft, Mainz 1980, S. 97f.

[9] Auszug über den verhafteten Deutschen ... Busch (Abschrift), BAB, DO 1/318, Bl. 1. Das Formular trägt das Datum 24. 5. 1945, es wurde jedoch die vorgedruckte Jahreszahl 1950 durchgestrichen. Diese „Gefangenenakte“ Buschs enthält zu seiner Verhaftung und Verurteilung sonst nur Dokumente ab 1950. Das Verhaftungsdatum ist durch eine am 9. 2. 1950 ausgestellte Karte in der Kartei der in den Waldheimer Prozessen verurteilten Personen belegt; BAB, Bestand DO 1. Laut einem Entwurf für den Nachruf wurde Busch nach einer Sitzung bei der Reichsbank verhaftet; Entwurf

Es folgte eine knapp fünfjährige Internierung in sowjetischem Gewahrsam, die im Berlin-Lichtenberger „Spezialgefängnis" des NKWD begann und sich in den brandenburgischen „Speziallagern" Werneuchen, Weesow, Frankfurt/Oder sowie seit September 1945 im Speziallager Nr. 6 im brandenburgischen Jamlitz fortsetzte.[10] Im November 1946 wurde, so Busch in einem Brief an Frau und Tochter, „von vielen fest damit gerechnet, spätestens zu Weihnachten zu Hause zu sein". Busch selbst, dessen Briefe aus Jamlitz zensurbedingt keine direkten Informationen über die Haft enthalten, blieb skeptisch.[11] Im Zuge der Auflösung von Jamlitz wurde er, wie die meisten der dortigen Häftlinge, im April 1947 ins Speziallager Nr. 2 in Buchenwald eingeliefert. Die Transportliste enthält als Haftgrund den lakonischen Vermerk „Staatl. Wirtschaftsorganisation".[12] Nach dem aus Buchenwald herausgeschmuggelten Bericht eines anonymen Mithäftlings war Busch im Sommer 1948 dort „in der Knochenverwertung tätig". Der Informant rechnete nicht mehr mit Prozessen gegen die noch einsitzenden Häftlinge, weil alle, „gegen die begründete Beschuldigungen von irgendeiner Seite vorgebracht wurden, [...] früher herausgezogen worden" seien, und die in Buchenwald internierten Manager spekulierten bereits auf eine baldige Entlassung.[13] Dies erwies sich jedenfalls hinsichtlich Buschs als Irrtum. Er gehörte nicht zur ersten Entlassungswelle aus Buchenwald im Sommer 1948, in der etwa zwei Drittel der Häftlinge freikamen, und er hatte auch nicht das Glück einer Freilassung Anfang 1950, als knapp die Hälfte der verbliebenen Gefangenen ebenfalls entlassen wurden. Anders als Karl Ritter von Halt und Oswald Rösler von der Deutschen Bank, die bei der Auflösung des Speziallagers im Januar 1950 ebenso entlassen wurden wie die beiden BHG-Geschäftsinhaber Breska und Schwartzkoppen,[14] gehörte Busch zu jenen etwa 170 inhaftierten Unternehmern und Angestellten,[15] die für die „Waldheimer Prozesse" ausgewählt wurden.

Er war damit einer von 3442 Häftlingen, die nach der Auflösung der letzten sowjetischen Speziallager Buchenwald, Sachsenhausen und Bautzen ins Zucht-

für den Nachruf auf Busch in der Zeitschrift für das gesamte Kreditwesen, o.D., HADrB 11127-2001. Ein offenbar von Buschs Ehefrau beauftragter Anwalt berichtete hingegen, Busch sei im Gebäude der Dresdner Bank verhaftet worden; Behling an Zentrale Rechtsschutzstelle, 5. 2. 1952, BAK, B 305/11291.

10 Handschriftlicher Lebenslauf von Alfred Busch, 7. 4. 1950, BAB, DO 1/318, Bl. 72. Buschs Ankunft in Frankfurt/Oder erfolgte vermutlich Anfang August 1945, die Transportliste dorthin enthält als Haftgrund den Eintrag „Verwaltungsdirektor"; Mitteilung an den Verfasser von Andreas Weigelt, Evangelische Kirchengemeinde Lieberose, 16. 7. 2003. Zum Lager Jamlitz vgl. ausführlich Weigelt, Umschulungslager; sowie Lutz Prieß, Das Speziallager des NKVD Nr. 6 Jamlitz, in: Sergej Mironenko/Lutz Niethammer/Alexander von Plato (Hg.), Sowjetische Speziallager in Deutschland 1945–1950, Bd. 1: Studien und Berichte, Berlin 1998, S. 364–374; zu den provisorischen Lagern Werneuchen und Weesow ders., Das Speziallager des NKVD Nr. 7 Werneuchen/Weesow, ebd., S. 375–379.

11 Alfred Busch an seine Ehefrau und seine Tochter, Ende November 1946, Privatarchiv Christel Meier.

12 Auszug aus der Transportliste Jamlitz, 4. 9. 2002, Gedenkstätte Buchenwald. Zu Buchenwald vgl., auch für das Folgende, Bodo Ritscher, Speziallager Nr. 2 Buchenwald, in: Mironenko/Niethammer/von Plato (Hg.), Sowjetische Speziallager, S. 291–317.

13 Anonymer Bericht vom 21. 8. 1948, Abschrift an Hugo Zinßer, HADrB 11142-2001. Zu den Haftumständen in Buchenwald auch Heimerzheim, Karl Ritter von Halt, S. 180–184.

14 Frowein war bereits 1948 aus dem Lager Jamlitz freigekommen. Ebd., S. 184–187; Lüke, Berliner Handels-Gesellschaft, S. 260.

15 Eisert, Waldheimer Prozesse, S. 31.

haus Waldheim bei Chemnitz überstellt wurden. Am 9. Februar 1950 wurde Busch den „Deutschen übergeben“,[16] und auch dieses Mal lässt sich über die Gründe nur spekulieren. Will man nicht von völliger Willkür bei der Auswahl der Waldheimer Delinquenten ausgehen, so könnte Busch höchstens die erwähnte, irrtümliche Einordnung als Vertreter einer „staatlichen Wirtschaftsorganisation“ zum Verhängnis geworden sein. In einer vermutlich 1949 entstandenen Liste, die einer sowjetischen Kommission zur Entscheidung über den weiteren Verbleib der Häftlinge vorgelegt wurde, findet sich ebenfalls kein Hinweis auf die Dresdner Bank, sondern die schon erwähnte Bezeichnung als „Direktor der staatlichen Transport-Kredit-Bank.“[17] Dies stand aber in direktem Widerspruch zum einzigen „Beweisstück“, das seine Waldheimer Akte enthält. Dabei handelte es sich um eine Bescheinigung der Dresdner Bank aus dem März 1945, die Busch seine Reisen in den Wirren der letzten Kriegsmonate erleichtern sollte. Offiziell hatten diese Reisen „in erster Linie der Geld- und Kreditversorgung der Industrie, insbesondere der Rüstungsindustrie“ gedient.[18]

Eines konkreten Beweises hätte es für Buschs Verurteilung aber wohl kaum bedurft. In Waldheim wurden im Frühjahr 1950 von handverlesenen Sonderstrafkammern Urteile wie am Fließband gefällt, deren allgemein hartes Strafmaß zuvor von der Abteilung Sicherheitsfragen des Zentralkomitees der SED vorgegeben worden war. Dies sollte in erster Linie einer Demonstration der unbeugsam „antifaschistischen“ Haltung der DDR dienen, während stillschweigend die Integration ehemaliger Nationalsozialisten vorangetrieben wurde.[19] Die juristische Grundlage dafür bot der SMAD-Befehl 201 vom 16. August 1947, der die Strafverfolgung von NS-Tätern gemäß der Kontrollratsdirektive 38 über die „Verhaftung und Bestrafung von Kriegsverbrechern, Nationalsozialisten und Militaristen“ vom 12. Oktober 1946 weitgehend in deutsche Hände legte.[20] Die Waldheimer Prozesse beruhten lediglich formal auf dem Befehl 201, gingen jedoch hinsichtlich der politischen Einflussnahme und der exzessiven Strafmaße weit über die sonstigen Verfahren auf dieser Grundlage hinaus und berücksichtigten weder entlastendes Beweismaterial noch Zeugenaussagen. Die Anklageschriften basierten grundsätzlich auf jenen Auszügen aus den sowjetischen Verhaftungsprotokollen, die im Falle Buschs nicht einmal den Arbeitgeber des Beschuldigten korrekt

[16] Auszug aus dem Journal des NKWD/MWD-Speziallagers Buchenwald, 20. 3. 1996, Gedenkstätte Buchenwald.

[17] Auszug aus der Entscheidungsliste (russisch), o. D., Gedenkstätte Buchenwald.

[18] Dresdner Bank, Bescheinigung, 15. 3. 1945, BAB, DO 1/318, Bl. 5.

[19] Vgl. Weinke, Waldheimer „Prozesse“; dies., Die Verfolgung von NS-Tätern im geteilten Deutschland. Vergangenheitsbewältigung 1949–1969 oder: Eine deutsch-deutsche Beziehungsgeschichte im Kalten Krieg, Paderborn 2002, S. 69–72; Falco Werkentin, Die Waldheimer „Prozesse“ – ein Experimentierfeld für die künftige Scheinjustiz unter Kontrolle der SED?, in: Haase/Pampel (Hg.), Waldheimer „Prozesse“, S. 6–26. Zur Vorbereitung der Prozesse vgl. Eisert, Waldheimer Prozesse, S. 15–100; Wilfriede Otto, Die Waldheimer Prozesse, in: Mironenko/Niethammer/von Plato (Hg.), Sowjetische Speziallager, Bd. 1, S. 533–553.

[20] Zu Entstehung und Anwendung des Befehls 201 ausführlich Meyer-Seitz, Verfolgung, S. 155–344. Die Kontrollratsdirektive 38 überschnitt sich in der SBZ teilweise mit dem Kontrollratsgesetz Nr. 10, weil sie hier – anders als in den westlichen Besatzungszonen, wo sie nur in der Entnazifizierung von Bedeutung war – als „echtes Strafgesetz“ angewendet wurde; ebd., S. 158. Der Befehl 201 ist abgedruckt bei Vollnhals, Entnazifizierung, S. 206–209.

wiedergaben.[21] Am 13. Mai 1950 wurde gegen Busch ein „Untersuchungsverfahren eingeleitet“,[22] das sich nur als Farce bezeichnen lässt.

Busch bestritt bei seiner Vorführung aus der Haft nicht nur ausdrücklich den unbelegten Vorwurf, „faschistisches Ideengut verbreitet und unterstützt“ zu haben. Er verweigerte auch seine Unterschrift unter eine vorformulierte Aussage, die die erwähnte Reisebescheinigung der Dresdner Bank auf plumpeste Weise zum Schuldbekenntnis umdrehte. Während das Dokument darum ersuchte, Busch bei seiner Tätigkeit im Interesse der Rüstungsindustrie „jede mögliche Unterstützung angedeihen zu lassen“, sollte er jetzt folgendes Geständnis unterzeichnen: „Meine Aufgabe bei der Dresdner Bank besonders während des Krieges war die Geld- und Kreditversorgung der Industrie, insbesondere der Rüstungsindustrie, ihnen galt es besonders, jede Unterstützung angedeihen zu lassen. [...] Dadurch, daß ich der Rüstungsindustrie jede Unterstützung habe angedeihen lassen, habe ich das nationalsozialistische Gewaltregime wesentlich gestützt und gefördert.“[23] Die zwei Tage später vorliegende Anklageschrift nahm auf solche Feinheiten keine Rücksicht. Sie warf Busch vor, gemäß der Kontrollratsdirektive 38 und dem Kontrollratsgesetz Nr. 10 „durch seine Tätigkeit als Bankdirektor der ‚Dresdener [sic!] Bank‘ in Berlin die nationalsozialistische Gewaltherrschaft wesentlich gefördert zu haben“. Der allein auf Grund von Buschs Position gegebene Verdacht sei durch seine „finanzielle Lenkung und Unterstützung“ der Rüstungsindustrie bestätigt, und dies habe Busch auch „im wesentlichen“ zugegeben – eine klare Lüge.[24]

Zehn Tage später wurde Busch in einem Prozess ohne Verteidiger zu zehn Jahren Gefängnis verurteilt, auf die nur die Untersuchungshaft in Waldheim, nicht aber die Zeit in den sowjetischen Lagern angerechnet wurde. Dies geschah in einer laut Protokoll „öffentlichen Sitzung“, deren Öffentlichkeit wie in den Waldheimer Verfahren üblich aus einem Richter, zwei Schöffen, einem Staatsanwalt und einer Urkundsbeamtin bestand. Das Gericht machte sich nicht einmal die Mühe, zur Begründung auf die Rüstungsfinanzierung der Dresdner Bank zurückzugreifen oder gar Buschs konkrete Tätigkeit aufzuklären. Stattdessen stellte eine dilettantische Urteilsbegründung in einer erstaunlichen Tatbestandskonstruktion einfach fest, dass „es sich aus sich selbst heraus versteht, dass das faschistische Regime durch die Arbeit des Angeklagten eine Stärkung und Förderung erhalten hat“.[25]

Das Strafmaß lag im unteren Bereich der Waldheimer Urteile.[26] Einen Revisionsantrag zog Busch kurzfristig zurück; vielleicht war ihm inzwischen bewusst

21 Meyer-Seitz, Verfolgung, S. 232–234; Eisert, Waldheimer Prozesse, S. 67, 77; zum Ablauf der Prozesse ausführlich ebd., S. 101–247.

22 Karteikarte Alfred Busch, BAB, DO 1, Kartei der Waldheimverurteilten.

23 Erklärung „Zur Sache“ mit handschriftlichem Vermerk Buschs, wegen der zitierten Passagen dieses Dokument nicht unterschreiben zu können, 13. 5. 1950, BAB, DO 1/318, Bl. 3R.

24 Anklageschrift der Hauptverwaltung Deutsche Volkspolizei, Hauptabteilung HS, Untersuchungsorgan Waldheim, 15. 5. 1950, BAB, DO 1/318, Bl. 7f.

25 Landgericht Chemnitz in Waldheim, 1. Kleine Strafkammer (201), Urteil vom 25. 5. 1950, ebd., Bl. 12f. Zum pseudo-„öffentlichen“ Ablauf der Verfahren vgl. Eisert, Waldheimer Prozesse, S. 136–138.

26 In 3324 Erstverfahren wurden 295 Urteile unter zehn Jahren, 947 Urteile zwischen 10 und 14 Jahren ausgesprochen. Vgl. den Abschlussbericht des Waldheimer „Untersuchungsorgans“ der Hauptverwaltung Deutsche Volkspolizei vom 14. 7. 1950, abgedruckt bei Eisert, Waldheimer Prozesse, S. 241–247.

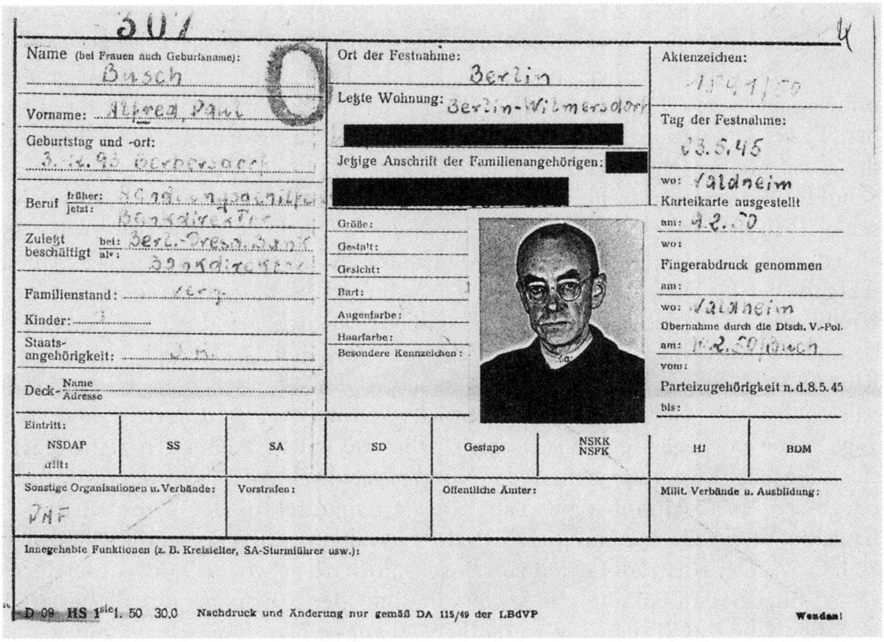
Name (bei Frauen auch Geburtsname): Busch
Vorname: Alfred Paul
Geburtstag und -ort:
Beruf früher: / jetzt:
Zuletzt beschäftigt bei: / als:
Familienstand:
Kinder:
Staatsangehörigkeit:
Deck- Name / Adresse
Ort der Festnahme: Berlin
Letzte Wohnung: Berlin-Wilmersdorf
[redacted]
Jetzige Anschrift der Familienangehörigen: [redacted]
Größe:
Gestalt:
Gesicht:
Bart:
Augenfarbe:
Haarfarbe:
Besondere Kennzeichen:
Aktenzeichen:
Tag der Festnahme: 23.5.45
wo: Waldheim
Karteikarte ausgestellt
am:
wo:
Fingerabdruck genommen
am:
wo:
Übernahme durch die Dtsch. V.-Pol.
am:
vom:
Parteizugehörigkeit n.d.8.5.45
bis:

Eintritt: NSDAP	SS	SA	SD	Gestapo	NSKK NSFK	HJ	BDM

Sonstige Organisationen u. Verbände:	Vorstrafen:	Öffentliche Ämter:	Milit. Verbände u. Ausbildung:
DAF			

Innegehabte Funktionen (z. B. Kreisleiter, SA-Sturmführer usw.):

D 09 HS 1. 50 30.0 Nachdruck und Änderung nur gemäß DA 115/49 der LBdVP Wenden!

Abb. 3: Waldheimer Karteikarte Alfred Buschs.
Quelle: Bundesarchiv Berlin.

geworden, dass solche Anträge in aller Regel eine Erhöhung des Strafmaßes nach sich zogen.[27] Die Staatsanwaltschaft hingegen beharrte mit Argumenten auf einer Strafverschärfung, die vollends den rein politischen Charakter des Prozesses offen legten. Unter Verweis auf die Reisebescheinigung vom März 1945 wurde festgestellt, dass das Strafmaß „gröblichst der Gerechtigkeit“ widerspreche. Diese Bescheinigung wurde jetzt, in einer haarsträubenden und offensichtlich bewussten Umdeutung des Inhalts, als Beleg dafür angeführt, dass Busch „ausschliesslich“ mit der Geld- und Kreditversorgung beschäftigt gewesen sei und noch nach dem 15. März 1945 „voll überzeugt vom Sieg des Faschismus“ mit der Rüstungsindustrie verhandelt habe. Dabei tauchte zum ersten Mal in dem Verfahren eine besonders kritische Beurteilung speziell der Dresdner Bank auf, die zusammen mit der Deutschen Bank die „hauptsächlichsten Geldgeber“ des nationalsozialistischen Aufrüstungsprogramms gestellt habe. Möglicherweise kannte der eifrige Staatsanwalt jenen „Sonderbericht“ der amerikanischen Militärregierung über die beiden Banken vom Juni 1947, auf den weiter unten noch zurückzukommen ist, oder eine

[27] Mündlich hatte Busch den Revisionsantrag bereits am 28. Mai zurückgezogen; Handschriftliche Rücknahme der Revision, 6. 6. 1950, BAB, DO 1/318, Bl. 15. In 154 von 159 zugelassenen Revisionsfällen wurde die Strafe von den Kammern „erheblich erhöht“; Abschlussbericht vom 14. 7. 1950, zitiert nach Eisert, Waldheimer Prozesse, S. 243.

darauf fußende Publikation. Busch galt jetzt, ebenso wie seine Vorstandskollegen, als „einer der geistigen Väter“ der NS-Verbrechen.[28]

In einer fast wortgleichen Übernahme des Revisionsantrags wurde das erste Urteil Ende Juni 1950 aufgehoben. Busch wurde nunmehr zu achtzehn Jahren Zuchthaus verurteilt, obwohl er ausdrücklich auf den rein taktischen Zweck des einzigen „Beweisstücks“ hingewiesen und sogar versucht hatte, seinen Anklägern den tatsächlichen Ablauf der Rüstungsfinanzierung zu erklären.[29] Versuche von Buschs Ehefrau und der Dresdner Bank, über einen bereits 1950 mit der Verteidigung beauftragten Dresdener Rechtsanwalt eine vorzeitige Entlassung zu erreichen, scheiterten ebenso wie ein Gnadengesuch der evangelischen Kirche.[30] Der Ehefrau wurde im November 1951 lediglich mitgeteilt, dass „die Einleitung eines Gnadenverfahrens verfrüht“ sei; für die Ablehnung des Gesuchs hatte das Justizministerium der DDR sich sechzehn Monate Zeit genommen.[31] Busch hegte offenbar Anfang 1952 Hoffnung auf eine vorzeitige Entlassung,[32] verstarb jedoch am 31. März 1952 an den Folgen einer Grippe.[33]

Dass die Waldheimer Prozesse rein politisch motivierte Schnellverfahren ohne ernsthafte Beweisaufnahmen waren, zeigt auch der Prozess gegen Fritz Rudorf, der bis 1945 Vorstandsvorsitzender der Bank der Deutschen Luftfahrt gewesen war und nach seiner Entlassung aus DDR-Haft 1954 in den Vorstand der Rhein-Main Bank, eines der Nachfolgeinstitute der Dresdner Bank, aufgenommen wurde. Rudorf hatte allerdings insofern mehr Glück als Busch, als sein Verfahren in den allerersten Tagen der Waldheimer Prozesse stattfand, als zumindest ein Teil der Richter noch gewisse Skrupel zeigte. Unmittelbar nach seiner ersten Verurteilung am 28. April 1950 nahm der politische Druck auf die Strafkammern zur Beschleunigung der Verfahren und zur Verhängung härterer Strafen massiv zu.[34] Zudem verhielt Rudorf sich taktisch geschickter als Busch, indem er sich schon bei der Haftvorführung „geständig“ zeigte, dem NS-Regime durch die Finanzierung der Luftrüstung „außerordentliche wirtschaftliche Unterstützung“ geleistet zu haben. Während der Verhandlung suchte er zwar seine Position in der Luftfahrtbank zu relativieren, am Ende bat er jedoch nur noch „um milde Beurteilung“. Während die Anklageschrift Rudorf noch als „Hauptverbrecher im Sinne der Kontrollratsdirektive 38“ eingestuft hatte, verurteilte ihn das Gericht nur als „Belasteten“. Auf die verhängte Haftstrafe von sieben Jahren wurde die Internierung

[28] Der Generalstaatsanwalt im Lande Sachsen an das Oberlandesgericht Dresden, Strafsenat nach Befehl 201 Waldheim, 17. 6. 1950, BAB, DO 1/318, Bl. 19. Zum „Sonderbericht“ vgl. Kapitel IV.3.

[29] Handschriftliche Stellungnahme Buschs, 22. 6. 1950, BAB, DO 1/318, Bl. 23; Annahme der Revision, 23. 6. 1950, ebd., Bl. 26; Landgericht Chemnitz in Waldheim, 8. Kleine Strafkammer, Protokoll der Sitzung vom 29. 6. 1950, ebd., Bl. 32.

[30] Vgl. die einschlägige Korrespondenz Juni-August 1951, HADrB 11271-2001; Brandt an Strafanstalt Waldheim, 27. 3. und 6. 5. 1950, BAB, DO 1/318, Bl. 45 f.; Behling an Zentrale Rechtsschutzstelle, 5. 2. 1952, BAK, B 305/11291.

[31] Hauptabteilung Rechtsprechung, Revision, Statistik des Ministeriums der Justiz an Frieda (recte: Friedel) Busch, 22. 11. 1951, Privatarchiv Christel Meier.

[32] Hölling an Goetz, 22. 1. 1952, HADrB 11127-2001.

[33] Totenschein, 1. 4. 1952, BAB, DO 1/318, Bl. 40.

[34] Vgl. Eisert, Waldheimer Prozesse, S. 101–103.

seit 1945 als Untersuchungshaft angerechnet, weil die fehlende politische Betätigung und seine angegriffene Gesundheit als mildernde Umstände galten.[35]

Auch gegen dieses Urteil legte die Staatsanwaltschaft Revision ein und forderte die Verurteilung als „Hauptverbrecher“. Dem entsprachen zwar die Richter der neuerlichen Verhandlung, ohne andere Argumente als im ersten Verfahren anführen zu können. Rudorf verhielt sich jedoch wiederum taktisch richtig und zeigte „aufrichtige Reue“, die ihm zur Senkung der von der Anklage geforderten zwölf Jahre Haft auf zehn Jahre (nun aber nur noch unter Anrechnung der Untersuchungshaft seit seiner Überstellung nach Waldheim) verhalf.[36] Rund vier Jahre dieser Strafe saß Rudorf ab, bevor er nach zweimaligem Straferlass im Juni 1954 auf dem Gnadenwege vorzeitig entlassen wurde und eine zweite Karriere in den westdeutschen Nachfolgeinstituten der Dresdner Bank startete.[37]

2. Verhaftungen und Verhöre: OMGUS ermittelt gegen die Dresdner Bank

Schon in den letzten Kriegsjahren hatte sich die Dresdner Bank der Aufmerksamkeit amerikanischer Regierungsstellen erfreut. In der Besatzungszeit gehörte sie, wie Krupp, Flick und die I.G. Farben, zu den wenigen deutschen Unternehmen, gegen deren Manager tatsächlich „Kriegsverbrecher“-Prozesse geführt wurden. Im Fall der Dresdner Bank beschränkte sich das allerdings auf den ehemaligen Vorstandssprecher Karl Rasche, nachdem längere Zeit ein Prozess gegen eine größere Auswahl der Vorstands- und Aufsichtsratsmitglieder geplant gewesen und auch gegen die übrigen Berliner Großbanken ermittelt worden war. Vom Kriegsende bis zu der amerikanischen Entscheidung, allein Rasche anzuklagen, vergingen mehr als zwei Jahre, in denen sich der Fokus der Vorermittlungen und der Prozessvorbereitungen schrittweise auf die Dresdner Bank und ihren vermeintlich führenden Kopf verengte.

Ebenso wie die übrigen Berliner Großbanken fand sich die Dresdner Bank schon im März 1945 auf einer Liste der USGCC-Finanzabteilung mit „Reconnaissance Objectives“.[38] Die treibenden Kräfte der Ermittlungen gegen die „Big Six“, wie die Berliner Großbanken im amerikanischen Jargon meist zusammengefasst wurden, waren ebenso wie bei der Entnazifizierung der Banken Russell Nixon und Bernard Bernstein. Bis zu seinem Rückzug aus der Besatzungspolitik im Oktober 1945 brachte Bernstein zunächst als Leiter der Finanzabteilung und spä-

[35] Landesbehörde der Volkspolizei Sachsen, Abt. K U-Organ, Vorführung aus der Haft, 19. 4. 1950; Anklageschrift, 25. 4. 1950; Öffentliche Sitzung der 1. Großen Strafkammer des Landgerichts Chemnitz nach Befehl 201, 28. 4. 1950; Endfassung des Urteils, 2. 5. 50, alles in: Gefangenenakte Fritz Rudorf, BAB, DO 1/2343, Bl. 3–9.

[36] Revisionsankündigung der Staatsanwaltschaft beim Landgericht, 29. 4. 1950; Der Generalstaatsanwalt im Lande Sachsen an das Oberlandesgericht Dresden, Strafsenat nach Befehl 201 Waldheim, Revisionsbegründung, 17. 5. 1950; Öffentliche Sitzung der Großen Strafkammer des Landgerichts Chemnitz nach Befehl 201 und Urteil, 8. 6. 1950, ebd., Bl. 10f., 23f.

[37] Rudorfs Ehefrau an den Präsidenten der Deutschen Demokratischen Republik, 12. 12. 1953; Beschluss zur sofortigen Entlassung wegen guter Führung, 16. 6. 1954, ebd., Bl. 31, 33.

[38] Anlage zum Schreiben Morton P. Fisher, FINAD, an Bernstein, 15. 3. 1945, BAK, Z45F 2/73/5.

ter der DICEA eine umfassende Suchaktion nach belastenden Unternehmensakten in Gang. Die Aufgabe der neuen USGCC-Abteilung lag zwar primär in der Materialsammlung zur Verhinderung zukünftiger ökonomischer Machtkonzentrationen, aber gleichzeitig verfestigte sich aus ihren Aktenfunden der Eindruck, die deutschen Großbanken seien als Teilhaber des nationalsozialistischen Expansionsprogramms in Kriegsverbrechen verwickelt gewesen.[39] Im August 1945 skizzierte Nixon die Ziele einer gemeinsam mit Bernstein geplanten Studie über die Reichsbank und die Berliner Großbanken, die in den folgenden zwei bis drei Monaten fertig gestellt und ebenfalls dieser doppelten Ermittlungsperspektive gerecht werden sollte. Die Rolle der Banken und ihres Führungspersonal sollte nämlich von der Zerstörung der Weimarer Republik bis zur Ausbeutung der besetzten Gebiete untersucht werden, um sowohl die materielle Ausgangsbasis für eine spätere Strafverfolgung als auch eine Entscheidungsgrundlage für die umgehende Umgestaltung des deutschen Bankwesens einschließlich der Kaltstellung führender Bankmanager zu schaffen. Die wesentliche Quellenbasis sollten sorgfältig miteinander abgeglichene Verhöre bilden, während Nixon Dokumenten aus der NS-Zeit nur eine ergänzende Funktion zumaß.[40]

Die vorne schon erwähnte Einschätzung des amerikanischen Kriegsministeriums, dass es sich bei allen einigermaßen exponierten deutschen Bankiers um potenzielle Kriegsverbrecher handle, zeigt allerdings, dass Bernstein und seine Untersuchungsteams zumindest anfänglich nicht allein standen. Die gleiche sicherheitspolitische Motivation wie im Falle des War Department dürfte den Aktivitäten des Militärgeheimdienstes zu Grunde gelegen haben. Die Military Intelligence Division von SHAEF verbreitete nämlich bereits im Juni 1945 eine Liste mit zu verhaftenden deutschen Topmanagern, die auch etliche Führungskräfte der sechs Großbanken aufzählte. Anders als die während des Krieges nach formalen Kriterien zusammengestellten Listen enthielt dieses Verzeichnis auch nachgeordnete leitende Mitarbeiter, die offenbar während der ersten Befragungen bekannt geworden waren. Aus der Dresdner Bank waren nicht nur die Vorstandsmitglieder aufgeführt, sondern auch der Leiter der Berliner Depositenkassen Werner von Richter sowie die Filialleiter Walter Blancke (Breslau), Robert Stuck (Bremen), Georg Kanz (Dresden), Friedrich Haß (Düsseldorf/Essen) und Bernhard Steinrücke (Köln). Die Liste umfasste sogar den relativ unbekannten Heinz Ansmann, der in der Konsortialabteilung die Engagements der Dresdner Bank im Sudetenland und bei den Reichswerken „Hermann Göring" betreut sowie diverse Aufsichtsratsmandate in der sudetenländischen Schwerindustrie inne gehabt hatte.[41] Die Einsicht, dass eine wesentliche Partizipation am NS-Regime sich nicht allein an einer formalen Mitgliedschaft oder auch aktiven Betätigung in der NSDAP oder SS festmachen ließ, kam ganz auf der Linie des Civil Affairs Guide des War Department vom Juli 1944[42] in der Feststellung zum Ausdruck, dass viele der Ge-

[39] Vgl. Roth, Einleitung, S. LXXXI–LXXXVI; Horstmann, Die Alliierten, S. 57, 63–65; Scholtyseck, USA, S. 34–37.

[40] Nixon an Bernstein, 16. 8. 1945, BAK, Z45F 2/169/7; vgl. auch Roth, Einleitung, S. LXXXIV.

[41] Sheen (Office of Assistant Chief of Staff G-2) an Assistant Chiefs of Staff der Army Groups, 27. 6. 1945: List of German Industrialists and Financiers, o.D., BAK, Z45F 2/132/2. Die Liste wurde in 250 Exemplaren verteilt, war also auf eine weite Verbreitung angelegt.

[42] Vgl. Kapitel II, Fn. 63.

suchten zwar weder herausragende Positionen in der NSDAP eingenommen noch offen deren Politik unterstützt haben mochten. Dennoch repräsentierten sie eine „höchst gefährliche Gruppe von Deutschen", die, falls man sie in Freiheit lasse, grundsätzlich die Durchsetzung der alliierten Kriegs- und Neuordnungsziele gefährde.[43]

Aufgrund dieser Liste wurde am 6. September 1945 ausgerechnet der 1944 auf politischen Druck hin entlassene Hans Pilder in Berlin vom amerikanischen Militärgeheimdienst verhaftet – am gleichen Tag, an dem Hans Schippel sein Entlastungszertifikat erhielt.[44] Dass die fortgesetzte Internierung Pilders noch im November 1945 damit begründet wurde, dieser sei nicht nur ein potenzieller Kriegsverbrecher, sondern könne auch ein Sicherheitsrisiko darstellen,[45] zeigt, wie sehr zu dieser Zeit sicherheitspolitische und juristisch-moralische Motive noch miteinander vermengt waren. Diese Verknüpfung historischer und politischer Argumente blieb auch weiterhin charakteristisch für die amerikanische Finanzabteilung. Im September wurde die Suche nach Dokumenten der Dresdner und der Deutschen Bank zu „Plünderungen" in den besetzten Gebieten eingeleitet; der erste große Fund waren Akten Karl Rasches.[46] Eine systematische Verhaftungskampagne begann jedoch erst, als die DICEA im Oktober 1945 über eine ausreichende Aktengrundlage zu verfügen meinte, um den Berliner Großbanken in weiteren Untersuchungen eine wesentliche finanzielle Unterstützung der nationalsozialistischen Rüstungs- und Kriegswirtschaft und die aktive Mitwirkung an Kriegsverbrechen nachweisen zu können. Der letztere Vorwurf bezog sich auf die „Plünderung" öffentlichen und privaten Eigentums im Reich und den besetzten Gebieten, die „Arisierung" jüdischen Eigentums sowie auf Zwangsarbeit in Industrieunternehmen, die vermeintlich von den Kreditinstituten kontrolliert worden waren. Ende Oktober teilte Nixon daher Clay mit, man werde das verantwortliche Personal der sechs Großbanken „sowohl aus Sicherheitsgründen wie zu Vernehmungen" in Gewahrsam nehmen und bei den weiteren Untersuchungen eng mit der Finanzabteilung zusammenarbeiten.[47]

Unabhängig von ihrer tatsächlichen Bedeutung für die Geschäftspolitik der Dresdner Bank fielen unter das „verantwortliche" Personal nicht nur die Mitglieder des Vorstands, sondern auch diejenigen des Aufsichtsrats. Nixons ausführliche, einzelne Aktenfunde zitierende Begründung dieses Verhaftungsprogramms sollte die weiteren Ermittlungen und schließlich, allerdings zum Teil mit anderer Schwerpunktsetzung, den Prozess gegen Karl Rasche prägen. Der achtseitige Text ließ zunächst vermuten, dass damit noch nicht unbedingt eine Vorverurteilung verbunden war. Nixon sprach im Anschreiben an Clay von „sehr vorläufigen Er-

43 Sheen an Assistant Chiefs of Staff der Army Groups, 20. 6. 1945, BAK, Z45F 2/132/2; vgl. auch Roth, Einleitung, S. LXXX.

44 Frederick Sternberg, G-2 Division Berlin District Interrogation Center, Preliminary Interrogation Report, 19. 10. 1945, BAK, Z45F 2/152/13.

45 G. Bryan Conrad, Director of Intelligence, an Donald Heath, Office of Director of Political Affairs, 29. 11. 1945, NA, RG 84, Office of the U.S. Political Adviser to Germany, General Classified Records, Box 40, Folder 16.

46 Collins an Klepper, 21. 9. 1945, BAK, Z45F 2/169/3.

47 Memorandum für Bernstein (Entwurf), 10. 10. 1945, NA, RG 260 FINAD 2/179/4; Nixon an Clay, 26. 10. 1945, BAK, Z45F 1945–46/8/5. Vgl. Roth, Einleitung, S. LXXXVIII–XC; Scholtyseck, USA, S. 37–43.

gebnissen", überdies schloss er weitere Ermittlungen gegen Privat- und Regionalbanken nicht aus. In seinen weiteren Ausführungen bot jedoch die schiere Größe der „Big Six" den Anlass zu einem Vorverdacht, der schon verschwörungstheoretische Züge trug: Die Berliner Großbanken hätten, so Nixon, „mit dem Reich konspiriert, um die Welt zu beherrschen".

Seine Darstellung wies in zentralen Punkten bereits auf den 1946 vorgelegten Ermittlungsbericht gegen die Dresdner Bank voraus. Neben der Größe und Funktionsbreite der Großbanken resultierte das Misstrauen daraus, dass sie angeblich über zweihundert industrielle Großunternehmen durch die Präsenz in den Aufsichtsräten „kontrolliert" hatten. Das „Aufsaugen" von Einlagen durch das Filialnetz und deren Anlage in Reichstiteln wurden hier als bewusster Akt der Kriegsfinanzierung präsentiert. Hinzu kamen – dargestellt am Beispiel eines Briefes von Emil Meyer an die Bank der Deutschen Luftfahrt – ein „aggressives" Bemühen um die Beteiligung an Rüstungskrediten, die Besetzung von Vorständen und Aufsichtsräten mit Parteimitgliedern sowie Spenden an Partei und SS. Ebenfalls auf einen zentralen Punkt des Rasche-Prozesses verwies der Abschnitt über den Erwerb von Banken und Industriebeteiligungen in den seit 1938 vom Deutschen Reich besetzten oder annektierten Gebieten. In der Konsequenz hielt Nixon die Großbanken nicht allein für Profiteure der NS-Wirtschaft, sondern warf ihnen die eigenständige Partizipation an der Vorbereitung und Durchführung eines Angriffskriegs vor. Als Konsequenz forderte Nixon jedoch nicht nur die Strafverfolgung der Verantwortlichen. Die Einschätzung der „Big Six" als politisch-militärische Sicherheitsrisiken war vielmehr sehr ernst gemeint. Unter Berufung auf das Potsdamer Abkommen drang er auf eine konsequente Dezentralisierung der Großbanken auf ein für die Friedenswirtschaft ausreichendes Niveau, weil diese ansonsten ein „fortbestehendes finanziell-wirtschaftliches Kriegspotenzial" darstellen würden.[48]

Eine besonders kritische Einschätzung der Dresdner Bank war, sieht man von dem wohl eher zufällig als Beleg gewählten Brief Emil Meyers ab, in diesem Dokument noch nicht zu finden. Sie ist auch den folgenden Verhaftungen nur bedingt zu entnehmen, die Anfang November formell mit einer Anordnung des amerikanischen Militärgeheimdienstes zur Festnahme sämtlicher Vorstands- und Aufsichtsratsmitglieder der sechs Großbanken zur Verfügung der DICEA eröffnet wurden.[49] Eine gewisse Konzentration auf die Dresdner Bank zeigte sich dabei in der Anzahl der Festgenommenen, die jedoch auch ganz einfach von der Verteilung der Bankrepräsentanten auf die verschiedenen Besatzungszonen herrühren könnte. Anfang Dezember 1945 waren bereits sechzehn Personen aus der Dresdner Bank in Haft, aus der Deutschen Bank hingegen nur neun.[50]

Das nächste Vorstandsmitglied, das nach Pilder in amerikanischen Gewahrsam genommen wurde, war Karl Rasche, der sich nach einem Verhör in Paris offenbar unter Aufsicht der Militärregierung in der französischen Besatzungszone für die

48 Nixon an Clay, 29. 10. 1945, BAK, Z45F 1945–46/8/5; Entwurf vom 26. 10. 1945, ebd., 2/179/6.

49 Rundschreiben des Office of the Assistant Chief of Staff, USFET G-2, an die Commanding Officers der Counter Intelligence Corps Teams, 8. 11. 1945, BAK, Z45F 2/183/3.

50 Klepper an Clay, 3. 12. 1945, BAK, Z45F PropDiv 3/86–3/8. Hinzu kamen vier Vertreter der Commerzbank, sieben der Reichs-Kredit-Gesellschaft und drei der Bank der Deutschen Arbeit.

Intensivierung grenzüberschreitender Wirtschaftsbeziehungen engagierte. Rasches Freiraum dürfte dabei aber recht begrenzt gewesen sein, wurde er doch nach eigener Aussage schließlich von den Franzosen in Maikammer/Pfalz „zur Verfügung der amerikanischen Militärregierung gehalten".[51] Im November 1945 angeblich nur zu Auskunftszwecken von den Amerikanern nach Frankfurt geholt, wurde Rasche stattdessen ins Darmstädter Gefängnis eingeliefert.[52] Nach Zwischenstationen in den Zuchthäusern Frankfurt-Preungesheim und Frankfurt-Höchst folgte seit April 1946 eine längere Internierung im Darmstädter Lager 91, bevor er Ende Dezember 1946 ins Ludwigsburgburger Lager 74, im März 1947 nach Dachau und im April schließlich nach Nürnberg verlegt wurde.[53]

Auch für den Aufsichtsratsvorsitzenden Carl Goetz verlief der Weg nach Nürnberg, trotz der systematischen Verhaftungskampagne, in mehreren Etappen. Goetz, der bereits im September 1945 mehrfach befragt worden war,[54] musste zwar seit November regelmäßig zu Verhören in Frankfurt erscheinen, konnte zwischenzeitig aber stets für einige Tage zu seiner Familie reisen. Erst im April 1946 wurde er verhaftet und ins Darmstädter Zivilinternierungslager 91, im Oktober in ein Fürther Lazarett verbracht und schließlich, offenbar zunächst als Zeuge, von der Nürnberger Anklagebehörde angefordert.[55] Der Aufsichtsratsvorsitzende, der im September 1945 noch zum kommissarischen Leiter der Reichsbank in Bayern hatte ernannt werden sollen[56] und dem der Wolfratshausener Besatzungskommandeur ein warmherziges Dankschreiben für seine Unterstützung bei der Versorgung von Displaced Persons mit auf den Weg gegeben hatte,[57] versuchte ebenso wenig wie Hugo Zinßer, sich der Verhaftung durch Flucht zu

[51] Lebenslauf Karl Rasche, BAB, 99 US 7/765, Bl. 52. Es sind bislang keinerlei Quellen bekannt geworden, die die Vermutung Roths (Einleitung, S. XC) stützen könnten, Rasche habe sich in der französischen Zone „wohl eine Stellung erobert, wie sie Abs bei der britischen Militärregierung in Hamburg einnahm". Dagegen spricht auch Rasches eigene Darstellung, dass man deutsch-französische Wirtschaftsprojekte mit ihm „erörterte". Hätte er sie, wie Roth formuliert, tatsächlich „in Gang gebracht", dann hätte er sich genauere Darstellungen dieser völkerverbindenden Aktivitäten in seinen weitschweifigen Lebensläufen sicher nicht nehmen lassen. Vgl. den Entwurf von Rasches Lebenslauf für seinen Nürnberger Prozess, o.D., HADrB 14376-2000, S. 106f.; und die Endversion, BAB, 99 US 7/765, Bl. 52f.; sowie Ahrens, Exempelkandidat, S. 646. Im Archiv der französischen Militärregierung finden sich keine personenbezogenen Dokumente zu Rasche; Auskunft des Bureau des Archives de l'occupation française en Allemagne et en Autriche, Colmar, an den Verfasser vom 29. 7. 2002.

[52] Lebenslauf Karl Rasche, BAB, 99 US 7/765, Bl. 52. Roth, Einleitung, S. XC, stilisiert den Übergang Rasches in amerikanische Hände zu einer sorgfältig eingefädelten Täuschung der französischen Besatzungsinstanzen hoch; diese Version übernimmt auch (ohne Quellenangabe) Scholtyseck, USA, S. 37. Diese Dramatisierung ist schon deshalb höchst zweifelhaft, weil die DICEA die Franzosen ganz offiziell um eine Überstellung Rasches bat; Klepper an Robert Wirth, „Chief Financial Investigations" des französischen Finanzministeriums, 20. 10. 1945, BAK, Z45F 2/169/7. Zudem sollte Rasche von einem französischen Verbindungsoffizier beim amerikanischen Hauptquartier ins Darmstädter Gefängnis gebracht werden; Richard Filacanevo, OMGUS DICEA, an Director, Darmstadt Prison, 21. 11. 1945, mit Einlieferungsbescheinigung des Darmstädter Gerichtsgefängnisses vom 25. 11. 1945, ebd.

[53] Headquarters War Crimes Enclosure CI Screening Staff, Status Report, 18. 4. 1947, NA, RG 238, Entry 200, Box 24; Lebenslauf Karl Rasche, BAB, 99 US 7/765, Bl. 52f.

[54] John J. Shea, OMGUS Financial Branch, an Richard Sasuly, Financial Intelligence and Liaison Division, 5. 10. 1945, BAK, Z45F 2/234/10.

[55] Goetz' Ehefrau an Hermann Dietrich, 6. 1. 1947, BAK, NL 4/573, Bl. 110.

[56] Horstmann, Die Alliierten, S. 60, Fn. 49; Shea an Sasuly, 5. 10. 1945, BAK, Z45F 2/234/10.

[57] C.F. Bischoff, Commanding Captain des MG Wolfratshausen, an Goetz, 26. 10. 1945, NA, RG 238, Entry 200, Box 10.

entziehen. Zinßer, offiziell am 30. Oktober 1945 in Wiesbaden verhaftet, stand zunächst in einem Krankenhaus in Bad Nauheim unter Hausarrest, bevor er im Februar 1947 nach Nürnberg verbracht wurde.[58] Hans Schippel, der nach seiner ersten Freilassung von Berlin nach Bayern umgezogen war, befand sich seit Mitte November 1945 erneut in amerikanischem Gewahrsam.[59]

Neben Goetz, Pilder, Rasche, Schippel und Zinßer wurden außerdem neun Mitglieder des Aufsichtsrats interniert. Aus dem Vorstand fehlten 1946, neben dem toten Emil Meyer und dem in der SBZ internierten Alfred Busch, die in der britischen Zone ansässigen Mitglieder Alfred Hölling, Gustav Overbeck und Carl Lüer.[60] Die britische Haltung zu den Bemühungen der amerikanischen Finanzabteilung blieb eher desinteressiert. Hölling, den die OMGUS-Finanzabteilung wegen seiner Beteiligung an der „Arisierung" der Engelhardt-Brauerei selbst in britischen Augen für disqualifiziert hielt, wurde trotz amerikanischer Bitte um Kooperation in seiner Position als Leiter der zentralen Geschäftsleitung für die Westzonen in Hamburg belassen.[61] Ähnlich wie im Fall von Hermann Josef Abs legte die britische Militärregierung offenbar großen Wert darauf, den Kontakt zu einem frühzeitig als kompetent bekannt gewordenen Repräsentanten der Großbanken zu halten, der bereits im Sommer 1945 Mitglied eines vierköpfigen „German Bankers Advisory Board" gewesen war.[62]

Hölling blieb allerdings der einzige Vertreter des alten Vorstands, der während der gesamten Besatzungszeit agieren konnte. Die Wiedereinsetzung Gustav Overbecks, der im Oktober 1945 aus Berlin nach Hamburg gekommen war, wurde vom zuständigen britischen Offizier im Juli 1946 ausdrücklich unterstützt, weil jener kein NSDAP-Mitglied gewesen war.[63] Dass Overbeck zu dieser Zeit auf der Fahndungsliste der Amerikaner stand, dürfte den Briten kaum unbekannt gewesen sein. Trotzdem wurde er im Juni 1947 entsuspendiert, im Juli dann aber in

58 Fragebogen Hugo Zinßer, o. D. (1947), NA, RG 238, Entry 200, Box 36.

59 Vgl. Norman H. Gakemeier (Special Agent des CIC in Berlin), Memorandum for the Officer in Charge, 30. 10. 1945; Status of Aufsichtsrat and Vorstand Dresdner Bank, 17. 11. 1945, beides in: BAK, Z 45F 2/176/5.

60 Die internierten Aufsichtsratsmitglieder waren Wilhelm Avieny, Karl Lindemann, Hans Walz, Friedrich Flick, Heinrich Koppenberg, Wilhelm Kisskalt, Wilhelm Marotzke, Hans Ullrich und Walther Schieber; Klepper an Intelligence des Office of Military Government for Greater Hesse, 11. 6. 1946, BAK, Z45F 2/183/7. In Frankfurt standen außerdem Walter Teichmann, der Leiter des Vorstandssekretariats für die Affiliationen, und der Bremer Filialleiter Robert Stuck vorübergehend unter Hausarrest; John B. Higby, Financial Investigations Section, an Klepper, 19. 2. 1946, BAK, Z45F 2/176/5. Vgl. ebd. auch die verschiedenen Listen mit Aufenthaltsorten zwischen Oktober 1945 und Oktober 1946; dagegen die falsche Darstellung von Roth, Einleitung, S. XC, wonach bereits im Dezember 1945 „der gesamte Führungskreis" der Bank mit Ausnahme von Hölling verhaftet gewesen sein soll.

61 Klepper an Chief der Financial Intelligence & Liaison Branch, 16. 4. 1946, BAK, Z45F 2/183/3.

62 Dem informellen Advisory Board, das vor allem mit der Reorganisation der Reichsbank in der britischen Zone befasst war, gehörten neben Abs und Hölling die früheren Reichsbankdirektoren Ernst Hülse und Wilhelm Vocke an. Das Gremium wurde im September 1945 aufgelöst, nachdem Abs ein Verfahren als Kriegsverbrecher drohte sowie Hülse und Vocke als Zeugen in den Verfahren gegen Walther Funk und Hjalmar Schacht in Betracht gezogen wurden. Vgl. Horstmann, Die Alliierten, S. 70–72; zum britischen Umgang mit Abs vgl. Holtfrerich, Deutsche Bank, S. 423–429; Gall, Bankier, S. 123–128; Bower, Blind Eye, S. 1–15, 384.

63 Fragebogen Action Sheet, Empfehlung vom Juli 1946; die endgültige Zustimmung der Hamburger Banking Branch erfolgte erst am 6. 2. 1947. Entnazifizierungsakte Gustav Overbeck, StA Hamburg, 221-11 F 15281.

Nürnberg in „Zeugenhaft" genommen; die genaueren Umstände seiner Verhaftung sind nicht bekannt.[64] Carl Lüer, der sich zunächst auf einem Bauernhof in Holstein versteckt hatte, war von Juli 1945 bis Juli 1946 in britischen Internierungslagern und einem „Internierten-Hospital" in Rotenburg bei Hannover festgehalten worden. Er wurde nach eigenen Angaben – ebenfalls nachdem das amerikanische Verhaftungsprogramm längst angelaufen war – ohne weitere Auflagen entlassen. Nach einem weiteren Jahr im Krankenhaus hatte Lüer sich als Geschäftsführer einer Hannoveraner Fabrik für Wasserstaubanlagen etabliert, wurde jedoch Ende Oktober 1947 von den Briten verhaftet und in Nürnberg eingeliefert.[65] Zu den internierten Vorstands- und Aufsichtsratsmitgliedern kamen im März 1947 noch der Bankjurist Joachim Entzian und Hans Rinn, der Leiter der Börsenabteilung, hinzu.[66]

Von den Haftbedingungen Alfred Buschs, hier lag ein erster gravierender Unterschied zum Umgang mit mutmaßlichen Kriegsverbrechern in der SBZ, war der amerikanische Gewahrsam weit entfernt. Anfang Januar 1946 hieß es in einer Notiz der Deutschen Bank ausdrücklich, die internierten Manager würden sämtlich „korrekt" behandelt und durch lokale Bankfilialen auch mit zusätzlichen Lebensmitteln versorgt.[67] Goetz und Zinßer verbrachten einen erheblichen Teil ihrer Internierung im Krankenhaus (nicht in einer Krankenbaracke), Hans Schippel betätigte sich an der Ludwigsburger „Lager-Universität" als Lehrer für Volkswirtschaftslehre und erhielt dort sogar ein Zertifikat als Englisch-Übersetzer,[68] Rasche und Rinn bekamen in dringenden Familienangelegenheiten Urlaub auf Ehrenwort.[69]

Nach zivilen Maßstäben war die dauerhafte Festsetzung ohne eine Bekanntgabe konkreter Anklagepunkte fragwürdig, doch zivile Verhältnisse waren in den Augen der amerikanischen Besatzungspolitiker auch längst noch nicht erreicht. Nachdem Mitte Dezember 1945 eine Reihe von Befragungen abgeschlossen war, beharrte Nixon nicht zuletzt mit dem Argument auf fortgesetzten Internierungen, dass die wiedergewonnene Handlungsfreiheit einiger führender Bankiers das

[64] Aufstellung der Kategorisierungen des Hamburger Vorstands, 27. 9. 1947, HADrB 1288-2002P. Der Hinweis auf die Entsuspendierung findet sich in Overbecks erster überlieferter Vernehmung in Nürnberg, 5. 8. 1947, BAK, All. Proz. 2F, FC 6111P (Roll 51).

[65] Klepper an Collins, 8. 11. 1945, BAK, Z45F 2/176/5; Memorandum von Benjamin B. Ferencz, 20. 4. 1948, Staatsarchiv Nürnberg, Rep. 502, KV Anklage Organisation G 141; Fragebogen Carl Lüer mit Nachtrag, o. D.; Paul Tegtmeier an das Internationale Militärgericht, 3. 11. 1947; Lüer an den Chefarzt des Nürnberger Militärgefängnisses, 1. 12. 1947; alles in: NA, RG 238, Entry 200, Box 19.

[66] Rinn an Hölling, 28. 2. 1947, HADrB 11239-2001.

[67] Betr.: Bank-Untersuchungen in Frankfurt/Main, 31. 1. 1946, HADB, RWB 4.

[68] Zertifikat des Third Army Internment Camp 74, Ludwigsburg, 1. 2. 1947, StA München, Bestand SpKA Karton 3155, Bl. 74f.

[69] Zur Organisation der amerikanischen Lager und den dortigen Lebensbedingungen vgl. Christa Schick, Die Internierungslager, in: Martin Broszat/Klaus-Dietmar Henke/Hans Woller (Hg.), Von Stalingrad zur Währungsreform. Zur Sozialgeschichte des Umbruchs in Deutschland, München 1988, S. 301–325; sowie die wohl nicht nur wegen ihres völkerrechtsdogmatischen Ausgangspunkts tendenziös-kritische Darstellung von Burkhard Schöbener, Die amerikanische Besatzungspolitik und das Völkerrecht, Frankfurt a. M. 1991, S. 434–462, der die amerikanische Besatzungspolitik bis 1947 allgemein als einen „mit anderen Mitteln weitergeführte[n] Krieg gegen Deutschland" bezeichnet (ebd., S. 551).

amerikanische Dezentralisierungsprogramm gefährden würde.[70] Dieses grundlegende Argument des aktuellen Politikbezugs reichte bis in die Organisation der Ermittlungen hinein. Das DICEA-Team, das die Untersuchung gegen die Dresdner Bank durchführte, war gleichzeitig für die Ermittlungen gegen die zweifellos weitaus enger mit dem NS-Regime verquickte Bank der Deutschen Arbeit verantwortlich. Diese Untersuchungen wurden jedoch zurückgestellt, weil die Arbeitsfront-Bank ohnehin von den Alliierten geschlossen worden war, mithin von ihr keine Bedrohung der amerikanischen Bankenpolitik zu befürchten stand.[71] Die vorläufige Auswertung der sichergestellten Akten Karl Rasches hingegen leitete die Teamleiterin Helga Wolski mit der Warnung ein, die Existenz der Dresdner Bank schaffe „ein fortbestehendes vitales Element des deutschen Kriegspotenzials."[72]

Für Wolski stand bereits am 1. Dezember 1945 fest, dass die Dresdner Bank eine „Konzentration wirtschaftlicher Macht" und einen „integralen Teil der deutschen Kriegswirtschaft" darstellte. Die Reihenfolge dieser Charakteristik war kein Zufall: Wolski widmete den Großteil ihres Zwischenberichts dem Wachstum der Bank bis 1945, ihrer Präsenz in den Aufsichtsräten großer Industrieunternehmen und dem ausgeübten Depotstimmrecht. Erst auf dieser Grundlage führte sie die Beteiligung an der Vorbereitung und Durchführung des Zweiten Weltkriegs aus, die indes auch nach ihrer eigenen Darstellung noch erheblicher weiterer Beweissammlungen bedurfte – die These, die Bank habe „mit Voraussicht die Vorbereitung des Nazi-Staates auf den Angriffskrieg unterstützt", beruhte unter anderem darauf, dass in mehreren Geschäftsberichten die Implementation des Vierjahresplans angesprochen wurde. Die angeblich „enormen Profite" aus der finanziellen Durchdringung der besetzten Gebiete harrten, obwohl mittlerweile einiges Material zur Vorgehensweise bei „Arisierungen" und der Akquisition von Industriebeteiligungen vorlag, ebenfalls noch genauerer Belege.[73]

Bis dahin hatten die Untersuchungsteams bereits unter Hochdruck gearbeitet. Nachdem eine systematische Suche nach Akten der Dresdner Bank erst Mitte September begonnen hatte, hatte Wolski schon Ende Oktober die erste Auswertung von Rasches Akten beendet.[74] Diese galten ihr als „besonders ergiebig",[75] obwohl sie nur die Jahre 1942–1944, also die Zeit nach der massiven Umstrukturierung der sudetenländischen und tschechischen Banken- und Industrielandschaft umfassten. Wolski konnte auch für diesen Zeitraum, der immerhin die Auseinandersetzung mit dem „Bormann-Ausschuss" um die Verkleinerung und weitere Nazifizierung der Großbanken umfasste, keinerlei ernsthafte Differenzen zwischen Großbanken und NS-Regime, sondern nur „herzliche Zusammenarbeit" erkennen. Diese Vermutungen beruhten teils noch auf einer sehr dürftigen

[70] Nixon an Telford Taylor, 14. 12. 1945, BAK Z45F 2/169/7.
[71] Wolski an Klepper, Progress Report on Dresdner Bank, 1. 12. 1945, BAK, Z45F 2/180/4.
[72] Wolski an Klepper, Files of Karl Rasche, 1. 12. 1945, ebd.
[73] Wolski an Klepper, Progress Report on Dresdner Bank, 1. 12. 1945, ebd.
[74] Henry H. Collins, DICEA, an Klepper, 29. 10. 1945, NA, RG 260 FINAD, Box 180, Folder 5; zur Suchaktion nach den Akten vgl. Roth, Einleitung, S. LXXXV–LXXXVIII.
[75] Wolski an Klepper, Progress Report on Dresdner Bank, 1. 12. 1945, BAK, Z45F 2/180/4.

Grundlage; so hielt Wolski bereits die Tatsache, dass viele bekannte Rüstungskonzerne in Rasches Akten „erwähnt" wurden, für eine beweiskräftige Feststellung.[76]

Die Aktenfunde bildeten allerdings, wie von Nixon vorgesehen, nur den Ausgangspunkt für die Verhöre und schriftlichen Ausarbeitungen inhaftierter Bankmanager.[77] Ernst genommen wurden dabei auch die Ausführungen Kurt von Schröders, eines der exponiertesten nationalsozialistischen Bankiers, der zunächst als einer der wenigen Kandidaten für einen Kriegsverbrecherprozess gegen Mitglieder der Bankenelite gehandelt wurde. Ganz im Sinne der frühen Materialsammlungen des Morgenthau-Ministeriums und entgegen den Tatsachen versicherte der Privatbankenfunktionär, dass es insbesondere während des Krieges kaum einen Teil der deutschen Industrie gegeben habe, den die Großbanken nicht „unter ihrer Kontrolle" gehabt hätten. Das Verhältnis der Banken zur NSDAP spielte von Schröder gar zu „beinahe einer zweiten Regierung" hoch. Zu den Großbankenmanagern, die angeblich regelmäßig von Regierung und Partei konsultiert worden waren und deren Positionen sehr häufig als „letztes Wort" gegolten hätten, zählte von Schröder aus der Dresdner Bank Goetz, Meyer und Rasche. Den Fragen der Ermittler ist deutlich anzumerken, dass sie sich durch diesen Unfug, mit dem sich einer der wenigen frühen Unterstützer der Nationalsozialisten im deutschen Bankwesen offensichtlich selbst zu entlasten suchte, rundum bestätigt fühlten.[78]

Dazu dürfte auch eine Darstellung des ehemaligen Reichsbankdirektors Otto Schniewind über das Finanzwesen im NS-Regime beigetragen haben, die die Großbanken insgesamt als wesentlichen Stützpfeiler der NS-Rüstungswirtschaft schilderte. Die Dresdner Bank jedoch, „allgemein bekannt als Nazi-Bank", habe dabei die führende Rolle eingenommen. Schniewind erwähnte auch allein die Dresdner Bank als Konsortialführerin diverser Rüstungsprojekte und als Hausbank der Göring-Werke, die ungewöhnlich hohe Risiken übernommen habe. Ihre „ungewöhnlich engen Verbindungen zur Partei" hätten ihr auch die Möglichkeit eröffnet, deutlich mehr als andere Banken von der Expansion in die besetzten Gebiete zu profitieren. Dass Schniewind Rasche wie Meyer fälschlich einen „ziemlich hohen" Einfluss in der NSDAP zuschrieb, dürfte die besonders kritische Einschätzung Rasches durch die Amerikaner deutlich bestärkt haben.[79]

[76] Wolski an Klepper, Files of Karl Rasche, 1. 12. 1945, S. 2 und 5, ebd. Zur Auseinandersetzung zwischen NSDAP und Großbanken 1942/43 vgl. Bähr, Dresdner Bank, S. 108 f.; ders., „Bankenrationalisierung" und Großbankenfrage. Der Konflikt um die Ordnung des deutschen Kreditgewerbes während des Zweiten Weltkrieges, in: Harald Wixforth (Hg.), Finanzinstitutionen in Mitteleuropa während des Nationalsozialismus, Stuttgart 2001, S. 71–94; Kopper, Marktwirtschaft, S. 349–353.

[77] Vgl. etwa das Outline for Preliminary Interrogation of Big Six Bank Officials, 5. 11. 1945, NA, RG 260 FINAD, Box 180, Folder 6 (und weitere Konzeptpapiere, ebd. und Folder 7).

[78] Interrogation of Kurt Freiherr von Schroeder on Saturday, 24 December 1945, Zitate S. 4, 6, BAK, Z45F 2/49/2. Zu von Schröders Rolle im Vorfeld der nationalsozialistischen Machtübernahme und zu seiner NS-Karriere vgl. Harold James, Verbandspolitik im Nationalsozialismus. Von der Interessenvertretung zur Wirtschaftsgruppe: Der Centralverband des deutschen Bank- und Bankiersgewerbes 1932-1945, München/Zürich 2001, insb. S. 33–37, 130–135, 263–268, zu der hier zitierten Befragung S. 267 f. Erwähnt ist dieses Verhör auch bei Christopher Kopper, Bankiers unterm Hakenkreuz, München 2005, S. 45 f., mit kritischem Bezug auf Eberhard Czichon, Die Bank und die Macht. Herman Josef Abs, die Deutsche Bank und die Politik, Köln 1995, S. 310, der von Schröders Aussage zustimmend zitiert.

[79] Deposition of Dr. Otto Schniewind, 17. 11. 1945, BAK, Z45F 2/49/2. Zu Schniewind vgl. die biografischen Hinweise bei Gall, Bankier, S. 138.

Weniger glaubwürdig wirkten vermutlich die Aussagen der Dresdner-Bank-Manager. Karl Rasche etwa versicherte treuherzig, der Vorstand habe sich nie besonders für „Arisierungen“ interessiert, denn diese seien „nicht nach unserem Geschmack“ gewesen.[80] Hans Schippel, der auch niemals etwas über Spenden der Bank an die SS gehört haben wollte,[81] versicherte, die Dresdner Bank habe seines Wissens niemals „aktiv“ an „Arisierungen“ teilgenommen, sondern allein jüdischen Kunden auf deren Anfrage hin Käufer vermittelt – „mit dem einzigen Ziel ihren Kunden zu helfen.“[82] Carl Goetz, auf dessen größere Kompetenz zu diesem Thema Schippel verwiesen hatte, konnte wiederum behaupten, zumindest über die laufende „Arisierungs“-Tätigkeit der Affiliationen nicht informiert gewesen zu sein, und auf das Führungspersonal der ausländischen Tochtergesellschaften verweisen.[83] Zu diesen kompetenten Fachkräften zählte zweifellos Walter Teichmann, immerhin einst Leiter des Vorstandssekretariats für die Auslandstöchter. Teichmann bestritt jedoch selbst nach Vorlage eindeutiger Sentenzen aus dem Geschäftsbericht der Böhmischen Escompte-Bank hartnäckig jegliches Wissen um deren „Arisierungs“-Aktivitäten und konnte sich nicht einmal an das einschlägige Fachpersonal erinnern. Karl Rasche wusste zwar noch vage von diversen „Arisierungen“ der BEB, deren Verwaltungsrat er vorgesessen hatte, er hielt aber den Verweis auf seine formale Aufsichtsfunktion offenbar für einen hinreichenden Unschuldsnachweis.[84]

Im Grunde deutete sich hier bereits ein Grundproblem des späteren Prozesses gegen Rasche an, nämlich die hochgradige Arbeitsteiligkeit eines „verbrecherischen“ Unternehmens, die die Ermittler notgedrungen auf die Schuld von Einzelpersonen zuspitzen mussten. Von entsprechend großer Bedeutung war die Charakterisierung der einzelnen Vorstandsmitglieder durch ihre Kollegen. Goetz war möglicherweise bewusst, dass Rasche angesichts seiner formalen Belastung als SS- und NSDAP-Mitglied ohnehin das besondere Interesse der Ermittler wecken musste. Während Schippel eine bemüht sachliche Darstellung lieferte, in der er einerseits Rasches besonderen Ehrgeiz bei der Gewinnung neuer Kunden und die Nähe zur SS, andererseits aber auch sein Engagement für die Freilassung von Carl Goetz aus der Gestapohaft erwähnte,[85] deutete sich in dessen Ausführungen bereits der später noch deutlicher werdende Versuch an, Rasche möglichst weit in die Nähe des Regimes zu rücken. Goetz schilderte dessen Aufnahme in den Vorstand der Bank nämlich als politischen Kompromiss mit den Nationalsozialisten: Rasche sei zwar ein kompetenter, grundsätzlich für einen vakanten Vorstandsposten geeigneter Bewerber gewesen, der aber genau so wie Emil Meyer überhaupt erst auf massiven Druck von Hitlers Wirtschaftsberater Wilhelm Keppler hin und als dessen „Kandidat“ in Erwägung gezogen worden war.[86]

[80] Interrogation of Karl Rasche, 27. 12. 1945, BAK, Z45F 2/187/7.
[81] Interrogation of Dr. Hans Schippel, 14. 12. 1945, BAK, Z45F 2/187/6.
[82] Interrogation Dr. Hans Schippel, 26. 11. 1945, BAK, Z 45F 2/186/9.
[83] Carl Goetz, The Dresdner Bank and Aryanization, 5. 12. 1945, BAK, Z45F 2/187/4.
[84] Interrogation of Walter Teichmann, 29. 12. 1945; Interrogation of Karl Rasche, 27. 12. 1945, beides in: BAK, Z45F 2/187/7.
[85] Bericht Schippels über Rasche, 17. 12. 1945, BAK, Z45F 2/183/7.
[86] Carl Goetz, Ausarbeitung über Vorstand und Aufsichtsrat der Dresdner Bank, 10. 12. 1945, S. VII, HADrB 104576.

Nicht umsonst sollte Rasche sich während des Nürnberger Prozesses vehement gegen diese Lesart seines Karrieresprungs wehren. Goetz' Version fügte sich zweifellos gut in das allmählich dichter werdende Bild eines nationalsozialistischen Exponenten im Bankvorstand, dessen weiter unten noch ausführlich zu würdigende Aktivitäten im „Freundeskreis Reichsführer SS" und bei der wirtschaftlichen Durchdringung der besetzten Gebiete ihm schließlich das Amt des Vorstandssprechers eingebracht hatten. Sie war aber wohl nicht der entscheidende Faktor dafür, dass Rasche frühzeitig ins Zentrum der amerikanischen Ermittlungen geriet. Für diese Fokussierung sprach neben Rasches tatsächlicher Belastung auch sein Verhalten während der Ermittlungen. Schon im Januar 1946 gab ein Mitarbeiter des Untersuchungsteams als Ergebnis von elf Befragungen Rasches eine klare Empfehlung ab: Falls nur wenige Angeklagte für einen „ersten" Kriegsverbrecherprozess gegen die Großbanken ausgewählt würden, dann solle Rasche „wahrscheinlich" dazugehören. Dafür spreche nicht nur die vergleichsweise gute Beweislage. Es sei auch davon auszugehen, dass er vor Gericht einen schlechten Eindruck hinterlassen würde; ein „konfuser" und „inkonsistenter" Rasche werde im Kreuzverhör nicht verbergen können, dass er bewusst Informationen verheimliche.[87] Doch sollten noch fast zwei Jahre vergehen, bis diese Empfehlung in einen Prozess umgesetzt wurde.

3. Vom Pauschalurteil zum Strafverfahren

Schon im Januar 1946 drängte Helga Wolski auf eine Fertigstellung des Untersuchungsberichts über die Dresdner Bank bis Ende des Monats.[88] Im Mai 1946 wurde die Endfassung des Berichts schließlich, lange vor Ablieferung des ähnlich umfangreichen Dossiers über die Deutsche Bank, Clay vorgelegt.[89] Er basierte

[87] Schlezinger an Klepper, 23. 1. 1946, BAK, Z45F 2/177/5; Roth, Einleitung, S. XCI. Keine nachweisbare Rolle für diese Einschätzung spielte die im Oktober 1945 veröffentlichte, nach nebulösen Kriterien zusammengestellte „Schwarze Liste" eines amerikanischen Senatsausschusses unter Leitung des Senators Harley Kilgore, die angeblich die „führenden Namen der Schwerindustrie und der deutschen Hochfinanz [...] als Mitschuldige an den Kriegsvorbereitungen des Nationalsozialismus" versammelte und offenkundig nicht von großer Sachkenntnis getrübt war. Rasche tauchte hier, ohne jeden Verweis auf die Dresdner Bank, fälschlich als „industrieller Berater von Heinrich Himmler" auf. Aus der Dresdner Bank wurde ansonsten ausgerechnet Hans Pilder – angeblich Vorstandsmitglied der Ufa – aufgelistet. Vgl. „Deutsche Schwerindustrie unter Anklage", in: Allgemeine Zeitung. Herausgegeben von der amerikanischen Armee, 12. 10. 1945 (Nachdruck in: Dokumentation der Zeit, Nr. 7/8 1950, S. 329 f.).

[88] Wolski an Dresdner Bank Team, 18. 1. 1946, NA, RG 260 FINAD, Box 179, Folder 4.

[89] Zum Ablauf der Arbeiten vgl. Roth, Einleitung, S. XCI–XCVI. Der Bericht über die Reichs-Kredit-Gesellschaft wurde Clay im September, derjenige über die Deutsche Bank erst im Dezember 1946 vorgelegt; vgl. Scholtyseck, USA, S. 45–49. Der Ermittlungsbericht über die Commerzbank, der erst im November 1946 als „sequel" dieser drei Berichte mit einer beschränkteren Aufgabenstellung in Angriff genommen wurde, lag noch im Juni 1947 nur in einer Entwurfsfassung vor. Die Endfassung, die mit 86 Seiten erheblich kürzer ausfiel als die Berichte über Deutsche und Dresdner Bank, datiert vom September 1947. Progress Report on the Investigation of the Commerzbank, o. D.; Financial Intelligence Section, Progress report covering the period 1 July 1946–30 June 1947, 23. 6. 1947; beides in: NA, RG 260 FINAD, Box 179, Folder 4; OMGUS, Finance Division, Financial Intelligence Section, Report on the Investigation of the Commerzbank, September 1947, BAK, Z45F 2/44/1. Die Berliner Handels-Gesellschaft, deren Untersuchung zunächst im Mai 1946 beginnen sollte (Klepper an Benett, 29. 4. 1946, ebd.), und die Bank der Deutschen Arbeit

keineswegs auf dem gesamten sichergestellten Aktenmaterial. Von etwa achthundert Akten, die im Januar 1946 in Berlin beschlagnahmt wurden, konnten nur noch rund dreißig Bände, die insbesondere Kredite an die SS dokumentierten, für den OMGUS-Bericht genutzt werden. Als gut belegt galt vor allem die Geschäftspolitik der Bank in den besetzten Gebieten.[90] Die knappe Zeit, in der der Bericht zusammengestellt wurde, dürfte einen erheblichen Teil der Fehleinschätzungen erklären. Eine gewisse Naivität ist den Ermittlern aber wohl auch vorzuwerfen; zumindest einer von ihnen war noch im November 1945 der Meinung, ein Großteil der benötigten Beweisstücke könne einfach aus den schon während des Krieges zusammengestellten Dossiers und anderen Sekundärquellen entnommen werden.[91] Dass der Bericht nur mit großer Vorsicht als historische Dokumentation zu lesen ist, ergibt sich bereits aus seinem ursprünglichen Zweck als eine Art Anklageschrift. Andererseits bedeutet das nicht, dass die darin vorgetragenen Anschuldigungen gänzlich substanzlos gewesen wären; vor allem ist zu bedenken, dass sich viele Details und letztlich auch ihre Zusammenschau erst aus heutiger Perspektive auf einer ganz anderen Quellengrundlage anders darstellen.

Ganz auf der Linie von Wolskis Skizze vom Dezember 1945 begann der Bericht nicht etwa mit der Darstellung der Kriegsverbrechen, in die die Dresdner Bank verwickelt gewesen sein sollte, sondern mit deren Charakterisierung als „übermäßige Konzentration wirtschaftlicher Macht". Der konzernkritische Hintergrund der Morgenthau-Ära war schon in einer historischen Skizze unverkennbar, die die Expansion der Bank seit ihrer Gründung in eine direkte Linie mit dem Ausgreifen in die besetzten Gebiete während des Zweiten Weltkriegs stellte. Dass das „phänomenale Wachstum" vor allem der Jahre 1938-1944 keineswegs in erster Linie der europaweiten Expansion und der aktiven Beteiligung an der Rüstungsfinanzierung zu verdanken, sondern zuallererst der nationalsozialistischen Kapitalmarktpolitik geschuldet und damit eher Ausdruck eines Mangels an Alternativen gewesen war, blieb dabei ausgeblendet.[92] Noch deutlicher wurde die Überschätzung der „Bankenmacht" in der Behauptung, industrielle „Konzerngiganten" hätten „praktisch eine zweite Regierung" dargestellt, ihrerseits aber wiederum „unter dem beherrschenden Einfluß der Großbanken" gestanden; explizit wurde hier Kurt von Schröder mit seinen oben zitierten, gerade von der nationalsozialistischen Ablehnung des „raffenden" Großkapitals getragenen Falschdarstellungen zum Kronzeugen aufgebaut.[93] Falsch war dies vor allem hinsichtlich des angeblich „wohl wichtigsten Hebel[s], der Kreditbewilligung", über den die Rüstungswirtschaft keineswegs nach dem Belieben der Banken gesteuert geworden war.[94]

wurden hier nicht mehr thematisiert. Bis zur Vorlage des Commerzbank-Berichts war die Planung der Berichte über diese beiden Institute endgültig eingestellt worden; OMGUS, Finance Division, Financial Intelligence Section, Report on the Investigation of the Commerzbank, September 1947, S. 4, ebd.

90 Wolski an Klepper, 31. 1. 1946, BAK, Z45F 2/180/4.

91 Julius Schlezinger, Investigation of Big Six Banks – Evidence to be secured, 19. 11. 1945, NA, RG 260 FINAD, Box 180, Folder 7.

92 OMGUS, Ermittlungen, S. 5, 9–19 (Zitate S. 5, 17); zum Hintergrund der Bilanzaufblähung während der Expansionsphase des NS-Regimes vgl. Bähr, Dresdner Bank, S. 181–193.

93 OMGUS, Ermittlungen, S. 29f.

94 Ebd., S. 30; vgl. dagegen die neueren Forschungsergebnisse zur Rüstungsfinanzierung bei Bähr, Dresdner Bank, S. 295–413.

Deutlich überschätzt wurde auch die Bedeutung der Aufsichtsratspräsenz, wo gerade die kritisierte Überkreuzverflechtung mit den Aufsichtsräten von Industrieunternehmen in logischem Widerspruch zu der These stand, die Bank habe dadurch „einen gewaltigen, konzentrierten Einfluß" auf die Industrie ausüben können. Ein Irrtum war aber auch die Annahme, der Aufsichtsrat habe „die Geschäftspolitik der Bank kontrollieren" können, die Aufsichtsratsmitglieder seien mithin gleichermaßen dafür verantwortlich zu machen wie der Vorstand.

Wenn Größe und Funktionsbreite einer Bank prinzipiell als Indikatoren für „Macht" galten, dann lag es nahe, jedwede Partizipation *an* einem System zur aktiven, gezielten Lenkung *des* Systems hinaufzustilisieren. Ebenso einleuchtend schien es, aus der weitgehend richtigen Feststellung, die Bank habe „skrupellos und unersättlich die Bereicherungsmöglichkeiten" genutzt, „die das Nazi-Regime ihr bot", die Schlussfolgerung zu ziehen, dass die Bank und das NS-Regime „sich in ihrer Politik gegenseitig ergänzten und beide aus dieser Beziehung große Vorteile zogen."[95] Das war zwar in mancher Hinsicht ebenfalls nicht falsch, aber die erheblichen Konflikte der Großbanken mit den ordnungspolitischen Vorstellungen des NS-Regimes in den Jahren 1933/34 und 1942/43 wurden dabei ignoriert. Ebenso sah die allgemeine Feststellung, dass Rüstungsunternehmen „bei der Dresdner Bank praktisch unbegrenzte Kredite erhalten" konnten,[96] davon ab, dass die deutsche Rüstungswirtschaft zum einen durch staatliche Investitionshilfen und Liquiditätsüberhänge in abnehmendem Maße von Bankkrediten abhängig gewesen war und zum anderen die Banken, sofern sie nicht freiwillig Abstriche an ihrem Kreditgeschäft hinnehmen wollten, notgedrungen den rüstungsbedingten Wandel der Produktionsstruktur auch in der Kreditstruktur mitvollziehen mussten. Es war zwar richtig, dass die Dresdner Bank zu einigen besonders politisierten Rüstungsunternehmen wie der Braunkohle-Benzin AG, dem Junkers-Konzern und vor allem den Reichswerken „Hermann Göring" gezielt enge Kontakte angestrebt hatte und dabei nicht zuletzt wegen der politischen Beziehungen von Rasche und Meyer erfolgreich gewesen war. Alles in allem waren dabei aber die traditionellen Regeln der Kreditvergabe eingehalten worden, und „unbegrenzt" war die Vergabebereitschaft der Bank nur gewesen, solange die Unternehmen selbst ausreichende Sicherheiten stellen konnten oder der NS-Staat mit Reichsbürgschaften eingesprungen war.[97]

Eine ähnliche Verkehrung der Rollen zeigte sich in der Formulierung, die Dresdner Bank sei „die treibende Kraft" bei der „Arisierung" von Unternehmen aus jüdischem Besitz gewesen.[98] Die Bank hatte zwar weitgehend skrupellos die Geschäftschancen genutzt, die sich aus der Ausgrenzung jüdischer Unternehmer aus dem deutschen Wirtschaftsleben ergeben hatten. Einer „Verschwörung zwischen der Geschäftsleitung der Dresdner Bank und den führenden Behörden der Nazis" hatte es dabei aber im Fall der Engelhardt-Brauerei, auf den diese Formulierung gemünzt war, ebenso wenig bedurft wie bei anderen „Arisierungen".[99] Die

[95] OMGUS, Ermittlungen, S. 45.
[96] Ebd., S. 48.
[97] Vgl. Bähr, Dresdner Bank, S. 408–413.
[98] OMGUS, Ermittlungen, S. 7, 84.
[99] Ebd., S. 78f.; vgl. Ziegler, Dresdner Bank, S. 333.

unterschiedlichen Handlungsspielräume und Interessen der Bank in verschiedenen „Arisierungs"-Fällen und -Phasen, aus deren Berücksichtigung sich eine differenziertere Bewertung des Verhältnisses zur nationalsozialistischen Politik ergeben hätte, blieben auch hier zu Gunsten einer möglichst bruchlosen Argumentation ausgeblendet. Noch deutlicher zeigte das die Behauptung, die NSDAP habe „die volle Unterstützung der Dresdner Bank" besessen. Ausgerechnet der „Bormann-Ausschuss", ein aus Gauwirtschaftsberatern zusammengesetzter Bankenausschuss der NSDAP-Zentrale mit dem Ziel, die Berufung weiterer Nationalsozialisten in die Großbankenvorstände zu erzwingen, wurde dafür als Beleg angeführt, weil in diesem Ausschuss auch die Aufsichtsratsmitglieder Heuser, Schieber und Avieny vertreten gewesen waren. Überdies wurde auch hier Kurt von Schröder zum Kronzeugen gemacht, der in glatter Umkehrung der Tatsachen behauptete, Entstehung und Ziele des Ausschusses seien „vorher mit Goetz, Rasche und Meyer von der Dresdner Bank abgesprochen" worden.[100]

Den aus der reinen Größe und Funktionsbreite der Bank abgeleiteten Vorwürfen, die man in Murphys Office of Political Affairs ohnehin für „einen Haufen allgemeiner linker Folklore" hielt,[101] ließ sich relativ leicht begegnen. Verschiedene Ausarbeitungen des Chefvolkswirts Kurt Hunscha konnten darauf verweisen, dass der Einfluss der Großbanken auf die Rüstungs- und Kriegsfinanzierung bei weitem überschätzt wurde (wobei freilich auch gleich die Gelegenheit genutzt wurde, die Rolle der Banken „als blosse Resultante der gleichzeitig vor sich gegangenen strukturellen Veränderungen innerhalb der deutschen Wirtschaft" in jeder Hinsicht herunterzuspielen).[102] Bei aller Überzogenheit der Formulierungen enthielt der Bericht freilich auch eine erhebliche Menge an belastendem Material über die Partizipation der Dresdner Bank an der Rüstungs-, Expansions- und schließlich Vernichtungspolitik des Regimes. Das Image der „SS-Bank", der Verkehr Meyers und Rasches im „Freundeskreis Reichsführer SS" und die Kredite an die SS stützten allemal den Vorwurf der Zusammenarbeit mit der verbrecherischen Organisation, belasteten allerdings hauptsächlich das inzwischen verstorbene Vorstandsmitglied Meyer.[103]

Anders war dies in dem bei weitem umfangreichsten Kapitel über das „Auslandsgeschäft", das sich vor allem mit der Ausbeutung der besetzten oder „angeschlossenen" Gebiete befasste. Zwar durchzog auch diese Abschnitte eine überzogene verschwörungstheoretische Argumentation, wonach die Dresdner Bank in

[100] OMGUS, Ermittlungen, S. 85f.; zum „Bormann-Ausschuss" Bähr, „Bankenrationalisierung"; Kopper, Marktwirtschaft, S. 349–353.

[101] John W. Tuthill, OMGUS Office of Political Affairs, Memorandum of Conversation mit Klepper, 21. 12. 1945, NA, RG 84, Office of the U.S. Political Adviser to Germany, Classified General Records, Box 40, Folder 16.

[102] Das Zitat aus: Stellungnahme der volkswirtschaftlichen Abteilung der Dresdner Bank zum Sonderbericht des Militärgouverneurs der USA-Zone in Deutschland über die Dresdner Bank und Deutsche Bank vom Juni 1947, o.D., S. 42, HADrB 13797-2001. Die früheste Ausarbeitung Hunschas stammt offenbar vom 17. 7. 1946: Die Grundlinien der Kriegsfinanzierung in Deutschland und der Anteil der Großbanken daran, HADrB 13761-2000; des Weiteren: Hunscha, Die Stellung der Großbanken in der deutschen Bankwirtschaft und ihre Rolle bei der Rüstungs- und Kriegsfinanzierung, 27. 11. 1946, ebd.; Leese/Hunscha/Henzel/Repke, Stellungnahme zum Sonderbericht vom Juni 1947, ebd. Vgl. auch Bähr, Dresdner Bank, S. 192; zum „Sonderbericht" weiter unten.

[103] OMGUS, Ermittlungen, S. 84 (Zitat), 87–90.

sämtlichen eroberten Gebieten „die Führung" übernommen habe, „als es darum ging, das Vorgehen bei organisiertem Betrug und Raub festzulegen"[104], und den Anspruch einer historischen Dokumentation konnten sie ebenfalls nicht erfüllen. Aber die umfangreichen Hinweise zur Einverleibung der tschechischen Industrie in die deutsche Kriegswirtschaft, zur Zusammenarbeit mit den politischen Ausbeutungsinstanzen im besetzten Polen und zur „Arisierung" jüdischer Vermögenswerte in den Niederlanden boten allemal genügend Anlass, eine Anklage wegen aktiver Beteiligung an Kriegsverbrechen im Sinne des mittlerweile angelaufenen Nürnberger Prozesses gegen die „Hauptkriegsverbrecher" zumindest zu prüfen.

Der in diesem Kapitel am häufigsten genannte Name war, angesichts der Ressortverantwortung für die Tschechoslowakei und die Niederlande sowie der beschlagnahmten Akten kaum erstaunlich, der von Karl Rasche. Hier sollten denn auch die entscheidenden Anklagepunkte gegen Rasche liegen, auf die weiter unten noch näher einzugehen ist. Die OMGUS-Finanzabteilung zog freilich aus ihren Ermittlungsergebnissen sehr viel weitergehende Forderungen als nur die nach der Bestrafung des exponiertesten noch lebenden Vorstandsmitglieds. Aus der harschen Bilanz, die Bank habe insgesamt „als Komplize bei der Ausführung von Kriegsverbrechen und Verbrechen gegen den Frieden und die Menschlichkeit" gehandelt,[105] wurde auch hier eine zweifache Konsequenz gefordert. Die Ermittler verlangten nicht nur, „die verantwortlichen Mitarbeiter der Dresdner Bank, alle Aufsichtsrats- und Vorstandsmitglieder sowie bestimmte Abteilungs-, Filial- und Zweigstellenleiter anzuklagen und als Kriegsverbrecher vor Gericht zu stellen", sondern auch die Liquidation der Dresdner Bank und eine konsequente Dezentralisierung des deutschen Bankwesens.[106]

Die drastischen Empfehlungen der OMGUS-Finanzabteilung eröffneten allerdings im November 1946 nahezu wortgleich auch den Ermittlungsbericht gegen die Deutsche Bank und zeigen insofern keine besonders kritische Sicht der Dresdner Bank, die bereits auf den Nürnberger Prozess verweist.[107] Deutlich wurde aber bei aller Pauschalität der Vorwürfe gegen die Unternehmensleitung insgesamt bereits eine Fokussierung auf zwei in den Augen der Ermittler besonders belastete Bankmanager. Ein umfangreicher Anhang würdigte ausführlich die herausragende Position von Carl Goetz innerhalb der Bank sowie den angeblich überzeugten Nationalsozialisten Karl Rasche, der sich durch „die größten Aktivitäten" zur Umsetzung der „Partei- und Regierungspolitik zur Planung eines Angriffskriegs, zur wirtschaftlichen Durchdringung der Nachbarländer Deutschlands und zur späteren Plünderung der besetzten Gebiete" ausgezeichnet habe.[108]

DICEA und Finanzabteilung hatten frühzeitig einen offenbar regen Informationsaustausch mit der amerikanischen Anklagebehörde in Nürnberg betrieben.[109] Schon im Dezember 1945 wurden die Ergebnisse der ersten Verhöre von

[104] Ebd., S. 101.
[105] Ebd., S. 8.
[106] Ebd., S. 3.
[107] OMGUS, Finance Division, Ermittlungen gegen die Deutsche Bank 1946/1947. Übersetzt und bearbeitet von der Dokumentationsstelle zur NS-Sozialpolitik Hamburg, Nördlingen 1985, S. 11.
[108] OMGUS, Ermittlungen, S. 201–214, 255–267.
[109] Nixon an Clay, 29. 10. 1945, S. 8, BAK, Z45F 1945–46/8/5. Zu Stellung und Aufbau des OCCWC

dem DICEA-Ermittler Sidney Klepper nach Nürnberg übergeben, wo endgültig über die potenziellen Angeklagten entschieden werden sollte.[110] Zu diesem Zeitpunkt war aber noch keineswegs klar, ob überhaupt und in welcher Form den Bankiers tatsächlich der Prozess gemacht werden würde. Die erste amerikanische Liste möglicher Angeklagter für das Internationale Militärtribunal (IMT) vom Juni 1945 enthielt überhaupt keinen Vertreter der Privatwirtschaft.[111] Im Juli gab der amerikanische Chefankläger Robert H. Jackson Vorarbeiten für eine Anklage von Wirtschaftsvertretern im Rahmen des IMT in Auftrag, die aber selbst bei dem beauftragten Mitarbeiter Francis Shea wegen der schwierigeren Beweislage auf Skepsis stieß.[112] In Sheas erstem Memorandum wurden, ähnlich der Diktion Nixons, sowohl Vertreter der staatlichen als auch der privaten Wirtschaft als „Komplizen" einer von Hitler geplanten „Verschwörung", gar als „economic gang" benannt. Neben Hjalmar Schacht tauchte als einziger Bankier Kurt von Schröder auf, der leicht übertrieben und offenbar seiner politischen Präsenz wegen als „einer der führenden Finanziers in Deutschland" eingestuft wurde.[113]

Das erstaunt insofern, als der nationalsozialistische Wirtschaftsminister Walther Funk schon Ende Juni eine Stellungnahme über die Beziehungen der deutschen Industrie zur NSDAP und zum NS-Staat angefertigt hatte, die zwar ebenfalls von Schröder als den Bankier mit den engsten Beziehungen zum Nationalsozialismus angab, aber auch Rasche, Meyer und Lüer als „Kepplers Freunde" bezeichnete, die zusammen mit dem Aufsichtsratsmitglied Fritz Kranefuß die Dresdner Bank „dominiert" hätten. Zudem zählte Funk Goetz und Rasche zu jenen Personen, deren Befragung genaueren Aufschluss über die Finanzierung der NS-Wirtschaft und Auslandsbeteiligungen geben würde[114]. Sheas Liste macht jedoch deutlich, dass es den Nürnberger Anklägern sehr frühzeitig nicht um eine umfassende Strafverfolgung sämtlicher Großbankenvorstände ging, sondern um die exemplarische Bestrafung von Repräsentanten.[115] Ganz auf dieser Linie hatte Helga Wolski schon im September 1945, also vor dem Anlaufen der großen Ver-

vgl. Susanne Jung, Die Rechtsprobleme der Nürnberger Prozesse dargestellt am Verfahren gegen Friedrich Flick, Tübingen 1992, S. 18–22; Donald Bloxham, Genocide on Trial. War Crimes Trials and the Formation of Holocaust History and Memory, Oxford/New York 2001, S. 32–37; sowie die Selbstdarstellung von Telford Taylor, Final Report to the Secretary of the Army on the Nuernberg War Crimes Trials under Control Council Law No. 10, Washington D.C.: U.S. Government Printing Office 1949, S. 13–21, 37–46.

[110] John W. Tuthill, OMGUS Office of Political Affairs, Memorandum of Conversation mit Klepper, 21. 12. 1945, NA, RG 84, Office of the U.S. Political Adviser to Germany, Classified General Records, Box 40, Folder 16.

[111] Smith, Jahrhundert-Prozeß, S. 78.

[112] Telford Taylor, Die Nürnberger Prozesse. Hintergründe, Analysen und Erkenntnisse aus heutiger Sicht, München 1994, S. 106–108.

[113] Francis M. Shea, Tentative Memorandum for Mr. Justice Jackson, 23. 7. 1945, NA, RG 56, Accession 668A816, Box 18, Folder „War Criminals".

[114] Statement Prepared by Walter [sic!] Funk on the Relationship of German Industry to the Party and the National-Socialist Leadership of the State, 28. 6. 1945, S. 2, 7, ebd.

[115] Vgl., auch zum Folgenden, Bloxham, Genocide, S. 31–51; ders., Pragmatismus, S. 148–153; Ralf Ahrens, Unternehmer vor Gericht. Die Nürnberger Nachfolgeprozesse zwischen Strafverfolgung und symbolischem Tribunal, in: Jürgen Lillteicher (Hg.), Profiteure des NS-Systems? Deutsche Unternehmen und das Dritte Reich, Berlin 2006, S. 128–153. Die demnächst als Buch erscheinende Mainzer Dissertation von Frank Gausmann zu den Nürnberger Industriellenprozessen, die die Vorgeschichte der Nachfolgeprozesse wesentlich detaillierter untersucht, konnte für diese Studie nicht mehr herangezogen werden.

haftungsaktion, vermutet, es sei „unrealistisch anzunehmen, dass als Ergebnis unserer Untersuchungen große Gruppen von Bankiers gehängt werden." Stattdessen plädierte Wolski für die Konzentration der Untersuchungen auf wenige Personen oder gar auf einzelne Transaktionen bestimmter Banken; namentlich nannte sie die Dresdner Bank, die Deutsche Bank und das Schröder-Bankhaus J.H. Stein & Co.[116]

Es sollte noch geraume Zeit dauern, bis sich auch die amerikanische Anklagehörde in Nürnberg auf bestimmte Bankmanager konzentrierte. Die im Oktober dem Internationalen Militärgericht vorgelegte Anklageschrift des IMT etablierte zunächst neue völkerrechtliche Begriffe, die über die in der Haager Landkriegsordnung und der Genfer Konvention definierten Kriegsverbrechen hinausgingen und gerade für die späteren Prozesse gegen Vertreter der deutschen Wirtschaftselite von Bedeutung waren. Die übliche zusammenfassende Bezeichnung der in Nürnberg angeklagten Taten als „Kriegsverbrechen" war häufig insofern irreführend, als die Anklagepunkte wenig oder gar nichts mit der eigentlichen Kriegführung zu tun hatten.[117] Hinzu kamen aber mit „Verbrechen gegen den Frieden" und „Verbrechen gegen die Menschlichkeit" zwei völlig neue Straftatbestände. Ein weiterer eigenständiger Anklagepunkt war eine zwar dem angloamerikanischen Rechtsdenken vertraute, in Kontinentaleuropa aber weitgehend unbekannte Rechtsfigur, nämlich die „Verschwörung" („conspiracy") zur Begehung dieser Straftaten.[118]

Durch einen Fehler Jacksons konnten diese Vorwürfe jedoch im IMT gegen keinen einzigen Repräsentanten der Privatwirtschaft vorgebracht werden. Der amerikanische Chefankläger hatte nämlich statt des zunächst vorgesehenen Alfried Krupp, der Anfang der vierziger Jahre die Leitung des Familienunternehmens übernommen hatte, dessen mittlerweile senilen Vater Gustav auf die Liste der Angeklagten gesetzt. Erst bei Prozessbeginn wurde Gustav Krupps Verhandlungsunfähigkeit erkannt, so dass im IMT kein einziger Repräsentant der Privatwirtschaft abgeurteilt werden konnte.[119] Auf französische und sowjetische Initiative sollte daraufhin ein weiterer internationaler Prozess spezielle gegen Industrielle und Bankiers vorbereitet werden. Auf amerikanischer Seite bestand indes bereits Ende 1945 Übereinstimmung zwischen Jackson, dem Kriegsministerium und der Militärregierung, dass weitere Prozesse von den einzelnen Besatzungsmächten statt von einem gemeinsamen Tribunal verantwortet werden sollten.[120] Jackson konnte dafür ein ganzes Bündel an Argumenten präsentieren, das von logistischen Problemen bis zu unsicheren Beweislagen, von Vorbehalten gegen die Prozessziele und Verhörmethoden der Sowjets bis zu dem Hinweis reichte, allzu lange öffentliche Attacken auf die deutsche Industrie könnten deren Bereitschaft zur rüstungswirtschaftlichen Kooperation mit der US-Regierung gefährden.[121]

116 Wolski an Collins, 24. 9. 1945, BAK, Z45F 2/180/7; vgl. Scholtyseck, USA, S. 40.
117 Diese Klarstellung etwa bei Henke, Trennung, S. 72; Frei, Vergangenheitspolitik, S. 134.
118 Smith, Jahrhundert-Prozeß, S. 25–30.
119 Ebd., S. 83, 92–94.
120 Bloxham, Genocide, S. 28.
121 Jackson, Memorandum for the President on American Participation in Further International Trials of Nazi War Criminals, 13. 5. 1946, NA, RG 260, Records of the Executive Officer, Chief of Staff, Box 22, Folder 9; abgedruckt in: Taylor, Final Report, S. 276–279; vgl. auch Bower, Blind Eye,

Erst im November wurde das Projekt des zweiten alliierten Prozesses durch eine Absage der Briten, deren Politik sich bis dahin vor allem durch Inaktivität und Inkonsistenz ausgezeichnet und den Amerikanern die Initiative überlassen hatte, endgültig zu Grabe getragen.[122] Spätestens seit Mai 1946 hatte aber auch Jacksons Stellvertreter und designierter Nachfolger Telford Taylor schon ernsthaft daran gedacht, in der amerikanischen Besatzungszone mehrere Prozesse gegen Vertreter einzelner Professionen durchzuführen. Anklagen gegen Privatbankiers und Regionalbanken wurden zu dieser Zeit schon weitgehend ausgeschlossen, und zwar allein mit der Begründung einer wesentlich größeren wirtschaftlichen Bedeutung der „Big Six". Zudem war mittlerweile auch der OMGUS-Finanzabteilung klar, dass viele Aufsichtsräte lediglich eine formaljuristische, aber keine praktische Mitverantwortung für die Geschäftspolitik der Großbanken hatten, so dass sich das Interesse weiter auf deren Vorstandsmitglieder fokussieren musste.[123]

Auch diese hatten freilich größtenteils das Glück, dass die Nürnberger „Nachfolgeprozesse" zum einen unter schwindenden Ressourcen litten; der Wandel der amerikanischen Deutschlandpolitik im aufbrechenden Kalten Krieg setzte neue Prioritäten. Zum anderen waren diese Prozesse wegen des Fehlens einer Berufungsinstanz und der Nichtbeachtung des Habeas-Corpus-Prinizps, also langdauernden Internierungen ohne richterliche Überprüfung oder Mitteilung von Tatvorwürfen, in wachsendem Maße juristischer Kritik ausgesetzt, die sich wiederum mit der antikommunistischen Rhetorik des Ost-West-Konflikts vermischte.[124] Wesentlichen Einfluss auf die Gestaltung des Prozessprogramms hatten diese Stimmen allerdings kaum, weil sie erst in der zweiten Jahreshälfte 1947 an Umfang und Einfluss gewannen.[125] Taylor hatte dagegen schon im März 1947

S. 381. Der auf S. 4 dieses Memorandums eher nebenbei angebrachte Hinweis auf die fragwürdigen Ziele der sowjetischen Ankläger wurde von Jackson ausdrücklich nur als eines von vielen Problemen angeführt, die sich aus einem internationalen Prozess ergeben würden, und stand in einer Reihe mit dem verfahrenstechnischen Aufwand durch viersprachige Übersetzungen und „many other difficulties". Von Buscher, U.S. War Crimes Trial Program, S. 30, wird dieses Memorandum irreführender Weise allein auf Jacksons Vorbehalte gegen die politischen Prozess- und Verhörziele der Sowjets reduziert. Vgl. zu diesem Aspekt Smith, Jahrhundert-Prozeß, S. 61–70; Bloxham, Genocide, S. 30f.; Gary Jonathan Bass, Stay the Hand of Vengeance. The Politics of War Crimes Tribunals, Princeton 2000, S. 198–202.

122 Vgl. Bower, Blind Eye, S. 377–388.

123 Summary of Points Covered in an OCC-OMGUS Meeting, 28. 5. 1946, NA, RG 238, Entry 159, Box 1, Folder 12. Noch zwei Monate später stand nur ein Teil der potenziellen Angeklagten fest, zu denen weiterhin als einziger Bankier Kurt von Schröder gehörte; Telford Taylor, Memorandum for the Secretary of War, 29. 7. 1946, NA, RG 260, Records of the Executive Officer, Chief of Staff, Box 22, Folder 9; abgedruckt in: Taylor, Final Report, S. 271–276. Namentlich erwähnt wurden hier außerdem Alfried Krupp, Hermann Schmitz und Georg von Schnitzler (I.G. Farben) sowie Hermann Röchling. Vgl. auch Taylor, Die Nürnberger Prozesse. Hintergründe, S. 188–199. Von Schröder war auch der einzige von britischer Seite vorgeschlagene Bankier für einen Wirtschaftsprozess; vgl. Gill, OCC Nürnberg, an Taylor, 12. 4. 1946, NA, RG 238, Entry 159, Box 1, Folder 5.

124 Dazu ausführlich Buscher, U.S. War Crimes Trial Program, S. 29–44.

125 Bloxham, Genocide, S. 51. Bloxham verweist zu Recht darauf, dass die bekannte Darstellung von Tom Bower, wonach die weitere Suche nach Beweisen gegen etliche andere, nicht minder belastete Unternehmen seit Mai 1947 wegen des politischen Klimawandels eingestellt worden sei, insofern deutlich zu relativieren ist. Vgl. Bower, Blind Eye, S. 390–392; ders., „Alle deutschen Industriellen saßen auf der Anklagebank." Die Nürnberger Nachfolgeprozesse gegen Krupp, Flick und die IG Farben, in: Rainer Eisfeld/Ingo Müller (Hg.), Gegen Barbarei. Essays Robert M.W. Kempner zu Ehren, Frankfurt a.M. 1989, S. 239–256, hier S. 245.

öffentlich mitgeteilt, es werde nur vier Prozesse gegen private Unternehmen geben, nämlich gegen das Management der Flick-, Krupp- und IG Farben-Konzerne sowie die Dresdner Bank.[126]

Die Großbanken jedenfalls profitierten von der sukzessiven Schrumpfung des Prozessprogramms. Schon im Oktober 1946 deutete Taylors Stellvertreter Robert Kempner an, dass nach dem Freispruch Hjalmar Schachts im Hauptkriegsverbrecherprozess eine „Klageerhebung gegen die Banken als solche" unwahrscheinlich sei und die Amerikaner sich stattdessen auf einzelne Bankiers konzentrieren würden – „besonders genannt" wurden in diesem Zusammenhang Kurt von Schröder, Hermann Josef Abs und Karl Rasche.[127] In der OMGUS-Finanzabteilung ging man zwar noch im Januar 1947 davon aus, dass ein gegen die Dresdner Bank vorbereitetes Verfahren nur der erste von mehreren Prozessen gegen „führende deutsche Finanziers" sein würde.[128] Taylor jedoch hatte bis zum Mai 1947 sein Programm bereits von 18 auf 16 Prozesse reduziert, in deren Rahmen acht bis zwölf Personen aus einer umfangreicheren Liste von Vorstands- und Aufsichtsratsmitgliedern der Bank angeklagt werden sollten, die sich nicht einmal alle in amerikanischem Gewahrsam befanden.[129]

Im August legte einer seiner leitenden Mitarbeiter dem Chefankläger allerdings ein Memorandum vor, das den Stand der Vorbereitungen auf einen solchen Prozess ausgesprochen kritisch beurteilte. Rawlings Ragland kam zu dem Ergebnis, dass man sich bei der bisherigen Beweissicherung wohl allzu sehr auf die frühen Materialauswertungen verlassen hatte, die seinerzeit im OMGUS-Bericht zusammengefasst worden waren. Für einen Strafprozess seien die Materialien der Finanzabteilung aber kaum hinreichend, weil sie auf der oberflächlichen Auswertung von selektiv, wenn nicht gar zufällig ausgewählten Akten der Dresdner Bank beruhten. Ragland riet zwar keineswegs von einem Prozess ab, hielt eine solide Anklage aber nur nach einer wesentlich gründlicheren Auswertung weiterer Akten für möglich, die zusätzliches Personal und eine weitere Verschiebung des Zeitplans erfordert hätte.[130] Drei Wochen nach diesem Memorandum und unter dem Eindruck zusehends schrumpfender Ressourcen schlug Tayor im September schließlich vor, einige der geplanten Prozesse zusammenzulegen. Nur noch zwei „Führungsfiguren in der Dresdner Bank", eben Karl Rasche und Carl Goetz, soll-

[126] Taylor, Notes for Press Conference, 14. 3.47, S. 4, BAK, Z45F AG 1947/3/5. Auch in einem gleichzeitigen internen Memorandum für Clay findet sich kein Hinweis auf weitere Prozesse oder auch nur darauf, dass der Chefankläger diese als wünschenswert erachtete; Memorandum Taylor an Clay, 14. 3. 1947, ebd.

[127] Aktennotiz Entzian, 7. 10. 1946, HADrB 13768-2000.

[128] Saul Kagan an Albert Bender, 9. 1. 1947, BAK, Z45F 2/180/4. Weiterhin erwähnt wurden hier nur die beendeten Berichte über die Deutsche Bank und die Reichs-Kredit-Gesellschaft, so dass nur eingeschränkt von einem hiermit geplanten „Pilotprozess" (Scholtyseck, USA, S. 49) gegen die Großbanken insgesamt gesprochen werden kann.

[129] Taylor an Deputy Military Governor, 20. 5. 1947, BAK, Z45F 1947/3/5; die Liste der potenziellen Angeklagten ebd., Appendix A, S. 12. Vgl. auch Taylors „Notes for Press Conference", 14. 5. 1947, ebd.

[130] Rawlings Ragland, Inter-Office Memorandum an Telford Taylor, 15. 8. 1947, Arthur W. Diamond Law Library, Telford Taylor Papers, 5-1-2-20. Für die Überlassung dieser Quelle danke ich herzlich Frank Gausmann.

ten zusammen mit Angeklagten aus dem Auswärtigen Amt und der staatlichen Wirtschaft vor Gericht gestellt werden.[131]

In der Dresdner Bank wurden zu dieser Zeit auch Overbeck, Pilder, Schippel und Zinßer noch als Kandidaten der Anklage gehandelt und bereits deren persönliche Verteidiger zusammengestellt.[132] Erst am 23. Oktober 1947 ließ Taylor über die deutsche Presse die immer noch unklare Nachricht verlauten, dass anstelle der geplanten Prozesse gegen die Dresdner Bank und die Reichswerke „Hermann Göring" nur einzelne Führungskräfte beider Unternehmen zusammen mit hochrangigen Ministerialbeamten angeklagt werden sollten.[133] Auch Kempner erweckte Ende Oktober noch den Eindruck, es müsse „noch immer damit gerechnet werden, daß ausser Herrn Dr. Rasche mindestens noch ein weiterer Herr zur Anklage kommen" könne. Allerdings herrschte mittlerweile eine „wohlwollendere" Beurteilung von Goetz, für den bereits ein Haftentlassungsantrag vorbereitet wurde.[134] Endgültige Klarheit brachte erst die Vorlage einer ersten Fassung der Anklageschrift am 4. November 1947, in der nur noch Rasche auftauchte. Nachdem Hans Pilder offenbar bereits im Oktober entlassen worden war,[135] verließen Goetz, Overbeck, Lüer, Entzian, Zinßer, Schippel und Rinn erst Ende Dezember das Nürnberger Gefängnis.[136]

Karl Rasche hingegen fand sich als einziger Repräsentant des privaten Bankgewerbes im längsten und zuletzt beendeten Nürnberger Nachfolgeprozess wieder. Der Fall XI oder „Wilhelmstraßen-Prozess" hob sich durch eine sehr heterogene Anklagebank von den übrigen amerikanischen Tribunalen ab, weil hier gleich vier ursprünglich separat geplante Nachfolgeprozesse zusammengelegt worden waren.[137] Bei drei der Mitangeklagten konnte die Anklageschrift immerhin einen

131 Memorandum Taylor an Deputy Military Governor, 4. 9. 1947, Zitate S. 6, 8, BAK, Z45F 1947/3/5. Kurz darauf sprach Taylor allerdings von „2 or 3 leading Dresdner defendants", deren Anklage mit einem Prozess gegen das Auswärtige Amt kombiniert werden könne; Telegramm Taylor an CINCEUR [Commander in Chief, Europe], 13. 9. 1947, ebd.

132 Teichmann, Rechtsanwälte, die grundsätzlich zugesagt haben, 2. 9. 1947, HADrB 13768-2000.

133 Der Tagesspiegel, Vor einem „Ministerprozeß", 23. 10. 1947, BAK, Z45F 2/187/7.

134 Teichmann, Betr.: Prozeß-Situation Nürnberg, 30. 10. 1947, HADrB 13767-2000. Auch die Ermittlungen gegen die Deutsche Bank waren zu dieser Zeit noch nicht endgültig zu den Akten gelegt. Kurz zuvor hatte Militärgouverneur Clay allerdings schon einer Ergänzung des „Ministries Case" um einige Wirtschaftsfunktionäre zugestimmt und dabei neben Paul Pleiger, Paul Körner und Emil Puhl nur Rasche namentlich erwähnt; Telegramm Clay an Taylor, 18. 10. 1947, BAK, Z45F 1947/3/4.

135 Auskunft des Bürgermeisters von Leonberg, 3. 12. 1947, StA Ludwigsburg, EL 902/14 Nr. 29/1a/VII/2812. Danach wohnte Pilder seit dem 17. 10. 1947 in Leonberg.

136 Teichmann an Hölling und Schleipen, 5. 11. 1947, HADrB 13768-2000; Zinßer an den Würzburger Filialdirektor Franz Brand, 2. 1. 1948, HADrB 11104-2001; Telegramm Teichmann an Hut[h]steiner, 27. 2. 1948, HADrB 13768-2000. Roths Darstellung, dass der „Führungskreis" der Bank bereits ab Frühjahr 1947 freigelassen worden sei, ist unzutreffend. Goetz konnte daher auch nicht, wie Roth behauptet, seit dem Frühjahr 1947 „von der Schweinfurter Filiale aus die Depotstimmrechte des gesamten Instituts" reorganisieren. In dem von Roth zitierten „Intelligence Summary" ist lediglich von Korrespondenzen die Rede, die der ehemalige Aufsichtsratsvorsitzende *Carl Goetz* im Mai 1947 aus der Schweinfurter Filiale geführt habe, ohne dass deren Inhalt erwähnt wird. Dabei handelt es sich offensichtlich um eine Verwechselung mit *Karl Götz* (geb. 3. 5. 1894), der zunächst in der Bamberger, später in der Schweinfurter Filiale an leitender Stelle arbeitete. Vgl. die Aufstellung der Filialleitungen, o.D. (1945), HADrB 50336-2001; Hq. European Command, Office of the Director of Intelligence, Extract from Intelligence Summary No. 12, 21. 7. 1947, BAK, Z45F 2/143/4; Roth, Einleitung, S. XC, CXI.

137 Vgl. Dirk Pöppmann, Robert Kempner und Ernst von Weizsäcker im Wilhelmstraßenprozess. Zur

gewissen Zusammenhang mit Rasche herstellen, weil sie ebenfalls an der Zwangsintegration der tschechischen Rüstungsindustrie in die NS-Wirtschaft beteiligt gewesen waren; das galt für Paul Körner, den Stellvertreter Görings in der Vierjahresplanbehörde, für Paul Pleiger, den Generaldirektor der Reichswerke „Hermann Göring", und vor allem für Hans Kehrl, der als Görings Generalreferent für Sonderaufgaben im Reichswirtschaftsministerium eng mit Rasche kooperiert hatte.[138] Wilhelm Keppler, Hitlers Wirtschaftsberater und später Staatssekretär im Auswärtigen Amt, hatte eine vermutlich nicht unwesentliche Rolle für Rasches Berufung in den Vorstand der Dresdner Bank gespielt. Aber schon zu Emil Puhl, dem Vizepräsidenten der Reichsbank, hatte Rasche kaum Verbindungen aufzuweisen, und das galt erst recht für die acht hohen Beamten des Auswärtigen Amtes mit dem Staatssekretär Ernst von Weizsäcker an der Spitze, denen der „Wilhelmstraßen-Prozess" in erster Linie seine zeitgenössische Bezeichnung verdankte, für die Reichsminister Hans Heinrich Lammers, Richard Walther Darré, Otto Meißner und Lutz Schwerin von Krosigk, die beiden Staatssekretäre Otto Dietrich und Wilhelm Stuckart sowie für Walter Schellenberg und Gottlob Berger, zwei hochrangige Vertreter der SS.[139]

Rasches Verfahren war, wie auch Kempner später formulierte, „an den Wilhelmstraßen-Prozess herangehängt" worden,[140] um überhaupt einen Vertreter der Großbanken in die demonstrative amerikanische Strafverfolgung eines Querschnitts der deutschen Funktionseliten einzubeziehen. Die Entscheidung war angesichts seiner Ressortkompetenzen für das „Protektorat Böhmen und Mähren" und die Niederlande sowie seiner Mitgliedschaft in der SS und dem „Freundeskreis Reichsführer SS" mit einiger Konsequenz auf ihn zugelaufen. Wenn man schon aus pozessökonomischen Gründen nur einen einzelnen Repräsentanten der Dresdner Bank zur Rechenschaft ziehen wollte, dann war Rasche zweifellos bes-

Diskussion über die Beteiligung der deutschen Funktionselite an den NS-Verbrechen, in: Irmtrud Wojak/Susanne Meinl (Hg.), Im Labyrinth der Schuld. Täter – Opfer – Ankläger, Frankfurt a. M./New York 2003, S. 163–197, hier S. 171 f.

[138] Amt der Militärregierung für Deutschland (US), Anklageschrift Fall XI, 15. 11. 1947, BAB, 99 US 7/491, Bl. 65. Die oben erwähnte, anschließend leicht überarbeitete Erstfassung stammt vom 3. 11. 1947; BAB, 99 US 7/490a. Zur Zusammenarbeit von Kehrl und Rasche vgl. Harald Wixforth, Auftakt zur Ostexpansion. Die Dresdner Bank und die Umgestaltung des Bankwesens im Sudetenland 1938/39, Dresden 2001; ders., Expansion, S. 94–174, 199–305; sowie die weitgehend apologetische Autiobiografie: Hans Kehrl, Krisenmanager im Dritten Reich. 6 Jahre Frieden – 6 Jahre Krieg. Erinnerungen, 2. Aufl. Düsseldorf 1973, mit einigen Hinweisen auf die Zusammenarbeit mit Rasche auf S. 133, 167 f.; zu Pleiger: Gerhard Kratzsch, Der Gauwirtschaftsapparat der NSDAP. Menschenführung – „Arisierung" – Wehrwirtschaft im Gau Westfalen-Süd. Eine Studie zur Herrschaftspraxis im totalitären Staat, Münster 1989; allgemein die bisweilen zu unkritische Darstellung von Matthias Riedel, Eisen und Kohle für das Dritte Reich. Paul Pleigers Stellung in der NS-Wirtschaft, Göttingen 1973.

[139] Vgl. den Überblick bei Rainer A. Blasius, Der Wilhemstraßen-Prozeß gegen das Auswärtige Amt und andere Ministerien, in: Ueberschär (Hg.), Nationalsozialismus, S. 187–198, hier S. 187–189, sowie Pöppmann, Robert Kempner, S. 171–183. Zu den Vorwürfen gegen die einzelnen Angeklagten vgl. Das Urteil im Wilhelmstraßen-Prozeß. Der amtliche Wortlaut der Entscheidung im Fall Nr. 11 des Nürnberger Militärtribunals gegen von Weizsäcker und andere [...], Schwäbisch Gmünd 1950; zu den Personalien der Richter und Ankläger Taylor, Nürnberger Prozesse. Kriegsverbrechen, S. 109 f.

[140] „Die feinen Herren waren besonders verlogen". Erinnerungen an die Nürnberger Prozesse, 40 Jahre danach. Ein Interview mit Robert M.W. Kempner, in: Blätter für deutsche und internationale Politik 30 (1985), S. 1387–1391, hier S. 1390; vgl. Pöppmann, Robert Kempner, S. 193, Fn. 39.

ser dafür geeignet als seine Vorstandskollegen und auch als Carl Goetz, der immerhin eine Gestapohaft nach dem gescheiterten Hitler-Attentat vom 20. Juli 1944 vorweisen konnte. Mindestens ebenso offenkundig wie in den drei Industriellenprozessen hatten die Nürnberger Ankläger damit freilich eine Symbolfigur vor Gericht gestellt, deren strafrechtliche Verantwortlichkeit sie erst noch beweisen mussten.[141]

4. Der Nürnberger Prozess gegen Karl Rasche

Die Autoren des OMGUS-Berichts hatten noch alle wichtigen Funktionsträger der Dresdner Bank pauschal als Kriegsverbrecher angeklagt sehen wollen. Den Nürnberger Ermittlern war hingegen lange vor Prozessbeginn klar, dass es ihnen um den Nachweis individueller Schuld gehen musste und eine Anklage der Vorstands- oder gar Aufsichtsratsmitglieder allein wegen ihrer Zugehörigkeit zu einem „kriminellen“ Unternehmen geringe Erfolgsaussichten haben würde. Damit rückten die Entscheidungsverfahren im Vorstand, die ressortabhängige Verantwortung der einzelnen Vorstandsmitglieder und die positionsbedingte Mitwisserschaft deutlich weiter in den Vordergrund, während die aus der Unternehmensgröße und den Aufsichtsratsmandaten abgeleitete „Macht“ der Dresdner Bank an Bedeutung verlor.[142] Diese Schwerpunktverlagerung zeigen beispielhaft die Verhöre Karl Rasches in Nürnberg, die jetzt weniger auf eine weitere Dokumentation der Geschäftspolitik und Geschäftsentwicklung der Bank als auf detailgenaue Informationen etwa über die Teilnahme an Veranstaltungen des Himmler-Kreises oder die Anwesenheit von Goetz bei Vorstandssitzungen zielten.[143]

Dennoch bestand das zentrale Problem der Anklageschrift, deren Endfassung Mitte November 1947 vorgelegt wurde, im Verhältnis von individuellen Tatvorwürfen gegen Rasche und dessen Stellung als Repräsentant der Bank – ein Spannungsverhältnis, das auch die Verfahren gegen seine Mitangeklagten prägte.[144] Die in der Anklageschrift des Gesamtfalls verstreuten, Rasche betreffenden Anklagepunkte wegen „Kriegsverbrechen und Verbrechen gegen die Menschlichkeit“ waren jedenfalls zu erheblichen Teilen nicht nur ihm anzulasten. Sie betrafen, erstens,

141 Vgl. dazu Ahrens, Exempelkandidat; ders., Unternehmer. Am deutlichsten ist der symbolische Zusammenhang im Fall Alfried Krupps; vgl. Werner Abelshauser, Rüstungsschmiede der Nation? Der Kruppkonzern im Dritten Reich und in der Nachkriegszeit 1933 bis 1951, in: Lothar Gall (Hg.), Krupp im 20. Jahrhundert. Die Geschichte des Unternehmens vom Ersten Weltkrieg bis zur Gründung der Stiftung, Berlin 2002, S. 267–471, hier S. 465. Auf den symbolischen Charakter der Industriellenprozesse verweist auch Tim Schanetzky, Unternehmer: Profiteure des Unrechts, in: Norbert Frei (Hg.), Karrieren im Zwielicht. Hitlers Eliten nach 1945, Frankfurt a.M./New York 2001, S. 73–129, hier S. 84. Zu den Industriellenprozessen vgl. außerdem die entsprechenden Kapitel bei Ueberschär (Hg), Nationalsozialismus; Weinke, Nürnberger Prozesse, S. 84–91; Jung, Rechtsprobleme; Wiesen, Overcoming Nazism; ders., West German Industry, S. 67–98.

142 Herbert Goldenberg, Inter-Office Memorandum „Individual Criminal Liability of Officials of the Dresdner Bank for Activities of the Bank“ an Foster Adams, den Leiter der Nürnberger Prosecution Staff im Untersuchungsverfahren gegen die Dresdner Bank, 14. 3. 1947, NA, RG 238, Entry 203, Box 2, Folder 12.

143 Vgl. die Protokolle der Vernehmungen Rasches am 25. 4., 27. 5. und 26. 7. 1947, NA, M 1019, Roll 55.

144 Pöppmann, Robert Kempner, S. 183 f.

Abb. 4: Karl Rasche (hintere Reihe Mitte) auf der Anklagebank des Nürnberger „Wilhelmstraßen-Prozesses"; links von ihm Emil Puhl, rechts Paul Körner. Vordere Reihe v. l. n. r.: Ernst Woermann, Karl Ritter, Otto von Erdmannsdorff, Edmund Veesenmayer, Hans Heinrich Lammers.

Quelle: Stadtarchiv Nürnberg.

die Verantwortung für die Entlassungen jüdischer Angestellter der Dresdner Bank und deren Mitwirkung an „Arisierungen" im Altreich.[145] Diese Vorwürfe fielen jedoch unter den im März 1948 auf Antrag der Verteidigung gestrichenen Anklagepunkt IV, der sich mit Verbrechen an deutschen Staatsbürgern befasste und nach der Rechtsprechung des IMT sowie der formaljuristischen Grundlage der Nachfolgeprozesse, dem Kontrollratsgesetz Nr. 10, nicht in die Kompetenz der Nürnberger Tribunale fiel.[146] Ein zweiter Bereich, den man als „SS-Komplex" zusammenfassen kann, betraf zwar teilweise Rasches ganz persönliche Verflechtung mit dem Regime im „Freundeskreis Reichsführer SS"; Spenden an den Freundeskreis und Kredite an die SS sowie deren Gliederungen und Wirtschaftsbetriebe fielen aber sicher nicht in Rasches alleinige Verantwortung. Die im Kontext eines Kriegsverbrecherprozesses wohl gewichtigsten Vorwürfe schließlich –

[145] Amt der Militärregierung für Deutschland (US), Anklageschrift Fall XI, 15. 11. 1947, BAB, 99 US 7/491, Bl. 49.

[146] Pöppmann, Robert Kempner, S. 176 f.; zur Problematik Smith, Jahrhundert-Prozeß, S. 24–26, 74 f. Ein ähnlicher Anklagepunkt war bereits im Dezember 1947 von den Richtern des Flick-Prozesses abgewiesen worden, den die Richter im Fall XI jedoch nicht als Präzedenzfall akzeptierten. Vgl. Trials of War Criminals, Bd. 13, S. 83 f.; zum Flick-Urteil Jung, Rechtsprobleme, S. 203 f.

„Arisierungen", „Germanisierungen" und „Verflechtungen" in den Niederlanden, im Sudetenland und im „Protektorat Böhmen und Mähren" (einschließlich der Übernahme der Böhmischen Escomptebank durch die Dresdner Bank) – fokussierten auf Rasches Ressortverantwortung im Vorstand; darüber hinaus stand hier aber auch seine ganz persönliche, ehrgeizige und skrupellose Geschäftspolitik im engen Zusammenwirken mit Hans Kehrl zur Debatte.[147]

Dass man mit Rasche lediglich einen Repräsentanten oder, wie Rasche selbst es formulierte, einen „Exempelkandidaten"[148] anklagen, damit aber gleichzeitig symbolisch die gesamte Dresdner Bank – und diese wiederum stellvertretend für die deutschen Großbanken – vor ein Tribunal stellen wollte, wurde besonders an einigen drastisch zugespitzten, historisch schlicht falschen Thesen des Eröffnungsvortrags der Anklage deutlich. Rasche habe als Vertrauensmann des Regimes versucht, die Dresdner Bank „mit dem Programm der NSDAP und der SS-Führung gleichzuschalten", und sein „Aufstieg vom fast unbekannten Provinz-Bankier zu der wichtigsten Persönlichkeit in der grossen Dresdner Bank" sollte das belegen. Im Zusammenhang mit den SS-Geschäften und den Spenden an den „Freundeskreis Himmler" tauchte noch gelegentlich Emil Meyer auf, aber ansonsten fokussierte man auf „Rasche und seine Dresdner Bank" oder die Aktivitäten „Rasches und seiner Geschäftsstellen", die im Rahmen eines „Regierungsplanes" – ganz im Sinne des OMGUS-Berichts – die „Arisierung" der deutschen Wirtschaft und die Ausbeutung der besetzten Gebiete betrieben hatten. So sehr Rasches besondere Belastung auch außer Frage stand, so wurde hier doch allzu geradlinig von der Kollektivverantwortung des Vorstands und der herausragenden Rolle von Carl Goetz abstrahiert, wurden die komplexen Entscheidungsprozesse in einem Großunternehmen auf unabhängige, willkürliche Handlungen eines einzelnen Vorstandsmitglieds reduziert, das „sein" Unternehmen scheinbar beliebig dirigiert hatte. Erst diese Zuspitzung erlaubte es, ein zweites Grundproblem durch die aus dem IMT bekannte Rechtsfigur der Verschwörung zu lösen: Die „anscheinend normalen Banktransaktionen" Rasches wurden als bewusste, gründlich vorbereitete Teilnahme an einem „verbrecherischen Plan von ungeheurem Ausmass" fassbar.[149]

Dass der Vortrag von einigen reichlich abwegigen Tatsachenbehauptungen begleitet war, deutet vielleicht nur auf eine zu oberflächliche Einarbeitung der Ankläger hin, die sich im Laufe des Prozesses noch hätte nachholen lassen: Rasches später Partei- und SS-Beitritt wies ihn nicht gerade als fanatischen Nationalsozialisten aus; eine „Gleichschaltung" der Dresdner Bank mit der NSDAP hätte angesichts des großbankenfeindlichen Parteiprogramms nur deren Auflösung bedeuten können; die „Arisierung" der deutschen und europäischen Wirtschaft war keineswegs ein Projekt der SS gewesen. Die Grundproblematik der beiden Hilfskonstruktionen aber, die letztlich den einzigen Weg darstellten, die unternehmerische Betätigung innerhalb der NS-Wirtschaft (unabhängig von ihrer ethischen Qualifizierung) als Kriegsverbrechen oder Verbrechen gegen die Menschlichkeit greifbar

[147] Amt der Militärregierung für Deutschland (US), Anklageschrift Fall XI, 15. 11. 1947, BAB, 99 US 7/491, Bl. 57f., 60–66, 79–81.

[148] Entwurf für Rasches persönlichen Schlussvortrag, o.D., S. 1, HADrB 14378-2000.

[149] Eröffnungsrede der Anklagebehörde, 6. 1. 1948, BAB, 99 US 7/2, Bl. 78–85.

zu machen, lag in ihrer konkreten Belegbarkeit. Ein großer Teil des Argumentationsaufwands von Anklage und Verteidigung während des Prozesses lässt sich letztlich auf diese beiden zentralen Fragen zuspitzen: Zur Debatte stand, erstens, die konkrete Verantwortung Karl Rasches für die Geschäftspolitik der Dresdner Bank insgesamt und im Detail; sowie, zweitens, die Justiziabilität „gewöhnlichen“ unternehmerischen Verhaltens in einem insgesamt kriminellen System. Vorwürfe der Erpressung oder ähnlich kommentferne Verhaltensweisen spielten zwar in der Verhandlung der einzelnen Anklagekomplexe eine gewisse, aber für Rasches Verurteilung nicht die entscheidende Rolle.

Neben der formalen kaufmännischen Korrektheit bildete daher das grundsätzlich unpolitische Verhalten der Großbanken im Allgemeinen und Karl Rasches im Besonderen den Kern einer Verteidigungsstrategie, deren Grundfiguren sich schon längere Zeit vor Prozessbeginn herausgebildet hatten. Schon im Frühjahr 1946 hatte man in der Dresdner Bank ernsthaft damit begonnen, sich auf die Sammlung von Gegenargumenten für den befürchteten Bankenprozess vorzubereiten und sich nach eventuell in Frage kommenden Rechtsanwälten umzusehen.[150] Im Sommer 1946 wurde die Sammlung entlastenden Materials institutionalisiert und teils in die oben bereits erwähnten Stellungnahmen des Chefvolkswirts Hunscha eingebracht.[151] Federführend war dabei bis zu seiner Verhaftung Joachim Entzian, der Mitte Oktober 1945 die Leitung der juristischen Abteilung für die westlichen Besatzungszonen in Beckum, später in Hamburg übernommen hatte und bereits im Februar 1947 vermerkte, das gesammelte Material sei umfangreich genug, um im Falle einer Anklage den Verteidigern umgehend „die notwendige Prozessinstruktion geben“ zu können.[152] Gelegenheit zur Systematisierung der Verteidigungsargumente bot bereits eine im Juni 1947 von der amerikanischen Financial Intelligence Section vorgelegte Zusammenfassung der OMGUS-Berichte über die Deutsche Bank und die Dresdner Bank. Dieser „Sonderbericht“ sollte durch eine weitestmögliche Verbreitung in den USA und in Deutschland die Entnazifizierung und Dezentralisierung der Großbanken beschleunigen.[153]

Eine interne Gegendarstellung der Bank argumentierte in erster Linie damit, dass die Dresdner Bank keinesfalls überdurchschnittlich von der NS-Wirtschaft

[150] Vgl. das Protokoll der 1. Sitzung des Ländergremiums in der amerikanischen Zone am 22. und 23. 5. 1946 in Esslingen, S. 9, HADrB 105772.

[151] Aktennotiz Hamburg, 24. 8. 1946, HADrB 13768-2000. Im März 1948 wurde Hunscha dann auch in die Materialsammlungen zur Entlastung Karl Rasches eingebunden; Aktennotiz Hunscha, o.D. (17. 3. 1948), HADrB 109581.

[152] Aktenvermerk Entzian, 23. 2. 1947, HADrB 13768-2000; Vernehmung Joachim Entzians am 5. 6. 1947, StA Nürnberg, Rep. 502, KV-Anklage Interrogations E 39, Bl. 3.

[153] Financial Intelligence Section, Progress Report Covering the Period 1 July 1946–30 June 1947, 23. 6. 1947, S. 2, NA, RG 260 Finance, Box 179, Folder 4; Militär-Regierung von Deutschland (Ver. Staaten), Dresdner Bank und Deutsche Bank. Sonderbericht des Militär-Gouverneurs, Juni 1947, HADrB 13761-2000. Der Bericht oder eine Vorversion davon zirkulierte nicht nur als Broschüre in den USA, sondern Auszüge daraus wurden auch an die deutsche Presse gegeben; Aktennotiz Henzel (Konsortialbüro Hamburg), 20. 6. 1947, HADrB 13768-2000. Teichmann, der möglicherweise über seine Nürnberger Kontakte an eine vollständige Fassung gelangte, reichte diese umgehend an den Hamburger Führungsstab der Deutschen Bank weiter, wo man bis dahin nur die veröffentlichten Auszüge gekannt hatte; Teichmann an Kessler (Führungsstab der Deutschen Bank Hamburg), 9. 7. 1947, mit Antwortschreiben gleichen Datums, HADB, RWB 6.

profitiert, sondern darunter eher gelitten habe. Doch so richtig der Hinweis auf die wesentliche Rolle öffentlich-rechtlicher Kreditinstitute war, so sehr fielen dabei andererseits die speziellen Engagements der Bank in zentralen Bereichen der Kriegswirtschaft – insbesondere in der Luftrüstung – unter den Tisch oder wurden allein dem zuständigen Vorstandsmitglied Emil Meyer angelastet. Dass man sich auf den Standpunkt stellte, der Vorwurf der Finanzierung von „Kriegsindustrie" könne ebenfalls „jeder kleinsten Bank" gemacht werden, war eine völlige Verzerrung des kreditwirtschaftlichen Gewichts der Großbanken. Dasselbe galt für den Verweis auf die „zweitrangige und lediglich ausführende Rolle" der Banken innerhalb der NS-Wirtschaft und die angeblich grundsätzlich passive, stets zu Gunsten der zur Veräußerung gezwungenen Vorbesitzer wirkende Teilnahme der Bank an der „Arisierung" jüdischer Unternehmen. Immerhin wurde hier aber durchaus noch zugegeben, dass die Expansion der Bank seit 1938 mit der vorangehenden Entwicklung „in keiner Weise zu vergleichen oder zu vermengen" war.[154]

Spätestens Ende 1946 hatten außerdem gemeinsame Besprechungen mit Vertretern der Deutschen Bank und der Commerzbank zur koordinierten Vorbereitung auf eventuelle Prozesse begonnen, bei denen ebenfalls Entzian die Dresdner Bank vertrat.[155] Nachweisen lässt sich auch die Beteiligung der drei Filialgroßbanken an der Finanzierung eines „Büros" der westdeutschen Schwerindustrie in Nürnberg, dessen Materialsammlung sowohl den Verteidigern der Industriellen-Prozesse als auch der publizistischen Gegenwehr gegen die alliierte Dekartellierungspolitik dienen sollte.[156] Nachdem Rasche schließlich allein unter Anklage gestellt worden war, wurde zu seiner Verteidigung Egon Kubuschok verpflichtet, der als Rechtsbeistand Franz von Papens und der Reichsregierung im IMT zwei Freisprüche erreicht und sich dadurch einige Prominenz erworben hatte. Kubuschok, zu dem man bereits im Herbst 1946 Kontakt aufgenommen hatte, war zunächst als Verteidiger von Goetz und als Koordinator der Verteidigung weiterer Vorstandsmitglieder vorgesehen gewesen.[157] Ihm zur Seite trat im April 1948 der ehemalige stell-

[154] Leese/Hunscha/Henzel/Repke, Stellungnahme zum Sonderbericht vom Juni 1947, 18. 8. 1947, Zitate S. 2, 8, 11 f., HADrB 13761-2000.

[155] Entzian, Betr.: Nürnberger Prozess, 17. 12. 1946; Aktenvermerk Entzian, 23. 2. 1947, beides in: HADrB 13768-2000. An der zweiten Besprechung nahmen außerdem Vertreter von Krupp und Mannesmann teil.

[156] Zahlungen der Dresdner Bank lassen sich von Anfang 1947 bis Mitte 1948 nachweisen; vgl. Siemers an Ewers, 6. 3. 1948, HADrB 11239-2001. Zu den Zahlungen der Deutschen Bank und der Commerzbank vgl. die einschlägige Korrespondenz von Juli bis November 1948, HAC 400/633. Zum Nürnberger „Industriebüro", das federführend von dem Nürnberger Verteidiger Walter Siemers organisiert wurde, vgl. Wiesen, West German Industry, S. 70–79; ders., Overcoming Nazism. Rasches Anwalt Kubuschok erfuhr aber offenbar erst 1948 davon, dass das Archiv auch für den Rasche-Prozess verwendbare Unterlagen enthalten könnte; Kubuschok an Nagel, 7. 2. 1948, BAK, All. Proz. 3 Nagel, Nr. 2. In den nächsten Monaten erhielten Rasches Verteidiger aus dem „Büro Siemers" zwar „verschiedene Dokumentabschriften", doch scheint der Austausch insgesamt sehr beschränkt gewesen zu sein; vgl. Kubuschok an Nagel, 16. 6. 1948, ebd.

[157] Teichmann, Rechtsanwälte, die grundsätzlich zugesagt haben, 2. 9. 1947, HADrB 13768-2000. Vgl. Franz von Papen, Der Wahrheit eine Gasse, München 1952, S. 627. Kubuschok hatte außerdem im Nürnberger Juristenprozess den Justizstaatssekretär Franz Schlegelberger vertreten; vgl. Michael Förster, Jurist im Dienst des Unrechts. Leben und Werk des ehemaligen Staatssekretärs im Reichsjustizministeriums, Franz Schlegelberger (1876–1970), Baden-Baden 1995, S. 156–166; Arne Wulf, Staatssekretär Prof. Dr. Dr. hc. Franz Schlegelberger 1876–1970, Frankfurt a.M. 1991, S. 65–153.

vertretende Chefsyndikus Adolf Schäfer, dessen im vorangehenden Kapitel erwähnte Probleme mit der Entnazifizierung dazu führten, dass er nur über einen Beratervertrag beschäftigt wurde.[158] Walter Teichmann, der frühere Leiter des Vorstandssekretariats für die Affiliationen, richtete in Nürnberg ein Büro zu Rasches Betreuung ein und organisierte den Kontakt zu dessen ehemaligen Kollegen.[159]

Dieses Trio war zwar vordergründig nur mit der Verteidigung Karl Rasches in einem Strafprozess befasst. Tatsächlich schlug sich die Doppelfunktion des Prozesses als Strafverfahren und symbolisches Tribunal jedoch in zweierlei Hinsicht auch in der Verteidigung nieder. Erstens bestand offenbar ein weitreichender Konsens mit Rasches Vorstandskollegen darüber, dass es primär um die öffentliche Entlastung der Dresdner Bank im Ganzen ging. Man hatte, wie Teichmann klar formulierte, „nicht die Interessen des Herrn Dr. Rasche zu vertreten“, der sich in der Bank nicht unbedingt der größten Sympathie erfreute, sondern es ging „um das Interesse des Institutes“. Dazu musste allerdings, schon wegen der tatsächlichen Mitverantwortung der übrigen Vorstandsmitglieder, auch eine günstige Beurteilung Rasches beitragen. Es durften also nicht einfach sämtliche Vorwürfe auf den „Exempelkandidaten“ abgewälzt werden, sondern auch dessen Verhalten musste als juristisch makellos dargestellt werden.[160] Deshalb verwundert es auch nicht, dass die Bank die insgesamt sicher nicht ganz geringen Kosten von Rasches Verteidigung übernahm, obwohl seine Kollegen sich keineswegs mit ihm identifizierten.

Zweitens musste es auch der Verteidigung nicht nur um die Widerlegung einzelner Tatvorwürfe, sondern auch um eine historische Gesamtdeutung gehen, die derjenigen der Anklage konsequent entgegentrat. Kubuschoks Eröffnungsvortrag zu Rasches Kreuzverhör, das erst acht Monate nach Eröffnung des Prozesses begann, brachte das mustergültig auf den Punkt. Rasche stand, so Kubuschok, einerseits als „Ersatzmann“ für den toten Emil Meyer, andererseits „gewissermassen als Repräsentant des deutschen Bankgewerbes“ vor Gericht. Er habe aber lediglich „eine normale bankmässige Tätigkeit“ ausgeübt, so wie die Großbanken insgesamt nur ihre „natürliche und normale Mittlerfunktion in der Wirtschaft“ ausgefüllt hätten. Diese scharfe Trennung zwischen nationalsozialistischer Politik und privater Unternehmertätigkeit war zwar gerade im Falle Rasches eine Fiktion, denn mit dessen angeblich „unpolitischen geschäftlichen Zielen“ waren die wirtschafts- und besatzungspolitischen Interessen des NS-Regimes untrennbar verwoben gewesen. Aber Kubuschok legte den Finger durchaus auf die zentrale Schwachstelle der Anklage, wenn er darauf verwies, dass anders als bei Politikern oder Militärs aus der Funktion eines Unternehmers nicht einfach auf dessen Identifikation mit dem NS-Regime geschlossen werden konnte. Eine weitere Argu-

[158] Butz an Schleipen, 28. 1. 1948, HADrB 13927-2000.

[159] Vgl. die Protokolle der Ausschuss-Sitzungen in Wiesbaden, 11. 5. 1949, und Düsseldorf, 10. 3. 1950, HADrB 5140-2000; Teichmann an Ponto, 2. 12. 1976, HADrB 978–2002P.

[160] Vgl. ausführlicher Ahrens, Exempelkandidat; Zitat in: Teichmann an Butz, 7. 2. 1948, HADrB 13927-2000. Auch Assistenzverteidiger Schäfer wies später darauf hin, die Bemühungen der Verteidigung seien „im Hinblick sowohl auf das zu erwartende Strafmaß des Angeklagten als auch auf den geschäftlichen Ruf der Dresdner Bank, der durch diesen Prozeß auf keinen Fall eine Beeinträchtigung erfahren sollte“, unternommen worden; Schäfer, Wege, S. 116.

mentationslinie eröffnete der Verteidiger mit der These, dass die Banken grundsätzlich „lediglich ein dienendes Glied des Wirtschaftsorganismus" bildeten und zumal unter den totalitären Bedingungen der NS-Zeit und unter dem Primat der Produktionslenkung den „Folgen des Systems, die den Banken häufig unerwünscht waren, [...] nicht ausweichen konnten." In der Verbindung mit der Behauptung, dass ein Kreditinstitut regelmäßig nur „auftrags und im Interesse seiner Kunden" tätig werde, ließ sich hier eine Hierarchie der Verantwortung – absteigend vom Staat über die Industrie bis zu den Banken – konstruieren. Zusammen mit dem Verweis auf Rasches „kollegiale" Mitgliedschaft im Vorstand schmolz dessen Verantwortung so auf die kaum noch erkennbare Funktion eines immerhin nicht ganz kleinen Rädchens im Getriebe. Aber selbst die Ressortverantwortung und die Kenntnis konkreter Geschäfte reichten nach Kubuschok noch nicht aus, um Rasches tatsächlichen Einfluss, also die eigentlich strafwürdige Handlung, zu belegen; hier berührte der Verteidiger das zweite Grundproblem der Anklage.[161]

Dieses Argumentationsschema schien dadurch an Plausibilität zu gewinnen, dass Rasche der einzige „Privatmann" in einem Prozess gegen lauter Vertreter des NS-Staats war. Seine Verteidiger überließen den Vertretern der übrigen Angeklagten bewusst „die Verteidigung der allgemeinen wirtschaftlichen und politischen Linie" und suchten sich „bescheiden auf die Rolle eines privaten Wirtschaftlers zurück[zu]ziehen."[162] Gerade dadurch ließ aber die scheinbar rein an den faktischen Details orientierte Strategie immer wieder durchscheinen, dass auch die Verteidigung die symbolischen, geschichtspolitischen Dimensionen des Prozesses aufnahm und systematisch an der Konstruktion eines Geschichtsbildes arbeitete, das – ebenso wie in den Industriellenprozessen – den akuten Rechtfertigungsdruck in eine weiter ausholende Legende vom grundsätzlich apolitischen, tendenziell regimekritischen und zumindest gelegentlich oppositionellen Unternehmer im Dritten Reich umzumünzen trachtete.[163] In diesen Kontext fügten sich Kubuschoks mehrfach erfolgreiche Versuche, Presse und Rundfunk von einer ausführlichen Würdigung der Beziehungen Rasches zum „Freundeskreis Himmler" abzuhalten,[164] ebenso wie Zeugenaussagen von Repräsentanten des NS-Regimes wie Otto Ohlendorf, Kurt Freiherr von Schröder oder Walther Schieber, die Rasche als grundsätzlich apolitischen, zum Schutz des privaten Bankgewerbes notfalls auch dem Regime gegenüber konfliktbereiten Geschäftsmann darstellten.[165]

In die gleiche Richtung zielte Rasches Selbstdarstellung in seinen öffentlichen Vernehmungen zwischen dem 20. und dem 27. August 1948, die gleichzeitig das charakteristische Spannungsverhältnis zwischen den Interessen des Angeklagten und denjenigen der Dresdner Bank demonstrierte. Das Frage- und Antwortspiel zwischen Rasche und Kubuschok zeigt zwar sehr deutlich, dass der übergreifende Argumentationsansatz vor allem auf den Nachweis durchgehend kaufmännisch korrekten, vom politischen Hintergrund losgelösten Handelns sowohl speziell

161 Eröffnungsvortrag Kubuschoks zum Verhör Rasches, 19. 8. 1948, BAB, 99 US 7/152, Bl. 121–134.
162 Teichmann an Zinßer, 15. 11. 1948, HADrB, Personalia Karl Rasche.
163 Vgl. zu dieser Dimension der Industriellenprozesse Wiesen, Overcoming Nazism; ders, West German Industry, S. 67–98.
164 Vgl. Ahrens, Exempelkandidat, S. 657 f.
165 BAB, 99 US 7/766, Bl. 77–79 (Schieber); 99 US 7/768, Bl. 39 f. (von Schröder); ebd., Bl. 65 f. (Ohlendorf).

Rasches als auch der Bank insgesamt zielte.[166] Rasche dachte dabei allerdings, was ihm kaum zu verdenken war, primär an sich selbst. Verärgert notierten seine Verteidiger, er halte sich „zu wenig an das sorgfältig ausgearbeitete Konzept, indem er viel zu sehr in die Breite" gehe und den nachgeordneten Ressorts Verantwortung zuzuschieben suchte, obwohl die Anklage vor allem auf seine übergeordnete Verantwortung im Vorstand zielte.[167]

In diametralem Gegensatz zur Verteidigung legten die Ankläger es offensichtlich darauf an, dem Gericht in erster Linie die unmittelbaren politischen Beziehungen des Angeklagten zu demonstrieren. Etwa die Hälfte des Kreuzverhörs drehte sich um dessen Beziehungen zur SS – laut Rasche eine „Angelegenheit für junge Leute", die sich für ihn vor allem als Leichtathletikfunktionär interessiert hatte – und den „Freundeskreis" Himmlers oder die Auseinandersetzungen um die verstärkte Nazifizierung der Großbanken während des Kriegs.[168] Die kurzen Wortwechsel zu einzelnen Transaktionen im europäischen Machtbereich des NS-Regimes hingegen waren für die Tatsachenzusammenhänge kaum erhellend und verrieten wohl nicht nur nach Meinung der Verteidigung, „daß der Ankläger die Materie nicht genügend übersehen hat".[169]

Erst während der Verhöre und lange nach der Anklageerhebung stellten die Anklagevertreter, wie in amerikanischen Strafprozessen üblich, in einem „trial brief" die einzelnen Anklagepunkte ausführlicher zusammen.[170] Auch diese Gesamtdarstellung der Beweislage zeigte die Bemühung, den Nachweis eines systematischen politischen Zusammenhangs von Rasches einzelnen Aktivitäten zu führen. Es müssten „alle Tatsachen von Rasche's [sic!] Karriere und Tätigkeiten zusammengenommen werden", um die „direkte Verbindung" zwischen seinen Beziehungen zur SS, deren Finanzierung und „seinen Vergrösserungserfolgen im Zuge der deutschen Besetzungen, Vergrösserungen sowohl für das nationalsozialistische Reich als auch für die Dresdner Bank" offenzulegen. Diese Konstruktion bedurfte freilich einiger deutlich überzogener Darstellungen, um den unmittelbar politischen Charakter der Bankgeschäfte herausstellen zu können. Die Dresdner Bank hatte keineswegs „sehr grosse nicht kommerzielle Anleihen an Unternehmen der SS" vergeben und dies auch nicht „ohne angemessene Sicherheit" getan, sondern sich selbst in diesem „politischsten" Geschäftsfeld der NS-Zeit von den üblichen Kriterien betriebswirtschaftlicher Risikoabwägung leiten lassen, die auch der überzeugte Nationalsozialist Emil Meyer respektiert hatte. Politisch motivierte Zielsetzungen hatten vielleicht Meyer umgetrieben, nicht aber den Karrierebankier Rasche.

Das galt ebenso für die Vorwürfe der „Plünderung" in den besetzten Gebieten. Es war in der Tat kein Zufall, dass die Ausdehnung der Bank wesentlich – aber

[166] Vernehmungen Rasches durch Kubuschok, 20.–25. 8. 1948, BAB, 99 US 7/153–154, 156–160.
[167] Teichmann an Pilder, 24. 8. 1948 (Zitat); Teichmann an Overbeck, 24. 8. 1948, beides in: HADrB 13766-2000.
[168] Kreuzverhör Rasches durch den Ankläger Lyon, 25./26. 8. 1948, BAB, 99 US 7/160, Bl. 40–48 (Zitat Bl. 42), 99 US 7/161, Bl. 1–40.
[169] Teichmann an Goetz, 27. 8. 1948, HADrB 13766-2000. Dies bezog sich auf die Vernehmungen Rasches durch den Ankläger Rockler, 26. 8. 1948, BAB, 99 US 7/162, Bl. 53–112.
[170] Robert M.W. Kempner, Ankläger einer Epoche. Lebenserinnerungen. In Zusammenarbeit mit Jörg Friedrich, Frankfurt a.M. 1983, S. 220.

eben nicht allein – von Rasche und Meyer vorangetrieben worden war, aber das hatte zumindest im Falle Rasches nichts damit zu tun, dass er und Meyer „mit der SS und dem Kreis der Freunde verkettet" gewesen waren. Ebenso wenig traf es zu, dass Rasche „die Tätigkeit der Bank so lenkte, um die allgemeine nationalsozialistische Politik in den besetzten Gebieten, wo nur immer möglich, zu unterstützen und zu fördern" – die Kausalbeziehung war vielmehr genau umgekehrt gewesen, indem die Bank nach Kräften von der territorialen Erweiterung des nationalsozialistischen Machtbereichs profitiert hatte. Das Argument des planvollen und somit zumindest auch politisch motivierten Zusammenwirkens mit dem NS-Regime durchzog auch die Darstellung der einzelnen Anklagekomplexe. Relativ breiten Raum nahm dabei die so genannte „Kehrl-Rasche-Mission" ein. Die Einverleibung von Kernstücken der tschechischen Schwerindustrie in die deutsche Rüstungswirtschaft ließ sich nicht zuletzt auf Grund der Aussagen Hans Kehrls am schlüssigsten als konzertierte Aktion der nationalsozialistischen Wirtschaftsbürokratie, der quasistaatlichen Reichswerke und der Dresdner Bank darstellen.

Zugleich konnte man hier eindeutig Rasches unmittelbare Präsenz in den verschiedenen Verkaufsverhandlungen nachweisen. Dies gestaltete sich in den Niederlanden, wo deutlich vorsichtiger von den Banken „als Ratgeber, Unterhändler, Agenten, Makler" die Rede war, schon schwieriger; die knappen Ausführungen zu Belgien – der Komplex war in der ursprünglichen Anklageschrift gar nicht vorgekommen – erwähnten Rasche kaum namentlich. Der Abschnitt über die „finanzielle Unterstützung und Hilfe gegenüber den deutschen Plünderungsdienststellen" im besetzten Polen schließlich signalisierte nicht nur bereits im Titel, dass das Verschwörungskonstrukt hinsichtlich einer aktiven, federführenden Beteiligung der Bank hier auf deutlich schwächeren Beinen stand. Die Ankläger mussten auch zugestehen, dass Emil Meyer dafür „hauptverantwortlich" gewesen war, wollten Rasche aber trotzdem als „voll verantwortlich" wegen seiner Zustimmung zu Krediten verurteilt sehen – mit dieser Begründung hätte man auch den gesamten Vorstand vor Gericht stellen können.[171]

Die Verteidigung reagierte darauf mit einer wesentlich detaillierteren Gegendarstellung im Rahmen der vertrauten Argumentationsmuster. Gerade der Verkehr im „Freundeskreis" Himmlers sei kein Beleg für eine besondere politische

[171] Vorläufige Darstellung der Anklage hinsichtlich der Tatsachen über des Angeklagten Karl Rasche's Teilnahme an Grausamkeiten und Vergehen (Artikel V), Teilnahme an Beraubungen und Vergehen (Artikel (VI), Teilnahme an Zwangsarbeit (Artikel VII) und SS-Zugehörigkeit (Artikel VIII), 25. 8. 1948, Zitate S. 1, 41, 52, 95, 107, HADrB 13946-2000. Diese Zusammenstellung („Preliminary Brief") wurde später als „Teil I" des „Abschließenden Schriftsatzes" der Anklage (15. 11. 1948, BAB, 99 US 7/779, Bl. 4) bezeichnet, während „Teil II" sich allein mit den während des Prozesses vorgetragenen Zeugenaussagen und den von der Verteidigung vorgelegten Dokumenten befasst. „Teil I" fehlt in den Akten des Bundesarchivs. Er findet sich unter etwas anderem Titel im StA Nürnberg, KV-Prozesse Fall 11, Q 18 (Spezialia Karl Rasche). Hinzu kamen jeweils mehrere Angeklagte betreffende, kürzere Darstellungen über die Haupttreuhandstelle Ost (28. 7. 1948), die Deutsche Umsiedlungs-Treuhandgesellschaft (2. 8. 1948) und den „Freundeskreis Himmler" (23. 8. 1948); alles in: HADrB 13946-2000 (StA Nürnberg, KV-Prozesse Fall 11, B 302–304). Zu „Teil II" des Anklageschriftsatzes existiert wiederum ein „Cross-Closing Brief der Verteidigung", o. D., BAB, 99 US 7/786, 787. Zur Finanzierung der SS-Unternehmen vgl. Bähr, Dresdner Bank, S. 489–542; zur Industriepolitik der Bank im „Protektorat Böhmen und Mähren" Wixforth, Expansion, S. 254–305; zu Belgien Bähr, Continentale Bank; zu den Niederlanden Sattler, Handelstrust West.

Belastung, war dieser doch angeblich „nichts weiter als ein gesellschaftlicher Club" ohne unmittelbaren Zusammenhang mit der SS gewesen. Die dortige Mitgliedschaft hatte der Leichtathletikfunktionär Rasche ohnehin vor allem angenommen, weil ihm „die Erhaltung des unpolitischen Charakters des deutschen Amateursportes am Herzen" gelegen hatte.[172] So haarsträubend manche der Erklärungen über Rasches Beziehungen zur SS und zum Himmler-Kreis auch waren, für eine Verurteilung durch ein Nürnberger Tribunal wären diese Tatbestände allein kaum hinreichend gewesen. Das galt auch für die Spenden an den „Freundeskreis" und die Finanzierung von SS-Betrieben, für die eindeutig Emil Meyer federführend und der Vorstand insgesamt verantwortlich gewesen war.

Die entscheidenden Vorwürfe betrafen zweifellos die „Plünderung" in den besetzten Gebieten. Auch die Antwort der Verteidigung auf diesen Anklagepunkt zeigte die Doppelstrategie, zum einen die Verantwortung der Bank und zum anderen diejenige Rasches soweit wie möglich herunterzuspielen, und sie bestand aus einer Montage von angemessenen Korrekturen an den Überzeichnungen der Anklage und schlichten Falschdarstellungen. So falsch die Behauptung war, die Banken seien „im totalitären System des Dritten Reiches" grundsätzlich „in ihrer Geschäftspolitik in stärkstem Masse unselbständig" gewesen, so richtig war andererseits der Hinweis auf das hohe Maß an Arbeitsteilung in einer Großbank und darauf, dass nur Rasches konkrete Verantwortung innerhalb der Bank für eine Verurteilung ausschlaggebend sein könne. Mehr als nur ein freizügiger Umgang mit der Wahrheit war aber vor allem die These, die Betätigung der Bank in den besetzten Gebieten sei lediglich „die Fortsetzung bzw. Wiederanknüpfung einer seit Jahrzehnten bestehenden Tradition", die Ausweitung des Geschäftsumfangs seit 1938 nur die Folge einer „Intensivierung der Wirtschaftsbeziehungen zwischen Deutschland und seinen Nachbarländern" gewesen. Der Versuch einer „Normalisierung" jeglicher Banktransaktion stieß hier offensichtlich an seine Grenzen.[173]

Das zeigte sich im Einzelnen an der Darstellung der Vorgänge in der Tschechoslowakei, wo Kubuschok analog zur Anklageschrift ausführlich zeigen wollte, dass die inkriminierten Handlungen durchweg entweder rein kaufmännisch geführte Geschäfte gewesen oder von der staatlichen Zwangswirtschaft erzwungen worden waren. Rasche hatte beim Erwerb tschechischer Industriebeteiligungen keineswegs einfach als „Verhandlungsagent" der NS-Regierung fungiert, und es war durchaus kein Zufall, sondern seinem persönlichem Ehrgeiz und seiner engen Beziehung zu Hans Kehrl zu verdanken gewesen, dass gerade die Dresdner Bank bei der Vermittlung dieser Geschäfte federführend gewesen war. Gerade im Protektorat hatte Rasche alles daran gesetzt, die einmal errungene Position als Hausbank der Reichswerke durch Vermittlungs- und Beratungsdienste auszubauen. Den „völlig unterschiedlichen Charakter", den die Verteidigung den industriepolitischen Transaktionen zuschrieb, um das Konstrukt einer „Kehrl-Rasche-Mission" zurückzuweisen, besaßen diese im Detail; unübersehbar war aber die übergreifende Zielsetzung einer möglichst umfangreichen Integration schwerindus-

172 Closing Brief der Verteidigung, Teil I, o.D., BAB, 99 US 7/781, Bl. 17, 21, 57f.

173 Closing Brief der Verteidigung, Teil II, o.D., BAB, 99 US 7/782, Bl. 2–7. Zum Komplex des Beteiligungs-Nachweises vgl. auch die „Zusammenfassung der Verteidigung der im Fall Rasche speziell auftretenden Rechtsfragen", (o.D.), BAB, 99 US 7/780, Bl. 7–12.

trieller Kernstücke der tschechischen Wirtschaft in die nationalsozialistische Kriegsmaschinerie. Speziell für die beiden Rüstungsunternehmen Brünner Waffenwerke und Skoda lieferte Kubuschok ein wahrhaft originelles Zusatzargument für die wirtschaftliche Vorteilhaftigkeit ihres Übergangs in deutsche Hände – schließlich seien „nach der Auflösung der tschechoslowakischen Wehrmacht sowohl der Grund für die Aufrechterhaltung einer tschechischen Staatsbeteiligung [...] als auch der bedeutendste Abnehmer der Produktion dieser Rüstungswerke in Fortfall gekommen".[174]

Ursache und Wirkung verkehrte auch die Formulierung, die Böhmische Escompte-Bank (BEB) habe von sich aus „Anlehnung an ein anderes starkes Institut" gesucht.[175] Tatsächlich hatte die Dresdner Bank sich zunächst vergeblich um den Erwerb einer Mehrheit durch gewöhnliche Aktienankäufe bemüht. Erst die drastische Veränderung der politischen Rahmenbedingungen nach dem Einmarsch der deutschen Truppen in die Tschechoslowakei und ein Run auf die Konten des Prager Geldinstituts, der dieses an den Rand der Zahlungsunfähigkeit brachte, hatten die Möglichkeit geschaffen, durch eine Kapitalherabsetzung und eine direkt anschließende Kapitalerhöhung dieses Ziel zu erreichen. Gerade in diesem Fall war die Deutung der Anklage, die Übernahme sei Teil eines langfristig angelegten Plans gewesen, am ehesten zutreffend, hatte doch Kehrl die BEB ganz gezielt „zum Konzentrationspunkt für deutsche Interessen in der Tschechoslowakei" machen wollen.[176] Dieser „Plan" war freilich nicht von vornherein in den Einzelheiten ausgeklügelt worden, und Rasches Beteiligung daran war durchaus nicht eindeutig bestimmbar. Die Grenze zur Dreistigkeit überschritt allerdings erst Kubuschoks Formulierung, die Geschäftspolitik der BEB-Konzernmutter Dresdner Bank sei nicht nur auf eine Sanierung ihrer Tochtergesellschaft gerichtet gewesen, sondern auch darauf, „mit den tschechischen Banken und der tschechischen Wirtschaft ein gutes Einvernehmen herzustellen und ihre Interessen in weitgehendstem Masse zu berücksichtigen"[177] – ganz so, als habe es gar keine deutsche Besetzung und keine Besatzungsinstanzen gegeben, mit denen man aufs engste zusammengearbeitet hatte. Das hatte sich nicht zuletzt im massiven Engagement bei „Arisierungen" gezeigt, wo Rasches Verteidiger auch für das Protektorat die Legende auftischte, die Banken hätten lediglich, „entsprechend ihrer traditionellen Vermittlerfunktion, ihre Kundschaft beraten und zum Teil auch in deren Auftrag mit dem Vertragspartner und mit den zuständigen Behörden verhandelt."[178]

Relativ einfach und plausibel zu begegnen war hingegen den Vorwürfen zu Rasches Beteiligung an der Ausbeutungs- und „Germanisierungs"-Politik im besetzten Polen, hatte doch hier eindeutig die Verantwortung für die Geschäftspolitik

174 Closing Brief der Verteidigung, Teil II, o. D., BAB, 99 US 7/782, Bl. 32 f., 100, 126.
175 Ebd., Bl. 70.
176 Wixforth, Expansion, S. 199. Das Zitat entstammt einer Notiz Reinhold von Lüdinghausens nach einer Besprechung mit Kehrl am 24. 11. 1938.
177 Closing Brief der Verteidigung, Teil II, o. D., BAB, 99 US 7/782, Bl. 77.
178 Ebd., Bl. 82. Kubuschok ging dabei bis zu der Behauptung, dass in einem der spektakulärsten und industriepolitisch wichtigsten „Arisierungs"-Fälle „die Dresdner Bank bemüht war, den Interessen" der Industriellenfamilie Petschek „in jeder Weise dienlich zu sein." Ebd., Bl. 169; ähnliche Formulierungen zum Fall Weinmann ebd., Bl. 176.

der Dresdner Bank bei Emil Meyer gelegen.[179] Ebenso wie hier argumentierte Kubuschok jedoch auch im Fall des niederländischen Stützpunkts der Dresdner Bank, dass die Tochtergesellschaft Handelstrust West sich allein auf die „bankübliche Rolle als Vermittler beim Erwerb von Beteiligungen" beschränkt und ihre Tätigkeit sich „mit den Plänen der Regierung nicht gedeckt" habe. An einem aggressiven Betreiben von „Arisierungen" und „Verflechtungen" niederländischer Unternehmen mit deutschem Kapital hatte das die Bank freilich nicht gehindert. Nur die halbe Wahrheit beschrieb auch der Hinweis, Rasche habe die laufenden Geschäfte des Handelstrust seinen formalen Untergebenen überlassen.[180] Das galt zwar für das Massengeschäft, doch hatte Rasche sich ausdrücklich die Anbahnung wichtiger Geschäfte selbst vorbehalten.[181] Zutreffender war dieses Argument hinsichtlich der Brüsseler Continentalen Bank. Hier konnte freilich der Aufwand der Verteidigung gering bleiben, denn die einzelnen von Kubuschok angeführten Anklagedokumente erlaubten kaum ein zusammenhängendes Bild der Banktätigkeit in Belgien.[182]

Die beiden Richter, die Rasche nach einem halben Jahr Bedenkzeit im April 1949 schuldig sprachen und zu sieben Jahren Haft (unter Anrechnung der Internierung seit April 1945) verurteilten, ließen sich durch Kubuschoks Argumente nur sehr begrenzt beeindrucken. Die „Mitgliedschaft in einer verbrecherischen Organisation", der SS (nicht im „Freundeskreis" Himmlers, der nicht als eine solche Organisation galt), trotz unterstellten Wissens um deren verbrecherische Ziele war ein eindeutiger Tatbestand im Sinne der Nürnberger Rechtsprechung, an dem trotz allem darstellerischen Aufwand nicht zu rütteln war. Die Herausforderung lag vielmehr in der angemessenen Einordnung der Geschehnisse in den besetzten Gebieten und insbesondere im „Protektorat", wo die Richter Christianson und Maguire zu eindeutigen Schlüssen kamen. Die Umstände des Mehrheitserwerbs an der Böhmischen Escompte-Bank wurden von ihnen als „Anwendung von Zwangsmaßnahmen" gewertet. Während ihrer Partizipation am „radikalen Einziehungs- und unverantwortlichen Arisierungsprogramm des Reiches in der Tschechoslowakei" habe die BEB sodann „vorwiegend unter Aufsicht und Kontrolle" Rasches gestanden, und dessen aktive Beteiligung an der „Raubaktion des Reiches" gegen die Skoda-Werke, die Poldihütte, die Erste Brünner Maschinenfabrik und die Wittkowitzer Stahlwerke war in der Tat unbestreitbar. Vorsichtiger waren die entsprechenden Formulierungen zu den Aktivitäten des Handelstrust West, wo Rasches direkter Einfluss sehr viel geringer gewesen, seine Vorstandskompetenz und seine Informiertheit dennoch unbestreitbar waren; hier griffen die beiden Richter zu der Hilfskonstruktion, der Handelstrust habe „unter der Aufsicht der Dresdner Bank" agiert, „deren diesbezügliche Richtlinien die Stellungnahme und die Ziele des Angeklagten Rasche widerspiegelten." Im Fall der Continentalen Bank demonstrierten sie jedoch, dass allein die Ressortkompetenz nicht für einen Schuldspruch hinreichte, und wiesen das Beweismaterial als ungenügend zurück.

[179] Closing Brief der Verteidigung, Teil III, o.D., BAB, 99 US 7/783, Bl. 8, 31, 52.
[180] Ebd., Bl. 74–87.
[181] Sattler, Handelstrust West, S. 689.
[182] Closing Brief der Verteidigung, Teil III, o.D., BAB, 99 US 7/783, Bl. 129.

Dass die beiden Richter sich die Würdigung des umfangreichen Beweismaterials und die Begründung ihres Schuldspruchs zu leicht gemacht hätten, mithin hier ein rein politisches Urteil unter Vernachlässigung individueller Schuld gesprochen worden wäre, lässt sich also kaum behaupten. Das demonstrierte vielleicht am deutlichsten ihre Beurteilung der unter ethischen Gesichtspunkten skandalösesten Anklagepunkte. Die Finanzierung von SS-Unternehmen, also die Unterstützung von „Vernichtung durch Arbeit" und des „Germanisierungs"-Programms in den besetzten Ostgebieten, bildete für sie „ein schwieriges Problem", für das sie letztlich aber eine einfache Lösung fanden. Sie verwiesen nicht nur auf die grundsätzliche Verantwortung Emil Meyers für die Beziehungen der Dresdner Bank zur SS. Auch hier zeigte sich ihr kritischer Blick auf das Beweismaterial der Anklage, weil nach dem Widerruf einer Aussage Oswald Pohls der direkte Nachweis über Rasches Kenntnis von den Arbeits- und Haftbedingungen in den SS-Betrieben nicht mehr zu erbringen war. Aber selbst aus der Feststellung, dass Rasche „den Verwendungszweck der Kredite gekannt" haben müsse, folgte keineswegs ein Schuldspruch. Eine Verletzung des Völkerrechts sei in diesen moralisch sicherlich zu verurteilenden Geschäften nicht zu erkennen, denn der Kreditgeber könne prinzipiell nicht für die Verwendung der verliehenen Gelder verantwortlich gemacht werden.[183]

Wenn selbst die Kredite an den Vernichtungsapparat der SS juristisch nicht zu beanstanden waren, dann konnte man auch einen Schritt weiter gehen und die historische Fiktion vom „normalen" Bankgeschäft auf die Gesamtbeurteilung Rasches ausdehnen. Ebendies geschah im Minderheitsvotum des dritten Richters. Leon Powers wollte Rasche ganz auf der Linie der Verteidigung auch hinsichtlich der „Plünderung" in der Tschechoslowakei und den Niederlanden freisprechen, weil er keine ausreichenden Beweise für mehr als „gewöhnliche Verhandlungsverfahren" erkennen konnte.[184] Powers' Votum markierte insofern eine Extremposition, als die funktionale Mitverantwortung der Großbanken für die Ausbeutung von Sklavenarbeitern und besetzten Territorien hier als strafjuristisch völlig irrelevant eingeordnet wurde, die historischen Rahmenbedingungen des „gewöhnlichen" Bankgeschäfts also vollständig ausgeblendet blieben.

Schon die Existenz eines solchen Minderheitsvotums demonstriert, dass sich der Nürnberger Prozess gegen Karl Rasche von dem Waldheimer Schnelltribunal gegen Alfred Busch fundamental unterschied. Auch die Vorwürfe der Ankläger gegen den Vorstandssprecher hatten nur bei sehr oberflächlicher Betrachtung etwas mit den Waldheimer Urteilsbegründungen gemeinsam.[185] Das Nürnberger Urteil zeichnete sich vielmehr gerade dadurch aus, dass es den ursprünglichen, stark auf die funktionale Bedeutung der Großbanken abhebenden amerikanischen Argumentationsansatz im OMGUS-Bericht implizit für juristisch irrelevant erklärte. Die amerikanischen Prozesse spielten sich in einem rechtsstaatlichen Rahmen ab, der sich grundsätzlich von den Waldheimer Willkürverfahren unterschied und den amerikanischen Anspruch, das nationalsozialistische Terrorregime durch

[183] Das Urteil im Wilhelmstraßen-Prozeß, S. 157, 231–236, 269–277.
[184] Ebd., S. 317f. Zu Powers' Votum vgl. Blasius, Wilhelmstraßen-Prozeß, S. 192f.
[185] Vgl. dagegen Abelshauser, Rüstungsschmiede, S. 468, der die Anklage im Krupp-Prozess als Variante der vulgärmarxistischen Faschismustheorie Georgi Dimitroffs abtut.

eine demokratische Zivilgesellschaft abzulösen, auch auf der Verfahrensebene demonstrierte.[186] Die eigentliche Problematik der Nürnberger Prozesse gegen Repräsentanten der Privatwirtschaft lag auf einer anderen Ebene. Sie resultierte daraus, dass eine unternehmerische Partizipation am Raub- und Expansionsprogramm des NS-Regimes für dessen Funktionieren zwar unerlässlich gewesen, im Rahmen einer rein legalistischen Betrachtung aber häufig nicht zu beanstanden und dementsprechend auch in Strafprozessen nur schwer zu fassen war. Die Kontinuität des betriebswirtschaftlichen, an der profitmaximierenden Ausschöpfung rechtlicher Rahmenbedingungen orientierten Rationalverhaltens auch in der radikal veränderten Umwelt eines Terrorregimes[187] erleichterte nicht nur die Entlastungsstrategien deutscher Unternehmer und Spitzenmanager. Sie erklärt auch die Schwierigkeiten der Ankläger, eine sowohl juristisch konsistente als auch historisch korrekte Begründung der Anklage zu liefern, und die daraus resultierenden Ungereimtheiten der Anklageschrift.

Zugleich hinterließ das im Prozess um die „Kriegsverbrechen“ des Dresdner-Bank-Vorstands und bereits in den frühen Verhören der Vorstandsmitglieder konstruierte Bild der eigenen Geschichte nicht nur in späteren offiziellen Selbstdarstellungen seine Spuren.[188] Versatzstücke daraus dienten als Argumentationshilfen in den Auseinandersetzungen mit den Westalliierten um die Dezentralisierung der Großbanken, und sie lassen sich in den im dritten Teil dieses Buchs geschilderten Verfahren um die finanzielle Wiedergutmachung für Vermögens- und Einkommensschäden jüdischer Mitarbeiter, Kunden oder Geschäftspartner wiederfinden. Nicht zuletzt prägten sie das vollkommene Unschuldsbewusstsein Karl Rasches, der sich umgehend um die Revision des Urteils bemühte.

5. Abgrenzung und Kontinuität einer Elite

Es führt nicht sehr weit, über die Angemessenheit von Rasches Strafe zu räsonieren. Es gab kein Strafgesetzbuch, das eine angemessene Haftdauer vorgeschrieben hätte, und das Strafmaß wurde von den Richtern nicht begründet. Im Vergleich mit den fünfzehn Jahren Haft, zu denen Hans Kehrl verurteilt wurde, oder dem Todesurteil für Oswald Pohl kam Rasche deutlich glimpflicher davon, was durchaus einer geringeren Mitverantwortung an der Besatzungsherrschaft und den Verbrechen der SS entsprach. Im Vergleich mit Kurt von Schröder, der lange als wichtigster Kandidat für einen Bankiersprozess gehandelt worden war und schließlich mit einem Spruchgerichtsurteil über drei Monate Haft sowie einer (angesichts seines beträchtlichen Privatvermögens bescheidenen) Geldstrafe von 30000 DM davon kam,[189] kann man Rasches Bestrafung sogar als relativ hart einordnen. Der

[186] Zu den verfahrenstechnischen und rechtsdogmatischen Einwänden vgl. die ebenso gründliche wie abgewogene rechtshistorische Analyse des Flick-Prozesses von Susanne Jung mit dem klaren Fazit, dieses Verfahren sei „ein Prozeß, und nicht Politik im justizförmigen Gewand“ gewesen; Jung, Rechtsprobleme, S. 221.

[187] Vgl. dazu jetzt zusammenfassend Christoph Buchheim, Unternehmen in Deutschland und NS-Regime 1933–1945. Versuch einer Synthese, in: HZ 282 (2006), S. 351–390.

[188] Vgl. die Festschrift von Meyen, 120 Jahre, insb. S 133.

[189] Vgl. James, Verbandspolitik, S. 273; Krüger, Entnazifiziert, S. 77; Zonal Office of the Legal Advi-

„Exempelkandidat" des Bankgewerbes musste diese Strafe jedoch nicht vollständig absitzen. Sechzehn Monate nach dem Urteil, im August 1950, wurde er gemeinsam mit diversen anderen Häftlingen des Landsberger Gefängnisses vorzeitig aus der Haft entlassen. Anlass waren nicht die verschiedenen Gesuche der Verteidigung an den Militärgouverneur und an die Richter, sondern zwei allgemeine Straferlasse des amerikanischen Hochkommissars McCloy. Diese Amnestien demonstrierten die grundsätzliche amerikanische Bereitschaft, die mittlerweile in vollem Gang befindliche bundesdeutsche „Vergangenheitspolitik" einer weitgehenden Reintegration auch der in Landsberg einsitzenden NS-Verbrecher bis auf besonders krasse Einzelfälle zu akzeptieren.[190]

Die während des Prozesses deutlich gewordenen Differenzen zwischen Rasche, seinem Verteidigerteam und dem Vorstand der Dresdner Bank kamen bis dahin nicht etwa zur Ruhe. Kurz nach dem Urteil schien sich sogar anzudeuten, dass Rasche kaum mehr auf eine Unterstützung durch die Bank setzte. In apodiktischem Stil bat er Teichmann um „eine ganz klare schriftliche Mitteilung" darüber, „was die Bank für mich tun kann und wo sie Bedenken hat, damit ich sie nicht unnötig belästige." Den Anlass bot die Forderung nach einer Verteilung von Auszügen aus Powers' Minderheitsvotum an die Presse, die Rasche im Einklang „mit sämtlichen Herren unseres Prozesses" forderte – die Bank sollte die Aktion zwar bezahlen, aber „mit der Versendung nichts zu tun" haben.[191] Teichmann suchte Rasches ja nicht ganz unberechtigte Befürchtungen über die Prioritätensetzung der Bank umgehend damit zu beruhigen, dass bei allen Überlegungen Rasches Interessen klar „im Vordergrund" stünden, und wollte ihn andererseits vom Schulterschluss mit seinen Mithäftlingen abhalten, deren weiteres Schicksal die Bank eben nicht interessierte.[192] Den beruhigenden Worten zum Trotz boten eine von der Dresdner Bank mitfinanzierte Veröffentlichung des Powers-Votums, die Bestellung eines völkerrechtlichen Gutachtens, das die Unhaltbarkeit des „Plünderungs"-Urteils nachweisen sollte, und Briefe Rasches an Geschäftspartner und Kunden der Bank ohne Information seiner früheren Kollegen mehrfach Anlass zu Streitigkeiten. Der Eigensinn des ehemaligen Vorstandssprechers, der seine Rehabilitierung möglichst offensiv und öffentlich betreiben wollte, kollidierte mit deren Bemühen um eine formgerechte und diskrete Behandlung des Themas.[193]

ser (der britischen Zone), Retrial of Kurt von Schroeder 18–20th November, 1948, 23. 11. 1948, PRO, FO 371/70852.

190 Fritsch an Teichmann, 17. 8. 1950, HADrB 1502-2002; Liste der am 25. 8. 1950 entlassenen Häftlinge, BAK, B305/140. Zu den Revisionsversuchen Ahrens, Exempelkandidat, S. 664; zum Hintergrund vor allem Frei, Vergangenheitspolitik, S. 133–306; zur deutsch-alliierten Debatte Ulrich Brochhagen, Nach Nürnberg. Vergangenheitsbewältigung und Westintegration in der Ära Adenauer, Hamburg 1994, S. 17–172; zur inneramerikanischen Diskussion und zu McCloys Begnadigungspolitik Buscher, U.S. War Crimes Trial Program, S. 69–157; ders., Bestrafen, S. 106–111, 130–138; Thomas Alan Schwartz, Die Begnadigung deutscher Kriegsverbrecher. John J. McCloy und die Häftlinge von Landsberg, in: VfZ 38 (1990), S. 375–414; ders., Die Atlantik-Brücke. John J. McCloy und das Nachkriegsdeutschland, Frankfurt a.M./Berlin 1992, S. 227–253. Der Augsburger Anwalt Stefan Fritsch, der nach der Verurteilung (bei weiterer Beteiligung Kubuschoks) die juristische Federführung in den Bemühungen um eine vorzeitige Entlassung Rasches übernahm, hatte im Wilhelmstraßen-Prozess den Reichsfinanzminister Schwerin von Krosigk verteidigt; vgl. Lutz Graf Schwerin von Krosigk, Memoiren, Stuttgart 1977, S. 280f.

191 Rasche an Teichmann, 20. 4. 1949, HADrB 13773-2000.

192 Teichmann an Rasche, 21. 4. 1949, ebd.

193 Vgl. Ahrens, Exempelkandidat, S. 665f.

Rasches Entlassung sorgte mitnichten für eine Beendigung der Differenzen, sie ließ diese erst richtig eskalieren. Nach der reibungslosen Entnazifizierung pochte Rasche auf eine Rückkehr in den Vorstand der Dresdner Bank und verwies sicherheitshalber auf vermeintliche Sonderrechte aus seinem Status als „Spätheimkehrer".[194] Die ehemaligen Kollegen waren sich indes wohl schon seit längerem darüber einig, Rasche nicht wieder in ihren Kreis aufzunehmen, sondern bei Zahlung einer Abfindung lediglich die „Aufrechterhaltung eines freundnachbarschaftlichen Verhältnisses" zu akzeptieren.[195] Rasche hingegen demonstrierte sein ungebrochenes Selbstbewusstsein durch Auftritte im Namen (und auf Kosten) der Bank in rheinisch-westfälischen Industriekreisen, und er demonstrierte Goetz sein eher noch gesteigertes Unschuldsbewusstsein mit dem Anspruch, „daß er zu Unrecht am meisten für uns gelitten hätte und deshalb jetzt auch eine bevorzugte Behandlung verlangen könne."[196] Das sahen seine früheren Kollegen anders. Die zähen Verhandlungen um eine angemessene Abfindung, bei denen Rasche in einiger Überschätzung seiner Position gelegentlich sogar vorschlug, „einen uns beiden bekannten Herrn der Wirtschaft oder Ministerien oder der Politik als Mittler" einzuschalten,[197] endeten offenbar mit einer vorläufigen Einigung bis zur endgültigen Klärung des Rechtsstatus der Dresdner Bank, von der die genaue Ermittlung von Rasches Pensionsansprüchen abhing.[198]

Es liegt nahe, den Grund für die Trennung von Rasche in der Vermeidung eines Imageschadens zu suchen, der aus der Wiedereinsetzung eines verurteilten Kriegsverbrechers hätte resultieren können; darauf lässt sich Alfred Höllings Argument münzen, eine Identifikation der Bank mit Rasche sei „geschäftsschädigend".[199] Tatsächlich lagen die Gründe tiefer, der Prozess und die Folgezeit hatten sie nur weiter an die Oberfläche treten lassen. Rasches offensiver, ja arroganter Umgang mit der Anklage, seine Eigenmächtigkeiten während des Prozesses und danach zeigen eine Mentalität und einen Habitus des an die Spitze der zweitgrößten deutschen Bank gelangten Provinzbankiers, durch die er sich schon während der NS-Zeit von den innerhalb des Großbankenmilieus aufgestiegenen Kollegen unterschieden hatte. Rasche hatte in der vordersten Reihe jener neuen „Netzwerkspezialisten" gestanden, die zur Förderung der eigenen Karriere bewusst den Kontakt zu Repräsentanten des NS-Staats gesucht hatten, ohne unbedingt dessen ideologische Prämissen zu teilen.[200] Seine „sattsam bekannte Mentalität", auf die

[194] Rasche an Goetz, 3. 12. 1950, HADrB 108625. Das Gesetz über Hilfsmaßnahmen für Heimkehrer vom 19. 6. 1950, auf das Rasche sich hier berief, garantierte Deutschen in ausländischem Gewahrsam nach ihrer Freilassung u. a. das Wiederaufleben von durch die Internierung unterbrochenen Arbeitsverhältnissen, wenn sie nicht wegen einer Betätigung für den Nationalsozialismus interniert gewesen waren. Rasche verfügte über einen Heimkehrer-Meldeschein, die Anwendbarkeit dieser Regelung wurde jedoch von dem mit den Verhandlungen beauftragten Rechtsanwalt aus verschiedenen Gründen bestritten. Rechtsanwalt Schmidt an Goetz, 19. 1. 1951, ebd.; Heimkehrer-Meldeschein des Flüchtlingslagers Friedland, 30. 8. 1950, HADrB 115566.

[195] Goetz an Zinßer, Overbeck, Hölling, Schleipen, Richter, 8. 12. 1950, HADrB 108625.

[196] Goetz an Overbeck, Hölling, Zinßer, Schleipen, Richter, 22. 12. 1950, ebd.

[197] Rasche an Goetz, 7. 3. 1951, ebd.

[198] Entzian an Schäfer, 21. 5. 1951, HADrB 11245-2001. Eine abschließende Einverständniserklärung Rasches liegt nicht vor.

[199] Hölling an Goetz, 16. 12. 1950, HADrB 108625.

[200] Vgl. Harald Wixforth, Banken und Lobbyismus in der Weimarer Republik und der NS-Diktatur,

Hölling ebenfalls verwies,[201] hatte sich in größerem Ehrgeiz und in skrupelloserem Einlassen mit dem Nationalsozialismus geäußert als beim Großteil der deutschen Bankierselite. In diesem einen Punkt stimmten seine ehemaligen Kollegen durchaus mit den Nürnberger Richtern überein. Teichmann suchte Rasche unmittelbar nach dem Urteil mit der Feststellung zur Räson zu bringen, das Gericht habe durchaus korrekt festgestellt, dass er bis 1945 eines „der aktivsten Mitglieder des Vorstandes" gewesen sei – „Alle, die Sie kennen, wissen, dass das richtig ist."[202]

Andererseits waren Rasches Verstöße gegen den Komment des konservativen Großbankenmilieus nicht gravierend genug, um ihn vollständig auszugrenzen. Jemand, der im Begnadigungsverfahren Leumundszeugen wie Robert Pferdmenges oder Alfred Schaefer, den Generaldirektor der Schweizerischen Bankgesellschaft, mobilisieren konnte,[203] war eben auch durch den Prozess nicht zum völligen Außenseiter geworden. Rasche markierte, ähnlich wie der „Stahldiktator" Walter Rohland oder der Versicherungsmanager Adolf Samwer, jenen seltenen Grenzfall von Spitzenmanagern der NS-Zeit, deren fehlender Stallgeruch ebenso wie persönliche oder habituelle Differenzen mit dem kollegialen Umfeld ihre vollständige Reintegration in die deutsche Wirtschaftselite verhinderte. Ähnlich wie bei Rohland oder bei seinem ehemaligen Partner Hans Kehrl hinderte dies sein Umfeld aber nicht daran, Rasche als kompetenten Berater zu akzeptieren. Die spärlichen Quellen zeigen, dass er bis zu seinem frühen Tod im September 1951 eifrig damit beschäftigt war, durch eine „vermittelnde Beratertätigkeit" an alte Kontakte im rheinisch-westfälischen Unternehmermilieu sowie in Skandinavien und der Schweiz anzuknüpfen.[204]

Rasche trug sich ernsthaft mit dem Gedanken, ein eigenes Bankhaus zu eröffnen, und suchte 1951 über Walter Teichmann, der inzwischen in die Geschäftsleitung der Dresdner-Bank-Tochter Hardy & Co. gewechselt war, eine indirekte Beteiligung seines alten Arbeitgebers daran zu organisieren. Die Ablehnung des zweiten Hardy-Geschäftsführers Karl Pfeiffer fiel klar, aber freundlich aus; ganz im Sinne von Goetz' „freundlicher Nachbarschaft" antwortete Pfeiffer, man werde es „begrüssen, wenn sich in der Zukunft gemeinschaftliche Geschäfte erge-

in: Institut für bankhistorische Forschung (Hg.), Bankenlobbyismus, Stuttgart 2004, S. 31–56, hier S. 47–51; ders., Artikel „Karl Rasche", in: Neue Deutsche Biographie, Bd. 21, Berlin 2003, S. 156 f.

201 Hölling an Goetz, 16. 12. 1950, HADrB 108625.

202 Teichmann an Rasche, 21. 4. 1949, HADrB 13773-2000.

203 Erklärungen von Robert Pferdmenges, 11. 5. 1950, und Alfred Schaefer, 13. 5. 1950, der Rasche als „absolut anständigen Menschen" beschrieb; beide in: HADrB 14371-2000. Zu Schaefer, der bereits 1948 eine Erklärung für Rasche abgegeben hatte, vgl. Marc Perrenoud u.a., La place financière et les banques suisses à l'époque du national-socialisme. Les relations des grandes banques avec l'Allemagne (1931-1946), Lausanne 2002, S. 434–436.

204 Dies belegen diverse Kondolenzschreiben und Rasches Reisepass im Nachlass, HADrB 115566, 115568 und 115569; das Zitat in den Memoiren von Rasches ehemaligem Mitarbeiter Heinz Ansmann, der auch später Kontakt zu Rasches Familie hielt: Bankier. Erinnerungen an sechzig Jahre deutscher Wirtschaftsgeschichte, Mainz 1993, S. 138; zu Rasches Kontakten in der Schweiz vgl. Perrenoud u. a., La place financière, S. 433–437. Zu Rohland vgl. Henke, Besetzung, S. 513–533; Manfred Rasch, Walter Rohland zwischen Kaiserreich und Bundesrepublik. Eine biografische Skizze, in: ders. (Hg.), Findbuch zum Nachlass Walter Rohland (1898-1981) und zum Bestand Ruhr-Consulting GmbH, Duisburg 2001, S. 3–61, hier S. 55–60; zu Rohland und Kehrl: Berghahn, Unternehmer, S. 50–54; zu Samwer: Feldman, Allianz, S. 547–551.

ben würden."[205] Die starke Präsenz von Mitarbeitern der Dresdner Bank bei der Trauerfeier für Rasche – anwesend waren aus dem alten Vorstand Goetz, Hölling und Schippel, außerdem Hans Rinn; Overbeck fehlte wegen ernsthafter Erkrankung – demonstrierte ein letztes Mal, dass die deutsche Bankierselite bei der feinen Abgrenzung von ihrem vermeintlichen schwarzen Schaf durchaus die Form zu wahren wusste.[206]

Der seit längerem zu beobachtende Umschwung in der öffentlichen Meinung über die Kriegsverbrecherprozesse und die weitreichende Amnestiebereitschaft in der deutschen Politik hätten eine schärfere Abgrenzung ohnehin überflüssig gemacht.[207] Dass ein Engagement im Sinne des NS-Staats nicht unbedingt ein Hindernis für eine Tätigkeit in der Dresdner Bank sein musste, belegen andere Karrieren. Das herausragendste Beispiel bietet Emil Puhl, der im gleichen Prozess verurteilte ehemalige Vizepräsident der Reichsbank. Puhl, der wegen seiner Zusammenarbeit mit der SS bei der Verwertung der letzten Habe von Holocaustopfern zu fünf Jahren Haft verurteilt worden war, war nur kurze Zeit nach seiner Freilassung, seit April 1950, an den Beiratssitzungen der Hamburger Kreditbank beteiligt und wurde 1951 Mitglied der Geschäftsleitung. Neben seinen hervorragenden Auslandskontakten dürfte ihm dabei eine alte Bekanntschaft mit Carl Goetz zugute gekommen sein.[208]

Puhl ersetzte dort Hermann Victor Hübbe, der als maßgebendes Vorstandsmitglied der Dresdner-Bank-Tochter Deutsch-Südamerikanische Bank (seit 1937), prominenter Hamburger Nationalsozialist und Mitarbeiter des Reichssicherheitshauptamts ebenfalls auf den Fahndungslisten der amerikanischen Ermittler gestanden hatte, nach einer längeren Internierung jedoch als entlastet eingestuft worden war. Nach Kriegsende war Hübbe im Rahmen einer Arbeitsgemeinschaft von der zeitweise nahezu inaktiven Tochtergesellschaft in die Geschäftsleitung der Hamburger Kreditbank gewechselt. Nachdem sich das Geschäft der Deutsch-Südamerikanischen Bank bis Mitte 1950 „ausserordentlich günstig entwickelt" hatte, wurde die formelle Arbeitsgemeinschaft mit der Hamburger Kreditbank

205 Pfeiffer an Rasche, 28. 7. 1951, HADrB 108625.

206 Kondolenzbuch zur Trauerfeier für Dr. Karl Rasche, o.D.; Overbeck an Elisabeth Rasche, 19. 9. 1951, beides in: HADrB 115569. Zu von Halts Nachkriegsbiografie ausführlich Heimerzheim, Karl Ritter von Halt; sowie Holtfrerich, Deutsche Bank, S. 410–416.

207 Vgl. Frei, Vergangenheitspolitik, S. 163–195; Richard L. Merritt, Democracy Imposed. U.S. Occupation Policy and the German Public, 1945-1949, New Haven/London 1995, S. 147–178; ders./Anna Merritt, Public Opinion in Semisovereign Germany. The HICOG Surveys, 1949–1955, Urbana usw. 1980, S. 7–11.

208 Puhl war mit Goetz, unter anderem aus den internationalen Schuldenkonferenzen, „besonders gut bekannt"; Eidesstattliche Versicherung von Emil Puhl, 12. 5. 1948, BAB, 99 US 7/768, Bl. 67; sowie Bähr, Goldhandel, S. 126. Der Treuhänder der Hamburger Kreditbank begründete Puhls Berufung mit dessen hervorragenden Kontakten „in den angelsächsischen Ländern", die gerade für das Hamburger Institut von großer Bedeutung waren; Heinrich Reckmann an den Hamburger Finanzsenator Dudek, 1. 8. 1950, HADrB 1315-2002P. Puhls Teilnahme an den Beiratssitzungen ist dokumentiert in: HADrB 17835-2001. Vgl. auch die Affidavits ausländischer Bankiers in Puhls Verteidigungs-Dokumentenbuch I, BAB, 99 US 7/748; zu Puhls Verurteilung: Das Urteil im Wilhelmstraßen-Prozeß, S. 151–156. Nach dem Eintritt ins Rentenalter erhielt Puhl von der Bank deutscher Länder eine Pension für seine Reichsbankzeit als „eine Art Ehrensold für die besonderen Unbilden, die er erdulden musste"; Schippel an Zinßer, 30. 7. 1954, HADrB 11129-2001.

wieder aufgelöst und Hübbe widmete sich – bis 1966 im Vorstand, bis 1972 im Aufsichtsrat – wieder ausschließlich seinem alten Arbeitgeber.[209]

Auch Carl Lüer, neben Rasche und Meyer das dritte Vorstandsmitglied mit einer massiven nationalsozialistischen Belastung, wurde von der Bank nicht allein gelassen. Lüer wurde nach der Entlassung aus der Nürnberger Untersuchungshaft zunächst als Zeuge festgehalten und dann erneut verhaftet, weil man mit einer Verurteilung im Rahmen seines Entnazifizierungsverfahrens rechnete. Die Dresdner Bank stellte eine Kaution, die Entlassung wurde trotzdem abgelehnt.[210] Lüers weiterer Lebenslauf nach der Einstellung seines im vorangehenden Kapitel erwähnten Entnazifizierungsverfahrens lässt sich leider kaum noch rekonstruieren. An eine Rückkehr des Gelegenheitsbankiers, der von Carl Goetz nur aus taktischen Gründen in den Vorstand der Dresdner Bank geholt worden war, dürfte ohnehin niemand ernsthaft gedacht haben.[211] Nachweisbar ist eine Tätigkeit als Repräsentant der Türkiye Iş Bankasi in Frankfurt am Main; nach einer anderen Quelle betrieb Lüer in den sechziger Jahren in Frankfurt ein Handelsunternehmen, das unter anderem Importe aus der Türkei bezog.[212] Der persönliche Kontakt des 1969 verstorbenen „alten Kämpfers" zu Carl Goetz jedenfalls blieb erhalten, denn Lüer war trotz seines Rückzugs aus der Riege der deutschen Spitzenmanager unter den zahlreichen prominenten Gästen der Feierlichkeiten zu den siebzigsten und fünfundsiebzigsten Geburtstagen von Carl Goetz.[213]

Mit Rasche, Meyer und Lüer hatte sich der alte Vorstand um diejenigen Mitglieder bereinigt, die ihre Berufung primär oder gänzlich dem Nationalsozialismus zu verdanken gehabt hatten. Rein quantitativ markierte das Ende des NS-Regimes sogar einen tieferen Einschnitt in die Kontinuität des Vorstands als bei der Deutschen Bank.[214] Wie die Trennung von Karl Rasche zeigt, sollte man diese nach außen hin sehr dezente Grenzziehung jedoch nicht als eine „Selbstreinigung" im Sinne einer ernsthaften Auseinandersetzung mit der eigenen Vergangenheit missverstehen. Sie ist vielmehr als Konsolidierung eines Elitensegments zu betrachten, das in älteren Traditionen wurzelte und die NS-Zeit relativ unbeschadet überstan-

[209] Protokoll der sechsten Sitzung des Beirats der Hamburger Kreditbank, Bericht Overbeck, 3. 8. 1950, HADrB 17835-2001; Pressemitteilung der Deutsch-Südamerikanischen Bank anlässlich des Todes von Hermann Victor Hübbe, 13. 10. 1972, HADrB 100021. Zu Hübbes Karriere und Verhalten im Dritten Reich vgl. Bähr, Dresdner Bank, S. 273–278.

[210] Vgl. die Korrespondenz im StA Nürnberg, Rep. 502, KV Anklage Organisation G 141; Aktennotiz für Kubuschok, 5. 3. 1948, HADrB 13768-2000; Teichmann an Schleipen, 26. 5. 1948, HADrB 1215-2002.

[211] Vgl. Kopper, Bankiers, S. 245 f.; hier allerdings mit dem falschen Hinweis, Lüer sei 1938 „auf politischen Druck der NSDAP in den Vorstand aufgenommen" worden. Zu Person und Funktion Lüers vgl. Bähr, Dresdner Bank, S. 105–107.

[212] Hartmut Berghoff/Cornelia Rauh-Kühne, Fritz K. Ein deutsches Leben im zwanzigsten Jahrhundert, Stuttgart/München 2000, S. 335 (der Hinweis basiert auf den Erinnerungen eines Enkels des Buchprotagonisten Fritz Kiehn).

[213] Todesanzeige der Familie Lüer, Frankfurter Allgemeine Zeitung vom 22. 9. 1969; Gästeverzeichnisse zu den Abendessen zum 70. und 75. Geburtstag von Carl Goetz, 12. 6. 1955 und 12. 6. 1960, alles in: HADrB, Personalia Carl Goetz.

[214] Kopper, Bankiers, S. 244. Aus dem Vorstand der Deutschen Bank schieden Heinrich Hunke und Karl Ritter von Halt aus, letzterer wurde allerdings wie bei ehemaligen Vorstandsmitgliedern üblich 1952 in den Aufsichtsrat der Süddeutschen Bank gewählt. Das NSDAP-Mitglied Robert Frowein trat im selben Jahr in den Vorstand der Süddeutschen Bank ein. Vgl. ebd., S. 228, 235; Ziegler, Strukturwandel, S. 218.

den hatte – abgesehen von den jüdischen Kollegen, mit deren Entlassung man auf die Forderungen der Nationalsozialisten reagiert hatte. Im Grunde verfehlten die Nürnberger Ankläger mit der Verurteilung allein Rasches nicht nur ihre weiter gesteckten Ziele, sie verstärkten sogar die Kontinuität der deutschen Bankierselite, indem sie mit dem Prozess der Dresdner Bank den vordergründigen Anlass boten, einen ‚Seiteneinsteiger‘ aus einem relativ geschlossenen Milieu wieder auszugrenzen.

In dieses Milieu wäre mit Sicherheit auch Alfred Busch reintegriert worden, von dessen umgehender Rückkehr in den Vorstand man für den Fall einer Entlassung aus sowjetischer bzw. ostdeutscher Haft fest ausging.[215] Über einen Wiedereinstieg des 1944 entlassenen Hans Pilder, für den sich vor allem Hugo Zinßer einsetzte, der aber auch vom Berliner Betriebsrat für den Fall einer Neueröffnung der stillgelegten alten Zentrale angestrebt wurde, wurde im Sommer 1945 ebenfalls kurze Zeit nachgedacht.[216] Diese Idee scheint sich jedoch zerschlagen zu haben, nachdem Pilder verhaftet worden war, weiterhin „auf der Kriegsverbrecherliste“ und daher für die Besprechungen zur Reorganisation der Bankleitung nicht zur Verfügung stand.[217] Warum Pilder auch nach seiner Entlassung aus Nürnberg kein Posten in einem der Nachfolgeinstitute anvertraut wurde, ist den Quellen nicht zu entnehmen; fest steht, dass die Kontakte zu den alten Kollegen fortbestanden und diese zumindest punktuell Pilders langjährige Auslandskontakte nutzten. Formell war dieser Anfang 1944 in den Ruhestand getreten und erhielt seine Bezüge noch bis Ende 1947 weiter, danach zahlte die Bank zunächst freiwillige Abschläge auf seine wegen der unklaren Rechtslage der Berliner Großbanken schwebenden Pensionsansprüche.[218] Pilder, der bereits im Mai 1950 verstarb, zog sich bis dahin jedoch nicht vollständig in den Ruhestand zurück. Neben einer nicht genau nachvollziehbaren Tätigkeit für das Frankfurter Privatbankhaus Bass & Hertz[219] trat er, in völligem Einvernehmen mit der Dresdner Bank, als Deutschlandrepräsentant der Österreichischen Länderbank (der ehemaligen Dresdner-Bank-Tochter Länderbank Wien) bei deren Bemühungen um die Freigabe von den Amerikanern blockierter Depotposten bei der Dresdner Bank auf.[220] 1949 wurde Pilder außerdem der deutsche Repräsentant ebenjener Türkiye Iş Bankasi, für die

[215] Zinßer an Paul Schmidt, den Vorstandsvorsitzenden der Magdeburger Feuerversicherungs-Gesellschaft in Fulda, 21. 10. 1948, HADrB 11127-2001. 1952 beantragte man beim Amtsgericht Berlin-Charlottenburg, Busch weiterhin intern als Vorstandsmitglied zu führen, seinen Namen jedoch bei amtlichen Bekanntmachungen nicht nennen zu müssen, um seine Freilassung nicht zu gefährden; Aden (bevollmächtigter Notar) an Amtsgericht Charlottenburg, 17. 3. 1952, HADrB 45371-2001.

[216] Rinn an Zinßer, 15. 8. 1945, HADrB 111660; Zinßer, Gedanken zu der für den 10. September in Hannover vorgesehenen Besprechung mit den Berliner Kollegen, 7. 9. 1945, S. 8f., HADrB 108201; Aktennotiz Uhrlandt, 30. 8. 1945, HADrB 106258. Pilder war zu dieser Zeit „häufig am Breitenbachplatz“, wo unter Overbecks Leitung in der früheren Depositenkasse eine improvisierte Berliner Geschäftsleitung domizilierte; vgl. dazu Kapitel V.1.

[217] Hölling an Goetz, 18. 10. 1945, HADrB 11142-2001. Hölling bezog sich vermutlich auf die kurz zuvor veröffentlichte Liste des Kilgore-Ausschusses; vgl. Fn. 87 in diesem Kapitel.

[218] Goetz an Pilder, 30. 11. 1943 (Auszug), HADrB 45371-2001; Personalbüro der Zentralstelle Hamburg an Personalbetreuungsstelle Ost, 18. 2. 1948, HADrB 5541-2000.

[219] Zinßer an Pilder, 5. 12. 1949, HADrB 11104-2001. Das „jüdische“ Bankhaus Bass & Hertz war 1938 geschlossenen und 1947 wieder eröffnet worden; vgl. Leiskow an Alzheimer, 2. 9. 1949, HADrB 11120-2001.

[220] Vgl. die Korrespondenz Juni-Oktober 1949, HADrB 44676-2001.

später Carl Lüer arbeitete, und organisierte gleichzeitig die Interessenvertretung der Dresdner Bank in drei Restitutionsklagen wegen französischer Aktienpakete.[221]

Alfred Hölling, Hugo Zinßer und Gustav Overbeck, die drei übrig gebliebenen Mitglieder des bei Kriegsende bestehenden Vorstands, formierten sich nach dem Ende der Nürnberger Ermittlungen gemeinsam mit dem Aufsichtsratsvorsitzenden Carl Goetz, dem sie ihre Berufungen zu verdanken hatten und der trotz seines zeitweiligen Rückzugs gerade in der unsicheren Situation der Nachkriegsjahre unbestrittene Autorität genoss, zu einem informellen Lenkungsgremium, dem „Alten Kreis".[222] Hinter den Kulissen der in den nächsten Kapiteln zu schildernden alliierten Dezentralisierungspolitik garantierte diese Gruppe den geschäftspolitischen Zusammenhalt und die Unternehmensidentität der Dresdner Bank. Dem „Kreis" gehörte außerdem der in den Wirren des Kriegsendes und der folgenden Reorganisation faktisch zum Vorstandsmitglied aufgerückte Carl Schleipen[223] an. Hinzu kam mit Hermann Richter eine Figur, deren große Bedeutung für die Dresdner Bank und Präsenz in zahlreichen Aufsichtsräten anderer Großunternehmen[224] sich leider umgekehrt proportional zur Quellenlage verhalten. Richter, der 1932 im Alter von nur 30 Jahren von Goetz in die Geschäftsleitung der Dresdner Bank geholt worden war und ebenso wie Zinßer als dessen „Vertrauensmann" eingeordnet werden kann,[225] war 1942 als Generalbevollmächtigter aus den Diensten der Bank geschieden und hatte bis 1945 die Geschäftsführung der Henkel & Cie. GmbH in Düsseldorf übernommen.[226] Er frischte im Juni 1945 den Kontakt auf und wandte sich im August mit der Bitte an Zinßer, seine Nichtbeteiligung an „Arisierungen" zu bescheinigen.[227] Richter blieb bis 1948 Vorstandsmitglied der Vertriebsgesellschaft Henkel & Cie. AG, eröffnete dann eine Praxis als selbständiger Industrieberater und übernahm von Mitte 1948 bis 1952 für die

[221] Pilder an Dresdner Bank Berlin, Konsortialabteilung, 13. 8. 1949, HADrB 12979-2001; Aktennotiz Auslands-Abteilung Düsseldorf, 26. 7. 1949; Goetz an Hölling, 2. 8. 1949, beides in: HADrB 1785-2002.

[222] Genaue Daten über die Konstituierung dieses Kreises liegen nicht vor, die erste explizite Erwähnung stammt aus dem August 1948. Zumindest bis 1950 blieb der Alte Kreis auf die genannten sechs Personen beschränkt; Goetz an „die Mitglieder des sogenannten ‚Alten Kreises'", 4. 8. 1950, HADrB 11127-2001. Vgl. Horstmann, Die Alliierten, S. 179; Meyen, 120 Jahre, S. 148. Ein ähnliches Gremium existierte für die Nachfolgeinstitute der Deutschen Bank; Holtfrerich, Deutsche Bank, S. 481 f.

[223] Zinßer hatte bereits im September 1945 festgestellt, dass Schleipen eine Verantwortung trage, „die weit das normale Maß [eines A-Direktors] übersteigt", und war sich mit Goetz jedenfalls vage über eine Ausdehnung von Schleipens formalen Kompetenzen einig; Zinßer an Hölling, 24. 9. 1945, HADrB 106258.

[224] Vgl. etwa den Nachruf „Ein einflußreicher Mann, den die meisten nicht kannten" in der Bad Homburger Taunus-Zeitung, 23. 4. 1982, und die Pressemitteilung zu Richters 75. Geburtstag, 24. 1. 1978; beides in: HADrB, Personalia Hermann Richter.

[225] Ziegler, „Entjudung", S. 90. Besonders nahe stand Goetz Hugo Zinßer, den er bald nach seinem Eintritt in die Bank 1931 zu seinem „nächsten Mitarbeiter" gemacht und als seinen „Generalstabschef" bezeichnet hatte; Ansprache von Goetz auf der Trauerfeier für Hugo Zinßer, 21. 7. 1955, HADrB 11104-2001.

[226] Meyen, 120 Jahre, S. 340; Wilfried Feldenkirchen/Susanne Hilger, Menschen und Marken. 125 Jahre Henkel 1876-2001, Düsseldorf 2001, Anhang S. 86–88.

[227] Richter an Zinßer, 22. 6. 1945; dito, 3. 8. 1945, HADrB 108624.

Abb. 5: Der „Alte Kreis“ 1950 in Wiesbaden. V. l. n. r.: Hugo Zinßer, Gustav Overbeck, Carl Schleipen, Hermann Richter, Carl Goetz, Alfred Hölling.
Quelle: HADrB.

Dresdner Bank die Federführung in den zähen Verhandlungen um die schrittweise Rezentralisierung der Großbanken.[228]

Der 1948 in den Vorstand der Hamburger Kreditbank aufgerückte Hans Rinn war zwar kein Mitglied des Alten Kreises, besaß aber kaum geringere Autorität. Die Führungsposition in einer „provisorischen Geschäftsleitung“ der alten Berliner Zentrale übernahm, nachdem mit einer Neuaufnahme des Geschäfts nicht mehr gerechnet werden konnte, Fritz André, seit seiner Ausbildung bei der Danat-Bank bzw. Dresdner Bank und seit 1939 Leiter der gesamten Konsortialabteilung.[229] Neben Schleipen, Rinn und André rückten diverse weitere Abteilungsleiter der NS-Zeit auch in den westdeutschen Nachfolgeinstituten in zentrale Funktionen ein oder stiegen in die Vorstände auf. Den Alten Kreis, dessen Gründung und Tätigkeit sich nur noch bruchstückhaft rekonstruieren lassen, ersetzte nach der vorläufigen Rezentralisierung in drei Regionalinstitute 1952 ein „Neuer Kreis“, der als halboffizielles Koordinierungsgremium bis zur „Wiedervereinigung“ 1957 regelmäßig die ordentlichen Vorstandsmitglieder und die Aufsichtsratsvorsitzenden versammelte und formelle geschäftspolitische Beschlüsse fasste. Von 1952 bis 1957 institutionalisierte Carl Goetz seine integrierende Funktion als Aufsichtsratsvorsitzender der Rhein-Ruhr Bank AG, während Hermann Richter

[228] Der früheste Hinweis auf einen Beratervertrag mit Richter findet sich in einer Aktennotiz Erich Vierhubs vom 10. 6. 1948, HADrB 6509-2000.

[229] Dresdner Bank AG, Pressemitteilung zum 40jährigen Bankjubiläum von Fritz André, 8. 5. 1959, HADrB, Personalia Fritz André.

diese Position in der Rhein-Main Bank AG übernahm. Mit Hans Schippel, der bei seiner Entlassung aus Nürnberg bereits das Rentenalter erreicht hatte, als Aufsichtsratsvorsitzendem der Hamburger Kreditbank AG beendete ein weiteres Mitglied des alten Vorstands seine Bankierskarriere in den Nachfolgebanken.

Auch die ordentlichen Vorstandsmitglieder der drei Regionalinstitute waren mit Hugo Zinßer (gestorben 1955), Ernst Matthiensen und Erich Vierhub sowie Max Bardroff (seit 1956) in Frankfurt, mit Alfred Hölling, Carl Schleipen, Max Schobert (gestorben 1955), Adolf Schäfer (seit 1956) und Fritz André (seit 1957) in Düsseldorf sowie mit Gustav Overbeck (gestorben 1952), Hans Rinn, Emil Puhl und Fritz Rudorf (seit 1955) in Hamburg praktisch durchgehend langjährige Mitarbeiter der Dresdner Bank. Die einzigen Ausnahmen bildeten Puhl und Rudorf, der ehemalige Vorstandsvorsitzende der Bank der Deutschen Luftfahrt.[230] „Hauskarrieren" hatten durchweg auch die stellvertretenden Vorstandsmitglieder Herbert Henzel, Leonhard Freiherr von Richter und Werner von Richter (Frankfurt), Walther Blancke und Günther Ladisch (Düsseldorf) sowie Felix Steinrücke und Franz Witt (Hamburg) aufzuweisen. André, Bardroff, Matthiensen, Rinn, Rudorf, Schäfer, Schleipen, Vierhub und Witt sowie die Stellvertreter Blancke, Henzel und Leonhard von Richter bildeten schließlich den Gründungsvorstand der vollständig rezentralisierten Dresdner Bank AG, deren Aufsichtsratsvorsitz Carl Goetz bis kurz vor seinem Tod 1965 übernahm. Goetz' Nachfolger wurde zunächst Ernst Matthiensen, dem 1972 Hermann Richter folgte; Richter hatte bis dahin, ebenso wie Alfred Hölling bis 1966, als stellvertretender Aufsichtsratsvorsitzender fungiert.[231]

Durch den sukzessiven Einzug von Mitarbeitern der zweiten Führungsebene in die Vorstände blieb, nach der Trennung von den drei nationalsozialistisch belasteten Vorstandsmitgliedern, der mittelfristige Einfluss der westalliierten Besatzungspolitik auf die Zusammensetzung der Dresdner-Bank-Führung relativ gering. Dies war kein Spezifikum der Bank, sondern ebenso wie in der Industrie[232]

[230] Rudorf hatte als Vorstandsvorsitzender der BDL durch eine enge Zusammenarbeit bei der Finanzierung der Luftrüstung ein ausgezeichnetes Verhältnis zum Dresdner-Bank-Vorstand; Bähr, Dresdner Bank, S. 392–397. Über die Umstände seiner Berufung liegen jedoch keine Quellen vor. Rudorf war von 1929 bis 1934 Mitarbeiter, 1934 bis 1938 Vorstandsmitglied der Deutschen Revisions- und Treuhand AG, die die Bilanzen der Dresdner Bank prüfte. Im Sommer 1945 von der sowjetischen Besatzungsmacht verhaftet und 1950 in den Waldheimer Prozessen zu zehn Jahren Haft verurteilt, trat er nach seiner vorzeitigen Entlassung 1954 zunächst in die Rhein-Main Bank, ab 20. 4. 1955 in die Hamburger Kreditbank ein. Lebenslauf Fritz Rudorf, 18. 4. 1957, HADrB 16505-2001; Dresdner Bank AG, Pressemitteilung zum sechzigsten Geburtstag von Fritz Rudorf, 29. 5. 1961, HADrB, Personalia Fritz Rudorf. Zur Verurteilung Rudorfs in den Waldheimer Prozessen vgl. Abschnitt 1 in diesem Kapitel.

[231] Meyen, 120 Jahre, S. 162, 335 f.; Geschäftsberichte der Rhein-Main Bank AG, Rhein-Ruhr Bank AG und Hamburger Kreditbank AG 1952-1956; Geschäftsbericht der Dresdner Bank AG 1957. Die erste Sitzung des Neuen Kreises fand am 16. 1. 1953, die letzte am 4. 5. 1957 statt; vgl. die Protokolle in HADrB 1386-2002, 1378-2002. Adolf Schäfer war, obwohl nur stellvertretendes Vorstandsmitglied, von Anfang als Protokollführer anwesend. Weitere stellvertretende Aufsichtsratsvorsitzende der Dresdner Bank AG wurden 1957 der spätere Bundesbankpräsident Karl Blessing und Hermann Schlosser, der Vorstandsvorsitzende der Degussa. Zu den Lebensläufen der Vorstandsmitglieder vgl. im Einzelnen den biografischen Anhang.

[232] Vgl. dazu insbesondere Hervé Joly, Großunternehmer in Deutschland. Soziologie einer industriellen Elite 1933 bis 1989, Leipzig 1998; Paul Erker, Einleitung: Industrie-Eliten im 20. Jahrhundert, in: ders./Toni Pierenkemper (Hg.), Deutsche Unternehmer zwischen Kriegswirtschaft und Wiederaufbau. Studien zur Erfahrungsbildung von Industrie-Eliten, München 1999, S. 1–18; als jüngs-

Tabelle IV/1: Aufsichtsratsvorsitzende (1. Zeile) und Vorstandsmitglieder der Nachfolgeinstitute und der Dresdner Bank AG (mit dem Jahr des erstmaligen Eintritts in die Dresdner Bank bzw. Danat-Bank und deren Vorläufer).

Alter Kreis 1948–1952	Rhein-Main Bank AG 1952–1957	Rhein-Ruhr Bank AG 1952–1957	Hamburger Kreditbank AG 1952–1957	Dresdner Bank AG 1957
Carl Goetz (1931)	Hermann Richter (1932)	Carl Goetz (1931)	Hans Schippel (1933)	Carl Goetz (1931)
Alfred Hölling (1921)	Hugo Zinßer (1915)	Alfred Hölling (1921)	Gustav Overbeck (1914)	Fritz André (1919)
Gustav Overbeck (1914)	Ernst Matthiensen (1937)	Carl Schleipen (1917)	Hans Rinn (1918)	Max Bardroff (1916)
Hermann Richter (1932)	Erich Vierhub (1920)	Max Schobert (1922)	Emil Puhl (1950)	Ernst Matthiensen (1937)
Carl Schleipen (1917)	Max Bardroff (1916)	Adolf Schäfer (1934)	Fritz Rudorf (1954)	Hans Rinn (1918)
Hugo Zinßer (1915)	Herbert Henzel (1933)	Fritz André (1919)	Felix Steinrücke (1926)	Fritz Rudorf (1954)
	Leonhard von Richter (1929)	Walther Blancke (1922)	Franz Witt (1935)	Adolf Schäfer (1934)
	Werner von Richter (1923)	Günther Ladisch (1930)		Carl Schleipen (1917)
				Erich Vierhub (1920)
				Franz Witt (1935)
				Walther Blancke (1922)
				Herbert Henzel (1933)
				Leonhard von Richter (1929)

im gesamten Bankwesen zu beobachten. Doch nicht nur der politische Systemwechsel, auch der wirtschaftliche Strukturwandel seit Beginn des 20. Jahrhunderts waren für die Rekrutierungsmuster eines offenbar von starken Beharrungskräften geprägten Elitenmilieus weitgehend folgenlos. Das galt gerade auch für das ein-

tes Beispiel aus der Unternehmensperspektive: Peter Hayes, Die Degussa im Dritten Reich. Von der Zusammenarbeit zur Mittäterschaft, München 2004, S. 326–329. Nach Jolys Untersuchungen (S. 174) machte sich der alliierte Einfluss höchstens in einer gewissen Beschleunigung des ohnehin anstehenden Generationswechsels bemerkbar. Zur Kontinuitätsthese allgemein Dieter Ziegler, Die wirtschaftsbürgerliche Elite im 20. Jahrhundert. Eine Bilanz, in: ders. (Hg.), Großbürger und Unternehmer. Die deutsche Wirtschaftselite im 20. Jahrhundert, Göttingen 2000, S. 7–29, hier S. 14 f. Kritisch dazu inzwischen (auf der Basis eines relativ kleinen Samples) Stefan Unger, Die „Herren aus dem Westen“ in den Jahren 1933 und 1945. Die personellen Konsequenzen der Errichtung und des Untergangs der nationalsozialistischen Diktatur für die Wirtschaftselite des Ruhrgebiets, in: Werner Abelshauser/Jan-Otmar Hesse/Werner Plumpe (Hg.), Wirtschaftsordnung, Staat und Unternehmen. Neue Forschungen zur Wirtschaftsgeschichte des Nationalsozialismus. Festschrift für Dietmar Petzina zum 65. Geburtstag, Essen 2003, S. 321–337. Pauschal zugespitzt wird diese Gegenposition bei Werner Plumpe, Unternehmen im Nationalsozialismus. Eine Zwischenbilanz, in: ebd., S. 243–266, hier S. 250.

deutig vorrangige Rekrutierungsmuster der „Hauskarrieren", der Berufung über einen längeren Zeitraum hinweg aufgestiegener Mitarbeiter in die Vorstände, das durch die nationalsozialistischen Eingriffe in die Großbankenvorstände nur vorübergehend unterbrochen worden war. Während aber die „Entjudung" der Bankvorstände nach 1933 einen drastischen Einschnitt in die Zusammensetzung der Bankierselite dargestellt hatte, blieben Entnazifizierung und Strafverfolgung in dieser Hinsicht ein Randphänomen; Karl Rasche war die Ausnahme von der Regel. Die Deutsche Bank beschäftigte, anders als die Dresdner Bank, mit Karl Ritter von Halt und Robert Frowein sogar zwei ehemalige Vorstandsmitglieder weiter, die vor allem als Nationalsozialisten in den Vorstand gelangt waren.[233]

Zumindest mit wachsendem Abstand vom Kriegsende und mit dem allmählichen Auslaufen der Entnazifizierung wurde das Verhalten in der NS-Zeit auch auf der nachgeordneten Führungsebene irrelevant. Beispielhaft zeigt das die Karriere Adolf Schäfers, dessen Anstellung in einem ordentlichen Beschäftigungsverhältnis 1948 noch an der rigorosen Haltung des Betriebsrats gescheitert war. Bereits im Juli 1949 konnte Schäfer unter mehreren Angeboten der Nachfolgebanken wählen, als Syndikus und stellvertretender Direktor in die Rhein-Ruhr Bank eintreten und allmählich bis in den Vorstand aufsteigen.[234] Ein weiteres Beispiel bietet die Reintegration Leonhard von Richters, der von 1935 bis 1939 die ägyptischen Filialen der Dresdner Bank geleitet und zielstrebig deren Nazifizierung betrieben hatte. Von Richter hätte, nachdem er während des Krieges von den Briten interniert gewesen war, in den ersten Nachkriegsjahren wohl zumindest in der amerikanischen Besatzungszone kaum eine Karriereperspektive gehabt. Er arbeitete jedoch zunächst als Vertreter deutscher Industrieunternehmen in Kairo, bevor er 1949 den Kontakt zu Hugo Zinßer wieder aufnahm. Ende 1951 übernahm er die Mitleitung der Auslandsabteilung der Rhein-Main Bank in Frankfurt, bevor er 1952 Direktor und 1955 schließlich stellvertretendes Vorstandsmitglied wurde.[235]

Fälle wie derjenige von Richters lassen aber keineswegs den Schluss zu, dass in der Dresdner Bank besonders reißfeste Netzwerke alter Nationalsozialisten bestanden hätten; dagegen spricht schon, dass die Verbindung gerade über den politisch unbelasteten Zinßer wieder hergestellt wurde. Die Rekrutierung von Führungspersonal war in dieser Hinsicht eher von Indifferenz geprägt, wie das Gegenbeispiel Werner von Richters zeigt. Der ehemalige Leiter der Berliner Depositenkassen hatte sich durch eine belastende Aussage im Nürnberger Prozess bei Carl Goetz höchstpersönlich sehr unbeliebt gemacht,[236] und seine Rückkehr in die Bank nach einem Zwischenspiel beim Münchner Bankhaus August Lenz & Co. lehnte man 1949 in betont kühlem Stil ab.[237] Nach dreijähriger Tätigkeit bei

[233] Vgl. Ziegler, Strukturwandel, S. 197–202, 204–208, 214–217. Die Zugehörigkeit zur „Bankierselite" bemisst sich hier nach dem „positionalen" Kriterium der Zahl der Aufsichtsratsmandate.

[234] Vgl. Schäfer, Wege, S. 120.

[235] Leonhard von Richter an Zinßer, 12. 1. 1949; Zinßer an von Richter, 10. 3. 1949, beides in: HADrB 11129-2001; Rhein-Main Bank, Rundschreiben Nr. 2036, 10. 11. 1951; Lebenslauf Leonhard Freiherr von Richter, 24. 5. 1983, beides in: HADrB 1335-2002P. Zur Tätigkeit in der NS-Zeit vgl. Bähr, Dresdner Bank, S. 262–265.

[236] Vgl. Ahrens, Exempelkandidat, S. 659.

[237] Hölling und Schleipen an Werner von Richter, 9. 7. 1949, HADrB 11129-2001. Werner von Richter war Ende Januar 1947, also vor der kritischen Aussage im Vorfeld des Rasche-Prozesses, „auf-

der Kreditanstalt für Wiederaufbau wurde von Richter jedoch Ende 1953 zum stellvertretenden Vorstandsmitglied der Rhein-Main Bank bestellt. Die genaueren Umstände seiner Berufung sind nicht mehr nachvollziehbar, aber sehr wahrscheinlich spielte hier ein freundschaftliches Verhältnis zu Hugo Zinßer eine wesentliche Rolle.[238]

Die wohl prominenteste Karriere außerhalb der Bank machte Paul Binder, der von 1937 bis 1939 als Leiter der Konsortialabteilung IV die zentrale operative Stellung für die Akquisition und Abwicklung von „Arisierungen" jüdischer Unternehmen inne gehabt und sich anschließend als Wirtschaftsprüfer in Berlin (mit Stützpunkten in Amsterdam und Krakau) selbständig gemacht hatte.[239] Spätestens seit April 1944 hatte er aber auch Kontakt zu Ludwig Erhard, mit dem er bis zum Frühjahr 1945 Memoranden über die Gestaltung der Nachkriegswirtschaft austauschte und bis 1964 korrespondierte,[240] und war in den letzten Nachkriegsplanungen der Industrie als Experte für Preispolitik vorgesehen.[241] Bereits im Juli 1945 legte Binder der Stuttgarter Landesregierung einen Plan zur „Staats- und Wirtschaftssanierung durch Vermögensabgabe" vor[242] und nahm im Dezember auf Einladung der OMGUS-Finanzabteilung an einer Konferenz deutscher Finanzwissenschaftler zu Währungsreformkonzepten teil.[243] Nachdem er die französische Besatzungspolitik massiv und öffentlich kritisiert hatte, kam er im Mai 1947 einer Amtsenthebung als Staatssekretär für Finanzen in Württemberg-Hohenzollern zuvor.[244] Binder setzte jedoch seine politische Karriere im württemberg-hohenzollerschen bzw. baden-württembergischen Landtag, als Mitglied des Parlamentarischen Rats und des Sachverständigenrats zur Begutachtung der gesamtwirtschaftlichen Entwicklung fort und erhielt 1962 das Große Bundesver-

grund freundschaftlicher Vereinbarungen" aus der Dresdner Bank ausgeschieden; Dresdner Bank Berlin, Sekretariat II, an Dresdner Bank Frankfurt, 6. 2. 1947, HADrB 1395-2002P.

238 Rhein-Ruhr Bank, Volkswirtschaftliche Abteilung, Aktennotiz vom 9. 12. 1953, HADrB 7090-2000; Kurzer Lebenslauf zur redaktionellen Auswertung durch die Presse, 1. 12. 1954, HADrB, Personalia Werner von Richter. Vgl. Zinßers warmherzige „Abschiedsworte der Dresdner Bank" zur Trauerfeier für den früh verstorbenen Werner von Richter, 4. 12. 1954, HADrB 17421-2001.

239 Binder an seine Berliner Sekretärin, 31. 12. 1944; Binder an Reichspostdirektion Berlin, 2. 6. 1944, beides in: ACDP, I-105/11. Zur „Arisierungs"-Tätigkeit Binders vgl. Maren Janetzko, Die „Arisierungs"-Vermittlung, in: Ziegler, Dresdner Bank, S. 177–212, hier S. 183–188.

240 Vgl. Bernhard Löffler, Soziale Marktwirtschaft und administrative Praxis. Das Bundeswirtschaftsministerium unter Ludwig Erhard, Wiesbaden 2002, S. 57f.; Michael Brackmann, Vom totalen Krieg zum Wirtschaftswunder. Die Vorgeschichte der westdeutschen Währungsreform 1948, Essen 1993, S. 140, 145f.; Ludolf Herbst, Der Totale Krieg und die Ordnung der Wirtschaft. Die Kriegswirtschaft im Spannungsfeld von Politik, Ideologie und Propaganda 1939-1945, Stuttgart 1982, S. 391.

241 Plumpe, Plan, S. 28.

242 Der „Binder-Plan" ist abgedruckt in: Hans Möller (Hg.), Zur Vorgeschichte der Deutschen Mark. Die Währungsreformpläne 1945–1948, Tübingen 1961, S. 38–45. Laut Einleitung geht dieses Papier auf die Tätigkeit Binders als „Berater des Grafen Fritz-Dietloff von der Schulenburg vor dem 20. Juli" zurück. Vgl. auch Brackmann, Krieg, S. 197–200.

243 Eckhard Wandel, Die Entstehung der Bank deutscher Länder und die deutsche Währungsreform 1948, Frankfurt a. M. 1980, S. 98.

244 Vgl. Horstmann, Die Alliierten, S. 164f.; Walter Atorf, Streifzug durch das Finanzressort, in: Max Gögler/Gregor Richter (Hg.), Das Land Württemberg-Hohenzollern. Darstellungen und Erinnerungen, Sigmaringen 1982, S. 233–273, hier S. 235f.; LeRoy Beaulieu, Note Regarding Dr. Binder, 14. 6. 1947, BAK, Z45F 2/233/12.

dienstkreuz mit Stern.[245] Die wirtschaftliche Grundlage bot ein namhaftes Stuttgarter Wirtschaftsprüferbüro, dessen Grundstock nicht zuletzt die Bilanzprüfung der Nachfolgeinstitute der Dresdner Bank bildete; seit 1952 gehörte Binder außerdem dem baden-württembergischen Landesausschuss der Rhein-Main Bank an.[246]

Die Zusammensetzung der Aufsichtsräte und der diversen regionalen Beiräte der drei Nachfolgebanken im Hinblick auf die Vergangenheit der Mitglieder zu analysieren, würde hier zu weit führen. Der Fall Paul Binder ist jedoch von besonderem Interesse, weil er zugleich ein aufschlussreiches Beispiel dafür bietet, wie sich auch unterhalb der Vorstandsebene während der NS-Zeit aufgebaute Netzwerke fortsetzen und dabei auch die alliierte Entnazifizierungspolitik unterlaufen konnten. Binder bot nämlich dem Frankfurter Filialleiter Günther Ladisch die Möglichkeit, während seines Beschäftigungsverbots in der amerikanischen Zone in Tübingen zu überwintern. Ladisch leitete 1946 die Abteilung für Banken und Versicherungen in Binders Staatssekretariat und stand Ende 1947 vor dem Angebot, Beamter im württemberg-hohenzollerschen Finanzministerium zu werden, bevor er nach seiner Einstufung als „Mitläufer" in die Filialleitung zurückkehren konnte.[247]

Auch am Beispiel Harald Kühnens, bei dem nach Binders Ausscheiden vor allem die Fäden des „Arisierungs"-Geschäfts in den besetzten Gebieten zusammengelaufen waren, lässt sich zeigen, dass eine Partizipation am nationalsozialistischen Enteignungs- und Verfolgungsprogramm kein Hindernis für eine glänzende Karriere sein musste. Kühnen wurde 1951 persönlich haftender Gesellschaft des Frankfurter Privatbankhauses Sal. Oppenheim jr. & Cie.; von 1979 bis 1983 war er außerdem Präsident des Bundesverbandes Deutscher Banken.[248] Ein erfolgreicher Privatbankier wurde schließlich auch Heinz Ansmann, eine Schlüsselfigur der Dresdner Bank im deutschen Verteilungskampf um die sudetenländische Industrie und in der Vermittlung niederländischer Unternehmensbeteiligungen an deutsche Interessenten. Ansmann brachte seine Fachkompetenz als Konsortialexperte seit Ende 1945 bei der Dresdner Bank in Hamburg, seit Juli 1946 in der Düsseldorfer Filiale ein. 1948 machte er sich mit einer Finanzierungsvermittlung selbständig, der später die Bankrechte zuerkannt wurden. Seine Memoiren zeugen ebenso vom guten Gewissen hinsichtlich seiner Tätigkeit in der NS-Zeit wie von fortbestehenden Kontakten zu Karl Rasche und Carl Goetz.[249]

245 Lebenslauf im Findbuch zum Nachlass Paul Binder, ACDP I–105; Staatsministerium Baden-Württemberg, Pressemitteilung vom 18. 12. 1962, StA Sigmaringen, Sa 12 B/1.

246 Binder war 1949 Bilanzprüfer bei sämtlichen süd- und südwestdeutschen Nachfolgeinstituten der Dresdner Bank; Binder an André, 3. 9. 1949, ACDP, I–105/13 BI/1.

247 Binder an Altgelt, 18. 7. 1946, ACDP, I–105/13 BI/1; Ladischs Ehefrau an den hessischen Minister für politische Befreiung, 28. 11. 1946; Zeugnis Binder für Ladisch, 7. 1. 1947; Finanzministerium von Württemberg-Hohenzollern an Hessisches Staatsministerium, Ministerium für politische Befreiung, Kammer Frankfurt, 4. 11. 1947; Der Vorsitzende der Hauptspruchkammer Frankfurt a. M. an Ministerium für politische Befreiung, 16. 12. 1947; alles in: HStA Wiesbaden, Abt. 520 F (A-Z) Günther Ladisch.

248 Zu Kühnen vgl. Michael Stürmer/Gabriele Teichmann/Wilhelm Treue, Wägen und Wagen. Sal. Oppenheim jr. & Cie. Geschichte einer Bank und einer Familie, München/Zürich 1989, S. 436–479.

249 Vgl. Ansmann, Bankier, insb. S. 87–93, 127–139, 189–200; zu Ansmanns Aktivitäten in den annektierten tschechischen Gebieten vgl. Wixforth, Expansion; zur Rolle in den besetzten Niederlanden Sattler, Handelstrust West, S. 694–696.

Weniger glanzvoll verlief die Nachkriegskarriere Reinhold von Lüdinghausens, der als Leiter der sudetenländischen Gebietsdirektion und Vorstandsmitglied der Böhmischen Escompte-Bank eine weitere zentrale Figur in der wirtschaftlichen Ausbeutung der Tschechoslowakei gewesen war. Lüdinghausen tauchte zunächst beim Banco Central in Buenos Aires, anschließend in Paraguay unter. Nach seiner Rückkehr Anfang 1953 wurde er Mitleiter der Hannoveraner Niederlassung der Hamburger Kreditbank.[250] Die Wege von Felix Graf Czernin, als Direktor der Continentalen Bank in Belgien und Agent der deutschen Spionageabwehr in einer ähnlichen Stellung wie Lüdinghausen in der besetzten Tschechoslowakei,[251] lassen sich ebenfalls nicht genau rekonstruieren; 1948 war er immerhin Vermögensverwalter des Fürsten von Liechtenstein und betrieb von hier aus die Beschaffung entlastender Aussagen für Karl Rasche.[252]

Die meisten Nachkriegskarrieren unterhalb der Vorstandsebene lassen sich mangels Quellen nicht oder nur punktuell verfolgen, und deshalb sind diese wenigen Beispiele nicht als repräsentativ zu betrachten. Was sie aber ebenso zeigen wie die Vorstandskarrieren, ist eine weitgehende Indifferenz gegenüber der persönlichen und geschäftspolitischen Partizipation an der Raub- und Vernichtungspolitik des Nationalsozialismus. Schuldbewusstsein oder auch nur Reflexionen der eigenen Mitverantwortung hatten in diesem mentalen Koordinatensystem keinen Platz. Karl Rasche demonstrierte das ein weiteres Mal durch das Angebot an Bundesjustizminister Dehler, sich zu Besprechungen über Hilfsleistungen für die noch einsitzenden Landsberger Häftlinge zu treffen.[253] Es verwundert deshalb nicht, dass eine selbstkritische Reflexion der eigenen Vergangenheit auch bei Rasches ehemaligen Kollegen, soweit die lückenhafte Quellenlage zu erkennen gibt, nicht stattgefunden hat. Die während der Verteidigung gegen die amerikanischen Vorwürfe aufgebaute Argumentation eines völlig korrekten kaufmännischen Verhaltens im Rahmen einer rein politisch bedingten Verschiebung des Handlungsrahmens beschrieb offenbar, ebenso wie bei Rasche, auch die persönliche Wahrnehmung.

Davon zeugt beispielhaft Hans Pilders Sicherheit, der Nürnberger Prozess werde zeigen, dass sich die „pathologisch[e]“ Situation in Österreich „nicht bis zum kriminellen [sic!] gesteigert“ habe.[254] Kriminell war in diesem Weltbild eine Verletzung des Strafgesetzbuchs, aber nicht die legale Unterstützung eines verbrecherischen Systems oder die Ausnutzung geschäftlicher Spielräume, die erst dieses System ermöglicht hatte. Falls es überhaupt Ansätze zur kritischen Reflexion des eigenen Verhaltens in der NS-Zeit gegeben haben sollte, dürften sie spätestens durch den Druck der amerikanischen Strafverfolgung und den Aufbau der Widerstandslegenden während der Entnazifizierung verdrängt worden sein. In einigen Fällen scheint man die untadelige Vergangenheit soweit internalisiert zu haben,

250 Lüdinghausen-Wolff an den Vorstand der Hamburger Kreditbank, 23. 6. 1954, HADrB 11128-2001; Reinhold von Lüdinghausen, Rückblick auf meinen Lebensweg in 80 Jahren unseres 20. Jahrhunderts, Manuskript 1980, Teil 3, HADrB 10001-2001; Wixforth, Auftakt, S. 41, Fn. 7.

251 Vgl. OMGUS, Ermittlungen gegen die Dresdner Bank, S. 100 f.; Bähr, Continentale Bank, S. 794 f.

252 Kubuschok an Mallinckrodt, 3. 2. 1948; Kubuschok an Czernin, 24. 1. 1948, beides in: HADrB 13923-2000.

253 Vgl. Ahrens, Exempelkandidat, S. 669.

254 Pilder an Teichmann, 26. 8. 1948, HADrB 13766-2000.

dass man sich selbst als Opfer einer Verschwörung zu sehen begann, die sehr unangenehme Assoziationen weckt: Ansmann und Rinn hielten es noch Jahrzehnte nach ihren Nürnberger Verhören für unbedingt erwähnenswert, dass unter ihren Vernehmern auch jüdische Emigranten gewesen waren.[255]

Die Manager der Dresdner Bank waren mit ihrer Selbststilisierung zu Opfern oder Widerständlern keine Ausnahmen. Sie stehen vielmehr beispielhaft für eine kollektive Manipulation der Vergangenheit, in der nahezu die gesamte deutsche Nachkriegsgesellschaft die Selbst-„Viktimisierung" als Opfer von Kriegsfolgen und Besatzungspolitik einer selbstkritischen Auseinandersetzung mit der NS-Zeit vorzog.[256] Die Selbstdarstellung opportunistischer Unternehmensleiter als mehr oder minder aktive Regimegegner oder gar, zumindest in Form ihrer Unternehmen oder Branchen, als Opfer des NS-Regimes fügte sich in das Zeitklima und prägte es gleichzeitig mit. Das Unschuldsbewusstsein und die selektive Erinnerungspraxis eines Kurt Schmitt etwa, Generaldirektor der Allianz-Versicherung und der Münchener Rückversicherung sowie zwischenzeitig Hitlers Wirtschaftsminister, standen den Äußerungen Rasches kaum nach.[257] Für die deutsche Schwerindustrie wurden die Nürnberger Ermittlungen und Prozesse gar zum Katalysator einer professionellen Öffentlichkeitsarbeit, die „den Unternehmer" zum Garanten individueller Freiheit in Geschichte und Gegenwart und damit zum bevorzugten Repressionsobjekt sowohl des Nationalsozialismus als auch der alliierten Besatzungsmächte stilisierte.[258]

Der „kognitiven Katastrophe", die viele deutsche Unternehmer und Spitzenmanager bis 1945 daran gehindert hatte, den grundlegenden Unterschied zwischen einer Tätigkeit im Rahmen eines Rechtsstaats oder eines Unrechtsregimes zu erkennen,[259] entsprach in den Nachkriegsjahren eine kognitive Verweigerung. Teils war das sicherlich psychischen Mechanismen geschuldet, teils war es eine zweckrationale Antwort auf die ganz realen Bedrohungen, die Entnazifizierung und Strafverfolgung für den Einzelnen wie für ganze Unternehmen darstellten. Es wäre allerdings verfehlt, die amerikanischen Anstrengungen bei all ihrer Problematik im Einzelnen als das entscheidende Hindernis einer eigenständigen Aufarbeitung der NS-Vergangenheit zu interpretieren – sie stellten im Gegenteil den ernsthaften und sicherlich den umfassendsten Versuch dar, diese Vergangenheit überhaupt auf die aktuelle Tagesordnung zu bringen. Alles in allem blieb der Einfluss des amerikanischen „Säuberungs"-Programms jedoch in mentaler Hinsicht,

255 Ansmann, Bankier, S. 134; Rinn an Carstensen, 20. 7. 1987, HADrB, Personalia Hans Rinn. Rinn war sich sicher, dass unter den amerikanischen Ermittlern „zu 90%" Angehörige jüdischer Emigrantenfamilien waren, und hielt es für besonders erwähnenswert, dass ihn „auch eine polnische Jüdin" (vermutlich Helga Wolski) verhört hatte.

256 Vgl. Robert G. Moeller, War Stories: The Search for a Usable Past in the Federal Republic of Germany, in: American Historical Review 101 (1996), S. 1008–1048; Reichel, Vergangenheitsbewältigung, S. 66–72.

257 Vgl. Feldman, Allianz, S. 559–575, 579–583.

258 Vgl. Wiesen, Industry; ders., Overcoming Nazism. Eine Ausnahme von dieser Grundtendenz stellten, freilich erst Jahrzehnte später, die selbstkritischen Äußerungen von Hermann Josef Abs dar; vgl. Gall, Bankier, S. 121 f.

259 Vgl. Gerald D. Feldman, Politische Kultur und Wirtschaft in der Weimarer Zeit: Unternehmer auf dem Weg in die Katastrophe, in: ZUG 43 (1998), S. 3–18; ders., Allianz, S. 107. Die Metapher der „kognitiven Katastrophe" stammt von Karl W. Deutsch.

soweit das schriftlichen Quellen überhaupt zu entnehmen ist, ebenso gering wie im Hinblick auf die Zusammensetzung der Bankelite. So einschneidend das degradierende Erlebnis der Verhaftungen und Internierungen für Bankiers gewesen sein dürfte, die bis dahin ein Leben an der Spitze der deutschen Gesellschaft gewohnt waren, so wenig sind jedenfalls aus der Führungsgruppe der Dresdner Bank Hinweise darauf überliefert, dass man es zum Anlass für Selbstzweifel nahm. Als „Schlüsselerfahrung“[260] wirkte diese Zeit vielleicht eher insofern, als auch die deutsche Bankierselite erstmals den ernsthaften Eingriffswillen der amerikanischen Besatzungsmacht zu fürchten lernte. Zwar bekam sie hier schmerzlich zu spüren, dass die Einlassung mit dem Nationalsozialismus jedenfalls vorübergehend in eine persönliche, aber auch in eine geschäftliche Sackgasse geführt hatte; doch war zumindest letzteres ohnehin längst offensichtlich geworden.

Mit der großen Ausnahme Karl Rasches (und, falls dieser das Ende des NS-Regimes überlebt hätte, höchstwahrscheinlich auch Emil Meyers) und den kleinen Ausnahmen besonders belasteter Filialleiter bewirkten Entnazifizierung und Strafverfolgung zwar vorübergehende Einschnitte, aber keine dauerhaften Unterbrechungen einer personellen wie mentalen Kontinuität. Das bedeutete nicht nur einen Fehlschlag der amerikanischen Politik auf der personellen Ebene. Es erleichterte auch erheblich die Bemühungen des alten Führungskreises, sich den amerikanischen Versuchen zur dauerhaften Zerschlagung der Dresdner Bank zu widersetzen, die einen der Schwerpunkte der drei folgenden Kapitel bilden.

[260] Henke, Besetzung, S. 569; ebd. Beispiele aus der westdeutschen Schwerindustrie für die jedenfalls vorübergehend ernsthafte Verstörung herausragender Manager.

Großbankenpolitik, Unternehmens-organisation und Bankgeschäft

V. Existenzkampf: Vom Kriegsende bis zur Währungsreform (1945–1948)

Die Existenz der Dresdner Bank insgesamt war, wie die beiden vorangehenden Kapitel gezeigt haben, allein durch die Entnazifizierung und durch die Internierung der meisten Vorstandsmitglieder niemals ernsthaft gefährdet. Auf ordnungspolitischem Feld sah das zeitweise anders aus. Dass man sich von den während des Krieges auf- oder ausgebauten ausländischen Tochterinstituten trennen musste,[1] stellte insofern nur einen begrenzten Eingriff in die Substanz der Bank dar, als die Existenz dieser Konzernunternehmen sich zu wesentlichen Teilen einer politischen Sonderkonjunktur verdankte. Die zunächst noch sehr vagen amerikanischen Dezentralisierungspläne hingegen zielten ins organisatorische Herz der Großbanken, auch wenn sie das Bankgeschäft der Filialen in den westlichen Besatzungszonen nicht unmittelbar in Mitleidenschaft zogen. Unmittelbar bedroht aber waren vor allem die Berliner Zentrale und die Filialen im Einflussbereich der sowjetischen Besatzungsmacht, denn hier begann bereits im Sommer 1945 der Aufbau eines neuen Wirtschaftssystems, in dem für private Großbanken definitiv kein Platz war. Das Kapitel beginnt mit einer Schilderung dieses Transformationsprozesses in den Ländern und Provinzen der Sowjetischen Besatzungszone; es wendet sich dann der komplizierteren Entwicklung im gemeinsam von der UdSSR und den Westalliierten besetzten Berlin zu, bevor es ausführlich auf die Reorganisation in den Westzonen eingeht. Am Ende steht der Versuch einer wirtschaftlichen Bilanz der Besetzung und Besatzung, soweit die lückenhafte Quellenlage sie zulässt.

1. Kontinuitätsbrüche: Schließung, Enteignung, Stilllegung in der SBZ und Berlin

Enteignung und Abwicklung unter sowjetischer Besatzung

Dass der Untergang des Dritten Reichs gerade in dessen Ostgebieten massive Konsequenzen für das Geschäft der Dresdner Bank haben musste, war zwar lange vor Kriegsende absehbar gewesen; dies zeigt sich deutlich in den seit Herbst 1944 einsetzenden Verlagerungen der „Ostfilialen“. In welcher Form und in welchem Ausmaß besatzungspolitische Eingriffe das Bankgeschäft beeinträchtigen würden, war jedoch nicht einmal in all denjenigen Filialbezirken sofort klar, die bei Kriegsende polnischer oder tschechischer Verwaltung unterstellt wurden und auf

[1] Vgl. dazu Kapitel XIII.

die im letzten Kapitel dieses Buchs noch zurückzukommen ist. Unsicher blieben zunächst auch die Perspektiven der mitteldeutschen Niederlassungen. Das galt zumal in den vorläufig amerikanisch und britisch besetzten Regionen, die nach alliierten Beschlüssen vom September 1944 der sowjetischen Zone zuzuschlagen waren. Erst nachdem Anfang Juli 1945 die Amerikaner ihre Positionen Mitteldeutschland und die Briten den westlichen Teil Mecklenburgs geräumt hatten, erlangten die Anordnungen der sowjetischen Besatzungsmacht auch für diese Gebiete Gültigkeit.[2] In Leipzig, das zunächst von den Amerikanern besetzt worden war, öffneten sich die Bankschalter am 10. Mai wieder, nachdem man bereits seit dem 23. April, fünf Tage nach der Besetzung, interne Arbeiten wieder aufgenommen hatte. Die Dresdner Bank zahlte zunächst sogar bis zu 300 RM auf Sparbücher der ausgewichenen oberschlesischen Niederlassungen aus. Bei der Vergabe von Krediten verhielt sich die Filialleitung allerdings äußerst vorsichtig, doch die Kreditnachfrage war ohnehin nicht allzu groß. Solange in der Bevölkerung noch Unsicherheit herrschte, ob die Region in amerikanischer Hand bleiben oder von der UdSSR übernommen würde, „verharrt[e] das Geschäft weiterhin in Stagnation."[3] Ähnlich wie in anderen mitteldeutschen Regionen dämpfte die befürchtete Integration in das sowjetische Besatzungsgebiet offensichtlich die Investitionsbereitschaft. Die Greizer Filiale der Dresdner Bank, die wie die anderen thüringischen Niederlassungen unter amerikanischer Besetzung wieder eröffnet worden war, kam sogar kurz vor dem Besatzungswechsel in ernsthafte Liquiditätsprobleme, weil sich Firmenkunden noch kurzfristig nach Westen absetzten.[4]

Für die Banken war zu dieser Zeit durchaus noch nicht sicher erkennbar, ob die unvermeidlichen Reglementierungen des Bankgeschäfts in einen dauerhaften Umbau des Herrschafts- und Wirtschaftssystems münden würden. Ob die sowjetischen bankenpolitischen Maßnahmen der ersten Besatzungsmonate bereits hierauf zielten, wird, wenn überhaupt, wohl erst eine Auswertung sowjetischer Akten zeigen können; die für diese Studie ausgewerteten deutschen Archivbestände bieten dafür jedenfalls keine Belege. Vorprogrammiert war die spätere Enteignung dadurch jedenfalls nicht.[5] Deutlich zeigt das die unübersichtliche Situation in Sachsen, wo der Dresdner-Bank-Filialleiter Richard Holland zunächst auch die Interessenvertretung der Dresdener Banken übernahm und die Verhandlungen mit der sowjetischen Stadtkommandantur führte. Offenbar waren auch die Besatzungsoffiziere über die Richtung der Bankenpolitik einigermaßen unsicher und reagierten sogar auf Beschwerden der Banken. Der „erste Anlass für eine Fühlungnahme" mit Vertretern der Siegermacht war die „Beschlagnahme verschiedener Bankstellen", und die Kommandantur sagte tatsächlich eine Aufhebung der Beschlagnahmungen zu. Die Banken durften vorläufig auch den Betrieb wieder aufnehmen, allerdings keine Inhalte von Schließfächern und offenen Depots aushändigen; selbst die Form einer angekündigten „Überprüfung des gesamten Geschäfts" war noch unklar. Auszahlungen waren – außer von Konten der NSDAP,

[2] Zu Ablauf und Hintergrund vgl. Henke, Besetzung, S. 714–742.
[3] Dresdner Bank in Leipzig an Direktion, 30. 6. 1945, SStA Leipzig, Dresdner Bank Leipzig 524.
[4] Dresdner Bank Berlin, Betr.: Informationsdienst für unsere Filialen, Juli 1945, S. 13, HADrB 1473-2002; andere Beispiele bei Henke, Besetzung, S. 729.
[5] So auch Deckers, Transformation, S. 27.

ihrer Gliederungen und führender Nationalsozialisten – auf 300 RM pro Monat und Kunde begrenzt, durften aber „in Einzelfällen“ nach Einschätzung der Banken „angemessen“ überschritten werden.[6]

Geöffnet blieben die Bankschalter „in einigen Bezirken der russischen Besatzungszone“,[7] genauere Angaben sind allerdings nur punktuell überliefert. In den ersten Monaten der sowjetischen Besatzung verfügten die Banken offenbar über regional recht unterschiedliche Handlungsspielräume. So wurden in Chemnitz die Tresore und Kassen der Dresdner Bank Ende Mai, also erst drei Wochen nach der Besetzung, komplett von den sowjetischen Besatzungstruppen „unter Siegel genommen“, und danach blieb jegliche Auszahlung verboten.[8] Die Dresdener Banken schlossen zwar im Mai 1945 zunächst, doch ordnete der Oberbürgermeister der Stadt noch im selben Monat die Wiedereröffnung an. Der sowjetische Stadtkommandant verlangte erst daraufhin die Schließung und die Ablieferung der Tresorschlüssel.[9] Anfang Juni nahmen die Banken im Raum Dresden jedoch mit Billigung sowjetischer Stellen erneut den Betrieb auf und vereinbarten sogar eigenständig, die Auszahlung seitdem entstandener Einlagen in vollem Umfang zu garantieren, um durch diese vertrauensbildende Maßnahme das beträchtliche umlaufende Bargeld – das nicht zuletzt aus Plünderungen der Besatzungstruppen herrührte – in ihre Zahlungskreisläufe einzuspeisen.[10] Zugleich fand Holland in der sächsischen Landesverwaltung, bei der er für eine Fortexistenz des historisch gewachsenen Bankenapparats interveniert hatte, durchaus verständnisvolle Ansprechpartner, die sich allerdings auf die Dauer nicht gegen die Besatzungsmacht behaupten konnten.[11] In Eisenach schließlich mussten erst einige Zeit nach Übernahme der Besatzungsgewalt durch sowjetische Offiziere Anfang Juli die Bankgebäude geschlossen werden. Da der Geschäftsbetrieb nicht untersagt worden war, setzte man ihn in einem Garten fort, in den mit Zustimmung des deutschen Polizeipostens das nötige Aktenmaterial transportiert wurde.[12]

Die entscheidenden Schritte zur Beendigung dieser Interimsphase erfolgten erst nach einer zentralen Vorgabe der Besatzungsmacht aus Berlin, in der sich die allmähliche Auseinanderentwicklung der alliierten Besatzungspolitik spiegelte. Der SMAD-Befehl Nr. 01 vom 23. Juli 1945 über die „Neuorganisierung der deutschen Finanz- und Kreditorgane“ verfügte die einheitliche Einrichtung von Landes- bzw. Provinzialbanken sowie neuer städtischer und kommunaler Banken. Neben einer systematischen Haushaltsplanung zielte der Befehl vor allem auf eine

6 Holland, Niederschrift über die am 23. Mai 1945 in den Räumen der Reichsbankhauptstelle Dresden ... stattgefundene Sitzung der Dresdener Banken, SHStA Dresden, Dresdner Bank Dresden 1886.

7 Dresdner Bank Berlin (Overbeck/Wildgrube) an die Direktionen der Niederlassungen, 7. 8. 1945, SStA Leipzig, Dresdner Bank Leipzig 524.

8 Dresdner Bank Filiale Chemnitz an Zentralstelle für den Osten, Hannover, 29. 11. 1945, HADrB 5128-2000.

9 Thomas Widera, Dresden 1945–1948. Politik und Gesellschaft unter sowjetischer Besatzungsherrschaft, Göttingen 2004, S. 301–303.

10 Wirtschaftskammer Dresden an Landesverwaltung Sachsen, 18. 7. 1945, SHStA Dresden, Landesregierung Sachsen, Ministerium für Finanzen 3022, Bl. 13; der hier genannte Stichtag für die Garantie neuer Einlagen war der 4. 6. 1945. Der Hinweis auf die Plünderungen bei Widera, Dresden, S. 302.

11 Holland an Overbeck, 6. 8. 1945, SStA Leipzig, Sächsische Landesbank Dresden 280.

12 Aktenvermerk Wartisch, 5. 8. 1947, HADrB 73444-2001.

politisch regulierbare Geld- und Kreditversorgung der ostzonalen Wirtschaft. Die alten Banken galten durchweg als bankrott und durften keinerlei Auszahlungen vornehmen.[13] Die Gründung einer Deutschen Zentralfinanzverwaltung (DZFV), die zunächst unter Kontrolle der SMAD-Finanzabteilung und teils in Konflikten mit den Finanzverwaltungen der Länder und Provinzen arbeitete, mit SMAD-Befehl Nr. 17 vom 27. Juli signalisierte zugleich den Beginn einer gezielten Umgestaltung des gesamten Finanzwesens in der sowjetischen Zone.[14]

Der Befehl Nr. 01 stellte zwar den „Bankrott der deutschen Banken" fest, er traf aber keine Festlegungen, wie weiter mit ihnen zu verfahren war. Ihre Liquidierung muss jedoch bereits beschlossene Sache gewesen sein. Am 26. Juli wurden die Banken in Thüringen geschlossen; der schon einen Tag vorher eingesetzte Präsident der neuen Thüringischen Landesbank teilte kurzerhand mit, dass diese „mit sofortiger Wirkung alle Grossbankfilialen als eigene Filialen" übernehmen werde.[15] Am 28. Juli folgte die Schließung der Dresdner Bank in Magdeburg,[16] und am 31. Juli wurde der sächsischen Landesverwaltung von der „russischen Finanzkommission" mitgeteilt, dass die bestehenden Banken „geschlossen und liquidiert werden" würden. Der Sächsischen Staatsbank als zukünftiger Sächsischer Landesbank, in der eine Abteilung zur Abwicklung der Liquidationen privater Banken eingerichtet werden sollte, sollten die Sächsische Bank, die Girozentrale, die Stadtbanken, Girokassen und Sparkassen angegliedert werden. Die „alten Konten", d. h. die bis zum 8. Mai 1945 entgegengenommenen Einlagen, wurden endgültig gesperrt, während danach eingezahlte Gelder wieder abgehoben werden durften.[17] Die Beschlüsse über die definitive Neugliederung der sächsischen Bankenlandschaft wurden offenbar reichlich kurzfristig und ohne klaren Überblick über die kreditwirtschaftliche Gesamtlage getroffen. Zwei Tage später forderte nämlich die „russische Finanzkommission", die neue Sächsische Landesbank müsse „rasch geschaffen werden, damit die alten Banken geschlossen werden können". Zugleich verlangte sie aber offenbar erstmals Zahlenangaben über die umlaufenden Bargeldbestände und die existierenden Dresdener Banken.[18] Am selben Tag hielt der Präsident der Landesverwaltung Rudolf Friedrichs fest, die Zusammensetzung des künftigen Vorstands könne erst festgesetzt werden, „wenn wir den Umfang der neuen Bank einigermassen überblicken können", während deren

[13] Zitiert nach Gunther Kohlmey/Charles Dewey, Bankensystem und Geldumlauf in der DDR 1945–1955. Gesetzessammlung und Einführung, Berlin 1956, S. 115–118.

[14] Dazu Frank Zschaler, Die Entwicklung einer zentralen Finanzverwaltung in der SBZ/DDR 1945–1949/50, in: Hartmut Mehringer (Hg.), Von der SBZ zur DDR. Studien zum Herrschaftssystem in der Sowjetischen Besatzungszone und in der Deutschen Demokratischen Republik, München 1995, S. 97–138, hier S. 102–126.

[15] Holland an Overbeck, 6. 8. 1945; Bericht über die Versammlung der Vertreter der Banken und Sparkassen in der Thür. Landesbank in Weimar am 28. 7. 1945, 30. 7. 1945, beides in: SStA Leipzig, Sächsische Landesbank Dresden 280.

[16] Dresdner Bank Filiale Magdeburg an Zentralstelle für den Osten, 28. 11. 1945, HADrB 49203-2001.

[17] Aktennotiz zur Besprechung am 31. 7. 1945, SHStA Dresden, Landesregierung Sachsen, Ministerpräsident 1591. Vgl. auch die Schließungsdaten der in der SBZ gelegenen Filialen der Commerzbank bei Wolf, Ende, S. 119f.

[18] Aktennotiz für Friedrichs zu den Besprechungen am 2. und 3. 8. 1945, SHStA Dresden, Landesregierung Sachsen, Ministerpräsident 1591. Zu den überstürzten Planungen und etlichen ungeklärten Details vgl. auch das Besprechungsprotokoll vom 6. 8. 1945, ebd.

Statut und Organisation „vorbereitet und binnen kürzester Zeit“ implementiert werden sollten.[19]

Die am 14. August 1945 erlassene „Verordnung über die Gründung der Sächsischen Landesbank und die Abwicklung der bisher bestehenden Banken und sonstigen Geldinstitute“ verkündete schließlich die Einstellung der Geschäftstätigkeit aller „bestehenden Banken aller Art“ und verpflichtete diese zur Ablieferung von Liquidationsbilanzen. Die nach dem 8. Mai 1945 entstandenen Guthaben gingen „zur Verfügung“ der Konteninhaber auf die Landesbank über; das galt zunächst allerdings nur, soweit sie am Schließungstag durch Aktiva gedeckt waren. Der Bargeldbestand war, bis auf eine nach der Größe der alten Banken bemessene „Hauskasse“, ebenso wie „andere verwertbare Aktiven“ – insbesondere Forderungen gegen weiterhin arbeitende Unternehmen – ebenfalls der Landesbank zu übergeben.[20] Die Altguthaben blieben hingegen gesperrt, und zwar auch, wie einige Wochen später präzisiert wurde, für Auszahlungen an „Ausländer, Juden, KZ-Häftlinge oder in sonstigen besonders gelagerten Fällen.“[21] Die Sächsische Landesbank war von ihrem Aufbau wie von der Zielsetzung her eindeutig ein politisches Instrument: Sie sollte, so Friedrichs, so organisiert werden, „daß sie fest in den Händen der Landesverwaltung“ lag. Das Ressort Finanzen und Steuern der Landesverwaltung fungierte daher nicht nur als Aufsichtsbehörde, sondern konnte „auch zum Zwecke der Leitung [...] alle erforderlichen Anordnungen treffen“.[22]

Eine offene Gegenwehr der Banken gegen die von der Besatzungsmacht gestützten Pläne der Landesverwaltung war kaum denkbar. Die ordnungspolitischen Maßnahmen der Sowjets wurden von den alten Banken aber vielleicht auch nicht in ihrer vollen Dramatik erfasst, jedenfalls wurden sie nicht als unabänderlich betrachtet. In der alten Berliner Zentrale rechnete man Anfang August damit, dass ein solch „vorübergehender Zustand“ in absehbarer Zeit durch eine gesamtdeutsche Regelung des Alliierten Kontrollrats ersetzt werden müsse.[23] Bis dahin blieb nur eine vordergründige Anpassung in der Hoffnung, mittelfristig die Kontinuität zu sichern. Holland setzte darauf, „daß so viel Leute von uns in die neue Landesbank hineingebracht werden sollten, als angängig ist, einmal im Interesse der Wirtschaft überhaupt, damit möglichst viel an privatwirtschaftlichem Denken und guter bankmäßiger Tradition in ihr zur Wirkung kommt, zum anderen beson-

[19] Aktennotiz Friedrichs, Betr.: Landesbank Sachsen, 2. 8. 1945, ebd.

[20] Zitiert nach Kohlmey/Dewey, Bankensystem, S. 121 f. Zu Organisation und Aufgaben der Sächsischen Landesbank vgl. die 1. Ausführungsverordnung gleichen Datums bei Deckers, Transformation, S. 136–138. Der Hinweis auf die „Hauskasse“ in: Bierbaum/Jagemann, Bankensitzung bei der Reichsbank [Leipzig] am 15. Aug. 1945, 15. 8. 1945; Sächsische Landesbank, Zweiganstalt Leipzig, An alle Leipziger Banken und Hypothekenbanken, o.D. (15. 8. 1945), beides in: HADrB 109103.

[21] Holland an Friedrichs, 18. 10. 1945, SHStA Dresden, Landesregierung Sachsen, Ministerpräsident 1590.

[22] Protokoll der 1. Sitzung des Verwaltungsrates der Sächsischen Landesbank am 26. 10. 1945, SHStA Dresden, Landesregierung Sachsen, Ministerpräsident 1593. Zum Aufbau der Landesverwaltung vgl. Andreas Thüsing, Der staatliche Neuanfang in Sachsen 1945–1952, in: Rainer Behring/Mike Schmeitzner (Hg.), Diktaturdurchsetzung in Sachsen. Studien zur Genese der kommunistischen Herrschaft 1945–1952, Köln/Weimar/Wien 2003, S. 171–199.

[23] Dresdner Bank Berlin (Overbeck/Wildgrube) an die Direktionen der Niederlassungen, 7. 8. 1945, SStA Leipzig, Dresdner Bank Leipzig 524.

ders im Interesse der von uns bisher betreuten Kundschaft, damit sie bei dem neuen Institut nach Möglichkeit mit den Männern verhandeln kann, denen die Betriebe und ihre Leitungen bekannt sind, und nicht zuletzt im Interesse unserer Gefolgschaft, um für einen möglichst großen Teil die Übernahme in das neue Institut zu erreichen." Hollands Strategie demonstriert – ebenso wie die zu dieser Zeit noch allgemein übliche Bezeichnung der Angestellten als „Gefolgschaft" – nicht zuletzt die Bemühungen eines altgedienten Großbankmitarbeiters, in den grundlegenden Umbrüchen die Identität des Unternehmens und auch das eigene Selbstverständnis durch einen Transfer der Unternehmenskultur in eine völlig neue Institution zu retten. Das äußerte sich auch darin, dass er Overbeck um seine Meinung dazu und zu seinem Wechsel in die Landesverwaltung bat (und dies deren Vizepräsidenten Rohner auch mitteilte).[24]

Der ehemalige Dresdener Filialleiter hoffte noch nach der Verordnung über die SLB-Gründung, dass angesichts eines längeren Übergangszeitraums und der Bewahrung des Personalkerns „jetzt praktisch nichts geschieht, was nicht wieder rückgängig gemacht werden könnte",[25] und „daß die Gesamtregelung für Deutschland, die ja einmal kommen muß, einen grundsätzlichen Wandel bringt" – eine in seiner Position wohl nicht ganz ungefährliche Äußerung.[26] Die Aufgaben des in der SBZ verbliebenen und nicht in die Landesbank übergetretenen Personals der alten Banken reduzierten sich jetzt jedoch endgültig auf die Abwicklung ihrer früheren Institute. Diese Arbeiten umfassten im Wesentlichen die Abstimmung der Filialkonten, die Anfertigung von Debitoren- und anderen Aufstellungen für die regionalen Militärverwaltungen und die Beantwortung von Anfragen der früheren Kunden.[27] Abgesehen von den für die Abwicklung noch benötigten Angestellten galten die bestehenden Arbeitsverträge grundsätzlich als gekündigt; in Leipzig kalkulierten die größeren Institute beispielsweise einen Bedarf von vorläufig 15 bis 20 Prozent des „Vorkriegsbestandes".[28] Die ehemaligen Mitarbeiter der Dresdner Bank wurden daher gezielt von ihren alten Filialleitern beim Übertritt in die staatlichen Institute unterstützt, zugleich wurde ihnen „ein Rücktrittsrecht zur Dresdner Bank offengehalten".[29]

Die Abwicklungsarbeiten sollten ursprünglich mit der Vorlage von Liquidationsbilanzen bis Anfang November 1945 abgeschlossen werden. Da Kriegszerstörungen, verspätet zurück erhaltene Schlüssel und weiterhin blockierte Tresore die Inventarisierung erschwerten, wurde jedoch nur der 6. November als Bilanzstichtag festgelegt, während die Arbeiten sich noch bis in die ersten Monate des Jahres 1946 hinzogen.[30] Die Schließfächer der Dresdner Bank in Dresden etwa

24 Holland an Overbeck, 6. 8. 1945, SStA Leipzig, Sächsische Landesbank Dresden 280.
25 Holland an Overbeck, 14. 8. 1945, ebd.
26 Holland an Overbeck, 30. 8. 1945, ebd.
27 Filiale Chemnitz an Filiale Magdeburg, 13. 11. 1945, HADrB 5128-2000; Filiale Magdeburg an Zentralstelle für den Osten, 28. 11. 1945, HADrB 49207-2001.
28 Sächsische Bank Filiale Leipzig, Aktennotiz, 15. 8. 1945, SStA Leipzig, Sächsische Landesbank Dresden 280.
29 Protokoll der Sitzung am 4. Dezember 1945 … im Hause der Filiale Hannover, 4. 12. 1945, S. 2, HADrB 73341-2001.
30 Sächsische Landesbank, Abwicklungsabteilung, an die Kopfstellen und Zweiganstalten, 25. 10. 1945; Sächsische Landesbank, Abwicklungsabteilung, Müller, an Kopfstellen, 6. 11. 1945; beides in: SHStA Dresden, Sächsische Landesbank 9. Zum Stand der Abwicklungsarbeiten vgl. auch die

waren noch Ende Oktober für die Angestellten unzugänglich, obwohl bereits im August die Freigabe der plombierten Tresore zugesagt worden war,[31] und auch in Magdeburg waren die Tresore noch Ende November unter Verschluss.[32] Die Schließfachinhalte waren zwar grundsätzlich an die Eigentümer – „soweit es sich nicht um Faschisten handelt" – zurückzugeben, Gold-, Silber- und Platinbarren galten jedoch als beschlagnahmt.[33] Einer klaren Definition von „Faschisten" bedurfte es für die Einbehaltung von Privateigentum nicht gerade – in Chemnitz wurde selbst die Aushändigung von Wäsche aus verwahrten Koffern an die Eltern von Soldaten abgelehnt.[34] Zudem beschlagnahmten die Besatzungstruppen „in vielen Fällen" ohne Rücksicht auf die politische Belastung der ehemaligen Eigentümer in solchem Umfang die verwahrten Wertpapiere und anderen Depositen, dass selbst die DZFV gegen Ende 1945 direkt bei SMAD-Chef Schukow intervenierte.[35] Die Entnahmen an Bargeld, auf fremde Rechnung verwahrten und eigenen Wertpapieren aus den Banken in den fünf Ländern bzw. Provinzen erreichten nach einer vorsichtigen Berechnung die Höhe von 3224 Mio. RM (von denen 148 Mio. RM bereits von den Amerikanern entnommen worden waren); hinzu kamen 95 Mio. RM bei den Sparkassen.[36] Tatsächlich scheint es kaum zu der von Schukow zugesagten Rückgabe der Wertgegenstände gekommen zu sein. Die vom Präsidenten der Provinz Sachsen wiederholt um Unterstützung bei den renitenten Besatzungsbehörden angegangene DZFV konnte im April 1946 nur mitteilen, dass die Vermögenswerte „bereits abtransportiert" und „die Aussichten auf Wiedererlangung der beschlagnahmten Wertpapiere nur gering" waren.[37]

Flankiert wurde die Abschaffung des überkommenen Bankensystems von einer im September 1945 eröffneten Kampagne der KPD gegen das „Monopolkapital", die sich im Bankenbereich vordergründig nur gegen die Großbanken richtete. Walter Ulbricht verkündete, die „Frage der Großbanken" sei „die Frage der Verhinderung des Wiederaufbaues des deutschen Imperialismus."[38] Dass damit Ernst gemacht werden sollte, dokumentierte nicht zuletzt die im November 1945 ergangene Anweisung an die sächsischen Banken, ihre Firmenschilder zu entfernen und „nach dem 30. November mit ihren Namen nicht mehr in Erscheinung [zu] tre-

Situationsberichte aus Halle (9. 11. und 20. 11. 1945), Erfurt (17. 11. 1945), Eisenach (23. 11. 1945) Chemnitz (29. 11. 1945) und Greiz (3. 12. 1945), HADrB 5128-2000; sowie Wolf, Ende, S. 121.

31 Sächsische Landesbank, Holland, an SMAS Dresden, 20. 10. 1945, SHStA Dresden, Landesregierung Sachsen, Ministerpräsident 1591; Bericht des Vizepräsidenten der Landesverwaltung Rohner über eine Besprechung bei Generalmajor Dubrowski, 9. 8. 1945, SHStA Dresden, Landesregierung Sachsen, Ministerium für Finanzen 184, Bl. 46f.

32 Dresdner Bank Filiale Magdeburg an Zentralstelle für den Osten, 28. 11. 1945, HADrB 49207-2001.

33 Besprechungen mit dem Finanzbevollmächtigten, Herrn Walikow u. Herrn Oberlt. Tschistjakow am 20. September 1945, SHStA Dresden, Landesregierung Sachsen, Ministerium für Finanzen 184, Bl. 92.

34 Dresdner Bank Filiale Chemnitz an Filiale Magdeburg, 13. 11. 1945, HADrB 5128-2000.

35 Präsident des Landes Thüringen an die Landräte, Oberbürgermeister, Landesämter für Kommunalwesen, Wirtschaft und Finanzen sowie die Landesbank Thüringen, 11. 12. 1945, BAB, DN 1/790.

36 2075 Mio. RM entfielen bei den Banken auf fremde Wertpapiere. Aufstellungen der DZFV vom 19. 2. 1946, BAB, DN1/34311, Bl. 92f.

37 Präsident der Provinz Sachsen an DZFV, 9. 2. 1946; Präsident der DZFV an den Präsidenten der Provinz Sachsen, 10. 4. 1946, beides in: BAB, DN 1/790.

38 Deckers, Transformation, S. 28f.; Deutsche Volkszeitung, 14. 10. 1945, zit. ebd., S. 146.

ten."[39] Dennoch konnte die geschlossene Dresdner Bank nicht nur, wie einige andere sächsische Institute, die Korrespondenz mit Filialen in den Westzonen aufrecht erhalten, sondern zwischen September und Dezember 1945 mit diesen sogar noch Umsätze von immerhin 66 Mio. RM tätigen. Solche offenbar nur in Sachsen bekannt gewordenen Fälle führten zu jenem bereits in Kapitel III.3 erwähnten SMAD-Befehl, der im Februar 1946 nicht nur die Absetzung des SLB-Präsidenten Degenhardt verfügte. Zugleich wies der Befehl die sächsische Landesverwaltung an, „den Apparat aller geschlossenen Kreditanstalten sofort aufzulösen", und untersagte den geschlossenen Banken in der gesamten Besatzungszone jegliche Transaktionen mit Westinstituten.[40]

Bereits Anfang Februar 1946 war an die SLB die Anweisung der Militäradministration ergangen, sämtliche Stempel und Siegel der geschlossenen Banken ebenso einzuziehen wie ihre Archive und laufenden Geschäftsunterlagen.[41] Bis März 1946 wurden schließlich die Abwicklungsarbeiten zonenweit abgeschlossen, so dass die endgültige Einstellung der Tätigkeit angeordnet werden konnte.[42] Die noch bei den alten Banken lagernden Wertpapiere wurden geschlossen bei den SLB-Kopfstellen eingelagert, die Bearbeitung der Altdebitoren übenahmen die örtlichen Kreditabteilungen der SLB. Alle nach dem 5. März 1946 eingehenden Schreiben der sächsischen Altbankkunden waren durch standardisierte Absagen zu beantworten, wonach die Abwicklung der alten Banken „mit dem 31. 12. 1945 als abgeschlossen zu betrachten und es daher leider nicht mehr möglich" sei, „Anfragen zu beantworten, die diese Institute betreffen, da auch die Archive versiegelt wurden."[43] In Thüringen waren Briefe an die Adressen der alten Banken ungeöffnet zurückzusenden,[44] und hier wurde von der Finanzverwaltung selbst der Landesbank jegliche Korrespondenz mit Banken und Privatpersonen in den westlichen Besatzungszonen verboten.[45] Die Hamburger Zentrale der Dresdner Bank resümierte bereits im Juli 1946, dass die ehemaligen Filialen in der SBZ mitsamt ihren Geschäftsunterlagen, ebenso wie diejenigen in den nunmehr polnischen oder tschechischen Gebieten sowie im Bezirk Königsberg, „geschlossen und mit Ausnahme weniger privater Auskunftsstellen für uns nicht mehr zugänglich" waren.[46]

Damit war allerdings nicht etwa ein kompletter Schlussstrich unter die während der NS-Zeit getätigten Bankgeschäfte gezogen worden. Die alten Guthaben blie-

[39] Dresdner Bank in Leipzig an Zentraldirektion West, 20. 11. 1945, SStA Leipzig, Dresdner Bank Leipzig 524.

[40] Befehl des Obersten Chefs der SMA – des Oberbefehlshabenden der Gruppe Sowjetischer Besatzungstruppen in Deutschland Nr. 60, 22. 2. 1946; Aktennotiz Löchner (DZFV), o. D. (15. 4. 1946), beides in: BAB, DX 1/60/46.

[41] Oberst Platonow, Verwaltung der SMAS, an Degenhardt, 5. 2. 1946, SHStA Dresden, Landesregierung Sachsen, Ministerium für Finanzen 113, Bl. 29.

[42] Dresdner Bank Altenburg an Dresdner Bank Magdeburg, 18. 2. 1946, SStA Leipzig, Dresdner Bank Leipzig 524; Link an Wartisch, 21. 3. 1946, HADrB 5128-2000.

[43] SLB, Abwicklungsabteilung, Abwicklungs-Rundschreiben Nr. 28, 25. 2. 1946, SStA Leipzig, SLB Dresden 145; Musterschreiben der Bank der Provinz Sachsen, Bank der Provinz Sachsen an DZFV, 6. 9. 1946, BAB, DN1/799.

[44] Scharz an Wartisch, 15. 5. 1946, HADrB 73444-2001.

[45] Aktennotiz betr. Filiale Eisenach, o. D., HADrB 5128-2000.

[46] Zentralstelle Hamburg an die Direktionen der Niederlassungen in der britischen Zone, 26. 7. 1946, HADrB 49207-2001.

ben zwar blockiert; einen bescheidenen partiellen Ausgleich für diese faktische Enteignung der Einleger bot lediglich eine gleichzeitig verfügte „materielle Hilfe“ für Kleinsparer mit Guthaben bis zu 3000 RM, denen bis zu 300 RM ausgezahlt werden konnten.[47] Im Rahmen der ostzonalen Währungsreform 1948 wurde ein Teil der Altguthaben schließlich abgewertet und in eine Anleihe umgewandelt.[48] Auf die alten Forderungen der Banken gedachte man aber keineswegs zu verzichten. Der SMAD-Befehl Nr. 66 vom 9. März 1946 schrieb vielmehr den Landes- und Provinzialverwaltungen vor, „zur Beitreibung der vor der Kapitulation Deutschlands entstandenen Darlehens- und Hypothekenverschuldungen an die geschlossenen deutschen Banken und Sparkassen zu schreiten“ und diese Forderungen umgehend in die Bilanzen der neuen Institute zu übernehmen.[49] Wie weit die konsequente Trennung zwischen Debitoren und Kreditoren der geschlossenen Institute der Behebung von Liquiditätsproblemen der neuen Banken einerseits, der inflationsdämpfenden Kaufkraftabschöpfung andererseits dienen sollten,[50] lässt sich den Quellen nicht direkt entnehmen. In Thüringen jedenfalls wurden die Altdebitoren ausdrücklich „als Äquivalent“ für die beschränkte Auszahlung der Kleinsparerguthaben dem Land übertragen.[51]

Den formellen Abschluss der Transformation markierte die Enteignung der Großbanken. Nachdem die UdSSR bereits seit dem Juli 1946 offen eine über die amerikanischen Dezentralisierungspläne weit hinausreichende, völlige Liquidierung des privaten Bankwesens gefordert hatte und die Verständigung auf eine gemeinsame bankenpolitische Linie aller vier Besatzungsmächte im Alliierten Kontrollrat endgültig gescheitert war,[52] gab eine Landesverordnung vom 24. Oktober 1946 der Sächsischen Landesbank die Möglichkeit, durch Anmeldung bei den Grundbuchämtern und Handelsregistergerichten das sequestrierte Vermögen der geschlossenen Banken zu beanspruchen.[53] Eine Anordnung der SMAD vom 4. November 1946 übertrug diese Regelung auf alle Länder und Provinzen der SBZ, wobei unter „Vermögen“ nach der Präzisierung der DZFV nur die Mobilien und Immobilien der alten Institute, nicht aber Forderungen und Wertpapiere zu

[47] Arbeitsunfähige konnten ohne Berücksichtigung einer Obergrenze des Guthabens bis zu 400 RM erhalten. Befehl des Obersten Chefs der SMA – Oberkommandierenden der Gruppe der Sowjetischen Besatzungstruppen in Deutschland Nr. 74, 9. 3. 1946, BAB, DX 1/74/46; vgl. Deckers, Transformation, S. 34.

[48] Ausgeschlossen blieben davon Guthaben, „die auf Kriegsgewinne oder Spekulationen zurückzuführen“ waren oder „Kriegs- und Naziverbrechern“ sowie liquidierten Rüstungsbetrieben gehörten; Beck, Konfiskationen, S. 112f. Die umgewerteten Beträge wurden, sofern sie DDR-Bürgern gehörten, zwischen 1959 und 1972 ausgezahlt; Frank Zschaler, Die vergessene Währungsreform. Vorgeschichte, Durchführung und Ergebnisse der Geldumstellung in der SBZ 1948, in: VfZ 45 (1997), S. 191–223, hier S. 214f. Zu den Regelungen der ostzonalen Währungsreform vgl. ausführlich ebd.

[49] Befehl des Obersten Chefs der SMA – Oberkommandierenden der Gruppe der Sowjetischen Besatzungstruppen in Deutschland Nr. 66, 9. 3. 1946, BAB, DX 1/66/46; Deckers, Transformation, S. 34.

[50] Die letztere Vermutung ebd., S. 34f.

[51] Scharz an Wartisch, 15. 5. 1946, HADrB 73444-2001.

[52] Vgl. Horstmann, Die Alliierten, S. 90–95; Holtfrerich, Deutsche Bank, S. 469.

[53] Eine analoge Regelung wurde für die Übernahme der Sparkassenvermögen durch die neu gegründeten Sparkassen getroffen. Deckers, Transformation, S. 31f.; 9. Ausführungsverordnung zur Verordnung über die Gründung der SLB, 24. 10. 1946, ebd., S. 164. Die thüringische SMA hatte bereits am 9. 10. 1946 die Sequestrierung des Altbanken-Vermögens und dessen Übertragung auf die deutschen Verwaltungen verfügt; Beck, Konfiskationen, S. 115.

verstehen waren.[54] Die noch vor der Kapitulation entstandenen Vermögenswerte der geschlossenen Banken dienten fortan als „Gegenposten" zur Deckung von Bilanzlücken, die den neuen Instituten durch die Auszahlung von „Zwischengeldern", also zwischen dem 8. Mai 1945 und der endgültigen Schließung der alten Banken entstandenen Guthaben, entstanden waren.[55] Dadurch wurde ein bilanztechnisches Problem gelöst, auf das Rohner die SMAS bereits ein Jahr vorher aufmerksam gemacht hatte: Aus den alten Guthaben waren noch nach dem 8. Mai Auszahlungen vorgenommen worden, und zwar, wo es sich etwa um Lohngelder gehandelt hatte, teils in nicht unbeträchtlichen Summen. Die buchmäßigen, eingefrorenen Alt-Einlagen waren dadurch höher als die entsprechenden Aktiva der alten Banken, denen wiederum das Geld für die Auszahlung von Neuguthaben fehlte; diese Bilanzlücke setzte sich beim Übergang des Neugeschäfts auf die neuen, staatlichen Institute fort. Der sowjetische Finanzoffizier hatte darauf nur zu antworten gewusst, letztlich verfalle dieses Geld „bei den Faschisten-Banken, d.h. bei allen Banken, die Guthaben am 8. Mai 1945 besaßen."[56]

Dass durch die Trennung von Debitoren und Kreditoren die herkömmlichen Standards des Bankgeschäfts endgültig über Bord geworfen waren, demonstriert ein Resümee des Landesbank-Vorstandsmitglieds Robert Reichel (ehemals Dresdner Bank in Dresden) vom Mai 1947 über die mittlerweile gelöste „Reihe neuartiger und z.T. schwieriger Rechtsprobleme" im Gefolge der Transformation. Die Einziehung der Altforderungen war offenbar auf einigen Widerstand gestoßen, da die SLB „andererseits in keiner Weise für die Verbindlichkeiten der Altbanken einzutreten hatte, da sie nicht deren Rechtsnachfolgerin" war. Das galt auch für die Verrechnung von Altguthaben und Altverbindlichkeiten derselben Kunden bei derselben Bank, die von der Militäradministration zunächst zugelassen, später aber wieder untersagt worden war. Die simple Antwort auf den Protest dieser Bankkunden lautete, dass von ihnen angemahnte „zivilrechtliche Grundsätze des Konkursrechtes [...] bei der durch die Befehle der SMA gegebenen Rechtslage indes gar keine Rolle spielen können."[57]

Wo dies im Interesse des Transformationsprozesses passend schien, nutzte man freilich auch weiterhin demonstrativ das überkommene Wirtschaftsrecht. Kurz vor der Umbenennung der SLB in „Sächsische Landeskreditbank", die die fortschreitende Verselbständigung des ostzonalen Bankwesens durch die Einrichtung von Emissions- und Girobanken widerspiegelte, beschloss das Direktorium im Oktober 1947 die Löschung der Dresdner Bank aus dem Dresdener Handelsregister, die nur „mit Rücksicht auf die in den Westzonen noch bestehenden Filialen

54 Präsident der DZFV an die Finanzminister der Provinzen und Länder, 17. 12. 1946, SHStA Dresden, Landesregierung Sachsen, Ministerium für Finanzen 3089; Abschrift der SMAD-Anordnung vom 4. 11. 1946, BAB, DN 3/343.

55 Präsident der DZFV an die Finanzminister der Provinzen und Länder, 17. 12. 1946, SHStA Dresden, Landesregierung Sachsen, Ministerium für Finanzen 3089; Aktennotiz, 19. 12. 1946, ebd., Ministerpräsident 1592. Vgl. auch Erich Achterberg, Bilanz der östlichen Bankbilanzen, in: Deutsche Finanzwirtschaft 1 (1947), Heft 1, S. 9–12, hier S. 10.

56 Protokoll einer Besprechung am 4. 10. 1945, SHStA Dresden, Landesregierung Sachsen, Ministerium für Finanzen 184, Bl. 115f.

57 Reichel, Bericht über die Rechtsangelegenheiten der Bank, Anlage 9 zum Protokoll der Sitzung des Verwaltungsrats der SLB am 14. 5. 1947, SHStA Dresden, Landesregierung Sachsen, Ministerpräsident 1593.

bisher zurückgestellt worden“ war.[58] Die (mit Ausnahme Mecklenburg-Vorpommerns) erst Anfang 1948 verabschiedeten SBZ-Landesgesetze über die Enteignung der alten Banken waren unter diesen Umständen nur noch juristische Formalien mit politischer Symbolkraft.[59] Für die Dresdner Bank war der traditionsreiche mitteldeutsche Standort längst ebenso verloren wie ihre alte Zentrale in Berlin.

Schließung und Spaltung in Berlin

In der ehemaligen Reichshauptstadt trat die UdSSR zwar nur bis zum Einrücken der Westalliierten am 1. Juli und der Installation der Alliierten Kommandantur am 11. Juli 1945 als alleinige Besatzungsmacht auf,[60] doch bis dahin wurden grundlegende bankenpolitische Vorentscheidungen getroffen. Die vorne zitierte Anordnung des Besatzungschefs Bersarin vom 28. April über die vorläufige Stilllegung aller Bankgeschäfte[61] wurde zwar Mitte Mai überraschend soweit gelockert, dass zumindest neue Einlagen entgegengenommen werden durften; diese erreichten bei der Dresdner Bank aber nur die relativ geringe Summe von gut 1 Mio. RM.[62] Am 4. Juni wurde die Schließungsanordnung jedoch auf Bersarins Anweisung hin vom Magistrat bestätigt. Zugleich wurde in den Räumen der Reichsbank die neu gegründete Berliner Stadtbank (seit Mai 1945 als „Berliner Stadtkontor“ firmierend) als einziges neu zugelassenes Kreditinstitut eingerichtet. Noch Ende Juli beschäftigte das Stadtkontor unter der Leitung eines ehemaligen Reichsbankkassierers nur rund einhundert Angestellte.[63] Hinzu kamen die fortbestehende Berliner Sparkasse, die jedoch die Altkonten ebenfalls einfrieren musste, und die im Januar 1946 gegründete Berliner Volksbank. Die Westalliierten bestätigten die sowjetischen Befehle, die der amerikanischen Finanzabteilung jedenfalls bis zu einer gesamtdeutschen Regelung im Alliierten Kontrollrat, für die zunächst auch sowjetische Kompromissbereitschaft erwartet wurde, durchaus sinnvoll erschienen.[64] Sie

[58] Protokoll der 53. Direktoriumsbesprechung der SLB, 17. 10. 1947, SStA Leipzig, Sächsische Landesbank Dresden 285. Zur Einrichtung der Emissions- und Girobanken, die im Februar 1947 eingeleitet wurde, und der komplementären Aufgabenbeschränkung der Landes- und Provinzialbanken vgl. Detlev Hummel, Das Kreditwesen der Deutschen Demokratischen Republik, in: Pohl (Hg.), Geschichte, S. 355–429, hier S. 370 f.

[59] Vgl. Deckers, Transformation, S. 32, der jedoch die SMAD-Anordnung vom November 1946 nicht kennt und daher zu dem Schluss kommt, dass erst 1948 die zonenweite Regelung erfolgt sei. Ein Artikel im Publikationsorgan der Deutschen Zentralfinanzverwaltung stellte später sogar fest, bereits die Schließung der alten Banken und die Gründung der neuen Institute im August 1945 habe „im Grunde eine auf Provinz- und Länderbasis durchgeführte Nationalisierung der Großbanken“ dargestellt; Christian Grabowski, Die deutschen Banken, in: Deutsche Finanzwirtschaft 1 (1947), Heft 5, S. 16–19, hier S. 18. Zur Struktur und den weiteren Modifikationen des SBZ/DDR-Bankensystems vgl. ausführlich Hummel, Kreditwesen. Das einschlägige Gesetz für Mecklenburg-Vorpommern datiert bereits vom 30. 10. 1947; Beck, Konfiskationen, S. 116.

[60] Zu Einrichtung und Funktionen der Alliierten Kommandantur vgl. Jürgen Wetzel, Office of Military Government for Berlin Sector, in: Weisz (Hg.), OMGUS-Handbuch, S. 671–738, hier S. 681–698; Friedrich Jeschonnek/Dieter Riedel/William Durie, Alliierte in Berlin 1945–1994. Ein Handbuch zur Geschichte der militärischen Präsenz der Westmächte, Berlin 2002, S. 148–157.

[61] Vgl. Kapitel II.1.

[62] Dresdner Bank Berlin, Betr.: Informationsdienst für unsere Filialen, Juli 1945, S. 3 f., HADrB 1473-2002.

[63] USGCC, Finance Division, Berlin Financial Report, 29. 7. 1945, S. 3, BAK, Z45F 5/12–1/43.

[64] Vgl. ebd., S. 1 f.

erlaubten den Bankbeschäftigten in den westlichen Sektoren der Stadt aber zumindest, die Geschäftsräume für interne Arbeiten zu betreten.[65]

Nicht nur in ordnungspolitischer Hinsicht hatte die sowjetische Besetzung bereits vollendete Tatsachen geschaffen. Anfang Mai 1945 begannen teils reguläre Beschlagnahmungen, teils schlichte Plünderungen von Bargeldbeständen, Wertpapieren, Edelmetallen und Verwahrstücken. Neben der Konfiskation fast der gesamten Kassenbestände der Zentrale und der Depositenkassen der Dresdner Bank, die sich insgesamt auf rund 50 Mio. RM beliefen, wurden bis Ende Juni die Tresore fast aller Depositenkassen „grösstenteils gewaltsam geöffnet und der Inhalt der Safes sowie die Verwahrstücke bis auf belanglose Gegenstände und Dokumente abtransportiert". Nachdem die Schlüssel der Stahlkammern des Hauptgebäudes zurückgegeben worden waren, stellte man fest, dass dort ebenfalls die Wertgegenstände entnommen, die Akten und auch die Wertpapiere jedoch vorläufig zurückgelassen worden waren.[66] Nicht alle Bestände der alten Zentrale wurden allerdings durch die sowjetischen Besatzer entnommen. Max Schobert, dem es gelungen war, sich „während der Ausraubung der Bank" Reichsbankschecks und Schatzanweisungen über 175 Mio. RM anzueignen, versuchte diese Papiere Anfang September auf einem Fußmarsch illegal über die Zonengrenze nach Hannover zu bringen. Schobert wurde allerdings „beim letzten Sprung über die Demarkationslinie von einer russischen Patrouille gestellt und buchstäblich bis aufs letzte Hemd ausgeraubt."[67]

Von einer Beschlagnahmung, die schnell in eine faktische Enteignung überging, war auch das alte Hauptgebäude der Bank in der Behrenstraße in Berlin-Mitte betroffen. Nachdem es in den ersten Tagen nach der Besetzung überhaupt nicht zugänglich gewesen war, steigerte sich bis Mitte Mai „die Zahl der täglich Erschienenen auf mehrere hundert Köpfe, so dass mit der Beseitigung der allergröbsten Schäden im Hause begonnen werden konnte. Der größte Teil der Belegschaft wurde jedoch bald zu Aufräumungsarbeiten auf der Strasse innerhalb des Bezirkes Mitte eingesetzt." Nach der Beschlagnahmung der Kassen reichten die restlichen Bargeldbestände gerade noch, um die drastisch reduzierten Juni-Gehälter an

[65] Zschaler, Erzwungene Reorientierung, S. 217–219; Fritz Federau, Das Berliner Bankwesen 1945/1950, Berlin o.J. (1951), S. 29–34; Hanns Weber, Bankplatz Berlin, Köln/Opladen 1957, S. 171–173; ausführlich zu diesem Kapitel jetzt Pollems, Bankplatz. Auszüge aus der Verordnung vom 5. 6. 1945 ebd. und bei Holtfrerich, Deutsche Bank, S. 438 f.; vgl. auch die Dokumentation der Berliner Magistratssitzung vom 4. 6. 1945 nebst Vorlage sowie das folgende Protestschreiben von Ernährungsstadtrat Hermes an Oberbürgermeister Werner vom 5. 6. 1945, in: Dieter Hanauske (Bearb.), Die Sitzungsprotokolle des Magistrats der Stadt Berlin 1945/46, Teil I: 1945, Berlin 1995, S. 108–118.

[66] Dresdner Bank Berlin, Betr.: Informationsdienst für unsere Filialen, Juli 1945, S. 6, HADrB 1473-2002 (Zitat); Schobert an Zinßer, 11. 9. 1945, HADrB 106258; Aktennotiz betr. Kassenbestände der Hauptbank und der Depositenkassen zur Zeit der Einnahme Berlins durch die Rote Armee, 22. 2. 1947, HADrB 105767 (ebd. ein ausführlicher Bericht Werner von Richters zu den Ereignissen in den Depositenkassen, 9. 7. 1945); Meyen, 120 Jahre, S. 139 f. Über die Höhe der beschlagnahmten Barbestände liegen verschiedene Schätzungen vor, die aber in der Größenordnung in etwa übereinstimmen; vgl. Thoman an Bancroft, 29. 10. 1947, HADrB 108203. Zu den Beschlagnahmungen bei der Deutschen Bank und illegalen Mitnahmen von Unterlagen nach West-Berlin vgl. Holtfrerich, Deutsche Bank, S. 436, 440 f.; einige Angaben zur Commerzbank, Delbrück, Schickler & Co. sowie Hardy & Co. in USGCC, Finance Division, Berlin Financial Report, 29. 7. 1945, S. 7, BAK, Z45F 5/12–1/43.

[67] Schobert an Zinßer, 11. 9. 1945, HADrB 106258.

Abb. 6: Nebeneingang der ehemaligen Berliner Zentrale 1946.
Quelle: Ullstein Bilderdienst.

die verbliebenen Angestellten zu zahlen. Nach der endgültigen Stilllegung sah man sich „gezwungen, täglich etwa 90 Prozent der erschienen Belegschaft der Stadt zu Aufräumungsarbeiten zur Verfügung zu stellen." Abgesehen von rund 200 Angestellten, die für „buchhalterische Arbeiten und die Betreuung von Gebäuden" weiterbeschäftigt werden durften, musste nach einer Anweisung des Magistrats „die gesamte Belegschaft mit Wirkung vom 1. 7. 1945 gehaltlos beurlaubt werden".[68] Die nicht mehr benötigten Mitarbeiter wurden aber zumindest nicht entlassen, um in der Hoffnung auf eine spätere Wiedereröffnung „eine Zerstreuung des Personals zu verhindern."[69] Am 4. Juli 1945 musste das traditionsreiche, seit dem Umzug der Bankzentrale von Dresden nach Berlin im Jahre 1884 mehrfach erweiterte Gebäude auf Weisung von Schukow an den Zentralausschuss der SPD übergeben werden. 1946 wurde es von der Berliner SED-Bezirksleitung, später von der Staatsbank der DDR übernommen.[70]

[68] Dresdner Bank Berlin, Betr.: Informationsdienst für unsere Filialen, Juli 1945, S. 3–5, HADrB 1473-2002.

[69] Bericht über die seit Kriegsende ruhende Dresdner Bank Berlin für die Zeit vom Zusammenbruch bis 31. Dezember 1955, o. D. (1956), S. 10, HADrB 17610-2001; Dresdner Bank Berlin (Overbeck/Wildgrube) an die Direktionen der Niederlassungen, 7. 8. 1945, SStA Leipzig, Dresdner Bank Leipzig 524.

[70] Bericht über die seit Kriegsende ruhende Dresdner Bank Berlin für die Zeit vom Zusammenbruch bis 31. Dezember 1955, o. D. (1956), S. 5 f., HADrB 17610-2001; Aktennotiz über eine Bespre-

Das ehemals unbestrittene finanzielle Zentrum des Reiches war durch die sowjetischen Maßnahmen in kurzer Zeit zu einem „Kopf ohne Körper" geworden, wie ein Bericht der amerikanischen Finanzabteilung treffend festhielt,[71] und das musste natürlich gerade für die alten Zentralen der Filialgroßbanken drastische Konsequenzen haben. Bescheiden wurde das erste Berliner Rundschreiben nach der Stilllegung mit dem Hinweis eingeleitet, dass es sich beim zaghaften Wiederaufbau der unterbrochenen Verbindungen „selbstverständlich angesichts der zur Zeit gegebenen Verhältnisse naturgemäss weniger darum handeln" könne, „schon jetzt von Berlin aus eine zentrale Leitung ausüben zu wollen und Anweisungen zu erteilen als vielmehr darum, Anregungen zu geben." Die Verbindung zu den Filialstandorten war in den ersten Monaten nach Kriegsende so unregelmäßig, dass erst im Juli überhaupt eine rudimentäre Kommunikation durch Kuriere in Angriff genommen wurde, um wenigstens „zunächst mit einigen Hauptplätzen im Reich in Verbindung zu treten". Diese größeren Standorte sollten ihrerseits ein Kuriernetz zu den umliegenden Stellen aufziehen in der Hoffnung, „dass eine allmähliche Durchblutung aller Glieder des Gesamtkörpers unseres Instituts herbeigeführt werden kann."[72]

Ob ein systematisches Kuriersystem tatsächlich in Gang kam, lässt sich den Quellen nicht entnehmen. Die biologische Metapher zeigt jedenfalls, dass das Unternehmen von seinen leitenden Mitarbeitern gerade in dieser existenziell unsicheren Phase eben nicht nur als ein Netz ökonomisch rational handelnder Individuen, sondern als zusammengehöriges, identitätsstiftendes Ganzes betrachtet wurde. Umgekehrt wurden verantwortliche Mitarbeiter, die in den Wirren des Kriegsendes die ihnen anvertrauten Angestellten und Bankgebäude verlassen hatten, regelrecht als Fahnenflüchtige betrachtet. Overbeck verlangte, dass Fälle, in denen Filialleiter geflohen waren „ohne in erster Linie die Belange der Bank im Auge gehabt zu haben", „streng untersucht" werden müssten; Zinßer war „schmerzlich enttäuscht" von Mitarbeitern, die sich nicht wie er selbst dorthin durchgeschlagen hatten, wo die Bank sie benötigte, und fand es fast unzumutbar, „sie ihren Kollegen wieder gegenüber[zu]stellen".[73] Im September 1945 legten Zinßer und Schleipen fest, dass „Gefolgschaftsmitglieder", die sich bis dahin nicht gemeldet oder ohne Wissen der Bankleitung ihren Posten verlassen hatten, keinen Anspruch auf Nachzahlung von Gehältern oder Trennungsgeldern haben sollten.[74]

Der Zerfall der Bank drohte freilich nicht durch personelle Auflösungserscheinungen, sondern vor allem durch die Schließung der Zentrale im sowjetischen Sektor Berlins. Da den Banken in den westlichen Sektoren zumindest das Betreten ihrer Räumlichkeiten erlaubt war, institutionalisierte sich hier um Overbeck, der nach Buschs Verhaftung in Berlin die Führung übernommen hatte, ein improvi-

chung mit den Herren des Zentralausschusses der Sozialdemokratischen Partei Deutschlands in den Räumen der Dresdner Bank, 4. 7. 1945, HADrB 115503; Meyen, 120 Jahre, S. 141.

71 USGCC, Finance Division, Berlin Financial Report, 29. 7. 1945, S. 1, BAK, Z45F 5/12-1/43.

72 Dresdner Bank Berlin, Betr.: Informationsdienst für unsere Filialen, Juli 1945, S. 1, HADrB 1473-2002.

73 Schobert an Zinßer, 11. 9. 1945 (Zitat Overbeck); Zinßer an Goetz, 27. 8. 1945, beides in: HADrB 106258.

74 Aktennotiz Bühmann, 1. 10. 1945, HADrB 5147-2000.

siertes Leitungsgremium aus einigen der zentralen Abteilungsleiter, zu dem vor allem Max Schobert, Werner von Richter, der Chefsyndikus Ernst Leese, Emil Stockburger (einer der Leiter der Organisationsabteilung), Hans Wildgrube (Filialbüro) und etwas später auch Fritz André (Konsortialabteilung) zählten. Aus den Führungsgruppen größerer geschlossener Banken etablierte sich zugleich ein „kleiner Kreis" unter Leitung des ehemaligen Reichskommissars für das Kreditwesen und Mitinhabers des Bankhauses Delbrück, Schickler & Co., Friedrich Ernst, der sich Ende Juni 1945 offiziell dem Berliner Magistrat als „eine lose ‚Arbeitsgemeinschaft der Berliner Banken'" präsentierte und dort auch als Ansprechpartner akzeptiert wurde.[75] Ernst, der nach dem Hitler-Attentat vom 20. Juli 1944 verhaftet und erst bei Kriegsende befreit worden war, fungierte als Kontaktperson zum Magistrat und zu den Besatzungsmächten, um die Banken zumindest über die aktuellen politischen Pläne auf dem Laufenden zu halten. Die Dresdner Bank nutzte diesen Kontakt umgekehrt, um den Amerikanern und Briten ein wirtschafts- und währungspolitisches Memorandum des Chefvolkswirts Hunscha zu übergeben.[76]

Den Sitz ihres improvisierten Leitungsgremiums bildete zunächst die Depositenkasse am Breitenbachplatz, in der sich täglich auch die Leiter der verbliebenen Depositenkassen versammelten. Da hier wegen des Tagesgeschäfts nicht genügend Ruhe herrschte, trafen sich Overbeck, teilweise Schippel und Pilder sowie die verbliebenen Abteilungsmanager im Juli und August 1945 zu „Sonnabendbesprechungen" in Overbecks Dahlemer Wohnung. Die Unwägbarkeiten der Berliner Bankenpolitik ließen die Orientierung an einer mittelfristigen Kontinuität des Unternehmens durchaus noch sinnvoll erscheinen. Dabei hoffte man vermutlich in erster Linie auf die grundsätzliche Diskussionsbereitschaft der Amerikaner, denen sich die Großbanken im Juli 1945 als jederzeit bereit präsentierten, ihre Tätigkeit schon zur Wiederherstellung des öffentlichen Vertrauens in die Wirtschaft wieder aufzunehmen.[77] Diese Hoffnung war zumindest nicht völlig unberechtigt, regten doch die Briten und vor allem die Amerikaner zu dieser Zeit bei der sowjetischen Besatzungsmacht Überlegungen zur Wiedereröffnung der geschlossenen Großbanken etwa in Form eines Zusammenschlusses von Deutscher Bank,

[75] Arbeitsgemeinschaft der Berliner Banken (Ernst) an Magistrat der Stadt Berlin, Abteilung für Wirtschaft, 21. 6. 1945 (Zitat); Abt. für Wirtschaft an Arbeitsgemeinschaft, 2. 7. 1945, beides in: LA Berlin, C Rep. 105/3768.

[76] Schobert an Zinßer, 11. 9. 1945, HADrB 106258. Vgl. den Bericht der ersten Besprechung von drei Vertretern dieses Gremiums (von der Dresdner Bank Werner von Richter) mit dem Berliner US-Finanzoffizier Ginder am 13. 7. 1945, BAK, Z45F 5/35-3/2. Friedrich Ernst (1889–1960) war seit 1931 Reichskommissar für das Bankgewerbe (seit 1935 „für das Kreditwesen"), 1939-1941 Reichskommissar für die Verwaltung feindlichen Vermögens und seit 1941 Mitinhaber von Delbrück, Schickler & Co. Ernst wurde nach dem 20. Juli 1944 verhaftet und blieb bis Kriegsende interniert. 1946 scheiterte seine Berufung zum Berliner Stadtkämmerer an sowjetischem Widerspruch, von 1949 bis 1958 war er Vorsitzender des Verwaltungsrats der Berliner Zentralbank; Internationales Biographisches Archiv 06/1961.

[77] Finance and Property Control Section, Report on the Interview with three German Bankers in regard to Berlin's Closed Banks, 13. 7. 1945; Special report on Berlin's closed Banks, 24. 7. 1945, beides in: BAK, Z45F 5/35-3/2. In der zweiten Besprechung, an der auch Bernard Bernstein teilnahm, waren die Banken vertreten durch Friedrich Ernst (Delbrück, Schickler), Friedrich Freundt (Hardy), Ludwig Holbeck (Commerzbank), Werner von Richter (Dresdner Bank) und Fritz Wintermantel (Deutsche Bank). Bernstein bat die Bankiers einleitend ausdrücklich um deren Vorschläge bezüglich der Wiederöffnung.

Dresdner Bank und Commerzbank an.[78] Dementsprechend behandelte Overbeck bei der ersten „Sonnabendbesprechung“ Ende Juli vor allem die praktischen Erfordernisse für einen solchen Fall.[79] Die Schließung der Filialen in der SBZ versetzte diesen Kontinuitätshoffnungen einen ersten Stoß. Etwas hilflos hielt Overbeck fest, dass „es jetzt das Wichtigste sei, unter doppelt enger Fühlungnahme mit den Filialen aufzuarbeiten“, um wenigstens auf der buchhalterischen Ebene auf die immer unwahrscheinlichere Wiedereröffnung vorbereitet zu sein.[80]

Nachdem allerdings die Alliierten im Potsdamer Abkommen vom 2. August 1945 nahezu zeitgleich eine baldige, einvernehmliche Dezentralisierung der deutschen Wirtschaft angekündigt hatten, „um die gegenwärtige übermäßige Konzentration wirtschaftlicher Macht zu beseitigen“,[81] begann man offenbar, sich auf dauerhaftere Eingriffe in die institutionelle Struktur der Bank einzustellen. Ende August 1945 stellte Overbeck fest, dass zwar „bei den amerikanischen und englischen Stellen eine grundsätzliche Abneigung gegen die Erhaltung von etwa 2 Großbanken nicht erkennbar wäre,“ man sich aber ernsthaft mit Überlegungen zu deren regionaler Aufteilung und der Abtretung kleinerer Filialen an Regionalbanken befassen müsse. Eine „Ausschaltung der dritten Großbank“, sprich der Commerzbank, wurde dabei billigend in Kauf genommen. Die Berliner Gruppe kam „in Anlehnung an die Tradition“ zu dem Schluss, dass in erster Linie versucht werden müsse, die zentralen Geschäftsbereiche der Industrie-, Außenhandels- und großen Warengeschäftsfinanzierung sowie den Wertpapierbereich in der Hand zu behalten.[82]

Die Phase der improvisierten Kontinuität, in der man auch in Berlin noch darauf hoffte, zumindest das Kerngeschäft im Rahmen einer weiter existierenden, wenn auch verkleinerten Dresdner Bank zu retten, endete im Herbst 1945. Der Wechsel Overbecks, Werner von Richters,[83] Max Schoberts[84] und Emil Stockbur-

[78] Die Sowjets reagierten zunächst nicht völlig ablehnend, verwiesen aber schließlich auf den Alliierten Kontrollrat als allein zuständiges Gremium; Historical Report of the Operations of the Office of Military Government Berlin District APO 755, Volume XII, o. D. (1946), S. 48, 53, BAK, Z45F 5/35-3/1.

[79] Protokoll über die 1. Sonnabendbesprechung am 28. 7. 1945, HADrB 1473-2002; ebd. auch die Protokolle vom 4. 8. und 18. 8. 1945. Teilnehmer dieser Besprechungen waren neben den Vorstandsmitgliedern (in wechselnder Zusammensetzung) der stellvertretende Personalchef Butz, die Juristen Joel und Leese, Schobert, Wildgrube und Hunscha sowie Otto Veit, zuvor „wirtschaftlicher Berater“ der Dresdner Bank-Tochter Hardy & Co. Veit (1898–1984) war seit 1934 für Hardy & Co. tätig, wurde Ende Mai 1945 vom Berliner Magistrat als kommissarischer Geschäftsführer des Bankhauses eingesetzt und übte diese Tätigkeit bis Ende 1945 aus; vgl. dazu die Korrespondenz in LA Berlin, C Rep. 105/3569, Bl. 103–107. Er wurde nach seinem Weggang aus Berlin zunächst Generaldirektor der Nassauischen Landesbank in Wiesbaden und 1947–1952 Präsident der Landeszentralbank von Hessen, danach Professor für Währungs- und Bankpolitik an der Universität Frankfurt a. M.; Internationales Biographisches Archiv 49/1961.

[80] Protokoll über die 2. Sonnabendbesprechung vom 4. 8. 1945, HADrB 1473-2002.

[81] Zitiert nach Holtfrerich, Deutsche Bank, S. 459.

[82] Besprechung in der Wohnung des Herrn Direktor Overbeck, Dahlem, am 26. August 1945, HADrB 1473-2002.

[83] Aktennotiz Commerzbank Hamburg über eine Besprechung bei der Dresdner Bank in Hamburg am 15. 1. 1946, HAC 1/170.

[84] Schobert bemühte sich seit Anfang Oktober 1945 um ein Visum für die britische Besatzungszone, nachdem Carl Goetz Overbeck dringend gebeten hatte, ihn „schnellstens ins Westgebiet“ zu schicken; Schobert an Hölling, 2. 10. 1945, HADrB 11142-2001.

gers[85] nach Westdeutschland seit Oktober 1945, der vermutlich auch eine Reaktion auf die stets prekären Kommunikationsverhältnisse mit den westdeutschen Niederlassungen darstellte, signalisierte bereits, dass der Schwerpunkt der Rettungsversuche auf absehbare Zeit nicht in Berlin, sondern in den Westzonen liegen würde. Unter Hölling und Zinßer hatten sich dort inzwischen die organisatorisch-personellen Kerne einer neuen zentralen Leitung herausgebildet. Das war umso realistischer, als die Sowjets mittlerweile begonnen hatten, das Stadtkontor gegen den Protest der Westalliierten durch Transaktionen mit Firmen in der SBZ mit dem neu errichteten Bankensystem in der eigenen Besatzungszone zu vernetzen.[86]

Die Abwanderung des verbliebenen Führungspersonals bedeutete aber keineswegs einen Verzicht auf den Traditionsstandort Berlin. Die Dresdner Bank strebte ebenso wie die Deutsche Bank und die Commerzbank weiterhin eine Wiedereröffnung an. Um „nicht durch die Ereignisse einfach übergangen zu werden", die sich mittlerweile auch in der zunehmend vehementeren Dezentralisierungspolitik in der amerikanischen Besatzungszone anbahnten, arbeitete man etwa seit der Jahreswende 1945/46 an Konzepten zu einem Neubeginn in Berlin, die in gewissem Maße an die Diskussionen vom August anknüpften.[87] Den Hintergrund bildete die wachsende Unzufriedenheit der Briten und Amerikaner über die mangelhafte Geld- und Kreditversorgung der Stadt. Das Stadtkontor und die Sparkasse waren nach Darlegung des Stadtkämmerers Erich Siebert im Herbst 1945 „Zuschußbetriebe", und das Stadtkontor übte „praktisch keine Kredittätigkeit" aus. Zudem machte sich in beiden Einrichtungen ein Mangel an qualifiziertem Leitungspersonal bemerkbar.[88]

Seit Mitte Januar 1946 schienen sich die Hinweise auf eine flexiblere Bankenpolitik des Magistrats zu verdichten. Die Dresdner Bank in Hamburg erhielt die Nachricht, „dass möglicherweise der Magistrat in Berlin an die alten bisher geschlossenen Banken in Berlin die Aufforderung richten wird, ihren Geschäftsbetrieb wieder aufzunehmen." Das bezog sich allerdings nur auf das Neugeschäft auf der Basis noch umlaufender Reichsmarknoten, nicht auf eine Freigabe des Zugriffs auf die alten Konten. Nach einer umgehend angesetzten Besprechung mit der Hamburger Commerzbank-Leitung kamen Hölling und von Richter zu dem Ergebnis, dass, obwohl die Rentabilitätsaussichten ohne Rückgriff auf das Altgeschäft mehr als fragwürdig waren, „die Gelegenheit, unsere alten Institute wieder aktiv im Geschäft erscheinen zu lassen, nicht vorübergelassen werden" dürfe. Ebenso wie die Commerzbank-Führung sah man „die Frage mehr unter dem Gesichtspunkt eines Zeigens der Flagge als dem eines Geschäftes". Dies sollte aber unter allen Umständen als Wiedereröffnung der alten Banken und nicht als Neu-

[85] Stockburger befand sich spätestens Anfang 1946 in den Westzonen und war unter anderem mit der Immobilienverwaltung befasst; vgl. Aktennotiz Anspach über eine Besprechung der Zentraldirektion West am 20. 1. 1946, BAK, Z45F 2/51/2.

[86] Historical Report of the Operations of the Office of Military Government Berlin District APO 755, Volume XII, o. D. (1946), S. 60, BAK, Z45F 5/35-3/1.

[87] Problemskizze von Friedrich Thomann, 18. 1. 1946, HADrB 1498-2002.

[88] Protokolle der Sitzungen des Berliner Magistrats am 30. 11. und 17. 12. 1945, in: Hanauske (Bearb.), Sitzungsprotokolle, Teil I, S. 665 (Zitate), 722 f. Zur Geschäftsentwicklung des Stadtkontors vgl. jetzt Pollems, Bankplatz, S. 140–156.

gründung auf Basis der verbliebenen Depositenkassen geschehen, um den zu dieser Zeit mit wachsender Vehemenz vorgetragenen amerikanischen Dezentralisierungsforderungen keine Zugeständnisse zu machen.[89]

Kurz darauf fanden auf Initiative des Commerzbank-Direktors Ludwig Holbeck Besprechungen zwischen den Berliner Leitungen der drei Filialgroßbanken statt, bei denen die Formulierungstaktik für Anträge auf eine Zulassung zum Neugeschäft (oder auf eine Neugründung auf der Basis des alten Betriebsvermögens) beraten wurde.[90] Noch mitten in diesen Verhandlungen wurden Vertreter der drei Banken nacheinander von Willy Rumpf, dem Leiter des Hauptamts Banken und Versicherungen in der Finanzabteilung des Magistrats und späteren Finanzminister der DDR, zu ausführlichen Gesprächen geladen. Rumpf war zwar mehr an einer Belebung des Berliner Wirtschaftslebens durch eine neue Bankengründung mit städtischer Beteiligung interessiert, er ließ sich aber die Vorstellungen der Bankenvertreter ausführlich erläutern. Zudem hatte das britische Mitglied des Finanzkomitees der Alliierten Kommandantur, Oberst Reynalds, inzwischen den Magistrat aufgefordert, Anträge auf Zulassung der alten Banken zum Neugeschäft anzunehmen und Holbeck empfohlen, dass die Banken solche Anträge „einzeln nach einheitlichem Schema" einreichen sollten.[91] Ende Januar strahlte André großen Optimismus aus und rechnete „auf eine fortschreitende Beruhigung und rechtliche Normalisierung" der Berliner Bankenpolitik.[92] Am 1. Februar veröffentlichten die Berliner Zeitungen Meldungen mit dem Tenor, dass „die Berliner Stadtbank eine neue Aera zu beginnen wünscht und sich elastischer als bisher auf die Wünsche der Berliner Wirtschaft einstellen" wolle. Kleinere Banken hatten bereits Anträge auf Wiedereröffnung eingereicht, und André drängte Hölling zu schnellen Schritten.[93]

Die in den Akten überlieferte Version des Antrags der Dresdner Bank wurde schließlich mit dem „Interesse der Wiederaufrichtung des Berliner Wirtschaftslebens" begründet, das von dem Vertrauen in die Leistungsfähigkeit der alten Banken, ihren eingespielten Apparaten und dem hochqualifizierten Personal nur profitieren könne. Das Netz der Depositenkassen sei ideal für eine dringend notwendige „Aufsaugung der brachliegenden Barmittel". Für die Geschäftsleitung wurden keine Mitglieder des alten Vorstands, sondern mit Fritz André, Friedrich Thomann (einem stellvertretenden Direktor der Dokumenten-Abteilung) und Michael Wolff (dem neben Werner von Richter zweiten Leiter der Hauptabteilung) Vertreter der zweiten oder gar dritten Reihe vorgeschlagen.[94] Dass zumindest das Argument der Bargelderfassung nicht sehr tragfähig war, war allerdings den Banken selbst klar. Die Besprechung mit der Commerzbank-Führung im Januar hatte nämlich bereits Einmütigkeit darüber gezeigt, „dass der Kreis der zur

[89] Aktennotiz von Richter, 15. 1. 1946, HADrB 1498-2002; Aktennotiz Kühne, 15. 1. 1946, HAC 1/170 (letztes Zitat).
[90] Besprechungsnotizen Thomann, 21. und 24. 1. 1946, HADrB 1498-2002; Holbeck an den Vorstand der Commerzbank in Hamburg, 22. 1. 1946, HAC 1/170.
[91] Holbeck an den Vorstand der Commerzbank, 25. 1. 1946, ebd. (Zitat); Aktennotiz André, 29. 1. 1946, HADrB 1498-2002.
[92] André an Hölling, 29. 1. 1946, ebd.
[93] André an Hölling, 2. 2. 1946, ebd.
[94] Dresdner Bank Berlin an das Bankenamt des Berliner Magistrats, 21. 2. 1946, ebd.

Anlage bereiten Kundschaft natürlich zusammengeschrumpft sein dürfte, und dass diejenigen Kunden, welche bares Geld zu Hause aufbewahren, dies aus Gründen tun, die sie abhalten Bankkonten zu errichten (Schwarzhandel, Steuerverweigerung wegen eingetretener Verluste usw.)."[95]

Der Antrag der Dresdner Bank datiert zwar vom 21. Februar 1946, und wenige Tage später kündigte André der Hamburger Zentralstelle an, er werde „in diesen Tagen eingereicht".[96] Tatsächlich berieten die drei Filialgroßbanken aber noch Mitte April gemeinsam mit der Berliner Handels-Gesellschaft über ihre Antragsentwürfe, deren Inhalt gleichzeitig mit verschiedenen Kontaktpersonen bei den Westalliierten diskutiert wurde.[97] Erst am 29. April reichten schließlich die Deutsche Bank, die Dresdner Bank und die Commerzbank jeweils inhaltlich ähnliche, aber eigenständig formulierte Anträge auf Zulassung zum Neugeschäft ein, die zuvor von den Hamburger Leitungen redigiert worden waren.[98] Die Anträge trugen jedoch ihre ursprünglichen Daten vom Februar bzw. März 1946;[99] über die Gründe der verzögerten Einreichung lässt sich nur spekulieren. Anfang März 1946 besetzte die sowjetische Militäradministration die verbliebenen Räumlichkeiten von rund 30 Kreditinstituten, schloss auch diese Stellen und entließ die verbliebenen Angestellten. Die Dresdner Bank musste die noch für Verwaltungsarbeiten genutzten Räume in der Markgrafenstraße räumen und „unter Gefährdung von Leib und Leben so viel Material wie möglich in die Westsektoren" mitnehmen.[100] Die Einreichung der Anträge einige Wochen später stellte vermutlich einen Versuch dar, die nunmehr klareren Fronten zwischen den Besatzungsmächten für eine Wiedereröffnung nur in den Westsektoren zu nutzen. Dafür spricht die Ermutigung durch Briten und Amerikaner[101] ebenso wie die Erwartung Hol-

[95] Aktennotiz Kühne (Commerzbank Hamburg), 15. 1. 1946, HAC 1/170.

[96] Telegrammentwurf André an Zentralstelle, o.D. (Ende Februar 1946), HADrB 1498-2002.

[97] Klepper an Chief Financial Intelligence & Liaison Branch, The Deutsche, Dresdner and Commerz Banks Today, 16. 4. 1946, S. 5, BAK, Z45F 2/183/3; Klepper an Frederick G. Dircks, Chef der Financial Intelligence & Liaison Branch, 27. 4. 1946, BAK, Z45F 2/187/7. In dem zweiten Bericht ist nur noch von Neuzulassungsanträgen der Deutschen Bank, Dresdner Bank und Commerzbank die Rede.

[98] Holbeck an den Hamburger Vorstand der Commerzbank, 2. 5. 1946, HAC 1/170; Eingangsbestätigung des Magistrats der Stadt Berlin, Abt. Finanz- und Steuerwesen, 29. 4. 1946, HADrB 1498-2002; Commerzbank Berlin an Dresdner Bank Berlin, 30. 4. 1946, HADrB 1474-2002.

[99] Anträge der Dresdner Bank, 21. 2. 1946, der Commerzbank, 24. 2. 1946, und der Deutschen Bank, 1. 3. 1946, Anlagen zu: Magistrat der Stadt Berlin, Finanzabteilung, Rumpf, an Alliierte Kommandantur, Finanzabteilung, 8. 7. 1946, LA Berlin, C Rep. 101/636.

[100] Bericht über die seit Kriegsende ruhende Dresdner Bank Berlin für die Zeit vom Zusammenbruch bis 31. Dezember 1955, o.D. (1956), S. 5, HADrB 17610-2001 (Zitat); Holtfrerich, Deutsche Bank, S. 444; Deckers, Transformation, S. 31. Die sowjetische Aktion war also wohl nicht, wie Holtfrerich aus dem Datum des Antrags der Deutschen Bank folgert, eine direkte Antwort der Besatzungsmacht auf die offiziellen Rekonstitutionsbemühungen der Großbanken. Sie wurde aber später im Publikationsorgan der Deutschen Zentralfinanzverwaltung damit gerechtfertigt, dass die alten Bankleitungen sich nicht zur Beschränkung auf reine Verwaltungsarbeiten bereit gezeigt, sondern stattdessen „immer neue Schritte in der Richtung auf eine Wiederzulassung unternommen" hätten; Wilhelm Boes, Das Schicksal der Berliner Banken, in: Deutsche Finanzwirtschaft 1 (1947), Heft 2, S. 14–16.

[101] Nach Ausführungen des Deutsche-Bank-Vorstandsmitglieds Fritz Wintermantel aus dem Jahr 1948 waren die Anträge auf Wiederzulassung „auf britisches und amerikanisches Anraten" gestellt worden; Holtfrerich, Deutsche Bank, S. 444.

becks, der genau zu dieser Zeit mit einer „Aufteilung der Großbanken unter Verselbständigung der Geschäftsstellen in den verschiedenen Bezirken" rechnete.[102]

Die Anträge wurden erst im Juli 1946 vom Magistrat an die Alliierte Kommandantur weitergereicht und von dieser schließlich abgelehnt.[103] Eine direkte Begründung dafür ist nicht überliefert, doch die ausführliche Stellungnahme des Bankenausschusses, hinter der man die Urheberschaft Rumpfs vermuten darf, zeigt, dass Hoffnungen auf eine Wiedererstehung der Großbanken mittlerweile nicht nur in der SBZ, sondern zumindest auch im sowjetischen Sektor Berlins (und damit, so lange an einer gesamtalliierten Verwaltung festgehalten wurde, in ganz Berlin) politisch irreal waren. Die Stellungnahme hob zwar in erster Linie auf die infolge des Kriegsausgangs eigentlich wertlos gewordenen Forderungen an das Reich ab und lehnte sich mit der These, dass „eigentlich ein Konkursantrag alsbald nach der Kapitulation zu stellen gewesen" wäre, deutlich an die sowjetische Begründung für die dauerhafte Schließung der alten Banken vom Juli 1945 an. Neben den ausgiebig bemühten Vorschriften des Banken- und Aktienrechts der NS-Zeit, aus denen die „Pflicht" des Magistrats zur Versagung der Genehmigung hergeleitet wurde, griff der Bankenausschuss auf das nationalsozialistische Argument zurück, gerade das Berliner Bankgewerbe sei „bereits vor dem Kriege stark übersetzt" gewesen. Den Anspruch auf eine politisch gelenkte Neuausrichtung des Finanzsektors demonstrierte hingegen die Formulierung, es werde „eines sehr sorgfältig überlegten systematischen Neuaufbaues bedürfen, der die rationellste Eingruppierung dieses Hilfsgewerbes in den Wirtschaftskörper gewährleistet". Plausibel zurückgewiesen wurde immerhin das von den Großbanken selbst als etwas fadenscheinig eingestufte Argument der effektiveren Bargeldabschöpfung.[104]

Dass man im Ostsektor Berlins mittlerweile eine ähnlich radikale Neuordnung des Bankensektors wie in der SBZ anstrebte, demonstrierte die Errichtung einer „Bankentreuhandstelle" bei der DZFV am 1. Juli 1946. Diese später als Bankenkommission zur „Sicherstellung der Geschäftsunterlagen und Wertpapiere der Hauptsitze geschlossener deutscher Banken" firmierende Einrichtung war zunächst nur für die Hinterlassenschaften der geschlossenen staatlichen Kreditinstitute zuständig, ihre Kompetenz wurde jedoch im Dezember 1946 auch auf die Geschäftsräume privater Banken im sowjetischen Sektor Berlins ausgedehnt. Im November 1947 wurde sie schließlich auch zur Vermögensverwalterin der geschlossenen privaten Kreditinstitute bestellt.[105] Die Aufnahmearbeiten der Bankenkommission in der Zentrale und den Depositenkassen zogen sich mangels

102 Holbeck an den Hamburger Vorstand der Commerzbank, 2. 5. 1946, HAC 1/170.

103 OMGUS, Finance Division, Financial Intelligence Section, Report on the Investigation of the Commerzbank, September 1947, S. 62, BAK, Z45F 2/44/1. Eine Erörterung des Themas in den Sitzungen des Berliner Magistrats ist nicht dokumentiert; vgl. Hanauske (Bearb.), Sitzungsprotokolle, Teil II: 1946, Berlin 1999.

104 (Bankenausschuss des Berliner Magistrats), Stellungnahme zu den Anträgen der Deutschen Bank, der Dresdner Bank und der Commerzbank auf Wiedereröffnung ihrer Betriebe und Zulassung zum Neugeschäft am Berliner Platz, o.D. (mit Begleitschreiben Rumpf an Finanzausschuss der Alliierten Kommandantur, 18. 7. 1946), Zitate S. 4, 7f., LA Berlin, C Rep. 101/636. Ähnlich argumentierte später das Organ der Deutschen Zentralfinanzverwaltung: Boes.

105 Zschaler, Erzwungene Reorientierung, S. 222; Deckers, Transformation, S. 31; Weber, Bankplatz, S. 174f.

Personal bis ins erste Halbjahr 1948 hin.[106] Ein großer Teil der in den Ost-Berliner Räumlichkeiten verbliebenen Aktenbestände und Wertpapiere war jedoch bereits zwischen Juni 1946 und Anfang 1947 mehr oder weniger heimlich von Angehörigen der Besatzungsmacht abtransportiert worden, bevor die Tresore der DZFV-Bankenkommission übergeben wurden. So verließen über die Weihnachtstage 1946 rund zwanzig sowjetische Soldaten die Räume mit gefüllten Tragetaschen.[107] Einzelne verschwundene Wertpapierpakete tauchten später, teils wohl unter Mitwirkung von Angestellten, die „der Versuchung nicht widerstanden", an den Effektenmärkten wieder auf;[108] „beträchtliche Posten" vor allem ausländischer Wertpapiere gelangten aber auf unbekannten Wegen wieder in den Verkehr und wurden mitunter sogar von den ursprünglichen Schuldnern zur Tilgung eingesetzt.[109] Ein Teil der während des Krieges ausgelagerten Akten verschiedener Abteilungen konnte hingegen auf abenteuerlichen Wegen aus der SBZ zurückgeholt werden. Die greifbaren Unterlagen wurden zunächst in Schöneberger Depositenkassen, später in der Wilmersdorfer Ruhrstraße und am Dahlemer Breitenbachplatz untergebracht, wo die Rekonstruktion etlicher Tausend Kontokarten und unerledigter Buchungen sowie die Auskunftserteilung an die alte Kundschaft in Angriff genommen wurden. Letzteres sollte sich sehr bald als die Hauptaufgabe der verbliebenen Angestellten einer nach der Magistratsanweisung vom Juni 1945 dauerhaft „ruhenden Altbank" herausstellen.[110]

Die entscheidenden Determinanten für diese Entwicklung hatten zweifellos die sowjetische Besatzungsmacht und die Ost-Berliner Bankenpolitik gesetzt. Aber auch im gesamtdeutschen Kontext hatten die Neueröffnungsanträge der Großbanken kaum eine Perspektive gehabt. Zur gleichen Zeit stand nämlich die schon in Potsdam beschlossene, aber erst seit dem Frühjahr 1946 von der amerikanischen Militärregierung energisch betriebene Dezentralisierung der Großbanken auf der Tagesordnung des Alliierten Kontrollrats. Im Juni 1946 einigte sich das Bankenkomitee im Finanzdirektorat des Kontrollrats zwar noch auf einen gemeinsamen Entwurf zur Dezentralisierung der Großbanken auf Länderebene, auf den man sich im Finanzdirektorat selbst jedoch nicht verständigen konnte. Im Koordinierungskomitee des Kontrollrats tauchte schließlich im Juli erstmals die sowjetische Forderung auf, über eine Dezentralisierung hinauszugehen und die Großbanken ebenso zu liquidieren, wie dies bereits mit ihren Filialen in der SBZ geschehen war. Vor dem Hintergrund einer rapiden Verschlechterung der sowjetisch-amerikanischen Beziehungen wenig überraschend, scheiterten die Verhand-

106 Tätigkeitsberichte der Arbeitsgruppe Großbanken der Bankenkommission, 27. 1. und 16. 12. 1948, BAB, DN 1/2372, Bl. 1 f., 341 f.

107 Von Othegraven/Elwert, Bericht über den Komplex „Entwendete Effekten", 3. 6. 1950, S. 5–7, HADrB 3473-2002; Besprechungsnotiz „Removal Securities and records of the Berlin closed Banks" der britischen Finance Branch Berlin, 9. 1. 1947, PRO, FO 1046/664.

108 Thomann und André an Hölling, 8. 4. 1949, HADrB 3473-2002.

109 Bericht über die seit Kriegsende ruhende Dresdner Bank Berlin für die Zeit vom Zusammenbruch bis 31. Dezember 1955, o.D. (1956), S. 4 f., HADrB 17610-2001.

110 Ebd., S. 5–7; vgl. auch Wolf, Ende, S. 118. Ein erheblicher Teil der in der sowjetischen Zone zwischengelagerten Akten fiel allerdings der Zerstörung anheim oder wurde beschlagnahmt; vgl. Bähr, Dresdner Bank, S. 576 f.

lungen über eine gesamtalliierte Lösung im Oktober 1946 schließlich auch im Kontrollrat selbst.[111]

An eine Rekonstitution der Großbanken in der Viersektorenstadt war unter diesen Umständen jedenfalls nicht zu denken. Stattdessen nahmen die Alliierten mit einiger Verzögerung die Abwicklung des Berliner Altgeschäfts in Angriff. Nachdem Rumpf im August 1946 wiederum versucht hatte, die Großbanken durch eine Mitarbeit an der Einziehung ihrer Altdebitoren in die volkswirtschaftliche Liquiditätsbeschaffung einzubinden,[112] wurde im April 1947 von der Alliierten Kommandantur eine zweite Berliner Bankenkommission, die so genannte Inkasso-Kommission, eingerichtet. Ihre Aufgabe war die Einziehung von Forderungen der geschlossenen Banken. Die von der Kommission eingetriebenen Gelder wurden zunächst auf Sperrkonten beim Stadtkontor deponiert und schließlich enteignet. Sie hielten sich im Fall der Dresdner Bank mit 2,4 Mio. RM sehr in Grenzen, weil die mittlerweile in West-Berlin residierende Bankleitung bei der Übergabe der notwendigen Unterlagen an die im Ostsektor ansässige Kommission „trotz Pressionen" möglichst restriktiv verfuhr und „nur einen Bruchteil" der Debitorensalden übergab.[113]

Auf „Anregung der Banken" wurde die Kommission im Juni 1949 durch die Westalliierten aufgelöst, nachdem sie auch nach der endgültigen wirtschaftlichen Spaltung Berlins im Gefolge der beiden Währungsreformen sowie der Verstaatlichung des beschlagnahmten Bankvermögens und der Sperrguthaben im Ostsektor versucht hatte, ihre Tätigkeit in den Westsektoren fortzusetzen.[114] In West-Berlin wurden die alten Banken gleichzeitig ermächtigt, ihre ausstehenden Forderungen unter Aufsicht eines „Ausschusses für die ruhenden Berliner Kreditinstitute" selbst einzuziehen und die eingegangenen Beträge zunächst für die Deckung der eigenen Unkosten zu verwenden. Damit waren formal auch die alten Vorstände und das vertretungsberechtigte Leitungspersonal wieder in Funktion gesetzt, jedoch unter strikter Beschränkung auf die Altdebitoren. Die geschlossenen Banken wurden dadurch zwar wieder zu eigenständigen Rechtssubjekten, die ihr West-Berliner Vermögen verwalten oder beispielsweise Vereinbarungen über Kreditstundungen treffen konnten. Es wurde jedoch ausdrücklich festgehalten, die Regelung ziele nicht darauf, „die alten Banken wieder im vollen Umfang zu beleben". Ihr Ziel war vielmehr, „dass zu irgendeinem späteren Zeitpunkt darüber entschieden werden kann, ob die Banken ihre Tätigkeit wieder aufnehmen sollen oder ob sie zu liquidieren sind."[115]

Im Osten der ehemaligen deutschen Bankenmetropole war diese Entscheidung längst gefallen. Die formelle Enteignung der Dresdner Bank erfolgte dort schließ-

[111] Vgl. Horstmann, Die Alliierten, S. 90–95; ders., Um „das schlechteste Bankensystem der Welt"; Holtfrerich, Deutsche Bank, S. 468 f.; Gunther Mai, Der Alliierte Kontrollrat in Deutschland 1945–1948. Alliierte Einheit – deutsche Teilung?, München 1995, S. 242.

[112] Holtfrerich, Deutsche Bank, S. 446.

[113] Dresdner Bank Berlin (André) an Overbeck, 22. 7. 1949, HADrB 11131-2001.

[114] Bericht über die seit Kriegsende ruhende Dresdner Bank Berlin für die Zeit vom Zusammenbruch bis 31. Dezember 1955, o. D. (1956), S. 11, HADrB 17610-2001; Holtfrerich, Deutsche Bank, S. 447 f.; Weber, Bankplatz, S. 175 f.

[115] Ausschuss für die ruhenden Berliner Kreditinstitute, Rundschreiben Nr. 1, 29. 6. 1949; Alliierte Kommandantur Berlin an Oberbürgermeister von Berlin, 14. 6. 1949, beides in: HADrB 109443; Federau, Berliner Bankwesen, S. 26; Holtfrerich, Deutsche Bank, S. 446.

lich, zusammen mit 94 anderen Instituten, zum 1. Mai 1949.[116] Die Tresore des Hauptgebäudes in der Behrenstraße, die immer noch erhebliche Mengen an Wertpapierbündeln und Akten enthielten, wurden sogar erst Anfang 1953 geräumt.[117] Die Liquidation der Altbank in West-Berlin sollte sich noch sehr viel länger hinziehen. Sie war erst im Kontext des bundesdeutschen Großbankengesetzes von 1952 möglich, auf das im nächsten Kapitel ebenso zurückzukommen ist wie auf die Neugründung einer Berliner Tochtergesellschaft, die zumindest die Nachfolge des West-Berliner Geschäfts der alten Dresdner Bank antreten sollte.

2. Improvisierte Kontinuität: Reorganisation und Dezentralisierung in den westlichen Besatzungszonen

Die bei oberflächlicher Betrachtung zielstrebig und konsistent wirkende Bankenpolitik der Sowjets war tatsächlich von einem erheblichen Maß an Improvisation und Unsicherheit geprägt, auch wenn das letztlich angestrebte Ziel eines neuen Herrschafts- und Wirtschaftssystems in den Umrissen frühzeitig festgestanden haben mag. Dennoch waren im sowjetischen Besatzungsgebiet längst die Weichen für eine Zerschlagung der Großbanken gestellt worden, als die Formulierung und Umsetzung der westalliierten Bankenpolitik begann. Von der Großbankenpolitik in den Westzonen unterschied sich die sowjetische aber auch dadurch, dass die alten privaten Universalbanken durch neue, staatliche Großinstitute ersetzt wurden. Das genaue Gegenteil war das Ziel der amerikanischen Finanzabteilung, die damit jedoch sowohl in der eigenen Militärregierung als auch bei den Briten auf erheblichen Widerstand stieß.

Ansätze zum Neuaufbau von Zentralstrukturen

Die im Prolog skizzierte, großbankenkritische Position der amerikanischen Finanzabteilung war zunächst durch die Zurückdrängung Bernsteins ins zweite Glied hinter Clays Finanzberater Lewis Douglas geschwächt worden. Bernstein beschäftigte seine Abteilung zudem in den ersten Besatzungsmonaten mehr mit den Ermittlungen gegen die Großbanken und der Suche nach deutschem Vermögen in den ehemals besetzten Gebieten als mit konkreten ordnungspolitischen Überlegungen. Clay und Douglas widmeten ihre Aufmerksamkeit vor allem der Verhinderung eines finanziellen Kollaps und einer galoppierenden Inflation, dementsprechend den öffentlichen Finanzen und der Neuorganisation des Zentralbankwesens.[118]

[116] Federau, Berliner Bankwesen, S. 26.

[117] Ministerium der Finanzen, Protokoll über die erfolgte Räumung der Tresoranlagen der ehemaligen Dresdner Bank Behrenstrasse 35–39 jetzt SED-Bezirksleitung Bln., 13. 1. 1953, BAB, DN 1/2191. Die Tresorbestände wurden anschließend im Keller des DDR-Finanzministeriums eingelagert.

[118] Vgl. Horstmann, Die Alliierten, S. 54–61; zur Vorgeschichte und Entwicklung der amerikanischen Positionen auch Holtfrerich, Deutsche Bank, S. 456–469.

Mit Zinßer, Hölling und dem Aufsichtsratsvorsitzenden Goetz befanden sich zwar weniger Spitzenvertreter der Dresdner Bank in den Westzonen als bei den anderen beiden Filialgroßbanken,[119] aber diese besaßen immerhin deutlich größeren Handlungsspielraum als die Gruppe um Overbeck in Berlin. Das galt sowohl geschäftspolitisch, weil die westdeutschen Filialen bis auf die Blockierung bestimmter Konten, vorübergehende Auszahlungsbeschränkungen und die rigide Devisenbewirtschaftung ihr gewohntes Bankgeschäft fortführen konnten, als auch organisatorisch. Diese Chancen nutzte selbst der formal von seiner Vorstandstätigkeit suspendierte Hugo Zinßer, der sich am 24. Mai 1945 „von einer Stunde auf die andere“ entschlossen hatte, ohne Passierschein von Erfurt nach Wiesbaden weiterzureisen, um dort die Verantwortung für die süd- und südwestdeutschen Filialen zu übernehmen. Den noch in Erfurt anwesenden Leiter des Filialbüros, Carl Schleipen, schickte er zur vorläufigen Übernahme der Filialaufsicht nach Westdeutschland.[120] Von Wiesbaden aus war Zinßer in den nächsten Wochen mit der Reorganisation der einzelnen Filialen in seinem Gebiet beschäftigt; nach der näheren Umgebung in Hessen und Nordbaden nahm er Ende Juni die süddeutschen Filialen in Angriff.[121]

Unmittelbar nach dieser Informationsreise, am 6. Juli 1945, legte Zinßer der amerikanischen Militärregierung in Frankfurt ein Konzept zur Reorganisation der Dresdner Bank in den westlichen Besatzungszonen vor. Ausgehend von dem plausiblen Argument, dass die für die gesamtwirtschaftliche Geld- und Kreditversorgung benötigten Filialen in den westlichen Zonen durch die Abschneidung von den Berliner Zentralen und ihren dortigen Guthaben nur sehr begrenzt handlungsfähig waren, führte Zinßer den Plan einer „Zentralstelle“ in Frankfurt und Wiesbaden aus, um „den Zusammenhang unter den westlichen Filialen wiederherzustellen“.[122] Währenddessen richtete Schleipen sich im westfälischen Beckum ein und erfuhr hier von der britischen Militärregierung „weitgehendstes Entgegenkommen“.[123] Hölling hatte sich in Hamburg ohnehin zügig als Ansprechpartner der Briten etabliert und war bereits Mitte Juli 1945 als eines der vier Mitglieder des German Bankers Advisory Board vorgesehen.[124]

Eine baldige Übertragung der alten Organisationsstrukturen auf die westlichen Besatzungszonen erschien also zunächst nicht unrealistisch. Auf einer „grossen Zusammenkunft“ im Juli 1945 kam man überein, eine „Zentraldirektion West“ zu schaffen, „um, solange im russisch besetzten Teil die Banken geschlossen [sind] und die in Potsdam beschlossene Wirtschaftseinheit praktisch nicht besteht [...], um solange wenigstens die im amerikanisch, englisch, französisch besetzten Gebiet liegenden Filialen zusammenzufassen und nach einheitlichen Richtlinien zu

119 Horstmann, Die Alliierten, S. 75–77.

120 Zinßer an Wißner, 24. 5. 1945; Zinßer an Overbeck, 30. 9. 1945, beides in: HADrB 106339. Eine geraffte Darstellung der im Folgenden dargestellten Organisationsgeschichte 1945 bei Horstmann, Die Alliierten, S. 77–80.

121 Wilhelm Götz an Carl Goetz, 27. 6. 1945, HADrB 11127-2001.

122 Memorandum J. J. Clarke, Financial Institutions Branch, 10. 7. 1945; „Anlage 1“ mit Begleitschreiben Zinßer, 6. 7. 1945, alles in: BAK, Z45F 2/143/5; vgl. Horstmann, Die Alliierten, S. 77.

123 Arthur Weber (Filiale Münster) an Zinßer, 10. 7. 1945, HADrB 11129-2001.

124 Gunston an Coord Section, Finance Division Berlin, 5. 10. 1945; Banking Branch an Deputy Chief, Finance Division Lübbecke, Banking Personalities in Hamburg, 14. 9. 1945, beides in: PRO, FO 1046/245.

führen mit dem obersten Ziel, die Dresdner Bank als Einheit zu erhalten." Dabei ging es (noch) nicht um die Aufgabe der östlichen Teile, sondern darum, „einen grossen und geschäftlich sehr wichtigen Sektor unserer Bank als geschlossenen Teil der Gesamtbank, also als *Grossbank*, funktionsfähig zu erhalten".[125] Dieser Plan wurde kurzfristig in die Tat umgesetzt, ohne dass eine regelrechte Genehmigung der amerikanischen Militärregierung vorlag. Die Reorganisationspläne wurden den Filialen sogar in einem Rundschreiben mitgeteilt, das der ohnehin noch suspendierte Zinßer erst einige Tage später der Financial Institutions Branch der Militärregierung vorlegte, die wiederum zunächst nur eine Prüfung und Diskussion mit den Briten ankündigte.[126] Der neuen „Zentraldirektion West" waren unter der gleichberechtigten Leitung von Hölling in der britischen und Zinßer in der amerikanischen Zone eine Reihe zentraler Büros unterstellt, die bis auf Weiteres die Funktionen der alten Berliner Zentralabteilungen ausüben sollten. In Beckum domizilierten unter Schleipens Leitung die Personal- und die Filialdirektion sowie ein „Juristisches und Kriegsschädenbüro" unter Joachim Entzian. Die Hauptbuchhaltung behielt ihren Sitz vorläufig am Verlagerungsstandort Würzburg, während alle übrigen Abteilungen auf Frankfurt, Wiesbaden und Gießen verteilt wurden. Dabei wurde ausdrücklich betont, dass man eine „Vereinigung aller Teile der Zentraldirektion West an dem für uns zentralst gelegenen Platz, d.h. im Bezirk der Kopffiliale Frankfurt/M.", anstrebte.[127]

Ziel dieser Maßnahmen war also nicht etwa eine Aufteilung der Geschäftsinteressen nach Besatzungszonen. Vielmehr wurden die Büros für die einzelnen Geschäftsfelder gezielt auf britisches und amerikanisches Gebiet verteilt, um den Zusammenhalt über die Zonengrenzen hinweg zu stärken.[128] Organisatorisch wurde die Anknüpfung im Frankfurter Raum wesentlich durch die Vorarbeiten von Hans Rinn beim frühzeitigen Neuaufbau eines wichtigen traditionellen Kernbereichs der Bank, nämlich des Börsenbüros in Gießen und Frankfurt, erleichtert. Im September 1945 wickelte die Dresdner Bank rund 80 Prozent aller Transaktionen an der Frankfurter Börse ab. Im Januar 1946 konnte Rinn rapportieren, im Effektengeschäft sei die Dresdner Bank „die dominierende Bank im ganzen Südwesten [...] mit weiten Ausstrahlungen nach der englischen Zone." Das neue Konsortialbüro hatte bis dahin sämtliche Konsortialengagements erfasst, und durch die Abwicklung diverser größerer Kredite waren der Bank „nicht unerhebliche Mittel zugeflossen".[129] Zinßer hielt sich außerdem zugute, mit der Einrichtung einer zentralen „Geldstelle West" „wesentlich schneller auf den Beinen" gewesen zu sein als die Deutsche Bank.[130]

Während die Berliner Gruppe um Overbeck noch darauf hoffte, den alten Zentralstandort in irgendeiner Weise zu erhalten, erfolgten also im Westen bereits ent-

[125] Zinßer an Hölling, 24. 9. 1945, HADrB 106258; Hervorhebung im Original unterstrichen. Teilnehmerkreis und genaues Datum der „Zusammenkunft" sind in den Akten der Dresdner Bank nicht überliefert.
[126] Clarke an Jennings, 28. 7. 1945, BAK, Z45F 2/143/5.
[127] Zentraldirektion West, Vorstand, Rundschreiben Nr. 1, 24. 7. 1945, abgedruckt bei Meyen, 120 Jahre, S. 147.
[128] Zinßer an Hölling, 24. 9. 1945, HADrB 106258.
[129] Rinn an Zinßer, 13. 9. 1945, HADrB 106347; Rinn an Zinßer, 7. 1. 1946, HADrB 108615.
[130] Zinßer an Schobert, 30. 9. 1945, HADrB 107931.

scheidende Weichenstellungen für einen Neuaufbau. Daran führte realistischerweise kein Weg vorbei. Zinßer brachte die Situation im August 1945 in einem regelrechten Manifest der Neuorientierung auf den Punkt: „Dass in Berlin unsere Zentrale ist, muss als Begriff unbedingt festgehalten werden. Die Ansicht aber, dass Berlin als Zentrale heute *fungieren* könne, wäre der Glaube an eine reine Fiktion. Die Kollegen in der russischen Zone müssen u.E. das Mögliche tun, um den Begriff der Dresdner Bank in ihrem Bereich zu erhalten und in vielleicht ruhigere Zeiten hinüberzuretten, und wir, die wir im Westen sitzen, müssen es ihnen überlassen, was sie zu tun für richtig halten. Der in der amerikanischen, britischen und französischen Zone aber gelegene Teil der Bank kann unmöglich aus der völlig anders gearteten Berliner Perspektive geleitet werden. Er ist vielmehr allein so zu führen, wie es unseren politischen und wirtschaftlichen Gegebenheiten entspricht. Wenn man überhaupt noch von einem gesunden Teil des Körpers der Bank sprechen will, so liegt er im Westen, und er muss, verwachsen mit allem Wirtschaften um uns herum, erhalten werden. Von *ihm* aus kann sich nur die Gesamtbank reorganisieren, wenn die politische Entwicklung dies überhaupt zulässt."[131]

Was Zinßer als den „Begriff der Bank" bezeichnete, war nichts anderes als die historisch fundierte Identität des Unternehmens, die über den funktionalen Zusammenhang der Organisationsstrukturen und Geschäftsabläufe hinaus eben auch die Existenz der Bank im Bewusstsein ihrer Kunden und Mitarbeiter umfasste. Der in den Westzonen gelegene, aktive „Körper" war die materielle Basis, auf der überhaupt erst die Rekonstruktion einer Universalgroßbank denkbar war, die sich aktiv mit den ordnungspolitischen Herausforderungen durch die westlichen Siegermächte auseinandersetzen und nicht nur passiv ihrer eigenen Auflösung zusehen konnte. Für eine Konzentration auf den Neuaufbau im Westen sprachen aber nicht nur die ordnungspolitischen Rahmenbedingungen, sondern auch handfeste praktische Argumente vor allem hinsichtlich der Kommunikationsmöglichkeiten. Diese waren zwischen den westlichen Besatzungszonen zwar durch Reisebeschränkungen, fehlende Transportmittel und unsichere Postverbindungen deutlich eingeschränkt, aber doch erheblich günstiger als zwischen Westdeutschland und dem in der SBZ eingeschlossenen Berlin. Noch Ende August 1945 war beispielsweise im Westen unklar, was mit den in den letzten Kriegswochen für die Versorgung der Filialbezirke von Berlin aus angewiesenen, nicht gerade unerheblichen Geldern geschehen war. Dass unter diesen Umständen aus Berlin Anweisungen an einzelne Westfilialen ergangen waren, machte in der Tat wenig Sinn.[132]

Zinßers Plan einer zonenübergreifenden Führung zielte auf eine weitestmögliche Beibehaltung der traditionellen Strukturen einer Filialgroßbank und konnte auf den seit Kriegsende geleisteten Vorarbeiten der einzelnen Abteilungen aufbauen. Sehr bald sollte sich allerdings herausstellen, dass dieses Konzept der dezentralen Steuerung in zentralistischer Absicht nicht mit den unterschiedlichen bankenpolitischen Positionen der beiden großen Westalliierten kompatibel war. Die ursprünglich angestrebte Konzentration aller Zentralabteilungen in Frankfurt

[131] Zinßer an Goetz, 27. 8. 1945, S. 3, HADrB 106258; Hervorhebungen im Original unterstrichen.
[132] Vgl. ebd., S. 2–4; Zinßer, Gedanken zu der für den 10. September in Hannover vorgesehenen Besprechung mit den Berliner Kollegen, 7. 9. 1945, HADrB 108201.

erwies sich im Herbst 1945 als Illusion, als zunächst einmal die britische Bankenordnungspolitik zu einer Kontroverse zwischen Zinßer und dem in der britischen Zone residierenden Hölling führte. Hintergrund war das dringende britische Interesse an der Senkung der Besatzungskosten und damit auch an einem berechen- und lenkbaren Finanzsystem, dem Finanzabteilungsleiter Chambers im Juni 1945 mit einem Memorandum klaren Ausdruck verlieh. Trotz der Potsdamer Übereinkunft der Alliierten, Deutschland auch finanz- und bankenpolitisch als Einheit zu behandeln, strebte die britische Militärregierung für ihre Zone ein eigenes Bankensystem an, das so weit wie möglich an vorhandene Strukturen anknüpfen sollte. Die Auflösung des „German Bankers Advisory Board“ im Kontext der amerikanischen Ermittlungen im September 1945[133] änderte nichts an dieser Grundorientierung, die sich in der Errichtung einer Reichsbankleitstelle und zentraler Lenkungsgremien der Großbanken in Hamburg manifestierte. Zu Gunsten eines raschen und relativ straffen Neuaufbaus wirkte auch das Fehlen jener starken politisch-moralischen Impulse gegenüber den Großbanken, die die amerikanische Bankenpolitik prägten.[134]

Die Aufforderung der britischen Militärregierung zur Einrichtung zonenweiter Zentralen vom September 1945 konnte von der Commerzbank und der Deutschen Bank problemlos akzeptiert werden, weil erstere ohnehin ihren ursprünglichen Hauptsitz in Hamburg und letztere gezielt ihre Vorstandsmitglieder hier konzentriert hatte. In der Dresdner Bank hingegen provozierte sie einen handfesten Streit, weil darin zugleich das Risiko einer Trennung der britischen von der amerikanischen Zone lag, wo eben Frankfurt den Sitz der Zentralleitung für alle drei Westzonen bilden sollte. Während Hölling, nicht zuletzt mit dem Hinweis auf die Reorganisation der Konkurrenten, eine umgehende Doppelung sämtlicher in der „Zentraldirektion West“ zonenübergreifend organisierten Sachgebiete forderte,[135] verwahrten Zinßer und Goetz sich energisch dagegen. Goetz fürchtete insbesondere eine „Ausgliederung des bayerischen Bezirkes“, wo zu dieser Zeit seitens des Wirtschaftsministeriums ernsthaft erwogen wurde, die Filialen von außerhalb des Landes ansässigen Instituten zu verselbständigen.[136] Ähnlich stellte Zinßer weiterhin die Aufgabe ins Zentrum, „alles zu vermeiden, was den Begriff der Dresdner Bank als Einheit zu beeinträchtigen geeignet wäre oder sogar in seiner letzten Auswirkung einer regionalen Aufteilung der Bank irgendwie den Weg ebnen könnte“; der Aufbau einer Zentrale für die britische Zone müsse in jedem Fall „im Innenverhältnis ein Teil dessen sein, was wir die ‚Zentraldirektion West‘ nennen.“ Daraus ergab sich für Zinßer die Schlussfolgerung, dass eine zonenweise Konzentration der einzelnen Geschäftsfelder unbedingt zu vermeiden sei, damit sich daraus nicht parallel oder sogar gegenläufig arbeitende Börsenbüros, Geldstellen oder Personalabteilungen entwickelten.[137]

[133] Vgl. Kapitel IV.1.
[134] Horstmann, Die Alliierten, S. 68–75; ders., Die Angst vor dem finanziellen Kollaps. Banken- und Kreditpolitik in der britischen Zone zwischen 1945 und 1948, in: Dietmar Petzina/Walter Euchner (Hg.), Wirtschaftspolitik im britischen Besatzungsgebiet 1945–1949, Düsseldorf 1984, S. 215–233.
[135] Hölling an Zinßer, 17. 9. 1945, HADrB 108201.
[136] Goetz an Zinßer, 19. 9. 1945, HADrB 11142-2001; Horstmann, Die Alliierten, S. 97.
[137] Zinßer an Hölling, 24. 9. 1945, HADrB 106258.

Auch Carl Schleipen widersetzte sich den Forderungen seines Vorgesetzten Hölling mit dem drastischen Argument, damit sei „nichts anderes [...] als die beginnende Auflösung unserer Bank im Westen“ vorgezeichnet. Er verweigerte zunächst auch seine eigene Übersiedlung nach Hamburg und warf Hölling eine übermäßig enge Auslegung der britischen Vorschriften vor. Dieser begann jedoch durch die Herausgabe von Rundschreiben an die Filialen in der britischen Zone vollendete Tatsachen zu schaffen.[138] Kurz darauf konnte er mit dem Argument, dass seine Arbeitsgenehmigung auf die britische Zone beschränkt war, eine organisatorische Zusammenfassung der Beckumer Einrichtungen unter Schleipen in Hamburg erreichen; letzterer sollte außerdem der „Verbindungsoffizier“ zwischen den beiden amtierenden Vorstandsmitgliedern Hölling und Zinßer werden.[139] Hölling hatte hier, ebenso wie Zinßer gegenüber der Berliner Gruppe, die besatzungspolitischen Realitäten auf seiner Seite. Dem Grundanliegen, „dass der Zusammenhalt der Bank [...] von uns aus mit aller Energie und unter allen Umständen gehalten werden muss, solange es irgendwie geht“, war durch eine offene Obstruktion gegen die Regelungen in den einzelnen Zonen nun einmal nicht gedient.[140]

Da die britische Militärregierung die Errichtung der Hamburger Zentralstellen seit Mitte Oktober verstärkt vorantrieb,[141] wurde auch eine Verzögerungstaktik der Banken allmählich sinnlos. Außerdem wurde Höllings Durchsetzungskraft aber zweifellos dadurch gestärkt, dass sich Zinßer und Goetz seit November in amerikanischem Gewahrsam oder zumindest unter verstärkter Aufsicht befanden. Die Leitung der Zentraldirektion West für die amerikanische und französische Zone übernahm während Zinßers Internierung der rangniedrigere Max Schobert;[142] Gustav Overbeck, der nach seinem Wechsel aus Berlin längere Zeit suspendiert blieb, dürfte sich angesichts des amerikanischen Verhaftungsprogramms selbst im Fall einer Reisegenehmigung vor längeren Aufenthalten in der südlichen Zone gehütet haben.

Anfang Dezember konnte daher die Hamburger Leitung den Filialdirektionen mitteilen, dass die von den Briten geforderte Zonenstelle unter der Bezeichnung „Dresdner Bank Zentralstelle Hamburg“ eingerichtet worden war. Die Erwartung, „für die amerikanische und die französische Zone eine ähnliche Einrichtung schaffen“ zu können, sollte sich allerdings nur für das französische Besatzungsgebiet erfüllen, wo im pfälzischen Neustadt an der Haardt eine „Zentraldirektion der Dresdner Bank“ eingerichtet wurde. Für sämtliche Angelegenheiten der SBZ-Filialen bestand außerdem eine „Verbindungsstelle Ost“ in Hannover. Der bisherige Beckumer Teil der Zentraldirektion West hatte die ebenso umfassend wie ungenau formulierte Aufgabe, „die enge Zusammenarbeit unter den in den verschiedenen Zonen vorhandenen Stellen zu vermitteln und zu gewährleisten.“[143]

[138] Bericht Schleipens, 9. 10. 1945, HADrB 106347.
[139] Hölling an Zinßer, 13. 10. 1945, HADrB 106258.
[140] Hölling an Georg Bühmann (Zentraldirektion West Beckum), 25. 10. 1945, HADrB 11142-2001.
[141] Aktennotiz Hölling/Treue über eine Besprechung von Vertretern der drei Großbanken mit dem britischen Major Walker, 18. 10. 1945, HADrB 106258.
[142] Dresdner Bank, Zentraldirektion West, an OMGUS, Finance Division Frankfurt, 20. 2. 1946, BAK, Z45F 2/51/2; Kagan an Klepper, 2. 3. 1946, ebd. 2/186/13.
[143] Dresdner Bank Hamburg, Rundschreiben Nr. 17, 7. 12. 1945, HADrB 5157-2000. Die zuletzt in

Die Aufgaben dieses Beckumer „Verbindungsstabs" reduzierten sich allerdings schnell auf die Betreuung ehemaliger Angestellter der Ostfilialen sowie die Vermittlung von Personalbedarf und „die Entgegennahme und Weiterleitung von Informationen" zwischen den Zonen.[144]

Die Bezeichnung „Verbindungsstab" diente der Beruhigung der amerikanischen Militärregierung, die jeglichen Einfluss des Bankmanagements in der britischen Zone auf die Banken in der eigenen Besatzungszone unterbinden wollte; die militärische Semantik der Bezeichnung sorgte bei den amerikanischen Postzensoren freilich weiterhin für Argwohn.[145] Die britische Militärregierung setzte offenbar alles daran, amerikanisches Misstrauen hinsichtlich einer allzu zentralistischen und großbankenfreundlichen Politik des Verbündeten zu zerstreuen. In einer Besprechung beim britischen Finanzoffizier Helmuth kurz nach der Versendung des Hamburger Rundschreibens wurde Hölling und dem Hamburger Filialleiter Hans Treue eröffnet, dass die Militärregierung zwar inhaltlich mit den organisatorischen Maßnahmen völlig einverstanden war, jedoch größten Wert darauf legte, dass sie nicht über die Bank hinaus bekannt würden. Die Briten hätten natürlich analoge Regelungen in der amerikanischen Zone begrüßt. Um aber die Spannungen hinsichtlich der bankenpolitischen Neuordnung nicht noch zu vertiefen, sollte auf keinen Fall die Befürchtung genährt werden, dass in Hamburg geschaffene Fakten womöglich auf die amerikanische Zone ausstrahlen könnten.[146]

Hölling empfahl daraufhin Schobert, die Organisation in der amerikanischen Zone formell unverändert zu lassen, zugleich aber „stillschweigend" dafür zu sorgen, dass durch eine vollständige Ausrichtung der dortigen Büros auf die Frankfurter Geschäftsleitung faktisch ein ähnliches Maß an Zentralisierung erreicht würde wie in der britischen Zone.[147] Die Erfolgsaussichten einer solchen geräuschlosen Reorganisation waren freilich schlecht, zumal Höllings streng vertraulicher Brief bald darauf in die Hände der amerikanischen Finanzabteilung fiel, wo sich gerade zu dieser Zeit das Bild einer durchgehend kriminellen deutschen Bankierselite gerade hinsichtlich der Dresdner Bank verfestigte.[148] Die daraus resultierende Internierung Zinßers und Goetz', die sich beide zunächst noch unter Hausarrest befanden und daher zumindest in die weitere Meinungsbildung eingreifen konnten, stärkte nicht nur weiter das Gewicht Höllings. Sie brachte auch die formal fortbestehenden Führungsstrukturen der Bank ins Wanken, weil der Vorstand satzungsgemäß aus mindestens zwei Mitgliedern bestehen musste. Für das laufende Bankgeschäft war das zwar weitgehend irrelevant, aber seine Rechtsgrundlagen wurden dadurch zumindest fragwürdig.

Düsseldorf angesiedelte „Verbindungsstelle Ost" wurde 1956 aufgelöst; vgl. die entsprechende Korrespondenz in HADrB 5163-2000. Zur „Zentraldirektion" für die französische Zone, die auch als „Zonenstelle" bezeichnet wurde, vgl. Bericht über die rechtliche und wirtschaftliche Situation der früheren Filialgroßbanken und insbesondere der Dresdner Bank in den drei Westzonen, 30. 9. 1948, HADrB 109448.

144 Aktennotizen Beckum, 15. 2. und 26. 3. 1946, HADrB 5147-2000.

145 Aktennotiz Anspach über eine Besprechung der Zentraldirektion West am 20. 1. 1946, BAK, Z45F 2/51/2.

146 Hölling an Schobert, 14. 12. 1945, HADrB 106253.

147 Ebd.; ausführlicher zitiert bei Horstmann, Die Alliierten, S. 158.

148 Klepper an Chief, Financial Intelligence & Liaison Branch, The Deutsche, Dresdner and Commerz Banks Today, 16. 4. 1946, BAK, Z45F, 2/183/3.

Die Reaktionen auf dieses Problem waren offenbar einigermaßen improvisiert. Nachdem Overbeck noch am 4. Dezember 1945 einer Sitzung mit diversen Abteilungsleitern aus britischer und amerikanischer Zone in Hannover vorgesessen hatte, die künftig regelmäßig „an die Stelle der Vorstandssitzungen" treten sollte,[149] konstituierte sich am 7. Dezember „auf Anregung" von Goetz eine „Geschäftsleitung" unter Höllings Vorsitz, der die vier verbliebenen „A-Direktoren" Werner von Richter, Hans Rinn, Carl Schleipen und Max Schobert angehörten. Die Geschäftsleitung übernahm vorläufig die Beschlussfassung über sämtliche Geschäftsvorfälle, die eigentlich in die Kompetenz des Vorstands fielen. Stellvertreter Höllings, dessen starke Stellung sich in einem absoluten Vetorecht gegen Beschlüsse der übrigen Mitglieder zeigte, war mit Schleipen ein weiterer Vertreter der Hamburger Zentrale. Dagegen sollten nur zwei Mitglieder – nach der bisherigen Aufgabenverteilung konnte es sich dabei nur um Schobert und Rinn handeln – von Frankfurt aus die amerikanische und französische Zone überwachen.[150]

Desorganisation unter amerikanischem Druck

Während die Bank sich seit der Reorganisation in Hamburg in etwas ruhigerem politischen Fahrwasser bewegen konnte, bahnten sich in der amerikanischen Zone seit dem Herbst 1945 gefährlichere Entwicklungen an. Das zunächst relativ geringe Interesse an der Großbankenpolitik vergrößerte sich nach der Potsdamer Konferenz und der Berufung von Joseph Dodge zum Chef der Finanzabteilung. Im Sinne des konsequent föderalistischen Konzepts der amerikanischen Besatzungsmacht für den politischen Neuaufbau Deutschlands und kongruent zur geplanten Lösung der Zentralbankfrage favorisierte Dodge seit September 1945 eine Dezentralisierung der Großbanken auf Länderebene. Dass die bislang sehr vagen Vorstellungen über die Zukunft der Filialgroßbanken sich langsam konkretisierten, ging wesentlich auf die noch unter Bernard Bernstein ins Rollen gekommenen Ermittlungen zurück. Dodge erklärte Russell Nixon im November, seine Dezentralisierungspläne seien „wesentlicher Bestandteil unseres Programms zur Sicherstellung, daß die deutsche Finanzhierarchie nie wieder eine Rolle in der Störung des Weltfriedens spielen wird."[151]

Zur dauerhaften Beschneidung ihrer vermeintlichen Macht sollte eine Dezentralisierung der Großbanken erfolgen, indem die Filialen in den einzelnen Ländern der amerikanischen Besatzungszone jeweils einer Hauptstelle zu unterstellen waren, die keinerlei Einflüssen außerhalb des jeweiligen Landes unterlag. Dodge erwog sogar eine noch weiter gehende Dezentralisierung bis auf die lokale Ebene. Dieses Konzept war durchaus nicht von Ahnungslosigkeit oder reiner Bestrafungspolitik im Geiste Morgenthaus geprägt. Es fand nicht zuletzt wegen der Urheberschaft gestandener amerikanischer Bankiers – neben Dodge saß mit Walter Lichtenstein, einem Vizepräsidenten der First National Bank in New York, als

[149] Protokoll der Sitzung am 4. Dezember 1945 ... im Hause der Filiale Hannover, 4. 12. 1945, HADrB 73341-2001.
[150] Protokoll (der konstituierenden Sitzung der Geschäftsleitung), 7. 12. 1945, BAK, Z45F 2/51/2.
[151] Dodge an Nixon, 8. 11. 1945, zitiert nach Holtfrerich, Deutsche Bank, S. 463. Vgl. Horstmann, Die Alliierten, S. 61–64.

Leiter der Unterabteilung für Finanzinstitutionen ein weiterer Bankier in einer Schlüsselposition – weit über die OMGUS-Finanzabteilung hinaus Zustimmung und konnte daher bis zum Ende der Besatzung die Leitlinie der amerikanischen Großbankenpolitik bleiben.[152]

Parallelen dieser radikalen Entwürfe zu den nationalsozialistischen Attacken gegen die Großbanken liegen nur bei oberflächlicher Betrachtung nahe. Ein solcher Vergleich vernachlässigt nicht nur den fundamental demokratischen, föderalistischen Impuls der amerikanischen Bankenpolitik.[153] Er übersieht auch, dass hier mittelstandsideologische, ökonomisch irrationale Klischees vom „raffenden Kapital" keine Rolle spielten. Vor allem aber war die regionale Dezentralisierung der Großbanken eng verbunden mit konstruktiven Überlegungen zur Föderalisierung des Zentralbankwesens und der Bankenaufsicht, besaß insofern also durchaus ordnungspolitische Kohärenz. Dass dieses Konzept die tiefe historische Verwurzelung der Filialgroßbanken im deutschen Universalbanksystem ignorierte, an der es schließlich scheitern sollte, kann nur aus heutiger Sicht naiv erscheinen. Angesichts der grundlegenden Reformbedürftigkeit des gesamten politischen, gesellschaftlichen und wirtschaftlichen Institutionengefüges im eben erst besiegten Deutschland war es keineswegs weltfremd, zumal die amerikanischen Bankenpolitiker sich auf ein anderes historisch gewachsenes Vorbild, nämlich das heimische Bankensystem, stützen zu können glaubten.

Die semiautonome französische Zone hatte für die Dresdner Bank bis zu diesem Zeitpunkt noch größeren Anlass zu Optimismus geboten. Hier wurde Zinßer zunächst eröffnet, dass man bei der Organisation der Filialen „nach Belieben verfahren" könne.[154] Zum nicht geringen Teil dürfte diese freundliche Auskunft damit zu tun gehabt haben, dass Zinßer den Chef der Finanzabteilung der französischen Militärregierung Wenger-Valentin schon seit den dreißiger Jahren persönlich kannte.[155] Zinßer wurde sogar aufgefordert, der französischen Militärregierung Vorschläge für eine Reform des Bankwesens zu machen und nutzte die Gelegenheit – während des von den Amerikanern verfügten Hausarrests im Krankenhaus – für dringende Warnungen vor Eingriffen in die überkommene Bankenstruktur, die zu Illiquidität und einer Gefährdung des Wiederaufbaus führen könnten.[156]

Die französische Zone war allerdings, da ihr Geschäftsanteil vergleichsweise unbedeutend war, für die Zukunftsplanungen der Dresdner Bank von weit gerin-

152 Ebd., S. 66f. Lichtenstein wurde von der Stuttgarter Filialleitung der Dresdner Bank als „offenbar [...] sehr guter Fachkenner" eingeschätzt; Notiz, 31. 5. 1946, zit. ebd., S. 67. Nach einer anderen Quelle war Lichtenstein von 1918–1945 Mitarbeiter, zuletzt „Vice-President" der National Bank of Chicago: Harry Schneiderman/I.J. Carmin Karpman (Hg.), Who's Who in World Jewry. A Biographical Dictionary of Outstanding Jews, New York 1965, S. 596.

153 Darauf verweist auch Holtfrerich, Deutsche Bank, S. 462f., der dennoch von bemerkenswerter „Ähnlichkeit zwischen den amerikanischen und nationalsozialistischen Vorstellungen" spricht. Deutlich überzogen ist auch, wie weiter unten noch zu zeigen, die Formulierung von Lothar Gall, die Amerikaner hätten die Großbanken durch ihr Dezentralisierungsgesetz vom Mai 1947 „faktisch zerschlagen – und damit das erreicht, was den Nazis nie gelungen war." Gall, Bankier, S. 134.

154 Zinßer an Overbeck, 15. 10. 1945, HADrB 106252.

155 Zinßer an Overbeck, 29. 9. 1945, ebd.

156 Zinßer, Betrachtung zur Frage des Zusammenschlusses von Banken, oder der Aufteilung von Filialgrossbanken in Regionalbanken, 4. 12. 1945; Zinßer an Wenger-Valentin, 19. 12. 1945, beides in: HADrB 11131-2001.

gerem Interesse als die beiden großen Westzonen. Sie blieb zudem, trotz mancher eigenständigen Regelungen, bankenpolitisch ein Anhängsel der US-Zone, von dem aus eine maßgebliche Beeinflussung des amerikanischen Vorgehens nicht zu erwarten war. Deutlich wurde dies etwa, als auch in Baden im Frühjahr 1946 Pläne zur Regionalisierung, in diesem Fall zur Fusionierung der Filialen von Deutscher Bank und Dresdner Bank, bekannt wurden.[157] Die amerikanische Seite jedenfalls beeindruckten Argumente wie diejenigen Zinßers nicht, und mit entsprechendem Misstrauen wurden die Versuche der Dresdner Bank beobachtet, die zonale Trennung zu hintertreiben. Als Schobert im Januar 1946 von der Frankfurter Field Investigation Section der OMGUS-Finanzabteilung befragt wurde, gab er treuherzig an, in Frankfurt nur seine Geschwister besuchen zu wollen, bei dieser Gelegenheit auch „alte Freunde" in der Dresdner Bank aufgesucht zu haben und dasselbe anschließend in München zu beabsichtigen; zwischen den Dresdner-Bank-Filialen innerhalb der amerikanischen Zone oder gar über die Zonengrenzen hinweg bestehe aber „wenig oder gar keine Kommunikation".[158] Dass sich die Amerikaner nicht lange für so dumm verkaufen lassen würden, war abzusehen. Eine Untersuchung ihrer Finanzabteilung kam bald darauf zu dem Ergebnis, dass die Dresdner Bank ebenso wie die Deutsche Bank ihre Aktivitäten in allen Westzonen zentral von Hamburg aus dirigierte.[159]

Darüber hinaus war unübersehbar geworden, dass die Entnazifizierung und selbst die Internierungen diverser Vorstands- und Aufsichtsratsmitglieder die Kontinuität der Großbankenleitungen jedenfalls nicht in hinreichendem Maße unterbrochen hatten, um die Institute in ernsthafte Schwierigkeiten zu bringen. Sidney Klepper, der Chef einer Untersuchungssektion der OMGUS-Finanzabteilung, stellte ein halbes Jahr nach dem Anlaufen der Verhaftungsaktion resigniert fest, dass die Vielzahl der nicht von den „Säuberungs"-Programmen betroffenen Personen aus der Führungsebene eine Ausschaltung der Großbanken auf diesem Wege unmöglich machte. Klepper gehörte zwar zu den Autoren des OMGUS-Berichts über die Dresdner Bank, die ihre Darstellung mit der Forderung beendeten, dass den weiterhin aktiven Verantwortlichen der NS-Zeit „keinerlei Verantwortung bei der Gestaltung und Beeinflussung der wirtschaftlichen und finanziellen Zukunft im heutigen Deutschland übertragen werden" dürfe.[160] Intern bezeichnete er jedoch „die Auflösung der sechs Großbanken als einziges Mittel zur Durchsetzung eines dezentralisierten Bankensystems".[161]

Dieses Ziel sollte sich für die Banken jetzt tatsächlich als die größere Herausforderung herausstellen denn die Entlassungen, Suspendierungen und Verhaftungen des Führungspersonals, die sich durch organisatorische Maßnahmen jedenfalls vorübergehend ausgleichen ließen. Der „Dodge-Plan", in dem den Ministerpräsi-

[157] Aktennotiz Römer (Deutsche Bank), 3. 5. 1946, HADB, RWB 4. Vgl. den Überblick zur Bankenpolitik in der französischen Besatzungszone bei Horstmann, Die Alliierten, S. 143–145.

[158] Benito E. Brunetti/Karl H. Straus/Jack B. Burke an Klepper, 21. 1. 1946, BAK, Z45F 2/177/8.

[159] Kagan an Klepper, 12. 3. 1946, BAK, Z45F 2/183/1; dort auch die Feststellung, dass Schoberts Aussagen den Verdacht der FINAD klar bestätigten.

[160] OMGUS, Ermittlungen, S. 199.

[161] Klepper an Chief Financial Intelligence & Liaison Branch, The Deutsche, Dresdner and Commerz Banks Today, 16. 4. 1946, S. 9, BAK, Z45F 2/183/3.

denten Bayerns, Großhessens und Württemberg-Badens aufgegeben worden war, auch die Dezentralisierung des privaten Bankwesens in die Wege zu leiten, war den Großbanken zwar seit November 1945 bekannt gewesen.[162] Dennoch hatten sie, wie Klepper festhielt, „strikt auf die Erneuerung zentralisierter Operationen hingearbeitet." Bis zum März 1946, als den Großbanken über die Landesfinanzministerien offiziell die OMGUS-Anweisung zur Auflösung von Zentralstellen und zum Verbot der Entgegennahme von Anweisungen aus anderen Besatzungszonen zugeleitet wurde,[163] hatten diese konsequent an den inoffiziellen Zentralstrukturen festgehalten. Deutlichster Ausdruck waren ein zonenübergreifendes Personalmanagement der Dresdner Bank sowie die Tatsache, dass größere Kredite in der französischen und amerikanischen Zone, ganz nach dem Muster der früheren Berliner Zentrale, in Hamburg bestätigt werden mussten.[164]

Als begrenzter Ersatz formierten sich nach der März-Direktive Vertreter der wichtigsten Filialen in den Ländern der amerikanischen Zone zu einem „Länderrat", der später auch als „Länder-Gremium" oder „Zonengremium" firmierte. Die Bezeichnung dieses Gremiums als „Ersatz-Vorstand" für die amerikanische Zone[165] ist allerdings schon deshalb etwas übertrieben, weil es nur in etwa zweimonatlichem Abstand tagte. Eine statt der aufgelösten Zentraldirektion West eingerichtete „Zonenstelle" sollte nach dem Protokoll der ersten Zusammenkunft des Länderrats ausdrücklich „keinen bestimmenden Einfluss mehr auf die Geschäftspolitik der Bank haben" und „keine übergeordnete Instanz", sondern in Schoberts Formulierung „praktisch eine Registrierstelle" darstellen. Im Länderrat, der von den Leitern der drei bzw. vier wichtigsten Kopffilialen München, Frankfurt und Stuttgart/Mannheim geführt wurde, sollte zwar weiterhin die Geschäftspolitik „abgestimmt werden". Die Vergabe von Krediten aber hatte künftig „selbstverantwortlich" durch die Kopffilialen zu erfolgen, wobei allerdings „über gewisse Kompetenzen hinaus" mit den Leitungen der anderen Kopffilialen der amerikanischen Zone abzustimmen war. Vorgesehen war nötigenfalls auch ein Liquiditätsausgleich unter den Kopffilialen, während die Zonenstelle weiterhin als zentrale Geldstelle fungieren und außerdem diejenigen Aufgaben übernehmen sollte, die – wie Rechtsberatung, Vermögensverwaltung, Konsortialbüro oder Zonenbuchhaltung – von den einzelnen Kopfstellen schon wegen der hohen zusätzlichen Kosten schlecht wahrgenommen werden konnten. Im Länderrat fiel zwar Max Schobert, der als einziger ehemaliger „A-Direktor" zugleich über Generalvollmacht für die gesamte Dresdner Bank verfügte, automatisch eine unangefochtene Spitzenposition zu. Trotzdem bezeichnete Schobert die Sitzungen des Gre-

[162] Holtfrerich, Deutsche Bank, S. 463 f.

[163] Hessisches Staatsministerium, Minister der Finanzen, an Dresdner Bank Frankfurt, 18. 3. 1946, HADrB 109030.

[164] Klepper an Chief Financial Intelligence & Liaison Branch, The Deutsche, Dresdner and Commerz Banks Today, 16. 4. 1946, S. 1, BAK, Z45F 2/183/3. Vgl. auch den Abschnitt „Die Dresdner Bank heute" in: OMGUS, Ermittlungen, S. 191–199; Horstmann, Die Alliierten, S. 105, 155 (Fn. 2).

[165] Ebd., S. 158 f. (auch zum Folgenden). Dasselbe gilt für die Einschätzung der Frankfurter „Zonenstelle" als nur notdürftig kaschierte Fortsetzung der Zentraldirektion West seitens der OMGUS-Finanzabteilung; vgl. ebd., S. 159. Für die amerikanische Wahrnehmung vgl. auch Klepper an Frederick G. Dircks, Chef der Financial Intelligence & Liaison Branch, 27. 4. 1946, BAK, Z45F 2/187/7.

miums, dessen unklare juristische Stellung deutlicher Ausdruck der allgemein schwebenden Rechtslage war, als „kameradschaftliche Zusammenkünfte“.[166]

Im August 1946 wurde zudem festgelegt, dass die Beschlüsse des Länderrats einstimmig von den Repräsentanten der drei Kopffilialen gefasst werden mussten.[167] Den unterstellten Filialen wurde auch ausdrücklich mitgeteilt, dass die Kopffilialen nunmehr die selbständige Geschäftsführung übernommen hätten und die Zonenstelle nur mit diesen korrespondiere.[168] Dass man sich mit der Dezentralisierung aber nicht langfristig zu arrangieren gedachte, wurde den Filialen durch den Hinweis deutlich gemacht, die organisatorischen Umstellungen änderten „nichts an der juristischen und finanziellen Struktur der Dresdner Bank, wie sie insbesondere in der Haftung der Gesamtbank zum Ausdruck kommt“. Benachrichtigungen der Kundschaft über diesen massiven Einschnitt in die historisch gewachsene Organisation der Bank hatten „selbstverständlich zu unterbleiben“.[169]

Eine trotz Schoberts Autorität eher schwache Institution wie der Länderrat konnte zwar, analog zum Verfahren im ehemaligen Berliner Vorstand, die nach Größe abgestufte gemeinsame Beratung von Krediten leisten.[170] Sie war dennoch kaum mehr als das notwendig erscheinende Minimum an institutionalisiertem Zusammenhalt der Filialen, nachdem Hölling ähnlich wie der Hamburger Führungsstab der Deutschen Bank Anfang 1946 bereits „destruktive Tendenzen“ in Hessen zu beobachten meinte. Dort bestand offenbar eine gewisse Bereitschaft zum Einschwenken auf eine kurzlebige Gesetzesinitiative des hessischen Finanzministeriums zur Zusammenlegung der Großbankfilialen zu einer neuen Bank.[171] Entsprechend eindringlich suchte Schobert den Beteiligten an der Gründungssitzung zu erklären, sie dürften sich nicht von dem oberflächlichen Eindruck täuschen lassen, „dass diese Organisation eher nach Auflösung aussieht als nach Aufbau. Das ist keineswegs der Fall. Wir dürfen und müssen uns beugen, wenn wir nur nicht brechen. Wir dürfen uns in der Treue zu unserem Institut von niemandem überbieten lassen. Bei der Verantwortung, die nun viele Herren auf sich nehmen, ist es not-

[166] Sitzung der Kopffilialleiter der amerikanischen Zone am 25. April 1946, HADrB 105772. Die Formulierung, die Zonenstelle sei „keine übergeordnete Instanz“, auch im Protokoll der 1. Sitzung des Ländergremiums in der amerikanischen Zone am 22. und 23. 5. 1946 in Esslingen, S. 4, ebd. Als Leiter der Münchener Kopffiliale fungierte offiziell Schobert, der sich aber kaum mit dem eigentlichen Filialgeschäft befasst haben dürfte. Den Komplex Stuttgart/Mannheim leiteten Hans Huthsteiner und Wilhelm Rohn, wobei das Schwergewicht bei Huthsteiner in Stuttgart lag. Für die Leitung Frankfurts war zunächst Schleipen vorgesehen, nach den unten zu schildernden Veränderungen in der britischen Zone wurde die Filiale von den Direktoren Alexander Petersen und Leonhard Stitz-Ulrici geführt.

[167] Protokoll der III. Sitzung des Länder-Gremiums am 2./3. August 1946, HADrB 105772.

[168] Dresdner Bank Frankfurt a. M. an Großhessisches Staatsministerium, Minister der Finanzen, 30. 4. 1946, HADrB 105771.

[169] Rundschreiben der Filiale Frankfurt, 16. 5. 1946, und der Filiale München, 18. 6. 1946 (Zitate), an die Direktionen der Niederlassungen, ebd.

[170] Vgl. die Regelung der Kreditbeurteilung im Protokoll der 1. Sitzung des Ländergremiums in der amerikanischen Zone am 22. und 23. 5. 1946 in Esslingen, S. 2, HADrB 105772.

[171] Protokoll der 7. Sitzung der Hamburger Geschäftsleitung am 11. 1. 1946, zitiert nach Horstmann, Die Alliierten, S. 156, Fn. 6. Zur Deutschen Bank ebd., S. 156f.; zur hessischen Initiative ebd., S. 100–102.

wendig, sich immer wieder vor Augen zu halten, dass eine Zeit kommt, wo wir gewogen und beurteilt werden nach dem, was wir heute getan haben."[172]

Dieser Durchhalteappell war ein Akt der Loyalitätsstiftung, der drei Kernbestandteile der organisatorischen Strategie des Bankmanagements umfasste: Mit dem Stichwort „Treue" verwies die Ansprache, erstens, auf die lange historische Tradition einer Unternehmenskultur, die den Mitarbeitern für ihre Loyalität gegenüber der Unternehmensleitung langfristige Einkommens- und Statussicherheit anbot; nicht umsonst verglich Schobert die Dramatik der Situation mit der traumatischen Erfahrung der Bankenkrise von 1931. Diese langfristige Stabilität schloss, zweitens, ein hohes Maß an Flexibilität bei der Anpassung an aktuelle politische Rahmenbedingungen keineswegs aus. Darüber hinaus aber lag, drittens, in dem Verweis auf die Zukunft dieses Unternehmensmodells nicht nur eine Verheißung, sondern auch eine vage Drohung mit zukünftigem Statusverlust als Folge gegenwärtiger Illoyalität. Mit diesem Argument verbot Schobert auch jegliche konstruktive Beteiligung an politischen Dezentralisierungsplänen – man mache sich „regresspflichtig für eine Zeit, die einmal Regressansprüche an uns stellen wird."[173]

Kurzfristig lagen die Probleme des Länderrats jedoch weniger in seiner Beurteilung durch Kundschaft und Aktionäre als in der kritischen Wahrnehmung der OMGUS-Finanzabteilung. Diese war vorprogrammiert, da eine vollständige Trennung des Bankgeschäfts nach Ländern hierdurch eben weiterhin umgangen wurde. Schobert gab schon im Juni 1946 die Maxime aus, man müsse angesichts der immer deutlicher werdenden Ernsthaftigkeit der amerikanischen Absichten die verbleibende Zeit „ausnutzen, um unsere Organisation so stosskräftig wie möglich zu machen, damit über sie nicht hinweggegangen werden kann."[174] Statt einer Festigung der Entscheidungsstrukturen erzwangen jedoch die politischen Umstände eine weitere sukzessive Abgabe formaler Zentralkompetenzen. Im Oktober 1946 sah man sich bereits genötigt, die Zonenstelle in „Sekretariat II" umzubenennen; bislang zentral verwaltete Wertpapierbestände und Grundstücke wurden formal den Kopffilialen überschrieben, darüber verfügt werden durfte jedoch nur mit Zustimmung des Zonengremiums.[175]

In der OMGUS-Finanzabteilung war man dennoch der Meinung, die Dresdner Bank versuche erneut, in Frankfurt ein „Zonenbüro" aufzubauen.[176] Im Februar 1947 mussten auch die Kompetenzen des „Sekretariats II" nochmals eingeschränkt werden. Die Führung des Zonengremiums war zwar der Meinung, dass sich das Sekretariat „auch in formeller Beziehung streng im gezogenen Rahmen"

[172] Sitzung der Kopffilialleiter der amerikanischen Zone am 25. April 1946, HADrB 105772; auch zitiert bei Meyen, 120 Jahre, S. 148.

[173] Ebd. Ein weiterer einleitender Appell Schoberts an die Filialleiter über den „rechtlichen, wirtschaftlichen und moralischen Inhalt" ihrer Verpflichtungen im Protokoll der 1. Sitzung des Ländergremiums in der amerikanischen Zone am 22. und 23. 5. 1946 in Esslingen, S. 1, HADrB 105772.

[174] Protokoll über die 2. Sitzung des Länder-Gremiums am 28./29. Juni 1946 in Hattenheim/Rhein, S. 2, ebd.

[175] Akten-Notiz über die Besprechungen des Zonengremiums in Miltenberg a.M. am [sic!] 10.–12. 10. 1946, ebd. Vgl. Horstmann, Die Alliierten, S. 159, der jedoch die Verfügungsrechte des Zonengremiums nicht erwähnt.

[176] Bennett an Lichtenstein, 27. 1. 1947, BAK, Z45F 2/69/5.

hielt. Dennoch suchte sie den Eindruck einer Quasi-Zentrale weiter dadurch zu zerstreuen, dass die Korrespondenz des Sekretariats auf das Notwendigste beschränkt, grundsätzliche Angelegenheiten nur noch in Aktennotizen behandelt und die bislang zentral verfassten Filialrundschreiben nur noch als Entwürfe an die Kopffilialen verschickt werden sollten.[177] Dem hessischen Finanzministerium wurde zudem mitgeteilt, dass die bis dahin noch zentral in Frankfurt erledigten Aufgaben, bei denen es sich vor allem um die Abwicklung von Altgeschäften handelte, weiter abgebaut würden.[178]

Aus dem Blickwinkel der amerikanischen Dezentralisierungsbestrebungen kann man diese Maßnahmen zwar durchaus als weitere Versuche der „Verschleierung" fortbestehender gesamtzonaler Lenkungsversuche[179] bezeichnen. Aber aus der Unternehmensperspektive stellten sie weniger ein gezieltes Täuschungsmanöver dar als vielmehr den Versuch, die juristisch noch gegebenen, zusehends enger werdenden Spielräume zu nutzen, um dem wirtschaftlich wie mental nach wie vor gegebenen Zusammenhang der regionalen Unternehmensteile ein organisatorisches Rückgrat zu geben. Der seit längerer Zeit ungeklärte rechtliche Zusammenhang von Länderfilialen und Gesamtinstitut, der für altgediente Filialleitungen natürlich ein gravierendes Defizit an legitimierenden Rückkoppelungsmöglichkeiten bedeutete, rechtfertigte sie auch aus individueller Sicht. Die Maßnahmen vom Februar 1947 sollten jedoch der letzte Anlauf sein, einen minimalen formalisierten Zusammenhang der Filialen in den Ländern der amerikanischen Zone zu sichern,[180] denn kurz darauf verfügte die Besatzungsmacht schließlich per Gesetz deren institutionelle Trennung.

Dezentralisierung

Die mit dem Länderrat fortgesetzten Versuche, durch organisatorische Flexibilität einen inneren Zusammenhalt der formal voneinander getrennten Unternehmensteile zu gewährleisten, orientierten sich an der maximalen Ausnutzung enger werdender Handlungsspielräume. Daneben galt es, durch die Artikulation der Unternehmensinteressen in der politischen Arena diese Spielräume selbst zu beeinflussen. Dabei konnten die Spitzenmanager der Dresdner Bank nicht nur von den grundverschiedenen Auffassungen der amerikanischen und der britischen Bankenpolitiker profitieren, sie wussten auch die Mehrheit der deutschen Landespolitiker auf ihrer Seite. Schobert war zu Recht davon überzeugt, dass volkswirtschaftliche Argumente für den Fortbestand der Filialgroßbanken „von verantwortlichen Ministern auch immer verstanden werden" würden.[181] Der OMGUS-Finanzabteilung wurde nämlich relativ schnell deutlich, dass von den deutschen Landesregierungen, die man in die Lösung der Dezentralisierungsfrage einbinden wollte, nicht allzu viel konstruktive Zusammenarbeit erwartet werden konnte.

[177] Akten-Notiz über eine Besprechung in Bamberg am 20./21. 2. 1947, HADrB 105772.
[178] Dresdner Bank Frankfurt a.M. an Hessisches Staatsministerium, Minister der Finanzen, 26. 2. 1947, HADrB 105771.
[179] Horstmann, Die Alliierten, S. 160.
[180] Zur letzten (7.) Sitzung des Zonengremiums liegen nur noch die vorher zusammengestellten Anlagen zur Kreditberatung vor, die vom 21. und 25. 4. 1947 datieren; HADrB 105772.
[181] Sitzung der Kopffilialleiter der amerikanischen Zone am 25. April 1946, ebd.

Die maßgeblichen Wirtschaftspolitiker in Bayern und Hessen vertraten vielmehr, wenn auch in unterschiedlichen Varianten und mit unterschiedlicher Vehemenz, bankenpolitische Konzepte, die jedenfalls für den Geschäftsbankensektor im Interesse eines zügigen wirtschaftlichen Wiederaufbaus auf eine Wiederherstellung des historisch gewachsenen Bankensystems und nicht zuletzt auf das besondere Potenzial der Filial- und Universalgroßbanken setzte. Besonders drastisch war die Ablehnung der bayerischen Minister Ludwig Erhard (Wirtschaft) und Fritz Terhalle (Finanzen), während der hessische Finanzminister Mattes einen Vorschlag zur Verschmelzung der Großbankenfilialen in seinem Land nach konzertiertem Widerstand der Banken sowie der Industrie- und Handelskammer Frankfurt rasch zurückzog. Ein konstruktives Entgegenkommen gab es nur in Württemberg-Baden, wo Finanzminister Cahn-Garnier und sein Abteilungsleiter Otto Pfleiderer den amerikanischen Zielen prinzipiell zustimmten.

Umgekehrt boten die Landesregierungen den Großbanken einen wichtigen Hebel, um ihre Gegenwehr gegen die drohenden amerikanischen Maßnahmen zu formieren, zumal die Banken sowohl von den Ministerien als auch von den OMGUS-Bankenpolitikern zu konstruktiven Entwürfen aufgefordert wurden. Ihre Reaktion bestand jedoch in einer konsequenten Ablehnung jeglicher Dezentralisierung auf Länderebene. Eine gemeinsame Stellungnahme der drei führenden Großbankenrepräsentanten der amerikanischen Zone, Max Schobert (Dresdner Bank), Arnold Maser (Deutsche Bank) und Wilhelm Nuber (Commerzbank) für den Länderrat der amerikanischen Zone vom Oktober 1946, die zuvor genau mit den Hamburger Geschäftsleitungen abgestimmt worden war, argumentierte nicht nur mit der wirtschaftlichen Bedeutung der historisch gewachsenen Großbanken und mit deren potenziellen Beiträgen zum westdeutschen Wiederaufbau. Sämtliche denkbaren Modelle einer Dezentralisierung wurden überdies, wenig überraschend, mit dem Verweis auf unüberwindliche rechtliche und organisatorische Hürden verworfen. Die aufgebotenen Argumente verdeutlichen aber außerdem nochmals, wie eng die amerikanischen Dezentralisierungsargumente mit der Einschätzung der historischen Rolle der Großbanken in der NS-Wirtschaft verknüpft waren, denn rund die Hälfte des Memorandums erinnert deutlich an die Selbstdarstellungen der Dresdner Bank im Laufe der Ermittlungen gegen die Vorstände und während des Rasche-Prozesses. Zum ersten Mal versuchten die Großbanken hier, koordiniert und öffentlichkeitswirksam manche Annahmen der Amerikaner hinsichtlich der wirtschaftlichen und politischen Macht der Großbanken in der NS-Zeit zu bestreiten; im Anschluss an das Memorandum wurden auch Zeitungsartikel lanciert, die teils wörtlich daraus zitierten.[182]

[182] Maser/Nuber/Schobert an den Bayerischen, Großhessischen und Württembergischen Minister der Finanzen, 10. 10. 1946, HABB, B331 HMS/562; vgl. Horstmann, Die Alliierten, S. 96–109. Die Endfassung des Exposés datiert nicht, wie bei Horstmann (S. 108, Fn. 80) angegeben, vom 24. 9., sondern vom 10. 10. 1946 und wurde am 15. 10. 1946 von Schobert an die Finanzminister versandt; Anschreiben und Entwürfe in HADrB 105771. Das Gutachten wurde im Juli 1946 vom württemberg-badischen Finanzministerium in einer gemeinsamen Sitzung bei den Großbankvertretern der Kopffilialen in Auftrag gegeben und seit August 1946 von Schobert, Maser und Nuber unter Mitwirkung des Reichsbankdirektors Hartlieb ausgearbeitet, wobei die Federführung bei Schobert lag: Besprechung beim Finanzministerium Württemberg-Baden am 11. Juli 1946, HADB, RWB4; Protokoll der III. Sitzung des Länder-Gremiums am 2./3. August 1946, HADrB 105772; Schobert an Pfleiderer, 6. 8. 1946, HADrB 105771. Zum Stellenwert dieser Besprechung wiederum Horst-

Je konkreter die amerikanischen Vorgaben wurden, desto mehr mussten die Banken interessenpolitisch in die Offensive gehen und desto weniger konnten sie ihre Gegenwehr auf einzelne organisatorische Maßnahmen beschränken. Regelmäßige Kontakte hatten natürlich auch vorher stattgefunden, und sie dienten wohl ebenso zur Bündelung der Widerstandskräfte wie zur Verhinderung von Alleingängen der Konkurrenz. So zeigte sich die Commerzbank im Mai 1946 einigermaßen pikiert, dass die Stuttgarter Filiale als „Dresdner Bank in Württemberg" firmierte; dies wurde bereits als Zugeständnis an politische Pläne gewertet, durch die Integration von Filialen der kleineren Großbank in diejenigen der größeren Konkurrentin ein eigenständiges Regionalinstitut zu schaffen.[183]

Schon um solche Alleingänge zu verhindern lag es nahe, dass die drei Filialgroßbanken sich in der Auseinandersetzung mit Dezentralisierungsforderungen auf den kleinsten gemeinsamen Nenner einer konsequenten Verweigerungshaltung einigten. Das hessische Finanzministerium zog nach einer Besprechung mit Frankfurter Repräsentanten von Deutscher Bank, Dresdner Bank und Commerzbank bereits im März 1946 das Resümee, „dass positive Vorschläge für die Errichtung landesmässiger selbständiger Gebilde von den drei Großbanken nicht zu erwarten seien, weil deren Vertreter sich dafür nicht als kompetent erachten, und sich ihrem Institut verpflichtet sowie der Wirtschaft und den Aktionären gegenüber verantwortlich fühlen."[184] Ebenso sprach Schobert die ablehnende Reaktion der Dresdner Bank in München auf die Anregung der bayerischen Finanz- und Wirtschaftsminister, konstruktive Vorschläge für eine akzeptable Form der Dezentralisierung zu machen, nicht nur mit der eigenen Hamburger Bankleitung ab, sondern auch mit den dortigen Führungsgremien der Deutschen Bank und der Commerzbank. Mit der Deutschen Bank stimmte er sogar den Inhalt seines Antwortschreibens vom Juni 1946 ab,[185] obwohl ursprünglich allein Schobert von Erhard und Terhalle dringend um konstruktive Vorschläge gebeten worden war, weil sonst sehr bald „vielleicht von den Banken nichts übrig bleiben" könne.[186]

Doch so flexibel sich die Großbanken in internen Organisationsfragen erwiesen, so konsequent blieb ihre Verweigerung einer konstruktiven und dadurch eventuell Schaden abfedernden Beteiligung an ihrer eigenen Dezentralisierung. Dieses Verhalten war nicht bloße Obstruktion gegen die bankenpolitischen Ziele einer Besatzungsmacht, deren Antrieben man mit völligem Unverständnis gegenüber stand, und auch nicht nur zähes Festhalten an überkommenen Strukturen, die das eigene Selbstverständnis bestimmten. Hinzu kam die völlig berechtigte, von Schobert bereits auf der Gründungssitzung des Länderrats zum Ausdruck gebrachte Sorge, nach einer freiwilligen Mitarbeit an der Zerschlagung des eigenen

mann, Die Alliierten, S. 107f. Manfred Pohl übergeht ihre eigentliche Bedeutung und verweist lediglich vage darauf, dass die „westlichen Militärregierungen" die hier geäußerten Einwände der Banken schließlich „übergingen"; Pohl, Entwicklung, S. 232; ders., Konzentration im deutschen Bankwesen (1848–1980), Frankfurt a.M. 1982, S. 434.

[183] Commerzbank Hamburg an den „Führungsstab" der Dresdner Bank, 27. 5. 1946, HADB, RWB 4.

[184] Deutsche Bank Wiesbaden, Betr.: Dezentralisierung der Grossbanken, 14. 3. 1946, ebd.

[185] Protokoll über die 2. Sitzung des Länder-Gremiums am 28./29. Juni 1946; Dresdner Bank, Filiale München, an den bayerischen Wirtschaftsminister Ludwig Erhard, 18. 6. 1946, beides in: HADrB 105772.

[186] Aktennotiz Commerzbank Hamburg, 1. 6. 1946, HAC 303/10 I.

Instituts irgendwann von Gläubigern und Aktionären zur Rechenschaft gezogen werden zu können, wenn man sich nicht auf die höhere Gewalt einer allein von außen oktroyierten gesetzlichen Regelung berufen konnte.[187]

Diese Position, in der historisches Selbstverständnis und rationale Risikoabwägung zur Deckung kamen, vertraten Schobert und der bayerische Generalbevollmächtigte der Deutschen Bank Arnold Maser auch im Februar 1947 vor der bayerischen Landeszentralbank und dem bayerischen Finanzministerium. Die beiden Großbankenvertreter machten hier nochmals deutlich, dass ihre Institute eine Dezentralisierung nur auf dem Gesetzeswege, nicht aber als freiwilliges Entgegenkommen auf der Grundlage der bestehenden Rechtslage akzeptieren würden.[188] Mit den gleichen juristischen Argumenten wurden Forderungen des hessischen Finanzministeriums nach konstruktiven Vorschlägen abgewiesen. Auch hier traf man auf Verständnis, in diesem Fall beim Leiter der hessischen Bankenaufsicht, der aber auch unmissverständlich klarmachte, dass mit einer Dezentralisierung fest zu rechnen war.[189]

Ebenso vehement wie letztlich ergebnislos wurde die Argumentation der Großbanken im Januar 1947 auch von den Freiburger Filialen der Deutschen Bank und der Dresdner Bank vorgetragen.[190] Die gleiche Position brachten natürlich auch die Hamburger Geschäftsleitungen von Deutscher Bank, Dresdner Bank und Commerzbank zum Ausdruck, die einen regelmäßigen Austausch über interessenpolitische Maßnahmen pflegten.[191] Ein im März 1947 vorgelegtes Memorandum „zur Frage der Ausgliederung ihrer süddeutschen Niederlassungen" brachte nochmals sämtliche Gegenargumente vor, ohne damit die amerikanische Initiative noch bremsen zu können. Den Vorrang hatten dabei volkswirtschaftliche Argumente, nämlich das herausragende Potenzial der Filialgroßbanken für überregionalen Geldausgleich, Kreditmobilisierung, Exportfinanzierung und Wertpapieremissionen. Hinzu kamen das ungelöste Problem der Reichsschulden, die einen erheblichen Teil der zentralen Aktiva ausmachten und bei der schwebenden Rechtslage eine einwandfreie bilanzielle Aufteilung unmöglich machten, sowie die aktienrechtlichen Vorschriften, die in solch grundlegenden Umstrukturierungsfragen eine Einberufung der Hauptversammlungen erforderlich machten und die Vorstände ansonsten einer Regresspflicht gegenüber den Aktionären aussetzten.[192]

Solche Argumente hatten freilich im britisch besetzten Hamburg weit größeres Gewicht als bei den amerikanischen Bankenpolitikern. Nachdem die Initiativen von Dodge und seines Nachfolgers Jack Bennett zu Gunsten einer gesamtalliierten Bankenordnungspolitik im Alliierten Kontrollrat in erster Linie an der sow-

[187] Vgl. etwa Teichmann an Zinßer, 10. 3. 1947, S. 1, HADrB 106253.
[188] Akten-Notiz über eine Besprechung in Bamberg am 20./21. 2. 1947, HADrB 105772. Vgl. Holtfrerich, Deutsche Bank, S. 937, Fn. 312.
[189] Sachs (Commerzbank), Betr. Bankendezentralisation, 14. 3. 1947, HAC 303/10 I.
[190] Holtfrerich, Deutsche Bank, S. 473.
[191] Vgl. Aktennotiz Hamburg, 13. 5. 1946; Commerzbank Hamburg an Hölling, 3. 5. 1946, beides in: HADB, RWB 4; Dresdner Bank, Zentralstelle Hamburg, an Ernst Wilhelm Schmidt, Führungsstab der Deutschen Bank, 12. 8. 1947, HADB, RWB 6.
[192] Stellungnahme der drei Filialgroßbanken zur Frage der Ausgliederung ihrer süddeutschen Niederlassungen, 14. 3. 1947, HABB, B 331 HH/564.

jetischen Maximalposition einer vollständigen Liquidierung der Großbanken gescheitert waren, dabei aber auch die kontinuitätsorientierte britische Haltung weiterhin deutlich geworden war, fiel die Bankenpolitik seit dem Herbst 1946 allein in die Kompetenz der zonalen Militärregierungen. Ohne die Möglichkeit zur Einbeziehung der Berliner Zentralen hatte diese Politik allerdings zumindest auf rein rechtlicher Ebene ein gravierendes Manko, das in den Stellungnahmen der Großbanken selbst immer wieder angeführt wurde: Die Dezentralisierung auf Zonenebene musste bis auf weiteres „als rechtlicher Torso, weil ohne aktienrechtliche Konsequenzen, ablaufen".[193] Das musste allerdings nicht an vorläufigen und dennoch sehr grundlegenden Eingriffen in die Struktur der Großbanken hindern, deren Geschäft in den westzonalen Filialen ja auch ohne die Zustimmung von Aufsichtsräten und Aktionärversammlungen weiterlief.

Ein erstes Signal, dass die Amerikaner es ernst meinten, war die Gründung von Landeszentralbanken, die sowohl institutionell als auch personell einen deutlichen Bruch mit den Traditionen der Reichsbank darstellten, in der amerikanischen Zone zum Jahresbeginn 1947. Nachdem im Frühjahr wiederum Versuche, die Dezentralisierung durch Ländergesetze zu regeln, nicht zuletzt am Widerstand der Großbanken gescheitert waren, erließ die amerikanische Militärregierung per 6. Mai 1947 das Gesetz Nr. 57, das allerdings die endgültige Form der Dezentralisierung, die weiterhin durch die deutsche Politik geklärt werden sollte, nur vertagte. Das Gesetz schrieb den Länderregierungen die Einsetzung von Verwaltern der Großbankfilialen vor, die bis zur endgültigen Regelung als eine Art Treuhänder über Vermögen und Geschäftsführung in den einzelnen Ländern verfügen sollten. Es klärte nicht die zukünftige Organisationsform und Rechtsnatur der Banken, sondern gab den Verwaltern lediglich auf, deren Firmennamen in den einzelnen Ländern so zu ändern, dass sie nicht mehr an die alten Institute erinnerten.[194] Dass die in funktionaler Hinsicht eher nachrangige Namensgebung einen der Kernpunkte des Gesetzes bildete, war kein Zufall. Diese Maßnahme demonstrierte vielmehr deutlich den amerikanischen Vorsatz, nicht nur den organisatorischen Zusammenhang der drei Filialgroßbanken aufzuheben, sondern auch ihre Unternehmensidentität dauerhaft aus dem öffentlichen Bewusstsein zu verbannen. Eben deswegen hielten die Banken umgekehrt solange wie möglich an den alten Traditionsnamen auf Briefköpfen und Firmenschildern fest.[195]

Gegenüber der britischen Militärregierung, in deren Besatzungszone sich inzwischen längst ein „relativ spannungsloses Miteinander" der Militärregierung und der Großbankenrepräsentanten eingespielt hatte, konnten sich die Amerikaner in den bizonalen Verhandlungen über die Vereinheitlichung des Bankwesens schließlich ebenfalls durchsetzen. Während für die Briten die wirtschaftliche Rekonstruktion ihrer Zone, insbesondere der finanzierungsaufwändige Wiederaufbau der Ruhrindustrie, klare Priorität hatte und zudem das Interesse der briti-

[193] Holtfrerich, Deutsche Bank, S. 469.

[194] Horstmann, Die Alliierten, S. 110–121; deutscher Wortlaut des Gesetzes bei Holtfrerich, Deutsche Bank, S. 475. Zum Neuaufbau der Zentralbankstrukturen vgl. ausführlich Christoph Buchheim, Die Errichtung der Bank deutscher Länder und die Währungsreform in Westdeutschland, in: Deutsche Bundesbank (Hg.), Fünfzig Jahre Deutsche Mark. Notenbank und Währung in Deutschland seit 1948, München 1998, S. 91–138; Wandel, Entstehung.

[195] Vgl. Horstmann, Die Alliierten, S. 163 f., 167 f.

schen Banken an zahlungsfähigen deutschen Pendants beachtet wurde, hatten wirtschaftliche Kriterien für die amerikanischen Bankenpolitiker nachrangige Bedeutung gegenüber einer Bankenreform, die – wenn auch in noch so vager Form – immerhin zu ihren Kriegszielen gehört hatte. Der entscheidende Hebel zur Durchsetzung des amerikanischen Konzepts in der britische Zone waren schließlich die Verhandlungen über die Gestaltung des bizonalen Finanzwesens, in denen die Briten im Tausch gegen ein zonenübergreifendes Zentralbanksystem und die amerikanische Beteiligung an den britischen Besatzungskosten die bankenpolitischen Grundziele des finanziell potenteren Alliierten akzeptierten. Nachdem die Regelungen des amerikanischen Gesetzes Nr. 57 in der französischen Zone bereits zum 1. Oktober 1947 übernommen worden waren, sah sich die britische Militärregierung schließlich ebenfalls zur weitgehenden Übernahme des konsequent föderalistischen amerikanischen Kurses genötigt. Zum 1. April 1948 erging, gleichzeitig mit der Auflösung der Hamburger Reichsbankleitstelle und der Gründung von Landeszentralbanken, an die Großbanken ein Verbot der Unterhaltung von Zweigniederlassungen außerhalb eines einzelnen Landes sowie die Vorschrift zur Einsetzung von Verwaltern (Custodians).[196]

Damit war eine rund anderthalbjährige Übergangsphase beendet, in der sich die drei Filialgroßbanken offenbar allmählich auf eine rechtlich abgesicherte Rezentralisierung zumindest in der britischen Zone eingestellt hatten. Nachdem das Verbot zonenübergreifender Anweisungen an die Filialen im März 1946 auch dort ergangen war,[197] hatte man im Sommer 1946 in Hamburg eine Geschäftsleitung der Dresdner Bank für die britische Zone eingerichtet, die aus Hölling, Schleipen und dem Hamburger Filialleiter Hugo Scharnberg bestand. Die Ende 1945 gegründete, zonenübergreifende Geschäftsleitung aus Hölling und den vier A-Direktoren war zwar nicht formell aufgelöst worden, hatte sich aber nur noch mit der Abwicklung von Altgeschäften befassen können.[198] Nachdem die Hamburger Großbankleitungen Ende 1947 sogar noch gehofft hatten, ihre Institute im britischen Besatzungsgebiet nach einer formellen Ausgründung der Filialen in der amerikanischen und französischen Zone „kompakt als Mutterbank aufzuziehen“,[199] sah man sich jedoch im Februar 1948 genötigt, eigene Geschäftsleitungen für die einzelnen Länder zu bilden. Unmittelbar nachdem den Hamburger Zentralen mitgeteilt worden war, dass die Übernahme des amerikanischen Modells bevorstand, reagierte die Geschäftsleitung der Dresdner Bank mit einer Verlegung des zonalen Schwerpunkts in das vom Filial- und Geschäftsvolumen her bei weitem gewichtigste Land Nordrhein-Westfalen.[200]

Seit dem Frühjahr 1948 existierte in den westlichen Besatzungszonen offiziell keine Dresdner Bank mehr. Stattdessen bestanden elf formal voneinander und von

[196] Vgl. ebd., S. 123–153 (Zitat S. 124).
[197] Vgl. Holtfrerich, Deutsche Bank, S. 444, 467.
[198] Protokoll der III. Sitzung des Länder-Gremiums am 2./3. August 1946, HADrB 105772.
[199] Besprechung über die Banken-Dezentralisation am 22. Dezember 1947 bei der Deutschen Bank, HAC S3/A295/I. Die Deutsche-Bank-Vorstände Bechtolf und Wintermantel übernahmen in diesem Punkt die Verhandlungsführung mit der Hamburger Reichsbankleitstelle; Holtfrerich, Deutsche Bank, S. 479–481, dort auch Einzelheiten zu dem verhandelten Konzept der Großbanken und einer letzten Initiative im Januar 1948.
[200] Horstmann, Die Alliierten, S. 147.

den alten Zentralgremien unabhängige, in den einzelnen Ländern zusammengefasste Filialbezirke, die unter eigenen Namen firmierten. In der amerikanischen Zone traten die Rhein-Main Bank (mit Hauptsitz in Frankfurt), die Bayerische Bank für Handel und Industrie (München), die Allgemeine Bankgesellschaft (Stuttgart) und die Bremer Bank (Bremen) vorläufig die Nachfolge der Dresdner Bank an; in der britischen Zone die Rhein-Ruhr Bank (Düsseldorf), die Hamburger Kreditbank (Hamburg), die Niederdeutsche Bankgesellschaft (Hannover) und die Lübecker Bank für Handel und Industrie (Lübeck); in der französischen Zone, wo die „Zentraldirektion“ oder „Zonenstelle“ ebenfalls aufgelöst werden musste, die Süddeutsche Kreditanstalt (Freiburg), die Industrie- und Handelsbank (Neustadt/Haardt, später Mainz) und die Bankanstalt für Württemberg und Hohenzollern (Reutlingen).[201]

Vorstand und Aufsichtsrat der alten Dresdner Bank waren damit zwar nicht personell, wohl aber institutionell hinsichtlich der Geschäftsführung ihrer nunmehr selbständig firmierenden Westfilialen endgültig außer Funktion gesetzt, ohne dass über die Existenz der Bank selbst entschieden war. Rein rechtlich blieben die so genannten „Nachfolgeinstitute“ vielmehr unselbständige Teile einer juristisch weiterhin existierenden Dresdner Bank, die 1950 und 1952 auch zwei außerordentliche Hauptversammlungen einberufen konnte.[202] Dieser rechtliche Schwebezustand von Filialen und alter Zentrale sollte erst mit dem Großbankengesetz von 1952 sein Ende finden. Mit der formalen Übernahme der amerikanischen Dezentralisierungspolitik durch die britische Militärregierung war auch die Zentralstelle Hamburg als rudimentärer Ersatzvorstand für die britische Besatzungszone obsolet geworden. Unter dieser Bezeichnung verblieb nur noch ein kleines Büro zur „Behandlung der Fragen allgemeiner Art“, die sich offenbar vor allem auf die Kommunikation mit den weiterhin in Hamburg residierenden Führungsgremien von Deutscher Bank und Commerzbank bezogen.[203] Bis dahin allerdings hatte die Zentralstelle, ebenso wie die Führungsinstanzen der beiden anderen Großbanken in Hamburg, eine grundlegende Stabilisierungsleistung erbracht.[204] Die unter britischer Besatzungsherrschaft ermöglichte Reorganisation und die wenigstens rudimentäre Aufrechterhaltung der alten Zentralstrukturen an einem neuen Ort hatten es der Dresdner Bank ermöglicht, gerade in einer Phase hochgradiger Unsicherheit ein notwendiges Minimum an personeller und organisatorischer Kontinuität zu sichern, um in den folgenden Jahren zielstrebig die schrittweise Rezentralisierung in Angriff zu nehmen.

Das wurde nicht nur dadurch erleichtert, dass die amerikanische Deutschlandpolitik seit dem Frühjahr 1947 definitiv auf den Primat des ökonomischen Wiederaufbaus Westdeutschlands über eine sicherheitspolitisch motivierte, restriktive Industrie- und Reparationspolitik eingeschwenkt war.[205] Die Freilassung der alten

[201] Vgl. die Übersicht über die Nachfolgeinstitute aller drei Filialgroßbanken ebd., S. 152f.
[202] Die erste diente der Sitzverlegung von Dresden nach Berlin, die zweite der aktienrechtlichen Ausgründung der drei Nachfolgeinstitute; vgl. dazu Kapitel VI.1 und VII.1.
[203] Aktennotiz Vierhub, 10. 6. 1948, HADrB 6509-2000. Die Zentralstelle wurde zum 1. 7. 1950 nach Düsseldorf verlegt; Zentralstelle an Arbeitsamt Düsseldorf, 10. 7. 1950, HADrB 1000-2002.
[204] So auch Horstmann, Die Alliierten, S. 151.
[205] Vgl. dazu Mausbach, Morgenthau, S. 328–367; Gerd Hardach, Der Marshall-Plan. Auslandshilfe und Wiederaufbau in Westdeutschland 1948–1952, München 1994, S. 17–46.

LAND HESSEN
(amerik. Zone)

RHEIN-MAIN-BANK

(früher DRESDNER BANK)

Hauptverwaltung:

FRANKFURT AM MAIN

Gallus-Anlage 7

Telefon Fernverkehr 302 31 · Für Auslandsgespräche zugelassen

Niederlassungen in

Darmstadt	Gießen	Kassel	Offenbach a. M.
Frankfurt a. M.	Hanau a. M.	Mainz-Kastel	Wiesbaden
Fulda	Bad Homburg v. d. H.	Bad Nauheim	Wiesbaden-Biebrich
Gelnhausen			

Außenhandelsbank

Telegramm-Adresse: rheinmainbank für sämtliche Niederlassungen

Die früheren Niederlassungen der **DRESDNER BANK** in den anderen Ländern der Westzonen werden jetzt unter folgenden Namen geführt:

Amerikanische Zone

Land Bayern Bayerische Bank für Handel und Industrie München
mit Niederlassungen in
Augsburg, Fürth, Nürnberg, Schweinfurt, Bamberg, Hof, Regensburg, Würzburg
Telegrammadresse: Merkurbank

Gebiet Bremen Bremer Bank Bremen
mit Niederlassung in Bremerhaven
Telegrammadresse: Bremerbank

Land Nord-Württemberg/Nord-Baden
Allgemeine Bankgesellschaft Stuttgart
Allgemeine Bankgesellschaft Mannheim
mit Niederlassungen in
Bad Cannstatt, Heilbronn, Ulm, Heidelberg, Karlsruhe, Pforzheim
Telegrammadresse: Allbank

Britische Zone

Gebiet Hamburg
Hamburger Kreditbank Hamburg
mit Niederlassungen in
Altona, Bergedorf, Harburg
Telegrammadresse: Kreditbank

Land Niedersachsen
Niederdeutsche Bankgesellschaft, Hauptverwaltung: Hannover, Rathenauplatz 4
mit Niederlassungen in
Braunschweig, Hannover, Osnabrück, Celle, Hann. Münden, Salzgitter
Telegrammadresse: Bankgesellschaft

Land Nordrhein-Westfalen
Rhein-Ruhr Bank Düsseldorf-Köln
Hauptverwaltung: Düsseldorf, Breitestraße 10–12
Telegrammadresse: Rheinruhrzentra
mit Niederlassungen in
Aachen, Beckum, Bielefeld, Bochum, Bonn, Bünde, Dortmund, Düsseldorf, Duisburg, Duisb.-Ruhrort, Essen, Gelsenkirchen, Gütersloh, Hagen, Herne, Iserlohn, Köln, Krefeld, Lünen, Minden, Mülheim, M.-Gladbach, Münster, Neuß, Ratingen, Remscheid, Rheydt, Uerdingen, Vlotho, Witten, Wuppertal-Barmen, Wuppertal-Elberfeld
Telegrammadresse: Rheinruhrbank

Land Schleswig-Holstein Lübecker Bank für Handel und Industrie Lübeck
Telegrammadresse: Lübeckerbank

Französische Zone

Land Rheinland-Pfalz Industrie- und Handelsbank
Zentralstelle: Neustadt a. d. H.
mit Niederlassungen in
Bingen, Bad Ems, Kaiserslautern, Koblenz, Bad Kreuznach, Ludwigshafen, Mainz, Neustadt a. d. H., Neuwied, Pirmasens, Trier
Telegrammadresse: Merkurbank

Land Süd-Baden
Süddeutsche Kreditanstalt Freiburg
mit Niederlassungen in
Kehl z. Z. Offenburg, Offenburg
Telegrammadresse: Südkredit

Land Süd-Württemberg Bankanstalt für Württemberg und Hohenzollern Reutlingen
Telegrammadresse: Bankanstalt

2637 748 2000 WK-Druck*

Abb. 7: Mitteilung der Dezentralisierung auf Länderebene an die Kunden der Dresdner Bank in den westlichen Besatzungszonen 1948.

Quelle: HADrB.

Führungsriege aus der Nürnberger Internierung um die Jahreswende 1947/48, deren unbezweifelte Autorität ein Gutteil der Unternehmensidentität verkörperte, tat ein Übriges. Die 1948 endlich von den Amerikanern durchgesetzte Dezentralisierung auf Länderebene markierte nicht etwa den Anfang vom Ende einer dauerhaften Zerschlagung, sondern im Gegenteil einen organisatorischen Tiefpunkt, von dem aus es bald wieder aufwärts gehen sollte. Erleichtert wurde das dadurch, dass die NS-Vergangenheit der Großbanken, deren Interpretation der tragende ideologische Pfeiler der amerikanischen Politik war, angesichts des allgemeinen Verdrängungsprozesses spätestens mit dem Abschluss des Rasche-Prozesses an ordnungspolitischer Prägekraft verlieren musste. Der zähe Kampf um die Identitätsbewahrung der Dresdner Bank trat 1948 in eine neue Phase, die Gegenstand des nächsten Kapitels ist. Ungefähr zeitgleich beendete die Einführung einer neuen Währung jene relative Stagnation, die seit dem Kriegsende das Bankgeschäft in den Westzonen durchaus unabhängig von der Dezentralisierung geprägt hatte.

3. Teilungsverluste und Bilanzentwicklung zwischen Kriegsende und Währungsreform

Die wirtschaftlichen Folgen des Kriegsausgangs

Die Dresdner Bank hatte von der Expansion des nationalsozialistischen Reichs in Europa nach Kräften profitiert; sein Zusammenbruch schlug entsprechend negativ zu Buche. Das galt zunächst für die ausländischen Tochtergesellschaften („Affiliationen"), die seit 1938 dem Dresdner-Bank-Konzern angegliedert worden waren und auf deren dauerhaften Verlust im letzten Kapitel noch ausführlicher zurückzukommen ist. Dieser Geschäftsausbau hatte Geschäftsvolumen und Beschäftigtenzahl des Konzerns deutlich erhöht, die aggregierten Bilanzsummen der ausländischen Affiliationen erreichten 1941 mit etwa 1,08 Mrd. RM zwischen einem Viertel und einem Fünftel der Bilanzsumme der Dresdner Bank selbst.[206] Dabei darf allerdings nicht übersehen werden, dass es sich bei den Tochtergesellschaften überwiegend um Brückenköpfe ins besetzte Europa gehandelt hatte, die – wenn überhaupt – nur im Rahmen der nationalsozialistischen Expansions- und Ausbeutungspolitik wirtschaftlich sinnvoll gewesen waren und zum Teil ältere Geschäftsverbindungen der Bank selbst ersetzt hatten.

Ein eindeutiger Substanzverlust waren hingegen die massiven Einschnitte in das eigene, seit dem 19. Jahrhundert aufgebaute Filialnetz. 1937 hatte die Dresdner Bank im „Altreich" über 322 Geschäftsstellen verfügt. Von den nach der „Bankenrationalisierung" 1943 übrig gebliebenen 260 Filialen und Depositenkassen verlor sie durch Enteignung und Stilllegung in den ehemaligen deutschen Ostgebieten, in der SBZ und Ost-Berlin weitere 162.[207] Die Dresdner Bank war nicht

[206] Zahlen nach Bähr, Dresdner Bank, S. 27, Tab. I/2, mit S. 170, Tab. V/1. Die gesammelten Bilanzsummen der Affiliationen liegen nur per 30. 6. 1941 vor; je nach Bezug auf die Bilanzsumme der Dresdner Bank per Ende 1940 oder 1941 ergibt sich ein Anteil von 22% bzw. 25%.

[207] Meyen, 120 Jahre, S. 139.

nur bei der Anzahl der verlorenen Filialen härter von der bankenpolitischen Spaltung Deutschlands betroffen als die Deutsche Bank, sondern auch im Hinblick auf deren Geschäftsvolumen. Während der Anteil der Commerzbank an den addierten Bilanzsummen der drei Institute bzw. ihrer Nachfolger in den Jahren 1944 und 1949 um 20 Prozent schwankte, hatte sich der Anteil der Dresdner Bank in dieser Zeit von 34,3 auf 29,2 Prozent verringert. Entsprechend zugenommen hatte die relative Größe der Deutschen Bank. Wie weit diese Gewichtsverschiebungen dem unterschiedlichen Geschäftserfolg der Institute seit dem Kriegsende zuzuschreiben ist, lässt sich mangels vorliegender Gewinn- und Verlustrechnungen der Commerzbank und der Deutschen Bank nicht sagen. In erster Line aber ist der Bodenverlust der Dresdner Bank sicher nicht der Entwicklung des Bankgeschäfts seit 1945 zuzuschreiben, sondern vor allem der Tatsache, dass auf der Filialebene bei der Deutschen Bank „das Schwergewicht ihres Geschäftes von jeher im Westen lag".[208]

Parallel zu den Enteignungsverlusten waren die Filialen und Zonendirektionen in den Westzonen immerhin auch, wie etwa das Landgericht Hamburg im Dezember 1946 der Commerzbank verbriefte, nicht mehr für Forderungen gegen die enteigneten ostdeutschen Niederlassungen in Anspruch zu nehmen.[209] An der Verweigerung einer Auszahlung von „Ostguthaben" bei der ehemaligen Zentrale und den unter sowjetische Herrschaft geratenen Niederlassungen, die sich immerhin auf rund 52 Mio. RM beliefen,[210] hielten die Nachfolgeinstitute der Dresdner Bank auch später fest; auf entsprechende Anfragen hin wurde konsequent der „Standpunkt vertreten, daß keine der ehemaligen Dresdner Bank-Niederlassungen, die ihren Sitz außerhalb der Grenzen der drei westlichen Besatzungszonen hatten, ihren Geschäftsbetrieb in eine der drei Westzonen verlegt" hätten.[211]

So einschneidend der Verlust von Affiliationen und Filialen auch zu Buche schlug, der weit gravierendere Ausfall war zweifellos die Stilllegung der Berliner Zentrale, die (einschließlich der Depositenkassen) Anfang 1938 mit 4720 von 11752 Angestellten rund 40 Prozent der Gesamtbelegschaft im „Altreich" beschäftigt hatte. Die Berliner Depositenkassen der Dresdner Bank hatten zu dieser Zeit vier- bis achtmal so hohe Erträge erwirtschaftet wie einer der größeren west-

[208] Hauptbuchhaltung Düsseldorf, Aufstellung der Bilanzsummen 1945/1949/1951, 8. 8. 1951, HADrB 1778-2002. Diese Interpretation wird, bei aller Problematik der Schätzwerte, auch durch den Vergleich des Bilanzanteils der westzonalen Filialen von Deutscher Bank und Dresdner Bank per Ende 1944 klar bestätigt; vgl. Horstmann, Die Alliierten, S. 52f. Die dortigen Differenzen zu den oben angegebenen Filialzahlen erklären sich aus der Ausklammerung der Berliner Depositenkassen und den zwischenzeitlichen Schließungen bzw. Neueröffnungen bis Anfang 1946. Holtfrerich, Deutsche Bank, S. 547, vernachlässigt diese Determinante und führt die Anteilsverschiebung allein auf eine erfolgreichere Geschäftsentwicklung der Deutschen Bank zurück, kann dies jedoch zumindest bis zur Währungsreform nicht durch Zahlenangaben belegen. Tendenziell widerlegt wird Holtfrerichs Vermutung auch dadurch, dass die Dresdner Bank bei den Kundeneinlagen in den Westzonen 1948/49 unter den Großbanken sogar den gleichen Anteil wie 1938 verbuchen konnte, obwohl sie in Berlin und Sachsen relativ deutlich höhere Verluste hinnehmen musste; Zinßer an die Geschäftsleitungen der Nachfolgeinstitute, 29. 9. 1949, mit Anlage „Kreditbanken", HADrB 250-1999.

[209] OMGUS, Finance Division, Financial Intelligence Section, Report on the Investigation of the Commerzbank, September 1947, S. 64, BAK, Z45F 2/44/1.

[210] Sitzung der Kopffilial-Leiter der amerikanischen Zone am 25. April 1946, S. 8, HADrB 105772.

[211] Zentralstelle Hamburg (Overbeck/Vierhub) an Hamburger Kreditbank, 5. 7. 1948, HADrB 1057-2000. Vgl. auch die Ablehnungen von Kundenanfragen 1945 und 1946 in HADrB 5126-2000.

deutschen Filialbezirke um Düsseldorf, Frankfurt a. M., Hamburg oder Köln.[212] Die Einstellung dieses Geschäftsbetriebs und die Enteignung der Immobilien stellten längerfristig einen weit größeren Schaden dar als die oben erwähnten Plünderungen und Beschlagnahmungen, die sich ohnehin nicht präzise berechnen lassen. Noch zehn Jahre nach Kriegsende hielt Fritz André fest, es werde „niemals möglich sein, über das Jahr 1945 einen erschöpfenden und zuverlässigen Nachweis im guten buchhalterischen Sinne zu führen, da mit der Eroberung Berlins durch die Russen alle Sicherheitsvorschriften und Kontrollen ausgeschaltet und Barbestände, Tresorinhalte usw. jedem Zugriff ausgesetzt waren."[213]

Die anschließenden Abstimmungs- und Abwicklungsarbeiten wurden größtenteils aus den Zahlungen von Schuldnern in den Westzonen finanziert. Die Barerträge aus der Einlösung von Schecks und Wechseln, Guthaben und Effektenverkäufen, die meist per Kurier nach Berlin transferiert werden mussten, beliefen sich auf 6 Mio. RM, wurden allerdings durch gelegentliche „Ausplünderung der Kuriere" an den Zonengrenzen etwas geschmälert. Diese Transfers verstießen eigentlich gegen alliiertes Recht. Die Berliner Geschäftsleitung intervenierte jedoch nach ihrer Entdeckung 1948 erfolgreich beim amerikanischen Finanzoffizier des Kontrollrats, der bei den Besatzungsstellen in Frankfurt eine „weitere Alimentierung" der Altbank aus dem Westen durchsetzte. Zusammen mit sichergestellten Barbeständen aus verschütteten Tresoren, Rückzahlungen einzelner Berliner Debitoren und Erträgen aus dem Verkauf von Betriebsvermögen beliefen sich die Einnahmen der Altbank auf 8,2 Mio. RM, denen Unkosten von 7,14 Mio. RM gegenüber standen. Die Gewinn- und Verlustrechnung der Altbank vom Mai 1945 bis zum Stichtag der Währungsreform in West-Berlin, dem 24. 6. 1948, schloss daher sogar mit einem Überschuss.[214]

Der qualitative Verlust, den die Stilllegung der Zentrale darstellte, geht in den oben zitierten Zahlen noch nicht auf. Die Filialen hatten zwar ungefähr proportional zur Beschäftigtenzahl am Kreditgeschäft teilgenommen, das im letzten Vorkriegsjahr mit rund 70 Prozent den Löwenanteil der Erträge erwirtschaftet hatte. Sie waren aber überproportional an den Provisionen des Zahlungsverkehrs, also eines relativ einfach strukturierten Massengeschäfts, beteiligt.[215] In der Zentrale waren hingegen jene Kompetenzen besonders konzentriert gewesen, die die Universalbank eigentlich erst zur Großbank machten, also das Wertpapier- und Konsortialgeschäft im großen Stil, der größte Teil des Auslandsgeschäfts und nicht zuletzt der eingespielte Apparat, der die verschiedenen Funktionsbereiche des Unternehmens integrierte. Hinzu kam das von Berlin aus gepflegte Netzwerk der Kontakte zu Großkunden und auch zur Politik, das sich deutlich in der Zusammensetzung eines jetzt nur noch formal existenten Aufsichtsrats gespiegelt hatte.

Genaue Zahlen über den Anteil der Westfilialen am Geschäftsvolumen der Gesamtbank liegen nicht vor, so dass sich der quantitative Restwert der weiterhin

[212] Personalangaben bei Bähr, Dresdner Bank, S. 239, Tab. V/19; zu den Betriebsergebnissen der Filialen 1938/39 ebd., S. 29, Fn. 50.

[213] Bericht über die seit Kriegsende ruhende Dresdner Bank Berlin für die Zeit vom Zusammenbruch bis 31. Dezember 1955, o. D. (1956), S. 1, HADrB 17610-2001.

[214] Ebd., S. 7–9; Bennet an OMG Hesse, Finance Adviser, 11. 9. 1948, BAK, Z45F 1948/19/3.

[215] Vgl. Bähr, Dresdner Bank, S. 26, 204. Die Zahl umfasst auch Erträge aus Krediten, die in Beteiligungen, eigene Wertpapiere oder Immobilienbesitz umgewandelt worden waren.

aktiven Arbeitsbereiche nur aus einigen verstreuten Angaben schätzen lässt. Max Schobert gab 1946 den Anteil der SBZ und Berlins mit rund 60 Prozent der gesamten Bilanzsumme an,[216] und die gleiche Zahl findet sich in einer späteren Darstellung des Chefvolkswirts Kurt Hunscha;[217] eine andere Quelle schrieb den Westzonen immerhin 45 Prozent des Geschäftsvolumens von 1944 zu.[218] Eine Aufstellung der Würzburger Hauptbuchhaltung aus dem Juli 1945 schließlich, die allerdings die Verlagerung von Guthaben aus Ostdeutschland an westdeutsche Standorte noch nicht ausreichend berücksichtigen konnte, ordnete von den 8,2 Mrd. RM Kreditoren der Rohbilanz 1944 nur rund 3 Mrd. (37 Prozent) den Westzonen, 3,2 Mrd. Berlin und 2 Mrd. den sowjetisch besetzten Gebieten[219] zu. Auf der Aktivseite, deren Aufteilung schon wegen des unabsehbaren Wertberichtigungsbedarfs und der unklaren effektiven Greifbarkeit von Wertpapieren noch wesentlich unsicherer war, schätzte man den Anteil der Westzonen mit 2,1 Mrd. RM sogar nur auf rund ein Viertel der Bilanzsumme; dies entsprach tatsächlich dem später errechneten Anteil der Westzonen an den Vermögenswerten der Gesamtbank.[220]

Die größte Hypothek der Westfilialen für eine Wiederanknüpfung an die Geschäftsentwicklung vor der Deformierung durch die nationalsozialistische Rüstungskonjunktur und die Kriegswirtschaft war die Zusammensetzung ihrer Aktiva. Diese bestanden zu knapp zwei Dritteln (64 Prozent) aus Schatzwechseln und unverzinslichen Schatzanweisungen des Deutschen Reichs – also aus Forderungen an einen faktisch bankrotten Schuldner mit ungeklärter Rechtsnachfolge, über die vorläufig nicht verfügt werden durfte.[221] Overbeck und Schippel gaben im Juli 1945 nicht ganz zu Unrecht die Devise aus, das Bankgeschäft und insbesondere die Kreditvergabe müssten vorläufig „unter dem Gesichtspunkt betrieben werden, dass die Bank evtl. im Konkurs ist.“[222]

Damit stießen sie freilich bei Zinßer, der den Blick auf die Aufrechterhaltung des Geschäfts im Westen gerichtet hatte, auf wütende Proteste.[223] Tatsächlich verdeutlichten die Bilanzierungsanweisungen der Westalliierten, dass diese es nicht auf einen Bankrott der Banken ankommen lassen wollten. Auf der rein bilanziel-

216 Sitzung der Kopffilial-Leiter der amerikanischen Zone am 25. April 1946, HADrB 105772.

217 Kurt Hunscha/Gerhard Müller, Aus der Geschichte der Dresdner Bank 1872–1969, Frankfurt a.M. 1969, S. 46.

218 Horstmann, Die Alliierten, S. 52.

219 Offenbar einschließlich der inzwischen polnischen Regionen, jedoch ohne die bereits als „Ausland“ gewerteten, außerhalb der Reichsgrenzen von 1937 gelegenen Filialbezirke Metz, Straßburg, Reichenberg, Danzig, Kattowitz und Litzmannstadt. Diese Zuordnung sahen jedenfalls die Bilanzierungsrichtlinien für 1945 vor; vgl. Anlage 2 zum Filialrundschreiben Nr. 60 der Zentralstelle Hamburg, 15. 3. 1946, HADrB 7370-2000.

220 Aufteilung der Rohbilanz, 12. 7. 1945, HADrB 648-1999. Zur „Westquote“ von 25%, die später für die Ermittlung von Zahlungsverpflichtungen gegenüber ausländischen Gläubigern herangezogen wurde, vgl. Kapitel VII.1.

221 Stand 31. 12. 1946. Bei Aufgliederung nach Besatzungszonen ergeben sich für die britische Zone 68%, für die amerikanische Zone 63% und für die französische Zone 46%; Jahresbilanz zum 31. Dezember 1946, Westzone, o.D., HADrB 10674-2001. Ein geringfügig höherer Anteil ergibt sich aus einer anderen Quelle für die amerikanische Zone per Jahresende 1945: Dresdner Bank, Jahresbilanz von Ende Dezember 1945 für die amerikanische Zone, o.D., Anlage 4 zum Protokoll über die Sitzung des Ländergremiums am 28/29. 6. 1946, HADrB 105772.

222 Bericht Max Schoberts vom 12. 7. 1945, HADrB 106258.

223 Zinßer an Hölling, 3. 8. 1945, ebd.

len Ebene wurde das Problem nämlich einfach dadurch bis zur Währungsreform vertagt, dass die faktisch wertlosen Forderungen gegen das Reich und „die Aktiven allgemein bis zur Währungsreform ohne Berücksichtigung von Auswirkungen des Kriegsausgangs bewertet werden“ mussten, also keine Abschreibungen auf alte Forderungen und kriegszerstörte Immobilien vorgenommen werden durften, um nicht von vornherein eine Überschuldung der meisten Banken ausweisen zu müssen.[224] Gleichzeitig konnten die Reichstitel aber weder bei Fälligkeit eingelöst noch beliehen oder verkauft werden;[225] sie stellten also keine echten Liquiditätsgarantien dar, sondern symbolisierten lediglich den Stabilisierungswillen der Besatzungsmächte.

Die nach diesen Bilanzierungsregeln zustande gekommenen und im Folgenden zitierten „Bilanzen“ enthalten also sehr erhebliche Posten, die nicht nach ihrem realen Wert wiedergegeben sind. Sie sind zweifellos im aktienrechtlichen Sinne auch deshalb höchst fragwürdig, weil sie nicht von ordentlich bestellten Bilanzprüfern oder Aufsichtsräten abgesegnet wurden. Die nach Besatzungszonen oder Ländern aufgeschlüsselten Zusammenstellungen dienten offenbar primär dem Informationsbedürfnis der Bankleitungen, während nur eine zusammengefasste Steuerbilanz für die Westzonen aufgestellt wurde.[226] Das bilanzielle Informationsdefizit traf insbesondere die Aktionäre der alten Dresdner Bank, und deswegen sind Angaben über den Aktienkurs als Indikator des tatsächlichen Unternehmenswerts auch weitgehend irrelevant. Der Kurs der Dresdner-Bank-Aktie, der sich gerade in dem bankenpolitisch besonders kritischen Zeitraum zwischen Ende 1946 und Anfang 1948 um rund 45 Prozentpunkte erhöhte und im Juni 1947 nur für kurze Zeit einbrach, war zu dieser Zeit ein reines Ergebnis von Spekulationen. Seine Entwicklung war wie bei den anderen Großbanken nicht von der realen Unternehmenslage, sondern von gesamtwirtschaftlichen Erwartungen etwa über die bevorstehende Währungsreform bestimmt.[227] Als historische Quellen sind die unveröffentlichten „Bilanzen“ zum einen problematisch, weil die lückenhaft überlieferten Akten in der Regel keine Angaben über das genaue Zustandekommen der Zahlen enthalten. Zum anderen sind sie ungeeignet zur Ermittlung einer wichtigen Kennzahl des Unternehmenserfolgs, nämlich der Kapitalrentabilität, weil sie

[224] Ulrich Goerke, Die Ausgleichsforderungen der Geschäftsbanken, Diss. Hamburg 1961, S. 42 f. Detaillierte Bilanzierungsanweisungen in: Zentralstelle Hamburg, Hauptbuchhaltung, Rundschreiben Nr. 60 an die Niederlassungen der britischen Zone, 15. 3. 1946, mit Anlage 2, HADrB 577-2000.

[225] Seit Frühjahr 1946 waren zumindest in der britischen Zone begrenzte Liquiditätshilfen durch Lombardierung von Reichstiteln, seit 1947 auch durch die Rediskontierung von Solawechseln möglich; in der amerikanischen Zone waren solche Maßnahmen offenbar überflüssig. Vgl. Ingrid Robert, Probleme der Bankensanierung im Zusammenhang mit einer Währungsreform zur Beseitigung einer verdeckten Inflation dargestellt anhand der Vorschläge für eine Währungsreform in Deutschland nach dem Zweiten Weltkrieg, Diss. Frankfurt a. M. 1959, S. 27 f. Ebd., S. 162–166, die Bilanzierungsrichtlinien des Länderrats für die amerikanische Besatzungszone.

[226] Ausarbeitung Schleipen, Betr.: Aufsichtsratsbesprechung am 9. 12. 1948 in Hamburg, 29. 11. 1948, S. 5, HADrB 106435.

[227] Vgl. die Monatsberichte der Reichsbankleitstelle Hamburg, Nr. 17 (Oktober 1947, S. 15 f.), 19 (Dezember 1947, S. 18 f.), und 20 (Januar 1948, S. 18 f.), alle in: HABB, B331/HMS 582.Vgl. auch den Befund von Rudersdorf über den Bankplatz Köln, wonach die bis zur Währungsreform abgewickelten Wertpapiergeschäfte „allenfalls spekulativen Charakter“ hatten: Markus Rudersdorf, Der Wiederbeginn des Bankgeschäftes nach dem Zweiten Weltkrieg am Beispiel der Kölner Institute, Köln 1996, S. 199; ähnlich Holtfrerich, Deutsche Bank, S. 552.

keine Aufteilung des haftenden Kapitals der Dresdner Bank enthalten. Wegen des nur sehr grob abgrenzbaren Anteils der Westfilialen am Geschäftsvolumen der Bank ist auch eine hypothetische Aufteilung des Kapitals nicht sinnvoll. Von „bilanzlosen Jahren"[228] der Dresdner Bank kann dennoch auch für die Besatzungszeit keine Rede sein, und die Datensammlungen reichen zumindest aus, um die Grundtendenzen der Geschäftsentwicklung aufzuzeigen.

Die verschiedenen Schätzungen über den Anteil der Westfilialen am Gesamtgeschäft der Dresdner Bank bis zum Ende des NS-Regimes verdeutlichen zunächst, dass sich das aktive Bankgeschäft in der Besatzungszeit zu fast 95 Prozent auf die beiden großen Westzonen verteilte. Die teils auf höchst unsicheren Berechnungen fußenden „Bilanzsummen" der Westfilialen per Ende 1944 (ebenfalls ohne anteilige Bilanzierung des haftenden Kapitals der Gesamtbank) summierten sich danach auf 1,65 Mrd. RM in der britischen Besatzungszone (einschließlich Bremen) und 1,485 Mrd. RM in der amerikanischen und französischen Zone (einschließlich des sukzessive aus der französischen Zone herausgelösten Saarlands).[229] Die letztere Angabe scheint jedoch noch etwas zu hoch gegriffen zu sein, denn nach einer ungefähren Eliminierung der Filialbezirke in der französischen Zone[230] ergeben sich hieraus für die amerikanische Zone rund 1,3 Mrd. RM, während eine spätere Aufstellung nur auf gut 1,2 Mrd. RM kommt.[231]

Das leichte Übergewicht der britischen Zone verdankte sich insbesondere den großen Filialstandorten im rheinisch-westfälischen Industriegebiet und in Hamburg, während Hessen, Bayern und Württemberg-Baden etwa gleiche Anteile am Gesamtvolumen aufwiesen.[232] Ob die 1947/48 durch die Dezentralisierungsgesetze geschaffenen kleineren Filialbezirke in Südbaden, Schleswig-Holstein und Württemberg-Hohenzollern tatsächlich auf die Dauer „lebensunfähige Teilbanken" waren,[233] darf zumindest bezweifelt werden. Auch sie sollten in den kommenden Jahren nämlich Gewinne erwirtschaften[234] und verfügten ebenso wie die größeren Länderinstitute jeweils über eigene regionale Kundenkreise. Sie hätten zwar durch eine dauerhafte Herauslösung aus den Verbundeffekten der Gesamtbank zweifellos Wettbewerbsnachteile erlitten, wären aber bei entsprechender Eigenkapitalausstattung möglicherweise weiterhin konkurrenzfähig geblieben. Die Existenz der Dresdner Bank insgesamt hing jedenfalls nicht an diesen margi-

[228] Meyen, 120 Jahre, S. 150.

[229] Bilanzen der westlichen Filialbezirke per 31. 12. 1944, o. D., HADrB 648-1999. Die Filiale Saarbrücken „mußte 1947 ihre Tätigkeit einstellen und wurde 1957 gelöscht"; Erläuterungsbericht der Dresdner Bank, Berlin, zur Altbankenrechnung, Juli 1959, S. 1, HADrB 4879-2000. Eine knappe Chronologie der Ausgliederung des Saargebiets zwischen 1945 und 1948 bei Abelshauser, Wirtschaft und Besatzungspolitik, S. 117.

[230] Eine genaue Abgrenzung der Filialen in der französischen Besatzungszone ist nicht möglich, da die Filiale Reutlingen hier offenbar noch dem in der amerikanischen Zone gelegenen Filialbezirk Stuttgart zugerechnet wurde.

[231] Dresdner Bank, Jahresbilanz von Ende Dezember 1945 für die amerikanische Zone, o. D., Anlage 4 zum Protokoll über die Sitzung des Ländergremiums am 28/29. 6. 1946, HADrB 105772.

[232] Bilanzen der westlichen Filialbezirke per 31. 12. 1944, o. D., HADrB 648-1999.

[233] Meyen, 120 Jahre, S. 149; ebenso Wolf, Dreier-Lösung, S. 28; Pohl, Konzentration, S. 436. Die südwürttembergische Niederlassung in Reutlingen hatte Zinßer 1945 sogar als „zu klein für eine Filiale" eingeschätzt; Zinßer an Schleipen, 21. 8. 1945, HADrB 5157-2000.

[234] Vgl. Kapitel VI.2.

nalen Standorten, sondern die Aufrechterhaltung des traditionellen Großgeschäfts war vor allem an die weitere Präsenz an den großen Industrie- und Handelsstandorten gebunden.

Konjunktur und Bankgeschäft

Gerade hier aber wurden die unmittelbaren politischen Beschränkungen des Bankgeschäfts zunächst von viel gravierenderen Problemen überlagert. Die anhaltende Preis- und Produktionsregulierung durch die Besatzungsmächte sowie die verdeckte Inflation schrieben Tendenzen fort, die in der nationalsozialistischen Rüstungskonjunktur wurzelten und allein durch die Abschaffung des alten politischen Systems nicht in einen dauerhaften, selbsttragenden Aufschwung münden konnten. Unter diesen Bedingungen blieb die Tätigkeit der Banken zwangsläufig zu erheblichen Teilen auf die Abwicklung des Zahlungsverkehrs und die Finanzierung kurzfristiger Warengeschäfte beschränkt. Der juristische Schwebezustand dagegen hinderte die Westfilialen der Dresdner Bank nicht an der Fortführung der Geschäfte. Das zeigte sich nicht nur an der oben erwähnten, erfolgreichen Reorganisation des Börsengeschäfts in Frankfurt, sondern auch am wesentlich problematischeren Kreditgeschäft. Dieses hatte sich in der gesamtwirtschaftlichen Stagnation der ersten Besatzungsmonate in engen Grenzen gehalten, bevor die Banken seit Juli 1945 von den amerikanischen Besatzungsbehörden dezidiert aufgefordert wurden, sich an der Finanzierung des Wiederaufbaus zu beteiligen. In der britischen Zone, wo vor allem die Schwerindustrie des Ruhrgebiets dringenden Finanzierungsbedarf hatte, zeigte sich im Sommer 1945 ebenfalls eine gewisse Belebung der Kreditwirtschaft.[235]

Die Dresdner Bank wies ihre Filialen allerdings zu höchster Vorsicht bei der Kreditvergabe an. Ein Rundschreiben aus dem August 1945 forderte dazu auf, alle vor der Kapitulation getroffenen Kreditzusagen zurückzuziehen, „die strengste Beachtung der Liquidität des Kredites“ zu pflegen und bei der Prüfung von Neuanträgen noch gründlicher als bisher und nach genau spezifizierten Vorgaben die Kreditnehmer zu durchleuchten. Problematisch wurden dadurch insbesondere Investitionskredite, die sich nicht unmittelbar aus Warengeschäften amortisierten; die erhöhte Vorsicht drohte also zu Lasten des industriellen Wiederaufbaus zu gehen.[236] Insbesondere das Kreditgeschäft mit Großkunden war nämlich zum guten Teil eine Wette auf die Zukunft. Kreditanträgen von Kohlenzechen dienten im Sommer 1945 „zwangsläufig zunächst zur Finanzierung von Verlusten“; kalkuliert wurde für den gesamten Ruhrbergbau ein Jahresverlust von 400 bis 500 Mio. RM. Völlig verweigern konnte man sich diesen Kreditanträgen dennoch nicht, und zwar nicht nur wegen der – auch bankintern betonten – gesamtwirtschaftlichen Verantwortung der Großbanken. Zugleich standen hier langjährige Großkundenbeziehungen auf dem Spiel. In der Anweisung, „Kredite nur dort zu geben, wo die Verhältnisse relativ günstig liegen und die Beendigung der Verlust-

[235] Bernard Bernstein, Report of Financial Institutions in Germany. Prepared by Financial Institutions Branch, 4. 9. 1945, S. 14, 17f., 34, BAK, Z45F 2/152/3.

[236] Dresdner Bank, Zentraldirektion West/Filialdirektion West, Filial-Rundschreiben Nr. 5, 21. 8. 1945, HADrB 107931.

wirtschaft in absehbarer Zeit erwartet werden kann",[237] kam daher ebenso die desolate gesamtwirtschaftliche Lage zum Ausdruck wie das Interesse der Bank an langfristiger Marktpräsenz.

Dieses Spannungsverhältnis änderte sich im Laufe des ersten Friedensjahres nicht wesentlich. Hölling resümierte nach einer Rundreise durch das Rhein-Ruhr-Gebiet im Herbst 1946, dass die Bank in der britischen Zone zwar immer noch über eine hervorragende Liquidität verfügte. Für die Rentabilität des Unternehmens aber, die nach der vorsorgeorientierten Geschäftspolitik der letzten Kriegsjahre früher oder später wieder zur zweiten grundlegenden Zielgröße aufgewertet werden musste, blieben die gesamtwirtschaftlichen Aussichten weiterhin schlecht. Das Kreditgeschäft war zwar „verhältnismässig lebhaft", aber es basierte eben weitgehend auf der Finanzierung reiner Warengeschäfte. Die industrielle Stammkundschaft hingegen, der man mit Blick auf die mittelfristige Entwicklung der Bank schwerlich die Finanzierung von Produktion und Investitionen gänzlich verweigern konnte, arbeitete gerade in Großunternehmen wegen der durch die Besatzungsbehörden verfügten Preisbegrenzungen „zum Teil mit Millionenverlusten". Hinzu kam die miserable Ernährungslage, die die Effektivität des Produktionsfaktors Arbeit ebenso deutlich einschränkte wie die Möglichkeit lukrativerer Schwarzmarktgeschäfte. Höllings Hinweis an die Filialleiter, „dass Industrie, Handel und Bankwelt eine Schicksalsgemeinschaft bilden", war unter diesen Umständen keine sentimentale Floskel, sondern beschrieb den makro- wie mikroökonomischen Zusammenhang durchaus treffend.[238]

Aus der kreditwirtschaftlichen Perspektive setzte die Bewirtschaftungspolitik der Westalliierten also einem selbsttragenden Aufschwung, der sich rein am industriellen Output gemessen bis in den Herbst 1946 hinein anzudeuten schien und dann durch fehlende Transportmittel sowie den extrem harten Winter 1946/47 abgewürgt wurde, sehr wohl enge Grenzen.[239] Die im Vergleich zu normalen Konjunkturphasen völlig verzerrten Finanzierungsverhältnisse spiegelten sich deutlich in der Aufgliederung der in der amerikanischen Zone zwischen dem Kriegsende und dem Sommer 1946 vergebenen Kredite: Von den insgesamt ausgereichten 87,8 Mio. RM verteilten sich 56,4 Mio. (64 Prozent) auf kurzfristige Waren- und Importfinanzierungen, nur 27,2 Mio. RM (31 Prozent) hingegen auf

[237] Sitzungsbericht über die Besprechung (unter Leitung von Hölling) am 30. 8. 1945 in Beckum, HADrB 1181-2000.

[238] Alfred Hölling, Bericht über eine Reise in das Rhein-Ruhr-Gebiet vom 16. bis 23. Oktober 1946, 4. 11. 1946, HADrB 11379-2001. Zur Ineffektivität der britischen Bewirtschaftungspolitik vgl. Ian Turner, British Policy Towards German Industry, 1945-9: Reconstruction, Restriction or Exploitation?, in: ders. (Hg.), Reconstruction, S. 67–91; Mark Roseman, The Uncontrolled Economy: Ruhr Coal Production, 1945-8, in: ebd., S. 93–123.

[239] Vgl. dagegen Werner Abelshauser, Wirtschaft in Westdeutschland 1945–1948. Rekonstruktion und Wachstumsbedingungen in der amerikanischen und britischen Zone, Stuttgart 1975, S. 35–42, 153; ders., Wirtschaftsgeschichte der Bundesrepublik Deutschland 1945–1980, Frankfurt a.M. 1983, S. 32–37. Zur Kritik an dieser Darstellung insbesondere Christoph Buchheim, Die Währungsreform 1948 in Westdeutschland, in: VfZ 36 (1988), S. 189–231, hier S. 192–198. Auf die große Bedeutung des Faktors Arbeit und dabei insbesondere der Versorgungslage gerade aus unternehmenshistorischer Perspektive weist Ralf Richter hin: ders., Die Währungs- und Wirtschaftsreform 1948 im Spiegel unternehmerischer Personalpolitik – Volkswagen, 1945–1950, in: ZUG 48 (2003), S. 215–238. Zu den Problemen der Industriefinanzierung und -rentabilität bis zur Währungsreform vgl. auch Willi A. Boelcke, Die Kosten von Hitlers Krieg. Kriegsfinanzierung und finanzielles Kriegserbe in Deutschland 1933–1948, Paderborn 1985, S. 171–176.

wesentlich kleiner dimensionierte Kredite zur „Ankurbelung der Wirtschaft", die unter normalen Bedingungen vermutlich zum guten Teil an mangelnder Bonität der Schuldner gescheitert wären.[240] Im Vergleich zu den Vorjahren war das gesamte Kreditvolumen ohnehin eine verschwindend geringe Summe. In der französischen Zone war sogar noch im Oktober 1946 das Kreditgeschäft weitgehend „ohne Belang."[241] Das dürfte wiederum nicht ganz unbeeinflusst gewesen sein von der Kreditpolitik der Bank, die auch 1946 von großer Vorsicht geprägt war. Das Ländergremium der amerikanischen Zone war sich einig, dass „mittelfristige, geschweige denn langfristige Kredite im Hinblick auf die Liquidität nicht gegeben werden" sollten, sofern nicht die Erhaltung angestammter Großkundenbeziehungen gefährdet war. Zum anhaltenden Primat der Liquiditätssicherung kamen noch Unsicherheiten bezüglich des haftenden Eigenkapitals von Kreditschuldnern, die ihre Tätigkeit aus der SBZ verlagert oder alliierte Dekonzentrationspläne zu fürchten hatten. Eine relativ großzügige Kreditpolitik, die durchaus ein gesamtwirtschaftliches Verantwortungsbewusstsein widerspiegelte, wurde außerdem in der Lebensmittelversorgung verfolgt.[242]

Die beschränkten Anknüpfungsmöglichkeiten an das Vorkriegsgeschäft waren also zunächst nicht primär der amerikanischen Dezentralisierungspolitik geschuldet, sondern der gesamtwirtschaftlichen Situation. Die Liquidität der Westfilialen war ebenfalls kein hemmender Faktor. Die vorsorgliche Verteilung (theoretisch) kurzfristig liquider Reichspapiere auf Standorte in den Westzonen hatte ausgereicht, um zusammen mit den örtlich vorhandenen Barvorräten und Forderungen den Kreditorenbestand der Westfilialen im Großen und Ganzen zu decken.[243] Die Liquiditätsvorsorge der letzten Kriegswochen war zwar wegen der unterbrochenen Kommunikationsmöglichkeiten nicht in allen Fällen gelungen, aber immerhin hatte Zinßer noch vermocht, einen Teil der in Erfurt hinterlegten 650 Mio. RM an die Filialen Düsseldorf und Nürnberg weiterzureichen.[244] Klagen über ernsthafte Liquiditätsengpässe finden sich in den Quellen aus dem Frühjahr und Sommer 1945 nicht. Die Münchner Filiale, die kurz vor Kriegsende einen massiven Zustrom von Geldern aus anderen Teilen des Reichs zu verzeichnen hatte, bezeichnete ihre Geldversorgung Ende Juni gar als „noch auf Monate hinaus gut liegend und allen normalen Bedürfnissen gerecht werdend."[245]

Anderen Filialen, die sich nicht gerade im Zentrum der Kriegsereignisse befunden hatten, dürfte es ähnlich ergangen sein. Einige Monate nach Kriegsende hatten sich Bedenken über die Kassenlage dann ohnehin erledigt, denn in den Westzonen bewahrte ein unerwarteter Einlagenzufluss die Banken vor dem unmittelbaren Zusammenbruch, der angesichts der Kreditorenstruktur eigentlich zu befürchten

240 Schobert an Maser, 14. 9. 1946, Anlage „In der Zeit vom 1. 5. 1945 bis 31. August 1946 neu gewährte Kredite", HADrB 105771.

241 Sekretariat II, Situationsbericht der Filialen der französisch besetzten Zone für den Monat Oktober 1946, 19. 12. 1946, HADrB 4551-2000.

242 Protokoll der 1. Sitzung des Ländergremiums in der amerikanischen Zone am 22. und 23. 5. 1946 in Esslingen, S. 3, HADrB 105772.

243 Dresdner Bank, Zentraldirektion West (Schobert/Schucany) an OMGUS, Finance Division Frankfurt (Heilpern), 20. 2. 1946, BAK, Z45F 2/51/2; Sitzung der Kopffilial-Leiter der amerikanischen Zone am 25. April 1946, S. 8, HADrB 105772.

244 Notiz Zinßer, 11. 6. 1945, HADrB 106258.

245 Bericht Filiale München, 25. 6. 1945, HADrB 4542-2000.

gewesen war.[246] Zwischen Dezember 1944 und Juni 1945 stiegen die jederzeit fälligen Einlagen bei der Dresdner Bank in der britischen Zone von 1219 Mio. RM auf 1641 Mio. RM, und selbst die Spargelder wuchsen noch von 415 auf 433 Mio. RM. Die Einlagenzuwächse in der amerikanischen und französischen Zone waren zwar wesentlich schwächer und demonstrierten damit ein geringeres Vertrauen in die Kreditwürdigkeit der Großbanken als im britischen Besatzungsgebiet, doch setzten sich die Zunahmen in allen Westzonen in moderater Weise mindestens bis Ende 1945 fort.[247] Anfang September 1945 überstiegen daher in fast allen Regionen der britischen und amerikanischen Zone die Einlagen die Abhebungen, obwohl die Zinszahlungen auf Kreditoren vorläufig ausgesetzt waren (und dies auch bis zur Währungsreform 1948 bleiben sollten, weil die Banken ihrerseits keine Zinseinnahmen aus Reichstiteln erhielten).[248]

In diesem Punkt, der zumal angesichts der verschiedenen Dezentralisierungsmaßnahmen und der weggebrochenen Ausgleichsfunktion der Berliner Zentrale von größter Bedeutung war, war die Vorsorge der Dresdner Bank offenbar erfolgreicher gewesen als die der Deutschen Bank und der Commerzbank.[249] Die „Bilanz" der Niederlassungen in der amerikanischen Zone zum Jahresende 1945 zeigte denn auch nicht etwa eine schwächere, sondern eine gegenüber dem ohnehin schon durch einen massiven Einlagenzuwachs geprägten Geschäftsjahr 1944 noch einmal deutlich gewachsene Liquidität. Das Wachstum der Bilanzsumme von 1,2 auf 1,5 Mrd. RM verdankte sich ganz überwiegend einem drastischen Anstieg jederzeit fälliger Einlagen bei erheblicher Reduzierung von Fest- und Termingeldern. Dass mit diesen Mitteln jedoch nicht das traditionelle Bankgeschäft ausgebaut werden konnte, sondern noch mehr als in der letzten Kriegsphase ein erzwungener Primat der Liquiditätshaltung herrschte, zeigt sich an ihrer Verwendung auf der Aktivseite der Bilanz. Die kurzfristig fälligen Forderungen waren hier von 8 auf 89 Mio. RM, die Kassenhaltung von 11 auf 36 Mio. RM und die Guthaben auf Reichsbankgiro- und Postscheckkonten gar von 22 auf 203 Mio. RM gestiegen.[250]

Die Barliquidität, also der Anteil von Kasse, Reichsbankgiro- und Postscheckguthaben sowie der bei anderen Banken angelegten Gelder (Nostroguthaben) an den kurzfristigen Verbindlichkeiten, war dadurch ebenso wie in der britischen

[246] Horstmann, Die Alliierten, S. 51 f. Vgl. auch Dresdner Bank Berlin, Betr.: Informationsdienst für unsere Filialen, I. Nachtrag, August 1945, HADrB 1473-2002, in dem dieses Bild im wesentlichen bestätigt und lediglich für die Filiale Hannover bei Auszahlungen „eine gewisse Reserve" aus Liquiditätsgründen erwähnt wird.

[247] Banking Branch, Finance Division der CCG (BE) Hamburg an Deputy Chief, Finance Division Main Hq., Bad Oeynhausen, 6. 3. 1946, PRO, FO 1046/23. Ähnliche Zahlenverhältnisse für die Deutsche Bank ebd.

[248] Bernard Bernstein, Report of Financial Institutions in Germany. Prepared by Financial Institutions Branch, 4. 9. 1945, S. 22, 35, BAK, Z45F 2/152/3. Zur Aussetzung der Zinszahlungen vgl. Rudersdorf, Wiederbeginn, S. 178

[249] So jedenfalls die wiederholte Aussage von Schobert: Protokoll der Sitzung am 4. Dezember 1945 ... im Hause der Filiale Hannover, 4. 12. 1945, HADrB 73341-2001; Protokoll der Sitzung der Kopffilial-Leiter der amerikanischen Zone am 25. April 1946, HADrB 105772.

[250] Dresdner Bank, Jahresbilanz von Ende Dezember 1945 für die amerikanische Zone, o.D., Anlage 4 zum Protokoll über die Sitzung des Ländergremiums am 28/29. 6. 1946, HADrB 105772.

Zone von 3,3 auf 16,8 Prozent hochgeschnellt.[251] Die Gewinn- und Verlustrechnung für die amerikanische Zone zeigt allerdings, dass der wachsende Geldzufluss vorläufig nicht in rentable Bahnen gelenkt werden konnte. Der für das Jahr 1945 geschätzte Gewinn war nämlich gleichzeitig von 13 Mio. RM auf 10 Mio. RM gesunken, und dies war in erster Linie sinkenden Erträgen aus dem Kreditgeschäft geschuldet.[252]

Dem erzwungenen Primat der Liquiditätshaltung entsprechend galt noch im Sommer 1946 als Hauptansatzpunkt der Rentabilitätssicherung nicht das prekäre Kreditgeschäft oder überhaupt die Erhöhung der Einnahmen, sondern vielmehr die Deckung der Unkosten, zumal die hohe Liquidität bei einer Wiederaufnahme der Zinszahlungen an die Einleger entsprechende Kosten mit sich bringen musste. Als zweiter wesentlicher Ansatzpunkt zur Verbesserung der Ertragslage galt, da die Zinseinnahmen aus Reichspapieren ausgesetzt waren, die „grösstmögliche Ausnutzung unserer zweitvornehmsten Ertragssparte“, der Provisionen und Verwaltungsgebühren, und hierbei insbesondere der Gebühren für die Verwaltung von Kreditorenkonten. Zur Jahresmitte 1946 sollten bestimmte Einlegergruppen erstmals halbjährliche Kontoführungsgebühren bezahlen. Die Vorlage wurde allerdings vorläufig zurückgestellt, weil Umsatzprovisionen zugleich die Wettbewerbsposition gegenüber Postscheckämtern und Sparkassen verschlechtert hätten.[253]

Kurzfristig war durch solche Maßnahmen die Rentabilität ohnehin nicht wesentlich zu steigern. Die Gewinn- und Verlustrechnung für die Westzonen (einschließlich der Filiale Saarbrücken) schloss 1946 mit einem Überschuss von nur noch 4,9 Mio. RM gegenüber 25,8 Mio. RM 1945. Im Vergleich zum Vorjahr waren insbesondere die Erträge aus dem Kreditgeschäft massiv eingebrochen. In absoluten Zahlen war die britische Zone von diesem Einnahmeausfall zwar am stärksten betroffen, relativ traf er jedoch die Niederlassungen der amerikanischen Zone, wo sich die Gesamterträge aus dem Kreditgeschäft um rund zwei Drittel reduzierten, noch deutlich härter. Ertragszuwächse im Effektengeschäft und Zahlungsverkehr konnten nicht darüber hinweg täuschen, dass die wirtschaftliche Zukunft des Unternehmens und seiner übrig gebliebenen Filialen weitestgehend an die gesamtwirtschaftliche Konjunktur gekoppelt blieb.[254]

Eine regional ausdifferenzierte Gesamtbilanz der Westzonen für das Jahr 1945 ist nicht überliefert, aber eine Ergänzung der Bilanz für 1946 erlaubt zumindest den Vergleich einiger Kennziffern. Komplementär zu den Ertragsrückgängen aus dem Kreditgeschäft zeigte sich auf der Aktivseite ein drastischer Rückgang von kurzfristig fälligen Forderungen, Warenvorschüssen und Schuldnern um 110 Mio. RM oder knapp 20 Prozent. Auf der Passivseite hatte sich die Umschichtung zu jederzeit fälligen Einlagen, die um gut 200 Mio. RM oder 7,5 Prozent gewachsen waren, fortgesetzt, während die Verbindlichkeiten gegen Gläubiger (Einleger

[251] Ebd. Die Barliquidität in der französischen Zone betrug 16,4%. Der Wert für 1944 bei Bähr, Dresdner Bank, S. 182, Grafik V-7.

[252] Dresdner Bank, Vergleich Gewinn- und Verlustrechnung 1945/1944 für die amerikanische Zone, o. D., Anlage 4 zum Protokoll über die Sitzung des Ländergremiums am 28/29. 6. 1946, HADrB 105772.

[253] Protokoll über die Sitzung des Ländergremiums am 28/29. 6. 1946, S. 16 und Anlage 5, ebd.

[254] Gewinn- und Verlustrechnungen 1945 und 1946, Westzone, o. D., HADrB 10674-2001.

ohne Sparer) insgesamt deutlich geringer, nämlich um nur 35 Mio. RM zugenommen hatten. Massiv abgenommen hatten hingegen die Spareinlagen um 95 Mio. RM oder 11,5 Prozent. Dies betraf allerdings nur Spareinlagen mit besonders vereinbarter, also längerer Kündigungsfrist, während sich in einem leichten Zuwachs von Spargeldern mit gesetzlicher Kündigungsfrist grundsätzlich eine Fortsetzung des Sparergeschäfts zeigte, das in der NS-Zeit auch strukturell an Bedeutung gewonnen hatte.[255] Seit dem Sommer 1946 schlug allerdings eine veränderte Liquiditätspräferenz der Sparer durch, die „trotz gutem Eingang neuer Konten" zum Abzug von Spargeldern führte. Nicht nur wurden die „Eisernen Sparkonten" aufgelöst oder diese Guthaben auf lokale Banken übertragen; es waren auch gehortete Bargeldbestände aufgebraucht, und zudem schien der vorübergehende Aufschwung sowohl Investitionen als auch die Anschaffung langlebiger Konsumgüter wieder lohnender zu machen.[256] Von einer ernsthaften Liquiditätskrise im zweiten Halbjahr 1946[257] kann im Fall der Dresdner Bank jedoch keine Rede sein.

Situationsberichte aus einzelnen Filialbezirken bestätigen diese Trendskizze. Deutlich ablesbar waren die erste Aufschwungphase und ihr Abbruch etwa an der Geschäftsentwicklung in Frankfurt. Hier hatten die Eröffnung neuer Konten und die Wiederbelebung der Wirtschaft die Anzahl der täglichen Geschäftsvorfälle bis zum Sommer 1946 immerhin wieder auf den Stand von 1944 gebracht. Kreditbedarf, der „glatt befriedigt" werden konnte, entstand allerdings weiterhin fast nur in der Lebensmittel- und Bekleidungsversorgung.[258] Durch den strengen Winter 1946/47, der wegen Kohlenmangel viele Betriebe zur Schließung zwang, wurde die im zweiten Halbjahr 1946 anhaltende Aufwärtsentwicklung jedoch „um Monate zurückgeworfen." In Hessen war zwischen Juni 1946 und März 1947 ein Rückgang der Debitoren um 8 Prozent zu verzeichnen, das Kreditgeschäft erbrachte gerade noch die Hälfte der Erträge. Deutlich wird auch, wie sehr das Kriegsende und die Auflösungserscheinungen der frühen Besatzungszeit die Ertragslage gedrückt hatten: Die Frankfurter Filiale betrachtete es bereits als „besonders erfreuliches Ergebnis", dass man im Geschäftsjahr 1946 die eigenen Unkosten decken konnte.[259]

Im Münchener Filialbezirk hatte sich die Lage im letzten Quartal 1946 ebenfalls „erschreckend verdüstert", nachdem während des ersten Halbjahrs eine deutliche Wiederbelebung des Bankgeschäfts zu beobachten gewesen war. Ebenso wie in Hessen kam zu der akuten Krise eine seit längerem anhaltende Unruhe, weil allge-

[255] Jahresbilanz zum 31. Dezember 1946, Westzone, ebd. Die Bilanzsummen selbst sind nicht vergleichbar, da erst die Bilanz für 1946 die Posten „Forderungen gegen Zentrale und Filialen" bzw. „Verpflichtungen gegen Zentrale und Filialen" enthält, zu deren buchhalterischer Entstehung keine Erläuterungen vorliegen. Die Vergleichsspalte per 31. 12. 1945 trägt bei diesen Posten den Vermerk „ohne Vergleich" und verzichtet vermutlich bewusst auf die Berechnung der Bilanzsumme.

[256] Bericht über die Geschäftsentwicklung des Bezirkes Gross-Hessen in der Zeit vom Februar bis Juli 1946, o. D., HADrB 4551-2000.

[257] So für die Deutsche Bank Holtfrerich, Deutsche Bank, S. 548–551.

[258] Bericht über die Geschäftsentwicklung des Bezirkes Gross-Hessen in der Zeit vom Februar bis Juli 1946, o. D., HADrB 4551-2000.

[259] Situations-Bericht der Dresdner Bank in Frankfurt a. M. für die Zeit ab 1. Juli 1946, 30. 4. 1947, HADrB 4551-2000. Zur Winterkrise 1946/47 vgl. Abelshauser, Wirtschaftsgeschichte, S. 36 f., 40.

Abb. 8: Gebäude der Rhein-Main Bank in der Frankfurter Kaiserstraße.
Quelle: HADrB.

mein auf eine Währungsreform spekuliert wurde, die auf die Dauer für eine Normalisierung gerade des Bankgeschäfts unabdingbar war. Die Filialen deckten nur deshalb ihre Unkosten, weil die Zinszahlungen auf Kreditorenkonten ausgesetzt waren. Die amerikanische Bankenpolitik hingegen, die innerhalb der Großbanken beträchtliche Unsicherheit verursachte, bewirkte ebenso wie die angekündigten Bankenprozesse „keine nennenswerte Abwanderung von Kunden".[260] Stagnation charakterisierte auch das Geschäft in Hamburg, wo die Einlagen im Dezember 1946 sogar niedriger waren als ein Jahr zuvor. In der französischen Zone wurde zwar das Kassen- und Kontokorrentgeschäft Ende 1946 als „lebhaft und befriedigend" bezeichnet, das Kreditgeschäft aber als „weiter ruhig" und „fast ausschließlich" auf kurzfristigem Finanzierungsbedarf basierend.[261]

Ähnliche Berichte der Filialbezirke sind für die Folgezeit nicht mehr überliefert, doch dürfte sich die Geschäftsentwicklung der Dresdner-Bank-Filialen bzw. ihrer Nachfolgeinstitute auf Länderebene kaum positiv von einer anhaltenden

260 Lagebericht der Dresdner Bank Filiale München, 27. 1. 1947, HADrB 4548-2000.

261 Sekretariat II, Situationsbericht für den Monat Dezember 1946 und das Jahr 1946 der Niederlassung Hamburg für die britische Zone, 25. 2. 1947; Sekretariat II, Situationsbericht der Filialen der Dresdner Bank in der französischen Zone für den Monat Dezember 1946, 12. 2. 1947, beides in: HADrB 4548-2000. Von einer „Stagnationsphase" zwischen Mitte 1946 und der Währungsreform 1948 spricht auch Rudersdorf, Wiederbeginn, S. 261 f.

Stagnation des Kreditgewerbes abgehoben haben. Im Sommer 1947 beschränkten sich die Bankkredite weiterhin im Wesentlichen „auf das Nahrungsmittelgewerbe, Einlagerungen und ähnliches".[262] Für das Geschäftsjahr 1947 sind auch nur noch punktuell „Bilanzen" vorhanden.[263] Dafür existieren mit den Umstellungsrechnungen für die Währungsreform verlässliche Zusammenstellungen, die eine Rekonstruktion der Geschäftsentwicklung zumindest in groben Zügen erlauben. Ein zusammenfassender Status der elf Nachfolgeinstitute per 20. Juni 1948 zeigt zunächst ein abnehmendes Gewicht der Schatzwechsel und unverzinslichen Schatzanweisungen des Reiches, deren Anteil an der Bilanzsumme jetzt noch bei 57 Prozent (1946: 64 Prozent) lag. Zu verdanken war dies einem deutlichen Anstieg der Bilanzsumme von 3987 auf 4518 Mio. RM. Dieses Wachstum war allerdings per Saldo fast vollständig durch die mehr als verdoppelten Guthaben auf Konten bei den Landeszentralbanken (den ehemaligen Reichsbank-Girokonten) und Postscheckkonten von 501 Mio. auf 1040 Mio. RM, also eine drastische Zunahme der Barliquidität, verursacht worden. Dagegen verwies der Anstieg der Schuldner mit nur 48 Mio. RM deutlich auf einen weiterhin bestehenden Mangel an Kreditnachfrage oder an Schuldnern mit ausreichender Bonität, der zwangsläufig die Rentabilität der Nachfolgeinstitute beeinträchtigen musste. Dasselbe Missverhältnis zwischen anlagesuchendem Kapital und Anlagemöglichkeiten demonstrierte auf der Passivseite die deutliche Zunahme der „sonstigen Gläubiger" von 3011 auf 3596 Mio. RM. Diese Position dürfte wie bisher ganz überwiegend aus jederzeit fälligen, also mangels attraktiverer Anlagemöglichkeiten oder wegen unsicherer Zukunftsaussichten „geparkten" Geldern bestanden haben, während die Spareinlagen weiter zurückgingen.[264]

Dabei ist noch zu berücksichtigen, dass in den Monaten vor der Währungsreform verstärkt Bargeld in „Sachwerte", das heißt in Aktien umgetauscht wurde. Die Provisionen der Rhein-Main Bank aus Effektengeschäften waren dadurch allein im ersten Halbjahr 1948 dreieinhalbmal so hoch wie im gesamten Jahr 1947. Die Kreditertäge brachen hingegen massiv ein, weil in Erwartung der Währungsreform Schulden reduziert oder mit der wenig kaufkräftigen alten Währung getilgt wurden.[265] Die Kasseler Filiale berichtete gar Anfang 1948, dass ihr im abgelaufenen Quartal überhaupt keine größeren Kreditanträge vorgelegt worden waren, weil Industrie und Landwirtschaft von einzelnen Branchen abgesehen reichlich mit flüssigen Mitteln versorgt waren.[266] Zu der Debatte um eine angeblich „beschleunigte Rekonstruktion" der westdeutschen Industrie seit dem

[262] „Westliche Banksorgen", in: Deutsche Finanzwirtschaft 1 (1947), Heft 4, S. 27.

[263] Bilanz der Allgemeinen Bankgesellschaft für 1947, HADrB 1931-2000.

[264] Hauptbuchhaltung, Zusammengefasster Bilanzstatus per 20. Juni 1948 (11 Nachfolgeinstitute), o. D., HADrB 1268-2000 (ohne Differenzierung der Gläubiger und Spareinlagen nach Fälligkeit); Jahresbilanz zum 31. Dezember 1946, Westzone, HADrB 10674-2001 (Angaben für 1946 ohne Saarland). Die hier aufgezeigten Trends bestätigen tendenziell die Untersuchung von Rudersdorf über den Bankplatz Köln; Rudersdorf, Wiederbeginn, S. 199.

[265] Paul Binder, Bericht über die bei der Rhein-Main Bank, Frankfurt/Main vorgenommene Prüfung der Gewinn- und Verlustrechnung für die Zeit vom 1. 1.–20. 6. 1948 (nach dem Buchungsstand vom 31. 12. 1953), 1. 9. 1954, S. 15, HADrB 10616-2001.

[266] Situationsbericht der Rhein-Main-Bank Filiale Kassel für das IV. Quartal 1947, 8. 1. 1948, HADrB 4548-2000.

Herbst 1947, die die fundamentale Bedeutung der Währungsreform für den wirtschaftlichen Wiederaufbau Westdeutschlands erheblich relativieren würde,[267] liefern diese Beobachtungen zwar keinen unmittelbaren Beitrag, weil sich diese Diskussion auf die industriellen Input-Output-Verhältnisse konzentriert. Die Bankenperspektive zeigt jedoch sehr eindrücklich, dass Konjunktur und Wachstum der Jahre 1946–1948 von einer Normalisierung des gesamten, über die industriellen Kreditbeziehungen auch den monetären Sektor umfassenden Wirtschaftskreislaufs noch sehr weit entfernt waren. Dies ist angesichts des weiterhin bestehenden Geldüberhangs und der verzerrten Preisstrukturen, die den potenziellen Ertrag von Produktion und Investitionen kaum mehr kalkulierbar machten,[268] auch nicht erstaunlich.

Eine Differenzierung der „Bilanzsummen" nach Ländern (Tabelle V/1) zeigt das nach wie vor höchst unterschiedliche Gewicht der einzelnen Länderinstitute am Vorabend der Währungsreform, wobei ein deutlicher Zuwachs der hessischen Filialen gegenüber Bayern und Württemberg-Baden ins Auge fällt. Eine direkte Erklärung dafür findet sich in den Quellen nicht; zumindest ein Teil des überproportionalen hessischen Geschäftszuwachses erklärt sich jedoch daraus, dass die ehemals zentralen Funktionsbereiche der amerikanischen Zone, insbesondere das Börsen- und das Konsortialbüro, im Zuge der Dezentralisierung auf die Rhein-Main Bank übergeleitet wurden.[269]

Die „Bilanzsumme" der aktiven Teile der Dresdner Bank betrug damit am Vorabend der westdeutschen Währungsreform etwas mehr als die Hälfte des Bilanzvolumens der Gesamtbank am Jahresende 1944, das sich auf 8613 Mio. RM belaufen hatte. Eine methodisch saubere Ermittlung des Wachstums der westdeutschen Bankteile seit dieser letzten ordnungsgemäß festgestellten Bilanz oder seit dem Zusammenbruch des NS-Regimes ist wegen der oben erläuterten, höchst unsicheren Schätzungen des Anteils der Westfilialen am Geschäft der alten Dresdner Bank nicht möglich. Wenn man von Max Schoberts mittlerem Schätzwert von etwa 40 Prozent der Gesamtbilanzsumme ausgeht, ergibt sich für Ende 1944 ein Bilanzvolumen der Westfilialen von etwa 3,45 Mrd. RM. Im Vergleich mit den 4,52 Mrd. RM von Mitte 1948 entspräche dies einem Wachstum von rund 31 Prozent. Selbst bei Heranziehung der günstigsten vorliegenden Schätzung von 45 Prozent Bilanzanteil (3,87 Mrd. RM) ergibt sich noch ein Zuwachs von knapp17 Prozent zwischen Ende 1944 und Mitte 1948. Diese Schätzungen sind

[267] Vgl. Abelshauser, Wirtschaft in Westdeutschland, S. 42–63; ders., Wirtschaftsgeschichte, S. 51; ders., Deutsche Wirtschaftsgeschichte seit 1945, München 2004, S. 127, 277; für die französische Zone die etwa analoge Argumentation von Mathias Manz, Stagnation und Aufschwung in der französischen Zone von 1945–1948, Diss. Mannheim 1968. Dagegen Albrecht Ritschl, Die Währungsreform von 1948 und der Wiederaufstieg der westdeutschen Industrie. Zu den Thesen von Mathias Manz und Werner Abelshauser über die Produktionswirkungen der Währungsreform, in: VfZ 33 (1985), S. 136–165; und vor allem die Beiträge von Christoph Buchheim, Zur Kontroverse über den Stellenwert der Währungsreform für die Wachstumsdynamik in der Bundesrepublik Deutschland, in: Peter Hampe (Hg.), Währungsreform und soziale Marktwirtschaft. Rückblicke und Ausblicke, München 1989, S. 86–100; ders., Währungsreform; ders., Errichtung, S. 92–99.

[268] Vgl. Buchheim, Errichtung, S. 96f.; ders., Kontroverse, S. 97–99.

[269] Vgl. das Schreiben des Verwalters der Rhein-Main Bank, Ilau, an das Hessische Ministerium der Finanzen, Dr. Lubowski, 20. 8. 1947, BAK, NL 4/589, Bl. 36f.

Tabelle V/1: Reichsmark-„Bilanzsummen" der elf Nachfolgeinstitute der Dresdner Bank am 20. 6. 1948 (in Mio. RM) und Anteile am addierten Bilanzvolumen[270]

Rhein-Ruhr Bank, Düsseldorf	1323	29,4%
Rhein-Main Bank, Frankfurt a. M.	658	14,6%
Hamburger Kreditbank, Hamburg	594	13,2%
Bayerische Bank für Handel und Industrie, München	559	12,4%
Allgemeine Bankgesellschaft, Stuttgart	509	11,3%
Niederdeutsche Bankgesellschaft, Hannover	350	7,8%
Bremer Bank, Bremen	196	4,3%
Industrie- und Handelsbank, Neustadt/Haardt	178	3,9%
Süddeutsche Kreditanstalt, Freiburg i.Br.	70	1,6%
Lübecker Bank für Handel und Industrie, Lübeck	49	1,1%
Bankanstalt für Württemberg u. Hohenzollern, Reutlingen	20	0,4%
Gesamt	4506	100,0%

mit den solide berechenbaren Wachstumsraten der NS-Zeit[271] in keiner Weise zu vergleichen. Sie zeigen aber zumindest, dass die bankenpolitischen Maßnahmen der Westalliierten die Dresdner Bank durchaus nicht an einem (nominalen) Wachstum des Geschäftsvolumens in den westlichen Besatzungszonen hinderten (das sich allerdings nicht positiv auf die Rentabilität auswirken musste). Zweitens zeigen diese Zahlen nochmals, dass der Marktanteilsverlust der Dresdner Bank gegenüber der Deutschen Bank zwischen 1944 und 1949 mit größter Wahrscheinlichkeit nicht auf eine schwächere Geschäftsentwicklung im Westen, sondern auf die vorherige Gewichtsverteilung der Filialnetze zurückzuführen ist. Eine analoge Schätzung für die Deutsche Bank, die vermutlich etwa zwei Drittel ihres Vermögens in das westliche Besatzungsgebiet retten konnte, kommt nämlich nur auf ein Wachstum der größeren Konkurrentin von etwa 10 Prozent.[272]

Die massiven Einschnitte in die Substanz der alten Dresdner Bank und die anschließende Geschäftsentwicklung in den Westzonen spiegeln sich in der Personalstatistik, zu der allerdings ebenfalls nur punktuelle Überlieferungen vorliegen. Ausdruck eines radikalen Wandels war die Beschäftigtenentwicklung in Berlin. Per Ende Mai 1945 betrug die Zahl der Angestellten (einschließlich der Einberufenen und Dienstverpflichteten) der Zentrale und der Depositenkassen rund 4700.[273] Im Februar 1946 waren gerade noch 200 Mitarbeiter mit Abschlussarbeiten beschäftigt,[274] und in etwa dieser Größenordnung stagnierte der Personalstand anschließend.[275]

[270] Quelle: Zwischenausweise und Rohbilanzen der genannten Institute per 20. 6. 1948, alle in: HADrB 1268-2000 (Angaben auf Mio. RM gerundet); Anteile eigene Berechnung. Die Differenz zu der oben angegebenen Bilanzsumme des zusammengefassten Status (12 Mio. RM) ist aus den Akten nicht mehr zu klären.
[271] Vgl. Bähr, Dresdner Bank, S. 150, Tab. V/1.
[272] Holtfrerich, Deutsche Bank, S. 548.
[273] Dresdner Bank, Direktion Berlin, an Magistrat der Stadt Berlin, Hauptamt für Geldinstitute, 15. 8. 1946, HADrB 39757-2001.
[274] Wendt an Rauscher, 22. 2. 1946, HADrB 50725-2001.
[275] Bericht über die seit Kriegsende ruhende Dresdner Bank Berlin für die Zeit vom Zusammenbruch

Unbekannt ist, wie viele der ehemaligen Berliner Angestellten ihrer Tätigkeit für die Bank in den westlichen Besatzungszonen fortsetzen konnten. Spätestens mit der endgültigen Schließung der Großbanken in Berlin setzte jedenfalls eine massive Abwanderung leitender Angestellter dorthin ein.[276] Am Personalmangel wäre die Reorganisation im Westen daher auch bei einer rigideren Entnazifizierung nicht gescheitert. Durch die Fluchtbewegungen aus den Ostgebieten und die Auflösung der Wehrmacht bestand im Sommer 1945 ein solches Überangebot an qualifiziertem Personal des mittleren und unteren Managements, dass Schleipen fast alle entsprechenden Bewerbungen von Mitarbeitern aus den sowjetisch besetzten Gebieten ablehnen musste.[277] Zudem galt im Sommer 1945 angesichts des daniederliegenden Geschäfts zunächst auch in den Westzonen grundsätzlich die Devise, das Personal „auf ein Minimum" zu reduzieren.[278] In Abstimmung mit der Deutschen Bank und der Commerzbank wurde den Westfilialen im November 1945 außerdem eine Überprüfung der Gehaltszulagen aufgegeben. Soweit noch nicht geschehen, sollten sie ihren Beschäftigtenstand „durch Kündigung und Versetzung in den Wartestand [ab 55 Jahren] auf das notwendigste Maß [...] beschränken." Maßgeblich für Kündigungen waren zwar auch soziale Kriterien, jedoch „in erster Linie die Leistung". Eine Differenzierung nach Geschlechtern wurde dabei ausdrücklich abgelehnt, es zählte vielmehr „nur die bessere Leistung sowie die Geeignetheit für einen Posten nach modernen organisatorischen Gesichtspunkten."[279]

Ende 1945 waren in den Filialen der drei Westzonen 2646 Angestellte beschäftigt. Das geschäftliche Gewicht der drei Besatzungszonen spiegelte sich tendenziell in der regionalen Verteilung dieser Mitarbeiter, von denen 1442 in der britischen, 995 in der amerikanischen und 209 in der französischen Zone beschäftigt waren.[280] Bis Ende Dezember 1946 hatte sich die Gesamtzahl der Beschäftigten in den westlichen Besatzungszonen um immerhin rund 10 Prozent auf 2936 erhöht (siehe Tabelle V/2).

Bis 1948 änderte sich der Personalstand jedenfalls in der britischen Besatzungszone nicht wesentlich; dies macht nochmals deutlich, dass sich der Zuwachs des Bilanzvolumens seit 1946 in erster Linie dem Zufluss liquider Mittel und nicht der Ausweitung des Aktivgeschäfts verdankte. Gegenüber der Zeit vor dem Kriegsende war mit 1354 Angestellten (zuzüglich 85 Personen in den zentralen Einrichtungen) in der britischen Zone im März 1948 zwar der tatsächliche Beschäftigungsstand leicht überschritten. Zu den am 1. 1. 1945 tatsächlich beschäftigten

bis 31. Dezember 1955, o. D. (1956), S. 10, HADrB 17610-2001. Im ersten Quartal 1948 waren 209 Angestellte beschäftigt.

276 Wendt an Rauscher, 2. 6. 1946, HADrB 50725-2001.

277 Schleipen an den ehemaligen Erfurter Direktor Lothar Gittermann, 18. 8. 1945, HADrB 11127-2001.

278 Aktennotiz Beckum, 31. 8. 1945, HADrB 5147-2000.

279 Zentraldirektion West/Personaldirektion West, Filial-Rundschreiben Nr. 11, 28. 11. 1945, HADrB 5157-2000. Ebd. auch das Ergebnisprotokoll Höllings über die Beratung mit den Geschäftsleitungen der anderen Filialgroßbanken am 6. 8. 1945.

280 Jahresabschluss 1945 für die amerikanische Zone, o.D., Anlage 4 zum Protokoll über die Sitzung des Ländergremiums am 28/29. 6. 1946, HADrB 105772 (ohne Mitarbeiter der Zonenstellen).

Tabelle V/2: Beschäftigte der Dresdner Bank in den westlichen Besatzungszonen am 1. 9. 1946 (französische Zone) bzw. 1. 12. 1946 (übrige Länder)[281]

Nordrhein-Westfalen	773
Hamburg	376
Niedersachen	179
Zentralstelle Hamburg	82
Hessen	408
Bayern	400
Württemberg-Baden	308
Bremen	136
Zonenstelle für die amerikanische Zone, Frankfurt a. M.	46
Französische Zone	225
Zonenstelle für die französische Zone, Neustadt/Haardt	3

1225 Angestellten waren jedoch noch 1230 Einberufene hinzugekommen, deren Arbeitsleistung durch Hilfskräfte und vorübergehend wieder eingesetzte Pensionäre, die zudem wesentlich längere Arbeitszeiten zu bewältigen hatten, vermutlich nicht vollständig ausgeglichen wurde. Daten zum Vorkriegsbeschäftigtenstand der Westfilialen, die für einen realistischen Vergleich notwendig wären, sind leider nicht überliefert.[282] In der amerikanischen und der französischen Zone stieg der Personalstand möglicherweise leicht an, denn nach einem Bericht Höllings betrug die Gesamtzahl der Beschäftigten zum Zeitpunkt der Währungsreform rund 3100.[283] Das entsprach gut einem Viertel des Personals des gesamten Unternehmens im letzten Geschäftsjahr vor dem Zweiten Weltkrieg, mit dem jetzt eine nominal wesentlich höhere Bilanzsumme bewältigt wurde.[284] Nach der drastischen Korrektur des inflationär aufgeblähten Bilanzvolumens durch die Währungsreform sollte sich das Verhältnis allerdings wesentlich ungünstiger darstellen.

281 Quelle: Teichmann an Zinßer, 10. 3. 1947, S. 10 und Anlagen, HADrB 106253.

282 Zentralstelle Hamburg, Organisationsabteilung, Statistische Uebersicht per 1. März 1948, HADrB 251-1999. Zum Einsatz von Ersatzkräften für einberufene oder dienstverpflichtete Mitarbeiter vgl. Bähr, Dresdner Bank, S. 242–252. Auf die Stagnation des Personalstands bis zur Währungsreform verweist am Beispiel der Kölner Banken auch Rudersdorf, Wiederbeginn, S. 106.

283 Niederschrift über die Sitzung des Aufsichtsrates der Dresdner Bank am Freitag, den 16. Mai 1952 in Frankfurt a. M., S. 6 (Bericht Hölling), HADrB 11132-2001. Dies ist offenbar auch die ungenannte Quelle für Meyen, 120 Jahre, S. 153.

284 Die Bilanzsumme der Dresdner Bank betrug am Jahresende 1938 2785 Mio. RM, die Zahl der Beschäftigten 11902; Bähr, Dresdner Bank, S. 170, Tab. V/1; S. 236, Tab. V/17.

VI. Regeneration: Von der Währungsreform zur „Dreier-Lösung" (1948–1952)

1. Der erste Schritt zur Rezentralisierung: Organisation und Interessenpolitik bis zum Großbankengesetz

Geschäftsleitungen und Verwalter

Mit den alliierten Dezentralisierungsgesetzen war ein gewisser politischer Ruhepunkt und zugleich eine organisatorische Basis erreicht, von der aus die ebenso langwierige wie erfolgreiche Arbeit an der schrittweisen Rezentralisierung der Großbanken beginnen konnte. Das zeigt sich nicht zuletzt daran, dass dramatische Veränderungen der Unternehmensorganisation in den folgenden etwa vier Jahren nicht mehr zu verzeichnen waren. Die innere Organisation der elf Nachfolgeinstitute auf Länderebene ist nur noch punktuell nachvollziehbar, sie folgte aber zumindest in den größeren Instituten grundsätzlich dem Gliederungsschema der alten Universalbank.[1] Die Aufrechterhaltung der wesentlichen Bankfunktionen in allen elf, teils nur dem Umfang früherer Filialen entsprechenden Instituten war zwar ein ernstes Kostenproblem, aber kurzfristig keine Überlebensfrage. Die ständigen Anpassungsmaßnahmen an die Großbankenpolitik der Alliierten aber hatten ein Ende gefunden. Institutionelle Umbrüche ließen sich zudem teilweise durch personelle Kontinuitäten kompensieren, weil Entnazifizierung und Strafverfolgung nur sehr begrenzt in die Führungsstruktur der Dresdner Bank eingegriffen hatten.

Eine für den Herbst 1950 überlieferte Zusammenstellung der elf Geschäftsleitungen zeigt, wie durch eine strategische Kombination von Führungskräften der alten Zentrale und altgedienten Filialleitern ein personeller Zusammenhang hergestellt wurde, der die rechtliche Trennung der Länderinstitute überbrückte. Die Rhein-Main Bank in Frankfurt leitete neben Hugo Zinßer der frühere Filialleiter Günther Ladisch. Die Geschäftsleitung der Bayerischen Bank für Handel und Industrie in München übernahmen neben Max Schobert die alten Leiter der beiden bayerischen Kopffilialen Alfred Hußlein (München) und Hans Böhner (Nürnberg). Die Allgemeine Bankgesellschaft mit Hauptsitz in Stuttgart stand unter der Leitung der altgedienten Filialleiter Hans Huthsteiner (Stuttgart), Wilhelm Rohn

[1] Vgl. das Direktions-Rundschreiben Nr. 7 der Geschäftsleitung der Rhein-Main Bank, 21. 7. 1948, HADrB 4466-2000. Für die Frankfurter Hauptverwaltung sind hier die Abteilungen Ausland/Außenhandelsbüro, Börsenbüro, Geldstelle/Devisenbüro/Banken, Organisation, Personal, Filialbüro, Konsortialbüro, Revision, Recht und Hauptbuchhaltung aufgeführt. Neben der Frankfurter Hauptniederlassung mit vier unterstellten Filialen bestanden „selbständige Niederlassungen" in Darmstadt, Fulda, Gelnhausen, Gießen, Kassel und Wiesbaden, die den „Referaten" von Ladisch und Zinßer zugeteilt waren.

(Mannheim) und Carl Kauffmann (ehemals München). Die Bremer Bank, die bereits als Dresdner-Bank-Filiale unter dem angestammten Namen firmiert hatte, führte der langjährige Leiter Robert Stuck gemeinsam mit Felix Steinrücke, der seit 1939 die sudetenländische Kopffiliale in Reichenberg geleitet hatte. Frühere Filialleiter führten auch die weniger bedeutenden Nachfolgebanken im ehemaligen französischen Besatzungsgebiet.[2]

Die Besetzung der Führungsposten in der früheren britischen Zone demonstriert ebenfalls, dass die kleineren Nachfolgeinstitute der Obhut ehemaliger Filialleiter überlassen wurden, von denen einige schon mehr als vier Jahrzehnte in den Diensten der Bank standen. Die Lübecker Bank, ehemals die einzige Filiale in Schleswig-Holstein, wurde allein von den Filialleitern Julius Thiel und Emil Noack weitergeführt. An den bedeutenderen Bankplätzen wurde hingegen die stetige Präsenz der alten Bankelite demonstriert. Als Geschäftsführer der nunmehr als Rhein-Ruhr Bank in Düsseldorf firmierenden nordrhein-westfälischen Filialen fungierten neben den Filialleitern Max Bardroff (Düsseldorf) und Bernhard Steinrücke (Köln) Alfred Hölling und Carl Schleipen. Die Geschäftsleitung der Niedersächsischen, später Niederdeutschen Bankgesellschaft in Hannover übernahmen zunächst Herbert Henzel, Walter Teichmann und der Hannoveraner Filialleiter Max Gentsch. Das Hamburger Gebiet wurde, jetzt unter der Firma Hamburger Kreditbank, neben Gustav Overbeck von den Filialleitern Hugo Scharnberg und Hans Treue geführt.[3] In den Vorstand dieses Nachfolgeinstituts trat nach seiner Entlassung aus Nürnberg Hans Rinn ein. Walter Teichmann, der 1949 in die Geschäftsführung der Dresdner-Bank-Tochter Hardy & Co. in Frankfurt wechselte,[4] wurde in Hannover durch den ehemaligen Dresdener Filialleiter Richard Holland ersetzt.

Im Januar 1948 war Hölling von der britischen Militärregierung außerdem zum „Treuhänder für das in der britischen Zone befindliche Vermögen aller ausserhalb der drei Westzonen ansässigen Niederlassungen der Dresdner Bank einschliesslich der Zentrale Berlin sowie der in die britische Zone ausgewichenen Niederlassungen" ernannt worden; in der amerikanischen und französischen Zone fiel diese Aufgabe den Verwaltern zu.[5] In diesen Aufgabenbereich fielen die Verwaltung

[2] Süddeutsche Kreditanstalt: Mathias Callenberg/Carl Hagens (Freiburg); Industrie- und Handelsbank: Josef Biesten (Koblenz), Johannes Gödderz (Mainz), Gustav Schwägler (Ludwigshafen), Walter Kasten (Mainz); Bankanstalt für Württemberg und Hohenzollern: Ernst Wiedner/Walter Wölfer (Reutlingen). Verzeichnis der Vorstandsmitglieder bzw. Geschäftsleiter der Nachfolgeinstitute der Großbanken, o.D. (November 1950), HABB B 330/2211; HADrB, Personalkartei Altbank.

[3] Zentralstelle Hamburg, Rundschreiben Nr. 18, 7. 2. 1948, und Nr. 23, 16. 2. 1948, HADrB 11131-2001; Internal Finance Control Section Hamburg an Internal Finance Branch Berlin, 14. 4. 1948, PRO, FO 1046/596. In den Rundschreiben der Zentralstelle wird zunächst noch Hugo Zinßer als weiteres Mitglied der Hamburger Geschäftsleitung erwähnt. Möglicherweise war dies auf die Erwartung amerikanischer Vorbehalte gegen den gerade erst aus der Nürnberger Internierung entlassenen Zinßer zurückzuführen, der zumindest eine erneute Aufnahme des Entnazifizierungsverfahrens befürchten musste. Konkrete Begründungen fehlen in den Akten dafür jedoch ebenso wie für eine vorübergehend geplante Installation Zinßers als Filialleiter in Hannover; vgl. dazu die Korrespondenz aus dem Februar 1948 in HADrB 111663.

[4] Vgl. Erich Achterberg, Berliner Banken im Wandel der Zeit. Eine Schrift zum 75jährigen Bestehen des Bankhauses Hardy & Co. GmbH Frankfurt-Berlin, Darmstadt 1956, S. 102–108.

[5] Ausarbeitung Schleipen, Betr.: Aufsichtsratsbesprechung am 9. 12. 1948 in Hamburg, 29. 11. 1948,

von Immobilien und von effektiv in der britischen Zone lagernden Aktienbeteiligungen der Bank an westdeutschen Unternehmen sowie die Einziehung von Kreditforderungen der alten Zentrale an Schuldner in der britischen Zone. Im Vergleich zum westdeutschen Neugeschäft waren diese Aktivitäten allerdings marginal, und ein wesentlicher Teil von Höllings einschlägigen Korrespondenzen bestand aus der Ablehnung von Forderungen, die Gläubiger der alten Zentrale oder der Niederlassungen in der jetzigen SBZ/DDR an die westdeutschen Nachfolgeinstitute richteten, deren Begleichung aber dem Treuhänder ausdrücklich untersagt war.[6]

Solche Forderungen hatten freilich auch am alten Zentralstandort keine Chance. Eine Ausnahme galt seit Ende 1949 für die Inhaber von Berliner „Uraltkonten" mit Wohnsitz in West-Berlin, deren Guthaben durch eine Ergänzung der Umstellungsgesetze unter die Währungsreform fielen.[7] Die ehemalige, in die Westsektoren ausgewichene und nach dem Scheitern ihres Neuzulassungsantrags endgültig nur mit Abwicklungsarbeiten befasste Berliner Zentrale symbolisierte eher Niedergang als Kontinuität. Die Präsenz am traditionsreichen Bankplatz Berlin aber, das hatte bereits die Diskussion um den Antrag auf die Zulassung der Altbanken zum Neugeschäft deutlich gezeigt, war nicht zuletzt eine Frage des Prestiges und der symbolischen Kontinuität. Ebenso wie die Nachfolger-Gruppen der Commerzbank und der Deutschen Bank gründeten daher die drei größten westdeutschen Nachfolgeinstitute der Dresdner Bank, die Rhein-Ruhr Bank, die Rhein-Main Bank und die Hamburger Kreditbank, im August 1949 eine gemeinsame Tochtergesellschaft, die in Berlin-Charlottenburg ansässige Berliner Bank für Handel und Industrie AG (BHI). Der Namenszusatz „Berliner" wurde ein Jahr später gestrichen, um Verwechslungen mit der Berliner Bank AG, dem im Juni 1950 in eine privatrechtliche Bank umgewandelten West-Berliner Nachfolgeinstitut des Stadtkontors, zu vermeiden.[8]

Die Besetzung von Vorstand und Aufsichtsrat der neuen Tochtergesellschaft demonstrierte einerseits Kontinuität, andererseits machte sie die vorläufig geringe wirtschaftliche Bedeutung des neuen Ablegers deutlich. Den Vorstand übernahmen mit Fritz André und Gideon Vogt, der seit 1938 Abteilungsdirektor in der Berliner Hauptabteilung gewesen war, zwei altgediente Führungskräfte der zweiten oder gar dritten Reihe. Dasselbe galt für den zunächst nur dreiköpfigen Aufsichtsrat mit Friedrich Thomann als Vorsitzendem und Georg Butz als seinem Stellvertreter. Die Ankündigung der Neugründung im Kundenkreis der westdeutschen Nachfolgeinstitute vergaß nicht zu betonen, dass die neuen Vorstandsmitglieder „ihr Geschäft nach den altbewährten Grundsätzen der Dresdner Bank

S. 4, HADrB 106345; Hölling an Deutsche Treuhand- und Organisationsgesellschaft mbH, Zweigniederlassung Düsseldorf, 20. 4. 1950, HADrB 3259-2000.

6 (Hölling), Entwurf zu einem Referat über die Tätigkeit des Treuhänders der Dresdner Bank, Berlin, in der Britischen Zone, o. D.; Tätigkeitsbericht Hölling, 28. 1. 1950, beides ebd. Die jährlichen Erträge des Treuhandvermögens beliefen sich danach auf „schätzungsweise DM 666000,–", das Büro beschäftigte zu dieser Zeit acht Angestellte. Höllings Korrespondenz mit Gläubigern der Zentrale und der Ostfilialen findet sich in: HADrB 3259-2000, 3260-2000, 3292-2000.

7 Dresdner Bank, Altbankenrechnung auf den 1. Januar 1953, 1977, S. 7, HADrB 4810-2000.

8 Meyen, 120 Jahre, S. 142; Zschaler, Reorientierung, S. 233. Zur weiteren Entwicklung des Berliner Bankwesens vgl. ebd., S. 230–252; Pollems, Bankplatz, S. 298–378.

und in Fortsetzung ihrer Tradition betreiben" würden.[9] Dem Berliner Publikum signalisierte man die Anknüpfung der neuen Tochtergesellschaft an die Identität der alten Dresdner Bank bei jeder Gelegenheit. Das galt für den öffentlichen Auftritt mit Briefköpfen, Werbung und Firmenschildern ebenso wie etwa für die Aufforderung an die alten „Geschäftsfreunde in Westberlin", ihre nach der Währungsreform umgestellten Altguthaben den zunächst nur acht Depositenkassen der BHI zu übertragen.[10]

In den westdeutschen Länderinstituten konnte man inzwischen zu substanzielleren Restrukturierungsansätzen übergehen, die das Ziel einer mittelfristigen „Wiedervereinigung" nie aus den Augen verloren. Mit dem Erlass des Dezentralisierungs-Gesetzes Nr. 57 im Mai 1947 hatte die amerikanische Militärregierung sich zwar nicht völlig aus der Großbankenpolitik zurückgezogen, grundsätzlich aber die Verantwortung für eine endgültige Lösung des Dezentralisierungsproblems den deutschen Landesregierungen und den vom Gesetz vorgeschriebenen Verwaltern der regionalen Nachfolgeinstitute zugewiesen. Diese Verwalter, in deren Auswahl OMGUS sich ebenfalls nicht aktiv einschaltete, agierten jedoch nicht nur auf der Grundlage sehr unscharf bestimmter Befugnisse. Ihre formale Unabhängigkeit von den Geschäftsleitungen der Länderinstitute und den Vorständen der Großbanken änderte auch nichts daran, dass sie ganz überwiegend die bereits in den Debatten 1946/47 zum Ausdruck gekommene, grundsätzlich eher großbankenfreundliche Haltung der meisten Landesregierungen teilten. Das galt insbesondere für Hans Ilau, den Verwalter der Rhein-Main Bank und damit des wichtigsten Regionalinstituts der Dresdner Bank in der amerikanischen Zone. Hermann Tepe, der in Bremen zunächst die Institute aller drei Großbanken verwaltete, war sogar vor 1945 bei der Dresdner Bank angestellt gewesen und hatte sich dort im Herbst 1945 wieder beworben; seine Wiedereinstellung scheiterte offenbar nur am damaligen Personalüberhang.[11] Der Verwalter der Bayerischen Bank für Handel und Industrie, Anton Mössmer, bedankte sich nach einem Besuch beim Hamburger „Vorstand der Dresdner Bank" ausdrücklich „für die freundliche Aufnahme und wertvolle Unterstützung"; nach seiner Rückkehr arbeitete er mit Schobert und Hußlein umgehend ein Memorandum für die bayerische Landeszentralbank aus, das zwar eine grundsätzliche Bereitschaft der Dresdner Bank zur Mitwirkung an der Dezentralisierung signalisierte, dabei aller-

[9] Niederschrift über die erste Sitzung des Aufsichtsrats der Berliner Bank für Handel und Industrie Aktiengesellschaft am 22. September 1949, 26. 9. 1949; Entwurf der Rhein-Ruhr Bank zur Information der Filialkunden, o. D. (Zitat) mit Anschreiben vom 8. 10. 1949, beides in: HADrB 11550-2001.

[10] Dresdner Bank, An unsere Geschäftsfreunde in Westberlin, Ende Dezember 1949, HADrB 1472-2002.

[11] Vgl. Horstmann, Die Alliierten, S. 148, 162–166; zu Tepes Bewerbung: Hölling an Schleipen, 16. 11. 1945, HADrB 11130-2001. Tepe wurde im Juli 1948 Vizepräsident, später Präsident der Bremer Landeszentralbank und durch den ehemaligen Direktor der Reichs-Kredit-Gesellschaft Wolf von Igel ersetzt; Wolf, Fisch, S. 40. Zur Haltung der Verwalter vgl. auch den Vermerk der Rheinisch-Westfälischen Bank (Deutschen Bank), wonach ihre „überwiegende Mehrheit" für eine möglichst großbankenfreundliche Auslegung der einschlägigen Gesetze und Verordnungen eintrat; Holtfrerich, Deutsche Bank, S. 482.

dings ein Gutteil der altbekannten aktienrechtlichen und wirtschaftlichen Argumente wiederholte.[12]

Ernsthafte Differenzen mit den Verwaltern in der britischen und französischen Besatzungszone sind ebenfalls nicht überliefert. Eine gewisse Eigenständigkeit in der Dezentralisierungsfrage zeigen die Akten der Dresdner Bank nur für den Verwalter der Allgemeinen Bankgesellschaft (ABG) in Württemberg-Baden, den ehemaligen Reichsfinanzminister Hermann Dietrich, zu dem Carl Goetz bereits während der Sanierung der Dresdner Bank in den frühen dreißiger Jahren ein Vertrauensverhältnis aufgebaut hatte.[13] Dieser war überzeugt, dass eine aktive Einschaltung der Großbanken in die Dezentralisierungsdebatte geeignet sei, Schlimmeres zu verhüten,[14] und legte im Frühjahr 1949 ein ausführliches Konzept zur Dezentralisierung der Dresdner Bank vor, das die Unterstellung des ursprünglichen Vermögens der Berliner Zentrale unter einen Treuhänderausschuss vorsah, mithin eine dauerhafte Entmachtung der alten Zentralgremien befürchten ließ. Die Art und Weise, in der Dietrichs Vorschlag abgeschmettert wurde, spricht Bände über die reale Machtstellung der Verwalter. Nicht etwa die Geschäftsleitung der ABG, sondern der Dresdner-Bank-Aufsichtsratsvorsitzende Carl Goetz, der formaljuristisch keinerlei Interventionsmöglichkeiten besaß, bügelte Dietrichs Konzept in einer gemeinsamen Sitzung mit dem bayerischen Verwalter Mössmer ab. Goetz' apodiktisches Hauptargument, dass Dietrich nicht die Aufgabe habe, „über das zukünftige Schicksal der Gesamtbank oder ihrer Teile Pläne aufzustellen", machte diesen schlicht sprachlos. Als viel bedrohlicheren Angriff auf seine Autorität wertete Goetz allerdings die Forderung des ABG-Chefs Hans Huthsteiner, der sich bereits Anfang 1947 für eine „föderalistische Umorganisation" der Bank ausgesprochen und sich damit wohl nicht sehr beliebt gemacht hatte, nach protokollarischer Gleichrangigkeit aller Länder-Geschäftsleitungen mit den alten Vorstandsmitgliedern. Warnend erklärte Goetz, Huthsteiner möge „nicht vergessen, dass es noch eine AG Dresdner Bank gäbe [sic!] und dass auch Vorstand und AR noch bestünden nach einhelliger juristischer Auffassung."[15]

Das galt nicht nur in juristischer Hinsicht, sondern in gewissen, allerdings engeren Grenzen als zuvor durchaus auch faktisch. Weder die Dezentralisierungsgesetze noch die Verwalter unterbanden die Zusammenarbeit der Nachfolgeinstitute völlig. Im März 1949 gab der weiterhin bestehende „Erfahrungsaustausch – insbesondere über die Besetzung von Aufsichtsratsposten, über Wechselobligo und Kreditengagements" selbst dem Bankenaufsichtsausschuss beim Länderrat des Vereinigten Wirtschaftsgebiets hinreichenden Anlass, die Verwalter darauf hinzuweisen, dass ein solcher Erfahrungsaustausch zwar grundsätzlich erlaubt sei, jedoch „nicht soweit gehen" durfte, „dass er zur Erteilung von gegenseitigen An-

12 Mössmer an Vorstand der Dresdner Bank, 31. 7. 1947; Anton Mössmer, Memorandum über die Frage der Dezentralisierung der Dresdner Bank, 31. 7. 1947, beides in: HADB, RWB 6.

13 Vgl. Ziegler, „Entjudung", S. 86.

14 Dietrich an Goetz, 22. 1. 1949, HADrB 11131-2001; Goetz' kategorisch ablehnende Antwort an Dietrich vom 26. 1. 1949 ebd. Vgl. Horstmann, Die Alliierten, S. 180, Fn. 89.

15 Goetz an Overbeck, 21. 5. 1949, HADrB 16563-2001. Zu Huthsteiners Minderheitsposition in der Dezentralisierungsfrage vgl. seinen Brief an die Hamburger Vorstandsmitglieder vom Januar 1947, HADrB 11131-2001.

Abb. 9: Carl Goetz.
Quelle: HADrB.

weisungen führt[e].“[16] Solche Ermahnungen waren allerdings nur eine halbherzige Maßnahme mit kaum überprüfbarer Wirkung, zumal mit dem Alten Kreis ein weiteres Gremium zur Verfügung stand, das eine gemeinsame Geschäftspolitik jedenfalls in den Grundzügen garantierte. Hinzu kam noch ein „Ausschuss“, in dem die Geschäftsleiter der Nachfolgeinstitute zusammen mit Goetz in unregelmäßigen Abständen über zentrale Unkosten- und Pensionsfragen berieten.[17] In der Wahrnehmung der Bankkunden ließ sich die Dezentralisierung nicht zuletzt durch ein gemeinsames „Corporate Design“ überbrücken: Die Signets der Nachfolgeinstitute entsprachen ganz dem bekannten Firmenzeichen, das mit den Buchstaben „DB“ um einen stilisierten Merkurstab und mit der aus den sächsischen Landesfarben abgeleiteten grünen Schriftfarbe seit Jahrzehnten die Dresdner Bank symbolisierte.[18] Die dezentralisierten Länderinstitute führten dieses Logo weiterhin und tauschten nur die Initialen gegen ihre eigenen Kürzel aus (genauso verfuhren seit 1952 auch die drei Nachfolgeinstitute Rhein-Main Bank, Rhein-Ruhr Bank und Hamburger Kreditbank).

Hermann Dietrich trat zwar weiterhin für eine konstruktive Haltung zur Dezentralisierungsproblematik ein (freilich ebenfalls im Rahmen einer „Rekonstruk-

[16] Landeszentralbank Hamburg an den Verwalter der Hamburger Kreditbank, Reckmann, 5. 3. 1949, HADrB 16563-2001. Vgl. auch Wolf, Dreier-Lösung, S. 30.
[17] Vgl. die Protokolle der Ausschuss-Sitzungen am 11. 5. 1949 und 10. 3. 1950, HADrB 5140-2000.
[18] Vgl. Bähr, Dresdner Bank, S. 229f.

tion der Großbanken"),[19] er blieb damit aber eine Ausnahme. Dass die Verwalter in aller Regel nicht gewillt waren, die alten Zentralstrukturen ernsthaft in Frage zu stellen, verdeutlichen auch ihre gelegentlichen Zusammenkünfte mit den Geschäftsleitungen sämtlicher Nachfolgeinstitute der Dresdner Bank. Das erste dieser Treffen fand zwar offiziell auf Veranlassung des Hamburger Verwalters Heinrich Reckmann statt, wurde im Hintergrund aber sorgsam von Goetz und Overbeck vorbereitet. Diese bestimmten nicht nur die Inhalte, sondern auch Form und Reihenfolge der Referate der alten Vorstandsmitglieder, mittels derer den Verwaltern die Anliegen der Bankleitung nahe gebracht werden sollten. Dass die Verwalter von der alten Bankelite ohnehin nicht ganz für voll genommen wurden, erhellt aus der Einschätzung von Goetz, dass „unter den Treuhändern nur wenige Fachleute sitzen und die anderen ja gar kein Bild von dem, was war, haben und deshalb auch kein sachgemässes Urteil."[20] Overbeck führte ein weiteres Argument ein, das das Selbstverständnis der alten Führungsgruppe verdeutlicht: Die Verwalter seien grundsätzlich als Treuhänder fremden Vermögens zu betrachten und somit dessen Besitzern gegenüber rechenschaftspflichtig. Die Aktionäre der Dresdner Bank aber würden weiterhin durch den Vorstand „repräsentiert", und deshalb seien gerade dessen Mitglieder „diejenigen, denen einmal die Verwalter für Ihre Tätigkeit Rechenschaft abzulegen haben werden" – eine Interpretation, die die mit den alliierten Dezentralisierungsgesetzen angestrebten Verhältnisse geradezu auf den Kopf stellte, die aber möglicherweise auch die Wahrnehmung der Verwalter beeinflusste.[21]

Anwesend waren bei der ersten Zusammenkunft der Länderinstitute schließlich nicht nur die Mitglieder des alten Vorstands (offiziell allerdings als Vertreter der neuen Geschäftsleitungen), sondern auch der Aufsichtsratsvorsitzende Goetz sowie, laut Protokoll als „Berater der Schwesteranstalten", Hermann Richter – ein weiterer Hinweis darauf, dass die Verwalter bereit waren, das Selbstbild der Nachfolgeinstitute als Teile eines Ganzen zu akzeptieren. Richter referierte über Steuerfragen und die bevorstehenden vermögensrechtlichen Konsequenzen der Währungsreform, nachdem Goetz die „geschichtliche Entwicklung der Dresdner Bank", Entzian die Rechtslage nach den Dezentralisierungsgesetzen, Hölling die Kreditpolitik und Schobert die Liquiditätslage erläutert hatten. Reckmanns Schlusswort brachte schließlich überdeutlich zum Ausdruck, wie wenig die Selbstwahrnehmung der Verwalter den amerikanischen Zielen entsprach: Ausgerechnet einer der Verwalter gab seiner „Erwartung Ausdruck, dass – unbeschadet der Dezentralisierung – alle Beteiligten die Überzeugung mit nach Hause nehmen werden, dass gewisse Dinge nur dann erfolgreich behandelt werden können, wenn sie zentral manipuliert werden."[22]

[19] Protokoll über die auf Einladung des Herrn Reichministers a.D. Hermann Dietrich erfolgte und unter dessen Vorsitz stehende Zusammenkunft der Verwalter und der Geschäftsleitungen der Nachfolgeinstitute der Dresdner Bank am 1. Dezember 1949 in Stuttgart, HADrB 16563-2001.

[20] Goetz an Overbeck, 21. 5. 1949, ebd.

[21] Overbeck an Goetz (Entwurf), 25. 5. 1949, ebd.

[22] Protokoll über die auf Einladung des Herrn Reckmann stattgefundene und unter dessen Vorsitz stehende Zusammenkunft der Verwalter der Nachfolgeinstitute der Dresdner Bank am 5. Juli 1949 in Hamburg, ebd.

Rezentralisierungsinitiativen 1948/49

Entsprechend passiv blieben die Verwalter in der Dezentralisierungsfrage, und ihre Eingriffe in die Geschäftsführung der Länderinstitute waren ohnehin marginal. Den Vorstandsmitgliedern der Großbanken bot die Dezentralisierung auf Länderebene zudem das taktische Argument, unter Verweis auf ihre nunmehr strikt regional begrenzte Kompetenz jegliche Mitwirkung an einer längerfristigen Auflösung des Dezentralisierungsdilemmas – politisch definierte, wirtschaftlich aktive Länderinstitute ohne Haftungsgrundlagen mit juristisch-historisch definierten, wirtschaftlich inaktiven Zentralen ohne Entscheidungsbefugnisse in Einklang zu bringen – ablehnen zu können. Eine „Reform der Reform“, die zumindest eine rechtlich wie wirtschaftlich tragfähige Interimslösung herstellte, war offensichtlich notwendig.[23]

Eine trizonale Harmonisierung der drei alliierten Dezentralisierungsgesetze im April 1949 änderte jedoch an diesem grundlegenden Problem nichts, und die weiteren Lösungsversuche der drei Westalliierten im Rahmen der Alliierten Bankenkommission zeigten, obwohl dort zunächst ernsthaft auf eine Liquidierung der Großbanken hingearbeitet wurde, letztlich die altbekannte Konfrontation grundverschiedener Haltungen auf amerikanisch-französischer und auf britischer Seite. Bis Ende 1949 schlug die vorübergehend kompromissbereitere Linie der britischen Bankenpolitiker in eine grundsätzliche Ablehnung der amerikanischen Ziele um. Eine wesentliche Rolle spielten dabei die erwarteten Effekte einer Liquidierung der Großbanken auf die Ansprüche ausländischer Gläubiger, die nicht zuletzt wegen der Interventionen von Londoner Banken mittlerweile im Zentrum der britischen Politik standen. Gut zwei Drittel der seit der Bankenkrise 1931 eingefrorenen und nicht getilgten Stillhalte-Forderungen gegen deutsche Schuldner wurden von britischen Banken gehalten, und etwa die Hälfte der Schuldner domizilierte in der britischen Besatzungszone. Neben der grundsätzlich großbankenfreundlicheren und politisch pragmatischeren britischen Haltung bestand hier also ein wesentlich größeres Interesse an der Zahlungsfähigkeit der deutschen Banken als auf amerikanischer Seite.

Letztere wiederum zeigte inzwischen ein deutlich nachlassendes Interesse an der Durchsetzung der ursprünglichen Ziele, sie akzeptierte teils sogar die Argumente der Großbanken. Deutlicher Ausdruck des Klimawandels war der Austausch von Jack Bennett, der als Leiter der OMGUS-Finanzabteilung beziehungsweise, nach deren Auflösung im Februar 1948, des Office of the Finance Adviser hartnäckig das Dezentralisierungsprogramm betrieben hatte, gegen den gemäßigteren Shepard Morgan im April 1949. Die Ersetzung von OMGUS durch das Amt des amerikanischen Hochkommissars (HICOG) unter Aufsicht der Alliierten Hohen Kommission (HICOM) im September 1949 führte schließlich zur Auflösung einer eigenständigen Finanzabteilung und zum Rücktritt Morgans im November 1949.[24] Angesichts der Tatsache, dass das hochgesteckte bankenpolitische

[23] Vgl. Horstmann, Die Alliierten, S. 169–177, Zitat S. 176.

[24] Vgl. ausführlich Horstmann, Die Alliierten, S. 189–203; Rodney C. Loehr, The West German Banking System, Bad Godesberg 1952, S. 52–58. Nicht ganz unbedeutend für den britischen Positionswandel dürften die gezielten Versuche der Deutschen Bank gewesen sein, das Meinungsklima in Großbritannien zu beeinflussen; vgl. Holtfrerich, Deutsche Bank, S. 497.

Reformprojekt in den Arbeitsanweisungen für den amerikanischen Hochkommissar McCloy schon nicht mehr explizit vorkam,[25] war das nur konsequent. Ebenso folgerichtig wie Ausdruck einer völlig gewandelten Situation war es auch, dass Carl Goetz gegen Ende 1949 nicht nur mit Bundeskanzler Adenauer und seinen Ministern über die Dezentralisierungsfrage diskutierte, sondern auch von McCloys Wirtschaftsberater Benjamin Buttenwieser eingeladen wurde, „sich mit ihm über das Problem zu unterhalten."[26] Ob die mehrfachen Diskussionen tatsächlich, wie Goetz einige Jahre später behauptete, von entscheidender Bedeutung für die amerikanische Bereitschaft war, einer Zusammenlegung der Länderinstitute zu größeren Bezirken zuzustimmen,[27] scheint allerdings recht fragwürdig. Die wichtigste Rolle in den Rezentralisierungs-Verhandlungen spielte jedenfalls, wie gerade zu dieser Zeit immer deutlicher wurde, ein Vertreter der Konkurrenz: Hermann Josef Abs, formell entlassenes und trotzdem in der Dezentralisierungsfrage maßgebliches Vorstandsmitglied der Deutschen Bank.

Abs, Goetz und Paul Marx von der Commerzbank hatten im Oktober zunächst Ernst W. Schmidt, den ehemaligen Chefvolkswirt der Deutschen Bank, mit der Ausarbeitung einer Denkschrift beauftragt, die die Argumente der Großbanken bündeln sollte. Schmidts Plädoyer für eine volle Wiederherstellung von „einheitlichen Großbankenorganismen" schien Abs allerdings vorläufig aussichtslos. Ein daraufhin von ihm selbst verfasstes Memorandum akzeptierte vordergründig die Dezentralisierung und schlug eine aktienrechtliche Ausgründung der Nachfolgeinstitute aus den alten Großbanken vor. Es verlangte aber zur Stärkung der kleineren Regionalinstitute Verschmelzungen über die Ländergrenzen hinweg sowie eine Weiterexistenz der alten Großbankfirmen, die wieder zu einigen traditionellen Arbeitsfeldern wie dem Auslands- und Emissionsgeschäft zugelassen werden sollten. Im November 1949 unterbreitete Wilhelm Vocke, der Direktoriumspräsident der Bank deutscher Länder (BdL), Abs' Vorschlag der Alliierten Bankenkommission. Obwohl dieses Konzept recht offensichtlich die Türen zu einer weiteren Rezentralisierung unter günstigeren politischen Bedingungen offen hielt, fand es volle britische Zustimmung und wurde im Dezember teils im Wortlaut als britische Position an das HICOM-Finanzkomitee weitergeleitet. Auf amerikanischer Seite wurde diese zwar nicht geteilt, aber auch hier wuchs allmählich die Bereitschaft zu einer teilweisen Rücknahme der relativ rigiden Vorschriften von 1947. Schließlich entledigten sich die Besatzungsmächte des Problems, indem sie nach Gesprächen im Februar und März 1950 den Bundesfinanzminister Fritz Schäffer mit der Ausarbeitung eines Plans zur Regelung des Großbankenpro-

[25] Vgl. Policy Directive for United States High Commissioner for Germany, 30. 9. 1949, NA, RG 466, Entry 2: U.S. High Commissioner John J. McCloy, Top Secret General Records, 1949–1952, Box 1, Folder 1.

[26] Aktennotiz Hölling, 30. 12. 1949, HADrB 1794-2002; die erwähnten Minister bleiben ungenannt. Goetz' Besprechung mit Buttenwieser fand spätestens am 4. 2. 1950 statt; vgl. Goetz an Richter, 4. 2. 1950, ebd.

[27] Ansprache von Herrn Carl Goetz anläßlich des Abendessens am 2. Juli 1956 im Hause Schütting zum 100jährigen Besetehn der Bremer Bank, o. D., HADrB 103942.

blems beauftragten und gleichzeitig die eigenen Arbeiten an weiteren Entwürfen einstellten.[28]

Das Abs-Memorandum war indes nur der erste offizielle Vorstoß der Großbankenvorstände zu einer modifizierten Wiederherstellung ihrer alten Institute. Die Vorbereitungen darauf hatten schon kurz nach der Übertragung der amerikanischen Dezentralisierungsvorschriften auf die britische Zone begonnen, und sie nutzten von Anfang an die seit März 1948 bestehende Bank deutscher Länder als interessenpolitischen Transmissionsriemen. Die zentrale Anlaufstelle war das im Juli 1948 eingerichtete Referat von Rudolf Eicke, dem ehemaligen Leiter der Volkswirtschaftlichen Abteilung der Reichsbank, der jetzt als „direkt dem Präsidium unterstellter Sonderreferent" für Bankenaufsicht und Bankenkoordinierung wirkte. Eicke war gut bekannt mit Kurt Hunscha, dem soeben in Frankfurt wiederbestallten Chefvolkswirt der Dresdner Bank, und eröffnete diesem schon im August 1948 freimütig, dass er zunächst daran arbeitete, „die alten Spitzeninstitute" des öffentlich-rechtlichen Bankwesens „in enger Annäherung an die früheren Aufgabenkreise im Westen neu erstehen zu lassen."[29] Die Verbindung zu Eicke sollte sich in den nächsten Jahren als eminent wichtig erweisen, um nicht nur die Argumente der Großbanken unmittelbar in die einschlägigen Arbeiten der BdL einzubringen, sondern von dort auch vertrauliche Informationen zu erlangen. Dabei konnte man sich wiederum auf den engen Kontakt Eickes zu Vocke verlassen, der ebenfalls eine eindeutig großbankenfreundliche Politik betrieb. So erfuhren Zinßer, Richter und Hunscha im Oktober 1948 vertraulich von Eicke, dass dieser von Vocke angewiesen worden war, bei den anstehenden Verhandlungen über die Dezentralisierung des Sparkassen- und Genossenschaftsbanksystems „eine Ausweitung der Diskussion, insbesondere auf die Großbanken, möglichst zu vermeiden."[30]

Die Zeit war eben noch nicht reif, um deren Rezentralisierung offen auf die Tagesordnung zu setzen. Doch hatte Hermann Richter schon einige Wochen vor der ersten Unterredung Hunschas mit Eicke, im Juni 1948, das erste einer Reihe von Memoranden zur künftigen Organisation der Großbanken vorgelegt. Ziel und Adressatenkreis dieses Papiers sind zwar nicht bekannt, aber es handelte sich dabei offenbar um eine erste Vorstudie für eine Kampagne, die „allen Beteiligten noch einmal die Konsequenzen vor Augen [...] führen" sollte, die die Dezentralisierung nicht nur für die Großbanken hatte. Richter skizzierte die gesamtwirtschaftlichen Nachteile einer Auflösung der Großbanken für den interregionalen Geld- und Kapitalausgleich sowie den Zahlungsverkehr, die volkswirtschaftliche Kreditversorgung und die Außenwirtschaft, also für jene Bereiche der Kreditwirtschaft, in denen die Filialgroßbanken von jeher die komparativen Vorteile vor anderen Institutsgruppen gehabt hatten. Er verwies sodann, ähnlich wie später Abs, auf die rein politisch bedingten, ungleichgewichtigen regionalen Abgrenzungen

[28] Horstmann, Die Alliierten, S. 204–217; Holtfrerich, Deutsche Bank, S. 497–503 (Schmidt-Zitat S. 499); vgl. auch Gall, Bankier, S. 208f.

[29] Hunscha an Zinßer, 12. 8. 1948, HADrB 11131-2001. Zur Gründung der BdL vgl. zusammenfassend Buchheim, Errichtung, S. 111–117.

[30] Aktennotiz Hunscha, Betr.: Besprechung mit Dr. Eicke (BdL) am 15. 10. 48, 18. 10. 1948, HADrB 11131-2001.

der Institute. Anders als Abs strebte Richter allerdings nach einer Lösung, die grundsätzlich eine Aufteilung auf Länderebene akzeptierte, dabei aber „für die neuen Institute unter grundsätzlicher Wahrung ihrer Selbständigkeit Wege für ein enges Zusammengehen" durch eine übergreifende Liquiditätspolitik, einen vereinheitlichten Zahlungsverkehr und ein gemeinsames Emissions- und Auslandsgeschäfts gewährleistete. Den Alliierten wollte Richter seine Vorschläge offenbar durch die Formulierung schmackhaft machen, die Nachfolgebanken würden dadurch über „unbeschränkte Bewegungs- und Entscheidungsfreiheit" verfügen – freilich nur auf denjenigen Gebieten, „auf denen sie sich nicht freiwillig ihrer Alleindisposition zu Gunsten der Gemeinschaft begeben." In den „Organen" dieser Gemeinschaft sollten wiederum Aktionäre, Aufsichtsrat und Vorstand der einzelnen Nachfolgeinstitute gleichberechtigt Sitz und Stimme haben – eine Konstruktion, die vordergründig eine grundlegende Umorganisation darstellte, tatsächlich aber weiterhin die amerikanischen Intentionen ignorierte, denn der alten Bankführung blieben damit Tür und Tor geöffnet, mittelfristig den alten Einfluss zu reformalisieren.[31]

Unmittelbare Folgen scheint Richters Papier nicht gehabt zu haben; es kollidierte zu dieser Zeit auch noch zu sehr mit der strikten Verweigerungshaltung der alten Bankelite, auf die auch der Verwalter Dietrich gestoßen war. Nichtsdestoweniger eröffnete es bereits grundsätzlich die Perspektive für den ersten, wegweisenden Schritt zur Rezentralisierung der Großbanken: Eine formale Anerkennung der alliierten Vorgaben in den Grundzügen musste gleichzeitig die Möglichkeit offen halten, unter günstigeren politischen Rahmenbedingungen den Kern der alten Institute wiederherstellen zu können. Dass man es damit gar nicht allzu eilig hatte, belegt die nachweislich erste der BdL übergebene Ausarbeitung Richters. Im Februar 1949 drängte der Berater der Dresdner-Bank-Nachfolgeinstitute nämlich keineswegs auf eine zügige Neuregelung, sondern mahnte im Gegenteil, „das ganze Problem nur mit äusserster Vorsicht vorwärts zu treiben". Richters Einschätzung, man müsse „wohl damit rechnen, dass noch geraume Zeit vergeht, bis der derzeitige Schwebezustand beseitigt werden kann", rekurrierte auf ein Problem, das in der Dezentralisierungsdebatte bislang keine Rolle gespielt hatte, dessen Lösung für eine Aufhebung des rechtlichen Schwebezustands der drei Filialgroßbanken aber unabdingbar war.[32]

Der Hintergrund dieses Problems war die Behandlung des größten Aktivpostens der deutschen Banken, der faktisch uneinbringlichen Forderungen gegen das Deutsche Reich, in der westdeutschen Währungsreform vom 20. Juni 1948. Mit der Umstellung auf die neue Währung erloschen die Reichsmark-Forderungen von Kreditinstituten gegen andere Banken, Gebietskörperschaften, öffentliche Unternehmen und NS-Organisationen. Das gleiche geschah in der Regel mit reichsverbürgten Forderungen gegen andere Schuldner. Die übrigen Forderungen von Banken wurden im Verhältnis 10:1 von Reichsmark auf Deutsche Mark umgestellt, die bei ihnen deponierten Einlagen hingegen im Endeffekt mit einer

31 Hermann Richter, Grundsätzliche Bemerkungen zur Frage der künftigen Struktur der Grossbanken, 18. 6. 1948, HADrB 11131-2001.

32 Hermann Richter, Zur Frage der rechtlichen Situation der Dresdner Bank, 3. 2. 1949 (Eingang bei Eicke 28. 2. 1949), HABB, B 330/2208/1.

Quote von 6,5 DM je 100 RM. Da eine ersatzlose Streichung der erloschenen Forderungen gegen öffentliche Schuldner sämtliche deutschen Banken in die Überschuldung, mithin direkt in den Bankrott getrieben hätte, wurde ihnen zunächst ein Zentralbankguthaben im Gegenwert von 15 Prozent der DM-Sichteinlagen und 7,5 Prozent der befristeten Einlagen gutgeschrieben. Der entscheidende Faktor zur Sanierung der Bilanzen waren jedoch so genannte Ausgleichsforderungen, die zur Deckung der hierdurch nicht aufgewogenen Verbindlichkeiten sowie eines die Schulden übersteigenden „Mindest-Restvermögens“ dienten, das das alte Eigenkapital ersetzte.[33] Schuldner der Ausgleichsforderungen der Kreditinstitute waren die Länder. Diese Forderungen hatten eine Tilgungsfrist von 47 Jahren (die erst 1956 überhaupt festgelegt wurde), waren praktisch nicht handelbar und mit nur 3 Prozent jährlich verzinst.[34] Diese Verzinsung lag schon 1948 zwei Prozentpunkte unter dem Diskontsatz, und bei Kapitalmarktzinsen von über 6 Prozent während der fünfziger Jahre[35] waren die Ausgleichsforderungen zwar zunächst eine Überlebensgarantie, auf die Dauer aber ein recht unattraktiver Aktivposten.

Für die Filialgroßbanken mit ihren stillgelegten Zentralen im jetzigen Ost-Berlin stellte die Festsetzung dieses Bilanzpostens nun aber ein besonderes Problem dar. Erst die zum 1. Oktober 1949 von der Alliierten Bankenkommission erlassene 35. Durchführungsverordnung zum Umstellungsgesetz, die „Verlagerungsverordnung“, regelte überhaupt die Gewährung von Ausgleichsforderungen auch an Kreditinstitute mit Hauptsitz außerhalb, aber Filialen innerhalb des Bundesgebiets. Durch eine Anerkennung als „verlagerte“ Institute mit einem weiteren Geschäftssitz innerhalb des Bundesgebiets erhielten diese Banken das Recht zur Vorlage einer Umstellungsrechnung, aus der sich die zu beanspruchenden Ausgleichsforderungen ergaben. Die drei Großbanken blieben jedoch von dieser Regelung zunächst ausdrücklich ausgenommen.[36] Ihre westdeutschen Nachfolgeinstitute waren zwar, um überhaupt arbeitsfähig zu bleiben, mit Ausgleichsforderungen und einem vorläufigen Eigenkapital in Höhe von 5 Prozent der Verbindlichkeiten ausgestattet worden. Bei den kleineren Instituten unterschritt dieses Kapital jedoch deutlich die im Aktiengesetz vorgeschriebene Mindesthöhe von 500000

[33] Vgl. im Überblick Werner Trommsdorf, Artikel „DM-Eröffnungsbilanz“, in: Enzyklopädisches Lexikon für das Geld-, Bank- und Börsenwesen, Frankfurt a.M. 1957, S. 410–418, hier S. 413f.; zu den technischen Regelungen für das Bankwesen im einzelnen Wolfgang Stützel, Währungsumstellungen. Eine Nachkalkulation. Die unmittelbaren Auswirkungen der Währungsumstellungs- und Kriegsfolgenregelungen auf die Vermögenssituation der Kreditinstitute im Saarland, in West-Berlin und im übrigen Bundesgebiet, Frankfurt a.M. 1971, S. 25–47. Zur Entstehung und zum Ablauf der Währungsreform, auf die hier nicht näher eingegangen werden muss, vgl. Buchheim, Errichtung, und die dort angegebene Literatur.

[34] Vgl. im Überblick Volkhard Szagunn, Artikel „Ausgleichsforderungen“, in: Enzyklopädisches Lexikon, S. 100–103; Artikel „Ausgleichsforderungen. Ein neuer Typ von Schuldtiteln der öffentlichen Hand im Zusammenhang mit der Währungsreform“, in: Monatsberichte der Bank deutscher Länder, Juli 1949, S. 30–39. Ausführlich Goerke, Ausgleichsforderungen, und Heinz Baumgart, Grundlagen und Mobilisierung der Ausgleichsforderungen, Diss. Mannheim 1957; zur Problematik aus bilanzanalytischer Sicht: Otfrid Fischer, Bankbilanz-Analyse dargestellt am Beispiel der Aktienbanken, Meisenheim 1956, S. 291–300.

[35] Vgl. Carl-Ludwig Holtfrerich, Geldpolitik bei festen Wechselkursen, in: Deutsche Bundesbank (Hg.), Fünfzig Jahre Deutsche Mark, S. 347–438, hier S. 352, 363.

[36] Vgl. Horstmann, Die Alliierten, S. 222–225; 35. Durchführungsverordnung zum Umstellungsgesetz. Verordnung über Geldinstitute mit Sitz oder Niederlassungen außerhalb des Währungsgebietes, Mitteilungen der Bank deutscher Länder 2 (1949), Folge 38 vom 16. 9. 1949.

DM.[37] Da die Nachfolgeinstitute nach wie vor keine eigene Rechtspersönlichkeit besaßen, sondern in juristischer Hinsicht weiterhin Filialen der „ruhenden" Dresdner Bank darstellten, war aber vor allem unklar, ob das Eigenkapital deren Aktionären gehörte oder ob es sich dabei nur um „ein vorläufiges rückzahlbares Darlehen" der Länder handelte. Darüber hinaus stellte sich die Frage, ob oder in welchem Ausmaß die Aktiva der früheren Ostfilialen und der Berliner Zentrale sowie die in den Westzonen gelegenen Vermögenswerte dieser Unternehmensteile in die Währungsreform einbezogen werden sollten und, eng damit verbunden, wie weit sie zur Ablösung der Pensions- und vor allem der Auslandsverpflichtungen der alten Dresdner Bank herangezogen werden konnten.[38]

Die Vorläufigkeit der Umstellungsregelungen ließ sich allerdings auch als Argument für eine Verschleppung der Dezentralisierungsfrage nutzen, die den Großbanken angesichts der zunehmenden Souveränität der deutschen Bankenpolitik grundsätzlich entgegenkam. Richter wies in einer Besprechung von Großbankenvertretern bei der BdL im Mai 1949 darauf hin, dass bei einer vorläufigen Einbeziehung des Zentralvermögens in die Umstellungsrechnung der Nachfolgeinstitute „alle Rechtsfragen bezüglich der Dezentralisierung in der Schwebe gehalten werden müßten." In erster Linie ging es ihm darum, eine Anrechnung der zentralen Aktiva auf die Ausgleichsforderungen der Nachfolgeinstitute zu vermeiden. Die Großbankenvertreter erreichten tatsächlich eine Neuausarbeitung des BdL-Entwurfs auf der Grundlage ihrer eigenen Position.[39] Der überarbeitete Entwurf wurde im Juni 1949 jedoch von der Alliierten Bankenkommission zurückgewiesen, um der dort gerade diskutierten Regelung der Großbankenfrage nicht vorzugreifen.[40] Die weiteren Arbeiten an diesem Problemkomplex zeigen nicht nur eine enge Abstimmung der BdL mit den Großbanken,[41] sondern auch den Erfolg von deren Hinhaltetaktik. Anfang Dezember war das Problem der Ausgleichsforderungen „entfernt noch nicht geklärt", und obwohl die Nachfolgeinstitute eigentlich zum 31. 12. 1949 ihre Eröffnungsbilanzen hatten vorlegen sollen, bestand für Richter auch „zur Übereilung [...] kein Anlass."[42]

Das zeigte auch das nächste Memorandum für die BdL vom Januar 1950, das vielleicht der Initiative von Abs eine eigenständige Position der Dresdner Bank an die Seite stellen sollte. Richter hob hier zwar nochmals die juristische Irrelevanz der bisherigen Gesetze für die Frage nach der Fortexistenz der Großbanken hervor, stellte jedoch gleichzeitig selbst den Zusammenhang zwischen Dezentralisie-

[37] Rhein-Main Bank, Betr.: Anfrage der Militärregierung wegen Auswirkungen der Dezentralisierung, 12. 8. 1949, S. 3, HADrB 115504.

[38] Hermann Richter, Zur Frage der rechtlichen Situation der Dresdner Bank, 3. 2. 1949, S. 5–7, HABB, B 330/2208/1; vgl. auch bereits Richter an BdL, 17. 1. 1949, HADrB 16563-2001; Bericht über die rechtliche und wirtschaftliche Situation der früheren Filialgroßbanken und insbesondere der Dresdner Bank in den drei Westzonen, 30. 9. 1948, HADrB 109448.

[39] Bericht über eine Sitzung am 3. Mai 1949 mit Vertretern der Großbanken über die Umstellungsrechnung der Nachfolgeinstitute, 5. 5. 1949, HABB, B 330/2218.

[40] Horstmann, Die Alliierten, S. 224.

[41] Vgl. Fögen (BdL) an Zinßer (Entwurf), 1. 9. 1949, HABB, B 330/4340.

[42] Protokoll über die auf Einladung des Herrn Reichsminister a.D. Hermann Dietrich erfolgte und unter dessen Vorsitz stehende Zusammenkunft der Verwalter und der Geschäftsleitungen der Nachfolgeinstitute der Dresdner Bank am 1. Dezember 1949 in Stuttgart, S. 2f., HADrB 16563-2001.

rung und Währungsreform her. Juristisch betrachtet, waren Eingriffe in die Rechtsstruktur der Großbanken nur durch die weiterhin gemäß dem deutschen Aktienrecht bestehenden Organe, also Vorstand, Aufsichtsrat und Hauptversammlung, möglich. Eine solche Neuordnung aber erforderte angeblich „*vorweg* eine Regelung aller alten Verbindlichkeiten der Großbanken“, und zwar bei Gleichbehandlung aller Gläubiger, also auch derjenigen der ehemaligen Zentrale oder der Ostfilialen. Eine entsprechende Regelung sahen aber die kursierenden Überlegungen zur Einbeziehung des Zentralvermögens in die Umstellungsrechnungen der Nachfolgeinstitute gerade nicht vor. Aus dem zu weiten Teilen ungeklärten Verhältnis der verschiedenen Gläubigeransprüche einerseits, der unterschiedlichen Regelungen unterliegenden Vermögenswerte andererseits ergab sich laut Richter „zwingend, dass es unter diesen Umständen unmöglich erscheint, von heute auf morgen eine totale Regelung der schwebenden Grossbanken-Frage oder gar eine Entflechtung der alten Institute herbeizuführen.“ Während diese Argumentation einige Plausibilität beanspruchen konnte, galt das nicht zwangsläufig für Richters Vorschlag einer „etappenweisen Regelung“. Der Berater der Dresdner Bank schlug nämlich als allerersten Schritt „die Wiedereinsetzung zentraler Organe“ und eine Klärung derjenigen offenen Fragen vor, die sich allein innerhalb der Bundesrepublik lösen ließen. Erst danach sollte eine „endgültige Bereinigung der Grossbanken-Frage bezüglich ihrer zukünftigen Organisationsform und der ihnen zuzuweisenden Aufgaben“ durchgeführt werden. Als gesetzliche Grundlage der ersten Etappe, die trotz Fortexistenz der Institution des Verwalters letztlich nichts anderes als die Rekonstitution der alten Zentralfunktionen auf dem Boden der Bundesrepublik bedeutet hätte, schlug Richter – hier schloss sich wiederum der Kreis zur Währungsreform – die Anwendung der Verlagerungsverordnung vor, während die seit längerem hinausgezögerte Sonderregelung für die Großbanken obsolet geworden wäre.[43]

Dieses Papier reflektierte nicht zuletzt die Tatsache, dass kurz zuvor in der Dresdner Bank mit der systematischeren Vorbereitung auf die Verhandlungen begonnen worden war, nachdem im Dezember 1949 eine Pressekampagne mit massiven Forderungen nach einer Wiederherstellung der Großbanken angelaufen war. Der oder die Urheber dieser Kampagne ließen sich zwar nicht dingfest machen, aber die Dresdner Bank wurde davon offensichtlich überrascht.[44] Am 2. Januar 1950 berief Overbeck, ausdrücklich in Reaktion auf die Presseartikel, in der Hamburger Kreditbank eine „Vorbesprechung“ ein, an der neben ihm und Schleipen die Bankjuristen Entzian, Schäfer und Witt sowie der Organisationsexperte Stockburger und der Buchhalter Hermann Klein teilnahmen. Ob der hier beschlossene „Arbeitsausschuss“ für die Vorbereitung der Rezentralisierungsverhandlungen unter Leitung Hermann Richters und mit Adolf Schäfer als Protokollführer wirklich eingerichtet wurde, lässt sich aus den Akten nicht mehr klären. Die anschließende Federführung der beiden Juristen (mit klar nachgeordneter Stellung Schäfers) ist jedenfalls unübersehbar. Auch die Hamburger Runde war

[43] Hermann Richter, Über die Voraussetzungen und Grundlagen einer Neuordnung der Grossbanken, 18. 1. 1950, Zitate S. 4 (Hervorhebung im Original) und 9f., HABB, B 330/3173.

[44] Vgl. dazu Horstmann, Die Alliierten, S. 208–210. Ob hinter der Kampagne, wie von HICOG vermutet, wirklich Hermann Josef Abs stand, wurde bis heute nicht geklärt; vgl. Gall, Bankier, S. 210.

sich aber noch einig, „dass eine schnelle und endgültige Regelung weder wünschenswert noch erreichbar ist, sondern nur ein vorsichtiges und stufenweises Vorgehen in Betracht kommen kann, das in möglichst elastischer und einfacher Weise zu gestalten ist, damit nicht etwa von vornherein interessante Möglichkeiten verschüttet werden." Die „radikale Lösung" einer vollständigen, auch Berlin und die SBZ umfassenden Wiederherstellung der Großbanken „in ihrer alten Struktur" jedenfalls wurde inzwischen als definitiv „unmöglich", ein „wesentlicher Teil der Substanz" daher als unwiederbringlich verloren eingeschätzt. Für durchsetzbar hielt man aber immerhin diverse andere Varianten einer völligen Rezentralisierung in der Bundesrepublik, die von einer Zusammenfassung aller Westinstitute unter Leitung der alten Gremien über eine Holding-Konstruktion bis hin zu drei selbständigen Regionalinstituten unter einer neuen „Zentraldirektion" reichten.[45]

Richters Strategie, die vermuteten Chancen einer möglichst weitgehenden Rezentralisierung nicht durch ein überstürztes Vorgehen zu vergeben, folgte auch Carl Goetz, der Anfang Februar 1950 auf einem Abendessen beim Bundesfinanzminister um eine „Darstellung der jetzigen Situation und der Notwendigkeiten" gebeten wurde und dort ganz im Sinne eines Exposés seines Beraters argumentierte. Der Aufsichtsratsvorsitzende der Dresdner Bank wurde jedoch offenbar völlig von dem anschließenden Vortrag Hermann Josef Abs' überrascht, der auf „ganz rasche, geradezu sofortige Ausgliederung" von jeweils drei juristisch völlig selbständigen Nachfolgeinstituten ohne jegliche übergeordnete Zentralstelle drängte. Goetz beauftragte Richter dagegen, umgehend Argumente für die Notwendigkeit einer Holding oder „einer andersartigen Klammer" zusammenzustellen.[46]

Dass Abs mittlerweile kampflos auf ein Zentralgremium der Deutsche-Bank-Gruppe verzichten wollte, lag vermutlich nicht zuletzt daran, dass diese mit der Rheinisch-Westfälischen Bank in Düsseldorf bereits über ein quantitativ und funktional klar herausragendes Regionalinstitut verfügte, von dem aus eine informelle Lenkung der übrigen Nachfolgeinstitute relativ leicht möglich gewesen wäre; zumindest erscheint diese Interpretation Richters recht plausibel. Die Dresdner Bank besaß hingegen drei etwa gleich starke Führungsstandorte in Hamburg, Frankfurt und Düsseldorf, hatte also ein größeres Interesse an einer übergeordneten Koordinierungsinstanz. Gravierender als das Organisationsproblem erschien Richter aber auch jetzt noch die Regelung der Verlagerungsfrage, die einer „schnellen Neuordnung" unbedingt vorzuziehen sei, während Abs seiner Meinung nach die Komplexität der juristischen Fragen gerade im Zusammenhang mit der Währungsumstellung deutlich unterschätzte.[47]

[45] Schäfer, Niederschrift über Hamburger Besprechungen vom 2. Januar 1950 in der Frage der Grossbankenreorganisation, HADrB 1794-2002. In die Ausarbeitung von Richters nächsten Schritten wurde zumindest auch Entzian einbezogen; vgl. Richter an Goetz, 8. 2. 1950, ebd.

[46] Goetz an Richter, 4. 2. 1950, ebd.

[47] Richter an Goetz, 8. 2. 1950, ebd. Richter erklärte die auch für ihn „auf den ersten Blick etwas überraschende Stellungnahme von Herrn Abs" außerdem mit dessen „besseren Informationsmöglichkeiten" über die amerikanische Haltung, was sich vermutlich auf Abs' Tätigkeit als Vorstandssprecher der Kreditanstalt für Wiederaufbau bezog; ebd.

Richters Verzögerungstaktik war auch insofern nicht unrealistisch, als sich mittlerweile gezeigt hatte, dass die Großbanken auch ohne ihre alten Zentralinstanzen durchaus zu koordinierter Interessenpolitik in der Lage waren. So konnten sie den Versuch einiger Länderfinanzminister abschmettern, die Nachfolgeinstitute nach der Währungsreform nicht mehr gemeinsam zur Steuer zu veranlagen. Verluste einzelner Länderinstitute hätten dadurch nicht mehr, wie bis dato offenbar unumstritten, die Gesamtsteuerlast gemindert.[48] Angesichts der unten noch zu erörternden Ertragslage der Nachfolgeinstitute forderte dies die Großbanken wohl weniger wegen unmittelbar drohender materieller Konsequenzen heraus als vielmehr deshalb, weil damit eine politische Akzeptanz der institutionellen Trennung der Länderinstitute signalisiert wurde. In „langwierigen Verhandlungen“, so resümierte Richter im Dezember 1949, war das „Prinzip der Saldierung zwischen Gewinnen einzelner Nachfolgeinstitute und etwaiger Verluste anderer Nachfolgeinstitute der Dresdner Bank [...] zur Anerkennung gebracht worden.“ Konkret bedeutete das, dass zwar die Nachfolgeinstitute in den einzelnen Ländern veranlagt wurden, eventuelle Verluste einzelner Institute jedoch anteilig von den Gewinnen anderer abgesetzt werden konnten. Die Koordinierung dieses Verrechnungssystems lag, und das war wiederum ein kleiner, von den Verwaltern abgesegneter Erfolg der Rezentralisierungsbestrebungen, bei der Rhein-Main Bank in Frankfurt.[49]

Die Durchsetzung der „Dreier-Lösung“ und der Verlagerung 1950–1952

Mit der verstärkten Einschaltung der Bundespolitik in die Großbankenfrage seit Anfang 1950 wurde die taktische Zurückhaltung zusehends unnötiger. Existenzberechtigung und volkswirtschaftlicher Vorteil einer modifizierten Weiterexistenz der Großbanken waren hier grundsätzlich ebenso unumstritten wie in der Bank deutscher Länder. Die zuerst von Abs offiziell ins Spiel gebrachte, länderüberschreitende Zusammenfassung der Regionalinstitute zu jeweils drei oder vier rechtlich klar definierten Nachfolgeinstituten der Deutschen Bank, der Dresdner Bank und der Commerzbank war nach Goetz' Beobachtung im Februar 1950 politisch „durchaus geschluckt“,[50] und deshalb war eine konsequente Verfolgung von Abs' Ansatz nahe liegend. Dass der Adenauer-Vertraute die Sache energisch in die Hand genommen hatte und mittlerweile als Repräsentant der Großbanken schlechthin auftrat,[51] zeigte eine Anhörung des Bundestagsausschusses für Geld und Kredit am 13. Januar 1950. Vorsitzender dieses Ausschusses war der CDU-Abgeordnete Hugo Scharnberg, zugleich Mitglied der Geschäftsleitung der Hamburger Kreditbank. Neben BdL-Präsident Vocke und dem Präsidenten des Zentralbankrats Karl Bernard waren auch die Großbanken-Vertreter Abs, Goetz, Zinßer und Marx als „sachverständige Gäste“ geladen. Abs' Vortrag machte aller-

[48] Hermann Richter, Zur Frage der rechtlichen Situation der Dresdner Bank, 3. 2. 1949, S. 5, HABB, B 330/2208/1.
[49] Protokoll über die auf Einladung des Herrn Reichsminister a.D. Hermann Dietrich erfolgte und unter dessen Vorsitz stehende Zusammenkunft der Verwalter und der Geschäftsleitungen der Nachfolgeinstitute der Dresdner Bank am 1. Dezember in Stuttgart, S. 2, HADrB 16563-2001.
[50] Goetz an Richter, 4. 2. 1950, HADrB 1794-2002.
[51] In diesem Sinne auch Gall, Bankier, S. 210.

dings sehr deutlich, dass der Terminus „sachverständig“ hier nicht etwa im Sinne unabhängiger Gutachter gemeint war. Seine Behauptung, die „Maßnahmen der Alliierten hätten den Verlust jeglichen Kredits und des good wills der ehemaligen deutschen Großbanken zur Folge gehabt“, war, wie unten noch zu zeigen sein wird, eine völlig überzogene Dramatisierung. Dennoch wurden seine Ausführungen von den übrigen „Sachverständigen“ unterstützt und von den Ausschussmitgliedern zumindest grundsätzlich gebilligt. Das wichtigste Ergebnis der Sitzung bestand darin, dass der Ausschuss gegenüber den konkurrierenden Vorstellungen einzelner Landesregierungen und Landeszentralbanken auf die Verantwortung der Bundesregierung für eine zügige Lösung des Dezentralisierungsproblems pochte.[52]

Eben hier konnten die Großbankenvertreter sich verständnisvoller Ansprechpartner sicher sein. Das galt insbesondere für Bundeswirtschaftsminister Ludwig Erhard, der bereits 1947 als Vorsitzender einer „Sonderstelle für Geld und Kredit“ bei der Bizonen-Finanzverwaltung anlässlich eines Besuchs bei der Rhein-Main Bank sein „lebhaftes Interesse“ an den „Sorgen“ der Banken dokumentiert hatte.[53] Erhard stand nicht nur hinter deren Forderungen und wusste sich umgekehrt von den Großbanken unterstützt; er instrumentalisierte die Großbankendiskussion jetzt gleichzeitig in einer Auseinandersetzung mit Bundesfinanzminister Schäffer über die Ressortzuständigkeit für den Arbeitsbereich „Geld und Kredit“. Auch Schäffer und die HICOM-Finanzberater zeigten sich aber im Februar 1950 einig darüber, dass die bereits von Abs angeregte regionale Zusammenfassung jeweils mehrerer Nachfolgeinstitute einer Großbank erfolgen sollte; Schäffer schloss sich außerdem der Forderung nach einer Anwendung der Verlagerungsverordnung auf die Großbanken an. Umstritten war jetzt nur noch der regionale Zuschnitt der Bezirke. Im Bundesfinanzministerium stimmte man der Minimalkonzession der Großbanken an die alliierten Forderungen zu, sich in drei juristisch selbständigen Bankbezirken zu rekonzentrieren.[54]

Zuverlässige Unterstützung fanden die Großbanken auch weiterhin bei Vocke und seinem Bankenabteilungsleiter Eicke. Im Februar 1950 wurde Eicke von seinem Vorgesetzten ausdrücklich zur Ausarbeitung eines Memorandums zur Dezentralisierungsfrage aufgefordert, das „die Zustimmung der Herren Abs, Götz [sic!] und Dr. Marx“ finden würde. Abs und Hugo Zinßer diktierten Eicke regelrecht die Formulierungen, in denen die Großbanken die bekannten juristischen und ökonomischen Argumente wiederholten, die Ausdehnung der Verlagerungsverordnung auf ihre Institute forderten, ihre Maximalposition räumlicher Konzentration auf drei Bankbezirke propagierten und bei all dem nicht vergaßen, die vollständige Steuerfreiheit der nötigen Transaktionen zu verlangen.[55] Die fertige Ausarbeitung, die Vocke auch dem Zentralbankrat mit dem offenen Hinweis übergab, sie sei mit Abs, Goetz und Marx „abgestimmt worden“,[56] stieß allerdings

52 Vermerk, Betr.: Großbanken, 15. 1. 1950, BAK, B 136/1181; Horstmann, Die Alliierten, S. 219f.
53 Alexander Petersen (Rhein-Main Bank) an Erhard, 30. 10. 1947, BAK, Z 32/20, Bl. 36.
54 Horstmann, Die Alliierten, S. 220–222, 253f.; zum Kompetenzstreit zwischen Schäffer und Erhard ausführlich Löffler, Soziale Marktwirtschaft, S. 368–391.
55 Horstmann, Die Alliierten, S. 228–230.
56 BdL, Abteilung Banken (Eicke), Vorschläge zur Neuordnung der Großbanken, 27. 2. 1950; mit

Abb. 10: Hugo Zinßer und Ludwig Erhard.
Quelle: HADrB.

zum einen auf den massiven Widerstand der meisten Landeszentralbankpräsidenten. Diese fürchteten um den bankenpolitischen Einfluss und letztlich die Existenz derjenigen Zentralbanken, in deren Ländern künftig keine Nachfolgeinstitute der Großbanken mehr ansässig sein würden. Zum anderen wehrten sich die süddeutschen Landesregierungen, die aus föderalistischem Interesse oder aus Bedenken gegen die wirtschaftliche Dominanz nur eines zentralen Bankplatzes drei eigenständige süddeutsche Institutsbezirke forderten.[57]

Dass der Zentralbankrat Eickes Ausarbeitung im April 1950 mit großer Mehrheit ablehnte, musste die Großbanken angesichts der sonstigen politischen Unterstützung für ihre „Dreier-Lösung“ allerdings nicht ernsthaft irritieren. Aus dem Bundesfinanzministerium waren sie kurz zuvor dezidiert aufgefordert worden, ihre Forderung nach möglichst wenigen und möglichst großen Bankbezirken offensiver zu vertreten, weil man hier vor allem die volkswirtschaftlichen Vorteile eines effizienten Bankwesens im Blick hatte.[58] Carl Goetz war sicher nicht der

Begleitschreiben Vocke an den Präsidenten des Zentralbankrats, 2. 3. 1950 (Zitat), HABB, B 330/3175.

[57] Vgl. dazu ausführlich Horstmann, Die Alliierten, S. 230–233, 249–261; sowie Wolf, Dreier-Lösung.

[58] Horstmann, Die Alliierten, S. 235.

einzige Bankier, der daraufhin seine Verbindungen über den engeren Kreis der deutschen Bankenpolitiker hinaus spielen ließ. Er überreichte im Mai dem Vizekanzler und Marshall-Plan-Minister Franz Blücher eine knappe Argumentation gegen die Bedenken der LZB-Präsidenten, die wiederum Richter an die BdL weitergab.[59]

Kurz darauf starteten die Großbanken mit einem von Abs, Goetz und Marx unterzeichneten Memorandum eine breiter angelegte Initiative. Tatsächlich verfasst hatte das Papier der amerikanische Jurist Frederick W. Kempner, der sowohl für HICOM als auch für britische Stillhaltegläubiger und nicht zuletzt für die Deutsche Bank arbeitete. Kempner hatte Abs bereits im Februar eine Argumentationshilfe für den ersten Rezentralisierungsschritt durch die Bildung dreier länderübergreifender Bankbezirke in Nord-, West- und Süddeutschland vorgelegt.[60] Sein weiter ausgearbeiteter „Vorschlag" zur Neuordnung der Großbanken, der Anfang Juni von Abs persönlich im Bundesministerium der Finanzen und im Bundesministerium für Wirtschaft abgeliefert wurde, kombinierte ebenfalls zwei ökonomische Argumente, die eigentlich auf verschiedenen Ebenen lagen: Die volkswirtschaftlichen Vorteile überregional arbeitender Aktienbanken seien nur dann dauerhaft gesichert, wenn deren Größe eine Abfederung konjunktureller Risiken und ein akzeptables Verhältnis von Unkosten und Erträgen erlaube. Zur Abgrenzung der drei angestrebten Großbankenbezirke ergaben sich angeblich „ganz natürlich" eine norddeutsche, eine westdeutsche und eine süddeutsche Ländergruppe. Die Gründung der neuen Institute sollte in Eigenregie der alten Großbankengremien erfolgen, nachdem eine „Klarstellung" von deren Kompetenzen durch die Besatzungsmächte stattgefunden hatte. Die Grundlagen für Kapitalausstattung und Eröffnungsbilanzen der neuen Regionalinstitute sollten eine Anwendung der Verlagerungsverordnung auf die Großbanken, eine aktienrechtlich akzeptable Ausgründung unter Übernahme der alten Zentralverbindlichkeiten und eine anschließend zu erstellende gemeinsame Umstellungsrechnung der Neugründungen bilden. Die Bankrepräsentanten vergaßen wiederum nicht die Forderung nach einer „umfassende[n] Befreiung der Ausgründungen und aller damit zusammenhängender Vorgänge und Rechtsgeschäfte von allen Steuern des Bundes und der Länder und von allen Gerichts- und sonstigen Gebühren."[61]

Die Forderungen zur konkreten Ausgestaltung des ersten Rezentralisierungsschritts sollten zwar noch erheblichen Diskussionsstoff bieten, doch im Zentrum der Debatte standen zunächst Größe und Zuschnitt der neuen Bankbezirke. Das geringere Problem der Großbanken waren dabei inzwischen die Besatzungsmächte. Richter eröffnete Eicke bereits im Mai 1950, eine „Fühlungnahme der Großbanken mit den Amerikanern habe ergeben", dass diese inzwischen die dauerhafte Untragbarkeit der derzeitigen „Elfer-Lösung" eingesehen hätten. Man müsse jetzt nur konsequent auch die „Sechser-Lösung", also eigenständige Bank-

59 Goetz an Blücher, 23. 5. 1950, mit Begleitschreiben Eicke an Vocke, 5. 6. 1950, HABB, B 330/2210.
60 Holtfrerich, Deutsche Bank, S. 504 f.
61 Hermann J. Abs/Carl Goetz/Paul Marx, Vorschlag betreffend die zukünftige Struktur der deutschen Aktienbanken (Dezentralisierung der Vorkriegsbanken), 31. 5. 1950, Zitate S. 13, 23, 25, HADrB 109025; vgl. Horstmann, Die Alliierten, S. 236 f., und Holtfrerich, Deutsche Bank, S. 508–510.

bezirke in Süd- und Südwestdeutschland, ablehnen und zugleich ein Konzept vorlegen, das „personell, juristisch und sachlich in Ordnung sei, dann könne man mit den Amerikanern über die Durchführung der Neuordnung der Großbanken ernstlich reden.“[62] Das war zwar zu dieser Zeit noch einigermaßen zweckoptimistisch, denn fast zeitgleich mit der Vorlage des Großbankenmemorandums ließ HICOG verlauten, dass man hier auf der Linie der süddeutschen Länder mit sechs Bankbezirken kalkulierte. Das Selbstbewusstsein war aber zumindest tendenziell berechtigt, denn im Juli äußerte sich die Alliierte Bankenkommission auf britisches Betreiben positiv zu dem Vorschlag von Abs, Goetz und Marx.[63]

Der Umweg zur Überwindung des amerikanischen Widerstands führte über die süddeutschen Landesregierungen. Die Präsidenten der Landeszentralbanken hatten aufgrund verschiedener Interessendivergenzen bereits im Juni nur noch zu einem vagen Kompromisspapier gefunden, das länderübergreifende Großbankenbezirke jedenfalls nicht ausschloss. Während Bundesfinanzminister Schäffer im Sommer 1950 in Württemberg-Baden, Bayern und Hessen, wo seine maßgeblichen Opponenten saßen, keine Zugeständnisse zugunsten der Dreier-Lösung erreichen konnte,[64] erwies sich Hermann Josef Abs ein weiteres Mal als brillanter Verhandlungsstratege. Über die Köpfe der anderen Großbankenvertreter und seiner eigenen Kollegen von der Deutschen Bank hinweg zog er im Juli zunächst Rheinland-Pfalz auf die Seite der Großbanken, indem er die Integration des Landes in den süddeutschen Bezirk statt einer Anbindung an das wirtschaftlich übermächtige Nordrhein-Westfalen zugestand. Im September bewegte Abs dann den hessischen Finanzminister Hilpert mit der Aussicht auf den Aufstieg Frankfurts zum wichtigsten deutschen Bankplatz dazu, aus der Opponentenriege auszuscheren. In Verhandlungen mit dem bayerischen Ministerpräsidenten Ehard und dem LZB-Präsidenten Grasmann brach er die süddeutsche Widerstandsfront endgültig durch das Angebot auf, den südlichen Hauptsitz der Deutschen Bank nach München zu verlegen. Aus unbekannten Gründen verzichtete die württemberg-badische Landesregierung anschließend sogar auf die Bedingung, die süddeutsche Zentrale der Commerzbank in Stuttgart anzusiedeln.[65]

Die Dresdner Bank war zwar von Abs' Initiativen teils überrascht worden, hatte aber immerhin erfolgreich auf einem Hauptsitz in Frankfurt insistiert, wo schon seit 1945 eines der zwei, später drei Zentren ihrer Reorganisation im Westen gelegen hatte. Eine „Aufhebung jener Feindmassnahme“, als die Goetz auch Vocke gegenüber die ursprüngliche Dezentralisierung ganz selbstverständlich bezeichnete,[66] war in greifbare Nähe gerückt. Mit einer „Dreier-Lösung“, die perspektivisch bereits eine vollständige Rezentralisierung einschloss, konnte man vorläufig leben. Im Hinblick auf die nach wie vor ausstehende Zustimmung von HICOG blieben die Forderungen der Banken jetzt sogar hinter einer gemeinsamen Resolution des Deutschen Industrie- und Handelstags und des Bundesver-

[62] (Eicke), Juristische Fragen bei der Neuordnung der Großbanken. Unterredung mit Herrn Dr. Richter, 23. 5. 1950, S. 2, HABB, B 330/2210.
[63] Horstmann, Die Alliierten, S. 243–249.
[64] Vgl. ebd., S. 249–255.
[65] Gall, Bankier, S. 214–217; sowie Horstmann, Die Alliierten, S. 256–258, und Holtfrerich, Deutsche Bank, S. 514f.
[66] Goetz an Vocke, 4. 8. 1950, HABB, B 330/2211; Horstmann, Die Alliierten, S. 233.

bands der deutschen Industrie vom September 1950 zurück, in der – gestützt auf Ausarbeitungen von Ernst W. Schmidt von der Rheinisch-Westfälischen Bank und Kurt Hunscha von der Rhein-Main Bank – die „einheitliche Wiederherstellung der ehemaligen Großbanken im gesamten Bundesgebiet" gefordert wurde.[67] Im selben Monat bat Richter im Bundeswirtschaftsministerium ausdrücklich darum, „von einer Weiterverfolgung der Einer-Lösung abzusehen und der seit langem mit ausführlicher Begründung vorgeschlagenen Dreier-Lösung zuzustimmen", weil weitergehende Konzessionen der Amerikaner auf keinen Fall erwartet werden könnten. Im Zentrum der Bemühungen stand jetzt die zügige Inangriffnahme der Neuregelung, auf die nicht zuletzt „gewisse ausländische Interessentengruppen, z.B. englische Stillhaltegläubiger" drängten und mit der man auch dem immer noch latenten Risiko eines eigenständigen Großbankengesetzes der Alliierten begegnen müsse. Zugleich insistierte Richter allerdings darauf, nicht ein deutsches, sondern ein alliiertes Gesetz zu veranlassen. Damit übernähmen zum einen „die Besatzungsmächte durch ein eigenes Gesetz die Verantwortung für die Dreier-Lösung gegenüber der Öffentlichkeit (auch gegenüber den Aktionären)", zum anderen lasse sich aber auch die Frage der Steuerbefreiung in diesem Rahmen leichter einbringen als im deutschen Gesetzgebungsverfahren.[68]

Diese Variante, für die sich im Oktober auch Goetz gegenüber verschiedenen Bundesministern einsetzte, scheiterte jedoch am Souveränitätsanspruch der Bundesregierung. Letzten Endes schlug das aber eher zum Vorteil der Großbanken aus, waren doch ihre Einflussmöglichkeiten bei den beteiligten deutschen Instanzen insgesamt größer als bei den Alliierten. Im Oktober 1950 entstand im Bundesfinanzministerium ein Gesetzentwurf, der in enger Abstimmung mit Kempner und den Großbanken formuliert wurde,[69] und BdL-Abteilungsleiter Eicke arbeitete schon fast in deren Auftrag, wenn er Zinßer um „Abänderungswünsche" zu seinen Entwürfen bat.[70] Schon Anfang November leitete Schäffer den alliierten Finanzberatern den Entwurf eines Gesetzes „über den Niederlassungsbereich von Kreditinstituten" zu, in dem die informell auch weiterhin gebräuchliche Bezeichnung als „Großbankengesetz" auf Wunsch der Banken, die sich dadurch öffentlich diskriminiert fühlten, gezielt vermieden wurde. Nachdem die amerikanische Seite im Dezember schließlich die „Dreier-Lösung" grundsätzlich akzeptiert hatte, weil eine weitergehende Dezentralisierung gegen den britischen und deutschen Widerstand nicht mehr durchsetzbar schien, folgten nur noch Auseinandersetzungen um die konkreten Bedingungen der Neuordnung. Zu den restriktiven, wiederum vor allem von amerikanischer (und französischer) Seite erhobenen Forderungen gehörte eine Mitwirkung der Verwalter an der Ausgründung der Nachfolgeinstitute und an der Auswahl der Aufsichtsratsmitglieder. Eine vollständige Rezentralisierung durch die Hintertür sollte durch ein Verbot von Beteiligungen der Nachfolgeinstitute untereinander und eine Beschränkung des Aktienerwerbs durch natürliche und juristische Personen verhindert werden; letzteres war durch

[67] Holtfrerich, Deutsche Bank, S. 513.
[68] Vermerk Henckel (Bankenabteilung des Bundeswirtschaftsministeriums), 23.9. 1950, BAK, B 102/23131.
[69] Gall, Bankier, S. 217.
[70] Eicke an Zinßer, 13. 10. 1950, HADrB 11131-2001.

die Ausgabe der neuen Aktien als Namensaktien zu gewährleisten. Deutlicher Ausdruck der dem ganzen Vorhaben zugrunde liegenden amerikanischen Einschätzung der wirtschaftlichen Machtstellung der Großbanken war schließlich die Forderung, Depotstimmrechte und Industriebeteiligungen einzuschränken.

Nach einer längeren hartnäckigen Debatte, in der die deutsche Seite wiederum die unterschiedlichen Prioritäten von Briten und Amerikanern nutzte, reduzierten sich die von den Alliierten durchgesetzten Forderungen auf den Ausschluss von personellen Verflechtungen und Kapitalbeteiligungen zwischen den Nachfolgeinstituten, die Einschränkung des Depotstimmrechts und die Ausgabe von Namensaktien. Das dem Deutschen Bundestag vorgelegte und nach dem üblichen parlamentarischen Verfahren überarbeitete, im März 1952 verkündete Großbankengesetz lag schließlich weit näher an der ursprünglichen deutschen Vorlage als an den Forderungen der ehemaligen Besatzungsmächte; die Großbanken und das Bundesfinanzministerium hatten sogar Forderungen seitens der SPD und der FDP in den Bundestagsausschüssen nach einer sofortigen vollständigen Rezentralisierung beschwichtigen müssen. Vor allem sollte die Ausgründung der jeweils drei Nachfolgeinstitute im Rahmen des deutschen Aktienrechts, also durch die Gremien der alten Großbanken erfolgen. Der Zuschnitt der drei Bankbezirke entsprach dem federführend von Abs ausgehandelten Kompromiss mit den Ländern; danach durften Aktienbanken ihre Niederlassungen nur in a) Bremen, Hamburg, Niedersachsen und Schleswig-Holstein, b) Nordrhein-Westfalen oder c) den übrigen Bundesländern unterhalten. Das Verbot der Industriebeteiligungen war gefallen, und die Beschneidung des freien Depotstimmrechts blieb einer Novelle des Aktienrechts vorbehalten, die sämtliche deutschen Banken gleichermaßen verpflichten würde.

Die von den Amerikanern verlangten Namensaktien wurden zwar tatsächlich vorgeschrieben, jedoch mit frei handelbaren Dividendenscheinen ausgestattet – eine Lösung, mit der die Banken offensichtlich leben konnten, denn Hölling resümierte schließlich, dass somit die Verkehrsfähigkeit der Aktien „und damit auch die Entwicklung des künftigen Börsenkurses durch die Forderung der Alliierten kaum mehr beeinträchtigt“ würden. Hinzu kam mit dem Recht von Stillhaltegläubigern, innerhalb eines Jahres nach der Ausgründung die Nachfolgeinstitute zur Verbuchung ihrer Forderungen frei wählen zu können, ein im Grunde marginales Zugeständnis an die britische Seite, die hier noch einmal ihr primäres großbankenpolitisches Interesse zum Ausdruck gebracht hatte. Nach einer Verpflichtungserklärung Adenauers an die Alliierte Hohe Kommission, das Gesetz binnen dreier Jahre nach dem Abschluss der Ausgründungen nicht aufzuheben und damit wenigstens kurzfristig eine vollständige Rezentralisierung der Großbanken zu unterbinden, hoben die Alliierten die Dezentralisierungsbestimmungen der Jahre 1947/48 auf.[71] Adenauers Zugeständnis war offenbar der einzige wichtige Punkt der

[71] Vgl. zu den hier in aller Kürze skizzierten Verhandlungen ausführlich Horstmann, Die Alliierten, S. 258–284; sowie Holtfrerich, Deutsche Bank, S. 517–520. Das Gesetz über den Niederlassungsbereich von Kreditinstituten vom 29. 3. 1952 findet sich im Bundesgesetzblatt (BGBl.) 1952/I, S. 217–220. Hölling-Zitat: Erklärungen der Verwaltung – abgegeben durch das Vorstandsmitglied Alfred Hölling zu Punkt 1) der Tagesordnung in der ausserordentlichen Hauptversammlung der Dresdner Bank am 25. September 1952, S. 4, HADrB 109029.

Rezentralisierungsverhandlungen, von dem die Banken vollständig ausgeschlossen blieben; selbst Abs erfuhr davon erst im Sommer 1954.[72]

Zugleich konnte die Verlagerungsverordnung auch für die Großbanken wirksam werden. Dies war ihre zweite wesentliche Forderung gewesen und hatte im Zentrum der Erörterung von rechtstechnischen Details gestanden, die parallel zu der Debatte um den regionalen Zuschnitt der Neuordnung stattgefunden hatte. Dabei ging es nicht nur um unmittelbare materielle Konsequenzen, sondern auch um einen möglichst weitgehenden Transfer der Unternehmensidentität. Richter insistierte Eicke gegenüber auf der Anwendung der Verlagerungsverordnung, weil nur dadurch eine „ordnungsmäßige Kontinuität" gewährleistet sei. Das betraf insbesondere die Befriedigung westdeutscher und ausländischer Gläubiger der alten Zentrale durch die Nachfolgeinstitute, und diese auch nach außen hin signalisierte Rechtsnachfolge war wiederum von Bedeutung für einen partiellen Transfer des „Goodwill", des immateriellen Unternehmenswertes (vor allem der internationalen Kreditwürdigkeit), von der ruhenden Berliner Altbank auf die westdeutschen Nachfolgeinstitute. Doch auch die Altbank selbst, auf deren Wiederaufleben man sich keine ernsthaften Hoffnungen mehr machen konnte, wurde offensichtlich weiterhin als wichtiger Bestandteil der Unternehmensidentität wahrgenommen. In einem ganzen Konvolut von Detailforderungen für die konkrete Ausgestaltung der Neuregelung verlangte Richter nämlich auch, „man solle die alte Dresdner Bank nicht tot machen", sondern den alten Aktionären neben einer anteiligen Beteiligung an den neuen Instituten jeweils einen Rest alter Aktien belassen.[73]

Deutlich wurde die Wichtigkeit historischer Bezugspunkte auch an einer Stellungnahme der Bankvolkswirte zur zeitweise diskutierten Alternative einer kompletten Verlegung des handelsrechtlichen Firmensitzes in die Bundesrepublik. Eine außerordentliche Hauptversammlung der Dresdner Bank hatte erst am 24. Januar 1950 die Verlegung ihres juristischen Sitzes von Dresden nach Berlin beschlossen,[74] um das Aktienkapital der Bank in die Wertpapierbereinigung – die im August 1949 begonnene Feststellung glaubhafter Ansprüche auf den ehemaligen Besitz während des Krieges vernichteter oder von der sowjetischen Besatzungsmacht beschlagnahmter Wertpapiere – aufnehmen zu lassen.[75] Die Bereinigung der eigenen Aktien war dringend notwendig, wenn die Aktienausgabe der neuen Nachfolgeinstitute mit einem weiterhin gültigen Anteil am Kapital der Altbank verbunden werden sollte; zumal die Deutsche Bank, deren Firmensitz bereits in Berlin lag, bei den entsprechenden Arbeiten einen zeitlichen Vorsprung hatte.[76]

72 Gall, Bankier, S. 223.

73 (Eicke), Juristische Fragen bei der Neuordnung der Großbanken. Unterredung mit Herrn Dr. Richter, 23. 5. 1950, HABB, B 330/2210 (Zitate S. 3, 7); Aktennotiz betr. Großbanken-Reorganisation, 23. 5. 1950, HADrB 16511-2001.

74 Schäfer an vom Hofe, 2. 2. 1951, BAK, B 102/23888.

75 Bericht Höllings auf der Aufsichtsratssitzung der Dresdner Bank am 8. 6. 1950, S. 11f., HADrB 109030. Zur Wertpapierbereinigung vgl. etwa Wolf, Währungsreform, S. 110.

76 Bericht über die seit Kriegsende ruhende Dresdner Bank Berlin für die Zeit vom Zusammenbruch bis 31. Dezember 1955, o. D., S. 13, HADrB 17610-2001.

Eine neuerliche Sitzverlegung im Zuge der Großbankenneuordnung wurde jedoch kategorisch abgelehnt, weil gerade im Fall der Dresdner Bank nach der eben erst erfolgten Aufgabe des sächsischen Traditionssitzes „eine erneute Sitzverlegung von Berlin weg in der Öffentlichkeit als der Ausdruck der von der Bankleitung empfundenen Aussichtslosigkeit, die Berliner Position auf die Dauer zu halten, gedeutet werden“ könne; dadurch gefährde man wiederum den „moralischen Kredit“ der Berliner Neugründung BHI.[77] Ähnlich wie bei der Forderung nach größeren, länderübergreifenden Bankbezirken ließen sich auch hier das Eigeninteresse der Großbanken und ein allgemeinpolitisches Anliegen argumentativ verkoppeln: Richter wies in einer Besprechung bei der BdL im Mai 1950 nicht ganz zu Unrecht darauf hin, eine vollständige Aufgabe der Berliner Firmensitze erscheine „aus politischen Gründen, insbesondere wegen der Lage Berlins, durchaus unzweckmässig und daher unmöglich.“ Nach längerer Diskussion akzeptierte auch der Leiter der Währungsabteilung, Wolfgang Budczies, Richters Argumente und optierte ebenfalls für die Anwendung der Verlagerungsverordnung.[78]

In der Verlagerungsverordnung steckte zwar politischer Konfliktstoff, doch waren die entsprechenden Auseinandersetzungen weit weniger dramatisch als die Debatte um die neuen Bankbezirke. Bedenken der Währungsabteilung der BdL über die Belastung der Bundesländer mit zusätzlichen Ausgleichsforderungen und die bis dahin abgelehnten Forderungen nach Verlagerung weiterer Kreditinstitute aus den sowjetisch besetzten Regionen ließ sich relativ leicht begegnen. Wie der zuständige Referatsleiter im Bundesfinanzministerium nach einem Gespräch mit Richter im April 1950 notierte, konnte man schlecht das ehemalige Zentralvermögen der Berliner Großbanken auf die westdeutschen Nachfolgeinstitute übertragen, ohne auch ihre Verbindlichkeiten gegenüber Gläubigern im Bundesgebiet anzuerkennen. Zudem war das Land Berlin zur Bereitstellung der entsprechenden Ausgleichsforderungen ohnehin finanziell nicht in der Lage, also konnte man die öffentliche Gegenfinanzierung westdeutscher Altverbindlichkeiten auch gleich in Westdeutschland abwickeln. Die übrigen auf Verlagerung drängenden „Ostinstitute“ schließlich verfügten in Westdeutschland weder über wesentliche Aktiva noch über Niederlassungen.[79] Die Anwendung der Verlagerungsverordnung auf die Großbanken stieß daher im Finanzministerium ebenso auf Zustimmung wie in der Bankenabteilung der BdL, wo Eicke sie bereits in sein Konzept vom April 1950 eingearbeitet hatte.[80]

Dennoch blieb die Frage lange ungeklärt. Anfang November 1951 stellte Richter auf Eickes Ersuchen hin nochmals die bekannten Argumente der Großbanken

[77] Volkswirtschaftliches Büro, Zur Frage einer Sitzverlegung der Grossbanken von Berlin nach dem Westen, 26. 4. 1950, HADrB 11131-2001.

[78] Eiche, Aktennotiz betr. Großbanken-Reorganisation, 23. 5. 1950, S. 2, 4f., HADrB 16511-2001; ebd. die Richter zu Beginn der Besprechung von Budczies vorgelegte Ausarbeitung der Währungsabteilung der BdL: Besprechungspunkte für die Erörterung von Rechtsfragen im Zusammenhang mit dem Großbankproblem, 20. 5. 1950. An dieser Besprechung nahmen nur Vertreter der BdL und der Dresdner Bank teil.

[79] Vgl. zu den Bedenken der Währungsabteilung Horstmann, Die Alliierten, S. 225, und dagegen die Einschätzung im Vermerk des Referatsleiters im Bundesfinanzministerium Ernst vom Hofe, 17. 4. 1950, BAK, B 102/23885.

[80] Hermann Richter, Zur Frage der Durchführung der Großbanken-Reorganisation nach dem Vorschlag durch Herrn Eicke, 20. 4. 1950, HADrB 11131-2001.

zusammen. Mittlerweile konnten diese schon unterschwellig damit drohen, dass im Fall einer Nichtanwendung der 35. DVO und damit einer Nichtbefriedigung westdeutscher Gläubiger „möglicherweise die Frage der Neuordnung überhaupt zurückgestellt werden" müsse. Zugleich wurde nochmals deutlich gemacht, wie eng die historisch gewachsene Unternehmensidentität und der unmittelbare Unternehmenserfolg in der Wahrnehmung der Großbanken miteinander verknüpft waren: Die Möglichkeit zur Begleichung alter Verbindlichkeiten schien von eminenter Bedeutung für die Überleitung des „mit den alten Banken verbundene[n] Vertrauensfundus" auf die neuen Nachfolgeinstitute. Dementsprechend konnte man auch damit leben, dass die bei den Ostfilialen und die in Berlin gegenüber „Ostgläubigern" bestehenden Verbindlichkeiten weiterhin ausgeklammert blieben.[81]

Auch hier wurden die Großbanken von Eicke und Vocke unterstützt, der ihre Argumente teils wortgleich an den Zentralbankrat weiterreichte. Die entsprechende Ausarbeitung der Bankenabteilung trug sogar rhetorisch noch dicker auf und forderte einen „Übergang in eindrucksvoller Form". Die Verlagerung sollte, ganz im Sinne der von Richter und Abs immer wieder behaupteten Übereinstimmung von Großbankeninteresse und Allgemeinwohl, „dokumentieren, dass die Bundesrepublik die Grossbanken als wichtige Teile der westdeutschen Wirtschaft ansieht. Die damit verbundene Stärkung ihres good will würde auch den Nachfolgebanken zugutekommen."[82] Im April 1952 war auch dieser Teil der Rezentralisierungskampagne erfolgreich abgeschlossen: Der Hessische Minister der Finanzen erkannte per Erlass die Dresdner Bank Berlin als verlagert an und genehmigte die Einrichtung eines zweiten Geschäftssitzes zur Abwicklung ihrer Altverbindlichkeiten in Frankfurt am Main. Eine dort eingerichtete „Verlagerungsabteilung" übernahm die Erfassung der betroffenen Aktiva und Passiva der alten Dresdner Bank und ihre Übertragung auf die Nachfolgeinstitute – eine Aufgabe, die sich, wie vor allem im letzten Kapitel dieses Buchs zu zeigen sein wird, noch Jahrzehnte hinziehen sollte.[83]

Ebenfalls durchsetzen konnten sich die Banken in der dritten zentralen Frage der Rezentralisierungsdebatte. Die Vermeidung von Ertragssteuern war, wie weiter unten noch zu zeigen ist, gerade für die Dresdner Bank von vitalem Interesse, weil bei der Ausgründung neuer Institute in hohem Umfang stille Reserven mobilisiert werden mussten, die sich in der Gewinn- und Verlustrechnung als außerordentliche Erträge niederschlugen. Schon im Oktober 1950 konnte Richter nach einer Vorbesprechung im Finanzministerium mitteilen, es bestehe „begründete Aussicht, dass eine für die Bank befriedigende Regelung erfolgen" werde.[84] Seit November wurde zwischen Großbankenvertretern, Ländern sowie Bundesfinanz- und Bundeswirtschaftsministerium über die steuerliche Regelung debattiert. Grundsätzlich konnten sich die Banken einer Unterstützung der Bundes-

[81] Richter an Eicke, 5. 11. 1951, HADrB 16511-2001.
[82] Vocke an den Präsidenten des Zentralbankrats, 16. 11. 1951, mit Anlage: Abteilung Banken, (Ausarbeitung zur Verlagerung der Filialgroßbanken), 15. 11. 1951, Zitate S. 6, HABB, B 330/3175.
[83] Der Hessische Minister der Finanzen an den Vorstand der Dresdner Bank Berlin, 21. 4. 1952, HADrB 11132-2001.
[84] Schäfer an Goetz, 26. 10. 1950, HADrB 1792-2002.

instanzen gewiss sein, zumal ihr zentrales Argument, es sei „unzumutbar, dass die den Banken aufgezwungene Dezentralisierung zu einer umfangreichen Besteuerung führe, obwohl bei der normalen Fortführung des Geschäftes derartige Steuern nie entstanden sein würden“, einiges für sich hatte. Überzeugt werden mussten auch hier in erster Linie die Länder, denen die potenziellen Steuereinnahmen entgingen.[85] Auch in diesem Punkt hatten die Großbanken jedoch das Bundesfinanzministerium auf ihrer Seite. Im Januar 1951 war man dort „zu der Überzeugung gekommen, dass eine direkte Verständigung zwischen den Banken und einzelnen Ländern doch wohl nicht durchführbar sei und man nicht ohne eine gesetzliche Regelung auskomme“; zumindest ein Teil der Bundesländer hatte inzwischen überdies die Notwendigkeit einer steuerlichen „Sonderregelung“ akzeptiert.[86] Am Ende enthielt das Großbankengesetz massive Steuerermäßigungen, die gegen den Widerstand der SPD durchgesetzt worden waren; Kapitalverkehrsteuern fielen ganz weg, und die Aufwertungsgewinne unterlagen lediglich zu 30 Prozent der Körperschaftsteuer, dem „Notopfer Berlin“ und der Gewerbesteuer.[87]

Schon im Januar 1952 hatte Hermann Richter in einer Sitzung des Bundestagsausschusses für Geld und Kredit konstatiert, der vorliegende Gesetzentwurf enthalte zwar „keine ideale Lösung, jedoch eine einigermaßen brauchbare Regelung“, da „die Konzeption des Gesetzes weitgehend durch das Memorandum Abs-Götz[sic!]-Marx beeinflußt sei.“[88] Das war im Grunde noch untertrieben, denn abgesehen von der zunächst klar abgelehnten Regelung durch ein deutsches Gesetz waren kaum substanzielle Abstriche an den kurzfristigen Zielen der Großbanken zu verzeichnen, und die endgültige Rezentralisierung war inzwischen längst politischer Konsens. In der Aufsichtsratssitzung der Dresdner Bank am 16. Mai 1952, die die Ergebnisse des zähen Kampfes um die schrittweise Rezentralisierung resümierte, formulierte Richter denn auch einfach, es sei „gelungen“, die im Abs/Goetz/Marx-Memorandum aufgestellten Forderungen „durchzusetzen“. Erwin Dircks, der auf dieser Sitzung zum stellvertretenden Aufsichtsratsvorsitzenden gewählt wurde, würdigte die „geschickte Zermürbungstaktik und den unermüdlichen Einsatz des Herrn Goetz“ zum Schutz der Aktionäre und Gläubiger. Dabei blieb freilich unerwähnt, dass der mit Abstand wichtigste Akteur der gesamten Verhandlungen aus dem Vorstand der Deutschen Bank kam und auch der zentrale Interessenvertreter der Dresdner Bank nicht Goetz, sondern Hermann Richter gewesen war. Dieser betrachtete es wiederum als seinen „besonderen Erfolg“, dass „die Ausgründung von den alten Organen der Großbanken durchgeführt werden kann und damit Vorstand und Aufsichtsrat der Dresdner Bank wieder voll in ihre Funktionen eingesetzt sind.“[89]

[85] Aktennotiz Schäfer, 16. 11. 1950, HADrB 11131-2001.

[86] Aktennotiz Richter, 16. 1. 1951, HADrB 11132-2001.

[87] Horstmann, Die Alliierten, S. 281; die Steuerermäßigungen in: Gesetz über den Niederlassungsbereich von Kreditinstituten, 29. 3. 1952, § 11, BGBl. 1952/I, S 219. Manfred Pohls These, die Großbanken seien selbst nach der Gründung der Bundesrepublik „von politischer und wirtschaftlicher Seite nur ungenügend unterstützt“ worden (Pohl, Entwicklung, S. 233), erscheint angesichts der hier geschilderten Entwicklung einigermaßen abwegig.

[88] Deutscher Bundestag, Ausschuß für Geld und Kredit, Kurzprotokoll der 56. Sitzung des Ausschusses für Geld und Kredit am Freitag, den 18. 1. 1952, S. 2, HABB, B 330/3175.

[89] Niederschrift über die Sitzung des Aufsichtsrates der Dresdner Bank am Freitag, den 16. Mai 1952 in Frankfurt a. M., Zitate S. 1 f., 7, HADrB 11132-2001.

Abb. 11: Hugo Zinßer und Hermann Richter ca. 1953.
Quelle: HADrB.

Das war zwar so nicht korrekt, weil diese Organe nur noch über den Weg zur endgültigen Selbstauflösung der alten Dresdner Bank beschließen konnten. Aber mit dieser Auflösung war eben auch eine Reorganisation verknüpft, deren Rückhalt in der historischen Tradition sich deutlich in der personellen Kontinuität der Spitzenmanager manifestierte. Diesen verblieb die Aufgabe, eine tragfähige organisatorische Interimslösung für die kommenden Jahre zu finden und zugleich ihre Berliner Altbank endgültig zu verabschieden; darauf ist im nächsten Kapitel ausführlich zurückzukommen. Das Großbankengesetz beendete jedoch gleichzeitig eine zweite Übergangsphase des Bankgeschäfts, die zunächst näher zu betrachten ist.

2. Geschäftsentwicklung und Geschäftspolitik nach der Währungsreform

Dass die Währungsreform für die deutschen Banken eine besonders ausgeprägte Aufschwungphase einleitete, ist nicht überraschend. Die Reform löste durch die Ausstattung der Kreditinstitute mit Ausgleichsforderungen nicht nur das Problem der uneinbringlichen Reichsschulden, die bei weitem den größten Aktivposten dargestellt hatten. Sie machte auch Geld wieder zu einer knappen Ressource und wertete dadurch die Rolle der Banken im Wirtschaftskreislauf auf. Dass gleichzeitig die bis dahin administrativ fixierten Preise zu einem großen Teil freigegeben und die Bewirtschaftungsvorschriften teilweise aufgehoben wurden, bewirkte nicht nur eine Beschleunigung, sondern auch einen qualitativen Wandel des Wirtschaftswachstums. Die industrielle Produktion war jetzt nicht mehr nur am Erhalt von Kapazitäten und Stammbelegschaften orientiert. Dass die in den Jahren zuvor aufgestaute Nachfrage nach Konsum- wie Produktionsgütern jetzt zu Marktpreisen bedient werden konnte, schuf die nötigen Anreize für eine rasche Zunahme der Investitionen.[90]

Da diese Transaktionen jetzt wieder gegen Geld und nicht mehr, wie zuvor weit verbreitet, auf dem Wege des Tauschhandels durchgeführt wurden, wuchs wiederum die Kreditnachfrage drastisch an. Am deutlichsten zeigte sich das in der ersten, unmittelbar auf die Reformen folgenden Aufschwungphase, als ein Anstieg der industriellen Produktion um rund ein Viertel binnen vier Monaten von einer sprunghaften Ausweitung der kurzfristigen Kredite an Nichtbanken begleitet wurde, die sich zwischen Ende Juli und Ende Oktober 1948 fast verdreifachten.[91] Trotz eines konjunkturellen Einbruchs im folgenden Jahr setzte sich die Normalisierung des makroökonomischen Kreislaufs fort; dies spiegelte sich in massiven Zuwachsraten des Geschäftsvolumens, der Gewinne und der Spareinlagen der Banken insbesondere im ersten Jahr nach der Währungsreform, die ihrerseits gesamtwirtschaftliche Wachstumseffekte entfalteten.[92]

Bilanzentwicklung und Geschäftspolitik

Diese Tendenz zeigen auch die aggregierten, nach einer Betriebsprüfung korrigierten Steuerbilanzen der elf Nachfolgeinstitute der Dresdner Bank.[93] Im Ver-

90 Buchheim, Kontroverse, S. 99f. Zur konjunkturellen Entwicklung seit der Währungsreform vgl. Herbert Giersch/Karl-Heinz Paqué/Holger Schmieding, The fading miracle. Four decades of market economy in Germany, Cambridge 1992, S. 42–51; zur Reform der Preisbildung jetzt Irmgard Zündorf, Der Preis der Marktwirtschaft. Staatliche Preispolitik und Lebensstandard in Westdeutschland 1948–1963, Stuttgart 2006, S. 33–152.

91 Die kurzfristigen Kredite an Nichtbanken erhöhten sich in diesem Zeitraum von 1,3 auf 3,8 Mrd. DM; Holtfrerich, Geldpolitik, S. 365. Der Index der Industrieproduktion (1936 = 100) stieg zwischen Juli und Oktober 1948 von 60 auf 76 Punkte; Ritschl, Währungsreform, S. 164.

92 Vgl. am Kölner Beispiel ausführlich Rudersdorf, Wiederbeginn, insb. S. 258f., 263; am Beispiel der Deutschen Bank Holtfrerich, Deutsche Bank, S. 557.

93 Das Folgende, sofern nicht anders angegeben, nach: Handels-, Steuer- und Prüferbilanzen der Firma Dresdner Bank, Anlage 1a zum Betriebsprüfungsbericht vom 10. 9. 1958, HADrB 7739-2002. Angaben per 21. 6. 1948 nach der vorläufig bestätigten Umstellungsrechnung mit Buchungsstand 31. 12. 1953, alle Angaben auf volle Millionen gerundet. Die Steuerbilanzen der elf Nach-

gleich zur Entwicklung der Bilanzkennziffern und Beschäftigtenzahlen nach der Währungsreform erscheinen die vorangehenden Jahre, auch wenn hier nach dem Tiefpunkt von 1945 durchaus ein gewisses Wachstum zu verzeichnen war, umso deutlicher als eine Phase der (relativen) Stagnation. Dies demonstriert vor allem das drastische Anwachsen der addierten Bilanzsummen von 510 Mio. DM am Tag nach der Währungsreform (21. 6. 1948) auf 1457 Mio. DM, also um 185 Prozent, bis Ende 1949. Die Industrieproduktion, die sich natürlich nur als grober Vergleichsindikator eignet, stieg im gleichen Zeitraum lediglich um etwa 75 Prozent.[94] Auf der Passivseite verdankte sich dieser Zuwachs vor allem den Einlagen, die von 405 auf 1033 Mio. DM stiegen. Die bei allen Großbanken-Nachfolgern ohnehin äußerst schwache Eigenkapitalbasis konnte mit dem stürmischen Wachstum nicht Schritt halten; bei den Nachfolgeinstituten der Dresdner Bank kamen zu einem vorläufigen Eigenkapital von zunächst 27 Mio. DM, im zweiten Geschäftsjahr 23 Mio. DM lediglich Rückstellungen von 46 bzw. 76 Mio. DM hinzu.[95]

Den wichtigsten Posten auf der Aktivseite bildeten nach der Währungsreform zunächst Ausgleichsforderungen, die mit 241 Mio. DM fast die Hälfte der Bilanzsumme erreichten und nochmals die existenzielle Bedeutung dieser Lösung des Reichsschuldenproblems verdeutlichen. Durch das Wachstum des Geschäftsvolumens reduzierte sich dieser Anteil jedoch bis Ende 1949 bereits auf gut 15 Prozent. Der Anteil der Debitoren, der zum Stichtag der Währungsreform mit 136 Mio. DM nur 26 Prozent der Bilanzsumme ausmachte, verzeichnete hingegen eine gegenüber anderen zentralen Bilanzwerten weit überproportionale Steigerung auf 663 Mio. DM oder 46 Prozent des Bilanzvolumens und übertraf damit bereits den Anteil der Jahre seit 1936. Er lag damit allerdings auch über dem langfristig „normalen" Anteil von 35 bis 40 Prozent und demonstrierte die sprunghaft gewachsene Nachfrage nach Krediten, die sich in den Folgejahren wieder abschwächte.[96] Wesentliche Zuwächse ergaben sich außerdem aus LZB- und anderen Bankguthaben sowie einem nahezu verdreifachten Wechselbestand.

In den beiden letzten Jahren der Dezentralisierung auf Länderebene – die im nächsten Kapitel zu schildernde Reorganisation der „Dreier-Lösung" geschah rückwirkend zum 1. Januar 1952 – verzeichneten die Dresdner-Bank-Nachfolgeinstitute zwar weiterhin hohe, aber nicht annähernd so dramatische Zuwächse wie in den ersten 18 Monaten nach der Währungsreform. Die Bilanzsumme der elf Länderinstitute stieg jeweils um gut eine halbe Milliarde DM auf 2056 Mio. DM (1950) und 2583 Mio. DM (1951), was immerhin noch stattliche Zuwachsraten gegenüber dem jeweiligen Vorjahr von 41 bzw. 26 Prozent bedeutete. Der Anteil der Debitoren stieg mit 882 bzw. 947 Mio. DM zunächst auf 43 Prozent und ging

folgeinstitute wurden für die Versteuerung zusammengefasst und 1958 auf der Grundlage der Umstellungsrechnungen einer Betriebsprüfung unterzogen, die Bilanzen der einzelnen Länderinstitute sind nicht überliefert.

94 Berechnet nach Werner Abelshauser, Die Langen Fünfziger Jahre. Wirtschaft und Gesellschaft der Bundesrepublik Deutschland 1949–1966, Düsseldorf 1987, S. 78.

95 Die vorläufige Eigenkapitalausstattung der Großbanken-Nachfolgeinstitute belief sich nach der Währungsreform auf durchschnittlich 1,7% der Verbindlichkeiten. Bei den Regional- und Staatsbanken betrug diese Quote 4,8%, bei den Privatbanken 7,7%; Wandel, Entstehung, S. 92, nach Walter Bauer, Die westdeutsche Bankreform. Eine Studie zur Entwicklung des Großbank- und Zentralbankwesens seit dem Jahre 1945 bis zur Gegenwart, Diss. Tübingen 1954, S. 144.

96 Vgl. Bähr, Dresdner Bank, S. 180, Grafik V–6.

dann auf 37 Prozent zurück, während sich der Anteil der (in absoluten Zahlen naturgemäß fast konstant bleibenden) Ausgleichsforderungen weiter auf 11 bzw. 9 Prozent reduzierte. Etwa analog zur Bilanzsumme stiegen hingegen die Einlagen auf 1546 Mio. DM (1950) und 2092 Mio. DM (1951).

Eine Differenzierung der Bilanzsumme nach den einzelnen Länderinstituten ist nur für den Mai 1950 überliefert. Danach verteilte sich das Bilanzvolumen knapp zwei Jahre nach der Währungsreform wie folgt:

Tabelle VI/1: Bilanzsummen der elf Nachfolgeinstitute der Dresdner Bank und Anteil am addierten Bilanzvolumen Ende Mai 1950[97]

	Bilanzsumme in Mio. DM	Anteil am addierten Bilanzvolumen in %
Rhein-Ruhr Bank	449	33,1
Rhein-Main Bank	249	18,3
Hamburger Kreditbank	208	15,3
Bayerische Bank für Handel und Industrie	112	8,3
Allgemeine Bankgesellschaft	111	8,2
Niederdeutsche Bankgesellschaft	75	5,5
Bremer Bank	60	4,4
Industrie- und Handelsbank	59	4,3
Süddeutsche Kreditanstalt	18	1,3
Lübecker Bank	9	0,7
Bankanstalt für Württemberg-Hohenzollern	7	0,5
Gesamt	1357	99,9

Gegenüber den Größenverhältnissen unmittelbar vor der Einführung der neuen Währung ist also eine deutliche Gewichtsverschiebung zugunsten der drei für die Dresdner Bank wichtigsten Bundesländer festzustellen.[98] Eine Tendenz zur Konzentration des Bankgeschäfts an den drei zentralen Standorten Düsseldorf, Frankfurt und Hamburg war somit schon vor der institutionellen „Dreier-Lösung" des Jahres 1952 offensichtlich, und das Insistieren der Dresdner Bank auf einem einzigen süd- und südwestdeutschen Bankbezirk mit einer Zentrale in Frankfurt wird dadurch umso nachvollziehbarer. Auch bei den Kundeneinlagen ist eine deutliche Anteilsverschiebung zugunsten der größeren Institute feststellbar, die dem Argument von der fehlenden „Überlebensfähigkeit" der kleineren Länderinstitute tendenziell Recht zu geben scheint:

[97] Quelle: Pohl, Konzentration, S. 437; Prozentanteile eigene Berechnungen.
[98] Vgl. Tabelle V/1.

Tabelle VI/2: Anteil der elf Nachfolgeinstitute an den gesamten Kundeneinlagen 1948–1950 in %[99]

	21. 6. 1948	31. 12. 1949	30. 4. 1950
Düsseldorf	30,7	34,7	32,4
Frankfurt a. M.	14,6	16,9	18,5
Hamburg	12,6	16,1	17,6
München	12,3	8,3	8,6
Stuttgart	10,5	7,5	7,0
Hannover	7,6	4,9	5,0
Bremen	4,6	4,8	4,0
Mainz	3,7	4,2	4,5
Freiburg	1,7	1,4	1,3
Lübeck	1,2	0,7	0,7
Reutlingen	0,5	0,5	0,4

So ganz einleuchtend ist dieses Argument, das Alfred Hölling anlässlich der Vorstellung dieser Zahlen auch dem Aufsichtsrat vortrug,[100] allerdings nicht. Der Anteilsverlust traf schließlich vor allem die mittelgroßen Bankbezirke Bayern, Württemberg-Baden und Niedersachsen, während die kleineren Länderinstitute teils sogar steigende Quoten zu verzeichnen hatten. Gerade das bayerische Nachfolgeinstitut wiederum, das jetzt massive Verluste des Einlagenanteils hinnehmen musste, wurde mit Blick auf das Geschäftsjahr 1947 vom Buchprüfer Paul Binder – immerhin einem ehemaligen leitenden Angestellten der Dresdner Bank – „als Ganzes wie in seinen Teilen nicht nur als lebensfähig, sondern als gut fundiert" eingeschätzt.[101]

Hessen, Hamburg und Nordrhein-Westfalen, aber auch Bremen lagen deutlich über dem durchschnittlichen Anteil der Dresdner-Bank-Gruppe an den Kundeneinlagen aller bundesdeutschen Kreditbanken, der sich Mitte 1949 auf 18 Prozent belief. Klar unterproportional beteiligt waren hingegen vor allem Bayern, das in den politischen Debatten lange als eigener Ausgründungsbezirk diskutiert wurde, und Schleswig-Holstein, also Bezirke sehr unterschiedlicher Größe. Die Anzahl der Niederlassungen bietet hierfür keine Erklärung, denn mit neun Stellen war man in Bayern kaum schlechter vertreten als mit dreizehn in Hessen, und die eine Niederlassung in Württemberg-Hohenzollern erzielte dort einen fast doppelt so hohen Einlagenanteil wie die einzige Filiale in Schleswig-Holstein.[102] Die Gewichtsverlagerungen erklären sich eher aus dem Zusammenwirken zweier Faktoren, auf die allerdings in den Quellen nicht verwiesen wird. Zum einen dürften

[99] Quelle: Bericht Höllings auf der Aufsichtsratssitzung der Dresdner Bank am 8. 6. 1950, S. 8, HADrB 109030 (ohne Bankeinlagen). Die letzte Spalte auch bei Meyen, 120 Jahre, S. 149.

[100] Bericht Höllings auf der Aufsichtsratssitzung der Dresdner Bank am 8. 6. 1950, S. 9, HADrB 109030.

[101] Paul Binder, Bericht über die Prüfung des Jahresabschlusses per 31. 12. 1947 der Bayerischen Bank für Handel und Industrie, München, Mai 1950, S. 8 f., HADrB 7471-2000.

[102] Anteil der Dresdner-Bank-Nachfolgeinstitute an den Kundeneinlagen und Anlagekonten vom 30. April 1949 bei der Gruppe private Kreditbanken, Anlage zu: Zinßer an Geschäftsleitungen der Nachfolgeinstitute, 29. 9. 1949, HADrB 250-1999. Anzahl der Niederlassungen (1950) bei Meyen, 120 Jahre, S. 149.

sich hier die unterschiedlichen regionalen Wirtschaftsstrukturen und, damit verbunden, unterschiedliche Konjunkturverläufe[103] niedergeschlagen haben. Zum anderen ist zu vermuten, dass die Führungsebene schon zur Reduzierung der Gesamtkosten, aber auch zur Anknüpfung an die alten Zentralstrukturen bewusst auf eine verstärkte Präsenz an den drei führenden bundesdeutschen Finanzplätzen hinarbeitete, auf deren Institutionalisierung als zentrale Standorte der neuen Bankbezirke man sich ohnehin einstellte.

Die Währungsreform bewirkte nicht nur einen Wachstumsschub im Bilanzvolumen, sie ermöglichte auch die Rückkehr zu einer normalen Rentabilitätspolitik. Die Voraussetzung für die Erzielung von Überschüssen durch die Filialen war bis dahin nämlich „hauptsächlich“ die Zinslosigkeit der Einlagen gewesen. Nachdem die Zinszahlungen wieder aufgenommen werden mussten, starteten die Nachfolgeinstitute der Dresdner Bank zwar zunächst einmal mit weitgehend ungedeckten Unkosten in die DM-Ära, und die Währungsumstellung selbst verursachte erhebliche zusätzliche Kosten. Zudem brachte das Effektengeschäft zunächst „kaum Einnahmen“. Der grundlegende Unterschied zur Stagnationsphase der letzten Reichsmark-Jahre lag jedoch darin, dass das Hauptaugenmerk angesichts der rapiden Ausweitung des Geschäftsvolumens wieder auf der Ertragsseite und nicht mehr auf der Deckelung der Kosten lag.[104] Der Übergang gelang schnell. Hölling resümierte 1950 vor dem Aufsichtsrat, dass „die Unkostendeckung noch im II. Halbjahr 1948 erreicht und im Jahre 1949 bereits wieder ein Betriebsüberschuss erzielt werden konnte, der ausreicht[e], um eine Pauschalwertberichtigung in der bisher steuerlich zulässigen Höhe von etwa 16 Millionen DM neben ausreichenden Abschreibungen und Rückstellungen zu bilden.“ Eine wesentliche Grundlage dafür bildete die relativ hohe Zinsmarge im Kreditgeschäft, die Ende 1948 bei 2,84 Prozent (gegenüber 2,07 Prozent Ende 1938) lag, allerdings infolge steigenden Wettbewerbsdrucks eine fallende Tendenz aufwies.[105] Bald darauf dürfte die Marge jedoch, wie bei der Deutschen Bank, durch den Aufschwung im Gefolge des Korea-Kriegs auf einen langfristigen Höchststand gestiegen sein.[106]

Angesichts des gesamtwirtschaftlich bedingten raschen Wachstums des Kreditgeschäfts waren diese Margen zudem relativ leicht zu verdienen. Beispielhaft zeigt das ein Rundschreiben der Rhein-Main Bank an die hessischen Filialen. Bereits im August 1948 wurden die Filialdirektionen aufgefordert, „alles zu tun, unsere Kundschaft in der augenblicklichen Situation besonders pfleglich zu behandeln und darüber hinaus alle Möglichkeiten auszunutzen“, um den Kundenkreis und den Anteil an dessen Bankgeschäften auszuweiten. Insbesondere Neukundschaft sollte durch geradezu penetrante Maßnahmen geworben werden, indem sich „bei Geschicklichkeit immer ein Grund für einen Besuch finden“ lasse. Dabei ging es jedoch nicht primär um die Gewinnung von Kreditkunden. Vielmehr wurde ge-

[103] Diese zeigen sich in regional extrem unterschiedlichen Arbeitslosenquoten 1949/50; vgl. Giersch/Paqué/Schmieding, miracle, S. 48.
[104] Ausarbeitung Schleipen, Betr.: Aufsichtsratbesprechung am 9. 12. 1948 in Hamburg, 29. 11. 1948, HADrB 106435.
[105] Bericht Höllings auf der Aufsichtsratssitzung der Dresdner Bank am 8. 6. 1950, S. 10, HADrB 109030.
[106] Vgl. Holtfrerich, Deutsche Bank, S. 570.

Abb. 12: Das neue Hauptgebäude der Rhein-Ruhr Bank in Düsseldorf 1952.
Quelle: HADrB.

zielt auf eine Erhöhung der Einlagen hingearbeitet, die angesichts des dürftigen Kreditgeschäfts bislang eher eine problematische Größe gewesen waren. In der Aufschwungphase nach der Währungsreform war es hingegen „von grösster Tragweite, ob es gelingt, neue Kreditoren zu gewinnen [...], da das debitorische Geschäft ohne unser Zutun auf uns zukommt." Insbesondere den Postscheckämtern wollte man durch „[s]orgfältiges Durcharbeiten der Eingangspost auf etwa zwischen den Zeilen erkennbare neue Geschäftsmöglichkeiten" die Kundschaft abjagen und damit den während der NS-Zeit verstärkt eingeschlagenen Weg ins Massengeschäft fortsetzen. Besonderes Augenmerk sollte zudem auf das Außenhandelsgeschäft gerichtet werden, wo die Verbindung von Marshallplan-Hilfe und Währungsreform auf rasch wachsende Finanzierungsvolumina hoffen ließ. Die Erwartung eines neuen Anfangs kam nicht zuletzt in der Mahnung zum Ausdruck, dass die „Zeiten der ganz provisorischen, zwangsläufig etwas unordentlichen Kassenräume [...] vorbei" seien.[107]

Bei diesem von Hugo Zinßer unterzeichneten Rundschreiben handelte es sich keineswegs um einen routinemäßigen Ordnungsruf oder die bloße Demonstration zentraler Richtlinienkompetenz. Die besondere Bedeutung, die die Geschäftsleitung der Rhein-Main Bank diesem Aufruf zumaß, kam in einem ergänzenden Hausrundschreiben zum Ausdruck, in dem den Frankfurter Mitarbeitern auf geradezu dramatische Weise größtmöglicher Einsatz nahe gelegt wurde: „Je-

[107] Rhein-Main Bank, Geschäftsleitung, Direktions-Rundschreiben Nr. 13, 23. 8. 1948, HADrB 4466-2000.

der von uns muss sich täglich selbst kontrollieren, ob er alles getan hat, was auf den genannten Gebieten in seinen Kräften steht.“[108] Die massiven Anstrengungen zur Vergrößerung der Kreditorenbasis reflektierten eine drastische Verschiebung des Verhältnisses von Krediten zu Einlagen bei den Nachfolgeinstituten der drei Filialgroßbanken, das infolge der stürmischen Konjunkturentwicklung im April 1949 bei 86 Prozent lag, während es 1938 nur 43 Prozent betragen hatte.[109]

Ende 1948 machte die Frankfurter Geschäftsleitung zum wiederholten Mal deutlich, dass „Kundenwerbung […] heute mehr denn je […] auf die Gewinnung neuer Kreditoren abzustellen“ war. Eine mittlerweile zur Dämpfung des inflationären Preisauftriebs durch die Landeszentralbanken vorgeschriebene Limitierung des Kreditvolumens auf den Stand der Inanspruchnahme am 31. 10. 1948[110] machte es sogar sinnvoll, vorläufig auf die Rückgewinnung abgewanderter debitorischer Kunden zu verzichten. In fehlenden liquiden Mitteln der Bank war die kreditpolitische Zurückhaltung nicht begründet.[111] Sie lag vielmehr auf einer allgemein vorsichtigen geschäftspolitischen Linie, dergemäß die Filialen angesichts des Inflationsschubs und eines darauf folgenden Wachstumsrückgangs angewiesen wurden, „neue Kredite nur dann zu geben, wenn es sich hierbei um Schuldner einwandfreier Bonität handelt[e]“ und die Refinanzierungsmöglichkeit bei den LZB sichergestellt war. Ebenso sollten die Filialen im Wechselgeschäft „auf sorgfältigste Auswahl“ achten. Darüber hinaus hatten sie, und zwar „mit grösster Beschleunigung und ganz systematisch“, „sich von allen Debitoren zu lösen, die unter Umständen der Belastung durch eventuell eintretende Wirtschaftsdepressionen nicht gewachsen sein könnten“.[112] Dass sich gerade die Dresdner Bank seit der Währungsreform „wagemutig zu einem vollen Einsatz ihres Kreditspielraums bereit“ gezeigt hätte,[113] lässt sich aus diesen Anweisungen wohl kaum ableiten.

Die Beiratsprotokolle der Hamburger Kreditbank bestätigen, dass eine stärkere Ausweitung des Kreditvolumens nicht durch Liquiditätsprobleme, sondern durch eine zurückhaltende Geschäftspolitik gehemmt wurde. Treuhänder Reckmann mahnte im November 1948 zu einer vorsichtigen Geschäftsausweitung,[114] obwohl die Banken zu dieser Zeit allgemein wegen hoher Überschussreserven „in Liquidität schwammen“.[115] Möglicherweise wirkten hier immer noch die Erfahrungen der Bankenkrise von 1931 oder die extreme Liquiditätspolitik der letzten Kriegsphase nach, aber die rasch wachsende Quote der Kredite an den Einlagen legte zweifellos eine gewisse Vorsicht nahe. Reckmann stellte im März 1949 dennoch

[108] Rhein-Main Bank, Geschäftsleitung, Direktions-Hausrundschreiben Nr. 1, 30. 8. 1948, ebd.

[109] Walter Hofmann, Die Banken seit dem Tage X, in: ZgK 2 (1949), S. 273–276, hier S. 275.

[110] Die Kontrollmaßnahme wurde im März 1949 wieder aufgehoben. Vgl. dazu Holtfrerich, Geldpolitik, S. 365, 368; Wolf, 30 Jahre, S. 31.

[111] Rhein-Main Bank, Geschäftsleitung, Direktions-Rundschreiben Nr. 29, 29. 12. 1948, HADrB 4466-2000.

[112] Rhein-Ruhr Bank, Hauptverwaltung, Rundschreiben Nr. 1, 7. 1. 1949, HADrB 3555-2002. Eine ausführliche Bekräftigung dieser Anweisungen im Rundschreiben Nr. 25, 26. 3. 1949, ebd. Zum Konjunkturverlauf in dieser Phase vgl. Abelshauser, Wirtschaftsgeschichte, S. 63f.; Giersch/Paqué/Schmieding, miracle, S. 46–51.

[113] Meyen, 120 Jahre, S. 210.

[114] Protokoll der 2. Sitzung des Beirats der Hamburger Kreditbank am 8. 11. 1948, S. 4, HADrB 17835-2001.

[115] Holtfrerich, Geldpolitik, S. 366.

fest, „dass die Bank gut im Geschäft ist, dass verdient wird“, dass aber vor allem eine „solche Liquidität […] wohl kaum eine andere Bank aufzuweisen“ hatte.[116] Die betont vorsichtige Kreditpolitik auch der Folgezeit, die laut Hans Rinn im Interesse des Kundenvertrauens „bewusst auf grössere Gewinnmöglichkeiten“ verzichtete,[117] reichte weiterhin für ständig wachsende Erträge. Ende 1948 lagen die Bar- und Akzeptkredite der Hamburger Kreditbank bei 37,8 Mio. DM, die Diskontkredite bei 26,5 Mio. DM.[118] Obwohl die BdL wegen inflationärer Tendenzen im Gefolge des Korea-Kriegs und wachsender Handelsbilanzdefizite seit Herbst 1950 eine restriktive Geld- und Kreditpolitik betrieb und im Februar 1951 sogar eine Rückführung des kurzfristigen Kreditvolumens durch die Landeszentralbanken anordnete,[119] steigerten sich die Ausleihungen bis zum September 1951 auf die „Rekordhöhe“ von 213 Mio. DM Bar- und Akzept- sowie 105 Mio. DM Diskontkrediten. Der Kreditbedarf konnte problemlos bewältigt werden, weil parallel auch die Einlagen weiter stiegen; die kurzfristigen Mittel deckten fast vollständig die täglich fälligen Verbindlichkeiten. In der Konsequenz stieg der Betriebsgewinn der Hamburger Kreditbank von 658 000 DM im zweiten Halbjahr 1948 auf gut 7 Mio. DM allein im ersten Halbjahr 1951.[120]

Ertragslage und Marktposition

Die Hinweise zur günstigen Liquiditätslage, die sich in der eingangs zitierten Entwicklung der Einlagen spiegelt, und zum Verzicht auf Gewinnmöglichkeiten machen bereits deutlich, dass die permanenten Klagen der Bankrepräsentanten in den Auseinandersetzungen um die Reorganisation ihrer Institute mit einiger Vorsicht behandelt werden müssen. Die in den Stellungnahmen zur Dezentralisierungsdebatte immer wieder vorgetragenen ökonomischen Argumente waren tatsächlich weniger stichhaltig als die juristischen. Dass die Dezentralisierung in einem für das zukünftige Wachstum entscheidenden Punkt keinen Einschnitt bewirkte, räumte Hölling im Rückblick auf die Phase der elf Nachfolgeinstitute 1952 selbst ein: Auf die „Treue der Kundschaft“ war Verlass, denn diese hatte „fast in keinem Falle ihre Verbindung zur Dresdner Bank aufgegeben“.[121] Schon zwei Jahre zuvor hatte Hölling die Entwicklung der Nachfolgeinstitute mit den Worten resümiert, „dass – unter Berücksichtigung der gegebenen besonderen Verhältnisse – die Geschäftsstruktur als durchaus solide, die Liquidität als etwas über dem Durch-

[116] Protokoll der 2. Sitzung des Beirats der Hamburger Kreditbank am 24. 3. 1949, S. 1 f., 6, HADrB 17835-2001.

[117] Protokoll der 6. Sitzung des Beirats der Hamburger Kreditbank, 3. 8. 1950, S. 3, ebd.

[118] Ohne Kredite an Banken, die nochmals 13,1 Mio. DM ausmachten; Gesamtentwicklung (Notiz Rinn für Beiratssitzung), 30. 8. 1949, ebd.

[119] Vgl. Holtfrerich, Geldpolitik, S. 374–380.

[120] (Rinn), Notiz für die Beiratssitzung am 13. Oktober 1951, S. 1, HADrB 17835-2001. Die von Rinn angegebenen Zahlen zum Gewinn aus dem laufenden Geschäft decken sich nicht mit den späteren Ermittlungen der Buchprüfer, die aber dieselbe Tendenz aufweisen. Das zweite Halbjahr 1948 wird in dieser Aufstellung nicht separat ausgewiesen. Nach Verrechnung von außerordentlichen Aufwendungen und Erträgen ergab sich durch hohe Abschreibungen 1948/49 ein Verlust; Bericht der Treuhand-Vereinigung Aktiengesellschaft, Hamburg, über die Prüfung der Jahresabschlüsse 1949, 1950 und 1951 der Hamburger Kreditbank, Januar 1954, HADrB 108704.

[121] Niederschrift über die Sitzung des Aufsichtsrates der Dresdner Bank am Freitag, den 16. Mai 1952 in Frankfurt a. M., S. 6, HADrB 11132-2001.

schnitt liegend und die Rentabilität als befriedigend angesehen werden“ könne. Der bis dahin erreichte Diskussionsstand in der Dezentralisierungsfrage ließ mittelfristig auch die Bildung stiller Reserven und eine angemessene Kapitalverzinsung erwarten.[122]

Zwar handelte es sich hier nicht zuletzt um einen Rechtfertigungsbericht des Managements, von dem tendenziell positive Darstellungen zu erwarten waren. Aber auch auf anderen Feldern zeigte sich, dass die gebetsmühlenartigen Klagen der Großbankenvorstände in der politischen Debatte deutlich überzogen waren. Der interne Geldausgleich der Nachfolgeinstitute war seit Anfang 1948 mit gewissen Auflagen wieder möglich, so dass die Kosten einer ersatzweisen externen Refinanzierung über den Geld- und Kapitalmarkt weitgehend wieder wegfielen. Bis 1949 war der Geldausgleich innerhalb der ehemaligen Großbanken bereits so weit rezentralisiert, dass der hessische Landeszentralbankpräsident Veit eine völlige Umgehung des Zentralbanksystems im Girobereich beklagte.[123] Goetz erklärte Vizekanzler Blücher außerdem unverblümt, die Einflussnahme der einzelnen Landeszentralbanken auf die Refinanzierung der regionalen Banken über Rediskontkredite werde „wie jeder Kenner der Verhältnisse zugeben wird [...] glücklicherweise schon unterbrochen dadurch, daß die Banken in der Lage sind, unter Ausnützung [sic!] günstigerer Diskontsätze ihr Wechselmaterial an geldflüssige Banken anderer Bezirke abzugeben, die dann ohne weiteres in der Lage sind, in ihrem Bezirk bei ihrer Landeszentralbank zu diskontieren.“[124]

Jedenfalls für die ersten Jahre nach der Währungsreform war auch das Argument der Großbanken nicht besonders gravierend, durch die Dezentralisierung werde ihre Kapazität zur Vergabe von Großkrediten stillgelegt. Die volkswirtschaftliche Relevanz dieser These hielt sich ohnehin in Grenzen, denn erstens erreichte in dieser Phase, begünstigt durch staatlichen Steuerverzicht, „die interne Kapitalbildung der Unternehmen ein bis dahin unbekanntes Ausmaß“; der höchste Anteil der Unternehmen an der gesamtwirtschaftlichen Bruttoersparnis wurde just in den Jahren 1950 und 1951 erreicht.[125] Zweitens hatte der Schwerpunkt der Großbanken von jeher nicht auf der Ausleihung langfristigen Kapitals gelegen, an dem in den Jahren des Wiederaufbaus der eigentliche Mangel herrschte, sondern im Bereich kurzfristiger Kredite. Hier aber war ihr Anteil an den Ausleihungen des gesamten Bankgewerbes unmittelbar nach der Währungsreform sogar etwas höher als bis dahin üblich, so dass das Argument der Großbankenvorstände auch auf betriebswirtschaftlicher Ebene nur sehr begrenzt zutraf. Auch hier bedeutete die Dezentralisierung freilich eine Kostensteigerung, wenn unter den Nachfolgebanken „interne Konsortien“ zur Bewältigung von Großkrediten gebildet werden mussten.[126]

122 Bericht Höllings auf der Aufsichtsratssitzung der Dresdner Bank am 8. 6. 1950, S. 10f., HADrB 109030.
123 Horstmann, Die Alliierten, S. 182–184.
124 Goetz an Blücher, 23. 5. 1950, HABB, B 330/2210.
125 Werner Plumpe, „Wir sind wieder wer!“ Konzept und Praxis der Sozialen Marktwirtschaft in der Rekonstruktionsphase der westdeutschen Wirtschaft nach dem Zweiten Weltkrieg, in: Marie-Luise Recker/Burkhard Jellonek/Bernd Rauls (Hg.), Bilanz. 50 Jahre Bundesrepublik Deutschland, St. Ingbert 2001, S. 237–278, hier S. 255.
126 Horstmann, Die Alliierten, S. 186f. (Zitat); Ehlen, Filialgroßbanken, S. 35f.

Das Organisationsmodell der formal unabhängigen „Schwesteranstalten" bewirkte also zweifellos höhere Transaktionskosten als die alte Hierarchie von Zentrale und Filialen, weil bestimmte Funktionen nunmehr über Märkte statt unternehmensintern abgewickelt werden mussten. Schon die koordinierte Bilanzierung der Nachfolgebanken stellte aber ein Mindestmaß an funktionalem Zusammenhalt sicher. Der eigentliche Garant für die Bewahrung der Unternehmensidentität über die erste Dezentralisierungsphase hinweg war jedoch das Selbstverständnis der Geschäftsleitungen, durch deren Besetzung die weitestgehend unbestrittene Autorität der alten Bankelite und mit ihr deren „Zusammengehörigkeitsgefühl"[127] tradiert wurde. Insofern kann man die Großbanken auch in der Zeit der alliierten Dezentralisierungsgesetze kaum als „faktisch zerschlagen"[128] bezeichnen. Die „Schwesteranstalten" wirtschafteten weiterhin als westdeutsche Teile der Dresdner Bank, und sie taten das mit beträchtlichem, freilich durch den gesamtwirtschaftlichen Aufbruch massiv begünstigten Erfolg. Die Gewinne der Nachfolgeinstitute aus dem laufenden Geschäft, vor allem aber die Gesamtnettogewinne wuchsen sogar deutlich stärker als die Bilanzsummen.

Tabelle VI/3: Einnahmen und Ausgaben der elf Nachfolgeinstitute (einschließlich Verlagerungsabteilung) 1948-1951 in 1000 DM[129]

	1948/49	1950	1951
Laufende Einnahmen	85 390	101 204	149 216
Laufende Ausgaben	49 826	48 714	65 373
Betriebsgewinn	35 564	52 490	83 843
Außerordentliche Einnahmen	163	1 855	2 852
Außerordentliche Ausgaben und Abschreibungen	32 532	28 394	32 709
Steuerpflichtiger Rohgewinn	3 195	25 951	53 986
Steuern hierauf	2 124	15 293	36 083
Nettogewinn	1 071	10 658	17 903

Die hier angegebenen Werte entstammen Berechnungen aus dem August 1952, die im Vorfeld der aktienrechtlichen Ausgründung der drei Nachfolgeinstitute angestellt wurden. Dabei ist zu berücksichtigen, dass Rückstellungen und Abschreibungen „grundsätzlich in dem steuerlich für zulässig erachteten Höchstmass vorgenommen" wurden,[130] der reale Vermögenszuwachs also vermutlich über dem Betriebsgewinn lag. 1955 wurden diese Angaben in einer Abschlussprüfung mit geringen Abweichungen bestätigt; allerdings mit einer gravierenden Ausnahme. Während sich die Gewinne der Geschäftsjahre 1948/49 und 1950 jetzt auf 1,179 Mio. DM und 10,847 Mio. DM beliefen, wurde für 1951 der um ein Vielfaches hö-

[127] Meyen, 120 Jahre, S. 166.
[128] Gall, Bankier, S. 134.
[129] Quelle: Hermann Klein, Bemerkungen zur Ausgründungsbilanz, August 1952, S. 2, HADrB 4801-2000. Die Zahlen entsprechen den letzten, handschriftlichen Korrekturen dieser Zusammenstellung.
[130] Ebd.

here Wert von 80,164 Mio. DM ausgewiesen. Dieser Betrag ergab sich allerdings zu etwa 78 Mio. DM aus der im folgenden Kapitel noch zu erläuternden Aufwertung von Aktiva, die im Zuge der Ausgründung in das Eigenkapital eingestellt und zunächst als außerordentliche Einnahmen verbucht wurden, abzüglich einer entsprechend höheren Gewinnbesteuerung. In der Prüferbilanz wurde der Gewinn wegen der Steuerbegünstigung der Aufwertungen auf 1,862 Mio. DM hinunterkorrigiert, die offensichtlich ebenfalls nicht die reale Ertragslage widerspiegeln.[131]

Eine Berechnung der Eigenkapitalrentabilität des laufenden Geschäfts, wie sie Johannes Bähr für die Jahre 1933 bis 1943 vorgelegt hat,[132] ist mit diesen Daten zwar grundsätzlich möglich, aber wenig sinnvoll. Das ausgesprochen geringe vorläufige Eigenkapital, das sich durch die Ausgründung 1952 erheblich erhöhen sollte, macht die Ergebnisse weder mit den Geschäftsjahren bis zur Stilllegung der Berliner Zentrale noch mit der Entwicklung seit der „Dreier-Lösung“ vergleichbar. Bezieht man den Betriebsgewinn auf das in den Steuerbilanzen ausgewiesene vorläufige Eigenkapital (haftende Rücklagen wurden erst in die Ausgründungsbilanzen eingestellt), so ergeben sich absurde „Renditen“ vor Gewinnsteuern von 155 Prozent (1949), 202 Prozent (1950) und 322 Prozent (1951). Selbst unter Einbeziehung des außerordentlichen Ergebnisses und der gewinnabhängigen Steuern ergeben sich noch Kapitalrenditen, von denen man ab 1952 nicht zu träumen gewagt hätte.[133] Diese Werte spiegeln zwar die rapide Gewinnsteigerung seit der Währungsreform, sie verweisen aber vor allem auf die völlig ungenügende Eigenkapitalrelation in dieser Interimsphase und damit auf die ordnungspolitische Klärungsbedürftigkeit des Status der Nachfolgeinstitute. Aufschlussreicher für die Analyse der Geschäftsentwicklung ist eine Ausdifferenzierung der erzielten Einnahmen und Erträge aus dem laufenden Geschäft nach Arbeitsfeldern (Tabelle VI/4) und Regionen.

Im Vergleich mit der Einnahmenstruktur der Vorkriegsjahre 1936–1938 lag der Anteil des Kreditgeschäfts noch geringfügig niedriger, hatte sich aber deutlich vom Bedeutungsverlust während des Krieges und in den ersten Nachkriegsjahren erholt. Der Anteil des Effektengeschäfts hingegen war selbst in den Jahren der massiven nationalsozialistischen Kapitalmarktlenkung deutlich höher gewesen.[134] Die Einnahmen aus Dienstleistungen entstanden zunächst zu etwa zwei Dritteln aus Umsatzprovisionen, in den Geschäftsjahren 1950 und 1951 wurden

[131] Bericht der Treuhand-Vereinigung Aktiengesellschaft über die Prüfung der Jahresabschlüsse 1949, 1950 und 1951 der Dresdner Bank in der Bundesrepublik (11 Nachfolgeinstitute und Verlagerungsabteilung), Januar 1955, S. 13, 18, HADrB 4844-2000. Die Differenzen für 1948/49 und 1950 erklären sich aus geringeren gewinnabhängigen Steuern. Dieselben Gewinnangaben finden sich auch in den Steuerbilanzen, die jedoch keine Gewinn- und Verlustrechnungen enthalten: Handels-, Steuer- und Prüferbilanzen der Firma Dresdner Bank, Anlage 1a zum Betriebsprüfungsbericht vom 10. 9. 1958, HADrB 7739-2002; ebd. der Wert der Prüferbilanz für 1951. Eine weitere Schätzung des Bundesfinanzministeriums von Anfang 1952 schließlich gab die Gewinne der Dresdner-Bank-Nachfolger nach Steuern bis einschließlich 1951 mit ca. 22–24 Mio. DM gegenüber 30 Mio. DM bei den Nachfolgeinstituten der Deutschen Bank und 11 Mio. DM bei denen der Commerzbank an; Vermerk vom Hofe, 1. 2. 1952, BAK, B 102/5789. Vgl. auch Wolf, Dreier-Lösung, S. 29, Fn. 11.

[132] Bähr, Dresdner Bank, S. 177f., Tab. V/5.

[133] Vgl. Tabelle VII.2 im folgenden Kapitel.

[134] Vgl. Bähr, Dresdner Bank, S. 208, Tab. V/13.

Tabelle VI/4: Betriebsgewinne der elf Nachfolgeinstitute (einschließlich Verlagerungsabteilung) aus laufenden Einnahmen und Unkosten 1948–1951 in 1000 DM[135]

	1948/49	1950	1951
Einnahmen gesamt	85 074	100 973	149 249
Kreditgeschäft	56 581	63 374	98 125
% der Einnahmen	67	63	66
Effektengeschäft	6 358	8 933	10 577
% der Einnahmen	7	9	7
Dienstleistungen	22 135	28 666	40 547
% der Einnahmen	26	28	27
Laufende Ausgaben	50 332	49 582	66 417
Personal	33 440	33 873	45 023
% der Ausgaben	66	68	68
Pensionen	3 152	2 551	3 233
% der Ausgaben	6	5	5
Sachunkosten	10 542	10 737	14 219
% der Ausgaben	21	22	21
Allgemeinkosten	2 184	1 523	1 938
% der Ausgaben	4	3	3
Steuern (nicht gewinnabhängig)	1 014	898	2 004
% der Ausgaben	2	2	3
Betriebsgewinn	34 742	51 391	82 832
Ausgaben in% der Einnahmen	59	49	45

diese aber bereits leicht von Provisionen aus dem Außenhandels- und Devisengeschäft übertroffen. Dies war allerdings per Saldo allein den norddeutschen Nachfolgeinstituten zu verdanken, wo die Hamburger Kreditbank und die Bremer Bank offenbar erfolgreich an klassische Geschäftsfelder ihrer Standorte anknüpfen konnten.[136]

Dennoch waren die Bemühungen der Großbankenvorstände, in ihren Memoranden die volks- und betriebswirtschaftlichen Vorzüge einer Rezentralisierung argumentativ zur Deckung zu bringen, auf außenwirtschaftlichem Feld am plausibelsten. Dass die Nachfolgeinstitute durch die Dezentralisierung „im internatio-

[135] Quelle: Betriebsgewinne 1948-1951, o.D. (mit Schreiben Hermann Klein an Goetz, Hölling, Schleipen, Zinßer, 28. 3. 1952), HADrB 1784-2000; Prozentangaben eigene Berechnungen, Differenzen durch Rundung. Diese Berechnungen werden hier herangezogen, weil sie auch in der anschließend skizzierten regionalen Ausdifferenzierung vorliegen. Mit geringen Abweichungen, insbesondere bei den Allgemeinkosten, wurden diese Angaben nach der Prüfung der Abschlüsse 1955 bestätigt: Bericht der Treuhand-Vereinigung Aktiengesellschaft über die Prüfung der Jahresabschlüsse 1949, 1950 und 1951 der Dresdner Bank in der Bundesrepublik (11 Nachfolgeinstitute und Verlagerungsabteilung), Januar 1955, S. 13, HADrB 4844-2000.

[136] Betriebsgewinne 1948–1951, o.D. (mit Schreiben Hermann Klein an Goetz, Hölling, Schleipen, Zinßer, 28. 3. 1952), HADrB 1784–2000.

nalen Geschäftsverkehr von vornherein disqualifiziert"[137] seien, war zwar überzogen. Ein Bericht von Carl Goetz über eine ausgedehnte Geschäftsreise nach Frankreich, Italien und der Schweiz aus dem Februar 1950 etwa zeigt, dass die alten, als Vertrauensbasis unentbehrlichen persönlichen Kontakte zu ausländischen Großbankenvertretern den Krieg überstanden hatten.[138] Nach Einschätzung der BdL war zu dieser Zeit zwar der Anteil der Großbanken „in der Aussenhandelsfinanzierung etwas abgebröckelt". Dies war aber nicht unbedingt auf die Dezentralisierung zurückzuführen, sondern auch auf fehlende ausländische Kreditangebote. Für die Zukunft war allerdings zu vermuten, dass die Zersplitterung in drei Institute, die im Ausland namentlich unbekannt waren, eine Anknüpfung an die alten Kreditlinien jedenfalls erschweren würde.[139] An der Reintegration Westdeutschlands in die internationalen Kapitalströme aber bestand ein vitales volkswirtschaftliches Interesse, und dafür war die internationale Kreditwürdigkeit der deutschen Banken, die wiederum einer gewissen Kapitalkraft bedurfte, eine elementare Voraussetzung.[140]

Vorläufig konnten die Nachfolgeinstitute ihre Existenz aber gut aus dem laufenden Inlandsgeschäft bestreiten. Die regionale Differenzierung der Betriebsgewinne zeigt zunächst, dass sich die Ertragslage der regionalen Bankengruppen, die ab 1952 die nur noch drei rezentralisierten Nachfolgeinstitute bilden sollten, durchaus nicht analog zur Größe entwickeln musste. Der Anteil des Bezirks „Westen" (Nordrhein-Westfalen) am gesamten Betriebsgewinn aller Länderinstitute (ohne Verlagerungsabteilung) sank von 36 Prozent (1948/49) auf 32 Prozent (1951), derjenige von „Norden" (Hamburg, Niedersachsen, Bremen, Schleswig-Holstein) reduzierte sich von 30 auf 29 Prozent. Der Gewinnanteil der süddeutschen Länder hingegen, in denen die größte Anzahl kleiner Institute integriert werden musste, stieg von 34 auf 39 Prozent.[141] Eine weitere Aufgliederung nach den einzelnen Nachfolgeinstituten zeigt darüber hinaus, dass es keine unmittelbare Korrelation der laufenden Betriebsergebnisse mit den oben zitierten Einlagenquoten gab und die angeblich „lebensunfähigen" kleineren Institute teils sogar ihren Anteil am Gesamtgewinn steigern konnten. Der Anteil Niedersachsens stieg von 5,7 Prozent (1948/49) auf 6,2 Prozent (1951), der Anteil Bayerns von 9,1 auf 9,6 Prozent, der Anteil Württemberg-Badens von 6,8 auf 7,1 Prozent, der Anteil Südbadens von 1,0 auf 1,3 Prozent und derjenige Süd-Württembergs von 0,35 auf 0,5 Prozent. Keines der Nachfolgeinstitute schrieb rote Zahlen, und bei allen stiegen die Gewinne aus dem laufenden Geschäft über den gesamten Zeitraum.[142]

137 Hermann J. Abs/Carl Goetz/Paul Marx, Vorschlag betreffend die zukünftige Struktur der deutschen Aktienbanken (Dezentralisierung der Vorkriegsbanken), 31. 5. 1950, S. 2, HADrB 109025.

138 Goetz an Zinßer, 22. 2. 1950, HADrB 11122-2001.

139 (BdL), Dezernat Volkswirtschaft und Statistik, Materialien zur Grossbankfrage, o.D. (mit Zusammenfassung vom 23. 3. 1950), S. 21 f., HABB, B 330/3175.

140 Dieser Einwand gegen die Darstellung Theo Horstmanns, der den außenwirtschaftlichen Aspekt bei seiner Qualifizierung der volkswirtschaftlichen Argumente der Großbanken als „interessengeleitete Scheinargumente" (Horstmann, Die Alliierten, S. 187) übersieht, auch bei Gall, Bankier, S. 481, Fn. 52.

141 Eigene Berechnungen nach: Betriebsgewinne 1948–1951, o.D. (mit Schreiben Hermann Klein an Goetz, Hölling, Schleipen, Zinßer, 28. 3. 1952), HADrB 1784-2000.

142 Eigene Berechnungen nach: Betriebsgewinne 1948–1951 „Nord" und „Süd", o.D. (mit Schreiben Hermann Klein an Goetz, Hölling, Schleipen, Zinßer, 28. 3. 1952), ebd. Auch Kempner erwähnte

Das in Tabelle VI/4 erkennbare sinkende Verhältnis der Unkosten zu den laufenden Einnahmen demonstriert zugleich, dass der Aufschwung nach der Währungsreform auch unter den Bedingungen der Dezentralisierung eine Fixkostendegression ermöglichte. Diese Tatsache spiegelte sich in einem zum Bilanzwachstum unterproportionalen Personalzuwachs, über den allerdings nur sehr wenige Quellen vorliegen. Hölling berichtete dem Aufsichtsrat im Mai 1952, die Anzahl der Beschäftigten in den Nachfolgeinstituten habe sich von knapp 3100 am Tag der Währungsreform auf 7000 per Ende 1951 erhöht.[143] Dabei trat der stärkste Zuwachs nicht etwa unmittelbar nach der Währungsreform ein; die Beschäftigtenzahl erhöhte sich bis Ende 1948 lediglich von 3096 auf 3558, also um 15 Prozent.[144] Der größte Sprung wurde offenbar 1949/50 gemacht, als die jahresdurchschnittliche Beschäftigtenzahl von 3840 (Mitte 1948 bis Ende 1949) auf 5430 (1950) stieg, um im Jahresmittel 1951 nochmals auf 6465 zuzulegen.[145] Auch dieser Personalzuwachs demonstriert die exzeptionelle Bedeutung der Währungsreform für die deutschen Kreditinstitute, denn die Gesamtzahl der Beschäftigten in der deutschen Wirtschaft erhöhte sich im gleichen Zeitraum lediglich von 13,5 auf 14,6 Millionen.[146]

Der Personalstand der Deutschen Bank entwickelte sich im selben Zeitraum von 6299 (21. 6. 1948) auf 12080 (Ende 1951).[147] Das Beschäftigungsvolumen wuchs also bei der Dresdner Bank etwas schneller, was tendenziell einer leichten Gewichtserhöhung innerhalb der drei Großbanken-Gruppen entsprach. Bis zum Sommer 1949 ergab sich nämlich aus dem Wachstum der Kundeneinlagen „ein Aufholen der Dresdner Bank gegenüber den beiden anderen Großbanken", weil die Relationen im Vergleich zu 1938 etwa konstant geblieben waren, die Verluste der Dresdner Bank östlich der Elbe jedoch relativ höher ausgefallen waren; der Anteil der Dresdner-Bank-Nachfolgeinstitute an den Einlagen der drei Großbanken-Gruppen lag jetzt wieder bei 31 Prozent. Insgesamt hatten aber die Großbanken gegenüber Regional- und Privatbanken deutlich an Boden verloren. Eine Zusammenstellung, die die Rhein-Main Bank vertraulich von der BdL erhielt, zeigt im Vergleich mit den Zahlen für das gesamte Reichsgebiet für das Jahr 1938 eine Erhöhung des Anteils der Regional- und Privatbanken an den Kundeneinlagen um etwa ein Drittel auf nunmehr 41–43 Prozent. Bei den Einlagen war der Anteil der ehemaligen Großbanken mit 40–41 Prozent im ersten Halbjahr 1949 relativ konstant geblieben (hiervon entfielen 17–18 Prozent auf die Nachfolger der Dresdner Bank), bei den Krediten waren sie allerdings schon wieder deutlich auf dem Vormarsch: Der Anteil der drei Großbanken-Gruppen war hier zwischen

in seinem ersten Memorandum für Abs vom Februar 1950, die Nachfolgeinstitute der Deutschen Bank hätten „bisher außerordentlich vorteilhafte Gewinnmargen gehabt"; Holtfrerich, Deutsche Bank, S. 505.

143 Niederschrift über die Sitzung des Aufsichtsrates der Dresdner Bank am Freitag, den 16. Mai 1952 in Frankfurt a.M., S. 6, HADrB 11132-2001.

144 Tabelle „Vergleichszahlen", o.D. (Material der BdL als Anlage zu: Zinßer an Geschäftsleitungen der Nachfolgeinstitute, 29. 9. 1949), HADrB 250–1999.

145 Bericht des Betriebsprüfers Kahler über die vom 24. 9. 56 bis 24. Jan. 1958 … bei der Firma Dresdner Bank in Frankfurt/Main … durchgeführte Betriebsprüfung, 10. 9. 1958, S. 1, HADrB 7739-2002.

146 Zahlen nach Abelshauser, Jahre, S. 78.

147 Holtfrerich, Deutsche Bank, S. 568, Tab. 13.

Dezember 1948 und Juli 1949 von 38 auf 43 Prozent gewachsen, derjenige der Dresdner-Bank-Nachfolgeinstitute allerdings nur von 15 auf 16 Prozent.[148] Hier spiegelte sich offenbar tatsächlich eine vorsichtigere Kreditpolitik als bei den unmittelbaren Konkurrenten, wie sie in den oben zitierten Äußerungen Zinßers oder Rinns zum Ausdruck kam. Insgesamt aber sind diese Zahlen ein weiteres Indiz dafür, dass die Klagen der Großbanken über ihre angebliche Benachteiligung aus gesamtwirtschaftlicher Sicht deutlich übertrieben waren.

Der Vergleich mit den Nachfolger-Gruppen der Deutschen Bank und der Commerzbank zeigt zugleich, dass die kreditpolitische Zurückhaltung keineswegs auf Wachstumsschwächen hindeutet. Im Gegenteil hatte sich bis April 1951 der Anteil der Dresdner Bank an der Gesamtbilanzsumme der drei Großbanken-Gruppen mit 30,7 Prozent gegenüber 1949 (29,2 Prozent) leicht erhöht, während derjenige der Deutschen Bank von 51,1 auf 49,1 Prozent gesunken war.[149] Der Anteil ihrer Nachfolgeinstitute an den Einlagen aller Großbanken-Nachfolger hatte sich zum gleichen Stichtermin seit Ende 1948 noch deutlicher von 29,4 Prozent auf 32,0 Prozent gesteigert; während die Commerzbank ihren Anteil ebenfalls leicht erhöhen konnte, hatte die Deutsche Bank massive Verluste von 52,9 Prozent auf 49,2 Prozent hinnehmen müssen.[150] Bei den Debitoren war der Anteil der Dresdner-Bank-Nachfolger hingegen mit 29,8 Prozent deutlich geringer und bestätigte die Neigung zu einer vorsichtigeren Kreditpolitik.[151]

Bei aller Differenzierung im Detail war offensichtlich, dass die insgesamt dreißig westdeutschen Nachfolgeinstitute der drei Filialgroßbanken trotz ihres ungeklärten Rechtsstatus die Phase der relativen Stagnation mit großen Schritten hinter sich gelassen hatten. Wie sehr die stürmische Entwicklung des Bankgeschäfts seit der Währungsreform die Nachfolgeinstitute bereits von den finanziellen Folgelasten der NS-Zeit befreit hatte, zeigt am eindrücklichsten der Bedeutungsverlust der staatlichen Kompensationen für den faktischen Bankrott ihres früheren Hauptschuldners: Der Anteil der vorläufig gewährten Ausgleichsforderungen, die 1948 noch das schiere Überleben der Institute sichergestellt hatten, war Ende 1951 auf weniger als 10 Prozent der Aktiva gesunken. Auch die massiven Substanzverluste in Berlin, der SBZ/DDR und den ehemaligen deutschen Ostgebieten verloren durch den Aufschwung im Westen zusehends an Bedeutung. Ohnehin war man hier inzwischen der Ansicht, „daß die erheblichen ostzonalen Vermögenswerte als verloren angesehen werden müßten."[152]

148 Zinßer an die Geschäftsleitungen der Nachfolgeinstitute, 29. 9. 1949, mit Anlage „Kreditbanken", HADrB 250–1999.

149 Anteile 1949: Hauptbuchhaltung Düsseldorf, Aufstellung der Bilanzsummen 1945/1949/1951, 8. 8. 1951, HADrB 1778-2002; Anteile 1951: Eigene Berechnungen nach (BdL), Zusammenstellung der Bilanz-Zahlen der Nachfolge-Institute der Grossbanken per 30. April 1951, HABB, B 330/2213. Die Verhältnisse im Mai 1950 fügen sich mit 50,3% (Deutsche Bank), 30% (Dresdner Bank) und 19,7% (Commerzbank) in diesen Trend; vgl. die Zusammenstellung bei Pohl, Konzentration, S. 437.

150 Eigene Berechnungen nach BdL, Abteilung Banken, Entwicklung der Einlagen bei den Nachfolge-Instituten der Großbanken, 20. 6. 1951, HABB, B 330/2219.

151 Der Anteil der Deutsche-Bank-Nachfolger betrug 50%, derjenige der Commerzbank-Gruppe 20,2%. Eigene Berechnungen nach (BdL), Zusammenstellung der Bilanz-Zahlen der Nachfolge-Institute der Grossbanken per 30. April 1951, HABB, B 330/2213.

152 Vermerk für Herrn Dr. Schäfer, 24. 5. 1950, HADrB 1794-2002.

Es blieb, jedenfalls unter dem Namen „Dresdner Bank“, nur noch die Abwicklung von Altlasten. Nach der separaten Währungsreform in West-Berlin konnte die Altbank zwar ihre eigenen RM-Forderungen und Barbestände im Verhältnis 10:1 umtauschen, ihre laufende Tätigkeit aber nur aus Zuschüssen der westlichen Institute decken, die inzwischen mit Genehmigung der Alliierten erfolgten. Unter dem anhaltenden Kostendruck wurde das Personal im Frühjahr 1949 zunächst weiter auf nur noch 110 Angestellte abgebaut. Der Arbeitsaufwand im Gefolge der Währungsreform und der Wertpapierbereinigung erhöhte die Beschäftigtenzahl bis Ende 1950 jedoch auf einen neuen Höchstwert von 500 Köpfen. Dieses Personal trieb bis Ende 1952, häufig „nach mühseligen Verhandlungen und gerichtlichen Auseinandersetzungen“, nochmals knapp 2 Mio. DM umgestellter Forderungen ein; diese Einnahmen und die Gebühren aus der Wertpapierbereinigung reichten allerdings bei weitem nicht zur Finanzierung von Personal- und Sachkosten. Die Zuschüsse der westlichen Nachfolgeinstitute beliefen sich im gleichen Zeitraum auf 2,4 Mio. DM, die Ende 1952 durch den „Verkauf“ von Wertpapieren an die Westinstitute ausgeglichen wurden.[153]

Den Weg zur endgültigen Abwicklung der früheren Zentrale bahnten erst die Berliner Altbankengesetze vom Dezember 1953, auf deren Konsequenzen im nächsten Kapitel einzugehen ist. Parallel zur Abwicklung der einstigen Konzernzentrale lief jedoch seit Herbst 1949 das DM-Geschäft der neuen Berliner Tochtergesellschaft BHI an, in deren Anfängen sich die enge Verbindung zur Altbank und gleichzeitig ein besonders zähes Festhalten der Dresdner Bank am Traditionsstandort zeigten. Trotz der kurzfristig eher dürftigen Geschäftsperspektiven wurde hier mit 168 Angestellten ein vergleichsweise großer Apparat aufgebaut,[154] der der Dresdner-Bank-Nachfolgerin „einen beträchtlichen Vorsprung vor den Nachbarbanken“ verschaffte. Mit einer Bilanzsumme von 8,3 Mio. DM war der Geschäftsumfang Ende 1949 zwar bescheiden, doch konnte die Bank bis dahin etwa die Hälfte des Neugeschäfts der drei West-Berliner Großbanken-Nachfolger vereinnahmen. Wenige Monate nach Aufnahme des Geschäftsbetriebs wurden auch die ersten acht Depositenkassen mit dem bezeichnenden Ziel eröffnet, „die betreffenden Stadtteile schon vor Auftreten der Konkurrenz zu bearbeiten und dadurch einen Vorsprung zu gewinnen.“ Einen erheblichen Teil des Geschäfts in der Startphase machte die Umstellung von Altguthaben bei der alten Dresdner Bank, aber auch bei anderen ruhenden Altbanken aus, mit denen man entsprechende Abkommen getroffen hatte.[155]

Ebenso übernahm die BHI einen Großteil der Prüfungsarbeiten für die bei der Dresdner Bank Berlin eingereichten Anträge zur Wertpapierbereinigung, die von André auf insgesamt 350 000 bis 400 000 Einzelposten geschätzt wurde. Gleichzeitig profitierte sie von der Währungsreform in Berlin, wo eine Durchführungsverordnung zur West-Berliner Umstellungsverordnung eine Umstellung der bis

[153] Bericht über die seit Kriegsende ruhende Dresdner Bank Berlin für die Zeit vom Zusammenbruch bis 31. Dezember 1955, o. D., S. 12–17 (Zitat S. 16), HADrB 17610-2001.

[154] BHI, Entwicklungsziffern, o. D., HADrB 111660.

[155] André/Vogt, Bericht an die Muttergesellschaften der BHI, 21. 1. 1950, Zitate S. 5 f.; Bilanz der BHI zum 31. Dezember 1949, beides in: HADrB 1472-2002; Statusziffern der 3 Nachfolgebanken Westberlins, o. D., HADrB 111660.

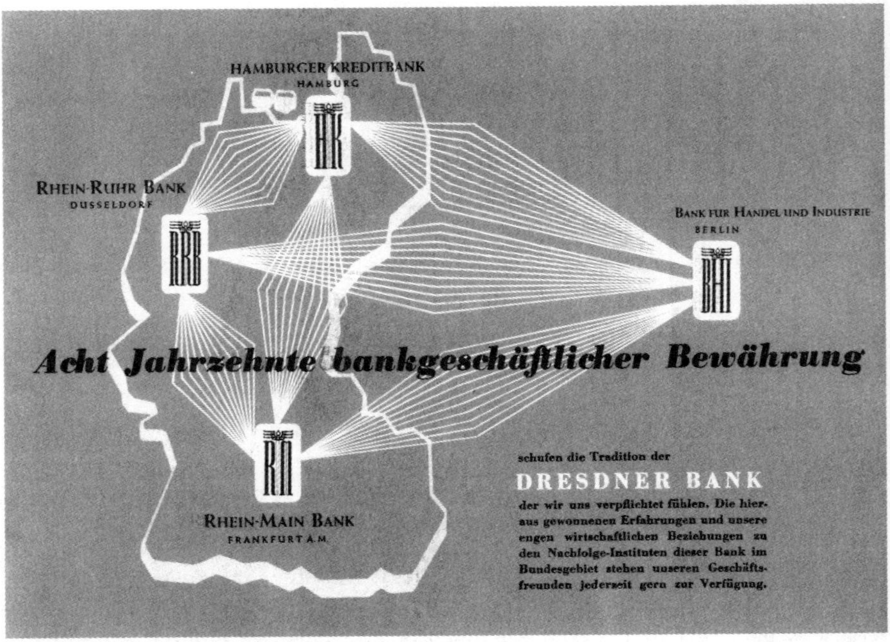

Abb. 13: Werbung der Bank für Handel und Industrie 1952.
Quelle: HADrB.

Kriegsende bei den Altbanken entstandenen „Uraltguthaben“ von Kontoinhabern mit Wohnsitz in den Westsektoren im Verhältnis 100:5 ermöglichte. Der größte Teil der hiervon betroffenen Guthaben von insgesamt 1,1 Mrd. RM wurden von der Altbank „der BHI zugeführt, die dafür Ausgleichsforderungen des Berliner Senats zugeleitet bekam.“[156]

Die Kundenverbindungen der Altbank boten somit, ebenso wie die Führungsfunktion Fritz Andrés in beiden Instituten, einen wichtigen Anknüpfungspunkt für den Aufbau der Berliner Neugeschäfts. Dass hier ein erhebliches Potenzial lag, zeigt der rasante Zuwachs der Kundeneinlagen zwischen Ende 1949 (6,8 Mio. DM) und Mitte 1951 (58,6 Mio. DM). Die Kredite stiegen im selben Zeitraum sogar auf mehr als das Zehnfache. Die neue Tochtergesellschaft wuchs damit erheblich schneller als ihre westdeutschen Mutterinstitute, was freilich wesentlich dem bescheidenen Ausgangsniveau zuzuschreiben war. Das kam deutlich in einer erheblich langsameren Zunahme der Beschäftigtenzahl zum Ausdruck, die sich lediglich von 168 auf 476 Köpfe erhöhte.[157] Die BHI erwirtschaftete 1949 einen ausgewiesenen Gewinn von lediglich 600 DM, der im folgenden Jahr sogar auf null sank.[158] Schon das Geschäftsjahr 1951, für das man einen Gewinn von 110000 DM

[156] Bericht über die seit Kriegsende ruhende Dresdner Bank Berlin für die Zeit vom Zusammenbruch bis 31. Dezember 1955, o.D., S. 13f., HADrB 17610-2001.
[157] BHI, Entwicklungsziffern, o.D., HADrB 111660.
[158] BHI, Geschäftsbericht 1950, S. 10f.

ausweisen konnte, zeigte jedoch, dass sich die Anlaufkosten des Berliner Neugeschäfts recht kurzfristig rentierten. Das Grundkapital war bis dahin bereits von 500 000 auf 3 Mio. DM heraufgesetzt worden.[159] Selbst der Standort Berlin begann sich allmählich von den Konsequenzen des verlorenen Krieges zu erholen. Umso mehr galt das für die drei westdeutschen Nachfolgeinstitute, die seit 1952 die endgültige Rezentralisierung der Dresdner Bank vorantrieben.

[159] BHI, Geschäftsbericht 1951, S. 5, 10.

VII. „Wiedervereinigung“: Organisatorische Rekonstitution und gemäßigtes Wachstum (1952–1957)

1. Von der „Dreier-Lösung“ zur „Wiedervereinigung“

Ausgründung und Integration

Unmittelbar nach dem Erlöschen der alliierten Dezentralisierungsvorschriften wurden die norddeutschen Nachfolgeinstitute der Weisungsbefugnis der Hamburger Kreditbank, die süddeutschen der Rhein-Main Bank unterstellt. Zinßer und Hölling, die im April 1952 als „Vorstand der Dresdner Bank“ das entsprechende Rundschreiben unterzeichneten, bezeichneten die noch existenten Nachfolgeinstitute ostentativ als die „westlichen Filialen der Dresdner Bank“. Sie vergaßen nicht den Hinweis, die Geschäftsleitungen der Hamburger Kreditbank, der Rhein-Main Bank und der Rhein-Ruhr Bank seien „uns dafür verantwortlich, dass in ihren Bereichen die Geschäfte unserer westlichen Niederlassungen bis zur Ausgründung der vorgesehenen Nachfolgeinstitute nach den bewährten Grundsätzen der Dresdner Bank weitergeführt werden.“[1]

Schon Anfang 1952, geraume Zeit vor der Verabschiedung des Großbankengesetzes, begannen die Arbeiten zur Vorbereitung der Verlagerung und einer einheitlichen Umstellungsrechnung, für die in Frankfurt „eine neue zentrale Buchführung“ eingerichtet wurde. Gleichzeitig arbeiteten die Bankjuristen bereits an den Entwürfen der Gründungsverträge, und der Alte Kreis verhandelte über die diversen Bewertungs- und Übertragungsfragen von Aktivposten und Verpflichtungen sowie über die künftige Aufteilung der Konsortialquoten in den bestehenden Emissionskonsortien.[2] Parallel dazu wurden mit Vertretern der beiden anderen Großbanken-Gruppen die Modalitäten der Ausgründung bis hin zur Formulierung der Verträge koordiniert. Die weitgehende Übereinstimmung dieser Verträge sollte möglichen Einwendungen von Registerrichtern oder Aktionären vorbeugen. Um zu demonstrieren, dass alle drei ehemaligen Filialgroßbanken in gleicher Weise auf das Großbankengesetz reagierten, sollten auch die ausgründenden Hauptversammlungen gleichzeitig stattfinden. Gemeinsam empfahlen die Bankjuristen ihren Vorständen auch, in die Satzungen aller Nachfolgeinstitute

[1] Dresdner Bank, Der Vorstand, An die Direktionen unserer westdeutschen Niederlassungen, 21. 4. 1952, HADrB 106253. Vgl. auch Horstmann, Die Alliierten, S. 287.

[2] Hermann Richter, Aufzeichnung über die Zusammenkunft (von Goetz, Hölling, Schleipen, Zinßer und Richter) in Frankfurt/Main am 13. Januar 1952, 23. 1. 1952, HADrB 11132-2001.

möglichst „den bewährten Text der Statute der alten Gesellschaften" aufzunehmen.[3]

Im Mai 1952 erstattete der Alte Kreis den verbliebenen Aufsichtsratsmitgliedern der Dresdner Bank Bericht über die Ergebnisse der hartnäckigen Rezentralisierungsaktivitäten und die bevorstehenden Maßnahmen. Goetz wurde erneut zum Vorsitzenden des Aufsichtsrats gewählt, und Hermann Richter erhielt durch Zuwahl in dessen Ausschuss erstmalig ein offizielles, gewissermaßen rückwirkendes Mandat für seine interessenpolitischen Aktivitäten der vergangenen vier Jahre. Auf derselben Sitzung wurde die Vergabe der Aufsichtsratsvorsitze der Nachfolgeinstitute an Goetz (Rhein-Ruhr Bank), Richter (Rhein-Main Bank) und Hans Schippel (Hamburger Kreditbank) abgesegnet; Schippel war das Amt angetragen worden, nachdem der ursprünglich vorgesehene Gustav Overbeck im Februar 1952 verstorben war. Bestätigt wurde auch die Besetzung der ordentlichen Vorstandsposten mit Zinßer, Matthiensen und Vierhub (Frankfurt), Hölling, Schleipen und Schobert (Düsseldorf) sowie Rinn und Puhl (Hamburg).[4]

Dass diese insgesamt leicht verjüngte Führungsgruppe allmählich den Alten Kreis ablösen würde, deutete sich im Juni 1952 an. Goetz, Hölling, Schleipen, Zinßer und Richter tagten gemeinsam mit Rinn und Schobert, um die Entwürfe der Rechtsabteilungen in Düsseldorf, Frankfurt und Hamburg für die Ausgründungsverträge abzusegnen und einige Zusatzprotokolle über die Aufteilung von Ausgleichsforderungen und des Zentralvermögens sowie eine gemeinsame Unterstützungsverpflichtung für die Altbank festzulegen.[5] Anfang September 1952 setzten die designierten Vorstandsmitglieder der drei Nachfolgebanken diese Vereinbarungen in drei konkrete Verträge um.[6] Dass es eine Poolvereinbarung über die Aufteilung von Ausgleichsforderungen geben würde, war bereits geraume Zeit vorher festgelegt worden. Auch über eine „mehr oder weniger schematische Übernahme" der alten Geschäftsordnung war sich der Alte Kreis bereits Anfang 1952 einig geworden. Goetz hatte über diese funktionalen Notwendigkeiten hinaus aber noch zwei weitere, sehr viel grundsätzlichere Vereinbarungen vorgeschlagen, die erneut das Bemühen um eine Konservierung der historischen Unter-

3 Geiger (Commerzbank), Aktennotiz. Besprechung in Frankfurt a.M. im Hause der Rhein-Main Bank am 13. Februar 1952, 18. 2. 1952, HADrB 1791-2002. Vgl. auch Herold (Deutsche Bank), Neuordnung der Großbanken im Bundesgebiet (Protokoll der Besprechung am 19. 5. 1952), HADrB 16511-2001.

4 Niederschrift über die Sitzung des Aufsichtsrates der Dresdner Bank am Freitag, den 16. Mai 1952 in Frankfurt a.M., HADrB 11132-2001. Anwesend waren die Aufsichtsratsmitglieder Erwin Dircks, August Goetz, Heinrich Koppenberg, Karl Lindemann, Carl Arthur Pastor, Karl Pfeiffer, Hans Ullrich und Joseph Wiehen unter dem Vorsitz von Carl Goetz; als Vorstandsmitglieder Alfred Hölling und Hugo Zinßer sowie als „Gäste" Hermann Richter und Carl Schleipen.

5 Hermann Richter, Aufzeichnung über die Zusammenkunft in München am 24. Juni 1952, 26. 6. 1952, HADrB 1772-2002. Hinzu kam zeitweise der spätere Protokollant des Neuen Kreises, Adolf Schäfer.

6 Protokoll über die Sitzung des „Alten Kreises" am 4. 9. 1952, HADrB 1778-2002; Poolvertrag, 4. 9. 1952; Vereinbarung (über die Finanzierung der Dresdner Bank Berlin), 4. 9. 1952; Vereinbarung (über die Aufteilung nachträglich gewährter Ausgleichsforderungen und einen Schiedsausschuss für Streitfälle), 29. 9. 1952, alles in: HADrB 1774-2002. Für die Übernahme zunächst nicht aufteilbarer Wertpapiere, deren Wert sich Ende 1952 auf 1,67 Mio. DM belief, wurde außerdem eine „Verwaltungs- und Treuhand GmbH" mit Sitz in Düsseldorf gegründet; Niederschrift, 22. 9. 1952, ebd. Vgl. die Bilanz der Verwaltungs- und Treuhand GmbH per 31. 12. 1952, HADrB 1387-2002.

nehmensidentität demonstrieren. Schriftlich fixiert werden sollte zum einen eine „Absprache zwischen den 3 Aufsichtsratsvorsitzern der Nachfolgeinstitute über die künftige Linie der Geschäftspolitik“. Der buchstäblich biblische Ernst, mit dem gerade Goetz den Zusammenhalt der Nachfolgeinstitute (und damit auch seine persönliche Autorität) zu gewährleisten suchte, kam zum anderen in seiner Forderung zum Ausdruck, man möge überdies „einheitliche Grundsätze für die Vorstandsmitglieder (10 Gebote)“ verabschieden.[7]

Offenbar anstelle dieser „Gebote“, die in den Akten jedenfalls nicht überliefert sind, entstand schließlich ein Dokument mit dem unscheinbaren Titel „Protokoll“. Diese Vereinbarung wurde am Tag vor den Ausgründungsversammlungen von den Vorständen der drei neuen Institute, den drei Aufsichtsratsvorsitzenden sowie deren Stellvertretern Erwin Dircks (Hamburg), Carl Arthur Pastor (Düsseldorf) und Walther Frisch (Frankfurt) – alle drei standen ebenfalls für langjährige Kontinuität – unterzeichnet. Sie wurde später, durchaus ohne Ironie, als „Magna Charta“[8] bezeichnet. Die „Dreier-Lösung“ schien der alten Unternehmenselite nach wie vor die Gefahr einer Auseinanderentwicklung der Nachfolgebanken zu bergen, die vor allem die internationale Kreditfähigkeit schwächen konnte. Die Unterzeichner versicherten daher feierlich, „auch nach Gründung der Nachfolgebanken [...] alles in ihrer Kraft Stehende zu tun, um eine Koordinierung dieser Banken in allen wichtigen geschäftlichen, personellen und organisatorischen Fragen auf lange Sicht sicherzustellen.“ Die Aufsichtsratsvorsitzenden verpflichteten sich, wichtige anstehende Beschlüsse vorab miteinander zu beraten. Parallel dazu versprachen die Vorstandsmitglieder, alle wesentlichen Geschäftsvorfälle, Großkredite und Konsortialgeschäfte ebenso miteinander abzustimmen wie Bilanzierungs- und Personalangelegenheiten, „Wettbewerbsfragen“ und Werbung. Zur Institutionalisierung des Austauschs wurde, ohne hier bereits beim Namen genannt zu werden, der aus den ordentlichen Vorstandsmitgliedern und den Aufsichtsratsvorsitzenden bestehende Neue Kreis ins Leben gerufen. Die Vereinbarung schloss mit der Verpflichtung auf die „Tradition der Dresdner Bank“ und die „Notwendigkeit, die Nachfolgebanken stets als eine Gesamtgruppe zu sehen“.[9]

Die Tagesordnung jener Veranstaltung in Frankfurt am Main, auf der schließlich am 25. September 1952 die Aktionäre ihr Plazet zu den Neuordnungsplänen der alten Bankelite gaben, wurde noch vom Alten Kreis abgesegnet. Sie sah zunächst eine Aufsichtsratssitzung der alten Dresdner Bank, anschließend deren außerordentliche Hauptversammlung und nach der Mittagspause nacheinander die Gründungsversammlungen der Hamburger Kreditbank AG, der Rhein-Ruhr

7 Aktennotiz Schäfer, Betr.: Grossbankenneuordnung, 9. 2. 1952, HADrB 1791-2002.

8 Niederschrift über die Sitzung des „Neuen Kreises“ am 16. Januar 1953, S. 2, 18. 1. 1953, HADrB 1386-2002.

9 Protokoll, 24. 9. 1952, HADrB 1774-2002; „Koordinierung“ im Original unterstrichen. Vgl. auch Meyen, 120 Jahre, S. 166. Erwin Dircks (Aufsichtsratsvorsitzender der Deutsche Maizena Werke GmbH) hatte dem Aufsichtsrat der Dresdner Bank seit 1931 angehört, Carl Arthur Pastor (Aufsichtsratsvorsitzender der Aachener und Münchener Feuer-Versicherungs-Gesellschaft) seit 1936. Walther Frisch, mittlerweile Oberbürgermeister von Lindau am Bodensee, hatte von 1919 bis 1933 dem Vorstand der Dresdner Bank angehört, war dann Teilhaber des Bankhauses Arnhold und 1937 Geschäftsführer des Bankhauses Hardy & Co. geworden. Vgl. Bähr, Dresdner Bank, S. 116f., 603.

Bank AG und der Rhein-Main Bank AG mit jeweils direkt anschließender konstituierender Aufsichtsratssitzung vor.[10] Die vier Aktionärsversammlungen erfolgten am selben Tag und am selben Ort, um, wie Zinßer es ausdrückte, „weithin sichtbar" zu machen, „dass die drei heute aus der Dresdner Bank hervorgehenden Nachfolgeinstitute im Rahmen des gesetzlich Zulässigen und selbstverständlich ohne jede Beeinträchtigung ihrer juristischen Selbständigkeit auch in der Zukunft freundschaftlichst zusammenarbeiten werden."[11] Intern brachten Zinßer, Hölling und Richter ihr Anliegen deutlicher zum Ausdruck, indem sie dem krankheitshalber verhinderten Goetz versprachen, diesen Tag „sozusagen zum Ausgangspunkt einer späteren Wiedervereinigung machen" zu wollen.[12]

Alfred Hölling, der die Hauptversammlung der Dresdner Bank eröffnete, vergaß zwar nicht den Hinweis, die hier zu fassenden Beschlüsse würden „keinen freiwilligen Akt darstellen", und demonstrierte damit ein weiteres Mal die Selbsteinschätzung der Führungsspitze als Opfer willkürlicher und ungerechtfertigter Besatzungspolitik.[13] Faktisch entschieden hier dennoch die alten Führungspersönlichkeiten der Dresdner Bank über das weitere Schicksal ihres Restinstituts, dessen Ausgründungen wiederum keineswegs unvorbereitet in die zweite Dezentralisierungsphase starteten. Hölling wies vielmehr ausdrücklich darauf hin, dass man die Namen der drei ehemals größten Länderinstitute beibehalten habe, „da diese drei Banken sich inzwischen immerhin einen solchen Fundus von Vertrauen im In- und Ausland geschaffen haben, dass es unzweckmäßig erschienen wäre, nochmals zu neuen Namensgebungen zu kommen." Die drei Banken wurden proportional zu den auf sie übergehenden Anteilen am Geschäftsvolumen der alten Dresdner Bank mit Eigenkapital und gesetzlichen Reserven ausgestattet. Die Rhein-Main Bank AG und die Rhein-Ruhr Bank AG erhielten jeweils ein Aktienkapital von 36 Mio. DM und gesetzliche Reserven von 8 Mio. DM, die Hamburger Kreditbank AG ein Aktienkapital von 21 Mio. DM und eine Reserve von 6,5 Mio. DM. Die Aktionäre der alten Dresdner Bank bekamen für jede ihrer alten 1000 RM-Aktien neue Aneile der Hamburger Kreditbank in Höhe von 140 DM und der beiden anderen Banken von jeweils 240 DM.[14]

Zudem erhielten sie, ähnlich wie seinerzeit von Richter gefordert, Neudrucke ihrer alten Aktien. Diese als „Restquoten" bezeichneten Papiere verkörperten den fortbestehenden Besitzanspruch auf das enteignete Ost- und Auslandsvermögen der Dresdner Bank.[15] Die Dresdner Bank brachte in die drei Nachfolgeinstitute jeweils den gesamten bisherigen Geschäftsbetrieb in den betroffenen Bundesländern sowie die dort belegenen Vermögenswerte der Berliner Zentrale und der Niederlassungen außerhalb des Bundesgebiets bzw. die darauf entfallenden Aus-

[10] Protokoll über die Sitzung des „Alten Kreises" am 4. 9. 1952, HADrB 1778-2002.

[11] Erklärung Hugo Zinßers „für den Vorstand" zum Abschluss der außerordentlichen Hauptversammlung der Dresdner Bank am 25. 9. 1952, S. 5, HADrB 106435.

[12] Zinßer, Hölling und Richter an Goetz, 20. 9. 1952, HADrB 11132-2001.

[13] Erklärungen der Verwaltung – abgegeben durch das Vorstandsmitglied Alfred Hölling zu Punkt 1) der Tagesordnung in der ausserordentlichen Hauptversammlung der Dresdner Bank am 25. September 1952, Zitat S. 1, HADrB 109029. Vgl. auch Horstmann, Die Alliierten, S. 288.

[14] Erklärungen der Verwaltung – abgegeben durch das Vorstandsmitglied Alfred Hölling zu Punkt 1) der Tagesordnung in der ausserordentlichen Hauptversammlung der Dresdner Bank am 25. September 1952, S. 6 f., HADrB 109029.

[15] Meyen, 120 Jahre, S. 157.

gleichsforderungen ein. Umgekehrt übernahmen die Nachfolgeinstitute einen Anteil der Auslandsforderungen gegen die Dresdner Bank und die Pensionsverpflichtungen gegenüber ehemaligen Mitarbeitern, die am Jahresende 1951 ihren Wohnsitz in den entsprechenden Ländern hatten; letztere wurden jedoch intern nach dem Kapitalschlüssel der drei neuen Banken verrechnet.[16]

Auch die Deutsche Bank und die Commerzbank veranstalteten ihre außerordentlichen Hauptversammlungen am 25. September 1952. Die koordinierte Ausgründung hatte allerdings ihre Grenzen im Konkurrenzverhältnis. Noch „in letzter Minute“ entschlossen sich Zinßer, Hölling und Richter zu einer Erhöhung der in der Eröffnungsbilanz ausgewiesenen gesetzlichen Reserven von ursprünglich je 4 Mio. DM, da sie befürchteten, dass die Deutsche Bank eine noch wesentlich höhere Reservenbildung vorweisen und dies Konsequenzen für die anschließende Entwicklung der Aktienkurse haben würde.[17] Mit dem Termin hatten die Großbanken den im Gesetz vorgegebenen Rahmen von maximal sechs Monaten voll ausgeschöpft.[18] Das lag freilich nicht an mangelndem Interesse der Banken, sondern an der Klärungsbedürftigkeit einiger steuerlicher Detailfragen.[19]

Mit den September-Versammlungen war die Bahn frei für die Inangriffnahme der endgültigen Rezentralisierung, bei der man die ursprünglichen Ziele der westlichen Siegermächte nur noch hinsichtlich des Zeitpunkts berücksichtigen musste. Den eigentlichen Schlusspunkt unter die alliierte Großbankenpolitik in Deutschland setzten allerdings erst geregelte Rechtsverhältnisse der Berliner Altbanken, die sich ja seit der Ruhensanordnung vom Juni 1945 in einem juristischen Schwebezustand befunden hatten. Nachdem seit 1951 zwischen Berliner Senat, Bundesregierung, Westalliierten und Banken über eine Lösung verhandelt worden war,[20] traten im Dezember 1953 das Berliner Altbankengesetz und das zugehörige Altbanken-Bilanzgesetz in Kraft. Die danach prinzipiell mögliche Wiederzulassung ruhender Altbanken war für die drei Großbanken angesichts der kurz zuvor entstandenen Neugründungen und der neuen regionalen Schwerpunkte in der Bundesrepublik, wo sich Frankfurt zusehends als wichtigste deutsche Bankenmetropole etablierte,[21] kaum von Interesse. Nach der Verlagerung des ehemaligen Zentralvermögens auf die westdeutschen Nachfolgeinstitute kam eine Wiederaufnahme des aktiven Geschäfts aber ohnehin nicht in Frage, weil die alte Dresdner Bank nicht mehr über das vorausgesetzte Vermögen verfügte, sondern ihre vorläufige Umstellungsrechnung eine Unterdeckung auswies.[22]

Wichtig war die Berliner Regelung für die Dresdner Bank jedoch, weil die ruhenden Banken durch das Altbanken-Bilanzgesetz erst in die Lage versetzt wur-

16 Vgl. die Einbringungsbestimmungen der Hamburger Kreditbank und der Rhein-Ruhr Bank, o.D. (1952), HADrB 107875.

17 Zinßer, Hölling und Richter an Goetz, 20. 9. 1952, HADrB 11132-2001.

18 Wolf, Dreier-Lösung, S. 41.

19 Niederschrift über die Sitzung des Aufsichtsrates der Dresdner Bank am Freitag, den 16. Mai 1952 in Frankfurt a. M., S. 4 (Ausführungen Richter), HADrB 11132-2001.

20 Eine knappe Schilderung bei Alfred Günzel, Das Berliner Altbankengesetz, in: ZgK 5 (1952), S. 585–587.

21 Dazu Carl-Ludwig Holtfrerich, Finanzplatz Frankfurt. Von der mittelalterlichen Messestadt zum europäischen Bankenzentrum, München 1999, S. 225–257.

22 Dresdner Bank, Altbankenrechnung auf den 1. Januar 1953. Abwicklungsstatus auf den 31. Dezember 1976, 1. 8. 1977, S. 8, HADrB 4810-2000.

den, mit dem Stichdatum 1. Januar 1953 eine DM-Umstellungsrechnung nach westdeutschem Muster aufzustellen. Allein durch die Anerkennung als verlagertes Geldinstitut konnten zwar die Ansprüche westdeutscher Gläubiger gegen die ehemalige Zentrale erfüllt werden. Die Befriedigung ausländischer Kreditoren aber, die für die internationale Kreditwürdigkeit der Nachfolgeinstitute besondere Bedeutung hatte, konnte nur in dem Maße geschehen, wie die ursprünglich der Bank aus dem Ausland zugeflossenen Mittel am Stichtag der westdeutschen Währungsreform in West-Berlin oder im Bundesgebiet angelegt gewesen waren. Konnte dies, wie bei einem erheblichen Teil der Auslandsverbindlichkeiten der Dresdner Bank, nicht mehr festgestellt werden, so waren die westdeutschen Nachfolgeinstitute nur in Höhe einer Quote zur Rückzahlung verpflichtet (und ermächtigt), die sich nach der regionalen Aufteilung des Bankvermögens zum Zeitpunkt des letzten regulären Jahresabschlusses vor der Schließung bemaß. Diese „Westquote" belief sich auf lediglich 25 Prozent; die erst auf der Grundlage des Altbankengesetzes errechenbare „West-Berliner Quote" aber (die faktisch überwiegend ehemalige Ost-Berliner Vermögenswerte erfasste) erreichte zusätzliche 61 Prozent, so dass die Auslandsschulden der Dresdner Bank nunmehr zum weit überwiegenden Teil wieder bedient werden konnten.[23]

Der Deutschen Bank und der Dresdner Bank war das Recht zur Rückzahlung einer möglichst hohen Quote ihrer Auslandsschulden so wichtig, dass sie darum nicht nur hartnäckig verhandelten, sondern sogar prozessierten. Die Berliner Bankenaufsicht, die ebenso wie das Bundesfinanzministerium wegen der zur Deckung auch dieser Verbindlichkeiten erforderlichen Ausgleichsforderungen an einer möglichst niedrigen Rückzahlungsverpflichtung interessiert war, bewilligte der Dresdner Bank 1954 nur eine Berliner Quote von 54 Prozent.[24] Erst im Oktober 1956 bestätigte ein Berufungsurteil des Berliner Oberverwaltungsgerichts die Berechnung der Dresdner Bank, die die Ausgleichsforderungen der Altbank immerhin um gut 2 Mio. DM erhöhte.[25] Die Ansprüche von „Ostgläubigern" blieben hingegen auch nach dem Altbankengesetz theoretisch zwar bestehen, die Möglichkeit zur Inanspruchnahme der Banken für diese Forderungen war jedoch ausgesetzt.[26]

Zugleich ebnete das Altbankengesetz den Weg zur Abwicklung der ehemaligen Zentrale. 1953 betrugen ihre Verbindlichkeiten, die neben Rückstellungen für Pensionen und Abwicklungskosten ganz überwiegend aus Forderungen ausländischer Gläubiger bestanden, noch gut 69 Mio. DM. 1977 beschäftigte die Altbank bei Verbindlichkeiten von etwa einer halben Mio. DM nur noch sieben Mitarbeiter. Erst durch das im Dezember 1975 in Kraft getretene Gesetz zum Abschluss

[23] Ebd., S. 14.

[24] Aufsichtsamt für Banken Berlin an Dresdner Bank Berlin, 20. 11. 1954, HADrB 108353.

[25] Eiche/Lehmann (Rechtsabteilung Frankfurt) an Matthiensen und Vierhub, 23. 10. 1956, HADrB 109527; Niederschrift über die Sitzung des „Neuen Kreises" am 12. November 1956, S. 2; Notiz Hauptbuchhaltung Düsseldorf, 24. 10. 1956, beides in: HADrB 1384-2002.

[26] Vgl., auch zum Vorangehenden, Wilhelm Schütz, Artikel „Altbanken", in: Enzyklopädisches Lexikon, S. 52–54; Weber, Bankplatz, S. 180; Altbankengesetz vom 10. 12. 1953, Gesetz- und Verordnungsblatt für Berlin 1953, S. 1483–1486; Gesetz über die Altbankenrechnung und die DM-Eröffnungsbilanz der Berliner Altbanken (Altbanken-Bilanz-Gesetz) vom 10. 12. 1953, ebd., S. 1488–1453.

der Währungsumstellung, nach dem alle bis 1976 nicht umgestellten Ansprüche aus den bei Kriegsende bestehenden „Uraltkonten“ erloschen, konnte 1977 die Altbankenrechnung abgeschlossen werden. Dieser Schlussstrich unter das Abwicklungsgeschäft der einstigen Berliner Goßbank ermöglichte schließlich 1983 die Löschung aus den Berliner und Frankfurter Handelsregistern „wegen Vermögenslosigkeit“.[27]

Einen Schwerpunkt der Vorstandstätigkeit in den Westinstituten bildete die alte Dresdner Bank schon seit langem nicht mehr, einen unternehmenskulturellen Bezugspunkt aber sehr wohl. Die mit dem „Protokoll“ vom 24. September 1952 angestrebte enge Koordination funktionierte nicht nur nach innen, sie wurde auch außerhalb der Dresdner-Bank-Gruppe registriert. Im Bundeswirtschaftsministerium galt die Zusammenarbeit der Nachfolgeinstitute Mitte der fünfziger Jahre als wesentlicher enger denn bei der Deutschen Bank, weil Carl Goetz „immer noch die Geschäftspolitik aller Institute massgeblich bestimmt[e]“ und zugleich, anders als bei den Commerzbank-Nachfolgern, die drei Institute ähnliche Größen aufwiesen. Für die Verhandlungen über die endgültige Rezentralisierung war dieses Erscheinungsbild vielleicht nicht ganz unwichtig, denn der zuständige Referent spekulierte angesichts vermeintlicher Auseinanderentwicklungen bei den Deutsche-Bank-Nachfolgeinstituten bereits, diese ließen „eine Wiedervereinigung der Nachfolgeinstitute nicht ganz so selbstverständlich erscheinen“.[28]

Carl Goetz' Präsenz ist den Protokollen des seit Januar 1953 tagenden Neuen Kreises deutlich anzumerken; im Gegensatz zu den beiden anderen Aufsichtsratsvorsitzenden sind regelmäßig Äußerungen zu wichtigen konkreten Tagesordnungspunkten dokumentiert. Dies stand wiederum in einer gewissen Kontinuität zu seinem Verhältnis zum Vorstand seit der Ernennung zum Aufsichtsratsvorsitzenden der Dresdner Bank 1937. Zu Goetz' anhaltendem Einfluss trugen nicht zuletzt seine Jahrzehnte alten internationalen Kontakte bei, derentwegen er etwa zur Aufnahme von Verhandlungen über den Wiedererwerb von Anteilen an der Internationalen Bank in Luxemburg ermächtigt wurde.[29] Die Sitzungen des neuen Zentralgremiums fanden in zweimonatlichem Rhytmus, seit Ende 1955 auch in kürzeren Abständen, abwechselnd an den Sitzen der drei Nachfolgeinstitute in Düsseldorf, Frankfurt und Hamburg statt. Beraten wurden neben allen Fragen, in denen die Nachfolgeinstitute tatsächlich als „Nachfolge-Gruppe“ auftraten, wie etwa bei den Stillhaltekrediten und Konsortialquoten oder bei der Abstimmung des äußeren Erscheinungsbildes (bis hin zu nur scheinbar unbedeutenden Kleinigkeiten wie der Anordnung von Unterschriften unter Börseneinführungsprospek-

[27] Dresdner Bank, Altbankenrechnung auf den 1. Januar 1953. Abwicklungsstatus auf den 31. Dezember 1976, HADrB 4810-2000; Meyen, 120 Jahre, S. 164 f.

[28] Vermerk vom Hofe, Betr.: Entflechtung der Grossbanken, 8. 5. 1954, BAK, B 102/5787. Unter den drei Nachfolgeinstituten der Commerzbank besaß der Bankverein Westdeutschland in Düsseldorf ein mehr als doppelt so hohes Grundkapital wie die beiden anderen Institute dieser Gruppe. Bei der Deutsche-Bank-Gruppe besaß die Norddeutsche Bank in Hamburg nur ein halb so hohes Grundkapital wie die beiden anderen Nachfolgebanken; Pohl, Konzentration, S. 449.

[29] Niederschrift über die Sitzung des „Neuen Kreises“ am 19. Mai 1953, HADrB 1388-2002. Zur Internationalen Bank vgl. Kapitel XIII.

ten),[30] vor allem Bilanzierungsfragen, Beteiligungen und Kreditanträge ab einer Höhe von 1 Mio. DM.[31]

Diese institutionelle Vorbeugung gegen mögliche zentrifugale Tendenzen setzte sich auf der Abteilungsebene fort, indem die jeweiligen Ressorts der drei analog aufgebauten Zentralapparate „alle Grundsatzfragen“ miteinander abstimmten.[32] Neben den formalen organisatorischen Maßnahmen existierte freilich noch eine zweite Klammer, die auch die amerikanische Dezentralisierungspolitik zu keiner Zeit hatte sprengen können, nämlich der stete Bezug auf die gemeinsame Tradition. So resümierte Schleipen im September 1954, eine Durchsprache größerer Kreditengagements habe ergeben, „dass das Kreditgeschäft von den drei Schwesterinstituten nach den traditionellen Gesichtspunkten der Dresdner Bank geführt wird und dass sich wesentliche Beurteilungsunterschiede nicht ergeben haben.“[33] Differenzen in der Bilanzstruktur, die sich aus unterschiedlichen Geschäftspolitiken im Detail ergaben, wurden offenbar relativ einmütig festgestellt und korrigiert – so im Falle zu hoher Wertpapierpositionen der Hamburger Kreditbank oder ungünstiger Strukturen des Effekten-Portfolios bei der Rhein-Ruhr Bank 1954. Notfalls ließ sich eine als zu hoch erachtete Debitoren-Einlagen-Relation bei einer Bank reativ einfach durch die Verlagerung von Debitoren auf die Schwesterinstitute verbessern.[34]

Der Weg zur Dresdner Bank AG

Nicht lange nach dieser Institutionalisierung der Zusammenarbeit begannen indes die nächsten Anläufe zur vollständigen Überwindung der westalliierten Großbankenpolitik. Den politischen Anlass boten die Ratifizierung der Pariser Verträge, in denen die Aufhebung der alliierten Dekartellierungsvorschriften vorgesehen war, im Oktober 1954 und ihre Inkraftsetzung im Mai 1955, mit der die Alliierten die Bundesrepublik in die Souveränität entließen. Bereits im Juni 1954 wurde in der Deutschen Bank das erste Memorandum über die möglichen Formen einer vollständigen Rezentralisierung abgefasst. Es optierte nach Abwägung verschiedener Varianten für die Aufnahme zweier Nachfolgeinstitute durch ein drittes unter dem neu-alten Namen „Deutsche Bank AG“. Abs unternahm im Juli 1955 einen Vorstoß bei Adenauer zur Zulassung gemeinsamer Spitzenorgane der jeweils drei Nachfolgeinstitute der Großbanken. Da im Justiz- und Wirtschaftsministerium keine Bereitschaft bestand, Adenauers Zusage eines mindestens dreijährigen Bestehens des Großbankengesetzes zu brechen, erwirkte Abs zumindest die Zulas-

30 Niederschrift über die Sitzung des „Neuen Kreises“ am 24. Juli 1953, S. 2f., HADrB 1389-2002.

31 Niederschrift über die Sitzung des „Neuen Kreises“ am 16. Januar 1953, S. 2, HADrB 1386-2002. Vgl. im einzelnen die Sitzungsprotokolle der Jahre 1953–1957, HADrB 1360-2002 bis 1389-2002.

32 Bliesener/Götz/Haagen, Bericht über die Organisationsleiter-Sitzungen am 12. und 19. Februar 1957, 8. 3. 1957, HADrB 109527. Das anliegende Gliederungsschema verzeichnet jeweils 14 den Zentralleitungen nachgeordnete Abteilungen.

33 Niederschrift über die Sitzung des „Neuen Kreises“ am 24. September 1954, S. 3, HADrB 1361-2002.

34 Niederschrift über die Sitzung des „Neuen Kreises“ am 5. Mai 1954, S. 1f., HADrB 1363-2002.

Abb. 14 a, b: Gemeinsame Werbung der Nachfolgeinstitute und der Bank für Handel und Industrie.
Quelle: HADrB.

sung eines Gewinnpools der Deutsche-Bank-Nachfolger, den er ebenfalls schon im September 1954 ins Gespräch gebracht hatte.[35]

Die Vorstände der Dresdner-Bank-Nachfolger erfuhren im August 1955 aus unbekannter Quelle von diesem bereits beschlossenen Schritt der Deutsche-Bank-Gruppe. Erst dadurch wurde ihnen wohl überhaupt bewusst, dass Abs wieder einmal separat mit den Ministerien verhandelt hatte. Eine umgehende Besprechung des Vorstands der Rhein-Main Bank mit Hermann Richter über das „eigenwillige Vorgehen der Deutschen Bank-Gruppe, das offenbar durch monatelange Verhandlungen mit den Ministerien vorbereitet worden“ sei, hatte zunächst keine Konsequenzen. Immerhin hatten die drei Nachfolgeinstitute bereits auf ihren Hauptversammlungen im Frühjahr „die Zielsetzung der baldigen Wiedervereinigung“ wesentlich deutlicher betont als die größere Konkurrenz. Allein unter diesem Aspekt der öffentlichen Wirkung – und nicht unter betriebswirtschaftlichen Gesichtspunkten – wurde die Gewinnteilung betrachtet. Man beschloss zunächst, auf die Veröffentlichung der Maßnahme bei der Deutschen Bank mit einer dezi-

35 Holtfrerich, Deutsche Bank, S. 526–529; Horstmann, Die Alliierten, S. 292 f.; Gall, Bankier, S. 223.

dierten Absage an einen ähnlichen Schritt im eigenen Haus zu reagieren, da man eine „Wiedervereinigung" immer noch zum Jahresende 1955 erhoffte.[36] Nachdem die Deutsche-Bank-Nachfolger auf außerordentlichen Hauptversammlungen im September 1955 die Einrichtung ihres Gewinnpools beschlossen hatten, zog die Dresdner-Bank-Gruppe im Oktober 1955 jedoch nach und schloss rückwirkend zum Jahresbeginn einen Vertrag über den gegenseitigen Ausgleich von Gewinnen und (zu dieser Zeit rein hypothetischen) Verlusten. Der Verteilungsschlüssel lautete, eine geplante Aktienkapitalerhöhung auf 7 Mio. DM bei der Hamburger Kreditbank und 12 Mio. DM bei den beiden anderen Banken vorwegnehmend, 7:12:12.[37] Dieser Zwischenschritt zur vollständigen Zusammenführung der Institute bot nicht zuletzt Gelegenheit, durch Pressemitteilungen öffentlich die zielstrebige Arbeit an der „Wiedervereinigung" zu demonstrieren.[38]

Dass man sich dem Schritt der Deutsche-Bank-Gruppe doch noch anschloss, zeugte von einem relativ begrenzten Handlungsspielraum der Dresdner-Bank-Institute, die angesichts fortbestehender politischer Restriktionen in der Rezentralisierungsfrage notgedrungen auf die Schritte der Marktführerin reagieren mussten, statt eigene Maßstäbe zu setzen. Im Dezember 1954 hatte der Neue Kreis erstmals über „Fragen des Wiederzusammenschlusses der Nachfolgeinstitute" diskutiert und zunächst einmal auf „geräumige zeitliche Dispositionen" entschieden; als frühestmöglicher Termin war der 1. Januar 1956 ins Auge gefasst worden. Dieser Schritt war nicht mehr als so dringlich wahrgenommen worden, dass man darüber eine „sinnvolle Berücksichtigung der regionalen Gegebenheiten und Interessen" außer Acht lassen wollte. Zugleich hatte Zinßer sich von Abs zusichern lassen, dass zwischen den beiden Banken ein „rechtzeitiger Gedankenaustausch" stattfinden würde, um nicht erneut von den Initiativen der größeren Konkurrentin überrascht zu werden.[39]

Im August 1955 war deutlich geworden, dass solche Zusicherungen nur eine begrenzte Haltbarkeit hatten. Vielleicht war der Zeitdruck bei der Dresdner-Bank-Gruppe angesichts der funktionierenden Zusammenarbeit zunächst tatsächlich geringer als bei den Nachfolgeinstituten der Deutschen Bank gewesen, doch auf deren Verhalten musste in jedem Fall reagiert werden. Nach einem Gespräch von Carl Goetz mit dem Staatssekretär im Bundeswirtschaftsministerium Westrick wurde Ende August 1955 eine „Kommission" aus Goetz, Hermann Richter und Adolf Schäfer eingerichtet, in der die Fragen der Reorganisation „laufend behandelt werden" sollten.[40] Die operative Funktion, die Richter in den Diskussionen um das Großbankengesetz inne gehabt hatte, übernahm jetzt Schäfer, der umgehend die Aktivitäten der Dresdner-Bank-Gruppe verstärkte.

[36] Telegramm des Vorstands der Rhein-Main Bank an den Vorstand der Rhein-Ruhr Bank, 11. 8. 1955, HADrB 109527 (Kleinschreibung korrigiert).

[37] Niederschrift über die Sitzung des „Neuen Kreises" am 3. Oktober 1955, S. 1f., HADrB 1367-2002. Der Vertrag selbst datiert vom 12. 11. 1955 und ist abgedruckt bei Meyen, 120 Jahre, S. 160.

[38] Horstmann, Die Alliierten, S. 293.

[39] Niederschrift über die Sitzung des „Neuen Kreises" am 3. Dezember 1954, S. 5, HADrB 1360-2002.

[40] Niederschrift über die Sitzung des „Neuen Kreises" am 30. August 1955, S. 1f., HADrB 1368-2002.

Bereits Mitte September 1955 fanden im Bundeswirtschaftsministerium die ersten Besprechungen des zuständigen Referenten vom Hofe mit Vertretern der Großbanken-Gruppen statt. Schäfer kam kurz nach den Vertretern der Deutschen Bank, und seine Vorschläge zur steuerlichen Erleichterung einer Rezentralisierung lagen ganz auf deren Linie.[41] Nach einer längeren Besprechung mit Vertretern aller drei Großbanken am 20. September vermerkte vom Hofe jedoch, dass angesichts des „Vorprellens" der Deutschen Bank bei der Einrichtung des Gewinnpools nun auch die Dresdner Bank und die Commerzbank auf eine möglichst schnelle Zusammenfassung ihrer Nachfolgeinstitute zielten. Schäfer und Philipp Möhring, der Interessenvertreter der Commerzbank-Nachfolger, drängten jetzt darauf, die Alliierten zum Verzicht auf Adenauers Garantie einer mindestens dreijährigen Gültigkeit des Großbankengesetzes aufzufordern, weil diese erst im Februar 1956 auslaufende Frist eine Rezentralisierung bereits zum Beginn des kommenden Geschäftsjahres verhinderte. Vom Hofe beharrte dagegen auf der Verbindlichkeit des Kanzlerbriefs und warnte, dass die Bundesregierung etwaige über die Gewinnpoolung hinausgehende Maßnahmen der Großbanken „nicht dulden" könne.[42]

Die verstärkten Bemühungen der beiden kleineren Institutsgruppen hatten also kurzfristig keinen Erfolg, und dies dürfte den Entschluss der Dresdner-Bank-Nachfolger zur Einrichtung eines Gewinnpools erklären. Solange alle drei konkurrierenden Institutsgruppen gleichermaßen von einer verzögerten Rezentralisierung betroffen waren, ergab sich darüber hinaus nicht unbedingt interessenpolitischer Handlungsbedarf. Ernsthaften Anlass zu Kontroversen gab, da das organisatorische Endziel politisch unumstritten war, nur noch die Forderung nach einer erneuten Steuer- und Gebührenbefreiung. Diese begründeten die Großbanken auch jetzt damit, dass es hier nicht um freiwillige unternehmerische Entscheidungen, sondern um die Aufhebung alliierter Zwangsmaßnahmen gehe. In einer diesbezüglichen Eingabe der Großbanken beim Bundeswirtschaftsministerium vom Oktober 1955 wurde die Rezentralisierung sogar ernsthaft „als letzter Akt einer Wiedergutmachung" bezeichnet.[43] Der im Bundeskabinett federführende Wirtschaftsminister Ludwig Erhard, dessen Ressort der Bereich Geld und Kredit 1952 zugeschlagen worden war, hielt diese Position der Banken für rundum „berechtigt".[44]

[41] Vermerk vom Hofe, Betr.: Wiedervereinigung der Großbanken, 14. 9. 1955, BAK, B 102/23462. Der Jurist Ernst vom Hofe (geb. 1905) hatte von März 1950 bis März 1952 die Großbankenangelegenheiten im Bundesfinanzministerium bearbeitet und war dann als Oberregierungsrat, seit 1953 als Ministerialrat mit der Abteilung „Geld und Kredit" in das Bundeswirtschaftsministerium gewechselt. Lebenslauf in: Der Bundesminister für Wirtschaft, Vorschlag zur Ernennung des Ministerialrats Dr. Ernst vom Hofe zum Ministerialdirigenten, 4. 8. 1960, BAK, B 126/16976; vgl. auch Löffler, Marktwirtschaft, S. 399.

[42] Vermerk vom Hofe, Betr.: Gesetz zur Änderung des Gesetzes über den Niederlassungsbereich von Kreditinstituten, 21. 9. 1955, BAK, B 102/23462 (Zitat); Lehmann (Rechtsabteilung Rhein-Main Bank), Aktennotiz. Betrifft: Wiederzusammenschluß der Großbanken, 22. 9. 1955, HADrB 109527. Vgl. auch Holtfrerich, Deutsche Bank, S. 530.

[43] Ebd., S. 530f. Die Glorifizierung des schließlich verabschiedeten Gesetzes als „Unrechtsbeseitigung" findet sich noch bei Pohl, Konzentration, S. 453.

[44] Erhard an die Bundesminister für Finanzen und Justiz, 28. 10. 1955, BAK, B 102/23462.

Erhard kündigte zwar einen eigenen Gesetzentwurf an; die Formulierung des neuen Gesetzes nahmen die Großbanken diesmal jedoch, wiederum unter Federführung der Deutschen Bank, gleich selbst in die Hand. Im Dezember 1955 übermittelte Schäfer Goetz einen ersten, „rein privaten Entwurf", der von ihm, Möhring für die Commerzbank und Wilhelm Vallenthin für die Deutsche Bank ausgearbeitet worden war.[45] Die Grundlage dafür war wiederum eine Ausarbeitung Vallenthins und Georg Siaras aus der Rechtsabteilung der Süddeutschen Bank. Wie sehr die Vergangenheit selbst hier noch nachwirkte, wo es eigentlich nur noch um ihre formale Abwicklung ging, zeigt die Äußerung Vallenthins, er habe diesen Entwurf bewusst als „Gesetz zur Aufhebung des Großbankengesetzes" (nicht zu dessen Änderung) bezeichnet, weil damit „eine letzte Maßnahme Morgenthau'scher Prägung" beseitigt werden sollte.[46] In einem neuen Entwurf ersetzte Vallenthin Anfang 1956 die „Aufhebung" durch eine „Wiederherstellung der Niederlassungsfreiheit von Kreditinstituten", die ihm den „gleichen propagandistischen Wert" zu haben schien.[47]

Auf der Basis des Großbankenvorschlags legten wiederum die Ministerialbürokraten im Februar 1956 einen eigenen Entwurf vor, der bis in die Formulierungen hinein den größten Teil des Inhalts übernahm.[48] Zur Debatte standen im Wesentlichen noch Fragen der Steuerbefreiung bzw. deren Regelung im Gesetz oder durch Erlasse. Die Einkommen- und Körperschaftsteuerreferenten der Länder hatten im Dezember 1955 „bereits die Erledigung der Steuerbefreiungen im Erlasswege beschlossen", und für die Verkehrsteuern einigten sich Ministerial- und Bankenvertreter auf das gleiche Verfahren.[49] Umstritten waren Anfang 1956 noch die Grunderwerbsteuern, zudem forderten die Banken eine massive Ermäßigung der Gerichts- und Notariatsgebühren. Die im Gesetzentwurf vorgesehene Ermäßigung auf die Hälfte der üblicherweise anfallenden Gebühren war nach Vallenthins Meinung nicht ausreichend, denn das „Rückgängigmachen eines Besatzungsunrechts dürfe die Wirtschaft nichts kosten." Dabei handelte es sich durchaus nicht um Kleinigkeiten, denn allein für die Deutsche-Bank-Gruppe wurden für Grundbuchänderungen bei Sicherungshypotheken und die Neueintragung der Filialen ins Handelsregister „mehrere Millionen DM" kalkuliert.[50] Diese Kosten waren aber offensichtlich kein hinreichender Grund für eine weitere Verzögerung, und die Großbanken mussten sich schließlich mit der Halbierung der Gerichtsgebühren zufrieden geben.[51]

Ein weiterer kritischer Punkt war die im Bundeswirtschafts- und Bundesfinanzministerium vorübergehend geforderte Einbeziehung der Berliner Altbanken. Zeitweise wurde diese Frage an die Steuerermäßigungen gekoppelt, weil an ihr die Verpflichtung der Banken zur Rückgabe der Hälfte derjenigen Ausgleichs-

[45] Schäfer an Goetz, 21. 12. 1955, HADrB 1787-2002.
[46] Holtfrerich, Deutsche Bank, S. 532.
[47] Vallenthin an Schäfer, 4. 1. 1956, HADrB 1771-2002.
[48] Holtfrerich, Deutsche Bank, S. 533.
[49] Vermerk Wolff (Bundeswirtschaftsministerium), Betr.: Wiedervereinigung der Großbanken, 27. 2. 1956, S. 1, BAK, B 102/23462. Wolff vertrat vorübergehend vom Hofe.
[50] Vermerk Eicke, 3. 2. 1956, S. 4, HABB, B 330/2222.
[51] Gesetz zur Aufhebung der Beschränkung des Niederlassungsbereichs von Kreditinstituten, 24. 12. 1956, § 3, BGBl. 1956/I, S. 1073. Vgl. Horstmann, Die Alliierten, S. 294.

Abb. 15: Alfred Hölling und Hugo Zinßer ca. 1952.
Quelle: HADrB.

forderungen hing, die ihnen für Berliner Pensionsverpflichtungen gewährt worden waren.[52] Die Banken planten hingegen zunächst nur eine Fusion der Westinstitute (bei der Commerzbank die Übernahme der beiden kleineren Institute durch den Bankverein Westdeutschland) und „nach einiger Zeit“ die Übernahme der neuen Berliner Töchter; eine Integration der Altbanken bezeichnete man vorsichtig als „noch in einiger Ferne“ liegend.[53] Da zu dieser Zeit die Berliner Altbanken nicht zum Neugeschäft zugelassen waren und die unbestätigte Altbankenrechnung noch etliche Zweifelsfälle enthielt, drängten die Bankenvertreter darauf, eine Einbeziehung zwar offen zu halten, die bundesdeutschen Nachfolgeinstitute aber vorher zusammenführen zu können.[54] Schäfer und Vallenthin legten dies dem Bundeswirtschaftsministerium unter anderem mit der Begründung nahe, dass nach den Maßnahmen seit Kriegsende eine „Ansatzmöglichkeit für ein lebensfähiges Geschäft [...] bei den ehemaligen Berliner Zentralen der Grossbanken überhaupt nicht mehr vorhanden“ sei.[55] Ende März 1956 konnte schließlich Entwarnung gegeben werden. Die zuständige Referentin schloss sich der Argumentation der Banken an und verwies die Vertreter des Finanzministeriums in der Frage der Altbank-Pensionen auf eine eigenständige Regelung. Der Kompromiss bestand schließlich darin, dass die Banken die alten Berliner Pensionslasten übernahmen, die entsprechenden Ausgleichsforderungen jedoch erst zum Zeitpunkt

52 Holtfrerich, Deutsche Bank, S. 534.
53 Vermerk Eicke, 3. 2. 1956, S. 5, HABB, B 330/2222.
54 Schäfer an Oberregierungsrat Dr. Wolff, Bundeswirtschaftsministerium, 20. 2. 1956; Aktenvermerk Wolff, Betr.: Wiedervereinigung der Großbanken, 27. 2. 1956, beides in: BAK, B 102/23462.
55 Schäfer/Vallenthin, Betr.: Wiedervereinigung der Großbanken, 8. 3. 1956, Zitat S. 4, mit Anschreiben an ORR Wolff, 8. 3. 1956, ebd.

einer grundsätzlich freigestellten Reintegration der Altbanken zurückgeben mussten.[56]

Nachdem dieses Problem gelöst war, wurde der Gesetzentwurf des Bundeswirtschaftsministeriums am 18. April 1956 im Kabinett verabschiedet.[57] Ein letztes massives Hindernis schien sich im Bundesrat aufzubauen. Jetzt forderte der Berliner Senat eine sofortige Einbeziehung der dortigen Tochterinstitute in den Zusammenschluss, um, wie es der Berliner Bundessenator Klein ausdrückte, „der festen Verbundenheit zwischen Berlin und dem Bundesgebiet Ausdruck zu geben und alles zu vermeiden, was geeignet wäre, Separationstendenzen zu fördern." Daran wurde auch die Berliner Zustimmung zur Gebührenerleichterung geknüpft.[58] Die geballte Intervention von Großbankenrepräsentanten bei diversen politischen Anlaufstellen und anschließende Verhandlungen mit den Berliner Bundes- und Wirtschaftssenatoren sowie der Berliner Zentralbank räumten diese Forderung nach einigem Hin und Her aus dem Weg.[59] Im Juli 1956 konnte Schäfer mitteilen, dass der Berliner Senat und die Zentralbank gegen den Regierungsentwurf keine Einwände mehr erhoben.[60]

Am 25. Oktober 1956 wurde der Gesetzentwurf unter der Leitung von Hugo Scharnberg, der mittlerweile dem Aufsichtsrat der Hamburger Kreditbank angehörte und sich bereits im Herbst 1955 erboten hatte, die Frage der Steuerbefreiung durch ein Initiativgesetz des Bundestags zu lösen,[61] im Bundestagsausschuss „Geld und Kredit" beraten. Als Zugeständnis an den stellvertretenden Ausschussvorsitzenden, den Sozialdemokraten Walter Seuffert, wurden die ebenfalls zunächst dezentral gegründeten und jetzt eine Fusion anstrebenden Gemeinwirtschaftsbanken in die Gewährung der Steuerbefreiungen einbezogen. Gleichzeitig war nach Schäfers Einschätzung inzwischen gesichert, dass keine Gesellschaft-, Börsenumsatz- und Grunderwerbsteuern anfallen würden. Das war zwar etwas voreilig, aber nach längeren Auseinandersetzungen mit einigen Länderfinanzministerien waren die Interessen der Großbanken bis Anfang 1957 durchgesetzt.[62] Nachdem durch die Einbeziehung der Gemeinwirtschaftsbanken mögliche sozialdemokratische Vorbehalte gegen die Steuererleichterungen ausgeräumt waren, wurde der Gesetzentwurf im November 1956 im Ausschuss und im Dezember im Bundestag jeweils einstimmig angenommen.[63]

Da dieses Gesetz nur den administrativen Schlusspunkt unter eine faktisch weitgehend bewältigte Folgelast der Besatzungszeit setzte, hielten sich seine Konsequenzen für die Organisation der Dresdner Bank und ihrer Nachfolgeinstitute

[56] Vermerk Wolff, Betr.: Wiedererreinigung der Grossbanken, 26. 3. 1956, ebd.; Vermerk Eicke, 5. 4. 1956, HABB, B 330/2222; Holtfrerich, Deutsche Bank, S. 534.

[57] Ebd., S. 535.

[58] Vermerk Kramer (Bundeswirtschaftsministerium), 24. 5. 1956, S. 1, HADrB 16559-2001.

[59] Vgl. ausführlich Holtfrerich, Deutsche Bank, S. 535–538.

[60] Schäfer an Goetz, 4. 7. 1956; Notiz Schäfer über Gespräche in Berlin, 7. 7. 1956, beides in: HADrB 1771-2002; Niederschrift über die Sitzung des „Neuen Kreises" am 18. Juli 1956, S. 1, HADrB 1372-2002.

[61] Holtfrerich, Deutsche Bank, S. 531.

[62] Schäfer an Goetz, 2. 10. 1956, HADrB 1787-2002; Holtfrerich, Deutsche Bank, S 539; zur Aushandlung der Steuerbefreiungen ebd., S. 539–542.

[63] Ebd., S. 539.

in deutlich engeren Grenzen als beim Übergang zur „Dreier-Lösung". Im Januar 1957 wurde im Neuen Kreis die Zusammensetzung des neuen Aufsichtsrats diskutiert und im Wesentlichen festgelegt; daneben wurde ein Zentralbeirat eingerichtet, um die überzähligen Mitglieder der drei regionalen Aufsichtsräte aufzunehmen. Die drei Standorte Hamburg, Frankfurt und Düsseldorf sollten vorläufig beibehalten, ihre Aktivitäten jedoch durch regelmäßig tagende Kommissionen für das Kredit-, Konsortial-, Börsen- und Auslandsgeschäft gebündelt werden.[64] Die in den vergangenen zwölf Jahren aufgebaute polyzentrische Organisationsform war also zumindest nicht so kostenträchtig, dass sie umgehend hätte ersetzt werden müssen. Den höheren Transaktionskosten stand außerdem der schon in den ersten Diskussionen der Rezentralisierung deutlich gewordene Vorteil größerer Kundennähe und regionaler Einbindung gegenüber.[65] Auch die Abteilungsorganisation der drei Standorte blieb offenbar vorläufig unverändert; die Organisationsleiter hielten es lediglich für erforderlich, „daß vom Tage des Zusammenschlusses an die Bank nach aussen hin in einheitlicher Form auftritt."[66]

Mit Datum vom 12. April 1957 schlossen die Vorstände der drei Nachfolgeinstitute schließlich einen Verschmelzungsvertrag. Am selben Tag traten die „vereinigten Arbeitsausschüsse der Aufsichtsräte der Nachfolgeinstitute der Dresdner Bank" zusammen, um den von Goetz eingebrachten Vorschlägen zur Besetzung der Vorstandsposten zuzustimmen. Zuvor waren, ebenso wie bei der Deutschen Bank, zwei Rechtsgutachten eingeholt worden, um mögliche Einsprüche von Altbankaktionären gegen die Verwendung des alten Firmennamens – jetzt mit dem vorgeschriebenen Namenszusatz „Aktiengesellschaft" – auszuschließen. Zwar sollten in dem neuen Institut „die Plätze Düsseldorf und Hamburg organisatorisch und vorstandsmäßig [...] genau so stark ausgestaltet werden wie Frankfurt", das jedoch wegen des Sitzes der Zentralbank und der herausragenden Bedeutung des Börsenplatzes fortab der formelle Firmensitz sein würde.[67] Zwischen dem 20. und dem 23. Mai 1957 beschlossen die Hauptversammlungen der drei Nachfolgeinstitute deren Fusion und eine gleichzeitige Erhöhung des Aktienkapitals um 26 Mio. auf 150 Mio. DM. Technisch erfolgte die Verschmelzung durch Übernahme des Kapitals der Hamburger Kreditbank und der Rhein-Ruhr Bank seitens der Rhein-Main Bank, also des Nachfolgeinstituts am Sitz der neuen Firma. Die Rhein-Main Bank händigte den Aktionären der beiden anderen Institute im Tausch eigene Aktien aus und änderte gleichzeitig ihren Namen in Dresdner Bank AG.[68] Die Vorstände der drei Institute ließen es sich nicht nehmen, parallel dazu eine „Gemeinsame Erklärung" abzugeben, die ein weiteres Mal ihre Wahrneh-

[64] Niederschrift über die Sitzung des „Neuen Kreises" am 28. Januar 1957, S. 1–3, HADrB 1382-2002.

[65] Dresdner Bank AG, Bericht über das Geschäftsjahr (im Folgenden: GB) 1957, S. 13.

[66] Bliesener/Götz/Haagen, Bericht über die Organisationsleiter-Sitzungen am 12. und 19. Februar 1957, 8. 3. 1957, HADrB 109527.

[67] Niederschrift über die Sitzung der vereinigten Arbeitsausschüsse der Aufsichtsräte der Nachfolgeinstitute der Dresdner Bank am Freitag, dem 12. April 1957, in Düsseldorf (Ausführungen Goetz, S. 5), HADrB 1798-2002.

[68] Meyen, 120 Jahre, S. 161; Verschmelzungsvertrag zur Dresdner Bank Aktiengesellschaft, abgeschlossen am 12. April 1957 zwischen den Vorständen der Dresdner-Bank-Nachfolgeinstitute, abgedruckt ebd., S. 162.

mung der vergangenen zwölf Jahre und die integrative Funktion einer wesentlich durch die Interpretation der eigenen Vergangenheit konstruierten Unternehmensidentität demonstrierte. Eine knappe Darstellung der Bankgeschichte seit dem Ende des Zweiten Weltkriegs mündete in die Feststellung, der „Wiederaufstieg" der Dresdner Bank – wiewohl „durch den Zusammenbruch im Jahre 1945 hart getroffen" und „in ihrer Organisation zerrissen und in der Substanz zerschlagen" – zeige „ihren gesunden Kern und ihre zähe Lebenskraft, die alle Eingriffe von hoher Hand nicht zu zerstören vermochten."[69]

Daran war, sieht man von der Stilisierung zum Opfer des Kriegs und damit letztlich des NS-Regimes sowie von dem konsequenten Unverständnis für die alliierten Maßnahmen ab, einiges Richtige. Mit der Fusion der drei Nachfolgeinstitute zur Dresdner Bank AG war zweifellos, wie es die Festschrift der Dresdner Bank zum 120-jährigen Jubiläum hervorhebt, „ein Kapitel der Nachkriegsgeschichte abgeschlossen." Damit hatten indes weniger die „wirtschaftlichen Notwendigkeiten obsiegt"[70] als vielmehr die beharrlichen interessenpolitischen Aktivitäten der alten Bankelite, deren Identifikation mit „ihrem" Unternehmen die alliierten Herausforderungen vielleicht noch gestärkt hatten. Große Teile der bundesdeutschen Politik einschließlich der Zentralbank hatten sie dabei massiv unterstützt. Die Führung in den politischen Verhandlungen hatte wesentlich bei Repräsentanten der Deutschen Bank gelegen. Innerhalb der Dresdner-Bank-Gruppe war die Rezentralisierung weitestgehend von Carl Goetz und dessen langjährigen Vertrauensleuten betrieben worden; auf eigenständige Positionen oder gar Initiativen der übrigen Mitglieder der Aufsichtsräte, die seit 1953 zu einem Drittel mit Arbeitnehmervertretern besetzt waren, gibt es in den Quellen keine Hinweise.

Der auch in den Quellen regelmäßig benutzte Begriff „Wiedervereinigung" bezeichnet zwar treffend das Selbstverständnis der bislang formal getrennten Unternehmensteile oder jedenfalls ihrer maßgeblichen Akteure. Er ist dennoch nur bedingt richtig, denn was hier vereinigt wurde, hatte in dieser Form nie zusammen bestanden. Nicht nur existierten an Stelle der alten Berliner Zentrale bis auf Weiteres drei zumindest theoretisch gleichberechtigte Hauptverwaltungen mit Vorstandspräsenz. Dieses neue Kreditinstitut repräsentierte auch nur einen Teil der alten Dresdner Bank, und dies nicht nur hinsichtlich des Vermögens. Auch die Rechtsnachfolge war durch „Westquote", „Berliner Quote" und den Ausschluss von „Ostgläubigern" deutlich eingeschränkt. Entstanden war eine „Dresdner Bank AG", die mit der 1872 gegründeten „Actiengesellschaft unter der Firma ‚Dresdner Bank'" nicht nur den Namen nicht vollständig teilte. Das schloss freilich nicht aus, dass die traditionelle Geschäftspolitik auch in Zeiten verstärkten Strukturwandels ihre Spuren hinterließ.

[69] Gemeinsame Erklärung der Vorstände der Dresdner Bank Nachfolgeinstitute zum Verschmelzungsvertrag vom April 1957, Mai 1957, abgedruckt bei Meyen, 120 Jahre, S. 163.
[70] Ebd., S. 161.

Abb. 16: Die Frankfurter Zentrale der Dresdner Bank AG, der „Zinßer-Turm", 1957.
Quelle: HADrB.

2. Wirtschaftswunder und Wettbewerbsdruck

Im Gegensatz zur Währungsreform hatte der erste Rezentralisierungsschritt keineswegs einen spontanen Wachstumsschub zur Folge. Im Vergleich mit den exorbitanten Wachstumsraten unmittelbar nach der Neuordnung des westdeutschen Geldwesens zeigt sich vielmehr, dass die Nachfolgeinstitute der ehemaligen Berliner Großbank sich mittlerweile in einer Phase der kontinuierlichen Aufwärtsentwicklung befanden, die weit stärker von der gesamtwirtschaftlichen Konjunktur, langfristigem Strukturwandel und bankspezifischen Kontinuitäten abhing als von besonderen Organisationsproblemen.[71]

Bilanzstruktur und Wachstum

Nach dem Bilanzvolumen unterschieden sich die aggregierten Gründungsbilanzen der Rhein-Ruhr Bank, der Rhein-Main Bank und der Hamburger Kreditbank nur marginal von der gemeinsamen Steuerbilanz der elf bis Ende 1951 bestehenden Nachfolgeinstitute. Die letzte gemeinsame Bilanzsumme der handelsrecht-

[71] Zur begrenzten Korrelation von konjunktureller Entwicklung und Großbankenbilanzen vgl. ausführlich Niels Minners, Konjunktur und Bankbilanz. Eine Untersuchung über die konjunkturelle Reagibilität der westdeutschen Filialgroßbanken im letzten Jahrzehnt, Diss. Freiburg (Schweiz) 1963. Minners differenziert seine Erklärungsansätze in der Regel jedoch nicht nach den drei Gruppen von Nachfolgeinstituten.

Grafik VII–1: Beschäftigte, Bilanzsummen, Einlagen und Debitoren der Filialen in den westlichen Besatzungszonen, der elf bzw. drei Nachfolgeinstitute und der Dresdner Bank AG 1945–1957.[72]

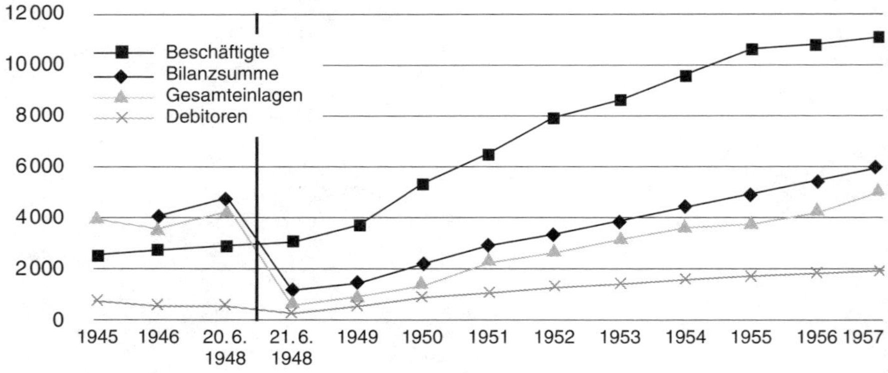

lich „bilanzlosen Jahre“ lag bei 2583 Mio. DM, während die drei aktienrechtlich fundierten Nachfolger das Geschäftsjahr 1952 mit einem Volumen von 2521 Mio. DM eröffneten; die leichte Verringerung erklärt sich aus diversen buchungstechnischen Vorgängen im Rahmen der Verlagerung. Die geringe Veränderung der Bilanzsumme darf jedoch nicht darüber hinwegtäuschen, dass die Ausgründung auch auf bilanzieller Ebene einen ganz entscheidenden Effekt hatte, nämlich die Stärkung der Eigenkapitalbasis. Während die elf Nachfolgeinstitute zuletzt über ein vorläufiges Eigenkapital von zusammen 26,3 Mio. DM verfügt hatten, lag das neu festgesetzte Grundkapital bei 93 Mio. DM zuzüglich gesetzlicher Rücklagen von 22,5 Mio. DM.[73]

Da die für die Kapitalausstattung zur Verfügung stehenden Mittel diese vorab festgesetzten Beträge überstiegen, konnten anlässlich der Ausgründung weitere 3 Mio. DM in eine versteuerte Rücklage für unberücksichtigte Eventualverbindlichkeiten fließen. Gut 26 Mio. DM der für die Kapitalbildung aufgebrachten Gel-

[72] In Mio. RM bzw. DM zum Jahresende bzw. zum 20./21. 6. 1948. Angaben für 1945 und 1946 einschließlich Filialbezirk Saarbrücken; für 1945 ist keine Bilanzsumme ausgewiesen. Die Berechnung der Einlagen und Kreditoren 1945–1951 folgt der Systematik in den Geschäftsberichten ab 1952, die von den älteren Aufgliederungen teilweise abweicht. Beschäftigte 1949–1951 Jahresmittel-, sonst Jahresendwerte. Quellen: 1945–1946: Jahresbilanz zum 31. Dezember 1946 „Westzonen“, HADrB 10674-2001. 1948 (RM): Hauptbuchhaltung, Zusammengefasster Bilanzstatus per 20. Juni 1948, HADrB 1268-2000. 1948 (DM)–1951: Handels-, Steuer- und Prüferbilanzen der Firma Dresdner Bank, Anlage 1a zum Betriebsprüfungsbericht vom 10. 9. 1958, HADrB 7739-2002. 1952–1957: Klaus Becher, Das betriebswirtschaftliche Wachstum der Banken insbesondere der Filialgroßbanken in der Bundesrepublik Deutschland seit 1952, Diss. Köln 1969, S. 165, 174, 212; Geschäftsberichte der drei Nachfolgeinstitute und der Dresdner Bank AG.

[73] Zahlen für 1951 nach der Steuerbilanz in: Handels-, Steuer- und Prüferbilanzen der Firma Dresdner Bank, Anlage zum Betriebsprüfungsbericht vom 10. 9. 1958, HADrB 7739-2002; die Summe schließt den Abschluss der Verlagerungsabteilung ein. Angaben für 1952 nach: Gründungsbilanzen zum 1. Januar 1952 der Nachfolgebanken der Dresdner Bank, HADrB 6231-2002. Zusammenfassung der Umbuchungen im Kontext der Verlagerung in: Hermann Klein, Bemerkungen zur Ausgründungsbilanz, August 1952, S. 6–22, HADrB 4801-2000.

der ergaben sich aus den Umstellungsrechnungen der drei Nachfolgeinstitute sowie aus den im Rahmen der Verlagerung in die Westbilanzen einzustellenden Berliner Verbindlichkeiten; hiervon konnten gemäß den Regelungen der Währungsreform 7,5 Prozent als vorläufiges, durch Ausgleichsforderungen zu deckendes Eigenkapital beansprucht werden. Knapp 30 Mio. DM flossen aus den thesaurierten Gewinnen der elf Nachfolgeinstitute in den Jahren 1948–1951. Der Löwenanteil von 62,5 Mio. DM ergab sich jedoch aus der steuerbegünstigten Aufwertung von Anlagewerten.[74] Diese Aufwertungsgewinne resultierten, jedenfalls per Saldo, vollständig aus der Übertragung von ehemals bei der Berliner Zentrale verbuchten Wertpapieren westdeutscher Aussteller auf die drei Nachfolgeinstitute.[75] Die partielle Reintegration des alten Berliner Geschäfts trug also deutlich mehr als die Hälfte zur Startkapitalbildung der neuen Institute bei.

Von den im Rahmen des Großbankengesetzes hart diskutierten Steuererleichterungen der Aufwertung profitierten insbesondere die Nachfolgeinstitute der Dresdner Bank. Diejenigen der Deutschen Bank verfügten zusammen über ein deutlich höheres vorläufiges Eigenkapital, weil der Schwerpunkt des alten Instituts bis 1945 stärker im Gebiet der späteren Bundesrepublik gelegen hatte und entsprechend hohe Verbindlichkeiten für die faktisch durch Ausgleichsforderungen subventionierte Kapitalbestimmung herangezogen werden mussten. Hinzu kamen höhere Sammelwertberichtigungen und (in absoluten Zahlen) höhere Gewinne, so dass ohne die Inanspruchnahme stiller Reserven insgesamt ein Umstellungsverhältnis des alten RM-Kapitals zum neuen DM-Eigenkapital von 10:7 möglich gewesen wäre. Für die Dresdner Bank hätte sich hingegen nur eine Quote von 10:5, für die Commerzbank von 10:3,5 ergeben. Damit die Nachfolger der beiden kleineren Filialgroßbanken eine ähnlich hohe Umstellungsquote des Aktienkapitals vorweisen konnten wie die diejenigen der Deutschen Bank, war also die mit dem Großbankengesetz durchgesetzte steuerliche Begünstigung der Auflösung stiller Reserven von eminenter Bedeutung. Diese betrugen nach Schätzungen des Bundesfinanzministeriums bei der Dresdner Bank mehr als 50 Mio. DM gegenüber 33 Mio. DM bei der nach Bilanzsummen erheblich größeren Deutschen Bank, während sich das alte Reichsmark-Aktienkapital mit 150 bzw. 160 Mio. RM kaum unterschied.[76] Im Ministerium kalkulierte man daher für den Fall einer Höchstbewertung der aufgelösten stillen Reserven (nach Angaben der Ban-

[74] Ebd., S. 1–3.

[75] Vgl. ebd., S. 3, mit dem Bericht der Treuhand-Vereinigung Hamburg über die Prüfung der vorläufigen Gesamtbilanz der Dresdner Bank in der Bundesrepublik zum 31. 12. 1951, 31. 10. 1952, Anlage 3, HADrB 108377. Vgl. auch die Argumentation von Abs in den Auseinandersetzungen um die Steuererleichterungen, wonach es sich bei den aufzuwertenden Posten „durchweg um Wertpapiere, die im Eigentum der Berliner Zentralen" lagen, handelte; Kurzprotokoll der 57. Sitzung des Ausschusses für Geld und Kredit, 25. 1. 1952, S. 2, BAK, B 102/23893. Aktienpakete von West-Berliner Unternehmen verblieben bei der Altbank und wurden, soweit möglich, zur Finanzierung der Abwicklungskosten an der Börse verkauft. Nach dem Buchwert von 1945, der freilich wenig über den Börsenwert von 1952 aussagt, gingen „etwa 75%" des nach Abzug von Anleihen des Deutschen Reiches verbleibenden Wertpapierbesitzes von 165 Mio. RM an die westdeutschen Nachfolgeinstitute, während West-Berliner Werte von 20 Mio. RM bei der Altbank verblieben; Dresdner Bank, Altbankenrechnung auf den 1. Januar 1953. Abwicklungsstatus auf den 31. Dezember 1976, 1. 8. 1977, S. 10, HADrB 4810-2000.

[76] Vermerk vom Hofe, 1. 2. 1952, BAK, B 102/5789, Bd. 1.

ken) für die Dresdner Bank zunächst eine Steuerentlastung um 25,48 Mio. DM, für die Deutsche Bank hingegen nur 16,17 und für die Commerzbank 11,76 Mio. DM.[77] Am Ende übertrafen die drei Dresdner-Bank-Nachfolger diese Prognose, die von einer Auflösung stiller Reserven in Höhe von 52 Mio. DM ausgegangen war, ganz erheblich: Da die schließlich aktivierten Brutto-Aufwertungsgewinne aus Anlageeffekten von 78,5 Mio. DM nur zu 30 Prozent der Besteuerung unterlagen, betrug ihre tatsächliche Entlastung rund 38,5 Mio. DM.[78]

Trotz dieser Vergünstigungen lag allerdings die Summe aus Grundkapital und Rücklagen mit 4,6 Prozent der Bilanzsumme deutlich unterhalb der Relation von 1937 (6,9 Prozent), während die zusammengefassten Gründungsbilanzen der drei Nachfolgeinstitute Anfang 1952 etwa das damalige Reichsmark-Volumen erreichten.[79] Die weiterhin schwache Eigenkapitalausstattung war zumindest ein plausibles Argument dafür, die relativ risikoaverse Geschäftspolitik der vorangegangenen Jahre fortzusetzen. Interne Diskussionen der Institutsleitungen über die geschäftspolitischen Strategien der fünfziger Jahre, an denen sich diese Vermutung qualitativ überprüfen ließe, sind jedoch kaum überliefert; auch die Protokolle des Neuen Kreises sind in dieser Hinsicht wenig ergiebig. Zur Rekonstruktion der grundsätzlichen geschäftspolitischen Positionen bleibt man weitgehend auf die veröffentlichten Geschäftsberichte und Bilanzen der drei Nachfolgeinstitute und ihrer Berliner Tochtergesellschaft BHI angewiesen. Mehr als ein grober Überblick über die Strukturentwicklung des Bankgeschäfts in der Zeit der „Dreier-Lösung" kann allerdings an dieser Stelle nicht geleistet werden, und selbst dabei müssen wichtige Bereiche wie das Börsengeschäft außen vor bleiben. Eine vertiefte Analyse, die angesichts der Quellenlage primär an der langfristigen Beobachtung einzelner Kundenbeziehungen anzusetzen hätte, würde den Rahmen dieser Studie auch chronologisch sprengen.

Offensichtlich ist zunächst, dass die Nachfolgeinstitute der Großbanken zwar längst nicht mehr die enormen Wachstumsraten der Zeit unmittelbar nach der Währungsreform erreichen konnten, von der Boomphase des westdeutschen „Wirtschaftswunders" aber immer noch überproportional profitierten. Die Bilanzsumme der Dresdner-Bank-Nachfolger bzw. der Dresdner Bank AG stieg bis Ende 1957 auf 5943 Mio. DM und war damit seit der Ausgründung um 136 Prozent gewachsen. Das war zwar gegenüber der kleineren Commerzbank-Gruppe (237 Prozent) ein recht bescheidenes Ergebnis. Im Vergleich zur Deutschen Bank (122 Prozent) war es zumindest respektabel; das westdeutsche Bruttoinlandsprodukt schließlich wuchs im selben Zeitraum „nur" um nominal 81,5 Prozent. Die schnelleren Wachstumsraten der beiden kleineren Institutsgruppen resultier-

[77] Vermerk Siara, 24. 1. 1952, BAK, B 102/23893, Bl. 101–103.

[78] Unter Annahme einer Steuerlast von rund 70%, die auch in der vorangehend zitierten Berechnung unterstellt wurde. Aufwertungsgewinn nach: Hermann Klein, Bemerkungen zur Ausgründungsbilanz, August 1952, S. 3, HADrB 4801-2000. Bei Horstmann, Die Alliierten, S. 281, erscheint die Kalkulation Siaras hingegen bereits als Endergebnis.

[79] Die Ausgründung der Dresdner Bank, in: ZgK 5 (1952), S. 504–509. Erörterungen der Kapitalausstattung der Nachfolgeinstitute aller drei Filialgroßbanken und der Umtauschverhältnisse der Aktien finden sich bei Seidel, Nachfolgebanken, S. 18–24, und Bauer, Bankreform, S. 191–205. Zur langfristigen Eigenkapitalentwicklung der Großbanken vgl. Hans E. Büschgen, Die Großbanken, Frankfurt a. M. 1983, S. 106–112.

ten in einer Annäherung der Bilanzsummen: Während Anfang 1952 das Bilanzvolumen der Dresdner-Bank-Nachfolger 67,1 Prozent, das der Commerzbank-Gruppe 45 Prozent desjenigen der Deutsche-Bank-Gruppe betragen hatte, lagen die Quoten Ende 1957 bei 71,1 Prozent (Dresdner Bank) bzw. 63,7 Prozent (Commerzbank).[80]

Damit war der Abstand der Dresdner zur Deutschen Bank jedoch immer noch kleiner als 1944 (75,5 Prozent), während die Commerzbank ihren Anteil am gesamten Bilanzvolumen der drei Großbanken, der bis 1951 etwa stagniert hatte, deutlich erhöht hatte. Wegen dieser unterschiedlichen Ausgangslage ist der Aufholprozess der beiden kleineren Institutsgruppen höchstens noch indirekt als Ausgleich kriegsbedingter Verluste zu werten; er dürfte neben unterschiedlich erfolgreichen Geschäftsstrategien in erheblichem Maße einem reinen Flächenwachstum zuzuschreiben sein, weil sich beiden Gruppen größere Möglichkeiten zur Arrondierung ihres weniger dichten Filialnetzes boten. Die Dresdner Bank hatte, wie bereits in Kapitel V.3 erläutert, in dieser Hinsicht im Bundesgebiet deutlichen Nachholbedarf, was sich in der Zunahme ihrer Niederlassungen zwischen 1952 und 1957 ausdrückte. Dabei konzentrierte man die Expansion bis Mitte der fünfziger Jahre auf die Einrichtung von Filialen in Städten, in denen die Bank bislang nicht vertreten war, und investierte erst anschließend stärker in den Ausbau der lokalen Zweigstellen.[81] Die Anzahl der Niederlassungen wuchs in dieser Zeit deutlich schneller als bei den Nachfolgeinstituten der Deutschen Bank, aber erheblich langsamer als bei der Commerzbank-Gruppe.[82]

Dass die außergewöhnlich hohen gesamtwirtschaftlichen Wachstumsraten, Investitionsquoten und Einkommenszuwächse des „Wirtschaftswunders"[83] eine entsprechend steigende Nachfrage nach Bankdienstleistungen erzeugten und davon auch die wichtigen Bilanzpositionen der Großbankennachfolger profitierten, verwundert nicht. Erstaunlicher ist auf den ersten Blick, um zunächst die Passivseite der Bilanzen zu betrachten, das drastisch überproportionale Anwachsen der Spareinlagen, bei denen es sich nicht gerade um ein traditionelles Stammgeschäft der Großbanken handelte. Insgesamt wuchsen zwischen Anfang 1952 und Ende 1957 die Gesamteinlagen der Dresdner-Bank-Nachfolger um 144,5 Prozent, die Spareinlagen hingegen um 587 Prozent. Der Anteil der Spargelder an den Einla-

80 Vgl. Becher, Wachstum, S. 212. Zur Entwicklung der wichtigsten Bilanzpositionen bis Ende 1953: Seidel, Nachfolgebanken, S. 24–41; Bauer, Bankreform, S. 209–237. Bruttoinlandsprodukt: Eigene Berechnungen nach Deutsche Bundesbank (Hg.), 50 Jahre Deutsche Mark. Monetäre Statistiken 1948–1997, München 1998 (CD-ROM), Tab. 2.2. Hier und im Folgenden werden jeweils die Werte zum Jahresende 1951 und 1957 herangezogen.

81 Meyen, 120 Jahre, S. 177.

82 Die Deutsche-Bank-Gruppe wuchs (einschließlich West-Berlins) von 264 auf 349 Stellen oder um 32%, die Dresdner-Bank-Gruppe von 188 auf 266 (41,5%), wobei sie mit 34 Stellen in West-Berlin weiterhin vor der Deutschen Bank (27) lag; die Commerzbank baute ihr Filialnetz von 120 auf 184 Stellen aus. Becher, Wachstum, S. 86.

83 Zum wirtschaftshistorischen Hintergrund und zu den verschiedenen Erklärungsansätzen für den Boom der 50er Jahre, auf die hier nicht eingegangen werden kann, vgl. zusammenfassend Ludger Lindlar, Das mißverstandene Wirtschaftswunder. Westdeutschland und die westeuropäische Nachkriegsprosperität, Tübingen 1997; Giersch/Paqué/Schmieding, miracle; als historischen Überblick Abelshauser, Jahre.

Tabelle VII/1: Zunahme der Gesamteinlagen und der Spareinlagen der drei Nachfolgeinstitute bzw. der Dresdner Bank AG 1952–1957[84]

	1. 1. 1952	31. 12. 1952	31. 12. 1953	31. 12. 1954	31. 12. 1955	31. 12. 1956	31. 12. 1957
Gesamteinlagen in Mio. DM	2071	2576	3091	3471	3753	4179	5063
Wachstumsraten ggü. Vorjahr in %		*24,4*	*20,0*	*12,3*	*8,1*	*11,4*	*21,2*
Spareinlagen in Mio. DM	109	169	260	419	563	599	749
Wachstumsraten ggü. Vorjahr in %		*55,0*	*53,8*	*61,2*	*34,4*	*6,4*	*25,0*

gen stieg dadurch von 5,3 auf 14,8 Prozent. Bei der Deutsche-Bank-Gruppe, wo die Gesamtsumme der Einlagen in genau demselben Verhältnis anstieg, nahmen die Spareinlagen mit 484 Prozent deutlich langsamer zu. Selbst die Commerzbank, die mit 263 Prozent ein deutlich stärkeres Wachstum der gesamten Einlagen verzeichnen konnte, brachte es bei den Spargeldern nur auf einen Zuwachs von 509 Prozent.[85] Abgesehen von dem drastischen Einbruch im Geschäftsjahr 1956, der sich aus den politischen Beunruhigungen durch die Suez-Krise und dem vorübergehenden Abbau von Steuerbegünstigungen für Sparkonten erklären lässt,[86] zeigte sich hier eine dauerhafte Verschiebung der Einlagenstruktur. Insbesondere die Dresdner-Bank-Gruppe lag dabei deutlich über der Zunahme der Spareinlagen im gesamten bundesdeutschen Bankwesen, die sich auf 478 Prozent belief.[87]

Der bei allen Großbanken unverkennbare verstärkte Einstieg ins Massengeschäft mit den Sparkonten war bei der Dresdner Bank besonders deutlich ausgeprägt, und dies war offensichtlich das Ergebnis einer gezielten und stetig betriebenen Geschäftspolitik. Die Verbreiterung der Kreditorenbasis galt grundsätzlich „für eine bewegliche Führung der Bank […] als erste Voraussetzung". Obwohl dabei Sichteinlagen rentabler waren, wurde der Stand der Spareinlagen im Vergleich zur alten Dresdner Bank als entschieden zu niedrig wahrgenommen. Den Filialen der Rhein-Ruhr Bank wurde daher 1952 dringend angeraten, „dass jeder einzelne Mitarbeiter vom Lehrling bis zum Direktor jede Möglichkeit" zur Gewinnung neuer Sparkunden wahrnehmen möge, und sogar Belohnungen für „Vorschläge für zugkräftige Werbungen" in Aussicht gestellt.[88] Spargelder stellten in den Augen der Bankleitung – die Erfahrung der Bankenkrise dürfte hier eine

[84] Quelle: Becher, Wachstum, S. 156, 165.
[85] Eigene Berechnungen nach Becher, Wachstum, S. 156 (dort für die Spareinlagen 1953 fälschlich 360 Mio. DM), 165.
[86] Minners, Konjunktur, S. 105 f.
[87] Von Ende 1951 bis Ende 1957. Eigene Berechnungen nach: Deutsche Bundesbank (Hg.), 50 Jahre (CD-ROM), Tab. 7.1.
[88] Rhein-Ruhr Bank, Rundschreiben Nr. 32. Betr.: Werbung für Sicht- und Termineinlagen, insbesondere auch für Spareinlagen, 25. 11. 1952, HADrB 3005-2002. Vgl. auch bereits Rhein-Ruhr Bank, Hauptverwaltung, Rundschreiben Nr. 1. Betr.: Kreditoren, 7. 1. 1952, ebd.

nicht unwesentliche Rolle gespielt haben – „immer einen Fonds dar, der auch in Krisenzeiten nicht so leicht zur Auflösung gelangt." Den Filialen der Rhein-Ruhr Bank wurden daher seit Jahresbeginn 1953 differenzierte Prämien für jeden Zuwachs an Einlagen gezahlt, die für Spareinlagen 2,5 Prozent, für alle anderen Einlagearten hingegen nur 1,5 Prozent betrugen. Dieses Prämiensystem galt bis mindestens 1955.[89]

Karl Rasches 1943 gestellte Prognose, die Dresdner Bank müsse zwar nach dem Ende des Krieges mit einem gewissen Abzug der durch den kriegswirtschaftsbedingten Kaufkraftüberhang aufgeblähten Sparguthaben rechnen, werde sich aber weiterhin verstärkt um diese Einlagen bemühen, hatte sich dadurch zum Zeitpunkt der „Wiedervereinigung" grundsätzlich erfüllt. Mit 12,6 Prozent erreichte der Anteil der Spareinlagen an der Bilanzsumme 1957 zwar bei weitem nicht den Stand von Ende 1942 (20 Prozent), aber knapp die Höhe des Jahres 1940, in der die NS-Wirtschaft bereits deutlich von einem Geldüberhang geprägt gewesen war, der die Bevölkerung mangels Konsummöglichkeiten auf verstärktes Sparen verwiesen hatte. Die fünfziger Jahre waren dagegen trotz steigender privater Sparquote von einer massiven Ausweitung des Konsums geprägt.[90]

Auf die Dauer dürfte sich die Akquisition von Sparkunden nicht zuletzt deshalb rentiert haben, weil diese auch potenzielle Nachfrager für Konsumentenkredite und Investmentfonds waren. Eine in diesem Zusammenhang konsequente strategische Entscheidung für den Aufbau eines neuen Geschäftsbereichs war die Gründung des Deutschen Investment-Trust (DIT) 1955. Die Dresdner-Bank-Nachfolger stiegen damit in ein „standardisiertes" Geschäft der privaten Vermögensanlage ein, das das klassische Sparbuch in den folgenden Jahrzehnten zunehmend ergänzte. Sie forcierten dieses Geschäft ebenfalls stärker als die Deutsche-Bank-Nachfolger, die sich erst im Dezember 1956 mit einem Anteil von 30 Prozent an der Gründung der Deutschen Gesellschaft für Wertpapiersparen (DWS) beteiligten.[91]

Im Wettbewerbsverhältnis zum gesamten Geschäftsbankensektor stellte das Geschäft mit den Sparkunden allerdings die positive Ausnahme dar. Während der Anteil der Großbanken (einschließlich ihrer Berliner Tochterinstitute) an den Spareinlagen aller Bankengruppen von 7,6 Prozent (Jahresende 1951) auf 8,5 Prozent (1957) stieg, ging ihr Anteil an den gesamten Einlagen im gleichen Zeitraum deutlich von 19,9 auf 15,5 Prozent zurück.[92] Diese Entwicklung hatte sich spä-

[89] Rhein-Ruhr Bank, Rundschreiben Nr. 173. Betr.: Werbung für Sicht- und Termingelder, insbesondere auch für Spareinlagen, 8. 5. 1953, HADrB 2983-2002; Rhein-Ruhr Bank, Rundschreiben Nr. 45. Betr.: Vergütung einer Prämie bei Steigerung der Einlagen, 23. 2. 1955, HADrB 2981-2002.

[90] Vgl. zur NS-Zeit Bähr, Dresdner Bank, S. 222–228. Der Anteil der privaten Haushalte an der gesamtwirtschaftlichen Ersparnisbildung stieg zwischen 1950 und 1960 von 15% auf 30%, die private Sparquote von 3,2% auf 8,6%. Die Ausgaben für den privaten Konsum stiegen gleichzeitig von 67,5 auf 171,8 Mrd. DM, die private Ersparnis von 2,1 auf 16,1 Mrd. DM. Vgl. Hans-Hermann Stein, Strukturwandlungen in der Anlagepolitik der Kreditbanken in der Bundesrepublik Deutschland von 1950 bis 1960, Berlin 1964, S. 109; Meyen, 120 Jahre, S. 233.

[91] Vgl. ebd., S. 249; Johannes Bähr, 50 Jahre dit. Aufbruch Wachstum Zukunft 1955–2005, Frankfurt a. M. 2006; Holtfrerich, Deutsche Bank, S. 567.

[92] Eigene Berechnung nach: Deutsche Bundesbank (Hg.), 50 Jahre (CD-ROM), Tab. 6.2.1 und 6.2.2; Gesamteinlagen einschließlich Treuhandkredite.

testens seit den dreißiger Jahren angebahnt,[93] sie folgte aber zugleich einem allgemeinen Trend der fünfziger Jahre: Die Beteiligung der Großbanken am Geschäftsvolumen aller bundesdeutschen Kreditinstitute reduzierte sich während der „Dreier-Lösung" von 19,4 auf 13,8 Prozent.[94] Die Hauptgewinner dieser Gewichtsverschiebung waren zunächst die von der Baunachfrage profitierenden Realkreditinstitute, die wegen der unterschiedlichen Geschäftsfelder allerdings keine unmittelbare Konkurrenz der Großbanken darstellten, und in zweiter Linie die Sparkassen. Erst seit etwa 1960 schwächte sich das Tempo des Strukturwandels deutlich ab.[95] Die Ursachen dafür sind bislang nicht eindeutig geklärt,[96] aber die Dezentralisierung war sicher kein entscheidender Faktor. Die Steuervergünstigungen für Sparer und die Steuerprivilegien der Sparkassen können hier ebenfalls nicht zu Buche geschlagen haben, denn deren Spareinlagen erhöhten sich deutlich langsamer als bei den Großbanken-Nachfolgern.[97] Die politische Sparförderung bevorteilte vielmehr die Bezieher höherer Einkommen, die traditionell eher zur Klientel der Großbanken gehörten.[98]

Die Gewichtsverluste der neun Nachfolgeinstitute waren vor allem Ausdruck eines langfristigen Wandels. Grundsätzlich ergab sich besonders aus dem Vordringen der Sparkassen auf zwei traditionelle Geschäftsfelder der Großbanken, nämlich den bargeldlosen Zahlungsverkehr und die kurzfristige Kreditvergabe, ein zunehmender Wettbewerbsdruck. Dieser hatte schon mit der Verleihung der passiven Scheckfähigkeit an die Sparkassen im Jahre 1908 eingesetzt und seit den zwanziger Jahren deutlich an Schärfe gewonnen. Die Sparkassen genossen dabei die Vorteile der öffentlichen Gewährträgerhaftung, der bevorzugten Einlagenvergabe öffentlich-rechtlicher Einleger und zugleich der langfristigen lokalen Kundenbindung.[99] Bemühungen der Großbanken-Nachfolger, durch die Akquisition

[93] Vgl. „Aus den Ergebnissen der Spareinlagenstatistik", Monatsberichte der Bank deutscher Länder 1953, Heft 2, S. 32–38, hier S. 34f.

[94] Eigene Berechnungen nach: Deutsche Bundesbank (Hg.), Deutsches Geld- und Bankwesen in Zahlen 1876–1975, Frankfurt a.M. 1976, S. 254, Tab. 3.03.

[95] Vgl. Meyen, 120 Jahre, S. 216, und die dortige Übersicht von 1950 bis 1990.

[96] Vgl. die Skizze von Tilly, Geschäftsbanken, S. 326–334, der zwar die 50er Jahre einbezieht, dessen Erörterungen sich jedoch auf spätere Phasen beschränkt; sowie Ehlen, Filialgroßbanken, S. 63–94.

[97] Der Zuwachs betrug zwischen 1951 und 1957 „nur" 456%. Eigene Berechnung nach: Deutsche Bundesbank (Hg.), 50 Jahre (CD-ROM), Tab. 7.5. Das reine Spargeschäft der Sparkassen war bis 1967 steuerfrei, sie blieben aber auch nach einer Reform der Besteuerung deutlich bevorteilt. Vgl. Günter Ashauer, Entwicklung der Sparkassenorganisation ab 1924, in: Born u.a., Deutsche Bankengeschichte 3, S. 279–348, hier S. 310, 323; Günther Schulz, Die Sparkassen vom Ende des Zweiten Weltkriegs bis zur Wiedervereinigung, in: Hans Pohl/Bernd Rudolph/Günther Schulz, Wirtschafts- und Sozialgeschichte der deutschen Sparkassen im 20. Jahrhundert, Stuttgart 2005, S. 249–428, hier S. 340.

[98] Günter Leopold, Wandlungstendenzen in der Geschäftsstruktur der deutschen Großbanken. Bankbetriebliche Bedeutung und Problematik der Einführung von Kleinkrediten, Anschaffungsdarlehen und Lohn- und Gehaltskonten durch die deutschen Großbanken, Diss. Hamburg 1966, S. 27; Ehlen, Filialgroßbanken, S. 82.

[99] Vgl. Ehlen, Filialgroßbanken, S. 77–88; sowie, allerdings konzentriert auf die Zeit ab 1956, Leopold, Wandlungstendenzen, S. 26–30. Zu den frühen Gewichtsverschiebungen: Gerd Hardach, Zwischen Markt und Macht: Die deutschen Banken 1908–1934, in: Wilfried Feldenkirchen/Frauke Schönert-Röhlk/Günther Schulz (Hg.), Wirtschaft, Gesellschaft, Unternehmen. Festschrift für Hans Pohl zum 60. Geburtstag, Bd. 2, Stuttgart 1995, S. 914–938; Karl Erich Born, Vom Beginn des Ersten Weltkrieges bis zum Ende der Weimarer Republik (1914–1933), in: ders. u.a., Deutsche Bankengeschichte 3, S. 17–146, hier S. 72–96, 133–137; Hans Pohl, Die Sparkassen vom Ausgang

von Einlagen öffentlich-rechtlicher Körperschaften umgekehrt in das Geschäft anderer Institutsgruppen einzubrechen, konnten diese Vorteile kaum aufwiegen, auch wenn einige Filialen der Rhein-Ruhr Bank dabei wohl durchaus Erfolge verbuchen konnten.[100] Zu der jahrzehntealten Konkurrenz der Sparkassen kamen als neue Wettbewerber die Gemeinwirtschaftsbanken hinzu, die jetzt ebenfalls über ihre angestammten Kundenkreise hinaus expandierten und dabei insbesondere auf die Kreditkundschaft der Filialgroßbanken zielten.[101]

Ein ähnlicher Bodenverlust der Großbanken zeigte sich daher auf der Aktivseite der Bilanzen. Der Anteil ihrer Kredite an Nichtbanken an der Kreditvergabe aller Bankengruppen belief sich Ende 1951 auf 20,8, Ende 1957 nur noch auf 14,7 Prozent.[102] Anders als bei den Spareinlagen blieb das Wachstum der ausgereichten Kredite bei der Dresdner Bank im Mittelfeld der drei Großbanken-Gruppen. Das gesamte Kreditvolumen stieg bei ihren Nachfolgeinstituten zwischen Anfang 1952 und Ende 1957 um 124 Prozent, bei denen der Deutschen Bank hingegen nur um 84 Prozent, bei denen der Commerzbank um 186 Prozent.[103] Dass die geschäftliche Expansion hier deutlich zurückhaltender betrieben wurde als auf der Kreditorenseite, belegt tendenziell die Warnung des Vorstands der Rhein-Ruhr Bank an die Filialen von Ende 1953, sich gerade in einer konjunkturellen Boomphase genauer mit der Kreditwürdigkeit von Kunden zu befassen, die auf schuldenfinanziertes Wachstum setzten.[104]

Die Avalkredite, in denen sich primär der wachsende Bedarf an Außenhandelsfinanzierungen spiegeln dürfte, stiegen deutlich überproportional und erhöhten ihren Anteil am Kreditvolumen von 12 auf 21,5 Prozent. Während Bar-, Wechsel- und Akzeptkredite entsprechend an Bedeutung verloren, zeigte sich ein zweiter charakteristischer Trend im wachsenden Anteil der langfristigen Ausleihungen von 4 auf 5 Prozent. Dieser auf den ersten Blick bescheidene Zuwachs bedeutete eine Verdreifachung, vorübergehend sogar eine Vervierfachung der langfristigen Kredite, die traditionell einen sehr geringen Teil des Großbanken-Kreditgeschäfts bildeten.[105] Ein grundsätzlicher Wandel der kreditpolitischen Strategie lässt sich daraus allerdings nicht ableiten, fungierten die Großbanken hier doch in erheblichen Maße als Vermittler staatlicher Investitionsförderung. Zum Teil handelte es sich bei den langfristigen Krediten um staatlich geförderte Schiffbaudarlehen,[106] zu einem anderen Teil um Mittel der Kreditanstalt für Wiederaufbau, die die Banken lediglich zu festgelegten Konditionen weiterreichten.[107]

des 19. Jahrhunderts bis zm Ende des Zweiten Weltkriegs, in: Pohl/Rudolph/Schulz, Wirtschafts- und Sozialgeschichte, S. 21–248.

100 Rhein-Ruhr Bank, Rundschreiben an die Direktionen der Niederlassungen. Betr.: Gewinnung von Kreditoren, 10. 11. 1954, HADrB 2982-2002.

101 Ehlen, Filialgroßbanken, S. 71–76.

102 Eigene Berechnungen nach: Deutsche Bundesbank (Hg.), 50 Jahre (CD-ROM), Tab. 4.2.1 und 4.2.2. Kredite an Nichtbanken sind hier umfassend definiert und schließen Schatzwechselkredite, Wertpapierbestände, Ausgleichs- und Deckungsforderungen ein.

103 Eigene Berechnungen nach Becher, Wachstum, S. 194. Das Kreditvolumen umfasst hier Debitoren, Wechselbestände, Indossamentsverbindlichkeiten, langfristige Ausleihungen, durchlaufende Kredite und Avalkredite.

104 Rhein-Ruhr Bank, Rundschreiben Nr. 477. Betr.: Kreditgeschäft, 14. 12. 1953, HADrB 2983-2002.

105 Eigene Berechnung nach GB Dresdner Bank 1957, S. 21.

106 Ebd., S. 20.

107 Vgl. z. B. GB Hamburger Kreditbank 1953, S. 21; GB Dresdner Bank 1957, S. 24. Zu den Finan-

Liquiditätsprimat und Ertragslage

Die Anzahl der Kredite über 100000 DM stieg bei den Dresdner-Bank-Nachfolgern zwischen 1952 und 1957 deutlich stärker an als die Vergabe kleinerer Kreditbeträge bis 10000 DM.[108] Wegen des gleichzeitigen Kaufkraftverlusts der DM sind die Zahlen zwar nicht direkt vergleichbar, zumindest lässt sich hieraus aber eine Stabilität der Größenstrukturen, wenn nicht sogar ein Trend hin zu größeren Krediten ableiten. Diese Kontinuität erklärt sich daraus, dass die Großbanken erst in den sechziger Jahren begannen, sich intensiver um die mittelständische gewerbliche Kreditkundschaft und um die Vergabe von Konsumentenkrediten zu bemühen. Bis dahin setzten sie offenbar auf eine traditionelle Stärke, die durch die Dezentralisierung nur an der Oberfläche berührt worden war: Sie besaßen beim Wettbewerb um größere Kreditkunden nicht nur einen Größenvorteil, sondern verfügten auch weiterhin über die traditionellen Hausbankbeziehungen und Aufsichtsratsposten in der Industrie.[109] Bei aller gebotenen Vorsicht lässt sich somit schlussfolgern, dass die Dresdner-Bank-Nachfolger auf den Strukturwandel des Bankensektors während der fünfziger Jahre auf der Debitorenseite eher mit einer Orientierung an traditionellen Strukturen reagierten. Die Kreditorenseite spiegelte mit dem weit überproportionalen Zuwachs der Spareinlagen stärker den gesamtwirtschaftlichen Strukturwandel, der aber zugleich einer seit längerem gepflegten risikoaversen, liquiditätsorientierten Strategie entgegenkam.

Kontinuität und Zurückhaltung prägten auch das Auslandsgeschäft, dem die Dezentralisierung ebenfalls weniger Schaden hatte zufügen können, als die Bankmanager immer wieder beklagt hatten. Schon zur Zeit der Ausgründung waren, wie Hölling 1952 dem Aufsichtsrat der alten Dresdner Bank gegenüber formulierte, die „Beziehungen zu ausländischen Bankfreunden [...] mit Ausnahme der Satellitenstaaten [der UdSSR] fast restlos wiederhergestellt."[110] Die Hamburger Kreditbank verwies sogar in ihrem ersten Geschäftsbericht darauf, es sei primär „dem good will der Dresdner Bank [...] zuzuschreiben, daß uns das Vertrauen unserer ausländischen Geschäftsfreunde auch in den Jahren der Aufsplitterung voll erhalten geblieben ist."[111] Durch den Aufschwung des Auslandsgeschäfts und die Regulierung der Stillhaltekredite im Londoner Schuldenabkommen verdoppelte sich im Geschäftsjahr 1953 die Anzahl ausländischer Banken, mit denen die Rhein-Ruhr Bank Geschäftsbeziehungen unterhielt.[112] Zu dieser Zeit waren die

zierungsprogrammen der KfW ausführlich Manfred Pohl, Wiederaufbau. Kunst und Technik der Finanzierung 1947–1953. Die ersten Jahre der Kreditanstalt für Wiederaufbau, Frankfurt a.M. 1973; Armin Grünbacher, Reconstruction and Cold War in Germany. The Kreditanstalt für Wiederaufbau (1948–1961), Aldershot 2004.

108 Kredite über 100000 DM machten 1957 (nach der Stückzahl) 13,4%, Kredite zwischen 1000 und 10000 DM 51,4% aus. Ende 1952 hatte diese Relation 11,8% zu 54,5% betragen. GB Dresdner Bank 1957, S. 20; 1952 eigene Berechnung nach GB Rhein-Ruhr Bank 1952, S. 16, GB Hamburger Kreditbank 1952, S. 15, und GB Rhein-Main Bank 1952, S. 15.

109 Vgl. Leopold, Wandlungstendenzen, S. 30f., 39–41, 216–222.

110 Niederschrift über die Sitzung des Aufsichtsrates der Dresdner Bank am Freitag, den 16. Mai 1952 in Frankfurt a.M., S. 6, HADrB 11132-2001.

111 GB Hamburger Kreditbank 1952, S. 14.

112 GB Rhein-Ruhr Bank 1953, S. 14. Zum Abkommen vgl. Christoph Buchheim, Das Londoner Schuldenabkommen, in: Ludolf Herbst (Hg.), Westdeutschland 1945–1955. Unterwerfung, Kontrolle, Integration, München 1986, S. 219–229; Gall, Bankier, S. 164–206; Ursula Rombeck-Ja-

Perspektiven des Auslandsgeschäfts bereits so viel versprechend, dass neben dem Neuen Kreis auch die Auslandschefs der drei Nachfolgeinstitute im zweimonatlichen Turnus zusammentreffen sollten. Andererseits war man noch zögerlich genug, um trotz einer aktiveren Politik der Deutschen Bank beim Erwerb ausländischer Bankbeteiligungen „auf diesem Gebiet grosse Zurückhaltung“ walten zu lassen.[113]

Stattdessen begnügte man sich mit der Errichtung von Repräsentanzen, die im Falle Istanbuls (1952) und Kairos (1954) unmittelbar an historische Vorläufer anknüpfen konnten. Repräsentant der drei Nachfolgeinstitute in der Türkei wurde Hans von Aulock, bis 1944 stellvertretender Leiter der als „Deutsche Orientbank“ firmierenden türkischen Filialen der Dresdner Bank. Als Aulocks Vertreter fungierte der frühere Filialleiter Johannes Posth, der inzwischen vor allem mit der Abwicklung der Deutschen Orientbank beschäftigt war.[114] Die ägyptische, für den gesamten Nahen Osten zuständige Repräsentanz führte Helmut Haeusgen, der bis 1937 als Leiter der Filiale in Alexandria fungiert hatte. Haeusgen wurde „unterstützt“ durch den langjährigen Mitarbeiter Koloman Erdoes, der die ägyptischen Filialen bis zu seiner Internierung 1940 geleitet hatte.[115] 1955 kam eine Repräsentanz in Madrid hinzu. Die Tochtergesellschaft Deutsch-Südamerikanische Bank hatte schon 1950 mit der Wiedereröffnung von Repräsentanzen in Lateinamerika begonnen, die auch die Nachfolgeinstitute der Dresdner Bank vertraten.[116]

In Zurückhaltung gegenüber der größeren Konkurrentin übte sich die Dresdner-Bank-Gruppe auch bei der Gründung der Ausfuhrkredit-Aktiengesellschaft (AKA), wo sie den Nachfolgeinstituten der Deutschen Bank die Federführung überließ. Oswald Rösler, auf dessen persönliche Initiative hin dieses Institut zur Bereitstellung von Geldern für mittel- und langfristige Exportfinanzierungen errichtet worden war, übernahm aus den über dreißig Gründungsbanken den Aufsichtsratsvorsitz.[117] Mit Hölling stellte jedoch die Rhein-Ruhr Bank den ersten stellvertretenden Vorsitzenden des Aufsichtsrats und des Kreditausschusses, daneben waren Rinn, Zinßer und Gideon Vogt von der BHI im Aufsichtsrat vertreten.[118] Die im Laufe der fünfziger Jahre deutlich zunehmende Bedeutung der Außenhandelsfinanzierung demonstriert tendenziell, wie schon erwähnt, das Wachstum der gestellten Avale. In absoluten Zahlen war deren bei weitem stärks-

schinski, Das Londoner Schuldenabkommen. Die Regelung der deutschen Auslandsschulden nach dem Zweiten Weltkrieg, München 2005.

113 Niederschrift über die Sitzung des „Neuen Kreises“ am 30. Sept. 1953, S. 8f., HADrB 1366-2002.

114 Rhein-Ruhr Bank, Rundschreiben Nr. 2178. Betr.: Repräsentanz Istanbul, 22. 12. 1952, HADrB 3015-2002. Zur Tätigkeit Aulocks und Posths bis 1945 vgl. Johannes Bähr, Der Goldhandel der Dresdner Bank im Zweiten Weltkrieg. Unter Mitarbeit von Michael C. Schneider, Leipzig 1999, S. 74–78; ders., Dresdner Bank, S. 260–269.

115 Rhein-Ruhr Bank, Rundschreiben Nr. 115. Betr.: Repräsentanz für den Nahen Osten, 13. 4. 1954, HADrB 2982-2002; Erdoes an den Vorstand der Rhein-Main Bank, 23. 7. 1953, HADrB 109246P; Bähr, Dresdner Bank, S. 262.

116 Meyen, 120 Jahre, S. 261.

117 Holtfrerich, Deutsche Bank, S. 563.

118 Rhein-Ruhr Bank, Hauptverwaltung, Rundschreiben Nr. 10. Betr.: Finanzierung mittel- und langfristiger Lieferungsgeschäfte an das Ausland, 24. 4. 1952, HADrB 3005-2002.

ter Anstieg in den Geschäftsjahren 1956 und 1957 zu verzeichnen.[119] Dieses Geschäftsfeld spiegelte damit besonders deutlich den allgemeinen Konjunkturverlauf. Eine Abschwächung der Binnenkonjunktur konnte die deutsche Industrie in diesen Jahren teilweise durch erhöhte Exporte kompensieren, was nicht nur durch eine stärkere Weltmarktnachfrage, sondern auch durch eine mittlerweile weitgehend abgeschlossene Liberalisierung des bundesdeutschen Außenhandels gefördert wurde.[120]

Dem im Vergleich zur Phase nach der Währungsreform deutlich gemäßigten Wachstum der Nachfolgeinstitute entsprach ein wesentlich langsamerer Anstieg der Beschäftigtenzahlen. Die Zahl der Angestellten wuchs in der Zeit der „Dreier-Lösung" lediglich von 7936 (Ende 1952) auf 10832 (1957),[121] der Zuwachs im Bilanzvolumen ließ sich also weiterhin mit einer deutlich unterproportionalen Zunahme an Arbeitskräften bewältigen. Das reine Größenwachstum war ohnehin, wie Hölling im März 1956 der Hauptversammlung der Rhein-Ruhr Bank vortrug, kein strategisches Ziel – man habe „ganz bewußt keine expansive Geschäftspolitik betrieben".[122] Charakteristisch blieb vielmehr weiterhin ein Primat der Liquiditätssicherung. Das versicherte Hölling im Mai 1952 ebenso dem Aufsichtsrat der Altbank,[123] wie Zinßer es den versammelten Filialdirektoren der Rhein-Main Bank einbläute. Der Primus inter Pares der Rhein-Main Bank beschrieb die Bankleitung gar als „Fanatiker der Liquidität, auch wenn es eine Million kostet."[124]

Daran wurde offenbar konsequent festgehalten; Hans Rinn versicherte auf der letzten Aufsichtsratssitzung der Hamburger Kreditbank im April 1957, man habe „von jeher einen ganz besonderen Wert auf die Erhaltung unserer Liquidität gelegt", die während des Bestehens dieses Nachfolgeinstituts „unverändert einen ausserordentlich hohen Stand eingenommen" habe.[125] Die Gesamtliquiditätsquote der Dresdner-Bank-Nachfolgeinstitute lag daher in der Phase der „Dreier-Lösung" und auch noch in den unmittelbar folgenden Geschäftsjahren fast immer deutlich über derjenigen der beiden anderen Großbankengruppen.[126] Höher als bei den unmittelbaren Konkurrenten war Mitte der fünfziger Jahre auch der Anteil der Sonstigen Einlagen, die eine weniger schwankende Basis der Kreditver-

[119] Vgl. GB Dresdner Bank 1957, S. 21.

[120] Vgl. GB Hamburger Kreditbank 1956, S. 12–14; GB Rhein-Main Bank 1956, S. 16 f.; GB Dresdner Bank 1957, S. 14. Zu den Liberalisierungsschritten vgl. ausführlich Christoph Buchheim, Die Wiedereingliederung Westdeutschlands in die Weltwirtschaft, 1945-1958, München 1990, S. 109–170, sowie die in absoluten Zahlen deutlich überproportionale Zunahme der Exporte in den Jahren 1956 und 1957, ebd., S. 186 f.

[121] GB Rhein-Main Bank 1952, S. 20, GB Hamburger Kreditbank 1952, S. 21, GB Rhein-Ruhr Bank 1952, S. 21; GB Dresdner Bank 1957, S. 25.

[122] Zitiert nach Meyen, 120 Jahre, S. 215.

[123] Niederschrift über die Sitzung des Aufsichtsrates der Dresdner Bank am Freitag, den 16. Mai 1952 in Frankfurt a. M., S. 5, HADrB 11132-2001.

[124] Filialdirektorenbesprechung am 16. 11. 1952, Begrüßungsansprache Zinßer, S. 3, HADrB 106347. Als weitere Quelle: Hamburger Kreditbank, (Pressematerial) zu Geschäftsbericht, Bilanz sowie Gewinn- und Verlustrechnung der Hamburger Kreditbank A.G. 1954, o.D. (März 1955), S. 2, HADrB 7652-2002.

[125] Redemanuskript Rinns für die 10. Sitzung des Aufsichtsrats der Hamburger Kreditbank am 24. 4. 1957, S. 3 f., HADrB 17791-2001.

[126] Vgl. die Übersicht bei Minners, Konjunktur, S. 90.

gabe bildeten als die geldmarkt- (und damit geldpolitik-) abhängigen Einlagen von Kreditinstituten. Komplementär dazu galt die Anlagepolitik der Dresdner-Bank-Gruppe als vergleichsweise konservativ.[127]

Die relativ vorsichtige, besonders liquiditätsorientierte Geschäftspolitik der Dresdner Bank war charakteristisch für die Jahre seit 1945; zumindest die besondere Pflege der Spareinlagen weist aber auch eine längere Kontinuität auf. Wie weit die vergleichsweise schwache Risikoneigung der Vorstände auf eine spezifische historische Prägung zurückging, lässt sich am Quellenmaterial kaum überprüfen. Es erscheint aber zumindest sehr plausibel, dass sich hier die Mentalität von Carl Goetz niederschlug, unter dessen Ägide der Großteil der jetzigen Vorstandsmitglieder in das höhere Management der Dresdner Bank aufgenommen worden war. Der „große alte Mann" der Bank war nach einer Beinahe-Katastrophe zu ihrem Sanierer berufen worden, und jedenfalls bei ihm saß das Trauma der Bankenkrise tief. Noch 1957 begründete Goetz die zögerliche Haltung der Dresdner-Bank-Nachfolger zu einer Dividendenerhöhung für das Geschäftsjahr 1956 von 10 auf 12 Prozent mit „den Erfahrungen aus der Zeit Ende der 20er Jahre." Diese historische Reminiszenz war angesichts der Gewinnsituation, die auch nach Goetz' Ansicht eine solche Dividendenerhöhung ohne weiteres erlaubte, das einzige gravierende Gegenargument. Nachdem die beiden anderen Großbankengruppen die gleiche Erhöhung beschlossen hatten, musste man sich jedoch aus Gründen der Kurspflege ebenfalls dazu durchringen.[128] Im Neuen Kreis hatte Goetz zuvor vehement und mit einem ausführlichen Positionspapier, das neben konjunkturellen Erörterungen unter anderem auf die fatalen Folgen des „Optimismus von Jakob Goldschmidt" in der Bankenkrise verwies, seine gegenteilige Position begründet. Er war aber trotz dieser höchst ungewöhnlichen Maßnahme – seine Argumentation sollte unbedingt dem Protokoll beigefügt werden, weil „sich in einigen Jahren die Richtigkeit herausstellen" werde – an der Mehrheit seiner Kollegen gescheitert. Goetz' Einfluss hatte offensichtlich seinen Zenit überschritten.[129]

Die zurückhaltende Dividendenausschüttung war bis dahin durchgehalten worden, obwohl seit 1953 gespaltene Körperschaftsteuersätze galten, die die Einbehaltung von Gewinnen deutlich benachteiligten.[130] Dennoch stieg der Anteil der Eigenmittel am Bilanzvolumen bis 1957 nur auf 5,4 Prozent.[131] Das haftende Kapital der drei Nachfolgeinstitute wuchs zunächst durch Zufuhr zu den offenen Rücklagen (1952: 46 Mio., 1957: 142 Mio. DM); erst 1956 fand eine erste Erhöhung des Grundkapitals auf 124 Mio. DM statt, der unmittelbar zwei weitere Ka-

[127] So die Einschätzung des Instituts für Bilanzanalysen in Frankfurt a.M., Wochendienst Nr. 5/6, 30. 4. 1956, Bilanz Nr. 323a-c, S. 1–4, HADrB 107875.

[128] Niederschrift über die Sitzung der vereinigten Arbeitsausschüsse der Aufsichtsräte der Nachfolgeinstitute der Dresdner Bank am Freitag, dem 12. April 1957, in Düsseldorf, S. 2f., HADrB 1798-2002; Redemanuskript Rinns für die 10. Sitzung des Aufsichtsrats der Hamburger Kreditbank am 24. 4. 1957, S. 14, HADrB 17791-2001.

[129] Niederschrift über die Sitzung des „Neuen Kreises" am 11. März 1957, S. 1f. und Anlage ohne Titel, HADrB 1380-2002.

[130] Die Körperschaftsteuersätze betrugen 1953: 60% für einbehaltene, 30% für ausgeschüttete Gewinne; 1954: 45 bzw. 30%, 1958: 51 bzw. 15%; Becher, Wachstum, S. 56.

[131] GB Dresdner Bank 1957, S. 13.

Abb. 17: Bronzemedaille von Carl Goetz aus den 1960er Jahren.
Quelle: HADrB.

pitalerhöhungen folgten (1957: 150 Mio. DM, 1958: 180 Mio. DM).[132] Dass die Eigenkapitalquote auch am Ende der Dezentralisierungsphase noch nicht den Vorkriegsstand erreicht hatte, war freilich kein Ausdruck von Ertragsschwäche, sondern dem zügigen Wachstum des Geschäftsumfangs zuzuschreiben. Schon die Dividendenentwicklung der drei Nachfolgeinstitute seit 1952 – alle drei schütteten natürlich den gleichen Satz aus – zeigt eine stete Verbesserung der Ertragslage. Die tatsächliche Gewinnentwicklung kommt darin aber bei weitem nicht zum Ausdruck. Die veröffentlichten Gewinn- und Verlustrechnungen wurden nämlich, wie die Geschäftsberichte regelmäßig verlautbarten, vorab auf die Ausschüttung der Dividende abgestellt, während ein hoher und stetig wachsender Teil der Erträge vorher für Abschreibungen und die Erhöhung der Reserven abgezweigt wurde. Außerordentliche Erträge sowie die Handelsgewinne aus dem Effekten- und Fremdwährungsgeschäft tauchen in den Erfolgsrechnungen gar nicht auf, sondern wurden vorab vollständig mit den Abschreibungen verrechnet. Bei der Rhein-Main Bank wurden beispielsweise im Geschäftsjahr 1952 weniger als zwei Drittel der erwirtschafteten Erträge im Geschäftsbericht ausgewiesen. Daneben konnten in den Handelsbilanzen stille Reserven verschleiert werden, weil hier die Unterbewertung bestimmter Aktiva zulässig war.[133]

[132] Vgl. Meyen, 120 Jahre, S. 393.

[133] Vgl. Becher, Wachstum, S. 146f.; Heinrich Birck, Die Bankbilanz. Aufstellung, Bewertung und Gliederung der Jahresabschlüsse der Kreditinstitute nach Handels- und Steuerrecht. Ein Handbuch für Banken und Sparkassen, 2. Aufl. Wiesbaden 1961, S. 32–36, 460–462; allgemein, jedoch wegen der Fokussierung auf Industrie-Aktiengesellschaften mit anderen Schwerpunkten, Mark Spoerer, „Wahre Bilanzen!“. Die Steuerbilanz als unternehmenshistorische Quelle, in: ZUG 40 (1995), S. 158–179. Zahlenangaben für die Rhein-Main Bank in: Anhang zum Bericht der Treuhand-Vereinigung über die Prüfung des Jahresabschlusses zum 31. 12. 1952, 7. 7. 1953, S. 68, HADrB 108702.

Tabelle VII/2: Eigenkapital und Reingewinne (ohne Gewinnvorträge) der Rhein-Ruhr Bank, Rhein-Main Bank und Dresdner Bank (Spalten 1957) nach Handels-, Steuer- und Prüferbilanzen, jeweils per Jahresende in 1000 DM,[134] *und Eigenkapitalrenditen*[135] *in %.*

Rhein-Ruhr Bank	1952	1953	1954	1955	1956	1957
Haftendes Kapital	52000	56000	62000	70000	90000	292000
Reingewinn Handelsbilanz	2160	3060	3240	3600	5760	18000
Eigenkapitalrendite laut Handelsbilanz	*4,15*	*5,46*	*5,23*	*5,14*	*6,40*	*6,16*
Reingewinn Steuerbilanz	4703	6026	10615	18026	19531	33148
Eigenkapitalrendite laut „Steuerbilanz"	*9,04*	*10,76*	*17,12*	*25,75*	*21,70*	*11,35*

Rhein-Main Bank	1952	1953	1954	1955	1956	1957
Haftendes Kapital	52000	56000	62000	70000	90000	292000
Reingewinn Handelsbilanz	2160	3060	3240	3600	5760	18000
Eigenkapitalrendite laut Handelsbilanz	*4,15*	*5,46*	*5,23*	*5,14*	*6,40*	*6,16*
Reingewinn Steuerbilanz	2411	4641	6437	11109	5575	33148
Eigenkapitalrendite laut Steuerbilanz	*4,64*	*8,29*	*10,38*	*15,87*	*6,19*	*11,35*
Reingewinn Prüferbilanz	6836	4394	8 673	16840	14125	36438
Eigenkapitalrendite laut Prüferbilanz	*13,15*	*7,85*	*13,99*	*24,06*	*15,69*	*12,48*

Dass die veröffentlichten Bilanzen der Großbanken-Nachfolger zur Verschleierung der tatsächlichen Ertragslage durchweg „frisiert" waren, stellten schon zeitgenössische Beobachter fest; offensichtlich wird das beim Vergleich der in den Gewinn- und Verlustrechnungen ausgewiesenen Gewinne und Steueraufwendungen, die bei den einzelnen Instituten in völlig unterschiedlichen Relationen standen.[136] Die Ertragslage der beiden größeren Nachfolgeinstitute lässt sich

[134] Quellen: Diverse Gegenüberstellungen der Handels- und Steuerbilanzen, HADrB 3776-2002 (Rhein-Ruhr Bank); Handels-, Steuer- und Prüferbilanzen der Firma Rhein-Main Bank Aktiengesellschaft, Anlage 5a zum Betriebsprüfungsbericht vom 24. 4. 1959, HADrB 7748-2002 (Rhein-Main Bank 1952 bis 1955); Handels-, Steuer- und Prüferbilanzen der Rhein-Main Bank AG, Anlage 1a zum Betriebsprüfungsbericht vom 28. 10. 1968, HADrB 7749-2002 (Rhein-Main Bank 1956); Handels-, Steuer- und Prüferbilanzen der Firma Dresdner Bank AG, HADrB 7734-2002.

[135] Eigenkapitalrendite = Reingewinn / Haftendes Kapital (Aktienkapital zuzüglich Rücklagen nach § 11 Kreditwesengesetz am Jahresende). Die Ermittlung der Eigenkapitalrendite erfolgt nach einem gegenüber Spoerers elaborierter Vorgehensweise vereinfachten Verfahren, da an dieser Stelle lediglich die intertemporale Vergleichbarkeit innerhalb der Dresdner-Bank-Gruppe von Bedeutung ist. Diverse Korrekturmöglichkeiten sowohl an den ausgewiesenen Kapitalien als auch am ausgewiesenen Gewinn in den Steuerbilanzen bleiben dabei unberücksichtigt. Vgl. Spoerer, „Wahre Bilanzen!", S. 169–172; ders., Von Scheingewinnen zum Rüstungsboom. Die Eigenkapitalrentabilität der deutschen Industrieaktiengesellschaften 1925–1941, Stuttgart 1996, S. 127–145. Die Berechnung ist analog zur Vorgehensweise von Kopper, Marktwirtschaft, S. 199, und Bähr, Dresdner Bank, S. 178, Tab. V/5. Die Rücklagen nach § 11 KWG setzen sich zusammen aus „gesetzlichen" und „sonstigen (freien)" Rücklagen, die beide als haftende Mittel einzustufen sind; vgl. etwa Birck, Bankbilanz, S. 339f.

[136] Seidel, Nachfolgebanken, S. 25 (Zitat); zur fehlenden Aussagekraft der Gewinn- und Verlustrechnungen ebd., S. 41–44. Vgl. auch Bauer, Bankreform, S. 223.

jedoch ebenso wie die der „wiedervereinigten" Dresdner Bank in ihrem ersten Geschäftsjahr nicht nur anhand der Handelsbilanzen verfolgen. Für die Rhein-Main Bank und die Dresdner Bank liegen sowohl die vom Unternehmen eingereichten Steuerbilanzen (auch als „Erklärungsbilanzen" bezeichnet) als auch die Prüferbilanzen vor, die sich aus der Korrektur der von den Unternehmen zur Veranlagung eingereichten, naturgemäß möglichst niedrig gehaltenen Steuerbilanzen in den Betriebsprüfungen ergaben und nochmals deutlich höhere Gewinne ausweisen. Bei den für die Rhein-Ruhr Bank vorliegenden Übersichten dürfte es sich trotz der Bezeichnung, darauf lässt der Vergleich mit den Ergebnissen der Rhein-Main Bank schließen, ebenfalls um die Prüferbilanzen oder die endgültig vom Finanzamt bestätigten Steuerbilanzen handeln (vgl. Tabelle VII/2).[137]
Nach den Handelsbilanzen entsprach die Eigenkapitalrendite nur etwa den Größenordnungen, die die Großbanken in den relativ stabilen NS-Jahren 1935–1938 erzielen konnten.[138] Diese Werte drücken eher eine gewisse Stagnation der Kapitalrentabilität aus – dies jedoch bei erheblich schnelleren Zuwächsen des haftenden Kapitals. Tatsächlich aber konnten trotz der verschiedenen Kapitalerhöhungen regelmäßig massiv steigende Renditen erwirtschaftet werden, die wiederum weitere Kapitalzuwächse ermöglichten. Während dies in den späteren Jahren der NS-Zeit ganz wesentlich in Form stiller Reserven geschah,[139] wurden die Erträge in den fünfziger Jahren genutzt, um offen die wachsende Kapitalkraft und damit die wirtschaftliche Solidität der Nachfolgebanken zu demonstrieren. Die sinkenden Renditen der Jahre 1956 und 1957 erklären sich denn auch weniger aus absolut sinkenden Gewinnen als aus deutlich stärkeren Erhöhungen des haftenden Kapitals.

Trotz der ungünstigen Voraussetzungen in der wirtschaftlichen Insel West-Berlin konnte die Dresdner Bank auch an ihrem ehemaligen Stammsitz vergleichbare Wachstumsraten erzielen. Die Bilanzsumme der Berliner Tochtergesellschaft erhöhte sich von 149 Mio. DM (1952) auf 401 Mio. DM (1957), das Aktienkapital wuchs im selben Zeitraum von 5 Mio. DM auf 10 Mio. DM zuzüglich 4,5 Mio. DM Rücklagen. Die Zahl der Depositenkassen stieg von 21 auf 33, die Anzahl der Mitarbeiter auf 1200. Da die BHI von einem deutlich niedrigeren Niveau aus startete, entwickelte sich ihr Geschäft in der Phase der „Dreier-Lösung" sogar schneller als das der westdeutschen Nachfolgeinstitute. Ob das auch für die Entwicklung der Kapitalrentabilität gilt, lässt sich mangels Steuerbilanzen allerdings nicht beurteilen. Dass die 1957 in Berlin ausgeschüttete Dividende mit 8 Prozent deutlich niedriger war als bei der Muttergesellschaft, diese sich also mit geringeren Erträgen ihrer Tochter zufrieden gab als sie selbst ihren Aktionären zur Verfügung stellte, muss nicht unbedingt auf eine schwächere Ertragslage hindeuten. Es lag vermutlich teilweise daran, dass ein höherer Anteil der Erträge in das schneller wachsende Eigenkapital floss.[140] So konnte die BHI im Geschäftsjahr 1953 einen Betriebsgewinn von 2,3 Mio. DM erwirtschaften; nach Abschreibungen und

[137] Vgl. zu den verschiedenen Bilanzversionen Spoerer, „Wahre Bilanzen!", S. 167f.; Rudolf Federmann, Bilanzierung nach Handelsrecht und Steuerrecht, 7. Aufl. Berlin 1989, S. 31–37.
[138] Vgl. Kopper, Marktwirtschaft, S. 199.
[139] Bähr, Dresdner Bank, S. 189; zur Industrie Spoerer, Von Scheingewinnen, S. 113–121.
[140] GB BHI 1952, S. 8f.; GB BHI 1957, S. 8f. und 15.

Abb. 18: Hauptverwaltung der Bank für Handel und Industrie in Berlin 1957.
Quelle: HADrB.

Rückstellungen blieb jedoch nur noch ein ausgewiesener Reingewinn von rund 100 000 DM, der in die gesetzliche Reserve eingestellt wurde.[141]

Zwölf Jahre nach dem Ende des Zweiten Weltkriegs war auch die Dresdner Bank endgültig in der Normalität einer westdeutschen Wohlstandsgesellschaft angekommen, die von ihrer nationalsozialistischen Vergangenheit wenig wissen wollte. Rein quantitativ waren die Lasten der Vergangenheit weitestgehend überwunden. Das galt allerdings nur begrenzt für jenen Komplex deutscher „Vergangenheitsbewältigung“, mit dem sich der dritte Hauptteil dieses Buchs beschäftigt: die Wiedergutmachung.

[141] Vorstandssekretariat, Zum Bericht der Treuhandvereinigung AG. über die Prüfung des Jahresabschlusses der Bank für Handel und Industrie Aktiengesellschaft zum 31. 12. 1953, 30. 4. 1954, HADrB 1363-2002.

Die Dresdner Bank
und die Wiedergutmachung

VIII. Rahmenbedingungen der Wiedergutmachung

Neben der personellen „Säuberung“ und der alliierten Großbankenpolitik waren die Dresdner Bank und ihre Nachfolgeinstitute mit einem dritten großen Komplex von Konsequenzen der NS-Zeit konfrontiert, nämlich mit Forderungen nach der „Wiedergutmachung“[1] finanzieller Schäden, die von ehemaligen Inhabern „arisierter“ Unternehmen, Besitzern eingezogener Privatvermögen und ehemaligen jüdischen Beschäftigten an sie herangetragen wurden. Der Vertreibung und Ermordung der deutschen Juden war die Zerstörung ihrer wirtschaftlichen und sozialen Existenz vorausgegangen. Ein zentraler Bestandteil der nationalsozialistischen „Judenpolitik“ war eine Umverteilung von Vermögenswerten gewesen, von der die deutschen Banken nicht nur profitiert, sondern an der sie auch aktiv partizipiert hatten. Die drei folgenden Kapitel widmen sich anhand von Fallstudien den Konsequenzen dieses wirtschaftlichen Verfolgungsprozesses nach 1945. Sie beleuchten nacheinander die Verhandlungen um Entschädigungs- und Rückerstattungsleistungen für diejenigen Komplexe des massenhaften Verdrängungs- und Enteignungsprozesses, in die die Dresdner Bank involviert gewesen war: die Entlassung jüdischer Angestellter und die Diskriminierung jüdischer Betriebsrentner, die Entziehung privater Vermögen und die „Arisierung“ gewerblichen Vermögens. Der Untersuchungszeitraum dehnt sich dabei, dem Verlauf der Verfahren entsprechend, teils weit über das „Wiedervereinigungs“-Jahr 1957 aus. Vorher sollen in sehr geraffter Form die Rahmenbedingungen der Wiedergutmachung insbesondere für die Dresdner Bank skizziert werden.

Gesetze und Instanzen

Ebenso wie die Entnazifizierung und die Großbankendezentralisierung musste auch der Versuch, den mit der wirtschaftlichen Existenzvernichtung der deutschen Juden verbundenen Vermögenstransfer wenigstens teilweise rückgängig zu machen oder die entstandenen Schäden finanziell zu mildern, massiv von der amerikanischen Besatzungsmacht vorangetrieben werden. Überlegungen auf deutscher Seite hielten sich in weit bescheidenerem Rahmen und wären, angesichts der umfassenden Beteiligung der deutschen Gesellschaft an der Enteignung ihrer jü-

[1] So problematisch dieser Begriff in mancher Hinsicht ist, so unverzichtbar bleibt er als Zusammenfassung der in den folgenden Kapiteln dargestellten Auseinandersetzungen um die Rückerstattung materieller Werte und die finanzielle Entschädigung für Einkommenseinbußen. Zur Begriffsproblematik vgl. Constantin Goschler, Wiedergutmachung. Westdeutschland und die Verfolgten des Nationalsozialismus (1945–1954), München 1992, S. 12f.; ders., Schuld, S. 11–17; Hockerts, Wiedergutmachung, S. 167–169.

dischen Mitbürger,[2] sicher auf entschiedenere Gegenwehr gestoßen. Während in der Sowjetischen Besatzungszone und in der DDR eine Rückgabe „arisierten“ Eigentums nach anfänglichen regionalen Ansätzen vollständig unterbunden wurde und die Geschädigten stattdessen in eine bevorzugte Fürsorgeregelung für alle Verfolgten des Nationalsozialismus einbezogen wurden,[3] erwies sich die britische Militärregierung auch auf diesem Feld als Nachzügler der amerikanischen.

Letztere schob bereits seit 1946 Ländergesetze zur Entschädigung nationalsozialistisch Verfolgter an, die im April 1949 in ein Zonengesetz mündeten, das auch „Schäden im beruflichen Fortkommen“ erfasste, also auch für den Umgang der Bank mit ihren in der NS-Zeit entlassenen jüdischen Mitarbeitern relevant wurde. Seit 1951 galt auch in West-Berlin ein weitgehend daran angelehntes Entschädigungsgesetz. Die Gesetze in den Ländern des ehemaligen britischen Besatzungsgebiets gewährten lediglich Haftentschädigungen und Renten für Schäden an Leib und Leben. Abhilfe schufen hier erst das 1953 erlassene Bundesergänzungsgesetz zur Entschädigung der Opfer der nationalsozialistischen Verfolgung (BErgG) und das Bundesentschädigungsgesetz (BEG) von 1956.[4] Ähnliche Zeitunterschiede gab es bei der gesetzlichen Regelung der Rückerstattung (Restitution). Im November 1947 erließ die amerikanische Militärregierung das Gesetz Nr. 59, das die Rückerstattung „arisierten“ Eigentums in der amerikanischen Besatzungszone regelte. In der französischen Besatzungszone wurde im selben Monat die Verordnung Nr. 120 erlassen, die sich vor allem hinsichtlich des erbenlosen jüdischen Vermögens von der amerikanischen Regelung unterschied. Die britische Militärregierung erließ hingegen erst im Mai 1949 ein Rückerstattungsgesetz, das ebenfalls die Nr. 59 trug und sich als „vereinfachte Fassung“ des amerikanischen Gesetzes bezeichnen lässt. Für West-Berlin wurde im Juli 1949 eine gemeinsame Rückerstattungsanordnung der drei Westalliierten erlassen. Ansprüche gegen das Deutsche Reich und „gleichgestellte Rechtsträger“ wie die Reichsbahn oder die NSDAP konnten im Rahmen dieser Gesetze allerdings nur festgestellt werden, während ihre Auszahlung erst durch das 1957 verabschiedete Bundesrückerstattungsgesetz geregelt wurde.[5]

[2] Vgl. dazu Frank Bajohr, „Arisierung“ und Restitution. Eine Einschätzung, in: Constantin Goschler/Jürgen Lillteicher (Hg.), „Arisierung“ und Restitution. Die Rückerstattung jüdischen Eigentums in Deutschland und Österreich nach 1945 und 1989, Göttingen 2002, S. 39–59; ders., Verfolgung aus gesellschaftsgeschichtlicher Perspektive. Die wirtschaftliche Existenzvernichtung der Juden und die deutsche Gesellschaft, in: Geschichte und Gesellschaft 26 (2000), S. 629–652.

[3] Vgl. insbesondere Jan-Philipp Spannuth, Rückerstattung Ost. Der Umgang der DDR mit dem „arisierten“ und enteigneten Eigentum der Juden und die Gestaltung der Rückerstattung im wiedervereinigten Deutschland, Diss. phil. Freiburg i.Br. 2001; außerdem Karin Hartewig, Zurückgekehrt. Die Geschichte der jüdischen Kommunisten in der DDR, Köln usw. 2000, S. 275–299.

[4] Vgl. Goschler, Schuld, S. 47–56, 84–99, 181–203; sowie die Erläuterungen von Dieter Ziegler in Kapitel IX.2.

[5] Vgl. grundlegend Goschler, Wiedergutmachung (Zitat S. 187); ders., Schuld, S. 31–217; zur britischen Politik und zum Bundesrückerstattungsgesetz Lillteicher, Rückerstattung, S. 56–63, 328–390; zur französischen Besatzungszone Jochen Rath, Rückerstattung, in: „Dem Reich verfallen“ – „den Berechtigten zurückzuerstatten“. Enteignung und Rückerstattung jüdischen Vermögens im Gebiet des heutigen Rheinland-Pfalz 1938–1953. Bearbeitet von Walter Rummel und Jochen Rath, Koblenz 2001, S. 225–303; sowie als Überblicke Goschler/Lillteicher (Hg.), „Arisierung“, und Hockerts, Wiedergutmachung. Eine Bilanz aus rechtshistorischer Perspektive bieten Brodesser u.a., Rückerstattung; zur Entwicklung der Gerichtsinstanzen und der Rechtsprechung sowie zur Differenzierung der zahlreichen juristischen Detailprobleme, die an dieser Stelle außer Betracht bleiben

Unmittelbare Konsequenzen hatten Urteile oder Vergleiche nach den alliierten Rückerstattungsgesetzen hingegen für Privatleute und Unternehmen. Das zentrale Prinzip dieser Gesetze war eine Umkehrung der Beweislast zugunsten der Antragsteller. Dies sollte der Tatsache Rechnung tragen, dass ein Großteil der Vermögensübertragungen zwar formal korrekt, jedoch vor dem Hintergrund eines kollektiven Zwangs zur Eigentumsaufgabe stattgefunden hatte. Bei „Weggaben", also formal freiwilligen Verkäufen von Eigentum, war grundsätzlich zu vermuten, dass sie in den Jahren 1933–1945 unter Verfolgsdruck stattgefunden hatten. Diese Vermutung konnte jedoch „durch den Nachweis der Zahlung eines angemessenen Kaufpreises zur freien Verfügung des Verkäufers widerlegt werden." Für Verkäufe nach dem In-Kraft-Treten der Nürnberger Gesetze am 15. 9. 1935 – ein für den Verlauf des Enteignungsprozesses eher sekundäres Datum – musste der Käufer zusätzlich nachweisen, „daß entweder die Weggabe zu den gleichen Bedingungen auch ohne die Verfolgung erfolgt wäre, oder aber, daß er dem Verkäufer wesentliche finanzielle Hilfe geleistet hatte." Demgegenüber waren generell restitutionspflichtige „Wegnahmen" dadurch definiert, dass sie als „gegen die guten Sitten verstoßendes Rechtsgeschäft, oder unter einer Drohung, die vom Entzieher oder zu seinen Gunsten ausgeübt worden war, oder durch eine sonstige unerlaubte Handlung" stattgefunden hatten.[6]

Die zweite wesentliche Besonderheit der alliierten Rückerstattungsgesetze bestand darin, dass der Geschädigte die Herausgabe seines entzogenen Eigentums auch von einem gegenwärtigen Inhaber verlangen konnte, der es erst aus zweiter oder dritter Hand erworben hatte. Für die Herausgabe entgangenen Nutzens, eines Ersatzes des entzogenen Eigentums oder die Zahlung von Schadensersatz konnte hingegen jeder zwischenzeitige Inhaber in einer solchen Erwerberkette herangezogen werden. Die rückerstattungspflichtigen Letztinhaber wiederum konnten ihre Eigentumsvorgänger nach Grundsätzen in Regress nehmen, die im Prinzip dem Bürgerlichen Recht folgten und in die Kompetenz der ordentlichen Gerichtsbarkeit fielen.[7] Erst durch die beiden letztgenannten Regelungen geriet die Dresdner Bank überhaupt in eine erhebliche Zahl von Rückerstattungsauseinandersetzungen hinein, weil sie in verschiedenen Varianten vorübergehend – wenn auch häufig nur sehr kurzzeitig und offensichtlich nicht mit dem Ziel des endgültigen Erwerbs – formal die Eigentümerin „arisierter" Unternehmensbeteiligungen, anderer Wertpapiere oder Grundstücke gewesen war.[8]

Die gesetzlichen Regelungen bedeuteten nun keinesfalls, dass damit jede Vermögenstransaktion der NS-Zeit eindeutig zu bewerten gewesen und die Rückerstattung entsprechend schablonenhaft abgelaufen wäre. Wegen diverser Unschärfen der Rückerstattungsgesetze, die kein historisch gewachsenes, sonder neu ge-

müssen, sind nach wie vor unentbehrlich Walter Schwarz, Rückerstattung nach den Gesetzen der alliierten Mächte, München 1974, und Friedrich Biella u.a., Das Bundesrückerstattungsgesetz, München 1981.

6 Vgl. Schwarz, Rückerstattung, S. 145–175 (Zitate S. 147); Lillteicher, Rückerstattung, S. 72–97.

7 Vgl. Schwarz, Rückerstattung, S. 138f., 249–253.

8 Frank Bajohrs Formulierung, die deutschen Banken seien in der Restitution ebenso wie viele andere „gesellschaftliche Mittler und Profiteure [...] unberücksichtigt" geblieben (Bajohr, „Arisierung" und Restitution, S. 57), ist daher falsch – auch wenn sich, wie weiter unten gezeigt wird, ihre finanzielle Belastung aus anderen Gründen in engen Grenzen hielt.

setztes Recht darstellten, bestand vielmehr häufig ein besonders großer Auslegungsbedarf der Gerichte. Ein Rückerstattungsverfahren konnte bis zu vier Instanzen durchlaufen, und dies im Falle der Zurückverweisung von Urteilen durch eine höhere Instanz auch mehrmals. Am Beginn stand, nach der Einreichung eines Rückerstattungsantrags durch einen „Antragsteller", der Versuch einer Klärung durch Wiedergutmachungsämter. Bei Uneinigkeit folgte ein dreistufiges Gerichtsverfahren vor den Wiedergutmachungskammern der Landgerichte, vor den Zivilsenaten der Oberlandesgerichte bzw. in Berlin des Kammergerichts und schließlich vor Revisionsgerichten, die jeweils mit Staatsangehörigen der Besatzungsmächte besetzt waren: dem Board of Review (Herford) in der britischen, dem Court of Restitution Appeals (CORA, Nürnberg) in der amerikanischen und dem Cour Supérieure pour les restitutions (Rastatt) in der französischen Zone. 1955 wurden diese Instanzen durch Oberste Rückerstattungsgerichte (ORG) ersetzt, die mit je zwei deutschen und zwei amerikanischen bzw. britischen Richtern sowie einem Vorsitzenden aus einem neutralen Land besetzt waren; im Cour Supérieure waren von vornherein auch deutsche Richter vertreten gewesen. In Berlin wurde bereits 1953 ein ORG errichtet, das paritätisch mit Vertretern der drei Westalliierten und deutschen Richtern sowie ebenfalls einem „neutralen" Vorsitzenden besetzt war.[9]

Die chronische Überlastung der Gerichte, deren Entscheidung bei den obersten Revisionsinstanzen durchaus fünf Jahre dauern konnte,[10] trug erheblich dazu bei, dass in den späten vierziger Jahren begonnene Auseinandersetzungen sich mitunter bis in die sechziger oder gar siebziger Jahre hinziehen konnten. In dieser langen Verfahrensdauer und den damit verbundenen Kosten lag vor allem dann, wenn der Ausgang der Verfahren unsicher war, eine erhebliche Motivation für Antragsteller, einem Vergleich zuzustimmen; ihre Ansprüche wurden dadurch nur teilweise, aber dafür relativ schnell befriedigt. Die gegenwärtigen Inhaber „arisierter" Unternehmen, Immobilien oder Wertpapiere traf der Zeitfaktor freilich auch, weil die herausverlangten Gegenstände bis zum Abschluss des Verfahrens als „rückerstattungsbefangen" galten, d.h. über die Sache selbst und eventuelle Erträge nicht verfügt werden konnte. Die Banken als Antragsgegner oder als Beteiligte in Verfahren gegen einen Kunden setzte dieser Zeitfaktor tendenziell weniger unter Druck. Er spielte dann eine Rolle, wenn sie an der Weiterarbeit „arisierter" Unternehmen interessiert waren, zu denen Kreditbeziehungen bestanden oder deren Aktien wieder börsenfähig gemacht werden sollten; er war zumindest von erheblich geringerer Bedeutung, wenn es um die Herausgabe von Wertpapieren im Eigenbesitz oder um die Inanspruchnahme wegen des Ersterwerbs entzogener Wertpapiere durch Privatpersonen ging.

Die Antragsteller, mit deren Rückerstattungsforderungen die Dresdner Bank und ihre Nachfolgeinstitute unmittelbar konfrontiert wurden, waren häufig nicht die früheren jüdischen Eigentümer selbst; ähnliches galt für die Entschädigungsforderungen entlassener Angestellter. Die wenigsten hatten den Holocaust innerhalb Deutschlands überlebt, aber auch der allergrößte Teil der Emigranten kehrte

[9] Vgl. Schwarz, Rückerstattung, S. 262–285, 319–323.
[10] Ebd., S. 285.

höchstens vorübergehend zur Wahrnehmung finanzieller Interessen nach Deutschland zurück und beauftragte Rechtsanwälte mit deren Durchsetzung (ebenso, wie die Banken häufig spezialisierte Anwälte zur Wahrnehmung ihrer Interessen bevollmächtigten). Oft traten Erben von NS-Opfern in deren Ansprüche ein, aber ein großer Teil des entzogenen Vermögens galt nach dem Völkermord als erbenlos. Der Anspruch auf Rückerstattung ging in diesem Fall auf so genannte „jüdische Nachfolgeorganisationen" über, nämlich die Jewish Restitution Successor Organisation (JRSO) in der amerikanischen und die Jewish Trust Corporation (JTC) in der britischen und französischen Zone. In Berlin war die JRSO auch für den französischen Sektor zuständig und fungierte seit 1951 auch als Vertreterin der JTC. Durch eine Besonderheit des britischen Rückerstattungsgesetzes entstand im britischen Besatzungsgebiet mit der Allgemeinen Treuhand-Organisation (ATO) noch eine zweite Nachfolgeorganisation, die speziell für das entzogene Vermögen von Personen zuständig war, die zwar nach nationalsozialistischer Definition als Juden gegolten hatten, aber keiner jüdischen Gemeinde angehört hatten. Um zeitraubende Recherchen und juristische Auseinandersetzungen zu vermeiden, schloss die JRSO 1951/52 Abkommen mit den Ländern der ehemaligen amerikanischen Zone und 1955 mit Berlin, wonach die Länder gegen Pauschalzahlungen die einzelnen Rückerstattungsansprüche ganz oder teilweise übernahmen und in unterschiedlicher Form weiter verfolgten.[11]

Die Kosten der Wiedergutmachung

Die Gesamthöhe der Forderungen, die von den verschiedenen Antragstellern gegen die Dresdner Bank und ihre Nachfolgeinstitute gerichtet wurden, lässt sich ebenso wenig beziffern wie die insgesamt geleisteten Zahlungen. Doch auch wenn in einigen der nachstehend geschilderten Fallbeispiele um erhebliche Summen verhandelt wurde, konnte die Wiedergutmachung schon wegen der bankenspezifischen Bestimmungen der Währungsreform niemals eine existenzielle Bedrohung für die Banken darstellen. Die Umstellungsrechnungen und die Berliner Altbankenrechnung, in denen die Neubewertung der Aktiva und Passiva in DM erfolgte und aus denen sich die Höhe der zugeteilten Ausgleichsforderungen ergab, waren nämlich lediglich vorläufiger Natur und mussten aus verschiedenen Gründen vielfach korrigiert werden. Anlass zu solchen Berichtigungen gaben beispielsweise richterliche Entscheidungen über spezielle Bewertungsfragen von Bilanzposten oder auch die Ergebnisse des Londoner Schuldenabkommens. Wenn solche Korrekturen die Verbindlichkeiten auf der Passivseite der Umstellungsrechnung vergrößerten, hatten sie automatisch eine Erhöhung der Ausgleichsforderungen auf

[11] Vgl. Ernest H. Weismann, Die Nachfolge-Organisationen, in: Biella u.a., Bundesrückerstattungsgesetz, S. 725–799; Goschler, Wiedergutmachung, S. 172–180; Lillteicher, Rückerstattung, S. 72–96, 287–327. Zur Tätigkeit der Nachfolgeorganisationen und ihrer Stellung im Geflecht der jüdischen Interessenvertretungen vgl. Ronald W. Zweig, German Reparations and the Jewish World. A History of the Claims Conference, 2. Aufl. London 2001; Ruth Schreiber, New Jewish Communities in Germany after World War II and the Successor Organizations in the Western Zones, in: Journal of Israeli History 18 (1997), S. 167–190.

der Aktivseite zur Folge, die sich in der DM-Eröffnungsbilanz und den folgenden Jahresabschlüssen fortsetzte.[12]

Zu den Posten, die eine solche Erhöhung des Bestands an Ausgleichsforderungen der westdeutschen Nachfolgeinstitute oder der Berliner Altbank nach sich zogen, gehörten grundsätzlich auch Verbindlichkeiten aus Rückerstattungsvergleichen oder verlorenen Rückerstattungsprozessen. Sowohl in den relativ seltenen Fällen, in denen die Bank selbst Vermögen herausgeben musste, das sich noch in ihrem eigenen Besitz befand, als auch in der Masse der Fälle, in denen sie als Ersterwerberin weiterveräußerten Vermögens direkt oder per Regress in Anspruch genommen wurde, ergab sich der Korrekturbedarf daraus, dass eine Rückerstattung „zur rückwirkenden Nichtigkeit des Erwerbsgeschäftes und des Eigentumsübergangs“[13] führte. Folgerichtig konnten auch Nach- oder Vergleichszahlungen der Banken, die eine tatsächliche Rückgabe des entzogenen Gegenstands ersetzten, oder die Beteiligung an Vergleichen zur Vermeidung der vollen Regresshaftung durch Ausgleichsforderungen kompensiert werden. In der Umstellungsrechnung passivierbar waren überdies in der Regel auch die Kosten für Gerichtsverfahren und Anwälte, die je nach Streitwert und Verfahrensdauer erhebliche Höhen erreichen konnten. Es gab allerdings, wie in den folgenden Kapiteln zu zeigen sein wird, Ausnahmen von dieser Regel, wo Rückerstattungszahlungen nicht vollständig in Ausgleichsforderungen umgemünzt werden konnten.

Derselbe grundsätzliche Zusammenhang galt für Entschädigungszahlungen an während der NS-Zeit entlassene jüdische Angestellte. Letztendlich bewirkte dieses Ineinandergreifen von Wiedergutmachungs- und Umstellungsrecht, dass die Restitutionszahlungen deutscher Banken gewöhnlich nicht etwa von diesen selbst oder von ihren Aktionären geschultert werden mussten – sondern von den deutschen Steuerzahlern. In den Bankbilanzen schlug sich die Wiedergutmachung lediglich als Tausch von hochliquiden Aktiva, also Bargeld oder bargeldnahen Bilanzposten, gegen die weniger liquiden und unrentablen, da gering verzinsten und nicht handelbaren Ausgleichsforderungen nieder. Die Banken verloren dadurch zwar Liquidität und potenzielle Zinserträge, doch die Verzinsung und Tilgung der Ausgleichsforderungen ging zu Lasten der Länderhaushalte.

Ein ganz wesentlicher Faktor für das Verhalten der Banken in strittigen Restitutionsfällen wurde daher die Einschätzung der Rechtslage durch die Bankenaufsichtsbehörden derjenigen Bundesländer, in denen die betroffenen Nachfolge-

[12] Vgl. Baumgart, Grundlagen, S. 40–45. Der Abschluss der Umstellungsrechnung der verlagerten Dresdner Bank für Westdeutschland erfolgte erst 1978; vgl. Der Hessische Minister für Wirtschaft und Technik an Dresdner Bank AG, Verlagerungsabteilung, 25. 10. 1978, HADrB 39872-2001. Die Grundlage bildete das Gesetz zum Abschluß der Währungsumstellung vom 17. 12. 1975, BGBl. 1975/I, S. 3123.

[13] Schwarz, Rückerstattung, S. 220. In den Umstellungs-Richtlinien wurde hierauf auch explizit Bezug genommen, insofern zu den „schwebenden Rechtsfällen“, für die in der Umstellungsrechnung Rückstellungen mit entsprechendem Anspruch auf Ausgleichsforderungen gebildet werden konnten, auch Rückerstattungsverpflichtungen nach dem amerikanischen Gesetz Nr. 59 gezählt wurden; Richtlinien der Bank deutscher Länder zur Erstellung der Reichsmark-Schlußbilanz und der Umstellungsrechnung der Geldinstitute (RBdL) vom 31. Januar 1949, § 56 Abs. 2b, veröffentlicht in: Mitteilungen der Bank deutscher Länder 2 (1949), S. 50–55, hier S. 54. Falls sich die Rückerstattungsansprüche unmittelbar gegen die Banken richteten, waren diese sogar zur Bildung von Rückstellungen verpflichtet; Rundschreiben der BdL A 36/49 17/4331/49 Akt. I, 23. 5. 1949, ebd.

institute ihren Sitz hatten. Für die ruhenden Berliner Altbanken kam noch der „Bundesbeauftragte für Altbankenfragen" des Bundesfinanzministeriums hinzu, weil sich ihre Ausgleichsforderungen gegen den Bund richteten.[14] Diese Instanzen mussten jede Korrektur der Umstellungsrechnung genehmigen,[15] und sie waren als Landesbehörden grundsätzlich daran interessiert, das Aufkommen an Ausgleichsforderungen und damit die Kosten für die Länderhaushalte möglichst niedrig zu halten. Ihre Haltung gegenüber Restitutionsleistungen der Banken war entsprechend restriktiv; dies konnte aber wiederum die Zustimmungsbereitschaft zum Abschluss von Vergleichen fördern, die die Umstellungsrechnungen voraussichtlich weniger belasteten als ein verlorener Rückerstattungsprozess. Das Verhalten der Dresdner Bank, ihres Führungspersonals und ihrer juristischen Experten in strittigen Rückerstattungssachen war deshalb auch nicht unbedingt durch die Vorgaben dieser Genehmigungsinstanzen determiniert, obwohl dieses Argument gern gegenüber den Antragstellern angeführt wurde. Wie in den folgenden Kapiteln zu zeigen sein wird, bestanden bisweilen erhebliche Verhandlungs- und Ermessensspielräume, innerhalb derer die Repräsentanten der Banken versuchen konnten, Entscheidungen der Bankenaufsicht in ihrem Sinne herbeizuführen.[16]

Neben dieser Sonderrolle der Banken in der Wiedergutmachung galten für die ehemaligen Berliner Großbanken weitere Sonderbedingungen, die sich aus den Folgen der alliierten Bankenpolitik ergaben. Die in den alliierten Dezentralisierungsgesetzen ungeklärte Frage des Rechtsnachfolgeverhältnisses zwischen Altbank und westdeutschen Nachfolgeinstituten erschwerte zunächst den Zugriff von Rückerstattungsantragstellern auf letztere, wenn die Entziehung zwar in Westdeutschland, aber für Rechnung der Berliner Zentrale stattgefunden hatte. In den ersten Jahren nach Erlass der alliierten Restitutionsgesetze wiesen die Gerichte wiederholt Ansprüche gegen die Rhein-Main Bank mit der Begründung zurück, dass diese nicht für Geschäfte der Dresdner Bank Berlin in Anspruch genommen werden könne, nicht „passiv legitimiert" sei.[17]

Diese Barriere fiel nach der Verlagerung der Dresdner Bank ins Bundesgebiet und der aktienrechtlichen Ausgründung der Nachfolgeinstitute weg, weil letztere nunmehr auch für die Berliner Verbindlichkeiten im Bundesgebiet hafteten. Für die alte Berliner Zentrale andererseits schien zunächst die alliierte Ruhensanordnung einen gewissen Schutz vor der Inanspruchnahme zu bieten. Spätestens seit August 1951 konnte man sich aber auch hier nicht mehr hinter der alliierten Großbankenpolitik verschanzen, denn die Alliierte Kommandantur stellte klar, dass sich die Ruhensanordnung für Altbanken nicht auf Rückerstattungsansprü-

14 Altbankengesetz, § 20.

15 Artikel „Ausgleichsforderungen", Monatsberichte der Bank deutscher Länder, Juli 1949, S. 32.

16 Der hier skizzierte Zusammenhang taucht in der Literatur bestenfalls am Rande auf; vgl. James, Die Deutsche Bank und die „Arisierung", S. 90. Dabei werden jedoch weder der umstellungsrechtliche Hintergrund noch die Tatsache deutlich, dass es sich um den Normalfall handelte. Ebenso wenig thematisiert wird die Rolle der Bankenaufsichtsbehörden. Am Beispiel der nach Kriegsende in der Türkei blockierten Golddepots der Dresdner Bank wird der Komplex erläutert bei Bähr, Goldhandel, S. 116.

17 Rhein-Main Bank, Juristisches Büro, an Rechtsanwalt G. Küpper, 19. 8. 1949, HADrB 5271-2000. Zum Zusammenhang vgl. das Fallbeispiel der Ada-Ada-Schuh AG in Kapitel XI.4.

che erstreckte.[18] Damit reduzierte sich das rückerstattungsrechtliche Verhältnis der Altbank und ihrer Nachfolgeinstitute im Wesentlichen auf die Frage der Lastenaufteilung, die ebenfalls nicht vollständig durch die Bankaufsichtsbehörden vorgegeben war und durchaus pragmatisch gehandhabt werden konnte.

Für manche Antragsteller ergaben sich aus der Sonderlage Berlins hingegen dauerhaftere Schwierigkeiten, denn die Zentralen der Großbanken hatten im jetzigen Ostsektor Berlins gelegen, auf den sich die westlichen Rückerstattungsgesetze grundsätzlich nicht erstreckten, wo aber seinerzeit jedenfalls formal ein Großteil der finanziellen Schädigungen stattgefunden hatte. Im Gegensatz zu den Banken, die in puncto Wiedergutmachung grundsätzlich von den Regelungen der Währungsreform profitierten, gehörten die Rückerstattungsberechtigten außerdem teilweise zu den Leidtragenden der Umstellungsgesetze. Dies geschah immer dann, wenn an die Stelle einer Naturalrestitution eine finanzielle Ersatzleistung oder eine Nachzahlung zu niedrig angesetzter Kaufpreise trat. Antragsteller, die sich für diesen Weg entschieden, erhielten nach der Rechtsprechung des CORA und des Board of Review stets nur den im Verhältnis 10:1 abgewerteten DM-Betrag des nachzuzahlenden RM-Betrags; erst ein Grundsatzurteil des ORG für die ehemalige britische Zone ließ 1956 teilweise flexiblere Umstellungsmöglichkeiten zu. Wiedergutmachungsleistungen nach dem Bundesergänzungsgesetz und dem Bundesentschädigungsgesetz, wie sie dem Staat gegenüber für Berufsschäden, diskriminierende Sonderabgaben oder Verluste aus Firmenliquidationen geltend gemacht werden konnten, basierten hingegen stets auf einer RM/DM-Umstellung im Verhältnis 10:2. Die neunzigprozentige Abwertung der Reichsmark traf überwiegend auch die Erwerber jüdischen Vermögens, die grundsätzlich einen Anspruch auf die Rückzahlung des seinerzeitigen Kaufpreises hatten. Diese Rückgewährpflicht von „Arisierungs"-Opfern beschränkte sich allerdings auf denjenigen Teil des Kaufpreises, der nach der Abschöpfung von diskriminierenden Sonderabgaben tatsächlich in ihre freie Verfügung gelangt war. Einen großen Teil der von den „Arisierern" gezahlten Preise hatte hingegen die nationalsozialistische Finanzbürokratie einbehalten; über diesen Teil der Kaufsumme erhielt der Rückerstattungspflichtige einen Anspruch gegenüber dem Staat.[19]

Bei Vergleichen über die Rückerstattung „arisierter" Unternehmensbeteiligungen oder anderer Wertpapiere kamen die hier skizzierten Konsequenzen der Währungsreform nur begrenzt zum Tragen; wenn ein „arisiertes" Unternehmen noch existierte, bildeten sein aktueller Wert oder die für die nähere Zukunft erwartete Wertentwicklung die Basis von Vergleichsverhandlungen. Solche Vergleiche kamen freilich, wie Kapitel XI zeigen wird, unter sehr unterschiedlichen Voraussetzungen und mit unterschiedlichen Ergebnissen zu Stande, so dass man nur mit ei-

[18] Vgl. die Auszüge aus dem Urteil des Kammergerichts Berlin gegen die Berliner Stadtbank, 20. 3. 1953, RzW 3 (1953), S. 337f.

[19] Schwarz, Rückerstattung, S. 177–186, 220–237; zu den Vereinheitlichungsversuchen der Umstellung im Bundesrückerstattungsgesetz vgl. Norman Schmidt, Bemessung der rückerstattungsrechtlichen Leistungen (§§ 14–24), in: Biella u. a., Bundesrückerstattungsgesetz, S. 365–399, hier S. 375–385. Zu den Ansprüchen nach den Entschädigungsgesetzen vgl. Hans Giessler, Schaden an Eigentum und Vermögen, in: ders. u. a., Das Bundesentschädigungsgesetz. Zweiter Teil (§§ 51 bis 171 BEG), München 1983, S. 1–46; Hermann Zorn, Existenz-, Ausbildungs- und Versorgungsschäden, in: ebd., S. 47–320.

nigen Einschränkungen vom „Normalfall“ sprechen kann. Die in den folgenden Kapiteln geschilderten Fallbeispiele sind auch insofern nicht repräsentativ, als sich weder die Gesamtzahl der Wiedergutmachungsfälle sicher ermitteln lässt, in die die Dresdner Bank involviert war, noch gar die Gesamtsumme der daraus resultierenden Zahlungen. Eine quantitative Bilanz der Wiedergutmachungsleistungen der Bank und ihrer Nachfolgeinstitute ist also nicht möglich. In qualitativer Hinsicht lässt sich aber sehr wohl ein Gesamtbild herausarbeiten, indem das gesamte Spektrum an Wiedergutmachungsfragen beleuchtet wird, mit denen die Bank nach 1945 konfrontiert wurde.

Zur Auswahl der Fallbeispiele

Das Ziel der folgenden Kapitel liegt daher zum einen darin, den facettenreichen Komplex der Wiedergutmachung nach den verschiedenen Konstellationen, in denen die Dresdner Bank ihre spezifischen Interessen durchzusetzen versuchte, nach den jeweiligen Handlungsspielräumen und den Ergebnissen der Verfahren auszudifferenzieren. Zum anderen geht es darum, fallübergreifend typische Verhaltensmuster der Bank bzw. derjenigen Mitarbeiter, die mit Wiedergutmachungsforderungen konfrontiert waren, herauszuarbeiten. Zwischen dem konsequenten Beharren auf Rechtsstandpunkten und der umstandslosen Erfüllung von Forderungen, zwischen abweisendem und kooperativem Umgang mit den Antragstellern eröffnete sich in der Regel ein gewisses Spektrum an Verhaltensoptionen. Aus dieser Wahl der Mittel lässt sich wiederum auf das Verhältnis von ökonomischem Kalkül und ethischen Kriterien im Umgang mit Anspruchstellern schließen, die unter Mitwirkung der Bank um Besitz oder Einkommen gebracht worden waren. Nicht zuletzt gibt eine solche Analyse der „Wiedergutmachungsmentalität“ auch Aufschluss über die Bewertung des eigenen Verhaltens in der NS-Zeit, die in den Standpunkt zu Wiedergutmachungsforderungen zumindest implizit mit einfließen musste. Der Umgang mit Restitutions- und Entschädigungsansprüchen wurde dadurch, ebenso wie die Verteidigung gegen personelle „Säuberungs“-Versuche und gegen die alliierte Großbankenpolitik, zum Bestandteil der historischen Konstruktion von Unternehmensidentität.

Die Auswahl der Fallbeispiele zielt erstens darauf, die verschiedenen möglichen Akteurskonstellationen und die daraus resultierende Komplexität der Wiedergutmachung zu verdeutlichen. In einigen Fällen kann dies unmittelbar anhand der Wiedergutmachungsverfahren zu „Arisierungs“- und Entziehungsfällen verfolgt werden, denen im Band über „Die Dresdner Bank und die deutschen Juden“ eigene Fallstudien gewidmet sind; dies betrifft insbesondere die „Arisierungen“ der Engelhardt-Brauerei, des Varieté-Konzerns Scala/Plaza und des Bankhauses Gebr. Arnhold sowie die Verwertung des Vermögens von Jakob Goldschmidt, dem ehemaligen persönlich haftenden Gesellschafter der Danat-Bank. Daneben stehen jedoch andere Beispiele, in denen bestimmte Konstellationen der Wiedergutmachung besonders deutlich hervortreten.

Zweitens ist die hier präsentierte Auswahl natürlich von der Quellenlage abhängig. Dabei ist zunächst zu berücksichtigen, dass die umfangreicheren, für die historische Analyse besonders ergiebigen Fallakten auch besonders komplizierte oder besonders strittige Auseinandersetzungen widerspiegeln. Das „business as usual“ der Wiedergutmachung, nach dem vermutlich ein guter Teil der juristisch eindeutigen Rückerstattungsfälle in professioneller Routine und ohne tiefgreifende Konflikte abgewickelt wurde, kommt daher in den Fallstudien nur sehr begrenzt zum Ausdruck. Weiterhin liegen nicht zu allen „Arisierungs“- und Entziehungsfällen auch Wiedergutmachungsakten vor, die das Verhalten der Bank und vor allem dessen Hintergründe ausreichend transparent machen. Lässt sich schon die Gesamtzahl von „Arisierungen“, an der die Berliner Zentrale der Dresdner Bank oder ihre Filialen beteiligt waren, nicht ermitteln,[20] so gilt dies trotz der zahlreichen einschlägigen Akten noch mehr für die darauf bezogenen Wiedergutmachungsfälle. Zwar liegen sowohl aus den drei zentralen Nachkriegsstandorten Frankfurt, Düsseldorf und Hamburg als auch aus Berlin Sammlungen der jeweiligen Rechtsabteilungen vor, doch ist deren Vollständigkeit ebenso wenig gesichert wie bei den Filialakten, wo nur aus wenigen Filialen umfangreichere Aktenbestände zu diesem Komplex überliefert sind. Anders als bei den „Arisierungen“ und Vermögensentziehungen existieren auch kaum allgemeine zentrale Richtlinien zum Umgang mit Wiedergutmachungsforderungen, so dass die Konturen der grundsätzlichen Haltung zu diesem Problemkomplex weitestgehend aus den Fallbeispielen selbst herausgearbeitet werden müssen.

Dies geschieht im Folgenden zunächst für den Personalbereich. Ansprüche auf Wiedergutmachung für Entlassungen oder Pensionskürzungen bildeten die wohl ernsthafteste Nagelprobe auf die Wiedergutmachungsbereitschaft der Bank, die hier mit ihren eigenen ehemaligen, in der NS-Zeit schrittweise aus dem Unternehmen ausgegrenzten Mitarbeitern konfrontiert war. Danach folgen zwei Kapitel zum Umgang mit Restitutions- und Regressansprüchen aus dem Kreis der Bankkunden und Geschäftspartner: Kapitel X behandelt Konsequenzen der Mitwirkung an der Entziehung privater Vermögenswerte, Kapitel XI Verhandlungen um die Restitution „arisierter“ Unternehmen und Unternehmensbeteiligungen.

20 Vgl. Ziegler, Dresdner Bank, S. 229, Fn. 28.

IX. Die Entschädigung jüdischer Betriebsrentner und Angestellter

von *Dieter Ziegler*

Seit dem Jahr 1932 hatten sich rund 90 Prozent der Dresdner-Bank-Aktien im Eigentum des Reiches befunden. Das bedeutete, dass das „Gesetz zur Wiederherstellung des Berufsbeamtentums" vom April 1933, wonach politische Gegner des NS-Regimes und „Nichtarier" den öffentlichen Dienst zu verlassen hatten, auch für die Dresdner Bank galt. Danach waren alle „nichtarischen" Angestellten zu entlassen oder in den Vorruhestand zu versetzen, sofern sie nicht unter bestimmte Ausnahmebestimmungen fielen, die ihnen ein Verbleiben in der Bank erlaubten („geschützte Nichtarier"). Den Status als „geschützter Nichtarier" erhielt ein Angestellter jüdischer Herkunft entweder, wenn er im Ersten Weltkrieg an der Front im Kampfeinsatz gewesen war oder wenn er bereits vor dem Ersten Weltkrieg bei der Dresdner Bank oder einer ihrer Rechtsvorgängerinnen angestellt gewesen war. Alle „nicht geschützten Nichtarier" waren innerhalb weniger Monate zu entlassen. Nur sehr wenige von ihnen wurden in den Vorruhestand versetzt, weil fast jeder, der auf 20 Berufsjahre bei der Dresdner Bank zurückblicken konnte und damit die Berechtigung auf Versorgungsleistungen der Bank erworben hatte, gleichzeitig unter die Ausnahmebestimmungen des Berufsbeamtengesetzes fiel. Im Umkehrschluss bedeutete der Status des „nicht geschützten Nichtariers" demzufolge Entlassung statt Frühpensionierung.[1]

Da der Anteil der „geschützten" unter den „Nichtariern" mit rund 40 Prozent relativ hoch war, konnte von einer „Entjudung" der Dresdner Bank aber zunächst noch keine Rede sein. Auf Druck der Nationalsozialisten im Betrieb bemühte sich die Bank jedoch schon seit 1934, auch „geschützte Nichtarier" mit kürzeren Dienstzeiten zu entlassen. Im Gegensatz zu den „nicht geschützten Nichtariern" konnte dies aber nur auf der Grundlage einer „freiwilligen" Vereinbarung geschehen. „Freiwillige" Vereinbarungen bildeten dann auch die Methode, mit der die zweite „Entjudungswelle" in den Jahren 1936/37 durchgeführt wurde.[2] Weil keine gesetzliche Bestimmung existierte, hinter der die Bank ihre antijüdische Personalpolitik verstecken konnte, verfügten die Betroffenen über eine etwas stärkere Verhandlungsposition gegenüber der Bank als die „nicht geschützten Nichtarier" während der ersten „Entjudungswelle". Da die meisten verbliebenen jüdischen Angestellten auf längere Dienstzeiten zurückblicken konnten, gelang es ihnen in der Regel, die Versetzung in den Vorruhestand zu erreichen. Denn für viele ältere

[1] Vgl. hierzu ausführlich Ziegler, Dresdner Bank, S. 41–52 sowie S. 54, Tab. II.4.
[2] Vgl. ebd., S. 62–68.

jüdische Angestellte der Dresdner Bank kam eine Auswanderung offenbar zunächst nicht in Frage, weil eine Betriebsrente ihnen eine zwar bescheidene, aber immerhin auskömmliche Existenz zu sichern schien. Die spätere Auswanderung gelang dann nur noch einer Minderheit der Betriebsrentner, so dass davon auszugehen ist, dass im Gegensatz zu den „nicht geschützten Nichtariern" eine Mehrheit der „geschützten Nichtarier" entweder vor dem Herbst 1941 im Reichsgebiet eines natürlichen Todes gestorben ist oder später deportiert und ermordet wurde.[3]

Viele der Überlebenden meldeten sich nach dem Krieg wieder bei der Dresdner Bank und verlangten die Wiedereinstellung bzw. die Wiederaufnahme der Rentenzahlungen, die mit der Auswanderung eingestellt worden waren. Die Wiedergutmachungsgesetzgebung der fünfziger Jahre ermöglichte es den Betroffenen dann auch, ihre Forderungen wenigstens zum Teil durchzusetzen. Die Nachfolgeinstitute der Dresdner Bank hatten auch bei diesen Wiedergutmachungsleistungen nicht die Hauptlast zu tragen, die vielmehr von der öffentlichen Hand übernommen wurde. Dieses Kapitel beschäftigt sich zunächst mit den Versuchen überlebender Betriebsrentner oder ihrer Witwen, die Wiederaufnahme und Nachzahlung von Rentenleistungen zu erreichen; dabei müssen zuvor kurz die unterschiedlichen Ausgangsbedingungen skizziert werden, die sich aus den verschiedenen Formen ihrer Diskriminierung ergaben. Der zweite Teil des Kapitels beschreibt dann die Bemühungen ehemaliger jüdischer Angestellter um Kompensation für die so genannten „Schäden im beruflichen Fortkommen", die ihre Entlassung aus den Diensten der Dresdner Bank während der NS-Zeit zur Folge hatte.

1. Betriebsrenten

Die Ausgangslage

Die Zahl der Betriebsrentner der Dresdner Bank war um die Mitte der dreißiger Jahre außerordentlich hoch. Ihre exakte Zahl ist zwar nicht bekannt. Aber da es sich nicht nur um Personen handelte, die das normale Pensionsalter von 65 Jahren erreicht hatten oder die in jüngeren Jahren berufsunfähig geworden waren, muss ihre Zahl nicht nur absolut, sondern auch relativ zur Beschäftigtenzahl deutlich höher gelegen haben als während der Jahrzehnte zuvor. Dasselbe gilt auch für die Anzahl der Betriebsrentner jüdischer Herkunft (nach nationalsozialistischer Definition), die nicht nur absolut größer gewesen sein dürfte als während der zwanziger Jahre. Auch ihr Anteil an den Betriebsrentnern der Dresdner Bank insgesamt dürfte noch deutlich höher gelegen haben als der ohnehin schon relativ hohe Anteil der Beschäftigten jüdischer Herkunft an der Gesamtbelegschaft, der für die Zeit unmittelbar vor der Machtergreifung der Nationalsozialisten auf rund 5 Prozent geschätzt wird. Exakt quantifizieren lässt sich die Zahl der „rassisch" diskriminierten Betriebsrentner aber nicht. Eine an anderer Stelle ausführlich begründete Schätzung kommt jedoch auf 250 bis 300 versorgungsberechtigte ehemalige jüdische Angestellte einschließlich der Witwen verstorbener ehemaliger jüdischer

[3] Vgl. ebd., S. 109, Tab. III.3.

Angestellter. Bei einer Gesamtzahl von etwa 2700 Betriebsrentnern der Dresdner Bank dürfte damit ihr Anteil bei etwa 10 Prozent gelegen haben.[4]

Der Grund für diese vergleichsweise hohe Zahl jüdischer Betriebsrentner liegt in der Zusammensetzung der Betriebsrentnerschaft um die Mitte der dreißiger Jahre. Die erste – und zu diesem Zeitpunkt vermutlich größte – Gruppe bildeten diejenigen Angestellten, die bis etwa 1930 aus Altersgründen oder wegen Berufsunfähigkeit in den Ruhestand getreten waren, bzw. deren Witwen. Die zweite Gruppe der Betriebsrentner stellten diejenigen Angestellten, die im Zusammenhang mit der Wirtschaftskrise seit Ende 1930 oder im Zuge der Fusion mit der Danat-Bank seit April 1932 vorzeitig in den Ruhestand versetzt worden waren. Bei diesen Personen handelte es sich überwiegend um Angestellte über 50 Jahre, die bereits rund zwanzig oder mehr Jahre bei einer der beiden Banken oder bei einer Rechtsvorgängerin beschäftigt waren. Durch diese zweite Gruppe wurde die Pensionierung fast aller derjenigen Angestellten vorweg genommen, die unter normalen Umständen im weiteren Verlauf der dreißiger Jahre bei Erreichen des 65. Lebensjahres in den Ruhestand getreten wären. Alterspensionierungen gab es seit 1933 bis zum Ausbruch des Zweiten Weltkriegs deshalb nur noch verhältnismäßig wenige.

Bei diesen beiden ersten Gruppen dürfte der Anteil jüdischer Betriebsrentner in etwa demjenigen an der Gesamtbelegschaft entsprochen haben. Die dritte Gruppe bestand dagegen ausschließlich aus jüdischen Angestellten. Dabei handelte es sich zum einen um einige wenige „nicht geschützte Nichtarier", die während der ersten „Entjudungswelle" nicht entlassen, sondern in den Ruhestand versetzt worden waren, sowie zum zweiten um die „geschützten Nichtarier", die während der zweiten „Entjudungswelle" scheinbar freiwillig aus dem aktiven Dienst der Bank ausgeschieden waren und fast sämtlich die Versetzung in den Vorruhestand erreicht hatten. Trotz der fehlenden zwingenden gesetzlichen Grundlage war die Sachlage aber auch in diesen Fällen so eindeutig, dass die Dresdner Bank nach dem Krieg gar nicht erst versuchte, für die Frühverrentung der „geschützten Nichtarier" andere als „rassische Gründe" vorzuschieben.[5] Von dieser zweiten „Entjudungswelle" verschont blieben nur einige wenige „Mischlinge" (nach der Definition des Reichsbürgergesetzes). Obwohl diese Personen in ihrem beruflichen Fortkommen massiv diskriminiert wurden, konnten manche mitunter bis zum Kriegsende im aktiven Dienst der Bank verbleiben.[6]

Die Rentenleistungen sahen für die einzelnen Gruppen recht unterschiedlich aus. Die meisten Betriebsrentner erhielten von den berufsständischen Versicherungsträgern eine Grundrente, die sich nach Vertragsdauer und Beitragshöhe bemaß. Im Falle der Dresdner-Bank-Angestellten war dies der Beamtenversicherungsverein des Deutschen Bank- und Bankiergewerbes und im Falle der Danat-Bank-Angestellten deren Hauspensionskasse, die später als Hauspensionskasse

[4] Vgl. hierzu ausführlich ebd., S. 450–457.

[5] In einem internen Schreiben der Personalabteilung an eine der Filialgruppen heißt es dazu: „Nach dem Gesetz zur Wiederherstellung des Berufsbeamtentums galt Herr W. als geschützter Nichtarier. Als solcher wurde von dem Gesetz sein Ausscheiden nicht gefordert, auf Grund der damaligen Situation musste er sich aber mit der Pensionierung abfinden." Personalabteilung der Dresdner Bank Berlin an Rhein-Ruhr Bank, 2. 4. 1952, HADrB 12568-2001.

[6] Vgl. hierzu ausführlich Ziegler, Dresdner Bank, S. 59–62.

der Dresdner Bank weitergeführt wurde, ohne jedoch neue Mitglieder aufzunehmen. Auf diese Rente hatten die Versicherten bei Erreichen der Altersgrenze und bei Berufsunfähigkeit einen Rechtsanspruch. Keinen Rechtsanspruch besaßen die Angestellten dagegen auf den freiwilligen und jederzeit widerruflichen Rentenzuschuss, den die Dresdner Bank allen Betriebsrentnern zur Aufbesserung ihrer Versicherungsrente zahlte. In der Regel wurde bei den Altersrenten der tariflich bezahlten Angestellten nach der so genannten Banknorm verfahren, indem das letzte Bruttogehalt mit einem Faktor multipliziert wurde, der sich im Wesentlichen nach der Zahl der Dienstjahre bestimmte.

Nachdem der Dresdner Bank nach der Bankenkrise von 1931 zur sozialen Abfederung des notwendigen Personalabbaus vom Reich ein Unterstützungsfonds zur Verfügung gestellt worden war („Abbaufonds"), galt die Bank nach einer Verordnung vom September 1932 als „subventioniertes Unternehmen"[7] und war in ihrer Personalpolitik nicht mehr frei. Das galt insbesondere für die Festsetzung von Gehältern, Abfindungen und Rentenleistungen. Sowohl die Brüningsche Deflationspolitik als auch die nationalsozialistische Lohnstopp-Politik hatten deshalb gravierende Auswirkungen auf die Betriebsrentner der Dresdner Bank. Durch verschiedene (Not-)Verordnungen wurden die Rentenzuschüsse der Bank mehrmals um jeweils mehr als zehn Prozent gekürzt. Diese Kürzungen betrafen fast alle jüdischen wie nichtjüdischen Rentner. Lediglich die Renten der „nicht geschützten Nichtarier", deren Zahl unter den Betriebsrentnern allerdings sehr klein war, sollten im Jahre 1934 mit Hinweis auf das Berufsbeamtengesetz zusätzlich pauschal um 25 Prozent gesenkt werden. Obwohl diese Regelung nicht in allen Fällen zur Anwendung gelangte, kommt ihr dennoch eine große Bedeutung zu, weil sie den Beginn der Ungleichbehandlung der Betriebsrentner aufgrund ihrer „rassischen Herkunft" darstellt.

Die Diskriminierung aller jüdischen Betriebsrentner setzte aber erst 1937/38 ein. Einen besonders eklatanten Bruch mit dem Grundsatz der Gleichbehandlung stellte die willkürliche Kürzung des Rentenzuschusses im Oktober 1938 dar, von der ausschließlich die jüdischen Betriebsrentner betroffen waren. In der Regel betrug die Kürzung zwischen fünf und dreißig Prozent, in Ausnahmefällen lag sie sogar noch höher.[8] In ähnlicher Weise diskriminierend wurden die Abfindungen für diejenigen Betriebsrentner festgelegt, die sich seit Ende 1937 doch noch entschieden hatten auszuwandern. Während zunächst der fünffache Betrag der jährlichen Pension zugestanden wurde, was durchaus im Rahmen des Üblichen lag, setzte sich in der zweiten Jahreshälfte 1937 dann die diskriminierende Behandlung der jüdischen Betriebsrentner durch, als die Abfindungen willkürlich niedriger angesetzt, in Einzelfällen sogar überhaupt keine Abfindungen gezahlt wurden.[9] Eine Alternative zur Kapitalisierung des Rentenanspruchs gab es für die Auswanderer nicht. Eine Fortsetzung der Zahlungen ins Ausland war ausgeschlossen. Die

[7] Verordnung des Reichspräsidenten zur Belebung der Wirtschaft vom 4. 9. 1932, RGBl. (I) 1932, S. 425–432; vgl. hier insbes. den 4. Teil, Kap. V: „Einschränkung der Personalausgaben bei subventionierten Unternehmen".

[8] Vgl. zur Entwicklung der Betriebsrenten ehemaliger jüdischer Angestellter ausführlich Ziegler, Dresdner Bank, S. 82–91.

[9] Vgl. ebd., S. 94 f.

Zahlungen wurden eingestellt, sobald bekannt war, dass die Person die Grenze überschritten hatte. Im Falle legal ausgewanderter Betriebsrentner wurden die Rentenzahlungen mit der Auszahlung der Abfindung eingestellt. Bei den im Reich verbliebenen Betriebsrentnern erfolgte die Einstellung der Zahlung mit der Deportation. Lediglich die nicht deportierten „Mischlinge" und die wenigen nichtjüdischen Witwen verstorbener jüdischer Betriebsrentner erhielten ihre Renten bis zum Kriegsende.

Die Wiederaufnahme von Rentenzahlungen

Den rechtlichen Rahmen für die Weiterführung der Betriebsrenten, und damit auch für die eventuelle Wiederaufnahme von Rentenzahlungen an die jüdischen Betriebsrentner der Dresdner Bank, setzte zunächst die Bankenpolitik der Besatzungsmächte. Mit der Schließung und der späteren Enteignung der Bankfilialen in der SBZ und der Berliner Zentrale wurde hier auch die Zahlung der Rentenzuschüsse eingestellt. Doch auch in den westlichen Besatzungszonen blieben die Rentenzahlungen, trotz der schnellen Wiederöffnung der Filialen, selbst nach den alliierten Dezentralisierungsgesetzen angesichts der unübersichtlichen vermögensrechtlichen Situation weiter ausgesetzt. Die meisten jüdischen Betriebsrentner betraf diese Situation anfangs insofern wenig, als fast nur die ins Ausland Geflohenen den Holocaust überlebt hatten, die seit ihrer Flucht ohnehin noch nie Rentenzahlungen aus Deutschland bekommen hatten. Bis zur Währungsreform wäre eine Zahlung für sie auch weitgehend unerheblich gewesen, weil sie für die entwertete Reichsmark in keinem neutralen Land oder in einem der Siegerstaaten irgendetwas hätten kaufen können. Davon abgesehen war der Devisentransfer ohnehin gar nicht möglich.

Deutlich anders war die Situation für die nichtjüdischen Witwen ehemaliger jüdischer Angestellter und für diejenigen Pensionäre, die als „Mischlinge" den Krieg in Deutschland überlebt hatten. Einen Rechtsanspruch auf den Rentenzuschuss besaßen sie ebenso wenig wie fast alle anderen Betriebsrentner der Dresdner Bank. In einem Schreiben der Bank an den Sohn einer Pensionärswitwe aus dem März 1949 heißt es dazu: „Der Vorbehalt der Widerruflichkeit der Pensionszahlungen, der allen unseren Pensionären gegenüber ausgesprochen wurde, entsprang der wirtschaftlichen Überlegung, der Bank im Falle eines wirtschaftlichen Niederganges eine jederzeitige Neuregelung zu ermöglichen. [...] Seit dem Zusammenbruch, [...] in dem auf Anordnung der Besatzungsmächte das Ruhen unseres hiesigen Geschäftsbetriebes angeordnet wurde, ist es uns leider unmöglich gemacht worden, an unsere Pensionäre überhaupt noch Zahlungen zu leisten."[10] Aber selbst in den wenigen Fällen, wo Danat-Bank oder Dresdner Bank Pensionsverträge mit ihren leitenden Angestellten abgeschlossen hatten, war zumindest in Berlin eine Fortsetzung der Zahlungen nicht möglich. Denn das alliierte Verbot der Wiederaufnahme bankgeschäftlicher Tätigkeiten schloss auch die Erfüllung von Verpflichtungen aus Pensionsverträgen ein. Das Arbeitsgericht Berlin erklärte

[10] Schreiben des Personalbüros ohne Unterschrift, o.D., HADrB E.4821.

deshalb noch Anfang 1950 die Klage eines ehemaligen Commerzbankangestellten auf Wiederaufnahme der Zahlungen für unzulässig.[11]

Angesichts des florierenden Geschäfts der westlichen Nachfolgeinstitute war die strikte Verweigerung jeglicher Zahlungen jedoch kaum noch zu rechtfertigen. Betriebsrentner der Dresdner Bank konnten aber zunächst nur berücksichtigt werden, wenn bei ihnen eine besondere Notlage anerkannt wurde. In diesem Fall bekamen diejenigen, die sich von sich aus bei der Bank meldeten, seit 1949 von Fall zu Fall einmalige Zuwendungen aus einem Fonds für Härtefälle bei der ruhenden Dresdner Bank in Berlin, der von den Nachfolgeinstituten monatlich mit 20000 DM gespeist wurde. Die rassistisch motivierte Diskriminierung von „Mischlingen" und „Mischehen" wurde allem Anschein nach nicht als besonderer Härtefall anerkannt, so dass dieser Personenkreis genauso behandelt wurde wie alle Betriebsrentner einschließlich der ehemaligen NSDAP-Mitglieder.

Es bedurfte schon der besonderen und sehr persönlichen Initiative Einzelner, damit die Dresdner Bank sich des Schicksals der Verfolgten des Dritten Reiches annahm. So machte der Betriebsratsvorsitzende Heinrich Böhmert Anfang 1948 die 76-jährige, schwer kranke nichtjüdische Witwe des 1943 deportierten und noch im gleichen Jahr ermordeten Betriebsrentners Georg F. ausfindig, die in einem Heim des Roten Kreuzes in Berlin lebte und dort über 5 RM Taschengeld pro Monat verfügte. Dank der Unterstützung des Direktors der Personalabteilung in Berlin, Georg Butz, wurde Agnes F. eine einmalige Unterstützung in Höhe von 100 RM zuerkannt, die Böhmert ihr persönlich überbrachte.[12]

Seit Mai 1951 wurden dann an einige besonders Bedürftige regelmäßig monatliche Beihilfen ausgezahlt, soweit sie ihren Wohnsitz in der Bundesrepublik oder in Westberlin hatten. Als Fortsetzung der Rentenzahlung deklarierte die Bank diese Zahlungen jedoch nicht. Die Höhe der Beihilfe wurde deshalb auch ausschließlich nach Bedürftigkeit festgelegt und betrug vermutlich in allen Fällen zum Teil deutlich weniger als der Reichsmark-Rentenzuschuss der Vorkriegszeit. Auch hier kann eine Besserstellung „rassisch" verfolgter oder diskriminierter Personen nicht belegt werden. So bekam die nichtjüdische Ehefrau eines 1920 verstorbenen ehemaligen stellvertretenden Direktors der Danat-Bank jüdischer Herkunft, Paula A., eine monatliche Beihilfe von 120 DM, während ihre Pension bis zum 1. 10. 1938 200 RM betragen hatte und die anschließende Absenkung der Pension auf 175 RM allein auf die „rassische" Zugehörigkeit des Ehemannes zurückzuführen war.[13]

Seit der Währungsreform begannen auch die ins Ausland geflüchteten Betriebsrentner, sich um eine Wiederaufnahme der Rentenzahlungen zu bemühen. Rechtlich waren sie aber insofern in einer ungünstigeren Position, als sie durch die Auszahlung einer Abfindung ausdrücklich auf weitere Ansprüche gegen die Bank

[11] Schriftsatz der Dresdner Bank an das Arbeitsgericht von Groß-Berlin, 2. 8. 1950, HADrB 11237-2001.

[12] Agnes F. hatte sich im Jahr 1941 auf Druck von ihrem Mann scheiden lassen, der sie danach trotz seiner geringen Rente noch mit 20 RM monatlich unterstützte. Während die Scheidung für Georg F. mittelfristig das Todesurteil bedeutete, verweigerte die Bank der Witwe wegen der Scheidung nach dem amtlich festgestellten Tod ihres Mannes jegliche Unterstützungszahlung; Aktennotizen, 12. 2. 1943 und 3. 3. 1948, HADrB E.2748.

[13] Aufstellung, 19. 2. 1952, HADrB E.4711.

verzichtet hatten. Eine Wiederaufnahme der Rentenzahlungen setzte demzufolge voraus, dass die Bank entweder von sich aus die Verzichtserklärung für nichtig erklärte oder wegen des Zwangscharakters der Auswanderung gerichtlich dazu gezwungen wurde.

Tatsächlich sind schon recht früh Überlegungen innerhalb der Dresdner Bank nachweisbar, die Zahlungen an ehemalige Betriebsrentner westlicher Niederlassungen mit gegenwärtigem Wohnsitz im Ausland wieder aufzunehmen. So sprachen sich die Personalreferenten der Nachfolgeinstitute im Dezember 1949 dafür aus, Gutschriften auf Sperrkonten vorzunehmen, da „für eine weitere Unterlassung solcher Zahlungen kein stichhaltiger Grund gegeben ist".[14] Zu einem ähnlichen Ergebnis war bereits wenige Wochen zuvor eine Besprechung der Chefjuristen der Nachfolgebanken gelangt. Doch die Entscheidungsträger scheinen sich diesen Überlegungen nicht angeschlossen zu haben. Denn die Zahlungen auf ein Sperrkonto wurden auch weiterhin grundsätzlich abgelehnt, weil „Pensionen zur Bestreitung der laufenden Lebenshaltungskosten bestimmt" seien. Eine Gutschrift auf einem Sperrkonto könne diesem Zweck aber nicht dienen.[15]

Wenn schon die Wiederaufnahme der laufenden Zahlungen verweigert wurde, war an eine Nachzahlung der entgangenen Rentenzahlungen erst recht nicht zu denken. Dabei boten die Entschädigungsgesetze der amerikanischen und französischen Zone durchaus die Möglichkeit, die Frühpensionierung für nichtig erklären zu lassen und die Nachzahlung der entgangenen Bezüge bis zum Erreichen des 65. Lebensjahres einzufordern. Ein entsprechender Versuch des ehemaligen Mannheimer Filialdirektors Jakob K., der im Jahr 1934 im Alter von 58 Jahren in den Ruhestand geschickt worden war, scheiterte allerdings.

Die Grundlage für die Forderung von Jakob K. bildete das Gesetz zur Wiedergutmachung nationalsozialistischen Unrechts (USEG), das aufgrund einer Proklamation der amerikanischen Militärregierung vom Länderrat der amerikanischen Besatzungszone im April 1949 beschlossen und im August desselben Jahres in jeweils weitgehend gleich lautenden Ländergesetzen für Hessen, Bayern, Bremen und den amerikanisch besetzten Teil Badens und Württembergs verkündet worden war. Dieses Gesetz, auf das im zweiten Teil dieses Kapitels noch ausführlicher einzugehen ist, sah bereits eine Entschädigungspflicht privater Arbeitgeber bei Schäden im wirtschaftlichen Fortkommen vor. Die Dresdner Bank stellte sich aber auf den Standpunkt, dass sie durch das Berufsbeamtengesetz zu der Entlassung ihrer jüdischen Angestellten gezwungen worden war, und verwies den Antragsteller an das Land Baden-Württemberg. Denn das USEG bestimmte, dass die Entschädigungspflicht unter anderem dann auf die öffentliche Hand überging, wenn sich der private Arbeitgeber der Entlassung seinerzeit nicht ohne Gefährdung seiner eigenen Person hätte widersetzen können. Da das Berufsbeamtengesetz die Entlassung der „nicht geschützten Nichtarier" tatsächlich zwingend vorgesehen hatte, war diese Argumentation in einer Vielzahl von Fällen durchaus stichhaltig. In diesem Fall unterschlug die Bank allerdings, dass eine zwingende Notwendigkeit zur Entlassung bei der Pensionierung von „geschützten Nicht-

[14] Niederschrift der Sitzung der Personalreferenten, 19. 12. 1949, HADrB 7579-2002.
[15] Protokoll der Besprechung vom 18. 11. 1949, HADrB 11534-2001.

ariern“ im Jahr 1934 keineswegs vorhanden gewesen war. Jedenfalls hätte die Bank den Nachweis erbringen müssen, dass das Reichswirtschaftsministerium (RWM) die Entlassung von Jakob K. verlangt hatte, was aber sehr unwahrscheinlich war. Angesichts des Verlustes der Vorkriegspersonalakte wäre dieser Nachweis auch nicht mehr zu führen gewesen. Nicht zuletzt wegen der schon seit längerem von den Juristen der Nachfolgebanken als ungünstig eingeschätzten Rechtslage[16] bot die Bank Jakob K. im März 1952 einen Vergleich an, der eine Nachzahlung der entgangenen Rentenbezüge unter Anrechnung der Abfindung vorsah.[17]

Wegen der komplizierten Rechtslage und der geringen Bereitschaft der Bank, ihren im Ausland lebenden ehemaligen jüdischen Angestellten entgegenzukommen, schlossen sich 1951 zahlreiche in die USA geflohene jüdische Betriebsrentner zu einer Interessengemeinschaft ehemaliger Beamter der Dresdner Bank zusammen und wählten den in New York lebenden Emil Wechsler zu ihrem Vorsitzenden. Ehemalige Angestellte der Dresdner Bank, die nicht in den Ruhestand versetzt, sondern mit einer Abfindung entlassen worden waren, schlossen sich der Interessengemeinschaft bald an.[18]

Mit ihrem normierten Antragsformular erreichten sie 1951/52 jedoch zunächst nichts, obwohl Carl Goetz von einem der Mitglieder persönlich gebeten worden war, seinen „maßgebenden Einfluss [zugunsten der Antragsteller] geltend zu machen“. Goetz antwortete den Antragstellern nicht, sondern schickte im März 1952, also zu derselben Zeit, als die Rhein-Main Bank den Vergleich mit Jakob K. vorbereitete, folgenden Vermerk an Carl Schleipen:

„Die Fälle der Wiedergutmachungsanträge häufen sich jetzt, und ich kann mich leider des Eindrucks nicht erwehren, dass manche Ansprüche gestellt werden, die mit der eigentlichen Wiedergutmachung in dem uns bekannten Rahmen kaum etwas zu tun haben. Im Falle des Herrn W. fällt mir auf, dass er selbst erklärt, dass er nicht aufgrund der Nürnberger Gesetze ausgeschieden ist, sondern dass die ehemaligen Verhältnisse ihn gezwungen hätten auszuwandern und dass er eine Abfindungssumme bekommen habe. Ich bitte Sie, diesen Fall genau prüfen zu lassen, denn wir können nicht verantworten, dass wir über die gesetzlich vorgeschriebenen Maßnahmen hinaus Zahlungen leisten, für die wir den Staat, also die Allgemeinheit wieder in Anspruch nehmen müssen.“[19]

Der negative Zwischenbescheid ließ dann nicht lange auf sich warten.

Nach diesem ersten gescheiterten Versuch beauftragte die Interessengemeinschaft die Frankfurter Anwaltskanzlei von Robert M. W. Kempner mit der Vertretung ihrer Interessen. Weitere jüdische Betriebsrentner außerhalb der USA schlossen sich an. Im Laufe des Jahres 1952 änderte sich dann auch die Rechtslage.

[16] Bereits im Sommer 1950 hatte der Altbank-Syndikus Hans-Joachim Laabs beim ersten Arbeitsgerichtsprozess gegen die Dresdner Bank Berlin um die Nachzahlung rückständiger Pensionsansprüche einen für die Bank negativen Ausgang befürchtet; Protokoll der Juristenbesprechung vom 28. 7. 1950, ebd. Zunächst wurden im September 1950 zwar Ansprüche nach der Rückerstattungsanordnung der Berliner Alliierten Kommandantur abgelehnt. Der Berliner Magistrat wies die Parteien aber ausdrücklich darauf hin, dass „für Groß-Berlin … ein Entschädigungsgesetz in Vorbereitung“ sei, das „voraussichtlich“ auch den Anspruch des Klägers „umfassen“ werde; Protokoll der Juristenbesprechung vom 6. 10. 1950, Anlage 2, ebd.

[17] Rhein-Main Bank an Jakob K., 24. 3. 1952, HADrB 12584-2001.

[18] Eiche an Zinßer, 18. 7. 1951, HADrB 11534-2001.

[19] Kurt W. an Goetz, 14. 2. 1952; Goetz an Schleipen, 18. 3. 1952, beides in: HADrB 12568-2001.

Den Ausgangspunkt bildete das Großbankengesetz vom März 1952. Die Übertragung der Aktiva und Passiva der alten Dresdner Bank auf die Nachfolgeinstitute erfolgte aufgrund der so genannten Einbringungsbestimmungen, durch die auch die Pensionsverpflichtungen auf die drei Nachfolgeinstitute verteilt wurden.[20]

Die mit dem Großbankengesetz auch für die Nachfolgeinstitute gültig werdende Verlagerungsverordnung regelte vor allem die Haftung für die Verbindlichkeiten der Altbank und war demzufolge für die Frage der Rentenzahlungen äußerst wichtig. Darin wurde festgelegt, dass die Nachfolgeinstitute grundsätzlich nicht für Verbindlichkeiten hafteten, die von Niederlassungen außerhalb der Bundesrepublik eingegangen worden waren. Ferner waren die Nachfolgeinstitute nur für solche Verbindlichkeiten haftbar, die gegenüber Personen bestanden, die am 21. Juni 1948 in der Bundesrepublik wohnhaft waren, womit die Forderungen von Einwohnern der DDR und der ehemaligen deutschen Ostgebiete von vornherein für nichtig erklärt wurden. Um durch diesen Ausschluss nicht auch die Bürger der westlichen Siegermächte zu schädigen, wurde allerdings einschränkend festgelegt, dass die Nachfolgeinstitute für Verbindlichkeiten gegenüber Ausländern in Anspruch genommen werden konnten, wenn die Verbindlichkeit im Geschäftsbetrieb einer Niederlassung im Gebiet der Bundesrepublik begründet worden waren. Handelte es sich um Verbindlichkeiten der Berliner Zentrale oder einer Niederlassung auf dem Gebiet der DDR bzw. der Ostgebiete, konnten die Nachfolgeinstitute nur für einen Teilbetrag, die so genannte Westquote, in Anspruch genommen werden.[21]

Für die Betriebsrentner der Dresdner Bank bedeutete diese Regelung, dass die in der Bundesrepublik und im westlichen Ausland lebenden Personen grundsätzlich wieder rentenberechtigt waren, während die in der DDR lebenden Personen weiterhin von Rentenzahlungen ausgeschlossen blieben. Bei der Berechnung der Rentenhöhe hing nun viel davon ab, wo der ehemalige Angestellte bis zur Pensionierung beschäftigt gewesen war. Dadurch entstand aus der Sicht der Betroffenen eine völlig absurde Situation, von der auch die jüdischen Betriebsrentner betroffen waren. Während diejenigen, die vor ihrer Pensionierung bei einer Filiale auf dem Gebiet der späteren Bundesrepublik angestellt gewesen waren, nun ihren vor der Kürzung des Jahres 1938 bezogenen Reichsmark-Rentenbetrag im Verhältnis 1:1 in Deutscher Mark ausbezahlt bekamen, musste sich die Mehrheit der Betriebsrentner, nämlich diejenigen, die einen Anstellungsvertrag mit der Berliner Zentrale oder mit einer der Filialen auf dem Gebiet der späteren DDR bzw. der abgetrennten Ostgebiete hatten, mit deutlich weniger zufrieden geben.

Zum Zeitpunkt der Wiederaufnahme der Rentenzahlungen war die Berechnung der Westquote noch nicht abgeschlossen. Deshalb ging man zunächst von einer 40-prozentigen Quote aus, so dass auch die Mehrheit der jüdischen Betriebsrentner nur 40 Prozent des letzten Reichsmark-Rentenbetrages als DM-Betrag ausbezahlt bekam – und auch das nur, wenn sie am 21. Juni 1948 in einem Staat wohnhaft gewesen waren, mit dem die Bundesrepublik diplomatische Beziehungen unterhielt. Außerdem unterlag die Regelung dem Vorbehalt der Anpassung für den

[20] Vgl. dazu Kapitel VII.1.
[21] Vgl. dazu Kapitel VII.1.

Fall, dass die abschließend berechnete Westquote von den geschätzten 40 Prozent abwich.[22]

Gegen Ende des Jahres 1952 fand sich die Dresdner Bank auch bereit, Pensionsnachzahlungen für die Zeit seit der Währungsreform auf der Grundlage der jetzt errechneten DM-Rente zu gewähren. In den meisten Fällen gelang es den Rechtsanwälten der jüdischen Betriebsrentner darüber hinaus, für die Zeit seit Einstellung der Pensionszahlungen eine Nachzahlung zu erhalten, wobei allerdings die Abfindung als Abschlagszahlung angerechnet wurde. Unter Berücksichtigung der neunzigprozentigen Abwertung der Reichsmarkbeträge und der Westquote blieb dann oftmals nicht viel übrig.

Ein Beispiel für die Berechnung der Nachzahlung ist eine Regelung für die Witwe eines ehemaligen Depositenkassenvorstehers aus Breslau vom Dezember 1952. Max S. war 1937 im Alter von 47 Jahren in den Vorruhestand getreten. Die Betriebsrente war entsprechend seiner Dienstzeit festgesetzt worden und betrug monatlich 222,50 RM zuzüglich 25 RM Kinderzulage für die 15-jährige Tochter. Im Oktober 1938 war die Rente dann auf 200 RM abgesenkt worden. Im Januar 1939 emigrierte die Familie nach Frankreich, wobei der Rentenanspruch mit 6000 RM kapitalisiert wurde. Die weitere Flucht gelang dann nicht mehr und Max S. wurde im August 1942 nach Deutschland deportiert, wo sich seine Spur verliert. Im Dezember 1945 wurde er schließlich für tot erklärt. Gertrud S. überlebte den Krieg und wanderte 1947 nach Israel aus.[23]

Im Jahr 1952 beauftragte Gertrud S. die Anwaltskanzlei Kempner, der die Dresdner Bank im Dezember desselben Jahres folgende Rechnung aufmachte:[24]

Die Mannesrente für 46 Monate von Feb. 1939 bis Nov. 1942[25] betrug	10 235,00 RM.
Die Witwenrente (60%) für 67 Monate bis zur Währungsreform betrug	8 944,50 RM.
Die Nachzahlung für die verringerte Rentenzahlung 1938 betrug	47,50 RM.
Die Kinderzulage für 13 Monate (bis zum 18. Lebensjahr) betrug	325,00 RM.
Von der Gesamtsumme in Höhe von	19 552,00 RM
wurde die Abfindung des Jahres 1939 in Höhe von	6 000,00 RM
abgezogen. Die verbleibenden	13 552,00 RM
wurden im Verhältnis 10:1 abgewertet.	
Das ergab einen Bruttobetrag zum Zeitpunkt der Währungsreform von	1 355,00 DM,

von dem 40 Prozent Westquote (542,08 DM) ausgezahlt wurden. Nach der Zahlung der Lohnsteuer[26] in Höhe von 54,21 DM und des Anwaltshonorars in Höhe

[22] Rechtsabteilung Frankfurt an Kanzlei Kempner, 20. 10. 1952, HADrB 12568-2001.

[23] Gertrud S. an Personalabteilung Frankfurt, 24. 5. 1952, HADrB 12557-2001.

[24] Personalabteilung Frankfurt an Kanzlei Kempner, 2. 12. 1952 und 30. 4. 1953, ebd.

[25] Als Todestag wurde der Zeitpunkt der Deportation angesetzt. Einschließlich des „Gnadenvierteljahrs“ erfolgte die Zahlung der Mannesrente demzufolge bis November 1942.

[26] Nach dem Gesetz zur Wiedergutmachung nationalsozialistischen Unrechts vom 10. 8. 1949 durften die Finanzämter den Verfolgten des Nationalsozialismus bei Nachzahlungen vorenthaltener Leistungen ihres ehemaligen Arbeitgebers nur einen verringerten Lohnsteuersatz von 10% berechnen. Vgl. Personalabteilung Frankfurt an Finanzamt Frankfurt, 10. 3. 1953, HADrB 12572-2001.

von 350 DM verblieben Gertrud S. schließlich noch ganze 137,87 DM. Nach den gültigen Devisenbestimmungen konnte dieser Betrag allerdings nicht nach Israel transferiert werden, er wurde stattdessen einem DM-Sperrmarkkonto gutgeschrieben.

Für die Zeit seit der Währungsreform wurde eine Witwenrente von 133,50 DM festgesetzt; die 40-prozentige Westquote ergab einen Auszahlungsbetrag von 53,40 DM pro Monat. Daraus errechneten sich für die Monate seit Juli 1948 weitere 2242,80 DM brutto. Abzüglich der Lohnsteuer verblieben 2018,52 DM. Dieser Betrag war transferierbar und wurde Gertrud S. im Frühjahr 1953 nach Israel überwiesen. Gleichzeitig wurden die monatlichen Betriebsrentenzahlungen in Höhe von 53,40 DM aufgenommen.

Die Angestelltenversicherung verhielt sich gegenüber den Ansprüchen von Gertrud S. nicht weniger restriktiv als die Dresdner Bank. Angesichts der geringen versicherungspflichtigen Beschäftigungszeit von Max S. (19 Jahre) war der Rentenanspruch der Witwe zwar ohnehin nur sehr niedrig gewesen. Er betrug für die Zeit zwischen der Deportation von Max S. und der Währungsreform gerade 150 RM im Jahr. Da es im Folgenden aber in erster Linie um die Rechtsposition der gesetzlichen Rentenversicherung, der Bundesversicherungsanstalt für Angestellte (BfA), vor Verabschiedung des Bundesentschädigungsgesetzes (BEG) von 1956 gehen wird, ist der Fall auch von allgemeinem Interesse. Nachdem die Wiederaufnahme der Betriebsrente sowie die Frage der Nachzahlung durch die Dresdner Bank geregelt waren, wandte sich die Anwaltskanzlei von Robert Kempner an den Bankbeamtenversicherungsverein, den für Max S. in den zwanziger und dreißiger Jahren zuständigen Rentenversicherungsträger. Der Verein war jedoch Ende der dreißiger Jahre aufgelöst worden und auf die gesetzliche Angestelltenversicherung übergegangen. Die BfA stellte sich aber auf den Standpunkt, dass durch die im Januar 1939 erfolgte Beitragsrückerstattung in Höhe von 1037,85 RM keine Ansprüche des Versicherten gegen sie mehr bestanden.[27] Eine Aufnahme der Rentenzahlungen fand ebenso wenig statt wie die Nachzahlung der entgangenen Leistungen während der Zeit der Verfolgung. Ähnlich verhielt sich die BfA in einem anderen Fall, als die Beitragsrückerstattung nicht dem Versicherten bei der Emigration ausgezahlt wurde, sondern erst nach der 11. Verordnung zum Reichsbürgergesetz an den Fiskus. In diesem Fall argumentierte die BfA, dass die persönlichen Anspruchsvoraussetzungen deswegen nicht erfüllt seien, weil sich der Wohnsitz des ehemaligen Versicherten am 1. 1. 1947 nicht im Geltungsbereich des Bundesergänzungsgesetzes (BErgG) befunden hatte.[28]

Nach dem Erlass des BEG war diese Rechtsposition allerdings nicht mehr aufrechtzuerhalten. Die räumliche Beschränkung auf den Geltungsbereich des Gesetzes war angesichts der Versuche der jungen Bundesrepublik, sich wieder in die internationale Staatengemeinschaft einzugliedern, ohnehin nicht haltbar gewe-

[27] BfA an Personalabteilung Frankfurt, 31. 8. 1955, HADrB 12557-2001. Das Bundesergänzungsgesetz zur Entschädigung der Opfer der nationalsozialistischen Verfolgung war im September 1953 unter Zeitdruck vom Bundestag verabschiedet worden und besaß einen eher provisorischen Charakter mit zahlreichen Gesetzeslücken.

[28] Personalabteilung Frankfurt an Emil Z., 21. 1. 1955, HADrB 12572-2001.

sen.[29] Aber das Gesetz bestimmte auch, dass Rentenleistungen an Verfolgte des Nationalsozialismus „in der Weise" zu leisten waren, „dass der Berechtigte als Rente die Leistungen [...] erhält, die ihm ohne die Schädigung nach dem Versicherungsverhältnis zugestanden hätten. [...] Nicht entrichtete Prämien oder Rückvergütungen des Versicherers an den Versicherungsnehmer [...] werden auf die Versicherung mit der Maßgabe angerechnet, dass Reichsmarkbeträge im Verhältnis 10:1 in Deutsche Mark umgerechnet werden".[30] Damit standen auch die Forderungen von Gertrude S. auf einer neuen Grundlage. In einem komplizierten Verfahren errechnete die BfA im September 1958 zunächst die Summe der seit der Versetzung in den Ruhestand nicht gezahlten Prämien. Einschließlich des im Jahre 1939 ausgezahlten Rückkaufwertes der Versicherung ergab sich ein Betrag von 3944,85 RM, der im Verhältnis 10:1 umgestellt wurde (394,49 DM). Bezogen auf den Barwert der Witwenrente ergab das eine Kürzung der Jahresrente um 16,95 DM. Die im Jahr 1958 deutlich verbesserten regulären Rentenleistungen betrugen 553,05 DM pro Jahr, so dass Gertrud S. 536,10 DM verblieben.

Gleichzeitig wurde die Nachzahlung berechnet. Für die Reichsmarkzeit standen ihr 1136,83 RM zu, die in Deutsche Mark umgestellt 113,68 DM ergaben. Nach 1948 stieg dann die Rentenleistung stetig an, so dass sich für die Jahre bis September 1958 eine Nachzahlung von 3441,22 DM ergab, von der allerdings 16,95 DM pro Jahr für 13 Jahre und vier Monate (225,99 DM) abgezogen wurden. Tatsächlich ausgezahlt wurde demnach ein Betrag von 3215,23 DM.[31]

Von einer Besserstellung gegenüber Witwen nichtjüdischer Bankangestellter in vergleichbarer Position kann deshalb auch nach dem Erlass des BEG keine Rede sein. Lediglich die unter dem Zwang der äußeren Verhältnisse erfolgte Einstellung der Prämienzahlung wurde rückgängig gemacht. Damit unterschied sich die gesetzliche Rentenversicherung in nichts von der Dresdner Bank, die ihre ehemaligen jüdischen Angestellten bzw. deren Witwen auch nur gegenüber den Nichtjuden gleichstellte. In beiden Fällen war der Verlust durch die Währungsumstellung allein von den Entschädigungsberechtigten zu tragen.

Im weiteren Verlauf der fünfziger Jahre verbesserte sich die materielle Situation der Rentner in Deutschland spürbar. Das galt für die gesetzlichen Rentenversicherungen genauso wie für die Betriebsrenten. So stiegen auch die Betriebsrenten bei der Dresdner Bank und damit auch die Renten der ehemaligen jüdischen Angestellten. Denn seit der grundsätzlichen Entscheidung für die Wiederaufnahme der Zahlungen an ehemalige jüdische Angestellte (bzw. deren Witwen) im westlichen Ausland in den frühen fünfziger Jahren wurde diese Personengruppe genauso behandelt wie alle anderen Betriebsrentner.

Das galt auch für freiwillige Leistungen der Dresdner Bank, die den gesetzlichen Rahmen überschritten. Die zunächst für die Rentenzahlungen angesetzte Westquote erwies sich nämlich wenige Monate nach Wiederaufnahme der Ren-

[29] In diesem konkreten Fall konnte der Versicherungsnehmer nachweisen, dass er nach der Versetzung in den Vorruhestand in den späteren Westteil Berlins gezogen war. Damit war er nach dem Berliner Entschädigungsgesetz (§ 38) entschädigungsberechtigt. Vgl. Aktennotiz, 24. 2. 1955, ebd.

[30] Drittes Gesetz zur Änderung des Bundesergänzungsgesetzes zur Entschädigung für Opfer der nationalsozialistischen Verfolgung vom 29. 6. 1956, BGBl. 1956/I, S. 582 (§ 129).

[31] Aufstellung, 10. 9. 1958, HADrB 12557-2001.

tenzahlungen als eine zu optimistische Schätzung – abschließend wurde die Quote nur mit 25 Prozent festgelegt. Aber die Bank verzichtete darauf, die Renten von 40 Prozent auf 25 Prozent des Reichsmarkbetrages zu kürzen, obwohl dies rechtlich möglich gewesen wäre. Im Gegenteil, noch im selben Jahr wurde für alle unter die Westquote fallenden Betriebsrentner, die zu diesem Zeitpunkt das 70. Lebensjahr vollendet hatten, die DM-Rente auf 80 Prozent der Reichsmark-Rente erhöht.[32] Im Jahr 1955 wurde den Betriebsrentnern dann mitgeteilt, dass die Rentenzahlung mit sofortiger Wirkung von der alten Reichsmarkrente abgekoppelt und außerdem rückwirkend zum 1. 1. 1953 die volle Differenz zur Reichsmarkrente nachgezahlt würde.[33] In den folgenden Jahren erhöhte sich die Betriebsrente dann entsprechend der allgemeinen Rentensteigerung.

Die Ausnutzung von Handlungsspielräumen

Obwohl die Rechtslage relativ eindeutig war und die Modalitäten für die Wiederaufnahme der Rentenzahlungen sowie für die Nachzahlungen durch die Bank mit den Rechtsanwälten der Antragsteller recht einvernehmlich geregelt wurden, gab es gewisse Spielräume im Verhalten der Dresdner Bank, die für die Beurteilung ihres Selbstverständnisses hinsichtlich der Beteiligung an den wirtschaftlichen Verfolgungsmaßnahmen gegen die deutschen Juden von besonderem Interesse sind. Beim Großbankengesetz und der Verlagerungsverordnung handelte es sich nicht um Wiedergutmachungsgesetze. Das bedeutete, dass den jüdischen Betriebsrentnern nur das gezahlt bzw. nachgezahlt wurde, was auch alle anderen Betriebsrentner von der Bank erhalten hatten. Auch die freiwillige Aufstockung der „Rentner-Westquote" auf 80 Prozent Ende 1952 erfolgte im Interesse aller Betriebsrentner.

Von einer besonderen Entschädigung der Opfer wirtschaftlicher Verfolgungsmaßnahmen während der NS-Zeit kann auch bei zwei Regelungen nicht die Rede sein, die vordergründig allein den jüdischen Betriebsrentnern zugute kamen. Wie bereits erwähnt, kamen Betriebsrentner mit Wohnsitz im Ausland nur dann in den Genuss der Rentenzahlungen, wenn die Länder diplomatische Beziehungen zur Bundesrepublik unterhielten. Dadurch war aber die absurde Situation entstanden, dass ausgerechnet diejenigen Personen von den Leistungen ausgeschlossen waren, die in Israel lebten. Denn Israel unterhielt zu diesem Zeitpunkt noch keine diplomatischen Beziehungen mit der Bundesrepublik. Im Gegensatz zur Bundesversicherungsanstalt für Angestellte schlossen die Nachfolgeinstitute der Dresdner Bank diesen Personenkreis von ihren Leistungen aber nicht aus, sondern behandelten ihn so wie die jüdischen Betriebsrentner im übrigen westlichen Ausland. Dieses Entgegenkommen erklärt sich dadurch, dass die Bundesregierung nach dem Wiedergutmachungsabkommen mit Israel von 1952 („Luxemburg-Vertrag") die israelischen Staatsbürger nicht mehr schlechter stellen konnte als Angehörige solcher Staaten, mit denen die Bundesrepublik diplomatische Beziehungen unter-

[32] Lehmann an Kanzlei Kempner, 19. 12. 1952, ebd.
[33] Personalabteilung Frankfurt (Gaebelein) an Kurt W., 24. 2. 1955, HADrB 12568-2001.

hielt.[34] Auch wenn die Rechtslage vor dem Erlass des BEG diesem außenpolitischen Imperativ Adenauer'scher Politik noch nicht angepasst war, hätte die Dresdner Bank nichts gewonnen, wenn sie sich ähnlich stur gestellt hätte wie die BfA. Denn es war absehbar, dass sie über kurz oder lang hätte nachzahlen müssen.

Ein weiteres Problem stellten die Versicherungsrenten dar. Da erstens sowohl der Bankbeamtenversicherungsverein als auch die Hauspensionskasse nicht mehr existierten und zweitens die Renten nach der 11. Verordnung zum Reichsbürgergesetz kapitalisiert worden waren, mussten die Rentner für den Entzug ihrer Renten beim zuständigen Entschädigungsamt einen Entschädigungsantrag stellen.[35] Das Verfahren war äußerst langwierig, da manche Entschädigungsämter die genannten Versicherungen als Versorgungs- und nicht als Versicherungseinrichtungen ansahen. Entschädigungsberechtigt waren aber nur Versicherte. Die Bank trat deshalb in Vorleistung und zahlte nicht nur den Bankzuschuss, sondern die gesamte Rente einschließlich Versicherungsrente aus. Sie machte dabei lediglich zur Bedingung, dass der Versicherungsrentenanteil bei einem positiven Entscheid des Entschädigungsamtes an die Bank zurückzuzahlen war. Dadurch entstand eine Interessenübereinstimmung zwischen den jüdischen Entschädigungsberechtigten und der Dresdner Bank, die jene in enger Abstimmung mit den Rechtsanwälten beriet und im Extremfall auch ihr politisches Gewicht einsetzte, um beim Präsidenten des Amtes gegen widerspenstige Sachbearbeiter zu intervenieren.

Wenn es dagegen um die eigenen Interessen ging, zeigte die Bank sich weitaus weniger verständig. Bei der Festsetzung der Betriebsrenten im Jahr 1952 sah die Bank alle Kürzungen vor dem Herbst 1938 als verfolgungsneutral an und legte demzufolge jeweils die Rente vom September 1938 für die Neuberechung zu Grunde.[36] Die vorhergehenden Kürzungen wurden dagegen mit dem Hinweis nicht wieder rückgängig gemacht, dass sie alle Betriebsrenten gleichermaßen betroffen hätten. Das ist zwar richtig. Aber die Kürzungen waren aufgrund der erwähnten Subventionsverordnung vom September 1932 verfügt worden, wonach das RWM berechtigt war, Dienstbezüge von Personen zu kürzen, die in subventionierten Unternehmen beschäftigt waren.

Der Vergleich mit den Rentenbezügen nichtjüdischer Betriebsrentner zeigt nun aber unzweifelhaft, dass deren Kürzungen während des Krieges schrittweise wieder zurückgenommen worden waren. Das konnten die Anwälte der jüdischen Betriebsrentner natürlich nicht wissen, und niemand machte sie auf diesen Tatbe-

[34] Zur Bedeutung der Israelpolitik im Kontext der Wiedergutmachung vgl. Goschler, Wiedergutmachung, S. 257–285; ders., Schuld, S. 159–175.

[35] Die erloschenen und in Abwicklung befindlichen Versicherungsvereine teilten den jüdischen Antragstellern mit, dass der Versicherungsverein mit der 11. Verordnung zum Reichsbürgergesetz gezwungen gewesen war, „als einmalige Abfindung für ihren Anspruch von jährlich … RM den Betrag von … RM an die Oberfinanzkasse … zu überweisen. Damit ist der Versicherungsanspruch gegen uns erloschen." Gleichzeitig wurde den Antragstellern ein Merkblatt „betr. Ansprüche von Personen, die durch nationalsozialistische Verfolgungsmaßnahmen betroffen worden sind" übersandt. Abschließend wurde noch der Betrag errechnet, der dem Antragsteller vom Zeitpunkt der Einstellung der Rentenzahlung bis zum Juni 1948 zugestanden hätte. Mit dieser Forderung konnte der Antragsteller dann seinen Entschädigungsantrag beim zuständigen Entschädigungsamt stellen. Vgl. Beamtenversicherungsverein an Personalabteilung Frankfurt, HADrB 12556-2001, 25. 10. 1954.

[36] Personalabteilung Frankfurt an Kanzlei Kempner, 18. 10. 1952, HADrB 12572-2001.

stand aufmerksam. Lediglich der Sohn des ehemaligen Vorstandsmitglieds Samuel Ritscher, Fritz Ritscher, der selber von 1930 bis 1933 bei der Dresdner Bank beschäftigt gewesen war, scheint von der Aufhebung der Subventionsverordnung gewusst zu haben, als er die Pensionsnachzahlung der Witwenrente für seine Mutter erstritt. Ritscher konnte sogar ein Schreiben der Deutschen Bank vom Mai 1939 vorlegen, in dem behauptet wurde, dass die Dresdner Bank zu diesem Zeitpunkt kein subventioniertes Unternehmen mehr gewesen sei. Obwohl die Rechtslage nach 15 Jahren bankintern nicht mehr endgültig zu klären war, wird ein Blick in die Gehalts- und Rentenentwicklung leitender Angestellter die Juristen der Nachfolgebanken von der Richtigkeit dieser Behauptung überzeugt haben. Deshalb entschied sich ein Fachausschuss der Vorstände aller Nachfolgebanken und der Berliner Altbank, einen Vergleichsvorschlag Ritschers anzunehmen, um eine „gerichtliche Erörterung dieser Interna der Dresdner Bank“ zu verhindern, die „zweifellos unerwünscht wäre“.[37] Damit wurde offenbar auf mögliche Forderungen abgefundener Betriebsrentner angespielt, die aufgrund eines entsprechenden Gerichtsbeschlusses nun ihrerseits Nachzahlungen für die unter der Subventionsverordnung gekürzten Rentenzahlungen hätten fordern und sicherlich für die Zeit seit Mai 1939 auch hätten durchsetzen können.

Dank der außergerichtlichen Regelung scheint es zu weiteren Nachzahlungen dieser Art auch nicht gekommen zu sein. Tatsächlich wurde knapp ein Jahr später in einem zweiten Fall eine Aufstockung der Nachzahlung verweigert. Mit dem Antragsteller, dem ehemalige Mannheimer Filialdirektor Jakob K., war im Januar 1953 bereits frühzeitig ein Vergleich über die Nachzahlung der seit seiner Auswanderung entgangenen Rente abgeschlossen worden. Im Jahr 1955 kam Jakob K. darauf noch einmal zurück und verwies auf die Rücknahme der Rentenabsenkungen für nichtjüdische Betriebsrentner im Jahr 1941. Allerdings kannte er offenbar nicht den rechtlichen Hintergrund der Subventionsverordnung. Die Bank reagierte auf diese Forderung deshalb mit der Bemerkung, dass der Vergleich seinerzeit mit der „ausdrücklichen Genehmigung“ der Bankenaufsicht geschlossen worden sei. Eine Genehmigung der Behörde sei nun aber nicht mehr zu erwarten, weil „die Berliner Bankaufsichtsbehörde im Einvernehmen mit dem Vertreter des Bundesinteresses den Standpunkt vertritt, dass die Pensionsansprüche durch die seinerzeit gezahlten Abfindungen endgültig erloschen seien. [...] Wir glauben deshalb, es nicht zuletzt in Ihrem eigenen Interesse bei der getroffenen Regelung bewenden lassen zu sollen, da eine Abkehr von dem seinerzeit geschlossenen Vergleich zum Aufrollen der Frage führen könnte, ob wir überhaupt zur Pensionszahlung verpflichtet seien“.[38] Jakob K. ließ es angesichts dieser offenen Drohung dabei bewenden.

Ein zweiter Aspekt der Rentenkürzungen der dreißiger Jahre, der nach dem Krieg nicht mehr ausgeglichen wurde, ist die Außerachtlassung der 25-prozentigen Pauschalkürzung des Jahres 1934 für die „nicht geschützten Nichtarier“. Die meisten jüdischen Betriebsrentner waren zwar als „geschützte Nichtarier“ von dieser Maßnahme verschont geblieben. Aber im Fall des ehemaligen Breslauer

[37] Dresdner Bank (Altbank) an Rechtsabteilungen Hamburg, Frankfurt und Düsseldorf, 14. 7., 22. 7. (Zitat) und 14. 8. 1954; Aktennotiz (Maier), 12. 8. 1954, alles in: HADrB 16253-2001.

[38] Lehmann an Jakob K., 11. 5. 1955, HADrB 12584-2001.

Filialdirektors Emil Z. lässt sich diese eklatante Missachtung der Rechte des jüdischen Betriebsrentners nachweisen. Emil Z. hatte ursprünglich die Zusage für eine Rente in Höhe von 1000 RM bekommen.[39] Für die Berechnung seiner Rentennachzahlung wurden aber nur 500 RM anerkannt. Die zwischenzeitliche Kürzung für „nicht geschützte Nichtarier" von 785 auf 650 RM fiel offenbar deshalb nicht weiter auf, weil anschließend noch eine nicht verfolgungsbedingte Kürzung auf 500 RM erfolgte. Geht man davon aus, dass diese Kürzung während des Krieges wieder rückgängig gemacht worden wäre, wenn es sich um einen nichtjüdischen Pensionär gehandelt hätte, so hätte sich ab 1952 eine DM-Rente von 314 DM (40 Prozent von 785 DM) statt 200 DM bzw. 628 DM (80 Prozent) statt 400 DM ergeben.

Ähnlich wurde mit solchen Angestellten verfahren, die aufgrund ihrer „rassischen Zugehörigkeit" im Laufe der dreißiger Jahre auf weniger verantwortungsvolle und damit auch schlechter bezahlte Posten versetzt worden waren. So war der jüdische Angestellte Max S., nachdem er von Posen in das Reichsgebiet übergesiedelt war, von der Darmstädter Bank als Depositenkassenvorsteher in Breslau angestellt worden. Diese Stellung hatte er bis zur Fusion von Danat-Bank und Dresdner Bank inne. Da aufgrund der Fusion mehrere Depositenkassen geschlossen wurden, wurde Max S. 1932 als stellvertretender Leiter an eine andere Breslauer Depositenkasse versetzt. Im März 1934 übernahm er dann deren Leitung, von der er aber im September 1935 wieder entbunden wurde.[40] Bis zu seinem Ausscheiden im März 1937 war Max S. dann wieder stellvertretender Vorsteher. Die Zurücksetzung korrespondiert in auffälliger Weise mit dem Erlass des Reichsbürgergesetzes. Zu diesem Zeitpunkt war die Bank bemüht, den Kundenkontakt ihrer „geschützten Nichtarier" auf ein Minimum zu reduzieren. Bei einem Depositenkassenvorsteher war intensiver Kundenkontakt jedoch unumgänglich. Die Zurücksetzung erfolgte demzufolge höchstwahrscheinlich aus „rassischen Gründen". Sie blieb auch nicht ohne Folgen für das Gehalt, das schrittweise von 6600 RM pro Jahr (1. 2. 1933) auf 6000 RM pro Jahr (1. 7. 1936) gesenkt wurde.[41] Da der Rentenzuschuss nach dem letzten Gehalt berechnet wurde, hatte die Entbindung von der Vorsteherschaft auch Rückwirkungen auf die Rentenhöhe,[42] was bei der Festsetzung der Nachzahlung und der Nachkriegsrente jedoch ebenfalls nicht berücksichtigt wurde.

Auch wer sich keinen Rechtsbeistand leisten wollte oder konnte, wurde von der Bank benachteiligt. Während die Klienten der Kanzlei von Robert Kempner gleich behandelt wurden und die Zusammenarbeit mit den Anwälten so gut funktionierte, dass Kempner sich bei der Bank ausdrücklich für ihre Kooperationsbereitschaft bedankte,[43] wurde anderen Betriebsrentnern beispielsweise keine Nach-

[39] Altbank an Rhein-Main Bank, 19. 9. 1952, HADrB12572-2001.

[40] Abschrift des vorläufigen Zeugnisses, 5. 11. 1936, HADrB12557-2001.

[41] Personalabteilung Frankfurt an Kanzlei Kempner, 18. 3. 1955, ebd.

[42] Die Rente von 222,50 RM entsprach exakt der Banknorm für 17 Dienstjahre bei dem letzten Gehalt von 5000 RM. Wäre die verfolgungsbedingte Gehaltskürzung nicht berücksichtigt worden, hätte eine Monatsrente nach Banknorm von 247,50 RM gezahlt bzw. bei der Nachzahlung 1952 zugrunde gelegt werden müssen.

[43] Kanzlei Kempner an Dresdner Bank Frankfurt, 16. 12. 1957, HADrB 12564-2001.

zahlung für die Zeit vor Mai 1945 zugestanden, oder die Nachkriegsrente wurde willkürlich niedriger angesetzt als die Reichsmarkrente.[44]

Die Betriebsrentner der Affiliationen

Noch wesentlich schlechter als den jüdischen Betriebsrentnern der Dresdner Bank konnte es ehemaligen Angestellten der ausländischen Tochtergesellschaften (Affiliationen) ergehen. Da der Großteil der Affiliationen erst seit 1938 gegründet oder von der Dresdner Bank übernommen worden war, konnten gegenüber diesen nach Kriegsende geschlossenen oder verstaatlichten Instituten meist kaum Versorgungsansprüche entstehen. Recht gut dokumentiert ist aber die Behandlung der Angestellten der langjährigen rumänischen Tochter, der Societatea Bancara Romana, die offenbar ebenfalls einen vergleichsweise hohen Anteil leitender Angestellter jüdischer Herkunft – deutscher und rumänischer Nationalität – besessen hatte. Die jüdischen Angestellten deutscher Nationalität waren 1938 und 1939 entlassen oder in den Ruhestand versetzt worden, während die rumänischen Staatsbürger allem Anschein nach bis zur Besetzung Bukarests durch die Rote Armee in den Diensten der Bank verbleiben konnten, selbst wenn sie Juden waren. Die deutsch-jüdischen Betriebsrentner scheinen überwiegend in Rumänien geblieben zu sein, weil die rumänische Bank ihren Verpflichtungen offenbar anstandslos nachkam. Dort scheinen sie den Krieg auch überlebt zu haben. Die rumänischen nichtjüdischen und jüdischen leitenden Angestellten gerieten nach der Besetzung Rumäniens durch die Rote Armee überwiegend in Internierungshaft, die bis 1947 oder 1948 andauern konnte. Während die meisten anschließend wieder im Bankwesen Beschäftigung fanden, wanderten einige jüdische Angestellte rumänischer Nationalität nach der Haftentlassung nach Israel aus.

Ein Teil der ehemaligen Mitarbeiter der Societatea Bancara Romana oder deren Witwen versuchten nach der Gründung der Dresdner Bank AG im Jahr 1957, Rentenzahlungen von der vermeintlichen Rechtsnachfolgerin der Muttergesellschaft ihres ehemaligen Arbeitgebers in Deutschland zu erhalten. Nachweisbar ist dies für fünf deutsch-jüdische ehemalige Angestellte, vier nach dem Krieg nach Israel und zwei nach Westeuropa ausgewanderte rumänische Juden, einen in Rumänien verbliebenen rumänischen Juden sowie mehrere nichtjüdische Deutsche und Rumänen. In allen Fällen wurde die Aufnahme von Rentenzahlungen verweigert – unabhängig davon, wo sich die betreffende Person nach dem Krieg aufgehalten hatte. Zur Begründung führte die Bank an, dass es sich „bei der Societatea Bancara Romana nicht um eine unselbständige Niederlassung der Dresdner Bank" gehandelt habe, sondern um ein im Jahr 1929 von der Dresdner Bank im Verein mit anderen Kreditinstituten gegründetes „Bankunternehmen mit eigener Rechtspersönlichkeit". Die Pensionsverträge, auf die sich alle Betroffenen als ehemalige lei-

[44] Ausgerechnet die Witwe des ehemaligen und 1930 verstorbenen Nürnberger Filialdirektors Arthur Sch., die bereits 1939 aufgrund einer Intervention der Nürnberger Filialleitung keine Abfindung bekommen hatte (vgl. Ziegler, Dresdner Bank, S. 95), hatte auch keine Nachzahlung der rückständigen Betriebsrente für die Zeit von der Auswanderung (Juni 1939) bis zur Währungsreform erhalten; Aufstellung, 29. 10. 1958, HADrB 12556-2001. In der Personalakte findet sich kein Hinweis auf die Einschaltung eines Rechtsbeistands durch die Witwe.

tende Angestellte bezogen, waren entweder von Anfang an mit der rumänischen Tochter abgeschlossen oder nach der Umwandlung der Dresdner-Bank-Filiale Bukarest auf das neue Institut übertragen worden. Allein die Tatsache, dass die Dresdner Bank an der Bancara beteiligt war, begründete ihrer Ansicht nach „keinerlei unmittelbare Ansprüche gegenüber der Dresdner Bank". Außerdem sei die Beteiligung „als Folge des Zweiten Weltkrieges für die Bank verloren gegangen".[45]

Die Klage eines betroffenen, mittlerweile in Israel lebenden ehemaligen Filialdirektors aus Brasov wurde 1960 vom Landgericht Frankfurt a. M. zurückgewiesen, wobei die Rechtsauffassung der Dresdner Bank durchweg bestätigt wurde. Auch die Intervention der United Restitution Organisation, einer jüdischen Rechtshilfeorganisation, blieb erfolglos. Erst ein Bittgesuch des Interessenvertreters der früheren rumänischen Juden in Israel, Avraham Haimovici, bewegte die Bank im September 1960 dazu, eine einmalige Spende in Höhe von 3000 DM nach Israel zu überweisen. Einmalige Zahlungen in geringer Höhe erhielten etwa zu derselben Zeit auch zwei nichtjüdische Angestellte rumänischer Nationalität, ein in Rumänien verbliebener völlig mittelloser Jude und ein nichtjüdischer Direktor im Vorstand der Bancara, der aufgrund der langjährigen Internierungshaft verarmt und schwer krank war.

Während also die meisten Angestellten weitgehend leer ausgingen, wurden die ehemaligen Führungspersönlichkeiten der Bancara deutlich besser behandelt. Trotz der eindeutigen Rechtslage zahlte die Dresdner Bank nämlich ihren beiden ehemaligen Bukarester Filialdirektoren und späteren Vorstandsmitgliedern der Bancara (bzw. deren Witwen) aufgrund eines Beschlusses des Alten Kreises eine Betriebsrente aus. Dem Nichtjuden und deutschen Staatsbürger Wilhelm von W. wurden 1949 zunächst die Kosten der Wohnsitzverlegung von Bukarest nach Garmisch-Patenkirchen in Höhe von 10500 DM erstattet. Da die Bank zu diesem Zeitpunkt noch keinerlei Versorgungsleistungen auszahlte, wurde die Betriebsrente zunächst als Leistung aus einem „Beratervertrag" des mittlerweile 70-jährigen Wilhelm von W. getarnt. Erst Ende 1951, als auch die einfachen Betriebsrentner der Dresdner Bank in den Genuss von Leistungen kamen, wurden die Versorgungsbezüge dann als das bezeichnet, was sie waren. Die Zahlungen stiegen von 7200 DM pro Jahr (1949) auf 18000 DM im Jahr 1960, als Wilhelm von W. verstarb.

Ebenfalls privilegiert, aber bei weitem nicht so gut ausgestattet wurde die Witwe des langjährigen rumänischen Vertreters der Dresdner-Bank-Interessen in Rumänien, Leo. K., eines Juden, der 1936 altersbedingt in den Ruhestand versetzt und 1939 verstorben war. Nachdem die Rentenleistungen der Bancara nach der Besetzung des Landes durch die Rote Armee eingestellt worden waren, gelang Rachel K. die Auswanderung nach Israel. Zum 1. 1. 1952 nahm die Dresdner Bank „ohne jeden Rechtsanspruch, freiwillig und jederzeit widerruflich" die Witwenrentenzahlungen in Höhe von zunächst 2400 DM pro Jahr. auf. Auch die Witwenrente stieg während der fünfziger Jahre kräftig, erreichte im Jahr 1961 mit

[45] Rechtsabteilung Frankfurt an Dr. Edgar K., Oslo (Auszug), 16. 6. 1959, HADrB 7579-2002.

6900 DM pro Jahr aber nicht annähernd den Wert von 10800 DM, den Wilhelm von Ws. Witwe im gleichen Jahr erhielt.[46]

2. Schäden im beruflichen Fortkommen

Im Gegensatz zu den Betriebsrentnern hatte es sich bei den Entlassenen überwiegend um jüngere Angestellte gehandelt, die meist nur auf eine vergleichsweise kurze Dienstzeit zurückblicken konnten und entsprechend selten in den Status eines leitenden Angestellten aufgestiegen waren. Die Abfindungen fielen entsprechend niedrig aus oder entfielen in manchen Fällen gänzlich. Während des Personalabbaus nach der Bankenkrise 1931/32 war den Tarifangestellten in der Regel ein Monatsgehalt je Dienstjahr als Abfindung gezahlt worden. Dieser Grundsatz galt zwar auch weiterhin, aber aufgrund einer gesetzlichen Vorschrift wurde ein Viertel vom errechneten Gesamtbetrag abgezogen und der Restbetrag auf „glatte" 1000 RM- bzw. 500 RM-Beträge abgerundet.[47] Lediglich die durch „freiwillige Vereinbarung" Entlassenen konnten auf eine Abfindung hoffen, die derjenigen des krisenbedingten Personalabbaus von 1931/32 entsprach.

Trotz ihrer relativ bescheidenen Höhe scheint die Abfindung der meisten „nicht geschützten Nichtarier" der Dresdner Bank ausreichend gewesen sein, um die Auswanderung zu finanzieren. Es ist deshalb davon auszugehen, dass die Mehrheit der „nicht geschützten Nichtarier" der Dresdner Bank den Holocaust, meist in den USA oder in Palästina, überlebt hat. Trotz der rund fünfzehn Jahre zurückliegenden Entlassung hatten die meisten von ihnen Ende der vierziger Jahre das Rentenalter noch nicht erreicht und konnten versuchen, ihre Wiedereinstellung durchzusetzen – und sei es auch nur, um einen Versorgungsanspruch zu erwerben, den sie sich dann auf dem Vergleichswege abgelten lassen konnten.

Dabei waren die rechtlichen Voraussetzungen wiederum sehr unterschiedlich und hingen wesentlich vom Wohnsitz innerhalb Deutschlands bzw. vom letzten Wohnsitz vor der Auswanderung ab. Denn das erste und für längere Zeit auch einzige Entschädigungsgesetz war ausschließlich für die Länder der amerikanischen Zone erlassen worden. Nach dem bereits erwähnten, in den Ländern der amerikanischen Besatzungszone geltenden Gesetz zur Wiedergutmachung nationalsozialistischen Unrechts (USEG) waren nur solche Personen entschädigungsberechtigt, die ihren Wohnsitz im Geltungsbereich des entsprechenden Landesgesetzes hatten, und zwar entweder am Stichtag 1. Januar 1947 oder bei Auswanderern vor ihrer Flucht.

Außerhalb der amerikanischen Zone gab es bis zum Erlass des ersten bundeseinheitlichen Entschädigungsgesetzes im September 1953 keine vergleichbare gesetzliche Regelung. In der britischen Zone hatte überhaupt nur Hamburg im Frühjahr 1953 ein entsprechendes Gesetz verabschiedet, das aber kaum noch praktische Bedeutung erlangte. Ansonsten kamen die Länder der britischen Zone bis 1953 nicht über Haftentschädigungsgesetze hinaus. In der französischen Zone

[46] Aufstellung, 28. 11. 1962, ebd.
[47] Vgl. Ziegler, Dresdner Bank, S. 70–79 sowie S. 72, Tab. III.1.

war zwar bereits im Juni 1948 durch die Besatzungsverwaltung die Grundlage für eine gesetzliche Regelung geschaffen worden. Die in den Jahren 1950 und 1951 verabschiedeten Ländergesetze sahen aber nur Entschädigungen für Sach- und Vermögensschäden sowie für Schäden an Leben und Gesundheit vor, jedoch nicht für Schäden aus Verdienstausfall und andere Berufsschäden. In Westberlin schließlich wurde im März 1951 ein Gesetz über die Entschädigung von Opfern des Nationalsozialismus erlassen, das in seiner Fassung vom 14. März 1952 (Ber lEG) weitgehend dem USEG entsprach, aber deutlich niedrigere Entschädigungsleistungen bei Berufsschäden vorsah.[48] In Ostberlin und auf dem Gebiet der SBZ/DDR gab es keinerlei vergleichbare Regelungen.[49]

Bereits im USEG wurde für den Verfolgungstatbestand des „Schadens im wirtschaftlichen Fortkommen" eine Entschädigung vorgesehen. Diese Regelung schloss ausdrücklich Benachteiligungen ein, die ein Verfolgter in seiner beruflichen Laufbahn im öffentlichen oder im privaten Dienst erlitten hatte. Später wurde dann zwischen „Schäden im wirtschaftlichen Fortkommen" (Versicherungs- und Versorgungsschäden) und „Schäden im beruflichen Fortkommen" (Schäden „in der Nutzung der Arbeitskraft") differenziert, die im USEG noch zusammengefasst gewesen waren. Diese Unterscheidung war nach Ansicht des Gesetzgebers nötig geworden, um Einschränkungen in der beruflichen Tätigkeit von Schäden in der Kapitalnutzung zu unterscheiden.

Das vordringliche Ziel der Entschädigungsleistung bei Schäden im beruflichen Fortkommen war die Wiederherstellung des Zustandes, wie er vor dem Schadenseintritt bestanden hatte. Für Angestellte im privaten Dienst bedeutete dies einen Anspruch auf die Wiederherstellung ihres früheren oder eines gleichwertigen Arbeitsverhältnisses, sofern sie noch arbeitsfähig waren und das 65. Lebensjahr noch nicht vollendet hatten. Dabei war sich der Gesetzgeber allerdings darüber im Klaren, dass die Wiederherstellung des alten Arbeitsverhältnisses in der Regel nicht zustande kommen würde. So war es sehr unwahrscheinlich, dass viele im Ausland lebende Verfolgte bereit sein würden, nach Deutschland zurückzukehren. Außerdem ließen sich die beruflichen Voraussetzungen kaum so wieder herstellen, wie sie vor Verfolgung und Auswanderung bestanden hatten. Auch konnte das Unternehmen, in dem der Verfolgte beschäftigt gewesen war, nicht mehr existieren oder in andere Hände übergegangen sein.

Grundsätzlich lag die Entschädigungspflicht beim ehemaligen Arbeitgeber. Wenn allerdings ein privater Arbeitgeber nicht mehr existierte oder wirtschaftlich nicht in der Lage war, seiner Verpflichtung zur Wiedereinstellung nachzukommen, ging die Wiedergutmachungspflicht auf das jeweilige Land über. Dasselbe galt, wenn der ehemalige Arbeitgeber geltend machen konnte, dass er sich der

[48] Zur historischen Entwicklung des diesbezüglichen Entschädigungsrechts vor dem Erlass des Bundesergänzungsgesetzes von 1953 vgl. ausführlich Zorn, Existenz-, Ausbildungs- und Versorgungsschäden; Goschler, Schuld, S. 84–99.

[49] Die unmittelbar vor der Gründung der DDR erlassene Anordnung zur Sicherung der rechtlichen Stellung der anerkannten Verfolgten des Naziregimes vom Oktober 1949 zielte allein auf eine verbesserte Sozialfürsorge anerkannter Verfolgtengruppen. Die Rückerstattung von Vermögenswerten und das „bürgerliche" Entschädigungsprinzip waren ausdrücklich keine Kriterien bei der Abfassung der Anordnung gewesen. Außerdem waren Juden in der Regel nicht als Verfolgte anerkannt worden. Vgl. Goschler, Schuld, S. 98f.

Entlassung seinerzeit nicht ohne Gefährdung der eigenen Person hätte widersetzen können. Damit war eine Hintertür geöffnet worden, mit deren Hilfe fast alle ehemaligen Arbeitgeber versuchen konnten, ihre Entschädigungspflicht auf die öffentliche Hand abzuwälzen.

In den Akten der Dresdner Bank sind nur wenige Fälle überliefert, in denen ehemalige Angestellte auf der Grundlage des USEG Wiedergutmachungsforderungen gegen die Dresdner Bank stellten. An der Wiederherstellung des ehemaligen Arbeitsplatzes dürfte kaum jemand ernsthaft interessiert gewesen sein. So beantragte im November 1951 die damals 50-jährige Adele E., die von 1926 bis August 1933 als Stenotypistin im Juristischen Büro der Filiale Frankfurt gearbeitet hatte, auch keine Wiedereinstellung, sondern eine Abfindung in Höhe von 75 000 DM. Eine Rechtsgrundlage, nach der die Entschädigung geleistet werden sollte, nannte die von Adele E. beauftragte Anwaltskanzlei Kempner zunächst nicht.[50]

Die Rückerstattungsgesetze waren nach einhelliger Meinung der einschlägigen Kommentatoren als Rechtsgrundlage für solche Fälle ungeeignet. Denn bei Anwartschaften auf Altersversorgung, die erworben worden wären, wenn das Arbeitsverhältnis nicht gekündigt worden wäre, konnte nicht von feststellbaren Vermögenswerten die Rede sein. Dafür war die Zeit des Eintritts eines Vermögensschadens ausschlaggebend, und zum Zeitpunkt der Entlassung aus dem Arbeitsverhältnis stellten Anwartschaften noch keinen realen Vermögenswert dar.[51] Die Bank verwies die Antragstellerin deshalb auf das USEG bzw. auf das Hessische Entschädigungsgesetz[52] und begründete dies damit, dass bei einer Dienstzeit von weniger als zehn Jahren kein Rentenanspruch erworben worden und demzufolge zum Zeitpunkt der Kündigung noch kein feststellbarer Vermögenswert geschaffen gewesen sei.[53]

Tatsächlich stellte Adele E. bei der zuständigen Entschädigungsbehörde beim Regierungspräsidenten in Wiesbaden einen Entschädigungsantrag, dem aber im Mai 1953 nur zum Teil, nämlich für die Ansprüche aus der Sozialversicherungsrente, stattgegeben wurde. Die Rechtsgrundlage für die Abgeltung dieser Ansprüche bildete aber nicht das Hessische Entschädigungsgesetz, sondern das Wirtschaftsratsgesetz über die Behandlung der Verfolgten des Nationalsozialismus in der Sozialversicherung vom 22. 8. 1949,[54] das die freiwilligen Rentenzuschüsse privater Arbeitgeber nicht umfasste. Der aus der Entlassung resultierende Schaden im wirtschaftlichen Fortkommen war jedoch nach dem Entschädigungsgesetz zu regeln, das wie erwähnt nicht das Land Hessen, sondern den letzten Arbeitgeber, in diesem Fall also die Dresdner Bank wiedergutmachungspflichtig machte. Die Bank bestritt diese Verpflichtung, indem sie geltend machte, dass sie seinerzeit „keine andere Wahl" gehabt habe, weil die Zweite Verordnung zum Berufsbeamtengesetz die Entlassung „zwingend angeordnet" hatte. Eine Zuwiderhandlung

50 Kanzlei Kempner an Rhein-Main Bank, 20. 11. 1951, HADrB 7579-2002.
51 Aktennotiz, 29. 11. 1958, HADrB 3459-2002.
52 Gesetz zur Wiedergutmachung nationalsozialistischen Unrechts vom 10. 8. 1949, Hessisches Gesetz- und Verordnungsblatt 1949, S. 101.
53 Lehmann an Kanzlei Kempner, 9. 2. 1952, HADrB 7579-2002.
54 Gesetzblatt der Verwaltung des Vereinigten Wirtschaftsgebietes 1949, S. 263.

hätte „für die verantwortlichen Herren der Dresdner Bank [...] zweifellos sehr schwerwiegende Folgen nach sich gezogen". Nach den Bestimmungen des Entschädigungsgesetzes müsse deshalb die Entschädigungspflicht auf das Land Hessen übergehen.[55]

Obwohl die Rechtslage eindeutig für die Position der Dresdner Bank sprach, hatte die Behörde offensichtlich Anweisung, bei der Übernahme der Entschädigungspflicht äußerst restriktiv vorzugehen. Denn fast jeder ehemalige Arbeitgeber zog sich auf den „Befehlsnotstand" zurück, auch wenn die Entlassung seinerzeit nicht wie in diesem Fall auf einer zwingenden gesetzlichen Vorschrift beruhte. Im Ergebnis konnten sich Bank und Behörde wochenlang nicht über die Entschädigungspflicht einigen. Deshalb erhob Kempner im August 1953 Einspruch gegen den Bescheid des Entschädigungsamtes, weil die Frage einer Entschädigung grundsätzlich nicht strittig sei, das Verhalten der beiden möglichen Entschädigungspflichtigen aber die Zahlung verhindere. Dadurch werde die Entschädigungsberechtigte erneut zum Opfer.[56] Zu einer Entscheidung über diesen Einspruch scheint es im Sommer 1953 nicht mehr gekommen zu sein, denn mit dem ersten bundeseinheitlichen Entschädigungsgesetz entstand kurze Zeit später eine neue Rechtslage.

Das Bundesergänzungsgesetz zur Entschädigung der Opfer der nationalsozialistischen Verfolgung (BErgG)[57] sah zwar auch die Wiederherstellung des früheren Arbeitsplatzes als vorrangiges Ziel der Entschädigung an und machte dafür den früheren Arbeitgeber wiedergutmachungspflichtig. Da eine Wiedereinstellung aber aus den genannten Gründen unwahrscheinlich war, wurde den im beruflichen Fortkommen Geschädigten gleichzeitig ein Kapitalentschädigungsanspruch zuerkannt, der sich nunmehr immer gegen den Staat und nicht mehr gegen den früheren Arbeitgeber richtete. Anstelle der Kapitalentschädigung konnte sich der Entschädigungsberechtigte allerdings auch für eine Rente entscheiden, die ihm nach der Vollendung des 65. Lebensjahres (bei Männern) bzw. des 60. Lebensjahres (bei Frauen) oder bei Eintritt der Erwerbsunfähigkeit zustand.[58] Der Fall von Adele E. war damit für die Dresdner Bank erledigt. Adele E. wird angesichts ihres Alters wahrscheinlich nur eine Kapitalentschädigung zugestanden haben, die aber deutlich niedriger ausgefallen sein dürfte als der ursprünglich von ihr geforderte Betrag. Denn die Entschädigung wurde nach den Grundsätzen der Beamtenbesoldung errechnet und betrug für den einfachen Dienst je nach Dienstalter zwischen 2160 RM und 3108 RM pro Jahr des Entschädigungszeitraums.[59] Von einer nennenswerten Entschädigungsleistung kann demzufolge erst für die Jahre seit der Währungsreform ausgegangen werden, als der entsprechende DM-Betrag zu-

[55] Bescheid des Regierungspräsidenten als Fachbehörde nach dem Entschädigungsgesetz, 5. 5. 1953; Schreiben des Regierungspräsidenten Wiesbaden, 7. 7. 1953; Lehmann an den Regierungspräsidenten, 14. 7. 1953, alles in: HADrB 7579-2002.

[56] Einspruch gegen den Wiedergutmachungsbescheid, 19. 8. 1953; Kanzlei Kempner an Dresdner Bank, 19. 8. 1953, beides ebd.

[57] Bundesergänzungsgesetz zur Entschädigung der Opfer der nationalsozialistischen Verfolgung vom 18. 9. 1953, BGBl. 1953/I, S. 1387.

[58] Zu den Entschädigungsregelungen im BErgG vgl. ausführlich Zorn, Existenz-, Ausbildungs- und Versorgungsschäden, S. 127–139.

[59] Ebd., S. 131.

grunde gelegt wurde. Für die Reichmarkzeit verringerte der Umstellungsverlust den Nominalbetrag erheblich.

In einem anderen Fall unterbreitete die Dresdner Bank 1953 dem ehemaligen Abteilungsdirektor der Filiale Bremen Alfons E. immerhin ein Vergleichsangebot. Alfons E. war 1936 42-jährig nach gut 17 Dienstjahren als „geschützter Nichtarier" mit einer Abfindung in Höhe von 15000 RM entlassen worden. Bereits 1948 hatte er erstmals einen Entschädigungsantrag gestellt und dabei auf das demnächst zu erwartende Entschädigungsgesetz für die amerikanische Zone verwiesen.[60] Offenbar fiel es der Bank schwer, die zwingende Notwendigkeit der Entlassung bei einem Angestellten nachzuweisen, der als „geschützter Nichtarier" nicht unter das Berufsbeamtengesetz gefallen war. Nach dem USEG lag die Entschädigungspflicht eindeutig bei der Dresdner Bank als letztem Arbeitgeber. Das Vergleichsangebot der Bank aus dem Jahr 1953 sah eine einmalige Zahlung von 9344 DM vor, wenn Alfons E. im Gegenzug erklärte, dass etwaige Pensionsansprüche durch diese Zahlung abgegolten seien. Zu einer solchen Erklärung war Alfons E. aber nicht bereit.[61] Zu einem weiteren Vergleichsangebot der Bank kam es dann bis zum Erlass des BErgG nicht mehr. Danach dürfte auch für Alfons E. eine Entschädigungszahlung durch die öffentliche Hand geleistet worden sein.

Die Entschädigung für Schäden im beruflichen Fortkommen stellte keinen vollständigen Schadensersatz im Sinne des Bürgerlichen Gesetzbuchs dar und fiel wesentlich niedriger aus, als die ehemaligen Verfolgten erwartet hatten. Deshalb gaben sich nicht alle ehemaligen Dresdner-Bank-Angestellten, die das Rentenalter noch nicht erreicht hatten und demzufolge keinen Entschädigungsanspruch über eine Rente besaßen, mit der Kapitalentschädigung zufrieden. Denn sowohl das BErgG als auch das Bundesentschädigungsgesetz von 1956 sahen für NS-Verfolgte in privaten Dienstverhältnissen neben der Entschädigung „für den Schaden, der durch Entlassung [...] entstanden" war (§ 34 BErgG bzw. § 87 BEG) weiterhin die Einräumung des früheren Arbeitsplatzes durch den Arbeitgeber vor (§ 34 BErgG bzw. § 89 BEG).

Auf den ersten Blick erscheint es wenig verständlich, dass ehemalige Angestellte der Dresdner Bank Mitte der fünfziger Jahre ihre Wiedereinstellung verlangten, zumal wenn sie im Ausland lebten und kurz vor der Altersgrenze standen. Tatsächlich ging es vermutlich in keinem Fall tatsächlich um die Wiederaufnahme der aktiven Tätigkeit, sondern vielmehr um den sich aus der aktiven Beschäftigung ergebenden Versorgungsanspruch. Denn sobald der entschädigungspflichtige Arbeitgeber den Verfolgten wieder einstellte, hatte er bei dessen Eintritt in den Altersruhestand auch alle Versorgungsleistungen zu übernehmen. Wegen etwaiger Rückgriffsansprüche gegen die öffentliche Hand musste er sich an die Entschädigungsämter wenden und den Anspruch womöglich sogar vor Gericht einklagen. Völlig offen war dabei auch, welcher Berechnungsmodus für die Rentenzahlungen zugrunde zu legen war. Die Rechtsabteilung der Altbank war 1958 zwar zuversichtlich, dass nur die Dienstzeit bis zur Entlassung und die nach der Wiedereinstellung geleistete Dienstzeit angerechnet werden konnten, aber sicher

60 Alfons E. an das Bayerische Amt für Wiedergutmachung, 10. 5. 1949 (mit Bezug auf ein erstes Schreiben vom 30. 8. 1948), HADrB E.3067.

61 Aktennotiz, 10. 4. 1956, HADrB 7579-2002.

war das keineswegs. Denkbar war auch eine Berücksichtigung der während der Verfolgungszeit tatsächlich nicht erdienten Anwartschaft, wodurch sich der Rentenanspruch wesentlich erhöht hätte.[62]

Tatsächlich ging der Sohn eines ehemaligen Vorstandsmitglieds sogar noch einen Schritt weiter. Er war 1930 als junger Mann zur Dresdner Bank gekommen und hätte demzufolge auch bei einer Wiedereinstellung kaum einen Rentenanspruch erworben, wenn nur die Beschäftigungszeit von dreieinhalb Jahren vor der Entlassung berücksichtigt worden wäre. Wegen der „untergeordneten Stellung", die er bis zu seiner Entlassung innegehabt hatte, entsprach aber selbst der Rentenanspruch nicht seinen Vorstellungen, wenn die nicht erdiente Anwartschaft während der Verfolgungszeit nur in der 1933 erreichten Gehaltsgruppe angerechnet würde. Deshalb verlangte sein Anwalt „nicht die Einräumung des alten Arbeitsplatzes, sondern einen neuen, bei welchem er so behandelt wird, wie wenn er in der Bank geblieben und entsprechend seiner Vorbildung und seinen Fähigkeiten – aber auch der zu erwartenden Protektion – aufgestiegen wäre".[63] Der sich daraus ergebende Rentenanspruch wurde zwar nicht beziffert, dürfte aber dem eines leitenden Angestellten mit über 30 Dienstjahren entsprochen haben. Im Februar 1959 bestätigte der hessische Wirtschaftsminister jedoch die Rechtsauffassung der Dresdner Bank, wonach der „Vermögensschaden, der in dem Unterschied zwischen den Versorgungsansprüchen besteht, die der Verfolgte haben würde, wenn er nicht verfolgungsbedingt entlassen worden wäre, und den Ansprüchen, die er aufgrund seiner Wiedereinstellung erlangt hat", nicht gegen den Arbeitgeber, sondern nur gegen das zuständige Land geltend gemacht werden könne.[64] Ob die Argumentation des ehemaligen Angestellten dort erfolgreich war, ist aus den Unterlagen der Dresdner Bank nicht ersichtlich.

Was dieser Fall besonders deutlich zeigt ist, dass es für beide Seiten – für die ehemaligen Angestellten ebenso wie für die Bank – bei einer unsicheren Rechtslage um wesentlich mehr als um die Einräumung eines Arbeitsplatzes für äußerstenfalls einige wenige Jahre bis zum Erreichen des Rentenalters gehen konnte. Die Dresdner Bank bzw. ihre Nachfolgeinstitute waren entsprechend nicht bereit, den Anspruch ihrer ehemaligen Angestellten auf Wiedereinräumung des Arbeitsplatzes anzuerkennen. Wer seinen Anspruch durchsetzen wollte, war gezwungen, beim Arbeitsgericht auf Wiedereinstellung zu klagen.

In einem der ersten Prozesse, den der in Stuttgart wohnende ehemalige Prokurist der Filiale Liegnitz Harry F.[65] vermutlich unmittelbar nach dem Erlass des BErgG gegen die Rhein-Main Bank anstrengte, begründete die Bank ihre ablehnende Haltung mit dem Ausgründungsvertrag von 1952, mit dem die drei Nach-

[62] Aktennotiz, 29. 11. 1958, HADrB 3459-2002; Aktennotiz, 29. 11. 1958, HADrB 20432-2001. Vgl. hierzu auch die einschlägigen Gesetzeskommentare der Zeit: Hendrik George van Dam/Heinz Loos, Bundesentschädigungsgesetz. Bundesgesetz zur Entschädigung für Opfer der nationalsozialistischen Verfolgung vom 29. Juni 1956, Frankfurt a. M. 1957 (van Dam-Loos) sowie Georg Blessin u. a., Bundesentschädigungsgesetze, 2. Aufl. München 1957 (Blessin-Wilden).

[63] Aktennotiz, 11. 12. 1958, HADrB 20432-2001.

[64] Hessisches Wirtschaftsministerium an Dresdner Bank, 25. 2. 1959, ebd.

[65] Harry F. war erst 1915 eingestellt worden und musste deshalb nach dem Berufbeamtengesetz als „nicht geschützter Nichtarier" zum 30. 6. 1934 gekündigt werden. Er war konfessionell christlich und scheint den Krieg als „Vierteljude" in Deutschland überlebt zu haben.

folgebanken auf dem Gebiet der Bundesrepublik Deutschland neu geschaffen worden waren. Gleichzeitig war die Dresdner Bank nicht aufgelöst worden, sondern existierte weiterhin, ohne allerdings neben der Abwicklung alter Forderungen und Verbindlichkeiten Bankgeschäfte treiben zu dürfen. Daraus schlossen die Juristen der Rhein-Main Bank, dass der Altbank die Einstellung neuer Mitarbeiter nicht zumutbar und die Rhein-Main Bank nicht als Rechtsnachfolgerin anzusehen sei, „jedenfalls nicht in Ansehung der Rechtsbeziehungen des Klägers zur Dresdner Bank“, weil die jeweilige Nachfolgebank nur einen Teil des westlichen Vermögens der Dresdner Bank übernommen habe. Deshalb könne sie auch nicht für sämtliche Verbindlichkeiten in Anspruch genommen werden, sondern nur für solche Verbindlichkeiten, welche im Geschäftsbetrieb einer westlichen Filiale begründet worden seien. Insofern spiele der Wohnort des Klägers keine Rolle, denn die Forderung gegen die Bank sei im Geschäftsbetrieb der Filiale Liegnitz, also außerhalb der Bundesrepublik Deutschland, begründet worden.[66]

Im Umkehrschluss bedeutete diese Argumentation, dass ehemalige Angestellte der Dresdner Bank, die bei einer Filiale im Gebiet der späteren Bundesrepublik beschäftigt gewesen waren, tatsächlich wieder eingestellt werden mussten. Leider sind keine Akten solcher Fälle überliefert. Gerade das kann aber als Beleg dafür gewertet werden, dass die Bank so verfuhr, denn bei den überlieferten Akten handelt es sich ausnahmslos um Prozessakten. Wenn es aber für eine bestimmte Verfolgtengruppe keine Prozessakten gibt, gab es möglicherweise auch keine Prozesse, weil alle ehemaligen Angestellten westdeutscher Filialen nicht klagen mussten. Ein Nebensatz aus einem Schriftsatz eines anderen Verfahrens scheint die Praxis der Wiedereinstellung tatsächlich zu belegen. Hier rechtfertigte der Bankjurist Karl Heinz Lehmann die Wiedereinstellung eines ehemaligen Angestellten der Dresdner Bank durch die Hamburger Kreditbank damit, dass „Herr S. aus seiner Tätigkeit aus dem Geschäftsbetriebe der Niederlassung Hannover entlassen, die Wiedereinstellungspflicht also in einer von der Hamburger Kreditbank übernommenen Niederlassung begründet wurde“.[67]

Aber selbst wenn alle ehemaligen Angestellten der westdeutschen Filialen anstandslos wieder eingestellt worden sein sollten, betraf das weit weniger als die Hälfte aller Verfolgten. Denn erstens war der Anteil der jüdischen Angestellten in Berlin weitaus höher gewesen als in den Filialen[68] und zweitens hatte es 1933 in Westdeutschland mit Frankfurt und Nürnberg lediglich zwei Filialen mit einer größeren Zahl jüdischer Beschäftigter gegeben. Nach der Ausgründung der drei Nachfolgeinstitute waren der Altbank sowohl das Berliner Vermögen als auch die Anwartschaften auf das Ostvermögen (und damit auch die Verbindlichkeiten für Breslau, Dresden und Leipzig mit ihrem hohen Anteil „nichtarischer“ Beschäftigter) verblieben. Daran änderte auch die Fusion der drei Nachfolgeinstitute zur Dresdner Bank AG nichts.

[66] Lehmann an das Arbeitsgericht Frankfurt a.M., 1. 7. 1955, HADrB 20440-2001.
[67] Schriftsatz, 30. 9. 1958, HADrB 20443-2001.
[68] Von den insgesamt etwa 540 Angestellten jüdischer Herkunft, die zum Zeitpunkt der „Machtergreifung“ bei der Dresdner Bank beschäftigt waren, war etwa die Hälfte in Berlin tätig. Vgl. Ziegler, Dresdner Bank, S. 455.

Der Argumentation der Bankjuristen, wonach der Altbank eine Wiedereinstellung nicht zuzumuten sei und die Passivlegitimation der Nachfolgebanken für sämtliche Verbindlichkeiten der Hauptbank und der Filialen außerhalb des Gebiets der Bundesrepublik bestritten wurde, schlossen sich die Gerichte – und zwar sowohl die Arbeitsgerichte als auch die Entschädigungskammern der Landgerichte – in den fünfziger Jahren zunächst nicht an. Im Fall des ursprünglich in Liegnitz beschäftigten Harry F. entschied das zuständige Arbeitsgericht in Frankfurt a. M. im Oktober 1955 auf Wiedereinstellung durch die Rhein-Main Bank. Es argumentierte, dass die Nachfolgebanken auch für Verbindlichkeiten haften müssten, die nicht Gegenstand des Ausgründungsvertrages seien. Der Wiedereinstellungsanspruch sei zwar aufgrund des BErgG erst nach der Ausgründung bundesweit festgelegt worden. Für die Rhein-Main Bank habe er aber bereits vor der Ausgründung durch das in Hessen gültige USEG bestanden. Indem das Großbankengesetz jedoch den Wiedereinstellungsanspruch nicht als eine durch das Gesetz zu regelnde Verbindlichkeit benenne, habe diese durch die regional zuständige Nachfolgebank anerkannt zu werden.[69]

Die Rhein-Main Bank legte umgehend Berufung ein, doch das hessische Landesarbeitsgericht bestätigte im Dezember 1956 die Entscheidung der Vorinstanz. Um ein Bekanntwerden der Gerichtsentscheidung zu verhindern, bot die Bank Harry F. daraufhin einen Vergleich an. Dieser Plan scheiterte jedoch, da sowohl die Bankenaufsicht darauf bestand, die Frage durch eine höchstrichterliche Entscheidung klären zu lassen, als auch Harry F. mit dem Vergleichsangebot nicht zufrieden war. Anfang 1957 erlosch das Interesse der Rhein-Main Bank an einem Vergleich dann endgültig, weil die Frankfurter Rundschau ausführlich über den Prozess und seine Konsequenzen berichtete.[70]

Die von der Bank befürchtete Wirkung dieser Veröffentlichung scheint in Grenzen tatsächlich eingetreten zu sein. Ende 1958 waren mehrere weitere Klagen anhängig, bei denen aber noch in keinem Fall rechtskräftig entschieden war. Die Zahl der Betroffenen dürfte aber trotzdem bei einem, höchstens zwei Dutzend ehemaliger Angestellter der Dresdner Bank gelegen haben;[71] angesichts der Tatsache, dass zu diesem Zeitpunkt, also mehr als 25 Jahre nach dem Erlass des Berufsbeamtengesetzes, nur noch sehr wenige ehemalige jüdische Angestellte die Altersvoraussetzung einer Wiedereinstellung erfüllt haben dürften, war dies eine beachtliche Anzahl. Anders als im Fall von Harry F. kam es unter dem Eindruck der erneuten Niederlage in diesem Verfahren in zwei anderen Fällen zu konkreten Vergleichsverhandlungen. Dabei handelte es sich um zwei Angestellte der Berliner Zentrale: den in Bolivien lebenden ehemaligen stellvertretenden Direktor Dr.

[69] Entscheid des Arbeitsgerichts Frankfurt a. M., 21. 10. 1955, HADrB 20440-2001.

[70] Schreiben der Rechtsabteilung Frankfurt, 26. 2. 1957; „Die Klage eines Verfolgten", in: Frankfurter Rundschau, 21. 1. 1957 (Abschrift), beides ebd.

[71] Im Januar 1959 berichtete die Rechtsabteilung der Dresdner Bank (Altbank) der Dresdner Bank AG, dass derzeit zwei noch nicht rechtskräftige Urteile vorlägen, vier Verfahren liefen und drei weitere Klagen in Kürze zu erwarten seien. Außerdem sei „damit zu rechnen", so die Juristen, „dass noch weitere Prätendenten im Hintergrund warten, die an uns herantreten werden, falls einer der Fälle gütlich oder durch rechtskräftige Entscheidung zu Ungunsten der Bank geregelt werden sollte"; Rechtsabteilung Berlin an Wildgrube, 13. 1. 1959, HADrB 20432-2001.

Louis B. mit 15 Dienstjahren und die in New York lebende ehemalige Sekretärin Suse D. mit zwölf Dienstjahren.

Bei Louis B. hatte es die Bank nach der erstinstanzlichen Niederlage recht eilig, zu einer vergleichsweisen Regelung zu gelangen. Ihre Rechtsposition war in diesem Fall noch dadurch erschwert, dass Louis B. als „geschützter Nichtarier“ nicht nach dem Berufsbeamtengesetz, sondern „im Wege gütlichen Übereinkommens“ entlassen worden war.[72] Andererseits hatte sich der Beauftragte für Altbankenfragen beim Bundesfinanzminister Schoele strikt dagegen ausgesprochen, das Urteil rechtskräftig werden zu lassen. Sein Ziel war es vielmehr zu verhindern, dass die Altbank und die neue Dresdner Bank AG als Gesamtschuldner für entschädigungspflichtig erklärt würden. Denn das hätte eine neue Diskussion zwischen seiner Behörde und der Dresdner Bank nach sich gezogen, ob der Altbank ein entsprechender Passivposten in der Umstellungsrechnung zu genehmigen sei, was eine Erhöhung der zu gewährenden Ausgleichsforderungen nach sich gezogen hätte. Wäre die neue Dresdner Bank AG allein als entschädigungspflichtig verurteilt worden, hätte sich dieses Problem erledigt. Immerhin ließ Schoele wegen der schwachen Rechtsposition der Banken aber offen, ob sie in Berufung gehen oder eine vergleichsweise Regelung anstreben sollten. Im Falle eines Vergleichs war Schoele bereit, die notwendige Pensionsrückstellung in die Umstellungsrechnung zu übernehmen, wenn die Dresdner Bank AG ihrerseits bereit war, die Kosten des Vergleichs zu tragen, soweit sie über diese Rückstellung hinausgingen.[73]

Tatsächlich kam es nur etwa ein Jahr nach dem erstinstanzlichen Urteil zum Abschluss eines Vergleichs. Danach verzichtete der mittlerweile 62-jährige Louis B. auf die Wiedereinstellung und erhielt im Gegenzug eine Abfindung von 100000 DM (abzüglich der umgestellten Entschädigungszahlung von 1935 in Höhe von 3770 DM) sowie eine monatliche Rente in Höhe von 1000 DM, auf welche allerdings die Versicherungsrenten anzurechnen waren. Gemessen an dem Umgang mit den anderen entlassenen Berliner, mittel- und ostdeutschen ehemaligen Angestellten der Dresdner Bank war dieser Vergleich für Louis B. ein recht gutes Ergebnis. Allerdings musste er zugestehen, dass im Falle seines Ablebens seine Witwe, im Gegensatz zu den Regelungen der Bank für ihre aktiven Angestellten, nicht in den Genuss einer Witwenrente kommen würde.[74]

Wesentlich schwieriger gestaltete sich das Verfahren von Suse D., obwohl sie bereits vor dem Erlass des BErgG einen Entschädigungsanspruch geltend gemacht hatte.[75] Wahrscheinlich erhielt sie zunächst eine Kapitalentschädigung nach BErgG, entschied sich aber nach der Rezentralisierung der Nachfolgeinstitute zur Dresdner Bank AG, diese auf Wiedereinstellung zu verklagen. Vertreten wurde sie dabei von dem Berliner Steuerberater Kurt B., einem Großkunden der BHI. Das Entschädigungsamt Berlin sprach ihr im Juni 1959 auch den Anspruch auf die Wiedereinstellung durch die Dresdner Bank bzw. deren Rechtsnachfolger zu.

[72] Der Begriff ist in der Quelle ebenfalls mit Anführungszeichen versehen; Entscheid der 192. Entschädigungskammer des Landgerichts Berlin, 14. 3. 1959, HADrB 20443-2001. Wahrscheinlich handelt es sich um eine Formulierung aus dem Abgangszeugnis.

[73] Rechtsabteilung Frankfurt an den Vorstand der Dresdner Bank AG, 30. 4. 1959, ebd.

[74] Vergleich, 30. 3. 1960, HADrB 20442-2001.

[75] Kanzlei Kempner an Rechtsabteilung Frankfurt, 4. 11. 1952, HADrB 7579-2002.

Dieser Entscheid wurde aber nicht rechtskräftig, weil die Bank umgehend Rechtsmittel dagegen einlegte. Beide Seiten einigten sich dann darauf, den Ausgang des ähnlich gelagerten Verfahrens von Louis B. abzuwarten.

Nach der Unterzeichnung des Vergleichs mit Louis B. im März 1960 traten dann die Rechtsabteilungen der Altbank und der Dresdner Bank AG in einen ausführlichen Diskussionsprozess darüber ein, ob im Falle von Suse D. ebenfalls ein Vergleich anzustreben sei. Während sich die Juristen in Berlin und Düsseldorf für einen Vergleich aussprachen, wollte es die Frankfurter Rechtsabteilung darauf ankommen lassen, ob die mittlerweile 59-jährige Suse D. ihren Arbeitsplatz in Deutschland tatsächlich antrat. Das Risiko, dass sie dies tat und damit die Bank nach Erreichen des 65. Lebensjahres pensionspflichtig würde, wurde als sehr gering eingeschätzt. Denn „da Frau D. an einer tatsächlichen Wiedereinstellung nicht gelegen ist, wird sie aller Voraussicht nach ein solches Ansinnen ablehnen, womit sich dann die Wiedereinstellungsfrage, aber auch die Frage einer Altersversorgung erledigt".[76]

Die interne Diskussion und die notwendige Abstimmung mit den Bundesbeauftragten für Altbankenfragen zogen sich dann noch etwa ein Jahr hin. Wesentlich mitverantwortlich für diese erneute Verzögerung scheint allerdings auch der Ausgang des Verfahrens von Harry F. vor dem Bundesarbeitsgericht gewesen zu sein. Im Dezember 1960 hatte nämlich diese letzte Instanz die Klage des mittlerweile verstorbenen ehemaligen Dresdner-Bank-Angestellten aus Liegnitz abgewiesen und die Urteile der Frankfurter Arbeitsgerichte aufgehoben.[77]

Trotz dieser veränderten Lage verständigten sich die Altbank, die Rechtsabteilungen der Dresdner Bank AG aus Düsseldorf und Hamburg sowie der Bundesbeauftragte für Altbankenfragen im März 1961 auf einen Vergleichsvorschlag. Die Frankfurter Juristen warben zwar auch jetzt noch einmal ausdrücklich für ihr Modell, verschlossen sich dann aber angesichts ihrer Minderheitsposition einer einvernehmlichen Lösung nicht mehr.[78] Im April 1961 wurden dann die Verhandlungen aufgenommen. Den Vorschlag der Dresdner Bank, der auf eine monatliche Rente von etwa 50 DM hinauslief, lehnte der Bevollmächtigte von Suse D. jedoch rundweg ab. Die Juristen der Bank zogen daraufhin ihren „Frankfurter Joker" und drohten damit, Frau D. wieder einzustellen, wodurch sie „vor die Wahl gestellt" werde, entweder ihren Wohnsitz von New York nach Berlin zu verlegen und den angebotenen Arbeitsplatz anzunehmen oder ganz leer auszugehen. Die Reaktion der Gegenseite auf diese Erpressung bezeichneten sie dann in einem internen Schreiben selber als „sehr aufgebracht".

Die Reaktion von Kurt B. zeigte aber offenbar Wirkung. Ein Zerwürfnis mit diesem wichtigen Kunden konnte man sich nicht leisten. Die BHI hatte vorsorglich daraufhin gewiesen, dass Kurt B. als Steuerberater bei ihr mehr als 100 Konten für sich oder seine Mandanten führte, als deren Kontobevollmächtigter er fungierte. Diese Konten wiesen ein Guthaben von insgesamt etwa 180000 DM auf,

76 Rechtsabteilung Frankfurt an Rechtsabteilung Düsseldorf, 27. 4. 1960, HADrB 1061-2002.

77 Entscheid des Bundesarbeitsgerichts, 29. 9. 1960, HADrB 20440-2001.

78 Dresdner Bank (Altbank) an die Rechtsabteilungen Hamburg, Frankfurt und Düsseldorf, 25. 3. 1961; Rechtsabteilung Frankfurt an Rechtsabteilungen Hamburg, Düsseldorf und Berlin, 29. 3. 1961, beides in: HADrB 1061-2002.

die Umsätze lagen während der ersten vier Monate des Jahres bei über 1 Mio. DM.[79]

Diese überraschende Stärkung der Verhandlungsposition der Gegenseite veranlasste die Dresdner Bank AG offenbar, dem Bundesbeauftragten eine neue Verhandlungsposition zu unterbreiten, die nun auf einer nachvollziehbaren sachlichen Grundlage stand, auch wenn die Gesamtsumme im Vergleich zu der Vereinbarung mit Louis B. immer noch sehr bescheiden ausfiel. Nach dieser Rechnung stand Suse D. bei zwölf Dienstjahren nach der alten Banknorm sowie unter Anrechnung der 1934 gezahlten und umgestellten Abfindung eine monatliche Rente von 275 DM zu. Abzüglich der Versicherungsrente verblieben noch 90 DM monatlich, die durch die Dresdner Bank zu zahlen waren. Wenn Suse D. es vorziehen sollte, ihren Rentenanspruch zu kapitalisieren, sei die Bank bereit, ersatzweise eine einmalige Entschädigung für den Verzicht auf die Wiedereinstellung in Höhe von 11 500 DM zu leisten.[80]

Dieser neue Vorschlag fand aber nicht die Zustimmung des Bundesbeauftragten für Altbankenfragen, den die 100 Konten bei der BHI nicht interessiert haben dürften. Bis zum Frühjahr 1962 scheint es deshalb keine Bewegung in der Sache gegeben zu haben. Vielmehr brachte die Frankfurter Rechtsabteilung noch einmal ihren Vorschlag in Erinnerung, wonach Suse D. ein Arbeitsplatz in Berlin angeboten werden solle. Schließlich scheint sich intern aber die Altbank durchgesetzt zu haben, der die Interessen der BHI wegen der engen personellen Überschneidungen besonders am Herzen gelegen haben dürften. Sie mahnte im Vorfeld der entscheidenden Juristenbesprechung der vier Rechtsabteilungen, dass „bei allen Maßnahmen leider auch die umfangreichen Geschäftsbeziehungen des Herrn B. zur Bank berücksichtigt werden“ müssten.[81] Tatsächlich einigten sich die Juristen dann im März 1962 auf das ein Jahr alte Modell einer Zusatzrente in Höhe von 90 DM monatlich oder einer einmaligen Abfindung von 11 500 DM.[82] Auf dieser Grundlage wurde dann im Juli 1962 der Vergleich auch geschlossen. Dabei ist bemerkenswert, dass sich der Bundesbeauftragte noch nicht endgültig festgelegt hatte, welchen Anteil der Gesamtkosten die neue Dresdner Bank AG zu übernehmen hatte.[83] Wahrscheinlich erschien das Risiko, bei einer weiteren Verschleppung der Angelegenheit den Bevollmächtigten von Suse D. zu sehr zu verärgern, so groß, dass die vergleichsweise bescheidene Rentenzahlung dagegen kaum ins Gewicht fiel. Eine präjudizierende Wirkung konnte dieser Vergleich jetzt jedenfalls nicht mehr haben. Denn die anderen ehemaligen Angestellten scheinen nach dem Entscheid des Bundesarbeitsgerichts im Fall von Harry F. ihre Ansprüche auf Wiedereinstellung nicht mehr weiter verfolgt zu haben. Selbstbewusst stellten die Juristen der Dresdner Bank AG denn auch Anfang 1962 fest, dass der Vergleich

[79] Aktennotiz (Hans), 3. 5. 1961, ebd.
[80] Dresdner Bank Berlin an den Bundesbeauftragten für Altbankenfragen, 18. 7. 1961, ebd.
[81] Dresdner Bank (Altbank) an Rechtsabteilungen Hamburg, Frankfurt und Düsseldorf, 16. 3. 1962, ebd.
[82] Protokoll der Juristenbesprechung vom 23. 3. 1962, HADrB 7579-2002.
[83] Vergleich, 13. 7. 1962; Schreiben der Dresdner Bank (Altbank) an Rechtsabteilungen Hamburg, Frankfurt und Düsseldorf, 1. 8. 1962, HADrB 1061-2002.

mit Louis B., „wenn er heute abgeschlossen werden würde, sicher ganz anders aussähe".[84]

Der Fall von Suse D. ist in vielerlei Hinsicht bemerkenswert. Denn die durch den Vergleich zugestandene Rentenzahlung konnte nicht vollständig in die Umstellungsrechnung eingestellt werden und war demnach zumindest zum Teil von der neuen Dresdner Bank AG zu tragen. In allen anderen Fällen wurde die Politik der Bank gegenüber ihren ehemaligen Angestellten und Betriebsrentnern jüdischer Herkunft in erster Linie durch die Gegenfinanzierung ihrer Leistungen mittels Ausgleichsforderungen gegen die öffentliche Hand bestimmt. Dass das im Fall von Suse D. anders war, ist allein durch den Schaden zu erklären, den ein Abbruch der Geschäftsbeziehungen ihres Bevollmächtigten mit der BHI gebracht hätte, d.h. hier wurden kühl Kosten gegen Kosten aufgerechnet. Wenn Carl Goetz Anfang der fünfziger Jahre seine Mitarbeiter zu einer restriktiven Genehmigungspraxis anhielt, weil er es nicht verantworten könne, „über die gesetzlich vorgeschriebenen Maßnahmen hinaus Zahlungen" zu leisten, hatte das wenig mit Gesetzestreue zu tun. Für ihn war entscheidend, dass die Bank nur bei Leistungen, zu denen sie aufgrund „gesetzlich vorgeschriebener Maßnahmen" verpflichtet war, Ausgleichsforderungen der öffentlichen Hand erhalten konnte („den Staat, also die Allgemeinheit wieder in Anspruch nehmen"). Wiedergutmachungsleistungen waren für Goetz demnach nur kostenneutral für die Nachfolgeinstitute der Dresdner Bank vorstellbar.

Es ist deshalb nicht übertrieben, zusammenfassend festzustellen, dass die Bankleitung keinerlei Unrechtsbewusstsein gegenüber den auch mit ihrer Beteiligung wirtschaftlich Verfolgten des Dritten Reiches hatte. Das ist allerdings kein überraschendes Ergebnis, denn die Bank unterschied sich darin kaum von der gesamten bundesdeutschen Gesellschaft der fünfziger Jahre. Aber die Kontinuität im Umgang mit den ehemaligen jüdischen Angestellten ist schon erstaunlich. Diese Kontinuität erklärt sich zwar auch durch die rechtlichen Rahmenbedingungen. Die Vorgaben des Gesetzgebers waren in den dreißiger wie in den fünfziger Jahren in vielerlei Hinsicht eindeutig und die Bank handelte entsprechend, indem sie entweder jüdische Angestellte entließ bzw. in den Ruhestand versetzte oder indem sie Renten nachzahlte. Aber sowohl die Verfolgung der Juden im Dritten Reich als auch die Wiedergutmachung in der Bundesrepublik waren bis dahin ohne Vorbild gewesen, so dass sich immer wieder Lücken auftaten, die durch den Gesetzgeber nicht eindeutig geregelt worden waren. Diesen Entscheidungsspielraum nutzte die Dresdner Bank im Wesentlichen nur dann zugunsten der Verfolgungsopfer, wenn das auch zu ihrem Vorteil war. So erklärt sich zum einen, dass die Bank 1933 und 1934 versuchte, einzelne schwer zu ersetzende jüdische Angestellte in der Bank zu halten; und zum anderen, dass sie in den fünfziger Jahren Entschädigungsberechtigte gegenüber den Entschädigungsämtern unterstützte, weil sie mit den Rentenzahlungen in Vorleistung getreten war.

Wenn das Eigeninteresse der Bank den Interessen der Verfolgungsopfer jedoch entgegenstand, entschied sie sich sowohl in den dreißiger als auch in den fünfziger Jahren fast immer für die eigenen Interessen. Dabei konnte sie in beiden Fällen

[84] Protokoll der Juristenbesprechung vom 23. 3. 1962, HADrB 7579-2002.

ihre Bindung an die Entscheidungen übergeordneter Instanzen anführen. Während in den dreißiger Jahren das Reichswirtschaftsministerium als Vertreter des Mehrheitsaktionärs die strikte Anwendung des Berufsbeamtengesetzes überwachte und durch die Bereitstellung eines „Abbaufonds" Einfluss auf die Höhe der Abfindungen ausüben konnte, waren es in den fünfziger Jahren die Bankenaufsichtsbehörden der Länder und der Bundesbeauftragte für Altbankenfragen, die die Nachzahlungen genehmigen mussten.

Tatsächlich gab es in den dreißiger wie auch in den fünfziger Jahren individuelle Handlungsspielräume – und es gab auch Einzelne, die diese Spielräume hinter dem Rücken oder mit stillschweigender Duldung ihrer Vorgesetzten zugunsten der Verfolgungsopfer nutzten. In den fünfziger Jahren bewilligte beispielsweise die Hamburger Kreditbank einer Betriebsrentnerin, die mittlerweile erblindet in einem Altersheim in Schweden lebte, mit Blick auf ihre Notlage eine DM-Rente, die um 28,50 DM über der letzten RM-Rente lag. Als wenig später die mittlerweile nach Frankfurt verlagerte Dresdner Bank die Nachzahlung vorbereitete, nahm die dortige Personalabteilung die höhere Rente als Berechnungsgrundlage, wobei der Unterschied ganze 210,90 DM betrug. In einer handschriftlichen Notiz revidierte jedoch der Chef der Personalabteilung diese Entscheidung mit dem Hinweis: „Das könnte präjudizierende Bedeutung bekommen."(Abb. 19)[85] Dieser Mann war Adolf Gaebelein – derselbe Adolf Gaebelein, der als Leiter der Personalabteilung der Dresdner Bank in den dreißiger Jahren für die Politik der Bank gegenüber ihren jüdischen Angestellten und Betriebsrentnern verantwortlich gezeichnet hatte.

[85] Aufstellung, 7. 12. 1954; handschriftliche Notiz Gaebelein, 9. 12. 1954, beides in: HADrB 12590-2001.

Betr.: Pensionsangelegenheit [redacted], Schweden -

[redacted] - 65 Jahre alt, erblindet - Jüdin

letzte Stellung: Dresdner Bank, Filiale Hamburg

geb. 4.9.1889

Eintritt: 27.6.1907 - pensioniert: 30.6.1931 - 24 Dienstjahre -

Höhe der RM-Pension: 1931 RM 150,--
1932 " 121,50
ab 1.10.1938 " 100,--, gezahlt bis Februar 1939

Abfindung: RM 1.500,--

Emigriert: Februar 1939 nach Schweden

Die Pensionszahlungen wurden rückwirkend ab 1.5.1945 wieder aufgenommen, und zwar im Hinblick auf Alter und Krankheit des Fräulein [redacted] mit Rm/DM 150,-- p.M. anstelle von RM/DM 121,50 p.M., die Fräulein B. zugestanden hätten, weil erst die Pensionsminderung ab 1.10.1938 diskriminierend gewesen ist.

Seit dem 1.7.1950 erhält Fräulein B. aus der Angestelltenversicherung eine Rente in Höhe von DM 97,70. Mit Wirkung vom 1.7.1950 werden ihr zur Verfügung gestellt

Rente aus der Angestelltenvers.	DM 97,--
Bankzuschuß 100%	DM 52,30
	DM 150,--

Die Ansprüche von Fräulein B. gegenüber dem BVV sind durch Rückzahlung der Beiträge an Fräulein B. in Höhe von DM 474,95 erloschen. Nach dem BEG steht Fräulein [redacted] ein Entschädigungsanspruch gegenüber dem Land zu. Nach Mitteilung des BVV würde die Rente auf Grund einer beitragsfreien Versicherung, wenn sie nicht erloschen wäre, DM 201,76 p.a. = DM 16,18 p.M. betragen.

Fräulein [redacted] bittet

1) für die Zeit vom 1.5.45 bis 30.6.48 um eine Umwertung nicht von 10:1, sondern von 10:2, was nicht möglich ist.
2) macht sie Anspruch auf Nachzahlung der Pension vom 1.3.39 bis 30.4.45 geltend und bittet, ihr zu helfen, weil ihre jetzige Pension nicht ausreicht, um die Kosten im Altersheim zu decken.

-2-

Abb. 19: Festsetzung der Betriebsrente für Käthe B. 1954.
Quelle: HADrB.

\- 2 -

Rechnerisch würde sich ergeben:

<u>ausgehend von DM 121,50 p.M.</u>

74 Monate = RM 8.991,-- 10:1 = DM 899,10 // 9.12.54

<u>ausgehend von DM 150,-- p.M.</u>

74 Monate = RM 11.100,-- 10:1 = DM 1.110,--

Nach dem Prinzip der Gleichbehandlung hätte Fräulein B. Anspruch auf die Nachzahlung von DM 899,10.

(Wir haben bei allen jüdischen Pensionären die Nachzahlung ab Einstellung der Pensionsleistungen vorgenommen; soweit dies nicht bei der Aufnahme der Pensionszahlungen geschehen ist, wurde es nachträglich korrigiert. Lediglich in den von uns übernommenen Pensionsfällen Hamburg und Bremen sind solche Korrekturen bisher nicht erfolgt.)

Laut Herrn [redacted] kann eine solche rückwirkende Nachzahlung für die Reichsmarkzeit auch jetzt noch in die Umstellungsrechnung eingesetzt werden.

Bei der Geringfügigkeit des Unterschiedsbetrages der monatlichen Pension von RM 150,-- und RM 121,50 für die der Umwertung unterliegende Nachzahlung wird vorgeschlagen, von DM 150,-- auszugehen und Fräulein [redacted]

eine Nachzahlung von DM 1.110,-- x

zu gewähren, und ihr den Betrag noch im Laufe des Dezember zu transferieren.

Frankfurt a.M., den 7. Dezember 1954
Bl/V

x das könnte prinzipielle Bedeutung bekommen! —
A. 899,10
9.12.54

X. Die Rückerstattung entzogener Privatvermögen

Die Entziehung jüdischer Privatvermögen im Dritten Reich lässt sich grob in zwei Phasen aufteilen. In den ersten Jahren der nationalsozialistischen Herrschaft waren jüdische Deutsche nach Entlassungen, Berufsverboten oder Boykottmaßnahmen häufig genötigt gewesen, Rücklagen aufzuzehren und Eigentum zu ungünstigen Konditionen zu veräußern. Ein wesentliches Instrument der legalisierten Beraubung war außerdem die diskriminierende Anwendung des Steuer- und Devisenrechts. Nicht zuletzt waren davon jüdische Unternehmer betroffen gewesen, die mit ihrem persönlichen Vermögen für die Verbindlichkeiten ihrer in Liquiditätsprobleme geratenen Unternehmen hafteten. Der direkte, systematische Zugriff des NS-Regimes auf jüdisches Vermögen hatte hingegen mit der „Verordnung über die Anmeldung des Vermögens von Juden" vom April, der „J-Aktion" vom August und der „Sühneleistung" vom November 1938 begonnen. Sein formaler Abschluss war mit der 11. Verordnung zum Reichsbürgergesetz vom November 1941 erreicht worden, die die Deportation in die Vernichtungslager zum Anlass für die Beschlagnahmung nunmehr „verfallener" Vermögen genommen hatte.[1]

Die Dresdner Bank war in die verschiedenen Entziehungsmaßnahmen in sehr unterschiedlichen Formen involviert gewesen, die sich (bei erheblichen Überschneidungen) ebenfalls grob nach diesen beiden Phasen differenzieren lassen: In den ersten Jahren nach der nationalsozialistischen Machtübernahme hatte, neben der Abwicklung von Auswanderungsabgaben, die eigenverantwortliche Verwertung von Wertpapieren oder Immobilien dominiert, die ihr als Kreditsicherheiten zur Verfügung standen. Die Verschuldung eines Kunden oder Geschäftspartners hatte ihre Wurzeln allerdings häufig bereits in den Jahren vor 1933. In diesem Bereich lässt sich deshalb, wie der zweite Teil dieses Kapitels zeigt, nicht immer

1 Vgl. im Einzelnen Ziegler, Dresdner Bank, S. 337–394; Jörg Osterloh, Die vollständige Enteignung nach der 11. Verordnung zum Reichsbürgergesetz, in: ebd., S. 368–389; Hannah Ahlheim, Die Commerzbank und die Einziehung jüdischen Vermögens, in: Ludolf Herbst/Thomas Weihe (Hg.), Die Commerzbank und die Juden 1933–1945, München 2004, S. 138–172; James, Deutsche Bank, S. 195–203; sowie im Überblick Avraham Barkai, Vom Boykott zur „Entjudung". Der wirtschaftliche Existenzkampf der Juden im Dritten Reich 1933–1943, Frankfurt a.M. 1988; Helmut Genschel, Die Verdrängung der Juden aus der Wirtschaft im Dritten Reich, Göttingen 1966; Frank Bajohr, „Arisierung" in Hamburg. Die Verdrängung der jüdischen Unternehmer 1933–1945, Hamburg 1997. Eine Zusammenstellung der Vielzahl diskriminierender Vorschriften und Entziehungsmaßnahmen bietet die rechtshistorische Darstellung von Norman Schmidt, Entziehung von Geldvermögen, in: Biella u.a., Bundesrückerstattungsgesetz, S. 311–364, hier S. 313–335. Mit der „J-Aktion" wurden jüdische Inhaber von ausländischen Wertpapieren aufgefordert, diese der Reichsbank zum Kauf anzubieten. Die nach dem Novemberpogrom 1938 verfügte „Sühneleistung" verpflichtete sämtliche Juden im Reich, die über ein Vermögen von mehr als 5000 RM verfügten, zur Beteiligung an einer Zwangsabgabe von insgesamt 1 Mrd. RM.

scharf zwischen normalem Bankgeschäft, „Arisierung" und Vermögensentzug trennen, was wiederum Konsequenzen für die Rückerstattungsverfahren haben konnte. Seit 1938 hatten die Banken dann vor allem eine zentrale, aber nur noch mit geringen Handlungsspielräumen verbundene Funktion in der vom NS-Staat systematisch betriebenen Plünderung privater Vermögen ausgeübt. Diese nachgeordnete Rolle stellte sie aber, wie zunächst gezeigt werden soll, keineswegs völlig von Rückerstattungsansprüchen frei.

1. Die Dresdner Bank und die Rückerstattung systematisch entzogener Vermögenswerte

Wertpapiere

Die Rückerstattung von Vermögenswerten, die sich auf Konten oder in Depots bei der Dresdner Bank befunden hatten und im Gefolge der verschiedenen Entziehungsmaßnahmen seit 1938 an staatliche Stellen bzw. die mit der Treuhandschaft beauftragte Preußische Staatsbank (Seehandlung) abgeliefert worden waren, schien für die Altbank und die Nachfolgeinstitute zunächst lediglich einen gewissen Arbeitsaufwand mit sich zu bringen. Die Banken hatten sich zwar ganz bewusst und im wirtschaftlichen Eigeninteresse an diesem Prozess beteiligt, dabei aber eindeutig als verlängerter Arm des Staates agiert und keine unternehmerische Autonomie besessen. Sie hatten zwar ihre Arbeitskosten durch Spesen und Provisionen an den enteigneten Vermögen gedeckt,[2] aber diese Dienstleistungsentgelte waren keine von den Rückerstattungsgesetzen erfassten Vermögensgegenstände.[3]

Immerhin waren die Banken aber verpflichtet, alliierten Stellen die beschlagnahmten Guthaben und Depots zu melden. Der damit verbundene Arbeitsaufwand und fehlende Unterlagen sorgten gerade in Berlin, wo ein erheblicher Teil dieser Konten geführt worden war und die Altbank mittlerweile unter Personalmangel litt, längere Zeit für Differenzen mit dem alliierten Treuhänder für zwangsübertragene Vermögen, der als Anmeldestelle fungierte.[4] Da man jedoch davon ausging, dass für die Beschlagnahmungen ohnehin „der Staat oder sonstige öffentliche Stellen" haften würden,[5] bestand kein Interesse an irgendeiner Verschleierung der noch vorhandenen Vermögenswerte oder der seinerzeitigen Ablieferungen. Bestätigt wurde diese Einschätzung beispielsweise im März 1951, als ein Rückerstattungsantrag gegen die Rhein-Main Bank abgewiesen wurde, in dem die Antragsteller die Bank deshalb als schadensersatzpflichtig betrachteten, weil sie ihr Guthaben bei der Aschaffenburger Filiale lediglich auf Anweisung staatlicher Stellen an das zuständige Finanzamt überwiesen hatte. Der Anspruch war

[2] Vgl. Ziegler, Dresdner Bank, S. 389–394; James, Deutsche Bank, S. 197; Ahlheim, Commerzbank, S. 153–156.
[3] Zum Problem des Entziehungsgegenstands vgl. Schwarz, Rückerstattung, S. 118–125.
[4] Vgl. die einschlägige Korrespondenz in HADrB 50070-2001.
[5] Eiche, Protokoll über die Sitzung der Juristen des Bankenauschusses am 29. 1. 1948, ebd.

schon deshalb nicht haltbar, weil die Bank bei der Ablieferung der Konten keine Eigentümerstellung eingenommen hatte, im Sinne der Rückerstattungsgesetze also auch nichts zurückgeben konnte.[6] Darüber hinaus wurde der Dresdner Bank grundsätzlich nicht unterstellt, bei der Verfügung über Konten ausgewanderter Juden eigenständig gehandelt oder bewusst Guthaben für sich selbst vereinnahmt zu haben.[7]

Problematischer gestaltete sich der Umgang mit denjenigen jüdischen Konten und Depots, die bis Kriegsende nicht vom Reich eingezogen worden waren. Dies betraf vor allem Konten jüdischer Emigranten, die schon vor dem Erlass der 11. Verordnung zum Reichsbürgergesetz im Ausland gelebt hatten. Die Dresdner Bank hatte, um Schadensersatzforderungen aus dem Ausland vorzubeugen, grundsätzlich nur solche Guthaben und Depots abgeliefert, bei denen eine ausländische Staatsbürgerschaft des Kunden und damit die Nichtanwendbarkeit der 11. VO zumindest nicht angenommen werden konnte. Ansonsten waren die Konten zwar gesperrt, aber weiter unter den Namen der alten Inhaber geführt worden. Allein in Berlin wurden später 1440 solcher Konten und Depots festgestellt. Da das Reichsbürgergesetz und seine Durchführungsverordnungen durch den Alliierten Kontrollrat aufgehoben wurden, löschte man die Sperrvermerke nach Kriegsende und teilte den Inhabern mit, dass sie im Rahmen der geltenden Devisenvorschriften wieder über ihre Guthaben verfügen könnten.[8]

Die pragmatische, offensichtlich auch im Interesse der Konteninhaber oder ihrer Erben liegende Freigabe der Guthaben durch die Banken fand 1952 ein Ende. Da die wieder verfügbaren Vermögenswerte von ihren Besitzern logischerweise nicht zur Rückerstattung angemeldet worden waren, erklärten sich jetzt nämlich in einzelnen Ländern die jüdischen Nachfolgeorganisationen oder deren Rechtsnachfolger aus den Globalabkommen für anspruchsberechtigt. Gleichzeitig ließ das Bundesfinanzministerium verlauten, diese Konten seien als Guthaben des Reichs und dadurch wiederum als zum Stichtag der Währungsreform erloschen zu bewerten, während die früheren Inhaber ihre Ansprüche im Rahmen von Rückerstattungsverfahren gegen den Bund stellen müssten.[9]

[6] Wiedergutmachungsbehörde Unterfranken IV, Beschluss in Sachen Adolf und Ernest H. gegen Rhein-Main Bank und Deutsches Reich, 31. 3. 1951, HADrB 7453-2002.

[7] Amt für Vermögenskontrolle und Wiedergutmachung Frankfurt, Abt. Wiedergutmachung, Beschluss in Sachen G. gegen Rhein-Main Bank, 20. 9. 1951; Beschluss des Zivilsenats des OLG Frankfurt in Sachen G. gegen Deutsches Reich und Rhein-Main Bank, 7. 7. 1955, beides in: HADrB 7585-2002.

[8] Müller (Rhein-Ruhr Bank), Notiz für Herrn Dr. Schäfer, 22. 11. 1952; Hamburger Kreditbank, Rundschreiben Nr. 5102, Betr.: Konten und Depots von Juden, die durch die 11. VO zum Reichsbürgergesetz als dem Reiche für verfallen erklärt wurden, 6. 12. 1952, beides in: HADrB 6430-2000; Dresdner Bank Berlin an Berliner Depositenkassen, 26. 1. 1951, HADrB 50070-2001. Zum Hintergrund vgl. Osterloh, Enteignung, und Ahlheim, Commerzbank, S. 160–170. Die Zahlenangabe über die gesperrten Konten in: Treuhänder der Amerikanischen, Britischen und Französischen Militärregierung für zwangsübertragene Vermögen an ATO, 28. 9. 1954, HADrB 51006-2001.

[9] Hamburger Kreditbank, Rundschreiben Nr. 5102, Betr.: Konten und Depots von Juden, die durch die 11. VO zum Reichsbürgergesetz als dem Reiche für verfallen erklärt wurden, 6. 12. 1952, HADrB 6430-2000; Rhein-Main Bank, Rundschreiben Nr. 90, Betr.: Konten und Depots, die durch die 11. VO zum Reichsbürgergesetz als dem Reiche für verfallen erklärt, jedoch vom Reich nicht eingezogen wurden, 11. 5. 1955, HADrB 464-2000.

Dabei ging es um nicht unerhebliche Summen, schätzte doch allein die Rhein-Main Bank den Gesamtwert solcher Guthaben auf 750000 bis 1 Mio. DM.[10] Die Nachfolgeinstitute der Dresdner Bank ließen ihre Filialen daher kurzerhand „zur Vermeidung der Gefahr einer doppelten Inanspruchnahme“ sämtliche umstrittenen Konten vorläufig sperren. Die Inhaber wurden darüber nicht etwa automatisch unterrichtet, sondern nur, wenn sie über ihre Guthaben tatsächlich disponieren wollten.[11] „Nach Abwägung aller rechtlichen und praktischen Umstände“, aber bei immer noch unklarer Rechtslage wurden die Kontensperrungen zwar im Mai 1953 vorläufig wieder aufgehoben, doch wälzte man dabei jegliches Risiko auf die Inhaber ab. Diesen sollte nämlich bei Verfügungen über ihre Konten mitgeteilt werden, man könne sie „nur mit dem Vorbehalt ausführen, dass Sie sich verpflichten, uns in vollem Umfang schadlos zu halten, falls irgendwelche amtlichen Stellen oder eine jüdische Treuhandorganisation bzw. deren Rechtsnachfolger die Ausführung Ihres Auftrages als nicht zulässig ansehen.“[12]

In Hessen wurde das Problem bereits im April 1954 im Rahmen eines Globalvergleichs der dortigen Kreditinstitute mit der Hessischen Treuhandverwaltung GmbH (HTV), der Rechtsnachfolgerin der JRSO aufgrund der einleitend erwähnten Globalabkommen, gelöst; darin erklärte die HTV unter anderem ihren Verzicht auf die umstrittenen Konten und Depots.[13] In der französischen Zone erklärte sich die JTC ebenfalls damit einverstanden, die Guthaben den ursprünglichen Berechtigten zu überlassen.[14] Im Februar 1955 klärte schließlich der Bundesgerichtshof die Rechtslage endgültig zugunsten der Kontoinhaber, indem er feststellte, dass ihre Konten nicht unter die Rückerstattungsgesetze fielen. Nur „erbenlose“ Konten konnten weiterhin von den jüdischen Nachfolgeorganisationen bzw. ihren Rechtsnachfolgern beansprucht werden. Erst nachdem damit das Risiko der doppelten Inanspruchnahme definitiv weggefallen war, hoben die Nachfolgeinstitute die Kontensperrung in allen Bundesländern auf.[15]

10 Rhein-Main Bank, Rechtsabteilung, an Hamburger Kreditbank, Rechtsabteilung, 6. 5. 1954, HADrB 16963-2001.

11 Rhein-Main Bank, Rundschreiben Nr. 90, Betr.: Konten und Depots, die durch die 11. VO zum Reichsbürgergesetz als dem Reiche für verfallen erklärt, jedoch vom Reich nicht eingezogen wurden, 11. 5. 1955, HADrB 464-2000. Im Bereich der Hamburger Kreditbank erfolgte die Sperrung der Konten offenbar erst 1954; vgl. Rundschreibenentwurf der Hamburger Kreditbank, 19. 5. 1954, HADrB 16963-2001.

12 Rhein-Ruhr Bank, Rundschreiben Nr. 193, Betr.: Konten und Depots von Juden, die durch die 11. DVO [sic!] zum Reichsbürgergesetz als dem Reiche für verfallen erklärt wurden, 26. 5. 1953, HADrB 2986-2002.

13 Rhein-Main Bank, Rundschreiben Nr. 150, Betr.: Rückerstattungsansprüche der Hessischen Treuhandverwaltung GmbH. (HTV); hier: Globalvergleich mit den hessischen Kreditinstituten, 29. 4. 1954; Rhein-Main Bank, An die Direktionen unserer Niederlassungen, 8. 5. 1954, beides in: HADrB 464-2000.

14 Rhein-Main Bank an Niederlassung Bingen, 18. 2. 1955, HADrB 243-2000.

15 Rhein-Main Bank, Rundschreiben Nr. 90, Betr.: Konten und Depots, die durch die 11. VO zum Reichsbürgergesetz als dem Reiche für verfallen erklärt, jedoch vom Reich nicht eingezogen wurden, 11. 5. 1955, HADrB 464-2000; Rhein-Ruhr Bank, Rundschreiben Nr. 106, Betr.: Konten und Depots von Juden, die durch die 11. DVO [sic!] zum Reichsbürgergesetz als dem Reiche für verfallen erklärt wurden, 6. 5. 1955, HADrB 6430-2000; Rundschreibenentwurf der Hamburger Kreditbank, 9. 5. 1955, HADrB 16963-2001. Vgl. auch Schwarz, Rückerstattung, S. 263. Harold James' Formulierung, dass das BGH-Urteil die Banken zur Auszahlung „verpflichtete“, ist vor diesem Hintergrund irreführend – der BGH *ermächtigte* vielmehr die Banken zur Freigabe der Konten. Vgl. Harold James, Die Deutsche Bank im Dritten Reich, München 2003, S. 204.

Unter juristischen und betriebswirtschaftlichen Prämissen war das risikominimierende Verhalten der Nachfolgeinstitute völlig nachvollziehbar. Aus der Sicht der dadurch ein zweites Mal vorübergehend des Zugriffs auf ihr Vermögen beraubten jüdischen Bankkunden könnte sich das vielleicht anders dargestellt haben. Bezeichnend für die bankseitige Wahrnehmung der Angelegenheit ist aber vor allem, dass man sich nicht scheute, sie auch noch zu Werbezwecken zu nutzen. Abschließend wies nämlich die Leitung der Rhein-Main Bank ihre Filialen darauf hin, es dürfe den über die Kontensperrung informierten Kunden gegenüber „bei entsprechender Gelegenheit durchaus erwähnt werden, daß die nunmehr vorliegende für unsere Kunden günstige höchstrichterliche Entscheidung in erster Linie auf das starre Festhalten an unseren Grundsätzen und auf unsere Initiative zurückzuführen ist".[16] Nicht zum ersten und nicht zum letzten Mal schien hier eine mentale Herangehensweise an Wiedergutmachungsfragen auf, die einen eklatanten Mangel an Reflexionsvermögen über die eigene Funktion in der NS-Zeit verdeutlicht.

Als Rückerstattungspflichtige im Sinne der alliierten Gesetze wären die Banken im Fall der nicht abgelieferten Konten nicht in Betracht gekommen, und dasselbe galt für ihre rein funktionale Einbindung in das staatliche Enteignungsprogramm jüdischer Wertpapierdepots. So scheiterte 1950 vor dem Frankfurter Oberlandesgericht eine Klage gegen die Kasseler Filiale der Rhein-Main Bank auf Rückerstattung von Wertpapieren, die, formal im Auftrag des jüdischen Kunden, an verschiedene Dienststellen des NS-Staats abgeliefert worden waren. Die ausreichende Begründung für die Klageabweisung bestand darin, dass die Bank keine Eigentümerstellung an den Wertpapieren erlangt hatte.[17] Der Court of Restitution Appeals bestätigte schließlich 1952 anhand dieses Falls, dass zur Rückerstattungspflichtigkeit gehörte, „dass der Rückerstattungspflichtige in jedem Fall einmal die Eigentümerstellung innegehabt haben" musste.[18]

Diese zentrale Bedeutung der formalen Eigentümerstellung hatte allerdings eine gravierende Kehrseite. Ein Teil der im Rahmen der Verfolgungsmaßnahmen seit 1938 dem Reich zugefallenen Wertpapiere war nämlich nicht effektiv an die Seehandlung abgeliefert, sondern gegen Zahlung des Gegenwerts von den Banken in ihren eigenen Effektenbestand übernommen oder an andere Kunden verkauft worden.[19] Auch im letzteren Fall waren die Wertpapiere aus abwicklungstechni-

[16] Rhein-Main Bank, Rundschreiben Nr. 90, Betr.: Konten und Depots, die durch die 11. VO zum Reichsbürgergesetz als dem Reiche für verfallen erklärt, jedoch vom Reich nicht eingezogen wurden, 11. 5. 1955, HADrB 464-2000.

[17] Rhein-Main Bank an Schwesterinstitute, 10. 6. 1950, mit Beschluss des OLG Frankfurt vom 5. 6. 1950, HADrB 16796-2001. Die Urteilsbegründung wirft daneben ein Schlaglicht auf die allgemein vorherrschende Verdrängungsmentalität. Das Gericht bestätigte nämlich ausdrücklich die Schutzbehauptung, es sei „kein Anhalt gegeben" für die Vermutung, „dass der Bank bekannt gewesen sei, dass die Heimeinkaufsverträge" ins Theresienstädter Ghetto, für die ein Teil des Depotinhalts abgeliefert worden war, „nur zur Tarnung einer Konfiskation jüdischen Vermögens dienen sollten".

[18] Rhein-Main Bank, Juristisches Büro, an die Schwesterinstitute, 4. 2. 1952, ebd. Das Urteil ließ allerdings gerade im Falle der „Heimeinkaufsverträge" offen, ob die Bank diese Eigentümerstellung vorübergehend erlangt hatte. Vgl. auch die auf diese Entscheidung Bezug nehmende Abweisung des Antrags auf Schadensersatz von Anne de C. und Jaime B. gegen die Wiesbadener Filiale der Rhein-Main Bank durch die 1. Wiedergutmachungskammer des Landgerichts Frankfurt a.M., 31. 8. 1953, HADrB 7586-2002.

[19] Vgl. Ziegler, Dresdner Bank, S. 360–364.

schen Gründen meist vorübergehend im Eigenbestand verbucht worden. Selbst wenn die Banken hier im direkten Auftrag der Käufer fungiert und wirtschaftlich nur eine Maklererstellung eingenommen hatten, waren sie nach den Vorschriften der Rückerstattungsgesetze dadurch zu Eigentümern der Wertpapiere geworden und konnten von den Geschädigten genauso in Anspruch genommen werden wie ihre Abnehmer. In den westdeutschen Nachfolgeinstituten der Dresdner Bank wurde man offenbar erstmals während der Erstellung der Umstellungsrechnungen auf dieses Risiko aufmerksam. Im Februar 1949 wies die Rhein-Ruhr Bank ihre Niederlassungen darauf hin, dass in den Bilanzen „vorsorglich" Rückstellungen für all jene Fälle zu bilden seien, in denen Teile „jüdischer Depots" in den eigenen Wertpapierbestand übernommen oder auf eigene Rechnung weiterverkauft worden waren.[20] Die daraufhin von den Filialen Düsseldorf, Duisburg und Wuppertal-Elberfeld gemeldeten Übernahmen beliefen sich auf den relativ bescheidenen Betrag von gut 39000 RM, waren aber wegen verloren gegangener Unterlagen vermutlich lückenhaft.[21]

Im Prinzip war auch hier unumstritten, dass der eigentliche Rückerstattungspflichtige die Bundesrepublik als Rechtsnachfolgerin des Deutschen Reichs war, dem die Banken die Wertpapiere durch Zahlung des Gegenwerts faktisch abgekauft hatten. Die Papiere waren aber nicht beim Staat verblieben, konnten also von diesem nicht in natura zurückverlangt werden. Ansprüche auf Schadensersatzzahlungen andererseits konnten bis zum In-Kraft-Treten des Bundesrückerstattungsgesetzes 1957 lediglich festgestellt werden, und lange Zeit war fraglich, in welcher Höhe sie schließlich tatsächlich von der Bundesrepublik befriedigt würden.[22] Hinzu kam noch, dass sich die bundesdeutschen Finanzbehörden nach Kräften gegen jegliche Rückerstattungsansprüche gegen ihre Rechtsvorgänger sperrten.[23]

Es lag also für die Antragsteller nahe, sich soweit wie möglich bei den Banken schadlos zu halten. Sofern deren formaler Eigentumserwerb nachweisbar war, entschieden die Gerichte überwiegend zu Ungunsten der Banken,[24] die wiederum das „ehemalige Deutsche Reich" in Regress nehmen, bis auf Weiteres aber nicht mit Zahlungen rechnen konnten. So wurde die Allgemeine Bankgesellschaft Anfang 1951 im Beschwerdeverfahren zur Zahlung von Schadensersatz für die Entziehung eines Wertpapierpakets verurteilt, das sie vor dem längst abgesprochenen Weiterverkauf ganze acht Tage im eigenen Effektenkonto verbucht hatte.[25] Im Januar 1952 fällte schließlich der CORA ein Revisionsurteil, in dem die grundsätzliche Rückerstattungs- oder Schadensersatzpflicht der Banken festgehalten und

[20] Rhein-Ruhr Bank, Hauptverwaltung, Rundschreiben Nr. 3036, Betr.: Wertberichtigungs-, Rückstellungs- und Abschreibungsbedarf für die RM-Schlußbilanz und DM-Eröffnungsbilanz, 15. 2. 1949, HADrB 1102-2000.

[21] Börsenabteilung Düsseldorf an Hauptbuchhaltung, 24. 3. 1949, ebd.

[22] Vgl. Jürgen Lillteicher, Westdeutschland und die Restitution jüdischen Eigentums in Europa, in: Constantin Goschler/Philipp Ther (Hg.), Raub und Restitution. „Arisierung" und Rückerstattung des jüdischen Eigentums in Europa, Frankfurt a.M. 2003, S. 92–107, hier S. 96–101; Brodesser u.a., Rückerstattung, S. 35.

[23] Vgl. Lillteicher, Rückerstattung, S. 201–212.

[24] Schwarz, Rückerstattung, S. 139f.

[25] ABG Mannheim an die Rechtsabteilungen der Schwesterinstitute, 26. 4. 1951, HADrB 7428-2002.

nicht zuletzt bestätigt wurde, dass die Dauer der Eigentümerstellung für die Rückerstattungspflicht irrelevant war.[26]

Die Rechtsprechung zu diesem Komplex blieb allerdings weiterhin uneinheitlich, so dass es für die Banken durchaus Erfolg versprechend war, einschlägige Prozesse zu riskieren.[27] Das galt zumal, nachdem das Oberste Rückerstattungsgericht für Berlin der Dresdner Bank und dem Bankhaus Hardy in einer Entscheidung vom April 1956 bestätigt hatte, dass sie zumindest bei einer ausdrücklichen Beauftragung durch den Kunden keine Verfügungsrechte innegehabt hätten.[28] Im November 1956 stärkte eine Entscheidung des Nürnberger Obersten Rückerstattungsgerichts, wonach eine Tätigkeit der Banken „als Eigenhändler" keine reale Eigentümerstellung begründet habe, die Position der Banken weiter.[29] Im Mai 1957 stellte derselbe Senat fest, dass auch die Variante des „Selbsteintritts", bei der die Verwendung des Verkaufserlöses formal durch den Kunden festgelegt worden war, keine Rückerstattungspflicht begründete.[30] Nach dem Inkrafttreten des Bundesrückerstattungsgesetzes, das die Zahlungspflichten der Bundesrepublik regelte, ergingen schließlich keine Entscheidungen mehr gegen die Banken.[31]

Zunächst aber kamen auf die Nachfolgeinstitute der Dresdner Bank nicht unerhebliche Forderungen zu, denn bis Ende 1952 wurden „in fast allen Fällen, in denen die Banken in irgend einer Weise Wertpapiere jüdischer Vorbesitzer veräußert hatten, Rückerstattungsansprüche mit der Begründung erhoben, dass die Banken nach ihren Geschäftsbedingungen Wertpapierverkäufe als Kommissionär durch Selbsteintritt oder als Eigenhändler ausführen, so dass sie zumindest zeitweilig Eigentümer der Wertpapiere gewesen und somit rückerstattungspflichtig seien." Zu den Antragstellern gehörte auch die Hessische Treuhandverwaltung, die pauschal für alle diejenigen Fälle Ansprüche gegen die hessischen Banken erhob, in denen die Vorbesitzer dies nicht selbst getan hatten. Auch hier ist der Rhein-Main Bank durchaus kein Mangel an Kooperationsbereitschaft vorzuwerfen – man wollte vielmehr „im Einvernehmen mit der HTV den Gesamtkomplex [...] erledigen" und wies die Filialen an, zur Vorbereitung eines Vergleichs eine entsprechende Kategorisierung der rekonstruierbaren Fälle vorzunehmen.[32]

Im Rahmen des oben schon erwähnten Globalvergleichs vom April 1954 wurde auch dieser Komplex erledigt, indem die HTV sämtliche einschlägigen Rückerstattungsanmeldungen zurücknahm und die hessischen Banken gleichzeitig von eventuell noch auftauchenden Ansprüchen der ursprünglichen Eigentümer freistellte.[33] Der Preis, den die hessischen Kreditinstitute dafür zahlten, waren

26 CORA-Entscheidung Nr. 166, 21. 1. 1952, in: RzW 2 (1952), S. 98f.
27 Aktenvermerk Jahn (Rechtsabteilung der Hamburger Kreditbank), 15. 11. 1956, HADrB 16797-2001.
28 Oberstes Rückerstattungsgericht für Berlin, Beschluss in der Rückerstattungssache W. gegen Dresdner Bank, Bankhaus Hardy und Deutsches Reich, 23. 4. 1956, HADrB 27972-2001.
29 Bundesverband des privaten Bankgewerbes, Rundschreiben Nr. 21, 8. 3. 1957, HADrB 1870-2000; Rechtsabteilung der Hamburger Kreditbank an Rinn, 12. 3. 1957, HADrB 16797-2001.
30 Bundesverband des privaten Bankgewerbes, Rundschreiben Nr. 69, 5. 7. 1957, HADrB 1870-2000.
31 Schwarz, Rückerstattung, S. 140.
32 Rhein-Main Bank, Rundschreiben Nr. 3144: Rückerstattungsverfahren der Hessischen Treuhandverwaltung GmbH., Wiesbaden, wegen durchgehandelter Wertpapiere jüdischer Vorbesitzer, 18. 11. 1952, HADrB 464-2000.
33 Rhein-Main Bank, Rundschreiben Nr. 150, Betr.: Rückerstattungsansprüche der Hessischen Treu-

650000 DM, von denen allein die Rhein-Main Bank 169000 DM übernahm – die allerdings nachträglich in der Umstellungsrechnung passiviert werden konnten, so dass der Löwenanteil der Kosten letztendlich vom Land Hessen getragen wurde, das damit wiederum die Einnahmen einer von ihm selbst unterhaltenen Gesellschaft finanzierte.[34]

Die Verhandlungsmacht einer Organisation wie der HTV erhöhte offenbar die Vergleichsbereitschaft der Bank, während einzelne Geschädigte sich ihren Rückerstattungsanspruch vor Gericht erkämpfen mussten. Die im Depot von Ida B., einer im Juli 1942 in die Vernichtungslager deportierten Kundin der Dresdner-Bank-Filiale in Augsburg, lagernden Pfandbriefe beispielsweise waren 1943 gegen Zahlung des Börsenwerts von knapp 14000 RM an die Reichshauptkasse in den Eigenbestand der Filiale übernommen worden.[35] Ende 1948 beantragte einer der Erben die Rückerstattung der Wertpapiere.[36] Die Bayerische Bank für Handel und Industrie argumentierte daraufhin – sachlich wahrscheinlich richtig, aber juristisch irrelevant –, dass diese aus rein „technischen Gründen" nicht direkt auf die „bereits vorgemerkten Käufer" übertragen worden, sondern im eigenen Effektenbestand „notizmässig durchgelaufen" seien.[37] 1952 gab die Wiedergutmachungskammer beim Landgericht Augsburg dennoch dem Rückerstattungsanspruch statt, dem inzwischen weitere Erben von Ida B. beigetreten waren. Die Bank wurde dazu verurteilt, den Erben Pfandbriefe derselben Gattung zu beschaffen, und übernahm dafür die Entschädigungsansprüche gegen das Reich.

Die Wiedergutmachungskammer verwies zur Begründung nicht nur auf die rechtliche Eigentümerstellung der Bank, sondern nutzte die Gelegenheit überdies zu einer inhaltlichen Stellungnahme, die die bewusste Teilhabe der Dresdner Bank am Enteignungsprozess beim Namen nannte: Diese habe mit dem Erwerb der Pfandbriefe „immerhin das wirtschaftliche Interesse ihrem Kundenkreis zu dienen" verbunden, und jedem Erwerber müsse klar gewesen sein, dass Pfandbriefe „im allgemeinen zum damaligen Zeitpunkt nur mehr aus Beständen aufgelöster jüdischer Depots auf den Markt kamen." Eine Entschädigung der Antragsteller für den entgangenen Nutzen aus den Papieren, also die Zinsen, durch die Bank wurde dennoch abgelehnt.[38] Gegen diesen Punkt legten die Erben von Ida B. Beschwerde ein. Erst daraufhin wurde die Augsburger Filiale von der Münchner Zentrale der Bayerischen Bank für Handel und Industrie angewiesen, einen Vergleich zu schließen, der auch die entgangenen Zinsen umfasste. Das oben zitierte Urteil des CORA aus dem Januar 1952 hatte nämlich auch festgestellt, dass den Berechtigten Schadensersatz aus den entgangenen Nutzungen entzogener Wert-

handverwaltung GmbH. (HTV); hier: Globalvergleich mit den hessischen Kreditinstituten, 29. 4. 1954; Rhein-Main Bank, An die Direktionen unserer Niederlassungen, 8. 5. 1954, beides in: HADrB 464-2000.

34 Niederschrift über die Sitzung des „Neuen Kreises" am 2. Februar 1954, S. 10, HADrB 1364-2002.

35 Osterloh, Enteignung, S. 383.

36 Wiedergutmachungsbehörde Schwaben (Augsburg), Niederschrift der Sitzung in Sachen Albert B. gegen Deutsches Reich und Bayerische Bank für Handel und Industrie, 19. 9. 1950, HADrB 3721-2000.

37 Bayerische Bank für Handel und Industrie, Filiale Augsburg, an die Wiedergutmachungskammer beim Landgericht Augsburg, 29. 9. 1951, ebd.

38 Beschluss der Wiedergutmachungskammer beim Landgericht Augsburg, 21. 1. 1952, ebd.

papiere zustand.[39] In einer erneuten Sitzung der Augsburger Wiedergutmachungskammer kam es schließlich zum Vergleich, nach dem die Bank den Antragstellern zur Abgeltung der Zinsansprüche 394,43 DM zahlte.[40]

Welchen Wert die entzogenen Pfandbriefe inzwischen noch hatten, ist den Akten nicht zu entnehmen. An einem ähnlichen Fall lässt sich aber zeigen, dass „Rückerstattung“ keineswegs bedeuten musste, dass die Geschädigten tatsächlich den realen Wert ihres Vermögens in den dreißiger Jahren zurückbekamen. Im Januar 1954 einigten sich die Nürnberger Filiale der Rhein-Main Bank und die Töchter von Flora N., deren Wertpapierdepot in Höhe von etwa 128000 RM 1942 in den eigenen Bestand der Filiale übernommen worden war, vor der Fürther Wiedergutmachungsbehörde auf einen Vergleich, wonach die Bank für die Entziehung der Wertpapiere und den entgangenen Nutzen Schadensersatz gewährte. Die Bank beschaffte den Erben andere Wertpapiere im Wert von gut 10000 DM, zahlte Zinsen in Höhe von knapp 5000 DM nach und übernahm außerdem die Anwaltskosten der Erben; für sämtliche Posten beantragte sie anschließend Ausgleichsforderungen.[41] Die Differenz zwischen dem entzogenen RM- und dem „zurück“-erhaltenen DM-Wert konnte teils aus den seit Kriegsende drastisch gesunkenen Wertpapierkursen herrühren, teils beruhte sie auf dem Währungsschnitt von 1948, der sämtliche Besitzer von Geldvermögen gleichermaßen traf. Ebenso wie bei den beschlagnahmten, aber nicht abgeführten und schließlich auf DM umgestellten Guthaben jüdischer Emigranten mussten hier die in der NS-Zeit um ihr Vermögen gebrachten Juden oder deren Erben die Zeche der kriegsbedingten Kapitalvernichtung und der Währungsreform mitbezahlen.[42]

Immobilien

Anders konnte dies bei Immobilienbesitz aussehen, dessen Wert durch die Währungsreform nicht in Mitleidenschaft gezogen wurde. Auch der systematische nationalsozialistische Zugriff auf den privaten Immobilienbesitz deutscher Juden hatte erst 1938/39 begonnen. Er war zunächst eng mit dem wirtschaftlichen Druck auf die Eigentümer verschränkt gewesen, für ihre letzten Auswanderungschancen und die Begleichung von Zwangsabgaben ihre verbliebenen Vermögenswerte zu mobilisieren. Der größte Teil der Grundstücke war sogar erst 1941/42 zugunsten des Reichs beschlagnahmt worden, während sich bis dahin zahlreiche Kaufgelegenheiten für „arische“ Interessenten an preiswerten Immobilien geboten hatten.[43] Solche Chancen hatte auch die Dresdner Bank genutzt, wobei die beiden Beispiele, die hier skizziert werden sollen, keineswegs eine skrupellose Be-

[39] Bayerische Bank für Handel und Industrie an Filiale Augsburg, 18. 3. 1952, ebd.

[40] Protokoll der Sitzung der Wiedergutmachungskammer des Landgerichts Augsburg, 21. 5. 1952, ebd.

[41] Aktennotiz Filiale Nürnberg, Revisionsabteilung I, 25. 5. 1954, HADrB 7435-2002.

[42] Vgl. etwa die entsprechende Mitteilung der Rhein-Main Bank an Eugen L., 12. 12. 1949, HADrB 7413-2002. In diesem Sinne auch Feldman, Allianz, S. 616; ders., Der Holocaust und der Raub an den Juden. Eine Zwischenbilanz der Restitution und Entschädigung, in: Goschler/Ther (Hg.), Raub, S. 225–237, hier S. 226f.

[43] Vgl. Bajohr, „Arisierung“ in Hamburg, S. 288–297; Genschel, Verdrängung, S. 196f., 203, 251f.

reicherungsabsicht demonstrieren. Dies änderte allerdings nichts daran, dass sie sich nach 1945 mit Rückerstattungsansprüchen konfrontiert sah:

1939 hatte die Dresdner Bank ein Grundstück an der Potsdamer Straße gekauft, dessen auf 360000 RM festgelegter Kaufpreis von der Genehmigungsbehörde auf 279000 RM herabgesetzt worden war. Anfang 1953 ordnete das Landgericht Berlin die Rückerstattung an, sprach aber der Bank einen Gegenanspruch, ein „Rückgewährentgelt" für einen Teil des ursprünglichen Kaufpreises, von 15000 DM zu.[44] Ursprünglich war das Grundstück erworben worden, weil es gegenüber der besonders rentablen Depositenkasse 52 gelegen hatte. Im Rahmen der gigantomanischen Neugestaltungspläne für Berlin, die den Bau eines neuen Geschäftsviertels um den „Runden Platz" an der Potsdamer Straße einschlossen, hatte man mit dem Umzug der Depositenkasse rechnen müssen. Die Bauplanungen waren freilich während des Krieges zum Erliegen gekommen, und die Depka 52 war zunächst weitgehend zerstört und anschließend „aufgegeben" worden. Dennoch bestand für den Fall der Wiedervereinigung Berlins großes Interesse an einem so zentralen Standort.[45] Daher wurde nach dem Erlass der Berliner Rückerstattungsanordnung beschlossen, dass die Rhein-Main Bank das Grundstück durch eine Nachzahlung auf den Kaufpreis endgültig erwerben sollte (der Berliner Tochtergesellschaft BHI dürfte für solche Transaktionen das Kapital gefehlt haben).[46] Das schien zunächst umso einfacher, als sogar die Anwälte der Gegenseite auf die Bank zukamen und mitteilten, die „Antragsteller würden sich hierauf einlassen, weil sie ohnehin auf die Veräusserung des Grundstücks angewiesen wären."[47]

Die rechtmäßigen Eigentümer erwiesen sich allerdings als zähe Verhandlungspartner und forderten neben dem Verzicht auf das Rückgewährentgelt einen Kaufpreis von 100000 DM. Die Verhandlungen kamen daraufhin längere Zeit zum Stillstand, denn in der Altbankenrechnung stand das Grundstück zwar mit dem ehemaligen (1:1 umgestellten) Verkehrswert von 354400 DM zu Buche, es hatte aber bereits durch die Spaltung Berlins an kommerziellem Wert verloren und wurde durch den Mauerbau vollends uninteressant. Einen neuen Schub bekamen die Aktivitäten der Bank erst, als 1964 die Potsdamer Straße verlegt werden sollte, dadurch das Interesse an dem Grundstück nochmals deutlich abnahm und zugleich das Landgericht eine Erhöhung des Rückgewährentgelts, gegen das die Bank bereits 1953 Beschwerde eingelegt hatte, auf 27000 DM vorschlug. Das Grundstück sollte den Antragstellern von der Stadt Berlin abgekauft werden, um die Straßenverlegung durchführen zu können. Dieses Angebot entsprach dem seinerzeit tatsächlich gezahlten, 10:1 abgewerteten Kaufpreis und galt als „relativ günstig". Rechtlich waren die früheren Eigentümer nur zur Rückgabe desjenigen Teils des Kaufpreises verpflichtet, der tatsächlich in ihre Verfügung gelangt, also nicht durch die üblichen staatlichen Zwangsabgaben bei Emigrationen abgeschöpft worden war (diesen restlichen Teil konnten sie freilich auch im Entschädigungsverfahren gegen den Staat, und zwar im Umstellungsverhältnis 10:2, ein-

[44] Dresdner Bank Berlin (Thomann/Laabs) an Hölling und Zinßer, 25. 2. 1953, HADrB 11270-2001.
[45] Dresdner Bank Berlin, Rechtsabteilung, an André, 14. 7. 1964, HADrB 20456-2001. Zu den Planungen um den „Runden Platz" vgl. Feldman, Allianz, S. 175–180.
[46] Dresdner Bank Berlin, Rechtsabteilung, an Entzian, 15. 4. 1953, HADrB 11270-2001.
[47] Laabs an Hölling, Zinßer, Schleipen, 4. 3. 1953, ebd.

klagen).[48] Die Dresdner Bank erklärte sich mit dem Vorschlag unter der Bedingung einverstanden, dass die 27000 DM als Hypothek der Stadt Berlin einzutragen, ab 1964 zu verzinsen und spätestens 1967 zu bezahlen seien – eine längere Zahlungsfrist sei der „an einer möglichst baldigen Abwicklung“ interessierten Altbank „nicht zuzumuten“.[49]

Bis dahin hatte man allerdings reichlich Zeit gehabt, und die Protokollierung des Vergleichs, der die von der Bank gewünschten Daten enthielt, zog sich auch noch bis zum Juli 1966 hin.[50] Das Bezirksamt Tiergarten zahlte schließlich im November 1968 den Hypothekenbetrag zuzüglich Zinsen ab 1964, und daraufhin wurde die Hypothek gelöscht.[51] Die Dresdner Bank erhielt am Ende knapp 33000 DM für die Aufgabe eines Grundstücks, das sie rund zwanzig Jahre zuvor zwar bezahlt, aber niemals genutzt hatte. Unter Berücksichtigung des zwischenzeitigen Zinsentgangs für das aufgewendete Kapital war das, auch unabhängig von dem Verlust durch die Währungsumstellung, auf den ersten Blick ein schlechtes Geschäft. Da das Grundstück aber mit dem ursprünglichen Einheitswert in der Altbankenrechnung verbucht war, ist davon auszugehen, dass die Differenz zwischen der erhaltenen Zahlung und dem Buchwert vollständig durch Ausgleichsforderungen beglichen werden konnte. Schwieriger ist die Bewertung des Ergebnisses für die Erbengemeinschaft der früheren Eigentümer, die am Ende offenbar vor allem von den Berliner Straßenbauplänen profitierten. Während die Zahlungsbereitschaft der Stadt Berlin 1964 zunächst auf rund 80000 DM[52] geschätzt worden war, scheint sich der Quadratmeterpreis bis 1967 etwa verdoppelt zu haben.[53] Abzüglich der Hypothek von 27000 DM konnten die ehemaligen Eigentümer bzw. ihre Erben damit immerhin mehr als ein Drittel des ehemaligen RM-Werts erzielen; damit ging aber immer noch ein erheblicher Teil des kriegs- und teilungsbedingten Wertverlusts zu ihren Lasten.

Deutlich erfolgreicher waren jedenfalls jüdische Emigranten, die ein anderes zentral gelegenes, ebenfalls im Eigentum der Bank befindliches Objekt zurück beanspruchten. Am Hamburger Jungfernstieg hatte die Bank 1939 ein bebautes Grundstück erworben, das der nunmehrigen Zentrale der Hamburger Kreditbank direkt benachbart war und teilweise von dieser genutzt wurde; drei Viertel der Immobilie waren in jüdischem Eigentum gewesen. 1950 stellten diese Vorbesitzer bzw. ihre Erben Rückerstattungsanträge. Gegenüber dem Hamburger Wiedergut-

[48] Dresdner Bank Berlin, Rechtsabteilung, an André, 14. 7. 1964, HADrB 20456-2001. In der Quelle ist zwar vom „Einheitswert“ die Rede, gemeint ist aber offenbar der Verkehrswert.

[49] Dresdner Bank, Rechtsabteilung, an das Landgericht Berlin, 28. 7. 1964, ebd.

[50] Öffentliche Sitzung der Zivilkammer 152 des Landgerichts Berlin (Wiedergutmachungskammer) in Sachen Elisabeth G. u. a. gegen Dresdner Bank, 13. 7. 1966, HADrB 20455-2001. Eine der zwölf Antragsteller(innen) im Rückerstattungsverfahren suchte die Verhandlungen über den Verkauf an das Bezirksamt Tiergarten noch einmal hinauszuzögern, gab sich aber offenbar schließlich mit dem Angebot zufrieden; Aktenvermerk der Rechtsabteilung Berlin, 27. 7. 1967, ebd.

[51] Dresdner Bank, Rechtsabteilung, an Bezirksamt Tiergarten, 15. 10. 1968; Bezirksamt Tiergarten von Berlin an Dresdner Bank Berlin, 6. 11. 1968; Amtsgericht Tiergarten, Vermerk über die Löschung der Hypothek, 14. 11. 1968, alles ebd.

[52] Zur Zahlung dieses Preises war die Stadt Berlin 1964 im Zuge des Grundstücksaufkaufs wegen der Straßenverlegung schätzungsweise bereit, die Summe basiert auf einem qm-Preis von 90 DM; Dresdner Bank Berlin, Rechtsabteilung, an André, 14. 7. 1964, HADrB 20456-2001.

[53] Aktenvermerk Hans (Rechtsabteilung Berlin), 27. 7. 1967, HADrB 20455-2001. Hier ist von 180 DM/qm die Rede.

Abb. 20: Hauptgebäude der Hamburger Kreditbank neben dem Grundstück am Jungfernstieg 24.
Quelle: HADrB.

machungsamt vertrat Hölling zwar konsequent die Position, die Rückerstattungsforderung sei „materiell unbegründet", weil der seinerzeitige Kaufpreis von 400 000 RM sogar deutlich über dem 1938 geschätzten Verkehrswert gelegen hatte.[54] Die Bank hatte sich hier offenbar nicht nur formal korrekt verhalten, sondern auch keinen finanziellen Vorteil aus der Notlage der verfolgten Eigentümer gezogen. Einer der Antragsteller gab im Verfahren sogar ausdrücklich an, „dass die Verkaufsverhandlungen loyal geführt" worden seien und die Bank seine „aus den allgemeinen Umständen sich ergebende Zwangslage" nicht ausgenutzt hatte; vor allem war den „arischen" Besitzern des letzten Grundstücksviertels der gleiche Preis bezahlt worden.[55]

Die jüdischen Verkäufer hatten aber über den Kaufpreis nicht verfügen können; dieser war vielmehr zur Deckung diverser Sonderabgaben auf ein Sperrkonto eingezahlt und von den Finanzbehörden „nach und nach abdisponiert" worden. Die Hamburger Kreditbank war deshalb nicht nur rückerstattungspflichtig, sondern hätte nach der einschlägigen Rechtsprechung auch den auf etwa 50 000 DM geschätzten Nettobetrag des aus der Immobilie gezogenen Nutzens herausgeben müssen.[56] Wegen der günstigen Lage hatte sie jedoch „größtes Interesse" an dem

[54] Hölling an das Wiedergutmachungsamt beim Landgericht Hamburg, 25. 9. 1950, HADrB 6071-2000.
[55] Beschluss des Landgerichts Hamburg, 1. Wiedergutmachungskammer, 16. 7. 1951, ebd.
[56] Rechtsabteilung der Hamburger Kreditbank an Geschäftsleitung, 24. 10. 1950, ebd.

Grundstück und strebte daher einen Vergleich an.[57] Die Preisvorstellungen lagen allerdings weit auseinander. Während Edgar C., gemeinsam mit seinem verstorbenen Bruder ehemaliger Eigentümer eines Viertels der Immobilie, das Anderthalbfache der damaligen Kaufsumme von 100000 RM als DM-Betrag verlangte, schlug die Hamburger Wiedergutmachungskammer zunächst 85000 DM vor. Die Kammer unterstützte dabei klar die Position der Bank, und zwar bis hin zu dem warnenden Hinweis, dass für das Grundstück „ein anderer Interessent als die Antragsgegnerin bei der Wirtschaftslage in Deutschland nicht leicht zu finden sein wird" – ein Argument, das jemandem, der nicht irgendeine Entschädigung, sondern eine angemessene Bezahlung seinerzeit entzogenen Vermögens anstrebte, nicht unbedingt eingeleuchtet haben dürfte. Die Kammer schlug allerdings der Hamburger Kreditbank zugleich vor, auf Entschädigungsansprüche gegen den Staat für die Doppelzahlung zu verzichten.[58] Stattdessen wären der Bank voraussichtlich Ausgleichsforderungen in Höhe eines Viertels des seinerzeitigen, deutlich unter dem Verkehrswert liegenden Einheitswerts zugeflossen, die sich auf 73500 DM beliefen.[59]

Nachdem sich die Erben des zweiten jüdischen Eigentümers jedoch auf einen Vergleich in Höhe des seinerzeitigen Verkaufspreises zuzüglich ihrer Anwaltskosten eingelassen hatten, war man bereit, C. einen entsprechenden Betrag von 100000 DM anzubieten. Dass nur ein Teil dieser Aufwendungen durch Ausgleichsforderungen abgedeckt wurde, schien angesichts der Bedeutung des Grundstücks für die Bank durchaus akzeptabel, zumal man den Differenzbetrag vollständig als Unkosten abbuchen konnte, mithin „dann doch 70% dieses Betrages von der Steuer getragen würden."[60] C. konnte die Verhandlungen im Oktober 1951 schließlich sogar mit einer Vergleichszahlung von 110000 DM zuzüglich seiner außergerichtlichen Kosten abschließen. Obwohl dieser Betrag deutlich über ihrem ursprünglichen Angebot von 85000 DM lag und zum Teil als echter Verlust abzubuchen war, war jedoch auch die Hamburger Kreditbank letzten Endes günstig aus einem vergleichsweise zügig beigelegten Streit herausgekommen. Ein neues, von C. in Auftrag gegebenes Gutachten schätzte nämlich den aktuellen Verkehrswert des Grundstücks nicht mehr auf 420000, sondern mittlerweile auf 590000 DM.[61]

Abgeschlossen war die Angelegenheit damit freilich noch lange nicht, denn in den Vergleichen waren die Entschädigungsansprüche der früheren Eigentümer

[57] Hölling an Entzian, 22. 9. 1950, ebd.

[58] Beschluss des Landgerichts Hamburg, 1. Wiedergutmachungskammer, 16. 7. 1951, ebd. Der vorgeschlagene Vergleichsbetrag ergab sich aus einem Grundstückspreis von 105000 DM abzüglich einer durch eine mittlerweile veränderte Berechnungsweise des Nutzungsertrags ermöglichte Ansetzung negativer Erträge.

[59] Aktennotiz Ponto (Rechtsabteilung Hamburg), 8. 8. 1951, ebd.

[60] Vermerk Rinn, betr.: Grundstück Jungfernstieg 24, 25. 9. 1951, ebd.

[61] Dresdner Bank an Hölling, 3. 10. 1951, ebd. Der Vergleich mit C. hatte noch ein Nachspiel, als sich 1953 eine weitere Antragstellerin meldete, nämlich eine Stieftochter aus zweiter Ehe der verstorbenen Mutter von C. und seinem für tot erklärten Bruder, während C. bis dahin als beider Alleinerbe gegolten hatte. C. schloss mit der Stieftochter, die einen Teil der Erbmasse aus Gütergemeinschaft beanspruchte, wiederum einen Vergleich, nachdem ihm die Hamburger Kreditbank umgehend eine Schadensersatzklage angedroht hatte; Rechtsabteilung an Vorstand der Hamburger Kreditbank, 4. 2. 1954, HADrB 6072-2000.

gegen das Deutsche Reich wegen des seinerzeit nicht ausbezahlten Kaufpreises an die Hamburger Kreditbank übergegangen.[62] Erst nach In-Kraft-Treten des Bundesentschädigungsgesetzes konnte diese Forderung angemeldet werden. Im Juli 1960 schickte die Dresdner Bank AG dem Hamburger Amt für Wiedergutmachung eine detaillierte Aufstellung der Zahlungen an die seinerzeitigen Grundstückseigentümer, ihrer Verbuchungen und der zwangsweisen Abführungen.[63] Kurz darauf meldete allerdings auch eine Erbeserbin eines der früheren Grundstückeigentümer konkurrierende Entschädigungsansprüche an. Nachdem bis 1966 die Rechtslage nicht eindeutig geklärt war, rang die Dresdner Bank sich schließlich zu einem Vergleich durch. Von der auf das Erbteil entfallenden, vergleichsweise marginalen Entschädigungssumme von 4700 DM erhielt die Bank 3000 DM – Anlass zu einiger Befriedigung für die Hamburger Rechtsabteilung, die zunächst nur auf die Hälfte des strittigen Betrags gehofft hatte.[64] Der Ausgang der übrigen Entschädigungsansprüche ist nicht überliefert, doch ist davon auszugehen, dass diese von der Bank allein durchgesetzt werden konnten.

Grundsätzlich war das nur recht und billig, denn schließlich war die Dresdner Bank nicht die Verursacherin der Vermögensschäden. Daneben zeigt die Auseinandersetzung um die Entschädigungsansprüche aber ein Charakteristikum, das auch andere Fälle prägte: Die Bank kämpfte um jede Mark, und diese Herangehensweise ließ wenig Raum für freiwillige Zugeständnisse an die Antragsteller. Das galt insbesondere dann, wenn die Kosten nicht durch Ausgleichsforderungen aufgefangen werden konnten. Diese Erfahrung machte auch Robert St., der nach dem Verlust seiner Zulassung als Rechtsanwalt und kurz vor seiner Auswanderung in die USA 1939 der Dresdner Bank eine erstrangige Hypothek auf ein Oberurseler Grundstück mit einem Abschlag von 20 Prozent verkauft hatte. 1954 wandte er sich mit der Bitte an die Bank, den seinerzeit „nur unter dem Druck der Verhaeltnisse" erzwungenen Abschlag nachzuzahlen. Der in Frage stehende Betrag von 3400 RM konnte nach der Abwertung für die Bank in der Tat, wie St. meinte, „keine grosse Rolle spielen". Für den Emigranten war er offenbar, zumal angesichts seines vorgerückten Alters, von wesentlich größerer Bedeutung.[65] Die Dresdner Bank bestritt nicht unbedingt, dass St.s Darstellung korrekt war. Der Grund für eine knappe Abweisung seiner Bitte war vielmehr, dass mittlerweile die Fristen für Rückerstattungsanträge „längst verstrichen" waren und deshalb keine Möglichkeit mehr bestand, daraus resultierende Zahlungen in Ausgleichsforderungen umzuwandeln.[66]

[62] Protokoll der öffentlichen Sitzung des Landgerichts Hamburg, 1. Wiedergutmachungskammer, in der Rückerstattungssache K. und L. gegen Dresdner Bank Berlin, 2. 10. 1951; dito in der Sache C. gegen Dresdner Bank Berlin, 6. 10. 1951, beides in: HADrB 6071-2000.

[63] Dresdner Bank an Sozialbehörde der Freien und Hansestadt Hamburg, Amt für Wiedergutmachung, 13. 7. 1960, HADrB 16188-2001.

[64] Dresdner Bank an Freie und Hansestadt Hamburg, Behörde für Wirtschaft und Verkehr, Abt. Bankwesen, 24. 1. 1966; Maier (Rechtsabteilung Hamburg) an Witt, 7. 1. 1966, beides ebd.

[65] Robert St. an Dresdner Bank Frankfurt, 20. 10. 1954, HADrB 7435-2002.

[66] Dresdner Bank an Robert St., 25. 10. 1954, ebd. Die Anmeldefristen hatten Ausschlusscharakter und liefen in der amerikanischen Zone nur bis zum 31. 12. 1948, in der britischen Zone und Berlin bis zum 30. 6. 1950; Schwarz, Rückerstattung, S. 265. Bis dahin nicht beantragte Rückerstattungen wurden von den Nachfolgeorganisationen übernommen, die sich wiederum in den fünfziger Jah-

St., der das Rückerstattungsrecht offenbar gründlich kannte, mangels zugänglicher Dokumente die Sache aber nicht früher hatte vorbringen können, versuchte den Bankjuristen noch einmal klarzumachen, dass es für ihn um etwas ganz anderes ging. Er hatte bewusst nicht etwa den vollen Hypothekenbetrag gefordert, der wegen der Auswanderung nie zu seiner freien Verfügung gelangt war und ihm deshalb nach den Rückerstattungsgesetzen zugestanden hätte. St. erwartete durch die Zahlung vielmehr auch eine gewisse immaterielle Wiedergutmachung, nämlich die Anerkennung der Tatsache, dass ihm seinerzeit – nicht etwa durch Verschulden der Bank, sondern durch die politischen Umstände – nicht der volle Gegenwert für sein Eigentum zugeflossen war. Unter Verweis auf Bundeskanzler Adenauers Erklärung vor dem Bundestag, dass zur Beseitigung des in der NS-Zeit geschehenen Unrechts „das deutsche Volk die ernste und heilige Pflicht zu helfen" habe, bat St. die Bank, die Angelegenheit nochmals „nicht unter dem Gesichtspunkte von Fristen und Formalitaeten, sondern von Recht und Billigkeit" zu prüfen.[67] Damit war er an der falschen Adresse. Die Bankjuristen belehrten ihn lediglich, es sei allein seiner „Fristversäumnis [...] zuzuschreiben, daß wir uns für etwaige Leistungen gegenüber der öffentlichen Hand nicht erholen konnten"; es stehe ihm „wenig an, uns Vorhaltungen zu machen, weil wir uns auf die gegebene Rechtslage berufen."[68]

Die hier deutlich werdende Mentalität – die Behandlung von Entziehungen als rein juristisches Problem, die wiederum ein reines Gewissen hinsichtlich der vor 1945 eingenommenen, ebenfalls rein geschäftsmäßigen Haltung zur Enteignung der jüdischen Mitbürger voraussetzte – zeigte sich nicht nur in den Verhandlungen um die Rückerstattung systematisch entzogenen Vermögens.

2. Verwertete Sicherheiten als Rückerstattungsobjekte

Die bislang geschilderten Fallbeispiele basierten, trotz aller strittigen Details, auf einem relativ klaren Grundtatbestand: Deutsche Juden, die nach 1938 ihr Vermögen auflösen mussten, hatten dies auch im Falle formal freiwilliger Immobilienverkäufe offensichtlich nicht aus eigenem Antrieb getan, sondern stets zur Begleichung diverser Abgaben, die auch bei einer rechtzeitigen Auswanderung den Großteil des Vermögens abschöpften – letzten Endes also immer auf der Grundlage administrativer, tendenziell die gesamte jüdische Bevölkerung treffender Zwangsmaßnahmen. Die ersten Jahre der nationalsozialistischen Herrschaft hatte hingegen eine Mischung aus politischen Schikanen und gesellschaftlicher Ausgrenzung gekennzeichnet. Neben entlassenen Angestellten und Beamten waren dadurch viele jüdische Unternehmer unter Druck geraten, welche mit ihrem Privatvermögen für die Schulden von Unternehmen hafteten, die teilweise bereits in der Wirtschaftskrise vor der nationalsozialistischen Machtübernahme in Konkurs gegangen oder jedenfalls in ernsthafte Zahlungsschwierigkeiten geraten waren. Im

ren mit zahlreichen verspäteten Antragstellern auseinandersetzen mussten und diesen Kompensationen zahlten; Lillteicher, Rückerstattung, S. 305–307.

[67] Robert St. an Dresdner Bank Frankfurt, 3. 11. 1954, HADrB 7435-2002.

[68] Dresdner Bank an Robert St., 8. 11. 1954, ebd.

letzteren Fall waren diese Unternehmen durch die neuen politischen Rahmenbedingungen, mitunter auch durch eine frühzeitige Emigration der Inhaber oft daran gehindert worden, von der Konjunkturbelebung seit 1933 zu profitieren.

Neben der „Arisierung“ oder Liquidation von Unternehmen, mit deren rückerstattungsrechtlichen Konsequenzen sich das nächste Kapitel beschäftigt, hatten die mit Krediten bei solchen Unternehmen oder Privatschuldnern engagierten Banken über die Möglichkeit verfügt, die Verschuldung durch die Verwertung von Sicherheiten auszugleichen oder jedenfalls zu verringern. Übernahme und Weiterverkauf von Wertpapieren oder Immobilien zu diesem Zweck waren ein normaler Teil des Kreditgeschäfts. Dadurch, dass diese Transaktionen erst nach 1933 stattfanden, verschränkten sich aber häufig wirtschaftlich und politisch bedingte Zwangslagen der jüdischen Eigentümer. Entsprechend kompliziert konnte die Urteilsfindung in Rückerstattungsverfahren werden, was sich deutlich in der uneinheitlichen Rechtsprechung über die Rückerstattungspflicht zwangsversteigerter Immobilien spiegelte.[69] Dies dürfte ein Grund dafür sein, dass sich die Rhein-Main Bank in einigen, hier nur kurz zu streifenden Streitfällen recht pragmatisch verhielt. So beteiligte sie sich zur Vermeidung von Regressansprüchen zur Hälfte an der Vergleichszahlung für ein Wiesbadener Grundstück, das sie 1937 nach eigener Einschätzung „in jeder Weise ordnungsmässig und korrekt“ aus einer Zwangsversteigerung erhalten und anschließend weiterverkauft hatte.[70] Ein weiterer Grund für Vergleichsbereitschaft konnten Geschäftsverbindungen zu den neuen Eigentümern sein: Einer Gelnhausener Grundstücksbesitzerin zahlte man als „Geste“ einen Zuschuss zu den Vergleichskosten, obwohl ihre Regressansprüche kaum durchsetzbar gewesen wären und deshalb auch keine Ausgleichsforderung gewährt wurde. Der Grund für die Beteiligung war vielmehr eine „jahrzehntelange Zusammenarbeit“ mit der Firma ihres Ehemanns, die die Filiale unbedingt fortsetzen wollte.[71] Gelegentlich ließ sich mit Restitutionsvergleichen sogar direkt Geld verdienen, indem man dem neuen Eigentümer einen Kredit zur Finanzierung der Vergleichskosten einräumte.[72]

Ein allgemeines Verhaltensmuster lässt sich aus diesen wenigen Beispielen allerdings nicht ableiten, zumal es hier nur um sehr geringe Summen ging. Es lässt sich heute auch nicht mehr rekonstruieren, wie zahlreich solche Restitutionsfälle waren und wieweit sich die vorangegangenen Sicherheitsverwertungen ähnelten oder unterschieden. Eine Typologie der Verwertung privater Sicherheiten und der daraus resultierenden Rückerstattungskonstellationen kann hier also nicht erarbeitet werden. Stattdessen soll im Folgenden anhand zweier gut dokumentierter Einzelfälle nachgezeichnet werden, wie sich die Dresdner Bank und ihre Nachfolgeinstitute in langwierigen Auseinandersetzungen verhielten, die sich aus der Gemengelage von politischer Verfolgung und wirtschaftlicher Krisenlast in der Frühzeit des NS-Regimes ergaben.

[69] Vgl. Schwarz, Rückerstattung, S. 154–158.
[70] Rhein-Main Bank, Juristisches Büro, an den Hessischen Minister der Finanzen, 6. 3. 1952, HADrB 7453-2002.
[71] Rhein-Main Bank, Filiale Gelnhausen, an Rechtsabteilung Frankfurt, 28. 11. 1952, ebd.
[72] Rhein-Main Bank, Juristisches Büro, an Direktor Jensen, 29. 8. 1951; Protokoll der öffentlichen Sitzung der 1. Wiedergutmachungskammer beim Landgericht Wiesbaden in Sachen B. gegen L. und Rhein-Main Bank, 21. 9. 1951, beides in: HADrB 7416-2002.

Das späte Scheitern einer Verweigerungstaktik: Der Fall Hermann B.

Hermann B., Mitinhaber eines Berliner „Bank- und Getreidegeschäfts" und Alleininhaber eines rechtlich unabhängigen Unternehmens in Frankfurt/Oder, war bereits Anfang 1933 nach Frankreich emigriert. Kurz darauf hatte die Dresdner Bank einen der Frankfurter Firma angeblich unbefristet bewilligten US-Dollarkredit zunächst auf Reichsmark umgestellt, weil eine unmittelbar bevorstehende Abwertung des Dollar gegenüber der Reichsmark abzusehen gewesen war; in RM war der offen stehende Kreditsaldo dadurch wesentlich höher ausgefallen, als wenn die Umstellung erst später stattgefunden hätte. Im März 1935 hatte die Bank diesen Kredit dann gegen B.s Widerspruch gekündigt und zur Ablösung der Kreditschulden ein Aktienpaket im Nominalwert von 1 Mio. RM, das sich für B.s persönliche Rechnung als Sicherheit bei der Bank befunden hatte, in den eigenen Effektenbestand übernommen. Überdies war der Kurs dieser Aktien in den folgenden Jahren deutlich gestiegen, so dass der Bank ein deutlicher Profit, B. hingegen durch die frühzeitige Verwertung seiner Kreditbesicherung ein erheblicher Verlust entstanden war. Drei weitere Wertpapierpakete aus einem Sicherheitsdepot des Berliner Unternehmens im Gesamtwert von über 2 Mio. RM waren 1936, ebenfalls gegen den umgehenden Widerspruch B.s, zur Abdeckung eines Passivsaldos herangezogen worden. Bei der Androhung der Verwertung an der Börse hatte man B. eine Frist von gerade einmal zehn Tagen zur anderweitigen Deckung gegeben, und auch hier hatten in den Folgejahren erhebliche Kurssteigerungen stattgefunden.[73]

So lautete jedenfalls die Darstellung von B.s Anwalt, der 1952 die Rückerstattung der Aktien beantragte. Tatsächlich war die Sachlage etwas komplexer. Das Berliner Bankgeschäft war nämlich bereits im August 1933 liquidiert worden, nachdem es nach der Bankenkrise nicht in der Lage gewesen war, Abnahmeverpflichtungen aus einem gemeinsamen Aktiengeschäft mit der Dresdner Bank zu erfüllen. Zudem hatte das Berliner Unternehmen Steuer- und Mietschulden hinterlassen, und aus B.s Frankfurter Firma war wegen des umgewandelten Dollarkredits, zu dessen Besicherung B. den oben erwähnten ersten Aktienposten hinterlegt hatte, keine Ablösung der Berliner Schulden zu erwarten gewesen. Der Arbeitsausschuss des Aufsichtsrats hatte daraufhin dem Vorstand der Dresdner Bank den Auftrag erteilt, „*sofort* alle Massnahmen [zu] ergreifen [...], um das herauszuholen, was noch herauszuholen ist."[74]

Neben B. erhob außerdem noch jemand Ansprüche auf Restitutionszahlungen, nämlich sein ebenfalls frühzeitig emigrierter Stiefsohn Max F., stiller Gesellschafter des Berliner Unternehmens, bis 1933 Direktor der Deutschen Centralbodenkredit AG und Aufsichtsratsmitglied der Dresdner Bank. Dieser hatte angeblich „auf Grund interner Abmachungen" für die nach den Aktientransaktionen noch bestehenden Verbindlichkeiten des Berliner Bankhauses gehaftet.[75] Er meldete im

[73] Rückerstattungsantrag von B.s Anwalt an das Wiedergutmachungsamt Berlin, 10. 4. 1952, HADrB 7477-2002.

[74] Aktennotiz für Leese, 14. 11. 1933, ebd; „sofort" im Original unterstrichen. Zu den Kompetenzen des Arbeitsausschusses vgl. Bähr, Dresdner Bank, S. 18.

[75] Aktennotiz Konsortialabteilung (Rinn/Eichner), 17. 11. 1936, HADrB 7477-2002. Nach dieser

Sommer 1950 auch als erster einen Rückerstattungsanspruch auf die Aktienpakete an und signalisierte zugleich, „dass die Sache freundschaftlich geregelt werden" könne.[76] Im Auftrag von Hugo Zinßer lotete der Rechtsanwalt Ernst Boesebeck F.s Ansprüche aus, kam aber zu dem Ergebnis, diese seien als „normale Abwicklung eines Debetsaldos" einzustufen und daher rechtlich unbegründet. Eine Vergleichszahlung der Rhein-Main Bank, die wegen der guten Beziehungen Zinßers zu F. dennoch erwogen wurde, könne daher voraussichtlich nicht durch die Passivierung in deren Umstellungsrechnung und die Gewährung von Ausgleichsforderungen aufgefangen werden.[77]

Danach scheinen die Verhandlungen vorläufig zum Stillstand gekommen zu sein. Im September 1951 brachte schließlich Hermann B. bei einem Besuch in Frankfurt seine Ansprüche – zunächst nur aus der erstgenannten, das Frankfurter Unternehmen betreffenden Transaktion – vor, die sich seiner Ansicht nach auf etwa 4 bis 5 Mio. RM beliefen. Gleichzeitig brachte er „allerdings zum Ausdruck, dass er in Anbetracht seines hohen Alters" – B. war zu diesem Zeitpunkt achtundsiebzig Jahre alt – „mit jeder angemessenen, sofortigen Regelung einverstanden sein würde."[78] Kurz darauf sprach auch sein Anwalt bei den Frankfurter Bankjuristen vor, und deren anschließende Anweisung an die Berliner Rechtsabteilung zeigt beispielhaft, welche Mentalität auf der Expertenebene der Wiedergutmachung herrschte. B.s Anwalt verfügte nämlich offensichtlich über keine schriftlichen Unterlagen und wollte sich selbst bei der Altbank über die Sachlage informieren. Die Frankfurter Juristen wiesen ihre Berliner Kollegen umgehend an, sich darauf „unter keinen Umständen" einzulassen, sondern dem Anwalt im Gegenteil mitzuteilen, dass die Bank alle Unterlagen „bereits durchgeprüft habe und sich als Ergebnis dieser Prüfung überhaupt nicht vorstellen könne, aus welchen Gründen Restitutionsansprüche gegen sie erhoben werden könnten."[79]

Tatsächlich konnte man sich das durchaus vorstellen. Einer der beiden Verfasser dieses Schreibens, ein Frankfurter Prokurist, fertigte zwei Tage später für Zinßer eine Notiz an. Diese war „nur in dem einen Exemplar ohne Kopien vorhanden, sodass sie ohne weiteres aus der Welt geschafft werden kann, falls die darin zutage kommenden Überlegungen unbequem für uns sind."[80] Der Problemaufriss rechnete sauber die Vorteile vor, die die Dresdner Bank aus ihrer Vorgehensweise gezogen hatte. Bei der Umwandlung des Dollarkredits seien die „Überlegungen der Bank [...] sicherlich dahin [gegangen], selbst den erwarteten Abwertungsgewinn mitzunehmen und ihn nicht dem Schuldner zugute kommen zu lassen." Auch die „Exekution" des ersten Aktienpakets, dies belegte eine Aktennotiz des seinerzeitigen Vorstandsmitglieds Alfred Busch, war explizit damit begründet worden, „dass Kursgewinne, die [...] wahrscheinlich eintreten würden, der Bank und nicht dem Schuldner zugute kommen sollten." Insgesamt war die Bank damit freilich nur „letzten Endes ohne Verlust" aus dem Gesamtengagement hervorgegangen.

Notiz verzichtete man damals „infolge völliger Aussichtslosigkeit" auf einen Prozess gegen den emigrierten B., setzte diesen jedoch aus „taktischen Gründen [...] weiter unter Druck."

[76] Max F.s Anwalt an Ernst Boesebeck, 8. 8. 1950, ebd.

[77] Aktennotiz Eiche für Zinßer, 21. 8. 1951, ebd.

[78] Lehmann, Aktennotiz für Herrn Direktor Dr. Zinßer, 12. 10. 1951, ebd.

[79] Rhein-Main Bank, Juristisches Büro, an Dresdner Bank Berlin, Rechtsabteilung, 6. 10. 1951, ebd.

[80] Beise an Zinßer, 9. 10. 1951, ebd.

Der Verfasser hielt zwar ebenfalls fest, dass die Bank zu ihrem Vorgehen völlig berechtigt gewesen sei, wollte aber B. „von seinem Standpunkt aus gesehen, eine gewisse Berechtigung nicht absprechen"; „aus Gründen der Fairness und im Interesse der Wiederanbahnung und Erhaltung guter Beziehungen" schlug er, allerdings nur als freiwilliges „Entgegenkommen", eine Teilung des seinerzeitigen Dollarabwertungsgewinns von etwa 400 000 RM vor.[81] Wenige Tage später ließ der Prokurist, nach einem „Gespräch" mit Hermann Richter, diesen Vorschlag allerdings fallen und zog sich ebenfalls auf eine strikt juristische Argumentationslinie zurück: Aus beiden Transaktionen ließen sich keinerlei Schadensersatzansprüche begründen, und B.s Ansprüche könnten daher „auf keinen Fall unter die Restitutionsgesetzgebung fallen."[82]

Die Bankjuristen stellten sich daher zunächst nicht nur nach außen hin auf den Standpunkt, alle von B. monierten Transaktionen seien zumal nach den Allgemeinen Geschäftsbedingungen der Dresdner Bank juristisch korrekt abgelaufen.[83] Man war vielmehr auch intern der Meinung, dass die grundsätzliche Zurückhaltung gegenüber Vergleichsverhandlungen hier besonders angebracht war.[84] Nachdem B.s Anwalt Anfang 1952 noch eine klare Absage erhalten[85] und im April den oben zitierten Rückerstattungsantrag gestellt hatte, wurde jedoch bereits im August 1952 ein Vergleich geschlossen. Danach erhielten B. 10 000 DM und F. 75 000 DM „zum Ausgleich sämtlicher Rückerstattungs-, zivilrechtlicher und sonstiger Ansprüche, die Herrn B[...], Herrn Dr. F[...] oder der Firma [...] gegen die Dresdner Bank zustehen".[86] Dieser Vergleich wurde von Hugo Zinßer „angeordnet", und selbst die Rechtsexperten der Bank konnten nur konstatieren, dass er „aus ausserhalb dieses Falles liegenden Gründen" erfolgte.[87] Verbucht wurden die Zahlungen nicht zu Lasten der Umstellungsrechnung, sondern in der Gewinn- und Verlustrechnung der Verlagerungsabteilung; ein weiterer Hinweis darauf, dass sie nur indirekt mit B.s Restitutionsverfahren zu tun hatten, weil so die Bankenaufsichtsbehörden außen vor blieben.[88]

Einige Jahre später sollten die Hintergründe deutlicher werden. Im Januar 1956 focht B. diesen Vergleich nämlich an und beantragte ein neuerliches Wiedergutmachungsverfahren. Zur Begründung gab er nicht nur ein eklatantes Missverhältnis zwischen der Vergleichssumme und dem Wert der umstrittenen Aktien an. Nach den Ausführungen seines Anwalts war er außerdem von Max F. und der

81 Aktennotiz Beise, 8. 10. 1951, ebd.
82 Aktennotiz Beise, 19. 10. 1951, ebd.
83 Rhein-Main Bank, Juristisches Büro, an Dresdner Bank Berlin, Konsortialabteilung, 14. 1. 1952, ebd.
84 Telegramm Entzian und Laabs (Dresdner Bank Berlin) an Eiche (Rechtsabteilung Rhein-Main Bank), 4. 9. 1951, ebd.
85 Dresdner Bank Berlin, Rechtsabteilung, an B.s Anwalt, 23. 1. 1952, ebd.
86 Wiedergutmachungsämter von Berlin, Vergleichsniederschrift, 7. 8. 1952, mit Anlage Vergleich vom 1. 8. 1952, HADrB 7478-2002.
87 Aktennotiz Laabs, 30. 7. 1952; Laabs an André, 1. 8. 1952, beides in: HADrB 20430-2001. Ursprünglich wurde nur ein Vergleich mit B. und seinem in Liquidation befindlichen, 1937 von Frankfurt nach Berlin verlagerten Unternehmen entworfen, der jedoch nach einer Besprechung mit F. kurzfristig auf diesen ausgedehnt wurde. Vergleichsentwurf, o. D., mit Anschreiben Laabs an Eiche, 29. 7. 1952; Vergleichsentwurf, per Telegramm Eiche an Laabs, 30. 7. 1952, beides in: HADrB 7477-2002.
88 Aktennotiz Frankfurt, 9. 9. 1959, HADrB 7479-2002.

Rhein-Main Bank gemeinsam hinters Licht geführt worden. Letztere habe nämlich 1949 mit F. und einem Schweizer Geschäftsmann einen Vertrag über deren Übernahme von Anteilen einer Frankfurter Vermögensverwaltungsgesellschaft geschlossen; nach Unstimmigkeiten habe man beschlossen, den Schweizer Vertragspartner zu entschädigen. Zur Umgehung der einer solchen Zahlung entgegenstehenden Devisenvorschriften sei jedoch die Einrichtung eines Sperrmarkkontos notwendig gewesen, und nur zu diesem Zweck sei der Vergleich mit F. abgeschlossen worden.[89] Offenbar hatte man einfach versucht, B.s lästige Rückerstattungsforderungen bei dieser Gelegenheit gleich mit aus dem Wege zu räumen.

Dem neuen Wiedergutmachungsverfahren trat nicht nur Max F., sondern auch ein neuer Notliquidator des ehemaligen Frankfurter Unternehmens bei. Dieses war nämlich 1935 zunächst von zwei neuen jüdischen Gesellschaftern übernommen und somit erst nach dem Ausscheiden B.s „aus Verfolgungsgründen gelöscht" worden. Der frühere Liquidator, der zugleich B.s und F.s Anwalt gewesen war, hatte daher in dem Vergleich 1952 auch mögliche Rückerstattungsansprüche des Unternehmens aufgegeben, ohne dazu berechtigt zu sein. B. hielt sich freilich für den allein Anspruchsberechtigten. Sein Antrag auf ein neues Rückerstattungsverfahren wurde 1959 von der Wiedergutmachungskammer des Landgerichts Berlin unter Verweis auf die Erledigung sämtlicher Ansprüche durch den seinerzeitigen Vergleich zurückgewiesen. Das Kammergericht hob diese Entscheidung aber 1961 wegen unzureichender Berücksichtigung der Schweizer Devisentransaktion und des fehlerhaften Verhaltens des ersten Notliquidators bei der Verteilung der Vergleichssumme auf. Max F. gab im Verlauf des Verfahrens offen zu Protokoll, dass der Vergleich „nur zum Schein über die Rückerstattungsansprüche geschlossen worden" war und tatsächlich die Abwicklung des von B. angeführten, rückerstattungsfremden Geschäfts „die Hauptsache" gewesen sei; daneben habe man dem „damals in Not befindlichen" B. „so rasch wie möglich und noch zu seinen Lebzeiten" helfen wollen.[90]

In dem neuerlichen Verfahren vor dem Landgericht setzte die Dresdner Bank wiederum eine Zurückweisung von B.s Antrag durch. Diesmal entschied das Argument, es sei nicht nachweisbar, dass die Papiere aus dem im jetzigen Ostsektor Berlins belegenen Girosammeldepot der alten Bankzentrale überhaupt in den Geltungsbereich der West-Berliner Rückerstattungsanordnung gelangt waren.[91] Auch diese Entscheidung wurde jedoch 1967 vom Kammergericht aufgehoben. Im Oktober 1965 hatte nämlich das Oberste Rückerstattungsgericht für Berlin, aufbauend auf dem Wertpapierbereinigungs-Schlussgesetz von 1964, eine Entscheidung getroffen, die B.s Anspruch auf eine neue Rechtsgrundlage stellte: Wertpapiere, die außerhalb des Geltungsbereichs der Rückerstattungsgesetze entzogen worden waren, galten dann als in den Geltungsbereich gelangt, wenn sie grundsätzlich der Wertpapierbereinigung unterlagen – unabhängig davon, ob tatsächlich eine Anmeldung speziell der strittigen Papiere zur Bereinigung stattge-

[89] B.s Anwalt an das Wiedergutmachungsamt 4I Berlin-Schöneberg, 30. 1. 1956, HADrB 7478-2002.
[90] Beschluss des 18. Zivilsenats des Kammergerichts in Berlin, 4. 9. 1961, Zitate S. 7, 9, ebd.
[91] Beschluss der Wiedergutmachungskammer des Landgerichts Berlin, 30. 9. 1963, S. 9f., ebd.

funden hatte oder nicht. Dadurch wurden auch die seinerzeit in Ost-Berlin verwerteten Aktien B.s rückerstattungsfähig und die Zuständigkeit der Berliner Rückerstattungsgerichte war gegeben.[92]

Erst jetzt wirkte sich das rückerstattungsrechtliche Prinzip der Beweislastumkehr zuungunsten der Bank aus. Der Frankfurter Chefsyndikus der Dresdner Bank AG riet dem Vorstand zu einem baldigen Vergleich, denn nun hätte das Landgericht erstmals die „Kernfrage" klären müssen, ob die Verwertung der Aktienpakete tatsächlich eine Entziehung darstellte. Dabei aber hätte die Bank vermutlich den Kürzeren gezogen, weil sie nun zur Vorlage des seinerzeitigen Aktenmaterials gezwungen gewesen wäre. Bislang hatte man nämlich stets behauptet, die drei 1936 als Sicherheiten herangezogenen Aktienpakete direkt an der Berliner Börse „exekutiert" zu haben, und so war es damals auch B. mitgeteilt worden. Man hatte nur nicht erwähnt, dass die Dresdner Bank die Papiere selbst erworben hatte – der Umweg über die Börse war lediglich nötig gewesen, um den gesetzlichen Bestimmungen über die Pfandverwertung zu entsprechen. B.s Anwalt hatte eine Übernahme in den eigenen Effektenbestand der Bank zwar bereits 1952 behauptet, aber nicht nachweisen können. Angesichts der erheblichen Profite aus den anschließenden Kurssteigerungen lag nach Einschätzung des Bankjuristen die gerichtliche „Vermutung nahe, daß die Bank unter Ausnutzung der damaligen Notlage der Gegenseite diese Positionen ungerechtfertigt entzogen" hatte. Zudem musste die Dresdner Bank wegen des Zeitpunkts der Übernahme ihrerseits nachweisen, dass man sich einem „arischen" Kunden gegenüber genauso verhalten hätte. Überdies waren die Erträge aus allen Verwertungen eben nicht zur freien Verfügung der früheren Besitzer gelangt. Und schließlich war man sich auch hinsichtlich der Berechtigung der Bank zur einseitigen Verwertung der Aktien und der Umwandlung des Dollarkredits zu Lasten B.s nicht mehr ganz so sicher wie fünfzehn Jahre zuvor.[93]

Der Chefsyndikus kalkulierte den Abschluss eines Gerichtsverfahrens auf „frühestens Mitte der 70er Jahre", und dabei war „kaum zu erwarten", dass die Bank einen Prozess gewinnen würde. Und noch ein weiteres Argument sprach für einen zügigen Vergleichsabschluss: Es sei zu befürchten, dass sich hinsichtlich der Höhe der Vergleichssumme „später die Haltung der Gegenseite versteifen würde, insbesondere wenn Herr B[...] oder dessen Stiefsohn, Herr Dr. F[...], sterben würden, da dann das Zeitproblem für deren Erben nicht mehr die Rolle spielen würde, wie heute für die Herren selbst."[94] Nach jahrzehntelanger Blockade wurde der drohende Tod eines ehemaligen jüdischen Geschäftspartners zum bankjuristischen „Zeitproblem". Immerhin wurde das Problem jetzt umgehend gelöst: Nach einem

92 Lehmann an Dresdner Bank Berlin, Rechtsabteilung, 19. 9. 1967; Lehmann an den Vorstand der Dresdner Bank, 13. 5. 1968, Zitat S. 3, beides in: HADrB 7479-2002. Auszüge aus dem ORG-Urteil vom 25. 10. 1965 nebst Kommentar finden sich in: RzW 15 (1966), S. 113f. Zum Zusammenhang von Wertpapierbereinigung und Rückerstattung vgl. allgemein Schmidt, Entziehungen, S. 353–355.

93 Notiz Lehmann/Arlt, 26. 3. 1968, Zitat S. 2, HADrB 7479-2002. Der Hinweis auf die Mitteilungen an B. findet sich im Beschluss der Wiedergutmachungskammer des Landgerichts Berlin, 30. 9. 1963, S. 3, HADrB 7478-2002.

94 Lehmann an den Vorstand der Dresdner Bank [AG], 13. 5. 1968, Zitate S. 6, 9f., HADrB 7479-2002.

im Juni 1968 protokollierten Vergleich erhielt Hermann B. die gegenüber der Zahlung von 1952 geradezu atemberaubende Summe von 1,8 Mio. DM.[95] Max F. war inzwischen aus dem Verfahren ausgeschieden, stand aber offenbar weiterhin hinter seinem Stiefvater; 90000 DM der Vergleichssumme gingen vorab an den Notliquidator des ehemaligen Frankfurter Unternehmens, um diesen „auszukaufen" und dadurch an einer Verschleppung des Verfahrens zu hindern.[96] B. konnte seinen Sieg freilich kaum mehr auskosten. Er verstarb, im Alter von fünfundneunzig Jahren, fünfzehn Tage nach der Protokollierung des Vergleichs.[97]

Dieser Vergleich ging, anders als in vielen anderen Fällen, überwiegend tatsächlich zu Lasten der Bank und nicht der öffentlichen Hand. Die Ausgleichsforderungen, die die Dresdner Bank AG nach harten Diskussionen mit der Bankenaufsicht in ihre Umstellungsrechnung aufnehmen durfte, beliefen sich auf 365000 DM; hinzu kamen die mittlerweile aufgelaufenen Zinsen von 328500 DM.[98] Der allergrößte Teil der Aktien hatte sich nämlich auch zum Stichtag der Währungsumstellung noch im Besitz der Bank befunden und stand daher als Aktivposten in der Umstellungsrechnung; dies aber eben zu den relativ niedrigen Kursen des Jahres 1948.[99] Der Bundesbeauftragte für Altbankenfragen stellte sich daher auf den Standpunkt, dass die Bank im Fall eines verlorenen Prozesses für die Herausgabe der Aktien zum Umstellungswert, nicht aber für die erheblich höhere, am Gegenwartswert orientierte Vergleichssumme kompensiert werden müsse.[100] Dennoch profitierte die Dresdner Bank von der Abfindung B.s, denn der aktuelle Wert der Aktienpakete, die sie im Fall einer Prozessniederlage hätte herausgeben oder für die sie Ersatz hätte leisten müssen, wurde einschließlich entgangener Dividenden und Bezugsrechte mittlerweile auf rund 8,5 Mio. DM geschätzt.[101]

Zu den Besonderheiten des Falls B. zählt neben dieser Entstehung echter Vergleichskosten für die Bank, dass diese fast zwei Jahrzehnte lang versuchte, eine sachliche Aufarbeitung der historischen Vorgänge zu verhindern und sich nicht nur hinter der formalen Korrektheit der Sicherheitenverwertung, sondern auch hinter einem Informationsvorsprung zu verschanzen suchte. Deutlich wird dabei eine professionelle Mentalität, die sich bestenfalls wenig für die eigene historische Verantwortung und die Situation der seinerzeit um ihr Vermögen gebrachten Emigranten, umso mehr aber für die Vermeidung von Kosten interessierte. Ein absoluter Einzelfall war allerdings, soweit die Akten dies heute noch feststellen lassen, die phantasievolle Nutzung des Rückerstattungsrechts als Vehikel zur Umgehung der Devisenvorschriften durch Hugo Zinßer und Max F. Die Täu-

[95] Vergleich (Abschrift) vom 6. 6. 1968, Anlage zum Verhandlungsprotokoll in der Rückerstattungssache B. ./. Dresdner Bank, ebd.
[96] Lehmann an den Vorstand der Dresdner Bank [AG], 13. 5. 1968, Zitat S. 7, ebd.
[97] Lehmann an Dresdner Bank Berlin, Rechtsabteilung, 9. 7. 1968, ebd. In den Akten der Dresdner Bank wird B.s Alter wohl irrtümlich mit 97 Jahren angegeben. Ein Alter von 95 Jahren ergibt sich aus der Angabe seines Geburtsdatums in der Anfechtung des ersten Vergleichs; B.s Anwalt an das Wiedergutmachungsamt 4I Berlin-Schöneberg, 30. 1. 1956, S. 2, HADrB 7478-2002.
[98] Aktennotiz Koller, 20. 5. 1968; Der Hessische Minister für Wirtschaft und Verkehr an Dresdner Bank AG, Rechtsabteilung, 28. 6. 1968, beides in: HADrB 7479-2002.
[99] Lehmann, Vorlage für Vorstandssitzung am 28. Mai 1968, ebd.
[100] Lehmann an den Vorstand der Dresdner Bank [AG], 13. 5. 1968, S. 8, ebd.
[101] Aufstellung Bellinger/Koller, 2. 5. 1968; Lehmann an den Vorstand der Dresdner Bank [AG], 13. 5. 1968, S. 6, beides ebd.

schung der übrigen Verfahrensbeteiligten über den tatsächlichen Verbleib der Aktienpakete hingegen war legal. Letzten Endes aber zahlte sich das jahrzehntelange Taktieren nicht aus, denn ein früher und fairer Vergleich mit B. wäre die Bank vermutlich deutlich billiger gekommen. Interessant ist der Fall B. nicht zuletzt deshalb, weil die Bank sich hier während der NS-Zeit zwar nach eigener (jedenfalls bis 1967 gültiger) Einschätzung korrekt verhalten hatte, ihre Partizipation an der wirtschaftlichen Ausgrenzung und Enteignung der deutschen Juden, die hier offensichtlich dennoch vorlag, aber trotzdem „bestraft" wurde. Den Ausschlag dafür gab aber erst eine Modifikation der Wertpapierbereinigungsgesetze, also eines Rechtskomplexes, der mit der Rückerstattung nur indirekt zu tun hatte. Antragsteller wie Hermann B., die ihre dadurch tangierten Forderungen bis Mitte der sechziger Jahre aufrecht erhielten, konnten schließlich doch noch zu ihrem Recht kommen. Wie viele tatsächlich diesen langen Atem bewiesen, ist nicht bekannt.

Der Erfolg einer konsequenten Blockadehaltung: Der Fall Jakob Goldschmidt

Zu den hartnäckigen Antragstellern gehörten auf jeden Fall Jakob Goldschmidt, sein Sohn und sein Testamentsvollstrecker. Der Umgang mit Goldschmidts Restitutionsforderungen, die sich zu einem der größten und spektakulärsten Rückerstattungskomplexe in der Bundesrepublik auswuchsen, ist in mancher Hinsicht ein aufschlussreicher Vergleichsfall zu Hermann B. Die Bank ging hier auf voller Linie erfolgreich aus einem ähnlich lang dauernden Verfahrenskomplex hervor, den Norman Schmidt, einer der führenden Kommentatoren des Wiedergutmachungsrechts, zu einem „Fall bewußter Irreführung der Rückerstattungsjustiz" stilisierte. Goldschmidts Darstellungen der Vorgänge, die er als Grundlagen seiner Rückerstattungsansprüche anführte, wurden als „arglistig" und „windig" abqualifiziert.[102] Schmidt reproduzierte freilich über weite Strecken die Selbstdarstellung der Dresdner Bank in den Prozessen. Seine juristische Perspektive ließ weitgehend außer Betracht, dass die Bank auch hier die neuen politischen Rahmenbedingungen der NS-Diktatur sehr zügig in ihre Geschäftspolitik integriert und die begrenzten Einspruchsmöglichkeiten des 1933 in die Schweiz und von dort in die USA emigrierten Goldschmidt gegen die Verwertung seines Vermögens genutzt hatte.[103]

Die komplizierten Vorgänge, die zum Verlust von Goldschmidts deutschen Vermögenswerten führten, sind an anderer Stelle ausgeführt worden und können hier nur in aller Kürze resümiert werden.[104] Der persönlich haftende Gesellschafter der Danat-Bank war 1931 mit seinem Privatvermögen zur Haftung für einige Großkredite herangezogen worden, die er fahrlässig und ohne Kenntnis der übri-

[102] Norman Schmidt, Ein Fall bewußter Irreführung der Rückerstattungsjustiz, in: RzW 29 (1979), S. 81–89, Zitate S. 84.

[103] Besonders deutlich kommt dies in der Übernahme der von der Dresdner Bank im Laufe der Verfahren gezeichneten Darstellung Goldschmidts als eigentlichen und einzigen „Verursacher" der Bankenkrise, einer für die Rückerstattungsansprüche völlig belanglosen Frage, zum Ausdruck; ebd., S. 82. Schmidts fehlende eigenständige Vertrautheit mit der bankenhistorischen Materie zeigt sich schon daran, dass bei ihm durchgehend von der „Dresdener" Bank die Rede ist und Carl Goetz hier als „Karl Götz" auftaucht; ebd., S. 83, Fn. 12.

[104] Vgl. zum Folgenden Ziegler, Dresdner Bank, S. 395–419.

gen Geschäftsinhaber vergeben hatte. Diese Haftung galt nach deren Fusion mit der Danat-Bank im Frühjahr 1932 auch gegenüber der Dresdner Bank; Goldschmidts Verpflichtungen, zu denen neben den Kreditbürgschaften auch unzureichend gedeckte eigene Kredite sowie Schulden aus eigenen Stützungskäufen von Danat-Bank-Aktien gehörten, beliefen sich per Saldo auf gut 3,5 Mio. RM. Umstritten war dabei allerdings der Wert von Goldschmidts Danat-Bank-Aktien: Dieses Aktienpaket, das für einen Kapitalschnitt zur Sanierung eingesetzt wurde, wurde Goldschmidt vom Deutschen Reich als Mehrheitseigner der fusionierten Dresdner Bank mit 35 Prozent vom Nominalwert gutgeschrieben. Goldschmidt war jedoch 1931 für diesen Fall von Reichsfinanzminister Dietrich mündlich ein Kurs von 105 Prozent zugesagt worden, der den Stand seiner Verschuldung 1932 auf etwa 1 Mio. RM reduziert hätte.

Die zunächst durchaus konstruktive Haltung der Dresdner Bank, die auf einen sukzessiven Abbau der Verbindlichkeiten durch einen Neubeginn Goldschmidts als Privatbankier gesetzt hatte, schlug 1933 in ein härteres Vorgehen um. Verschiedene 1932 getroffene Absprachen wurden seitens der Bank nicht mehr eingehalten, und 1935 wurde ein Vergleichsvorschlag Goldschmidts, in dem dieser erstmals den ungünstigeren Abrechnungskurs seiner Danat-Bank-Aktien akzeptiert hatte, zunächst angenommen und kurz darauf wieder abgelehnt. Stattdessen begann die Dresdner Bank mit der Verwertung von Effekten aus Goldschmidts Depot. Neuerliche Vergleichsbemühungen scheiterten letztendlich daran, dass die nationalsozialistischen Behörden die Ausfuhrgenehmigung für Goldschmidts umfangreiche, der Dresdner Bank vertraglich als Sicherheit übereignete Kunstsammlung versagten. Einen Teil der Sammlung bot die Bank Goldschmidt noch kurz nach Kriegsbeginn gegen eine Devisenzahlung an, die dem Bankier aber zusammen mit den gestiegenen Transport- und Versicherungskosten zu hoch war. Nach dessen Ausbürgerung im Februar 1941 und dem damit verbundenen Vermögensverfall ordnete das Finanzamt Berlin-Moabit die Versteigerung der Sammlung an. Die Initiative dazu hatte jedoch die Dresdner Bank ergriffen, die aus dem Versteigerungserlös den offenen Restsaldo von Goldschmidts Verpflichtungen decken konnte.

Das Vorgehen der Bank hatte offensichtlich einen politischen Hintergrund, denn Goldschmidts Aussichten, nach 1933 weiterhin in Deutschland als Bankier tätig zu werden, waren denkbar gering. Die Machtübernahme der Nationalsozialisten hatte sein soziales Kapital als Netzwerkexperte in der deutschen Wirtschaftselite weitgehend entwertet. Die Bank hatte, ähnlich wie im Fall B., daraus sehr schnell die betriebswirtschaftlich logische Konsequenz gezogen und die Verwertung der greifbaren Sicherheiten vorangetrieben. Dennoch standen Goldschmidts Restitutionsforderungen eigentlich auf schwachen juristischen Beinen, denn die Verwertung seines Vermögens ging eindeutig auf eine Verschuldung zurück, die mit der nationalsozialistischen Machtübernahme nichts zu tun hatte. Wie aber bereits der Fall B. gezeigt hat, musste das Rückerstattungsforderungen nicht unbedingt zum Scheitern verurteilen.

Der Ausgang der diversen Restitutionsverfahren, die der 1955 verstorbene Goldschmidt und seine Erben anstrengten, ist ebenfalls bekannt. Vier Anträge gegen das Deutsche Reich wegen der Entziehung von Guthaben und Wertpapieren wurden abgewiesen, weil das Reich niemals über diese Werte verfügt hatte. Ebenfalls nicht durchsetzbar war ein Anspruch gegen das Deutsche Reich und die Dresdner Bank auf die Nachzahlung der Differenz zwischen dem Kurs von 35 Prozent, zu dem das Reich nach der Fusion Goldschmidts Danat-Bank-Aktien übernommen hatte, und dem 1931 zugesagten Kurs von 105 Prozent. Der umfangreichste Prozesskomplex schließlich bezog sich auf die versteigerte Kunstsammlung. Da die Kunstwerke sich nach der Versteigerung im Besitz etlicher Einzelpersonen und Museen befanden, reichte Goldschmidt über 90 einzelne Rückerstattungsanträge ein. Immerhin 54 der 161 versteigerten Positionen, etwa zwei Drittel des Gesamtwerts, wurden zurückgegeben. Der überwiegende Teil der Verfahren wurde jedoch eingestellt und als Schadensersatzforderung gegen das Reich und die Dresdner Bank weitergeführt, weil die Ersteigerer oder der Verbleib der Gegenstände nicht mehr feststellbar waren. Die Ansprüche gegen die Bank wurden 1961 abgewiesen, diejenigen gegen das Reich endeten erst 1976 in einem Vergleich, wonach nur der über die Verschuldung hinausgehende, vom Reich vereinnahmte Mehrerlös als entzogen einzustufen war.[105]

Eine genaue Darstellung der juristischen Konstruktionen und der weit verzweigten Detailargumente, mit denen um die verschiedenen Ansprüche gestritten wurde, würde den Rahmen dieses Kapitels sprengen. Hier geht es jedoch nicht darum, die Urteile aus der juristischen Perspektive auf ihre Stichhaltigkeit zu prüfen, sondern um das Verhalten der Dresdner Bank und ihrer Anwälte, die sich in den verschiedenen Rückerstattungsverfahren in unterschiedlichen Akteurskonstellationen mit unterschiedlichen Interessenlagen wiederfanden. Einerseits fungierte die Bank selbst als Antragsgegnerin. In anderen Verfahren zielte sie hingegen primär darauf, Regresspflichten zu vermeiden, was aber Allianzen mit den Erwerbern der Kunstwerke keineswegs ausschloss.

Eines dieser Verfahren begann im August 1951 in München und richtete sich primär gegen den Erwerber eines Renoir-Bildes, bezog aber als Antragsgegner auch die Dresdner Bank und ihre Nachfolgeinstitute ein. Der Prozess war auch insofern ein Testfall, als Goldschmidt kurz vor dem ersten Gerichtstermin an Carl Goetz den Vorschlag herantragen ließ, gegen eine Zahlung von 150000 DM „auf alle aus der Abwicklung seines Engagements sich ergebenden Forderungen gegen die Bank zu verzichten." Goetz lehnte klar ab, und dies sollte auch weiterhin die Leitlinie der Bank bleiben. Wichtiger war an diesem Prozess jedoch die Ansicht der Münchner Wiedergutmachungskammer, die Entziehung der Kunstsammlung sei nicht durch die Dresdner Bank erfolgt, da die Versteigerung durch das Finanzamt durchgeführt worden war. Daraufhin zog Goldschmidts Anwalt die Ansprüche gegen die Dresdner Bank und ihre Nachfolgeinstitute zurück.[106] Das Oberlandesgericht München verwies zwar 1953 die Sache erneut an die Wiedergutmachungskammer; jetzt wurde aber die Dresdner Bank nicht mehr als Antragsgegnerin, sondern nur noch als „Beteiligte" beigezogen, um ihre Auskunftspflicht sicherzustellen. Auch diese Konstellation war aber für die Bankjuristen noch „un-

[105] Vgl. Schmidt, Fall, S. 84–86.
[106] Aktennotiz Kostka (Dresdner Bank Berlin, Kredit-Sekretariat), 5. 9. 1951, HADrB 45386-2001.

erwünscht", hatte man doch bereits 1951 „alles versucht, um aus dem Münchner Verfahren herauszukommen."[107]

Das lag allerdings nicht daran, dass die Bank sich durch die Forderungen Goldschmidts überhaupt nicht angesprochen fühlte. Dass man daran im Gegenteil ein ganz besonderes Interesse hatte, belegt etwa der Ablauf einer Juristenbesprechung zu dem Münchner Verfahren im November 1953. Die Besprechung wurde nämlich eröffnet mit einem Referat von Carl Goetz, der bereits 1951 vor Gericht erschienen war und starkes persönliches Engagement in die Sache einbrachte.[108] Goetz ließ es sich nicht nehmen, „ausführlich die Geschichte der Danatbank, die Persönlichkeit Goldschmidt sowie die Entwicklung des Engagements Goldschmidt" darzustellen. Später verlangte er „unter allen Umständen einen *scharfen* Schriftsatz von Seiten der Dresdner Bank".[109] Erst danach fand eine gemeinsame juristische Analyse statt, die zu dem Ergebnis führte, dass man auf der prozesstechnischen Ebene zunächst „allen Fragen um eine etwaige Regresshaftung [...] aus dem Wege" gehen, gleichzeitig aber einen inhaltlichen Schriftsatz als „scharfe Erwiderung" der Darstellungen Goldschmidts und seines Anwalts vorbereiten wollte. Darin sollte die Geschichte des „Engagements Goldschmidt" seit dessen Anfängen aus der Perspektive der Bank geschildert werden.[110]

Grundsätzlich zielte man also darauf, mit dem Münchner Rückerstattungsverfahren möglichst wenig in Berührung zu kommen, was die Bank in einen partiellen Gegensatz zum Erwerber des Bildes brachte. Zugleich wurde aber dessen Anwalt mitgeteilt, dass man eine enge Abstimmung „für dringend erforderlich" halte, damit der möglicherweise Rückerstattungspflichtige und die Bank „die Abwehr der Rückerstattungsansprüche von Goldschmidt *gemeinsam* betreiben und sich hierbei gegenseitig ergänzen" könnten.[111] Ebenso signalisierte man dem Anwalt eines in Hamburg verklagten Erwerbers, dass man „selbstverständlich zu jeder Unterstützung im schwebenden Verfahren bereit" sei, bat jedoch zugleich darum, „unsere Informationen als streng vertraulich [zu] behandeln", um Goldschmidt keine Handhabe wegen Verletzungen des Bankgeheimnisses zu bieten.[112]

Auch hier dürfte es aber vor allem darum gegangen sein, möglichst wenig Anlass für eine weitere Beiziehung der Bank zu bieten und jegliche Präjudizien in Richtung einer Regresshaftung zu vermeiden. Ob diese Taktik aufgehen würde, war zunächst durchaus unsicher. Das Rechtsamt der Stadt Köln, gegen die ein weiteres Restitutionsverfahren Goldschmidts lief, war etwa 1953 der Meinung, zum Zeitpunkt der Versteigerung sei die Dresdner Bank Eigentümerin der Kunstwerke gewesen,[113] so dass sie im Fall einer Verurteilung der tatsächlichen Erwer-

[107] Entzian (Hamburger Kreditbank) an Albrecht (Rhein-Main Bank München), Eiche (Rhein-Main Bank Frankfurt), Laabs (Dresdner Bank Berlin), Schäfer (Rhein-Ruhr Bank), 24. 9. 1953, ebd.

[108] Seine Stellungnahme zu einem der Schriftsätze von Goldschmidts Anwalt eröffnete Goetz damit, er „werde eigentlich vor Wut über diese unverschämten Behauptungen erneut Fieber kriegen müssen." Goetz an Entzian, 3. 10. 1953, ebd.

[109] Aktennotiz Maier, Betr.: Rückerstattungssache Goldschmidt ./. B., 12. 11. 1953, ebd. Hervorhebung im Original unterstrichen.

[110] Hamburger Kreditbank an den Münchner Rechtsanwalt H., 12. 11. 1953, ebd.

[111] Maier (Hamburger Kreditbank) an Rechtsanwalt M., 12. 11. 1953, ebd. Hervorhebung im Original unterstrichen.

[112] Hamburger Kreditbank, Rechtsabteilung, an Rechtsanwalt S., 5. 11. 1953, ebd.

[113] Rechtsamt der Stadtverwaltung Köln an Albrecht, 13. 10. 1953, ebd.

ber regresspflichtig geworden wäre. Ein erstes Entwarnungssignal gaben jedoch Beschlüsse des Hamburger Oberlandesgerichts, das Ende 1954 zwei Entscheidungen des Landgerichts aufhob, in denen Rückerstattungsforderungen Goldschmidts zurückgewiesen worden waren. Diese Entscheidungen waren trotz der Durchsetzung Goldschmidts für die Bank „durchaus positiv zu werten", denn hier wurde ebenso wie in einem Berliner Beschluss des gleichen Jahres der Standpunkt vertreten, „dass die Dresdner Bank nichts mit dem Vorgehen des Deutschen Reiches gegen Goldschmidt zu tun" habe.[114] Diese Erklärung war zwar zumindest in dieser Absolutheit historisch falsch. Sie wurde aber auch vom Landgericht München bestätigt, das 1959 den Rückerstattungsforderungen in drei mittlerweile zusammengelegten Verfahren ebenfalls stattgab und zugleich die Position vertrat, „daß als Entziehungshandlung einzig und allein die Vermögensverfallserklärung von Februar 1941 in Betracht kam". Damit war den tatsächlichen Erwerbern der Kunstwerke der Regress auf die Dresdner Bank verbaut.[115]

Einer der drei Antragsgegner, der zur Erstattung des seinerzeitigen (10:1 umgestellten) Kaufpreises für ein inzwischen an einen angeblich unbekannten Ausländer weiter veräußertes Bild verurteilt worden war, legte jedoch gegen diese Entscheidung Beschwerde ein; und zwar mit der stets gefürchteten Begründung, Eigentümer des von ihm ersteigerten Bildes sei zur Zeit der Versteigerung nicht Goldschmidt, sondern die Dresdner Bank gewesen. Der Beschluss des Oberlandesgerichts München vom 9. Mai 1960 untermauerte jedoch endgültig die Position der Bank. Deren Anwalt listete nicht nur mit Befriedigung die Passagen des Beschlusses auf, in denen die Verantwortung für die Versteigerung allein dem Finanzamt Moabit zugewiesen wurde. Er verwies außerdem auf einen „herrliche[n] Gedankensprung" des Gerichts, wonach Goldschmidt „den Bruchteil einer Sekunde wieder unumschränkter Eigentümer des Bildes geworden" war, weil durch die reichsseitige Erklärung des Vermögensverfalls gleichzeitig das Sicherungseigentum der Bank erloschen, Goldschmidt damit wieder formaler Eigentümer geworden und im selben Atemzug enteignet worden war (diese „herrliche" Theorie beruhte auf einem NS-Gesetz aus dem Jahre 1937).[116] Im Oktober 1960 wies das Oberste Rückerstattungsgericht in Nürnberg auch einen Nachprüfungsantrag dieses Antragsgegners zurück; die beiden anderen Münchner Fälle endeten mit Vergleichen, nach denen der Nachlass Goldschmidt dessen früheres Eigentum gegen Erstattung des abgewerteten Kaufpreises zurückerhielt.[117]

Ein letztes Mal stellte sich die Frage der Regresshaftung in einem Verfahren, das Goldschmidts Testamentsvollstrecker gegen einen Schweizer Staatsbürger betrieb. Nachdem die Klage auf Herausgabe zweier Gemälde in der Schweiz 1968 in

[114] Rechtsabteilung Hamburg an die Rechtsabteilungen der Dresdner Bank, Rhein-Main Bank, Rhein-Ruhr Bank, 24. 1. 1955, HADrB 45388-2001.

[115] Rechtsabteilung Hamburg an die Rechtsabteilungen Frankfurt, Düsseldorf, Berlin, 11. 5. 1959, ebd.

[116] Beschluss des OLG München, Wiedergutmachungssenat, 9. 5. 1960; Rechtsanwalt H. an Dresdner Bank, Rechtsabteilung Hamburg, 30. 5. 1960 (Zitat); Rechtsabteilung Hamburg an die Rechtsabteilungen Düsseldorf, Frankfurt, Berlin, 3. 6. 1960, alles ebd. Der „Gedankensprung" findet sich auf S. 7 des Beschlusses.

[117] Rechtsabteilung Hamburg an die Rechtsabteilungen Düsseldorf, Frankfurt, Berlin, 28. 10. 1960, ebd.

dritter Instanz gescheitert war, wurde in Berlin ein neuerliches Rückerstattungsverfahren gegen denselben Beklagten angestrengt.[118] Ganz sicher war man sich in der Dresdner Bank auch jetzt noch nicht, ob dieser vielleicht „mehr aus politischen Gründen [...] schließlich doch unterliegen und einen Regressanspruch an die Bank geltend machen" würde.[119] Vorsorglich wurde daher der Berliner Beauftragte für Altbankfragen wegen möglicherweise anfallender Kompensationen der Altbank durch Ausgleichsforderungen informiert.[120] Erst im April 1974, als das Landgericht Berlin auch diese Klage zurückwies, konnte endgültig Entwarnung gegeben werden.[121] Eine entscheidende Rolle spielte dabei, neben dem Rekurs auf die Schweizer Entscheidungen, die mittlerweile seit längerem festgestellte Berechtigung der Forderungen der Dresdner Bank und die Rechtmäßigkeit der Sicherheitsverwertung, auf die nunmehr zurückzukommen ist.[122]

Wenn schon die mittelbare Beteiligung an den verschiedenen westdeutschen Rückerstattungsverfahren wegen möglicher Regressforderungen für ein beträchtliches Engagement der Bank sorgte, musste dies umso mehr für jenen Teil des Goldschmidt-Restitutionskomplexes gelten, in dem die Bank selbst Antragsgegnerin war. 1950 hatte Goldschmidt in Berlin auch Wiedergutmachungsansprüche gegen die Dresdner Bank erhoben, die sich zum einen auf die Kunstsammlung bezogen, die angeblich von der Bank „dem Reich zur Verfügung gestellt" worden war. Zum anderen verklagte er die Bank wegen „Nichtabrechnung" der eingangs erwähnten Danat-Bank-Aktien und wegen „Zurückhaltung mir zustehender Beträge und Wertsicherheiten oder wegen unsachgemäßer und unbankmäßiger Verwendung und Abrechnung", ohne dass mangels Unterlagen genauere Angaben über die Höhe der Forderung gemacht wurden.[123] Später wurde der Antrag sicherheitshalber auf das Deutsche Reich ausgedehnt.[124]

Carl Goetz verlangte auch hier von den Bankjuristen, „so scharf wie möglich zu sein".[125] Selbst die Einschaltung des deutschen Generalkonsuls in New York, der darauf hinwies, dass die Dresdner Bank im Zusammenhang mit Goldschmidt „in New Yorker Geschäftskreisen in nicht sehr freundlichem Tone genannt werde", konnte die Bank nicht zur Vergleichsbereitschaft bewegen.[126] Auch hier erwies sich die Konfrontation als erfolgreiche Strategie. Im Juni 1954 wies die Wiedergutmachungskammer Goldschmidts Antrag auf Rückerstattung der Kunstsammlung oder entsprechende Entschädigungszahlungen ab, weil die Dresdner Bank zum Zeitpunkt der Versteigerung, also nach dem Vermögensverfall an das Reich,

[118] Schmidt, Fall, S. 85 f.
[119] Koller (Dresdner Bank Frankfurt) an Maier (Dresdner Bank Hamburg), 6. 10. 1972, HADrB 45362-2001.
[120] Dresdner Bank Berlin, Rechtsabteilung, an den Berliner Altbankenbeauftragten, 9. 9. 1971, ebd.
[121] Rechtsanwalt Bothe an Maier, 16. 10. 1974; Beschluss der Wiedergutmachungskammer des Landgerichts Berlin, 24. 4. 1974, beides ebd.
[122] Vgl. den Bericht von der ersten mündlichen Verhandlung im Dezember 1971, Bothe an Maier, 9. 12. 1971, ebd.
[123] Goldschmidt an den Treuhänder der Amerikanischen, Britischen und Französischen Militärregierung für zwangsübertragene Vermögen, 29. 6. 1950, HADrB 45386-2001.
[124] Aktenvermerk Laabs (Rechtsabteilung Berlin), 16. 5. 1951, ebd.
[125] Goetz an Entzian, 27. 9. 1954, HADrB 45362-2001.
[126] Schmadtke an Schäfer, 16. 6. 1954 (Zitat); Schäfer an Entzian, 14. 7. 1954, beides in: HADrB 1191-2002.

nicht mehr Eigentümerin der Sammlung gewesen sei.[127] Die von Goldschmidt eingelegte Beschwerde wurde 1955 mit derselben Begründung zurückgewiesen; überdies hätte eine eventuelle Entziehung im jetzigen Ostsektor Berlins stattgefunden, so dass die Berliner Rückerstattungsanordnung gar nicht anwendbar sei.[128] Im Juli 1961 war das Restitutionsverfahren für die Dresdner Bank abgeschlossen, weil das Oberste Rückerstattungsgericht für Berlin die Argumentation der Vorinstanzen vollauf bestätigte.[129]

Im Vergleich zu einigen der Restitutionsverfahren um einzelne Kunstgegenstände war das ein relativ einfaches, wenn auch langwieriges Verfahren. Ausgeklammert wurde von den Rückerstattungsgerichten jedoch die Frage, ob und in welcher Höhe Goldschmidt tatsächlich gegenüber der Bank verschuldet gewesen war oder umgekehrt Forderungen geltend zu machen hatte. Goldschmidt hatte nämlich bereits 1949 die Behauptung erhoben, „er sei 1941 nicht Schuldner, sondern sogar Gläubiger der Bank gewesen"; darin lag zugleich die argumentative Voraussetzung für die Behauptung, die Versteigerung seiner Kunstsammlung „sei allein aus rassischen Gründen erfolgt."[130] Die Dresdner Bank bestritt hingegen von vornherein die Anwendbarkeit der Rückerstattungsgesetze, weil nach ihrer Berechnung die Kunstsammlung eben nur zur Begleichung von Außenständen versteigert worden war, die komplett vor 1933 entstanden waren. Das Berliner Kammergericht unterstützte diese Argumentationslinie bei der Abweisung von Goldschmidts Beschwerde insofern, als die Frage etwa zu Unrecht erhobener Forderungen der Bank nicht im Rahmen der Rückerstattungsgesetzgebung, sondern auf dem Wege der ordentlichen Zivilgerichtsbarkeit zu klären war.[131]

Die logische Folge war die Anstrengung eines Zivilprozesses durch Goldschmidts Testamentsvollstrecker und seinen Sohn. Vorher schaltete sich jedoch noch eine weitere Partei ein. Anfang 1957 meldete sich ein New Yorker Anwalt bei Carl Goetz, der allein Goldschmidts Sohn vertrat. Dieser behauptete ebenfalls, dass Goldschmidt 1941 keineswegs mehr verschuldet, „sondern in erheblichem Maße Gläubiger der Bank gewesen war", und forderte die Bank zu einer außergerichtlichen Regelung auf; seine Forderung belief sich zunächst auf 2 Mio. US-Dollar. Die Amerikaner bauten eine massive Drohkulisse auf – ihr Klient verwies auf den Nürnberger Prozess gegen Karl Rasche und die seinerzeitige Charakterisierung der Dresdner Bank als „SS-Bank", die Anwälte „drohten ferner mit einem Prozeß in USA, Publikationen und Arrestierung von Bankguthaben" –, verlangten zuletzt jedoch nur noch eine Vergleichszahlung von etwa 250000 Dollar. Außerdem erwartete Goldschmidts Sohn einen Kredit zur Eröffnung eines Finanzierungsunternehmens für private Konsumentenkredite in Deutschland.[132]

Seine Gegenrechnung war offenbar einigermaßen substanzlos; die amerikanischen Anwälte bekannten im Lauf der Verhandlungen nicht nur, „dass sie sich

[127] Beschluss der 155. Zivilkammer (Wiedergutmachungskammer) des Landgerichts Berlin, 30. 6. 1954, S. 10–12, ebd.
[128] Beschluss des 3. Zivilsenats des Kammergerichts in Berlin, 7. 12. 1955, S. 18–21, 28f., ebd.
[129] Oberstes Rückerstattungsgericht für Berlin, Beschluss, 5. 7. 1961, ebd.
[130] Rechtsabteilung Hamburg an den Vorstand, 9. 4. 1957, HADrB 45361-2001.
[131] Beschluss des 3. Zivilsenats des Kammergerichts Berlin, 7. 12. 1955, S. 29, ebd.
[132] Rechtsabteilung Hamburg an Rechtsabteilungen Frankfurt, Düsseldorf, Berlin, 29. 5. 1957 (Zitat); Rechtsabteilung Hamburg an den Vorstand, 9. 4. 1957, beides ebd.

über die Restitutionsprozesse kein Bild machen könnten", sondern begründeten auf Nachfrage auch die konkrete Höhe ihrer Vergleichsforderungen schlicht damit, „dass Goldschmidt sich schwer geschädigt fühle."[133] Die Hamburger Rechtsexperten der Bank kamen immerhin zu dem Urteil, die juristische Lage sei „nicht ohne Risiken." Als unsichere Posten in der Rechnung der Bank erschienen ihnen vor allem die auf Jakob Goldschmidts Besserungsscheinkonto berechneten Sollzinsen und die Bewertung seiner Danat-Bank-Aktien. Der Negativsaldo von 827000 RM im Jahre 1941, der aus der Versteigerung der Gemäldesammlung abgedeckt worden war, hätte sich bei gegenteiliger Bewertung dieser beiden Positionen in ein Guthaben von fast 3,5 Mio. RM verwandelt.[134] Dennoch lehnte der Neue Kreis nach Vortrag von Goetz im Mai 1957 die Forderung des Sohnes und auch weitere Vergleichsverhandlungen ab.[135]

Im Herbst 1957 begann daraufhin in Frankfurt ein Zivilprozess gegen die Dresdner Bank Berlin und die Dresdner Bank AG, der sich noch einmal fünf Jahre hinziehen sollte. Dabei waren sämtliche strittigen, hier nicht im Einzelnen auszuführenden Positionen, die insgesamt zu den differierenden Bewertungen von Goldschmidts Vermögensstatus führten, zu klären.[136] Der Verlauf des Verfahrens stärkte offenbar die Position der Bank, denn im März 1962 lehnte der Gesamtvorstand der Dresdner Bank AG auch ein neuerliches Vergleichsangebot über 250000 Dollar ab, nachdem Carl Goetz es wiederum als „undiskutabel" bezeichnet hatte.[137] Im Oktober 1962 wurde schließlich auch diese Klage in sämtlichen Punkten abgewiesen. Das Landgericht Frankfurt wies zunächst Ansprüche der Erben auf die nachträgliche Erteilung zweier angeblich ausstehender Gutschriften und die Wiederbeschaffung eines verwerteten Aktienpakets zurück, die aber ohnehin nicht im Zentrum der verschiedenen Verfahren gestanden hatten. Weiterhin wurde die Rückzahlung des bankseitigen Erlöses aus der Versteigerung der Kunstsammlung abgelehnt, weil das Gericht die Berechnung von Goldschmidts Kontoständen durch die Kläger teils nicht für beweisbar, insgesamt aber auch nicht für plausibel hielt. Dies betraf insbesondere die Berechtigung der Bank zur Berechnung von Sollzinsen, zudem hatte Goldschmidt sich nach Einschätzung des Gerichts in den dreißiger Jahren nicht ausreichend um eine Abdeckung des Negativsaldos bemüht. Abgelehnt wurde in diesem Zusammenhang auch eine rechtsverbindliche Verpflichtung der Dresdner Bank zur Zahlung der oben erwähnten Kursdifferenz der Danat-Aktien, für die eben mündliche Abmachungen mit der Reichsregierung nicht ausreichten. Mit dieser Begründung wurde schließlich auch der Anspruch auf eine Zahlung von 2,5 Mio. DM zurückgewiesen, die

133 Entzian an Goetz, 18. 4. 1957, HADrB 1191-2002.

134 Rechtsabteilung Hamburg an den Vorstand, 9. 4. 1957, HADrB 45361-2001.

135 Niederschrift über die Sitzung des „Neuen Kreises" am 4. Mai 1957, S. 4, HADrB 1378-2002; Vermerk Entzian, 16. 5. 1957; Dresdner Bank an Rechtsanwälte P. und L., 16. 5. 1957, beides in: HADrB 11993-2001; Rechtsabteilung Hamburg an Rechtsabteilungen Frankfurt, Düsseldorf, Berlin, 29. 5. 1957, HADrB 45361-2001.

136 Allein die Zusammenfassung der Darstellungen beider Parteien im Schlussurteil des Zivilprozesses umfasst 20 Seiten; Landgerichts Frankfurt, Schlußurteil, 17. 10. 1962, S. 2–21, HADrB 45362-2001. Zur Entwicklung des Vermögensstatus vgl. ausführlich Ziegler, Dresdner Bank, S. 396, 411–414.

137 Rechtsabteilung Frankfurt an Rechtsabteilungen Düsseldorf, Frankfurt, Berlin, 22. 3. 1963; Entwurf des Antwortschreibens, o. D., beides in: HADrB 45361-2001.

„mindestens" als pauschaler Verzugsschaden aus der Nichtanrechnung der Kursdifferenz resultiert haben sollte.[138]

Die Bank siegte in den Verfahren gegen Goldschmidt und seine Erben also auf voller Linie, obwohl diese die prozesstechnischen Möglichkeiten des Wiedergutmachungsrechts und überdies des Zivilrechts nach Kräften ausschöpften. Ob dieses Vorgehen wirklich als gezielter Versuch eines Missbrauchs der Rückerstattungsgerichte einzuordnen ist oder dahinter die echte Überzeugung stand, für das Verhalten des NS-Regimes und der Dresdner Bank zu Kompensationen berechtigt zu sein, ist hier nicht zu entscheiden. Jakob Goldschmidt war durch den Nationalsozialismus immerhin um die Chance gebracht worden, sein soziales Kapital in Deutschland zur Bereinigung seiner Schulden einzusetzen. Im Fall seines Sohnes, der in den Vergleichsverhandlungen 1957 auch nur halbwegs präzise Berechnungen durch eine Drohkulisse zu ersetzen versuchte, stellt sich das wohl anders dar.

Der taktische Umgang mit dem Rückerstattungsrecht unterschied beide jedenfalls nicht von der Dresdner Bank und ihren Nachfolgeinstituten. Dass auch die Bankjuristen auf der Klaviatur der Rückerstattungsgesetze zu spielen vermochten, bewiesen sie beispielhaft im Fall B., wo erst eine unvorhersehbare Gesetzesänderung ihre Verschleierungstaktik zum Scheitern brachte. Der wichtigste Unterschied beider Fälle ist offensichtlich: Hermann B. erhielt nach einem langwierigen Verfahren eine erhebliche Wiedergutmachungssumme, Jakob Goldschmidt und seine Erben bekamen von der Bank nichts. Zwischen den beiden Fällen gab es aber auch eine wesentliche Ähnlichkeit. Sie bestand darin, dass hier Restitutions- oder Entschädigungsforderungen für Handlungen der Dresdner Bank erhoben wurden, die ihre Ursache nicht unmittelbar in dem vom NS-Regime betriebenen Ausgrenzungs- und Enteignungsprogramm hatten, sondern auf vor 1933 entstandene Verschuldungen zurückgingen. In beiden Fällen ging es auch darum, dass die Bank bei der Abdeckung von Debetsalden ihrer Geschäftspartner deren politisch eingeschränkte Handlungsspielräume ins Kalkül gezogen hatte. Umgekehrt handelte es sich auf Seiten der Antragsteller in beiden Fällen um den Versuch, auf dem Wege des Rückerstattungsrechts Vermögenswerte zurückzuerhalten, die als Sicherheiten verpfändet gewesen waren oder in ähnlicher Weise für Forderungen gehaftet hatten, welche selbst nicht aus der Bereicherung an jüdischem Eigentum resultierten.

Im Fall B. wurde dieser inhaltliche Hintergrund aber gar nicht erst von den Gerichten entschieden, weil die Bank das Risiko einer Prozessniederlage in dem Moment durch einen Vergleich ausschaltete, als eine geänderte Rechtsprechung ihrer bisherigen Taktik die Grundlage entzog. Erst dadurch stand plötzlich (wieder) zur Debatte, ob die Bank sich an der sukzessiven Ausgrenzung der Juden aus der deutschen Wirtschaft gezielt bereichert oder nur einen gewöhnlichen Debetsaldo

[138] Landgericht Frankfurt, Schlußurteil, 17. 10. 1962, S. 23–35, HADrB 45362-2001. Eine prozesstechnische Niederlage hatte die Bank allerdings zuvor erlitten, als sie 1959 dazu verurteilt wurde, einem von den Klägern beauftragten Wirtschaftsprüfer Einsicht in die betreffenden Akten zu gewähren. In der Anschlussberufung erreichte sie jedoch den Vergleich, lediglich alle Fragen der Kläger „nach bestem Wissen und Gewissen" beantworten zu müssen. Teilurteil des Landgerichts Frankfurt, 10. 10. 1959; Dresdner Bank Berlin, Rechtsabteilung, an Bankenaufsicht Berlin, 24. 8. 1960 (Zitat), beides ebd.

bereinigt hatte. Dabei drohten die Form und der Zeitpunkt der Sicherheitsverwertung offenkundig zu machen, dass die Dresdner Bank die fehlende Möglichkeit B.s zur Gegenwehr einkalkuliert hatte, um von der erwarteten Kursentwicklung seiner verpfändeten Aktienpakete zu profitieren. Auch im Fall Goldschmidt war man sich aber nicht immer ganz sicher über die eigenen Erfolgsaussichten. Dies führte jedoch zunächst nur dazu, dass man bei den Verfahren gegen die Ersteigerer von Goldschmidts Kunstsammlung außen vor zu bleiben trachtete und wegen der potenziellen Regressgefahr in der Stellung eines engagierten Beobachters verharrte. Dort, wo die Bank selbst als Antragsgegnerin fungierte, ließ sie es hingegen auf Prozesse ankommen und lehnte Vergleichsvorschläge konsequent ab. Nicht zuletzt die massive Präsenz von Carl Goetz wog schwerer als die Bedenken der Bankjuristen, die in einem anderen Fall möglicherweise die Bankleitung darin bestärkt hätten, das „Problem Goldschmidt" ebenso durch einen Vergleich zu erledigen wie das „Problem B." (vorausgesetzt, auch die Bankenaufsichtsbehörden hätten sich davon überzeugen lassen; dabei ist allerdings wiederum zu berücksichtigen, dass die Kompensation durch Ausgleichsforderungen auch im Fall B. ein nachrangiges Kriterium darstellte).

Goetz' persönlicher Einsatz im Fall Goldschmidt macht zugleich deutlich, dass auch in Wiedergutmachungsfragen die Beurteilung und Außendarstellung der eigenen Vergangenheit ein nicht unwesentlicher Faktor war. Sein Engagement war offensichtlich nicht primär von taktischen Erwägungen, sondern von innerer Überzeugung getragen; in seiner Darstellung der Ereignisse um die Abwicklung von Goldschmidts Verbindlichkeiten verstieg er sich gar zu der Formulierung, die Auseinandersetzungen resultierten letztlich nur daraus, „daß die Dresdner Bank Herrn Goldschmidt nicht wie jeden anderen Schuldner, sondern ganz besonders kollegial und großzügig behandelt" hätte.[139] Tatsächlich hatte gerade Goetz 1934 verlangt, zum Abbau der Verbindlichkeiten müsse „energisch vorgegangen werden".[140] Die Abwicklung des „Engagements Goldschmidt" war ebenso wie die des „Engagements B." entscheidend durch die Integration der nationalsozialistischen „Rassenpolitik" in das eigene geschäftspolitische Kalkül geprägt gewesen. Ebendiese grundsätzlich freiwillige, allein von betriebswirtschaftlichen Kriterien geleitete Nutzung politischer Rahmenbedingungen, die zumindest auf eine indirekte Mitwirkung an der Entziehung privater Vermögen deutscher Juden hinauslief, galt es zu ignorieren, wenn man unbelastet von individuellem oder kollektivem Schuldbewusstsein die Herausforderungen der Wiedergutmachung anpacken wollte. Hier lag eine der Parallelen zu den Verhandlungen um die Restitution von Unternehmen und Unternehmensanteilen, mit denen sich das folgende Kapitel beschäftigt.

[139] Carl Goetz, Eidesstattliche Erklärung (Entwurf), o.D. (mit Schreiben Maier an Goetz, 17. 3. 1961), HADrB 11993-2001.

[140] Protokoll der Vorstandssitzung der Dresdner Bank vom 13. 9. 1934, zitiert nach Ziegler, Dresdner Bank, S. 403.

XI. Die Rückerstattung „arisierter" Unternehmen und Unternehmensbeteiligungen

Ähnlich wie in die Entziehung privater Vermögenswerte war die Dresdner Bank auch in die „Arisierung" von Unternehmen in sehr unterschiedlichen Formen involviert gewesen. Ihr Interesse hatte dabei grundsätzlich nicht im dauerhaften Eigenerwerb „arisierter" Unternehmen gelegen. Die Übernahme des Dresdener Privatbankhauses Gebr. Arnhold und der Vermögenswerte seiner Berliner Dependance hatte insofern selbst hinsichtlich des Verhaltens gegenüber „jüdischen" Privatbanken einen Ausnahmefall dargestellt. Daneben war die Bank an der Liquidation von mindestens einem Dutzend kleinerer Privatbankhäuser aus jüdischem Besitz beteiligt gewesen; die auf der Basis der Entschädigungsgesetze zu bestimmenden Wiedergutmachungsansprüche der ehemaligen Inhaber für Vermögensschäden und Schäden im beruflichen Fortkommen richteten sich hier jedoch nicht gegen die Dresdner Bank, sondern gegen den Staat und sollen deshalb hier nicht weiter verfolgt werden.[1]

Bei „Arisierungen" von Industrieunternehmen hatte das Interesse der Bank, die in der Regel als Vermittlerin fungiert hatte, gewöhnlich auch nicht primär in Aktienkursgewinnen, Vermittlungs- oder Finanzierungsprovisionen gelegen. Das Hauptziel war vielmehr die Erhaltung oder Neuetablierung langfristiger Kundenbeziehungen gewesen, wobei vor allem in den ersten Jahren der NS-Herrschaft auch hier der Abbau von Überschuldungen „jüdischer" Unternehmen eine zentrale Rolle gespielt hatte. Seit 1936 waren auch die „Arisierungs"-Aktivitäten der Filialen zunehmend in der Berliner Zentrale koordiniert worden, und insbesondere in die politisch forcierten „Arisierungen" der verbliebenen „jüdischen" Unternehmen 1938 hatte sich die entsprechende Abteilung unter ihrem Leiter Paul Binder offensiv eingeschaltet.

Die von Frank Bajohr vorgeschlagene typologische Unterscheidung der „Ariseirer" in „skrupellose Profiteure", „stille Teilhaber" und „gutwillige" Erwerber, die zumindest eine angemessene Entschädigung der jüdischen Eigentümer anstrebten,[2] lässt sich tendenziell auch auf das „Arisierungs"-Verhalten der Dresdner Bank übertragen, denn ihre Mitarbeiter hatten die aus den wechselnden wirtschaftlichen und politischen Rahmenbedingungen resultierenden Handlungsspielräume in unterschiedlicher Weise genutzt. Einzelne Filialleitungen hatten durchaus versucht, ihren jüdischen Kunden im Rahmen des Möglichen zu helfen,

[1] Vgl. Ingo Köhler, Die „Arisierung" „jüdischer" Privatbanken, in: Ziegler, Dresdner Bank, S. 125–178, hier S. 162–176; zur Entschädigung für die Liquidation von Privatbanken ders., Die „Arisierung" der Privatbanken. Verdrängung, Ausschaltung und die Frage der Wiedergutmachung, München 2005, S. 524–541.

[2] Vgl. Bajohr, „Arisierung" in Hamburg, S. 315–319.

und gelegentlich vermittelte sogar ein Filialdirektor im Auftrag des früheren jüdischen Eigentümers bei Restitutionsverhandlungen; die Regel war beides aber keinesfalls. Dasselbe gilt für dreiste persönliche Bereicherungsversuche, die ebenfalls Ausnahmen darstellten. Wenn sich überhaupt ein „Normalverhalten“ der Bank bei „Arisierungen“ rekonstruieren lässt, so bestand es im Primat des betriebswirtschaftlichen Kalküls, innerhalb dessen die Stabilisierung von Ertragserwartungen die höchste, das Schicksal der jüdischen Geschäftspartner hingegen die geringste Priorität hatte.[3]

Für die Restitutionsverfahren spielte diese Typologie aber höchstens eine untergeordnete Rolle. Entsprechend ihrer Funktion in der NS-Zeit war die Dresdner Bank hier in erster Linie wegen einer möglichen Regresshaftung einbezogen, weil sie Anteile „arisierter“ Untenehmen zumindest vorübergehend in Eigenbesitz übernommen und später weiterverkauft hatte. Ökonomisch war sie zwar in der Regel nur Vermittlerin, juristisch aber häufig Ersterwerberin von Aktien oder GmbH-Anteilen gewesen. Das Festhalten an der Fiktion, dass „wir ja bei den Arisierungen nicht aktiv tätig gewesen sind, sondern uns darauf beschränkt hatten, die beiden Interessenten lediglich zusammenzuführen“,[4] markiert zwar eine mentale Grundlinie des Umgangs mit Restitutionsforderungen. Es nützte der Bank aber unter den gegebenen rechtlichen Rahmenbedingungen, jedenfalls nachdem sich die Rechtsprechung einigermaßen gefestigt hatte, gar nichts. Auch hier galt das Prinzip der Beweislastumkehr, so dass es zumindest bei Eigentumsübertragungen nach dem September 1935 für die „Arisierer“ schwierig war, ihre Unschuld im Sinne der Rückerstattungsgesetze nachzuweisen. Falls die Bank „arisierte“ Unternehmensanteile in Eigenbesitz übernommen hatte, musste sie sich mit unmittelbaren Rückerstattungsforderungen auseinandersetzen. Aber auch ihre Firmenkunden oder deren Aktionäre, die im Falle verlorener Rückerstattungsprozesse die Unternehmen oder Unternehmensbeteiligungen gegen Rückgewähr des 10:1 umgestellten Kaufpreises restituieren mussten, besaßen in den Fällen, in denen die Dresdner Bank als Ersterwerberin aufgetreten war, das Recht, diese in Regress zu nehmen. Deshalb lag es nahe, die Bank von vornherein auch in Vergleichsverhandlungen einzubeziehen, mit denen sich auch der größte Teil der nachstehenden Fallbeispiele beschäftigt.

Der Anteil vergleichsweise gelöster Rückerstattungsstreitigkeiten war im Unternehmensbereich relativ hoch, weil keine Seite daran interessiert sein konnte, ein Unternehmen längere Zeit unter Treuhandschaft zu stellen und damit seine Entwicklungsperspektiven deutlich einzuschränken.[5] Bei Aktiengesellschaften bestand zusätzlich ein Interesse der Aktionäre daran, auf ihre Unternehmensanteile wieder Dividenden zu erhalten oder die Aktien bei steigenden Kursen verkaufen zu können. Die aus der Rechtsunsicherheit, der ein rückerstattungsbefangenes Unternehmen unterlag, resultierenden Beschränkungen unternehmerischer Handlungsspielräume vergrößerten tendenziell auch das Interesse der Banken am zügigen Abschluss von Vergleichen. Die umstrittenen Unternehmen waren Kre-

[3] Vgl. Ziegler, Dresdner Bank, S. 253–258, 326–333; Janetzko, „Arisierungs“-Vermittlung, insb. S. 197f.
[4] Dresdner Bank Berlin an die Berliner Depositenkassen, 26. 5. 1950, HADrB 50070-2001.
[5] Schwarz, Rückerstattung, S. 200.

ditkunden der Banken, und diese waren naturgemäß an Wachstum und entsprechendem Finanzierungsbedarf ihrer gewerblichen Kundschaft sowie an der Börsengängigkeit von Aktien interessiert. Rückerstattungsbefangene Unternehmen waren hingegen schon deshalb unsichere Kunden, weil der frühere Eigentümer nur mit dem restituierten Vermögen (also nicht mit weiteren Sicherheiten) und nur im Rahmen einer „Belastungsgrenze" für die vom „Arisierer" aufgenommenen Kredite haftete, die sich an den verwertbaren Sicherheiten zum Zeitpunkt der Entziehung orientierte.[6] Im Januar 1948 stellten daher die Juristen des hessischen Bankenausschusses übereinstimmend fest, „dass es den Banken nicht geraten werden könne, ‚arisierten' Betrieben neue Kredite zu gewähren". Im Falle bereits oberhalb der Belastungsgrenze liegender Bankschulden „könne nur empfohlen werden, für beschleunigte Abdeckung besorgt zu sein."[7]

Mit solch defensivem Verhalten war freilich auf die Dauer weder den Banken noch ihren Kreditkunden gedient, sie mussten vielmehr tragfähige Strategien für den Umgang mit einer Vielzahl von Rückerstattungsanträgen entwickeln. Dieses Kapitel differenziert den Umgang der Dresdner Bank und ihrer Nachfolgeinstitute mit dieser Herausforderung grob nach drei verschiedenen Konstellationen. Die ersten drei Unterkapitel widmen sich drei besonders gut dokumentierten Beispielen einer Akteurskonstellation, in der die Dresdner Bank unmittelbar mit Restitutionsforderungen konfrontiert wurde, weil sie selbst die „Arisierung" betrieben oder entscheidend daran mitgewirkt hatte, um die betroffenen Unternehmen unter ihre Kontrolle zu bringen. Die Fallstudien sind zugleich die „Nachgeschichten" dreier im Band über „Die Dresdner Bank und die deutschen Juden" ebenfalls in längeren Kapiteln analysierter Fälle: Das Dresdener Privatbankhaus Gebr. Arnhold und die Vermögenswerte des Berliner Instituts Arnhold/Bleichröder hatte die Bank gezielt übernommen, um deren Bankgeschäft weiterzuführen; um die Aktienmehrheit der Berliner Engelhardt-Brauerei und einen Teil der ebenfalls in Berlin ansässigen Scala/Plaza-Varieté-Gruppe hatte sie sich bemüht, um die hohe Verschuldung großer Kreditkunden abzubauen.

Diese drei Beispiele eignen sich daher nicht nur wegen der günstigen Quellenlage besonders gut, um den Umgang mit Rückerstattungsforderungen zu analysieren, die die Bankleitung unmittelbar und massiv mit ihrer Vergangenheit konfrontierten. Sie beschreiben jedoch keineswegs diejenige Akteurskonstellation, die sich in den Akten am häufigsten niedergeschlagen hat. Dies war vielmehr die Einbeziehung der Bank in Wiedergutmachungsverhandlungen als regresspflichtige Zwischeneigentümerin „arisierten" Unternehmensbesitzes, die hier wiederum in zwei Unterkapiteln ausdifferenziert wird. Der vierte Teil analysiert das Vorgehen der Dresdner-Bank-Nachfolgeinstitute in Fällen, in denen ihnen vor allem durch die Verteilung des Aktienbesitzes fast zwangsläufig eine besonders aktive, federführende Rolle in den Restitutionsverhandlungen zufiel; der Abstimmung mit anderen Banken kam dadurch ebenfalls besondere Bedeutung zu. Der

[6] Für darüber hinausgehende Verbindlichkeiten galt eine „konkursähnliche Quotierung"; ebd., S. 261. Zur Ermittlung der Belastungsgrenze, die analog zur Behandlung von Grundpfandrechten erfolgte, ebd., S. 253 f.

[7] Eiche, Protokoll über die Sitzung der Juristen des Bankenausschusses am 29. 1. 1948, HADrB 50070-2001.

letzte Teil zeigt schließlich die Banken in einer eher defensiven Rolle, weil sie von wichtigen Firmenkunden in Verfahren einbezogen und zur Beteiligung an Rückerstattungsvergleichen aufgefordert wurden. In beiden Konstellationen war das Interesse der Dresdner Bank und ihrer Nachfolgeinstitute an der Erhaltung einer Kredit- oder Hausbankverbindung zu einem „arisierten“ Unternehmen eine zentrale, wenn nicht die wichtigste Determinante ihres Verhaltens.

Dieses Gliederungsschema ist nur eines von mehreren möglichen und beansprucht keine Vollständigkeit. Zudem gilt auch für dieses Kapitel, dass die Fallbeispiele nicht als repräsentativ im quantitativen Sinne gelten können. Ebenso wie es „den typischen ‚Arisierungsfall‘ nicht gab“,[8] gibt es auch keinen durchschnittlichen Rückerstattungsfall, in dem sich alle Verhaltensdeterminanten der Bank bündeln ließen. Vielmehr zeigen die Akten eine Vielzahl von Akteurskonstellationen, die durch die rechtlichen Rahmenbedingungen nur begrenzt definiert waren und aus denen hier eine Auswahl vorgestellt wird, die zum guten Teil durch die Quellenlage bestimmt ist. Ausgeblendet bleibt dabei vor allem die Masse der kleineren, als Personengesellschaften organisierten Unternehmen, in deren „Arisierung“ die Banken auch im juristischen Sinne gewöhnlich nur als Vermittler und Geldgeber involviert gewesen waren. Das schloss zwar nicht aus, dass die Filialen der Dresdner Bank in die Restitutionsverhandlungen einbezogen wurden, wenn es etwa um die Finanzierung von Vergleichszahlungen oder einer neuen Existenzgründung eines rückerstattungspflichtigen „Arisierers“ ging.[9] Die Bank war hier aber, abgesehen von der im vorangehenden Kapitel thematisierten Verwertung von Kreditsicherheiten, nicht die Antragsgegnerin hinsichtlich der Rückerstattung des Unternehmens selbst. Die folgenden Beispiele beschränken sich daher im Wesentlichen auf die Restitution von Kapitalgesellschaften. Die Ausnahme bilden zwei Sonderfälle, nämlich die zuerst betrachteten Verhandlungen um das Privatbankhaus Gebr. Arnhold und die abschließend behandelte Einschaltung der Dresdner Bank in das Rückerstattungsverfahren gegen Josef Neckermann.

1. Rückerstattung als materielles und moralisches Arrangement: Das Bankhaus Gebr. Arnhold

von *Ingo Köhler*

Die Übernahme eines jüdischen Privatbankhauses hatte die Dresdner Bank tief in das „Arisierungs“-Geschehen der Jahre 1933 bis 1938 involviert. Anders als im Vermittlungs- oder Finanzierungsgeschäft hatte die Bank auf eigene Rechnung agiert, als sie 1935 die Geschäfte des Dresdener Privatbankhauses Gebr. Arnhold sowie 1938 auch die gewerblichen Vermögenswerte der verbliebenen Berliner Dependance Gebr. Arnhold und S. Bleichröder übernommen hatte. Beide Übernah-

[8] Ziegler, Dresdner Bank, S. 253.

[9] Vgl. das Verfahren um die Rückerstattung der Fa. Metzger & Mendle in Fischach, HADrB 3648-2000, 3749-2000; zur „Arisierung“ dieses Unternehmens Janetzko, „Arisierungs“-Vermittlung, S. 192.

meverfahren waren in Form von Asset-Deals vollzogen worden, bei denen die Dresdner Bank die für sie verwertbaren Vermögensteile übernommen und in ihren Filial- beziehungsweise Konzernbesitz integriert hatte.[10] Die Bankgeschäfte Gebr. Arnhold und S. Bleichröder waren im Zuge des Transferprozesses aufgelöst worden und damit als Unternehmen gänzlich von der Bildfläche des deutschen Bankwesens verschwunden, das sie über Jahrzehnte entscheidend mitgeprägt hatten.

Aus dieser Zerschlagung des jüdischen Firmenbesitzes ergaben sich nachhaltige Konsequenzen für die Wiedergutmachungsverhandlungen. Die materielle und organisatorische Verschmelzung mit den Bankgeschäften der Käufer sowie der Umstand, dass die Dresdner Bank in den Kriegsjahren einzelne aus jüdischem Besitz stammende Vermögensteile an „Zweit- und Dritterwerber" weiterveräußert hatte, machte eine Wiederherstellung der „arisierten" Firmen in ihrer ursprünglichen Form unmöglich. Damit unterschieden sich die Grundvoraussetzungen zur Restitution von Privatbanken, die zwischen 1933 und 1938 von konkurrierenden Privat- oder Aktienbanken übernommen worden waren, deutlich von Fällen, in denen die „Arisierung" durch einen personellen Inhaberwechsel vollzogen worden waren und die Unternehmen – wenn auch unter verändertem Namen und meist auch in anderer Rechtsform – den Nationalsozialismus überdauert hatten. War bei bestehenden Unternehmen die in den alliierten Rückerstattungsgesetzen als oberstes Prinzip verankerte Naturalrestitution durch Wiedereintritt der jüdischen Eigentümer in ihre Besitz- und Leitungspositionen zumindest noch theoretisch denkbar, so waren die Grundlagen für eine vollständige Wiederherstellung des eigentumsrechtlichen Status quo ante mit der Zerschlagung der Betriebseinheiten irreversibel zerstört worden. Für die Familie Arnhold und ihre Erben blieben somit lediglich zwei Möglichkeiten offen, die Ansprüche auf ihr Eigentum geltend zu machen: Zum einen durch eine Teilrestitution zumindest derjenigen betrieblichen Vermögenswerte, die sich nach 1945 noch erkennbar in den Händen der Erwerber, also der Dresdner Bank beziehungsweise ihres Tochterunternehmens Hardy & Co., befanden. Zum anderen war die Einforderung von Schadensersatzleistungen möglich, um zumindest die Verluste zu kompensieren, die sie bei dem Unternehmensverkauf durch unangemessen niedrige Kaufpreise und die Verweigerung von Goodwillzahlungen hingenommen hatten.

Es konnte sich bei der Restitution somit lediglich um eine teilweise Revision der „Arisierungsschäden" handeln. Das wird noch deutlicher, wenn man sich vor Augen führt, dass die Familie Arnhold lediglich Ansprüche auf dasjenige Eigentum geltend machen konnte, das innerhalb des Geltungsbereichs der alliierten Rückerstattungsverordnungen „belegen" war. Der politische Systemwechsel in der SBZ schloss eine den Westzonen ähnliche individuelle Rückerstattung entzogener Vermögenswerte aus. Der gesamte Dresdener Besitz der Familie Arnhold konnte somit bis 1989 überhaupt nicht zum Gegenstand einer vermögensrechtlichen Aufarbeitung des nationalsozialistischen Unrechts gemacht werden. Kann

[10] Zu den Umständen der Übernahme der Dresdner und Berliner Geschäftshäuser der Familie Arnhold durch die Dresdner Bank vgl. Köhler, „Arisierung" jüdischer Privatbanken, S. 137–161; ausführlicher ders., „Arisierung" der Privatbanken, S. 207–243.

schon unter moralischen Gesichtspunkten niemals von einer vollständigen „Wieder-gut-Machung“ des Geschehenen gesprochen werden, so gilt dies im Fall Arnhold angesichts heute noch laufender Verfahren über die Rückerstattung von Immobilien bislang auch unter rein materiellen Aspekten.

Im Zuge der Ermittlungen der OMGUS-Finanzabteilung hatten sich die Vertreter der Dresdner Bank schon im Herbst 1945 erstmals für ihre Beteiligung an der „Arisierung“ zu rechtfertigen. Dabei zeigen insbesondere die frühen Aussagen von Carl Goetz eine weit verbreitete Grundeinstellung gegenüber den Ansprüchen der jüdischen „Arisierungs“-Opfer. Man entzog sich nicht nur der moralischen Verantwortung für die Teilhabe an den „Arisierungen“. Es galt auch als unvorstellbar, auf dem Wege der individuellen Rückerstattung für die Aneignung jüdischen Besitzes zur Rechenschaft gezogen zu werden. Die Geschäftsübernahmen wurden als rechtlich unanfechtbar erachtet, da sie auf der Basis gängiger privatwirtschaftlicher Vereinbarungen abgeschlossen worden seien, bei denen man sich in kaufmännisch korrekter Form mit den Veräußerern über die Übernahmemodalitäten geeinigt habe. Dass die Verkäufe letztlich nur unter den Bedingungen der nationalsozialistischen Judenverfolgung zu Stande gekommen waren, wurde ausgeblendet, indem man in der eigenen Selbstwahrnehmung sauber zwischen der privaten Geschäftssphäre und der politischen Ebene trennte. Zu den Verkaufsmotiven der jüdischen Privatbankiers in den 1930er Jahren befragt, verwies Goetz etwa auf seinen Eindruck, dass „auf Grund der allgemeinen Lage […]“ bei der Familie „ein fester Wille zum Verkauf vorgelegen“ habe. Weiter heißt es zu den Modalitäten des Vertragsschlusses 1935, es seien „auch nachträglich durch diesen Vertrag keinerlei Schwierigkeiten entstanden, jedenfalls sind mir keine solchen erinnerlich“.[11]

Die moralische Verantwortung wurde damit auf das NS-Regime und die „für Juden unerträglichen Existenzbedingungen“ abgewälzt, die als eine extern vorgegebene, unbeeinflussbare Umweltbedingung der Zeit interpretiert wurden. Die Übernahme selbst wurde wie in anderen Fällen aus dem ursächlichen Zusammenhang mit der nationalsozialistischen „Judenpolitik“ gerissen und als normaler, kaufmännisch korrekter Geschäftsakt betrachtet. Diese Haltung schloss ein, dass man die Geschäftsübernahme grundsätzlich nicht mit dem Attribut einer „Arisierung“ ausgestattet sehen wollte. Anders ist nicht zu erklären, dass Goetz nur einen Tag, nachdem er ausführlich von den Ermittlern zum Kauf des Bankhauses Arnhold befragt worden war, darauf verwies, dass ihm Übernahmen, aber keine „Arisierungen“ der Dresdner Bank bekannt seien:

> „Auf die mir gestern gestellt Frage, welche Bankfirmen die Dresdner Bank im Laufe der Jahre 1933 bis 1939 ‚arisiert‘ habe, komme ich zu dem Schluss, dass mir kein solcher Fall weiter in Erinnerung ist. […] Sicher ist, dass eine Reihe von jüdischen Firmen an uns herangetreten ist zwecks Überleitung ihrer Betriebe auf die Dresdner Bank; ich glaube, man könnte sagen, nahezu alle Privatbankfirmen mit Ausnahme von Warburg, Mendelssohn und Sal. Oppenheim. Sicher ist, dass ich persönlich mehrfachen Anregungen meines Lehrchefs Wertheimber in Frankfurt a. M., seine Firma zu übernehmen nicht Folge gegeben habe, dass auch Anregungen, S. Merzbach Offenbach, Simon Hirschland Essen zu übernehmen, von uns ad

[11] Aussage von Carl Goetz im Zuge der Ermittlungen der OMGUS-Finanzabteilung, 30. 10. 1945, HADrB 104575.

acta gelegt wurden. Mein früherer Chef [...] hat sogar einmal gesagt, dass durch das Nichtinteresse an seiner Firma für ihn der Verkaufspreis schlechter würde. Er hätte es gerne gesehen, wenn ich seinen Wünschen stattgegeben hätte."[12]

Auch diese Aussage war Teil der Selbstdarstellung der Dresdner Bank als stets fairer und erwünschter Geschäftspartner jüdischer Bankiers auf einem Markt, der zahlreiche Gelegenheiten zum Kauf geboten habe.

Rückendeckung erhielt Goetz durch eine Stellungnahme von Walther Frisch, der nach seinem Ausscheiden bei der Dresdner Bank 1932 Teilhaber bei Arnhold geworden und während der „Arisierung" wiederum in die Dresdner-Bank-Tochter Hardy & Co. eingetreten war. Ganz so selbstsicher, dass die Ermittlungsbehörden ihre Interpretation der Arnhold-Übernahme teilen würden, waren sich die Vorstandsmitglieder im Sommer 1945 aber wohl nicht. Bereits im Vorfeld der amerikanischen Ermittlungen hatte Hugo Zinßer Frisch offenbar persönlich um eine Beurteilung der Vorgänge gebeten, um auf mögliche kritische Rückfragen reagieren zu können.

Frisch bescheinigte der Dresdner Bank, die Übernahme der Bankhäuser unter den gegebenen Umständen „in fairer Weise abgeschlossen" zu haben. Als alleiniges Motiv der Arnholds, ihr Dresdner Stammhaus zur Disposition zu stellen, führte er die antisemitischen Angriffe des Dresdner Gauleiters Martin Mutschmann an. Er habe die Bankiersfamilie „auf die übelste Weise verfolgt" und auf „gehässigste Weise angegriffen." Unter den gegebenen Umständen hätten der Tod Heinrich Arnholds und die gesundheitlichen Probleme Hans Arnholds letztlich zu einer raschen Verkaufsentscheidung geführt, als sich die Dresdner Bank mit einer Kaufanfrage an sie wandte. Dabei habe die Großbank offenbar aktives Interesse an der Übernahme des durch die antisemitischen Übergriffe geschwächten Bankhauses gezeigt. Schließlich habe sich die Dresdner Bank allein „aus Prestigerücksichten [...] das Geschäft nicht entgehen lassen [können], zumal im Dresdner Hause von Gebr. Arnhold wertvolle Consortialbeteiligungen verankert waren."[13] Ähnlich wie bei der Dresdener Übernahme 1935 sei auch bei dem zweiten Firmenkauf in Berlin 1938 für die jüdischen Bankiers ein „besseres Ergebnis nirgends zu erzielen" gewesen als bei einem Verkauf an die Dresdner Bank, die die Verhandlungen sachlich und in freundschaftlichem Ton, ohne Druck auszuüben, durchgeführt habe.[14]

Konkrete Bedeutung erlangten diese Darstellungen jedoch erst einige Jahre später. Als die Familie Arnhold im Frühjahr 1949 den Rechtsanwalt Friedrich Brunner beauftragte, ihre Vermögensinteressen gegenüber der Erwerbergruppe Dresdner Bank/Hardy & Co. zu vertreten, war die Rechtslage zur Regelung von Rückerstattungsansprüchen noch an vielen Punkten unsicher. Zum einen befand sich ein Rückerstattungsgesetz für Berlin noch in der Entwicklungsphase, auch wenn sich bereis abzeichnete, dass sich die von der Alliierten Stadtkommandantur projektierte Berliner Rückerstattungsanordnung eng an die Regelungen in den westlichen Besatzungszonen anlehnen würde. Zum anderen war die Rechtslage

[12] Aussage von Carl Goetz, 1. 12. 1945, ebd.
[13] Aussage von Walther Frisch zur „Arisierung" des Bankhauses Gebr. Arnhold, 9. 10. 1945, ebd.
[14] Ebd.

der ruhenden Altbank ungeklärt, so dass zumindest unter formalen Gesichtspunkten zunächst unklar blieb, an wen die Arnholds ihre Ansprüche überhaupt richten konnten. Faktisch waren Brunner die richtigen Ansprechpartner allerdings bekannt. Der Prokurist von Arnhold & S. Bleichroeder Inc. (New York), das seit Ende der 1930er Jahre die neue Basis des Arnhold'schen Bankgeschäfts geworden war, nahm Mitte Juni 1949 Kontakt zu Carl Goetz und Gustav Overbeck auf, um die Restitutionsansprüche vorzubringen.[15]

Bereits bei den ersten persönlichen Treffen präsentierte Brunner den Vertretern der Altbank einen recht pragmatischen Vergleichsvorschlag. Er forderte die Rückübertragung der im Rahmen der Geschäftsübernahmen entzogenen und noch in den Händen der Großbank befindlichen Effekten und Beteiligungen. Um insbesondere der äußerst schwierigen Bewertungsfrage zu entgehen, ob der im Rahmen des seinerzeitigen Asset-Deals gezahlte Gegenwert für die Übernahme der Debitoren und Kreditoren der Privatbank objektiv korrekten Maßstäben entsprochen hatte, sollten alle „anderen Vertragszusammenhänge nicht berührt“ und von den Wiedergutmachungsverhandlungen ausgenommen werden. Brunner folgte damit nicht nur strikt dem von den Alliierten entworfenen Rechtsprinzip der „restitutio in integrum“, das vorrangig auf eine möglichst unversehrte Rückgabe der geraubten Werte zielte. Er orientierte sich offenbar auch an einem Wiedergutmachungsfall zwischen den ehemaligen Inhabern der Privatbank Straus & Co. und der Badischen Bank. In diesem ähnlich gelagerten Fall hatten sich die Parteien auf einen Vergleich einigen können, wonach bei einer Rückgewähr der Wertpapiere alle Ansprüche der Privatbankiers auf eine Nachvergütung des Goodwill und der Minderbewertungen ihres mobilen und immobilen gewerblichen Besitzes ruhen sollten. Die notwendige kooperative Verständigung zwischen den Anspruchsgegnern konnte im Fall Arnhold zunächst jedoch nicht hergestellt werden.[16]

Insbesondere Carl Goetz zeigte in persönlichen Treffen mit Brunner im Juni 1949 offene Zweifel an der grundsätzlichen Berechtigung der Ansprüche. Wenn der seinerzeitige Vertrag „einheitlich diskutiert“ werde, so Goetz, zeige sich deutlich, „dass ein Anspruch auf Rückerstattung nicht bestehe, wenn der Erwerber an den Berechtigten den angemessenen Gegenwert gezahlt hat und der Berechtigte zum Zeitpunkt der Leistung wie jeder deutsche Staatsbürger darüber verfügen konnte.“ Da der Vertrag „unter Bedingungen abgeschlossen [wurde], wie man sie auch jedem ‚arischen‘ Partner zugemutet haben würde, [...] der Gegenwert angemessen und im Zeitpunkt der Leistung für die Verkäufer in gleicher Weise disponibel gewesen [sei], wie für jeden deutschen Staatsbürger“, sei er rechtlich nicht angreifbar. Als Wortführer des Alten Kreises plädierte Goetz in Absprache mit den Leitern der Nachfolgeinstitute dafür, die Arnholds auf den Klageweg zu verweisen.[17] Zu dieser harten Linie gegenüber den Restitutionsforderungen zählte auch, dass sich die Dresdner Bank unter dem Vorwand einer „unsicheren Rechtslage“ trotz mehrfacher Anfragen Brunners weigerte, eine Aufstellung der noch in

[15] Abschrift eines Aktenvermerks der Dresdner Bank vom 15. 6. 1949, HADrB 7752-2002.
[16] Dresdner Bank, Aktennotiz über eine Besprechung mit Ulrich Biel (OMGUS Berlin) vom 22. 8. 1949, HADrB 7751-2002.
[17] Aktennotiz vom 15. 6. 1949; Goetz an Hermann Richter, 28. 6. 1949, beides in: HADrB 7752-2002.

ihren Händen befindlichen Effekten aus der Übernahme auszuhändigen. Wie aus der internen Korrespondenz hervorgeht, argumentierte insbesondere Goetz, dass man durch die Herausgabe der Akten kein Präjudiz für den Fortgang der Restitutionsverhandlungen schaffen dürfe. Das zentrale Motiv hinter dieser Maßnahme war aber vermutlich, das weitere Verfahren bewusst zu verzögern.[18]

Diese Haltung löste heftigen Widerspruch der Arnhold'schen Rechtsvertreter aus. Brunner warf der Dresdner Bank vor, die Umstände der Geschäftsübernahme in wesentlichen Punkten falsch einzuschätzen. So habe die Großbank weder einen adäquaten Gegenwert für die Geschäftssubstanz noch für den immateriellen Goodwill der Bank geleistet und es an der in außervertraglichen Nebenabsprachen zugesicherten Unterstützung beim Auslandstransfer des Kaufgeldes fehlen lassen. Insbesondere aber die Behauptung, die Privatbankiers hätten über den Kaufpreis frei verfügen können, musste den Anspruchsberechtigten als offener Affront erscheinen. Schließlich waren ihre Verkaufserlöse direkt auf ein Sperrkonto bei der Dresdner Bank überwiesen und von staatlicher Seite zur Begleichung diskriminierender Steuern und Abgaben gepfändet worden.[19] Den Verkauf ihrer Bankfirmen von den weitergehenden fiskalen Entziehungsmaßnahmen der Finanzbehörden zu trennen, war den jüdischen Opfern aufgrund der Komplexität ihrer Verfolgungserfahrungen sowie des Ineinandergreifens von privatwirtschaftlicher „Arisierung“ und staatlicher Konfiskation – auch der gezahlten Kaufpreise – nicht vorstellbar. Den Erwerbern jüdischen Besitzes dagegen diente ebendiese Trennung dazu, ihre aktive Beteiligung an der massenhaften Beraubung jüdischer Gewerbetreibender zu bestreiten.

Rein rechtlich verbargen sich hinter diesen Auseinandersetzungen vielleicht die schwierigsten Probleme der Wiedergutmachungsgesetzgebung. Tatsächlich trennten die alliierten Gesetze strikt zwischen der individuellen Rückerstattungspflicht privater „Arisierer“ und der staatlichen Entschädigung für die Entziehung und Konfiskation jüdischer Vermögen. Der strikten Vorstellung folgend, dass der Status der Vermögensverhältnisse vor der antisemitischen Verfolgung wieder herzustellen sei, wurden die jüdischen Veräußerer im Gegenzug zum Rückerhalt ihres Eigentums verpflichtet, die oftmals unangemessen niedrigen, dennoch in der Regel erzielten Verkaufserlöse an die ehemaligen „Arisierer“ zurückzugeben. Da diese Erlöse aber aufgrund der staatlichen Konfiskation zu einem großen Teil niemals in die freie Disposition der Verkäufer gelangt waren, zeigten sich die „Arisierungs“-Opfer verständlicherweise nicht bereit, Gelder zurückzuzahlen, die sie nie in Händen gehalten hatten. Zugleich klagten sie so genannte Nutzungsschäden beziehungsweise Vermögensverluste ein, da sie Jahre lang ihre Gewerbebetriebe, ihre Beteiligungen oder ihren Aktienbesitz nicht gewinnbringend hatten einsetzen können.

Wie im Fall Arnhold stellten sich Erwerber demgegenüber auf den Standpunkt, die Geschäftsabschlüsse nach geltendem Recht durchgeführt sowie die vereinbarten Kaufpreise ordnungsgemäß an die jüdischen Verkäufer überwiesen zu haben

[18] Dieser Eindruck drängt sich insbesondere aufgrund der Korrespondenz zwischen Hermann Richter und Carl Goetz auf, in der es noch am 28. Juni 1949 hieß: „Im Hinblick auf ihre Haltung haben wir die Sache noch etwas hinausgezögert.“ Richter an Goetz, 25. 6. 1949, ebd.

[19] Vgl. Köhler, „Arisierung“ jüdischer Privatbanken, S. 160.

und die Zahlungen nun im Gegenzug zur Rückgabe der „arisierten“ Vermögenswerte zurückfordern zu können. Tatsächlich sah das Rückerstattungsrecht in derartigen Streitfällen eine Rückgewährpflicht der Opfer vor – allerdings nur für Beträge, die trotz des staatlichen Zugriffs in ihre freie Verfügung gelangt waren. Die Rechtsansprüche bezüglich der meist größeren Anteile der beschlagnahmten Kaufgelder sollten die Verfolgten an die Erwerber abtreten. Mit dieser Klausel entstand nicht nur die kuriose Rechtslage, dass ehemalige Käufer jüdischer Betriebe Wiedergutmachungsansprüche gegenüber dem Rechtsnachfolger des NS-Staates geltend machen sollten, um Gelder zurückzufordern, die ihren jüdischen „Vertragspartnern“ vorenthalten worden waren. Auch verlangte die Rechtslage eine in der Praxis kaum zu realisierende Gegenrechnung von verfügbaren und gesperrten Kaufgeldern, die Neuberechnung eines objektiv angemessenen Kaufpreises inklusive des Goodwill und eine Kalkulation von Nutzungsschäden, die aufgrund der schwer zu bewertenden Einflüsse der wirtschaftlichen und politischen Sonderbedingungen der NS-Zeit kaum zu leisten war.[20]

Das änderte freilich nichts daran, dass die für die Rückerstattungsgesetze konstitutive Beweislastumkehr auch in diesem Fall zu Ungunsten der Dresdner Bank wirken musste. Wie in anderen Fällen lief der Verweis auf die vorgebliche Legitimität und Fairness der Übernahme juristisch ins Leere. Bereits im Vorfeld der zweiten Verhandlungsrunde mit Brunner Anfang Juli 1949 wies Walther Frisch Goetz auf die jedenfalls in den Westzonen eindeutige Rechtslage hin. In einem Schreiben vom 22. Juni 1949 übermittelte er Goetz die Abschrift eines Telegramms von Hans Arnhold, in dem der mittlerweile in New York ansässige Seniorchef der Privatbank die Verhandlungen kommentierte: „Höre, Goetz [von der] Dresdner Bank behauptet, wir hätten unsere Firmen gerne verkauft. [...] Bitte zu bestätigen, das Sie selbst uns wiederholt erklärten, dass das Aufrechterhalten unserer Firmen in Deutschland unmöglich sei und dass wir verkaufen sollten. Letzteres selbstverständlich lediglich auf Grund des Druckes, dem wir unter dem Hitler-Regime ausgesetzt waren.“[21] Allein die Bestätigung, die Frisch Hans Arnhold offenbar ohne zu zögern ausstellte, reichte aus, um einen Restitutionsanspruch der Familie Arnhold rechtlich zu bekräftigen. Gegenüber Goetz führte Frisch aus: „Daß die jüdischen Privatbanken unter politischem Druck verkauft haben, ist an und für sich richtig und bedarf keines Beweises, da alle Verkäufe durch Juden, als unter Druck geschehen vom Gesetz anerkannt werden. [...] Daß eine Restitutionsklage Erfolg haben wird“, so Frisch weiter, „steht für mich rechtlich außer Frage.“[22]

Am 26. Juli 1949, wenige Wochen nach dieser Stellungnahme, wurden die alliierten Rückerstattungsgesetze mit einer Verordnung der Alliierten Kommandantur auf die Westsektoren Berlins übertragen. Es zeichnete sich ab, dass die Dresdner Bank die Entziehungsvermutung für die Übernahmen der Arnhold-Bankhäuser nicht widerlegen konnte. In dieser Situation gab sie umgehend ihre abweisende Haltung auf und drängte nun darauf, die Verhandlungen unter Einbe-

[20] Die Rechtslage bezüglich der Kaufpreis-Rückgewährpflicht beschreiben Schwarz, Rückerstattung, S. 17, 34, 220–237; Georg Blessin, Wiedergutmachung, Bad Godesberg 1960, S. 26.
[21] Frisch an Goetz, 22. 6. 1949, HADrB 7752-2002.
[22] Ebd.

ziehung der amerikanischen Militärbehörden weiterzuführen. Mutmaßlich trug hierzu auch der Umstand bei, dass die alte Bankleitung gleichzeitig mit den Westalliierten über eine Wiedereinsetzung in ihre Vertretungsrechte und über die Neueröffnung einer Berliner Niederlassung verhandelte. Eine zusätzliche Belastung dieser ohnehin schwierigen Verhandlungen konnte und wollte man sich nicht aufbürden, zumal von amerikanischer Seite unmissverständlich klar gemacht worden war, dass man für die Gespräche über die Zukunft der Großbank eine gütliche Einigung über die anstehenden Restitutionsfälle voraussetzte. Nahezu schockiert reagierte Goetz vor diesem Hintergrund auf die Information, dass Brunner sich bei der amerikanischen Militärregierung offen über die Verweigerungshaltung der Dresdner Bank hinsichtlich der Herausgabe der Effektenlisten beschwert hatte.[23] Dort habe man – so Goetz in einem Eiltelegramm an die Direktoren der Nachfolgeinstitute – offenbar „sehr ironisch bemerkt [...], dass alter Geist in der Dresdner Bank im Gegensatz zu den Nachbarn immer noch unverändert vorhanden sei, was geradezu grotesk wirke in einem Moment, wo dieselbe Bank Neueröffnungsanträge stelle."[24] Nahezu umgehend war es der Dresdner Bank jetzt möglich, den Arnholds die gewünschten Unterlagen auszuhändigen und damit eine neue Basis für Verhandlungen zu schaffen.[25]

Die beiden Parteien einigten sich in einer weiteren Verhandlungsrunde darauf, einen unabhängigen Prüfungs- und Schlichtungsausschuss unter der Leitung der amerikanischen Besatzungsbehörden einzuberufen, um sich außergerichtlich über ihre gegenseitigen Ansprüche zu verständigen. Als Schlichter saß Ulrich Biel, Fachreferent der Berliner OMGUS-Abteilung für das Bank- und Kreditwesen,[26] dem am 15. August 1949 ins Leben gerufenen Ausschuss vor. Ihm beigeordnet nahmen mit den Rechtsanwälten Ernst Boesebeck und Eberhard Roethe je ein Vertreter der beiden Parteien einen Platz in der Kommission ein. Der mit einer Sondervollmacht der Behörden ausgestattete Carl Goetz übernahm die Verhandlungsführung für die Dresdner Bank, Brunner die Interessenvertretung der Arnhold-Gruppe. Mit dem gemeinsamen Statut des Ausschusses versicherten – vermutlich auf Wunsch von Brunner – beide Parteien ihre Bereitschaft, alle vorliegenden Informationen über die „Arisierung" von Arnhold/Bleichröder gegenseitig auszutauschen und sich der Abwägung ihrer Interessen durch die Schlichtungskommission zu unterwerfen. Bemerkenswert erscheint jedoch insbesondere ein Passus, der als übergeordnetes Ziel der Kommissionsarbeit definierte, neue Wege für eine zukünftige geschäftliche Zusammenarbeit zwischen der Großbank

[23] Richter an Goetz, 28. 6. 1949, ebd. Leider fehlen hier Angaben über die konkreten Verhandlungspartner seitens der Dresdner Bank bzw. der Alliierten.

[24] Telegramm Goetz an Hamburger Kreditbank und Rhein-Main-Bank, 8. 7. 1949, ebd.

[25] Vgl. Köhler, „Arisierung" der Privatbanken, S. 476.

[26] Ulrich E. Biel war von 1946 bis 1949 Leiter der Political Affairs Section der Berliner Sektion von OMGUS (OMGBS). Er galt als enger Vertrauter von General Clay und einer der Mitorganisatoren der Berliner Lufbrücke. Der aus einer Berliner Bankiersfamilie stammende Rechtsanwalt übernahm nach 1949 die Funktion als Fachreferent der Berliner OMGUS-Abteilung für das Bank- und Kreditwesen und war später langjähriger Abgeordneter des Berliner Abgeordnetenhauses. Biel wurde 1907 in Charlottenburg geboren und hatte Deutschland 1934 aufgrund seiner jüdischen Herkunft verlassen müssen. Vgl. hierzu Nachruf Ulrich E. Biel, in: Plenarprotokolle des Berliner Abegordnetenhauses, Nr. 13.3 vom 25. 01. 1996, www.parlament-berlin.de/parlamentb.nsf/(plenarprotokoll)/p13003.pdf (Stand: 28. 06. 2006); Wetzel, Office, S. 704.

und der New Yorker Privatbank zu finden: „Bei der Ausübung der Tätigkeit soll sich der Ausschuss von dem Gedanken tragen lassen, dass es sich zugleich darum handelt, für die Zukunft zwischen den beiden Parteien neue Formen einer ersprießlichen Zusammenarbeit auf internationaler Basis zu finden.“[27] Eine gütliche Einigung und damit der Weg zu einer vertrauensbasierten geschäftlichen Zusammenarbeit war allerdings noch weit, wie die ersten Verhandlungen vor dem Schlichtungsausschuss zeigen sollten.

In mehreren mehrstündigen Sitzungen prallten zunächst die unterschiedlichen Bewertungen der „Arisierungs“-Schäden aufeinander. Nach der Einsicht in die Wertpapieraufstellungen forderte Brunner von der Dresdner Bank eine Rückgabe von Wertpapieren und Beteiligungen in einer Höhe von rund 2 Mio. DM, was bei einen Umtauschkurs von 1:10 einem Schadensbetrag von 20 Mio. RM entsprach. Dies sei der Mindestbetrag, um den materiellen Substanzwert der entzogenen Privatbanken in Höhe von geschätzten 16 Mio. RM sowie die immateriellen Goodwill- und Nutzungsschäden der jüdischen Bankiers abzudecken und damit, wie von den Wiedergutmachungsbehörden gefordert, die Vermögenssituation vor dem Beginn der NS-Verfolgung vollständig wiederherzustellen.[28]

Eine solche vollständige Rekonstruktion konnte es aber aus Sicht der Dresdner Bank bei der Rückerstattung nicht geben. In einem internen Strategiepapier für die Verhandlungen vor der Kommission legte der Rechtsanwalt Boesebeck als Argumentationsgrundsätze fest, dass die Großbank sich zu einer Wiedergutmachung bereit erklären würde, obwohl „die Dresdner Bank nichts wiedergutzumachen“ habe und sich lediglich dem geltenden Rückerstattungsgesetz unterwerfe, das „eine der Allgemeinheit obliegende Pflicht willkürlich auf den zufälligen Vertragskontrahenten abwälzt“. Wenn man sich dennoch dieser Pflicht unterwerfe, so nur unter der Prämisse, dass die Restitutionszahlung nicht den Stand vor 1933 wiederherstelle, sondern die Entwertung des Bankbesitzes infolge des Krieges und der Währungsumstellung nach einem fiktiven Stand des Jahres 1949 einbeziehe. Der Grundsatz solle lauten: „Wiedergutmachung natürlich nicht, wie wenn Hitler nicht gewesen wäre, sondern wie wenn Hitler zwar gekommen wäre, die Antragsteller aber nicht zu den rassisch Verfolgten gehört hätten.“[29]

Es entsprach ganz der in den vorangehenden Kapiteln deutlich gewordenen Selbstwahrnehmung der Dresdner-Bank-Manager, die eigenen „materiellen Opfer“, die ihnen und ihrem Institut durch das Regime entstanden waren, nun mit dem Schicksal der Verfolgten aufzurechnen. Als angeblich „loyaler Erwerber“ verlangte man, dass die Rückerstattung nach Maßstäben berechnet wurde, die der eigenen Lage nach dem Zweiten Weltkrieg entsprach. Die drastischen Unterschiede zwischen dem eigenen Schicksal, als Profiteur des NS-Regimes nach dessen Zusammenbruch Konsequenzen tragen zu müssen, und den traumatischen Erlebnissen wirtschaftlich verfolgter und persönlich entwurzelter „Arisierungs“-

[27] Statut für einen Prüfungs- und Schlichtungsausschuss im Restitutionsfall Arnhold, o.D. (August 1949), hier insbes. § 7, HADrB 7751-2002.

[28] In welcher Höhe Brunner Forderungen für den Goodwill-Ausgleich stellte, ist aus den vorliegenden Quellen nicht zu erschließen. Aktennotiz der Dresdner Bank betr. „Gegenüberstellung der gegenseitigen Behauptungen in Sachen Arnhold-Bleichröder/Dresdner Bank“, o.D. (August 1949), ebd.

[29] Aktennotiz Boesebeck, 15. 8. 1949, ebd.

Opfer wurden bestritten oder ignoriert. Die Gleichsetzung von Opfern und Profiteuren gipfelte in der Feststellung, dass schließlich „niemand in Deutschland sein Vermögen erhalten habe“ und für die Arnholds „ungünstig zu berücksichtigen [sei], dass sie in der heute russischen Zone saßen“ und damit ein wesentlicher Teil ihres Vermögens verloren gewesen wäre.[30]

Auch wenn die Dresdner-Bank-Vertreter ihre intern diskutierte Position nicht in dieser Klarheit als Argument ins Feld führten, so legten sie dem Schlichtungsausschuss doch mehrere Berechnungen vor, die auf kontrafaktischen Annahmen eines Weiterbestehens der Arnhold-Bank nach dem Zweiten Weltkrieg beruhten. Dabei konstruierte man einen Größenvergleich zwischen der Dresdner Bank und der Privatbank. Da sich das Kapital der Großbank zwischen 1938 und 1949 bei einem Umtauschkurs von 1:1 von nominal 250 Mio. RM auf 15 Mio. DM reduziert hätte – eine selbst zu diesem Zeitpunkt deutlich untertriebene Berechnung –,[31] müsse eine ähnlich hohe Verlustquote von 94 Prozent auch für das gewerbliche Vermögen der Privatbankiers veranschlagt werden. Bei einem Substanzwert des Bankhauses Arnhold von etwa 16 Mio. RM 1938 könne man vor diesem Hintergrund lediglich einen fiktiven Bestehenswert der Bank in Höhe von 960000 DM oder, ginge man optimistisch von einer Verlustquote von „nur“ 92 Prozent aus, von maximal 1,28 Mio. DM annehmen.[32] Diese an sich bereits „erschütternd niedrigen Beträge“ seien noch einmal um die von der Dresdner Bank gezahlte Kaufsumme zu reduzieren, um eine objektiv angemessene Entschädigungssumme für die jüdischen Bankiers zu ermitteln. Auf dieser Grundlage unterbreitete die Dresdner Bank der Familie Arnhold ein Vergleichsangebot über eine Zahlung von 750000 DM – und selbst dies, so betonte Goetz in einer internen Notiz, angesichts der schwierigen wirtschaftlichen Lage der Großbank nur widerwillig, da „nicht übersehen werden [dürfe], dass die Durchsetzung einer derartigen Vergütung [sic!] aufgrund der bei der Dresdner Bank gegebenen Situation nur sehr schwer erreichbar sein wird. Sie kann […] nur gerechtfertigt werden mit der Begründung, dass man einen Streitfall aus der Welt schaffen will, damit Störungen und Belastungen in der Zukunft vermieden werden.“[33]

Eine Einsicht in die gesetzliche und moralische Restitutionsverpflichtung gegenüber den jüdischen Bankiers war selbst bei der Abgabe des Vergleichsangebots an den Schlichtungsausschuss nicht zu erkennen. Im Gegenteil, der Vorschlag der Dresdner Bank, die Verpflichtungen durch eine ausgesprochen niedrige Entschädigungszahlung abzugelten, ignorierte bewusst die berechtigten und gesetzlich verbrieften Ansprüche der Antragsteller auf eine Naturalrestitution des noch identifizierbaren und in den Händen der „Arisierer“ lokalisierbaren Wertpapierbesitzes. In einem internen Strategiepapier stellte Boesebeck fest: „Da die Arn-

30 Aktennotiz der Dresdner Bank betr. „Gegenüberstellung der gegenseitigen Behauptungen in Sachen Arnhold-Bleichröder/Dresdner Bank“, o. D. (August 1949), ebd.

31 Vgl. Kapitel VI.2.

32 Diese alternative Berechnung beruht nach Aussage der Dresdner Bank wiederum auf „Erfahrungswerten“, wonach deutsche Privatbanken im Schnitt nicht mehr als 2 bis 8% ihres ursprünglichen Kapitals erhalten konnten. Vgl. zu den Berechnungen Aktennotiz Boesebeck, 15. 8. 1949, ebd.; und Köhler, „Arisierung“ der Privatbanken, S. 479.

33 Carl Goetz, Erklärung zu den Verhandlungen in Sachen Rückerstattung Dresdner Bank / Gebr. Arnhold – S. Bleichröder, o. D. (August 1949), HADrB 7751-2002.

hold's ein Bankgeschäft und nicht einzelne Werte verkauft haben, kann ihr Verlangen, die zufällig noch vorhandenen Werte zurückzunehmen und sich an allem anderen desinteressiert zu erklären, nicht als berechtigt anerkannt werden. [...] Der Ausschuss sollte nicht an das formale Recht gebunden sein, sondern entscheiden, was als fair empfunden wird. Fair wäre es aber nicht, wenn sich Arnholds [...] nunmehr die Rosinen rauspicken könnten, die zufällig noch erhalten sind.“[34] Dass es sich bei diesen „Rosinen“ um den Besitz der Familie Arnhold handelte, den die Dresdner Bank gut zehn Jahre zuvor nur unter der Bedingung einer massiven Verfolgung ihrer „Vertragspartner“ erworben hatte, wurde ausgeblendet. Darüber hinaus wird deutlich, dass man mit dem Schlichterverfahren offenbar die Hoffnung verband, einzelne Bestimmungen der Wiedergutmachung zu umgehen, die für einen „loyalen Erwerber“, als den man sich selbst sah, als ungebührende Härte empfunden wurden.[35]

Als die Dresdner Bank den Vergleichsvorschlag in einer Ausschusssitzung am 20. August 1949 der Schlichtungskommission unterbreitete, löste er heftige Auseinandersetzungen mit den Rechtsvertretern der Familie Arnhold aus. Entrüstet warf Brunner der Großbank vor, die Aussichten auf eine gütliche Einigung zu zerstören, indem sie ein untragbares Entschädigungsangebot offerierte, das die ursprünglichen Forderungen seiner Partei um nahezu zwei Drittel unterbot. Vehement forderte er die Berücksichtigung der von der Dresdner Bank abermals nicht thematisierten Goodwillverpflichtungen und die Herausgabe des Arnhold'schen Wertpapierbesitzes. Offenbar musste die Sitzung nach der Vorstellung des Vergleichsvorschlages sogar abgebrochen werden. Goetz erklärte später, dass er sich „angesichts aggressiver Äußerungen der anderen Seite [...] zu einer Fortsetzung der Verhandlungen nicht mehr in der Lage sah“.[36]

Die Verhandlungen wurden daraufhin zunächst schriftlich sowie in bilateralen Konsultationen zwischen den Rechtsvertretern der Parteien und dem Ausschussvorsitzenden fortgeführt. Der Rechtsanwalt der Dresdner Bank Sarre unterstrich in diesen Gesprächen mit Biel, dass die Großbank sich durch die vehemente Kritik von Brunner unter Druck gesetzt fühle und schließlich nur eine Restitutionssumme zum Vorschlag bringen könne, die in einem gesunden Verhältnis zu ihrer aktuellen wirtschaftlichen Lage stehe. Dabei ließ er sich zu dem untragbaren Vergleich hinreißen, „Herr Brunner habe eine Methode der Verhandlung angewandt, die sich grundlegend und diametral von der unterscheide, die damals von [dem Dresdner-Bank-Vorstandsmitglied] Herrn Busch angewendet worden sei.“[37] Auch wenn die einschlägige Aktennotiz der Dresdner Bank dokumentiert, dass sich Biel „über diese Mitteilung sehr beeindruckt“ zeigte, verdeutlicht der weitere Verlauf der Verhandlungen, dass sich der OMGUS-Vertreter keineswegs durch die unterschwelligen „Siegerjustiz“-Vorwürfe der Großbankvertreter von seiner Linie abbringen ließ, die Interessen der „Arisierungs“-Opfer nach den Buchsta-

[34] Aktennotiz Boesebeck, 15. 8. 1949, ebd.
[35] Vgl. ausführlicher Köhler, „Arisierung“ der Privatbanken, S. 481.
[36] Carl Goetz, Erklärung zu den Verhandlungen in Sachen Rückerstattung Dresdner Bank / Gebr. Arnhold – S. Bleichröder, o. D. (August 1949), HADrB 7751-2002.
[37] Gesprächsnotiz der Dresdner Bank über die Verhandlungen zwischen Sarre und Biel vom 20. 8. 1949, ebd.

ben des Wiedergutmachungsgesetzes zu unterstützen. So zitiert die Aktennotiz die Erwiderung Biels wörtlich: „Die Dresdner Bank stehe doch aus der Zeit des Dritten Reiches mit einer gewissen Belastung da. Es erscheine ihm zweckmäßig, die ganze Angelegenheit Arnhold vom großzügigen Standpunkt aus zu behandeln und daran zu denken, dass hier nicht nur der Einzelfall geregelt werde, sondern dass es darauf ankomme, das gesamte deutsche Bankwesen in seinem Ansehen zu stärken."[38]

Biel führte der Dresdner Bank unmissverständlich ihre moralische Verantwortung im Rahmen der „Arisierungs"-Maßnahmen des NS-Regimes vor Augen. Gleichzeitig setzte er die Verhandlungsführer der Großbank mit dem Hinweis unter Druck, dass die anstehende Neuordnung des Bankwesens und damit auch die Rekonstruktion der Dresdner Bank durch den Verlauf der Wiedergutmachung positiv wie negativ beeinflusst werden könne. Dabei machte er deutlich, dass ein Scheitern der Verhandlungen der Familie Arnhold die Möglichkeit eröffne, inländische und ausländische Vermögenswerte der Großbank beschlagnahmen zu lassen, um ihre Vermögensinteressen notfalls auch vor einem amerikanischen Gericht einzuklagen. In der Konsequenz würde damit ein Teil des Kapitals der Dresdner Bank über Jahre in einer Wiedergutmachungsauseinandersetzung gebunden und könne nicht für den Wiederaufbau des Geschäfts genutzt werden.[39]

Es war maßgeblich dem Verhandlungsgeschick des Schlichters Ulrich Biel zu verdanken, dass die Restitutionsverhandlungen in dieser prekären Situation nicht scheiterten. Der unmissverständliche Druck auf die Dresdner Bank, aber auch eingehende Gespräche mit den Rechtsvertretern der Familie Arnhold, für die Biel – wie aus einer internen Notiz hervorgeht – bewusst die Kulisse des zerstörten Frankfurter Stadtzentrums wählte, um die Anspruchsberechtigten auch für die schwierige Lage ihrer Vertragskontrahenten zu sensibilisieren, brachten die Parteien wieder an den Verhandlungstisch.

Für den weiteren Verlauf des Schlichtungsverfahrens fehlen genaue Quellen. Daher erscheint es zunächst überraschend, dass beide Seiten am 27. August 1949, kaum mehr als eine Woche nach dem Eklat der zweiten Verhandlungsrunde, einen von dem Schlichtungsausschuss erarbeiteten Restitutionsvertrag ratifizierten. Die Dresdner Bank akzeptierte die Anfechtung der Übernahmeverträge Arnhold/Bleichröder und verpflichtete sich zur Herausgabe der noch vorhandenen Effekten. Insgesamt umfasste die Rückerstattung Wertpapiere mit einem Kurswert von rund 2,15 Mio. DM.[40] Um die Nutzungsschäden am Effekten-Eigentum für die Jahre 1938 bis 1949 abzugelten, zahlte die Großbank zusätzlich einen Barbetrag von 150000 DM. Damit wurde die Familie Arnhold zumindest anteilig an den Dividenden der zurückliegenden Jahre beteiligt.[41] Während die Dresdner Bank auf eine Rückgewähr des Kaufpreises verzichtete, ließ die Arnhold-Gruppe weiterge-

[38] Ebd.

[39] Ebd.

[40] Vergleich zwischen den Inhabern des ehemaligen Bankhauses Arnhold/Bleichröder und der Dresdner Bank (vertreten durch den ARV Goetz und die Direktoren Hölling und Overbeck), 27. 8. 1949, HADrB 7750-2002. Eine Aufstellung der einzelnen Rückerstattungswerte findet sich in der Anlage A des Vergleichs.

[41] Ebd. Der Vergleich zwischen Arnhold und der Dresdner Bank wurde am 15. Mai 1950 als „gütliche Einigung" von den Berliner Wiedergutmachungsbehörden formal bestätigt.

hende Forderungen auf eine Nachvergütung des Goodwill fallen und schloss weitere Restitutionsansprüche für die Zukunft aus. Damit folgte der Vergleich weitestgehend dem Restitutionsmodell des Falls Straus/Badische Bank und besiegelte die eigentumsbezogene Rechtssicherheit beider Parteien durch einen gegenseitigen Verzicht auf eine detaillierte Auseinandersetzung über die gegenseitigen Verpflichtungen.

Während die Privatbankiers vor diesem Hintergrund zumindest ihre materiellen Wiedergutmachungsansprüche durchsetzen konnten, gewährten sie der Dresdner Bank im Gegenzug moralische Entlastung. In einer gemeinsamen Erklärung dokumentierten die Vertragskontrahenten ihre Einigkeit darüber, dass die „Arisierung" „ausschließlich die Folge der für Juden tragischen Verhältnisse im Deutschland des Dritten Reiches gewesen ist, ohne dass die Dresdner Bank diese Verhältnisse ausgenutzt hat."[42] Derartige moralische „Persilscheine" bildeten nicht nur ein Entgegenkommen an die Selbstwahrnehmung der Käufer als „loyale Erwerber". Gleichzeitig konnten sie in weiteren Wiedergutmachungsverfahren eine wichtige Argumentationshilfe bedeuten, um Bereicherungsvorwürfen vorzubeugen und die eigene Bereitschaft zur gütlichen Bereinigung der – aus Sicht der Pflichtigen – vermögensrechtlichen ‚Kollateralschäden' der nationalsozialistischen Verfolgungspolitik nachzuweisen.

Die wechselseitige Erfüllung von vermögensrechtlichen Wiedergutmachungsforderungen auf der Seite der Anspruchsberechtigten und dem Wunsch nach einer Ent-Individualisierung und Anonymisierung der Schuldfrage auf der Seite der Restitutionspflichtigen bildete offenbar eine wichtige Kompromissformel, um nicht nur Fragen der Wiedergutmachung zu klären. Darüber hinaus konnten sie auch grundsätzlich die Kommunikation zwischen den beteiligten Parteien auf eine neue Basis stellen. Wie der Fall Arnhold/Dresdner Bank zeigt, galt dies auch und nicht zuletzt für eine Anbahnung beziehungsweise Wiederaufnahme geschäftlicher Beziehungen, die für beide Banken in der wirtschaftlich schwierigen Lage nach Kriegsende von existentieller Bedeutung sein konnten. Hier stand am Ende äußerst schwieriger Verhandlungen die von beiden Seiten beteuerte Hoffnung, dass – so formulierte Brunner in einem letzten Schreiben an Goetz in der Wiedergutmachungssache – „durch die Bereinigung einer für beide Teile schwierigen Lage der Weg geebnet ist, für freundschaftliche und wirtschaftlich erspriessliche Zusammenarbeit zwischen der Dresdner Bank und Hardy & Co. GmbH auf der einen Seite und Arnhold und S. Bleichröder, New York, auf der anderen Seite."[43] Es überrascht, wie schnell ökonomisch motivierter Pragmatismus neue Brücken über die unüberwindlich scheinenden Gräben zwischen Opfern und Profiteuren der „Arisierung" schlagen konnte.

[42] Ebd.
[43] Brunner an Goetz (Abschrift), 27. 8. 1949, ebd.

2. Restitution als Investition: Der Engelhardt-Brauereikonzern

von *Dieter Ziegler*

Trotz massiver grundsätzlicher Differenzen zwischen den Parteien wurde der Rückerstattungsfall Arnhold verblüffend schnell, nämlich binnen weniger Monate, gelöst. Gerade in komplizierteren Fällen war eine solch schnelle Einigung jedoch, wie das Beispiel der Berliner Engelhardt-Brauerei demonstriert, keineswegs die Regel. Die komplexe „Arisierungs"-Geschichte des Engelhardt-Konzerns ist an anderer Stelle ausführlich analysiert worden und kann hier nur sehr gerafft dargestellt werden. 1934 hatte die Dresdner Bank die Kontrolle über die bei ihr hoch verschuldete Engelhardt-Brauerei und deren Konzerntöchter übernommen. Dies war im Wesentlichen durch den Erwerb zweier großer Aktienpakete erreicht worden: Engelhardt-Aktien im Nominalwert von 2,6 Mio. RM hatte man dem ehemaligen Generaldirektor und Mehrheitsaktionär Ignatz Nacher im August 1934 abgepresst; weitere nom. 2,5 Mio. RM Engelhardt-Aktien aus dem Eigentum der Gesellschaft für Brauerei-Interessen, einer ebenfalls im Mehrheitsbesitz von Ignatz Nacher befindlichen Holding für Brauereiwerte, hatte die Stadt Berlin diesem im Mai 1933 als „Entschädigung" für eine (unbewiesene) Schmiergeldzahlung an einen städtischen Beamten entzogen und im September 1934 im Tausch gegen ein Parkgrundstück im Süden Berlins an die Dresdner Bank abgegeben.

Die Bank, die an den ersten Maßnahmen gegen Nacher im Frühjahr 1933 noch nicht beteiligt gewesen war, hatte später skrupellos die politischen Bedingungen instrumentalisiert, um den Einfluss auf ihren Großschuldner nicht zu verlieren. Nachdem im Oktober 1934 außerdem der Besitz der Engelhardt-Brauerei an eigenen Aktien an die Dresdner Bank verkauft beziehungsweise zur Herabsetzung des Aktienkapitals von 12 Mio. RM auf 11 Mio. RM genutzt worden war, verfügte diese über eine Beteiligung von knapp über 50 Prozent. Dieser Erfolg war angesichts eines konkurrierenden Übernahmeangebots für das erste Aktienpaket durch ein Münchner Konsortium unter der Führung der Privatbankhauses Georg Eidenschink nur durch die Verhaftung und eine im Gefängnis erzwungene Unterschrift Nachers erreicht worden. Als „Entschädigung" für das entgangene Geschäft hielt sich das Münchner Konsortium dann an andere, ebenfalls im Gefängnis abgepresste Brauereibeteiligungen Nachers. Die „Arisierung" der Engelhardt-Brauerei gilt deswegen in der Forschung heute als einer der brutalsten Fälle in der Frühzeit der nationalsozialistischen Herrschaft überhaupt.[44]

Die auf diese Ereignisse folgenden Jahre müssen hier etwas ausführlicher skizziert werden, um die Voraussetzungen der 1949 beginnenden Restitutionsverhandlungen zu klären. Das mittelfristige Interesse der Bank lag nicht darin, den Brauerei-Konzern in Eigenbesitz zu halten, sondern ihn nach dem Abbau der Verschuldung und unter Erhaltung ihrer Hausbankstellung an einen industriellen Investor weiterzuveräußern. Nach der Übernahme der Aktienmehrheit war sie daher über mehrere Jahre bemüht, Teile ihres Aktienpakets wieder zu veräußern.

[44] Vgl. ausführlich Ziegler, Dresdner Bank, S. 292–322.

Ein möglicher Käufer durfte allerdings keine konkurrierende Großbank im Hintergrund haben, damit die Dresdner Bank nicht ihre Hausbankstellung im Engelhardt-Konzern gefährdete. Es musste demzufolge ein Erwerber gefunden werden, der entweder ohnehin zum Kundenkreis der Dresdner Bank gehörte oder der stark genug war, die Übernahme selber zu finanzieren. Ein solches Unterfangen war allerdings lange aussichtslos, weil die Engelhardt-Brauerei keine Dividende ausschüttete. Genau darum war es aber der Dresdner Bank bei der Übernahme der Kontrolle über die Engelhardt-Brauerei gegangen. Denn seit 1932 hatte sich die Gläubigerbank vergeblich bemüht, die exorbitante Verschuldung der Konzernbrauereien zurückzuführen. Zu diesem Zweck war in den Jahren nach der „Arisierung“ der gesamte Nettogewinn der Engelhardt-Brauerei eingesetzt worden. Die Verwertung eines Teils des „arisierten“ Aktienkapitals musste dahinter zurückstehen. Angesichts der Dividendenlosigkeit war die Engelhardt-Aktie kein lukratives Papier für Investoren. Dementsprechend hatte sich der Aktienkurs trotz der „Arisierung“ und des damit verbundenen Endes der Agitation gegen das Nachersche „Judenbier“ nicht erholen können.

Die Situation verbesserte sich erst im Frühsommer 1939. Zu diesem Zeitpunkt hatte die Engelhardt-Brauerei die Dividendenausschüttung immer noch nicht wieder aufgenommen. Äußerstenfalls konnte man einem interessierten Erwerber eine künftige Dividendenzahlung in Aussicht stellen. Denn im laufenden Geschäftsjahr (seit Oktober 1938) hatte sich die Ertragslage so weit gebessert, dass trotz der Entschuldungspolitik eine bescheidende Dividendenzahlung wohl schon möglich schien. Entscheidend für den Verkauf eines größeren Teils des Pakets war aber weniger die Ertragslage als vielmehr eine weitere „Arisierung“. Diesmal handelte es sich um die Übernahme der Vermögenswerte von Gebr. Arnhold und S. Bleichröder. Das Bankhaus Gebr. Arnhold hatte 1899 mit der Bank für Brauindustrie („Braubank“) eine Holding für seinen umfangreichen Brauereibesitz gegründet und diese Holding seitdem vollständig beherrscht. Mit der „Arisierung“ der Berliner Vermögenswerte von Gebr. Arnhold ging auch die Kontrolle über die Braubank auf die Dresdner Bank über. Es lag deshalb nahe, dass die nun zum eigenen Konzern gehörige Brauerei-Holding ein größeres Engelhardt-Paket übernahm. Denn bei dieser Lösung blieb die Stellung der Dresdner Bank als Hausbank des Konzerns dauerhaft gesichert.

Das änderte sich auch nicht, als wenig später der Bielefelder Oetker-Konzern die Braubank übernahm. Bereits zuvor hatte der zweite Ehemann der Konzernerbin Ida Oetker, der Oetker-„Betriebführer“ Richard Kaselowsky (Mitglied im „Freundeskreis Reichsführer SS“), ein Aktienpaket der Berliner Groterjan-Brauerei in Höhe von nominal gut 600000 RM erworben. Bei diesem Paket handelte es sich um das Ignatz Nacher zunächst verbliebene, aber kurz nach der „Arisierung“ der Engelhardt-Brauerei von dem erwähnten Münchner Konsortium unter Führung des Bankhauses Eidenschink entzogene Eigentum. Es war nahe liegend, dass Kaselowsky sich besonders für die von der Braubank übernommenen Engelhardt-Aktien interessierte. Denn die Engelhardt-Brauerei verfügte bei Groterjan über die Aktienmehrheit und es war nicht zu erwarten, dass sie bei wichtigen Entscheidungen irgend etwas gegen die Interessen ihres neuen Großaktionärs Kaselowsky unternehmen würde.

Im Juni 1939 wurden nom. 2,75 Mio. RM Engelhardt-Aktien an die Braubank veräußert. Bei Kriegsende summierte sich der Gesamtbesitz der Braubank, die ihren Bestand im Laufe der Zeit weiter ergänzte, nominal auf gut 3,4 Mio. RM. Zusammen mit der Braubank verfügte die Dresdner Bank, deren Gesamtbestand sich aufgrund kleinerer, nicht mehr nachvollziehbarer Verschiebungen bei Kriegsende auf nom. knapp 3 Mio. RM summierte, damit auch weiterhin über die beherrschende Stellung in dem Unternehmen.[45] Zur Entschuldung des Konzerns hatte sich die Engelhardt-Brauerei nach der „Arisierung" von einem Großteil ihrer Konzerngesellschaften getrennt. So waren die Beteiligungen an der Engelhardt-Brauerei AG Weißwasser, der Winterhuder Bierbrauerei GmbH, der Schlesischen Engelhardt-Brauerei AG und der Mitteldeutschen Engelhardt-Brauerei AG vollständig abgestoßen und die Beteiligung an der Engelhardt-Brauerei Rathenow GmbH auf ca. 60 Prozent reduziert worden. Daneben verfügte die Engelhardt-Brauerei 1945 nur noch über eine Beteiligung an der Engelhardt-Brauerei Königsberg GmbH in Höhe von 67 Prozent sowie an der Brauerei Groterjan & Co. AG, Berlin, in Höhe von 56 Prozent und besaß das gesamte Kapital der Schlesische Malzfabriken AG. Während bei den verbliebenen Provinzbrauereien die Vorbesitzer wahrscheinlich ihre Anteile über die Jahre gehalten hatten, war der Oetker-Konzern bei Groterjan zwischenzeitlich zu einem Großaktionär aufgestiegen. Die Dresdner Bank schätzte den Anteil 1949 auf etwa 30 Prozent.[46]

Diese überschaubaren Eigentumsverhältnisse wurden allerdings durch die Kriegsfolgen erheblich verkompliziert. Von den Produktionsstätten der Engelhardt-Brauerei und ihrer Konzernunternehmen befand sich der weitaus größte Teil im Ostsektor Berlins und in der Sowjetischen Besatzungszone oder in den für Deutschland verlorenen Ostgebieten. Nur die kleinste der drei Produktionsanlagen der Engelhardt-Brauerei, das Werk Charlottenburg mit einer Kapazität von 100 000 hl (1938), befand sich im britischen Sektor Berlins, während das Stammwerk in Pankow und das Werk Stralau mit einer Kapazität von zusammen 500 000 hl im sowjetischen Sektor lagen. Außerdem war die Mälzerei im schlesischen Rudelstadt für die Brauerei verloren.[47] Von den Konzerngesellschaften befand sich lediglich die Groterjan-Brauerei mit ihrem Weddinger Stammsitz im Westen, im französischen Sektor Berlins.

Unmittelbar nach dem Krieg wurde die Engelhardt-Brauerei nach dem Gesetz Nr. 52 der Militärregierungen über „Sperre und Kontrolle von Vermögen" der Verfügungsgewalt der satzungsmäßigen Organe entzogen und einer treuhänderischen Verwaltung unterstellt. Die Produktion scheint daraufhin in allen drei Berliner Werken der Engelhardt-Brauerei sowie bei der Groterjan-Brauerei relativ schnell wieder aufgenommen worden zu sein. Die Aufsicht über die Werke lag bei der jeweiligen Besatzungsmacht. Geleitet wurden sie zunächst offenbar von unternehmensfremden Personen. Jedenfalls scheint keines der alten Vorstandsmitglieder mehr in irgendeiner Funktion bei den Werken des ehemaligen Konzerns beschäftigt gewesen zu sein. Das nach dem erzwungenen Ausstieg von Hilarius

45 Aufstellung vom 3. 5. 1955, HADrB 44744-2001.
46 Aufstellungen vom 24. 6. 1949 und 10. 6. 1952, HADrB 30739-2001.
47 Aufstellung vom 17. 3. 1938, HADrB 30069-2001.

Giebel[48] wichtigste Vorstandsmitglied der „arisierten“ Engelhardt-Brauerei, Richard Köster, hatte sich vielmehr als Hopfenhändler in Nürnberg selbständig gemacht und scheint in den frühen fünfziger Jahren dank seiner alten Verbindungen zu einem wichtigen Rohstofflieferanten der West-Berliner Brauereien aufgestiegen zu sein.

Mitte des Jahres 1947 gelang es dem nach Berlin zurückgekehrten Hermann Eisner, ehemals die „rechte Hand“ Ignatz Nachers im Engelhardt-Vorstand, von der britischen Militärregierung zum Mittreuhänder für das Werk in Charlottenberg eingesetzt zu werden. Wenig später ernannte ihn auch die französische Militärregierung zum Mittreuhänder bei Groterjan. Eisners Bemühungen, auch im Ostsektor mit der Treuhänderschaft über die Werke betraut zu werden, scheiterten jedoch am dortigen Magistrat, der die Treuhänderschaft dem Verband der Berliner Konsumgenossenschaften übertragen hatte, bevor die Ostberliner Werke 1949 entschädigungslos enteignet wurden.[49]

Im September 1949 stellte der von den Erben Ignatz Nachers in New York bestellte Anwalt Max Hirschberg bei dem Generaltreuhänder den ersten, leider nicht überlieferten Rückerstattungsantrag nach der Berliner Restitutionsanordnung. Darin forderte er die Rückgabe der Ignatz Nacher von der Stadt Berlin entzogenen sowie der an die Dresdner Bank unter Druck verkauften Aktien der Engelhardt-Brauerei.[50] Zunächst geschah jedoch nichts. Denn Hirschberg betrieb im Auftrag der Erben Nachers insgesamt neun Rückerstattungsverfahren, die sich abgesehen von einer Grundstücks-„Arisierung“ in zwei Komplexe gliederten. Dabei handelte es sich zum einen um vier Verfahren, von denen die Dresdner Bank beziehungsweise die Engelhardt-Brauerei betroffen waren, weil sie im Zusammenhang mit der „Arisierung“ von Engelhardt standen. Die übrigen vier Verfahren ergaben sich aus der Entziehung des restlichen Nacherschen Brauereibesitzes durch das Eidenschink-Konsortium.

Nach seinen eigenen Angaben war Hirschberg nicht in der Lage, alle Verfahren gleichzeitig zu führen, und hatte sich zunächst nur um den Münchner Komplex gekümmert. Im Sommer 1952 waren diese Verfahren schon sehr weit fortgeschritten. Einige Fälle waren bereits durch Vergleich erledigt worden, in anderen Fällen wurden Vergleichsverhandlungen geführt.[51] Gemeinsam war diesen Vergleichen allerdings, dass Hirschberg in allen Fällen auf die Rückgabe der Aktien verzichtete und stattdessen eine DM-Nachzahlung akzeptierte. Das war wahrscheinlich auch der Grund, weshalb Hirschberg sich zunächst auf den Münchner Komplex

[48] Vgl. hierzu Dieter Ziegler, Nationalsozialisten im Kampf um die Beute: Der „Arisierungsfall“ der Engelhardt-Brauerei AG, in: Abelshauser/Hesse/Plumpe (Hg.), Wirtschaftsordnung, S. 363–387.

[49] Aktennotiz, 31. 10. 1947; Dresdner Bank Berlin an Hamburger Kreditbank (Overbeck), 1. 6. 1949, beides in: HADrB 30739-2001.

[50] Aktennotiz, 19. 2. 1951, ebd.

[51] Im Fall des größten Aktienpakets, nom. gut 2 Mio. RM Aktien der Hofbräu Bamberg-Erlangen, war mit dem Münchner Konsortium im Januar 1951 ein Vergleich geschlossen worden. Zwei Monate später wurde dann auch das zweite Verfahren gegen das Münchner Konsortium wegen nom. 676 000 RM Henninger Reifbräu-Aktien sowie weiterer kleinerer Aktienpakete bayerischer Brauereien in unbekannter Höhe durch Vergleich erledigt. In einem dritten Rückerstattungsverfahren gegen die Essener Aktienbrauerei Carl Funke wegen nom. gut 1,25 Mio. RM Aktien der Dortmunder Stiftsbrauerei hatte der Restitutionspflichtige im Sommer 1952 ein Vergleichsangebot unterbreitet; Max Hirschberg an das Wiedergutmachungsamt Berlin, 8. 8. 1952, S. 8f., ebd.

konzentrierte, denn die Erben waren an der Wiedererlangung dieser Aktien nicht interessiert. Außerdem war die Sachlage eindeutig, eine Entziehung der Aktien nicht zu bestreiten, was auch die Anwälte des Münchner Konsortiums anerkannten.[52]

Sehr viel schwieriger waren wohl auch aus Hirschbergs Sicht die Verfahren des Engelhardt-Komplexes. Denn erstens bestritten sowohl die Stadt Berlin die Entziehung des ersten Aktienpakets im Frühjahr 1933 als auch die Dresdner Bank irgendwelche ungewöhnlichen Umstände bei ihrem Kauf des zweiten Engelhardt-Pakets im Sommer 1934. Nachdem sich Carl Goetz in den Verhören während seiner Internierung Anfang 1946 zunächst an nichts Wesentliches im Zusammenhang mit der „Arisierung" der Engelhardt-Brauerei erinnern konnte und dabei auf die zwölf Jahre verwies, die die Ereignisse mittlerweile zurücklagen, kannte er sich weitere sieben Jahre später, im Jahr 1953, wieder so gut aus, dass er die Übernahme der Engelhardt-Aktien durch die Dresdner Bank in einer internen Anweisung an den Chefsyndikus der Altbank Hans-Joachim Laabs als einen Vorgang charakterisierte, „wie er sich alle Tage bei einer Großbank abspielte".[53] Zweitens – und das drohte mögliche Vergleichsverhandlungen besonders kompliziert zu machen – waren die Erben im Fall der Engelhardt-Aktien nicht an einer DM-Nachzahlung interessiert, sondern bestanden auf der Rückgabe. Das war vermutlich für den einzigen in Deutschland lebenden Erben Hermann Eisner von großer Bedeutung, der nur so seine 1933/34 verlorene wichtige Stellung in der Berliner Brauwirtschaft wiedererlangen konnte.

Spätestens zu Beginn des Jahres 1953 begann dann die Dresdner Bank damit, Argumente für die Abwehr des Restitutionsanspruchs zu sammeln. Dabei scheute sie auch nicht davor zurück, den in New York lebenden Siegmund Bodenheimer zu kontaktieren, obwohl sie davon ausging, dass dieser „verständliche, wenig freundschaftliche Gefühle gegenüber der Dresdner Bank" hegte. Bodenheimer, dessen Vertrag als Vorstandsmitglied der Dresdner Bank 1933 nicht verlängert worden war, hatte bis Ende 1932 deren Interessen als Aufsichtsratsvorsitzender bei Engelhardt vertreten.[54] Den Hauptangriffspunkt der Gegenseite bildete aber nicht die Dresdner Bank, sondern die Stadt Berlin, d.h. die Entziehung des ersten Engelhardt-Paketes durch den Staatskommissar Julius Lippert im Mai 1933. Alle Versuche der Dresdner Bank, den Berliner Senat zur Bildung einer gemeinsamen Abwehrfront zu bewegen, schlugen jedoch fehl. Als „Argumentationshilfe" bei der Ausarbeitung eines Schriftsatzes sandte der Anwalt der Dresdner Bank, Karl Aden, dem zuständigen Berliner Regierungsrat sogar einen Text zu, der allerdings auf höhere Weisung nicht aufgegriffen wurde.[55]

Während es demnach auf der Seite der Restitutionspflichtigen im Laufe des Jahres 1954 nicht recht voranging, war die Gegenseite nicht untätig geblieben. Im Fe-

52 Ebd., S. 9.

53 Interrogation of Carl Goetz, 27. 2. 1946, NA, RG 260, Office of the Finance Intelligence Group, Box 186; Aktennotiz, 13. 1. 1953, HADrB 30739-2001.

54 Aktennotiz, 27. 2. 1953, ebd.

55 Ein Senatsvertreter erklärte dem Anwalt der Dresdner Bank, Karl Aden, später, dass er als Vertreter der Stadt Berlin nicht wie Aden „als Anwalt eines freien Unternehmens ohne Hemmungen kämpfen" könne, sondern sich „in seiner Polemik sehr zurückhalten" müsse; Aktennotiz (Aden), 19. 10. 1955, HADrB 44744-2001.

bruar 1955 überraschte deren Berliner Anwalt Ludwig Ruge die Dresdner Bank mit einem Vergleichsvorschlag. Danach sollten die Dresdner Bank und die Braubank insgesamt nom. 6,31 Mio. RM Stammaktien sowie nom. etwa 63000 RM Vorzugsaktien der Engelhardt-Brauerei zurückgeben und dafür im Gegenzug eine Barzahlung in Höhe von 300000 DM erhalten. Dieser scheinbar einfache Vorschlag wurde aber dadurch verkompliziert, dass die Dresdner Bank einen Schadensersatzanspruch gegen die Stadt Berlin als Ersterwerberin der Aktien geltend machen konnte; dieselbe Position besaß die Braubank gegenüber der Dresdner Bank für die von dieser erworbenen nom. 2,75 Mio. RM Engelhardt-Aktien. Ein solcher Vergleich wäre also nur denkbar gewesen, wenn sowohl die Dresdner Bank als auch die Stadt Berlin ihre jeweiligen Verpflichtungen anerkannt hätten.[56]

Nachdem die Juristen der Dresdner Bank sowohl das Vergleichsangebot als auch die Prozesssituation geprüft hatten, lehnte der Neue Kreis Anfang Juni 1955 den Vorschlag ab. Namentlich Carl Goetz, Alfred Hölling und Hugo Zinßer, allesamt bereits vor 1945 Vorstandsmitglieder der Dresdner Bank, nahmen zu diesem Zeitpunkt Vergleichen in Restitutionsverfahren gegenüber eine grundsätzlich negative Haltung ein.[57] Trotzdem hatten sich die Fronten durch das Angebot der Gegenseite deutlich verschoben. Zum einen drängte die nun zum Oetker-Konzern gehörende Braubank auf die Annahme des Vergleichs. Die Brauerei-Holding hätte nach dem Vergleichsvorschlag zwar die von der Dresdner Bank erworbenen Engelhardt-Aktien herausgeben müssen; sie hätte aber eine Schadensersatzforderung gegenüber der Dresdner Bank besessen, von der sie die Aktien seinerzeit in angeblich „gutem Glauben“ erworben hatte. Verloren hätte die Braubank demzufolge nichts, aber es wäre ein Problem aus der Welt geschafft worden, indem die Treuhänderschaft über die Engelhardt-Brauerei aufgehoben worden wäre, die die Entfaltungsmöglichkeiten des Unternehmens mit der Zeit immer mehr behinderte; Letzteres sahen im Übrigen alle Parteien so.[58] Solange aber die Dresdner-Bank-Verantwortlichen einem Vergleich nicht zustimmten, erkannten sie auch ihre Schadensersatzpflicht gegenüber der Braubank nicht an, so dass diese es nicht riskieren konnte, sich mit den Erben Nachers zu verständigen.

Die eigentliche Trumpfkarte, mit der Hermann Eisner hoffen konnte, die Dresdner Bank zu einer kooperativeren Haltung zu zwingen, war ein Bündnis mit der größten Berliner Brauerei, der Schultheiß-Brauerei, das er in der Zwischenzeit geschmiedet hatte. In seiner Funktion als Treuhänder der Engelhardt-Brauerei hatte Eisner ein so genanntes Freundschaftsabkommen mit Schultheiß vereinbart, das eine Abgrenzung der Interessensphären beider Brauereien und eine Einkaufsgemeinschaft beinhaltete. In einer weiteren Vereinbarung zwischen der Schultheiß-Brauerei und den Erben Nachers war darüber hinaus verabredet worden, dass Schultheiß die zurückzuerstattenden Engelhardt-Aktien übernehmen würde, um einen Aktienbesitz von über 50 Prozent des Engelhardt-Kapitals zu erreichen.

[56] Vgl. Aktennotizen (Laabs), 9.2. und 16. 3. 1955; Dresdner Bank an Hermann Richter, 21. 2. 1955, alles in: HADrB 30739-2001.
[57] Laabs an Hermann Richter, 28. 10. 1955, HADrB 44744-2001.
[58] Zur Situation der Engelhardt-Brauerei von 1949 bis 1954 vgl. Aktennotiz, 24. 10. 1955, HADrB 30739-2001.

Im Gegenzug gab Schultheiß eine Garantie für die Unabhängigkeit von Engelhardt ab. Schließlich wurde vereinbart, dass Hermann Eisner auch weiterhin die Engelhardt-Brauerei und die Groterjan-Brauerei leiten konnte, nun aber als Vorstandsmitglied und nicht mehr als Treuhänder. Durch die Aufhebung der Treuhänderschaft wäre außerdem die Voraussetzung dafür gegeben gewesen, endlich die Produktionsanlagen in Charlottenburg zu modernisieren und auszubauen.[59]

Die Dresdner Bank konterte diesen Vergleichsvorschlag mit einem eigenen Angebot, wonach die Gegenseite auf die Rückgabe der Aktien verzichten und sich wie in den anderen Restitutionsverfahren mit einer DM-Nachzahlung zufrieden geben sollte. Dies lehnte die Erbengemeinschaft erwartungsgemäß ab, weil dadurch die Grundlage für die Vereinbarung mit der Schultheiß-Brauerei entfallen wäre. Stattdessen besserte sie ihr Angebot nach, indem sie die Rückgewährsumme auf 425 000 DM erhöhte. Gleichzeitig setzten die Nacher-Erben der Dresdner Bank allerdings ein Ultimatum zur Annahme ihres Vorschlags bis zum 15. November 1955. Davon ließ sich die Bank jedoch nicht beeindrucken und hoffte darauf, mit ihrer Verzögerungstaktik den Gegner zu zermürben. Die Braubank war da allerdings anderer Meinung. Sie hatte mittlerweile nämlich erfahren, dass die Schultheiß-Brauerei als Teil ihrer Vereinbarung mit der Erbengemeinschaft dieser eine Vorauszahlung zuerkannt hatte, welche es den Erben ermöglichte, auch den längsten Rechtsstreit mit den Antragsgegnern durchzuhalten. Angesichts der Prozesssituation hielt es der im Oetker'schen Auftrag tätige Bielefelder Anwalt Hans Heuer für erforderlich, „weiteren Schaden durch eine jahrelange Prozessführung für die [...] Oetker-Gruppe abzuwenden".[60]

Da nun die Zermürbungstaktik offensichtlich nicht zum Ziel führen konnte, und vielleicht auch wegen des Oetker'schen Drucks, änderte die Dresdner Bank kurz vor Ablauf des Ultimatums ihre Vorgehensweise. Ähnlich wie Oetker sah sie nun ein, dass die Rückgabe der Aktien wohl unumgänglich war, versuchte aber gleichzeitig die angebotene Rückzahlung weiter zu erhöhen. Dabei ging sie davon aus, dass es möglich sei, „die Erstattungssumme höher zu drücken, [...] weil die Erben Nacher bzw. die hinter ihnen stehende Schultheiß-Gruppe ein großes Interesse an einer schnellen Rückgabe der Aktien" hätten, um die lähmende Treuhänderschaft endlich beenden zu können. Auf dieser Grundlage konnte jedoch bei der letzten Besprechung zwischen den Vertretern der Dresdner Bank und der Erbengemeinschaft keine Einigung erzielt werden, zumal Carl Goetz gegenüber seinen Juristen noch einmal ausdrücklich erklärte, dass er „keine Scheu" habe, den „Prozess in aller Form auszutragen, weil die Dresdner Bank in dieser Frage völlig ehrenhaft gehandelt" habe. Dennoch gab Goetz „grünes Licht" für einen Vergleich, wenn es gelänge, die von der Stadt Berlin zu leistende Schadensersatzsumme so hoch und die an die Braubank zu leistende Schadensersatzsumme so niedrig anzusetzen, dass für die Bank kein Schaden entstand.[61]

59 Vgl. Dresdner Bank an Hermann Richter, 21. 2. 1955, ebd.; Aktennotiz, 19. 3. 1956, sowie eine Pressemitteilung der Schultheiß-Brauerei, 20. 10. 1955, beides in: HADrB 44744-2001.

60 Ruge an Aden, 21. 10. 1955; Heuer an Laabs, 4. 11. 1955, beides ebd.

61 Schreiben des Oetker-Konzerns (Abschrift ohne Unterschrift) an Aden, 8. 11. 1955; Aktennotizen, 9.11. und 11. 11. 1955, alles ebd.

Solange jedoch die Stadt Berlin nicht zu erkennen gab, dass sie die Aneignung des ersten Engelhardt-Paketes als eine Entziehungsmaßnahme betrachtete, bewegte sich auch die Dresdner Bank nicht. Vor der letzten Sitzung des Neuen Kreises im Jahr 1955 versuchten die Juristen der Dresdner Bank noch einmal alles, um die ablehnende Haltung ihrer Vorgesetzten aufzuweichen. Eindringlich warnte Laabs die drei Mitglieder Alfred Hölling, Carl Schleipen und Hans Rinn davor, die guten Beziehungen zur Schultheiß-Brauerei nicht zu gefährden. Carl Goetz wurde sogar in einem siebenseitigen Brief bearbeitet. Darin stellte Laabs zusammenfassend fest, dass „erhebliche wirtschaftliche Gesichtspunkte, vor allem die Pflege und der Ausbau unserer Beziehungen zur Schultheiß-Brauerei AG, dafür sprechen, [...] einer gütlichen Einigung zuzustimmen“. Gleichwohl, es nützte nichts. Der Neue Kreis entschied, der Prozess solle „zu Ende geführt werden“.[62]

Nur wenige Tage später äußerte sich erstmals auch der Berliner Senator für Finanzen in einem Schriftsatz an die Wiedergutmachungskammer. Obwohl Senator Friedrich Haas (CDU) offiziell bei seiner ablehnenden Haltung blieb, riet der zuständige Dezernent Paul Füllsack (SPD) in einem vertraulichen Zwei-Augen-Gespräch mit Laabs dringend, einen Vergleich zu schließen. Daraufhin versuchte dieser noch einmal, Goetz' Zustimmung zu erreichen. Aber Goetz war weiterhin völlig unzugänglich. Als er am Rande einer Aufsichtsratssitzung der Rütgerswerke auf die Angelegenheit angesprochen wurde, äußerte er sich sehr verärgert über die Schultheiß-Verantwortlichen, die „unserem Prozessgegner eine so weit reichende Unterstützung à fonds perdu geben, die der Gegenseite wahrscheinlich überhaupt erst die Durchführung des Prozesses bis zur letzten Instanz“ ermöglicht. Er sah in diesem Verhalten deshalb einen „recht unfreundlichen Akt“. Immerhin sagte Goetz aber zu, Laabs zur nächsten Sitzung des Neuen Kreises einzuladen, um ihm die Gelegenheit zu geben, seine Haltung persönlich vorzutragen.[63]

Dieses Zugeständnis interpretierte Laabs offensichtlich als eine Aufforderung, weitere Verhandlungen zu führen. Kurz vor der nächsten Sitzung des Neuen Kreises traf er sich deshalb Anfang Februar 1956 zunächst mit dem Vorstandsmitglied der Schultheiß-Brauerei Hans Sixtus und anschließend mit Eisner. Besonders Sixtus war offensichtlich sehr stark an dem Vergleich interessiert und machte ein sehr weitgehendes Angebot. Zunächst bestätigte er noch einmal die Selbständigkeit der Engelhardt-Brauerei. Das bedeutete für die Dresdner Bank, dass sowohl Engelhardt als auch Groterjan nicht in das Netz von Konsortialverbindungen der Schultheiß-Brauerei eingebunden wurden, an dem die Dresdner Bank zwar beteiligt, in dem sie aber nur eine Konsortialbank unter mehreren war.

Die Selbständigkeit der Engelhardt-Brauerei allein garantierte allerdings noch nicht, dass die Hausbankfunktion, die seit der Wiederaufnahme der Produktion von der Berliner Bank eingenommen wurde, wieder auf die Dresdner Bank beziehungsweise die Berliner Tochtergesellschaft ihrer Nachfolgeinstitute, die Bank für Handel und Industrie, überging. Denn es drohte ja der Verlust der Aktienmehrheit durch das Restitutionsverfahren, so dass die Dresdner Bank auch nach der Beendigung der Treuhänderschaft die Kontrolle über die Brauereien nicht wieder

62 Lehmann an Goetz, 2. 12. 1955; Aktennotiz, 9. 12. 1955, beides ebd.
63 Schäfer (Rhein-Ruhr-Bank) an BHI (André), 3. 1. 1956, ebd.

hätte ausüben können. Die Schultheiß-Brauerei vermutete nun, dass es der Dresdner Bank bei ihrem Widerstand gegen die Vergleichsbemühungen der Nacherschen Erben in erster Linie um die Wiedererlangung dieser Hausbankfunktion ging. Deshalb schlug Sixtus als Vertreter des künftigen Mehrheitsaktionärs der Engelhardt-Brauerei vor, der Dresdner Bank die Hausbankfunktion bei Engelhardt und Groterjan durch die Zusicherung von „mindestens 80%" der „Kredite, Umsätze und sonstiger Transaktionen" beider Brauereien wieder zu verschaffen, während die „übrigen Schultheiß-Konsortialbanken an das laufende Geschäft von Engelhardt und Groterjan nicht herangelassen" werden sollten. Ferner wurde der Dresdner Bank je ein Mandat in den Aufsichtsräten der beiden Brauereien zugesagt, unabhängig davon, wie hoch ihr jeweiliger Anteilsbesitz sein würde. Um die gemeinsame Kontrolle über das Unternehmen zu sichern, erklärte sich Schultheiß ferner bereit, einen Poolvertrag mit der Dresdner Bank zu schließen, der dieser das Vorkaufsrecht sicherte, falls Schultheiß sich von seinen Engelhardt-Aktien trennen sollte.

Um die Stadt Berlin zu einer Anerkennung ihrer Schadensersatzpflicht gegenüber der Dresdner Bank zu bewegen, sagte Eisner zu, mit Senator Haas zu sprechen. Er äußerte sich optimistisch, dass ihm die Überzeugungsarbeit gelingen würde. Die genaue Festlegung der Schadensersatzsumme war dann der Dresdner Bank und der Stadt Berlin überlassen. Dasselbe galt für den Schadensersatz, den die Dresdner Bank der Braubank zu leisten hatte. Damit war der Vergleich im Prinzip unter Dach und Fach. Allerdings stellte die Dresdner Bank ihn unter den Vorbehalt einer Einigung über die Höhe der Schadensersatzzahlungen.[64] Tatsächlich schien Eisner seine Aufgabe erfolgreich erledigt zu haben. Mitte März 1956 erklärten sich sowohl Senator Haas als auch Senatsdirektor Füllsack gegenüber der Dresdner Bank mit dem Vergleich einverstanden und erkannten auch die Regressverpflichtungen Berlins „grundsätzlich" an. Füllsack soll sich sogar dahingehend geäußert haben, dass es sich nach seiner Erinnerung „um eine üble Entziehung" gehandelt habe.[65]

Im Frühjahr 1956 konzentrierten sich die Verhandlungen deshalb auf die Festlegung der Schadensersatzhöhen. Die Rückerstattungsanordnung hatte für den hier zur Debatte stehenden Fall keine Festlegung getroffen. Denn die entzogenen Wertpapiere konnten zwar zurückgegeben werden; da sie sich aber nicht mehr im Besitz des Rückerstattungspflichtigen, der Stadt Berlin, sondern im Besitz eines Dritten, der Dresdner Bank, befanden, gab es nun mehrere Möglichkeiten zur Berechnung der Schadensersatzsumme. Die für die Stadt Berlin günstigste Variante war die einfache Umstellung des gezahlten Reichsmarkbetrages in Deutsche Mark nach den Regelungen der Währungsreform, also im Verhältnis 10:1. Der Dresdner Bank hätte danach eine Summe von etwas über 250000 DM zugestanden. Eine solche Berechnung lehnte sie aber mit dem Hinweis ab, dass hier ein so genannter Erfüllungsschaden vorliege, also für die Berechnung des Schadensersatzes nicht der Zeitpunkt des Verkaufs, sondern der Zeitpunkt der Regelung der Schadensersatzfrage ausschlaggebend sei. Da der Schaden für den Käufer des Aktienpaketes

[64] Aktennotizen, 3. 2. und 4. 2. 1956, ebd. Später wurde der Anteil am Bankverkehr der Engelhardt-Brauerei auf „mindestens 85%" angehoben; vgl. Aktennotiz, 29. 3. 1956, HADrB 30739-2001.
[65] Aktennotiz, 13. 3. 1956, HADrB 44744-2001.

erst nach der Währungsreform entstanden sei, besitze er einen Anspruch auf eine DM- und nicht auf eine RM-Zahlung. In diesem Falle komme eine Berechnung des Wertes des zurückgegebenen Aktienpakets nach dem zum Zeitpunkt der Rückgabe aktuellen Börsenkurs in Frage. Die Bank forderte deshalb von der Stadt Berlin die Zahlung von 1 Mio. DM, was in etwa dem aktuellen Kurswert für nom. 2,5 Mio. RM Engelhardt-Aktien entsprach.[66]

Diese für die Dresdner Bank günstige Regelung hätte freilich auch bei deren Schadensersatzzahlung an die Braubank greifen müssen. Während sich die Dresdner Bank jedoch sehr schnell mit dem Oetker-Konzern über eine Schadensersatzsumme in Höhe des aktuellen Kurswertes der nom. 2,75 Mio. RM Engelhardt-Aktien einig wurde, weigerte sich die Stadt Berlin, auf dieser Grundlage überhaupt weiter zu verhandeln. Mehr als etwa 500000 bis 600000 DM sei sie in keinem Fall zu zahlen bereit. Unter diesen Umständen erklärte die Dresdner Bank die Verhandlungen im Mai 1956 für gescheitert.[67] Dem Vergleich war damit die Grundlage entzogen, woraufhin ein Termin vor der Wiedergutmachungskammer für Mitte Oktober angesetzt wurde.[68]

Die Stadt Berlin baute gleichzeitig eine neue Vereidigungslinie auf. Sie behauptete nun plötzlich, dass ihr im Mai 1933 ein Schadensersatzanspruch gegen die Engelhardt-Brauerei zugestanden habe. Angeblich hatte die Brauerei es versäumt, das bereits 1930 an die Stadt verkaufte „Engelhardt-Haus“, den früheren Sitz der Konzernzentrale am Alexanderplatz, fristgemäß ohne Mieter zu übergeben. Statt ein verwendungsfähiges Haus zu übernehmen, hätte die Stadt hohe Abfindungszahlungen leisten müssen, um die Mieter zum Auszug zu bewegen. Dabei wären die Abfindungszahlungen für die Mieter eigentlich in den Kaufpreis für das Haus eingerechnet gewesen. Es sei demzufolge Sache des Verkäufers, also der zum Engelhardt-Konzern gehörenden Gesellschaft für Brauerei-Interessen, gewesen, die Mieter zu entschädigen. Beweismaterial für diese Behauptung konnte die Stadt aber nicht vorlegen.[69]

Die Bank befragte daraufhin den ehemaligen Geschäftsführer der Gesellschaft für Brauerei-Interessen Richard Köster. Dieser stand als späteres Vorstandsmitglied der „arisierten“ Engelhardt-Brauerei kaum im Verdacht einer einseitigen Parteinahme für die Nacherschen Erben.[70] Kösters eindeutige und entschiedene Zurückweisung der Behauptungen der Stadt[71] scheint aber wenig Eindruck gemacht zu haben. Denn die Bank bestand weiterhin darauf, dass sie sich mit der Stadt Berlin einig werden müsse. Auf einen Prozess wollte sie es trotz der für sie günstigen Aussage von Köster nicht ankommen lassen. Auch ein sehr ausführliches Schreiben der Schultheiß-Brauerei bewegte die Dresdner Bank nicht zu einer kooperativeren Haltung. Im Gegenteil, ein Vorstandsmitglied der BHI scheint die

[66] Die Verhandlungen erfolgten auf der Grundlage von Berechnungen, die bereits im Herbst 1955 angestellt worden waren. Vgl. Aktennotiz, 9. 11. 1955; Exposé, 10. 11. 1955, beides ebd.
[67] Aktennotiz, 29. 5. 1956, ebd.; Laabs an Dresdner Bank, 18. 8. 1956, 30739-2001.
[68] Aktennotiz, 16. 7. 1956, HADrB 44744-2001.
[69] Laabs an Köster, 31. 7. 1956, ebd.
[70] Köster behauptete gegenüber der Dresdner Bank, dass Eisner der Ansicht sei, er stehe eindeutig auf der Seite der Antragsgegner und behandele ihn entsprechend; vgl. Aktennotiz, 2. 9. 1954, HADrB 30739-2001.
[71] Köster an Laabs, 7. 8. 1956, HADrB 44744-2001.

Ansicht aller auf Seiten der ehemaligen Dresdner Bank Beteiligten ausgedrückt zu haben, wenn er feststellte, dass „wohl nicht erwartet werden kann, [...] dass die Dresdner Bank sich die Freundschaft mit Schultheiß durch Minderzahlung der Stadt Berlin im Vergleich 500000 DM kosten lässt".[72] Auch ein letzter Versuch des Schultheiß-Vertreters Hans Sixtus, die Bank mit Blick auf den Image-Schaden zum Einlenken zu bewegen, blieb erfolglos.[73]

So kam es am 16. Oktober 1956 tatsächlich zur Verhandlung vor der Wiedergutmachungskammer des Landgerichts Berlin. Dabei gelangte das Gericht, erstens, zu der Auffassung, dass es sich bei der Abtretung des ersten Engelhardt-Aktienpakets im Mai 1933 um einen Missbrauch der Staatsgewalt im Sinne des Artikels 2 der Rückerstattungsanordnung und damit um einen Akt der Entziehung handelte. Die Dresdner Bank sei als Zweiterwerberin somit „voll rückerstattungspflichtig", habe aber einen „vollen Regressanspruch gegen die Stadt Berlin". Zweitens handle es sich bei dem Erwerb des zweiten Engelhardt-Aktienpakets durch die Dresdner Bank im September 1934, für die Nacher im Gefängnis eine Vollmacht abgepresst worden war, ebenfalls um eine Entziehungsmaßnahme. Die Dresdner Bank sei deshalb rückerstattungspflichtig, unabhängig davon, ob sie an der Entziehungshandlung selber beteiligt gewesen sei oder nicht.[74]

Damit hatte das Gericht erreicht, wozu die Beteiligten nach über eineinhalb Jahren Vergleichsverhandlungen nicht in der Lage gewesen waren. Bereits Ende Oktober einigten sich die Hauptbeteiligten – die Nachersche Erbengemeinschaft, die Dresdner Bank, die Braubank und die Stadt Berlin – auf einen Vergleich. Danach musste die Dresdner Bank der Erbengemeinschaft nom. 2,5 Mio. RM Engelhardt-Aktien zurückgeben. Soweit sie aufgrund ihres Aktienbestandes dazu nicht in der Lage war, war der Börsenkurs von August 1956, der bei 37 Prozent des Nominalwerts lag, zu vergüten. Im Gegenzug zahlte die Stadt Berlin der Dresdner Bank Schadensersatz, der gleichfalls nach diesem Kurs berechnet wurde. Ferner erklärte sich die Braubank bereit, der Dresdner Bank die im Juni 1939 von dieser gekauften nom. 2,75 Mio. RM Engelhardt-Aktien zurückzugeben und dafür eine Zahlung in Höhe des Kurswertes der Aktien zu erhalten. Die Dresdner Bank wiederum hatte das Aktienpaket der Erbengemeinschaft gegen eine Rückzahlung in Höhe von 600000 DM zu übereignen.[75]

Wenig später wurde auch noch das bereits seit längerem vereinbarte Abkommen zwischen der Dresdner Bank und der Schultheiß-Brauerei besiegelt. Dabei wurde zunächst die Unabhängigkeit der Engelhardt-Brauerei garantiert und die Stellung der Dresdner Bank als Hausbank wiederhergestellt. Zweitens wurde für

[72] Aktennotiz (Beise), 14. 9. 1956, ebd.

[73] Hans Sixtus argumentierte, dass die Dresdner Bank kein Interesse daran haben könne, wenn alle Einzelheiten der Entziehung, insbesondere die Rolle Giebels und dessen Verhältnis zu Alfred Hölling, Gegenstand einer öffentlichen Verhandlung werden würden. Es werde Hölling sicherlich nicht angenehm sein, dazu persönlich vor der Kammer befragt zu werden. Er, Sixtus, habe es bisher erreicht, dass sich Hirschberg und Eisner mit Details gegenüber der Öffentlichkeit zurückhielten. Das sei bei einer Verhandlung natürlich nicht mehr zu erwarten. Im Übrigen sei das Interesse der Presse schon jetzt erkennbar groß. Vgl. Sixtus an BHI (André), 25. 8. 1956, ebd.

[74] Aktennotiz, 16. 10. 1956, ebd.

[75] Lehmann an den Bundesbeauftragten für Altbankenfragen, 30. 10. 1956; Braubank an Dresdner Bank Berlin, 16. 11. 1956; Protokoll der abschließenden Besprechung aller Beteiligten, 28. 11. 1956, alles ebd.

den Bestand an Engelhardt-Aktien ein gegenseitiges Vorkaufsrecht eingeräumt. Als Vorstandsmitglieder akzeptierte die Dresdner Bank schließlich, drittens, Hermann Eisner und einen Vertrauensmann der Schultheiß-Brauerei. Das Abkommen wurde zunächst auf fünf Jahre geschlossen.[76] Ein weiterer Vergleich betraf die Groterjan-Beteiligung der Engelhardt-Brauerei. Die in ihrem Besitz befindlichen Groterjan-Aktien hatte sie von der Gesellschaft für Brauerei-Interessen gekauft, die Ignatz Nacher zu diesem Zeitpunkt allein gehört hatte. Nachdem die Erbengemeinschaft für die Gesellschaft für Brauerei-Interessen zunächst auf alle Rückerstattungsansprüche verzichtet hatte, verkaufte die Engelhardt-Brauerei ihren Bestand von nom. knapp 1,5 Mio. RM Groterjan-Aktien, umgestellt auf etwa nom. 580000 DM, zum Nennwert an die Schultheiß-Brauerei.[77] Nachdem alle Vergleiche geschlossen und die dadurch notwendigen Transaktionen Ende Dezember 1956 abgeschlossen waren, konnte schließlich auch die Treuhänderschaft über die Engelhardt-Brauerei aufgehoben werden. Hermann Eisner wurde zunächst zum Notvorstand bestellt, bis ihn der auf der ersten Generalversammlung nach dem Krieg gewählte Aufsichtsrat in seinem Amt bestätigte.

Für die Dresdner Bank stellte der über die Engelhardt-Aktien erzielte Vergleich eine äußerst günstige Lösung dar. Während der Vorteil der „Arisierung“ 1934 für die Dresdner Bank weniger in dem direkten „Arisierungs“-Gewinn, der sehr bescheiden ausgefallen war, als vielmehr indirekt in der Kontrolle des Unternehmens, der Verringerung der Verschuldung und der Sicherung der Hausbankfunktion bestanden hatte, sollte ihr Restitutions-„Schaden“ nicht in erster Linie in dem unvollständig ausgeglichenen Aktienverlust gesehen werden. Vordergründig hat die Dresdner Bank tatsächlich per saldo nom. 2,75 Mio. RM Engelhardt-Aktien verloren und dafür von den Berechtigten eine Rückzahlung in Höhe von 600000 DM erhalten. Diese Rückzahlung entsprach nicht dem aktuellen Kurswert der Aktien, der bei gut 1 Mio. DM gelegen hatte. Neben den anteiligen Gerichtskosten und den Rechtsanwaltskosten belastete der Vergleich die Dresdner Bank demnach mit gut 400000 DM.

Bei einer etwas genaueren Betrachtung erweist sich der Vergleich jedoch für die Nachfolgeinstitute der Dresdner Bank, insbesondere für deren Berliner Tochter BHI, als sehr viel günstiger. Denn die restitutionsbefangenen Aktien waren in der Altbankenrechnung nur zu einem DM-Kurs von 9,25 Prozent abzüglich 10 Prozent entsprechend den Vermögenssteuervorschriften verbucht. Das entsprach 212287,50 DM. Für die Altbankenbilanz ergab sich damit angesichts der vereinnahmten Rückzahlung ein Buchgewinn von knapp 400000 DM. Aus diesem Grund hatte auch der ansonsten oftmals restriktiv auftretende Bundesbeauftragte für Altbankenfragen während der Vergleichsverhandlungen nicht eingegriffen und war am Ende auch mit dem Ergebnis zufrieden, wurde doch der Bundeshaushalt nicht etwa mit zusätzlichen Ausgleichsforderungen belastet, sondern durch den Vermögenszuwachs der Altbank sogar entlastet.[78]

[76] Abkommen, 13. 12. 1956, HADrB 30739-2001.
[77] Aktennotiz, 18. 12. 1956, ebd.
[78] Lehmann an den Bundesbeauftragten für Altbankenfragen, 28. 11. 1956, HADrB 44744-2001. Über die Behandlung der anteilig zu übernehmenden Gerichtskosten wird in dem Schreiben nichts gesagt. Es ist deshalb davon auszugehen, dass in diesem Fall so verfahren wurde wie üblich,

Zwar hätte die Altbank bei einem Sieg im gerichtlichen Wiedergutmachungsverfahren die dann wieder börsengängigen Engelhardt-Aktien verkaufen können, doch der Mehrertrag gegenüber dem Vergleich hätte allein zur Deckung ihrer Abwicklungskosten gedient.[79] Schon deshalb konnte sie kaum ein Interesse daran haben, einen Restitutionsstreit auf dem Prozesswege auszufechten, an dessen Ende mit größter Wahrscheinlichkeit die Rückgabe der Aktien gestanden hätte. Der eigentliche Vorteil des Vergleichs, der Reiz, den er für die Dresdner Bank in Wirklichkeit besaß, kam jedoch allein der BHI zugute. Denn sie erlangte die alte Hausbankfunktion bei den Engelhardt- und Groterjan-Brauereien wieder und verdrängte die Hausbank der vergangenen zehn Jahre, die Berliner Bank, aus dieser Funktion. Deshalb stellte der Vergleich letztendlich sogar ein besseres Ergebnis dar, als wenn der Prozess vor der Berliner Wiedergutmachungskammer gewonnen worden wäre: Während der Buchgewinn aus der Befreiung der restitutionsbefangenen Aktien allein der Altbankenrechnung und damit dem Steuerzahler zugute gekommen wäre, wäre die Verständigung mit der Schultheiß-Brauerei nicht zustande gekommen, der BHI wären mithin zwei neue Großkunden entgangen.

Wenn aber die Kosten der Rückerstattung ohnehin der Steuerzahler zu tragen hatte, stellt sich die Frage, weshalb sich der Neue Kreis – und hier vor allem Carl Goetz – lange Zeit so vehement gegen eine Verständigung mit der Erbengemeinschaft wehrte, obwohl die Juristen der Bank längst deren Vorteile erkannt hatten. Die einzig plausible Antwort dürfte wohl in der herausgehobenen Bedeutung eines der größten „Arisierungs"-Fälle der Dresdner Bank für deren Umgang mit der nationalsozialistischen Vergangenheit liegen. Der Mangel an Unrechtsbewusstsein war insbesondere bei Goetz so ausgeprägt, dass er sich allem Anschein nach nicht vorstellen konnte, ein deutsches Gericht könnte zu einer anderen Bewertung kommen. Er bog sich die „Arisierungs"-Politik seines Hauses in den dreißiger Jahren als einen ganz normalen Vorgang des alltäglichen Bankgeschäftes zurecht, so wie die nicht weltanschaulich motivierten leitenden Angestellten es sich auch in den dreißiger Jahren zurecht gelegt haben dürften. Indem Goetz dem tatsächlichen „Arisierungs"-Opfer, ganz wie im Fall Arnhold, keine Notsituation zugestand und die Unterstützung der Antragsteller durch die Schultheiß-Brauerei nur als „sehr unfreundlichen Akt" wahrnehmen konnte, stilisierte er sich darüber hinaus – wenn auch nicht ausdrücklich, so doch zumindest implizit – selbst zum Opfer.

indem auch diese Kosten in die Altbankenrechnung aufgenommen wurden und damit die Nachfolgeinstitute nicht belasteten.

[79] So wurde auch mit den anderen börsengängigen West-Berliner Aktienwerten verfahren, die im Zuge der Ausgründung der westdeutschen Nachfolgeinstitute bei der Altbank verblieben waren; Dresdner Bank, Altbankenrechnung auf den 1. Januar 1953. Abwicklungsstatus auf den 31. Dezember 1976, 1. 8. 1977, S. 10, HADrB 4810-2000.

3. Verfolgungserfahrung und Kaufmannsroutine: Der Fall Wolffsohn

Die Restitutionsfälle Arnhold und Engelhardt hatten, bei allen Unterschieden im Detail, aus der Perspektive der Dresdner Bank zwei wesentliche Gemeinsamkeiten: Zum einen bestritt die alte Führungsriege, insbesondere in der Person von Carl Goetz, vehement ihre Rückerstattungspflicht und hielt daran zeitweise auch gegen den Rat ihrer Rechtsexperten fest; dies war eng mit der Weigerung verbunden, die Transaktionen der NS-Zeit überhaupt als „Arisierungen“ wahrzunehmen. Zum anderen sah sich die Bank am Ende dennoch zu Vergleichen genötigt, nachdem die Rechtslage eigentlich von vornherein relativ klar gewesen war. Das galt auch für die „Arisierung“ der Engelhardt-Brauerei, obwohl wegen des relativ frühen Zeitraums der Transaktionen nur die schwache Variante der Entziehungsvermutung galt, die Beweislast der Bank also tendenziell geringer war als im Fall Arnhold; trotzdem konnte man eine Niederlage beziehungsweise einen Vergleich lediglich verzögern, aber angesichts der historischen Fakten nicht vermeiden.

Grundsätzlich waren die Erfolgsaussichten einer rein wirtschaftlichen Argumentation der Banken gegen Rückerstattungsanträge jedoch schon wegen der chronologisch differenzierten Entziehungsvermutung in den Rückerstattungsgesetzen umso höher, je näher die Übernahme oder auch Liquidierung eines „jüdischen“ Unternehmens dem Zeitpunkt der nationalsozialistischen Machtübernahme lag. Diese Erfahrung machte der ehemalige Miteigentümer des Scala-Varietékonzerns Karl Wolffsohn. Seine Niederlage ist nicht zuletzt deshalb bemerkenswert, weil hier der Antragsteller nicht nur keine Wiedergutmachungsleistungen erhielt, sondern sogar noch selbst zu einer Zahlung herangezogen wurde. Der Verlauf des Verfahrens und die Gründe für Wolffsohns Niederlage sind bereits an anderer Stelle dargestellt worden;[80] hier geht es vor allem darum, seine bankinternen Hintergründe aufzuhellen.

Der Scala-Varietékonzern war unmittelbar vor der Weltwirtschaftskrise auf der Grundlage von Krediten unter anderem der Dresdner Bank expandiert, denen keine ausreichenden Sicherheiten gegenüber gestanden hatten. Während der Krise war der Konzern jedoch ins Schlingern geraten und spätestens Ende 1932 mit seinen drei Berliner Konzerngesellschaften – der Scala-Palast GmbH, der Betriebsgesellschaft Scala-Theater GmbH und der für den Betrieb eines weiteren Varietés gegründeten Plaza-Theater GmbH – „hoffnungslos überschuldet“ gewesen. Die vier jüdischen Eigentümer Jules Marx, Ernst Strelitz, Karl Wolffsohn und der in den USA lebende Ben Blumenthal hatten den bald nach der „Machtergreifung“ einsetzenden nationalsozialistischen Schikanen gegen „jüdische“ Bühnen und dem Druck auf eine „Entjudung“ des Personals daher besonders wenig entgegenzusetzen gehabt, zumal Jules Marx bereits im Frühjahr 1933 nach Frankreich geflohen war. Die Dresdner Bank hatte in dieser Situation versucht, von ihren Krediten zu retten, was noch zu retten war. Nachdem sie sich bereits 1932 aktiv in die

[80] Vgl. Schnauber, Arisierung. Auch Schnauber kommt trotz seiner kritischen Position gegenüber der Dresdner Bank zu dem Ergebnis, dass Wolffsohns Ansprüche aus juristischer Sicht zu Recht abgewiesen wurden; ebd., S. 110.

Geschäftsführung der Plaza eingeschaltet hatte, deren sämtliche Geschäftsanteile ihr 1929 als Sicherheiten übereignet worden waren, war sie zwar nicht an der personellen „Entjudung" des Konzerns im Frühjahr 1933 beteiligt gewesen. Nach der Feststellung der definitiven Zahlungsunfähigkeit im Frühjahr 1934 hatte sie jedoch nicht nur die „Arisierung" der Scala-Theater GmbH und der Scala-Palast GmbH durch den Geschäftsführer zumindest hingenommen. Als Treuhänderin der Plaza hatte sie dieses Unternehmen im Sommer 1934 zunächst durch eine von ihr betriebene Zwangsversteigerung vollständig übernommen und nach vergeblichen Versuchen der Rentabilitätsverbesserung 1935 in den Konkurs führen wollen, der aber mangels Masse abgelehnt wurde. Nach einem Zwischenspiel unter der Regie des Reichspropagandaministeriums war das bewegliche Inventar der Plaza schließlich 1936 von der Deutschen Reichsbahn wegen Pachtschulden gepfändet und das Theater an die Deutsche Arbeitsfront verpachtet worden.[81]

Jules Marx war 1939 in Frankreich verhaftet und später im Konzentrationslager Sachsenhausen ermordet worden, Ernst Strelitz nach London ausgewandert und dort verstorben. Karl Wolffsohn, der nach einem halben Jahr „Schutzhaft" erst 1939 über Brüssel nach Palästina entkommen war, kehrte nach Deutschland zurück und forderte 1950 von der Dresdner Bank den von ihm auf „mindestens" 4,5 Mio. RM bezifferten Wert der Plaza-Theater GmbH nebst Zinsen seit 1934 zurück. Parallel verfolgte er Rückerstattungsansprüche gegen die „Arisierer" der Scala-Theater GmbH und der Scala-Palast GmbH. Die Bank reagierte auf diesen Anspruch durchaus ungewöhnlich. Sie legte nicht nur Widerspruch gegen Wolffsohns Antrag ein, sondern verklagte ihn im Gegenzug auch noch auf die Begleichung einer Bürgschaft, die er gemeinsam mit den anderen Gesellschaftern für die Kredite an die Scala-Theater GmbH übernommen hatte.[82] Statt der vollen Bürgschaftssumme von 115 000 DM verklagte die Bank Wolffsohn jedoch vorläufig nur auf 6100 DM. Offiziell wurde der geringe Betrag mit der Ersparnis an Gerichtskosten begründet, und diese Erklärung war angesichts der geringen Wahrscheinlichkeit, von Wolffsohn den Gesamtbetrag eintreiben zu können, auch plausibel. Tatsächlich war diese Klage aber „[v]orwiegend zur Abwehr" des Restitutionsanspruchs erhoben worden, und weil dafür „nur taktische Gründe ausschlaggebend gewesen" waren, wurde nach dem durch drei Instanzen gewonnenen Verfahren auch von Vollstreckungsmaßnahmen abgesehen.[83]

Immerhin belegt diese taktische Vorgehensweise aber, dass man sich über den Ausgang des Rückerstattungsverfahrens trotz einer absolut kompromisslosen Haltung vielleicht doch nicht ganz sicher war. Die Einschätzung der Berliner Geschäftsleitung, „dass hier *wiederum* der Versuch gemacht wird, Vermögensverluste durch allein wirtschaftliche Umstände als Einbußen durch den Nationalso-

[81] Vgl. ausführlich Ziegler, Dresdner Bank, S. 269–291 (Zitat S. 291).
[82] Schnauber, Arisierung, S. 81 f., 87 f.
[83] Laabs an André, 16. 12. 1959 (erstes Zitat); Dresdner Bank, Rechtsabteilung, an die Berliner Bankenaufsicht und den Beauftragten des Bundesministers der Finanzen für Altbankenfragen, 16. 6. 1960 (zweites Zitat), beides in: HADrB 12551-2001. Die Vermutung, dass die Zivilklage nur aus taktischen Gründen eingereicht wurde, bereits bei Schnauber, Arisierung, S. 89. An anderer Stelle der bankinternen Korrespondenz wird allerdings allein das Kostenargument angeführt: Butenschön an Schäfer, 22. 3. 1956, S. 3, HADrB 1789-2002.

zialismus geltend zu machen",[84] lässt darauf schließen, dass man den Fall zunächst nur als einen von vielen einstufte, in denen angesichts einer noch ungefestigten Rechtsprechung durchaus mit Überraschungen gerechnet werden musste. Gleichzeitig zeigt dieser Hinweis einmal mehr, dass man sich selbst keinesfalls als Bestandteil der nationalsozialistischen Entziehungsmaschinerie begriff, sondern eine scharfe Trennlinie zwischen politischen Maßnahmen und dem eigenen, strikt geschäftsmäßigen und formal korrekten Verhalten zog.

Dennoch waren Wolffsohns Aussichten angesichts der eindeutigen Überschuldung schon vor 1933 schlecht, und aus der Bürgschaftsklage erwuchsen ihm sogar erhebliche finanzielle Risiken. Sein Anwalt wusste das offensichtlich und signalisierte frühzeitig Vergleichsbereitschaft auf der Basis von 200000 DM. Welch schwache Erfolgsaussichten er Wolffsohns Restitutionsanspruch einräumte, erhellt schon aus der merkwürdigen Argumentation, dass die Dresdner Bank schließlich „lediglich einen Kredit in Höhe von ca. einer Million RM gegeben" habe, seine Mandanten hingegen etwa 3,5 Mio. RM verloren hätten. Zu dieser schwachen Argumentationsbasis kamen noch taktische Fehler, denn der Anwalt behauptete nach der ersten Verhandlung des Bürgschaftsprozesses im April 1952 auch, der von der Bank häufig mit Wiedergutmachungssachen beauftragte Rechtsanwalt Karl Aden habe ihm gegenüber bereits einen Vergleich „angeregt".[85] Tatsächlich hatte Aden einen solchen Vorschlag nie gemacht, und gerade diese plumpe Vorgehensweise hätte die Möglichkeit eines Vergleichs, den er umgehend als „undiskutabel" zurückwies, wohl endgültig ausgeschlossen – wenn sie denn von der Bank jemals in Erwägung gezogen worden wäre, worauf es keine Hinweise gibt.[86] Das hinderte Wolffsohns Anwalt freilich nicht daran, dieselbe Taktik später noch einmal zu versuchen und dieses Mal sogar die zuständige Referentin beim Landgericht irrezuführen, um mit dem Argument schwebender Vergleichsverhandlungen eine Verzögerung des Prozesses zu erreichen.[87]

Hinzu kam noch, dass Wolffsohn erhebliche Mühe hatte, seine ehemaligen Mitgesellschafter beziehungsweise deren Erben zu einer Beteiligung zu bewegen. Aus formaljuristischen Gründen musste außerdem die Scala-Theater GmbH, die ehemalige Eignerin der Plaza, als Antragstellerin auftreten. Der Notliquidator der Scala bevollmächtigte jedoch ebenfalls Wolffsohns Anwalt.[88] Dessen Argumentation konnte nur darauf abzielen, den Zustand der Unternehmen vor 1933 möglichst positiv und die Einstellung der bankseitigen Unterstützung nach der „Machtergreifung" als bewussten Versuch darzustellen, die politischen Veränderungen zur preiswerten Übernahme eines keineswegs bankrotten Unternehmens zu nutzen. Die Dresdner Bank bestritt hingegen die Ursächlichkeit der Verfolgungsmaßnahmen für die Konkursreife des Konzerns und konnte dies mit eindeutigem Zahlenmaterial untermauern. Wolffsohn konnte im mündlichen Termin vor der Wiedergutmachungskammer lediglich eine offensichtlich unzureichende

[84] Dresdner Bank Berlin (Thomann/Kostka) an Rechtsabteilung Berlin, 17. 12. 1951, HADrB 12553-2001; Hervorhebung R.A.
[85] Wehner an Aden, 17. 9. 1952, HADrB 12549-2001.
[86] Aden an Wehner, 27. 9. 1952, ebd. Vgl. auch Schnauber, Arisierung, S. 89.
[87] Aktenvermerk Aden, 11. 7. 1953, HADrB 12548-2001.
[88] Vgl. Schnauber, Arisierung, S. 91–94.

„Zusammenstellung der Einnahmen" vorweisen.[89] Zeugenaussagen über die 1933 angeblich noch „blühenden Unternehmungen" Scala und Plaza[90] oder die indirekte Argumentation, der Zustand des Konzerns müsse schon deshalb zufrieden stellend gewesen sein, weil die Banken ja weitere Gelder nachgeschossen hätten,[91] konnten dieses Manko ebenso wenig ausgleichen wie der irrelevante, wie im Fall Goldschmidt auch hier gelegentlich eingeführte Hinweis auf die Nürnberger Verurteilung Karl Rasches.[92]

Vergleichsvorschläge Wolffsohns, der weiterhin eine Abfindung von 200000 DM verlangte, wurden auch nach seinem persönlichen Vorsprechen in Berlin und Hamburg abgelehnt.[93] Im August 1953 wies die Wiedergutmachungskammer des Landgerichts Berlin den Antrag Wolffsohns, der sich inzwischen vor allem auf die Forderung von Schadensersatz für den Verlust der Plaza in unbestimmter Höhe (das Gericht ging von 450000 DM aus)[94] konzentrierte, ab. Im Oktober 1954 wurden auch seine Anträge in der Scala-Sache abgewiesen. Die bis heute nicht ganz zu klärenden Umstände der persönlichen Verfolgung insbesondere von Jules Marx,[95] bei denen Wolffsohn den Banken aktive Mitwirkung vorwarf, waren in diesem Zusammenhang weitgehend irrelevant. Sie wurden vom Gericht durchaus anerkannt, aber maßgeblich war eben zur Beurteilung einer so frühzeitig erfolgten „Arisierung" die Frage, ob der Konzern und seine Gesellschaften aufgrund ihrer Lage vor 1933 unter anderen politischen Bedingungen noch zu retten gewesen wären.[96] Ein Jahr später wurden auch die in einem Verfahren zusammengefassten Beschwerden gegen beide Entscheidungen zurückgewiesen.[97] Im November 1955 scheiterte die Berufung Wolffsohns im Zivilprozess um seine Bürgschaft für die Scala-Kredite auf ganzer Linie,[98] so dass trotz einer Revision beim Bundesgerichtshof damit gerechnet werden musste, dass erhebliche Kosten auf ihn zukommen könnten. Die Prozessaussichten standen vollständig zugunsten der Bank, und deshalb wurde auch eine weitere Vergleichsanfrage Wolffsohns im Februar 1956 klar abgelehnt.[99] Diese kompromisslose Haltung erwies sich als erfolgreich, denn im Juni 1956 verlor Wolffsohn auch das Revisionsverfahren.[100]

Das hinderte ihn aber nicht daran, seine Vergleichsforderung – möglicherweise in Antizipation der Bürgschaftsschulden – auf 300000 DM aufzustocken.[101] Ende

[89] Aktennotiz Kostka, Termin vor der Wiedergutmachungskammer am 25. Februar 1953, 26. 2. 1953, HADrB 12549-2001.
[90] Eidesstattliche Erklärung des ehemaligen Scala-Anwalts Eberhard Anders, 24. 11. 1952, ebd.
[91] Schriftsatz Wehners an die 81. Wiedergutmachungskammer des Landgerichts Berlin, 24. 2. 1953, ebd.
[92] Aktennotiz Kostka, Termin vor der Wiedergutmachungskammer am 25. Februar 1953, 26. 2. 1953, ebd.
[93] Aktennotiz Laabs/Nebelung, 12. 5. 1953; Aktenvermerk Maier, 19. 5. 1953, beides in: HADrB 12550-2001.
[94] Dresdner Bank, Rechtsabteilung, an die Berliner Bankenaufsicht und den Beauftragten des Bundesministers der Finanzen für Altbankenfragen, 16. 6. 1960, S. 3, HADrB 12551-2001.
[95] Vgl. dazu ausführlich Schnauber, Arisierung, S. 100–108; Ziegler, Dresdner Bank, S. 278–282.
[96] Vgl. Schnauber, Arisierung, S. 109–111.
[97] Beschluss des 3. Zivilsenats des Kammergerichts in Berlin, Sitzung vom 8. 10. 1955, HADrB 12548-2001.
[98] Vgl. die Zusammenstellung der Gründe in: Butenschön an Schäfer, 22. 3. 1956, HADrB 1789-2002.
[99] Entzian an Goetz, 2. 3. 1956, ebd.
[100] Schnauber, Arisierung, S. 97.
[101] Aktennotiz Nebelung, 14. 8. 1956, HADrB 12551-2001.

1957 verstarb Karl Wolffsohn. Sein Sohn Max erneuerte 1959, als der Überprüfungsantrag der Wiedergutmachungsentscheidungen immer noch vor dem Obersten Rückerstattungsgericht schwebte, diese Forderung. Sie wurde von den Berliner Bankjuristen jetzt mit dem Hinweis abgelehnt, dass die Berliner Bankenaufsicht und der Bundesbeauftragte für Altbankenfragen „äusserstenfalls" einer gegenseitigen Verzichtserklärung auf sämtliche Ansprüche zustimmen würden.[102] Bis Dezember 1959 reduzierte Max Wolffsohn seine Forderung auf eine „symbolische Zahlung" von 30000 DM, die ausdrücklich „ohne Anerkennung einer Rechtspflicht" geleistet werden sollte. Auch dieses Angebot wäre bei den Bankenaufsichtsbehörden nicht durchsetzbar gewesen, die Zahlung hätte also einen Verzicht auf Ausgleichsforderungen bedeutet und wurde daher weiterhin abgelehnt. Wolffsohns Angebot stärkte aber die Bereitschaft der Dresdner Bank zu einem gegenseitigen Anspruchsverzicht, zumal man der Bürgschaftsforderung „nie besonderen wirtschaftlichen Wert beigemessen" hatte und der volle Betrag ohnehin nicht einzutreiben war.[103]

In einem ausführlichen Schreiben schlug man die Lösung eines wechselseitigen Verzichts auf die Ansprüche, auf die schließlich auch Wolffsohn eingegangen war, der Berliner Bankenaufsicht und dem Bundesbeauftragten für Altbankenfragen vor.[104] Diese Instanzen hatten auch in diesem Vergleich das entscheidende Wort, und sie wendeten es in ungewöhnlich heftiger Weise gegen die Antragsteller. Die Rechtsabteilung der Dresdner Bank gab sich nämlich ersichtliche Mühe, den Behörden den Vergleich schmackhaft zu machen. Die Berliner Bankenaufsicht aber machte sich in einer Form zur Sprecherin der Großbank, an der diese gar nicht interessiert war und die zugleich demonstriert, auf welche politischen Widerstände die Wiedergutmachung nach wie vor stieß. Der zuständige Bearbeiter hielt „[a]ngesichts der Schwere der von den Antragstellern gegen eine deutsche Großbank erhobenen Beschuldigungen [...] und des daraus erwachsenden politischen Erfordernisses, die Haltlosigkeit des Rückerstattungsbegehrens für die Beteiligten ebenso wie für die Öffentlichkeit von einer unabhängigen Instanz abschließend klarstellen zu lassen", eine Entscheidung des ORG zu Gunsten der Bank „für durchaus zweckmäßig". Um die Bank vom „Verdacht eines unkorrekten oder gar strafbaren Verhaltens in jeder Hinsicht zu reinigen", sei hingegen nur ein wechselseitiger Verzicht zuzüglich der Übernahme sämtlicher Kosten – einschließlich der Anwaltskosten der Dresdner Bank – durch die Antragsteller geeignet.[105]

Diese Reaktion der Aufsichtsbehörde war, jedenfalls soweit das aus den Wiedergutmachungsakten der Dresdner Bank hervorgeht, ein Einzelfall, der möglicherweise nur die Sicht eines übereifrigen Beamten wiedergibt. Sie bestimmte nichtsdestoweniger das weitere Verhalten der Bank, die nicht etwa weiterhin die

[102] Aktennotiz Nebelung, 7. 7. 1959, ebd.

[103] Laabs an André, 16. 12. 1959, ebd. Der einzige noch lebende Mitbürge, der Amerikaner Ben Blumenthal, hatte für den Fall einer Inanspruchnahme bereits mit „Schritten in der Öffentlichkeit" gedroht, während die Tochter von Jules Marx angekündigt hatte, in diesem Fall die Erbschaft ihres Vaters auszuschlagen; Aktenvermerk Hans, 11. 2. 1960, ebd.

[104] Dresdner Bank, Rechtsabteilung, an die Berliner Bankenaufsicht und den Beauftragten des Bundesministers der Finanzen für Altbankenfragen, 16. 6. 1960, ebd.

[105] Der Senator für Wirtschaft und Kredit, Bankenaufsicht, an Dresdner Bank, Rechtsabteilung, 24. 6. 1960, ebd.

Bankenaufsicht zu überzeugen versuchte – solche Fälle gab es, wie weiter unten zu zeigen sein wird, durchaus –, sondern sich wieder den Antragstellern zuwandte. Wolffsohns Rechtsanwalt war grundsätzlich bereit, sich auf die Forderung der Behörde einzulassen. Er schlug jedoch alternativ vor, dass seine Mandanten nur die Hälfte der außergerichtlichen Kosten der Bank tragen sollten, und bot zusätzlich „im Sinne eines weiteren freiwilligen Beitrages zu einer moralischen Genugtuung für die Dresdner Bank“ eine „ausdrückliche Ehrenerklärung“ an.[106] Diese Ehrenerklärung fand auch Eingang in den offiziellen Vergleichstext. Sie wurde jedoch nicht, wie in der Literatur vermutet, von der Bank gefordert,[107] sondern war einer Initiative der Antragsteller (oder ihres Anwalts) zur Reduzierung ihrer Kosten geschuldet. Die Berliner Bankenaufsicht, der gegenüber die Dresdner Bank den Vorschlag wiederum befürwortete,[108] akzeptierte aber auch dieses Angebot nicht. Wolffsohn erklärte sich schließlich, nachdem das Oberste Rückerstattungsgericht im November 1960 bereits den Nachprüfungsantrag in der Scala-Sache zurückgewiesen hatte,[109] zur Übernahme der vollen Kosten von gut 19000 DM bereit; er verpflichtete sich sogar dazu, durch die Zahlung vor Abschluss des Vergleichs der Bank das Vollstreckungsrisiko abzunehmen.[110]

Den Sohn des früheren Scala/Plaza-Mitinhabers dürfte diese vollständige Niederlage nicht nur materiell getroffen haben. Im Schicksal seines Vaters überlagerten sich zwei tief greifende Krisenerfahrungen, nämlich der dramatische Konjunktureinbruch der Weltwirtschaftskrise vor 1933 und die spezifisch jüdische Verfolgungserfahrung danach. Aus der Perspektive eines dem Massenmord entronnenen jüdischen Geschäftsmanns ließen sich diese beiden Erfahrungen vermutlich nur schwer voneinander trennen. Dem setzte die Dresdner Bank jene scharfe Trennung zwischen eigenem kaufmännischen Routineverhalten und staatlicher Verfolgungspolitik entgegen, die auch ihre Haltung in den Fällen Arnhold und Engelhardt kennzeichnete. Auch hier bot diese Trennung die Gelegenheit, sich selbst zum Opfer zu stilisieren: Der kleine Satz, wonach hier „wiederum“ deutsche Juden ihr eigenes geschäftliches Versagen auf die unschuldige deutsche Unternehmerschaft abwälzen wollten, demonstriert einen offenbar frühzeitig verinnerlichten Abwehrreflex und weist offensichtlich weit über den Einzelfall hinaus. Schließlich zeigt der Fall Wolffsohn exemplarisch (allerdings in übersteigerter Deutlichkeit) eine ganz wesentliche Determinante der Wiedergutmachungsverhandlungen, die auch in den folgenden Fallbeispielen noch mehrfach zu sehen

106 Wehner an Dresdner Bank AG Berlin, Nebelung/Hans, 21. 10. 1960, ebd.

107 So andeutungsweise Schnauber, Arisierung, S. 97 und vor allem 113, wonach die Bank durch den Vergleich „von allen Vorwürfen befreit werden wollte“. Vgl. auch ders., Deutsche Unternehmen in der Geschichtsfalle. Rückerstattungsakten als historische Quelle, in: Michael Wolffsohn/Thomas Brechenmacher (Hg.), Geschichte als Falle. Deutschland und die jüdische Welt, Neuwied 2001, S. 197–215, hier S. 206.

108 Dresdner Bank, Rechtsabteilung, 8. 11. 1960, HADrB 12551-2001.

109 Schnauber, Arisierung, S. 97.

110 Dresdner Bank, Rechtsabteilung, an den Vorstand, 6. 9. 1961; Öffentliche Sitzung der Zivilkammer 147 des Landgerichts Berlin (Wiedergutmachungskammer), 14. 12. 1961, beides in: HADrB 12551-2001. Einen Teil der Kosten übernahm der Schwiegersohn von Jules Marx, der als weiterer Vertreter der früheren Gesellschafter seit 1953 gelegentlich neben Wolffsohn hervorgetreten war; ebd.

sein wird: die äußerst restriktive Haltung der Bankenaufsichtsbehörden, die an der Wiedergutmachung noch viel weniger interessiert waren als die Banken.

4. Restitution als konzertierte Krisenbewältigung: Die Banken in Federführung

Trotz der offenkundigen Unterschiede hatte der Fall Wolffsohn mit den Restitutionsfällen Arnhold und Engelhardt zwei wesentliche Gemeinsamkeiten. Zum einen demonstrierte er ebenfalls eine grundsätzliche Abneigung der Bankmanager gegen freiwillige Zugeständnisse an die Antragsteller, die offenbar eng mit der Konstruktion der eigenen Vergangenheit als apolitische, moralisch wie juristisch tadellose Kaufleute verbunden war; dies lässt sich auch an den Fallbeispielen der beiden letzten Unterkapitel zeigen. Zum anderen aber richteten sich die Restitutions- oder Entschädigungsforderungen unmittelbar gegen die Dresdner Bank, weil sie entweder noch im Besitz „arisierter“ Vermögenswerte war oder im Fall der Plaza-Theater GmbH direkt für das Ende eines „jüdischen“ Unternehmens verantwortlich gemacht wurde. Die Regelkonstellation war dies jedoch nicht. Entsprechend ihrer wichtigsten Funktion bei der „Arisierung“ der deutschen Wirtschaft, der Mittlerrolle zwischen den zur Veräußerung ihrer Unternehmen genötigten Kunden und den neuen Inhabern, waren die Banken in diese Verfahren gewöhnlich als regresspflichtige Ersterwerber einbezogen. Selbst diese Einbeziehung geschah häufig nicht durch die früheren Eigentümer „arisierter“ Unternehmen oder Unternehmensanteile, sondern durch die gegenwärtigen Besitzer. Dadurch kam eine wesentliche Determinante hinzu, nämlich die Geschäftsbeziehung zum endgültigen „Arisierer“ und jetzigen Inhaber „arisierten“ Unternehmensbesitzes. Gelegentlich fiel den Banken dabei aber auch eine aktivere Funktion zu, indem sie selbst als Interessenvertreter der einst „arisierten“ Unternehmen auftreten mussten – so im Fall der Ada-Ada-Schuh AG, mit dem sich das nächste Beispiel beschäftigt:

Die vier jüdischen Eigentümer der oHG R. & W. Nathan hatten unter dem bekannten Markennamen „Ada-Ada“ in Frankfurt-Höchst eine erfolgreiche Schuhfabrik betrieben. Da Rohstoffbeschaffung und Absatz des „jüdischen Unternehmens“ sich zusehends schwieriger gestalteten und die Sorge um die persönliche Sicherheit eine Auswanderung nahelegte, suchten sie einen Käufer. Vermittelt durch einen anderen Unternehmer, trat im August 1937 der Bankier August Lenz aus dem gleichnamigen Münchener Privatbankhaus an sie heran. Erst als es Anfang September zu konkreten Verkaufsverhandlungen kam, präsentierte Lenz den Verkäufern überraschend einen Partner: die Dresdner Bank, auf deren Seite vor allem Hans Rinn die Transaktion vorantrieb. Noch im selben Monat wurde das Unternehmen pro forma von den Inhabern in eine Aktiengesellschaft umgewandelt, gleichzeitig wurde das gesamte Aktienkapital im Nominalwert von 1,7 Mio. RM von den beiden Banken übernommen.[111]

[111] Vertrag, 10. 9. 1937, HADrB 5908-2000; Rückerstattungsantrag an das Zentralmeldeamt Bad Nauheim, 19. 11. 1948; Widerspruch des Rechtsanwalts Küpper (Bevollmächtigter der Ada-Ada-

Abb. 21a,b: Richard und Willi Nathan, die Gründer von Ada-Ada-Schuh.
Quelle: Jüdisches Museum Frankfurt a. M.

So weit stimmen die Darstellungen der Beteiligten überein. Schwer zu entscheiden ist, wie weit die Banken bei den Preisverhandlungen gezielt die Notlage der Eigentümer ausnutzten; irgendwelches Entgegenkommen zeigten sie jedenfalls nicht, und insbesondere Rinn erwies sich als harter Verhandlungspartner. Die Dresdner Bank hatte sich bereits im August mit dem potenziellen „Arisierungs"-Objekt beschäftigt. Eine Überschlagsrechnung der Berliner Konsortialabteilung schätzte seinen materiellen Wert, einschließlich der mitübernommenen Gewinne des ersten Halbjahrs 1937, auf knapp 2 Mrd. RM.[112] Der Rechtsvertreter der früheren Inhaber bezifferte den tatsächlichen Wert des Unternehmens im Rückerstattungsantrag auf etwa 3 Mrd. RM und berief sich dabei auf den Bericht eines Wirtschaftsprüfers von Ende 1936; darin waren allerdings „mindestens" 1,2 Mrd. RM für den Goodwill, also den immateriellen Wert des Unternehmens, veranschlagt.[113] Dass der Goodwill unberücksichtigt blieb, war freilich bei „Arisierungen" üblich, seine Einbeziehung wäre von den Behörden auch nicht genehmigt worden.[114] In der Antwort auf den Widerspruch gestand der Anwalt der Nathans

Schuh AG) im Namen sämtlicher Antragsgegner, 7. 9. 1949, beides in: HHStA Wiesbaden, Abt. 519/A Wi.-Ffm. 1467; Max Marxsohn, Teilhaber der oHG, an Alfred Nathan, 20. 9. 1937, Privatarchiv Walter Nathan.

112 Konsortial-Abteilung IV, Aktennotiz, 24. 8. 1937, HADrB 5908-2000.

113 Rückerstattungsantrag an das Zentralmeldeamt Bad Nauheim, 19. 11. 1948, S. 4f., HHStA Wiesbaden, Abt. 519/A Wi-Ffm. 1467.

114 Stellungnahme des Wirtschaftsprüfers Fritz Kesel zum Rückerstattungsantrag, 26. 2. 1949, HADrB 5271-2000. Kesel hatte 1937 die Verhandlungen für die Käuferseite geführt und wurde vom Bankhaus Lenz auch mit der Abwicklung der Rückerstattung beauftragt. Zur Verhinderung

denn auch zu, der Kaufpreis habe „ungefähr dem Buchwert des Unternehmens entsprochen".[115]

Bis dahin hatten zwei harte Verhandlungsrunden stattgefunden, in denen verschiedene Bewertungsdifferenzen zutage traten. Rinn setzte zunächst eine Senkung des in den Vorverhandlungen mit Lenz vereinbarten Preises von 1,65 Mio. RM um 77000 RM durch, weil ein neuer Status einen geringeren laufenden Gewinn auswies.[116] Nach neuerlichen Differenzen in der anschließenden Inventur wurde der Geschäftsabschluss um einige Tage verschoben.[117] Nach den abschließenden Verhandlungen beschwerte sich Willi Nathan, einer der jüdischen Eigentümer, diese seien massiv unter Druck gesetzt worden, im letzten Moment eine Unterbewertung des Umlaufvermögens um etwa 50000 RM hinzunehmen, die ihnen ein erhöhtes Risiko für die Zahlung des vollständigen Kaufpreises aufbürdete. Sie akzeptierten das schlechtere Angebot, weil ein Scheitern der Verhandlungen einen anderweitigen Verkauf sehr erschwert hätte – zumal, nachdem die Dresdner Bank die Aktien bereits ohne ihr Wissen anderen Banken zum Weiterverkauf in kleineren Tranchen angeboten hatte.[118] Ein Mitarbeiter des Bankhauses Lenz konnte allerdings später darauf verweisen, dass Nathan seine Vorwürfe nach einer Besprechung mit Lenz zurückgenommen hatte.[119] Die Dresdner Bank hatte bei dem Geschäft jedenfalls keinen schlechten Schnitt gemacht, weil sie Aktien im Nominalwert von 848000 RM zum Preis von 825000 RM übernommen und bald darauf zu einem Kurs von durchschnittlich 109 Prozent wieder verkauft hatte; hinzu kam eine Provision von 25000 RM.[120] Zudem war es durch die Transaktion gelungen, sich bei dem Unternehmen kurzfristig in die Hausbankfunktion zu manövrieren und die Kreditverbindungen zu mehreren anderen Banken zu kappen.[121]

1948 meldeten die früheren Eigentümer Rückerstattungsansprüche gegen die Ada-Ada-Schuh AG, deren Aktionäre, das Bankhaus Lenz und die Rhein-Main Bank sowie zwei Frankfurter Privatbanken an; letztere spielten jedoch im weiteren Verlauf keine nennenswerte Rolle.[122] Dem Antrag wurde zwar zunächst mit

von Goodwill-Zahlungen bei „Arisierungen", die spätestens seit 1935 systematisch betrieben wurde, vgl. Köhler, „Arisierung" „jüdischer" Privatbanken, S. 131f.

115 Erwiderung auf den Schriftsatz der Antragsgegner, 20. 10. 1949, S. 12, HHStA Wiesbaden, Abt. 519/A Wi-Ffm. 1467.

116 Akten-Notiz, o.V., Betr.: Verkaufsverhandlungen mit der offenen Handelsgesellschaft in Firma R. & W. Nathan GmbH, o.D. (Verhandlung am 3. 9. 1937), HADrB 5908-2000. Die Inhaber hielten dem einen anderen Buchungsfehler bei der Bewertung der Gebäude zu ihren Gunsten entgegen.

117 Max Marxsohn an Alfred Nathan, 20. 9. 1937, Privatarchiv Walter Nathan.

118 Willi Nathan an August Lenz, 27. 9. 1937, HADrB 5908-2000.

119 Wegler, Stellungnahme zu dem Antrag des Bevollmächtigten der Herren Nathan, 28. 3. 1949, HADrB 5271-2000.

120 Vergleichsentwurf, 13. 5. 1950; Rhein-Main Bank, Juristisches Büro, an Rechtsanwalt C. Küpper (Bevollmächtigter von Ada-Ada), 31. 9. 1949, beides ebd. Zur Provision vgl. Aktennotiz Kuther (Dresdner Bank Frankfurt), 28. 9. 1937, HADrB 5908-2000.

121 Aktennotiz Ladisch, 20. 10. 1937, ebd.

122 Ladisch an Henzel, 11. 3. 1949, HADrB 5271-2000. Die Bankhäuser Hauck und Steffan tauchen im Verkaufsvertrag von 1937 nicht auf, weil sie nicht Mitglieder des Übernahmekonsortiums waren, sondern unmittelbar nach der „Arisierung" kommissionsweise einen Teil der Aktien von der Dresdner Bank übernahmen und an eigene Kunden weitergaben. Sie fungierten später nur als Zahlstelle für die Dividenden. Vgl. Aktennotiz Ladisch, 20. 10. 1937, HADrB 5908-2000; Wider-

intensiver Formulierungshilfe der Rhein-Main Bank widersprochen. Hinsichtlich der Rhein-Main Bank zog sich der Rechtsvertreter der rückerstattungspflichtigen Beteiligten insbesondere auf deren fehlende Passivlegitimation zurück, weil das Geschäft formal von der Dresdner Bank Berlin abgewickelt worden war. Hinsichtlich des Bankhauses Lenz wurde das Argument bemüht, dass dieses mehrheitlich in jüdischem Besitz gewesen sei und die Übertragung von Vermögenswerten von Juden an Juden nicht unter die Rückerstattungsgesetze falle. Beide Banken hätten zudem nur im Auftrag ihrer Kunden, der späteren Abnehmer der Aktien, gehandelt (eine offensichtliche Unwahrheit); der bezahlte Preis sei angemessen gewesen, die Verhandlungen in „korrekter und konziliarter Weise geführt" worden.[123] Über die grundsätzliche Berechtigung des Antrags scheint man sich aber von vornherein keine Illusionen gemacht zu haben, und deshalb können die Differenzen über die Details der seinerzeitigen Unternehmensbewertung hier auch vernachlässigt werden. Nach Maßgabe der Rückerstattungsgesetze hatten die ehemaligen Eigentümer wegen des Zeitpunkts und der Umstände des Verkaufs zweifellos gute Aussichten, gegen Zahlung des 10:1 abgewerteten Kaufpreises die Rückerstattung sämtlicher Aktien zu erreichen.[124] Von den Aktionären konnten die beiden Banken als Ersterwerber in Regresshaftung genommen werden. „Gutgläubige" Erwerber der Aktien wären zwar möglicherweise von der Rückerstattungspflicht verschont geblieben; in diesem Fall hätten aber die Banken unmittelbar auf Schadensersatz gehaftet.[125]

Es bestand also ohnehin ein massives Interesse der beiden Banken an einer aktiven Rolle in den Rückerstattungsverhandlungen. Hinzu kam, dass die Aktien sich in Streubesitz befanden; allein die Rhein-Main Bank verwahrte einen Teil davon in 41 verschiedenen Depots.[126] Eine einfache Rückgabe an die früheren Inhaber, die als Kompromissvorschlag zunächst 51 Prozent des Aktienkapitals zurückforderten, wäre also ausgesprochen kompliziert geworden, diese waren aber grundsätzlich auch zur Annahme einer Vergleichszahlung bereit.[127] Für die Vergleichsverhandlungen konnte die Rhein-Main Bank mit dem früheren Frankfurter Filialleiter Günther Ladisch, jetzt Mitglied ihrer Geschäftsleitung, einen hochkompetenten Experten aufbieten, der umfassend in die „Arisierung" involviert und nur während seiner Entnazifizierung als stellvertretender Aufsichtsratsvorsitzender der Ada-Ada-Schuh AG suspendiert gewesen war.[128] Von Unrechtsbewusstsein konnte bei Ladisch keine Rede sein. Er ersparte dem Bevollmächtigten

spruch des Rechtsanwalts Küpper im Namen sämtlicher Antragsgegner, 7. 9. 1949, S. 4f., HHStA Wiesbaden, Abt. 519/A Wi-Ffm. 1467.

[123] Rhein-Main Bank, Juristisches Büro, an Küpper, 19. 8. 1949, HADrB 5271-2000; Widerspruch Küpper, 7. 9. 1949 (Zitat S. 7), HHStA Wiesbaden, Abt. 519/A Wi-Ffm. 1467.

[124] Schreiben des Rechtsanwalts der Antragsteller an Otto Weigel, Vorstand der Ada-Ada-Schuh AG, 20. 5. 1949, HADrB 5271-2000. Die Verpflichtung ergab sich schon allein daraus, dass bereits der Kaufvertrag die Einrichtung eines zu Gunsten des Finanzamts Frankfurt gesperrten „Steuerregelungskontos" für die Reichsfluchtsteuer von Richard Nathan enthielt, der Kaufpreis also mit größter Wahrscheinlichkeit nicht in die freie Verfügung des Verkäufers gelangt war; Vertrag, 10. 9. 1937, S. 4, HADrB 5908-2000.

[125] Notiz Küpper, 27. 4. 1949, HADrB 5271-2000.

[126] Aktennotiz Rhein-Main Bank, 29. 3. 1949, ebd.

[127] Aktenvermerk Ladisch, 4. 7. 1949, ebd.

[128] Vgl. Ladisch an die Mitglieder des Aufsichtsrats der Ada-Ada-Schuh AG, 28. 11. 1945, ebd.

der Nathans auch nicht den zynischen Hinweis, immerhin sei die „sogenannte Arisierung" auf Seiten des Bankhauses Lenz „vornehmlich von dem jüdischen Herrn H[...] durchgeführt worden".[129]

Ladisch hielt engen Kontakt mit August Lenz, dem Vorsitzenden des Aufsichtsrats der Ada-Ada-Schuh AG, mit dem er parallel zu den Restitutionsverhandlungen die finanzielle Reorganisation des Unternehmens im Zuge der Aufstellung der DM-Eröffnungsbilanz betrieb.[130] Beide waren sich zunächst einig, dass es sinnvoll sei, die „sog. Rückerstattung durch die Firma Ada-Ada selbst vornehmen zu lassen", also eine Vergleichszahlung aus dem Vermögen des Unternehmens anzustreben. Sehr bald zeigte sich aber, dass die früheren Eigentümer sich mit der dadurch aufzubringenden Summe nicht zufrieden geben würden, obwohl Lenz und Ladisch bewusst eine „Taktik des Hinziehens" einschlugen, um die ihrer Meinung nach „übermässigen Ansprüche" der Nathans zu drücken.[131]

Da die Wiedergutmachung durch eine hinreichend hohe Barzahlung finanziell nicht möglich und eine Rückgabe der Aktien zumindest sehr kompliziert war, fasste man als dritte Variante die Schaffung zusätzlicher Aktien, die allein den früheren jüdischen Inhabern des Unternehmens zustehen würden, durch eine Kapitalerhöhung ins Auge. Eine solche Kapitalerhöhung aber ließ komplizierte Verhandlungen erwarten, weil eben nicht nur um die Berechtigung der Forderungshöhe gestritten werden musste. Gleichzeitig waren Einwände der gegenwärtigen Aktionäre zu befürchten, die vom Bezugsrecht der neuen Aktien ausgeschlossen werden mussten.[132] Anfang 1950 zeichnete sich ab, dass die beiden an der „Arisierung" beteiligten und weiterhin als Hausbanken von Ada-Ada fungierenden Banken dabei insofern in Vorleistung treten mussten, als sie die neuen Aktien gegen eine Barauszahlung der früheren jüdischen Eigentümer zunächst in Eigenbestand nehmen und anschließend versuchen würden, dafür Käufer zu finden.[133] Dabei war zumindest vorübergehend mit erheblichen Abschlägen zwischen Nominal- und Marktwert der Aktien zu rechnen, weil die Kapitalerhöhung ja keine Steigerung des realen Unternehmenswerts reflektierte und ein Verkauf größerer Pakete über die Börse den Kurs weiter unter Druck setzen konnte.

Mit diesem finanziellen Risiko waren die Banken aber nicht allein. Es ließ sich grundsätzlich durch Ausgleichsforderungen auffangen, über deren Höhe die Bankenaufsichtsbehörden entscheiden mussten. Die beiden Banken verhandelten daher parallel mit den Antragstellern und den Finanzministerien in Wiesbaden und München. Den Behörden war nämlich bewusst, dass – wie der Leiter der bayerischen Bankenaufsicht feststellte – „letzten Endes der ganze Rückerstattungsfall je zur Hälfte vom Bayer. Staatsministerium der Finanzen und vom Hessischen Staatsministerium bezahlt werden" musste.[134] Besonders die bayerische Bankenaufsicht war zunächst entsprechend skeptisch hinsichtlich der Notwendigkeit eines Vergleichs und des maximalen Schadens für die Staatskasse. Ihr Leiter hielt

[129] Aktenvermerk Ladisch, 4. 7. 1949, ebd.
[130] Aktennotiz Rhein-Main Bank, 4. 11. 1950, ebd.
[131] Lenz an Ladisch, 8. 7. 1949, ebd.
[132] Notiz Küpper, 24. 4. 1949, ebd.
[133] Aktennotiz Eiche, 17. 1. 1950; Telegramm Thelen (Bankhaus Lenz) an Ladisch, 23. 3. 1950, beides ebd.
[134] Aktennotiz Kesel, 3. 1. 1950, ebd.

die Rechtslage für „unübersichtlich" und machte zugleich die beherrschenden Motive dieser Institutionen deutlich: „Er meint[e], dass gegen das Bayer. Staatsministerium Vorwürfe erhoben werden könnten, wenn jetzt ein Vergleich abgeschlossen wird mit ca. DM 800 000,–, während in ein oder zwei Jahren die Rückerstattungsberechtigten durch irgendwelche Urteile oder gesetzliche Massnahmen überhaupt nichts mehr bekommen."[135] Die Frage einer gerechten und nicht nur formal korrekten Entschädigung war hier offensichtlich nicht von Interesse.

Nach konzertierten Bemühungen der Banken kam jedoch erstaunlich schnell eine Einigung zu Stande. Der im Mai 1950 abgeschlossene Vergleich umfasste, erstens, eine Nachzahlung der Ada-Ada-Schuh AG selbst von 250 000 DM in bar. Zweitens standen den früheren Inhabern und deren Erben 734 400 DM in Form neuer, aus einer Kapitalerhöhung resultierender Aktien zu. Die beiden Banken garantierten ihnen deren Übernahme zu einem Kurs von 120 Prozent, also gegen Bezahlung von 881 280 DM. Ada-Ada-Schuh trug außerdem die Kosten des Verfahrens.[136] Die Rückerstattungsberechtigten erhielten damit den nach Marktlage deutlich überbewerteten Gegenwert von 40 Prozent des Kapitals ihres früheren Unternehmens zuzüglich einer erheblichen Barabfindung. Das war zwar, wenn man von einer Umstellung 1:1 ausgeht, nicht der ursprünglich entzogene Betrag, aber es war eine in relativ kurzer Zeit erkämpfte Entschädigung, die im Vergleich mit vielen der im vorangehenden Kapitel dargestellten Fälle, wo die Geschädigten mit einer 10:1-Umstellung leben mussten, erheblich ausfiel. Dafür verloren sie freilich jegliche Verfügungsrechte über ihr ehemaliges Unternehmen, ohne dessen vollen Gegenwert zu erhalten.

Die Differenz zwischen dem an die Antragsteller bezahlten und dem beim Weiterverkauf erzielbaren Kurs konnte als Rückstellung in die Umstellungsrechnung der beiden Banken eingestellt werden, für den auf der Aktivseite der Bilanz entsprechende Ausgleichsforderungen zu gewähren waren.[137] Angesichts des Verlustausgleichs durch Ausgleichsforderungen scheint die Rhein-Main Bank der Kursverlust nicht besonders getroffen zu haben. Weniger als einen Monat nach der Eintragung der Kapitalerhöhung ins Handelsregister, im Februar 1951, verkaufte sie ihr komplettes Aktienpaket zu einem Kurs von 62,5 Prozent weiter,[138] obwohl die Aktien unter Liquiditätsaspekten und angesichts des allgemeinen Wirtschaftswachstums eigentlich die rentablere Alternative darstellten. Der Hintergrund der Transaktion ist nicht mehr rekonstruierbar, aber angesichts ihrer Verdienstspanne bei der „Arisierung" waren die Banken jedenfalls nicht schlecht davongekommen.

135 Ebd.
136 Auszug aus dem Geschäftsbericht der Ada-Ada-Schuh Aktiengesellschaft, o.D.; Vergleichsentwurf, 13. 5. 1950, beides ebd.
137 Der Hessische Minister der Finanzen an Rhein-Main Bank, 17. 8. 1950; Bayerisches Staatsministerium der Finanzen, Abt. Bankenaufsicht, an Bankhaus Lenz, 9. 9. 1950, beides ebd. Dabei durfte der Verkaufskurs zunächst 60% nicht unterschreiten. Falls dieser Kurs „in angemessener Zeit" nicht zu erzielen war, sollte aber auch ein niedrigerer Kurs – mit entsprechend höheren Ausgleichsforderungen – „in Erwägung" gezogen werden.
138 Rhein-Main Bank an Hessisches Finanzministerium, Abteilung Bankenaufsicht, 10. 2. 1951, ebd. Die Eintragung ins Handelsregister erfolgte am 17. 1. 1951; Bericht des Vorstands der Ada-Ada-Schuh AG für die Zeit vom 21. 6. 1948 bis 30. 6. 1949, o. D. (Entwurf, 1951), ebd.

Härter traf der Vergleich die alten Aktionäre des Unternehmens, deren Anteil am Kapital der Ada-Ada-Schuh AG auf 60 Prozent verringert wurde.[139] Dennoch war es einleuchtend, dass die Hauptversammlung im November 1950 den Vergleich genehmigte, denn durch ein jahrelanges Rückerstattungsverfahren mit dem Risiko eines vollständigen Verlusts war den Aktionären kaum gedient. Die Aktien konnten in der Zwischenzeit, solange sie rückerstattungsbefangen waren, auch nicht veräußert werden. Die Aufsichtsratspräsenz von Lenz und Ladisch und das Depotstimmrecht der beiden Banken, die zusammen etwa zwei Drittel der Aktien vertraten,[140] dürfte die Akzeptanz des Vergleichs erheblich gefördert haben. Nicht ganz zu Unrecht konnte Ladisch gegen die Einwendungen eines Aktionärs das Argument präsentieren, die Rhein-Main Bank habe sich, „um die ständige Unsicherheit durch die nicht erledigte Restitution von der Gesellschaft und damit von den Aktionären fortzunehmen“ und ein langwieriges Verfahren zu vermeiden, nicht auf ihre fehlende Passivlegitimation zurückgezogen. Seine Behauptung, die Banken seien wegen des Kursabschlags ebenfalls „ein erhebliches Risiko eingegangen, dessen Größe bei der heutigen Situation am Geld- und insbesondere Kapitalmarkt gar nicht abzuschätzen“ sei, war angesichts der garantierten Kompensation durch Ausgleichsforderungen allerdings schlicht unwahr.[141]

Aber auch das zunächst von der Rhein-Main Bank angeführte Argument, sie sei an der Angelegenheit eigentlich gar „nicht beteiligt, da die gesamte Transaktion von der Dresdner Bank in Berlin durchgeführt wurde“,[142] entpuppte sich in diesem Fall schnell als reine Schutzbehauptung. Es hielt die Rhein-Main Bank in keiner Weise von einer Abwicklung der Verhandlungen ab, die durchgehend von Ladisch und der Frankfurter Rechtsabteilung verantwortet wurden. Ein Rückzug auf die reine Rechtsposition wäre für die Rhein-Main Bank auch wirtschaftlich irrational gewesen. Sie wäre zwar vielleicht mit der Abweisung ihrer passiven Legitimiertheit vorläufig, nämlich bis zur Umsetzung des Großbankengesetzes, durchgekommen. Die Bank hätte sich dann aber mit Regressforderungen der Aktionäre auseinandersetzen müssen und vielleicht nicht nur diese vermögenden Privatkunden verloren, sondern auch die Hausbankfunktion bei der Ada-Ada-Schuh AG, die bei ihr „erhebliche Kredite“ in Anspruch nahm.[143]

Der Fall Ada-Ada-Schuh demonstriert beispielhaft zwei wesentliche Bestimmungsfaktoren für Verlauf und Ausgang von Restitutionsverfahren über „arisierte“ Unternehmen, die auch in anderen Fällen immer wieder zum Tragen kamen. Zum einen führten die Banken die Vergleichsverhandlungen stets mit dem Blick auf die möglichst vollständige Kompensation ihrer Zahlungen durch Ausgleichsforderungen und hielten deshalb engen Kontakt mit den Bankenaufsichts-

[139] Technisch erfolgte das, indem zunächst das Grundkapital der AG im Verhältnis 10 RM:6 DM herabgesetzt wurde und die bisherigen Aktionäre sodann vom Bezugsrecht der neuen Aktien ausgeschlossen wurden. Aktennotiz Frankfurt, 4. 11. 1950; Auszug aus dem Geschäftsbericht der Ada-Ada-Schuh Aktiengesellschaft, o. D., beides ebd.

[140] Notiz für Ladisch, 12. 1. 1950, ebd.

[141] Sprechzettel Ladisch für die Hauptversammlung, 25. 11. 1950, ebd. Ladisch hielt auch bei dieser Gelegenheit den Hinweis für angebracht, die „sogenannte Arisierung“ sei auf Seiten des Bankhauses Lenz „vornehmlich durch den jüdischen Inhaber, Herrn H[...]“ verhandelt worden.

[142] Aktennotiz Eiche über eine Besprechung am 2. 9. 1949, ebd.

[143] Bankhaus Lenz an Kesel, 17. 2. 1950, ebd.

behörden, denen man in mitunter harten Verhandlungen die Vorteilhaftigkeit eines Vergleichs nahe bringen musste. Zum anderen wirkte die Hausbankfunktion, die hier auch die Leitung des Aufsichtsrats einschloss, nicht nur als Motiv für ein verstärktes Engagement der Banken, sondern sie erleichterte diesen auch die Vermittlung zwischen den Antragstellern, der Geschäftsleitung der Ada-Ada-Schuh AG und deren Aktionären. Diese Federführung in den Vergleichsverhandlungen fiel den Banken allerdings erst durch den Streubesitz der Aktien zu, der eine unternehmensbeherrschende Stellung von Großaktionären verhinderte. Ein erheblicher Vorteil für die zügige Abwicklung der Verhandlungen war dabei, wie hier im Fall des Bankhauses Lenz, ein freundschaftliches oder zumindest kompromissbereites Verhältnis zu anderen Banken mit ähnlicher Interessenlage. Das zeigt auch der Fall eines anderen Schuhherstellers, der Salamander AG im schwäbischen Kornwestheim:

Salamander war in den zwanziger Jahren der weitaus größte deutsche Schuhproduzent gewesen. Im Laufe der dreißiger Jahre waren in mehreren Schritten die Aktien der jüdischen Familie Levi, die ursprünglich die Hälfte des Unternehmens besessen hatte, in „arische" Hände übergegangen; die wichtigsten beteiligten Kreditinstitute waren die Deutsche Bank und die Dresdner Bank gewesen. Die Mitglieder der Familie Levi oder deren Erben versuchten nach dem Inkrafttreten der Rückerstattungsgesetze, ihren Anteil der Aktien zurückzubekommen. Bei „nennenswerten Paketen" erreichten sie Vergleiche, in anderen Fällen wurden Prozesse angestrengt. Auch hier befanden sich die Aktien großenteils in Streubesitz, und auch hier organisierten die Banken, nachdem die Antragsteller sie auf Auskunftserteilung über die neuen Inhaber verklagt hatten, federführend die Rückerstattungsverhandlungen. Die Initiative übernahmen die süddeutschen Nachfolgeinstitute der Deutschen Bank, der Dresdner Bank und der Commerzbank, die 1953 mit den Rückerstattungsberechtigten ein Vergleichsangebot an die neuen Aktionäre aushandelten. Das Angebot richtete sich zunächst nur an Depotinhaber bei den drei Großbanken-Nachfolgern in Württemberg, wurde aber bald darauf den betroffenen Kunden sämtlicher bundesdeutscher Kreditinstitute unterbreitet. Darin boten die Banken, die zumindest einen Teil der Aktien vorübergehend in Eigenbesitz übernommen und deshalb Regressforderungen zu befürchten hatten, den neuen Eigentümern an, die Hälfte ihrer Aktien an die Antragsteller herauszugeben. Die verbleibende Hälfte sollte im Gegenzug von Rückerstattungsansprüchen freigestellt werden, so dass die Inhaber keine weiteren Prozesse fürchten mussten. Für den zurückerstatteten Teil boten die Banken an, ihren Depotkunden wiederum die Hälfte des herausgegebenen Nominalwerts in bar zu erstatten.[144]

Die Banken erhielten auch für diese Zahlungen Ausgleichsforderungen, soweit sie als Zwischenerwerber der Aktien fungiert hatten. Dort, wo dies nicht der Fall war und auch keine anderen Ersterwerber ausfindig gemacht wurden, die man selbst hätte in Regress nehmen können, wurden zumindest von der Hamburger

[144] Schreiben der Hamburger Kreditbank an drei Salamander-Aktionäre, 19. 7. 1954, HADrB 11901-2001. Zur „Arisierung" vgl. James, Die Deutsche Bank und die „Arisierung", S. 83–90; Petra Bräutigam, Mittelständische Unternehmer im Nationalsozialismus. Wirtschaftliche Entwicklungen und soziale Verhaltensweisen in der Schuh- und Lederindustrie Badens und Württembergs, München 1997, S. 255–258.

Kreditbank die gegenwärtigen Inhaber „gar nicht erst über das Vergleichsangebot unterrichtet."[145] Der überwiegende Teil der angesprochenen Aktionäre beteiligte sich an dieser ersten Vergleichsaktion. Den übrigen boten die Antragsteller 1955 eine zweite Vergleichschance. Im Unterschied zum ersten Angebot forderten die früheren Inhaber oder ihre Erben nunmehr die Überlassung der Dividende auf den gesamten Aktienbesitz für die Geschäftsjahre 1950 bis 1952, während die Dividenden der vorhergehenden Jahre den neuen Aktionären zufallen sollten. Im ersten Vergleichsangebot hatte sich die Dividendenforderung auf die Jahre 1950 und 1951 beschränkt, was in etwa eine Teilung der Erträge bedeutet hatte. Den Hintergrund für die nunmehr höhere Forderung bildete eine Entscheidung des CORA im Oktober 1954, die die Rechtsposition der früheren Eigentümer stärkte. Die Banken boten weiterhin an, den Aktionären den halben Nominalwert der rückerstatteten Aktien zurückzuzahlen.[146]

Nachdem bis Mitte 1956 Vergleiche über 18 Mio. DM abgeschlossen worden waren, übernahm schließlich die Deutsche-Bank-Nachfolgerin Süddeutsche Bank die Initiative zu einem abschließenden Vergleich über die noch offen stehenden Aktien im Wert von etwa 2 Mio. DM. Das Ziel bestand darin, die Antragsteller gegen Zahlung von 60 Prozent dieses Betrags zur Abtretung ihrer restlichen Rückerstattungsansprüche zu bewegen, um das Risiko einer Prozessniederlage der letzten, bislang vergleichsrenitenten Aktionäre und deren anschließende Regressforderungen auszuschließen. Hermann Josef Abs, der Vorstandssprecher der Süddeutschen Bank, war inzwischen der Meinung, der „wenig schöne Umstand, dass die Banken liquide Mittel von ca. 1 Mio. DM gegen Ausgleichsforderungen eintausch[t]en, müsse wohl oder übel hingenommen werden, da verlorene Prozesse ohne Zweifel noch sehr viel teurer würden". Abs war angesichts der Risiken auch bereit, Verstimmungen derjenigen Aktionäre in Kauf zu nehmen, die bereits auf das bisherige Vergleichsangebot eingegangen waren, während die hartnäckige Minderheit der Verweigerer von Belastungen verschont bleiben sollte. Die letzte Vergleichsaktion sollte nämlich, unabhängig von der ursprünglichen Vermittlung der Aktien, allein durch die Nachfolgeinstitute der Deutschen Bank, der Dresdner Bank und der Commerzbank abgewickelt werden. 200000 DM der veranschlagten Vergleichszahlung von 1,2 Mio. DM sollte die Salamander AG selbst aufbringen, der Rest zu 65 Prozent von der Süddeutschen Bank, zu 22,5 Prozent von der Rhein-Main Bank sowie zu 12,5 Prozent von der Commerz- und Creditbank getragen und in deren Umstellungsrechnungen passiviert werden.[147]

[145] Vgl. Konsortialabteilung der Hamburger Kreditbank an Rechtsabteilung, 8. 10. 1954, HADrB 11902-2001.

[146] Hamburger Kreditbank an den Salamander-Aktionär Ernst T., 18. 4. 1955; Vergleich zwischen der Hamburger Kreditbank (als Treuhänderin von T.) und den ehemaligen jüdischen Aktionären bzw. deren Rechtsnachfolgern, 30. 6. 1955, beides in: HADrB 11901-2001. Zur ersten Regelung der Dividendenfrage vgl. das Schreiben der Hamburger Kreditbank an drei Aktionäre, 19. 7. 1954, ebd. Vgl. James, Die Deutsche Bank und die „Arisierung", S. 89, wo allerdings der CORA als Nürnberger „Kammer für Restitutionsverfahren" bezeichnet wird.

[147] Aktennotiz der Stuttgarter Filiale der Rhein-Main Bank, Betrifft: Rückerstattung von Salamander-Aktien / Schlussvergleich, 23. 6. 1956, HADrB 11904-2001. Die Notiz protokolliert eine Besprechung von Vertretern der Rhein-Main Bank, der Süddeutschen Bank, der Commerz- und Creditbank sowie der Stuttgarter Bankenaufsichtsbehörde am 21. 6. 1956. Diese Vereinbarung war nicht,

Grundsätzlich war man in der Rhein-Main Bank durchaus bereit, die anteiligen Kosten dieser Aktion zu tragen. Erste Überlegungen dazu wurden jedoch mit der Begründung abgelehnt, man werde „das Gesicht verlieren, wenn wir nunmehr in nach außen erkennbarer Weise zu [sic!] einer Abschlußregelung mitwirken, bei der die dem Vergleich ferngebliebenen Aktionäre" deutlich besser gestellt würden als diejenigen, denen man zu einer Beteiligung an den beiden ersten Vergleichsaktionen geraten hatte. Die Frankfurter Rechtsabteilung schlug deshalb vor, dass „jedenfalls nicht die Banken dabei als Akteure in Erscheinung treten" dürften, sondern der Vergleich mit den Rückerstattungsberechtigten formal durch die Bankenaufsichtsbehörden oder die Hessische Treuhandverwaltung geschlossen werden sollte.[148]

Verloren hätte man nicht nur das Gesicht, sondern womöglich auch wohlhabende Depotkunden. Die Rhein-Main Bank bestand daher gegenüber den beiden anderen Banken auf der „conditio sine qua non, daß eine andere Stelle zwischengeschaltet wird, die Banken also nicht direkt auftreten",[149] und setzte sich damit durch. Nachdem die grundsätzliche Zustimmung des baden-württembergischen Wirtschaftsministeriums zur Einstellung der Vergleichsbeträge in die Umstellungsrechnungen und zur Einschaltung einer Treuhandgesellschaft gesichert worden war, verhandelte die Stuttgarter Filiale der Süddeutschen Bank mit dem Anwalt der Rückerstattungsberechtigten und konnte dessen Forderungen von zunächst 1,6 Mio. DM auf die eingeplanten 1,2 Mio. DM reduzieren. Die Salamander AG war allerdings nur zu einer Beteiligung von 150000 DM zu bewegen, so dass der Anteil der Banken leicht anstieg.[150]

Im November 1956 wurde schließlich zwischen den drei Banken und der Schwäbischen Treuhand-Aktiengesellschaft eine Vereinbarung geschlossen, wonach diese „auftrags der Banken" die Ansprüche der Rückerstattungsberechtigten übernahm und diesen eine Barabfindung von 1,2 Mio. DM zahlte, die ihr wiederum von den Banken zur Verfügung gestellt wurde.[151] Das „Hauptziel der jahrelangen Bemühungen der Banken [...], endlich zu erreichen, daß sämtliche Salamander-Aktien wieder handelbar" wurden und die Börsennotierung zu ermöglichen, war erreicht.[152] Der auf die Dresdner Bank entfallende Anteil von 236250 DM konnte vollständig in die Umstellungsrechnung eingestellt werden, und die Banken durften nach einer Genehmigung des baden-württembergischen Wirtschaftsministeriums ausdrücklich auf die Verfolgung von Regressansprüchen

wie James suggeriert, Teil der zweiten Vergleichsaktion; vgl. James, Die Deutsche Bank und die „Arisierung", S. 89f.

148 Lehmann an Matthiensen, 8. 6. 1956, HADrB 11904-2001. Vgl. die zustimmenden Schreiben der Rechtsabteilung der Rhein-Ruhr Bank, 25. 6. 1956, und der BHI, 4. 7. 1956, ebd.

149 Rhein-Main Bank, Rechtsabteilung, an Niederlassung Stuttgart, 4. 7. 1956, ebd.

150 Rhein-Main Bank Stuttgart an Zentrale Frankfurt, Rechtsabteilung, 21. 8. 1956, ebd.

151 Vergleich, o. D. (13. 11. 1956), HADrB 11902-2001.

152 Aktennotiz Maier (Rechtsabteilung Hamburg), 18. 9. 1957, ebd; „sämtliche" im Original gesperrt. Der zeitliche Abstand zwischen der Vereinbarung vom November und der Rechtskräftigkeit des Vergleichs erklärt sich daraus, dass einer der Rückerstattungsberechtigten parallele Ansprüche gegen das Deutsche Reich aufrecht erhielt, die er erst im August 1957 an die Schwäbische Treuhand AG abtrat. Vgl. Wirtschaftsministerium Baden-Württemberg an Deutsche Bank, Filiale Stuttgart, 15. 8. 1957, ebd.

gegen die Inhaber der mit dem letzten Vergleich abgegoltenen Aktien verzichten.[153]

Am meisten gewonnen hatten damit diejenigen Aktionäre, die sich hartnäckig einem Vergleich verweigert hatten. Hier lag ein wesentlicher Unterschied zur Ada-Ada-Schuh AG, wo die Aktionäre von den Banken im Grunde vor vollendete Tatsachen gestellt wurden; deren schwächere Stellung dürfte sich vor allem auf die Größe von Salamander und die Anzahl der involvierten Banken zurückführen lassen, die eine Bündelung der Interessen erschwerte. Die Kosten der letzten Vergleichsaktion trugen die drei Großbanken-Nachfolger in Form eines Liquiditätsverlustes, in erster Line aber die baden-württembergischen Steuerzahler. Das Interesse aller drei Großbanken war hier prinzipiell gleich und sorgte für eine relativ konfliktarme Lösungsfindung: Alle wollten zum einen eine möglichst schnelle Lösung sowohl im Interesse der Kreditkundin Salamander AG als auch ihrer jeweiligen Depotkunden, zum anderen wollten sie das Regressrisiko ausschließen. Im hier vorliegenden Fall des Streubesitzes der Aktien kann man diese Partizipation als regelrechten Teil ihrer Dienstleistungsfunktion für Kapitalgesellschaften einordnen, und diese Funktion erleichterte zumindest die Herbeiführung von Vergleichen, die sich stark an den Vorstellungen der Banken orientierten. Letzteres war allerdings, wie im Folgenden gezeigt werden soll, nicht unbedingt der Normalfall.

5. Regresshaftung und der Primat der Kundenbindung

Eine deutlich häufigere Konstellation als die Federführung der Banken in Rückerstattungsverfahren bestand darin, dass sie von Firmenkunden in offensiverer Weise in Regress genommen oder direkt in Vergleichsverhandlungen einbezogen wurden, um ihre Beteiligung an unvermeidbaren Zahlungen sicherzustellen. Besonders wenn es sich dabei um wichtige Kunden handelte, mit denen man weiterhin Geschäfte machen wollte, verengten sich dadurch tendenziell die Handlungsspielräume der Banken. Zugleich verschoben sich die Fronten der Auseinandersetzung insofern, als die Banken hier in stärkerem Maße mit Forderungen der anderen Antragsgegner, in geringerem Maße mit denen der Antragsteller konfrontiert waren. Unverändert blieb die große Bedeutung einer vierten, in den Restitutionsverfahren selbst meist gar nicht sichtbaren Partei, nämlich der Bankenaufsichtsbehörden, die sich auch in den folgenden Beispielen bisweilen als harte Verhandlungspartner erwiesen:

Die Kölner Felten & Guilleaume Carlswerk AG hatte 1938 mehrere Aktienpakete der Gummiwerke „Elbe" AG im mittlerweile auf DDR-Territorium gelegenen Piesteritz erworben, deren Rückerstattung die Erbinnen der früheren Inhaber verlangten. Die Dresdner Bank war gegenüber Felten & Guilleaume Carlswerk als Verkäuferin der Aktien aufgetreten, und ein massives Eigeninteresse manifestierte sich schon darin, dass sie anlässlich der „Arisierung" die Hausbankverbin-

[153] Rechtsabteilung Frankfurt an die Rechtsabteilungen Düsseldorf, Hamburg, Berlin, 20. 9. 1957, ebd.

dung sowie eine Präsenz als einzige Bank im Aufsichtsrat der Gummiwerke verlangt und auch erhalten hatte.[154] Der Tatbestand der Entziehung galt im Laufe des Verfahrens als „definitiv bewiesen", und die Wiedergutmachungskammer kündigte 1955 an, dass Felten & Guilleaume Carlswerk zur Rückerstattung verurteilt werde.

Das Unternehmen nahm daraufhin Vergleichsverhandlungen auf, weil es, erstens, die Beteiligung an den Gummiwerken behalten wollte. Der Betrieb war zwar nach dem Krieg enteignet worden, doch gab es Hinweise darauf, dass er wieder in Gang gebracht worden war und inzwischen sogar mehr als früher produzierte. Für den Fall einer Wiedervereinigung Deutschlands war daher mit erheblichen Kurssteigerungen der Aktien zu rechnen. Zweitens bestand die Gefahr, dass die früheren Inhaber statt einer Restitution die Nachzahlung des angemessenen Kaufpreises fordern würden. Dieses Risiko wurde auf etwa 900000 DM beziffert, weil die Aktien seinerzeit um rund ein Drittel unterhalb ihres Werts gekauft worden waren. In den Vergleichsverhandlungen hatten die Antragsteller jedoch signalisiert, sich mit einer Vergleichszahlung von 250000 DM begnügen zu wollen; diese Kosten gedachte Felten & Guilleaume Carlswerk allerdings nicht selbst zu tragen. Der von dem Unternehmen bereits formell angemeldete Regressanspruch gegen die Dresdner Bank war zweifellos begründet, weil diese juristisch nicht als Mittlerin, sondern als Verkäuferin der Aktien fungiert hatte. In ungewöhnlich kompromissloser Manier bestand Felten & Guilleaume Carlswerk jedoch zunächst darauf, dass die Bank die gesamte Vergleichszahlung zu erstatten habe. „In langwierigen Verhandlungen" einigte man sich schließlich auf eine Teilung der Vergleichssumme und der Prozesskosten, deren Aufnahme in die Umstellungsrechnung die Bank im Juli 1955 beantragte.[155]

Dabei waren allerdings erhebliche Widerstände zu überwinden. Die hessische Bankenaufsicht, die über die Gewährung von Ausgleichsforderungen an die nach Frankfurt verlagerte Dresdner Bank zu entscheiden hatte, weigerte sich zunächst, den eigentlich glasklaren Rückerstattungsanspruch anzuerkennen und hielt auch die Höhe des Vergleichs für unangemessen. Die Dresdner Bank gab sich daraufhin alle Mühe, der Bankenaufsicht die Vorteilhaftigkeit des Vergleichs nahe zu bringen; es könne „keinem Zweifel unterliegen", dass die Bank als Verkäuferin der Aktien in vollem Umfang regresspflichtig sei. Dabei sei nicht zuletzt „zu berücksichtigen, daß die Entscheidung über die Regreßverpflichtung der Bank nicht durch die Rückerstattungsgerichte, sondern durch die ordentlichen Zivilgerichte zu treffen sein würde", die „bekanntlich bei der Beurteilung von Tatbeständen einen strengeren juristischen Maßstab anzulegen [pflegten] als die Rückerstattungsgerichte, die mehr zu einer wirtschaftlichen Betrachtungsweise tendier[t]en." Mit einigem Engagement trugen die Bankjuristen alle irgendwie relevanten

154 Felten und Guilleaume Carlswerk AG an die Direktion der Rhein-Ruhr Bank in Köln, 26. 7. 1951, HADrB 1099-2002.

155 Dresdner Bank an den Hessischen Minister für Arbeit, Wirtschaft und Verkehr, Abt. Bankenaufsicht, 5. 7. 1955, HADrB 5341-2000.

Argumente zusammen, aus denen sich die Verkäuferstellung der Bank begründen ließ.[156]

Diese Auffassung hatte man ursprünglich energisch bestritten und auf die wirtschaftliche Mittlerstellung verwiesen.[157] Der Grund für die Neuinterpretation des eigenen Verhaltens bei der „Arisierung" der Gummiwerke war freilich nicht, dass man den früheren Eigentümern zu ihrem Recht verhelfen wollte, sondern die Befürchtung, einen wichtigen Kunden zu verärgern. Selbst dem hessischen Finanzministerium wurde offen mitgeteilt, man benötige die Zustimmung zum Vergleich, um nicht „eine jahrzehntelange Geschäftsverbindung der Dresdner Bank zu verlieren."[158] Dazu bedurfte es aber noch einiger weiterer Überzeugungsarbeit, weil der Fall zunächst vom hessischen Rechnungshof geprüft und von diesem ebenfalls die Einstellung der Vergleichssumme in die Umstellungsrechnung abgelehnt wurde. Die Bankjuristen legten daraufhin nochmals nach und bekundeten jetzt sogar den offensiven „Arisierungs"-Willen ihres Instituts. Danach hatte ursprünglich nicht etwa Felten & Guilleaume Carlswerk auf den Erwerb der Gummiwerke gezielt, sondern es hatte „sich umgekehrt die Dresdner Bank bemüht", indem sie das Objekt verschiedenen Filialen angetragen hatte.[159] Erst nach dieser Intervention wurde die hälftige Beteiligung der Bank an der Vergleichssumme und den Anwaltskosten von Felten & Guilleaume Carlswerk endgültig genehmigt. In der Umstellungsrechnung passivieren durfte man außerdem die eigenen Anwaltskosten.[160]

Ganz ausgestanden war der Fall damit für die Bank allerdings noch nicht, denn noch im Nachhinein demonstrierte ihr Großkunde seine Verhandlungsmacht. Im Frühjahr 1956 kam es zu einer ausgiebigen Besprechung zwischen einigen leitenden Mitarbeitern der Rhein-Ruhr Bank und von Felten & Guilleaume Carlswerk, weil die Bank einen massiven Rückgang der Umsätze mit ihrem Stammkunden verzeichnete. Tatsächlich gab ein Vertreter des Unternehmens zu, dies „stehe zweifellos in einem gewissen Zusammenhang mit den Unstimmigkeiten" während des Rückerstattungsverfahrens. Man war nämlich zunächst davon ausgegangen, dass die Bank sich auch unabhängig von einer Zustimmung der Bankenaufsicht an dem Vergleich beteiligen würde, und hatte ihre Bereitschaft zu Zugeständnissen denn doch etwas überschätzt.[161]

Der in diesem Beispiel sichtbare Verhandlungsspielraum der Dresdner Bank und ihrer Nachfolgeinstitute gegenüber den Bankenaufsichtsbehörden war durchaus kein Einzelfall. Ähnliche Überzeugungsarbeit leistete die Rhein-Main Bank in einem Fall, der zugleich demonstriert, dass ein Verzicht auf frühzeitige Intervention in einem Restitutionsverfahren Dritter unangenehme Überraschungen zur Folge haben konnte. Über die Rückerstattung der Aktien der 1939 von

156 Dresdner Bank Frankfurt an den Hessischen Minister für Arbeit, Wirtschaft und Verkehr, 12. 8. 1955, HADrB 7412-2002.
157 Dresdner Bank Berlin, Konsortial-Abteilung, an Schäfer, 3. 8. 1951, HADrB 1099-2002.
158 Dresdner Bank Frankfurt an den Hessischen Minister für Arbeit, Wirtschaft und Verkehr, 12. 8. 1955, S. 6, HADrB 7412-2002.
159 Dresdner Bank Frankfurt an den Hessischen Minister für Arbeit, Wirtschaft und Verkehr, Bankenaufsicht, 12. 10. 1955, ebd.
160 Lehmann an Schäfer, 3. 11. 1955, ebd.
161 Aktennotiz Schäfer, 13. 4. 1956, HADrB 1055-2002.

dem Dortmunder Unternehmen Klöwer & Wiegmann übernommenen Stück AG in Hanau wurde 1949 verhandelt und vergleichsweise schnell, im Oktober 1950, ein Vergleich geschlossen, der Klöwer & Wiegmann 300000 DM kostete. Der Rhein-Main Bank war zunächst recht eindeutig signalisiert worden, dass Klöwer & Wiegmann nicht daran dachte, die Dresdner Bank, die die Aktien längere Zeit in Eigenbesitz gehabt hatte, in Regress zu nehmen.[162]

Diese Haltung änderte sich unmittelbar nach Abschluss des Vergleichs, möglicherweise, weil dieser teurer ausgefallen war als zunächst erwartet. Die Inhaber von Klöwer & Wiegmann forderten jetzt von der Rhein-Main Bank 200000 DM, also zwei Drittel der Vergleichssumme. Die Bank war auch – in deutlichem Widerspruch zu ihrer eigenen Schilderung der Aktienübernahmetransaktionen wenige Monate zuvor[163] – durchaus bereit, diese Summe zu zahlen. Die Zahlungsbereitschaft stieß aber auch hier an die Grenze der gewährten Ausgleichsforderungen. Wiederum war es nicht ganz einfach, dies der hessischen Bankenaufsicht nahe zu bringen, die zunächst nur eine Beteiligung von 100000 DM akzeptieren wollte. Auch dies war ein Kompromissvorschlag; angesichts einer zu diesem Zeitpunkt noch ungesicherten Rechtsprechung hinsichtlich der Regressansprüche war man im hessischen Finanzministerium lediglich der Meinung, „dass dieser Betrag etwa eine geeignete Vergleichsgrundlage sein könnte."[164] Den Anwalt von Klöwer & Wiegmann überzeugte dieses Argument freilich nicht, und seine Rechtsauslegung konnte sich – vermittelt durch die Rhein-Main Bank – schließlich auch bei der hessischen Bankenaufsicht durchsetzen, die wenige Monate später die gesamte, von der Bank zunächst als Maximum in die Diskussion gebrachte Vergleichsbeteiligung von 200000 DM genehmigte. Das entscheidende Argument war nicht das konkrete Verhalten der Dresdner Bank in den dreißiger Jahren, sondern die juristische Auslegung der unscharf formulierten Regressregelungen im Rückerstattungsrecht. Überdies ließ sich plausibel machen, dass der Vergleich zwischen Klöwer & Wiegmann und den früheren Eigentümern eine vergleichsweise preiswerte Lösung für die „Arisierer" und damit auch für die regresspflichtige Bank darstellte.[165]

Gelegentlich eignete sich die Einschaltung der Bankenaufsicht aber auch zur Dämpfung von Regressforderungen. So nahm die Süddeutsche Bodencreditbank 1952 die Rhein-Main Bank für eine Vergleichszahlung an die früheren Inhaber der Bayerischen Bodencredit-Anstalt in Würzburg in Regress, weil die Dresdner Bank deren Aktienmehrheit vorübergehend erworben hatte. Die Forderung der Südboden nach einer Beteiligung der Rhein-Main Bank stieg dabei kurzfristig von 20 auf bis zu 50 Prozent der Vergleichssumme.[166] Die Rhein-Main Bank versuchte

162 Aktennotiz Eiche, 6. 7. 1949; Rhein-Main Bank Hanau an Rhein-Main Bank Frankfurt, 21. 10. 1949, beides in: HADrB 7430-2002.

163 Rhein-Main Bank, Juristisches Büro, an das Amt für Vermögenskontrolle und Wiedergutmachung Offenbach (Entwurf), 13. 10. 1950, HADrB 7431-2002.

164 Der Hessische Minister der Finanzen an Rhein-Main Bank, 27. 2. 1951, ebd.

165 Rhein-Main Bank, Juristisches Büro, an den Hessischen Minister der Finanzen, 4. 4. 1951; dito, 17. 4. 1951; Vergleich zwischen der Rhein-Main Bank und den persönlich haftenden Gesellschaftern von Klöwer & Wiegmann, 3. 7. 1951; Der Hessische Minister der Finanzen an Rhein-Main Bank, Genehmigung des Vergleichs, 4. 8. 1951, alles ebd.

166 Rhein-Main Bank, Juristisches Büro, an den Hessischen Minister der Finanzen, 12. 2. 1952;

nun keineswegs, Ausgleichsforderungen für die höhere Summe von der hessischen Bankenaufsicht genehmigt zu bekommen, sondern versorgte diese im Gegenteil mit Argumenten für eine Anerkennung nur der ursprünglichen, niedrigeren Beteiligungsforderung.[167] Der Südboden teilte man gleichzeitig mit, dass man die Sache zwar „in durchaus freundschaftlicher Weise“ behandle, jedoch befürchte, dass eine fünfzigprozentige Beteiligung wohl nicht genehmigt würde.[168] Dieses Argument blieb letztlich ausschlaggebend: Mit Blick auf die voraussichtliche Genehmigung durch die hessische Bankenaufsicht einigte man sich schließlich auf eine nur fünfundzwanzigprozentige Beteiligung der Rhein-Main Bank.[169]

Auch von ihren Industriekunden ließen sich die Dresdner Bank und die Nachfolgeinstitute nicht in jedem Fall die Vergleichsbedingungen diktieren. Eine von der Aktienbrauerei Ohligs in Solingen-Ohligs hartnäckig aufrechterhaltene Regressforderung für „arisierte“ Aktienpakete der Hitdorfer Brauerei-Aktiengesellschaft beispielsweise konnte man nach mehrjährigen Verhandlungen schließlich auf weniger als ein Drittel der geforderten Summe drücken.[170] Auch diese Zahlung diente aber nur der Ausschaltung eines juristischen Restrisikos, obwohl die Bank ihre Zahlungspflichtigkeit eigentlich bezweifelte. In der Auseinandersetzung über ein anderes Hitdorfer-Aktienpaket zahlte man hingegen die Hälfte des Vergleichsbetrags an die Essener Aktienbrauerei Carl Funke, weil hier die „geschäftlichen Interessen der Rhein-Ruhr Bank AG. zu berücksichtigen“ waren.[171]

Unter Umständen konnten sogar die Interessen einer anderen Bank den Ausschlag zur Kompromissbereitschaft geben. 1955 übernahmen die Rhein-Main Bank und die Süddeutsche Bank jeweils ein Drittel der Vergleichssumme, die für die „Arisierung“ des Unternehmens und des Grundbesitzes des Ingenieurs Leo M. gezahlt wurde. M.s Maschinenfabrik war zunächst durch die auf Initiative der Banken gegründete Maschinenfabrik vorm. Ph. Mayfarth & Co. übernommen und diese 1938 wiederum von der Frankfurter Maschinenbau AG. vorm. Pokorny und Wittekind gekauft worden, zu der die Süddeutsche Bank ebenso Geschäftsbeziehungen unterhielt wie zu ihrer Teileigentümerin DEMAG. Obwohl das Ausmaß ihrer Regresspflichtigkeit durchaus umstritten war, übernahmen die Banken hier sogar noch den Anteil des bundesdeutschen Fiskus, der wegen der Übernahme eines Hochhauses auf dem Firmengelände durch die Wehrmacht eindeutig rückerstattungspflichtig war, durch eine dilatorische Behandlung der Angelegenheit aber den Vergleich verzögerte.[172]

In all diesen Fällen wurden die Zahlungen der Bank, wenn auch manchmal gegen anfänglichen Widerstand der Aufsichtsbehörden, durch Ausgleichsforde-

Rechtsanwalt D. (Bevollmächtigter der Südboden) an Rhein-Main Bank, Eiche, 20. 2. 1952; Aktennotiz Juristisches Büro, 22. 2. 1952, alles in: HADrB 7414-2002.

[167] Rhein-Main Bank, Juristisches Büro, an den Hessischen Minister der Finanzen, 14. 3. 1952, ebd.

[168] Eiche an Süddeutsche Bodenkreditbank, 26. 3. 1952, ebd.

[169] Aktennotiz Lehmann, 22. 4. 1952; Bayerische Bank für Handel und Industrie an Rhein-Main Bank, Juristisches Büro, 29. 4. 1952, beides ebd.

[170] Vgl. die Korrespondenz mit dem Anwalt der Brauerei aus dem Jahre 1956, HADrB 27973-2001, 4940-2002.

[171] Dresdner Bank Berlin, Rechtsabteilung, an Rhein-Ruhr Bank, Rechtsabteilung, 1. 8. 1956, ebd. (Zitat); Aktennotiz Rinn/Rudorf, 12. 5. 1955, HADrB 5341-2000.

[172] Lehmann, Aktennotiz für Herrn Direktor Vierhub, 2. 5. 1955; Aktennotiz Lehmann, 9. 5. 1955, beides in: HADrB 7475-2002.

rungen aufgefangen. Gelegentlich verzichtete man aber im Interesse wichtiger Kundenbeziehungen sogar auf diese finanzielle Abfederung und investierte auch eigene Mittel in die Beilegung von Rückerstattungskonflikten. Der Kölner Stahlhandelskonzern Otto Wolff hatte 1937 über ein Konsortium aus Dresdner Bank und Deutscher Bank ein Aktienpaket der Eisenüttenwerk Thale AG erworben. Die Banken hatten von dem jüdischen Eigentümer Albert O. eine Provision in Gestalt von Aktien der Vereinigten Stahlwerke erhalten. O. nahm zunächst nur die Firma Otto Wolff, später jedoch auch die Banken gesamtschuldnerisch wegen der ganzen Transaktion und zudem zwecks Rückerstattung der Provision in Anspruch. „Völlig unerwartet für alle Beteiligten" und trotz einer eher skeptischen Einschätzung der Berechtigung des Rückerstattungsantrags machte die Wiedergutmachungskammer des Landgerichts Köln 1962, nachdem diverse Gutachten über die Angemessenheit des Kaufpreises und andere strittige Fragen ausgetauscht worden waren, zur zügigen Beendigung des Verfahrens den Vorschlag, dass sich die Firma Otto Wolff gegen eine Zahlung von 4 Mio. DM und die Banken gegen je 250 000 DM mit O. vergleichen sollten. Die Dresdner Bank AG lehnte zwar jegliche juristische Rückerstattungsverpflichtung mit dem Standardargument ab, lediglich Vermittlerin des Geschäfts gewesen zu sein; die Rückerstattung der Provision hätte ohnehin eine Doppelrestitution bedeutet und die Zahlung war wohl auch nicht als Entziehung zu werten, da nicht als „unangemessen hoch" einzuschätzen. Otto Wolff war jedoch zur Annahme des Vergleichs bereit, und die Bank fürchtete Regressforderungen für den Fall, dass der Vergleich an ihrer Ablehnung scheitern und der Stahlkonzern anschließend zur Restitution verurteilt würde. Deshalb beantragte sie die Zustimmung der Bankenaufsicht zum Vergleich und die Genehmigung, die Vergleichssumme von 250 000 DM zuzüglich der Verfahrenskosten in ihre Umstellungsrechnung einstellen zu können.[173]

Der Vergleichsvorschlag folgte gerade hinsichtlich der Banken nicht strikt juristischen Argumenten, sondern hielt deren Beteiligung einfach für „angemessen", weil sie insgesamt von der Transaktion profitiert hatten.[174] Der Fall zeigt damit beispielhaft, dass die Gerichte in Restitutionsverfahren über Unternehmensbeteiligungen einigen Interpretationsspielraum besaßen und auch mit ungewöhnlichen, nicht unbedingt an einer buchstabengetreuen Auslegung der Rückerstat-

173 Dresdner Bank AG, Rechtsabteilung Düsseldorf, an die Abteilungen Bankenaufsicht beim Hessischen Minister für Wirtschaft und Verkehr und beim Minister für Wirtschaft und Verkehr des Landes Nordrhein-Westfalen, 3. 10. 1962, HADrB 1075-2002, Zitat S. 7; Landgericht Köln, 1. Wiedergutmachungskammer, Beschluss, 13. 9. 1962, HADrB 1076-2002. Daneben lief noch ein eigenes Verfahren O.s gegen die Dresdner Bank wegen der Entziehung von Wertpapieren, bei dem O.s Rückerstattungsanspruch 1957 vom Landgericht Köln zurückgewiesen und sein Nachprüfungsantrag 1962 vom Obersten Rückerstattungsgericht in Herford abgelehnt wurde; vgl. Dresdner Bank AG an die Bankenaufsichten in Hessen und Nordrhein-Westfalen, 20. 7. 1965, HADrB 1093-2002. Zu den Interessen der Fa. Otto Wolff am Eisenhüttenwerk Thale vgl. auch Jost Dülffer, Die „Gruppe Otto Wolff" 1929 bis 1945, in: Peter Danylow/Ulrich S. Soénius (Hg.), Otto Wolff. Ein Unternehmen zwischen Wirtschaft und Politik, Berlin 2005, S. 153–244. Dülffer beschränkt seinen Kommentar jedoch auf die Wiedergabe der Wolffschen Stellungnahme aus der NS-Zeit, es habe sich bei der Übernahme von Aktien aus jüdischem Besitz „nicht um eine Arisierung ..., sondern um die aus finanziellen Gründen erfolgte Liquidierung der Gruppe Rothschild-Adler vor der eigentlichen Arisierungsbewegung" gehandelt; ebd., S. 169.

174 Landgericht Köln, 1. Wiedergutmachungskammer, Beschluss, 13. 9. 1962, S. 6, HADrB 1076-2002.

tungsgesetze orientierten Lösungsvorschlägen aufwarten konnten.[175] In einer ähnlich pragmatischen Weise gestaltete sich aber auch der Umgang der Dresdner Bank mit der Vergleichsforderung, obwohl es sich hier um eine erhebliche Summe handelte. Anfang Oktober 1962 beschloss der Vorstand der Dresdner Bank AG, den Vergleichsbetrag von 250000 DM zu bezahlen; dabei wurde davon ausgegangen, dass der Betrag vollständig durch Ausgleichsforderungen aufgefangen würde. Die Bankenaufsichtsbehörden hatten dem Vergleichsabschluss aber nur grundsätzlich vorab zugestimmt. Die Bank war mit dessen Annahme etwas voreilig gewesen, denn ähnlich wie im Fall Hermann B. waren die Bankenaufsichtsbehörden lediglich bereit, ein durch den Vergleich abgewendetes und dementsprechend durch Ausgleichsforderungen abzudeckendes Risiko zu akzeptieren, das sich nach dem in der Umstellungsrechnung bzw. in der Berliner Altbankenrechnung notierten Kurs der strittigen, als Provision erhaltenen Aktien bemessen sollte. Diese Kurse waren wesentlich niedriger als der aktuelle Börsenwert, der dem Vergleich zu Grunde lag. In einer harten Verhandlung boten die Vertreter der Bankenaufsicht schließlich „den Vorschlag eines Kompromisses ‚auf der Hälfte‘“ an, da „eine rechnerische Auseinanderlegung der einzelnen Positionen völlig unmöglich wäre“. Ein gewisser Pragmatismus und erhebliche Ermessensspielräume konnten also notfalls auch bei den strikt an Recht und Gesetz orientierten Behördenvertretern vorhanden sein. Ihr Vorschlag belief sich auf die Passivierung von 130000 DM in der Umstellungs- bzw. Altbankenrechnung; ebenfalls bewilligt wurde die Deckung der gesamten Prozesskosten, die sich auf etwa 100000 DM beliefen.[176]

Theoretisch hätten nun die Deutsche Bank und die Dresdner Bank für die jeweils verbliebenen 120000 DM, die als echte Verluste zu Buche schlugen, wiederum Otto Wolff in Regress nehmen können. Der Anspruch war allerdings nicht nur rechtlich etwas unsicher. Beiden Banken verfolgten ihn vor allem „im Interesse unserer bisherigen intensiven Geschäftsverbindung“ gar nicht erst weiter, schrieben die erhebliche verlorene Summe mithin als Kosten der Kundenpflege ab.[177] Sehr viel unfreundlicher begegnete die Dresdner Bank hingegen dem Antragsteller, von dem sie vor Abschluss des Vergleichs eine „Ehrenerklärung“ forderte und auch erhielt: O. ließ durch seinen Anwalt erklären, dass er seine Aktien lediglich „unter einem Kollektivzwang verkauft habe“ und der Bank „nicht der Vorwurf unehrenhaften Verhaltens gemacht“ werde.[178] Materiell war diese Erklärung irrelevant, denn der Bank drohten nach dem Vergleich keine weiteren Ansprüche. Sie ging vermutlich auf eine persönliche Forderung Alfred Höllings

[175] Auch Walter Schwarz verweist auf den relativ großen richterlichen Gestaltungsspielraum bei Restitutionsverfahren um Unternehmen; Schwarz, Rückerstattung, S. 200.

[176] Notiz Laabs, 30. 1. 1963, HADrB 1091-2002. Die Beträge waren abgezinst zum Stichtag der Währungsreform bzw. der Altbankenrechnung (31. 12. 1952) in die Umstellungs- bzw. Altbankenrechnungen aufzunehmen, so dass sich durch die nachgezahlten Zinsen die angebotenen Beträge ergaben; Der Minister für Wirtschaft, Mittelstand und Verkehr des Landes Nordrhein-Westfalen an Dresdner Bank AG Düsseldorf, 10. 4. 1963, ebd.

[177] André und Schäfer an Vorstand Hamburg, 4. 2. 1963 (Zitat); Vorstand Hamburg an Vorstand Düsseldorf, 7. 2. 1963, beides ebd.

[178] Rechtsanwalt P. an den Vorstand der Dresdner Bank AG, 28. 12. 1962 (Zitat); Laabs und Butenschön an Hölling, 4. 1. 1963, beides ebd.

zurück, der seinerzeit für die Dresdner Bank die Verhandlungen geführt und dem O. zunächst vorgeworfen hatte, massiven Druck ausgeübt zu haben.[179]

Der Verzicht auf die Forderungen gegen Otto Wolff stellt insofern einen Extremfall dar, als hier nicht nur die Vergleichsvorstellungen eines wichtigen Bankkunden vollständig umgesetzt wurden, sondern die Banken dazu tatsächlich in substanziellem Umfang eigene Gelder beisteuerten. Grundsätzlich gilt aber für fast alle bis hierhin geschilderten Fallbeispiele, dass eine solche Geschäftsbeziehung jedenfalls dann der wichtigste Entscheidungsfaktor der Banken war, wenn sie durch die Möglichkeit flankiert wurde, die Kosten durch Ausgleichsforderungen aufzufangen. Umgekehrt fehlte damit ein zentrales Motiv für die Vergleichsbereitschaft der Dresdner Bank, wenn Forderungen allein von den „Arisierungs"-Opfern gestellt wurden. Einen Beleg für diese Einschätzung bieten die Verhandlungen um die Rückerstattung der Holzindustrie Wittkowsky GmbH. Der Produktionsbetrieb, ein großes Sägewerk, hatte zwar im ostpreußischen Elbing gelegen, der Firmensitz jedoch in Berlin. Die „Arisierung" hatte 1938/39 auf massiven Druck des NSDAP-Gauleiters stattgefunden, der solche Transaktionen systematisch zur Errichtung eines parteieigenen, unter seiner persönlichen Kontrolle stehenden Wirtschaftsimperiums, der „Erich-Koch-Stiftung", nutzte. Die Dresdner Bank, die das Gesamtkapital des Unternehmens zum Nennwert übernommen hatte, musste mangels liquider Mittel der Stiftung jedoch bis Anfang 1940 die Mehrheit der Aktien in Eigenbesitz behalten; nach der Übernahme durch die Stiftung erfolgte die Verlegung des Firmensitzes nach Elbing. Der tatsächliche Wert der GmbH-Anteile hatte nach einer Steuerschätzung des Finanzamts bei etwa 250 Prozent gelegen. Die Dresdner Bank hatte diese „Arisierung" nicht aus eigener Initiative vorangetrieben, sondern daran mitgewirkt, um den Kundenkontakt nicht zu verlieren. Ihre Handlungsspielräume waren jedoch denkbar gering gewesen und die Profite aus der Transaktion eher bescheiden ausgefallen. Selbst der Anwalt der früheren Eigentümer, der Rückerstattungsexperte Walter Schwarz, sprach 1958 von einer der Bank „aufgezwungenen Funktion des Verwahrers von geraubtem Gut."[180]

Das änderte aber nichts daran, dass die Bank im juristischen Sinne die Ersterwerberin des Unternehmens gewesen war. Untypisch an dem Fall war zunächst, dass ein in den ehemaligen Ostgebieten gelegenes Unternehmen überhaupt in die West-Berliner Wiedergutmachung einbezogen wurde. Die Berliner Wiedergutmachungskammer wies deshalb 1952 den Rückerstattungsanspruch des Testamentsvollstreckers der Mehrheitseignerin Helene Wittkowsky zunächst zurück. Das Kammergericht hob diesen Beschluss jedoch 1953 mit der Begründung auf, „dass die GmbH im Zeitpunkt der Entziehung sowohl ihren juristischen Sitz als auch den Mittelpunkt der Verwaltung in Berlin gehabt habe." Erst jetzt wurde die Dresdner Bank Berlin in das Verfahren einbezogen, das sich zunächst nur gegen das Deutsche Reich gerichtet hatte. Der Testamentsvollstrecker verlangte von ihr eine Nachzahlung auf den seinerzeit offensichtlich zu niedrig angesetzten Verkaufspreis.

[179] Vgl. das Protokoll der öffentlichen Sitzung der Wiedergutmachungskammer beim Landgericht Köln, 20. 9. 1960, S. 1–7, HADrB 1076-2002.
[180] Ziegler, Dresdner Bank, S. 242–246 (Zitat S. 246).

Zunächst trug man auch in diesem Fall das Standardargument vor, die Bank habe die Anteile „nur als Treuhänder für die Erich-Koch-Stiftung“ übernommen und sei deshalb nicht als Ersterwerberin anzusehen, obwohl den Bankjuristen diese Argumentation „von vornherein recht zweifelhaft“ erschien. Zudem wurde die einigermaßen plumpe Behauptung aufgestellt, die seinerzeitige Bewertung der GmbH-Anteile zu pari sei angemessen gewesen. Die Antragsteller setzten den Wert der Anteile jedoch auf 300 Prozent an, während ein vom Gericht beauftragter Sachverständiger ihn auf 217,7 Prozent taxierte. Helene Wittkowskys Testamentsvollstrecker focht dieses von der Bank intern als „relativ günstig“ eingeschätzte Ergebnis an, woraufhin auch die Dresdner Bank von ihrer eigenen Bilanzprüfungsgesellschaft, der Treuhand-Vereinigung AG, ein weiteres Gutachten anfertigen ließ. Es kam auf einen Anteilswert von lediglich 170 Prozent. Die unterschiedliche Bewertung des Unternehmens resultierte ganz einfach daraus, „dass in dem Gutachten der Treuhand-Vereinigung AG. bewusst ein zu unseren Gunsten einseitiger Standpunkt eingenommen“ wurde, „von dem die Treuhand-Vereinigung AG. selbst nicht glaubt[e], dass er sich im Ergebnis im vollen Umfange werde durchsetzen lassen können.“[181]

Erleichtert wurde eine Einigung dadurch, dass auch die Anwälte der Erbengemeinschaft keinen „moralischen Vorwurf“ gegen die Dresdner Bank erhoben und, ebenso wie diese, primär den bundesdeutschen Staat in der Rückerstattungspflicht sahen. Schwarz verabredete 1958 mit Karl Aden, dem Anwalt der Dresdner Bank, den Verhandlungshebel zunächst beim Berliner Finanzsenator anzusetzen und dann die Bank in die laufenden Verhandlungen einzubeziehen.[182] 1960 kam es dann zu Vergleichsverhandlungen unter Einbeziehung aller Beteiligten, in denen man sich auf eine dreißigprozentige Beteiligung der Bank an einer noch auszuhandelnden Summe einigte. Die Antragsteller wollten unbedingt einen Anspruch gegen die Bank durchsetzen, weil eine im Bundesrückerstattungsgesetz zunächst vorgesehene Deckelung der Gesamtleistungen des Bundes auf 1,5 Mrd. DM nur die Auszahlung einer Quote der gerichtlich zugesprochenen Leistungen erwarten ließ. Die dafür anzusetzende Bewertung der GmbH-Anteile wurde schließlich auf 225 Prozent festgelegt, die jetzt auch laut der Treuhand-Vereinigung „als angemessen bezeichnet werden“ konnten. Im dreiseitigen Vergleich zahlte die Dresdner Bank 44000 DM an die Erbengemeinschaft Wittkowsky und verzichtete außerdem auf Regressansprüche gegen das Deutsche Reich, in dessen Eigentum wiederum die Restbestände des Unternehmens übergingen. Zuvor wurden allerdings wie üblich die Berliner Bankenaufsicht und der Bundesbeauftragte für Altbankenfragen konsultiert, um dem „angesichts der für die Bank bei Durchführung des Rückerstattungsverfahrens bestehenden Risiken“ relativ günstigen Vergleich zuzustimmen.[183]

[181] Dresdner Bank Berlin, Rechtsabteilung, an den Senator für Wirtschaft und Kredit, Bankenaufsicht, 28. 2. 1961, HADrB 20432-2001.

[182] Schwarz an Aden, 14. 7. 1958 (Zitat); Aktenvermerk Aden, 9. 9. 1958, beides ebd.

[183] Dresdner Bank Berlin, Rechtsabteilung, an den Senator für Wirtschaft und Kredit, Bankenaufsicht, 28. 2. 1961, S 5 f.; Öffentliche Sitzung der Zivilkammer 152 des Landgerichts Berlin (Wiedergutmachungskammer) mit Vergleich, 21. 7. 1961, beides ebd. Anschließend begann ein separates Verfahren der Erben des Minderheitseigners Julian M. gegen das Deutsche Reich, das erst 1968 zum Abschluss kam und hier nur von nebensächlichem Interesse ist. Dabei ging es um die – letzt-

Dieser Vergleich war tatsächlich die billigste Alternative für die Bank, und zwar gerade weil sie auf Regressforderungen verzichtete. Statt diese Ansprüche wiederum in einem langdauernden Verfahren geltend machen zu müssen, erhielt sie Ausgleichsforderungen in der vollen Höhe des Vergleichsbetrags, so dass nach der Bilanzierung von Fritz André „de facto die Bundesregierung – wenn auch unter verschiedenen Kapiteln – für den gesamten Rückerstattungsbetrag aufzukommen“ hatte.[184] Eben deswegen erstaunt es, dass die Dresdner Bank zunächst den offensichtlichen Tatbestand einer drastischen Unterbewertung des Unternehmens während der „Arisierung“ bestritt und es auf den Austausch diverser Gutachten anlegte, die ihr selbst wenig Nutzen brachten, den Antragstellern aber jahrelange Verhandlungen in einer eigentlich vollkommen eindeutigen Rückerstattungssache aufnötigte. Diese Vorgehensweise dürfte zumindest dadurch gefördert worden sein, dass in diesem Fall nicht mit der Fortsetzung einer lukrativen Geschäftsbeziehung zu rechnen war, denn das Unternehmen selbst war bis auf einen kleinen Ludwigshafener Zweigbetrieb verloren. Die Antragsteller hatten deshalb ausdrücklich auf Naturalrestitution verzichtet und stattdessen die Nachzahlung des Kaufpreises gefordert.

Dass die Dresdner Bank und ihre Nachfolgeinstitute höchstens sehr nachrangig daran interessiert waren, den seinerzeit beraubten jüdischen Unternehmern zur Wiedererlangung ihres Eigentums zu verhelfen, zeigt auch ein ganz besonders gelagerter Streitfall, in dem die Banken sich auf ganzer Linie durchsetzen konnten. Josef Neckermann, eine der Symbolfiguren des bundesdeutschen „Wirtschaftswunders“, hatte seine Unternehmerkarriere in den dreißiger Jahren mit zwei „Arisierungen“ gestartet. Die größere davon war 1938 die Übernahme der Berliner Wäschemanufaktur und des Versandhandels von Karl Amson Joel gewesen, die unter der Firma „Wäsche- und Kleiderfabrik Josef Neckermann“ weitergeführt wurden. Seit 1941 hatte Neckermann durch die von ihm (namens dieses Unternehmens) und der Hertie-Tochtergesellschaft Bekleidungs-Handels-AG auf Veranlassung des Reichswirtschaftsministeriums gegründete Zentrallagergemeinschaft für Bekleidung GmbH (ZLG) Soldaten und Zwangsarbeiter mit Bekleidung versorgt, die teilweise aus Ghettobetrieben und aus der Aufarbeitung von Altkleidern aus geraubtem jüdischen Besitz stammte. Die Dresdner Bank hatte die ZLG seit 1943 im Rahmen größerer Konsortialkredite finanziert. Durch die faktischen staatlichen Abnahmegarantien war das Unternehmen solange ein relativ risikoloser Kunde gewesen, bis der Kriegsverlauf es ins Wanken gebracht hatte. Die Geschäftszentrale und die Bekleidungslager waren teils den letzten Kriegshandlungen zum Opfer gefallen, teils geplündert, beschlagnahmt oder von den Besatzungsmächten verkauft worden. Bei der Dresdner Bank war die ZLG nach dem letzten Status vom März 1945 mit 44 Mio. RM verschuldet, von denen aller-

lich zu Gunsten der Erben entschiedene – Frage, ob deren Ansprüche bereits in dem hier geschilderten Vergleich enthalten waren oder nicht. Ob daraufhin noch ein Regress der Bundesrepublik gegen die Dresdner Bank erfolgte, der zumindest der Streit verkündet wurde, ist nicht bekannt. Das Verfahren ist dokumentiert in: HADrB 20461-2001. Zu den Auszahlungsbeschränkungen des Bundesrückerstattungsgesetzes vgl. Fromund Schmilinsky, Das Erfüllungsverfahren, in: Biella u. a., Bundesrückerstattungsgesetz, S. 481–509, hier S. 482–484.

184 André an Dresdner Bank Berlin, Rechtsabteilung, 20. 7. 1961, HADrB 20432-2001.

dings 20,8 Mio. RM auf andere, an den Konsortialkrediten unterbeteiligte Banken entfielen.[185]

Diese Kreditschulden der ZLG waren der Anlass dafür, dass die Banken sich unter Führung der Dresdner Bank in ein Restitutionsverfahren einschalteten, in dem sie gar nicht selbst zur Rechenschaft gezogen werden sollten. Karl Joel verlangte 1949 von Neckermann die Rückerstattung seines Besitzes. Bereits im Juni 1949 kam es zu einem Vergleich, der unter anderem vorsah, dass bis zu 1 Mio. DM der Vergleichssumme aus dem Vermögen der ZLG bezahlt werden konnte. Sobald die Dresdner Bank davon auch nur vage erfahren hatte, erhob sie im Namen des gesamten Bankenkonsortiums beim Bayerischen Landesamt für Wiedergutmachung energischen Protest. Zuvor hatte man bereits ein Gutachten vorgelegt, wonach das Wiedergutmachungsverfahren sich nicht auf das Restvermögen der mittlerweile wegen Überschuldung in Liquidation befindlichen ZLG erstrecken dürfe, das allein deren Gläubigern zustehe.[186] Kurz darauf wandte man sich auch vertraulich an Josef Neckermann, der mittlerweile in Frankfurt a.M. ein neues Unternehmen gegründet hatte, und machte diesen „persönlich für alle Schäden verantwortlich, die den Gläubigern der ZLG, insbesondere den durch uns vertretenen Konsortialbanken, aus der beabsichtigten widerrechtlichen Verfügung über Vermögensteile dieser Gesellschaft entstehen würden.“[187]

Die kompromisslose Haltung blieb auch weiter kennzeichnend für das Verhalten der Bank, als das Rückerstattungsverfahren erneut aufgerollt wurde. Einen Brief an Joel, in dem man diesem bewusst in einer „sehr scharfen Fassung“ ebenfalls die Haftbarmachung für eine Schädigung der Gläubigerinteressen androhte, hielt man nach einem neuen Vergleichsvorschlag der Wiedergutmachungsbehörde aber zunächst zurück.[188] Stattdessen beschlossen die Konsortialbanken – neben der Dresdner Bank die Deutsche Bank, die Commerzbank, die Reichs-Kredit-Gesellschaft und das Bankhaus Hardy – Anfang 1950, die vom Landesamt für Wiedergutmachung mit der Prüfung des Sachverhalts beauftragte Süddeutsche Treuhandgesellschaft für ihre Interessen in Stellung zu bringen. Zwei Vertreter dieses in öffentlichem Auftrag agierenden Unternehmens wurden von Alfred Hölling instruiert, dass ihr Gutachten mit angemessener Gründlichkeit die Entwicklung der ZLG seit 1945 zu thematisieren habe, um „ein einigermassen klares Bild von der wirklichen Lage der Gesellschaft und ihrer Substanz (einschl. von Regressansprüchen, Schadensersatzansprüchen und dergleichen)“ präsentieren zu können. „Vertraulich“ wurde den Prüfern sodann mitgeteilt, dass man bereit sei,

[185] Vgl. ausführlich Bähr, Dresdner Bank, S. 398–407; zu Neckermann auch Toni Pierenkemper, Josef Neckermann (1912–1992) – Anmerkungen zur Autobiographie, in: Jahrbuch für Wirtschaftsgeschichte 1996, Heft 2, S. 235–245 (zur Joel-„Arisierung“ S. 238), sowie die Autobiografie: Josef Neckermann, Erinnerungen, Frankfurt a.M. 1990.

[186] Niederdeutsche Bankgesellschaft an das Bayerische Landesamt für Wiedergutmachung, Zweigstelle Unterfranken, Würzburg, 4. 7. 1949, HADrB 1194-2000. Die Niederdeutsche Bankgesellschaft fungierte hier „treuhänderisch“ für die Dresdner Bank, weil der Fall ursprünglich von den Konsortialbanken der Zentralstelle Hamburg überantwortet worden war. Neckermann wurde 1949 zunächst von einem amerikanischen Militärgericht wegen der „Arisierung“ der Fa. Joel zu einer vierjährigen Haftstrafe verurteilt, die jedoch ausgesetzt und 1950 durch ein Appellationsgericht aufgehoben wurde; Pierenkemper, Josef Neckermann, S. 238.

[187] Niederdeutsche Bankgesellschaft an Neckermann, 4. 8. 1949, HADrB 1194-2000.

[188] Hölling an Overbeck, 30. 12. 1949, HADrB 3467-2002. Der Briefentwurf vom 5. 12. 1949 ebd.

durch die verlangte Gründlichkeit womöglich entstehende Mehrkosten aus bankeigenen Mitteln zu decken.[189]

Die Banken bemühten auch im weiteren Verlauf des Verfahrens eine juristisch tragfähige Konstruktion, die die historischen Hintergründe von Neckermanns Karriere freilich weitgehend ignorierte. Danach war „der GmbH-Anteil der Wäsche- und Kleiderfabrik Josef Neckermann an der ZLG nicht mit ‚Mitteln des Unternehmens' erworben worden", wie es das amerikanische Rückerstattungsgesetz in solchen Fällen verlangte, sondern lediglich eine Beteiligung „an einem neu gegründeten und mit Hilfe der Banken und der öffentlichen Hand finanzierten Unternehmen".[190] Dennoch bereiteten sich die Banken zeitweise auf einen Zwischenvergleich vor, weil dies die Liquidation der ZLG beschleunigt hätte.[191] Einen Vorschlag der Wiedergutmachungsbehörde, nach dem ein Teil der ZLG-Liquidationsmasse von 100 000 DM sowie der Anspruch auf österreichische Vermögenswerte der ZLG, die auf 200 000 bis 300 000 DM geschätzt wurden, zu Joels Abfindung eingesetzt werden sollten, hielt man jedoch für „völlig übersetzt".[192] Der geplante Zwischenvergleich scheiterte aber auch an Joels Ablehnung, dem die Wiedergutmachungsbehörde nunmehr aufgab, „seinen Antrag zu präzisieren"; die Rhein-Ruhr Bank sah daraufhin kaum noch Aussichten für einen Vergleich.[193]

Statt der Vergleichslösung wählte man schließlich die gerichtliche Klärung. Die Banken nahmen an dem Verfahren Joel gegen Neckermann als Beteiligte teil und verwiesen darauf, dass das Verfahren „die ordnungsmäßige Abwicklung der ZLG bisher in unerträglicher Weise gestört" habe und die laufenden Verwaltungskosten drohten, die Restsubstanz des Unternehmens aufzuzehren.[194] Tatsächlich verursachte das schwebende Liquidationsverfahren zwar einige Kosten, doch die Argumentation der Banken war weit überzogen. Während sich die Kosten der Liquidation in vierstelliger Höhe bewegten, wurde der Restwert der ZLG im Oktober 1951 auf etwa 1,9 Mio. DM geschätzt.[195] Nichtsdestotrotz war dieses Argument plausibel genug, um 1953 ein Teilurteil zu erreichen, das den Banken Recht gab. Joels Argumentation, das Textilversandhaus sei „in die ZLG übergeleitet" worden, war trotz des Umstands, dass die ZLG „in den Geschäftsräumen mit den Geschäftseinrichtungen, mit Personal und den Geschäftsverbindungen des arisierten Unternehmens Joel errichtet worden" war, juristisch nicht stichhaltig. Die Wiedergutmachungskammer Nürnberg-Fürth übernahm zudem vollständig die Darstellung der Banken über die rein politisch bedingten Gründungsumstände und die politisch abgestützte Kreditwürdigkeit der ZLG, wodurch der faktische Zusammenhang zwischen beiden Unternehmen irrelevant wurde. Folgerichtig stellte das Gericht fest, dass das Restvermögen der ZLG nicht unter das 1938 entzogene

189 Niederschrift über eine Sitzung der Konsortialbanken in Sachen Zentrallagergemeinschaft für Bekleidung G.m.b.H, 6. 2. 1950, ebd.

190 Aktenvermerk Rust für Schäfer, 20. 10. 1952, HADrB 3466-2000 (Zitat); die Argumentation ausführlicher in: Schäfer an die Wiedergutmachungsbehörde III, München, 26. 9. 1950, HADrB 3465-2002.

191 Aktennotiz Schäfer, 23. 11. 1950, ebd.

192 Aktennotiz Henzel, 29. 1. 1951, ebd.

193 Schäfer an Dresdner Bank Berlin, 1. 3. 1951, ebd.

194 Aktennotiz Schäfer, 22. 9. 1951, ebd.

195 Schäfer an Hölling, 9. 10. 1951, ebd.; Unverbindlicher Status der ZLG per 31. 12. 1952, 9. 3. 1953, HADrB 29785-2001.

Vermögen Karl Joels fiel. Die Banken profitierten nicht zuletzt dadurch, dass Joel auch die Kosten tragen musste, die der ZLG im Wiedergutmachungsverfahren entstanden waren.[196]

Einen Nachprüfungsantrag gegen das Teilurteil zog Joel 1955 zurück, nachdem die Banken sich bereit erklärt hatten, die Gerichtskosten zu übernehmen.[197] Dies war kein Ausdruck von Großzügigkeit. Vielmehr hatte das Rückerstattungsverfahren Joel gegen Neckermann Anfang 1955 in einem Vergleich geendet, wonach Joel 2 Mio. DM erhielt. Damit eröffnete sich den Banken die Chance, endlich die vollständige Liquidation der ZLG in Angriff nehmen zu können.[198] Die Hartnäckigkeit lohnte sich insofern, als ein nicht unerheblicher Betrag aus der Konkursmasse einging. Das im Februar 1956 eröffnete Konkursverfahren über das Vermögen der Zentrallagergemeinschaft für Bekleidung brachte der Dresdner Bank insgesamt 266413,94 DM ein. Um diesen (abgezinsten) Betrag musste freilich die Altbankenrechnung korrigiert werden, so dass hier lediglich ein umgekehrter Tausch von Ausgleichsforderungen gegen Bargeld stattfand.[199]

Zwar war die Bank auch gegenüber der Bankenaufsicht, eben wegen der Vermeidung von Ausgleichsforderungen, grundsätzlich zur Verfolgung ihrer Interessen verpflichtet.[200] Die Schärfe, mit der Joels Forderungen begegnet wurde, erklärt diese formaljuristische Verpflichtung aber kaum, und die Quellen bieten auch keine Hinweise auf eine wesentliche Rolle der Bankenaufsichtsbehörden. Das Rückerstattungsverfahren gegen Neckermann war für die Bank vielmehr Teil eines umfassenderen Problemkomplexes, in dessen Zentrum die energische Verfolgung ganz normaler Gläubigeransprüche nach dem Zusammenbruch eines Kreditschuldners stand. Ebenso wie das Gericht in diesem Fall zwischen der „Arisierung“ von Joels Unternehmen und der darauf jedenfalls teilweise basierenden weiteren Karriere Neckermanns unterschied, trennte man in der Dresdner Bank den Konkursfall ZLG klar von seinem historischen Kontext. Entsprechend unbelastet von der eigenen Vergangenheit konnte man Karl Joel als einem gewöhnlichen Prozesskontrahenten begegnen – ein erfolgreicher Versuch der nachträglichen „Normalisierung“ des Bankgeschäfts in alles andere als normalen Zeiten, der diesen Fall mit vielen anderen verbindet.

[196] Teilentscheidung der Wiedergutmachungskammer bei dem Landgericht Nürnberg-Fürth, 19. 10. 1953, Zitate S. 4, HADrB 3466-2002.

[197] Rheinisch-Westfälische Bank an Schäfer, 3. 5. 1955; Schäfer an Court of Restituton Appeals, 12. 4. 1955, beides in: HADrB 29787-2001.

[198] Rhein-Ruhr Bank an die Konsortialbanken, 10. 2. 1955, ebd. Vgl. Neckermann, Erinnerungen, S. 237–239.

[199] Treuhand-Vereinigung Aktiengesellschaft, Prüfung der Berichtigungsrechnung der Dresdner Bank Berlin, Buchungsstand 30. 9. 1961, 22. 12. 1961, S. 65, HADrB 1265-2000.

[200] Briefentwurf des von der Dresdner Bank beauftragten Rechtsanwalts W. an Joel, 5. 12. 1949, HADrB 3467-2002.

XII. Zwischenfazit: Die Dresdner Bank und die Wiedergutmachung

Die in den vorangehenden Kapiteln geschilderten Fallbeispiele demonstrieren zunächst, dass die partielle Wiedergutmachung finanzieller Schäden, die deutschen Juden in der NS-Zeit unter Beteiligung oder gar auf Initiative der Dresdner Bank zugefügt worden waren, in unterschiedlichen Konstellationen und mit sehr unterschiedlichem Erfolg verlief. Das gilt für die jüdischen Betriebsrentner und ehemaligen Angestellten der Bank, noch mehr aber für die Nachkriegskonsequenzen der „Arisierung" gewerblichen Vermögens. Schon angesichts der Vielzahl ganz unterschiedlich verlaufener „Arisierungs"-Fälle war kaum zu erwarten, dass sich ein einheitliches Schema der Rückerstattung herausbilden würde. Darüber hinaus gab es lediglich einen durch die Wiedergutmachungsgesetze grundsätzlich abgesteckten, häufig aber keineswegs eindeutigen und im Zeitverlauf variierenden rechtlichen Rahmen, den die Akteure der Rückerstattungs- und Entschädigungsverfahren in sehr unterschiedlicher Weise ausfüllen konnten. Zudem ist daran zu erinnern, dass die hier analysierten Fälle nur eine Auswahl darstellen, die im quantitativen Sinne nicht als repräsentativ gelten kann. Dennoch lässt sich gerade aus diesen Beispielen ein allgemeines Verhaltensmuster der Dresdner Bank und ihrer Nachfolgeinstitute gegenüber Wiedergutmachungsforderungen herausarbeiten. Ihre Haltung war, erstens, primär am eigenen betriebswirtschaftlichen Interesse orientiert, während eine Wiedergutmachung im Sinne der Geschädigten bestenfalls nachrangige Bedeutung hatte. Zweitens war man zwar strikt auf die Einhaltung der geltenden Gesetze bedacht, suchte aber alle dadurch eröffneten Spielräume zu nutzen. Und drittens war die Reaktion auf Wiedergutmachungsanträge insbesondere dann grundsätzlich ablehnend, wenn die Frage der eigenen historischen Verantwortung zur Debatte stand.

Die ernsthafteste Probe auf die Wiedergutmachungsbereitschaft der Bank bildete der Umgang mit überlebenden jüdischen Angestellten und Betriebsrentnern – zumal die Entlassungen und Rentenkürzungen in der NS-Zeit teilweise von denselben Personen bearbeitet wurden wie Ansprüche auf Entschädigung, Wiedereinstellung oder Rentennachzahlung. Die jüdischen Pensionäre, die teils in eigener Verantwortung der Bank um Teile ihrer Betriebsrenten gebracht worden waren, sahen sich zunächst einer Rechtslage ausgesetzt, die ihre Verfolgungsgeschichte gar nicht erst zur Kenntnis nahm. Aber auch nachdem die Bank rechtlich wieder zur Zahlung von Pensionen in der Lage war, zeigte sich – von Einzelfällen abgesehen – keine besondere Bereitschaft zur Unterstützung oder gar Entschädigung speziell der jüdischen Bankpensionäre oder ihrer Witwen. Insbesondere Carl Goetz weigerte sich, eine Unterstützungspflicht der Dresdner Bank und ihrer Nachfolgeinstitute anzuerkennen, die über die „gesetzlich vorgeschriebenen

Maßnahmen hinaus" reichte. Die freiwilligen Leistungen, die dann in den fünfziger Jahren einsetzten, kamen allen Betriebsrentnern zugute, setzten also keine Anerkennung der Verfolgungsschicksale voraus. Spezielle Ausgleichszahlungen für die während der NS-Zeit erlittenen Versorgungsschäden bedurften eines besonderen Engagements der Betroffenen oder ihrer Anwälte und blieben deshalb Ausnahmen. Die aus der Rechtslage resultierenden Handlungsspielräume und die Informationsvorsprünge der Bank wurden regelmäßig zu deren Gunsten genutzt – und dementsprechend zu Lasten der früheren jüdischen Mitarbeiter.

Dasselbe galt für in der NS-Zeit entlassene jüdische Angestellte. Zwar kam man 1945 zunächst überein, diese wieder einzustellen und „wohlwollend" zu bezahlen.[1] Die Quellenlage erlaubt leider nicht zu prüfen, wie weit dies tatsächlich umgesetzt wurde; dass solche Wiedereinstellungen in den folgenden Jahren in den westdeutschen Nachfolgeinstituten stattfanden, lässt sich nur indirekt aus dem Fehlen entsprechender Prozesse schlussfolgern. Ein positiver Sonderstatus ergab sich daraus aber offensichtlich nicht. Im Gegenteil entwickelten sich zumindest einige frühere Mitarbeiter zu einem dauerhaften Ärgernis. Ansprüche ehemaliger Beschäftigter der Berliner Zentrale oder der liquidierten Filialen in der SBZ und den ehemaligen Ostgebieten wurden mit dem Verweis auf eine fehlende diesbezügliche Rechtsnachfolge der bundesdeutschen Nachfolgeinstitute abgelehnt, die Antragsteller zunächst auf den Prozessweg verwiesen. In dem Moment, wo die Bank im Fall von Harry F. einen Musterprozess zunächst verlor, stieg allerdings ihre Vergleichsbereitschaft. Im Fall von Louis B. war dafür die tendenzielle Zustimmung des Bundesbeauftragten für Altbankenfragen von erheblicher Bedeutung, im Fall von Suse D. die Drohung eines wichtigen Kunden der Berliner Tochtergesellschaft BHI mit dem Abzug von Geschäften. In diesem Ausnahmefall nahm die Bank auch in Kauf, dass ihre Zahlungen nicht vollständig durch Ausgleichsforderungen kompensiert wurden. Das langfristige Geschäftsinteresse überwog das Interesse am kurzfristigen Ausgleich der Bilanz, zumal man nach der letztinstanzlichen Niederlage Harry F.s nicht mehr fürchten musste, damit einen Präzedenzfall für weitere Verfahren zu schaffen.

Die Angst vor kostenträchtigen Präzedenzfällen bestimmte die Ablehnung freiwilliger Zugeständnisse in erheblichem Maße mit. Dieser Primat des Geschäftsinteresses vor dem Wohl der früheren jüdischen Beschäftigten hatte Tradition. Dass der Berliner Betriebsrat und der dortige Personalchef Butz sich um die Unterstützung einzelner Bedürftiger kümmerten, während der frühere Berliner und jetzige Frankfurter Personalchef Gaebelein sich um die Vermeidung von Präjudizien sorgte und deshalb freiwillige Mehrleistungen zu verhindern suchte, war kaum eine zufällige Analogie zur Rollenverteilung der dreißiger Jahre. Gaebelein war mit dieser Position jedenfalls kein Außenseiter – stellte doch die Frankfurter Rechtsabteilung 1958 warnend fest, es habe sich „bei den zahlreichen Verhandlungen mit den jüdischen Mitarbeitern immer wieder herausgestellt, daß jedes besondere Entgegenkommen, das einem von ihnen zuteil wurde, sich herumsprach und

[1] Aktennotiz über eine provisorische Vorstandssitzung im Zentralbüro Beckum am 24. 9. 1945, HADrB 5147-2000.

von anderen als Präjudiz für ihre Gleichbehandlung in Anspruch genommen wurde."[2]

Der ständige Blick auf die möglichst weitgehende Kompensation eigener Zahlungen durch Ausgleichsforderungen und die Rücksichtnahme auf wichtige Kunden waren auch für das Verhalten der Bank in den Verhandlungen über die Rückerstattung entzogenen oder „arisierten" Eigentums zwei wesentliche Faktoren. Dasselbe gilt für das Verhältnis zur eigenen Vergangenheit, das sich im Umgang mit dem früheren Personal spiegelt. Wenn schon in diesem ureigenen Verantwortungsbereich der Bank, so Dieter Zieglers Fazit, „keinerlei Unrechtsbewusstsein" festzustellen ist, dann erstaunt dies bei Verhandlungen um die Rückerstattung entzogenen Privat- oder Unternehmenseigentums umso weniger. Am ehesten nachvollziehbar ist diese Selbstwahrnehmung noch in jenen Fällen, wo die Altbank oder ihre Nachfolgeinstitute für solche Privatvermögen Rückerstattung oder Schadensersatz zu leisten hatten, die bei der systematischen Enteignung der deutschen Juden in Eigenbesitz übernommen worden waren. Die Dresdner Bank hatte hier, ebenso wie andere Banken, die gesetzlichen Entziehungsmaßnahmen des NS-Staats teilweise für sich oder für „arische" Interessenten an Wertpapieren genutzt, sie hatte aber nicht gezielt oder auf eigene Initiative an der Schädigung ihrer jüdischen Kunden mitgewirkt. Auch für diesen funktionalen Beitrag zum nationalsozialistischen Räderwerk fehlte es aber offenkundig an jeglichem Bewusstsein. Der juristische Dreh- und Angelpunkt der Verfahren war indes die formale Eigentümerstellung, die sich aus diesen Geschäften ergeben hatte. Die Banken wurden jedenfalls zeitweilig rückerstattungspflichtig, und sie wehrten sich im Zweifelsfall auf dem Rechtsweg. Auf ein freiwilliges Entgegenkommen gibt es hier ebenso wenig Hinweise wie im Fall der nach 1945 noch bestehenden Konten jüdischer Inhaber, wo man die vorübergehenden Risiken einer unklaren Rechtslage auf diese abwälzte und das am Ende noch zu Werbezwecken nutzen wollte.

Noch deutlicher wird der Mangel an Schuldbewusstsein in den beiden langdauernden Streitfällen um die Verwertung der Vermögen von Hermann B. und Jakob Goldschmidt. In beiden Fällen hatte die Dresdner Bank ohne sichtbare Skrupel die veränderten politischen Umstände genutzt, um zur Deckung von Verlusten, die aus der Zeit vor 1933 resultierten, auf die Vermögenswerte von Schuldnern zuzugreifen, die sich dagegen nicht mehr nach den vorher üblichen Modalitäten wehren konnten. In beiden Fällen herrschte offenbar auf der Leitungsebene völliges Unverständnis dafür, dass man für ein solches bankkaufmännisches Rationalverhalten zur Kasse gebeten werden sollte. Es erstaunt deshalb auch nicht, dass der Vorschlag eines Prokuristen, Hermann B. einfach „aus Gründen der Fairness" eine Vergleichszahlung zukommen zu lassen, umgehend abgeschmettert wurde. Noch viel weniger war man bereit, dem „Verursacher der Bankenkrise" Jakob Goldschmidt irgendwelche Zugeständnisse zu machen. Während sich die Hinweise der Bankjuristen auf unsichere Rechtsgrundlagen im Fall Goldschmidt letztlich als unbegründet erwiesen und die vor allem von Carl Goetz vertretene konsequente Verweigerungsstrategie erfolgreich blieb, scheiterte die lange erfolgreiche Blockadehaltung im Fall Hermann B. schließlich an einer Änderung der

[2] Rechtsabteilung Frankfurt an Hölling und Rinn, 28. 11. 1958, HADrB 1063-2002.

Rechtslage. Erst in dem Moment, als ein Informationsvorsprung – das Recht auf Zurückhaltung der eigenen Akten – durch eine unvorhersehbare Gesetzesänderung plötzlich verloren zu gehen drohte, ermöglichte die rationale betriebswirtschaftlich-juristische Kalkulation einen Vergleich, der die Dresdner Bank zwar eine erhebliche Summe kostete, aber immer noch billiger kam als eine Prozessniederlage.

Der wahrscheinlich schwer vermeidbaren Fehlkalkulation der endgültigen Rechtslage war es auch geschuldet, dass im Fall Hermann B. die Kompensation von Rückerstattungen oder Vergleichszahlungen durch Ausgleichsforderungen keine Rolle für die Vergleichsbereitschaft der Bank spielte. Diese Tatsache verbindet ihn mit zwei der drei ausführlich analysierten Rückerstattungsverfahren um Unternehmensbesitz, den die Dresdner Bank „auf eigene Rechnung" oder mit dem unmittelbaren Interesse einer Rückführung von Verschuldungen „arisiert" hatte. Im Fall des Bankhauses Arnhold war vielmehr – neben dem Verhandlungsgeschick eines Schlichters, dessen Einsetzung einen Ausnahmefall markierte – ausschlaggebend, dass die alte Bankleitung sich mit dem Zusammentreffen einer ungünstigen Rechtslage und einer existenziellen Unsicherheit um die Zukunft ihres Instituts konfrontiert sah. Die Frage der Altbankbilanz und der möglichen Kompensation durch Forderungen gegen den Staat war hingegen zu dieser Zeit noch offen, konnte also keine entscheidende Rolle spielen. Im Streit um die Forderungen Karl Wolffsohns ging man, ähnlich wie bei den Auseinandersetzungen mit Hermann B. und Jakob Goldschmidt, voll auf Konfrontationskurs und zog schließlich lediglich einen gegenseitigen Anspruchsverzicht in Betracht. Ein solcher Vergleich wurde aber von den Aufsichtsbehörden nicht genehmigt, so dass dem Antragsteller letzten Endes – gegen die Absicht der Bank – sogar die kompletten Verhandlungskosten aufgebürdet wurden, nachdem seine Prozessaussichten wegen der eindeutig vor 1933 entstandenen Überschuldung seines Unternehmens von vornherein denkbar ungünstig gewesen waren.

Im Fall des Engelhardt-Brauereikonzerns spielte der Aspekt der Ausgleichsforderungen hingegen eine gewisse Rolle; hier allerdings vor allem für den Bundesbeauftragten für Altbankenfragen, der durch den nach langen Verhandlungen abgeschlossenen Vergleich zumindest eine zusätzliche Belastung der öffentlichen Hand abgewendet sah. Viel wichtiger für die Bank war hier aber die Perspektive des eigentlichen Bankgeschäfts – in diesem Fall die Chance für die Berliner Tochtergesellschaft BHI, die Hausbankfunktion bei den Brauereien Engelhardt und Groterjan zu übernehmen, während es für die vom aktiven Geschäft abgeschnittene Altbank ohnehin nichts zu verlieren gab. Einen erheblichen Faktor im Verhandlungskalkül bildeten die Ausgleichsforderungen hingegen dann, wenn frühzeitig absehbar und auch innerhalb der Banken grundsätzlich unumstritten war, dass man um die Beteiligung an Rückerstattungen oder Schadensersatzzahlungen nicht herunmkommen würde. Das zeigt sich an den Fällen Ada-Ada-Schuh und Salamander, wo die an der „Arisierung" beteiligten Banken auch bei den Restitutionsverhandlungen die Federführung übernahmen, ebenso wie bei den Auseinandersetzungen um eine Beteiligung der Nachfolgeinstitute an den Vergleichszahlungen von Felten & Guilleaume Carlswerk oder von Klöwer & Wiegmann. Bisweilen suchten die Bankmitarbeiter in umstrittenen Vergleichsfragen sogar die

Bankenaufsichtsbehörden zu Zugeständnissen zu bewegen, die dann auch zugunsten der Antragsteller wirkten; das Motiv dafür war jedoch stets das eigene Interesse an der Minimierung von unmittelbaren, auf die laufende Ergebnisrechnung durchschlagenden Verlusten aus Zahlungen, die nicht auf diesem Wege teilweise vom Steuerzahler getragen wurden.

Die Bankenaufsichtsbehörden waren neben den Mitarbeitern der Dresdner Bank und ihrer Nachfolgeinstitute sowie den Antragstellern und ihren Rechtsvertretern die wichtigsten Vertreter einer weiteren Gruppe von Akteuren, die in vielen der untersuchten Fälle auftaucht, nämlich staatlicher oder öffentlich-rechtlicher Instanzen. Deren Verhalten demonstriert, dass die Bankmanager und Bankjuristen keineswegs außergewöhnlich hartherzige Kontrahenten jüdischer Geschädigter waren. Die massiven Versuche der Stadt Berlin, im Streit um die Engelhardt-Aktien einen Vergleich zu blockieren, oder die restriktive Entschädigungspraxis der Bundesversicherungsanstalt für Angestellte bieten auch in dem hier abgehandelten Themenspektrum deutliche Beispiele dafür, dass überlebende deutsche Juden nach 1945 mit umfassenden Widerständen gegen Rückerstattungen oder angemessene Entschädigungen konfrontiert waren.

Das Interesse der Bankenaufsichtsbehörden war dabei klar definiert: Es lag darin, die Umstellungsrechnungen der Banken in einem möglichst günstigen Verhältnis von Aktiva und Passiva zu gestalten, um die von den Ländern zu tragenden Ausgleichsforderungen möglichst niedrig zu halten. Ihre entscheidende Funktion in Wiedergutmachungssachen lag daher in ihrer Genehmigungs-, und das konnte zumindest bedeuten: in ihrer Verhinderungsmacht. Besonders krass kam das bei der Ablehnung der Vergleichsangebote im Fall Wolffsohn zum Ausdruck. Aber auch das Kalkül der bayerischen Bankenaufsicht, im Fall Ada-Ada-Schuh womöglich ganz um die Gewährung von Ausgleichsforderungen herumzukommen, verdeutlicht beispielhaft das fehlende Interesse an der Wiedergutmachung selbst. Das galt allerdings auch für das Verhalten der Aufsichtsbehörden gegenüber den Banken, deren Vorstellungen über angemessene Ausgleichsforderungen in diversen Fällen gar nicht oder nur nach langwierigen Diskussionen nachgekommen wurde. Aber die Bankenaufsicht interessierte sich im Regelfall ebenso wie die Banken zuallerletzt dafür, den früheren Eigentümern zu ihrem Eigentum oder zu Nachzahlungen zu verhelfen.

Nicht übertragen lässt sich dieses Fazit, jedenfalls für die hier untersuchten Fallbeispiele, auf die Wiedergutmachungsgerichte. Diese nutzten ihre mitunter erheblichen Auslegungsspielräume keinesfalls grundsätzlich zu Lasten der Antragsteller. Im Gegenteil konnten schon die erstinstanzlichen Entscheidungen, wie in den Fällen Engelhardt oder O. gegen Otto Wolff, die Vergleichsbereitschaft der widerspenstigen Banken drastisch erhöhen. Darüber hinaus zeigen die Urteilsbegründungen, dass die verschiedenen Kammern nicht nur wörtlich das Gesetz auslegten, sondern jedenfalls gelegentlich auch die Funktion der Dresdner Bank im Räderwerk der nationalsozialistischen Judenverfolgung beim Namen nannten; so im Fall des Wertpapierdepots von Ida B. oder ebenfalls in der Sache O. gegen Otto Wolff.

Als weitere und mitunter für das Verhalten der Banken entscheidende Akteure sind schließlich deren Kunden zu nennen. Besonders deutlich wird das wiederum am Beispiel Otto Wolff, wo die beteiligten Banken „echte“, unmittelbar über die Ergebnisrechnung zu verbuchende Verluste akzeptierten, statt ihren Großkunden zu verärgern. Beispielhaft für die große Bedeutung der Kundenbindung stehen aber auch das bankseitige Entgegenkommen gegenüber Felten & Guilleaume Carlswerk oder das unterschiedliche Verhalten in den Verhandlungen um die beiden Aktienpakete der Hitdorfer Brauerei. Der Vergleich mit der früheren Angestellten Suse D. war ebenso auf die Drohung eines wichtigen Bankkunden mit dem Abzug von Konten zurückzuführen. Umgekehrt zeigte man eine besondere Konfrontationsbereitschaft oder zumindest Verzögerungstaktik insbesondere in den Auseinandersetzungen um die Holzindustrie Wittkowsky GmbH oder um das Restvermögen der Zentrallagergemeinschaft, wo kein eigener Kunde an einem Vergleich interessiert war.

Insgesamt sahen sich die Dresdner Bank und ihre Nachfolgeinstitute im Komplex der Wiedergutmachung also mit einer Vielzahl von Akteuren konfrontiert, die in sehr unterschiedlichen Konstellationen aufeinander treffen konnten. Die Verhandlungsmacht der Banken war daher nicht nur durch ihre eigenen Stärken bestimmt, also durch Informationsvorsprünge, bankjuristisches Expertenwissen und eine finanzielle Basis, die ihnen unter Umständen einen längeren Atem verschaffte als den Antragstellern. Letztere hatten zumindest grundsätzlich die Umkehrung der Beweislast, zumal in der verschärften Version für Entziehungen seit September 1935, auf ihrer Seite. Innerhalb dieser strukturellen Rahmenbedingungen, und teils wegen deren Unschärfen, gab es zwei wesentliche Gruppen von Akteuren, die entscheidend über die Bereitschaft zu Wiedergutmachungszahlungen mitbestimmten, nämlich die Bankenaufsichtsbehörden und die Kunden der Nachfolgeinstitute. Der Zahlungsbereitschaft – nicht: der finanziellen Leistungsfähigkeit – der Dresdner Bank und ihrer Nachfolgeinstitute waren damit eine ganze Reihe von Restriktionen gesetzt, die bei einer Untersuchung aus der Perspektive des Unternehmens durchaus ernst zu nehmen sind, weil sie teils objektiv, teils aus betriebswirtschaftlicher Perspektive die Handlungsspielräume bestimmten. Den Opfern von „Arisierungen“, Vermögensentziehungen oder Entlassungen hingegen könnte die Reaktion der Banken auf ihre Wiedergutmachungsanträge mitunter schlicht als schäbig erschienen sein.

Aus historischer Sicht greift eine solche moralische Verurteilung freilich zu kurz, weil sie das Verhalten der maßgeblichen Akteure auf Seiten der Banken nicht erklärt. Eine entscheidende Determinante für dieses Verhalten war zunächst betriebswirtschaftliches Rationalkalkül; auch Entscheidungen über Wiedergutmachungsforderungen blieben für die leitenden Mitarbeiter eines Unternehmens eben unternehmerische Herausforderungen, denen folgerichtig mit den üblichen professionellen Entscheidungsroutinen begegnet wurde. Materiell bezahlten die Dresdner Bank und ihre Nachfolgeinstitute die Partizipation am nationalsozialistischen „Arisierungs“- und Enteignungsprogramm dabei regelmäßig nicht mit einem Verlust an Vermögen, sondern nur mit einem verschmerzbaren Verlust an Liquidität bzw. an rentablerer Verwendung flüssiger Mittel. Die Ausgleichsforderungen gegen Bund und Länder, mit denen die unmittelbaren Wiedergutmachungszahlungen aufgefangen werden konnten, dienten grundsätzlich der Deckung ausgefallener Forderungen gegen den ehemaligen Hauptschuldner der

Banken, das Deutsche Reich; insofern übernahm die öffentliche Hand der Bundesrepublik damit ganz überwiegend die Rechtsnachfolge für die Schulden ihres Vorgängerstaats. Durch die rein mathematische Ermittlung dieser Forderungen als Ausgleich von Aktiva und Passiva in den Umstellungsrechnungen der Banken dienten sie darüber hinaus aber auch zur Abfederung von Kosten der Wiedergutmachung.

An vielen der untersuchten Beispiele wird deutlich, dass die Kompensation durch Ausgleichsforderungen zweifellos die Neigung zu Vergleichen förderte. Rein betriebswirtschaftlich betrachtet, lief die Entscheidung für einen Vergleich statt für einen Prozess mit unsicherem Ausgang auf die Berechnung von Opportunitätskosten hinaus. Wie Fritz André im Fall Wittkowsky kommentierte, zahlte der Staat zwar die eigentlichen Vergleichskosten. Bei den Banken verblieben aber, wie etwa Hermann Josef Abs' Begründung zum Abschluss der Salamander-Restitution klarmacht, die Kosten einer niedrigen Verzinsung der Ausgleichsforderungen und der Verlust an Liquidität, die im Restitutionskalkül der Banken durchaus keine vernachlässigbare Größe darstellten. Ob das in besonderem Maße für die Nachfolgeinstitute der Dresdner Bank mit ihrem ausgeprägten Liquiditätsbewusstsein galt, lässt sich nur in künftigen, detailliert vergleichenden Untersuchungen klären. Jedenfalls gab es klare betriebswirtschaftliche Gründe für die grundsätzlich ablehnende Haltung gegenüber Rückerstattungs- und Entschädigungsforderungen; die Einwilligung in einen Vergleich bei gleichzeitiger Garantie von Ausgleichsforderungen war für die Banken aus betriebswirtschaftlicher Sicht grundsätzlich nur die zweitbeste Lösung. Überdies konnte dieser kurzfristige Ausgleich der Bilanzen in einer längerfristigen Kalkulation nachrangig werden: In solchen Rückerstattungsfällen, wo die Nachfolgeinstitute von wichtigen Kunden in das Verfahren einbezogen wurden, war man notfalls auch zu Zahlungen bereit, die als unmittelbare Verluste zu Buche schlugen.

Eine hinreichende Erklärung für die zähe Verweigerungshaltung gegenüber vielen Wiedergutmachungsforderungen bieten solche Optimierungsrechnungen jedoch ebenso wenig wie die von den Bankjuristen gehegte Besorgnis, kostenträchtige Präzedenzfälle zu schaffen. Dass man ehemaligen Angestellten und ehemaligen jüdischen Kunden regelmäßig zunächst alle freiwilligen Zugeständnisse verweigerte, ohne in jedem Fall die Chance auf Ausgleichsforderungen zu prüfen, lässt sich insgesamt nur mit der Bedeutung eines zweiten Faktors erklären. Frappierend bei der Lektüre der einschlägigen Dokumente ist das Nebeneinander zweier Muster, die auf den ersten Blick nicht recht zusammenzupassen scheinen: der professionellen Routine bei der juristischen Abwicklung der Verfahren einerseits, der persönlichen Erregung gegenüber konkreten Schuldvorwürfen andererseits. Letztere erklärt sich daraus, dass der Umgang mit Restitutions- oder Entschädigungsforderungen stets zumindest eine implizite Stellungnahme zur eigenen Vergangenheit verlangte. Diese ist den Restitutionsakten ebenfalls in verschiedenen Varianten, aber mit einem immer wieder durchscheinenden Grundmotiv zu entnehmen. Die Kommentare zu den Forderungen früherer jüdischer Mitarbeiter demonstrieren ebenso deutlich wie diejenigen zur Entziehung privater Vermögen, dass sich die leitenden Mitarbeiter der Dresdner Bank keinerlei Schuld bewusst waren. Doch selbst dort, wo die Bank sich eindeutig aktiv und gezielt an der wirtschaftlichen Existenzvernichtung der deutschen Juden beteiligt hatte, sollte ein Trennungsstrich zwischen dem „normalen", geschäftsmäßigen Verhalten der Bank und dem „kriminellen" Verhalten des NS-Regimes gezogen werden; darauf verweist etwa Günter Ladischs Rede von der „sogenannten Arisierung" der Ada-Ada-Schuh AG.

Noch deutlicher macht Carl Goetz' Beharren auf der völligen Korrektheit der Transaktionen um den Engelhardt-Konzern, dass man auch gegen besseres Wissen bereit war, die eigene Vergangenheit im Mythos der apolitischen Unternehmensführung und der „dienenden" Funktion der Bank für ihre (jüdische wie nichtjüdische) Kundschaft zu verklären. Im Fall Engelhardt ging diese Haltung vorübergehend selbst gegen die betriebswirtschaftliche Vernunft, die ihm von den Hausjuristen plausibel ausgebreitet wurde. Goetz verstieg sich stattdessen zu der offensichtlichen Fiktion, dass „die Dresdner Bank in dieser Frage völlig ehrenhaft gehandelt" habe. Dass gerade Goetz' Vorschlag zur Bildung eines „Arisierungs"-Konsortiums an befreundete Industrielle im Herbst 1933 und die bereitwillige Zusammenarbeit des Vorstands mit dem NS-Regime im Fall Engelhardt 1933/34 frühzeitig den gewohnten Rahmen der kaufmännischen Normalität gesprengt hatten,[3] musste dafür zwangsläufig unterschlagen werden.

Beispielhaft für diese Normalisierungsversuche steht auch das zitierte Rundschreiben der alten Berliner Zentrale an die West-Berliner Depositenkassen, in dem daran erinnert wurde, dass „wir ja bei den Arisierungen nicht aktiv tätig gewesen sind, sondern uns darauf beschränkt hatten, die beiden Interessenten lediglich zusammenzuführen". Der Chef der Berliner Altbank, aus der dieses Schreiben kam, war zu dieser Zeit Fritz André – ehemals Leiter der Konsortialabteilung, innerhalb derer der Großteil der „Arisierungs"-Geschäfte abgewickelt worden war.[4] André wusste also selbst am besten, dass es sich hier um eine klare Unwahrheit handelte; genauer gesagt: um eine Fiktion, die schon während der Vorbereitungen auf den Nürnberger Prozess aufgebaut worden war. Ihre Wurzeln lagen, das zeigen Goetz' Äußerungen zur „Arisierung" des Bankhauses Gebr. Arnhold, bereits in der Zeit der frühen Internierungen von Vorstand und Aufsichtsrat der Dresdner Bank; möglicherweise war dieses Legitimationsmuster auch schon viel früher internalisiert worden.

Von hier aus war der Übergang zu einem zweiten Argumentationsmuster gegen Restitutionsansprüche fließend. Zum Ausdruck kam das in der zitierten Formulierung zum Fall Wolffsohn, „dass hier *wiederum* der Versuch gemacht wird, Vermögensverluste durch allein wirtschaftliche Umstände als Einbußen durch den Nationalsozialismus geltend zu machen". Wenn die ehemaligen jüdischen Geschäftspartner, die unter aktiver Mitwirkung der Bank um ihr Eigentum gebracht worden waren, jetzt angeblich nur ihr eigenes wirtschaftliches Versagen zum Ergebnis politischer Verfolgung umdefinierten, dann lag es nahe, auch noch einen Schritt weiter zu gehen und sich gleich selbst zum Opfer zu stilisieren. Im Fall Arnhold ging man sogar so weit, die Verhandlungen des gegnerischen Anwalts als „diametral entgegengesetzt" zu dem eigenen, angeblich kaufmännisch fairen

[3] Vgl. Janetzko, „Arisierungs"-Vermittlung, S. 182; Ziegler, Dresdner Bank, S. 324f.
[4] Vgl. Janetzko, „Arisierungs"-Vermittlung, S. 182–188.

„Arisierungs"-Verhalten zu verunglimpfen, die historische Rollenverteilung also konsequent auf den Kopf zu stellen. Was hier aufschien, war aber offenbar nicht nur eine kalkulierte Abwehrstrategie. Dass Carl Goetz 1949 die Verhandlungen mit der Familie Arnhold mit dem Vorwurf „aggressiver Äußerungen der anderen Seite" abbrach, lässt eine grundsätzliche Verständnislosigkeit gegenüber dem emotionalen Hintergrund vermuten, der in das Auftreten von „Arisierungs"-Opfern natürlich mit einfließen konnte. Emotionalität verletzte jenen kühl-rationalen Komment des Bankgeschäfts, den die Dresdner Bank auch bei „Arisierungen" gewöhnlich eingehalten hatte. Zugleich brachte Goetz mit dieser Formulierung freilich auch die Selbststilisierung zum Opfer beispielhaft auf den Punkt. 1957 fand er dagegen ausnahmsweise lobende Worte für einen ehemaligen jüdischen Angestellten. Es handelte sich um Gabriel Neumann, den seinerzeit zur Auswanderung gezwungenen Vorstandsvorsitzenden der Länderbank Wien (der früheren österreichischen Tochtergesellschaft der Dresdner Bank), der sich nach dem Krieg „im Gegensatz zu einer ganzen Anzahl seiner Glaubensgenossen" der Bank gegenüber „immer sehr nett und freundschaftlich verbunden gezeigt" habe.[5]

Die Bank hatte beim Umgang mit ihren jüdischen Kunden und Schuldnern nach 1933 „die wirtschaftlichen Auswirkungen des nationalsozialistischen Rassismus als Prämisse in die bankbetriebswirtschaftliche Rationalität eingepasst";[6] sie hatte sich im Regelfall formaljuristisch korrekt verhalten und dennoch an der schrittweisen Verdrängung und Enteignung der deutschen Juden partizipiert. Analog dazu war der Umgang mit Restitutions- und Entschädigungsforderungen auf den ersten Blick allein von einem Primat des betriebswirtschaftlichen Kalküls geprägt. Auf den zweiten Blick verbarg sich dahinter eine permanente Stellungnahme zur historischen Verantwortung. Insgesamt lässt sich das Verhalten der Dresdner Bank und ihrer Nachfolgeinstitute nur aus dem Zusammenspiel zweier grundlegender Faktoren erklären: einerseits dem bankgeschäftlichen bzw. bankjuristischen Routinekalkül, das in der Vergangenheit auch die Teilnahme an „Arisierungen" geprägt hatte; und andererseits einer idealisierenden, identitätsbildenden Konstruktion ebendieser Vergangenheit. Darauf ist im Schlusskapitel dieses Buchs zurückzukommen. Zuvor soll noch ein Blick auf den Umgang der Dresdner Bank mit einer weiteren Konsequenz aus dem Untergang des NS-Regimes geworfen werden, nämlich auf die Trennung von den seit 1938 errichteten Tochtergesellschaften in den vom Dritten Reich annektierten oder besetzten europäischen Gebieten.

[5] Goetz an Rinn, 27. 9. 1957, HADrB 17409-2001.
[6] Ziegler, Dresdner Bank, S. 417.

XIII. Exkurs: Die Trennung von den ausländischen Tochterbanken

Eine Geschichte der Dresdner Bank nach dem Untergang des NS-Regimes wäre unvollständig ohne einen Blick auf die wichtigsten seit 1938 auf- oder ausgebauten Tochterinstitute („Affiliationen") in Ost- und Westeuropa. Die Filialen außerhalb des „Altreichs" und in den ehemaligen deutschen Ostgebieten, die Tochterunternehmen und das übrige Auslandsvermögen der Dresdner Bank wurden in der Regel durch Beschlagnahmung und anschließende Verstaatlichung oder Enteignung ihrem Einfluss entzogen. Dieser Zugriff auf das Bankvermögen geschah aber in sehr unterschiedlichen Varianten, wobei die wichtigste Unterscheidung zweifellos die zwischen den Ländern westlich und östlich des „Eisernen Vorhangs" ist. Daraus ergeben sich unterschiedliche Schwerpunkte in den beiden Teilen dieses Kapitels: Der erste Teil beschäftigt sich mit den Filialen und Affiliationen in den besetzten Gebieten Ostmittel- und Osteuropas sowie in den ehemals deutschen Ostgebieten. Er setzt bereits 1944 ein und zeigt vor allem, wie die Dresdner Bank unmittelbar auf die militärische Entwicklung und die politischen Maßnahmen nach dem Verlust der betroffenen Gebiete reagierte; die Ausnahme bildet die Liquidation der Böhmischen Escompte-Bank, auf die die Dresdner Bank allerdings längst keinen Einfluss mehr hatte.

Die Perspektive des zweiten Teils ist hingegen ganz überwiegend eine langfristige. Eine 1955 vom Frankfurter Auslandssekretariat der verlagerten Dresdner Bank vorgelegte Übersicht erwähnte das ehemalige Bankvermögen in Osteuropa schon gar nicht mehr. Dagegen hegte man durchaus noch gewisse Hoffnungen auf Teile des Aktienkapitals oder Vermögens der ehemaligen Tochtergesellschaften in Österreich und Westeuropa.[1] Dieses Vermögen war freilich mehr oder weniger als Reparationsleistung beschlagnahmt worden, und zwar von Ländern, in denen man – anders als in Polen oder der Tschechoslowakei – baldmöglichst wieder Geschäfte machen wollte. Ganz ähnlich wie in den Wiedergutmachungsfällen, die in den vorangehenden Kapiteln analysiert wurden, stand die Dresdner Bank also vor der Aufgabe, einen Standpunkt zu entwickeln und in eine konkrete Vorgehensweise umzusetzen, der sowohl wirtschaftlichen Interessen als auch ihrem historischen Selbstverständnis Rechnung trug.

Im Folgenden geht es zwar nicht um Wiedergutmachungsansprüche im engeren Sinne, die unter den in Ost- und Westeuropa, aber auch innerhalb westeuropäischer Länder sehr unterschiedlichen Rahmenbedingungen von enteigneten Juden an die Tochtergesellschaften selbst oder ihre Rechtsnachfolger gerichtet werden konnten. Für diesen Komplex fehlen im Archiv der Dresdner Bank nicht nur die

[1] Dresdner Bank Frankfurt an Hölling, 27. 8. 1955, S. 6–12, HADrB 1367-2002.

Quellen, er würde auch den Themenkreis dieser Studie sprengen.[2] Die Politik der Bank bezüglich der Abwicklung ihrer Affiliationen zeigt aber durchaus gewisse Parallelen zum Umgang mit Wiedergutmachungsansprüchen, die eine Thematisierung gerade an dieser Stelle sinnvoll machen. Die folgenden Abschnitte beschränken sich dabei weitestgehend auf die Akten der Dresdner Bank, die manche Fragen offen lassen. Eine umfassendere Darstellung, die weit in die allgemeine Nachkriegsgeschichte der ehemals besetzten Gebiete hineinreichen und auch deren Archive heranziehen müsste, würde den Rahmen dieses Buchs überschreiten und muss weiteren Forschungen vorbehalten bleiben.[3]

1. Die Filialen und Affiliationen in den besetzten Gebieten Ost- und Mitteleuropas

von *Harald Wixforth*

Die Handels- und Kreditbank Riga

Spätestens seit dem Sommer 1944 sahen sich die Leiter von Filialen und Affiliationen der Dresdner Bank in den besetzten Gebieten des Baltikums, Polens und der Tschechoslowakei mit der Tatsache konfrontiert, dass ein ordnungsgemäßer Geschäftsbetrieb nur noch bedingt möglich war. Angesichts der immer näher rückenden Front diskutierte man seitdem darüber, ob man das Engagement in diesen Regionen unter Umständen einschränken oder beenden müsse, und wenn ja, auf welche Weise. Die Maßnahmen der Berliner Zentrale zur Evakuierung und Verlagerung von Niederlassungen in den besetzten Gebieten bedeuteten jedoch nicht automatisch das Ende des Filialbetriebs oder eine Aufgabe der Affiliationen. Im Vorstand der Dresdner Bank klammerte man sich so lange wie eben möglich an die Hoffnung, das operative Geschäft weiterführen zu können. Die Ertragslage der Affiliationen im „Reichskommissariat Ostland“ und im besetzten Polen verschlechterte sich aber infolge der Kriegseinwirkungen im Herbst 1944 dramatisch.

Im Baltikum, dem „Ostland“, ordneten die Besatzungsbehörden im Oktober 1944 selbst die Schließung und Räumung aller Niederlassungen und Affiliationen reichsdeutscher Institute an. Auch die dortige Affiliation der Dresdner Bank, die Handels- und Kreditbank in Riga, und deren Niederlassungen stellten noch im selben Monat den Geschäftsbetrieb ein und fertigten einen letzten Status per 30. September 1944 an. Danach verlagerte man die Handels- und Kreditbank gemäß den von der Berliner Zentrale herausgegebenen Richtlinien nach Frankfurt an der Oder und nach Landsberg an der Warthe. Die Geschäftstätigkeit der

[2] Vgl. als erste Zusammenfassung der teils noch in den Anfängen befindlichen europäischen Forschung Goschler/Ther (Hg.), Raub.

[3] Ebenfalls ausgeblendet bleiben hier die Nachkriegsgeschichten der älteren Tochtergesellschaft Deutsch-Südamerikanische Bank und der türkischen Filialen (Deutsche Orientbank). Vgl. dazu Johannes Bähr, Zwischen zwei Kontinenten. 100 Jahre Dresdner Bank Lateinamerika vormals Deutsch-Südamerikanische Bank, Hamburg 2007; ders., Goldhandel, S. 78.

Dresdner Bank und ihrer Affiliation im Reichskommissariat Ostland war damit beendet.[4]

Zu klären blieben Form und Kosten der Liquidation. Nach den Anordnungen des Reichskommissars für das Ostland sollte das so geschehen, dass Nettoguthaben der Besatzungsinstitutionen sowie der „Ostbetriebe" – Unternehmen zur wirtschaftlichen Penetration und Ausbeutung des „Ostlands" – bei den reichsdeutschen Instituten von diesen ausgezahlt, die Mittel dafür aber vom Reich bzw. vom Reichskommissariat Ostland bereit gestellt wurden. Offene Forderungen sollten die Banken hingegen selbst eintreiben. In einem internen Memorandum vom 15. Oktober 1944 schätzte die Handels- und Kreditbank jedoch, dass sie kaum noch in der Lage sein würde, nach Verlagerung ihres Geschäfts in das Reichsgebiet die noch fälligen Forderungen vollständig einzuziehen. Sie bezifferte daher den Fehlbetrag, der vom Reich zu decken war, auf etwa 1,368 Mio. RM.[5] Insgesamt schätzten die Vertreter der Affiliationen reichsdeutscher Institute im „Ostland" ihren Fehlbetrag in einer Besprechung mit Referenten aus dem Berliner Reichsministerium für die besetzten Ostgebiete und aus dem Reichskommissariat Ostland am 18. Oktober 1944 auf ca. 5 Mio. RM. Die Emissäre aus Berlin konnten zwar noch keine Zusagen über die Form des Saldenausgleichs machen. Sie versprachen jedoch, dass das Reich eine Lösung garantiere, durch die die Affiliationen der reichsdeutschen Institute alle noch offenen Verbindlichkeiten decken konnten.[6]

Im Gegenzug verlangten sie allerdings, dass die beiden privaten im „Ostland" vertretenen reichsdeutschen Institute, die Dresdner Bank und die Commerzbank, das Aktienkapital ihrer Affiliationen verloren gaben. Die Dresdner Bank hätte in diesem Fall 1 Mio. RM abschreiben müssen.[7] Die Dresdner Bank und die Commerzbank kamen überein, den Geschäftsbetrieb ihrer beiden Affiliationen noch nicht einzustellen. Stattdessen verlangten sie, dass das Reich eine Ausfallbürgschaft für alle noch entstehenden Verluste übernehmen und eine Kompensation für das verloren gegangene Betriebskapital zahlen solle. In einer Besprechung im Dezember 1944, an der außer einigen Vertretern der Berliner Ministerialbürokratie auch Karl Rasche und andere Direktoren der Berliner Banken teilnahmen, wurde darüber erneut intensiv diskutiert. Die Gewährung einer Ausfallbürgschaft lehnten die zuständigen Referenten der Berliner Behörden ebenso ab wie die auf dieser Sitzung anwesenden Emissäre aus dem Reichskommissariat Ostland. Über die Modalitäten zur endgültigen Liquidation ließ sich auf dieser Sitzung keine

4 Handels- und Kreditbank Riga, Bericht per 15. 10. 1944, HADrB 30166-2001. Zum Umfang des verschickten Materials vgl. beispielhaft das Inventarverzeichnis der Niederlassung Reval über die von ihr nach Landsberg abgesandten Unterlagen; Niederlassung Reval der Handels- und Kreditbank im Hause der Dresdner Bank-Filiale Landsberg/Warthe an die Leitung der Handels- und Kreditbank im Haus der Dresdner Bank-Filiale Frankfurt an der Oder, 3. 10. 1944, ebd.

5 Handels- und Kreditbank Riga, Bericht per 15. 10. 1944, ebd.

6 Handels- und Kreditbank Riga, Bericht über die Sitzung am 18. 10. 1944, ebd. Dieser Fehlbetrag gliederte sich wie folgt auf: Die Bank der Deutschen Arbeit bezifferte ihren noch offenen Saldo auf 1,9 Mio. RM, die Hansabank AG (die Affiliation der Commerzbank) auf 1,7 Mio. RM, die Handels- und Kreditbank Riga auf ca. 1,4 Mio. RM. Für die Verluste der Gemeinschaftsbank des Ostlandes – eines von den Kreditgenossenschaften des Baltikums gegründeten Instituts – und der dort operierenden Sparkassen sollte ebenfalls das Reich haften.

7 Ebd.

Einigung erzielen. Doch selbst Karl Rasche musste bei dieser Gelegenheit einräumen, dass das ohnehin schwierige Engagement der Dresdner Bank im Baltikum, das er bis zu diesem Zeitpunkt als zukunfts- und prestigeträchtig für die Expansion seines Instituts im besetzten Osteuropa eingestuft hatte, endgültig zu beenden sei.[8]

Tatsächlich hatte sich das Engagement im Reichskommissariat Ostland bis dahin als finanzieller Fehlschlag erwiesen. Die Handels- und Kreditbank arbeitete nicht rentabel, so dass die Zentrale in Berlin wiederholt Kapital nachschießen musste, um Betriebsverluste zu decken. Das Aktienkapital in Höhe von 1 Mio. RM war jedoch Anfang 1945 verloren, ohne dass die Dresdner Bank dafür eine Kompensation vom Reich erhielt. Andererseits erlaubte die Einstellung des Geschäftsbetriebs im Ostland während des Herbstes 1944, mit noch funktionsfähigen Reichsbehörden intensiv über die Modalitäten der Filialschließung zu verhandeln. Die dabei gefundene Lösung kam der Dresdner Bank – ebenso der Commerzbank – sicherlich entgegen. Verluste aus dem operativen Geschäft ließen sich nach der Saldierung von Debitoren und Kreditoren auf das Reich abwälzen, die Beendigung der Kreditengagements wurde mithin zu einem Nullsummenspiel. Wie sich bei der Abwicklung anderer Affiliationen mit ihren Niederlassungen zeigen sollte, war dies keineswegs selbstverständlich. Entscheidend für dieses Ergebnis war, dass es noch mit deutschen Behörden ausgehandelt werden konnte. Eine Auseinandersetzung mit den neuen sowjetischen Machthabern hätte sicherlich zu einem anderen Resultat geführt.

Die Ostbank und die Kommerzialbank

Wesentlich gründlicher als im „Ostland" bereitete man sich in den beiden Affiliationen im besetzten Polen, also in der Ostbank AG (Posen) und in der Kommerzialbank AG (Krakau) sowie in deren Filialen auf die mögliche Beendigung des Geschäftsbetriebs vor. Die Filialleiter der Ostbank trafen sich bereits im Sommer 1944, um die einzelnen Schritte einer eventuellen Verlagerung und den Umgang mit bestimmten Kreditengagements zu besprechen. Mitte Januar 1945 wurde offensichtlich, dass die Präsenz der Ostbank im Warthegau zu Ende ging. In den einzelnen Filialen erwartete man täglich den Räumungsbefehl und begann damit, die wichtigsten Unterlagen für einen raschen Abtransport vorzubereiten. Während die Transporte aus den Filialen Leslau und Kalisch teils mit einem Treck bis nach Frankfurt an der Oder und Leipzig gelangten, teils der Roten Armee in die Hände fielen, vollzog sich die Räumung in Hohensalza und in der Posener Zentrale unkoordiniert und chaotisch. Hier versuchte jeder „deutschstämmige" Mitarbeiter, sich als Mitglied eines Trecks nach Westen durchzuschlagen. Wievielen dies tatsächlich gelang, ließ sich später nicht mehr ermitteln. Fest steht, dass sich mehr als die Hälfte der ehemaligen Mitarbeiter nicht mehr bei den ausgewählten Verlagerungsstellen meldeten. Nur den Filialleitern gelang es, nach Berlin zu kommen.[9] Im Februar 1945 versuchte man im dortigen Personalbüro der Dresd-

[8] Dazu Wixforth, Expansion, S. 631 f.

[9] Bericht des Leslauer Filialleiters über die Räumung der Filiale, 31. 1. 1945; Bericht der Filiale Hohensalza über die Ereignisse der letzten Tage vor der Flucht aus Hohensalza, 10. 2. 1945; Bericht

ner Bank geradezu verzweifelt, Auskünfte über das Schicksal einzelner Mitarbeiter der Ostbank einzuholen bzw. diesen bei der Bewältigung ihrer Probleme in der zusammenbrechenden Reichshauptstadt zu helfen.[10]

Mit Ende des Krieges wurde die Ostbank auf Veranlassung der neuen polnischen Regierung als „feindliches Vermögen" beschlagnahmt und liquidiert. Alle hier noch geführten Guthabenkonten und Wertpapierdepots fielen an den polnischen Staat. Zum Liquidator setzte die Regierung in Warschau die staatseigene Bank Gospordarstwa Krajowego (Landeswirtschaftsbank) ein. Nach Auskunft der Dresdner Bank gegenüber ehemaligen Kunden der Ostbank war eine Kontaktaufnahme mit diesem Institut nicht möglich. Immer wieder beklagte man ab 1946 in der neu geschaffenen „Verbindungsstelle Ost" der Dresdner Bank, dass von polnischer Seite keinerlei Anfragen nach dem Verbleib von Bilanz- und Kontenmaterial beantwortet worden seien. Auch die Bemühungen, über inzwischen in den Westen geflüchtete ehemalige Mitarbeiter der Ostbank Informationen zum weiteren Schicksal des Instituts aus Posen zu bekommen, waren erfolglos.[11]

Zur Verlagerung der Geschäftsunterlagen der Ostbank wurde zunächst eine Auffangstelle in der Dresdner-Bank-Filiale in Leipzig eingerichtet. Hier versuchten ehemalige Mitarbeiter, zumindest das erhalten gebliebene Aktenmaterial zu ordnen und Kontenabschlüsse anzufertigen. Über das weitere Schicksal der Bank herrschte dabei völlige Unklarheit. Die beiden ehemaligen Vorstandsmitglieder Kurt Klose und Max Stein waren von der Militärregierung aus ihren Positionen entfernt worden. Stein hatte man aufgrund seiner Mitgliedschaft bei der SS zeitweilig festgenommen, über sein weiteres Schicksal ist nichts bekannt. Sein Kollege Klose hatte sich nach Süddeutschland abgesetzt und war nicht mehr in Leipzig erschienen. Der ehemalige Leiter der Filiale Bromberg versuchte, organisatorische Maßnahmen in der Anlaufstelle Leipzig durchzuführen, erhielt dazu aber keine klaren Anweisungen von den Personen, die zu dieser Zeit im Namen des Dresdner-Bank-Vorstands handelten.[12]

Im Sommer 1945 wurde die Tätigkeit der Ostbank in der Leipziger Anlaufstelle ohnehin von der amerikanischen Militärverwaltung beendet. Sachsen wurde zudem kurze Zeit später den sowjetischen Besatzungsbehörden übergeben, sämtliche Geschäftsunterlagen wurden beschlagnahmt. Die mit der Abwicklung der Ostbank beschäftigten Mitarbeiter verließen daraufhin Leipzig. Ende Juli 1945 meldete sich auch Kurt Klose bei Carl Goetz in Wolfratshausen und versuchte, sein Verhalten zu rechtfertigen. Zudem sondierte er die Möglichkeit einer Weiterbeschäftigung bei der Dresdner Bank.[13] Kunden der Ostbank, die sich nach dem Verbleib ihrer Konten erkundigten, musste die Verbindungsstelle Ost dagegen

über die Evakuierung der Ostbank AG Filiale Kalisch, 28. 3. 1945; Räumungsbericht für Posen, März 1945, alles in: HADrB 50339-2001.

[10] Brief der Direktoren Fünfhaus und Stiller an die Personalabteilung der Dresdner Bank, 9./10. 2. 1945; Antwortschreiben Gaebeleins, 19. 2. 1945, beides ebd.

[11] Direktor Paul Hoffmann an die Verbindungsstelle Ost, 14. 6. 1946; Repke an Klose, 3. 6. 1946, beides in: HADrB 108208.

[12] Ostbank AG in Leipzig an Vorstand der Dresdner Bank Berlin, 2. 7. und 7. 7. 1945, HADrB 50339-2001.

[13] Klose an Goetz, 28. 7. 1945, ebd. Es ist zwar nicht bekannt, ob sich Goetz für Klose einsetzte, doch lässt sich dessen Tätigkeit bei Nachfolgeinstituten der Dresdner Bank ab 1950 nachweisen.

mitteilen, dass nach den alliierten Bestimmungen darüber nicht disponiert werden konnte. Bei der Dresdner Bank war man sich schnell darüber im Klaren, dass eine Übernahme von Vermögenswerten der Ostbank angesichts dieser Sachlage kaum zu realisieren war.[14] Die Dresdner Bank unternahm auch in späteren Jahrzehnten keine Bemühungen, wieder in den Besitz von Unterlagen ihrer ehemaligen Affiliation im „Warthegau" zu gelangen. Ehemaligen Kunden des Instituts erklärte man immer wieder, das Material sei beschlagnahmt und nicht einzusehen. In den 1950er Jahren wurde es von den Sowjets offenbar der Deutschen Notenbank der DDR übergeben, in deren Gewahrsam es bis 1990 blieb.[15]

Das Schicksal der Kommerzialbank in Krakau, der Affiliation der Dresdner Bank im „Generalgouvernement", ähnelt weitgehend demjenigen der Ostbank. Schon im Frühsommer 1944 hatte man die Lemberger Filiale der Kommerzialbank schließen müssen, da die Stadt im Kampfgebiet lag; Ende 1944 folgte die Zentrale in Krakau.[16] Auch hier setzten sich die Leiter und die Mitarbeiter im Winter 1944/45 nach Westen ab. Der Geschäftsbetrieb wurde Ende Januar 1945 eingestellt, die Anlaufstelle in diesem Fall in Greiz eingerichtet. Unklar ist, welche Unterlagen tatsächlich auf deutsches Gebiet gelangten. Nach Kriegsende verwiesen die Nachfolgeinstitute der Dresdner Bank ehemalige große Kunden der Kommerzialbank wie die IG Farben oder Steyr-Daimler-Puch an polnische Adressen, während die polnische Seite behauptete, keine Auskünfte über Kontenstände oder Kontounterlagen geben zu können, da das gesamte Material der Kommerzialbank nach Westen transportiert worden sei.[17] Fest steht dagegen, dass die neue polnische Regierung die staatseigene Bank Gospodarstwa Krajowego als Liquidationsinstitut und Verwalterin der Kommerzialbank einsetzte. Die Bank Gospodarstwa Krajowego beschlagnahmte die noch in Krakau befindlichen Vermögenswerte der Kommerzialbank, die als „feindliches Kreditinstitut" eingestuft wurde, erstellte eine Abwicklungsbilanz und übernahm die verbliebenen Vermögenswerte.[18]

In den Jahren 1945 und 1946 dachte man bei der Dresdner Bank noch ernsthaft darüber nach, Anspruch auf die Vermögenswerte der Kommerzialbank zu erheben. Es wurden juristische Gutachten erstellt, in denen die Frage geprüft wurde, ob die Kommerzialbank ein „deutsches" oder ein ausländisches Kreditinstitut gewesen sei. Im letzteren Fall, so einige der beauftragten Juristen, seien die von den Alliierten erlassenen Gesetze über die Beschlagnahmung von Vermögenswerten und die Devisenbewirtschaftung nicht anzuwenden. Schon bald stellte sich jedoch heraus, dass alle juristischen Planspiele de facto gegenstandslos waren. Mit der Er-

14 Verbindungsstelle Ost (Repke) an Dresdner Bank-Filiale Koblenz, 23. 9. 1946; Christiansen an Verbindungsstelle Ost, 5. 7. 1946, beides in: HADrB 115582.

15 Verbindungsstelle Ost an Ilse M., 16. 9. 1957; Dresdner Bank, Rechtsabeilung, an Ilse G., 19. 3. 1970, beides ebd.

16 Dazu Wixforth, Expansion, S. 547f.

17 Österreichische Länderbank an Edmund Wicentowicz, den Liquidator der Kommerzialbank AG, 7. 7. 1948; Bank Kommercialny w Likwidacii an Österreichische Länderbank AG, 3. 8. 1948; Bank Kommercialny w Likwidacii an I.G. Farben AG, 25. 2. 1948, alles in: Archiwum Panstwowe w Krakowie (APKr), Bestand Bank Gospodarstwa Krajowego, Delegatura w Krakowie Sign. BGK Kr. 1029.

18 Bank Kommercialny w Likwidacii an Österreichische Länderbank, 3. 8. 1948; Bilanz und Saldenaufnahme der Bank Kommercialny durch die Bank Gospodarstwa Krajowego als Liquidator, 1. 1. 1949, beides ebd.

richtung des „Eisernen Vorhangs“ gab es für die Dresdner Bank in den fünfziger Jahren keine Möglichkeit mehr, verlässliche Informationen über den Verbleib von Vermögenswerten der Kommerzialbank in Polen zu erhalten, geschweige denn Ansprüche an die polnische Seite zu stellen. Alle Bemühungen um Vermögenswerte der ehemaligen Affiliation in Krakau stellte man daher ein. Ehemaligen Kunden der Kommerzialbank antwortete man, keine Informationen über in Krakau geführte Konten oder Vermögenstransaktionen mehr zu besitzen. Die Kommerzialbank und ihre hier nach Aufgabe des Geschäftsbetriebes geführten Vermögenswerte hatte man relativ schnell „abgeschrieben“.[19]

Die Abwicklung der oberschlesischen Filialen

Auch in den eigenen oberschlesischen Filialen der Dresdner Bank sah man sich lange vor Kriegsende genötigt, über Reaktionen auf das Vorrücken der Roten Armee nachzudenken. Ende Juli 1944 trafen sich die Filialleiter in Sosnowitz, um die Modalitäten einer eventuellen Evakuierung zu besprechen. Aus der Berliner Zentrale kamen zu dieser Zeit Anweisungen, wie in einem solchen Fall zu verfahren sei. Detaillierte Pläne wurden ausgearbeitet, welche Filiale aus Oberschlesien in welche Niederlassung ins „Altreich“ ausweichen sollte. Dabei wurde beschlossen, einen großen Teil des Aktenbestandes nach Chemnitz zu verlagern.[20]

Angesichts der näher rückenden Front stellte man den Betrieb in den oberschlesischen Filialen im Winter 1944/45 zunehmend ein. Seit Ende Januar, Anfang Februar 1945 wurden die Niederlassungen in der Region aufgelöst. Das Personal verließ die größeren Städte und begab sich wenn eben möglich in das weniger umkämpfte Sudetenland, um von dort aus nach Dresden zu gelangen. Der Kattowitzer Filialleiter Heinrich Bredenbeuker rückte in der Nacht vom 23. zum 24. Januar 1945 mit einem großen Teil der Belegschaft in einem Möbelwagen direkt nach Dresden ab. Einen Teil der noch vorhandenen Unterlagen nahmen sie mit, einen anderen Teil hatte man aufgrund der vorher ergangenen Anweisungen bereits nach Chemnitz gebracht. Depotgut der Kundschaft musste allerdings in Kattowitz bleiben. Auch in anderen Städten Oberschlesiens versuchte die Filialbelegschaft, nach „Westen“ zu gelangen und dabei wenn eben möglich einen Teil des Aktienmaterials mitzunehmen. Die Belegschaftsmitglieder, die aus der Region stammten, schlossen sich dem „Zug nach Westen“ jedoch nicht an und tauchten häufig in den inzwischen von sowjetischen und polnischen Truppen besetzten oberschlesischen Städten unter. In einigen Fällen wurden sie jedoch aufgegriffen, verhaftet und in die UdSSR deportiert. Nach Aussage Bredenbeukers blieb allein

[19] Gutachten: Rechtsstellung und Anmeldepflicht der Kommerzialbank AG Krakau gem. Gesetz Nr. 53 der Militärregierung in Deutschland, o.D.; Daniel an Hoffmann, 12. 12. 1945, beides in: HADrB 108208.

[20] Streng vertrauliche Notiz über eine Zusammenkunft der oberschlesischen Filialleiter in Sosnowitz am 31. 7. 1944, 1. 8. 1944; Filiale Kattowitz an Organisations-Abteilung der Dresdner Bank Berlin, 27. 10. 1944; Streng vertrauliche Rundschreiben des Vorstands der Dresdner Bank an die Direktoren der Niederlassungen, 21. 2. und 17. 2. 1945; alles in: HADrB 49922-2001. Filialbüro an Filiale Kattowitz, 17. 1. 1945; Aktennotiz der Dresdner Bank-Filiale in Kattowitz betr. HTO und durch uns angemeldete Forderungen im Rahmen der Schuldenabwicklungsverordnung, 6. 1. 1945, beides in: HADrB 48279-2001.

die Filiale in Teschen im Olsagebiet bis Anfang April 1945 in Betrieb, da diese Stadt erst spät zum Ort von Kampfhandlungen und danach besetzt wurde.[21]

Die ehemaligen Filialgebäude wurden zum größten Teil von der neuen polnischen Administration beschlagnahmt, die Tresorräume aufgebrochen und teilweise geplündert. Den verbliebenen Bankangestellten verblieb nur noch, Schlussbilanzen per 7. Mai 1945 für die polnische Staatsbank anzufertigen. In einigen der ehemaligen Niederlassungen, so in Kattowitz, Beuthen oder Gleiwitz, nahmen neue polnische Banken ihren Geschäftsbetrieb auf. In Dresden errichtete man für die ausgewichenen oberschlesischen Filialen zunächst eine Ausweichstelle im Hauptgebäude in der König-Johann-Straße, die aber nur bis zu den verheerenden Bombenangriffen auf die Stadt in Betrieb bleiben konnte. Als neue Domizile dienten danach drei Depositenkassen.[22]

Nach Aussage des ehemaligen Leiters der Kattowitzer Niederlassung entwickelte sich während des Frühjahrs und des Sommers 1945 in den verschiedenen Ausweichstellen für die oberschlesischen Filialen ein reger Geschäftsverkehr mit der alten Kundschaft, die wohl zu einem nicht unerheblichen Teil ebenfalls nach Sachsen geflohen war. Möglich war dies, da ein guter Teil der Unterlagen entweder in Dresden oder in Chemnitz zur Verfügung stand. Im Sommer 1945 ging die verlagerte Filiale Kattowitz sogar dazu über, auf der Grundlage von Altguthaben wieder Kredite an die Kundschaft zu gewähren, die dem Wiederaufbau von geschäftlichen Existenzen dienen sollten. Wie es scheint, war man der Meinung, möglichst rasch wieder ein „normales" Geschäft mit der Kundschaft beginnen zu sollen. Die verlagerte Filiale war nach eigenen Angaben sogar in der Lage, aufgrund ihrer besonderen Situation anderen Niederlassungen der Dresdner Bank in Sachsen Gelder zur Verfügung zu stellen, die diese dann an ihre Kundschaft als Kredite weitergeben konnten.[23]

Die Ausweichstelle der oberschlesischen Filialen konnte ihre Geschäftstätigkeit jedoch nur bis zum Sommer 1945 ungestört fortsetzen. Mit der Schließung der alten Banken in der Sowjetischen Besatzungszone und der Errichtung der Sächsischen Landesbank (SLB)[24] nahm auch der Geschäftsverkehr bei der Ausweichstelle spürbar ab. Die Mitarbeiter bemühten sich zwar weiterhin, die Konten zu bereinigen und wenn eben möglich noch Buchungen im Auftrag der Kundschaft vorzunehmen, wurden dabei jedoch immer mehr behindert.[25] Die Situation verschärfte sich noch, als die SLB Anfang Dezember 1945 die Übertragung aller Aktiva und Passiva der geschlossenen Banken auf das neue staatliche Institut verlangte. Sowohl die verlagerte Filiale Kattowitz und die Dresdener Ausweichstelle als auch die Verbindungsstelle Ost holten Gutachten zu der Frage ein, ob die ost-

21 Bredenbeuker an Verbindungsstelle Ost, 21. 2. 1947; Städing an Wartisch, 9. 1. 1947; Filiale Kattowitz in Liquidation an Organisationsabteilung Berlin, 7. 12. 1945, alles in: HADrB 115583.

22 Filiale Kattowitz an Verbindungsstelle Ost, 10. 12. 1945, ebd; Fritz Kette, Betr. Lage der Banken in den Gebieten, die durch Potsdamer Abkommen der polnischen Verwaltung unterstellt wurden, 2. 7. 1946; ders., Bericht über die Schließung der Filiale Hirschberg im Riesengebirge der Dresdner Bank, 11. 7. 1947, beides in: HADrB 5128-2000; Aktennotiz Kette, 6. 12. 1946, HADrB 73344-2001; Dresdner Bank Berlin, Betr.: Informationsdienst für unsere Filialen, Juli 1945, S. 17, HADrB 1473-2002. Vgl. auch Wolf, Ende, S. 119.

23 Filiale Kattowitz an Verbindungsstelle Ost, 10. 12. 1945, HADrB 115583.

24 Vgl. dazu Kapitel V.1.

25 Filiale Kattowitz an Verbindungsstelle Ost, 10. 12. 1945, HADrB 115583.

oberschlesischen Niederlassungen als „außerdeutsche" Kreditinstitute ebenfalls von diesen Anordnungen betroffen waren. Nach Ansicht des Landesbank-Präsidenten galt dies nicht, während Mitarbeiter aus der sächsischen Landesverwaltung eine andere Position einnahmen. Angesichts dieser unklaren Rechtslage konnte die Ausweichstelle in Dresden ihre Tätigkeit formal noch ebenso bis in den Winter hinein weiterführen wie die Ausweichstelle für die oberschlesischen Filialen der Deutschen Bank in Leipzig. Doch verlangte man seitens der Sächsischen Landesbank immer rigider die Übertragung der Konten, so dass die Ausweichstelle kaum noch Buchungen und Geschäftstransaktionen vornehmen konnte. Die bisherigen Ausnahmeregelungen für die ost-oberschlesischen Großbankfilialen und ihre Ausweichstellen wurden seitens der Landesverwaltung nun definitiv für ungültig erklärt. Im Frühjahr 1946 musste die Ausweichstelle der Dresdner-Bank-Filialen ihre Geschäftstätigkeit endgültig einstellen.[26]

Im Vergleich mit anderen ausländischen Filialen und Affiliationen bilden die oberschlesischen Niederlassungen der Dresdner Bank einen interessanten Fall, konnten sie doch ihre Geschäftstätigkeit auch nach Kriegsende für eine gewisse Zeit fortsetzen. Hier griff anscheinend jenes Szenario, das man im Vorstand der Dresdner Bank im Sommer 1944 für den Fall entworfen hatten, dass die näherrückende Front einen Geschäftsbetrieb der Niederlassungen in den annektierten Ostgebieten nicht mehr möglich machen sollte. Durch die frühzeitig eingeleiteten Maßnahmen und das vergleichsweise gut organisierte Abrücken aus Oberschlesien konnten die Filialen dieser Region auch nach ihrer Verlagerung noch auf ausreichendes Material zurückgreifen, so dass sie ihre Geschäftstätigkeit teilweise wieder aufnehmen konnten. Erst die Anordnungen der sächsischen Landesverwaltung setzten dem ein Ende.

Die Trennung von den sudetenländischen Filialen

Unter den Niederlassungen und Affiliationen der Dresdner Bank in den besetzten oder „angeschlossenen" Gebieten in Mittel- und Osteuropa konnten die Filialen im Sudetenland, die die Dresdner Bank 1938/39 als „Auftakt zur Ostexpansion" von der Živnostenská banka und der Böhmischen Escompte-Bank übernommen hatte,[27] ihre Geschäftstätigkeit insgesamt am längsten aufrecht erhalten. Sowjetische Truppen rückten im März und April in das östliche Sudetenland, in den Regierungsbezirk Troppau, ein. Bis dahin konnten die Niederlassungen der Dresdner Bank sowohl hier als auch in den westlichen Teilen der Region Geschäftstransaktionen durchführen und Buchungen vornehmen, auch wenn das operative Geschäft durch die teilweise Zerstörung der Kommunikationswege infolge von Bombenangriffen behindert wurde.[28] Anfang April riss die Verbindung zwischen dem Sudetenland und der Berliner Zentrale der Dresdner Bank ab, so dass die Filialleiter selbständig und ohne Rücksprache mit den verantwortlichen Abtei-

[26] Filiale Kattowitz an Vorstand der Dresdner Bank, 10. 12. 1945; Bredenbeuker an Verbindungsstelle Ost, 21. 2. 1947, beides ebd.
[27] Vgl. Wixforth, Auftakt, vor allem S. 109–123; ders., Expansion, S. 55–80.
[28] Bericht des kommissarischen Leiters des sudetenländischen Filialbezirks, Otto Siems, über die Abwicklung (Liquidation) der Filialen des Bezirkes Reichenberg, 20. 11. 1945, HADrB 115583.

lungsdirektoren über Kreditanträge der Kundschaft entschieden. Dennoch versuchte man, ein „normales“ Geschäft so lange wie möglich aufrecht zu erhalten. Nach Aussage ehemaliger Mitarbeiter aus den sudetenländischen Filialen kam es vor dem Ende des Zweiten Weltkriegs kaum zu größeren Abhebungen der Kundschaft. Dies galt auch noch dann, als die Dresdner-Bank-Filiale in Troppau als erste der sudetenländischen Niederlassungen im April ihren Geschäftsbetrieb einstellen und nach Mährisch-Schönberg ausweichen musste.[29]

Auch nach der Flucht Adelbert Jensens, des Leiters der für das Sudetenland zuständigen Reichenberger Gebietsdirektion, am 7. Mai 1945 wollten die meisten Niederlassungen noch nicht schließen. Dies geschah erst einen Tag später mit der Kapitulation Deutschlands und dem Einrücken der sowjetischen Armee in alle Teile des Sudetenlands. Die Filialleiter mussten die Tresorschlüssel an die neu gegründeten örtlichen Ausschüsse der zivilen Verwaltung (*narodní vybori*) übergeben. Am 19. Mai erließ der Präsident der wieder erstandenen Tschechoslowakischen Republik ein Dekret, wonach „nationale Verwalter“ die Geschäftstätigkeit deutscher Betriebe und damit auch die Filialen deutscher Banken zunächst überwachen, später die Niederlassungen gemäß noch zu fixierender Bestimmungen abwickeln sollten.[30] Sobald die nationalen Verwalter bei den entsprechenden Filialen der Dresdner Bank eintrafen, konnten diese ihre Geschäftstätigkeit wieder aufnehmen. In der Regel war dies um den 20. Juni herum der Fall. Die Filiale Trautenau konnte bereits am 15. Mai wieder öffnen, die Filiale in Teplitz-Schönau sogar ohne nationalen Verwalter kurz nach Kriegsende ihr operatives Geschäft wieder aufnehmen.[31]

Während des Sommers kam es weder von sowjetischer noch von tschechischer Seite zu größeren Übergriffen gegen die ehemaligen Dresdner-Bank-Filialen im Sudetenland. Nur in der durch Kämpfe schwer beschädigten Niederlassung in Troppau wurde der Tresor gesprengt und Tresorgut entnommen. Eine deutliche Steigerung des Geschäftsumfangs konnten die Niederlassungen in dieser Zeit jedoch auch nicht verzeichnen. Sofern sie noch „normal“ arbeiteten, beschränkten sie sich in erster Linie auf den Zahlungsverkehr. Nur in wenigen Fällen wurden mit Genehmigung der nationalen Verwalter auch größere Neukredite an die Kundschaft vergeben. Während des Sommers 1945 ließ sich vielerorts ein Phase des Abwartens konstatieren, da noch nicht konkret abzusehen war, welche Maßnahmen die neue Regierung in Prag zur Liquidierung deutschen Besitzes im Sudetenland ergreifen würde. Hinsichtlich des Geld- und Kreditwesens kursierten Gerüchte, wonach die gesamte Branche sozialisiert werden sollte. Andere Stimmen besagten, dass nun einige vom Staat kontrollierte tschechische Banken die ehemaligen Filialen deutscher Institute übernehmen sollten.[32]

[29] Ebd.

[30] Dekret des Präsidenten der Republik, 19. 5. 1945, über die Ungültigkeit jeder vermögensrechtlichen Regelung aus der Zeit der Unfreiheit und über die nationale Verwaltung der Besitztümer der Deutschen, Ungarn, Verräter und Kollaborateure sowie einiger Organisationen und Anstalten, ebd.

[31] Bericht Siems über die Abwicklung (Liquidation) der Filialen des Bezirkes Reichenberg, 20. 11. 1945, ebd.

[32] Ebd.

Anfang August 1945 erhielten die Živnostenská banka – bereits in der Zwischenkriegszeit das größte tschechische Kreditinstitut – die Prago banka (ehemals Prager Creditbank), die Legio-Bank und die Moravská banka (Mährische Bank) die Konzession, die Niederlassungen deutscher Institute im Sudetenland weiterzuführen. Die meisten der ehemaligen Dresdner-Bank-Filialen in der Region wurden der Živnostenská banka zugewiesen, während die Troppauer Filiale von der Mährischen Bank übernommen wurde. Durch ein Dekret des Prager Finanzministeriums vom 15. August 1945 wurden die Filialen der deutschen Banken im Sudetenland auch formalrechtlich für liquidiert erklärt und auf tschechische Institute überführt.[33]

Die Živnostenská banka konnte die Engagements der ehemaligen Dresdner-Bank-Filialen schon deshalb nicht weiterführen, weil viele Konten von Firmen und Gewerbebetrieben, die inzwischen ebenfalls unter der Kontrolle eines nationalen Verwalters standen, seitens der Behörden gesperrt worden waren. Nur in Einzelfällen, in denen die Behörden die Weiterführung eines Betriebes unter der Leitung eines nationalen Verwalters genehmigt hatten, vergab das Prager Institut mit seinen neuen Filialen im Sudetenland Kredite an Firmenkunden. Zudem dürfte aber auch die unübersichtliche wirtschaftliche Lage des Sudetenlands im Sommer und Herbst 1945 eine gewisse Zurückhaltung nahegelegt haben. Da die Živnostenská banka bis zum Ende des Zweiten Weltkriegs durchaus ertragreich gearbeitet hatte und über ausreichende Einlagen ihrer Kunden verfügte, hatte sie es auch nicht nötig, die bei den sudetenländischen Dresdner-Bank-Filialen verbuchten Einlagen zu übernehmen. Der ehemaligen Gebietsdirektion der Dresdner Bank in Reichenberg (Liberec) verblieb die Abwicklung der früher unterstellten Filialen. Diese geschah in Abstimmung mit den neuen Leitern aus den Niederlassungen der Živnostenská banka und offenbar, wie der letzte kommissarische Gebietsleiter Otto Siems anschließend betonte, in einer konstruktiven Zusammenarbeit. Siems hielt es im Herbst 1945 auch durchaus noch für möglich, den größeren Teil der bis Mai 1945 verauslagten Kredite zurück zu erhalten. Die Eintreibung dieser Forderungen stieß allerdings an Grenzen, weil bei einem Teil der betreffenden Betriebe die „nationalen Verwalter" die alten Bankschulden nicht anerkannten und bei einem anderen Teil die in Prag oder anderen Städten des böhmischen Kernlandes ansässigen Muttergesellschaften die Rückzahlung verweigerten.[34]

Den Einlegern der Filialen konnte man daher nicht überall die ursprünglich vorgesehene Liquidationquote von 10 bis 15 Prozent auszahlen. Zumindest einige Niederlassungen erreichten aber eine Quote von 5 bis 10 Prozent. Zudem hatten viele ehemalige Kunden die Region aufgrund der zunehmend unsicheren Lage

[33] Revisionsabteilung der Prager Bank an Dresdner-Bank-Filiale Reichenberg (Liberec), 30. 8. 1945; Dekret des Prager Finanzministerium, 14. 8. 1945, über die Liquidierung der deutschen Geldanstalten im Grenzgebiet der Länder Böhmen und Mähren, beides ebd.

[34] Siems, Bericht über die Abwicklung (Liquidation) der Filialen des Bezirkes Reichenberg, 20. 11. 1945, ebd. Nach diesem Bericht hatten die Niederlassungen der Dresdner Bank im Sudetenland per 31. Dezember 1944 insgesamt 19,15 Mio. RM an Krediten vergeben, per 30. Juni 1945 25,16 Mio. RM. Damit hatte während der letzten Kriegsmonate und nach dem Ende des Krieges die Kreditvergabe noch einmal deutlich zugenommen. Bei fremden Geldern verbuchten die sudetenländischen Filialen ebenfalls noch eine deutliche Steigerung.

und der wachsenden Spannungen mit der neuen Prager Regierung inzwischen verlassen. Gleichzeitig waren die ehemaligen Niederlassungen deutscher Kreditinstitute durch währungspolitische Maßnahmen der tschechoslowakischen Regierung in die Illiquidität geraten: Zum einen hatte die tschechische Administration die Guthaben dieser Institute bei der Narodní banka (der Nationalbank, die bis zum Ende des Krieges als Nationalbank für Böhmen und Mähren eine Dependance der Reichsbank gewesen war) sperren lassen.[35] Zum anderen war durch eine Verordnung vom 31. Juli 1945 der Umtausch von Reichsmark in Kronen im Verhältnis von 1:10 angeordnet worden; in diesem Zusammenhang wurden weitere Reichsmarkbeträge, die von Deutschen oder von so genannten „Kollaborateuren" bei ehemals deutschen Kreditinstituten unterhalten wurden, auf Veranlassung der Behörden gesperrt.[36]

Im Verlauf der weiteren Filialabwicklung übernahm die Živnostenská banka größtenteils auch die Gebäude der ehemaligen Dresdner-Bank-Niederlassungen im Sudetenland. Das frühere Personal wurde dagegen mit Ausnahme einer kleinen Zahl von Personen, die den Mitarbeitern der Živnostenská banka und den nationalen Verwaltern bei der weiteren Abwicklung helfen sollten, nicht weiter beschäftigt. Der größte Teil des alten Mitarbeiterstamms musste, wie viele tausend andere Deutsche, das Sudetenland aufgrund des wachsenden politischen Drucks der Prager Regierung verlassen. Einige der ehemaligen Filialleiter und der Führungskräfte aus der Reichenberger Gebietsdirektion wurden kurzfristig inhaftiert, kamen jedoch schon bald wieder frei. Auch sie verließen daraufhin das Sudetenland so schnell wie möglich in Richtung Westen.[37]

In der früheren Gebietsdirektion in Reichenberg war ein leitender Mitarbeiter jedoch noch bis zum Frühjahr 1946 damit beschäftigt, die offenen Forderungen der einzelnen Filialen wenn eben möglich einzutreiben und an die Gläubiger eine Liquidationsquote auszuzahlen. Dies gelang wohl von Filiale zu Filiale in unterschiedlichem Ausmaß. Zu diesem Zeitpunkt waren die ehemals deutschen Betriebe im Sudetenland in Genossenschaften unter staatlicher Kontrolle überführt und damit praktisch komplett verstaatlicht worden. Eine wirtschaftliche Betätigung von Deutschen in der Region war zu diesem Zeitpunkt von der Prager Regierung nicht mehr erwünscht. Bis zum Sommer 1946 waren die Abwicklungsarbeiten in den ehemaligen Filialen bis auf wenige Ausnahmen abgeschlossen.[38]

[35] Kundmachung des Finanzministeriums über Zahlungsmittel in Markwährung im Grenzgebiet der Länder Böhmen und Mähren-Schlesien, 24. 7. 1945; Dekret des Präsidenten der Republik über die vorübergehende Einschränkung der Auszahlung von Einlagen von Geldanstalten im Grenzgebiet, 19. 5. 1945, beides ebd.

[36] Ebd.; Kundmachung des Prager Finanzministeriums, 22. 6. 1945, betr. die Sicherstellung des deutschen Besitzes; Rundschreiben des Wirtschaftsgruppe Privates Bankgewerbe über die Sicherstellung des Vermögens von staatlich unzuverlässigen Personen, 31. 7. 1945; Aktennotiz über den Besuch des ehemaligen Prokuristen Walter Römer aus der Filiale Karlsbad bei der Verbindungsstelle Ost, 2. 10. 1946, alles ebd.

[37] Siems, Bericht über die Abwicklung (Liquidation) der Filialen des Bezirkes Reichenberg, 20. 11. 1945, ebd.

[38] Aktennotiz über die Abwicklung der Filiale Troppau, o. D.; Aktennotiz über die Abwicklung der Filiale Warnsdorf, 30. 6. 1947; Bericht Karl Köhlers, Prokurist der ehemaligen Filiale in Troppau, über die Liquidation der Filiale, o. D., alles ebd.

Die Liquidation im Sudetenland war ein von der neuen Prager Regierung gewollter und initiierter, aber von den sudetenländischen „Resten" der Dresdner Bank mitgestalteter Prozess, der sich fast ein Jahr hinzog. Er trug vielfach Züge der „normalen" Liquidation eines Geschäftsbetriebs, wenn auch nicht zu vergessen ist, dass die politischen Rahmenbedingungen gänzlich anders waren als bei einem solchen Verfahren üblich. Der Dresdner Bank und ihren Mitarbeitern in der ehemaligen Reichenberger Gebietsdirektion dürfte klar gewesen sein, dass sie angesichts wachsender Restriktionen der Prager Regierung gegen „deutsche Kreditanstalten" nur geringe Handlungsspielräume besaßen, um die Liquidation der Filialen nach den üblichen Gepflogenheiten durchzuführen. Diese Handlungsspielräume konnten sie aber in Abstimmung mit den nationalen Verwaltern und dem Führungspersonal der Živnostenská banka ausfüllen. Die Trennung der Dresdner Bank von ihren Filialen im Sudetenland vermittelt daher keineswegs das Bild eines überstürzten und durch unmittelbare Kriegsereignisse hervorgerufenen Aktes.

Die Liquidation der Böhmischen Escompte-Bank

Neben der Länderbank Wien war die Böhmische Escompte-Bank (BEB) mit Hauptsitz in Prag die wichtigste Affiliation der Dresdner Bank in den besetzten und „angeschlossenen" Gebieten Mittel- und Osteuropas. Im Konzern der Dresdner Bank spielte das Institut eine zentrale Rolle, besaß es doch wichtige Industriebeteiligungen und Kundenverbindungen in der böhmischen Wirtschaft. Zudem kam ihm ein maßgeblicher Anteil beim Aufbau des Reichswerke-Konzerns in Mittel- und Osteuropa zu.[39] Bis zum April 1945 konnte die BEB vergleichsweise ungestört weiter arbeiten. Zwar drängten einige Vorstandsmitglieder aus der Dresdner-Bank-Zentrale in Berlin seit Februar darauf, große Engagements des Instituts zurückzuführen und fällige Forderungen einzutreiben, doch lässt sich keine gravierende Beeinträchtigung des Geschäftsbetriebs feststellen. Für das operative Geschäft in diesen Monaten waren in Prag wohl vor allem die beiden Vorstandsmitglieder Karl Hölzer und Karl Novotny verantwortlich. Dass das „deutsche" Vorstandsmitglied Reinhold Freiherr von Lüdinghausen in dieser Zeit noch in alle Geschäftstransaktionen eingeweiht war, ist sehr unwahrscheinlich. Von Lüdinghausen war als Offizier an die Front abkommandiert worden. Nach einer Zeit an der Ostfront wurde er nach Belgien und Frankreich verlegt und hielt sich im Winter 1944/45 und im Frühjahr 1945 nur noch sporadisch in Prag auf.[40]

Auch bei der BEB begann man sich im Frühjahr 1945 auf das Ende der Geschäftstätigkeit vorzubereiten. Wer für die in diesen Tagen angeordnete Verlagerung von Akten und Geschäftsunterlagen verantwortlich war, lässt sich nicht mehr exakt feststellen. Das Ende des Geschäftsbetriebs kam im April 1945 mit dem Einrücken alliierter Truppen nach Böhmen und Mähren. Nach dem Ende des Zweiten Weltkriegs erfolgte auch bei diesem Institut die Liquidation auf der Grundlage der bereits erwähnten, vom Präsidenten der wieder gegründeten

[39] Ausführlich dazu Wixforth, Expansion, S. 199–306.
[40] Ebd., S. 250–253.

Tschechoslowakischen Republik proklamierten Dekrete über die Verwaltung „deutscher Betriebe" und die Beschlagnahmung deutschen Vermögens auf dem Gebiet des neuen Staates. Auch die BEB kam unter die Kontrolle nationaler Verwalter, welche die Liquidation des Instituts übernehmen sollten. Sie wurde zu nationalem Vermögen bzw. zu einem nationalen Unternehmen (*národní podnik*) erklärt. Alle Aktiva und Passiva fielen damit an den neuen tschechoslowakischen Staat, der in der verbliebenen Vermögensmasse der BEB eine Art von Reparationsleistung sah.[41]

Damit war klar, dass eine Abwicklung der BEB wie im Falle der ehemaligen sudetenländischen Filialen der Dresdner Bank nicht möglich war. Das tschechische Finanzministerium übernahm die Liquidation formal, ermächtigte aber die Živnostenská banka zur Durchführung der Transaktion. Der Branchenführer der tschechischen Kreditwirtschaft in der Zwischenkriegszeit war das einzige Institut, das nach Etablierung einer zentralen Planwirtschaft in der Tschechoslowakei formal weiter als private Bank existierte, auch wenn der tschechische Staat Anteilseigner wurde und die Unternehmensgremien kontrollierte. In dieser Konstellation wurde die Liquidation der BEB eindeutig von der Prager Regierung und ihren Ministerien bestimmt.[42]

Die eigentliche Liquidation zog sich offenbar über eine längere Zeit hin. Von den 1950er Jahren bis in die 1990er Jahre hinein lassen sich in Prag verschiedene Adressen von Liquidationsstellen oder Liquidatoren nachweisen. Ob man sich dort tatsächlich noch mit der Abwicklung des Instituts beschäftigte, oder ob es sich hier um reine „Briefkastenadressen" handelte und die BEB nur noch auf dem Papier als Liquidationsunternehmen existierte, konnte man bei der Dresdner Bank in dieser Zeit nicht klären. Irgendwelche Ansprüche an die tschechische Seite stellte die Dresdner Bank aber auch nicht. Im Gegenteil: Ab Mitte der 1960er Jahre befürchtete man angesichts der politischen Spannungen zwischen Prag und der Bundesregierung weitere Reparationsforderungen der tschechischen Seite. Um dagegen gewappnet zu sein, beauftragte man in dieser Zeit von Lüdinghausen als ehemaliges Vorstandsmitglied der BEB, frühere Mitarbeiter aus dem Berliner Auslandssekretariat und die Rechtsabteilung damit, Memoranden über die Tätigkeit der Prager Affiliation während der Zeit des Protektorats zu erstellen.[43] Zwar kam es zu keinen ernsthaften Auseinandersetzungen zwischen der Dresdner Bank und der Prager Seite, doch blieb die Frage des BEB-Vermögens lange Zeit offen. Während sich zumindest bis zum Beginn der 1970er Jahre noch Konten der BEB bei diversen Filialen der Dresdner Bank nachweisen lassen, auf denen noch Guthaben verbucht waren, betrieb die Prager Liquidationsstelle die Verwertung des BEB-Vermögens nach den von der tschechischen Regierung aufgestellten Richtlinien.[44]

[41] Aktennotiz des Bezirksgerichts Prag über die Liquidation der BEB, 4. 12. 1951, HADrB 115583.

[42] Dazu Drahomír Jančík, Stát, politicka moc i bankovní system, in: Acta Universitatis Carolinae, Studia Historica XLVII, Z Dějin Českeho Bankovnictví v 19. a 20. století, Praha 2000, S. 189–208.

[43] Siehe dazu den umfangreichen Schriftverkehr in HADrB 110426, 110427, 110428, 110436.

[44] Rechtsabteilung der Dresdner Bank AG an Verlagerungsabteilung, 1. 3. 1968, HADrB 110436. Hier heißt es: „Die Prager Liquidationsstelle wird daher niemals verfügungsberechtigt über das Vermögen unserer Tochter in Deutschland sein, es sei denn, dass wir uns selbst mit ihr einigen würden. Hiermit kann aber, soweit es im Augenblick zu übersehen ist, nicht gerechnet werden.

Im Gegensatz zur Abwicklung der sudetenländischen Filialen handelte es sich bei der Liquidation der BEB keineswegs um eine zwischen allen Beteiligten mehr oder weniger abgestimmte Transaktion, sondern um eine aus der politischen Konstellation erwachsene Frontstellung zwischen der Prager Seite und der Dresdner Bank. Auf die tatsächliche Liquidation ihrer ehemaligen Tochter konnte die Dresdner Bank daher keinen Einfluss nehmen. Es ist davon auszugehen, dass die bei der BEB noch verbuchten Vermögenswerte an den tschechischen Staat fielen. Wie lange die Abwicklung tatsächlich dauerte, lässt sich dagegen schwer abschätzen. Der Verfasser konnte im Sommer 2002 in Prag keine Liquidationsstelle für die BEB mehr ausfindig machen.

Die Liquidation und Abwicklung der verschiedenen Filialen und Affiliationen der Dresdner Bank in den ehemals besetzten Gebieten Ost- und Mitteleuropas weist deutliche Unterschiede auf. Das Spektrum reicht von einem von deutschen Dienststellen angeordneten Rückzug noch während des Zweiten Weltkriegs über eine trotz gewisser Vorbereitungen überstürzte Flucht im Winter 1944/45 bis hin zu einer fast ordnungsgemäßen Liquidation unter Einschluss aller Beteiligten. Je nach der militärischen Entwicklung und der politischen Konstellation nach Kriegsende musste sich die Dresdner Bank mit einer dieser Varianten arrangieren. Im Ergebnis bleibt dennoch zu konstatieren, dass sie in der Regel ihre ehemaligen Tochtergesellschaften im Osten abschreiben musste. Die bis dahin auf der Aktivseite der Dresdner-Bank-Bilanz verbuchten Anteile am Eigenkapital der Affiliationen wurden zwar rechnerisch letzten Endes durch Ausgleichsforderungen der Altbank an die Bundesrepublik kompensiert, doch ein Ersatz für diejenigen Tochterinstitute, die während des Krieges mit Gewinn gearbeitet hatten, war dies nicht.

2. Vermögen und Tochterinstitute in Österreich und Westeuropa

Das österreichische Vermögen der Böhmischen Escompte-Bank

Einen Teil des Vermögens der BEB allerdings konnte die Dresdner Bank „retten“ – mit rund vierzigjähriger Verzögerung. Auch das in Österreich belegene Vermögen der ehemaligen Tochtergesellschaft war zunächst enteignet worden. Die BEB besaß noch 1986 „auf diversen Sparbüchern und Konten“ Guthaben vor allem in österreichischen Schilling, die offenbar hauptsächlich aus dem Verkauf von Wertpapierdepots stammten. Entsprechend dem Anteil der alten Dresdner Bank am Aktienkapital der BEB von knapp 80 Prozent beanspruchte die Dresdner Bank AG als Rechtsnachfolgerin einen Teil dieser Guthaben.[45]

Seit dem In-Kraft-Treten des Deutsch-Österreichischen Vermögensvertrags im Jahre 1957 bemühte sich die Bank um die Freigabe dieses Restvermögens. Nach-

Wir befürchten im Gegenteil Schadensersatzansprüche der tschechischen Regierung wegen der Tätigkeit der Dresdner Bank zur Zeit der Besetzung der Tschechoslowakei durch das Deutsche Reich.“

45 Verwalter der in Österreich befindlichen Vermögenswerte der Böhmischen Escompte-Bank an Dresdner Bank AG, 16. 5. 1986, HADrB 110470.

dem ihre Ansprüche zunächst auf den Widerstand der österreichischen Behörden gestoßen, 1966 aber in einem Beschluss eines Wiener Bezirksgerichts anerkannt worden waren, wollte die Bank die Liquidation der BEB in Österreich selbst betreiben. Dies verhinderte jedoch das österreichische Bundesministerium der Finanzen, das im selben Jahr die öffentliche Verwaltung des Vermögens anordnete. Erst 1976 bot ein österreichisches Bundesgesetz zur Abwicklung enteigneter ausländischer Vermögenswerte die nächste Gelegenheit zum Zugriff auf die Gelder. Die Dresdner Bank meldete daraufhin 1978 ihre Ansprüche beim Wiener Handelsgericht an. Dieses lehnte ebenso ab wie das Oberlandesgericht Wien; erst 1984 konnte ein positives Urteil des österreichischen Obersten Gerichtshofs erfochten werden.[46]

Die Ursache für die lange Dauer dieses Verfahrens waren nicht etwa konkurrierende Forderungen der in Liquidation befindlichen Prager BEB, die dieses Vermögen für den tschechoslowakischen Staat beanspruchte. Das Wiener Bezirksgericht hatte bereits 1966 festgestellt, die Verstaatlichung der tschechischen Tochterbank werde für das in Österreich befindliche Vermögen „nicht anerkannt."[47] Das Handelsgericht reklamierte vielmehr den von der Dresdner Bank beanspruchten Anteil am BEB-Vermögen für den österreichischen Fiskus. Die Argumentationsgrundlage boten der Verzicht der Bundesrepublik auf enteignetes deutsches Auslandsvermögen im Überleitungsvertrag mit den Westalliierten sowie ein Vertrag zwischen Österreich und der ČSSR aus dem Jahr 1975, wonach Österreich alle im Land gelegenen Vermögensteile zugesprochen wurden, die zunächst der tschechoslowakische Staat im Kontext der Enteignungen nach 1945 beansprucht hatte.[48] Der Oberste Gerichtshof korrigierte die Entscheidung des Handelsgerichts mit der Feststellung, dass es sich bei den umstrittenen Vermögenswerten am entscheidenden Stichtag des Kriegsendes nicht um unmittelbares Eigentum der Dresdner Bank, sondern der BEB, also einer juristischen Person mit Sitz außerhalb Deutschlands, gehandelt habe.[49]

Erstaunlich ist weniger diese juristisch durchaus plausible Argumentation als vielmehr das zähe Festhalten der Dresdner Bank an ihren Ansprüchen, die materiell völlig uninteressant waren. Es stand nämlich während der Gerichtsverfahren stets fest, dass die Bank „mögliche Erlöse [...] nach den zum Abschluß der Umstellungsrechnung getroffenen Vereinbarungen an den Fiskus abführen" musste.[50] Dies war eine logische Konsequenz daraus, dass vor dem endgültigen Abschluss der Umstellungsrechnung zurückerhaltene alte Vermögenswerte die Aktiva erhöht und entsprechend den Anspruch auf Ausgleichsforderungen gemindert hätten. In einer Vereinbarung mit dem hessischen Finanzminister hatte sich die Dresdner Bank AG daher 1978 ausdrücklich verpflichtet, „eventuelle Eingänge aus den mit Merkposten angesetzten Aktiva an das Land Hessen abzuführen", ge-

[46] Koller an Leeb, Voss, Heinsius, 24. 2. 1987, ebd.
[47] Beschluss des Bezirksgerichts Innere Stadt Wien, 4. 4. 1966, S. 10, ebd.
[48] Beschluss des Handelsgerichts Wien, 5. 8. 1982, ebd.
[49] Beschluss des Obersten Gerichtshofs, 20. 12. 1984, S. 5, HADrB 110469. Ebenfalls zugesprochen wurde der Dresdner Bank ein wesentlich geringerer Anspruch auf das österreichische Vermögen der Deutschen Handels- und Kreditbank Pressburg; Dresdner Bank AG, Verlagerungsabteilung, an den Hessischen Minister der Finanzen, Landesschuldenverwaltung, 31. 5. 1985, ebd.
[50] Koller an Heinsius, 15. 12. 1983, HADrB 110470.

gen das sich ihre Ausgleichsforderungen richteten, und stellte 1982 auch offen fest, dass „Eigeninteressen unseres Hauses […] mit dem Prozeß nicht verfolgt" würden.[51]

Der Bank blieb von den 1987 schließlich erhaltenen 4,2 Mio. DM lediglich ein zwanzigprozentiger Verwaltungskostenanteil.[52] Per Saldo gingen also, ganz ähnlich wie in den bundesrepublikanischen Wiedergutmachungsverfahren, sowohl die tatsächlichen Enteignungsverluste als auch die Verfahrenskosten der Bank zu Lasten, der Nettoertrag ihrer Bemühungen hingegen zu Gunsten des Steuerzahlers. Dies war den involvierten Mitarbeitern der Dresdner Bank auch vorher klar. Zum wesentlichen Teil erklärt sich ihre Hartnäckigkeit sicher aus der rechtlichen Verpflichtung, ihre als Merkposten verbuchten alten Forderungen weiter „mit der Sorgfalt eines ordentlichen Kaufmanns zu überwachen".[53] Dahinter stand allerdings, wie sich an den folgenden Fällen zeigen lässt, auch eine Mentalität, die ganz wie in den deutschen Auseinandersetzungen um Wiedergutmachungsleistungen die aktive Partizipation der Bank an der nationalsozialistischen Expansionspolitik ausblendete oder auf juristische Formalien reduzierte.

Die Länderbank Wien AG

Die Enteignungen in Österreich hatten nicht nur das österreichische Vermögen der BEB betroffen, sondern auch die wesentlich wertvolleren Anteile an der größten während der NS-Zeit aufgebauten Tochtergesellschaft. Das Aktienkapital der Länderbank Wien von 20 Mio. RM hatte nahezu vollständig die Dresdner Bank gehalten. Drei der vier Vorstandsmitglieder, Leonhard Wolzt, Adolf Warnecke und Karl Lehr, entließ im Sommer 1945 der Verwalter und spätere neue Vorstandsvorsitzende Franz Landertshammer, nachdem sie schon bei Kriegsende nach Westösterreich geflohen waren. Der Sozialdemokrat Landertshammer, 1938 aus der Länderbank ausgeschieden, wurde zunächst von den verbliebenen Angestellten eingesetzt und anschließend vom österreichischen Staat bestätigt. Aus dem alten Vorstand blieb nur Alois Hitschfeld, der anders als seine Kollegen keine unmittelbaren Beziehungen zum Nationalsozialismus aufzuweisen hatte.[54] Ähnlich wie in Westdeutschland arbeiteten die Bank und ihre Filialen nach kurzer Unterbrechung weiter, was hier ebenfalls durch eine „besonders reichliche" Liquiditätsvorsorge erleichtert wurde.[55]

[51] Dresdner Bank AG, Verlagerungsabteilung, an den Hessischen Minister der Finanzen, Landesschuldenverwaltung, 7. 10. 1982, ebd. Vgl. die Erklärung der Dresdner Bank AG an den Hessischen Minister für Wirtschaft und Technik, 12. 10. 1978, und die Bestätigung des Finanzministeriums, 25. 10. 1978, beides in: HADrB 39872-2001.

[52] Koller an Leeb, Voss, Heinsius, 24. 2. 1987; Dresdner Bank AG, Verlagerungsabteilung, an den Hessischen Minister der Finanzen, Landesschuldenverwaltung, 19. 2. 1987, beides in: HADrB 110470.

[53] Dresdner Bank AG an den Hessischen Minister für Wirtschaft und Technik, 12. 10. 1978, HADrB 39872-2001.

[54] Feldman, Länderbank Wien AG, S. 485; Oliver Rathkolb, Restitution und Entschädigung bei der Österreichischen Länderbank AG nach 1945, in: Feldman u.a., Banken, Bd. 2, S. 491–512, hier S. 491 f.

[55] Wolzt an Zinßer, 5. 9. 1945, HADrB 1285-2002P.

Abb. 22: Gebäude der Österreichischen Länderbank, der ehemaligen Dresdner-Bank-Tochter Länderbank Wien AG.

Quelle: Archiv der Bank Austria-Creditanstalt.

Nach dem Potsdamer Abkommen galt die Länderbank zwar zunächst als beschlagnahmtes deutsches Auslandsvermögen, das die Alliierten als Reparation beanspruchten. Die österreichische Regierung präsentierte jedoch das originelle Argument, Kreditinstitute gehörten „materiell viel weniger ihren Anteilseignern als den Einlegern", also ganz überwiegend Österreichern.[56] Im September 1946 trat ein Verstaatlichungsgesetz in Kraft, auf dessen Grundlage unter anderem die drei größten Kreditinstitute des Landes – neben der Länderbank die Creditanstalt sowie die Hypotheken- und Credit-Institut AG – verstaatlicht wurden; eine „angemessene Entschädigung" kündigte das Gesetz lediglich an. 1948 wurde mit der Rückbenennung in „Österreichische Länderbank" ein demonstrativer Schlussstrich unter die „deutsche" Vergangenheit gezogen.[57]

So schnell war die Dresdner Bank freilich nicht zum Abschied von ihrer größten Auslandsaffiliation bereit. Bewegung in das Verhalten der Dresdner Bank scheint aber erst die drohende Beschlagnahmung der Länderbank-Aktien gebracht zu haben, die nicht in Österreich, sondern bei der Landeszentralbank-Ne-

[56] Eiche, Länderbank Wien AG (historischer Abriss für Carl Goetz), 16. 4. 1959, S. 3, HADrB 7484-2002.

[57] Alois Piperger, 100 Jahre Österreichische Länderbank 1880–1980, Wien 1980, S. 135–137. Zur Debatte, ob die Länderbank deutschen Auslandsbesitz darstellte oder als österreichisches Institut nicht unter die Potsdamer Beschlüsse fiel, vgl. Rathkolb, Restitution, S. 494–497.

benstelle in Würzburg lagerten, wo man sie 1945 hatte abliefern müssen. Eine 1951 „gestartete Aktion der Alliierten, die bei den Landeszentralbanken ruhenden Auslandseffekten gegebenenfalls sogar unter Anwendung von Brachialgewalt abzuholen" und als Reparationsleistungen zu vereinnahmen, sorgte für beträchtliche Unruhe und entsprechende Proteste nicht nur der Aktienbesitzer, sondern auch der Bundesregierung.[58] Obwohl die Bank durch eine energische Initiative bei Vertretern des Bundesfinanzministeriums und des Bundeskanzleramts sogar das Auswärtige Amt zu einer Demarche bei der Alliierten Hohen Kommission mobilisieren konnte, wurden die Länderbankaktien im April 1952 von HICOG-Mitarbeitern bei der Landeszentralbank in München beschlagnahmt und in Salzburg der Österreichischen Nationalbank übergeben.[59]

Dieser Verbringungsort wurde der Dresdner Bank freilich erst einige Jahre später bekannt, als sich eine ernsthafte Chance zum Rückerhalt der Aktien zu bieten schien. Zunächst scheint sich ihr Engagement jedoch auf Interventionen gegen politische Maßnahmen beschränkt zu haben, die ihren Eigentumsanspruch weiter zu beeinträchtigen drohten. Als Kontaktperson fungierte dabei der frühere österreichische Finanzminister Ludwig Draxler, der nach dem „Anschluss" Österreichs zunächst verhaftet und in Dachau inhaftiert worden war, bevor Karl Rasche ihn in der Dresdner Bank untergebracht hatte. Draxler hatte von 1941 bis Kriegsende für die Rechtsabteilung der Dresdner Bank in Berlin vor allem Rechtsangelegenheiten bearbeitet, die unter österreichisches Recht fielen.[60] Die einschlägigen Korrespondenzen aus den frühen fünfziger Jahren sind zwar eher spärlich, aber sie verdeutlichen klar den Eigentumsanspruch der Dresdner Bank, den man nur vorübergehend außer Kraft gesetzt wähnte. Als 1953 in Wien die Nachricht umging, Landertshammer plane eine Reprivatisierung der österreichischen Großbanken – und zwar bei gleichzeitigen „Kapitalerhöhungen unter Ausschaltung der früheren Aktionäre" –, drohten ihm Goetz, Zinßer und Hölling offiziell an, ihn für die Schädigung von Interessen der Dresdner Bank persönlich regresspflichtig zu machen.[61]

Überlagert wurde der latente Konflikt um das Eigentum an der Länderbank von einer Auseinandersetzung um Entschädigungen mit der Pariser Banque des Pays de l'Europe Central (BPEC), deren Wiener Filiale die Dresdner Bank 1938, im Zuge des Ausbaus ihrer alten österreichischen Tochtergesellschaft Mercurbank zur Länderbank Wien, übernommen hatte. Der Generaldirektor der BPEC, Henry Reuter, hatte bereits im Herbst 1945 Ansprüche auf Rückerstattung bzw. Beteiligung an der Länderbank erhoben.[62] Auch hier intervenierte die Dresdner

58 Fernschreiben Eiche an Entzian und Schäfer mit Entwurf einer Protestnote an die LZB Würzburg, 27. 11. 1951, HADrB 7485-2002.

59 Aktennotiz Eiche über eine Besprechung mit Vertretern des Bundesfinanzministeriums, des Bundeskanzleramts und des Bundeswirtschaftsministeriums, 27. 12. 1951; Eiche an Zinßer, 19. 2. 1952; Eiche an Zinßer, 9. 7. 1954; Eiche, Länderbank Wien AG (historischer Abriss für Carl Goetz), 16. 4. 1959, alles in: HADrB 7484-2002.

60 Draxlers Einstellung, die zunächst auf große Skepsis des SD-Chefs Heydrich gestoßen war und letztlich von Emil Meyer organisiert wurde, ist ausführlich dokumentiert in: HADrB E.3164.

61 Vorstand und Aufsichtsratsvorsitzender der Dresdner Bank an Landertshammer, 16. 12. 1953, HADrB 1365-2002.

62 Rathkolb, Restitution, S. 506f. Zur Übernahme der Wiener BPEC-Filiale vgl. Feldman, Länder-

Bank, und ihre Stellungnahme ist insofern charakteristisch, als sie ganz der gleichen Argumentationsschiene folgte wie bei den in den vorangegangenen Kapiteln dargestellten Beispielen zur innerdeutschen Wiedergutmachung. Goetz beharrte Draxler gegenüber nicht nur darauf, dass es sich bei der Übernahme der Anteile um „ein völlig freiwilliges Geschäft" gehandelt hätte; das abstrahierte zumindest von der politisch eingeschränkten Verhandlungsposition Reuters und dem unbedingten Expansionswillen der Dresdner Bank, vor allem aber von der nachträglichen Änderung der in den Übernahmeverhandlungen getroffenen Pensionsregelungen zu Lasten ausscheidender jüdischer Angestellter, denen wiederum Reuter nach Kräften geholfen hatte. Goetz fühlte sich überdies zu dem Kommentar bemüßigt, die Zahlung einer Entschädigung an Reuters Institut sei „eine völlig ungerechtfertigte Entschädigungshandlung zu Lasten des österreichischen Staates."[63] Diese Stellungnahme diente keineswegs einer finanziellen Schadensbegrenzung für die Länderbank, denn schon 1948 war ausgehandelt worden, dass eine optionale Barentschädigung der BPEC in Höhe von 2,5 Mio. Dollar aus dem Staatshaushalt gedeckt, aber auf die französischen Besatzungskosten angerechnet werden sollte. Die Republik Österreich war von Goetz' Meinung offenbar nicht sonderlich beeindruckt, denn die Abfindung wurde schließlich 1957 ausgezahlt.[64]

Zu diesem Zeitpunkt hatte die Dresdner Bank bereits seit längerem den ernsthaften Versuch gestartet, die Ansprüche auf die einstige Affiliation auf dem Umweg über eine Entschädigung durchzusetzen. Zwar war das gesamte in Österreich beschlagnahmte Vermögen in der Umstellungsrechnung nur als Merkposten verbucht, so dass eine Entschädigungszahlung auch hier zur Rückgabe von Ausgleichsforderungen geführt hätte.[65] Das unmittelbare materielle Interesse an der einmaligen Abwicklung der alten Besitzstände war also gering. Aber die Bank wollte sich in Österreich erneut eine langfristige Geschäftsperspektive schaffen, und hierfür wäre eine eigene, kapitalkräftige Tochtergesellschaft natürlich ideal gewesen. Goetz zielte deshalb ausdrücklich nicht nur auf eine Entschädigung, sondern jedenfalls mittelfristig auch darauf, „wieder in den Besitz oder Teilbesitz der Länderbank zu kommen."[66]

Eine Perspektive dafür eröffnete sich mit dem Anlaufen der österreichischen Wertpapierbereinigung im zweiten Halbjahr 1954. Die ersten dazu aufgerufenen Aktien waren die der drei verstaatlichten Banken. Die Anmeldung der Aktien zur Wertpapierbereinigung galt zugleich als Anmeldung zum Entschädigungsverfahren wegen der Enteignung.[67] Im Mai 1955 meldete die Dresdner Bank ihre Ansprüche an. Fast drei Jahre später, im Februar 1958, wurden sie als „Doppelanmeldung" abgelehnt, weil auch die Österreichische Nationalbank, in deren Besitz sich

bank Wien AG, S. 293–315; und Dieter Ziegler, Österreich, in: Wixforth, Expansion, S. 11–54, hier S. 15–22.

63 Goetz an Draxler, 25. 8. 1953, HADrB 7484-2002.

64 Vgl. Rathkolb, Restitution, S. 510–512.

65 Dresdner Bank Frankfurt, Rechtsabteilung, an den Hessischen Minister für Arbeit, Wirtschaft und Verkehr, 22. 3. 1955, HADrB 5456-2000. Als Beispiel vgl. etwa die Abrechnung einer 1960 eingegangenen Entschädigungszahlung für ehemals im Besitz der Bank befindliche Aktien der Veitscher Magnesitwerke AG; Notiz Verlagerungs-Abteilung, 10. 2. 1960, HADrB 5456-2000.

66 Goetz an Direktion der Dresdner Bank Berlin, 22. 12. 1954, HADrB 7484-2002.

67 (Dresdner Bank Berlin), Auszugsweise Abschrift aus einem Bericht an Herrn Direktor Zinßer, 13. 12. 1954, ebd.

die Aktien befanden, den Bereinigungsanspruch angemeldet hatte. Die Dresdner Bank beantragte daraufhin, um jedenfalls „nichts unversucht zu lassen“, eine Entscheidung des Handelsgerichts Wien.[68] Tatsächlich war man sich aber bereits bei der Beantragung „darüber klar, daß sie nach der zur Zeit bestehenden gesetzlichen Regelung erfolglos sein mußte.“ Der Rechtsweg war nur beschritten worden, „um sich nicht durch Untätigkeit für die spätere Entwicklung zu präjudizieren.“ Der deutsch-österreichische Vermögensvertrag vom Juni 1957 schloss nämlich aus, dass deutsche juristische Personen weitere Forderungen gegen österreichische Schuldner erhoben. Stattdessen setzte man vorübergehend darauf, die nach dem Vermögensvertrag gegebene Möglichkeit einer Befriedigung aus dem in Deutschland, insbesondere bei der Dresdner Bank Berlin, belegenen Vermögen der Länderbank zu nutzen.[69] Aus ungeklärten Gründen verzichtete man aber schließlich darauf und überwies der Länderbank 1960 einen Überschuss aus der gegenseitigen Verrechnung von Guthaben.[70]

Vermutlich spielte für diese Entscheidung das gleiche, fast schon als irrational zu bezeichnende Kalkül eine Rolle wie bei der Ablehnung eines „Auseinandersetzungsangebots“ der Länderbank auf der Grundlage des Vermögensvertrags. Danach sollte die Dresdner Bank explizit und endgültig auf ihre Ansprüche auf das Länderbank-Aktienkapital verzichten und zur Abgeltung eine Beteiligung der Länderbank an der Deutsch-Südamerikanischen Bank in Höhe von 80000 DM erhalten. Auch dieses Angebot lehnte man schließlich ab, weil damit die Enteignung anerkannt worden wäre. Allerdings hatte man vorher den Fehler begangen, die Genehmigung des Länderbank-Vorschlags bei der hessischen Bankenaufsicht zu beantragen, die ihm angesichts der Unwahrscheinlichkeit einer anderweitigen Entschädigung für die Enteignung auch zugestimmt hatte. Da die Ablehnung des Vorschlags durch die Dresdner Bank offensichtlich nicht an jener finanziellen Schadensbegrenzung orientiert war, die das primäre Interesse der Bankenaufsicht darstellte, bestand diese darauf, dass der abgezinste Kurswert der Südamero-Aktien von gut 60000 DM trotzdem als Gegenwert der bislang nicht aktivierten Länderbank-Aktien in die Umstellungsrechnung einzustellen, der Bestand an Ausgleichsforderungen also entsprechend zu vermindern war. Anschließend wurden diese gar nicht vorhandenen Aktien bis auf einen Merkposten als außerordentlicher Aufwand abgebucht, belasteten also vollständig die Gewinn- und Verlustrechnung.[71]

Eine nicht ganz geringe Rolle für dieses Verhalten dürfte gespielt haben, dass Carl Goetz „im Hinblick auf den großen Verlust“ der Länderbank-Enteignung von dem Angebot „wenig befriedigt“ war.[72] Überhaupt zeichnete sich die Dresdner Bank in dieser Frage durch eine außergewöhnliche, wenn nicht einzigartige Hartnäckigkeit aus. Ganz wesentlich scheint dieses Vorgehen durch den

[68] Eiche an Vierhub, 22. 9. 1958 (Zitat); Eiche, Länderbank Wien AG (historischer Abriss für Carl Goetz), 16. 4. 1959, beides ebd.
[69] Aktenvermerk Entzian, 5. 12. 1958, HADrB 17611-2001.
[70] Rust/Koller an Vierhub, 13. 2. 1960; Rust/Koller an Goetz, 3. 3. 1960, beides in: HADrB 5458-2000.
[71] Aktennotiz Rust/Koller, 3. 3. 1960; Notiz Verlagerungsabteilung, 6. 9. 1960, beides in: HADrB 5459-2000.
[72] Aktenvermerk Rust, 22. 12. 1959, HADrB 5456-2000.

persönlichen Starrsinn von Carl Goetz motiviert gewesen zu sein, der offenbar weniger denn je an der makellosen Vergangenheit seiner Bank zweifelte. Das zeigt deutlich ein Schreiben von Goetz an den österreichischen Finanzminister Reinhard Kamitz vom März 1959, in dem er darum bat, das Handelsgericht zu „veranlassen", den Entscheidungstermin ein weiteres Mal zu vertagen, weil die Bank „weiteren Stoff" zu den Entschädigungsansprüchen sammeln müsse. Das allein wäre vielleicht kein Anlass zu Irritationen gewesen. Goetz bekundete bei dieser Gelegenheit aber auch noch, die Dresdner Bank glaube, in der NS-Zeit „wesentlich zum Aufbau der österreichischen Wirtschaft beigetragen zu haben." Vollends auf Unverständnis dürfte der einigermaßen plumpe Hinweis gestoßen sein, dass eine künftige Partizipation der Dresdner Bank in staatlichen österreichischen Finanzierungsprojekten „Veranlassung geben könnte, uns in der Frage der Länderbank-Aktien etwas entgegenzukommen."[73] Im Wiener Finanzministerium wurde daraufhin „angetönt, daß die Dresdner Bank die einzige deutsche juristische Person mit verstaatlichter früherer österreichischer Beteiligung sei", bei der „Vorstellungen jener Art obwalten".[74]

Dabei schien das Hilfeersuchen an den Finanzminister prinzipiell durchaus einleuchtend. Die Konfrontation zwischen der Dresdner Bank und der neuen Führung der Länderbank scheint sich nämlich zunächst auf Landertshammer konzentriert zu haben, während Goetz und offenbar auch Hugo Zinßer zu dessen Dienstherrn Kamitz durchaus freundschaftliche Beziehungen unterhielten. Nachdem Landertshammer Anfang 1955 eigenmächtig die Debetzinssätze der Länderbank erhöht hatte, entschloss sich Kamitz zu dessen Abberufung und teilte dies auf dem Umweg über Draxler nicht nur Zinßer mit. Er bat Draxler sogar, mit Zinßer „abzuklären, ob Sie irgendwelche Einwendungen gegen einen der nachfolgenden, in der aufgeführten Reihenfolge als Nachfolger für Dr. Landertshammer vorgesehenen Herren geltend machen".[75] Zinßer und Goetz nahmen das Angebot wahr, hielten aber nur den zweitplazierten, bereits über siebzigjährigen Alois Hitschfeld „für geeignet zur Besetzung eines Vorstandspostens."[76] Ihr Wort scheint Gehör gefunden zu haben, denn Landertshammer wurde tatsächlich durch Hitschfeld ersetzt.[77]

Bei allem Kopfschütteln, auf das Goetz' Brief an Kamitz 1959 stieß, erreichte er doch die gewünschte Terminverschiebung. Sie nützte der Bank nur nichts. Nachdem Goetz noch kurz zuvor eine weitere Initiative bei Kamitz avisiert hatte, entschloss er sich im Juni 1959 offenbar zur vorläufigen Einstellung seiner Bemühungen. Nach Rücksprache mit Goetz beauftragte die Dresdner Bank AG jedenfalls Draxler, den Antrag beim Handelsgericht zurückzunehmen – wobei aber „mit aller Deutlichkeit zum Ausdruck gebracht" werden sollte, „daß die Rücknahme nur aus Kostengründen geschieht, also keinen Verzicht auf irgendwelche Ansprü-

[73] Goetz an Kamitz, 5. 3. 1959, HADrB 7485-2002.
[74] Deutsche Delegation in der Ständigen Kommission zum deutsch-österreichischen Vermögensvertrag an Eiche, 17. 3. 1959, ebd.
[75] Eiche an Zinßer, 26. 1. 1955, HADRB 7484-2002.
[76] Eiche an Zinßer, 29. 1. 1955, ebd.
[77] Feldman, Länderbank Wien AG, S. 485.

che von unserer Seite beinhaltet."[78] Angesichts eines relativ geringen Kostenrisikos von etwa 70000 DM[79] und der gleichzeitigen Inkaufnahme des Verlusts aus dem ausgeschlagenen Auseinandersetzungsangebot der Länderbank erstaunt der Rückzieher zunächst. Wahrscheinlich hatte sich inzwischen auch die Erkenntnis durchgesetzt, dass das starrköpfige Beharren auf einer Revision grundlegender politischer Weichenstellungen neuen Geschäften in Österreich eher hinderlich gewesen wäre. Ende 1960 kam zudem ein völkerrechtliches Gutachten, an dessen Finanzierung die Dresdner Bank sich beteiligt hatte, zu dem Ergebnis, dass eine Entschädigung auf der Grundlage des Vermögensvertrags kaum zu erreichen war.[80] Danach scheinen die Bemühungen um den Rückerhalt der Länderbank endgültig eingestellt worden zu sein, ohne dass allerdings in den Akten eine abschließende Notiz zu finden wäre.[81]

Die Beteiligungen in Luxemburg und Frankreich

Klarer als im Fall der österreichischen Tochtergesellschaft ist der Ausgang der Bemühungen um die Beteiligung an der Internationalen Bank in Luxemburg (Interbank). Auch an der Interbank war die Dresdner Bank schon geraume Zeit vor dem Zweiten Weltkrieg, nämlich seit 1926 beteiligt gewesen, hatte diesen Anteil nach der Besetzung Luxemburgs 1941 bis auf 46,5 Prozent aufgestockt und die Interbank dadurch unter ihre Kontrolle gebracht.[82] Nach Kriegsende wurden luxemburgische Wertpapiere aus deutschem Besitz beschlagnahmt und unter die Verwaltung eines luxemburgischen Sequesters gestellt.[83] Anders als im Fall der Länderbank scheint man sich hier recht frühzeitig mit der Enteignung abgefunden zu haben. „In Anbetracht der Bedeutung des Luxemburger Platzes, insbesondere für die Montan-Union", ermächtigte nämlich der Neue Kreis im Mai 1953 Carl Goetz, mit dem neuen Interbank-Chef Max Lambert Verhandlungen über den „Wiedererwerb einer angemessenen Beteiligungsquote an der Interbank" aufzunehmen.[84] Die Ergebnisse dieser Verhandlungen sind nicht überliefert. Jedenfalls wurde die alte Beteiligung schon in dem eingangs erwähnten, 1955 zusammengestellten Bericht über den Stand der früheren Auslandsbeteiligungen nicht mehr erwähnt, obwohl sie noch in den Büchern stand. Auch als die luxemburgische Regierung sich 1962 bereit erklärte, einzelne Beschlagnahmungen deutscher Vermö-

[78] Glück/Eiche an Goetz, 30. 6. 1959 (Zitat); Goetz an Kamitz, 19. 6. 1959, beides in: HADrB 7484-2002.

[79] Eiche an Vierhub, 22. 9. 1958, ebd.

[80] Verlagerungsabteilung an Rinn, 28. 11. 1960, HADrB 16643-2001. Rinn wies die Verlagerungsabteilung darauf hin, die Frage einer Entschädigung durch deutsche Stellen „nicht aus dem Auge zu verlieren", entsprechende Anstrengungen scheinen aber nicht mehr unternommen worden zu sein; Rinn an Verlagerungsabteilung, 3. 12. 1960, ebd.

[81] Abgesehen davon, dass der Honorarvertrag mit Draxler zum Jahresende 1961 gekündigt wurde; Koller an Callenberg, 16. 10. 1961, HADrB 5457-2000.

[82] Vgl. Johannes Bähr, Die Internationale Bank in Luxemburg, in: Wixforth, Expansion, S. 825–831.

[83] Banque Internationale á Luxembourg an Rhein-Main Bank, 21. 8. 1956; Dresdner Bank, Konsortial-Abteilung, an Verlagerungsabteilung, 19. 3. 1962, beides in: HADrB 28055-2001. Die 1941 von der Banque de l'Union Parisienne übernommenen Interbank-Aktien waren bis 1950 „auf Grund der französischen Gesetze" wieder in den Besitz der Verkäuferin gelangt; Goetz an Zinßer, 22. 2. 1950, HADrB 11122-2001.

[84] Niederschrift über die Sitzung des „Neuen Kreises" am 19. Mai 1953, S. 5, HADrB 1388-2002.

genswerte in Fällen zu überprüfen, wo sie „aus sozialen oder anderen Gründen eine besondere Härte“ darstellten, wurde offenbar kein Versuch unternommen, die immer noch mit dem ursprünglichen Wert von knapp 1,4 Mio. RM in den Büchern der Verlagerungsabteilung stehende Beteiligung auf dem Gnadenweg zurückzubekommen.[85] Stattdessen wählte der Vorstand einige Jahre später die kommerzielle Alternative und eröffnete 1967 mit der Dresdner Bank Luxembourg SA die erste luxemburgische Tochtergesellschaft einer deutschen Großbank nach dem Zweiten Weltkrieg.[86]

Verloren gab man Ende der fünfziger Jahre auch jene drei während der Besetzung Frankreichs von französischen Banken übernommenen Aktienpakete, deren Erwerb ein Pariser Gericht 1949 wegen „Plünderung“ für nichtig erklärt und bei denen sich Hans Pilder um den Nachweis „vorbildlich anständige[r] Kaufgeschäfte“ bemüht hatte. Zwei der drei Pakete stellten, da sie seinerzeit an Kunden weiterverkauft worden waren, ohnehin „keine Substanzverluste“ dar. Beim dritten Paket handelte es sich um Aktien der Allgemeinen Ungarischen Kreditbank in Budapest, die für westeuropäische Inhaber vermutlich ebenfalls wertlos waren. Pilder sah deshalb „für die Dresdner Bank nur noch das Interesse“ jenes Nachweises eines fairen Geschäfts, der vermutlich auch mit Blick auf das künftige Ansehen der Bank und die Perspektiven neuer Geschäfte in Frankreich von größerem Interesse war.[87] Immerhin waren diese Aktienkäufe im Kontext der auch in Frankreich vom NS-Regime betriebenen „Verflechtung“ deutschen und inländischen Kapitals betrieben worden und teils gegen französischen Widerstand oder aus jüdischem Besitz erfolgt.[88] Pilder stellte den Kontakt zu einem deutschen Anwalt in Frankreich her,[89] der gegen die Entscheidungen Berufung einlegte. Mehr geschah nicht, außer dass man bis 1959 regelmäßig Fristverlängerungen zur Begründung der Berufung beantragte. Eine tatsächliche Entscheidung wäre nicht nur sehr wahrscheinlich gegen die Bank ausgefallen. Man stellte die Bemühungen schließlich ganz einfach mit der Begründung ein, die Durchsicht der Verfahrensakten habe ergeben, „daß der Dresdner Bank ein moralischer Vorwurf im Grunde nicht gemacht wurde“.[90]

Der Handelstrust West und die niederländischen Vermögenswerte der Dresdner Bank

Im Gegensatz zu den Affiliationen in Österreich und Luxemburg stellten die niederländischen und belgischen Tochterinstitute der Dresdner Bank, zwei erst während des Kriegs entstandene Neugründungen, dauerhaft ihren aktiven Bankbetrieb ein und existierten nur noch als Abwicklungsstellen weiter. Mit einer Ver-

[85] Verlagerungsabteilung an Dresdner Bank Berlin, 15. 2. 1962, HADrB 28055-2001.

[86] Meyen, 120 Jahre, S. 204.

[87] Pilder an Dresdner Bank Berlin, Konsortialabteilung, 13. 8. 1949, HADrB 12979-2001. Schon vor dem Beginn der Pariser Verfahren hatte Pilder ausdrücklich darauf hingewiesen, dass es hier nicht um „einen besonderen materiellen Nutzen für die Dresdner Bank“ aus den Wertpapieren selbst oder dem Rückerhalt des Kaufpreise gehe, sondern darum, „dass die Art, wie diese Werte erworben worden sind, in der richtigen Weise dargestellt wird“; Pilder an André, 14. 5. 1949, ebd.

[88] Vgl. Johannes Bähr, Die Aktivitäten der Dresdner Bank in Frankreich, in: Wixforth, Expansion, S. 833–869, hier S. 849–863.

[89] Pilder an Goetz, 7. 6. 1949, HADrB 12979-2001.

[90] Aktennotiz Koller, 21. 4. 1964, HADrB 5542-2000.

ordnung vom Oktober 1944 beschlagnahmte die niederländische Exilregierung sämtliche Vermögenswerte deutscher Staatsbürger und des Deutschen Reichs als Eigentum des niederländischen Staates, um sie als Schadensersatz für Kriegs- und Besatzungsschäden heranzuziehen. Die Liquidation der Tochtergesellschaft Handelstrust West N.V. begann offiziell im Juli 1950, indem zwei 1945 auf Beschluss des Amsterdamer Militärkommissars eingesetzte und später von der Feindvermögensverwaltung, dem Nederlandsche Beheersinstituut, bestätigte Verwalter zu Liquidatoren bestellt wurden.[91] Durch ein „Entfeindungsverfahren" konnte die Beschlagnahmung zwar grundsätzlich rückgängig gemacht werden; die „Entfeindung" stellte allerdings nach niederländischer Rechtsauffassung lediglich einen Gnadenakt und keinen Rechtsanspruch dar.[92]

Einen solchen Entfeindungsantrag stellte im Mai 1951 auch die Dresdner Bank und legte, nachdem er im Februar 1952 abgelehnt worden war, Berufung ein. Der Handelstrust selbst galt zwar laut den niederländischen Liquidatoren mit einer Unterdeckung der Verbindlichkeiten von 20 Prozent als überschuldet, so dass das ehemals im Besitz der Dresdner Bank befindliche Aktienkapital von 500000 hfl. auch in den Niederlanden praktisch wertlos war. Die Dresdner Bank hatte jedoch selbst Guthaben bei niederländischen Banken und diverse Wertpapierpakete besessen, deren Wert zu dieser Zeit auf knapp 3,5 Mio. DM taxiert wurde. Auf einen für die Bank positiven Abschluss des Entfeindungsverfahrens hatte man sich allerdings von vornherein keine Hoffnung gemacht, denn dafür musste der Antragsteller „Verdienste für die Alliierten, insbesondere für die niederländischen Interessen" nachweisen. Das war nach eigener Einschätzung „naturgemäss" nicht zu leisten. Zweck des Verfahrens war vielmehr, „Zeit zu gewinnen und zunächst die Versilberung der Vermögenswerte der Dresdner Bank aufzuschieben", weil man allgemein mit niederländischen Konzessionen hinsichtlich des beschlagnahmten Vermögens rechnete.[93]

In der Dresdner Bank kalkulierte man Ende 1952 noch, dass die Liquidation des Handelstrust einen Überschuss erbringen würde; die Voraussetzung war allerdings, dass Restitutionsansprüche wegen der Zwangsliquidation jüdischen Eigentums abgelehnt würden, worauf man sich durchaus Hoffnung machte.[94] Vorübergehend drohte jedoch aus den Restitutionsklagen sogar eine Inanspruchnahme der Dresdner Bank selbst. Die in Liquidation befindliche niederländische Tochter verkündete 1953 der ehemaligen Konzernmutter „den Streit", weil sie ihrerseits von den Liquidatoren der beiden Hauptagenturen der Entziehung jüdischen Besitzes in den Niederlanden, der Pseudobank Lippmann, Rosenthal & Co. und der Vermögensverwaltungs- und Rentenanstalt, auf die Rückerstattung „verschleuderten" jüdischen Vermögens verklagt worden war, das seinerzeit gegen inzwischen wertlose Reichsschatzanweisungen hatte getauscht werden müssen. Der Prozess war deshalb von besonderer Bedeutung, weil bei einer Niederlage auch

91 Sattler, Handelstrust West, S. 789; Handelstrust West N.V. in liq an Hamburger Kreditbank, 1. 12. 1950, HADrB 5431-2000.

92 Botschaft der Bundesrepublik Deutschland, Merkblatt betreffend enteignetes und beschlagnahmtes deutsches Vermögen in den Niederlanden, September 1963, HADrB 5446-2000.

93 Piecq an Vierhub, 2. 12. 1954, ebd.

94 Aktennotiz Entzian, 6. 12. 1952, ebd. Zu dieser Zeit waren in Amsterdam neben den zwei Liquidatoren noch drei Angestellte beschäftigt.

die Aktiva aus neuen Geschäften der Nachfolgeinstitute in den Niederlanden hätten gepfändet werden können. 1954 wurden jedoch die Ansprüche gegen den Handelstrust rechtskräftig abgewiesen.[95]

Damit konnte man unbelastet von Restitutionsdrohungen über neue Initiativen zur Rückerlangung der Tochtergesellschaft nachdenken. Carl Goetz, der auch hier das letzte Wort hatte, entschied jedoch, man solle sich „weiterhin passiv verhalten."[96] Zumindest auf den unteren Ebenen der Bank wurde aber durchaus ernsthaft über eine Reaktivierung des Handelstrust nachgedacht, gerade weil für die zweite Instanz des Entfeindungsverfahrens wenig Hoffnungen bestanden. Um das hierfür verlangte „niederländische Interesse" quasi nachträglich zu erfüllen, ließ man den niederländischen Rechtsvertreter sondieren, ob die niederländische Regierung vielleicht an der Vermittlung einer deutschen Kapitalbeteiligung an einer niederländischen Maschinenfabrik durch die Dresdner Bank interessiert war.[97]

Gleichzeitig hielt man aber an der Legende fest, die Handelstrust West N.V. habe nicht etwa „niederländische Interessen [...] schädigen" wollen, sondern „vielmehr im Rahmen des Möglichen" versucht, „die niederländischen Interessen zu wahren."[98] Tatsächlich hatte sich der Handelstrust zwar ausdrücklich nicht als Konkurrent niederländischer Banken betätigen sollen, sich aber sehr aktiv im Auftrag und zu Gunsten einer Besatzungsmacht engagiert, die zuallerletzt an der Wahrung niederländischer Interessen orientiert war.[99] Davon überzeugten die Liquidatoren auch die Abteilung Rechtsprechung des Raad voor het Rechtsherstel, einer Dachorganisation für Restitutionsfragen. Im August 1956 entschied die Haager Spruchkammer des Rats auch im Berufungsverfahren gegen die Dresdner Bank. Nach Ansicht des Rats ging aus den Berichten der niederländischen Verwalter hervor, „dass die weissen Westen", die die Geschäfte der Handelstrust West N.V. der Dresdner Bank nach Anweisung von Carl Goetz in den Niederlanden belassen sollten, „ziemlich beschmutzt zum Vorschein gekommen" waren. Körperschaften, die sich in der Weise der Dresdner Bank „an der wirtschaftlichen Ausplünderung der Niederlande" beteiligt hätten, seien „aller Ansprüche auf die Erteilung irgendeiner Gunst durch die Niederlande verlustig gegangen".[100]

Damit waren die rechtlichen Schritte ausgereizt. Die Hoffnung auf einen „neuen Vorstoss" in einer verbesserten politischen Atmosphäre scheint sich eben-

[95] Aktennotiz Koller, 21. 4. 1964, HADrB 5542-2000. Zu dem Verfahren vgl. die Korrespondenz in HADrB 5431-2000. Zur Restitution des über Lippmann, Rosenthal & Co. und die VVRA entzogenen jüdischen Vermögens vgl. Gerard Aalders, Geraubt! Die Enteignung jüdischen Besitzes im Zweiten Weltkrieg, Köln 2000, S. 398–412.

[96] Entzian an Goetz, 7. 9. 1954; Notiz Entzian, 23. 9. 1954 (Zitat), beides in: HADrB 11877-2001.

[97] Piecq an Vierhub, 2. 12. 1954; Aktennotiz Piecq, 5. 10. 1955, beides in: HADrB 5446-2000. Ähnlich wie in Österreich konnte man mit dem niederländischen Rechtsanwalt van Krimpen auf einen langjährig bekannten Vertreter der eigenen Interessen zurückgreifen, der bereits seit den zwanziger Jahren für die Dresdner Bank und auch für den Handelstrust gearbeitet hatte; Aktennotiz Frankfurt, 28. 10. 1954, HADrB 5445-2000.

[98] Dresdner Bank (Piecq/Jaeckle) an Wilhelm Paul, 19. 3. 1955, HADrB 5431-2000. Paul hatte als enger Mitarbeiter Joachim Entzians im Berliner Auslandssekretariat den Kontakt zum Handelstrust betreut.

[99] Sattler, Handelstrust West, S. 790f.

[100] Urteil, 11. 8. 1956 (Übersetzung, 14. 9. 1956), Zitate S. 6, HADrB 5439-2000.

falls bald zerschlagen zu haben.[101] Der 1963 in Kraft getretene deutsch-niederländische Finanzvertrag bot nur in bestimmten Sonderfällen eine Möglichkeit zur Freigabe beschlagnahmten Vermögens. Dazu gehörte, wie schon im Entfeindungsverfahren, dass der Besitzer „sich um die alliierte – insbesondere die niederländische – Sache durch außerordentliche Handlungen (nicht Duldungen) verdient gemacht" hatte.[102] Die Legende vom pro-niederländischen Engagement der Dresdner Bank war dafür offenkundig nicht hinreichend. Auf einen neuerlichen Antrag wurde offenbar verzichtet, nachdem man es in der Verlagerungsabteilung schon 1957 für „ausgeschlossen" gehalten hatte, „dass von Holland aus Guthaben oder Effekten für uns freigegeben werden."[103] 1964 errechnete man einen Gesamtwert der ausdrücklich als „verloren" bezeichneten niederländischen Vermögenswerte von immerhin knapp 5 Mio. DM.[104] Das 500000 hfl. betragende Aktienkapital des Handelstrust selbst, dessen Liquidation sich in den Niederlanden noch bis mindestens 1964 hinzog,[105] tauchte in solchen Aufstellungen schon lange nicht mehr mit einem realen Wertansatz auf.

Die Continentale Bank

Die Abwicklung der Continentale Bank S.A./N.V. in Brüssel verursachte wohl den größten Aufwand; sie ist nämlich bis heute nicht beendet. Nach der Befreiung Belgiens wurde dort ebenfalls eine Sequesterverwaltung eingesetzt, der im August 1945 auch das von den Amerikanern beschlagnahmte Aktenmaterial der Bank übergeben wurde.[106] Ihren Eigentumsanspruch gab die Dresdner Bank deswegen allerdings noch lange nicht auf. Die beiden letzten Leiter der Contibank, Rudolf Sterly und Rudolf Gurr, die nun in Bad Nauheim als „Continentale Bank, Abwicklungsstelle Reich in Liquidation" firmierten, wiesen den Sequester vielmehr darauf hin, dass die Bank zwar eine Gesellschaft belgischen Rechts, aber deutsches Eigentum sei, und verwiesen ihn auf den künftigen Friedensvertrag.[107] Der Sequester sah das freilich anders und verweigerte auch die Anerkennung eines Status, der von Sterly und Gurr noch in Deutschland getätigte Transaktionen umfasste. Das Aktienkapital der Affiliation sei im Übrigen, im Gegensatz zum Ergebnis des deutschen Status, „infolge der defizitären Lage der Continentalen Bank völlig aufgezehrt".[108] Sterly war anderer Meinung, weil er davon ausgegangen war, dass die belgischen Gläubiger aus dem gesamten in Belgien vorhandenen Vermögen, die deutschen Gläubiger hingegen aus den in Deutschland belegenen Reichsmark-Werten der Contibank vollständig befriedigt werden könnten. Die volle Befriedigung der belgischen Gläubiger war allerdings unmöglich, nachdem

[101] Entzian/Rust, Bericht über das Entfeindungsverfahren wegen des Vermögens der Dresdner Bank in den Niederlanden, 27. 10. 1956, HADrB 5428-2000.
[102] Botschaft der Bundesrepublik Deutschland, Merkblatt betreffend enteignetes und beschlagnahmtes deutsches Vermögen in den Niederlanden, September 1963, S. 3, HADrB 5446-2000.
[103] Notiz Hauptbuchhaltung, 30. 7. 1957, HADrB 5430-2000.
[104] Aktennotiz Piontkowski, 3. 7. 1964, HADrB 5446-2000.
[105] Sattler, Handelstrust, S. 789.
[106] Bähr, Continentale Bank, S. 824.
[107] Sterly/Gurr an Continentale Bank S.A./N.V. sous séquestre, 23. 1. 1947, HADrB 5539-2000.
[108] A. Hopchet, Sequester der Contibank, an Sterly und Gurr, 19. 2. 1947, ebd.

sämtliche Forderungen deutscher Gläubiger in belgischen Francs vor Beginn der Liquidation dem belgischen Staat übertragen worden waren.[109]

Auch gegen die Beschlagnahmung der Continentalen Bank erhob die Dresdner Bank lediglich Einspruch, um „nichts unversucht zu lassen und Zeit zu gewinnen“, weil man auf größere Chancen im Rahmen einer Verbesserung der deutsch-belgischen Beziehungen hoffte.[110] Nachdem allerdings der belgische Sequester mehrfach versucht hatte, auch die Forderungen der Continentalen Bank gegen Schuldner in der Bundesrepublik einzuziehen, beantragte die Dresdner Bank die Anordnung einer Abwesenheitspflegschaft für die deutschen Vermögenswerte der Affiliation, die 1953 vom Amtsgericht Berlin-Charlottenburg genehmigt wurde.[111] Eine Reaktivierung der Tochtergesellschaft, die ohnehin primär für kriegswirtschaftliche Zwecke gegründet worden war, wurde zwar längst nicht mehr in Betracht gezogen. Die Abwicklung sollte aber zumindest „unter Berücksichtigung der Interessen der deutschen Gläubiger“ durchgeführt werden.[112]

Dafür, dass man an der Reaktivierung der Contibank keinerlei Interesse mehr hatte, gab es zwei Gründe. Zum einen war, nachdem der belgische Sequester die seinerzeit beschlagnahmten Debitoren- und Kreditorenlisten der Continentalen Bank vorgelegt hatte, mittlerweile klar, dass auch bei Einbeziehung der deutschen Vermögenswerte keine vollständige Befriedigung der Gläubiger zu erreichen sein würde, die Bank mithin bankrott war. Zum anderen war aber nach Aussage des Sequesters „dem good will kein besonderer Wert zuzumessen“, weil – so die bezeichnende Formulierung der Bankjuristen – der Name der ehemaligen Affiliation „in Belgien mit der Tatsache der Kriegsfinanzierung und der Vorstellung der ‚Kollaboration‘ belastet“ war.[113] Das galt zwar bislang nur für die Continentale Bank, doch fürchtete man für den Fall der Reaktivierung, dass sich der schlechte Ruf auf die Dresdner Bank ausdehnen könnte.[114]

Durch die Abwesenheitspflegschaft für die deutschen Vermögenswerte war eine gewisse Pattsituation zwischen der Bank und dem belgischen Sequester entstanden, die dessen Zustimmung zu einer einvernehmlichen Liquidation offenbar grundsätzlich förderte. Die den deutschen Gläubigern nach deutschem Recht zustehenden Liquidationserträge in Belgien sollten jedoch weiterhin dem belgischen Staat zufließen. Daher entstand der Plan, die deutschen Vermögenswerte separat zu liquidieren und daraus die deutschen Gläubiger zu befriedigen.[115] Ende 1956 bat Entzian Carl Goetz um seine Zustimmung zur Liquidierung der in Deutschland befindlichen Vermögenswerte der Contibank. Anfang 1957 kam man schließlich mit dem deutschen Abwesenheitspfleger und dem belgischen Sequester überein, „daß der deutsche Abwesenheitspfleger das in Deutschland befindliche Vermögen nunmehr unter eigener Verantwortung verteilt und damit die Ansprüche der deutschen Gläubiger auf die ihnen verbleibende Quote sichergestellt wird.“ Zugleich behielt sich die Dresdner Bank das Recht vor, durch den Wieder-

[109] Sterly an Continentale Bank S.A./N.V. sous séquestre, 3. 1. 1947, ebd.
[110] Aktennotiz Koller, 14. 4. 1964, HADrB 5542-2000.
[111] Aktenvermerk Ponto, 29. 9. 1955, HADrB 1367-2002.
[112] Niederschrift über die Sitzung des „Neuen Kreises“ am 3. Oktober 1955, S. 7, ebd.
[113] Aktenvermerk Ponto, 29. 9. 1955, ebd.
[114] Entzian an Goetz, 23. 8. 1955, ebd.
[115] Entzian an Goetz, 2. 11. 1955, ebd.

erwerb der faktisch wertlosen Contibank-Aktien den Firmenmantel zu reaktivieren.[116] Die auf deutsche Gläubiger entfallende Quote des belgischen Vermögens hingegen, die nach der dortigen Liquidation zu Gunsten des belgischen Staates einbehalten worden war, war „als endgültig verloren anzusehen".[117]

Da die Bank selbst aus dieser Liquidation nicht viel zu gewinnen hatte, hielten sich die entsprechenden Bemühungen in den folgenden Jahren offenbar sehr in Grenzen. Die Motivation erhöhte sich, als der Abwesenheitspfleger und das zuständige Gericht 1961 eine Forderung der Dresdner Bank gegen die Continentale Bank aus einer unmittelbar vor der alliierten Besetzung Belgiens steckengebliebenen Überweisung in Höhe von rund 20 Mio. belgischen Franc anerkannten. Die Dresdner Bank selbst wurde dadurch plötzlich „zum grössten hier bekannten deutschen Gläubiger der Contibank."[118] Die Liquidation war aber mit einigen komplizierten Rechtsfragen und nicht zuletzt mit dem Verhalten der Dresdner Bank gegenüber den übrigen deutschen Gläubigern verbunden. In der Verlagerungsabteilung sah man bei einem öffentlichen Liquidations- oder Konkursverfahren das Risiko, „dass sich die Dresdner Bank als Mehrheitsaktionärin in der Öffentlichkeit zu sehr mit der Contibank identifiziert und hierdurch nur unberechtigte Wünsche von Gläubigern auf Erhöhung der Liquidationsquote durch eigene Mittel der Dresdner Bank hervorruft." Eine direkte Übernahme des Restvermögens hätte die Dresdner Bank umgekehrt auch verpflichtet, die offenen Forderungen der Contibank in Deutschland bei Schuldnern einzutreiben, die gleichzeitig ihre Kunden waren.[119]

Die verfahrene Lage führte zu einer weiteren dilatorischen Behandlung des Problems. Auf die Dauer wurde die Contibank dadurch aber nicht nur für die Dresdner Bank, sondern auch für die mit den offenen Fragen der Altbanken- und Umstellungsrechnung befassten Bankenaufsichtsbehörden sowie für das Berliner Vormundschaftsgericht zum Ärgernis. Nachdem der Abwesenheitspfleger der Dresdner Bank 1971 auf Drängen des Pflegschaftsgerichts eine Frist zur Bereinigung der Angelegenheit durch die Übernahme des Contibank-Vermögens gesetzt hatte, dachte man daher ernsthaft daran, das deutsche Vermögen auf die Dresdner Bank zu übernehmen, die Gläubiger anteilig abzufinden und die Contibank zu liquidieren. Dem standen allerdings – rund 25 Jahre nach der Schließung der Tochtergesellschaft – diverse ungeklärte Buchungen und Rechtsfragen entgegen, so dass die Verhandlungen auch dieses Mal mit einer Vertagung endeten.[120]

116 Entzian an Goetz, 25. 2. 1957; Entzian an Schäfer, 25. 2. 1957 (Zitat), beides in: HADrB 3469-2002. Auch in diesem Fall ließ Goetz sich laufend über den Stand der Verhandlungen unterrichten und 1955 persönlich vom Neuen Kreis mit der Wahrung der Interessen der Dresdner Bank beauftragen; Niederschrift über die Sitzung des „Neuen Kreises" am 3. Oktober 1955, S. 7, HADrB 1367-2002.

117 Entzian an Goetz, 17. 11. 1956, HADrB 3469-2002.

118 Entwurf Koller für den Vorstand der Dresdner Bank, o. D. (mit Schreiben Koller an Laabs, 8. 9. 1961, Anlage I), ebd.

119 Ebd.

120 Koller, Betreff: Continentale Bank S.A./N.V., Brüssel, 18. 5. 1971; Aktenvermerk des Abwesenheitspflegers, 8. 6. 1971, beides in: HADrB 110509; Beauftragter für Altbankenfragen an den Berliner Senator für Wirtschaft und das Hessische Ministerium für Wirtschaft und Technik, 18. 6. 1971, HABB, B 330/2208/II.

Der nächste Anlauf bestand 1976 in einer Klage des Abwesenheitspflegers gegen die Dresdner Bank wegen ihrer Bürgschaftsverpflichtungen für einige endgültig ausgefallene Kredite. Diese Klage scheiterte jedoch an den Regelungen des Altbankengesetzes; der entscheidende Grund lag darin, dass die deutsche „Spaltgesellschaft" der Continentalen Bank niemals einen Sitz oder eine Geschäftsleitung in Deutschland gehabt hatte.[121] 1981 sprach das Landgericht Berlin schließlich der Dresdner Bank einen Anspruch gegen die Contibank über gut 6 Mio. belgische Franc zu, den der Abwesenheitspfleger nach der Klärung weiterer juristischer Formfragen 1989 schließlich erfüllte.[122] Die Abwicklung der in Belgien inzwischen liquidierten Continentalen Bank und die Aufhebung der Abwesenheitspflegschaft für die deutsche „Spaltgesellschaft" bis sind heute nicht abgeschlossen, weil die Forderungen der Dresdner Bank zwar seit längerem unbestritten sind, rein theoretisch aber immer noch mit dem Auftauchen von Ansprüchen Dritter gerechnet werden kann.

Die in den fünfziger Jahren als geschickter Schachzug gegen belgische Reparationsinteressen eingefädelte Abwesenheitspflegschaft erwies sich langfristig als juristischer Klotz am Bein. Dabei ging es, ähnlich wie bei den österreichischen Vermögenswerten der BEB, längst nicht mehr um materielle Werte. Auch hier galt die 1978 mit dem hessischen Wirtschaftsministerium getroffene Vereinbarung, dass eventuelle Erlöse aus der Abwicklung der Contibank an die öffentliche Hand abzuführen waren, während die Bank für noch zu erfüllende Verbindlichkeiten oder damit verbundene Prozesskosten durch Ausgleichsforderungen zu kompensieren war.[123] Die Auseinandersetzungen zwischen den verschiedenen Abwesenheitspflegern der Contibank, die im Laufe der Jahrzehnte mehrmals wechselten, und der Dresdner Bank AG um diverse strittige Bilanzpositionen muten für den Nichtjuristen einigermaßen bizarr an, denn wirkliche Geschäftsinteressen waren davon nicht mehr betroffen. Es gab dabei auch niemals ernsthafte Konfrontationen, denn beide Seiten waren sich im Ziel der Abwicklung grundsätzlich einig und handelten mehr oder minder in gegenseitigem Einverständnis; es ging schließlich nur noch darum, die unbeabsichtigte Verletzung gesetzlicher Normen zu vermeiden. Die Expansion der Dresdner Bank während des Zweiten Weltkriegs warf lange Schatten, aber diese Schatten zerfransten schließlich in komplizierte juristische Detailfragen, die ihren Ursprung nur noch vage erahnen lassen.

Unmittelbar nach Kriegsende war das natürlich anders gewesen. Schon seit dem Sommer 1944 hatte man sich mehr oder wenige intensiv mit den Konsequenzen der veränderten militärischen Lage an der Ostfront auseinandersetzen und auf den Rückzug vorbereiten müssen, zielte aber so lange wie möglich auf eine Fortsetzung des laufenden Geschäfts. Die Trennung von den ostmittel- und osteuropäischen Tochtergesellschaften und den Filialen in den Regionen, die sukzessive von der sowjetischen Armee eingenommen wurden, gestaltete sich dann sehr unter-

[121] Beschluss des Landgerichts Berlin, 3. 9. 1980, HADrB 110480.
[122] Dresdner Bank AG, Verlagerungsabteilung, an den Abwesenheitspfleger der Contibank, 4. 7. 1989, HADrB 110495.
[123] Der Hessische Minister für Wirtschaft und Technik an Dresdner Bank AG, 25. 10. 1978, S. 2f., HADrB 39872-2001.

schiedlich. Das Spektrum reichte von einer frühzeitigen Schließung der Affiliation in Riga, bei der das Reich die Verluste aus dem operativen Geschäft übernahm, über die mehr oder weniger geordnete Räumung der nunmehr (wieder) polnischen Gebiete bis hin zur Mitwirkung der Filialmitarbeiter an der Liquidation der sudetenländischen Filialen „vor Ort“. Die oberschlesischen Filialen gingen an den mitteldeutschen Verlagerungsstandorten teils sogar aktiv zum Neugeschäft über. Doch auch dort, wo nach der Verlagerung in die Sowjetische Besatzungszone noch einige Zeit weitergearbeitet werden konnte, blieb nach der grundlegenden Umstrukturierung des Bankwesens im Sommer 1945 ebenso wie für die mitteldeutschen Filialen nur noch die Abwicklung, bei der das eingearbeitete Personal lediglich im Auftrag der Besatzungsmacht und der neuen Machthaber fungierte. Noch viel weniger dürfte die Führungsebene der Dresdner Bank sich bei Kriegsende ernsthafte Hoffnungen darauf gemacht haben, in absehbarer Zeit das Bankgeschäft in Regionen wieder aufnehmen zu können, wo man es während des Krieges unter dem Schutz einer brutalen Besatzungsmacht betrieben hatte. Dass man sich jedoch nach wie vor für den rechtmäßigen Besitzer der verbliebenen Vermögenswerte hielt, zeigt das Beispiel der Kommerzialbank Krakau, wo noch bis 1946 die Rechtslage hinsichtlich möglicher Ansprüche an die polnische Regierung geprüft wurde.

Dieser Besitzanspruch kam wesentlich deutlicher in den Auseinandersetzungen um die ehemaligen Tochtergesellschaften und Vermögenswerte in Österreich, Frankreich und den Beneluxländern zum Ausdruck. Auch im Westen setzte der Rückzug schon im Sommer 1944 ein, und auch hier wurden Tochtergesellschaften und Auslandsvermögen der Dresdner Bank beschlagnahmt. Im Gegensatz zu Ost- und Ostmitteleuropa boten die neuen politischen Rahmenbedingungen hier jedoch substanzielle Möglichkeiten, sich aktiv für die Wiedererlangung einzusetzen. Diese Möglichkeiten wurden auch genutzt, weil man sich weiterhin für den einzig legitimen Eigentümer hielt. Wirklich erfolgreich war die Bank dabei nur in einem einzigen Fall, nämlich bei den in Österreich belegenen Vermögenswerten der ehemaligen tschechischen Tochtergesellschaft Böhmische Escompte-Bank. Gerade in diesem Fall war der Erfolg aber wirtschaftlich völlig irrelevant, weil der gesamte Nettoertrag an den deutschen Fiskus abgeführt werden musste. Dasselbe hätte für die niederländischen Vermögenswerte gegolten, die schließlich abgeschrieben wurden, und auch für das Stammkapital der beschlagnahmten Affiliationen. In den Niederlanden, und noch eindeutiger in Österreich und Luxemburg, zielten die forgesetzten Ansprüche auf die ehemaligen Tochtergesellschaften allerdings überdies darauf, von hier aus das Auslandsgeschäft der Nachfolgeinstitute bzw. der Dresdner Bank AG voranzutreiben.

Eine hinreichende Erklärung für die Hartnäckigkeit, mit der insbesondere Carl Goetz auf die Eigentumsrechte der Dresdner Bank pochte, bieten diese betriebswirtschaftlichen Motive jedoch nicht; auch hier stand vielmehr das historische Selbstverständnis der alten Bankführung zur Debatte. Besonders deutlich zeigt dies der österreichische Fall, wo die Dresdner Bank außerordentlich hartnäckig und undiplomatisch an ihrem Anspruch festhielt. Die Ablehnung der angebotenen Länderbank-Beteiligung an der Deutsch-Südamerikanischen Bank als Quasi-Entschädigung für die Enteignung der österreichischen Tochtergesellschaft ging sogar eindeutig gegen die betriebswirtschaftliche Vernunft. Umgekehrt zeigt die Begründung für den endgültigen Verzicht auf die französischen Aktienpakete, die finanziell völlig uninteressant waren, welch hohe Bedeutung man „moralischen Vorwürfen" zumaß. Dass es sich bei den umstrittenen Beteiligungen um Vermögen handelte, das man erst im Kontext der nationalsozialistischen Annexions- und Besatzungspolitik hatte aufbauen oder entscheidend aufstocken können, wurde konsequent ausgeblendet.

Ganz ähnlich verhielt sich die Bank, als die türkische Regierung nach dem Krieg die Herausgabe von Goldbarren und Goldmünzen verweigerte. Diese Vermögenswerte stammten aus den Arbitragegeschäften der Dresdner Bank mit Gold, das die deutsche Besatzungsverwaltung während des Zweiten Weltkriegs aus den Zentralbanken besetzter Länder und von den europäischen Juden geraubt hatte. Die Rückgabe des Edelmetalls war für die Dresdner Bank materiell irrelevant, weil der Wert in die Altbankbilanz eingestellt werden musste und dafür Ausgleichsforderungen verloren gingen. Dennoch verlangte sie hartnäckig „unser Gold in Ankara" zurück und war am Ende erfolgreich. Der offenkundige Zusammenhang des Goldhandels mit der Ausraubung besetzter europäischer Länder gab dabei offenbar keinerlei Anlass zur Verunsicherung.[124] Die Bemühungen um eine teilweise Rückgewinnung des beschlagnahmten Auslandsvermögens hatten offensichtlich nicht nur, in manchen Fällen kaum eine materielle, sondern auch eine sehr wichtige symbolische Dimension – sie demonstrierten stets auch den Anspruch auf jene kaufmännisch weiße Weste, die vermutlich nicht nur in den Niederlanden als „ziemlich beschmutzt" wahrgenommen wurde.

[124] Vgl. Bähr, Goldhandel, S. 122. „Unser Gold in Ankara" lautete der Titel der einschlägigen Akten.

XIV. Schluss: Unternehmensidentität und NS-Vergangenheit

Der Untergang des NS-Regimes hatte für die Dresdner Bank gerade dort erhebliche Konsequenzen, wo ihre spezifische Rolle im Dritten Reich und deren Wahrnehmung durch die Besatzungsmächte kaum von Belang waren: Die Schließung und Enteignung der Filialen in der Sowjetischen Besatzungszone und der Zentrale im sowjetischen Sektor Berlins waren keine gezielten Strafmaßnahmen der Alliierten, sondern Teil der Etablierung eines neuen Wirtschafts- und Herrschaftssystems. Auch die Filialen in den früheren deutschen Ostgebieten sowie die Niederlassungen und Tochtergesellschaften in den seit 1938 vom Dritten Reich annektierten oder besetzten europäischen Ländern gingen aufgrund allgemeinpolitischer Entscheidungen verloren. In Westdeutschland hingegen waren die Konsequenzen des verlorenen Kriegs, die zunächst auch hier existenzbedrohende Ausmaße anzunehmen schienen, weit weniger einschneidend – trotz einer besonders kritischen Einschätzung durch Vertreter der größten westlichen Besatzungsmacht. Die personelle Kontinuität auf der Führungsebene und in den Filialleitungen wurde zwar zeitweise durch Berufsverbote und Internierungen eingeschränkt, doch dauerhafte Einschnitte blieben eng begrenzt. Die von der amerikanischen Besatzungsmacht vorangetriebene Dezentralisierung der Großbanken war sichtbar gescheitert, als zwölf Jahre nach Kriegsende ein neues überregionales Kreditinstitut entstand, das nicht nur dem Namen nach an die alte Dresdner Bank anknüpfte. Die Wiedergutmachungsleistungen der Dresdner Bank und ihrer Nachfolgeinstitute wurden wegen der bankenspezifischen Regelungen der Währungsreform zu wesentlichen Teilen von den bundesdeutschen Steuerzahlern getragen. Und an die Stelle einer Auseinandersetzung mit dem eigenen Verhalten in der NS-Zeit trat die idealisierende Konstruktion einer Vergangenheit, in der höchstens einigen als schwarze Schafe wahrgenommenen Personen eine sehr begrenzte Mitverantwortung dafür zugewiesen wurde, dass die funktionale Integration der Dresdner Bank in das nationalsozialistische Wirtschaftssystem schließlich bis in die Mittäterschaft geführt hatte.

Alle politischen Herausforderungen, mit denen sich das Führungspersonal der Dresdner Bank nach dem Untergang des NS-Regimes auseinander setzen musste, verlangten nach einer Stellungnahme zur eigenen Vergangenheit, nach einer historischen Selbstdefinition. Am stärksten galt das dort, wo man sich unmittelbar dem Vorwurf ausgesetzt sah, mit dem Nationalsozialismus paktiert oder gar zu dessen aktiven Vertretern gehört zu haben. Das war zum einen in der flächendeckenden Entnazifizierungsprozedur der Fall, die die Mitglieder der westdeutschen Filialleitungen durchlaufen mussten. Am Ende stand für so gut wie alle untersuchten Filialleiter eine Einstufung als „Mitläufer“ oder die vollständige Entlastung. Das entsprach auch durchaus ihrer tatsächlichen Belastung im politischen Sinne, also durch NSDAP-Mitgliedschaften oder kleinere Parteiämter. An den Realitäten der NS-Zeit gingen die Entnazifizierungsverfahren aber insofern weitgehend vorbei, als die ganz spezifischen Beiträge der Bankfilialen zum Funktionieren des nationalsozialistischen Räderwerks – also die Finanzierung der Rüstungswirtschaft und vor allem die Partizipation an der legalisierten Ausraubung der deutschen Juden – von vornherein keine Rolle spielten. Zugleich boten diese Verfahren vielfach die Gelegenheit zur Konstruktion einer unpolitischen Vergangenheit oder regelrechter Widerstandslegenden der Betroffenen.

In der östlichen Besatzungszone stand die Entnazifizierung dagegen im Kontext eines weitgehenden personellen Kontinuitätsbruchs. Dieser geschah allerdings nicht schlagartig, und er hing unmittelbar mit dem Aufbau eines völlig neuen Bankensystems zusammen, das wiederum als politisches Instrument einer neu entstehenden Diktatur etabliert wurde. Im ersten Schritt verband sich das noch mit einer offenbar gezielten Ausschaltung von Nationalsozialisten aus Führungsstellungen. Auf die Dauer allerdings reichte dies nicht aus, um in dem neuen, politisierten Bankensystem das Prinzip der parteiherrschaftlichen Lenkung durch Kader sicherzustellen. Es dauerte aber immerhin rund zwei Jahre, bis eine von der SED betriebene Verdrängung „reaktionärer" bürgerlicher Kräfte aus dem Bankwesen begann.

Weder in der ost- noch in der westdeutschen Entnazifizierung der Filialleitungen spielte eine besonders kritische Wahrnehmung speziell der Dresdner Bank eine nennenswerte Rolle. Ähnliches gilt für eines der beiden Strafverfahren, die gegen Vorstandsmitglieder der Bank geführt wurden. Der politisch unbelastete Alfred Busch wurde in einem Waldheimer Schnellverfahren, das nur vordergründig einer gründlichen Abrechnung mit dem Nationalsozialismus diente, zu langjähriger Haft verurteilt. Da auf rechtsstaatliche Maßstäbe kein Wert gelegt wurde, bekam Busch praktisch keine Gelegenheit, seine tatsächliche Rolle in der NS-Zeit vor Gericht oder gar öffentlich darzustellen. Eine spezifische Beurteilung der Dresdner Bank spielte hier auch lediglich vordergründig, als zusätzliche Legitimation, eine gewisse Rolle im Revisionsantrag der Staatsanwaltschaft.

Anders war dies im Fall Karl Rasches, der als einziger Vertreter der Geschäftsbanken in einem der Nürnberger Nachfolgeprozesse angeklagt wurde. Die wirtschaftliche Funktion der deutschen Großbanken und die „Konzentration wirtschaftlicher Macht", die sie angeblich darstellten, waren zunächst der entscheidende Anstoß für intensive Ermittlungen der Finanzabteilung der amerikanischen Militärregierung gewesen. Der Grund dafür, gerade Rasche vor Gericht zu stellen, war dieser politökonomisch unterfütterte Pauschalverdacht jedoch nicht. Was die amerikanische Wahrnehmung der Dresdner Bank von derjenigen anderer Banken vielmehr deutlich unterschied, war eine größere Nähe zur nationalsozialistischen Politik beziehungsweise zu den verschiedenen wirtschaftlichen Funktionsträgern des Regimes. Für die Anklage Rasches hatte seine Einstufung als Repräsentant eines kriminellen Kollektivs noch eine wesentliche Bedeutung. Die Verurteilung aber beruhte nicht auf seiner Position als Vorstandssprecher der zweitgrößten deutschen Bank, sondern auf seiner persönlichen Verantwortung für die Aktivitäten der Bank in der besetzten Tschechoslowakei und den Niederlanden, daneben auch auf einer Mitgliedschaft in der SS. Aus der Definition eines ganzen Unternehmens als „verbrecherisch“ hatte sich im Laufe der Besatzungsjahre die völkerrechtlich begründete Strafverfolgung eines individuellen Repräsentanten mit rechtsstaatlichen Methoden entwickelt.

Das hatte freilich auch zur Folge, dass die Bankführung insgesamt sich von einer Mitverantwortung für die Rasche angelasteten Taten freigesprochen fühlen konnte. Der Prozess gegen den Vorstandssprecher und auch schon die Vorbereitung darauf wurden gleichzeitig zum wichtigsten Schauplatz einer Konstruktion der jüngsten Unternehmensgeschichte, die der Interpretation der amerikanischen Ankläger diametral entgegen stand. Der Kern dieser Verteidigungsstrategie bestand darin, das Verhalten der Bankleitung (einschließlich Rasches) so weit wie möglich aus seinem politischen Kontext zu rücken. Die Mitwirkung an der Enteignung der deutschen Juden und der wirtschaftlichen Ausbeutung der besetzten Gebiete schrumpfte in dieser Selbstbeschreibung zu ganz normalen Bankgeschäften. Die Mitglieder des kollektiv verantwortlichen Vorstands und der Aufsichtsratsvorsitzende Carl Goetz stilisierten sich selbst zu unpolitischen Kaufleuten, die die von Karl Rasche und Emil Meyer, dem zweiten maßgeblichen Nationalsozialisten im Vorstand, vorangetriebene Expansion in die besetzten Gebiete und die Geschäftsverbindungen zur SS notgedrungen hingenommen und bei „Arisierungen“ ihre jüdischen Geschäftspartner nach besten Kräften unterstützt hatten.

In diese Distanzierung von der eigenen historischen Rolle fügte sich auch, dass man Karl Rasche nach seiner vorzeitigen Entlassung im August 1950 nicht wieder in die Führung der Dresdner Bank beziehungsweise ihrer westdeutschen Nachfolgeinstitute aufnahm. Der Grund dafür waren nicht etwa grundsätzliche Hemmungen gegen die Beschäftigung eines verurteilten „Kriegsverbrechers“. Was hier stattfand, war vielmehr die Konsolidierung eines bestimmten Milieus, in das der mit politischem Rückenwind aufgestiegene Provinzbankier Rasche nie so recht gepasst hatte. Die verweigerte Reintegration Rasches bedeutete zwar einen personellen Kontinuitätsbruch gegenüber der NS-Zeit, aber zugleich die Stärkung einer älteren Kontinuitätslinie; dasselbe gilt für den Selbstmord Emil Meyers. Und diese personelle Konsolidierung, die geradezu bildhaft in der Freilassung der übrigen Vorstandsmitglieder und des Aufsichtsratsvorsitzenden aus der amerikanischen Internierung Ende 1947 zum Ausdruck kam, erleichterte ganz erheblich den organisierten Widerstand gegen die Bankenpolitik der Westalliierten.

In der Sowjetischen Besatzungszone wäre solcher Widerstand zwecklos gewesen. Die Hoffnung des Dresdener Filialleiters Richard Holland, durch personelle Kontinuitäten im neuen Staatsbankensystem einiges an „guter bankmäßiger Tradition“ zu retten, erwies sich ebenfalls als trügerisch. Die Dresdner Bank wurde hier, ebenso wie alle anderen Banken, im Sommer 1945 geschlossen, der historisch gewachsene Bankenapparat durch ein neues System staatlicher Institute ersetzt, die von vornherein als Instrumente politischer Wirtschaftslenkung konzipiert waren. Die formelle Enteignung im Jahre 1948 markierte lediglich den formaljuristischen Schlusspunkt einer bankenpolitischen Weichenstellung, die in der sowjetischen Zone schon 1945 und im sowjetischen Sektor Berlins, am alten Zentralstandort der Bank, spätestens 1946 irreversibel geworden war. Einer speziellen

Begründung bedurfte es dafür im Fall der Dresdner Bank ebenso wenig, wie es ernsthafte Möglichkeiten der Gegenwehr gab.

Einen ebenso zähen wie erfolgreichen Kampf um die Weiterexistenz ihres Instituts führte die alte Bankelite dagegen in den westlichen Besatzungszonen. Auch auf diesem Feld waren Teile der amerikanischen Militärregierung dafür verantwortlich, dass die drei Filialgroßbanken seit 1947/48 in formal voneinander unabhängige, nur noch auf Länderebene tätige Institute aufgeteilt wurden. Die Begründung für dieses Programm der Dezentralisierung verknüpfte Vergangenheit und Zukunft ganz ähnlich wie bei der Entnazifizierung und der Strafverfolgung der deutschen Funktionseliten: Die Großbanken als „Konzentrationen wirtschaftlicher Macht", denen eine wesentliche Unterstützung der nationalsozialistischen Diskriminierungs-, Aggressions- und Vernichtungspolitik vorgeworfen wurde, sollten dauerhaft an einer neuerlichen Entfaltung ihres vermeintlichen zerstörerischen Potenzials gehindert werden.

Das war ein spezifisch historisches Argument, und auch hier operierte die alte Bankleitung mit Gegenargumenten, die seit 1946 zunächst für den erwarteten Nürnberger Prozess gesammelt worden waren. Die unter Federführung des früheren Berliner Chefvolkswirts entstandenen Ausarbeitungen, die in erster Linie die amerikanischen Thesen von der überwältigenden Machtfülle der Großbanken und ihrem Einfluss auf die Rüstungswirtschaft relativierten, waren zwar inhaltlich nicht falsch. Zugleich wurden aber die systematische, bereitwillige Partizipation der Banken an der „Arisierungs"-Politik des NS-Regimes und die Schlüsselstellung gerade der Großbanken bei der ökonomischen Ausbeutung eines erheblichen Teils der besetzten Gebiete aus dem Blickfeld gerückt. Auf Dauer scheiterte die amerikanische Dezentralisierungspolitik freilich nicht an solchen selektiven historischen Argumenten, sondern an der tatsächlichen historischen Verankerung der Großbanken im deutschen Wirtschaftssystem. Die drei Filialgroßbanken hatten es relativ leicht, unter deutschen Politikern und in der Bank deutscher Länder Verbündete zu finden, weil hier weitgehendes Unverständnis für die amerikanischen Ansätze zur Umstrukturierung eines traditionellen, als wirtschaftlich sinnvoll oder gar notwendig begriffenen Bankensystems herrschte. Eine Besatzungspolitik, die auf Demokratisierung und schrittweise wachsende Autonomie des besiegten Landes setzte, verpasste kurzfristig den Zeitpunkt für eine „autoritative Lösung" der Großbankenfrage und musste mittelfristig die Rücknahme ungeliebter Reformmaßnahmen akzeptieren;[1] hier lag einerseits eine Parallele zum Scheitern der ursprünglichen, radikalen amerikanischen Entnazifizierungspläne und zur Amnestierung von NS-Verbrechern, andererseits ein grundlegender Unterschied zur Sowjetischen Besatzungszone.

In zwei Schritten, 1952 und 1957, konnten die Großbanken daher den Wiederzusammenschluss zunächst der Länderinstitute zu jeweils drei Regionalinstituten, sodann deren „Wiedervereinigung" durchsetzen. Gerade in den kritischen Besatzungsjahren aber, in denen die Dresdner Bank sich wirtschaftlich wie institutionell in einer existenziellen Krise zu befinden schien, hatte der stetige Bezug auf die historische Unternehmensidentität eine sehr wichtige Funktion. Sie diente nicht

[1] Vgl. Horstmann, Die Alliierten, S. 306.

nur der Verteidigung gegen die amerikanischen Forderungen, sondern auch der Selbstverständigung und Binnenintegration in einer Zeit, in der das Unternehmen scheinbar zu zerfallen drohte. Die alte Dresdner Bank sollte im Bewusstsein ihrer Mitarbeiter am Leben erhalten werden, und eine ernsthafte unternehmensinterne Auseinandersetzung mit der eigenen Funktion in der nationalsozialistischen Diktatur hätte schon deshalb nur kontraproduktiv sein können. Vielmehr wurde bewusst auf ältere Traditionsbestände zurückgegriffen. Das, was Hugo Zinßer 1945 als „Begriff der Dresdner Bank" lebendig erhalten wollte, war ein Idealbild, in dem die vor 1933 zurückreichende Unternehmenstradition scheinbar bruchlos über die nationalsozialistischen Jahre hinweg erhalten geblieben war. An genau diesen „Begriff der Bank" knüpfte Max Schoberts Appell an die Filialleiter der amerikanischen Zone vom April 1946 an, sich „in der Treue zu unserem Institut von niemandem überbieten" zu lassen und sich daran zu erinnern, dass die Dresdner Bank im Jahre 1931 schon einmal eine existenzbedrohende Krise überstanden hatte.

Dieser Bezug auf „Tradition", auf die spezifische Wahrnehmung historischer Erfahrungen, kam auch in der Organisations- und Geschäftspolitik zum Ausdruck. Trotz des mehrfachen äußerlichen Wandels der „Corporate Governance" scheint die Binnenstruktur der Filialen und Nachfolgeinstitute stabil geblieben zu sein. Auf Änderungen der Marktdaten wurde offenbar nicht, wie seit den sechziger Jahren,[2] mit grundlegenden internen Umorganisationen reagiert. Soweit sich das noch feststellen lässt, blieb der Aufbau der Abteilungen während der Dezentralisierung erhalten, die interne Struktur wurde nach dem Scheitern der zonenübergreifenden Aufteilung von Funktionen 1945/46 einfach auf mehrere Standorte übertragen. Ein solches Festhalten an der traditionellen Organisationsstruktur war auch, zum einen, gerade angesichts der Unsicherheit auf der Zentralebene rational im Sinne einer Stabilisierung „von unten". Zum anderen waren in der gesamt- und insbesondere kreditwirtschaftlich unsicheren Interimsphase bis zur Währungsreform längerfristige organisatorische Anpassungsstrategien an die Marktlage kaum denkbar, während danach eine zunächst boomhafte, später verstetigte Aufwärtsentwicklung primär eine wachstumsorientierte Anpassung durch die Ausdehnung des Filialnetzes nahe legte.

Die Geschäftspolitik der Nachfolgeinstitute blieb nicht nur während der relativen Stagnation der ersten Nachkriegsjahre, sondern auch in der lang anhaltenden Wachstumsphase nach der Währungsreform vorsichtig. Während man den Filialen bei der Kreditvergabe zumindest in den ersten Jahren seit 1948 deutliche Zurückhaltung auferlegte, war die besondere Beachtung der Liquidität auch später eine erklärte Leitlinie, deren Einhaltung sich an den Bilanzen nachweisen lässt. Es liegt zumindest nahe, das im Vergleich zu den unmittelbaren Konkurrenzinstituten der Deutschen Bank und der Commerzbank besonders ausgeprägte Liquiditätsbewusstsein mit der Erfahrung des Beinahe-Bankrotts in der Bankenkrise 1931 zu erklären; das besondere Interesse an Spareinlagen, das die Bank ebenso deutlich von ihren direkten Wettbewerbern unterschied, war hingegen erst aus der

[2] Vgl. Meyen, 120 Jahre, S. 170–176; Ralf Ahrens/Johannes Bähr, Jürgen Ponto, in: Pohl (Hg.), Bankiers.

veränderten Marktlage der NS-Zeit entstanden. Ob die bewusst hohe Liquiditätshaltung die Gewinnentwicklung, die in dieser Studie erstmals für eine bundesdeutsche Bank auch anhand der Steuerbilanzen verfolgt werden konnte, wesentlich schmälerte, können nur künftige vergleichende Studien zu anderen Banken oder Institutsgruppen zeigen. Die tatsächlichen Eigenkapitalrenditen der Nachfolgeinstitute waren jedenfalls in den fünfziger Jahren deutlich höher als in der zweiten Hälfte der dreißiger Jahre, das Eigenkapital konnte laufend deutlich aufgestockt werden, und das Wachstum der Bilanzsummen vollzog sich auf einer wesentlich solideren Grundlage als während des Kriegs.

Dennoch war die Dezentralisierung zweifellos kostenträchtig; insofern hatte die Dresdner Bank auch im westlichen Teil Deutschlands materielle Konsequenzen ihrer Funktion im nationalsozialistischen Wirtschaftssystem zu tragen. Gemessen an den ursprünglichen amerikanischen Zielen und an der desolaten Bilanzlage nach dem Kollaps der NS-Wirtschaft, die sie mit dem übrigen deutschen Kreditwesen teilte, waren diese finanziellen Folgelasten freilich gut erträglich. Die Dresdner Bank hatte am Ende als Filialgroßbank überlebt, die sich zwar einem verstärkten Wettbewerb stellen musste, am Wiederaufstieg der bundesdeutschen Wirtschaft aber ebenso teilhatte wie andere Kreditinstitute. Gegenüber der größeren Konkurrentin Deutsche Bank, die vom Zusammenbruch des Dritten Reichs relativ weniger hart getroffen worden war, hatte sie seit dem Kriegsende sogar wieder aufgeholt, auch wenn der Abstand immer noch größer war als 1944.

Aus ihrer Perspektive durchaus folgerichtig kommentierten die Vorstandsmitglieder die „Wiedervereinigung" im Mai 1957 mit einem Rückblick auf die letzten zwölf Jahre als einer Zeit des heroischen Widerstands gegen alle Versuche, die historische Identität der Dresdner Bank zu zerstören. Die Bank erschien hier lediglich als Opfer – sowohl des Zweiten Weltkriegs als auch der Besatzungspolitik. Zwei Jahre zuvor hatten die drei Großbanken ihre endgültige Rezentralisierung gar als einen „letzten Akt der Wiedergutmachung" bezeichnet. Die Stilisierung zum Opfer von Besatzungswillkür bediente sich vermutlich nicht zufällig dieser Vokabel. Die Verhandlungen über die Wiedergutmachung von Entlassungen und Pensionskürzungen, „Arisierungen" und Entziehungen jüdischer Privatvermögen konfrontierten die Dresdner Bank und ihre Nachfolgeinstitute noch weit über die „Wiedervereinigung" hinaus mit ihrer NS-Vergangenheit. Für die Bank war hier die besonders kritische Beurteilung durch die amerikanische Besatzungsmacht irrelevant, es galten die allgemein verbindlichen Rückerstattungsgesetze. Diese Gesetze überschnitten sich aber wiederum mit den Regelungen der Währungsreform, so dass letzten Endes der bundesdeutsche Steuerzahler auf dem Umweg über die Ausgleichsforderungen die Restitutions- und Entschädigungszahlungen von Banken zu einem wesentlichen Teil mitfinanzierte, während die Banken in erster Linie Liquiditätsverluste hinnehmen mussten.

Der Mechanismus der Ausgleichsforderungen erhöhte grundsätzlich die Bereitschaft der Dresdner Bank und ihrer Nachfolgeinstitute zu Restitutions- oder Vergleichszahlungen, weil diese nicht mit einem substanziellen Vermögensverlust verbunden waren. Eine wirtschaftliche Existenzbedrohung stellte die Wiedergutmachung daher zu keiner Zeit dar. Die Liquiditätsverluste waren dennoch ein betriebswirtschaftlich rationales Motiv, Wiedergutmachungszahlungen möglichst zu vermeiden und ablehnend auf entsprechende Forderungen zu reagieren. Gefördert wurde diese Grundhaltung durch das tendenziell noch deutlich restriktivere Verhalten der Bankenaufsichtsbehörden, die wiederum die Gewährung von Ausgleichsforderungen genehmigen mussten und von denen deshalb letztlich der Abschluss jedes Verfahrens zumindest bei unsicherer Rechtslage abhing. Eine erhebliche Rolle spielte außerdem die Angst, durch einmalige Zugeständnisse Präzedenzfälle für zukünftige Forderungen zu schaffen, die sich insbesondere beim Umgang mit ehemaligen jüdischen Angestellten beobachten lässt.

Eine vollständige Erklärung für den Umgang der Bankmanager und Bankjuristen mit Wiedergutmachungsanträgen bietet dieses betriebswirtschaftliche Kalkül jedoch nicht. Die grundsätzliche Abwehrhaltung erklärt sich vollständig nur daraus, dass in Wiedergutmachungsfällen auch die ethische Beurteilung des eigenen Verhaltens in der NS-Zeit zur Debatte stand. Das Beharren auf stets „ehrenhaftem", kaufmännisch korrektem Verhalten gegenüber den jüdischen Angestellten und Geschäftspartnern hatte nicht nur die zweckrationale Funktion eines unmittelbaren Gegenarguments in konkreten Wiedergutmachungsfällen. Die Legende, in „Arisierungs"-Sachen nur als ehrlicher Vermittler zwischen Käufern und Verkäufern gehandelt zu haben, war auch einer der wesentlichen Bausteine für die Konstruktion einer idealisierten Vergangenheit, mit der man einigermaßen bruchlos an die Unternehmenstradition vor 1933 anknüpfen konnte: Die Betonung einer „Mittlerposition" zwischen Kreditgeber und Kreditnehmer, die sich aus der mikroökonomischen Funktion von Banken ergab, war schon im Kaiserreich ein zentrales Element der Selbstdarstellung von Großbankiers gewesen.[3] Dasselbe galt für die strikte Trennung zwischen der eigenen Geschäftspolitik und der Politik des NS-Regimes, dessen neue Rahmenbedingungen die Bank zügig und weitgehend bedenkenlos in ihr Kalkül integriert hatte: Das unternehmerische Handeln sollte von jeder Mitverantwortung für ein System befreit werden, das erst durch die aktive Mitwirkung der deutschen Wirtschaftselite überhaupt funktioniert hatte. In diesem Rahmen konnte das Verhalten der Dresdner Bank und ihrer Manager dann als ganz traditionell seriöses, kaufmännisches Handeln erscheinen.

Eben dieses Selbstbild lag auch dem Umgang mit den Enteignungen der seit 1938 etablierten europäischen Tochterbanken und des Auslandsvermögens zugrunde, soweit man sich auf deren Rückgewinnung überhaupt noch Hoffnungen machte. Spiegelverkehrt zu den Restitutionszahlungen der Bank waren auch eventuelle Rückgaben ihrer früheren, inzwischen beschlagnahmten oder enteigneten ausländischen Vermögenswerte an die Bank materiell weitgehend uninteressant, weil dafür Ausgleichsforderungen zurückgegeben oder, nach dem endgültigen Abschluss der Umstellungsrechnung, die Nettoerlöse an den hessischen Fiskus abgeführt werden mussten. In Luxemburg und vor allem in Österreich kam allerdings das ernsthafte Interesse hinzu, mit den alten Tochterbanken erneut im Ausland präsent zu sein. Dennoch ist auch hier offensichtlich, dass die Wahrnehmung der Bankleitung keine rein betriebswirtschaftliche war, sondern die Aktivitäten um die Rückgewinnung der Affiliationen auch eine Stellungnahme zur eigenen

[3] Morten Reitmayer, Bankiers im Kaiserreich. Sozialprofil und Habitus der deutschen Hochfinanz, Göttingen 1999, S. 206–208, 355.

Vergangenheit im Europa des Dritten Reichs beinhalteten. Die aktive, bereitwillige Teilhabe der Dresdner Bank an der nationalsozialistischen Expansionspolitik blieb dabei völlig ausgeblendet – wenn sie nicht gar unter Berufung auf „völlig freiwillige Geschäfte", den Beitrag zum „Aufbau der österreichischen Wirtschaft" oder die Wahrung „niederländischer Interessen" ausdrücklich geleugnet wurde.

Die Legende vom unpolitischen Kaufmann, vom Bankier als ehrlichem Mittler in schweren Zeiten kehrte hier in einer internationalen Variante wieder. Dies war ein weiterer Baustein einer historischen Selbstdefinition, die der Konstruktion von Unternehmensidentität diente. Ihre wesentlichen Versatzstücke bildeten sich während einer Phase der existenziellen Unsicherheit – sowohl hinsichtlich der individuellen wie der kollektiven Zukunft – heraus. Das begann in den amerikanischen Vernehmungen 1945/46, setzte sich fort in der Erarbeitung von ausführlichen Stellungnahmen im Vorfeld des Rasche-Prozesses, deren Argumente teils auch in den bankenpolitischen Auseinandersetzungen genutzt wurden, und wiederholte sich in verschiedenen Varianten in den Wiedergutmachungsverfahren. In der Summe ging diese Konstruktion über zweckrationale Rechtfertigungen gegen die einzelnen Vorwürfe der amerikanischen Ankläger, der alliierten Bankenpolitik und der Antragsteller in Wiedergutmachungsverfahren hinaus. Sie kündet von dem Versuch, den während der NS-Zeit und teils lange zuvor entstandenen mentalen Referenzrahmen weiter als handlungsorientierendes Normengerüst zu nutzen. Gegen die existenziellen Herausforderungen der Nachkriegszeit bot die historisch definierte Identität des Unternehmens, in dem und für das man gearbeitet hatte, einen Halt – aber dafür musste diese Identität eben möglichst „sauber" sein. Zugeständnisse an die alliierten Vorwürfe konnten in diesem Rahmen nur gemacht werden, indem man die Schuld zum Ausnahmefall, zur Grenzüberschreitung von Einzelnen wie Karl Rasche, Emil Meyer oder vereinzelten Mitgliedern der Filialleitungen deklarierte.

Der herausragende Vertreter dieser selektiven Selbstwahrnehmung war zweifellos Carl Goetz, der „große alte Mann" der Dresdner Bank[4] – und das war kein Zufall. Goetz hatte die Geschicke der Bank seit 1931 wesentlich mitbestimmt. Unter seiner Ägide als Vorstands-, später Aufsichtsratsvorsitzender hatte die Dresdner Bank ihre jüdischen Mitarbeiter entlassen, die Betriebsrenten jüdischer Pensionäre willkürlich gekürzt, war offensiv in das „Arisierungs"-Geschäft eingestiegen und zielstrebig in die vom NS-Regime annektierten oder besetzten europäischen Länder expandiert. Das war zwar nicht alles nach Goetz' Willen geschehen, und die bisweilen maßgebliche Mitverantwortung anderer Vorstandsmitglieder, insbesondere Karl Rasches und Emil Meyers, steht ganz außer Frage. Zudem war Goetz' Einfluss als Aufsichtsratsvorsitzender in der zweiten Kriegshälfte von den Mitgliedern des Vorstands empfindlich beschnitten worden. Gerade die Exstenzkrise „seiner" Bank nach dem Kriegsende aber bot ihm die Gelegenheit, sich wieder stärker als Leitfigur zu positionieren, der in den Verhandlungen um die Zukunft der Dresdner Bank ebenso die Richtlinienkompetenz zustand wie in wichtigen Wiedergutmachungsfällen. Goetz' Selbstdarstellungen während der

[4] Vgl. dazu jetzt auch die biografische Skizze von Johannes Bähr, Carl Friedrich Goetz, in: Pohl (Hg.), Bankiers.

amerikanischen Internierung sind geprägt von zweierlei Schuldzuweisungen: zum einen an den NS-Staat und zum anderen an die beiden NSDAP- und SS-Mitglieder im Vorstand, Rasche und Meyer. Der Rest des Vorstands und vor allem Goetz selbst erschienen dagegen als traditionelle Kaufleute, die gegen alle politischen Zumutungen stets die Ehrbarkeit des liberal-konservativen Bankiersmilieus verteidigt und sich nur im Interesse ihres Unternehmens gelegentlich dem Regime gebeugt hatten.

Carl Goetz wird sehr wohl gewusst haben, dass er damit an einer Legende strickte. Seine Kommentare zu den größeren Wiedergutmachungsfällen und zur Geschäftspolitik der westeuropäischen Tochtergesellschaften während des Kriegs erwecken allerdings den Eindruck, als habe er diese Legende auf die Dauer ebenso verinnerlicht wie Karl Rasche die teils völlig abstrusen Einlassungen zu seinen Aktivitäten im Dienst des NS-Regimes. Es dürfte aber auch kein Zufall sein, dass Goetz just in dem Moment sichtbar an Einfluss verlor, als die Bank die Nachwirkungen der Besatzungspolitik überwunden hatte. Die Auseinandersetzung um die Dividendenausschüttung der drei Nachfolgeinstitute für das Jahr 1956, in der Goetz den Vorstandsmitgliedern einer jüngeren Generation, die er zum guten Teil selbst in diese Position geführt hatte, ein zweites Mal unterlag, war mehr als eine punktuelle Meinungsverschiedenheit. Seine Niederlage signalisierte zugleich, dass das Bedürfnis nach einer identitätsstiftenden, die Tradition der Bank über die Einschnitte 1933 und 1945 hinaus symbolisierenden Leitfigur mit der endgültigen Überwindung der Besatzungszeit allmählich nachließ, und Goetz reagierte darauf nicht zufällig mit einem argumentativen Rückgriff auf die Zeit vor der Bankenkrise von 1931.

In gewisser Weise begann die Dresdner Bank sich also etwa zum Zeitpunkt ihrer „Wiedervereinigung" tatsächlich von ihrer Vergangenheit zu befreien. Gleichzeitig schuf sie sich aber geradezu einen zweiten Gründungsmythos, der beispielhaft in der Erklärung der Vorstandsmitglieder anlässlich der endgültigen Rezentralisierung zum Ausdruck kam. Daraus resultierte auf die Dauer ein seltsam verqueres Verhältnis zur Zeit des Nationalsozialismus: Als die Dresdner Bank AG im Jahre 1968 einen Sitz an der Bostoner Börse anstrebte, erschien in der New York Post ein Leitartikel, wonach die Dresdner Bank „die tschechische jüdisch-kontrollierte Böhmische Escompte Bank der Tschechoslowakei nach dem Einmarsch Hitlers in das Sudetenland" übernommen habe. Eine interne Stellungnahme der Frankfurter Rechtsabteilung suchte nun nicht etwa nur, ganz auf der Linie der nach 1945 entstandenen Argumentation, die seinerzeitigen Aktivitäten der Dresdner Bank zu relativieren. Sie begann vielmehr mit den Sätzen: „Die Dresdner Bank AG. Frankfurt a.M. hat keine nationalsozialistische Vergangenheit. Sie wurde erst im Jahre 1952 gegründet."[5] Die Jahreszahl war kein Irrtum, sondern bezog sich auf die Gründung der Rhein-Main Bank AG als unmittelbare Rechtsvorgängerin der Dresdner Bank AG. Dass die drei 1952 ausgegründeten Nachfolgeinstitute und die „wiedervereinigte" Dresdner Bank AG nicht nur eine partielle Rechtsnachfolge antraten, sondern sich selbst aus der Kontinuität zur alten Berliner Großbank definierten, wurde bei anderen Gelegenheiten

[5] Aktennotiz Lehmann, 4. 7. 1968, HADrB 115589.

selbstverständlich positiv herausgestellt.[6] Zugleich aber wurde die in den frühen Nachkriegsjahren konstruierte Version der eigenen nationalsozialistischen Vergangenheit für Jahrzehnte zur bankoffiziellen Geschichtslegende.

Von der Entstehungsgeschichte dieser historischen Selbstdefinition zu unterscheiden ist die Frage nach ihrer Wirkung, also nach möglichen Stabilisierungseffekten in der Krisenphase eines Großunternehmens. Der in älteren, großbankenfreundlichen Darstellungen gängige Verweis auf den „inneren Zusammenhalt"[7] oder das „Zusammengehörigkeitsgefühl"[8] der (leitenden) Mitarbeiter weist zwar zu Recht auf die Bedeutung von Identitätsvorstellungen hin; doch Unternehmen sind arbeitsteilige Organisationen, deren Verhalten und Entwicklung sich nicht allein aus den Handlungen ihres Führungspersonals erklären lassen.[9] Wie weit die Konstruktion von Unternehmensidentität ihre Wirkung auf den unteren Hierarchieebenen der Dresdner Bank und ihrer Nachfolgeinstitute tat, lässt sich angesichts der Aktenlage nicht überprüfen – dazu existieren weder qualitative Quellen noch, beispielsweise, Statistiken über die Personalfluktuation, anhand derer sich zumindest über diese Frage spekulieren ließe.

Doch dass die neue, mehrfachen Umbrüchen unterworfene polyzentrische Struktur des Unternehmens nicht in dessen Zerfall resultierte, sondern am Ende der Dezentralisierungsjahre in eine „Wiedervereinigung" mündete, die sowohl an personelle wie an organisations- und geschäftspolitische Kontinuitäten anknüpfte, ist ohne diesen Faktor kaum erklärbar. Entscheidungen in Unternehmen fallen rekursiv, das heißt sie geschehen – sei es stillschweigend oder ausdrücklich – auf der Grundlage früherer Entscheidungen und „Traditionen", also konstruierter Unternehmensgeschichte. Der Umgang mit neuen Rahmenbedingungen unternehmerischen Handelns, die in diesem Fall durch die politischen Herausforderungen nach dem Untergang des NS-Regimes gesetzt wurden, findet ebenfalls in solchen erinnerungsgeleiteten Entscheidungsroutinen statt.[10] Deutlicher Ausdruck dieses stetigen Bezugs auf „Begriff" oder „Tradition" der Dresdner Bank in den Jahren nach dem Zweiten Weltkrieg waren nicht nur die Kontinuitäten in der Geschäftspolitik, sondern auch die Konsolidierung der Führungsebene und deren beharrliches Festhalten am Ziel der „Wiedervereinigung".

Insofern ist die ausgebliebene Reflexion der eigenen Rolle in der NS-Zeit im Grunde wenig überraschend, hätte sie doch gerade jene Grundlagen unternehmerischen Handelns in Frage gestellt, die seinerzeit die Leitlinie der Bank gewesen waren und es auch weiterhin bleiben sollten – das moralische Versagen der Bankleitung hatte ja, wie beim Großteil der deutschen Wirtschaftselite insgesamt, gerade darin gelegen, dass man sich auf die herkömmliche unternehmerische Zweckrationalität zurückgezogen und die neuen politischen Rahmenbedingungen in

6 Wenn auch gelegentlich unter völligem Verzicht auf eine Erwähnung der NS-Zeit: Dresdner Bank (Hg.), Chiffren einer Epoche. 100 Jahre – 100 Kontraste, Frankfurt a.M. 1972. Vgl. weiterhin Hunscha/Müller, Geschichte; Meyen, 120 Jahre, insb. S. 166.

7 Manfred Pohl, Entstehung und Entwicklung des Universalbankensystems. Konzentration und Krise als wichtige Faktoren, Frankfurt a.M. 1986, S. 105; ders., Konzentration, S. 453.

8 Meyen, 120 Jahre, S. 166.

9 Vgl. etwa Plumpe, Unwahrscheinlichkeit, S. 145, 150.

10 Plumpe, Unternehmen, S. 77f., 81.

diese integriert hatte.[11] Der Umgang der Dresdner Bank mit ihrer nationalsozialistischen Vergangenheit lässt sich insofern als ein spezifisch unternehmerisches Verhalten verstehen. Doch gleichzeitig stehen ihre führenden Köpfe stellvertretend für jenen Großteil der westdeutschen Nachkriegsgesellschaft, der von der Realität des Dritten Reichs höchstens einzelne Bruchstücke wahrhaben wollte.

[11] Vgl. Buchheim, Unternehmen, insb. S. 385, 389.

Anhang

Biografischer Anhang[1]

André, Fritz

geb. 19. 12. 1897 in Halle, gest. 26. 12. 1985.
1919–1920 Lehre bei der Bank für Handel und Industrie (Darmstädter Bank) in Sangerhausen, daneben Studium der Rechts- und Staatswissenschaften; 1920 – 1931 bei der Darmstädter Bank bzw. Darmstädter und Nationalbank (Danat-Bank) in Halle, zuletzt als Depositenkassenvorsteher. Juni 1931 Wechsel zur Dresdner Bank; bis 1935 Depositenkassenvorsteher in Leipzig; danach im Konsortialbüro der Berliner Zentrale; 1937–1939 im Direktionssekretariat; 1939–1945 Leiter der Konsortialabteilung; danach Leitung der Abwicklung der Dresdner Bank (Altbank), Berlin. Oktober 1949–Mai 1957 Vorstandsmitglied der Bank für Handel und Industrie, Berlin; 1957 Vorstandsmitglied der Rhein-Ruhr Bank AG, Düsseldorf; 1957–1963 Vorstandsmitglied der Dresdner Bank AG; 1963–1966 Aufsichtsratsmitglied der Dresdner Bank.

Bardroff, Max

geb. 19. 7. 1900 in Nürnberg, gest. 23. 12. 1957 in Stuttgart.
1916–1918 Lehre bei der Dresdner Bank in Nürnberg, dann als Angestellter übernommen; 1929–1934 Leiter der Rembours- und Dokumentenabteilung der Filiale Nürnberg; 1935 Wechsel zunächst nach Düsseldorf, dann nach Essen; ab April 1936 wieder in Düsseldorf; ab April 1937 in der Berliner Zentrale, zunächst im Filialbüro, dann in den Sekretariaten der Vorstandsmitglieder Rasche und Zinßer. Seit 1937 Mitglied der NSDAP. Ab Oktober 1938 stellvertretender Direktor der Filiale Düsseldorf; September 1939–März 1940 Leiter der Filiale Kattowitz; ab April 1940 wieder Direktor der Filiale Düsseldorf, seit 1. 11. 1942 als Volldirektor; ab 1940 zuständig für die Betreuung der Handelstrust West N.V., Amsterdam. Bis 1951 Mitleiter der Filiale Düsseldorf der Rhein-Ruhr Bank; 1952–1953 Leiter der Rhein-Main-Bank-Filiale Stuttgart; ab Dezember 1953 stellvertretendes, ab April 1957 ordentliches Vorstandsmitglied der Rhein-Main Bank AG; von Mai 1957 bis zu seinem Tod Vorstandsmitglied der Dresdner Bank AG.

Binder, Paul

geb. 27. 7. 1902 in Stuttgart, gest. 25. 3. 1981.
Nach einjähriger Lehrzeit im väterlichen Bankbetrieb 1922–1925 Studium der Rechtswissenschaften und der Nationalökonomie an den Universitäten Rostock, Tübingen und Dijon; 1925 Promotion zum Dr. sc. pol. an der Universität Dijon; danach Volontariate bei einer Textilfabrik in Dijon und einer Merchant-Bank in London; 1928 Volontär in der Direktion der Disconto-Gesellschaft, Berlin; 1929 stellvertretender Sekretariatsleiter der Deutschen Bau- und Bodenbank; ab 1930 bei der Deutschen Revisions- und Treuhand-AG, Berlin. 1937–1939 Leiter der „Arisierungsabteilung" im Berliner Konsortialbüro der Dresdner Bank; ab 1941 selbstständiger Wirtschaftsprüfer. Oktober 1945–1946 Landesdirektor der Finanzen,

[1] Der biografische Anhang umfasst Teile des Anhangs bei Bähr, Dresdner Bank, S. 599–614. Für ihre umfassende Unterstützung bei den neu hinzugekommenen Einträgen ist auch diesmal Cornelia Erbe zu danken.

dann Staatssekretär der Landesregierung von Württemberg-Hohenzollern in Tübingen; ab 1947 Mitglied des Landtags von Württemberg-Hohenzollern; 1948 Mitglied des Parlamentarischen Rates; 1952–1960 Mitglied des Landtags von Baden-Württemberg. Mitglied des Sachverständigenrats zur Begutachtung der gesamtwirtschaftlichen Entwicklung und des Bundesausschusses der CDU für Wirtschaftspolitik; Ehrensenator der Universität Tübingen.

Blancke, Walther

geb. 11. 1. 1893 in Mönchengladbach, gest. 7. 10. 1978 in Wiesbaden.
Studierte zunächst Maschinenbau und Eisenhüttenfach an der Technischen Hochschule Karlsruhe; 1919–1921 Studium der Rechtswissenschaften an den Universitäten Bonn, Hamburg und Berlin, daneben 1919–1920 Volontär bei der Dresdner Bank in Bonn, der Exportfirma Jos. Hansen & Söhne, Hamburg, und der Deutschen Schiffspfandbriefbank, Berlin; 1921 Promotion zum Dr. jur.; 1921–1923 Syndikus der Deutschen Schiffspfandbriefbank; im März 1922 Eintritt in die Dresdner Bank Berlin; im Juli 1923 Wechsel zur Filiale Danzig; Oktober 1930–August 1931 Leiter der Filiale Beuthen; 1931/1932 wieder in der Berliner Zentrale; Dezember 1932–1945 Leiter der Filialen des schlesischen Bezirks mit Sitz in Breslau. Seit 1941 Mitglied der NSDAP. Dezember 1945–April 1952 Mitleiter der Filiale Essen; April 1952–Ende 1962 Direktor des Niederlassungsbereichs Köln; Juni 1953–1957 stellvertretendes Vorstandsmitglied der Rhein-Ruhr Bank AG; 1957–Ende 1962 stellvertretendes Vorstandsmitglied der Dresdner Bank AG.

Busch, Alfred

geb. 3. 12. 1893 in Berbersdorf, gest. 31. 3. 1952 in Waldheim/Sachsen.
1912–1917 bei der Deutsch-Südamerikanischen Telegraphengesellschaft beschäftigt, anschließend bis 1920 in Frankreich zivilinterniert. Ab 1920 bei der Dresdner Bank, zunächst in der Auslandsabteilung, dann als Leiter der Konsortialabteilung; ab September 1934 stellvertretendes, von August 1935 bis Mai 1945 ordentliches Vorstandsmitglied, zuständig u. a. für Konsortialgeschäfte und Beteiligungen sowie für die Filialen in Sachsen und Thüringen; im März 1945 Leiter der Ausweichstelle der Zentrale in Erfurt. In den ersten Wochen nach Kriegsende Leiter der Dresdner Bank in Berlin. Im Mai 1945 von der sowjetischen Besatzungsmacht verhaftet, dann in verschiedenen Lagern in der SBZ/DDR interniert, u. a. von April 1947 bis Februar 1950 in Buchenwald; im Juni 1950 in den „Waldheimer Prozessen" durch die DDR-Justiz zu achtzehn Jahren Haft verurteilt. Busch starb 1952 im Zuchthaus Waldheim/Sachsen.

Butz, Georg

geb. 16. 11. 1885.
1900 Eintritt in die Dresdner Bank, beschäftigt in der Effektenkasse; ab 1910 in der Personalabteilung; Mitte 1916–Mitte 1918 zum Militärdienst eingezogen, Rückkehr aus englischer Kriegsgefangenschaft im November 1919. 1932 Prokurist; 1935 Abteilungsdirektor; 1938 stellvertretender Direktor in der Berliner Zentrale; stellvertretender Personalchef der Dresdner Bank. Seit Mai 1945 Personalchef der ruhenden Berliner Altbank. 1949 stellvertretender Aufsichtsratsvorsitzender der Bank für Handel und Industrie AG; 1956 Pensionierung.

Entzian, Joachim

geb. 8. 7. 1891 in Berlin, gest. 25. 2. 1968.
1910–1911 Lehre im Bankgeschäft F. W. Krause & Co., Berlin; anschließend Studium der Rechts- und Staatswissenschaften an den Universitäten Berlin und Greifswald; 1917 Promotion zum Dr. jur.; Mai 1920 bis Oktober 1926 juristischer Referent in der Friedensabteilung der Deutschen Bank; 1922 Zulassung als Rechtsanwalt beim Landgericht Berlin; ab November 1926 bei der Darmstädter und Nationalbank (Danat-Bank). 1932 Übernahme durch die

Dresdner Bank als Syndikus mit Schwerpunkt Auslandsgeschäft. Während des Zweiten Weltkriegs Leiter der Abteilung Sonderaufgaben des Auslandssekretariats, zuständig u. a. für die Niederlande, Belgien und für Tarngeschäfte. Ab 1939 Geschäftsführer der Allgemeinen Waren-Finanzierungs-Gesellschaft (Allwafinag), dann auch Präsident des Verwaltungsrats der Continentalen Bank S.A./N.V., Brüssel (1941–1944), und stellvertretender Vorsitzender des Beirats der Handelstrust West N.V., Amsterdam (1943–1945). Seit Januar 1944 bei der Vorstandsgruppe West in Bad Nauheim. Von März bis Dezember 1947 in amerikanischer Internierung in Nürnberg. 1945–1959 Direktor im Auslandssekretariat der Dresdner Bank Hamburg und Chefsyndikus der Hauptverwaltung Hamburg der Hamburger Kreditbank bzw. der Dresdner Bank AG.

Gaebelein, Adolf

geb. 21. 7. 1890 in Uffenheim, gest. 11. 2. 1969.
Ab 1909 Studium der Rechtswissenschaften an den Universitäten Würzburg, Leipzig und Erlangen; November 1921 Eintritt in die Bank für Handel und Industrie (Darmstädter Bank); ab 1931 zuständig für die Betreuung des Personals sämtlicher Niederlassungen der Danat-Bank; 1932 Übernahme in die Berliner Zentrale der Dresdner Bank; 1933–1945 Personalchef der Zentrale der Dresdner Bank. Seit 1937 Mitglied der NSDAP. 1951 Personalchef der süddeutschen Nachfolgeinstitute der Dresdner Bank; 1952–Ende 1956 Leiter des Personalsekretariats der Rhein-Main Bank AG; 1957–1958 Mitglied des Aufsichtsrats der Dresdner Bank AG.

Goetz, Carl Friedrich

geb. 12. 6. 1885 in Frankfurt am Main, gest. 26. 8. 1965 in Essen.
Banklehre bei L. & E. Wertheimber & Cie., Frankfurt am Main; 1904–1914 bei der Banque Internationale de Bruxelles, dort Aufstieg zum Leiter des Revisions- und Personalwesens; während des Ersten Weltkriegs in Frankreich interniert. 1918–1920 Prokurist bei Wertheimber & Cie., Frankfurt am Main; danach bei der Commerz- und Privatbank, zunächst als Filialdirektor in Frankfurt am Main; 1922–1928 stellvertretendes, 1928–1931 ordentliches Vorstandsmitglied der Commerz- und Privatbank, Berlin. 1931 auf Vorschlag der Reichsregierung in den Vorstand der Dresdner Bank berufen; ab Dezember 1933 Vorstandsvorsitzender, ab April 1936 Aufsichtsratsvorsitzender der Dresdner Bank; zahlreiche weitere Aufsichtsratsmandate (u. a. Allianz, Degussa, Fried. Krupp, Vereinigte Stahlwerke). Aufsichtsratsvorsitzender der AEG und der Deutsch-Südamerikanischen Bank. Nach dem Hitler-Attentat vom 20. Juli 1944 vorübergehend inhaftiert. Von April 1946 bis Dezember 1947 in amerikanischer Internierung. 1952–1957 Aufsichtsratsvorsitzender der Rhein-Ruhr Bank AG. 1957–1965 Aufsichtsratsvorsitzender der Dresdner Bank AG, 1965 Ehrenvorsitzender des Aufsichtsrats.

Henzel, Herbert

geb. 11. 10. 1906 in Lehrte, gest. 24. 4. 1987.
Studium der Rechts- und Staatswissenschaften an den Universitäten Göttingen und Freiburg i. Br.; Referendarexamen 1928 in Celle, Assessorexamen 1932 in Berlin; bis 1933 Gerichtsassessor. Ende 1933 Eintritt in die Dresdner Bank in Hannover als Syndikus; 1936 Wechsel in die Berliner Zentrale, dort zunächst im Industriebüro, ab 1937 Ressortleiter in der Konsortialabteilung; 1938 Prokurist, 1939 Abteilungsdirektor der Berliner Zentrale; 1943–1945 zur Wehrmacht eingezogen; Rückkehr aus amerikanischer Kriegsgefangenschaft im September 1945. 1945 zunächst in der Ausweichstelle Gießen der Konsortialabteilung und im Vorstandsbüro Hamburg; 1948–1952 Mitglied der Geschäftsleitung der Niederdeutschen Bankgesellschaft, Hannover; 1952–1953 Mitglied der Direktion der Hamburger Kreditbank AG, Hamburg; ab Mitte 1953 in gleicher Funktion bei der Rhein-Main Bank AG, Frankfurt am Main; dort ab Dezember 1953 stellvertretendes Vorstandsmitglied; Mai 1957–April 1962

stellvertretendes Vorstandsmitglied der Dresdner Bank AG, Frankfurt am Main; danach bis Ende 1973 ordentliches Vorstandsmitglied; 1974–1983 Aufsichtsratsmitglied; 1976–1978 stellvertretender Vorsitzender des Aufsichtsrats.

Holland, Richard

geb. 24. 5. 1899 in Derenthal.
Nach Studium an der Universität Göttingen ab 1920 Lehre im Bankhaus Ernst Sievers, Hannover; kurzzeitig dort angestellt; zum 1. 7. 1922 Eintritt in die Dresdner Bank in Hannover, zunächst im Devisenhandel, danach im Kreditsekretariat; 1933 Wechsel in das Filialbüro nach Berlin; 1937–1939 Mitleiter der Filiale Hannover; 1940–1945 in gleicher Funktion in Dresden, seit Februar 1945 Filialleiter. Im August 1945 Leiter der Abteilung Bankwesen in der Finanzabteilung der Landesverwaltung Sachsen; im Herbst 1945 Vizepräsident, seit März 1946 Präsident der Sächsischen Landesbank (später Sächsische Landeskreditbank); seit Oktober 1948 bei der Hamburger Kreditbank in Hamburg; April 1949–Juli 1965 Mitleiter der Filiale Hannover der Hamburger Kreditbank bzw. der Dresdner Bank AG.

Hölling, Alfred

geb. 6. 11. 1888 in Remscheid-Lennep, gest. 10. 11. 1972.
Banklehre beim Barmer Bankverein; nach dem Ersten Weltkrieg Depositenkassenleiter bei der Disconto-Gesellschaft; Wechsel zur Bank für Handel und Industrie (Darmstädter Bank); 1921 Eintritt in die Direktion der Darmstädter Bank in Düsseldorf; 1925 Filialdirektor der Danat-Bank in Düsseldorf, 1931/32 in Bremen. 1932 Übernahme durch die Dresdner Bank; 1932/33 Leiter der Bremer Bank, Filiale der Dresdner Bank; 1936–1938 Leiter der Direktion der Depositenkassen in Berlin; März 1938–Juli 1941 stellvertretendes Vorstandsmitglied der Dresdner Bank; ab Juli 1941 ordentliches Vorstandsmitglied, zuständig u. a. für die Referate Depositenkassen, Hauptbank und Kreditausschuss. NSDAP-Anwärter seit 1941. 1945–1948 Leiter der Zentralstelle für die britische Zone in Hamburg; 1948–1952 Mitglied der Geschäftsleitung der Rhein-Ruhr Bank, Düsseldorf; 1952–1957 Vorstandsmitglied der Rhein-Ruhr Bank AG; 1957–1966 stellvertretender Vorsitzender des Aufsichtsrats der Dresdner Bank AG.

Hübbe, Hermann Victor

geb. 11. 6. 1901 in Mexiko Stadt, gest. 7. 10. 1972 in Hamburg.
Lehre bei A. Lüthke & Co., Hamburg; ab 1921 bei der Deutsch-Südamerikanischen Bank AG, u. a. in Buenos Aires; anschließend bei der J. Henry Schröder Banking Corporation, New York; ab 1932 Direktor der Hamburger Niederlassung der Deutsch-Südamerikanischen Bank. Seit 1933 Mitglied der NSDAP. Ab 1937 Vorstandsmitglied der Deutsch- Südamerikanischen Bank. Während des Krieges im Oberkommando der Wehrmacht und im Reichssicherheitshauptamt, Referat VI Wi; nach dem Krieg bis Dezember 1947 interniert; bis Ende 1966 Vorstandsmitglied der Deutsch-Südamerikanischen Bank; 1948–1950 auch Mitglied der Geschäftsleitung der Hamburger Kreditbank; 1967–1972 Aufsichtsratsmitglied der Deutsch-Südamerikanischen Bank AG.

Hunscha, Kurt

geb. 9. 5. 1902 in Berlin, gest. 5. 11. 1973 in Freudenstadt.
Studium an der Universität Berlin; 1921 Eintritt in die Dresdner Bank in Berlin als Lehrling; 1923 Übernahme als Beamter; April–September 1924 in der Depot-Buchhaltung; 1925 wissenschaftlicher Mitarbeiter am Institut für Konjunkturforschung, Berlin; 1929 Promotion zum Dr. rer. pol.; September 1929 bis Juni 1936 stellvertretender Leiter der Volkswirtschaftlichen Abteilung der IG Farbenindustrie AG, Berlin; Juli 1936–April 1945 Leiter der Volkswirtschaftlichen Abteilung und des Archivs der Dresdner Bank. Mai/Juni 1945 ehrenamtlicher Mitarbeiter beim Bürgermeisteramt Berlin-Frohnau (Einwohnermeldestelle); ab Juli

1945 freiberuflicher volkswirtschaftlicher Berater der Dresdner Bank; ab Oktober 1945 Aufbau eines privaten Wirtschaftsarchivs; Anfertigung von statistischen Arbeiten für den Französischen Kontrollrat; April 1946 beratender Volkswirt beim Bezirksarbeitsamt Berlin-Reinickendorf. Juli 1948–1966 Leiter der Volkswirtschaftlichen Abteilung bzw. des Volkswirtschaftlichen Sekretariats der Rhein-Main Bank, später der Dresdner Bank AG in Frankfurt am Main.

Kühnen, Harald

geb. 6. 8. 1912 in Rheydt, gest. 16. 12. 2002 in München.
Nach Volontariat in der väterlichen Seidenweberei 1931 Eintritt in die Dresdner Bank in Mönchengladbach; 1934–1935 im Sekretariat Mainz; 1936–1939 im Sekretariat Frankfurt am Main; ab 1939 in der Berliner Zentrale, Konsortialabteilung Ressort II; dort mit „Arisierungs"- und Verflechtungsgeschäften befasst; 1944/45 hauptsächlich im Direktionskabinett tätig (Assistent des Aufsichtsratsvorsitzenden Carl Goetz). 1947–1955 persönlich haftender Gesellschafter der Privatbank Heinrich Kirchholtes & Co., Frankfurt am Main; 1950 Generalbevollmächtigter und 1951–1985 persönlich haftender Gesellschafter des Bankhauses Sal. Oppenheim jr. & Cie., Köln; 1979 – 1983 Präsident des Bundesverbandes deutscher Banken; 1985–1993 Vorsitzender des Gesellschafter- und Aktionärsausschusses von Sal. Oppenheim jr. & Cie. Ehrensenator und Ehrendoktor der Universität zu Köln; Ehrenvorsitzender des Bankhauses Sal. Oppenheim jr. & Cie.

Ladisch, Günther

geb. 16. 5. 1898 in Danzig, gest. Dezember 1967.
1924–1927 Studium an der Universität Königsberg; 1928 Eintritt in die Ostbank, Königsberg; seit Januar 1930 bei der Zentrale der Dresdner Bank in Berlin, Direktion der Depositenkassen; 1933–1935 Leiter der Filiale Karlsruhe; 1935–1937 Filialleiter in Saarbrücken; 1937–1945 Filialleiter in Frankfurt am Main. 1938 NSDAP-Mitglied. 1945 von der Militärregierung entlassen; 1946/47 Leiter der Abteilung Banken und Versicherungen im württemberg-hohenzollerschen Staatssekretariat für Finanzen bzw. Finanzministerium in Tübingen. 1948–1951 Geschäftsleiter der Rhein-Main Bank in Frankfurt a.M.; danach Wechsel in die Geschäftsleitung der Rhein-Ruhr Bank; 1952–April 1956 stellvertretendes Vorstandsmitglied der Rhein-Ruhr Bank AG, Düsseldorf; danach Vorstandsmitglied der Commerz- und Creditbank AG, Frankfurt am Main.

Lüdinghausen-Wolff, Reinhold von

geb. 10. 2. 1900 in Gumbinnen, gest. 14. 2. 1988.
1925 Prokurist im Bankhaus Hugo Kaufmann & Co., Amsterdam, dann bei der Commerz- und Privatbank. 1933–1934 Filialleiter der Dresdner Bank in Nürnberg, 1935–1937 Filialleiter in Düsseldorf und Essen, 1937–1939 Filialleiter in Dresden, 1938–1939 Filialleiter in Reichenberg; ab Februar 1939 Leiter der Gebietsdirektion im Sudetenland. 1939–1945 Vorstandsmitglied der Böhmischen Escompte-Bank, Prag. Nach Kriegsende beim Banco Central in Buenos Aires tätig, 1949–1952 dann bei Gerente General Vallemi S.A., Asunción. 1953–1965 Filialleiter der Hamburger Kreditbank AG, dann der Dresdner Bank AG in Hannover.

Lüer, Carl Heinrich

geb. 14. 8. 1897 in Bockenem, gest. September 1969 in Kronberg/Taunus.
Kaufmännische Lehre, Studium der Wirtschafts- und Sozialwissenschaften; 1922–1926 Handlungsbevollmächtigter bei der Commerz- und Privatbank in Frankfurt am Main; 1924 Promotion zum Dr. rer. pol.; ab 1926 Assistent und Korrepetitor an der Johann Wolfgang Goethe-Universität Frankfurt am Main; Geschäftsführer der Ernst-Würfel-Zucker-Fabriken GmbH; seit 1927 Mitglied der NSDAP; 1933–1942 Präsident der Industrie- und Handels-

kammer (später Gauwirtschaftskammer) Frankfurt am Main; Gauamtsleiter der NSDAP für Hessen; 1933–1942 Mitglied des Reichstags. Seit 1933 auch Honorarprofessor an der Universität Frankfurt am Main; 1934 Treuhänder der Arbeit für Hessen-Nassau, seit 1936 zudem Leiter der Wirtschaftskammer Hessen. 1934–1938 Leiter der Reichsgruppe Handel; ab 1934 Mitglied des Aufsichtsrats der Adam Opel AG, Rüsselsheim; im Januar 1938 zum Wehrwirtschaftsführer ernannt; April 1938–Juni 1941 Vorstandsmitglied der Dresdner Bank, ab Juni 1938 als Betriebsführer zuständig für Personalangelegenheiten. Juni 1941–April 1943 Vorstandsvorsitzender der Adam Opel AG, dann Wiedereintritt in den Vorstand der Dresdner Bank. Juli 1945–Juli 1946 in britischer Internierung; 1947 Geschäftsführer einer Fabrik für Wasserstaubanlagen in Hannover; Oktober–Dezember 1947 in amerikanischer Internierung in Nürnberg; später als Repräsentant der Türkyie Iş Bankasi in Frankfurt am Main tätig.

Matthiensen, Ernst

geb. 17. 5. 1900 in Oldenburg (Holstein), gest. 15. 1. 1980 in Baden-Baden.
Ab 1916 Lehre bei der Holstenbank in Burg auf Fehmarn; dort bis Ende 1919 Angestellter; 1920 kurzzeitig Buchhalter im Kreis-Elektrizitätsamt, Ratzeburg; Juli 1920–Ende 1932 Effektenhändler bei der Süddeutschen Disconto-Gesellschaft, Mannheim; 1933–1937 in gleicher Funktion beim Bankhaus Gustav Würzweiler, Mannheim. 1937–1945 Leiter der Unterabteilung für festverzinsliche Werte in der Berliner Zentrale der Dresdner Bank. 1945–1947 stellvertretender Direktor der Filiale Frankfurt der Dresdner Bank; 1947–1952 Mitglied der Geschäftsleitung der Rhein-Main Bank; 1952–1957 Vorstandsmitglied der Rhein-Main Bank AG; danach bis 1965 Vorstandsmitglied der Dresdner Bank AG, verantwortlich für den Wertpapierbereich. 1965–1972 Aufsichtsratsvorsitzender, 1972–1976 stellvertretender Vorsitzender des Aufsichtsrats der Dresdner Bank AG.

Meyer, Emil Heinrich

geb. 6. 5. 1886 in Wiesbaden, gest. 9. 5. 1945 in Berlin.
Studium der Rechts- und Staatswissenschaften an den Universitäten Lausanne, München, Marburg und Berlin; 1907 Promotion zum Dr. jur., 1911 Promotion zum Dr. oec. publ.; 1914–1924 Syndikus und Anwalt beim Deutschen Genossenschaftsverband; ab 1. 4. 1924 Syndikus der Genossenschaftsabteilung der Dresdner Bank. Ab 1932 Mitglied des „Keppler-Kreises", des späteren „Freundeskreises Reichsführer SS"; ab 1933 Mitglied der NSDAP und der SS; SS-Ehrenoffizier, zuletzt mit dem Rang eines Standartenführers. September 1934–Juli 1935 stellvertretendes, August 1935–Mai 1945 ordentliches Vorstandsmitglied der Dresdner Bank; zugleich Honorarprofessor an der Handelshochschule Berlin. Innerhalb des Vorstands zuständig u. a. für Geschäfte mit der NSDAP und der SS, für Kredite an die Luftfahrtindustrie sowie für die Referate Generalgouvernement und Warthegau; zeitweise stellvertretender Betriebsführer. Meyer beging bei Kriegsende Selbstmord.

Overbeck, Gustav

geb. 21. 2. 1893 in Hildesheim, gest. 7. 2. 1952 in Hamburg.
Im März 1914 Eintritt in die Dresdner Bank, Filiale Hannover, als Lehrling; 1920–1923 Mitleiter der Depositenkasse Linden in Hannover; 1923–1925 Leiter der Organisationsabteilung Hannover; 1925–1927 Leiter der Filiale Göttingen; danach wieder in Hannover; 1929–1934 Mitleiter der Filiale. Ab Oktober 1934 in der Berliner Zentrale im Kreditgeschäft tätig; März 1938–Juli 1941 stellvertretendes, ab Juli 1941 ordentliches Vorstandsmitglied der Dresdner Bank, u. a. mit den Referaten Kreditausschuss, Industrieabwicklungen und Werbung. Ende Mai–Oktober 1945 einziges Vorstandsmitglied der Dresdner Bank in Berlin; danach in der britischen Zone, dort offiziell suspendiert; 1947 Mitglied der Geschäftsleitung der Zentralstelle der Dresdner Bank für die britische Zone, dann in amerikanischer Internierung; 1948 bis zu seinem Tod Mitglied der Geschäftsleitung der Hamburger Kreditbank.

Pilder, Hans

geb. 17. 10. 1885 in Bromberg, gest. 20. 5. 1950 in Leonberg.
1905–1909 Studium der Staatswissenschaft, der Geschichte und des Öffentlichen Rechts an der Friedrich-Wilhelm-Universität, Berlin, Promotion zum Dr. phil.; 1909–1914 Mitarbeiter der Deutschen Orientbank in Berlin und Ägypten; 1914–1918 Einkäufer für die Armee in Österreich und Rumänien, Landesrat bei der Militärverwaltung Bukarest; Juli 1918–1920 Leiter der neu errichteten Filiale Bukarest der Dresdner Bank; 1920–1921 Referent im Reichswirtschaftsministerium in Berlin. 1921–1930 Mitleiter der Niederlassung Hamburg der Dresdner Bank, zugleich Abgeordneter der DDP in der Hamburger Bürgerschaft; ab 1930 in der Auslandsabteilung der Berliner Zentrale; September 1931–Juli 1941 stellvertretendes Vorstandsmitglied der Dresdner Bank; seit 1938 auch Mitglied des Aufsichtsrats der Länderbank Wien; ab Juli 1941 ordentliches Vorstandsmitglied der Dresdner Bank. Im April 1944 auf Druck des Reichswirtschaftsministeriums aus dem Vorstand entlassen. Im September 1945 vom amerikanischen Militärgeheimdienst in Berlin verhaftet, bis Oktober 1947 interniert; danach beim Bankhaus Bass & Hertz, Frankfurt am Main, tätig; später auch Deutschland-Repräsentant der Österreichischen Länderbank und der Türkiye Iş Bankasi.

Puhl, Emil

geb. 28. 8. 1889 in Berlin, gest. 30. 3. 1962 in Hamburg.
1913 Eintritt in die Reichsbank, dort später Leiter der Devisenabteilung, 1935 Mitglied des Direktoriums, 1939–1945 stellvertretender Präsident der Reichsbank. 1938 NSDAP-Mitglied. Seit Mai 1945 in amerikanischer Internierung, 1949 im Nürnberger „Wilhelmstraßen-Prozess“ (Fall 11) zu 5 Jahren Haft verurteilt. 1950 freiberuflicher Berater der Hamburger Kreditbank im Auslandsgeschäft; 1951–1952 Mitglied der Geschäftsleitung der Hamburger Kreditbank; 1952–1957 Vorstandsmitglied der Hamburger Kreditbank AG, danach bis 1962 Mitglied im Zentralbeirat der Dresdner Bank AG.

Rasche, Karl

geb. 23. 8. 1892 in Iserlohn, gest. 13. 9. 1951 auf einer Reise nach Basel.
Studium der Rechts- und Staatswissenschaften, Volkswirtschaft und Geschichte an den Universitäten Münster, München, Berlin, Leipzig und Bonn; 1914–1918 Teilnahme am Ersten Weltkrieg; 1917 Promotion zum Dr. jur.; nach Kriegsende Betätigung für die Baltische Landeswehr; ab Juli 1919 Gerichtsreferendar in Hamm; 1921–1932 beim Barmer Bankverein, zuletzt Leiter der Rechts- und Konsortialabteilung; 1933–1934 Vorstandsmitglied der Westfalenbank AG, Bochum. Ab Januar 1935 stellvertretendes, ab August 1935 ordentliches Vorstandsmitglied der Dresdner Bank, zuständig u. a. für die Referate Reichswerke „Hermann Göring“ und Protektorat Böhmen und Mähren, später auch für die besetzten Niederlande, das besetzte Belgien und das Reichskommissariat Ostland. Zahlreiche Aufsichtsratsmandate, u. a. Verwaltungsratsvorsitzender der Böhmischen Escompte-Bank, Prag. Ab 1936 Mitglied im „Freundeskreis Reichsführer SS“; seit 1939 Mitglied der NSDAP und der SS; SS-Ehrenoffizier, zuletzt im Rang eines Obersturmbannführers. Im Dezember 1942 Sprecher des Vorstands der Dresdner Bank. Im April 1945 von der französischen Besatzungsmacht in Bad Nauheim verhaftet; ab November 1945 in amerikanischer Internierung; 1948 im Nürnberger „Wilhelmstraßen-Prozess“ (Fall 11) zu sieben Jahren Haft verurteilt; im August 1950 vorzeitig entlassen, danach freiberuflich tätig.

Richter, Hermann

geb. 29. 1. 1903 in Dieuze (Lothringen), gest. 19. 4. 1982 in Überlingen.
Lehre bei der Rheinischen Kreditbank, Freiburg i. Br.; Studium der Volks- und Betriebswirtschaftslehre an den Universitäten Freiburg i. Br., Bonn und Köln, Promotion zum Dr. rer. pol.; 1926–1928 Wirtschaftsjournalist in Berlin; 1928–1932 Wirtschaftsprüfer bei der Deutschen Revisions- und Treuhand-AG, Berlin, dort als Bankenspezialist mit der Prüfung des

Zusammenschlusses zwischen der Dresdner Bank und der Darmstädter und Nationalbank (Danat-Bank) betraut. 1932 Eintritt in die Dresdner Bank als Leiter des Ressorts Organisation und Rechnungswesen; 1941 Generalbevollmächtigter der Dresdner Bank. Ab 1942 Vorsitzender der Geschäftsführung der Henkel & Cie. GmbH und Vorstandsvorsitzender der Henkel & Cie. AG, Düsseldorf; ab 1948 selbstständiger Industrieberater, zugleich 1948–1952 Berater und Vertreter der Dresdner Bank in den Verhandlungen um die Dezentralisierung der Großbanken. 1952–1957 Aufsichtsratsvorsitzender der Rhein-Main Bank AG; 1957–1972 stellvertretender Vorsitzender, 1972–1978 Vorsitzender des Aufsichtsrats der Dresdner Bank AG.

Richter, Leonhard Freiherr von

geb. 31. 12. 1901 in Riga, gest. 21. 5. 1983 in Wiesbaden.
1923–1925 Lehre bei der Nederlandsche Bank voor Zuid-Afrika in Amsterdam; 1925–1928 Angestellter der Nederlandsche Bank voor Zuid-Afrika in Hamburg. 1929 Eintritt in die Dresdner Bank; bis September 1931 Leiter des Sekretariats der Filiale Danzig; Oktober 1931–April 1933 im Filialbüro der Berliner Zentrale. Seit 1933 Mitglied der NSDAP. Mai 1933–Februar 1935 Leiter der Filiale Danzig; März 1935–September 1939 leitender Direktor der ägyptischen Filialen; 1939–1946 Internierung in Kairo; anschließend als Vertreter deutscher Industrieunternehmen in Ägypten tätig. Ab 1951 Mitleiter des Auslandsbüros der Rhein-Main Bank, Frankfurt am Main; 1955–1957 stellvertretendes Vorstandsmitglied der Rhein-Main Bank AG; 1957–Mitte 1962 stellvertretendes Vorstandsmitglied der Dresdner Bank AG. 1955–1976 stellvertretender Präsident des Goethe-Instituts.

Richter, Werner von

geb. 24. 1. 1896 in Minden, gest. 29. 11. 1954.
1914–1921 Studium der Rechtswissenschaften an den Universitäten Freiburg i. Br., Göttingen und Berlin; 1921–1923 Referendar. November 1923 Eintritt in die Dresdner Bank; ab 1926 Syndikus in der Rechtsabteilung der Berliner Zentrale; 1932–1945 Leiter der Direktion der Berliner Depositenkassen; seit 1934 Mitglied des Vertrauensrats der Dresdner Bank. Ab Dezember 1945 Mitglied der Geschäftsleitung der Dresdner Bank in der britischen Zone; 1947 Generalbevollmächtigter des Bankgeschäfts August Lenz & Co., München; 1950–1953 Direktor der Kreditanstalt für Wiederaufbau. Von Dezember 1953 bis zu seinem Tod stellvertretendes Vorstandsmitglied der Rhein-Main Bank AG, Frankfurt am Main.

Rinn, Hans

geb. 4. 3. 1899 in Heuchelheim, gest. 27. 1. 1993.
Lehre bei der Mitteldeutschen Kreditbank in Gießen und Marburg. Oktober 1918 Eintritt in die Dresdner Bank in Gießen; 1921 Versetzung nach Köln, dort ab 1927 Leiter des Devisenbüros; im Herbst 1931 Wechsel zunächst in die Kreditabteilung, dann in das Vorstandssekretariat der Berliner Zentrale; 1934–1938 Leiter des Konsortialbüros; 1939–1945 Börsenchef für die Gesamtbank. Seit 1941 Mitglied der NSDAP. Ab Juli 1945 Leiter der Börsen- und Konsortialdirektion West in Gießen und Frankfurt am Main; Mai–Dezember 1946 inhaftiert wegen Tätigkeit trotz Suspendierung; März–Dezember 1947 in amerikanischer Internierung in Nürnberg. 1948–1952 Mitglied der Geschäftsleitung der Hamburger Kreditbank, Hamburg; 1952–1957 Vorstandsmitglied der Hamburger Kreditbank AG; 1957–1965 Vorstandsmitglied der Dresdner Bank AG; 1965–1971 Aufsichtsratsmitglied.

Rudorf, Fritz

geb. 30. 5. 1901 in Königsberg, gest. 7. 7. 1988.
1918–1920 kaufmännische Lehre im Betrieb Dorno & Klinkert, Königsberg; 1921–1929 Angestellter der Bank der Ostpreußischen Landschaft in Königsberg; ab 1929 Revisor bei der Deutschen Revisions- und Treuhandanstalt, Berlin, dort 1934–1938 Vorstandsmitglied;

1938–1945 Vorstandsvorsitzender der Bank der Deutschen Luftfahrt AG. Im Sommer 1945 von der sowjetischen Besatzungsmacht verhaftet und im Mai 1950 in den „Waldheimer Prozessen" zu zehn Jahren Haft verurteilt. Nach vorzeitiger Entlassung aus der Haftanstalt Bautzen 1954 Vorstandsmitglied der Rhein-Main Bank AG, ab April 1955 der Hamburger Kreditbank AG; 1957–1967 Vorstandsmitglied der Dresdner Bank AG.

Schäfer, Adolf

geb. 16. 12. 1904 in Harburg-Wilhelmsburg, gest. 6. 11. 1989 in Meerbusch.
1926–1930 Studium der Rechtswissenschaften an den Universitäten Jena und Hamburg; danach Referendar im Oberlandesgerichtsbezirk Celle und Gerichtsassessor am Amtsgericht Lüneburg; ab März 1934 Syndikus im Juristischen Büro der Zentrale der Dresdner Bank in Berlin; 1944 stellvertretender Chefsyndikus. NSDAP-Mitglied ab 1933. November 1944–Juli 1945 in britischer Kriegsgefangenschaft. Ab September 1945 wieder für die Dresdner Bank tätig, zunächst in der Zentraldirektion West, Beckum, nach deren Auflösung in der Zentralstelle für die britische Zone, Hamburg. Im Mai 1946 auf Anordnung der britischen Militärregierung entlassen, ab Januar 1948 Assistent der Verteidigung im Nürnberger Prozess gegen Karl Rasche mit Beratervertrag bei der Dresdner Bank. Ab Februar 1949 Chefsyndikus der Rhein-Ruhr Bank, Düsseldorf; 1954–1957 stellvertretendes, ab April 1957 ordentliches Vorstandsmitglied der Rhein-Ruhr Bank AG; 1957–1970 Vorstandsmitglied der Dresdner Bank AG.

Schippel, Hans

geb. 22. 10. 1880 in Potsdam, gest. 20. 5. 1958.
Ab 1900 Banklehre beim Schlesischen Bankverein, Görlitz, dann Studium der Rechtswissenschaften und der Nationalökonomie an den Universitäten Leipzig, Berlin und Bonn; Promotion zum Dr. phil.; ab 1905 Beamter der Reichsbank, zunächst in Bonn, dann in Stuttgart, Berlin, Hamburg und Lübeck. 1919–1925 von der Reichsbank als Sachbearbeiter für Währungsfragen und Anleihen ins Reichsfinanzministerium delegiert; Mitglied des Präsidiums der Reichsschuldenverwaltung und Reichskommissar der Rentenbank; ab 1926 Leiter der Reichsbankfilialen in Lübeck und Hamburg. 1931 Reichstreuhänder für die Darmstädter und Nationalbank (Danat-Bank), Berlin; Juli 1933–1945 ordentliches Vorstandsmitglied der Dresdner Bank, bis 1938 und 1941/42 als Betriebsführer. 1937 Eintritt in die NSDAP. Herbst 1945–Dezember 1947 in amerikanischer Internierung; 1952–1957 Aufsichtsratsvorsitzender der Hamburger Kreditbank AG; 1957–1958 Mitglied des Zentralbeirats der Dresdner Bank AG.

Schleipen, Carl

geb. 12. 7. 1895 in Aachen, gest. 25. 11. 1969.
1912–1914 Lehre bei der Rheinisch-Westfälischen Disconto-Gesellschaft in Köln, bis 1917 dort angestellt; 1917 Übernahme durch die Dresdner Bank in Köln; 1928–1930 Leiter der Filiale Gütersloh; 1930–1932 Leiter der Filiale Mönchengladbach; 1932–1934 Ressortleiter im Filialbüro der Berliner Zentrale; 1934–1945 Leiter des Filialbüros. 1945–1946 Leiter des Verbindungsstabs Beckum der Dresdner Bank; 1946–1948 Mitglied der Geschäftsleitung der Zentralstelle für die Britische Zone, Hamburg; 1948–1952 Mitglied der Geschäftsleitung der Rhein-Ruhr Bank, Düsseldorf; 1952–1957 Vorstandsmitglied der Rhein-Ruhr Bank AG; 1957–Ende 1958 Vorstandsmitglied der Dresdner Bank AG.

Schobert, Max

geb. 9. 1. 1897 in Hof/Saale, gest. 25. 5. 1955.
1922 Eintritt in die Dresdner Bank; Leitung des Devisenhandels, von 1934–1936 im Vorstandssekretariat Goetz, ab 1935 Leiter der Devisen- und Wechselabteilung; 1944 Leiter des Auslandsbüros. Ab Dezember 1945 Mitglied der Geschäftsleitung der Dresdner Bank in den

Westzonen; ab April 1946 informelle Führung des Länderrats der Dresdner Bank für die amerikanische Zone; 1947–1952 Mitglied der Geschäftsleitung der Bayerischen Bank für Handel und Industrie, München; danach bis zu seinem Tod Vorstandsmitglied der Rhein-Ruhr Bank AG.

Steinrücke, Felix
geb. 28. 2. 1902 in Siedlungshausen, gest. 5. 9. 1953.
1926 Eintritt in die Börsenbuchhaltung der Dresdner Bank; ab 1933 Abteilungsdirektor in der Filiale Nürnberg; Februar 1937 stellvertretender Direktor in der Direktion der Depositenkassen der Berliner Berliner Zentrale; Februar 1939 Leiter der Filiale Reichenberg der Dresdner Bank. 1946–1952 Leiter der Bremer Bank; 1952 bis zu seinem Tod stellvertretendes Vorstandsmitglied der Hamburger Kreditbank AG.

Teichmann, Walter
geb. 23. 5. 1902 in Nordhausen.
Nach einer Verwaltungslehre 1921 Eintritt in die Dresdner Bank; 1921–1923 Angestellter der Dresdner Bank in Danzig, 1923–1934 im Filialen-Revisions-Büro der Berliner Zentrale tätig, ab 1934 dort Abteilungsleiter. Ab 1939 Leiter des Vorstandssekretariats Affiliationen; zugleich Direktor und Aufsichtsratsmitglied der Böhmischen Escompte-Bank, Prag. Seit 1940 Mitglied der NSDAP. 1946–1949 Leiter des Nürnberger Büros zur Unterstützung der inhaftierten Vorstandsmitglieder bzw. zur Organisation der Verteidigung Karl Rasches; 1950–1968 Geschäftsführender Gesellschafter des Bankhauses Hardy & Co., Frankfurt am Main/Berlin.

Vierhub, Erich
geb. 2. 8. 1901 in Forst (Lausitz), gest. 19. 2. 1998 in Frankfurt am Main.
1916–1919 Lehre bei der Kredit- und Sparbank in Spremberg; 1920 bis 1922 Angestellter in der Dresdner-Bank-Filiale Greiz; danach in verschiedenen Abteilungen der Berliner Zentrale. 1939 zum Militärdienst eingezogen; Februar 1946 Entlassung aus amerikanischer Kriegsgefangenschaft. 1946 zunächst bei der Dresdner Bank in Wiesbaden, danach bis 1948 als Direktor in der Zentralstelle Hamburg; 1948 kurzzeitig auch stellvertretender Direktor in Hannover. Ab Juli 1948 Mitglied der Geschäftsleitung der Rhein-Main Bank; 1952–1957 Vorstandsmitglied der Rhein-Main Bank AG; 1957–1966 Mitglied des Vorstands der Dresdner Bank AG, 1966–1969 Vorstandssprecher; danach bis 1973 Mitglied des Verwaltungsrats.

Vogt, Gideon
geb. 1. 12. 1904 in Berlin, gest. 22. 5. 1968 in Berlin.
Ab 1922 Lehre bei einer Depositenkasse der Dresdner Bank in Berlin; ab 1924 durchgängig Tätigkeiten für die Dresdner Bank, seit 1938 Abteilungsdirektor in der Berliner Hauptabteilung; 1948 Direktor in der Zentralstelle Hamburg; 1949 bis zu seinem Tod Vorstandsmitglied der Bank für Handel und Industrie AG.

Wendt, Adolf
geb. 14. 9. 1890 in Berlin, gest. 1. 12. 1972.
1904 Eintritt in die Dresdner Bank, zunächst als Laufbursche, später Angestellter in der Betriebsabteilung, der Korrespondenzabteilung und in der Buchhalterei; 1922–1933 Vorsitzender des Betriebsrats der Dresdner Bank und Mitglied des Angestelltenrats, SPD-Mitglied. Verließ nach der Absetzung als Betriebsratsvorsitzender im Frühjahr 1933 die Dresdner Bank. Ein Versuch, sich eine Existenz als Gastwirt aufzubauen, scheiterte; 1935–1945 Ange-

stellter der Deutschen Girozentrale – Deutsche Kommunalbank –, Berlin. Juni 1945 Wiedereintritt in die Dresdner Bank als Betriebsratsvorsitzender; Anfang 1949 wegen teilweiser Betriebsstilllegung ohne Gehalt beurlaubt.

Witt, Franz

geb. 27. 9. 1906 in Hamburg, gest. 30. 8. 1986 in Hamburg.
Lehrling und Angestellter in einer Hamburger Im- und Exportfirma; Studium der Wirtschaftswissenschaften an den Universitäten Hamburg und Frankfurt am Main; 1935–1939 Betriebswirt im Industriebüro der Dresdner Bank; 1939–1945 Direktor der Böhmischen Escompte-Bank, Prag. 1948 Eintritt in die Hamburger Kreditbank; 1953 stellvertretendes, 1957 ordentliches Vorstandsmitglied der Hamburger Kreditbank AG; 1957–1972 Vorstandsmitglied der Dresdner Bank AG. 1973 Aufsichtsratsmitglied der ruhenden Dresdner Bank Berlin (Altbank); ab Mai 1973 stellvertretender Vorsitzender, ab Oktober 1977 Vorsitzender des Gremiums.

Zinßer, Hugo

geb. 7. 1. 1900 in Pfaffenhofen, gest. 17. 7. 1955 in Bühl.
1915–1918 Lehre bei der Dresdner Bank in Heilbronn; danach Angestellter in der Filiale Stuttgart. 1921–September 1922 selbstständiger Devisenhändler, dann Devisenhändler beim Bankhaus H. Hohenemser, Frankfurt am Main. Ab Januar 1923 wieder bei der Dresdner Bank, zunächst in der Devisenabteilung der Berliner Zentrale; 1924–1928 Devisenhändler in Stuttgart, 1928–1931 in der Berliner Zentrale; April–Juni 1931 Mitleiter der Filiale Leipzig. Danach in der Berliner Zentrale mit Sonderaufgaben zur Unterstützung des Vorstands in der Bankenkrise betraut; seit März 1933 Direktor der Gesamtbank, September 1934–Juli 1941 stellvertretendes Vorstandsmitglied der Dresdner Bank; bei Kriegsbeginn einberufen. Von Juli 1941 bis 1945 ordentliches Vorstandsmitglied, zuständig u. a. für Gelddispositionen, Börsen- und Devisengeschäfte und für die süddeutschen Filialen; zahlreiche Aufsichtsratsmandate. Im März 1944 von der Wehrmacht ausgemustert; nun u. a. auch für die Referate Frankreich, Schweiz und Ungarn zuständig. Nach dem Krieg zunächst Vorstandsmitglied mit Büros in Wiesbaden und Würzburg; Oktober 1945–Dezember 1947 in amerikanischer Internierung; ab Juni 1948 Mitglied der Geschäftsleitung der Rhein-Main Bank, Frankfurt am Main; von September 1952 bis zu seinem Tod Vorstandsmitglied der Rhein-Main Bank AG; gleichzeitig u. a. Vorsitzender des Ausschusses für Kreditpolitik im Bundesverband des privaten Bankgewerbes. Ehrendoktor der Johann-Wolfgang-Goethe-Universität, Frankfurt am Main.

Verzeichnis der Abbildungen, Tabellen und Grafiken

Abbildungen

Tabellen

Grafiken

Verzeichnis der Abkürzungen

ABG	Allgemeine Bankgesellschaft
ACDP	Archiv für Christlich-Demokratische Politik
APKR	Archiwum Państwowe w Krakowie
ATO	Allgemeine Treuhand-Organisation
BAB	Bundesarchiv Berlin
BAK	Bundesarchiv Koblenz
BEB	Böhmische Escompte-Bank
BEG	Bundesentschädigungsgesetz
BergG	Bundesergänzungsgesetz zur Entschädigung der Opfer der nationalsozialistischen Verfolgung
BfA	Bundesversicherungsanstalt für Angestellte
BdL	Bank deutscher Länder
BHG	Berliner Handels-Gesellschaft
BHI	Bank für Handel und Industrie AG
BGBl.	Bundesgesetzblatt
BPEC	Banque des Pays de l'Europe Central
CCG/BE	Control Commission for Germany/British Element
CORA	Court of Restitution Appeals
ČSSR	Tschechoslowakische Sozialistische Republik
DDR	Deutsche Demokratische Republik
DICEA	Division of Investigation of Cartels and External Assets
DM	Deutsche Mark
DVO	Durchführungsverordnung
GB	Geschäftsbericht
GLA	Generallandesarchiv
HADrB	Historisches Archiv der Dresdner Bank
HABB	Historisches Archiv der Deutschen Bundesbank
HADB	Historisches Archiv der Deutschen Bank
HAC	Historisches Archiv der Commerzbank
HHStA	Hessisches Hauptstaatsarchiv
hfl	Holländische Gulden
HICOG	U.S. High Commissioner for Germany
HStA	Hauptstaatsarchiv
HTV	Hessische Treuhandverwaltung
HZ	Historische Zeitschrift
JRSO	Jewish Restitution Successor Organisation
JTC	Jewisch Trust Corporation
LA	Landesarchiv
LZB	Landeszentralbank(en)
NA	U.S. National Archives and Records Administration II
NKWD	Volkskommissariat für Innere Angelegenheiten (Narodnyj Kommissariat Wnutrennych Del)
NSDAP	Nationalsozialistische Deutsche Arbeiterpartei
OCCWC	Office of Chief of Counsel for War Crimes
OMGUS	Office of Military Government for Germany, United States
ORG	Oberstes Rückerstattungsgericht
PRO	Public Record Office
REAO	Rückerstattungsanordnung für Berlin
RGBl.	Reichsgesetzblatt
RM	Reichsmark
RWM	Reichswirtschaftsministerium

RzW	Rechtsprechung zum Wiedergutmachungsrecht
SBZ	Sowjetische Besatzungszone
SED	Sozialistische Einheitspartei Deutschlands
SHAEF	Supreme Headquarters, Allied Expeditionary Forces
SMAD	Sowjetische Militäradministration in Deutschland
SMAS	Sowjetische Militäradministration in Sachsen
SLB	Sächsische Landesbank
SLKB	Sächsische Landeskreditbank
StA	Staatsarchiv
SStA	Sächsisches Staatsarchiv
SHStA	Sächsisches Hauptstaatsarchiv
URO	United Restitution Organisation
USEG	Entschädigungsgesetz der amerikanischen Besatzungszone
USFET	United States Forces, European Theater
USGCC	United States Group, Control Council
VfZ	Vierteljahrshefte für Zeitgeschichte
VO	Verordnung
ZgK	Zeitschrift für das gesamte Kreditwesen
ZLG	Zentrallagergemeinschaft für Bekleidung
ZUG	Zeitschrift für Unternehmensgeschichte

Quellen- und Literaturverzeichnis

1. Akten aus dem Historischen Archiv der Dresdner Bank AG, Frankfurt a. M. (HADrB)

A. Zentrale

A.1. Dresdner Bank, bis 1945

5. Hauptbuchhaltung
10674-2001

87. Konsortialabteilung
110426, 110427, 110428, 110436, 29785-2001, 29787-2001, 30015-2001, 30016-2001, 30069-2001, 30166-2001

98. Rechtsabteilung
115589, 6071-2000

126. Vorstand
1473-2002

137. Personalbüro Berlin
50339-2001, E.2748, E.3067, E.3164, E.4711, E.4821, E.1039, E.1240, E.5372

152. Filialbüro
48279-2001

A.2. Dresdner-Bank-Gruppe, 1946–1957

49. Hamburger Kreditbank AG
108704, 7652-2002

52. Rhein-Ruhr Bank AG, Düsseldorf
1260-2000, 6231-2002, 6430-2000, 7090-2000

55. Zentralstelle
1000-2002, 1057-2000, 1181-2000, 1268-2000, 5140-2000, 5157-2000, 5163-2000, 6509-2000, 7370-2000

56. Bayerische Bank für Handel und Industrie
105771, 105772, 1194-2000, 3431-2000, 7471-2000

67. Rhein-Main Bank AG
10616-2001, 108702, 1784-2000, 4466-2000, 5246-2000, 5271-2000

71. Allgemeine Bankgesellschaft Stuttgart
1931-2000

80. Verlagerungsabteilung
108377, 110469, 110470, 110509, 115582, 115583, 12979-2001, 49207-2001, 5115-2000, 5121-2000, 5126-2000, 5128-2000, 5147-2000, 5341-2000, 5541-2000, 5542-2000, 73341-2001, 73444-2001

81. Treuhänder des in der britischen Zone befindlichen Vermögens der Dresdner Bank, Berlin, und deren Ostfilialen

3259-2000, 3260-2000, 3292-2000

97. Vorstand

109030, 109573

108. Dresdner Bank, Berlin (Altbank)

105767, 108203, 109029, 109443, 1265-2000, 1474-2002, 1498-2002, 28055-2001, 39757-2001, 39872-2001, 44676-2001, 45371-2001, 50070-2001, 50079-2001, 50080-2001, 50395-2001, 50725-2001, 51006-2001

125. Nürnberger Prozess

104575, 104576, 109581, 13761-2000, 13766-2000, 13767-2000, 13768-2000, 13773-2000, 13797-2001, 13923-2000, 13927-2000, 13946-2000, 14371-2000, 14376-2000, 14378-2000

192. Neuer Kreis

1360-2002, 1361-2002, 1363-2002, 1364-2002, 1365-2002, 1366-2002, 1367-2002, 1368-2002, 1372-2002, 1378-2002, 1380-2002, 1382-2002, 1384-2002, 1386-2002, 1387-2002, 1388-2002, 1389-2002

A.3. Dresdner Bank AG, ab 1957

100. Zentralbuchhaltung

108353, 4844-2000, 4801-2000, 4810-2000, 4879-2000, 648–1999, 7734-2002, 7739-2002, 7748-2002, 7749-2002

101. Auslands-Sekretariat / Geschäftsbereich Ausland

5428-2000, 5430-2000, 5431-2000, 5439-2000, 5445-2000, 5446-2000, 5456-2000, 5457-2000, 5458-2000, 5459-2000, 5539-2000

132. Beteiligungen

109103

137. Personalbüro

1284-2002P, 1285-2002P, 1288-2002P, 1315-2002P, 1316-2002P, 1332-2002P, 1335-2002P, 1337-2002P, 1395-2002P, 978–2002P, 50336-2001

154. Personalabteilung Frankfurt

109246P, 12556-2001, 12557-2001, 12564-2001, 12568-2001, 12572-2001, 12584-2001, 12590-2001

174. Rechtsabteilung Hamburg

11237-2001, 11239-2001, 11245-2001, 11270-2001, 11379-2001, 11534-2001, 11550-2001, 11877-2001, 11901-2001, 11993-2001, 16188-2001, 16253-2001, 16505-2001, 16511-2001, 16559-2001, 16563-2001, 16643-2001, 16796-2001, 16797-2001, 16963-2001

186. Rechtsabteilung Düsseldorf

1055-2002, 1061-2002, 1063-2002, 1075-2002, 1076-2002, 1091-2002, 1093-2002, 1099-2002, 1102-2000, 1191-2002, 3459-2002, 1215-2002, 1502-2002, 1771-2002, 1772-2002, 1774-2002, 1778-2002, 1785-2002, 1787-2002, 1789-2002, 1791-2002, 1792-2002, 1794-2002, 1798-2002, 2981-2002, 2982-2002, 2983-2002, 2986-2002, 3005-2002, 3015-2002, 3465-2002, 3467-2002, 3469-2002, 3473-2002, 3555-2002, 3776-2002, 4940-2002

196. Volkswirtschaftliche Abteilung
107875, 111661

197. Rechtsabteilung Frankfurt
110480, 110495, 7412-2002, 7413-2002, 7414-2002, 7416-2002, 7428-2002, 7430-2002, 7431-2002, 7435-2002, 7453-2002, 7475-2002, 7477-2002, 7478-2002, 7479-2002, 7484-2002, 7485-2002, 7486-2002, 7579-2002, 7750-2002, 7751-2002, 7752-2002

198. Rechtsabteilung Berlin
12548-2001, 12549-2001, 12550-2001, 12551-2001, 12553-2001, 45361-2001, 45362-2001, 45363-2001, 45386-2001, 45388-2001, 20430-2001, 20432-2001, 20440-2001, 20442-2001, 20443-2001, 20455-2001, 20456-2001, 20461-2001, 27972-2001, 27973-2001, 44744-2001

B. Niederlassungen

2. Wiesbaden
250-1999, 251-1999, 464-2000

8. Metz
5240-2000

11. Freiburg i. Br.
1870-2000

14. Bünde
987–1999, 990–1999

15. Frankfurt a. M.
4542-2000, 4548-2000, 4551-2000, 5908-2000

21. Bingen
243–2000

37. Aachen
577–2000

46. Wuppertal-Elberfeld
6416-2000

73. Reutlingen
2812-2000

88. Nürnberg
3465-2000

89. Augsburg
3721-2000

249. Kattowitz
49922-2001

C. Tochtergesellschaften, übernommene Institute

6. Deutsch-Südamerikanische Bank AG, Berlin
100021

102. Kommerzialbank AG, Krakau
5566-2000

134. Bank für Handel und Industrie AG, Berlin
30739-2001, 1472-2002

231. Bremer Bank
103942

264. Ostbank AG, Posen
108208, 49203-2001

D. Nachlässe

138. Dr. Hugo Zinßer
106252, 106253, 106258, 106339, 106345, 106347, 106435, 107931, 108201, 108615, 108624, 108625, 109448, 11104-2001, 11120-2001, 11122-2001, 11124-2001, 11127-2001, 11128-2001, 11129-2001, 11130-2001, 11131-2001, 11132-2001, 11142-2001, 111658, 111660, 111663, 115503, 115504

175. Hans Rinn
17409-2001, 17421-2001, 17610-2001, 17611-2001, 17791-2001, 17835-2001

211. Ernst Matthiensen
109527

230. Carl Goetz
109025

258. Reinhold Baron von Lüdinghausen-Wolff
10001-2001

343. Dr. Karl Rasche
115566, 115568, 115569

Personalia

Fritz André, Carl Goetz, Karl Rasche, Hermann Richter, Werner von Richter, Hans Rinn, Fritz Rudorf; Personalkartei Altbank

Geschäftsberichte

Bank für Handel und Industrie AG, Dresdner Bank AG, Hamburger Kreditbank AG, Rhein-Main Bank AG, Rhein-Ruhr Bank AG

2. Bestände aus anderen Archiven

Archiv für Christlich-Demokratische Politik, Sankt Augustin (ACDP)

I–105 Nachlass Paul Binder

Archiwum Państwowe w Krakowie (Staatsarchiv Krakau; APKr)

Bank Gospodarstwa Krajowego, Delegatura w Krakowie

Arthur W. Diamond Law Library, Columbia University Law School, New York/ NY

Telford Taylor Papers

Bundesarchiv Berlin (BAB)

99 US 7	Nürnberger Prozesse, Fall XI: Wilhelmstraßenprozess[1]
DN 1	Ministerium der Finanzen
DN 3	Deutsche Investitionsbank
DO 1	Ministerium des Innern
DX 1	SMAD-Befehle

Bundesarchiv Koblenz (BAK)

Z 32	Sonderstelle für Geld und Kredit bei der Verwaltung für Finanzen des Vereinigten Wirtschaftsgebietes
Z 45F	Office of Military Government for Germany, United States
B 102	Bundesministerium für Wirtschaft
B 126	Bundesministerium der Finanzen
B 136	Bundeskanzleramt
B 305	Zentrale Rechtsschutzstelle
NL 4	Nachlass Hermann Dietrich
All. Proz. 2F	Nürnberger Prozesse, Anklageakten der Einzelprozesse
All. Proz. 3	Nürnberger Prozesse, Handakten von Rechtsanwälten und Angeklagten

Gedenkstätte Buchenwald

Speziallager 2, Auszüge aus Journal und Listen

Generallandesarchiv (GLA) Karlsruhe

465a	Spruchkammern, Verfahren

Hauptstaatsarchiv (HStA) Düsseldorf

NW 1000 – NW 1117	Entnazifizierungsausschüsse

Hessisches Hauptstaatsarchiv (HHStA) Wiesbaden

Abt. 519	Landesamt für Wiedergutmachung und Vermögenskontrolle in Hessen
Abt. 520	Spruchkammern

Historisches Archiv der Commerzbank AG, Frankfurt a. M. (HAC)

1	Commerzbank bis 1945
303	Hansa-Bank
400	Commerzbank AG
S 3	Sammlung Kurzrock

1 Der Bestand wird mittlerweile im Bundesarchiv Koblenz verwahrt.

Historisches Archiv der Deutschen Bank AG, Frankfurt a. M. (HADB)

RWB	Rheinisch-Westfälische Bank

Historisches Archiv der Deutschen Bundesbank, Frankfurt a. M. (HABB)

B 330	Direktorium der Bank deutscher Länder
B 331	Landeszentralbanken

Landesarchiv (LA) Berlin

C Rep. 101	Magistrat von Berlin, Oberbürgermeister
C Rep. 105	Magistrat von Berlin, Abteilung Finanzen

Landeshauptarchiv (LHA) Koblenz

856	Landeskommissar für die politische Säuberung in Rheinland-Pfalz

Sächsisches Hauptstaatsarchiv (SHStA) Dresden

Dresdner Bank Dresden
Landesregierung Sachsen, Ministerpräsident
Landesregierung Sachsen, Ministerium des Innern
Landesregierung Sachsen, Ministerium für Finanzen
Sächsische Landesbank

Sächsisches Staatsarchiv (SStA) Leipzig

Dresdner Bank in Leipzig
Sächsische Landesbank Dresden
Sächsische Landeskreditbank

Staatsarchiv (StA) Bremen

4,66-I	Senator für politische Befreiung

Staatsarchiv (StA) Freiburg i. Br.

D 180	Badisches Staatskommissariat für politische Säuberung, Spruchkammer Südbaden

Staatsarchiv (StA) Hamburg

221–11	Staatskommissar für die Entnazifizierung und Kategorisierung

Staatsarchiv (StA) Ludwigsburg

EL 902	Heimatspruchkammern, Verfahrensakten

Staatsarchiv (StA) München

SpKA	Spruchkammerakten

Staatsarchiv (StA) Nürnberg

Rep. 502, KV-Anklage Organisation
Rep. 502, KV-Anklage Interrogations
Rep. 502, KV-Prozesse Fall 11, Q 18 (Spezialia Karl Rasche)
Spruchkammer Fürth II
Spruchkammer Nürnberg IV

Staatsarchiv (StA) Sigmaringen

Wü 13	Staatskommissariat für die politische Säuberung
Sa	Sammlungen

The National Archives, Kew (ehemals: Public Record Office; PRO)

FO 371	Foreign Office, Political Department, General Correspondence
FO 1046	Foreign Office, Control Commission for Germany (British Element)
WO 220	War Office, Directorate of Civil Affairs
T 160	Treasury, Registered Files

U.S. National Archives and Records Administration II, College Park/Maryland (NA)

M 1019	Records of the United States Nuernberg War Crimes Trials Interrogations
RG 56	Department of the Treasury
RG 60	Department of Justice
RG 84	Foreign Service Posts
RG 238	Collection of World War II War Crimes Records
RG 260	Office of Military Government for Germany (U.S.)
RG 466	Office of the U.S. High Commissioner for Germany
T 83	Records of Private Austrian, Dutch and German Enterprises

Private Sammlungen

Christel Meier
Walter Nathan
Michael Rademacher

3. Gesetzblätter und Periodika

Bundesgesetzblatt
Dokumentation der Zeit
Deutsche Finanzwirtschaft
Gesetzblatt der Verwaltung des Vereinigten Wirtschaftsgebietes
Gesetz- und Verordnungsblatt für Berlin
Hessisches Gesetz- und Verordnungsblatt
Internationales Biographisches Archiv
Mitteilungen der Bank deutscher Länder
Monatsberichte der Bank deutscher Länder
Plenarprotokolle des Berliner Abegordnetenhauses
Reichsgesetzblatt
Rechtsprechung zum Wiedergutmachungsrecht
Zeitschrift für das gesamte Kreditwesen

4. Gedruckte Quellen und Literatur

Aalders, Gerard: Geraubt! Die Enteignung jüdischen Besitzes im Zweiten Weltkrieg, Köln 2000.

Abelshauser, Werner: Wirtschaft in Westdeutschland 1945–1948. Rekonstruktion und Wachstumsbedingungen in der amerikanischen und britischen Zone, Stuttgart 1975.

Abelshauser, Werner: Wirtschaftsgeschichte der Bundesrepublik Deutschland 1945–1980, Frankfurt a.M. 1983.

Abelshauser, Werner: Wirtschaft und Besatzungspolitik in der Französischen Zone 1945–1949, in: Claus Scharf/Hans Jürgen Schröder (Hg.), Die Deutschlandpolitik Frankreichs und die Französische Zone 1945–1949, Wiesbaden 1983, S. 111–139.

Abelshauser, Werner: Die Langen Fünfziger Jahre. Wirtschaft und Gesellschaft der Bundesrepublik Deutschland 1949–1966, Düsseldorf 1987.

Abelshauser, Werner: Rüstungsschmiede der Nation? Der Kruppkonzern im Dritten Reich und in der Nachkriegszeit 1933 bis 1951, in: Lothar Gall (Hg.), Krupp im 20. Jahrhundert. Die Geschichte des Unternehmens vom Ersten Weltkrieg bis zur Gründung der Stiftung, Berlin 2002, S. 267–471.

Abelshauser, Werner: Deutsche Wirtschaftsgeschichte seit 1945, München 2004.

Abelshauser, Werner/Hesse, Jan-Otmar/Plumpe, Werner (Hg.): Wirtschaftsordnung, Staat und Unternehmen. Neue Forschungen zur Wirtschaftsgeschichte des Nationalsozialismus. Festschrift für Dietmar Petzina zum 65. Geburtstag, Essen 2003.

Achterberg, Erich: Bilanz der östlichen Bankbilanzen, in: Deutsche Finanzwirtschaft 1 (1947), Heft 1, S. 9–12.

Achterberg, Erich: Berliner Banken im Wandel der Zeit. Eine Schrift zum 75jährigen Bestehen des Bankhauses Hardy & Co. GmbH Frankfurt-Berlin, Darmstadt 1956.

Ahlheim, Hannah: Die Commerzbank und die Einziehung jüdischen Vermögens, in: Ludolf Herbst/Thomas Weihe (Hg.), Die Commerzbank und die Juden 1933–1945, München 2004, S. 138–172.

Ahrens, Ralf: Der Exempelkandidat. Die Dresdner Bank und der Nürnberger Prozess gegen Karl Rasche, in: VfZ 52 (2004), S. 637–670.

Ahrens, Ralf: Unternehmer vor Gericht. Die Nürnberger Nachfolgeprozesse zwischen Strafverfolgung und symbolischem Tribunal, in: Jürgen Lillteicher (Hg.), Profiteure des NS-Systems? Deutsche Unternehmen und das Dritte Reich, Berlin 2006, S. 128–153.

Ahrens, Ralf: Karl Rasche, in: Pohl (Hg.), Bankiers.

Ahrens, Ralf/Bähr, Johannes: Jürgen Ponto, in: Pohl (Hg.), Bankiers.

Ansmann, Heinz: Bankier. Erinnerungen an sechzig Jahre deutscher Wirtschaftsgeschichte, Mainz 1993.

Ashauer, Günter: Entwicklung der Sparkassenorganisation ab 1924, in: Born u.a., Deutsche Bankengeschichte, Bd. 3, S. 279–348.

Atorf, Walter: Streifzug durch das Finanzressort, in: Max Gögler/Gregor Richter (Hg.), Das Land Württemberg-Hohenzollern. Darstellungen und Erinnerungen, Sigmaringen 1982, S. 233–273.

Bähr, Johannes: Der Goldhandel der Dresdner Bank im Zweiten Weltkrieg. Unter Mitarbeit von Michael C. Schneider, Leipzig 1999.

Bähr, Johannes: „Bankenrationalisierung“ und Großbankenfrage. Der Konflikt um die Ordnung des deutschen Kreditgewerbes während des Zweiten Weltkrieges, in: Harald Wixforth (Hg.), Finanzinstitutionen in Mitteleuropa während des Nationalsozialismus, Stuttgart 2001.

Bähr, Johannes: Die Dresdner Bank in der Wirtschaft des Dritten Reichs. Unter Mitarbeit von Ralf Ahrens, Michael C. Schneider, Harald Wixforth und Dieter Ziegler (Die Dresdner Bank im Dritten Reich, Bd. 1), München 2006.

Bähr, Johannes: Die Continentale Bank, Brüssel, in: Wixforth, Expansion, S. 792–824.

Bähr, Johannes: Die Internationale Bank in Luxemburg, in: Wixforth, Expansion, S. 825–831.

Bähr, Johannes: Die Aktivitäten der Dresdner Bank in Frankreich, in: Wixforth, Expansion, S. 833–869.

Bähr, Johannes: 50 Jahre dit. Aufbruch Wachstum Zukunft 1955-2005, Frankfurt a. M. 2006.

Bähr, Johannes: Carl Friedrich Goetz, in: Pohl (Hg.), Bankiers.

Bähr, Johannes: Zwischen zwei Kontinenten. 100 Jahre Dresdner Bank Lateinamerika vormals Deutsch-Südamerikanische Bank, Hamburg 2007.

Bajohr, Frank: „Arisierung" in Hamburg. Die Verdrängung der jüdischen Unternehmer 1933–1945, Hamburg 1997.

Bajohr, Frank: Verfolgung aus gesellschaftsgeschichtlicher Perspektive. Die wirtschaftliche Existenzvernichtung der Juden und die deutsche Gesellschaft, in: Geschichte und Gesellschaft 26 (2000), S. 629–652.

Bajohr, Frank: „Arisierung" und Restitution. Eine Einschätzung, in: Goschler/Lillteicher (Hg.), „Arisierung", S. 39–59.

Barkai, Avraham: Vom Boykott zur „Entjudung". Der wirtschaftliche Existenzkampf der Juden im Dritten Reich 1933–1943, Frankfurt a. M. 1988.

Bass, Gary Jonathan: Stay the Hand of Vengeance. The Politics of War Crimes Tribunals, Princeton 2000.

Bauer, Walter: Die westdeutsche Bankreform. Eine Studie zur Entwicklung des Großbank- und Zentralbankwesens seit dem Jahre 1945 bis zur Gegenwart, Diss. Tübingen 1954.

Bauerkämper, Arnd: Kaderdiktatur und Kadergesellschaft. Politische Herrschaft, Milieubindungen und Wertetraditionalismus im Elitenwechsel in der SBZ/DDR von 1945 bis zu den sechziger Jahren, in: Peter Hübner (Hg.), Eliten im Sozialismus. Beiträge zur Sozialgeschichte der DDR, Köln usw. 1999, S. 37–65.

Baumgart, Heinz: Grundlagen und Mobilisierung der Ausgleichsforderungen, Diss. Mannheim 1957.

Becher, Klaus: Das betriebswirtschaftliche Wachstum der Banken insbesondere der Filialgroßbanken in der Bundesrepublik Deutschland seit 1952, Diss. Köln 1969.

Beck, Stefan von der: Die Konfiskationen in der Sowjetischen Besatzungszone von 1945 bis 1949. Ein Beitrag zu Geschichte und Rechtsproblemen der Enteignungen auf besatzungsrechtlicher und besatzungshoheitlicher Grundlage, Frankfurt a. M. 1996.

Berggold, Christian: Unternehmensidentität: Emergenz, Beobachtung und Identitätspolitik. Ansatzpunkte einer organisationstheoretischen Betrachtung, Berlin 2000.

Berghahn, Volker R.: Unternehmer und Politik in der Bundesrepublik, Frankfurt a. M. 1985.

Berghoff, Hartmut/Rauh-Kühne, Cornelia: Fritz K. Ein deutsches Leben im zwanzigsten Jahrhundert, Stuttgart/München 2000.

Biella, Friedrich, u. a.: Das Bundesrückerstattungsgesetz, München 1981.

Birck, Heinrich: Die Bankbilanz. Aufstellung, Bewertung und Gliederung der Jahresabschlüsse der Kreditinstitute nach Handels- und Steuerrecht. Ein Handbuch für Banken und Sparkassen, 2. Aufl. Wiesbaden 1961.

Birkigt, Klaus/Stadler, Marinus M. (Hg.): Corporate Identity. Grundlagen, Funktionen, Fallbeispiele, Landsberg/Lech 1980.

Blasius, Rainer A.: Der Wilhemstraßen-Prozeß gegen das Auswärtige Amt und andere Ministerien, in: Ueberschär (Hg.), Nationalsozialismus, S. 187–198.

Blessin, Georg: Wiedergutmachung, Bad Godesberg 1960.

Blessin, Georg, u. a.: Bundesentschädigungsgesetze, 2. Aufl. München 1957.

Bloxham, Donald: Genocide on Trial. War Crimes Trials and the Formation of Holocaust History and Memory, Oxford/New York 2001.

Bloxham, Donald: Pragmatismus als Programm. Die Ahndung deutscher Kriegsverbrechen durch Großbritannien, in: Frei (Hg.), Vergangenheitspolitik, S. 140–179.

Boelcke, Willi A.: Die Kosten von Hitlers Krieg. Kriegsfinanzierung und finanzielles Kriegserbe in Deutschland 1933–1948, Paderborn 1985.

Boes, Wilhelm: Das Schicksal der Berliner Banken, in: Deutsche Finanzwirtschaft 1 (1947), Heft 2, S. 14–16.

Born, Karl Erich: Vom Beginn des Ersten Weltkrieges bis zum Ende der Weimarer Republik (1914–1933), in: ders. u. a., Deutsche Bankengeschichte 3, S. 17–146.
Born, Karl Erich, u. a.: Deutsche Bankengeschichte, Bd. 3, Frankfurt a. M. 1983.
Borscheid, Peter: Der ökonomische Kern der Unternehmensgeschichte, in: ZUG 46 (2001), S. 5–10.
Botor, Stefan: Das Berliner Sühneverfahren – Die letzte Phase der Entnazifizierung, Frankfurt a. M. 2006.
Bower, Tom: „Alle deutschen Industriellen saßen auf der Anklagebank." Die Nürnberger Nachfolgeprozesse gegen Krupp, Flick und die IG Farben, in: Rainer Eisfeld/Ingo Müller (Hg.), Gegen Barbarei. Essays Robert M.W. Kempner zu Ehren, Frankfurt a. M. 1989, S. 239–256.
Bower, Tom: Blind Eye to Murder. Britain, America and the Purging of Nazi Germany, 2. Aufl. London 1995.
Brackmann, Michael: Vom totalen Krieg zum Wirtschaftswunder. Die Vorgeschichte der westdeutschen Währungsreform 1948, Essen 1993.
Bräutigam, Petra: Mittelständische Unternehmer im Nationalsozialismus. Wirtschaftliche Entwicklungen und soziale Verhaltensweisen in der Schuh- und Lederindustrie Badens und Württembergs, München 1997.
Brochhagen, Ulrich: Nach Nürnberg. Vergangenheitsbewältigung und Westintegration in der Ära Adenauer, Hamburg 1994.
Brodesser, Hermann-Josef, u. a.: Wiedergutmachung und Kriegsfolgenliquidation. Geschichte – Regelungen – Zahlungen, München 2000.
Buchheim, Christoph: Das Londoner Schuldenabkommen, in: Ludolf Herbst (Hg.), Westdeutschland 1945–1955. Unterwerfung, Kontrolle, Integration, München 1986, S. 219–229.
Buchheim, Christoph: Die Währungsreform 1948 in Westdeutschland, in: VfZ 36 (1988), S. 189–231.
Buchheim, Christoph: Zur Kontroverse über den Stellenwert der Währungsreform für die Wachstumsdynamik in der Bundesrepublik Deutschland, in: Peter Hampe (Hg.), Währungsreform und soziale Marktwirtschaft. Rückblicke und Ausblicke, München 1989, S. 86–100.
Buchheim, Christoph: Die Wiedereingliederung Westdeutschlands in die Weltwirtschaft 1945–1958, München 1990.
Buchheim, Christoph: Die Errichtung der Bank deutscher Länder und die Währungsreform in Westdeutschland, in: Deutsche Bundesbank (Hg.), Fünfzig Jahre Deutsche Mark, S. 91–138.
Buchheim, Christoph: Unternehmen in Deutschland und NS-Regime 1933–1945. Versuch einer Synthese, in: HZ 282 (2006), S. 351–390.
Bundesminister der Finanzen/Schwarz, Walter (Hg.): Die Wiedergutmachung nationalsozialistischen Unrechts durch die Bundesrepublik Deutschland, Bd. 1–6, München 1974 ff.
Buscher, Frank M.: The U.S. War Crimes Trial Program in Germany, 1946–1955, Westport 1989.
Buscher, Frank M.: Bestrafen und erziehen. „Nürnberg" und das Kriegsverbrecherprogramm der USA, in: Frei (Hg.), Vergangenheitspolitik, S. 94–139.
Büschgen, Hans E.: Die Großbanken, Frankfurt a. M. 1983.
Czichon, Eberhard: Die Bank und die Macht. Herman Josef Abs, die Deutsche Bank und die Politik, Köln 1995.
Dam, Hendrik George van/Loos, Heinz: Bundesentschädigungsgesetz. Bundesgesetz zur Entschädigung für Opfer der nationalsozialistischen Verfolgung vom 29. Juni 1956, Frankfurt a. M. 1957.
Deckers, Josef: Die Transformation des Bankensystems in der Sowjetischen Besatzungszone/DDR von 1945 bis 1972, Berlin 1974.
Deutsche Bundesbank (Hg.): Deutsches Geld- und Bankwesen in Zahlen 1876–1975, Frankfurt a. M. 1976.

Deutsche Bundesbank (Hg.): Fünfzig Jahre Deutsche Mark. Notenbank und Währung in Deutschland seit 1948, München 1998.
Deutsche Bundesbank (Hg.): 50 Jahre Deutsche Mark. Monetäre Statistiken 1948–1997, München 1998 (CD-ROM).
Dresdner Bank (Hg.): Chiffren einer Epoche. 100 Jahre – 100 Kontraste, Frankfurt a.M. 1972.
Dülffer, Jost: Die „Gruppe Otto Wolff" 1929 bis 1945, in: Peter Danylow/Ulrich S. Soénius (Hg.), Otto Wolff. Ein Unternehmen zwischen Wirtschaft und Politik, Berlin 2005, S. 153–244.
Ehlen, Karl Josef: Die Filialgroßbanken. Entwicklung und Stellung im deutschen Kreditsystem, Stuttgart 1960.
Eisert, Wolfgang: Die Waldheimer Prozesse. Der stalinistische Terror 1950. Ein dunkles Kapitel der DDR-Justiz, Esslingen/München 1993.
Enzyklopädisches Lexikon für das Geld-, Bank- und Börsenwesen, Frankfurt a.M. 1957.
Erker, Paul: Einleitung: Industrie-Eliten im 20. Jahrhundert, in: ders./Toni Pierenkemper (Hg.), Deutsche Unternehmer zwischen Kriegswirtschaft und Wiederaufbau. Studien zur Erfahrungsbildung von Industrie-Eliten, München 1999, S. 1–18.
Erler, Peter/Laude, Horst/Wilke, Manfred (Hg.): „Nach Hitler kommen wir". Dokumente zur Programmatik der Moskauer KPD-Führung 1944/45 für Nachkriegsdeutschland, Berlin 1994.
Federau, Fritz: Das Berliner Bankwesen 1945/1950, Berlin o.J. (1951).
Federmann, Rudolf: Bilanzierung nach Handelsrecht und Steuerrecht, 7. Aufl. Berlin 1989.
Feldenkirchen, Wilfried/Hilger, Susanne: Menschen und Marken. 125 Jahre Henkel 1876–2001, Düsseldorf 2001.
„Die feinen Herren waren besonders verlogen". Erinnerungen an die Nürnberger Prozesse, 40 Jahre danach. Ein Interview mit Robert M.W. Kempner, in: Blätter für deutsche und internationale Politik 30 (1985), S. 1387–1391.
Feldman, Gerald D.: Politische Kultur und Wirtschaft in der Weimarer Zeit: Unternehmer auf dem Weg in die Katastrophe, in: ZUG 43 (1998), S. 3–18.
Feldman, Gerald D.: Die Allianz und die deutsche Versicherungswirtschaft 1933–1945, München 2001.
Feldman, Gerald D.: Der Holocaust und der Raub an den Juden. Eine Zwischenbilanz der Restitution und Entschädigung, in: Goschler/Ther (Hg.), Raub, S. 225–237.
Feldman, Gerald D./Rathkolb, Oliver/Venus, Theodor/Zimmerl, Ulrike: Österreichische Banken und Sparkassen im Nationalsozialismus und in der Nachkriegszeit, München 2006.
Feldman, Gerald D.: Die Länderbank Wien AG in der Zeit des Nationalsozialismus, in: ders. u. a., Banken, Bd. 2, S. 259–489.
Fischer, Otfrid: Bankbilanz-Analyse dargestellt am Beispiel der Aktienbanken, Meisenheim 1956.
Förster, Michael: Jurist im Dienst des Unrechts. Leben und Werk des ehemaligen Staatssekretärs im Reichsjustizministeriums, Franz Schlegelberger (1876–1970), Baden-Baden 1995.
Frenzel, Paul: Die rote Mark. Perestroika für die DDR, Herford 1989.
Frei, Norbert: Vergangenheitspolitik. Die Anfänge der Bundesrepublik und die NS-Vergangenheit, Taschenbuchausgabe München 1999.
Frei, Norbert (Hg.): Transnationale Vergangenheitspolitik. Der Umgang mit deutschen Kriegsverbrechern in Europa nach dem Zweiten Weltkrieg, Göttingen 2006.
Führe, Dorothea: Die französische Besatzungspolitik in Berlin von 1945 bis 1949. Déprussianisation und Décentralisation, Berlin 2001.
Fürstenau, Justus: Entnazifizierung. Ein Kapitel deutscher Nachkriegspolitik, Neuwied/Berlin 1969.
Gall, Lothar: Der Bankier. Hermann Josef Abs. Eine Biographie, München 2004.

Genschel, Helmut: Die Verdrängung der Juden aus der Wirtschaft im Dritten Reich, Göttingen 1966.

Giersch, Herbert/Paqué, Karl-Heinz/Schmieding, Holger: The fading miracle. Four decades of market economy in Germany, Cambridge 1992.

Giessler, Hans, u. a.: Das Bundesentschädigungsgesetz. Zweiter Teil (§§ 51 bis 171 BEG), München 1983.

Giessler, Hans: Schaden an Eigentum und Vermögen, in: ders. u. a., Bundesentschädigungsgesetz, S. 1–46.

Goerke, Ulrich: Die Ausgleichsforderungen der Geschäftsbanken, Diss. Hamburg 1961.

Goschler, Constantin: Wiedergutmachung. Westdeutschland und die Verfolgten des Nationalsozialismus (1945–1954), München 1992.

Goschler, Constantin: Schuld und Schulden. Die Politik der Wiedergutmachung für NS-Verfolgte seit 1945, Göttingen 2005.

Goschler, Constantin/Lillteicher, Jürgen (Hg.): „Arisierung" und Restitution. Die Rückerstattung jüdischen Eigentums in Deutschland und Österreich nach 1945 und 1989, Göttingen 2002.

Goschler, Constantin/Ther, Philipp (Hg.): Raub und Restitution. „Arisierung" und Rückerstattung des jüdischen Eigentums in Europa, Frankfurt a. M. 2003.

Grabowski, Christian: Die deutschen Banken, in: Deutsche Finanzwirtschaft 1 (1947), Heft 5, S. 16–19.

Grohnert, Reinhard: Die Entnazifizierung in Baden 1945–1949. Konzeptionen und Praxis der „Epuration" am Beispiel eines Landes der französischen Besatzungszone, Stuttgart 1991.

Grünbacher, Armin: Reconstruction and Cold War in Germany. The Kreditanstalt für Wiederaufbau (1948–1961), Aldershot 2004.

Günzel, Alfred: Das Berliner Altbankengesetz, in: ZgK 5 (1952), S. 585–587.

Haase, Norbert/Pampel, Bert (Hg.): Die Waldheimer „Prozesse" – fünfzig Jahre danach, Baden-Baden 2001.

Hanauske, Dieter (Bearb.): Die Sitzungsprotokolle des Magistrats der Stadt Berlin 1945/46, Teil I: 1945, Berlin 1995; Teil II: 1946, Berlin 1999.

Hansl, Rüdiger: Unternehmensidentität von Banken. Grundlagen, Politik und empirische Untersuchung, Wiesbaden 1992.

Hardach, Gerd: Zwischen Markt und Macht: Die deutschen Banken 1908–1934, in: Wilfried Feldenkirchen/Frauke Schönert-Röhlk/Günther Schulz (Hg.), Wirtschaft, Gesellschaft, Unternehmen. Festschrift für Hans Pohl zum 60. Geburtstag, Bd. 2, Stuttgart 1995, S. 914–938.

Hardach, Gerd: Der Marshall-Plan. Auslandshilfe und Wiederaufbau in Westdeutschland 1948–1952, München 1994.

Hartewig, Karin: Zurückgekehrt. Die Geschichte der jüdischen Kommunisten in der DDR, Köln usw. 2000.

Hayes, Peter: Die Degussa im Dritten Reich. Von der Zusammenarbeit zur Mittäterschaft, München 2004.

Heimerzheim, Peter: Karl Ritter von Halt – Leben zwischen Sport und Politik, Sankt Augustin 1999.

Henke, Josef/Oldenhage, Klaus: Office of Military Government for Germany (U.S.), in: Weisz (Hg.), OMGUS-Handbuch, S. 1–142.

Henke, Klaus-Dietmar: Politische Säuberung unter französischer Besatzung. Die Entnazifizierung in Württemberg-Hohenzollern, Stuttgart 1981.

Henke, Klaus Dietmar: Die Trennung vom Nationalsozialismus. Selbstzerstörung, politische Säuberung, „Entnazifizierung", Strafverfolgung, in: Henke/Woller (Hg.), Säuberung, S. 21–83.

Henke, Klaus-Dietmar: Die amerikanische Besetzung Deutschlands, München 1995.

Henke, Klaus-Dietmar: Die Dresdner Bank 1933–1945. Ökonomische Rationalität, Regimenähe, Mittäterschaft (Die Dresdner Bank im Dritten Reich, Bd. 4), München 2006.

Henke, Klaus-Dietmar/Woller, Hans (Hg.): Politische Säuberung in Europa. Die Abrechnung mit Faschismus und Kollaboration nach dem Zweiten Weltkrieg, München 1991.
Henke, Klaus-Dietmar/Woller, Hans: Einleitung, in: dies. (Hg.), Säuberung, S. 7–20.
Herbst, Ludolf: Der Totale Krieg und die Ordnung der Wirtschaft. Die Kriegswirtschaft im Spannungsfeld von Politik, Ideologie und Propaganda 1939–1945, Stuttgart 1982.
Hockerts, Hans-Günter: Wiedergutmachung in Deutschland. Eine historische Bilanz 1945–2000, in: VfZ 49 (2001), S. 167–214.
Hofmann, Walter: Die Banken seit dem Tage X, in: ZgK 2 (1949), S. 273–276.
Hofmann, Walter: Private Bank in öffentlichem Besitz. Kleine Geschichte der Reichs-Kredit-Gesellschaft Aktiengesellschaft, Mainz 1980.
Holtfrerich, Carl-Ludwig: Die Deutsche Bank vom Zweiten Weltkrieg über die Besatzungsherrschaft zur Rekonstruktion 1945–1957, in: Lothar Gall u. a., Die Deutsche Bank 1870–1995, München 1995, S. 409–578.
Holtfrerich, Carl-Ludwig: Geldpolitik bei festen Wechselkursen, in: Deutsche Bundesbank (Hg.), Fünfzig Jahre Deutsche Mark, S. 347–438.
Holtfrerich, Carl-Ludwig: Finanzplatz Frankfurt. Von der mittelalterlichen Messestadt zum europäischen Bankenzentrum, München 1999.
Horstmann, Theo: Die Angst vor dem finanziellen Kollaps. Banken- und Kreditpolitik in der britischen Zone zwischen 1945 und 1948, in: Dietmar Petzina/Walter Euchner (Hg.), Wirtschaftspolitik im britischen Besatzungsgebiet 1945–1949, Düsseldorf 1984, S. 215–233.
Horstmann, Theo: Um „das schlechteste Bankensystem der Welt“. Die interalliierten Auseinandersetzungen über amerikanische Pläne zur Reform des deutschen Bankenwesens 1945/46, in: Bankhistorisches Archiv 11 (1985), S. 3–27.
Horstmann, Theo: Die Alliierten und die deutschen Großbanken. Bankenpolitik nach dem Zweiten Weltkrieg in Westdeutschland, Bonn 1991.
Hunscha, Kurt/Müller, Gerhard: Aus der Geschichte der Dresdner Bank 1872–1969, Frankfurt a. M. 1969.
Hummel, Detlev: Das Kreditwesen der Deutschen Demokratischen Republik, in: Pohl (Hg.), Geschichte, S. 355–429.
Hurwitz, Harold: Demokratie und Antikommunismus in Berlin nach 1945, Bd. 1: Die politische Kultur der Bevölkerung und der Neubeginn konservativer Politik, Köln 1983.
James, Harold: Die Deutsche Bank und die „Arisierung“, München 2001.
James, Harold: Die Deutsche Bank im Dritten Reich, München 2003.
James, Harold: Verbandspolitik im Nationalsozialismus. Von der Interessenvertretung zur Wirtschaftsgruppe: Der Centralverband des deutschen Bank- und Bankiersgewerbes 1932–1945, München/Zürich 2001.
Jančík, Drahomír: Stát, politicka moc bankovní system, in: Acta Universitatis Carolinae, Studia Historica XLVII, Z Dějin Českeho Bankovnictví v 19. a 20. století, Praha 2000, S. 189–208.
Janetzko, Maren: Die „Arisierungs“-Vermittlung, in: Ziegler, Dresdner Bank, S. 177–212.
Jeschonnek, Friedrich/Riedel, Dieter/Durie, William: Alliierte in Berlin 1945–1994. Ein Handbuch zur Geschichte der militärischen Präsenz der Westmächte, Berlin 2002.
Joly, Hervé: Großunternehmer in Deutschland. Soziologie einer industriellen Elite 1933 bis 1989, Leipzig 1998.
Jones, Jill: Preparations for Denazification in the British Zone of Germany, Diss. (Master) Manchester 1988.
Jones, Jill: Eradicating Nazism from the British Zone of Germany: Early Policy and Practice, in: German History 8 (1990), S. 145–162.
Jung, Susanne: Die Rechtsprobleme der Nürnberger Prozesse dargestellt am Verfahren gegen Friedrich Flick, Tübingen 1992.
Kempner, Robert M.W.: Ankläger einer Epoche. Lebenserinnerungen. In Zusammenarbeit mit Jörg Friedrich, Frankfurt a. M. 1983.

Kehrl, Hans: Krisenmanager im Dritten Reich. 6 Jahre Frieden – 6 Jahre Krieg. Erinnerungen, 2. Aufl. Düsseldorf 1973.

Kettenacker, Lothar: Krieg zur Friedenssicherung. Die Deutschlandplanung der britischen Regierung während des Zweiten Weltkrieges, Göttingen/Zürich 1989.

Kettenacker, Lothar: Die Behandlung der Kriegsverbrecher als anglo-amerikanisches Rechtsproblem, in: Ueberschär (Hg.), Nationalsozialismus, S. 17–31.

Kochavi, Arieh J.: Prelude to Nuremberg. Allied War Crimes Policy and the Question of Punishment, Chapel Hill/London 1998.

Köhler, Ingo: Die „Arisierung" der Privatbanken. Verdrängung, Ausschaltung und die Frage der Wiedergutmachung, München 2005.

Köhler, Ingo: Die „Arisierung" „jüdischer" Privatbanken, in: Ziegler, Dresdner Bank, S. 125–178.

Kohlmey, Gunther/Dewey, Charles: Bankensystem und Geldumlauf in der DDR 1945–1955. Gesetzessammlung und Einführung, Berlin 1956.

König, Helmut: Die Zukunft der Vergangenheit. Der Nationalsozialismus im politischen Bewusstsein der Bundesrepublik, Frankfurt a. M. 2003.

Kopper, Christopher: Zwischen Marktwirtschaft und Dirigismus. Bankenpolitik im „Dritten Reich" 1933–1939, Bonn 1995.

Kopper, Christopher: Bankiers unterm Hakenkreuz, München 2005.

Kratzsch, Gerhard: Der Gauwirtschaftsapparat der NSDAP. Menschenführung – „Arisierung" – Wehrwirtschaft im Gau Westfalen-Süd. Eine Studie zur Herrschaftspraxis im totalitären Staat, Münster 1989.

Krause, Detlef: Die Filialen und Angestellten der Commerzbank in der Sowjetischen Besatzungszone und Berlin 1945 bis 1949, in: Ralf Ahrens (Hg.), Umbrüche und Kontinuitäten im mitteleuropäischen Bankwesen nach dem Zweiten Weltkrieg (erscheint voraussichtlich 2007).

Krüger, Wolfgang: Entnazifiziert! Zur Praxis der politischen Säuberung in Nordrhein-Westfalen, Wuppertal 1982.

Lange, Irmgard (Bearb.): Entnazifizierung in Nordrhein-Westfalen. Richtlinien, Anweisungen, Organisation, Siegburg 1976.

Laufer, Jochen: Die UdSSR und die deutsche Währungsfrage 1944–1948, in: VfZ 46 (1998), S. 455–485.

Laufer, Jochen: Politik und Bilanz der sowjetischen Demontagen in der SBZ/DDR 1945–1949, in: ders./Rainer Karlsch (Hg.), Sowjetische Demontagen in Deutschland 1944–1949. Hintergründe, Ziele und Wirkungen, Berlin 2002, S. 31–77.

Leopold, Günter: Wandlungstendenzen in der Geschäftsstruktur der deutschen Großbanken. Bankbetriebliche Bedeutung und Problematik der Einführung von Kleinkrediten, Anschaffungsdarlehen und Lohn- und Gehaltskonten durch die deutschen Großbanken, Diss. Hamburg 1966.

Lillteicher, Jürgen: Die Rückerstattung jüdischen Eigentums in Westdeutschland nach dem Zweiten Weltkrieg. Eine Studie über Verfolgungserfahrung, Rechtsstaatlichkeit und Vergangenheitspolitik 1945–1971, Diss. phil. Freiburg i.Br. 2002.

Lillteicher, Jürgen: Westdeutschland und die Restitution jüdischen Eigentums in Europa, in: Goschler/Ther (Hg.), Raub, S. 92–107.

Lindlar, Ludger: Das mißverstandene Wirtschaftswunder. Westdeutschland und die westeuropäische Nachkriegsprosperität, Tübingen 1997.

Loehr, Rodney C.: The West German Banking System, Bad Godesberg 1952.

Löffler, Bernhard: Soziale Marktwirtschaft und administrative Praxis. Das Bundeswirtschaftsministerium unter Ludwig Erhard, Wiesbaden 2002.

Lüke, Rolf E.: Die Berliner Handels-Gesellschaft in einem Jahrhundert deutscher Wirtschaft 1856–1956, Frankfurt a. M./Berlin 1956.

Mai, Gunther: Der Alliierte Kontrollrat in Deutschland 1945–1948. Alliierte Einheit – deutsche Teilung?, München 1995.

Manz, Mathias: Stagnation und Aufschwung in der französischen Zone von 1945–1948, Diss. Mannheim 1968.
Mausbach, Wilfried: Zwischen Morgenthau und Marshall. Das wirtschaftspolitische Deutschlandkonzept der USA 1944–1947, Düsseldorf 1996.
Melis, Damian van: Entnazifizierung in Mecklenburg-Vorpommern. Herrschaft und Verwaltung 1945–1948, München 1999.
Merritt, Richard L.: Democracy Imposed. U.S. Occupation Policy and the German Public, 1945–1949, New Haven/London 1995.
Merritt, Richard L./Merritt, Anna: Public Opinion in Semisovereign Germany. The HICOG Surveys, 1949–1955, Urbana usw. 1980.
Meyen, Hans G.: 120 Jahre Dresdner Bank. Unternehmens-Chronik 1872 bis 1992, Frankfurt a. M. 1992.
Meyer-Seitz, Christian: Die Verfolgung von NS-Straftaten in der Sowjetischen Besatzungszone, Berlin 1998.
Minners, Niels: Konjunktur und Bankbilanz. Eine Untersuchung über die konjunkturelle Reagibilität der westdeutschen Filialgroßbanken im letzten Jahrzehnt, Diss. Freiburg (Schweiz) 1963.
Mironenko, Sergej/Niethammer, Lutz/von Plato, Alexander (Hg.): Sowjetische Speziallager in Deutschland 1945–1950, Bd. 1: Studien und Berichte, Berlin 1998.
Möhler, Rainer: Entnazifizierung in Rheinland-Pfalz und im Saarland unter französischer Besatzung von 1945 bis 1952, Mainz 1992.
Moeller, Robert G.: War Stories: The Search for a Usable Past in the Federal Republic of Germany, in: American Historical Review 101 (1996), S. 1008–1048.
Möller, Hans (Hg.): Zur Vorgeschichte der Deutschen Mark. Die Währungsreformpläne 1945–1948, Tübingen 1961.
Neckermann, Josef: Erinnerungen, Frankfurt a. M. 1990.
Neubronner, Ernst: Der Wiederaufbau der deutschen Geschäftsbanken nach 1945 am Beispiel der Berliner Handels-Gesellschaft, in: ZUG 43 (1998), S. 216–226.
Nieberding, Anne/Wischermann, Clemens: Unternehmensgeschichte im institutionellen Paradigma, in: ZUG 43 (1998), S. 35–48.
Niethammer, Lutz: Die Mitläuferfabrik. Die Entnazifizierung am Beispiel Bayerns, Berlin/Bonn 1982.
Niethammer, Lutz: Kollektive Identität. Heimliche Quellen einer unheimlichen Konjunktur. Unter Mitarbeit von Axel Doßmann, Reinbek 2000.
Office of Military Government for Germany, United States, Finance Division: Ermittlungen gegen die Deutsche Bank 1946/1947. Übersetzt und bearbeitet von der Dokumentationsstelle zur NS-Sozialpolitik Hamburg, Nördlingen 1985.
Office of Military Government for Germany, United States, Finance Division: Ermittlungen gegen die Dresdner Bank (1946), bearbeitet von der Hamburger Stiftung für Sozialgeschichte des 20. Jahrhunderts, Nördlingen 1986.
Oral History Interview with Bernard Bernstein, 23. 7. 1975, http://www.trumanlibrary.org/hstpaper/bernstein.htm.
Osterloh, Jörg: Die vollständige Enteignung nach der 11. Verordnung zum Reichsbürgergesetz, in: Ziegler, Dresdner Bank, S. 368–389.
Otto, Wilfriede: Die Waldheimer Prozesse, in: Mironenko/Niethammer/von Plato (Hg.), Sowjetische Speziallager, Bd. 1, S. 533–553.
Papen, Franz von: Der Wahrheit eine Gasse, München 1952.
Perrenoud, Marc, u. a.: La place financière et les banques suisses à l'époque du national-socialisme. Les relations des grandes banques avec l'Allemagne (1931–1946), Lausanne 2002.
Pierenkemper, Toni: Josef Neckermann (1912–1992) – Anmerkungen zur Autobiographie, in: Jahrbuch für Wirtschaftsgeschichte 1996, Heft 2, S. 235–245.
Pierenkemper, Toni: Was kann eine moderne Unternehmensgeschichtsschreibung leisten? Und was sollte sie tunlichst vermeiden, in: ZUG 44 (1999), S. 15–31.

Pierenkemper, Toni: Unternehmensgeschichte. Eine Einführung in ihre Methoden und Ergebnisse, Stuttgart 2000.

Piperger, Alois: 100 Jahre Österreichische Länderbank 1880–1980, Wien 1980.

Plumpe, Werner: Vom Plan zum Markt. Wirtschaftsverwaltung und Unternehmerverbände in der britischen Zone, Düsseldorf 1987.

Plumpe, Werner: „Wir sind wieder wer!" Konzept und Praxis der Sozialen Marktwirtschaft in der Rekonstruktionsphase der westdeutschen Wirtschaft nach dem Zweiten Weltkrieg, in: Marie-Luise Recker/Burkhard Jellonek/Bernd Rauls (Hg.), Bilanz. 50 Jahre Bundesrepublik Deutschland, St. Ingbert 2001, S. 237–278.

Plumpe, Werner: Die Unwahrscheinlichkeit des Jubiläums – oder: warum Unternehmen nur historisch erklärt werden können, in: Jahrbuch für Wirtschaftsgeschichte 2003, Heft 1, S. 143–156.

Plumpe, Werner: Unternehmen im Nationalsozialismus. Eine Zwischenbilanz, in: Abelshauser/Hesse/Plumpe (Hg.), Wirtschaftsordnung, S. 243–266.

Plumpe, Werner: Perspektiven der Unternehmensgeschichte, in: Günther Schulz u. a. (Hg.), Sozial- und Wirtschaftsgeschichte. Arbeitsgebiete – Probleme – Perspektiven, Stuttgart 2004, S. 403–425.

Plumpe, Werner: Unternehmen, in: Gerold Ambrosius/Dietmar Petzina/Werner Plumpe (Hg.), Moderne Wirtschaftsgeschichte. Eine Einführung für Historiker und Ökonomen, 2. Aufl. München 2006, S. 61–94.

Pohl, Hans (Hg.): Geschichte der deutschen Kreditwirtschaft seit 1945, Frankfurt a. M. 1998.

Pohl, Hans: Die Sparkassen vom Ausgang des 19. Jahrhunderts bis zum Ende des Zweiten Weltkriegs, in: Pohl/Rudolph/Schulz, Wirtschafts- und Sozialgeschichte, S. 21–248.

Pohl, Hans (Hg.): Deutsche Bankiers des 20. Jahrhunderts, Stuttgart 2007 (im Erscheinen).

Pohl, Hans/Rudolph, Bernd/Schulz, Günther: Wirtschafts- und Sozialgeschichte der deutschen Sparkassen im 20. Jahrhundert, Stuttgart 2005.

Pohl, Manfred: Wiederaufbau. Kunst und Technik der Finanzierung 1947–1953. Die ersten Jahre der Kreditanstalt für Wiederaufbau, Frankfurt a. M. 1973.

Pohl, Manfred: Zerschlagung und Wiederaufbau der deutschen Großbanken, 1945–1957, in: Deutsche Bank (Hg.), Beiträge zu Wirtschafts- und Währungsfragen und zur Bankgeschichte 13, Frankfurt a. M. 1974, S. 21–32.

Pohl, Manfred: Konzentration im deutschen Bankwesen (1848–1980), Frankfurt a. M. 1982.

Pohl, Manfred: Die Entwicklung des privaten Bankwesens nach 1945, in: Born u. a., Deutsche Bankengeschichte, Bd. 3, S. 207–277.

Pohl, Manfred: Entstehung und Entwicklung des Universalbankensystems. Konzentration und Krise als wichtige Faktoren, Frankfurt a. M. 1986.

Pollems, Sebastian T.: Der Bankplatz Berlin zur Nachkriegszeit. Transformation und Rekonstruktion des Ost- und Westberliner Bankwesens zwischen 1945 und 1953, Berlin 2006.

Pöppmann, Dirk: Robert Kempner und Ernst von Weizsäcker im Wilhelmstraßenprozess. Zur Diskussion über die Beteiligung der deutschen Funktionselite an den NS-Verbrechen, in: Irmtrud Wojak/Susanne Meinl (Hg.), Im Labyrinth der Schuld. Täter – Opfer – Ankläger, Frankfurt a. M./New York 2003, S. 163–197.

Prieß, Lutz: Das Speziallager des NKVD Nr. 6 Jamlitz, in: Mironenko/Niethammer/von Plato (Hg.), Sowjetische Speziallager, Bd. 1, S. 364–374

Prieß, Lutz: Das Speziallager des NKVD Nr. 7 Werneuchen/Weesow, in: Mironenko/Niethammer/von Plato (Hg.), Sowjetische Speziallager, Bd. 1, S. 375–379.

Pyka, Marcus: Geschichtswissenschaft und Identität. Zur Relevanz eines umstrittenen Themas, in: HZ 280 (2004), S. 380–393.

Rasch, Manfred: Walter Rohland zwischen Kaiserreich und Bundesrepublik. Eine biografische Skizze, in: ders. (Hg.), Findbuch zum Nachlass Walter Rohland (1898–1981) und zum Bestand Ruhr-Consulting GmbH, Duisburg 2001, S. 3–61.

Rath, Jochen: Rückerstattung, in: „Dem Reich verfallen" – „den Berechtigten zurückzuerstatten". Enteignung und Rückerstattung jüdischen Vermögens im Gebiet des heutigen

Rheinland-Pfalz 1938–1953. Bearbeitet von Walter Rummel und Jochen Rath, Koblenz 2001, S. 225–303.

Rathkolb, Oliver: Restitution und Entschädigung bei der Österreichischen Länderbank AG nach 1945, in: Feldman u. a., Banken, Bd. 2, S. 491–512.

Rauh-Kühne, Cornelia: Die Unternehmer und die Entnazifizierung der Wirtschaft in Württemberg-Hohenzollern, in: dies./Michael Ruck (Hg.), Regionale Eliten zwischen Diktatur und Demokratie. Baden und Württemberg 1930–1952, München 1993.

Rauh-Kühne, Cornelia: Die Entnazifizierung und die deutsche Gesellschaft, in: Archiv für Sozialgeschichte 35 (1995), S. 35–70.

Rauh-Kühne, Cornelia: Wer spät kam, den belohnte das Leben: Entnazifizierung im Kalten Krieg, in: Detlef Junker (Hg.), Die USA und Deutschland im Zeitalter des Kalten Krieges 1945–1990. Ein Handbuch, Bd. I: 1945–1968, München 2001, S. 112–123.

Reichel, Peter: Vergangenheitsbewältigung in Deutschland. Die Auseinandersetzung mit der NS-Diktatur von 1945 bis heute, München 2001.

Reitmayer, Morten: Bankiers im Kaiserreich. Sozialprofil und Habitus der deutschen Hochfinanz, Göttingen 1999.

Richter, Ralf: Die Währungs- und Wirtschaftsreform 1948 im Spiegel unternehmerischer Personalpolitik – Volkswagen, 1945–1950, in: ZUG 48 (2003), S. 215–238.

Riedel, Matthias: Eisen und Kohle für das Dritte Reich. Paul Pleigers Stellung in der NS-Wirtschaft, Göttingen 1973.

Ritscher, Bodo: Speziallager Nr. 2 Buchenwald, in: Mironenko/Niethammer/von Plato (Hg.), Sowjetische Speziallager, Bd. 1, S. 291–317.

Ritschl, Albrecht: Die Währungsreform von 1948 und der Wiederaufstieg der westdeutschen Industrie. Zu den Thesen von Mathias Manz und Werner Abelshauser über die Produktionswirkungen der Währungsreform, in: VfZ 33 (1985), S. 136–165.

Rombeck-Jaschinski, Ursula: Das Londoner Schuldenabkommen. Die Regelung der deutschen Auslandsschulden nach dem Zweiten Weltkrieg, München 2005.

Robert, Ingrid: Probleme der Bankensanierung im Zusammenhang mit einer Währungsreform zur Beseitigung einer verdeckten Inflation dargestellt anhand der Vorschläge für eine Währungsreform in Deutschland nach dem Zweiten Weltkrieg, Diss. Frankfurt a. M. 1959.

Roseman, Mark: The Uncontrolled Economy: Ruhr Coal Production, 1945–8, in: Turner (Hg.), Reconstruction, S. 93–123.

Roth, Karl Heinz: Einleitung des Bearbeiters, in: OMGUS, Ermittlungen gegen die Dresdner Bank, S. CXIII–CXXXIII.

Roth, Karl Heinz: Einleitung des Bearbeiters, in: OMGUS, Finance Division, Ermittlungen gegen die I.G. Farbenindustrie AG. Übersetzt und bearbeitet von der Dokumentationsstelle zur NS-Sozialpolitik Hamburg, Nördlingen 1986.

Rudersdorf, Markus: Der Wiederbeginn des Bankgeschäftes nach dem Zweiten Weltkrieg am Beispiel der Kölner Institute, Köln 1996.

Sattler, Friederike: Wirtschaftsordnung im Übergang. Politik, Organisation und Funktion der KPD/SED im Land Brandenburg bei der Etablierung der zentralen Planwirtschaft in der SBZ/DDR 1945–1952, Münster 2002.

Sattler, Friederike: Der Handelstrust West in den Niederlanden, in: Wixforth, Expansion, S. 682–791.

Schäfer, Adolf: Wege und Umwege. Lebenserinnerungen, Manuskriptdruck Würzburg o.J. (1974).

Schick, Christa: Die Internierungslager, in: Martin Broszat/Klaus-Dietmar Henke/Hans Woller (Hg.), Von Stalingrad zur Währungsreform. Zur Sozialgeschichte des Umbruchs in Deutschland, München 1988, S. 301–325.

Schanetzky, Tim: Unternehmer: Profiteure des Unrechts, in: Norbert Frei (Hg.), Karrieren im Zwielicht. Hitlers Eliten nach 1945, Frankfurt a. M./New York 2001, S. 73–129.

Schmidt, Norman: Ein Fall bewußter Irreführung der Rückerstattungsjustiz, in: RzW 29 (1979), S. 81–89.

Schmidt, Norman: Entziehung von Geldvermögen, in: Biella u. a., Bundesrückerstattungsgesetz, S. 311–364.

Schmidt, Norman: Bemessung der rückerstattungsrechtlichen Leistungen (§§ 14–24), in: Biella u. a., Bundesrückerstattungsgesetz, S. 365–399.

Schmilinsky, Fromund: Das Erfüllungsverfahren, in: Biella u.a., Bundesrückerstattungsgesetz, S. 481–509.

Schnauber, Jens: Deutsche Unternehmen in der Geschichtsfalle. Rückerstattungsakten als historische Quelle, in: Michael Wolffsohn/Thomas Brechenmacher (Hg.), Geschichte als Falle. Deutschland und die jüdische Welt, Neuwied 2001, S. 197–215.

Schnauber, Jens: Die Arisierung der Scala und Plaza. Varieté und Dresdner Bank in der NS-Zeit, Berlin 2002.

Schneiderman, Harry/Karpman, I.J. Carmin (Hg.): Who's Who in World Jewry. A Biographical Dictionary of Outstanding Jews, New York 1965.

Schöbener, Burkhard: Die amerikanische Besatzungspolitik und das Völkerrecht, Frankfurt a.M. 1991.

Scholtyseck, Joachim: Die USA vs. „The Big Six". Der gescheiterte Bankenprozeß nach dem Zweiten Weltkrieg, in: Bankhistorisches Archiv 26 (2000), S. 27–53.

Schreiber, Ruth: New Jewish Communities in Germany after World War II and the Successor Organizations in the Western Zones, in: Journal of Israeli History 18 (1997), S. 167–190.

Schulz, Günther: Die Sparkassen vom Ende des Zweiten Weltkriegs bis zur Wiedervereinigung, in: Pohl/Rudolph/Schulz, Wirtschafts- und Sozialgeschichte, S. 249–428.

Schuster, Armin: Die Entnazifizierung in Hessen 1945–1954. Vergangenheitspolitik in der Nachkriegszeit, Wiesbaden 1999.

Schütz, Wilhelm: Artikel „Altbanken", in: Enzyklopädisches Lexikon, S. 52–54.

Schwartz, Thomas Alan: Die Begnadigung deutscher Kriegsverbrecher. John J. McCloy und die Häftlinge von Landsberg, in: VfZ 38 (1990), S. 375–414.

Schwartz, Thomas Alan: Die Atlantik-Brücke. John J. McCloy und das Nachkriegsdeutschland, Frankfurt a. M./Berlin 1992.

Schwarz, Walter: Rückerstattung nach den Gesetzen der alliierten Mächte, München 1974.

Schwerin von Krosigk, Lutz Graf: Memoiren, Stuttgart 1977.

Seidel, Franz: Die Nachfolgebanken in Westdeutschland. Ihre Entstehung und Entwicklung auf Grund ihrer Bilanzen, Wien 1955.

Smith, Bradley F.: Der Jahrhundert-Prozeß. Die Motive der Richter von Nürnberg – Anatomie einer Urteilsfindung, Frankfurt a. M. 1977.

Smith, Bradley F.: The Road to Nuremberg, New York 1981.

Spannuth, Jan-Philipp: Rückerstattung Ost. Der Umgang der DDR mit dem „arisierten" und enteigneten Eigentum der Juden und die Gestaltung der Rückerstattung im wiedervereinigten Deutschland, Diss. phil. Freiburg i.Br. 2001.

Spoerer, Mark: „Wahre Bilanzen!". Die Steuerbilanz als unternehmenshistorische Quelle, in: ZUG 40 (1995), S. 158–179.

Spoerer, Mark: Von Scheingewinnen zum Rüstungsboom. Die Eigenkapitalrentabilität der deutschen Industrieaktiengesellschaften 1925–1941, Stuttgart 1996.

Stein, Hans-Hermann: Strukturwandlungen in der Anlagepolitik der Kreditbanken in der Bundesrepublik Deutschland von 1950 bis 1960, Berlin 1964.

Straub, Jürgen: Identität, in: Friedrich Jaeger/Burkhard Liebsch (Hg.), Handbuch der Kulturwissenschaften, Bd. 1: Grundlagen und Schlüsselbegriffe, Stuttgart/Weimar 2004, S. 277–303.

Straub, Jürgen: Personale und kollektive Identität. Zur Analyse eines theoretischen Begriffs, in: Aleida Assmann (Hg.), Identitäten, Frankfurt a. M. 1998, S. 73–104.

Stürmer, Michael/Teichmann, Gabriele/Treue, Wilhelm: Wägen und Wagen. Sal. Oppenheim jr. & Cie. Geschichte einer Bank und einer Familie, München/Zürich 1989.

Stützel, Wolfgang: Währungsumstellungen. Eine Nachkalkulation. Die unmittelbaren Auswirkungen der Währungsumstellungs- und Kriegsfolgenregelungen auf die Vermögenssituation der Kreditinstitute im Saarland, in West-Berlin und im übrigen Bundesgebiet, Frankfurt a. M. 1971.

Szagunn, Volkhard: Artikel „Ausgleichsforderungen“, in: Enzyklopädisches Lexikon, S. 100–103.

Taylor, Telford: Final Report to the Secretary of the Army on the Nuernberg War Crimes Trials under Control Council Law No. 10, Washington D.C.: U.S. Government Printing Office 1949.

Taylor, Telford: Die Nürnberger Prozesse. Kriegsverbrechen und Völkerrecht, Zürich 1951.

Taylor, Telford: Die Nürnberger Prozesse. Hintergründe, Analysen und Erkenntnisse aus heutiger Sicht, München 1994.

Thüsing, Andreas: Der staatliche Neuanfang in Sachsen 1945–1952, in: Rainer Behring/Mike Schmeitzner (Hg.), Diktaturdurchsetzung in Sachsen. Studien zur Genese der kommunistischen Herrschaft 1945–1952, Köln/Weimar/Wien 2003, S. 171–199.

Tilly, Richard H.: Geschäftsbanken und Wirtschaft in Westdeutschland seit dem Zweiten Weltkrieg, in: Eckart Schremmer (Hg.), Geld und Währung vom 16. Jahrhundert bis zur Gegenwart, Stuttgart 1993, S. 315–343.

Tilly, Richard H.: Universal Banking in Historical Perspective, in: Journal of Institutional and Theoretical Economics 154 (1998), S. 7–32.

Trials of War Criminals before the Nuernberg Military Tribunals under Control Council Law No. 10, Bd. 12–14, Washington 1952.

Trommsdorf, Werner: Artikel „DM-Eröffnungsbilanz“, in: Enzyklopädisches Lexikon, S. 410–418.

Turner, Ian (Hg.): Reconstruction in Post-War Germany. British Occupation Policy and the Western Zones, 1945–1955, Oxford/New York/München 1989.

Turner, Ian: British Policy Towards German Industry, 1945–9: Reconstruction, Restriction or Exploitation?, in: ders. (Hg.), Reconstruction, S. 67–91.

Turner, Ian: Denazification in the British Zone, in: ders. (Hg.), Reconstruction, S. 239–267.

Tyrell, Albrecht: Großbritannien und die Deutschlandplanung der Alliierten 1941–1945, Frankfurt a. M. 1987.

Ueberschär, Gerd R. (Hg.), Der Nationalsozialismus vor Gericht. Die alliierten Prozesse gegen Kriegsverbrecher und Soldaten 1943–1952, Frankfurt a. M. 1999.

Unger, Stefan: Die „Herren aus dem Westen“ in den Jahren 1933 und 1945. Die personellen Konsequenzen der Errichtung und des Untergangs der nationalsozialistischen Diktatur für die Wirtschaftselite des Ruhrgebiets, in: Abelshauser/Hesse/Plumpe (Hg.), Wirtschaftsordnung, S. 321–337.

Das Urteil im Wilhelmstraßen-Prozeß. Der amtliche Wortlaut der Entscheidung im Fall Nr. 11 des Nürnberger Militärtribunals gegen von Weizsäcker und andere, mit abweichender Urteilsbegründung, Berichtigungsbeschlüssen, den grundlegenden Gesetzesbestimmungen, einem Verzeichnis der Gerichtspersonen und Zeugen und Einführungen von Robert M.W. Kempner und Dr. Carl Haensel, hrsg. unter Mitwirkung von C.H. Tuerck. Schwäbisch Gmünd 1950.

Vogelsang, Reinhard: Der Freundeskreis Himmler, Zürich/Frankfurt 1972.

Vogt, Timothy R.: Denazification in Soviet-Occupied Germany. Brandenburg, 1945–1948, Cambridge/London 2000.

Vollnhals, Clemens (Hg.): Entnazifizierung. Politische Säuberung in den vier Besatzungszonen 1945–1949, München 1991.

Vollnhals, Clemens: Politische Säuberung als Herrschaftsinstrument: Entnazifizierung in der Sowjetischen Besatzungszone, in: Andreas Hilger/Mike Schmeitzner/Ute Schmidt (Hg.), Diktaturdurchsetzung. Instrumente und Methoden der kommunistischen Machtsicherung in der SBZ/DDR 1945–1955, Dresden 2001, S. 127–138.

Wandel, Eckhard: Die Entstehung der Bank deutscher Länder und die deutsche Währungsreform 1948, Frankfurt a. M. 1980.

Weber, Hanns: Bankplatz Berlin, Köln/Opladen 1957.

Weigelt, Andreas: „Umschulungslager existieren nicht". Zur Geschichte des sowjetischen Speziallagers Nr. 6 in Jamlitz 1945–1947, Potsdam 2001.
Weinke, Annette: Die Waldheimer „Prozesse" im Kontext der strafrechtlichen Aufarbeitung der NS-Diktatur in der SBZ/DDR, in: Haase/Pampel (Hg.), Waldheimer „Prozesse", S. 27–48.
Weinke, Annette: Die Verfolgung von NS-Tätern im geteilten Deutschland. Vergangenheitsbewältigung 1949–1969 oder: Eine deutsch-deutsche Beziehungsgeschichte im Kalten Krieg, Paderborn 2002.
Weinke, Annette: Die Nürnberger Prozesse, München 2006.
Weismann, Ernest H.: Die Nachfolge-Organisationen, in: Biella u. a., Bundesrückerstattungsgesetz, S. 725–799.
Weisz, Christoph (Hg.): OMGUS-Handbuch. Die amerikanische Militärregierung in Deutschland 1945–1949, 2. Aufl. München 1995.
Welskopp, Thomas: Unternehmenskulturen im internationalen Vergleich – oder integrale Unternehmensgeschichte in typisierender Absicht?, in: Hartmut Berghoff/Jakob Vogel (Hg.), Wirtschaftsgeschichte als Kulturgeschichte. Dimensionen eines Perspektivenwechsels, Frankfurt a. M./New York 2004, S. 265–294.
Wentker, Hermann: Die juristische Ahndung von NS-Verbrechen in der Sowjetischen Besatzungszone und in der DDR, in: Kritische Justiz 35 (2002), S. 60–79.
Werkentin, Falco: Die Waldheimer „Prozesse" – ein Experimentierfeld für die künftige Scheinjustiz unter Kontrolle der SED?, in: Haase/Pampel (Hg.), Waldheimer „Prozesse", S. 6–26.
Wetzel, Jürgen: Office of Military Government for Berlin Sector, in: Weisz (Hg.), OMGUS-Handbuch, S. 671–738.
Widera, Thomas: Dresden 1945–1948. Politik und Gesellschaft unter sowjetischer Besatzungsherrschaft, Göttingen 2004.
Wiesen, S. Jonathan: Overcoming Nazism: Big Business, Public Relations, and the Politics of Memory, 1945–1950, in: Central European History 29 (1996), S. 201–226.
Wiesen, S. Jonathan: West German Industry and the Challenge of the Nazi Past, 1945–1955, Chapel Hill/London 2001.
Wille, Manfred: Entnazifizierung in der Sowjetischen Besatzungszone Deutschlands 1945–1948, Magdeburg 1993.
Wischermann, Clemens: Unternehmenskultur, Unternehmenskommunikation, Unternehmensidentität, in: ders. unter Mitwirkung von Anne Nieberding und Britta Stücker (Hg.), Unternehmenskommunikation deutscher Mittel- und Großunternehmen. Theorie und Praxis in historischer Perspektive, Dortmund/Münster 2003, S. 21–40.
Wischermann, Clemens: Unternehmensgeschichte als Geschichte der Unternehmenskommunikation: Von der Koordination zur Kooperation, in: ders./Peter Borscheid/Karl-Peter Ellerbrock (Hg.): Unternehmenskommunikation im 19. und 20. Jahrhundert. Neue Wege der Unternehmensgeschichte, Dortmund 2000, S. 31–40.
Wixforth, Harald: Auftakt zur Ostexpansion. Die Dresdner Bank und die Umgestaltung des Bankwesens im Sudetenland 1938/39, Dresden 2001.
Wixforth, Harald: Artikel „Karl Rasche", in: Neue Deutsche Biographie, Bd. 21, Berlin 2003.
Wixforth, Harald: Banken und Lobbyismus in der Weimarer Republik und der NS-Diktatur, in: Institut für bankhistorische Forschung (Hg.), Bankenlobbyismus, Stuttgart 2004, S. 31–56.
Wixforth, Harald: Die Expansion der Dresdner Bank in Europa. Unter Mitarbeit von Johannes Bähr, Jörg Osterloh, Friederike Sattler und Dieter Ziegler (Die Dresdner Bank im Dritten Reich, Bd. 3), München 2006.
Wogersien, Maik: Die Rückerstattung von ungerechtfertigt entzogenen Vermögensgegenständen. Eine Quellenstudie zur Wiedergutmachung nationalsozialistischen Unrechts aufgrund der Gesetzes Nr. 59 der britischen Militärregierung, Diss. jur. Münster 2000.
Wolf, Herbert: 30 Jahre Nachkriegsentwicklung im deutschen Bankwesen, Mainz 1980.

Wolf, Herbert: Das Ende privater Banktätigkeit in Mitteldeutschland – dargestellt am Beispiel der Commerzbank, in: Bankhistorisches Archiv 16 (1990), S. 116–125.
Wolf, Herbert: Deutschland, in: Hans Pohl (Hg.), Europäische Bankengeschichte, Frankfurt a.M. 1993, S. 517–550.
Wolf, Herbert: Die Dreier-Lösung: Marginalien zum Niederlassungsgesetz von 1952, in: Bankhistorisches Archiv 19 (1993), S. 26–42.
Wolf, Herbert: Nicht Fisch noch Fleisch. Zur Geschichte von vier Nachkriegs-Filialgruppen der Commerzbank, in: Bankhistorisches Archiv 20 (1994), S. 28–48.
Wolf, Herbert: Von der Währungsreform bis zum Großbankengesetz (1948–1952), in: Pohl (Hg.), Geschichte, S. 59–110.
Wolf, Herbert: Vom Großbankengesetz bis zur „Normalisierung" (1953–1958), in: Pohl (Hg.), Geschichte, S. 111–148.
Woller, Hans: Gesellschaft und Politik in der amerikanischen Besatzungszone. Die Region Ansbach und Fürth, München 1986.
Wulf, Arne: Staatssekretär Prof. Dr. Dr. hc. Franz Schlegelberger 1876–1970, Frankfurt a.M. 1991.
Zank, Wolfgang: Wirtschaft und Arbeit in Ostdeutschland 1945–1949. Probleme des Wiederaufbaus in der Sowjetischen Besatzungszone Deutschlands, München 1987.
Ziegler, Dieter: Die Verdrängung der Juden aus der Dresdner Bank 1933–1938, in: VfZ 47 (1999), S. 187–216.
Ziegler, Dieter: Die wirtschaftsbürgerliche Elite im 20. Jahrhundert. Eine Bilanz, in: ders. (Hg.), Großbürger und Unternehmer. Die deutsche Wirtschaftselite im 20. Jahrhundert, Göttingen 2000, S. 7–29.
Ziegler, Dieter: Strukturwandel und Elitenwechsel im Bankwesen 1900–1957, in: Volker R. Berghahn/Stefan Unger/Dieter Ziegler (Hg.), Die deutsche Wirtschaftselite im 20. Jahrhundert. Kontinuität und Mentalität, Essen 2003, S. 187–218.
Ziegler, Dieter: Nationalsozialisten im Kampf um die Beute: Der „Arisierungsfall" der Engelhardt-Brauerei AG, in: Abelshauser/Hesse/Plumpe (Hg.), Wirtschaftsordnung, S. 363–387.
Ziegler, Dieter: Die Dresdner Bank und die deutschen Juden. Unter Mitarbeit von Maren Janetzko, Ingo Köhler und Jörg Osterloh (Die Dresdner Bank im Dritten Reich, Bd. 2), München 2006.
Ziegler, Dieter: Der Ordnungsrahmen, in: Bähr, Dresdner Bank, S. 43–74.
Ziegler, Dieter: „Entjudung" und Nazifizierung 1933–1937, in: Bähr, Dresdner Bank, S. 85–100.
Ziegler, Dieter: Die Nationalsozialisten im Betrieb, in: Bähr, Dresdner Bank, S. 129–168.
Ziegler, Dieter: Österreich, in: Wixforth, Expansion, S. 11–54.
Zorn, Hermann: Existenz-, Ausbildungs- und Versorgungsschäden, in: Giessler u.a., Bundesentschädigungsgesetz, S. 47–320.
Zschaler, Frank: Die Entwicklung einer zentralen Finanzverwaltung in der SBZ/DDR 1945–1949/50, in: Hartmut Mehringer (Hg.), Von der SBZ zur DDR. Studien zum Herrschaftssystem in der Sowjetischen Besatzungszone und in der Deutschen Demokratischen Republik, München 1995, S. 97–138.
Zschaler, Frank: Die vergessene Währungsreform. Vorgeschichte, Durchführung und Ergebnisse der Geldumstellung in der SBZ 1948, in: VfZ 45 (1997), S. 191–223.
Zschaler, Frank: Erzwungene Reorientierung im Zeichen der deutschen Teilung (1945–1990), in: Hans Pohl (Hg.), Geschichte des Finanzplatzes Berlin, Frankfurt a.M. 2002, S. 215–252.
Zweig, Ronald W.: German Reparations and the Jewish World. A History of the Claims Conference, 2. Aufl. London 2001.
Zündorf, Irmgard: Der Preis der Marktwirtschaft. Staatliche Preispolitik und Lebensstandard in Westdeutschland 1948–1963, Stuttgart 2006.

Personenregister

Kursiv gesetzte Zahlen verweisen auf Anmerkungen der angegebenen Seite. Wird eine Person im Text und in den Anmerkungen genannt, wurde die Seitenzahl nicht kursiv gesetzt. Fett gesetzte Zahlen beziehen sich auf Abbildungen, unterstrichene Zahlen verweisen auf Artikel im biogafischen Anhang.

Die Autoren

Ralf Ahrens, Jg. 1963, Dr. phil., Wissenschaftlicher Mitarbeiter am Lehrstuhl für Neuere und Neueste Geschichte der Friedrich-Schiller-Universität Jena; Veröffentlichungen zur Außenhandels- und Bankengeschichte sowie zu den Nürnberger Nachfolgeprozessen.

Ingo Köhler, Jg. 1971, Dr. phil., Wissenschaftlicher Assistent am Institut für Wirtschafts- und Sozialgeschichte der Georg-August-Universität Göttingen; Veröffentlichungen zur Geschichte und „Arisierung“ der deutschen Privatbanken sowie zur Wirtschaftsgeschichte der 1970er Jahre.

Harald Wixforth, Jg. 1959, Dr. phil., Wissenschaftlicher Mitarbeiter am Lehrstuhl für Wirtschafts- und Unternehmensgeschichte der Ruhr-Universität Bochum und Geschäftsführer der Gesellschaft für mitteleuropäische Banken- und Sparkassengeschichte; Veröffentlichungen zur Wirtschafts-, insbesondere zur Banken- und Sparkassengeschichte.

Dieter Ziegler, Jg. 1956, Dr. phil., Professor für Wirtschafts- und Unternehmensgeschichte an der Ruhr-Universität Bochum; Veröffentlichungen zur Geld- und Bankengeschichte Englands, Deutschlands und im europäischen Vergleich, zur Industrialisierung sowie zur wirtschaftlichen Verfolgung der Juden.